庆芳华

——刘庆柱、李毓芳考古五十年文集

刘庆柱　李毓芳　著

科学出版社
北京

内 容 简 介

本文集收录作者从事考古工作五十年间先后发表的都城、陵墓、考古学国家文化等相关研究论文49篇，学术史与其他相关论述7篇及附录2篇。内容涉及秦汉乃至隋唐时期都城、陵墓的发现与研究，以及在此基础上展开的中国古代都城、陵墓、殡葬文化的综合研究和从考古学出发的国家文化研究。

本书可供从事历史学、考古学、民俗学等相关领域的专家、学者以及高等院校师生和相关爱好者参考、阅读。

图书在版编目（CIP）数据

庆芳华：刘庆柱、李毓芳考古五十年文集 / 刘庆柱，李毓芳著 .—北京：科学出版社，2022.9

ISBN 978-7-03-073177-7

Ⅰ. ①庆…　Ⅱ. ①刘…　②李…　Ⅲ. ①社会科学－文集　Ⅳ. ① C53

中国版本图书馆 CIP 数据核字（2022）第 168320 号

责任编辑：孙　莉　王　钰　蔡鸿博 / 责任校对：邹慧卿
责任印制：肖　兴 / 封面设计：北京金舵手世纪图文设计有限公司

科学出版社 出版
北京东黄城根北街16号
邮政编码：100717
http://www.sciencep.com

北京汇瑞嘉合文化发展有限公司 印刷
科学出版社发行　各地新华书店经销

*

2022 年 9 月第　一　版　开本：889 × 1194　1/16
2022 年 9 月第一次印刷　印张：46　插页：16
字数：1 250 000

定价：380.00 元

（如有印装质量问题，我社负责调换）

前　言

一

1943年4月底，李毓芳先生出生于北京颐和园北大有庄，100天后的8月上旬之末，刘庆柱先生出生于天津河东区郑庄子。今年，两位先生均已79岁，按我们传统的算法，两位先生已届八秩——这当然是一个值得书而且贺的喜事。

1962年，两位先生被北京大学历史系录取，二年级时选择考古专业，从此与考古结缘，至今都已60年。

1967年，两位先生从北京毕业分配到陕西，先安排在蒲城和南泥湾的部队农场劳动锻炼，近两年后再分配到咸阳市旬邑县张洪中学，在这所乡镇中学里开始传道授业解惑，成为两名光荣的人民教师。刘庆柱先生担任了学校高二阶段一个班的语文教师和班主任，同时任全校初中地理老师，李毓芳先生担任学校高一阶段一个班的语文教师和班主任，并任全校初中历史老师，李毓芳先生也是当时旬邑县唯一的高中女班主任。1970年两位先生在“公刘居豳”之地喜结连理。

1971年，不忍见自己学生无法学以致用的李伯谦先生，向位于陕西省省会的西北大学加以推荐，他提出把两个学生从中学调入大学的意见虽获同意，但当西北大学商调函到咸阳市后，咸阳地区政工组一方面不同意将两个北大优秀学生“放走”，一方面也考虑到两位先生的专业方向，迅速将两位先生从偏远的旬邑调入到“大城市”咸阳，让刘庆柱先生工作于咸阳地区文教局文管会负责文化、文物的管理工作，李毓芳先生则入职咸阳市博物馆从事田野考古。这样，毕业5年的两位先生“正式归队”。

1972年，刘庆柱先生在开始一系列专题（如汉唐帝陵调查）的同时，参加了秦咸阳城遗址的考古调查、发掘工作；李毓芳先生先后参加了汉高祖长陵陪葬墓杨家湾汉墓的发掘和秦咸阳城遗址的考古工作。从这时开始，两位先生以咸阳作为起点，在秦汉京畿所在的关中长期“耕耘”。

1979年，经夏鼐先生安排，两位先生从咸阳调入中国社会科学院考古研究所工作。于当年参加了一个季度的唐青龙寺遗址考古发掘后，次年即开始独立主持田野发掘工作，1980～1981年成立栎阳发掘队开展秦汉栎阳城遗址考古，1982～1985年成立杜陵考古队开展汉宣帝杜陵考古，从1985年开始长期主持汉长安城考古，刘庆柱先生从1985～1991年、李毓芳先生从1991～2002年先后担任考古所陕西第二工作队（汉长安城考古队）队长。在刘庆柱先生陆续担任考古所西安研究室主任、汉唐研究室主任、考古所副所长、所长等行政职务的同时，李毓芳先生一直奋斗在田野一线。

从1985年开始，两位先生先后开展了西汉长安城未央宫遗址、东市和西市遗址、长乐宫遗址、北宫遗址、建章宫遗址等考古勘查与发掘项目。1997～2001年，经国务院特别许可，中国社会科学院考古研究所和日本奈良国立文化财研究所组成联合考古发掘队，对西汉长安城桂宫遗址进行了为期5年的合作发掘。刘庆柱先生作为中方领队，日本奈良国立文化财研究所所长町田章先生作为日方领队，李毓芳先生作为执行领队，共同主持桂宫遗址的考古勘查与发掘工作，在中日两国学术界引起了广泛的关注。后又进一步开展长乐宫遗址的发掘工作。十余年间对未央宫、北宫、桂宫、长乐宫等汉代核心遗址连续开展的大规模考古发掘，不断取得丰硕成果，“陕西汉长安城陶俑官窑窑址”1990年入选首届“全国十大考古新发现”。

2002年，经国家文物局安排，刘庆柱先生担任顾问，李毓芳先生担任阿房宫考古队队长，与西安市文物保护考古研究所的同仁一起启动了建国以来最大规模的秦阿房宫遗址考古工作，并进而展开了系统的秦汉上林苑遗址考古。多年工作获得的“阿房宫未建成、未火烧”的认识，打破了世人从唐人杜牧《阿房宫赋》中构建的阿房宫“愿景”，举世轰动。李毓芳先生认为，阿房宫考古是她考古生涯中最自豪也是最重要的考古“成绩”。

2011年至今，刘庆柱先生担任顾问，我担任领队，李毓芳先生作为队员参加了在阿房宫考古队基础上成立的阿房宫与上林苑考古队的各项工作，与西安市文物保护考古研究所的同仁一起先后开展秦阿房宫遗址、窝头寨汉代铸钱遗址、秦汉栎阳城遗址、汉唐漕渠遗址、汉唐昆明池遗址、秦汉郑国渠遗址、汉唐白渠遗址、东马坊遗址等遗址的考古工作，与陕西省考古研究院、西安市文物保护考古研究院的同仁一起开展了秦汉唐中渭桥遗址考古。中渭桥遗址、秦汉栎阳城遗址考古分别入选2013年、2017年全国十大考古新发现，中渭桥遗址、东马坊遗址2019年被国务院公布为第八批全国重点文物保护单位。

从1972年开始，两位先生的考古之路已走了满满50年。

50年来，两位先生扎根田野，奋力科研，不断取得重要成果、获得大量社会荣誉。李毓芳先生曾被中国社会科学院授予中国社会科学院“巾帼建功”先进个人，被中央国家机关工委授予“巾帼建功”活动标兵称号，1999年被国务院授予“政府特殊津贴”证书，2000年被国务院授予“全国先进工作者”称号，2019年荣获中共中央、国务院、中央军委颁发的“庆祝中华人民共和国成立70周年纪念章”。在2001年庆祝建党80周年时，李毓芳先生是中国社会科学院评出的十名优秀共产党员之一，先生的事迹后被收入人民画报社编辑、中国画报出版社出版的《巾帼风采》(第2卷)，并由中央宣传部、中央文明办、全国妇联拍摄“巾帼风采”宣传片，2008月10月在人民大会堂放映后进行全国巡展。

刘庆柱先生在多年田野考古工作之后，逐步走上领导岗位，先后担任中国社会科学院考古研究所西安研究室主任、汉唐研究室主任、副所长、所长，2003～2013年担任全国政协委员，是中国社会科学院的第一批学部委员，曾任中国社会科学院学部主席团成员、中国社会科学院历史学部主任、中国社会科学院古代文明研究中心专家委员会主任等职，现依然担任国家哲学社会科学研究咨询委员会委员、中国历史研究院学术咨询委员会委员、中华炎黄文化研究会学术委员会主任、德国考古研究院外籍院士、(国际)亚洲史学会常务理事。曾任《考古学报》《考古》编辑委员会主任、《考古学报》《考古学集刊》《中国考古学(英文版)》主编，曾任中华炎黄文化研究会副会长、中国河洛文化研究会副会长，现为中国古都学会名誉会长、中国圆明园学会名誉会长。多年来被北京大学、中国人民大学、复旦大学、武汉大学、山东大学、郑州大学、西北大学等高校聘为特聘教授、学术委员、专家委员会委员等职，积极服务于社会。1992年被国务院授予“政府特殊津贴”证书，1997年被国家人事部授予国家级中青年有突出贡献专家，2016年被中国人类学学会授予“人类学终身成就奖”。

两位先生多年扎根田野，勤于著述，出版图书、发表论文等七百余篇（部）。《汉长安城未央宫——1980～1989年考古发掘报告》于2000年获中国社会科学院第三届优秀科研成果一等奖、第三届夏鼐考古奖二等奖。《汉杜陵陵园遗址》于2002年获第二届郭沫若中国历史学奖三等奖。《中国考古学·秦汉卷》于2018年获第四届郭沫若中国历史学奖二等奖。《中国考古发现与研究（1949～2009）》于2018年获第四届郭沫若中国历史学奖提名奖。《中国蜀道》于2017年获第四届中国出版政府奖。《不断裂的文明史：对中国国家认同的五千年考古学解读》于2021年获第五届中国出版政府奖图书提名奖、第十六届国家图书馆文津图书奖，在2021年4月23日“世界读书日”入选由中宣部指导、中国图书评论学会评选的2020年度“中国好书”，该书的英文版和韩文版，迅速入选国家社科基金中华学术外译项目，分别由德国施普林格·自然出版集团和韩国景仁文化社出版，在2021年入选“丝路书香”工程后，俄文版将由俄罗斯涅斯托尔出版社出版。《汉长安城未央宫骨签》（90册）作为迄今为止最大规模的考古报告，入选中国社会科学院创新工程2018年度重大科研成果、2020年度全国文化遗产优秀图书，2021年被时任中国社会科学院院长的谢伏瞻列为中国社会科学院“三大体系”建设取得实质性进展的8部“重要成果”之一。

2022年不仅是两位先生喜晋八秩之岁，入校满甲子之载，而且也是两位先生从事考古工作整50岁之时——这都是值得大贺之事。

于是，在考古所领导的大力支持下，我们将两位先生50年考古工作的代表性论作集为一编——《庆芳华——刘庆柱、李毓芳考古五十年文集》，为两位先生“三喜”之贺！

二

刘庆柱、李毓芳先生50年来从事的田野考古工作，无论是从事单位布置工作下的因缘际会，如秦咸阳城、秦阿房宫、汉长安城考古，还是出于学术目的下的自主选择，如汉唐帝陵调查、秦汉栎阳城、汉宣帝杜陵考古，半世纪间，二位先生持之以恒地对秦汉时期考古的最核心——都城与帝陵开展了持续工作，不断做出巨大贡献。

在扎实而深入田野考古工作的基础上，二位先生持续而系统地开展了秦汉都城与帝陵研究，并以此为起点，从秦汉大一统帝国创始期的都城和陵墓开始，对我国古代都城和陵墓进行了深入探索，并进而升华为从考古学出发的国家文化研究。《文集》以都城研究、陵墓研究、考古学国家文化研究、学术史与其他等为主题，从两位先生的七百余篇论著中进行了精选。

“都城研究”共23篇论文，分3部分，其中“秦代都城及相关研究”8篇，“汉长安城及相关研究”11篇，“都城考古综合研究”4篇。从两位先生的考古与研究经历看，无论是最初开展的秦咸阳考古，还是进入社科院考古所后开展的秦汉栎阳考古，再到原秦咸阳渭南宫区所在的汉长安城考古，以及到李毓芳先生退休前后开展的如同秦始皇统一高潮般的秦阿房宫考古，咸阳（含汉长安城下的秦渭南宫区）、栎阳、阿房宫考古，以及2011年后开展的阿房宫、栎阳城、东马坊等遗址的考古，不仅一直是两位先生50年考古工作与研究的基础，更共同组成了我国战国秦及秦代考古、汉代考古中都城考古的不二核心。

秦代都城及相关研究的8篇论文，选秦陶文1篇、秦封泥3篇、秦阿房宫3篇、秦瓦当1篇。无论秦陶文、秦瓦当研究，还是秦阿房宫研究，几乎都是相关研究领域最早乃至最重要的研究成果，它们虽发表甚早，但迄今依然有着重要的学术价值。两位先生的3篇秦封泥研究，是据考古发掘封泥完成的首篇研究成果，第一次从秦封泥品种及出土地出发，“因小见大”开展了对秦都咸阳布局的深入探索。

阿房宫是秦始皇在完成统一近九年后“钦定”建设的统一帝国朝宫，虽司马迁早在《史记》中就明载“阿房宫未成”，但由于自汉初开始，它几乎一直都是秦暴政及速亡的重要“罪证”，更因唐代大诗人杜牧《阿房宫赋》而“脍炙人口”“深入人心”，逐渐形成如“覆压三百余里”气势恢宏的“集体记忆”。因此当李毓芳先生在经多年考古而审慎得出“阿房宫未建成、未火烧”的结论一经公布，自成为一时热点、“举世哗然”。刘庆柱先生为此著文，指出“阿房宫遗址考古发现引起的风波，使我们认识到历史学作为一门科学，是在考古新资料的不断发现中、多学科结合新方法的不断应用中、学科理论的不断创新中，学科自身在不断地纠正不正确、不准确的判断中发展的。作为近代科学发展出来的考古学，使人类对自身历史的认识，从宏观与微观两方面都产生了全新的飞跃……”阿房宫考古，是多年来历史时期考古中有关文献记载、传统认知、考古发现，如何从“碰撞”走向“理解”的最重要例证，同时也是历史时期考古学从田野实践到理论研究的重要成果，更是“只唯实而不从众”的考古学“实事求是”精神的重要代表。

汉长安城是汉王朝及之后多个王朝的都城所在，从1956年开始中国科学院考古研究所主动布局开展了汉长安城遗址的考古工作。1985～2002年的18年间，刘庆柱、李毓芳先生先后担任汉长安城考古队队长，持续领队开展汉长安城内未央宫、北宫、桂宫、长乐宫等宫城及市场、手工业区等遗址的考古调查、勘探、发掘与资料整理工作，为我国汉代考古积累了一大批最为核心的研究资料。同时，两位先生以考古资料为基础，系统性地对有关问题进行了研究，汉长安城及相关研究的11篇考古论文即是其代表。其中，前5篇论文，包括两位先生在汉长安城考古工作初始阶段即开展的长安城最核心宫城——未央宫的考古认知、以未央宫考古为基础而展开的长安城宫城与市里布局研究、对汉长安城布局与结构研究、将都城宫殿与宗庙布局结合开展的王国与帝国都城比较研究的成果和1篇两位先生对汉长安城考古工作的总结与展望。这5篇文章，虽当然不是两位先生对有关问题研究的全部，其结论也自然会在将来更多新考古资料发现后有所发展，但到现在为止，它们依然是我们开展城市考古，特别是开展都城考古与研究工作的“范本”，从中可以细细“品味”为什么开展城市或都城考古、如何在庞大城市或都城中选择在哪里发掘和如何发掘等重要问题，若此既避免漫无目的的“无法下口”，也避免“东一榔头西一棒子”难定重点时的选择尴尬，又可迅速在庞大而历史悠久的城市和都城前“举重若轻”找出解决问题的思路与方法。

宫城考古是都城考古的当然核心，而分布在宫城“周边”的市场、手工业区等自然也不可或缺。两位先生在对未央宫、桂宫、北宫、长乐宫等宫城开展繁重考古工作的同时，“见缝插针”的对城内市场和各种手工业遗存开展了考古工作，一方面及时公布考古资料，一方面针对性的展开专题分析，“汉长安城及相关研究”中关于陶窑、手工业遗址、市场的论文即是代表。在类似长安城般“巨大”的政治性为主的城市或都城中如何开展市场和手工业遗存考古，这3篇论文是难以绕开的研究基础和重要参考。

在长安城遗址考古工作中，1985～1987年，刘庆柱、李毓芳先生带队在未央宫三号建筑遗址集中发掘出土大量刻有文字的骨签。通过整理，骨签纪年自西汉初期延续到西汉晚期，不少骨签保存百年以上，延续时间基本与西汉王朝相始终，显示其原为汉中央政府收藏，是当时用以备查的重要文字资料，属中央档案。骨签发现表明，通过骨签，一方面能使中央掌握各地工官和中央属官的“供进之器”情况，一方面又可作为质量跟踪凭证。这批直到今天依然是汉长安地区发现的最大量的汉代文字资料和最重要古代档案，对汉代年代学、职官制度、手工业史、兵器史、档案史、文字学、篆刻史等研究都具有重要的学术价值。刘庆柱、李毓芳先生在紧张的发掘之余及时开展了资料整理与研究，“都城研究”收录了2篇李毓芳先生的重要研究成果，“学术史与其他”中收录了李毓芳先生作为《汉长安城未央宫骨签》“后记”的有关骨签发现、发掘、整理、出版的过程回忆。“事非经过不知难”，想来其中的辛苦，大家自会“品鉴”。

秦从栎阳迁都咸阳后不久，开始在渭河以南进行宫苑建设，后不仅阿房宫建于上林苑中，且汉长安城也是在秦渭南宫苑的基础上规划、设计。虽然西汉早期上林苑的规模有所缩小，但到武帝时期又有了极大扩修，成为我国古代最大规模的为天子私属的“国家公园”。2002～2008年，李毓芳先生为确定秦阿房宫的位置和规模，在完成前殿遗址考古工作后，以其为中心展开了大规模的区域调查与考古发掘，不仅藉此弄清了秦阿房宫的位置和规模，且进一步取得了长安城西侧区域上林苑考古的一系列重要建筑的考古信息，成为古代园林考古的重要发现。在完成考古资料整理后，刘庆柱、李毓芳先生以此为基础开展的秦汉上林苑考古研究“发凡起例”，是秦汉园林考古研究最重要的成果。

社科院考古研究所从创所开始最重要的工作即是古代都城考古，刘庆柱先生在先后任栎阳、杜陵、汉长安城考古队队长之外，先后担任了考古研究所汉唐研究室主任、副所长、所长，在较长时间里一直从全所、全国、历代的层面思考、统筹和规划古代都城考古工作。特别是在1994年刘庆柱先生主持召开中国古代都城考古学术研讨会时提出都城考古目的要明确、方法要准确、理论要正确后，考古所各都城考古队对既往工作进行了认真的总结和反思，更加强调都城考古中要重视究明都城布局形制及其变化、探索其形成与变化的原因，特别“要更加突出‘由物及人’”。以此为开端，我国各都城的考古工作不断取得重要成果。都城考古综合研究的4篇论文，是两位先生在不断开展秦汉都城考古研究的基础上深入探索中国古代都城发展的重要论述。从中同样可以“品味”，如何从单一都城出发开展整体性的古都研究，如何在学术研究中由小见大，如何从整体与局部的关系中推进相关研究，以及理论如何从实践中来到实践中去的科学研究的方法论。

“事死如事生”是我们传统文化的重要内容，而在世界范围内，墓葬考古也一直是考古工作的重要组成部分。刘庆柱、李毓芳先生1979年进入社科院考古研究所工作后，所领导即希望两位先生开展汉长安城考古，但两位先生考虑到汉长安城的复杂性，为慎重起见和积累经验，先是开展了栎阳城考古，后因地下水位过高无法继续栎阳城考古后（尽管如此，以此次考古工作资料为基础，2001年栎阳城遗址被国务院公布为全国重点文物保护单位），从《吕氏春秋》所讲的“陵墓若都邑”出发，在之前已进行汉代帝陵调查研究的基础上，选择了汉宣帝杜陵开展考古工作，“如果我把西汉皇帝陵墓布局结构弄清楚了，作为都城的‘模型’，必将使我对相应的都城遗址研究有一个重要的科学支撑”。而在此前的咸阳工作期间，两位先生不仅开展过实为建国后汉唐帝陵的第一次考古调查，而且李毓芳先生还参加了汉高祖长陵陪葬墓杨家湾汉墓的发掘，独立完成了保存完好的马泉汉墓的考古发掘和报告编写。两位先生开展的杜陵考古，虽后因考古所调派开展汉长安城考古，刘庆柱先生担任汉长安城考古队队长而被迫停止，但其在短短三四年内完成的看似“有限”的工作，依然是中国考古学第一次详尽、科学揭示汉代陵寝制度的最重要成果。以此为基础，1988年，汉宣帝杜陵和两位先生奋斗过的秦咸阳城遗址一起被国务院公布为全国重点文物保护单位。

“陵墓研究”收录了两位先生长期开展陵墓考古、研究的论文11篇。包括了在杜陵考古工作基础上开展的杜陵陵寝建筑制度研究、杜陵礼制建筑研究，也包括了以之前汉代帝陵调查资料和杜陵发掘资料为基础的有关整个西汉帝陵制度的一系列研究，既有关于西汉帝陵形制问题、封土渊源和形制问题、帝陵分布问题的研究，也有对整个西汉帝陵考古研究的学术总结，还有将帝陵与都城连系起来的整体性研究，基本反映了两位先生开展西汉帝陵调查、发掘与研究的学习与工作历程。近年来两位先生将帝陵与都城的“互动”研究不断推动，指出“我们必须看到，陵墓与都邑关系不只是‘陵墓若都邑’，也存在着‘都邑若陵墓’的现象，这是过去考古研究中所较少关注的”，并就此展开了重要探索，指出都城和陵墓之间的这种关系，“在中国古代都城与帝王陵墓发展史上，反映得越来越突出，它们是通过‘阴阳二元’文化突出、‘延续’中华文化的‘中’‘中和’与‘国家认同’的核心理念”，不断深化并引领着古代帝陵研究。此外，本节还各收录了先生们关于秦始皇陵研究、唐代帝陵石刻研究的论述，是两位先生以汉代帝陵为基础“上下求索”开展古代帝陵研究的成果。事实上，建国后第一次系统的唐代帝陵考古调查和第一篇专门的唐陵调查报告均始于两位先生，这篇关于唐代帝陵石刻的研究，即是之前开展唐陵调查工作的“副产品”，也是唐陵调查工作的自然延伸和深化。该文一改之前唐陵石刻研究多重石刻艺术的倾向，以考古资料为基础，结合文献记载，重点梳理和讨论不同阶段帝陵石刻构成和组合等考古学问题，是考古学上陵墓石刻研究的重要文献。

2008～2009年，河南省考古研究院对位于河南安阳的西高穴2号墓开展抢救性考古发掘，在一系列证据的支持下，确定该墓为东汉末年著名政治家曹操的墓葬。由于曹操的“名人效应”和其他各种原因，该墓发掘消息公布不久，就“意料之中”的引起了社会各界的关注，并“意料之外”的遭到一系列的“关心”和“质疑”，成为当时最为重要的学术热点、焦点。刘庆柱先生也因判断该墓墓主为曹操而被意外“卷入”新闻“热潮”。在这个过程中，刘庆柱先生从学术研究和古代陵墓制度出发，从墓葬形制、出土遗物时代、出土石牌所刻文字、人骨鉴定、墓葬地望、文献记载与考古发现遗存关系等方面，以“证据链”的方法论对墓葬墓主进行了论证，得到了考古学界、历史学界的充分认可。2013年，根据文献中在曹魏时期已将曹操墓名为“高陵”的记载，国务院以“安阳高陵”为名将其公布为第七批全国重点文物保护单位。

目前国家的殡葬事务归民政部管理，2016年民政部在多年研究基础上，组织专家学者编写系统性的中国殡葬史研究专著，刘庆柱先生在担任总顾问的同时，撰写了长达3万字的“总导论”。该文中，刘庆柱先生从考古发现出发，但并不限于考古资料，对我国殡葬史加以梳理，探讨了殡葬史如何研究、研究什么和以什么方法开展研究的基础性问题，并提纲挈领的梳理了殡葬礼制与殡葬民俗、墓地与坟地、墓室及葬具与随葬品、祭祀等殡葬研究的主要问题，着重指出中国殡葬史的研究是统一国家的多民族殡葬史，将殡葬研究纳入到多民族统一文化的视角之中，在总结性指出殡葬与社会发展同步的同时，指出殡葬的变化是绝对的，不变是相对的。该文是动态研究殡葬发展的理论梳理，是古代墓葬考古研究中如何“由物及人”“由物及史”的新成果。

为什么开展考古研究，如何从考古资料中揭示古代文明，是中国考古学出现以来一直探索的问题。刘庆柱先生深刻地认识到“学术研究是自己的事业，当然也更是社会的事业”，“文化遗产是国家、民族的‘根’与‘魂’，是我们历史的载体，是中国和中华民族的‘记忆’”。因为有较长时间担任社科院考古研究所的副所长、所长，并任两届全国政协委员的经历，使得刘庆柱先生可以不懈地从全局出发，从全国乃至世界考古出发，以考古资料为基础，探索如何开展历史进入国家文明后的考古学文化研究等重大核心问题。

“考古学国家文化研究”中选录的15篇文章是刘庆柱先生对此问题的思考成果，当然大部分有关于此的论述的完成和出版时间，都是刘庆柱先生在多年积累的“六十而耳顺，七十而从心所欲，不逾矩”之后——特别是近年对有关认识的不断“升华”的成果。其对中华民族“国家认同”的考古学解读、对中华文明五千年不断裂文明的考古学阐释、对中和中和的考古学阐释，对黄河文化、长城、大运河、丝绸之路的深层次思考，正不断阐释着习近平总书记在2020年9月28日中指出的“考古发现展示了中华文明起源与发展的历史脉络”“展示了中华文明的灿烂成就”“展示了中华文明对世界文明的重大贡献”等深刻评价。

“学术史与其他”选录了刘庆柱、李毓芳先生的7篇文字。李毓芳先生长期扎根田野，临近退休之际依然接受国家文物局安排的阿房宫遗址考古工作，而从2011年开始至今依然奋战在田野考古一线。李毓芳先生不仅是目前田野考古工作一线的最高龄者，而且她这种80高龄依然田野不止、科研不休的情况，即使放在我国百年考古的长时空中，也为仅见的。

著名诗人臧克家有诗，“块块荒田水和泥，深翻细作走东西。老牛亦解韶光贵，不待扬鞭自奋蹄”。李毓芳先生“退而不休”依然考古不断、科研不止的过程，在她的这几篇回忆文字和赵炜女士对李毓芳先生的访谈中都有反映。当然，如从附录二刘庆柱先生整理的他与李毓芳先生考古五十年的著述目录看，无论是成果的“质”还是“量”都是非常惊人的——长期担任领导而无奈、无法“分身”自己钟爱田野一线的刘庆柱先生的成果让人实在“感叹而不已”。

如以2003年李毓芳先生“法定退休”的时间为界（刘庆柱先生2019年据规定办理退休），从那时到如今的20年间，两位先生无论田野发掘的成果，还是主动性的科学研究及资料整理与出版的“质”“量”和“速度”，甚至都远超、大快于之前——这在中国百年考古史上同样“前无古人”“无出其右者”。

2022年5月，北京大学考古文博学院在庆祝北京大学考古百年、新中国考古教育七十年纪念大会上授予15位院友“杰出院友奖”，两位先生光荣于列——这是母校对两位60年前入校、

50 年不懈耕耘“老学生”的最高赞赏。虽因新冠疫情防控需要，两位先生未能与会“领奖”，但当学校迅速将奖牌寄到考古队后，李毓芳先生非常高兴地拉着刘庆柱先生，拿着证书在考古队的院子里照相留念，感谢母校的厚爱和关怀！

在两位先生人生 80 岁、入校 60 载、考古 50 年“三喜临门”之际，在如古人“六十为一甲子”之言而正值第二轮人生的“青春同学少年”之时，我们衷心祝愿两位先生青春不老、学业长新。

文集整理过程中，刘庆柱、李毓芳先生命我写“序”，数辞而不得，只好把多年来自己学习两位先生论作的一些“心得”和“理解”，2011 年以来与李毓芳先生在阿房宫与上林苑考古队各遗址发掘、研究与资料整理过程中的“认知”，在我们 10 年近 50 万公里同车行进于各遗址途中李毓芳先生“不停唠叨”“反复教育”的一些思考，以及文集整理过程中重读文章时的“感慨”，略呈于“前”，以为我“少者贱者不敢辞”之“言”。

刘瑞

2022 年 9 月 10 日

壬寅中秋暨教师节际

于古都西安大雁塔侧

目　　录

一、都城研究

秦都咸阳遗址陶文丛考……………………………………………………… 刘庆柱　李毓芳（3）
西安相家巷遗址秦封泥考略………………………………………………… 刘庆柱　李毓芳（16）
西安相家巷遗址考古与秦封泥相关问题…………………………………… 刘庆柱　李毓芳（43）
秦封泥与秦都咸阳宫苑及都城布局研究…………………………………… 刘庆柱　李毓芳（47）
阿房宫前殿遗址的考古收获和研究……………………………………………………… 李毓芳（59）
观念中的历史与历史的真实——阿房宫遗址考古发现的再思考……………………… 刘庆柱（66）
秦阿房宫遗址考古新发现与新思索——意料之外考古发现的科学启迪……………… 李毓芳（68）
秦瓦当概论…………………………………………………………………… 刘庆柱　李毓芳（72）
汉长安城未央宫的考古发掘与研究……………………………………………………… 李毓芳（90）
汉长安城的宫城和市里布局形制述论……………………………………… 刘庆柱　李毓芳（103）
汉长安城的布局与结构…………………………………………………………………… 李毓芳（116）
汉长安城考古的回顾与瞻望——纪念汉长安城考古半世纪……………… 刘庆柱　李毓芳（121）
汉长安城宫殿与宗庙布局考古发现与研究——中国古代的王国与帝国都城比较研究之一
……………………………………………………………………………… 刘庆柱　李毓芳（131）
汉代陶窑初论……………………………………………………………………………… 李毓芳（156）
汉长安城的手工业遗址…………………………………………………………………… 李毓芳（171）
汉代长安市场探讨…………………………………………………………… 刘庆柱　李毓芳（176）
略论未央宫三号建筑与汉代骨签………………………………………………………… 李毓芳（193）
汉长安城未央宫第三号建筑出土骨签的档案价值考……………………………………… 李毓芳（200）
秦汉上林苑遗址考古发现与研究…………………………………………… 刘庆柱　李毓芳（205）
中国古代都城建筑的思想理念探索………………………………………… 刘庆柱　李毓芳（219）
中国古代都城考古学史述论……………………………………………………………… 刘庆柱（241）
中国古代都城遗址布局形制的考古发现所反映的社会形态变化研究………………… 刘庆柱（293）
从“双轴线”到“中轴线”——中国古代都城轴线发展脉络………………………… 刘庆柱（322）

二、陵墓研究

秦始皇陵考古述评………………………………………………………………………… 刘庆柱（327）
西汉帝陵的考古发现与研究………………………………………………… 刘庆柱　李毓芳（354）
关于西汉帝陵形制诸问题探讨……………………………………………… 刘庆柱　李毓芳（379）

关于“陵墓若都邑”与“都邑‘似’陵墓”的研究——以汉阳陵“小陵园”
“大陵园”与汉长安城遗址形制对比研究为例 ………………………… 刘庆柱 李毓芳 （389）
西汉陵墓封土渊源与形制……………………………………………………………… 李毓芳 （402）
西汉帝陵分布的考察——兼谈西汉帝陵的昭穆制度………………………………… 李毓芳 （406）
汉宣帝杜陵陵寝建筑制度研究…………………………………………… 刘庆柱 李毓芳 （415）
杜陵的礼制建筑………………………………………………………… 刘庆柱 李毓芳 （425）
曹操墓的考古学证明………………………………………………………………… 刘庆柱 （432）
唐陵石刻简论………………………………………………………………………… 李毓芳 （435）
中国殡葬史·导论 …………………………………………………………………… 刘庆柱 （448）

三、考古学国家文化研究

中国考古学·总序 …………………………………………………………………… 刘庆柱 （473）
外国考古学译丛·序 ………………………………………………………………… 刘庆柱 （479）
中国历代长城发现与研究·序 ……………………………………………………… 刘庆柱 （481）
黄河文化：中华民族文化的“根”与“魂”的解读…………………………………… 刘庆柱 （483）
大运河对中国历史“功莫大焉” …………………………………………………… 刘庆柱 （487）
中与中和的考古学阐释……………………………………………………………… 刘庆柱 （489）
中华民族“国家认同”的考古学解读………………………………………………… 刘庆柱 （494）
中华文明五千年不断裂特点的考古学阐释………………………………………… 刘庆柱 （497）
从考古学视角深化中华优秀传统文化研究………………………………………… 刘庆柱 （517）
考古学文化与中原地区的古代文明形成…………………………………………… 刘庆柱 （521）
中原历史文化演进的考古学观察……………………………………… 刘庆柱 韩国河 （525）
历史考古的考古学文化阐释…………………………………………… 刘庆柱 韩国河 （550）
中国古代建筑艺术思想史概说……………………………………………………… 刘庆柱 （561）
水下考古与古代文化交流之研究…………………………………………………… 刘庆柱 （591）
“丝绸之路”的考古学解读 ………………………………………………………… 刘庆柱 （596）

四、学术史与其他

中国特色考古学解读：百年中国考古学史之思考…………………………………… 刘庆柱 （613）
读《中国古代瓦当研究》……………………………………………………………… 李毓芳 （627）
浅谈我国高粱的栽培时代……………………………………………………………… 李毓芳 （630）
昆明池的保护与利用问题……………………………………………………………… 李毓芳 （634）
骨签的发掘·整理·出版（代后记） ……………………………………………… 李毓芳 （638）
站起来了，又能继续在人生的轨道上行走了………………………………………… 李毓芳 （649）
退休后10年的精彩生活——为考古事业继续努力工作 …………………………… 李毓芳 （654）

附录一 李毓芳：纯粹的考古人……………………………………………………… 赵 炜 （668）
附录二 刘庆柱、李毓芳著述一览………………………………………………………… （681）
后记……………………………………………………………………………………………… （720）

一、都城研究

秦都咸阳遗址陶文丛考

刘庆柱　李毓芳

新中国成立以来，随着秦都咸阳遗址考古工作的开展，尤其是秦都咸阳第一、三号宫殿建筑遗址的发掘，发现了大量有陶文戳记的砖瓦和陶器。这些陶文种类繁多，内容丰富，地层关系明确，是一批研究秦代历史的珍贵资料。本文拟对此作以考释和探讨。

一、秦都咸阳遗址陶文考释

从秦都咸阳遗址出土的有陶文的砖瓦和陶器来看，战国秦和秦代制陶业可分为中央官署、市府和民营三方面。

（一）中央官署制陶业的陶文

秦都咸阳遗址陶文戳记反映中央官署掌管制陶业的部门有少府、将作少府和宗正。

1. 少府

《汉书·百官公卿表》载："少府，秦官，掌山海池泽之税，以给供养，有六丞。属官有……左戈、居室、甘泉居室、左右司空。"秦都咸阳遗址陶文戳记中反映少府属官掌管制陶业的有左右司空和左弋。

（1）左右司空

左右司空掌管的制陶业产品上的陶文戳记，就其题字格式可分三式：一式，左右司空官署名；二式，左右司空官署名与姓名连文（有的仅具姓名）；三式，左右司空官署名与刑徒名连文（有的仅具刑徒名）。

一式，仅见"左空"一种（图1，本文所有图片均在文后）。左空为左司空省文。过去曾在汉长安城遗址发掘出土"右空"陶文戳记的瓦片和"右空"文字瓦当[1]。西汉左右司空省文左、右空盖承秦制。

二式，计有"左戎""戎""左如""如""左胡""胡""左嘉""嘉""左贝""贝""左李""左黍""左禹""左巷""左登""左蘿""左林""左昌""左豕""右角""角""右禾""禾""右得""得""右童""童""右齐""齐""右贸""左秋""右秋""右贝""右"等陶文戳记（图2～23、26～41）[2]。

秦始皇陵附近出土的秦陶文“左司婴瓦”为“左司空婴”省文。左司空省文为左司（秦都咸阳遗址左司空则省文为左空）；陶文“左悁”为“左司肙”（悁、肙通假）省文[3]，左司省文为左，即左司空省文为左，这是秦代陶文的一种通制。据此可以认为“左戎”“右角”等上述陶文应为左右司空省文为左右与姓名连文，“戎”“角”等陶文应为“左戎”“右角”之省文形式。

秦都咸阳遗址还出土有“延”、“癸”、“记”、“厘”、“囷”、“潦”、“莫”、“界”、“匋”、“彭”、“文”、“半”、“耑”（？）、“昊”、“尚”、“念”、“吴”、“古”、“周”、“王”、“田”、“安”、“臧”等一个字的陶文戳记（图30、42～62、67～68）。据二式中的“戎”“角”等陶文题名格式，这些陶文戳记当为作器者姓名，官署名已省去。中央官署名与姓名连文者，在秦都咸阳遗址的陶文中只见于左右司空，故疑此类陶文可能属于左右司空管制的陶业产品上的戳记。

三式，计有“左旦”和“臼”字陶文戳记（图24、25）。臼与舂通假。秦人有罪，男则为城旦，女则为舂，获罪后被罚作，亦统称之刑徒。秦代以刑徒修宫殿、造陵墓是大量存在的，《史记·秦始皇本纪》载：“（始皇）穿治骊山……天下徒送诣七十余万人。”左右司空是负责皇室土木工程建设的部门之一，秦人获罪沦为城旦、舂，其中一部分“有巧可以为工者”可能被送左右司空罚作[4]，他们的产品上留下“左旦”“臼”等陶文戳记。“左旦”当为左司空城旦省文。“臼”为“左舂”省文，“左舂”为左司空舂省文，秦始皇陵附近出土有“左舂”和“左司舂瓦”陶文可以佐证[5]。

（2）左試（左弋）

“左試”（“左弋”）掌管的制陶业产品的陶文戳记有“左試”（或“左弋”）和“弋”二种（图69、70）。“弋”为“左弋”省文，“式”与“弋”通假。

汉代有“佐弋”文字瓦当、“宜秋佐弋”封泥、“左弋弩力六百廿”汉简等文物；《史记·秦始皇本纪》也有“佐弋竭”的记载[6]。上述瓦当、封泥和文献中的“佐弋”与秦陶文“左试”（或“左弋”）的左字不同。《说文》左部，段注：“左者，今之佐字。”《说文辨字正俗》又载：“古左右作𠂇又，而相助字作左右，《易》《诗》《尔雅》犹不加人傍，后人别制佐佑字。”由此可见，“左”字加“人”傍，别制“佐”字当起于汉代。但是，汉代佐、左通用，前引居延汉简即是一例。

关于左弋的职能，《汉书·百官公卿表》载：“秦时少府有佐弋，汉武帝改为佽飞，掌射弋者”；《居廷汉简》（甲乙编）亦有“左弋弩”记载。秦陶文戳记中“左試”“左弋”和“弋”的出现，说明左弋在秦代还掌管制陶业。

2. 将作少府

属于将作少府属官的陶文戳记有“右校”“右徒”（图71、72）。

（1）右校

《汉书·百官公卿表》载：将作少府“属官有石库、东园主章……左右前后中校七令丞”。陶文“右校”为右校令丞省义。

（2）右徒

《续汉书·百官志》载：左校令丞“掌左工徒”，右校令丞“掌右工徒”。陶文“右徒”为

"右工徒"省义，此犹"左司空"省文为"左空"。

3. 宗正

《汉书·百官公卿表》载："宗正，周官，秦因之"，陶文"宗"字可能为"宗正"省文（图73），此犹"大匠""都司空"省文为"大""都"。西汉中央官署陶业主要由宗正属官和都司空令掌管，而在秦都咸阳遗址出土的陶文戳记中，属于宗正官署者仅见一例。

（二）市府制陶业的陶文

秦郡咸阳遗址出土的陶文中，反映市府掌管的制陶业陶文有"成"（"咸阳成"）、"咸阳市"、"亭"（"咸阳亭""咸亭"）。

1. "成"（"咸阳成"）

汉代有"新成右祭酒"印章和"新城令印"封泥，《汉书·地理志》载："新成县，惠帝四年置"，《续志》作新城。由此可见，成与城通假。

属于"成"的陶文戳记有两种：一为"咸阳成"与作器者姓名连文，如"咸阳成童""咸阳成洛""咸阳成石""咸阳成申"等；二为"成"字，"成"系"咸阳成"省文（图74～77）。

2. "咸阳市"

《史记·秦始皇本纪》载："秦献公七年，初行为市。"《史记·秦本纪》载："献公二年，城栎阳。"秦汉栎阳故城遗址出土的有"栎市"陶文戳记拱形花砖、陶罐和秦始皇陵附近、渭南县等地出土的有"栎市"陶文戳记的陶器，均应为"栎阳市"（省文为"栎市"）产品[7]。孝公迁都咸阳后，"市"得到进一步发展，据文献记载，当时咸阳的市并非一处，有咸阳市、直市、奴婢之市、盐市、铁市、地市等[8]。但在秦都咸阳遗址出土的陶文戳记中仅见"咸阳市于"一例[9]。"咸阳市"为市名，"于"为人名。

战国秦和秦代"咸阳市"不仅是工商业集中之处，还是都城的重要露布或行刑之地[10]。

3. "亭"（"咸阳亭""咸亭"）

秦汉时代的"亭"，可为乡亭，又可为市亭。秦都咸阳遗址出土的"亭""咸亭平彙"和"咸阳亭久"[11]陶文戳记当为市亭之意。"亭""咸亭"为"咸阳亭"省文[12]。过去出土的"咸阳亭久"[13]陶文，"咸阳亭"为亭名，"久"系标记，《睡虎地秦墓竹简》有"公甲兵各以其官名刻久之"[14]的记载，可资为证。"咸亭平彙"中的"平彙"为人名（图78）。

秦汉时期，"市""亭"意义相近。秦代陶文有"市亭"连文者，如湖北云梦睡虎地十四号墓出上的陶瓮上有"安陆市亭"的陶文戳记[14]；又《文选》卷二张平子《西京赋》载："廓开九市，通阛带阓；旗亭五重，俯察百隧。"薛综注："旗亭，市楼也。"可见就此而言，市、亭同义。

（三）民营制陶业的陶文

秦都咸阳第一、三号宫殿建筑遗址出土的反映民营制陶业产品的陶文戳记均为四字陶文。可分为以“咸阳”“咸邑“咸原”“咸里”和“咸”字开头五类。

以“咸阳”开头的四字陶文有“咸阳粁浃”（？）（图79）。咸阳为地名多见于《史记》以及战国时代著作，在战国秦和秦代出土文物中亦多有关于“咸阳”之名的记载。加之前述戳印陶文的出土物适在秦都咸阳故址，因此我们认为“咸阳”二字当连读，作地名解，其后连文二字为人名。

以“咸邑”开头的四字陶文计有：“咸邑如戊”“咸邑如顷”（图80、81）。《左传》庄公二十八年载：“凡邑，有宗庙先君之主曰都，无曰邑。”《史记·秦本纪》载：“（秦昭襄王）五十四年，王郊见上帝于雍。”可见秦迁都咸阳一个多世纪后，“雍”还有其宗庙，这即当时“先王庙或在西雍，或在咸阳”的情况[15]。故秦都咸阳又有“咸邑”之称。此犹栎阳又称栎邑，《史记·货殖列传》载：“栎邑北却戎翟，东通三晋。”“咸邑”之后连文“如顷”“如戊”应为作器者姓名。

以“咸原”开头的四字陶文计有，“咸原少龟”（？）、“咸原小婴”（图82）[16]。秦都咸阳遗址主要分布在今咸阳市窑店公社北边的二道原上[17]，即《史记·秦始皇本纪》所载之“北阪”。“北阪”就是咸阳原。《雍大记》：“咸阳原在渭水北，九嵕山南”，咸阳称咸阳原犹后赵咸阳改置石安县亦称石安原，此谓因地名而称原，“咸原”当为咸阳原省文。与“咸原”连文的“少龟”（？）和“小婴”当为作器者名。

以“咸里”开头的四字陶文计有：“咸里芮喜”“咸里卜戎”“咸里高嘉”“咸里禾玉”等（图83～87）。这是四字陶文中数量和种类最多的一类。我们所以将上述陶文“咸里”连文横读，因为“咸里”之称在西汉时期曾作为专用地名而使用，长安北乡出土的有“元平元年咸里周子才”陶文的陶豆和陶盖，“元平元年”为汉昭帝年号，“咸里”为地名，“周子才”为人名（图103）[18]。这件陶器的陶文说明：“咸里”之称一直延至西汉中期。甚至东汉人还把“秦里”与咸阳并称。因此，唐代学者才把“汉京”“秦里”并列。

以“咸里”开头的四字陶文，目前见到的以秦都咸阳故址西部、今长陵车站一带出土的为多，如“咸里郿会”“咸里郿宦”“咸里郿射”“咸里郿骄”“咸里郿竭”“咸里郿跬”“咸里郿驵”“咸里郿疆”“咸里郿新”“咸里郿贝”“咸里郿角”“咸里郿亥”和“咸里郤夫”“咸里郤奢”等[19]。郿、郤与屈、完通假。屈、完为楚姓。《左传》昭公十九年载：“楚使令子瑕聘于秦，拜夫人。”《通志·氏族略》载：“楚武子瑕，食采于屈，因以为氏。”瑕力屈氏，与秦联姻，屈氏家族部分成员可能客居咸阳。又《史记·秦始皇本纪》载：“始皇二十六年，徙天下豪富于咸阳十二万户。”楚国豪门大姓屈氏徙于咸阳是必然的。我们推测那些屈姓陶文的陶器可能即战国秦或秦代居住在咸阳的楚人屈氏掌管的制陶作坊产品。

《史记·楚世家》载：“楚太子为质于秦者逃归。秋，顷襄王卒，太子熊元代立，是为考烈王。”《索隐》：“系本，作完。”楚考烈王完做太子时曾质于秦，当有不少随员，太子完逃归楚，留在咸阳的部分随从可能以完为姓，其中部分人经营制陶业作坊，陶文中“郤”姓产品大概即出于这些人之中。

以“咸”字开头的四字陶文读法不一，有的如前述诸例由右向左横读，如“咸泆平彙”“咸高陈区”等（图 99、101）；有的则由右向左竖读，如“咸鄜小有”“咸鄜小颖”等[20]。“咸”应为“咸里”或“咸阳”的省文，其后连文当为人名。

二、秦都咸阳遗址陶文说明的几个问题

（一）制陶业生产组织

秦都咸阳宫殿建筑需用的砖瓦绝大部分由中央宫署的制陶业生产，从秦都咸阳第一、三号宫殿建筑遗址用瓦情况来看，中央官署制陶业生产的砖瓦占宫殿用瓦总数的百分之九十二，其余为市府和民营制陶业所提供。

根据秦都咸阳第一、三号宫殿建筑遗址出土有陶文戳记的砖瓦统计，中央官署掌管制陶业的各部门生产砖瓦占中央官署总数比例为：少府占百分之九十以上，这说明战国秦和秦代宫殿建筑材料的生产主要由中央官署制陶业承担。

关于中央官署掌管的制陶业中生产者的情况，陶文戳记中也有反映。如前所述，左右司空是中央官署制陶业的主要机构，其产品中的陶文戳记百分之九十六以上是左右司空与姓名连文，或左右司空省文而仅具姓名，这些姓名可能代表了家长或师傅所领导的生产单位。他们世代相袭，师徒相承，家长或师傅既是一“家”之长，又是生产上的管理者、技术上的传授者。他们与中央官署掌管的制陶业各部门的关系是“处工，就官府”[21]，官府对他们是“物勒工名，以考其诚，工有不当，必行其罪以穷其情”[22]。这些人就是春秋战国时代的“百工”，他们食禄于官府，但又不同于“皂隶”。

当时左司空还有少量获罪而降为刑徒的陶工，陶文戳记“左旦”、“臼”（臼、舂通假）即其物证。这些刑徒因有制陶技术，被编纳入左司空，以烧制砖瓦代替其筑城、舂米之罚作。因而其产品之陶文戳记未署其姓名。

属于中央官署的少府之左弋，将作少府之右校、右徒和宗正等机构的砖瓦陶文戳记，均只见官署名称，未见与姓名连文者。这可能因为这些部门的陶业生产者多为工奴（即“皂隶”）。虽然这些部门陶业生产者并非“百工”，但因其产品很少，生产规模不大，因而我们认为当时中央官署制陶业的主要生产者是“百工”，而不是“皂隶”。

秦都咸阳的市府制陶业规模不大，产品数量小。可能“成”“市”“亭”的主要职能不是直接掌管制陶业生产，而是对商业和民营手工业的管理。

在市府制陶业产品上，以“成”最多，“亭”次之，“市”最少。“成”的产品仅见瓦，多用于宫殿建筑，“亭”的产品有瓦也有陶器；“市”的产品则仅见陶器。

市府和中央官署的制陶业性质，在本质上是相同的，不过辖属关系不同、供销对象各异，一个属地方政府，一个属中央政府；一个产品面向社会，一个产品服务于皇室（或王室）。但是由于二者均属官府陶业，所以其生产者的身份是基本一样的。

秦都咸阳的民营制陶业主要集中在“咸里”一带，他们是一家一户的个体手工业者。政府通过乡亭的行政设施管理民营制陶业的生产，其产品进入市井由市府管辖。一部分民营制陶业生产的砖瓦在宫殿建筑遗址内发现，说明民营制陶业中的砖瓦生产者要向国家缴纳实物税。至于生产陶器的民营生产者，或许有人以劳役代替税收，这大概就是在中央官署和民营制陶业产品的陶文戳记中发现许多同姓名陶文的原因之一。

在秦都咸阳第一、三号宫殿建筑遗址出土的有陶文戳记遗物中，属于民营制陶业的陶文戳记种类较多，有“咸阳”“咸里”“咸原”和“咸邑”等，但尚未发现以“咸”字开头的六字陶文戳记的遗物，而在咸阳黄家沟秦墓地和过去咸阳长陵车站一带的调查、发掘中，曾出土了不少以“咸”字开头的六字陶文戳记的遗物，目前一般认为这属于民营制陶业产品，但其与四字陶文有何区别呢？我们觉得田野工作中的下列现象值得注意：

第一，秦都咸阳第一、三号宫殿建筑遗址，营建年代大约都在秦迁都咸阳后不久，第一号宫殿建筑比第三号宫殿建筑遗址的时代可能还要略早些[23]。

第二，目前有地层关系的六字陶文戳记遗物，大多发现于墓葬之中，如咸阳黄家沟秦墓[24]、秦始皇陵陪葬墓和陪葬马厩坑中均发现有六字陶文戳记的陶器[25]，而这些墓葬的时代一般较秦都咸阳第一、三号宫殿建筑遗址要晚。因此，我们认为，从时代上看，以“咸”字开头的四字陶文要早于六字陶文；从陶文戳记的使用上讲，六字陶文可能大多作为陶明器上的题字格式。

（二）陶业生产上的专业化分工

社会生产的专业化分工是衡量生产力发展水平的一个重要方面。战国秦和秦代制陶业生产上的专业化分工主要表现在陶业产品的专业化生产上。当时制陶业产品主要为砖瓦和陶器两类，砖瓦生产主要集中在中央官署掌管的制陶业里，市府和民营制陶业中的砖瓦产量相对来说很少。以秦都咸阳第一、三号宫殿建筑遗址出土的有陶文戳记的砖瓦来看，市府制陶业产品仅占总数百分之四点四，民营制陶业产品仅占总数百分之二点六。

市府制陶业兼营砖瓦和陶器生产，但以生产砖瓦为主。

民营制陶业主要产品是日用陶器和陶明器，也有少量砖瓦产品，民营制陶业的陶器占秦都咸阳遗址出土陶器的百分之九十七以上。

就每个生产单位而言，中央官署、市府和民营制陶业中产品的专业化生产也是十分明显的。如，在中央官署的左右司空陶业生产中，其砖瓦上的每一种陶文就是一个生产单位，他们生产着各自的产品，同一种陶文见于两种产品之上（指砖或瓦，以及瓦中的筒瓦或板瓦等）的极少出现。有的陶文文字内容相同，但阴、阳文不一样，其产品也不同、如阳文的陶文“得”只见于筒瓦之上，而阴文的陶文“得”只见于板瓦之上。由此看出，陶文相同，阴阳文不同，可能也不是同一个生产单位产品的陶文戳记（当然，也有阴阳文不同，而产品相同的）。又如，民营制陶业生产的陶文戳记“咸里芮喜”“咸里高嘉”“咸邑如顷”“咸里卜戎”等，只见于板瓦之上，而“咸里蒲奇”、“咸里郘□”、“咸里郿□”等只见于陶器之上，六字陶文则绝大多数见于陶明器之上。

战国秦和秦代制陶业产品的专业化生产，保证、提高了制陶业产品的质量和数量。秦代质地精良的砖瓦与其制陶业生产专业化分工是有重要关系的。

注　释

[1]《季木藏陶》《金石萃编》和《关中秦汉陶录》等书均辑录有汉长安城出土的“右空”陶文瓦片或文字瓦当。

[2][8][16] 秦都咸阳考古工作站:《秦都咸阳第一号宫殿建筑遗址简报》,《文物》1976年第11期。

[3][5] 袁仲一、程学华:《秦代中央官署制陶业的陶文》,《考古与文物》1980年第3期。

[4] 睡虎地秦墓竹简整理小组:《睡虎地秦墓竹简》,文物出版社,1978年,第76页。

[6] 罗振玉:《秦汉瓦当文字》,第12页;陈直:《史记新证》,第19、20页;陈直:《汉书新证》,第103页;中国社会科学院考古研究所:《居延汉简(甲乙编)》下册,中华书局,1980年,第263页。

[7] 罗福颐:《汉印文字征》卷十四,第14页;《封泥考略》。

[9] 秦汉栎阳故城遗址出土的有“栎市”陶文花砖、陶罐等资料,存中国社会科学院考古研究所栎阳发掘队,报告待发。秦俑考古队:《临潼上焦村秦墓清理简报》,《考古与文物》1980年第2期;左忠诚、郭德法:《渭南县发现秦半两钱范和“栎市”陶器》,《考古与文物》1981年第2期。

[10]《汉书·王莽传》;《华阳国志》卷八二七引《三秦记》;《长安志》卷十九;《秦会要订补》卷一〇七。

[11] 吴梓林:《秦都咸阳遗址新发现的陶文》,《文物》1964年第7期。

[12]《史记·吕不韦列传》;《史记·李斯列传》。

[13][18] 陈直:《关中秦汉陶录》(第一集),中国社会科学院图书馆藏。

[14] 湖北孝感地区第二期亦工亦农文物考古训练班:《湖北云梦睡虎地十一座秦墓发掘简报》,《文物》1976年第9期。

[15]《史记·秦始皇本纪》。

[17] 刘庆柱:《关于秦都咸阳几个问题的初探》,《文物》1976年第11期。

[19]《文选》卷二张平子《西京赋》:“汉氏初都,在渭之涘。秦里其朔,实为咸阳。”薛综注:“里,居也。”我们认为“秦里”“实为咸阳”,可能后人因咸阳曾为秦都,秦汉时咸阳又有咸里之称,故汉时有秦里之名。《初学记》卷八,关内道,有“汉京”“秦里”的记载。

[20] 陕西省考古所:《秦都咸阳故城遗址的调查和试掘》,《考古》1962年第6期。

[21]《国语·齐语》。

[22]《礼记·月令》。

[23] 咸阳地区、市文管会、博物馆:《秦都咸阳第三号宫殿建筑遗址发掘简报》,《考古与文物》1980年第2期。

[24] 咸阳黄家沟秦墓资料正在整理之中。

[25] 秦俑考古队:《秦始皇陵东侧陪葬墓的发掘简报》,《考古与文物》1980年第2期;秦俑考古队:《秦始皇陵东侧上焦村马厩坑的钻探试掘简报》,《考古与文物》1980年第4期。关于秦都咸阳遗址近年来采集、发掘的有六字陶文戳记的遗物,亦属民营制陶业产品。但是,鉴于这方面的有关资料正在整理中,这一问题留待以后再做讨论。

秦都咸阳第一、三号宫殿建筑遗址陶文分类统计表

类别		陶文内容	阴阳文	陶文戳于何物	图号	出土地点
中央官署	左右司空	左　空	阳	板瓦	1	No1T18④、T28③;No3T9②E
		左　贝	阴	板瓦	2	No1T21③、T28③
		贝	阴	板瓦	3	No1T28③、T20③
		右　胡	阴	板瓦	4	No1T28③、T20③、T21③、T17③、T31;No3T8③
		胡	阴	板瓦	5	No1T41②③、T40②③ T28②、T21③、T17④
		胡	阳	板、筒瓦	6	No1T29③、T27③、T17④
		左　嘉	阳	板瓦	7	No1T17④、No1东T104③、T101③;No3T9②D
		嘉	阳	板瓦	8	No1T18④、T21③、T28③、T40③、T50③; No3T9②D

续表

类别		陶文内容	阴阳文	陶文戳于何物	图号	出土地点
中央官署	左右司空	左　戎	阴	板瓦	9	No1T3③、No1东T103③
		戎	阴	板瓦	10	No1T18④、No1东T102③
		左　如	阴	板瓦	11	No1东采集
		如	阴	板瓦	12	No1东T101③
		左　禹	阴	板瓦	13	No1T28③、T29③、T18④
		左　蓷	阴	板瓦	14	No1T28③、T30③；No1东T103③
		左　桼	阴	板瓦	15	No3T9②D
		左　豙	阴	板瓦	16	No3T9②D
		左　李	阴	板瓦	17	No3T9②D
		左　杜	阴	板瓦	18	No3T9②D
		左　昌	阳	筒瓦	19	No1T18④
		左　林	阳	筒瓦	20	No1T21③
		左　登	阳	筒瓦	21	No1T17④
		左　巷	阳	筒瓦	22	No1T18④
		左　秋	阳	筒瓦	23	No1、No3采集
		左　旦	阴	瓦	24	No3采集
		臼	阴	板瓦	25	No1T23③
		右　角	阴	板瓦	26	No1T17④
		角	阴	板瓦	27	No1东T101③、No1东采集
		右　禾	阴	板瓦	28	No3T9②D
		禾	阴	瓦板	29	No1东T103③
		右　臧	阴	板瓦		No1
		臧	阴	板瓦	30	No1T31
		右　童	阴	板瓦	31	No1T23③
		童	阴	板瓦	32	No1T23③
		童	阳	瓦	33	No1T18
		右　齐	阳	瓦		No1T23
		齐	阴	板瓦	34	No1T18④
		右　秋	阳	筒瓦	35	No1T5
		右　得	阳	筒瓦	36	No1T17③④
		得	阳	筒瓦	37	No1T28
		得	阴	板瓦	38	No1T21③、T27③
		右　贸	阴	板瓦	39	No1T17④、T47
		右　贝	阳	板瓦	40	No1采集
		右	阳	砖	41	秦咸阳宫殿遗址
		延	阴	筒瓦	42	No1T31
		癸	阳	板瓦	43	No1T50
		记	阳	板瓦	44	No1T21③、T22③
		廛	阳	板瓦	45	No1T10④、T21③、T22③、T40④、T41
		囷	阳	瓦	46	No1T21③
		潦	阴	板瓦	47	No1T28、T5
		莫	阴	筒瓦	48	No1T18④、T5、T31
		界	阴	板瓦	49	No1T17④、T29③

续表

类别		陶文内容	阴阳文	陶文戳于何物	图号	出土地点
中央官署	左右司空	王	阴	板瓦	50	No1 东 T101 ③；No3T10 ③
		安	阴	板瓦	51	No1 东 T102 ③
		匋	阴	板瓦	52	No1 东 T104；No3T8 ③、T9 ② D
		周	阴	板瓦	53	No1 东 T104 ③；No3T3 ③
		田	阴	筒瓦	54	No1T18 ④、T40、No1 东 T103 ③
		彭	阴	板瓦	55	No3T8 ②、T10 ③、T9 ② D
		文	阴	筒瓦	56	No3 采集
		半	阴	板瓦	57	No1T17 ④
		㘝（？）	阳	筒瓦	58	No1T22 ③
		昊	阴	筒瓦	59	No1T30
		尚	阴	筒瓦	60	No1T18 ④
		念	阴	板瓦	61	No3T9 ② D
		吴	阴	板瓦	62	No1T21 ③
		左赊（？）	阴	板瓦	63	No1T19、T18、T17
		右舟（？）	阳	板瓦	64	No1T18 ④、T17 ④、T28 ③
		右瓦（？）	阴	板瓦	65	No1T28 ③
		右䅟（？）	阴	板瓦	66	No1T18 ④、T21 ③
		古	阴	板瓦	67	No1 东 T101 ③
		古	阳	方砖	68	No1T18 ④、No1 东 T102 ③
	左弋	左試	阴	板瓦	69	No1T23、T29 ③、T17 ④、T20 ③、T28 ③
		左弋	阴	瓦		秦都咸阳宫殿遗址采集
		弋	阳	板瓦	70	No1T17 ③④、T13 ③、T22 ③、T28 ③
	将作少府	右校	阴	瓦	71	No1 采集
		右徒	阳	板瓦	72	No1T17 ④
	宗正	宗	阴	瓦	73	No2 西采集
市府	成	成	阴	板瓦	74	No1T31
		咸阳成申	阴	瓦		No1，见《文物》1976 年第 11 期
		咸阳成洛	阴	板瓦	75	No3 西采集
		咸阳成童	阴	筒瓦	76	No3 西采集
		咸阳成石	阴	板瓦	77	No1 采集
	市府	咸阳市于	阴	陶器		秦咸阳遗址，见《文物》1976 年第 7 期
	亭	亭	阴	板瓦	78	No1 东 T104 ③、No1 采集
		咸亭平彙	阴	陶鼎		秦咸阳遗址，见《关中秦汉陶录》
		咸阳亭久	阴			秦咸阳遗址，见《考古与文物》1981 年第 1 期
民营		咸阳秅浃	阴	筒瓦	79	No1T20 ③
		咸邑如顷	阴	板瓦	80	No1T17 ④
		咸邑如戊	阴	瓦	81	No1T18 ④
		咸原小婴	阴	瓦		No1，见《文物》1976 年第 11 期
		咸原少龟	阴	陶盆	82	No1 东 T103 ④
		咸里芮喜	阴	板瓦	83	No1、No1 东 T104 ③；No3T9 ② E、T9 ② D
		咸里卜戌	阴	板瓦	84	No1T28、No1 采集
		咸里卜院	阴	板瓦	85	No3T9 ② D
		咸里高嘉	阴	板瓦	86	No3 采集
		咸里禾玉	阴	陶盆	87	No3 采集

续表

类别		陶文内容	阴阳文	陶文戳于何物	图号	出土地点
其他		幺	阴	瓦	88	No1T40 ④
		守	阴	筒瓦	89	No1T18
		丟（？）	阴	板瓦	90	No1T18、T28
		蕭（？）	阴	板瓦	91	No1T29
		㸲（？）	阳	板瓦	92	No1T15 ④、T40 ③、T28 ③
		初（？）	阴	板瓦	93	No1 东 T102
		□嘉	阳	板瓦	94	No1T21 ⑨、T18 ④、T20 ③、T27 ③
		之（？）	阴	陶垫	95	No1T7（刻文）
		之与（？）	阴	筒瓦	96	No1T26 ④、T18 ④、T18H1
		秦	阴	方砖		No1 见《文物》1976 年第 11 期
		珎	阴	砖	97	No1T5（刻文）
		北工	阴	板瓦	98	No1T17 ④、T41 ③
		□高陈区	阴	板瓦	99	No1T12
		咸阳□□	阴	瓦	100	No1T17 ④
		咸高□□	阴	陶瓮	101	No1 东 T103 ④
		咸仓故均	阴	陶盆	102	No1 东 T102H ④

注：1. No1 为秦都咸阳第一号宫殿建筑遗址。

2. No3 为秦都咸阳第三号宫殿建筑遗址。

3. “陶文内容”栏说明两点：第一，有（？）号者释文尚待进一步推敲；第二，有□号者，为有文字，或模糊不清，或缺损。

4. “陶文戳于何物”栏，凡填“瓦”者，即板瓦或筒瓦尚难确定。

5. “出土地点”栏，T 为探方号，圆圈内阿拉伯数字为地层号。

1 2 3 4 5 6 7
8 9 10 11 12 13 14
15 16 17 18 19
20 21 22 23 24 25 26
27 28 29 30 31 32 33
34 35 36 37 38 39

40

41

42

43

44

45

46

47

48

49

50

51

52

53

54

55
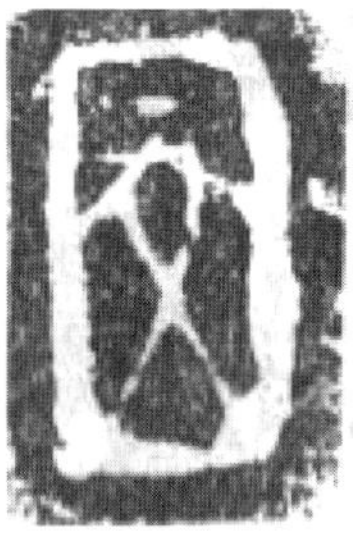
56

57
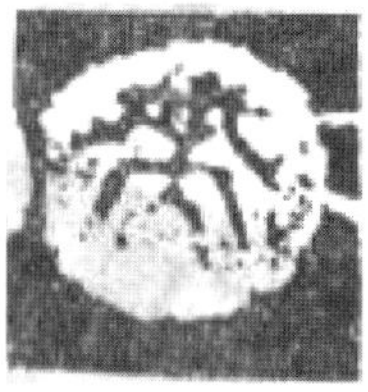
58

59

60

61

62

63

64

65

66

67

68

69

70

71

72

73

74

75
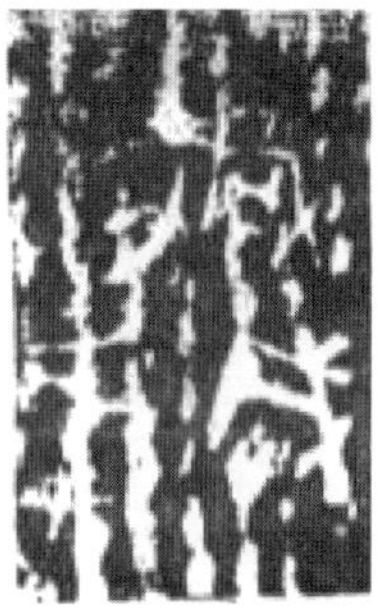
76

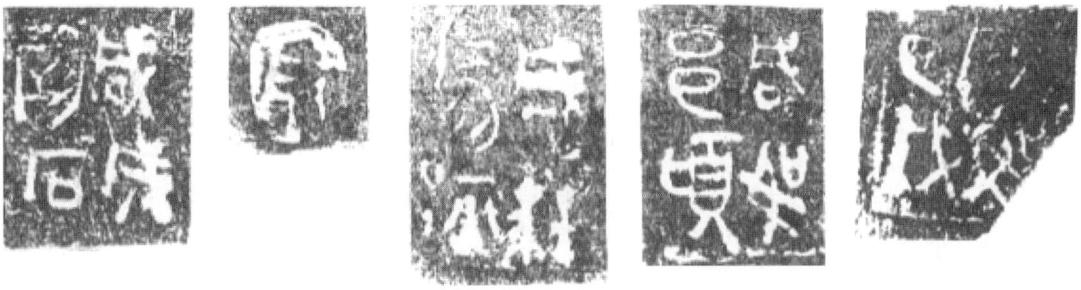

77 78 79 80 81

82 83 84 85 86

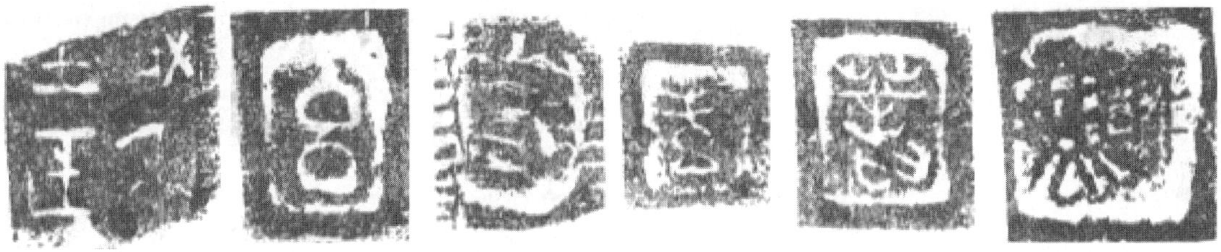

87 88 89 90 91 92

93 94 95 96 97 98

99 100 101 102 103

（原刊于《考古与文物》(《古文字论集（二）》) 1983 年增刊）

西安相家巷遗址秦封泥考略

刘庆柱　李毓芳

一、引　言

公元前350年秦孝公徙都咸阳，至公元前206年秦亡，咸阳城一直作为秦之都城。秦咸阳城始筑于渭河北岸，秦国的发展，都城规模的扩大，首都咸阳城的一些新的重要建筑，如文献记载的“南宫”“兴乐宫”“甘泉宫”“章台”“信宫”“诸庙”“上林苑”等，从渭河北岸移向渭河南岸。近年来在与秦咸阳城南北相对的渭河南岸，汉长安城遗址西北部，多次出土大量古代封泥，其中相当数量的古代封泥已流散入社会。这些封泥现在主要收藏在北京古陶文明博物馆、西北大学历史博物馆、西安中国书法艺术博物馆和西安市文物保护考古所。北京古陶文明博物馆和西北大学历史博物馆收藏的相家巷流散古代封泥已编著成《秦封泥集》出版[1]，西安书法艺术博物馆收藏的相家巷流散古代封泥也进行了报道和介绍[2]。

古代封泥的发现与研究是近世中国金石学的大事，当考古学传入中国后，它们又成为中国考古学的重要内容。19世纪后半叶及20世纪初，封泥集成谱录刊行，其中主要有刘鹗《铁云藏封泥》、吴式芬和陈介祺《封泥考略》、陈介祺《簠斋所藏封泥拓本》、罗振玉《齐鲁封泥集存》、陈宝琛《澂秋馆藏古封泥》、周明泰《续封泥考略》。20世纪30年代有《封泥存真》《临淄封泥文字》和《封泥汇编》等。20世纪50年代以来考古发现的古代封泥大多见于考古简报、报告。虽然其数量不少、科学性强，但不足之处是封泥发现过于分散，封泥的研究缺乏全面性和系统性。最近的封泥著作以孙慰祖的《古封泥集成》和周晓陆、路东之的《秦封泥集》最为重要，但是他们辑录、研究的封泥多为传世或流散征集品。

2000年夏季，中国社会科学院考古研究所汉长安城考古队在陕西省西安市未央区六村堡乡相家巷的农田中发掘一处秦遗址，出土325枚秦封泥，涉及100多种。本文就其中116枚文字清晰可辨、保存基本完整者进行初步考释，封泥文字拓本及照片见本期发表的田野报告。

二、考　释

1.“右□相□”（T2③：129）

相家巷遗址流散秦封泥有“右丞相印”和“左丞相印”，此封泥“右□相□”当为“右丞相印”。

《汉书·百官公卿表》云：“相国、丞相，皆秦官，金印紫绶，掌丞天子助理万机。秦有左右，高帝即位，置一丞相，十一年更名相国，绿绶。孝惠、高后置左右丞相，文帝二年复置一丞相。”

《史记·秦本纪》：秦武王二年“初置丞相，樗里疾、甘茂为左、右丞相”。至秦二世二年，秦丞相均置左、右[3]。左、右丞相并立，但以右丞相为上。据《战国策》《史记》等文献及出土文物考证，其间秦有右丞相 12 人：樗里疾、甘茂、魏冉、薛文、楼缓、寿烛、杜仓、范雎、蔡泽、吕不韦、隗状、冯去疾；左丞相 9 人：甘茂、屈盖、向寿、金受、芈戎、徐诜、昌平君、王绾、李斯[4]。由此可见，结合新出土封泥资料，进一步证明了文献记载秦之丞相有左右之说是可信的。

《秦封泥集》中收录 1 枚相家巷出土流散的封泥，作者释为“丞相之印”，但“之”字残甚，难以判定。况且相家巷遗址出土的属于“丞相”之印，已有十几件，除左、右丞相之外，未见 1 枚文字清晰的“丞相之印”出土。当然我们不排除秦有“丞相之印”，如秦二世末年即废左、右丞相，仅设“丞相”。

2.“祝印”（T2 ③：79）

“祝”为官名，负责宗庙祭祀祷告之赞词。殷代始置，甲骨文中有关于“祝”的记载，西周初期金文也见“大祝”[5]，《周礼·春官》有“大祝”“小祝”。《汉书·百官公卿表》云：“奉常，秦官，掌宗庙礼仪，有丞。景帝中六年更名太常。”“属官有太乐、太祝、太宰、太史、太卜、太医六令丞。”《史记·封禅书》：“汉兴，高祖悉召故秦祝官，复置太祝，如其故礼仪。”传世有“齐太祝印”汉代印章[6]。秦太祝有“祝官”若干，“祝印”当为“祝官”之印。相家巷遗址出土秦封泥还有半通“□祝”（T3 ③：39）封泥，疑印文应为“大祝”。

3.“□医□印”（TG1：52）

相家巷遗址流散秦封泥中有“泰医丞印”和“大医丞印”封泥，此“□医□印”封泥印文当为“泰医丞印”或“大医丞印”。

《汉书·百官公卿表》载：“奉常，秦官，掌宗庙礼仪，有丞。景帝中六年更名太常。属官有太乐、太祝、太宰、太史、太卜、太医六令丞。”又载：“少府，秦官，掌山海池泽之税，以给供养，有六丞。属官有尚书、符节、太医、太官、汤官、导官。”有的学者认为，“太常之太医，主治百官之病，少府之太医，则主治宫廷之病”[7]。沈钦韩《汉书疏证》云：“太医令丞，太常已有之，疑此官先属太常，后属少府，班失刊正。”我们同意这个看法。秦代或先秦时期的巫官职掌预言吉凶、禳祷以除疾病，医官与巫官均有除疾病之任务，“巫”“医”相通者甚多，故秦之“太医”与“太卜”“太祝”等同为“奉常”属官是有一定道理的。

4.“都水丞印”（T2 ③：75）

《汉书·百官公卿表》：奉常又有属官“均官、都水两长丞”。都水又见于少府和治粟内史属官之列。根据《后汉书·百官志》载：“有水池及鱼利多者置水官，主平水、收渔税。”都水系水官，奉常之都水应负责帝王陵园、陵邑之水利事务。少府因“掌山海池泽之税，以给供善”，其属官都水更着重于收取与“水”相关的“池泽之税”。至于治粟内史（汉景帝更名大司农）属官之都水应为设在郡国之都水，“主平水、收渔税”是其责。相家巷遗址出土的“都水丞印”秦封泥，隶属之官署，待进一步研究。

5.“郎中丞印”（T2③：81）

《汉书·百官公卿表》：“郎中令，秦官，掌宫殿掖门户，有丞。”郎中之官设置已久，据《韩非子·外储说》记载，春秋时期齐桓公、晋文公有“郎中”之官。《华阳国志》记载，秦昭襄王时有“郎中令”之官。秦代有“三郎”，即“郎中”“中郎”和“外郎”，“郎中令”为“三郎”之首官，“郎中丞”为其副贰。

6.“谒□之□”（T2③：137）

相家巷遗址流散秦封泥有“谒者之印”，此封泥“谒□之□”当为“谒者之印”。《汉书·百官公卿表》载郎中令的“属官有大夫、郎、谒者，皆秦官”。谒者为帝王侍从官员，掌宾礼司仪，接待引见宾客，宿卫宫廷，亦有奉命出使之责。

7.“公车司马丞”（T3③：1）

公车司马，官名。战国秦置。掌宫中警卫。《睡虎地秦墓竹简·秦律杂抄》：“公车司马猎律。”《汉书·百官公卿表》：卫尉“属官有公车司马、卫士、旅贲三令丞”。公车司马亦省称为“公车”。《后汉书·和帝纪》注引《前书音义》：“公车，署名也。”《三辅黄图》云：“汉未央、长乐、甘泉宫四面皆有公车。”“公车”“公车司马”即“公车司马门”，《汉书·王莽传（中）》云：王莽“改公车司马为王路四门”。《史记·项羽本纪》载：“章邯恐，使长史欣请事。至咸阳，留司马门三日，赵高不见，有不信之心。”《集解》：“此言司马门者，宫垣之内，兵卫所在，四面皆有司马，主武事。总言之，外门为司马门也。”

8.“中车府丞”（TG1：49）

战国秦置。《汉书·百官公卿表》：“太仆，秦官，掌舆马，有两丞。”“车府”为其属官之一。又有“中太仆掌皇太后舆马”。中车府当为中太仆属官，《史记·蒙恬列传》载：赵高曾担任“中车府令”。“中车府丞”为“中车府令”副贰，“中车府”主后宫“乘舆诸事”。相家巷遗址还出土了“中车□□”（T3③：134）封泥，其印文可能亦为“中车府丞”。

9.“骑马丞印”（TG1：3）

秦置，主皇帝乘马。《汉书·百官公卿表》：太仆属官有“车府、路軨、骑马、骏马四令丞”。《汉书·严安传》载：严安曾为“骑马令”。颜师古注：骑马令，“主天子之骑马”。《三辅黄图》云：“路軨厩在未央宫中，掌宫中舆马，亦曰未央厩。”“骑马”“骏马”亦应为厩名，《汉旧仪》载有“骑马厩”。《封泥考略》录有“骑马丞印”封泥。

10. "都厩"（TG1：58、59）

《三辅黄图》载："都厩，天子车马所在。"《汉书·惠帝纪》：惠帝三年"秋七月，都厩灾"。

11. "宫厩丞印"（T2③：78）

《睡虎地秦墓竹简·厩苑律》："其大厩、中厩、宫厩马牛殹（也），以其筋革角及其贾（价）钱效，其入诣其官。""宫厩"为负责王宫或皇宫马匹牛畜的管理机构。"宫厩"早在春秋时代已出现，《左传·襄公十五年》："养由基为宫厩尹。""宫厩"有令，曾侯乙墓出土竹简有"宫厩令"，"宫厩丞"为"宫厩令"副贰。秦始皇陵东侧上焦村马厩坑76DG36号坑出陶罐肩部有"宫厩"刻文[8]。

12. "小厩丞印"（TG1：57）

秦始皇陵东侧上焦村马厩坑76DG29号坑出土的陶盆和陶罐之上均有"小厩"刻文。发掘者释其为"三厩"[9]，刘云辉先生撰文释之为"小厩"[10]，本文从后说。

相家巷遗址流散秦封泥中有"泰厩丞印"封泥，"泰厩"即"太厩""大厩"。76DG64号坑出土的铜洗口缘背面亦有"大厩四斗三升"铭文[11]。

根据先秦官制以"大""小"名官者，一般小者为大者之属官，如《周礼·春官》之"小史"与"大史"，"小胥"与"大胥"，"小祝"与"大祝"，均系前者为后者之属官。又《周礼·秋官》之"小司寇"与"大司寇"，"小行人"与"大行人"，均系前者为后者之佐。《周礼·地官》之"小司徒"为"大司徒"属官。秦之"小厩"很可能为"大厩"（即"泰厩"）所属之官署。如若，"小厩"为王宫或皇宫掌马之官署，其与大厩之分工待考。

13. "章厩"（TG1：41）

秦都咸阳渭河以南有"章台"，这是一处朝政建筑。因此《史记·苏秦列传》记载："苏秦说楚威王曰，今欲西面而事秦，则诸侯莫不西面而朝于章台之下矣。"秦王在章台举行过不少政务活动，见于记载的有楚王朝秦王于章台，秦王坐章台见蔺相如等[12]。章台之重要由此可见。章台作为秦王、秦始皇"渭南"朝政宫室，置"厩"管理其车马是必需的。汉承秦制，西汉未央宫、长乐宫分别设有"未央厩""长乐厩"[13]，不但宫城或宫室置"厩"，一些楼观也设"厩"，如都城长安附近的霸昌观中就有"霸昌厩"[14]。从汉代宫观之厩的名称来看，均为宫观之名与厩连称，如"未央厩""长乐厩""霸昌厩"等。疑"章厩"为章台之厩省称。

14. "章厩丞印"（T2③：57）

"章厩丞印"为"章厩"属官之印，《秦汉南北朝官印征存》辑有"章厩将马"秦印。

15. "厩丞之印"（T2③：123）

《汉书·百官公卿表》："詹事，秦官，掌皇后、太子家，有丞。属官有太子率更、家令丞，仆、中盾、卫率、厨厩长丞，又中长秋、私府、永巷、仓、厩、祠祀、食官令长丞。”《睡虎地秦墓竹简·秦律杂抄》载：“马劳课殿，赀厩啬夫一甲。”厩啬夫应为“厩丞”之属官。厩丞为太子家或皇后（王后）中宫之官属，掌其厩中马之管理。

16.“左厩”（T2③：13）

《秦汉南北朝官印征存》辑有“左厩将马”秦印。秦始皇陵东侧上焦村76DG30号坑出土陶盆腹部有“左厩容八斗”陶文[15]。“左厩”应为“厩”之所属官署。

17.“右厩丞印”（T3③：3）

《秦汉南北朝官印征存》辑有“右厩将马”秦印。秦厩之下似设有“左厩”和“右厩”，后世亦沿此制，如西魏、北周至隋初，皇宫之厩下属左厩和右厩，并分设上士、中士、闲长下士诸属官。“右厩丞印”当为秦之右厩副贰。

18.“中厩”（T3③：43）

《汉书·戾太子传》：“因长御倚华，具白皇后，发中厩车载射士。”颜师古注：“中厩，皇后车马所在也。”秦始皇陵东侧上焦村马厩坑76DG2号坑出土陶罐腹部有“中厩”刻文[16]。《睡虎地秦墓竹简·厩苑律》载：“其大厩、中厩、宫殿马牛殹（也），其筋革角及其贾（价）钱效。”《汉书·百官公卿表》：以大厩为太仆属官，掌国王或皇帝舆马。中厩或为中太仆属官，掌王后或皇后车马。

中厩有令、丞、将马、马府等官。相家巷遗址流散秦封泥有“中厩丞印”“中厩将马”“中厩马府”封泥等。

19.“骑尉”（TG1：56）

《汉书·百官公卿表》：“郎中有车、户、骑三将。”骑将即郎中骑将、骑郎将之简称，骑将主骑郎。车、户、骑三将“秩皆比千石”。“骑尉”或为“骑将”之属官。

20.“骑邦尉印”（T2③：43）

秦汉之际，“骑都尉”领骑兵，不统兵时为侍卫武官，疑秦之“骑邦尉”同“骑都尉”。

21.“宫司空印”（T2③：6）

“司空”相传商代已置，为天子“五官”之一，西周为“三公”之一，《周礼》中其列“六卿”。司空掌宫邑营建、道路修筑、平整水土等土木工程。战国时代王室、诸侯国及邑、县每置。司空有主民事工程，也有掌军事工程者。故有“县司空”“军司空”[17]。《汉书·百官公卿表》载：少府、水衡都尉、宗正等属官分别有“左、右司空”“水司空”“都司空”。疑秦“宫司空”主王室或皇室宫室和陵寝相关的土木工程及罪人。秦汉都城、帝王陵寝遗址出土陶器、砖上多见“宫”字为首的陶文。但我们注意到，秦以“宫”字为首的陶文多见于秦始皇陵兵马俑坑的陶俑和秦始皇陵园建筑遗址的砖瓦之上。有人认为此“宫”为“宫水”之省文[18]。秦咸阳城遗址极少发现“宫”字类陶文，其宫室建筑的砖瓦陶文多为“左、右司空”类陶文[19]，这种情况在秦始皇陵园建筑遗址的砖瓦陶文中也大量存在。西汉初期都城及陵寝建筑遗址中均出土“宫”和“大”字为首的陶文，但“左右司空类陶文较少”[20]。“大”为“大匠”省称，“宫”则为“宫司空”省文，汉代封泥、印章均有“宫司空”，如“齐宫司空”“宫司空丞”封泥[21]，“楚宫司丞”“宫司空”“宫司空丞之印”印章等[22]。

22.“宫司空丞”（T2③：8）

“宫司空丞”为“宫司空”属官，系“宫司空令”副贰。

23.“泰仓”（TG1：53）

“泰仓”又作“太仓”“大仓”。《睡虎地秦墓竹简·厩苑律》载：“大仓课都官及受服者。”同书《仓律》又载：“县上食者籍及它费大仓，与计偕。”《史记·高祖本纪》载：高祖八年，“萧何治未央宫，立东阙、北阙、前殿、武库、太仓”。《汉书·高帝纪》关于同一事情记载，高祖八年二月萧何立“大仓”。泰仓为国家粮仓，置于都城或其附近。

24.“大仓丞印”（T2③：40）

相家巷遗址流散秦封泥有“泰仓丞印”，文献或作“太仓”。《汉书·百官公卿表》载：“治粟内史，秦官，掌谷货，有两丞……属官有太仓、均输、平准、都内、籍田五令丞。”

25.“大内丞印”（T2③：11）

大内为朝廷主藏财物之机构。《睡虎地秦墓竹简·金布律》：“都官输大内，内受买（卖）之，尽七月而觱（毕）。都官远大内者输县，县受买（卖）之。”“大内丞”为大内属官。大内同“泰内”，相家巷遗址流散秦封泥有“泰内丞印”。

26.“少府”（T2③：71）

《汉书·百官公卿表》：“少府，秦官，掌山海池泽之税，以给供养，有六丞。”但秦少府掌工官器械制造也是其重要功能，在这方面秦与韩、赵之少府有相近之处。

27.“少府工官”（T2③：24）

学者一般认为秦的工官称为“工室”，相家巷遗址流散秦封泥中有“咸阳工室丞”“雍工室丞”“栎阳右工室丞”等封泥，中央官署有“少府工室”“属邦工室”等封泥。还有个别特殊的工室，如“弩工室印”封泥。“工官”之名，过去一般认为是西汉时代设在地方，隶属中央的官署，东汉时代由郡国管辖，如蜀郡、广汉、泰山奉高、济南东平陵、南阳宛、颍川阳翟、河南、河内、怀县等郡县所置工官。“少府工官”封泥说明，“工官”之名的官署并非仅置于地方郡县，也不只限于汉代，秦已有“工官”之名，而且首先出现于少府属官之中，而秦时地方则多称“工室”，只是到了汉代地方郡县才多称工官。

28. "少府工室"（T3③：18）

前已述及，秦中央官署、地方郡县设有"工室"。《睡虎地秦墓竹简·工律》："县及工室听官为正衡石赢（累）、斗用（桶）、升，毋过岁壶（壹）。"入汉，"工室"之名仍被沿用，汉长安城未央宫中央官署遗址出土骨签3：12460，其文为：

五年右工室工陋更主

丞乙伏谈工渭造

第九十三[23]

又，《再续封泥考略》辑有"左工室印""右工室丞"汉代封泥。汉代工室之名多用于设在中央的工官系统，而地方上称"工室"者目前还未发现。

《汉书·百官公卿表》载少府为秦官。少府属官之中有"考工室"，此或为秦之"工室"，秦时多见"少府工室"，出土遗物多有这方面佐证，除大量秦封泥资料之外，如五年相邦吕不韦戈铭有"五年，相邦吕不韦造，少府工室阾，丞再，工九。武库。少府"[24]。

29. "少府工丞"（T2③：28，TG1：88）

我们注意到，相家巷流散秦封泥中有"咸阳工室丞""雍工室丞""栎阳右工室丞"，是否像过去人们认为"少府工丞"为"少府工室"之丞，还有必要进一步研究。"少府工官"封泥的发现，或可说明"少府工丞"也有可能为"少府工官"之丞的省文。

30. "大官丞印"（T2③：82）

"大官"同"太官""泰官"，相家巷遗址流散秦封泥有"泰官丞印""泰官库印"封泥。古代文献多作"太官"，《汉书·百官公卿表》载："太官七丞。"同书《霍光传》载："诏太官上乘舆食如故。"《张安世传》载："太官献丞陈汤。"《成帝纪》载：永始元年"太官凌室火"。个别也作"大官"，如《汉书·东方朔传》载："大官丞日宴不来。"秦汉遗物多作大官或泰官，如秦铜盉铭为"樛大四斤大官四升"[25]，秦简中亦书"大官"[26]。山东济南洛庄汉墓陪葬坑出土"吕大官印"封泥[27]；西汉齐王墓器物坑出土的有铭刻铜器46件、银器6件，其中20件铜器和1件银盘之上有"大官"铭文[28]；满城汉墓出土的蟠龙纹壶和乳丁纹壶上的"楚大官"与"大官"铭文[29]；南越王墓出土"泰官"封泥15件[30]；郑韩故城遗址出土战国时代兵器铭文有"大官冢子"[31]。

从已发现的考古材料可以看出，相家巷遗址出土秦封泥（包括此地出土及流散封泥），以"泰官"封泥为绝大多数，"大官"封泥甚少。而在一些集录的封泥著作中，汉代封泥多为"大官"，"泰官"甚少，如《齐鲁封泥集存》有"齐大官丞"，《封泥考略》有"大官长丞""大官丞印"等封泥。个别偏远地区，时代较早的墓葬中出土有为数不少的"泰官"封泥（如西汉南越王墓），这恰恰反映了秦代制度对其影响仍发挥着重要作用。

31. "乐府丞印"（TG1：15）

《汉书·百官公卿表》："少府，秦官。属官有乐府令丞。"秦始皇陵园遗址中曾出土有"乐府”铭文的铜钟[32]，可证“乐府”秦已有之，时隶少府，汉承秦制。相家巷遗址流散秦封泥有“乐府”“乐府丞印”“乐府钟官”等。

“乐府丞”为乐府属官，系“乐府令”副贰。

32.“左乐丞印”（T2③：5，T3③：24）

据《汉书·百官公卿表》载，“乐府三丞”之设属武帝太初元年以后的事情。但“左乐丞印”封泥的出土，说明“乐府三丞”可能秦已有之。传世有“左乐之印”封泥[33]。

33.“外乐”（T2③：162）

“外乐”系秦之官署，为“乐府”或“太乐”之属官。

34.“居室丞印”（T2③：56，TG1：27、95、96）

《汉书·百官公卿表》载，居室为少府属官，设令、丞。过去一般认为“居室”为西汉时代的少府属官。秦“居室丞印”“居室寺从”封泥的出土，证明秦官已有“居室”。关于居室职能，学术界一般认为其主宫中之狱（居室狱）[34]。其实负责宫内建筑也是“居室”的重要职责之一。汉长安城未央宫前殿B区遗址、椒房殿遗址和少府遗址均出土有“居室”或“居”字陶文的板瓦、筒瓦，可作为其掌宫内宫殿建筑的佐证[35]。

35.“左司空印”（TG1：90）

《汉书·百官公卿表》载，少府属官有左右司空，各置令丞。秦始皇陵园、秦咸阳城遗址、阿房宫和林光宫遗址等出土有“左司空”类陶文122件、36种；“右司空”陶文73件、31种。大多见于板瓦或筒瓦之上，其中有29件陶文为“左司空”、7件陶文为“右司空”均与人名相连，其余左、右司空类陶文则为其省称或官署省称与人名相连。值得注意的是，左、右司空类陶文仅见于建筑材料板瓦或筒瓦和极个别的砖上，墓内陶器、秦始皇陵陪葬坑的秦俑之上则没有这类陶文[36]。西汉时代宫殿及其他皇室建筑使用的砖瓦已多由“大匠”和“宫司空”负责生产，左右司空的产品不占主导地位，这从西汉时代都城长安皇室建筑遗址出土的陶文资料可以反映出来。

36.“左司空丞”（T2③：128，T3③：20，TG：89）

“左司空丞”为“左司空”属官，为“左司空令”副贰。

37.“御府”（TG1：4）

《汉书·百官公卿表》载，御府为少府属官。颜师古注：“御府主天子衣服。”《通典·职官八》：秦御府令丞，“掌供御服”。御府职能的上述解释，当源于《后汉书·百官志（三）》本注曰：御府“典宫婢作中衣服及补浣之属”。我们认为秦和西汉时代，御府职掌不限于“主天子衣服”，更重要的职责还应是少府中掌宫廷金钱，这可从文献记载得到佐证。《史记·平准书》：“县官不给，天子乃……出御府禁藏以赡之。”又《汉书·贾山传》载：“发御府金，赐大臣宗族。”作为皇室的“府”，它还掌管着宫廷的刀剑、玉器、采缯等[37]。

38. “御府丞印”（T2③：3、19、37、60，T3③：14、19，TG1：32）

《通典·职官八》：“秦有御府令丞”。“御府丞”为“御府令”副贰。

39. “永巷丞印”（T2③：118）

《汉书·百官公卿表》：少府属官有“永巷令丞”。詹事（中少府）属官亦有“永巷令丞”。二者职能应相近，均为掌后妃宫女及宫中狱事。但对象不同，前者为帝室，后者为后宫。永巷管理宫狱是其职能之一，但不是主要的。“掌宫人簿帐、公桑养蚕及女工等事”[38]，是永巷更为经常性的工作。

40. “宦者丞印”（T2③：85、107、111，T3③：12，TG1：66）

《汉书·百官公卿表》载，少府属官有“宦者令丞”，其掌宫中宦者。

41. “中谒者”（T2③：90）

“中谒者”为“中宫谒者”省称，《封泥考略》有“中宫谒者”封泥。“中宫”为皇后总称。以往学术界认为“中谒者”西汉置[39]。“中谒者”秦封泥的出土，说明此官秦已有之。

42. “郡左邸印”（T2③：4）

《汉书·百官公卿表》：“典客，秦官……属官有行人、译官、别火三令丞及郡邸长丞。”师古曰：“主诸郡之邸在京师者也。”《汉书补注》引钱大昭曰：“郡国朝宿之舍，在京师者名邸。”《封泥考略》卷一辑录“郡邸长印”，孙慰祖《西汉官印汇考》辑录“郡邸丞印”。

43. “郡右邸印”（T2③：10、21、35、65、109、126、127，TG1：9、19、23、34、39、63、71）

郡邸分左右文献未载。秦在首都统一安排诸郡为首都朝宿者的邸舍，并根据需要将其分为左右，即“郡左邸”“郡右邸”。这与西汉时代情况有所不同，后者郡邸各自独立设置，如汉长安城中有“代邸”“鲁邸”“齐邸”“昌邑邸”等[40]。这种郡国之邸，汉代应称“郡邸”，所以有汉代“郡邸长印”和“郡邸丞印”的封泥、印章[41]。汉代郡邸多为诸侯国之邸，所以又名“国邸”。如《汉书·孔光传》载：“时成帝母太皇太后自居长乐宫，而帝祖母定陶太后在国邸。”西汉时还有为外交官员修建的邸第[42]，其中最著名的当属“蛮夷邸”[43]。秦时是否有这种邸，目前还不清楚。

44. “内官丞印”（T2③：34，TG1：22、72）

《汉书·百官公卿表》：“初，内官属少府，中属中爵，后属宗正。”《中国历史大辞典（上）》“内官”条记载：“内官，官名，北魏初置”，不确。汉长安城未央宫中央官署遗址出土骨签有“四年内官第百五”（3：01514）和“六年内官第一”（3：10693）刻文[44]。汉武帝茂陵陪葬墓陪葬坑出土铜熏炉铭文："内者未央尚卧金黄漆竹节熏卢一具，并重十斤十二两。四年，内官造，五年十月输。第初三。"[45] 内官在先秦为帝王近侍之臣，秦之内官作为少府属官也是一脉相承的。

45. "□寝"（T2 ③：179）

相家巷遗址出土流散秦"上寝"封泥多件，疑此"□寝"亦当为"上寝"。文献记载秦之寝有多处，《史记·秦始皇本纪》载：康公、共公、景公均居雍"高寝"，桓公居雍"大寝"，躁公居"受寝"。出土秦印有"秦上寝左田"[46]、秦铜壶有"北寝莤府"铭[47]，陕西凤翔雍城秦景公墓出土石磬之上有"寝""宫寝"之铭。上述诸寝有的为生人所居宫室，也有的为陵上之寝殿，还有的可能属于寝庙[48]。

46. "□浴□□"（T2 ③：179）

相家巷遗址出土、流散秦封泥有"尚浴府印""尚浴"等，此"□浴□□"秦封泥印文或为"尚浴府印"。出土秦汉印章、铜器铭文多有"尚浴"，如秦印"南宫尚浴"、汉印"尚浴"[49]、长信宫灯铭"长信尚浴"[50]等。"尚浴"之官战国时代已有，《韩非子·内储说（下）》云："僖侯浴，汤中有砾，僖侯曰：尚浴免，则有当代者乎？"

《宋书·百官志》载："汉初有尚冠、尚衣、尚食、尚浴、尚席、尚书，谓之六尚。"这与《通典·职官八》所记载的秦之"六尚"基本相同，只是以"尚沐"替换了"尚浴"。从相家巷遗址出土秦封泥来看，"尚浴"更确。相家巷遗址流散秦封泥有"尚佩""尚卧"。这或者说明秦时不只限于"六尚"，可能会更多些；或者文献所载"六尚"内容有不确之处。

47. 御羞（T2 ③：38、114，TG1：26）

《汉书·百官公卿表》："初，御羞、上林、衡官及铸钱皆属少府。"武帝元鼎二年（前 115 年）置水衡都尉后，御羞改属其辖。"御羞"即"御馐"，"羞"与"馐"通。"御羞"掌帝王膳馐之原料，实际是设在中央王室或皇室的"馐府"，《善斋吉金录》卷中有秦之"中行馐府印"，故称为"御羞"。西汉时代个别郡置有"羞官"，为中央贡献珍馐，如《汉书·地理志》载交趾郡有"羞官"，南海郡有"圃羞官"，有可能是沿袭秦制。如淳、师古注《汉书》，均谓"御羞"系地名，不确。也有学者认为汉初之御羞官署"可能是太官、汤官的前身"[51]，但相家巷遗址出土的秦封泥中"御羞""御羞丞印"与"泰官丞印""大官丞印"同时存在，说明"御羞"与"太官"没有先后继承关系。它们之间的分工是，御羞掌帝王膳馐之原料，太官掌帝王膳馐之烹调，汤官则负责酒水[52]。

"御羞"置令丞，相家巷遗址流散秦封泥有"御羞丞印"。

48. "中羞"（T2 ③：52、94、101、135）

相家巷遗址流散秦封泥有"中羞府印""中羞丞印"。"中羞"应为"中馐府"省文。"中羞"负责后宫膳食原料，由后宫食官掌膳食。"中羞"置令、丞或长、丞。

49. "寺工丞玺"（T2③：133）

相家巷遗址流散秦封泥有"寺工丞印""寺工之印"。"寺工"战国秦置，主造兵械等器物。秦铜兵器多见"寺工"刻铭，如秦"二年寺工壶""十六年寺工铍""二十一年寺工车軎""寺工矛"等[53]，汉代的汉长安城未央宫中央官署遗址出土骨签3：24677刻文"二千七十□寺工第八十五□"[54]，传世有汉代"寺工"半通印[55]和"寺工"铭竟宁元年铜雁足灯[56]。蔡邕《独断》云："玺者印也，印者信也。古者尊卑共之。""秦以来天子独以印称玺，群臣莫敢用也。"据此推断，"寺工丞玺"封泥应为战国时代秦国遗物。在封泥时代上"寺工丞印"晚于"寺工丞玺"。

50. "寺从丞印"（T2③：116，TG1：28、70、73）

相家巷遗址流散秦封泥有"寺从""居室寺从"，"寺从丞"应为"寺从"官署之属官。"寺"通"侍"。《周礼·天官·寺人》："寺人掌王之内人及女官之戒令。"寺人也称内小臣，即"宦者"。《说文解字》"從"从"辵"从"从"，"从"为"相听也"。故《文选·两都赋序》有"言语侍从之臣"的记载。"寺从"之官在不少部门也有设置，如"居室寺从"。

51. "寺车府印"（T2③：88）

《汉书·百官公卿表》：太仆属官有"车府"，车府"主乘舆诸事"。"寺"即侍人，掌后宫御车等事物。"寺车府"应掌王后或皇后宫室车舆之官署，其或为中太仆所辖。

52. "寺车丞印"（T2③：96、169）

"寺车"为"寺车府"省文，"寺车丞"为"寺车府"属官。

53. "武□丞□"（TG1：54）

相家巷遗址流散秦封泥有"武库丞印"封泥，此"武□丞□"当为"武库丞印"。《汉书·百官公卿表》："中尉，秦官……属官有中垒、寺互、武库、都船四令丞。都船、武库有三丞，中垒两尉。"传统认为武库为西汉初年所置，秦封泥"武库丞印"的出土，说明秦时已有武库。至于武库"三丞"之说是秦制还是汉制或秦汉通制，还有待研究。从出土的秦兵器铭文可知，武库之设战国时期已出现，如秦昭襄王十八年上郡戈、秦王政五年吕不韦戈等均有关于"武库"刻铭[57]。武库出现伊始，就有中央武库与地方武库，前者器铭为"武库"，后者器铭多为地名加武库。如"广衍铜矛"（时代约为昭襄王十二年），器铭"上武"，其为"上郡武库"省文；又如昭襄王十八年"上郡戈"，器铭"上郡武库"。秦王政五年相邦吕不韦戈、少府矛、秦二世元年丞相李斯戈等器铭均为"武库"，其前未见地名。西汉时代承袭秦制，中央和地方均设武库，前者只称"武库"，后者多与地名相连，如《汉书·魏相传》有"洛阳武库令"，又如《汉金文录》有"洛阳武库钟""上常武库戈"等，出土遗物有"雒阳武库熏炉"[58]等。

54. “阳都船印”（T2③：22）

《汉书·百官公卿表》：都船为中尉属官。“中尉，秦官，掌徼循京师。”汉武帝更名中尉为“执金吾”，其执掌基本相同。《后汉书·百官志》本注曰：“掌宫外司非常水火之事，月三绕行宫外，及主兵器。”都船应为负责京师“非常水火之事”之非常“水”事。因此《汉书·百官公卿表》颜师古注引如淳曰：“都船狱令，治水官也。”《汉书·薛宣传》记载薛宣曾为“都船狱吏”。可见都船设都船狱，都船狱或为水牢。都船属官或设阴、阳，此犹秦汉之官设左、右，阳都船当为都船所属官署。

55. “阳都船丞”（T2③：17、18）

“阳都船丞”为“都船”官署属官之印。《汉书·百官公卿表》：“都船、武库有三丞。”相家巷遗址流散秦封泥有“都船丞印”，这次相家巷遗址考古发掘出土了“阳都船丞”和“阴都船丞”秦封泥，证实了都船设“三丞”之记载。

56. “阴都船丞”（T2③：72、103）

“阴都船丞”亦为“都船”官署属官之印，当为都船三丞之一。

57. “泰匠丞印”（TG1：21、68、78）

“泰匠丞印”或作“大匠丞印”。见诸考古发现的秦陶文大多为“大匠”，极少见“泰匠”者。这大概也是陶文书刻者与印章使用上的区别，前者更简便，后者更正规，颇似我们现在的印鉴文字与日常文字之不同，当然秦封泥中也有文为“大匠”者，但其与前者相比数量相差甚多。

58. “大匠丞印”（T2③：36）

《汉书·百官公卿表》：“将作少府，秦官，掌治宫室，有两丞、左右中侯。景帝中六年更名将作大匠。”长期以来人们认为“大匠”出现于西汉时代。但是一系列的考古新资料说明，“大匠”要比汉景帝更名将作少府为将作大匠出现的时代早。目前不仅在汉长安城的西汉初期（早于汉景帝时期）的窑址和遗址中发现有“大匠”戳印的砖瓦[59]，而且在秦遗址中也出土了有“大”“大匠”文字的砖瓦[60]。有的学者解释：“大匠，战国置，木工的官长。”[61]我们认为，大匠不是木工的官长。据《汉书·百官公卿表》记载，木工长官应为“东园主章”，“武帝太初元年更名东园主章为木工”。师古注引如淳曰：“章谓大材也。旧将作大匠主材吏名章椽。”前已述及，将作大匠之名晚于“大匠”出现时代，因此更不能说后者是前者的“省称”。与“大匠”相关的遗物均为砖瓦，这更说明其性质与“木工”长官无关，而应为掌砖瓦建筑材料之烧造。

秦有“大匠”或“大”字陶文遗物，主要见于秦始皇陵园建筑遗址，在秦阿房宫遗址和陕西淳化的秦林光宫遗址也有少量发现，秦咸阳城遗址尚未发现这类陶文。西汉时代的“大匠”“大”字陶文遗物，不但帝陵陵园建筑遗址有所发现，在都城长安的重要宫室建筑遗址发现更多，延续时间更长。“大匠”“大”字陶文均发现在砖瓦之上，这一现象说明，秦汉两代“大匠”掌砖瓦烧造之功能未变。

59. “大内丞印”（T2 ③：11）

大内为战国秦置，主管京师物资收藏。《睡虎地秦墓竹简·金布律》载：“都官输大内”，“都官远大内者输县”。汉承秦制，《史记·孝景本纪》：“以大内为二千石，置左右内官，属大内。”裴駰《集解》引韦昭曰：“大内，京师府藏。”相家巷遗址流散秦封泥有“泰内丞印”，泰、大互通。

60. “私府丞□”（T2 ③：91）

相家巷遗址流散秦封泥有“私府丞印”，疑此“私府丞□”为“私府丞印”。《汉书·百官公卿表》载，“私府”为皇后卿之属官。私府掌后宫中收藏币帛诸物，裁制补浣衣物。《后汉书·百官表》记载，大长秋属官有“中宫私府令”，《汉仪》有“中宫藏府令”，《汉官》有“中藏府”，《汉官仪》有“中黄藏府”，“私府”或与“中宫私府”“中宫藏府”“中藏府”异名同官。《两汉官印汇考》有“中私府长李封字君游”印，“中私府”当为“中宫私府”之省称。《汉金文录》有“中私府铜钟”。

61. “私官丞印”（T2 ③：31、124）

《汉书·张汤传》：“大官、私官并供其第。”师古注引应劭曰：“私官，皇后之官也。”大官即太官，掌皇宫饮食；私官主后宫饮食，故大官与私官相提。河南三门峡秦汉墓地出土铜鼎有“私官”刻铭[62]。《汉旧仪》和《汉官旧仪》卷二载：“太官尚食，用黄金釦器；中官、私官尚食，用白银釦器。”犹如“私府”称“中私府”，“私官”亦谓“中私官”或“中私”。出土铜钟有“中私官”“中私”之名者[63]，“中私”为“中私官”省称，“中”为“中官”之省称。《再续封泥考略》辑录“中私官丞”封泥。此外，南越王墓出土银盒有“私官”铭文[64]、汉武帝茂陵陵区出土铜钟有“中私官”铭文等[65]。《齐鲁封泥集存》和《封泥考略》均辑录“私官丞印”封泥。

私官早于战国时代已出现，陕西咸阳塔儿坡出土战国铜鼎中有秦昭襄王三十六年“私官”刻铭[66]。

62. “中官丞印”（T2 ③：7、102）

中官先秦已设，见于《国语·晋语》。汉代有关中官记载颇多，如《后汉书》之《郑众传》《郎顗传》《栾巴传》《宦者传》多有记载。汉代“中官”亦称“中常侍”。中官应为宦官官署。有的学者认为中官为王后之食官，这显然是大大缩减了中官职能[67]。

63. “中府丞印”（T2 ③：66、98）

《史记·田叔列传》：“发中府钱，使相偿之。”张守节《正义》：“王之财物所藏也。”按中府为后宫或诸侯王之官署。汉《清河大后中府钟》有“清河大后中府”铭[68]。

64. “内史之印”（T2③：23、77）

战国秦置内史，汉初沿用，系掌治京师之官。汉景帝二年（前155年），内史分置左、右，武帝太初元年（前104年）改左内史为左冯翊，右内史为京兆尹，加之右扶风，号称“三辅”。《史记》载内史之官有“内史廖”“内史肆”“内史腾”和内史蒙恬等。

65. “属邦之印”（T2③：42、152）

属邦之官始置于战国秦，《睡虎地秦墓竹简》有“属邦”之载。汉初避高祖刘邦讳，改属邦为属国或典属国。属邦主要职能是主管少数民族事务的机构，或曰“掌蛮夷降者”[69]。属邦有官营手工业机构，如“属邦工室”，并配备了相应官吏，如“属邦工丞”。相家巷遗址流散秦封泥有“属邦工室”“属邦工丞”。

66. “杜南苑丞”（TG1：36）

《史记·秦始皇本纪》载，秦二世葬“杜南宜春苑”。“杜南苑”或为“杜南宜春苑”省称。西汉时代有“宜春苑”，又有“宜春下苑”之称，如《文选·羽猎赋序》云：“武帝广开上林，东南至宜春、鼎湖、御宿、昆吾，旁南山，西至长杨、五柞，北绕黄山，滨渭而东，周袤数百里。”又如《汉书·贡禹传》载：汉元帝“省宜春下苑以与贫民”。“宜春下苑”似为“杜南宜春苑”（或称“杜南苑”）之一部分，《汉书·元帝纪》颜师古注曰：“宜春下苑即今京城（唐长安城）东南隅曲池是。”在今陕西省西安市雁塔区曲江乡曲江村一带，唐代曲江池故址亦在此。“杜”为秦之杜县。秦杜县在西安市南郊杜城村一带，其地附近1千米的手帕张堡曾出土著名的秦“杜虎符”和有“杜市”陶文的陶釜[70]。西安市雁塔区曲江池一带在秦杜县东南，故其地称“杜南”。汉印有“宜春禁印”[71]“宜春禁丞”[72]。

67. “禁苑右监”（T2③：15）

禁苑为帝王苑圃。《史记·平准书》：“是时禁苑有白鹿而少府多银锡。”《文选·西京赋》：“上林禁苑，跨谷弥阜。”《三辅黄图》：“汉上林苑，即秦之旧苑也。”《史记·秦始皇本纪》：“营作朝宫渭南上林苑中。”张衡所说的“上林禁苑”即秦之“上林苑”，其时或称“禁苑”。禁苑置“监”，分设左、右。

68. “鹿□禁□”（T2③：142）

《汉印文字征》卷一有“宜春禁印”，《善斋吉金录·玺印录》载有“宜春禁丞”。相家巷流散秦封泥有“阳陵禁丞”，“禁”为“禁苑”省称，当为帝王之苑囿。相家巷流散秦封泥中有“麋圈”，“麋”为鹿的一种，“麋圈”当为养鹿之所，鹿是吉祥动物，又是秦人非常重视的动物，“鹿□禁□”，当为秦帝王养殖鹿之禁苑。

69. “桑林丞印”（T3③：5）

桑林一说为古地名，《墨子·明鬼（下）》：“宋之有桑林，楚之有云梦也。”汉代人记载，商汤曾到桑林举行求雨祭祀活动[73]。《史记·张仪列传》亦载韩国有“鸿台之宫、桑林之苑”。我们以为相家巷出土的秦封泥“桑林丞印”当非关东之地名，应与王后或皇后亲蚕活动有关。《礼记·祭义》：“古者天子诸侯必有公桑蚕室，近川而为之。”所谓“公桑”之处或即“桑林”。《晋书·礼志上》载：“(太康六年)于是蚕于西郊，盖与籍田对其方也。乃使侍中成粲草定其仪。先蚕坛高一丈，方二丈，为四出陛，陛广五尺，在皇后采桑坛东南帷宫外门之外，而东南去帷宫十丈，在蚕室西南，桑林在其东。”《水经注》：“漳水又对赵氏（后赵）临漳宫。宫在桑梓苑，多桑木。故苑有其名。三月三日及始蚕之月，虎（石虎）帅皇后及夫人采桑于此，今地有遗桑，墉无尺雉矣。”王后“亲蚕”早已有之，“桑林”“先蚕坛”“蚕室”均为蚕事活动之处所，置官管理，“桑林丞印”当为桑林属官“丞”之封泥。陈直《关中秦汉陶录提要》载：“汉城出土‘监桑’残瓦，瓦有‘桑’字，皆为茧馆或蚕室之物。‘监’者官名，次于令丞之下。”我们认为“监桑”应释为“桑监”，“桑监”或为“桑林”属官。汉代“桑林”可能在上林苑中。《汉官六种》之《汉旧仪》云：“春蚕生而皇后亲蚕于苑中，蚕室养蚕千薄以上。”上林苑中还有“茧馆”“蚕室”。《三辅黄图》载：“茧馆，《汉宫阙疏》云：‘上林苑有茧馆。’”又《汉书·酷吏传·咸宣传》载：“阑入上林中蚕室门。”秦之“桑林”有可能亦在上林苑，并且还有蚕室、茧馆一类亲蚕机构。

70.“南宫郎丞”（TG1：31、40、74，T2③：53、95、110、164，T3③：37）

《汉书·百官公卿表》：“郎中令，秦官，掌宫殿掖门户……属官有大夫、郎、谒者，皆秦官……郎掌守门户。”南宫郎应为掌南宫宫门的属官。

《临淄封泥文字》《徵秋馆藏古封泥》和《续建德周氏藏封泥拓影》均辑有“南宫丞印”封泥。

西安北郊相家巷遗址出土、流散秦封泥中，有“南宫”文字的封泥数量很多。关于秦“南宫”的地望，长期以来众说纷纭。秦“南宫”虽未见于《史记》正文，但注文中有记载。如《史记·秦始皇本纪》载：秦王十年，“乃迎太后雍而入咸阳，复居甘泉宫”。《集解》引徐广曰：“表云，咸阳南宫也。”又如《史记·吕不韦列传》同上内容，《集解》引徐广曰：“入南宫。”由此可见，秦甘泉宫即秦南宫，南宫为“咸阳南宫”，这与“迎太后而入咸阳”的记载是一致的。南宫的具体位置不见记载。作为南宫的秦甘泉宫地望，秦汉之后的文献有所记载。《初学记》引《关中记》、《太平寰宇记》引《三秦记》均载：“桂宫一名甘泉宫。”近年在汉长安城桂宫遗址北部考古发掘的桂宫第四号建筑遗址出土有秦瓦当等遗物。在该遗址附近考古勘探和试掘发现，西汉建筑遗址的地层堆积之下，还叠压有秦代或战国晚期的地层堆积[74]。这说明该地在西汉时代以前分布有秦代或战国晚期的建筑堆积，它们为确定秦甘泉宫遗址位于此地，提供了考古学的支持。秦甘泉宫（即秦南宫）遗址应在渭河南岸（即秦之“渭南”），汉长安城遗址西北部。作为南宫的秦甘泉宫，其地位与作为北宫的咸阳宫是相近的。秦始皇建立秦帝国伊始，就在“渭南”的甘泉宫修筑了“甘泉前殿”，即秦王朝的大朝正殿。与此同时，又修筑了连接渭河南北的“甘泉前殿”与咸阳宫之间的“甬道”。这时的甘泉前殿已经取代了章台的“渭南”朝宫地位。秦代南宫与北宫成为秦咸阳城“渭南”和“渭北”的两座朝宫。

71. “北宫私丞”（T3③：7）

秦封泥有“私府丞印”“私官丞印”，“私丞”为“私府丞”或“私官丞”之省文。宫置“私丞”，秦封泥中还有“长信私丞”。“北宫私丞”当为“北宫私府丞”或“北宫私官丞”省文。《封泥拓本》辑录“北宫私丞”封泥。

除了“北宫私丞”之外，相家巷遗址流散秦封泥中涉及“北宫”文字内容的还有“北宫”“北宫宦丞”“北宫榦丞”“北宫工丞”封泥等。

关于北宫的地望，不见于文献记载。北宫是相对南宫的位置而言的。有的学者认为出土秦封泥的相家巷遗址“正值西汉北宫遗址之北墙外”，这里“隐约可见汉代宫区与秦代宫区的相叠压关系”，因此认为汉代北宫“继承了秦北宫而得名”，从而得出秦北宫就在相家巷附近，而秦南宫在“章台”以南的结论[75]。我们认为上述说法值得商榷。根据我们考古发掘出土秦封泥的相家巷遗址地望来看，这里东距西汉北宫遗址1250米，它们不在“西汉北宫遗址之北墙外”，而是位于汉长安城西市遗址东南部、桂宫遗址东北部。因此相家巷遗址秦封泥出土处不存在“汉代宫区与秦代宫区”（实际其认为是西汉北宫与秦代北宫）的地层叠压关系。秦北宫与南宫是根据相对方位命名的，其参照系应是“渭河”，而不是“章台”，这从《史记·秦始皇本纪》等有关“渭南”的文献记载即可一目了然。“渭南”是相对“渭北”而言的，它们都是以渭河为坐标。因此，我们认为秦北宫应在渭河北岸的秦咸阳城内。关于北宫性质，有的学者认为北宫为“后宫”性质[76]。从相家巷遗址出土、流散秦封泥中有关“北宫”内容的分析，秦北宫不是仅仅作为“内宫”[77]，秦北宫作为与“渭南”的章台、兴乐宫、甘泉宫、信宫（极庙）等相对应的“渭北”主要宫廷，也就是秦咸阳城的咸阳宫。《史记·秦始皇本纪》载：其时“听事，群臣受决事，悉于咸阳宫”。当然咸阳宫也包括后宫。因此秦封泥中有“北宫弋丞”“北宫榦丞”，又有“北宫私丞”“北宫宦丞”等[78]。前者（左弋、榦官）为少府属官，后者（私官、宦者）可为后宫属官。

72. “北□弋□”（T2③：155）

相家巷流散秦封泥有“北宫弋丞”，此“北□弋□”封泥当为“北宫弋丞”。“弋”为“佐弋”（或“左弋”）省文，秦封泥有“佐弋丞印”。《史记·秦始皇本纪》载有“佐弋竭”。“佐弋”系佐助弋射，为少府属官。秦咸阳宫遗址出土的秦瓦之上有“左弋”“弋”等陶文，“弋”为“左弋”省文[79]。陶文“左弋”或为北宫左弋之省文。

73. “高章宦者”（T2③：27）

《汉书·百官公卿表》载，少府属官有“宦者令丞”。宦者即阉人，除王宫、皇宫之中有大量宦者外，其他各宫亦置宦者，如王献唐《临淄封泥文字》载有“长信宦者”，《续封泥考略》辑有“北宫宦者”封泥。长信为太后之宫，长信、北宫均为宫名，“高章”亦当为宫名。

74. “高章宦丞”（TG1：11、17，T2③：54、84、141，T3③：10）

“宦丞”应为“宦者丞”省称。相家巷流散秦封泥有“北宫宦丞”，《封泥考略》辑录有

"长信宦丞"。

"高章"之名未见文献记载。高章属官有"宦者丞"，可见其不同于一般宫室。根据现有考古资料来看，置"宦者""宦丞"的宫有"北宫""长信"等宫室。我们认为在秦咸阳城附近，只有"章台"之地位可与"北宫""长信"相比。"高章"或即"章台"之宫。

75. "西方谒者"（T2 ③：87）

《汉书·百官公卿表》："谒者，掌宾赞受事。"秦封泥有"中谒者"，汉代文献记载有"大谒者"[80]"河堤谒者"[81]"中谒者"为"中宫"属官，"河堤谒者"大概以其"职务"命名。"西方"或为掌管西方宾客之谒者。

76. "官臣丞印"（TG1：25）

官臣出现较早，郑玄注《周礼·大宗伯》"六命赐官"谓："受天子命能自置收吏以治家邑者为官臣。""官臣丞"为"官臣"之属官。

77. "走翟丞印"（T2 ③：55）

"翟"有二解：其一"翟"与"狄"通，《国语·周语》载："我先王不窟，用失其官，而自窜于戎翟之间，不敢怠业。"其二"翟"为乐吏名，《礼记·祭统》："翟者，乐吏之贱者也。"注："翟谓教羽舞者也。""走翟"可能为掌管乐舞之吏的官署或掌北狄事务的属官。

78. "隧夫"（T3 ③：45）

《史记·鲁周公世家》："鲁人三郊三隧。"《集解》引王肃注："邑外曰郊，郊外曰隧。""隧"与"遂"通，故《尚书·费誓》载有"三郊三遂"。《周礼·地官·遂人》："五家为邻，五邻为里，四里为酂，五酂为鄙，五鄙为县，五县为遂，皆有地域沟树之使，各掌其政令刑禁。"京城百里之外、二百里之内分设"六遂"。古有"遂人""遂士""遂大夫"。遂人掌六遂之政令[82]，遂士掌六遂之狱讼[83]，遂大夫为一遂之行政长官[84]。"遂大夫"与"隧大夫"通，"隧夫"或为"隧大夫"之省文。

79. "特库□□"（TG1：48）

相家巷流散秦封泥有"特库之印""特库丞印"。

库为春秋战国时代官署，《礼记·曲礼（下）》："在府言府，在库言库。"注："库，谓车马兵甲之处也。"古有"特庙"，《公羊传·隐公五年》："九月，考仲子之宫。"何休注："不就惠公庙者，妾母卑，故虽为夫人，犹特庙而祭之。"特庙当为宗庙外特别另立的祀庙。疑"特库"当为"特别"另立的"库"。

80. "阳御弄印"（T2 ③：119）

古代宫廷有"弄臣""弄儿"等。如《汉书·申屠嘉传》："上度丞相已困通，使使持节召通，而谢丞相：'此吾弄臣，君释之。'"《汉书·金日磾传》："日磾子二人皆爱，为帝弄儿，常在旁侧。”弄者，戏也[85]。古人也有称乐曲为“弄”者[86]。“御”当为侍御之臣，《国语·吴语》：“一介嫡男，奉盘匜，以随诸御。”韦昭注：“御，近臣宦御之属”。先秦、秦汉帝王之官多有以“御”名官者，如“御人”[87]“御士”[88]“御事”[89]“御史”[90]“御妻”[91]“御戎”[92]等。阳、阴犹如左、右，“御弄”分阳、阴。疑“阳御弄印”为帝王“近臣宦御”之印。

81“阴御□印”（TG1：7）

据上“阳御弄印”，“阴御□印”当为“阴御弄印”。相家巷遗址流散秦封泥辑录有“阴御弄印”和“阳御弄印”[93]。“阴御□印”详解见“阳御弄印”条。

82.“募人丞印”（T2③：120，TG1：79）

罗福颐《秦汉南北朝官印征存》辑录有“陷陈募人”印。秦汉时代兵士的征集，有召募方式，被召募者为“应募”或“募士”。《汉书·赵充国传》：“留弛刑应募，及淮阳、汝南步兵与史士私从者，合凡万二百八十一人。”《汉书·冯奉世传》：“汉复发募士万人。”北魏时，为招募军队设置有“募人别将”，《魏书·裴延儁传》：“诏（裴）庆孙为募人别将，招率乡豪，得战士数千人以封之。”秦封泥“募人丞印”当为负责招募兵士的官印封泥。

83.“咸阳丞印”（T2③：48、63、64、112、113、121，T3③：16）

咸阳为秦之都城，《史记·秦本纪》载：孝公十二年“作为咸阳，筑冀阙，秦徙都之”。秦咸阳城遗址位于今陕西省咸阳市渭城区窑店镇一带，其范围东自柏家咀，西至长陵火车站附近，北起成国渠故道，南到汉长安城遗址以北约3275米。推断秦咸阳城东西长7200米，南北宽6700米[94]。《汉书·百官公卿表》：“县令、长皆秦官，掌治其县。……皆有丞、尉。”咸阳丞为咸阳令之佐官。

84.“咸阳工室”（T2③：61）

相家巷遗址流散秦封泥有“咸阳工室丞”“工室”为手工业生产管理机构，除秦都城咸阳之外，雍城、栎阳等地亦置“工室”，有的工室还分置左右，如“栎阳右工室丞”秦封泥可以为证。

85.“栎□丞□”（T2③：161）

相家巷流散秦封泥有“栎阳右工室丞”，周明泰《续封泥考略》辑录有“栎阳丞印”封泥。此“栎□丞□”当为“栎阳丞印”。秦栎阳城遗址在今陕西省西安市阎良区武屯镇关庄、玉宝屯、南丁村和新义村一带，其范围东西长约2500米，南北宽约1600米[95]。秦献公曾迁都于此，后孝公又徙都咸阳。

86.“雝丞之印”（T2③：93）

“雝”与“雍”通。雍为秦故都，《史记·秦本纪》德公元年，初居雍城大郑宫……卜居雍。《秦汉南北朝官印征存》有“雝丞之印”，《封泥考略》有“雝丞之印”“雝令之印”。雍城故址在今陕西省凤翔县之南、雍水以北，城址范围东西长 3300 米，南北宽 3200 米[96]。

87. “灋丘丞印”（T3 ③：11）、“废丘丞印”（T3 ③：44，TG1：8、65）

“灋”为古文“法”字。《睡虎地秦墓竹简》有“灋丘”简文，《秦汉南北朝官印征存》有“灋丘左尉”印。“灋”与“废”双声可通，金文恒见“勿灋朕命”语，“灋”均用为废。故“灋丘”亦即“废丘”。《汉书·地理志》载：右扶风辖“槐里”，注：“周曰犬丘，懿王都之。秦更名废丘。”“灋丘丞印”与“废丘丞印”同，均为秦废丘县丞之印。

88. “西丞之印”（T2 ③：125）

《汉书·地理志》：“陇西郡，秦置。”辖西县。《史记·秦本纪》：“周宣王乃召庄公昆第五人，与兵七千人，使伐西戎，破之。于是复予秦仲后，及其先大骆地犬丘并有之，为西垂大夫。”《正义》引《水经注》云：“秦庄公伐西戎，破之，周宣王于大骆犬丘之地，为西垂大夫。”又引《括地志》云：“秦州上邽县西南九十里，汉陇西西县是也。”庄公为西垂大夫，文公居“西垂宫”，其“西”均与“西县”有关。西县之名秦已有之，并非始于汉。近年考古工作者在甘肃礼县大堡子和赵坪发现的秦公大墓和秦人贵族墓地说明，秦人早期都邑西犬丘（即秦之西县）当距此不远。“西丞”当为“西县丞”之省称。

89. “西共”（T2 ③：39）

“西”为秦之西县，即西犬丘，解见前条。“共”即“共厨”省称。汉代铜器铭文中其例甚多，如容庚先生编《秦汉金文录》之《汉金文录》辑录相关铭文有“长安共厨金鼎”“美阳共厨金鼎”“汧共厨铜一斗鼎”“好畤共厨金鼎”“雍棫共厨铜鼎”等。汉代铜器铭文中的“共厨”亦有省称“共”者，如同书所辑录的“平阳共”“蓝田共”“频共”“杜共”“萯阳共”“黄山共”“长杨共”“盩厔共”“成山共”“华共”等。汉代亦有“西共”铭文铜器，如《汉金文录》卷一《杜鼎》铭：“一斗十斤。西共左。”见于汉代铜器铭文中有“共厨”或其省文“共”字者，绝大多数在铜鼎之上，个别铜鋗、甗、匜之上铭文也有[97]，这证明“共厨”主要是提供祭祀食品，凡设“共厨”之地大多与祭祀活动有关。“西”为秦之故都，在此设置“共厨”是需要的。

90. “西共丞印”（T3 ③：42）

“西共”之解见前条。“西共丞印”为西县共厨丞印之省称。

91. “华阳丞印”（TG1：14）

《史记·秦本纪》：秦昭王三十三年，“客卿胡阳攻魏卷、蔡阳、长社，取之。击芒卯华阳，破之”。《集解》引司马彪注：“华阳，亭名，在密县。”《正义》引《括地志》载：“故华城在郑州管城县南三十里。《国语》云史伯对郑桓公，虢、郐十邑，华其一也。华阳即此城也。”“华阳丞印”当为华阳县丞之印。

92.“南阳郎丞”（T3③：100）

《汉书·地理志》：“南阳郡，秦置。”“郎丞”或为以“郎”补“丞”。郡址在今河南南阳。

93.“傿陵丞印”（T2③：138）

《汉书·地理志》：颍川郡辖傿陵县。“傿陵丞印”为傿陵县丞之印。故傿陵县在今河南许昌市东北的傿陵县北部。《续灊秋馆藏古封泥》录有“傿陵丞印”封泥。

94.“寿陵丞印”（T3③：9）

战国时代“寿陵”有二，一为秦孝文王陵[98]，另一为越肃侯陵[99]。秦咸阳城附近出土的“寿陵丞印”秦封泥，其寿陵当为秦孝文王陵。秦孝文王寿陵在今陕西省西安市东郊。韦述《西京道里记》载：秦庄襄王寿陵“在（长安）通化门东二里”。据《史记·秦本纪》：“庄襄王享国三年，葬芷阳。”寿陵为孝文王陵，故唐长安城“通化门东二里”之陵应为孝文王陵——寿陵，可能寿陵置邑，故有“丞”等官吏。

95.“鲁丞之印”（T3③：17）

《汉书·地理志》：秦鲁县为薛郡所辖。《水经注·泗水》：鲁县“即曲阜之地，少昊之墟”。“鲁丞之印”为鲁县县丞之印。《齐鲁封泥集存》和《续封泥考略》均辑有“鲁丞之印”封泥。

96.“芒丞之印”（TG1：12）

《汉书·地理志》：秦砀郡有“芒县”。“芒丞之印”为芒县丞之印省文。《史记·高祖本纪》“隐于芒砀山深岩石之间。”《元和郡县志》卷八：“永城县……本秦芒县也。”《临淄封泥文字》辑录有“芒丞之印”封泥。

97.“巴左工印”（TG1：37）

《汉书·地理志》：“巴郡，秦置。”秦都或秦之故都多设工官、工室，如相家巷遗址出土、流散秦封泥有“咸阳工室丞”“雍工室丞”“栎阳右工室丞”等。秦郡有的也有设工官或工室者，如秦封泥之“邯郸造工”“邯造工丞”等。上述工官、工室又有分左、右者。“巴左工印”应为巴郡左工室印或左工官印之省文。

98.“四川水丞”（TG1：38）

相家巷流散秦封泥有“四川太守”。今传秦泗水郡应为四川郡[100]。秦“四川”，《史记》多书为“泗川”。秦“四川”或得名于郡内的淮、沂、濉、泗四条河水。《汉书·地理志》记载：汉高祖更名“泗川郡”（应为“四川郡”）为“沛郡”。《封泥考略》和《续建德周氏藏封泥拓影》分别录有“泗水相印章”“泗水内史章”等汉代封泥，它们与秦“四川”郡无关，应为汉武帝时设立的“泗水国”之属官。

秦汉时代中央有“都水”，有的学者认为这种水利官署东汉时改属郡国[101]。传世的秦汉封泥“琅邪都水”[102]“琅邪水丞”[103]“齐都水印”[104]等和秦封泥“四川水丞”的出土，说明至迟秦代之郡已设兴修水利的官署“水丞”“都水”。

99.“平舆丞印”（TG1：42）

《汉书·地理志》载：汉汝南郡辖平舆县。秦、汉平舆为一处，秦平舆隶陈郡，故址在今河南省漯河市东南，即今平舆县北部。

100.“蕃丞之印”（TG1：35）

《汉书·地理志》：“鲁国，故秦薛郡。”蕃县为薛郡所辖。蕃县位于今山东滕州附近。传统认为此县为西汉所置，隶属鲁国。《齐鲁封泥集存》《续建德周氏藏封泥拓影》均收录有“蕃丞之印”封泥。

101.“商丞之印”（TG1：46）

《左传·文公十一年》：楚使子西为商公。杜注：商，楚邑。《汉书·地理志》：弘农郡辖“商”，注：商为“秦相卫鞅邑”。其地在今陕西省丹凤县西河乡古城村，遗址范围东西1000米、南北1500米，南临丹江，位于江北老君河东岸台地之上。遗址中的古代遗物反映出其时代为战国时期至西汉时代。遗址出土的“商”字古瓦当对确定商邑地望甚为重要[105]。

102.“郢采金丞”（TG1：47）

秦汉时代，在铁矿、铜矿等矿产资源丰富，并已进行开采的郡、县设有采矿之官，如汉代封泥有“齐采铁印”[106]“采铜”[107]等。《睡虎地秦墓竹简》和《韩非子》等文献亦有“采铁”“采金”记载。“采金”之“金”为黄金，非铜。

《汉书·地理志》：“南郡，秦置。”辖县有郢。郢为楚都，在今湖北江陵。战国时代楚国是黄金货币流通最多的地区，“郢爰”即楚国流通的黄金货币之一。这可能与楚地盛产黄金有关。《战国策·楚策》载：“黄金珠玑犀象出于楚。”战国时代，黄金开采已属官营，百姓采金被严禁。《韩非子·内储说（上）》载：“荆南之地，丽水之中生金，人多窃采金，采金之禁，得而辄辜磔于市，甚众，壅离其水也。”像“采铁”“采铜”一样，“采金”亦属政府主管，“郢采金丞”当为郢之采金官署属官之印。

103.“女阴”（TG1：50）

“女”与“汝”通假，“女阴”与“汝阴”同。《汉书·地理志》载：汉汝南郡辖汝阴县，汉汝阴即秦女阴，汉汝南之汝阴为秦陈郡之女阴。秦女阴故址在今安徽省阜阳市附近。

104.“厹猷丞印”（TG1：24）

《汉书·地理志》：临淮郡辖厹猷县。“犹”与“猷”通，厹犹即厹猷。临淮郡为汉武帝元狩六年（前105年）置，其地秦时隶四川郡（即泗川郡，后误为泗水郡）。厹猷县故址在今安徽省宿迁县南。

105. “成固□印”（T3③：41）

《汉书·地理志》：“汉中郡，秦置。”成固为其辖县。由此可证秦时已设成固县。至于《汉金文录》卷六戈铭“成固”，有的学者认为此系秦戈，若此，为秦置成固县提供又一佐证[108]。《封泥考略》辑录有“成固令印”和“成固丞印”封泥。

106. “旱丞之印”（T2③：16）

《汉书·地理志》载：汉中郡辖南郑县。本注：“旱山，池水所出，东北入汉。”“旱丞”或为“旱山丞”之省称。

107. “陉山”（T2③：139）

《史记·六国年表》：“魏败我（楚）陉山。”《史记·楚世家》载：成王恽“十六年，齐桓公以兵侵楚，至陉山”。《正义》引杜预云：“陉，楚地。颍川召陵县南有陉亭。”《括地志》云：“陉山在郑州西南一百一十里，即此山也”。

108. “高栎□□”（TG1：51）

《史记·曹相国世家》载：曹参“击三秦军壤东及高栎，破之”。《索隐》：“文颖云：‘壤乡、高栎皆地名也。’然尽在右扶风，今其地阙也。”《正义》：壤乡、高栎“皆村邑名。壤乡，在今雍州武功县东南一十余里高壤坊，是高栎近壤乡也。”

109. “芷阳□□”（T2③：160）

《史记·秦本纪》：昭襄王四十年，“悼太子死魏，归葬芷阳”。《史记·秦始皇本纪》：“昭襄王享国五十六年，葬芷阳。”“庄襄王享国三年，葬芷阳。”芷阳于秦已设县。相家巷流散秦封泥有“芷阳丞印”，此封泥“芷阳□□”或亦为“芷阳丞印”。

秦芷阳故址位于陕西省西安市临潼区韩峪乡油王村、洪庆堡村之间。遗址面积3.4平方千米。遗址之内出土大量战国时期至西汉时代遗物，陶器上的“芷”字陶文，为芷阳故城地望确定提供了有力佐证[109]。

110. “邯造工丞”（T2③：159）

相家巷流散秦封泥有“邯郸之丞”“邯郸造工”等，“邯造工丞”之“邯”为“邯郸”省称。《汉书·地理志》：“赵国，故秦邯郸郡。”邯郸亦省称“邯”，如《秦代陶文》辑录有“邯市”“邯亭”陶文。邯郸故址在今河北省邯郸市区西部与西南部，遗址面积约1887.9万平方米[110]。秦郡、县所置与手工业有关机构，从印玺、封泥及铭文资料看多称“工室”“工官”，或省称“工”者，但称“造工”者目前资料仅见于“邯郸”属下。“造工”性质当与“工官”“工室”“工”等相近。

111. “□礜桃丞”（T3③：25）

相家巷流散秦封泥有“左礜桃支”“右礜桃支”“左礜桃丞”“右礜桃丞”。此“□礜桃丞”

可能为“左礜桃丞”或“右礜桃丞”。“礜”为有毒的矿石[111]，这种毒石呈白色[112]。《睡虎地秦墓竹简·日书甲》：“鬼恒召人出宫，是遽鬼毋所居，罔呼其召，以白石投之，则止矣。”此白石当系礜石。古代桃木被用于除灾避邪。《风俗通义》载：“县常以腊除夕饰桃人，垂苇茭，画虎于门，皆追效于前事，冀以御凶也。”《睡虎地秦墓竹简·日书甲》亦载有以“桃支”驱邪之记载。礜石和桃支的功能一样。“礜桃”为“礜桃支”省称，“礜桃支”或“礜桃”又分置左右，二者分工有所侧重。“礜桃支”应系禳祝之官署，“礜桃丞”则为其属官[113]。

112.“丰玺”（T2③：32、76、130）

《睡虎地秦墓竹简·法律答问》：“亡久书、符券、公玺、衡羸（累），已坐以论，后自得所亡，论当除不当？不当。”“公玺”即公印、官印，官印称玺是秦统一之前的制度。

“丰”之地望有二说：一为西周丰京，在今陕西省西安市长安县沣河西岸，东自沣河，西至娄沼河，北迄鄗鄠岭岗地北缘，南到石榴村至鲁坡头，遗址面积约8～10平方千米。二为汉沛郡所辖之丰县。“丰玺”之“丰”当为西周丰京故地之“丰”。

113.“阳都丞印”（T2③：9）

《汉书·地理志》载：城阳国辖阳都县。《临淄封泥文字》《齐鲁封泥集存》和《续建德周氏藏封泥拓影》均录有“阳都邑丞”封泥。

114.“□趋丞印”（T2③：157）

相家巷流散秦封泥有“罟趋丞印”，此“□趋丞印”或为“罟趋丞印”。

关于“罟趋”之意，其解有二：一为负责捕猎禽兽之官，另一为失载之地名[114]。

“罟”为网之通称。《易·系辞》：“（包牺氏）作结绳而为罔罟，以佃以渔。”《释文》：“取兽曰罔，取鱼曰罟。”“趋”作“归附”解。因此，“罟趋”应为负责捕鱼之官。汉代皇室设有捕鱼官吏。《汉官六种·汉旧仪》载：“上林苑中昆明池、镐池、牟首诸池，取鱼鳖给祠祀，用鱼鳖千枚以上，余给太官。”《西京杂记》亦载：“武帝作昆明池，欲伐昆吾夷，教习水战。因而于上游戏养鱼，鱼给诸陵庙祭祀，余付长安市卖之。”西汉时代在上林苑诸池之中捕鱼，用于陵庙祭祀活动，当置官理其事。秦代或战国秦进行陵庙祭祀，可能也要“取鱼鳖给祠祀”。秦设“主鱼吏”为时甚久，刘向《列仙传》载：“赤须子，丰人也。丰中传世见之，云：秦穆公时主鱼吏也。”《吕氏春秋》亦载：“令渔师伐蛟取鼍，升龟取鼋。”“渔师”当为掌渔之官，或与“主鱼吏”同。“渔师”“主鱼吏”或为“罟趋”之官吏。“罟趋丞”当为“罟趋”之丞。

115.“走□之印”（T2③：146）、“走□”（TG1：93）

相家巷流散秦封泥有“走士丞印”“走士”，此“走□之印”当为“走士之印”，“走□”或为“走士”。关于“走士”之官，史籍失载。张家山汉简《奏谳书》载：“为走士，未尝佩鞞刀，盗伤人，毋坐也。”《上海博物馆藏印选》、周明泰《再续封泥考略》、罗振玉《齐鲁封泥集存》均辑录有“齐走士丞”封泥。

116.“诏□丞□”（T2③：166）

相家巷流散秦封泥有“诏吏丞印”和“诏吏之印”[115]，此“诏□丞□”当为“诏吏丞印”。“诏”为上告于下，《周礼·春官·大宗伯》：“诏相王之大礼。”秦始皇称帝后，诏成为皇帝专用的命令文书之一。《史记·秦始皇本纪》载：“命为‘制’，令为‘诏’。”“诏吏”在战国秦已出现，如“三年诏吏鼎”[116]。“诏吏”之“吏”，诸家或释“事”，袁仲一先生首释为“吏”，王辉先生从其说[117]，本文从“诏吏”说。“诏吏”是诏命任用的官吏，职掌较广。

三、余　论

西安相家巷遗址位于汉长安城遗址西北部和秦都咸阳遗址的“渭南”宫苑区北部，这次获得的古代封泥，因其通过正规的考古发掘，具有明确的共存遗物、清楚的地层关系，确保了出土封泥的科学性，使其学术重要性更为突出。

相家巷遗址出土秦封泥，涉及内容十分丰富、重要。其学术意义主要有三方面：

第一，相家巷遗址考古发掘的封泥时代为战国晚期至秦代。长期以来，确定为秦封泥者甚少，而秦在中国古代职官史研究中占有极为重要的地位。本文的考释说明，新的秦封泥资料反映出秦之职官制度对后代影响之巨大、深远，大大超过以前我们的认识。秦汉职官史研究的经典文献——《汉书·百官公卿表》，由于这些考古新资料的发现与研究，也将需要我们重新审视，以补充文献之不足，改正文献之错误。因此，这批秦封泥对于研究我国秦代官制体系及秦汉官制的发展具有重要价值。

第二，这批秦封泥出土于“渭南”秦宫苑区，封泥中的不少内容涉及秦都咸阳，如“北宫”“南宫”“章台”“禁苑”“杜南苑”等，对研究秦都咸阳的发展历史、都城的布局形制都有着极为重要的意义。

第三，相家巷遗址出土秦封泥中有一些涉及历史地理方面的资料，其中有些填补了过去研究的空白，又有些封泥为我们提供了更为丰富的历史地理信息，成为研究历史地理的宝贵资料。

注　释

[1][75][78][100][113][114] 周晓陆、路东之：《秦封泥集》，三秦出版社，2000年。本文所说的相家巷遗址流散秦封泥均出于此书辑录的秦封泥，后文不再附注。

[2] 傅嘉义、罗小红：《汉长安城新出土秦封泥——西安书法艺术博物馆藏封泥初探》，《收藏》1997年6月号，总54期；倪志俊：《空前的考古发现 丰富的瑰宝收藏——记西安北郊新出土封泥出土地点的发现及西安中国书法艺术博物馆新入藏的大批封泥精品》，《书法报》1997年4月9日第1版，总665期。

[3] 《史记·秦始皇本纪》。

[4][108] 马非百：《秦集史·丞相表》，中华书局，1982年，第859页。

[5] 大祝禽方鼎，《三代吉金文存》2.41.5。

[6] 孙慰祖：《两汉官印汇考》，香港大业公司，1993年。

[7][52][101] 安作璋、熊铁基：《秦汉官制史稿》，齐鲁出社，1984年。

[8][9][11][15][16] 秦俑考古队:《秦始皇陵东侧上焦村马厩坑的钻探试掘简报》,《考古与文物》1980年第4期。
[10] 刘云辉:《简论秦代厩苑制度中的若干问题》,《文博》1987年第6期。
[12]《史记·楚世家》:"楚王至,则闭武关,遂与西至咸阳,朝章台,如蕃臣,不与亢礼。"《史记·廉颇蔺相如列传》:"秦王坐章台,见相如。"
[13]《汉书·百官公卿表》:太仆属官"有大厩、未央、家马三令,各五丞一尉"。《汉书·外戚传·上官皇后传》:上官桀"迁未央厩令"。又孙星衍辑《汉官仪》:"未央、大厩、长乐、承华等厩令,皆秩六百石。"
[14]《史记·梁孝王世家》:田叔等"还至霸昌厩"。又《汉书·王莽传(下)》:"司徒寻,初发长安,宿霸昌厩。"
[17]《淮南子·兵略训》。
[18][36][60] 袁仲一:《秦代陶文》,三秦出版社,1987年。
[19] 刘庆柱、李毓芳:《秦都咸阳遗址陶文丛考》,《考古与文物》(《古文字论集(一)》)1983年增刊。
[20][23][35][44][54] 中国社会科学院考古研究所:《汉长安城未央宫》,中国大百科全书出版社,1996年。
[21][33] 孙慰祖:《古封泥集成》,上海书店出版社,1994年。
[22][49] 罗福颐:《秦汉南北朝官印集存》,文物出版社,1987年。
[24][48][53][57][117] 王辉:《秦铜器铭文编年集释》,三秦出版社,1990年。
[25] 刘晓华:《咸阳市出土秦代铜盉》,《考古与文物》1989年6期。
[26] 睡虎地秦墓竹简整理小组:《睡虎地秦墓竹简》,文物出版社,1978年,第138页。
[27]《中国文物报》2000年6月7日第1版、6月21日第3版、10月11日第1版。
[28] 山东省淄博市博物馆:《西汉齐王墓随葬器物坑》,《考古学报》1985年第2期。
[29][50] 中国社会科学院考古研究所等:《满城汉墓发掘报告》(上册),文物出版社,1980年。
[30][64] 广州市文物管理委员会等:《西汉南越王墓》,文物出版社,1991年。
[31] 黄盛璋:《新出信安君鼎、平安君鼎的国别、年代与有关制度问题》,《考古与文物》1982年第2期。
[32] 袁仲一:《秦代金文、陶文杂考三则》,《考古与文物》1982年第4期。
[34]《中国历史大辞典》"居室令"条,上海辞书出版社,2000年,第2008页。
[37]《汉书·霍光传》。
[38]《通志·职官四》。
[39]《中国历史大辞典》"中谒者"条,上海辞书出版社,2000年,第452页。
[40]《汉书·文帝纪》:"奉天子法驾迎代邸。"《汉书·儒林传·申公传》:"是时上方好文辞,见申公对,默然。然已招致,即以为太中大夫,舍鲁邸。"《史记·吕太后本纪》:"吕后喜,许之。逎置酒齐邸,乐饮,罢归齐王。"《汉书·霍光传》:刘贺"起就乘舆副车,大将军光送至昌邑邸"。
[41] 吴式芬、陈介祺:《封泥考略》;孙慰祖:《两汉官印汇考》。
[42]《汉书·匈奴传(上)》:"王乌归报汉,汉为单于筑邸于长安。"
[43]《汉书·陈汤传》:"宜县头藁街蛮夷邸间。"
[45] 咸阳地区文管会、茂陵博物馆:《陕西茂陵一号无名冢从葬坑的发掘》,《文物》1982年第9期。
[46][55]《十钟山房印举》,商务印书馆,1922年。
[47] 李光军、宋蕊:《咸阳博物馆收藏的两件带铭铜壶》,《考古与文物》1983年第6期。
[51] 黄展岳:《西汉齐王墓器物坑出土器铭考释》,《中国考古学研究——夏鼐先生考古五十周年纪念集》,文物出版社,1986年。
[56] 容庚:《秦汉金文录》,中央研究院历史语言研究所石印本,1931年。
[58] 王翰章、陈孟东:《陕西凤县出土东汉雒阳武库东卢铜熏炉》,《文博》1988年第1期。
[59] 中国社会科学院考古研究所汉城工作队:《汉长安城北宫的勘探及其南面砖瓦窑的发掘》,《考古》1996年第10期。
[61]《中国古代官制词典》,北京出版社,1994年,第36页。
[62] 三门峡市文物工作队:《河南三门峡市火电厂西汉墓》,《考古》1996年第6期。

[63] 刘最长、朱捷元：《汉茂陵出土的西汉“中私官”铜钟》，《文物》1980年第7期。
[65] 陈直：《汉书新证》，天津人民出版社，1979年，第112页。
[66] 咸阳市博物馆：《陕西咸阳塔儿坡出土的铜器》，《文物》1975年第6期。
[67] 朱德熙、裘锡圭：《战国铜器铭文中的食官》，《文物》1973年第12期。
[68] 山西省文物管理工作委员会、山西省考古研究所：《太原东太堡出土的汉代铜器》，《文物》1982年第9期。
[69]《汉书・百官公卿表》。
[70] 陈尊祥：《杜虎符真伪考辨》，《文博》1985年第6期。
[71] 罗福颐：《汉印文字征》卷一。
[72] 刘体智：《善斋吉金录・玺录》。
[73]《淮南子・主术训》：“汤之时，七年旱，以身祷于桑林之际，而四海之云凑，千里之雨至。”
[74] 中国社会科学院考古研究所：《汉长安城桂宫发掘报告》，待刊。
[76] 史党社：《新发现秦封泥丛考》，《秦陵秦俑研究动态》1997年第3期。
[77]《左传・成公十八年》：“齐为庆氏之难故，甲申晦，齐侯使士华免以戈杀国佐于内宫之朝。”注：“内宫，夫人之宫。”
[79] 秦都咸阳考古工作站：《秦都咸阳第一号宫殿建筑遗址简报》，《文物》1976年第11期。
[80]《汉书・魏相传》。
[81]《汉书・沟洫志》。
[82][84]《周礼・地官》。
[83]《周礼・秋官》。
[85]《左传・僖公九年》：“夷吾弱，不好弄。”注：“弄，戏也。”
[86]《世说新语》：“旧闻桓子野善吹笛。”注引《续晋阳秋》：“帝令（桓）伊吹笛，伊神色无忤，既吹一弄，乃放笛。”
[87]《左传・庄公二十八年》：“御人以告子元。”
[88]《左传・襄公二十二年》：“子南之子弃疾，为王御士，王每见之，必泣。”
[89]《尚书・顾命》：“师氏、虎臣、百尹、御事。”
[90]《周礼・春官・御史》：“掌邦国、都鄙及万民之治令，以赞冢宰，凡治者受法令焉。掌赞书，凡数从政者。”
[91]《礼记・昏义》：“古者天子后立六宫，三夫人，九嫔，二十七世妇，八十一御妻，以听天下之内治。”
[92]《左传・成公二年》：“彭名御戎。”
[93]《秦封泥集》读为“弄阴御印”和“弄阳御印”。
[94] 刘庆柱：《秦都咸阳几个问题的初探》，《文物》1976年第11期。
[95] 中国社会科学院考古研究所栎阳发掘队：《秦汉栎阳城遗址的勘探和试掘》，《考古学报》1985年第3期。
[96] 陕西雍城考古队：《秦都雍城勘查试掘简报》，《考古与文物》1985年第2期。
[97] 徐正考：《汉代铜器铭文研究》，吉林教育出版社，1999年。
[98]《史记・秦始皇本纪》：“孝文王享国一年，葬寿陵。”
[99]《史记・越世家》载：肃侯“十五年卒，起寿陵”。
[102] 周明泰：《续建德周氏藏封泥拓影》。
[103] 周明泰：《再续封泥考略》。
[104] 罗振玉：《齐鲁封泥集存》；王献唐：《临淄封泥文字》。
[105] 国家文物局：《中国文物地图集・陕西分册（下）》，西安地图出版社，1998年，第1187页。
[106] 王献唐：《临淄封泥文字》。
[107] 吴式芬、陈介祺：《封泥考略》。
[109] 赵康民：《西安洪庆堡出土汉慜儒乡遗物》，《考古与文物》1984年第6期；张海云：《芷阳遗址调查简报》，《文博》1985年第3期。
[110] 河北省文物管理处等：《赵都邯郸故城调查报告》，《考古学集刊（4）》，中国社会科学出版社，1984年。

［111］《说文》:“礜，毒石也。”

［112］《山海经·西山经》：皋涂之山“有白石焉，其名曰礜，可以毒鼠”。

［115］《秦封泥集》释“诏吏丞印”“诏吏之印”为“诏事丞印”“诏事之印”。

［116］ 程长新、张先得:《历尽沧桑　重放光华——北京市拣选古代青铜器展览简记》,《文物》1982年第9期。

（原刊于《考古学报》2001年第4期）

西安相家巷遗址考古与秦封泥相关问题

刘庆柱　李毓芳

20世纪90年代中期，相家巷村农民在挖积肥坑时，发现了大量古代封泥，随后这些古代封泥流向社会，该遗址遭到多次盗掘，于是，在社会上陆续发现一批批被报道的“秦代封泥”，其中有相当数量被民间收藏家收藏，也有一些被西安市文物部门征集，还有一些流失国外[1]。据有关公开报道资料显示，上述“秦代封泥”均出土于西安市未央区六村堡街道相家巷一带[2]。经调查，出土“秦代封泥”的相家巷遗址在相家巷村南部，考古勘探发现的汉长安城桂宫宫城东北角。

20世纪90年代末，西安市的文物考古部门为寻找“秦代封泥”，在封泥出土地进行清理，发现了数以几千计的“秦代封泥”。

相家巷位于汉长安城遗址西北部，中国社会科学院考古研究所自1956年开始了汉长安城遗址考古，这一考古工作至今仍在有计划、有步骤地开展。为了使汉长安城遗址考古工作科学有序地进行，2000年夏，报经国家文物局批准，中国社会科学院考古研究所汉长安城遗址考古工作队对相家巷遗址进行了重点发掘。这一发掘虽然面积不大，但它对相家巷遗址封泥出土地的探索、出土封泥的时代、封泥所反映的秦都咸阳布局等问题的研究，产生了重要作用。

一、关于相家巷遗址出土砖瓦与封泥时代

这次考古发掘的“秦代封泥”遗址，发掘面积约500平方米。遗址地层关系是这次考古发掘十分重要的关注点。就遗址整体而言，地层自上向下可依次分为耕土层、扰土层、灰土层、晚期夯土、早期夯土与生土。灰土层叠压在早期夯土层之上，晚期夯土层直接被扰土层叠压。与晚期夯土同时存在的是3个窖穴。在遗址发掘区南部清理出一条东西向沟（TG1），该沟曾被扰动，地层分为表土层和扰土层，其下为生土层。扰土层中的包含物有现代遗物，如碎玻璃片、磁片等，此外其中还有大量秦汉砖瓦建筑材料遗物，数量不少的古代封泥。除了TG1出土的封泥之外，其他封泥均发现于该遗址第3层（灰土层）中。遗址第3层的时代直接关系到封泥的时代问题。第3层的时代是依据其地层包含物断定的。

第3层出土遗物主要有砖、瓦（筒瓦和板瓦）及戳印有陶文的陶器。

砖为方形铺地砖，边长33.6厘米、厚2.8厘米。砖的表面饰绳纹，砖面周边有部分抹平边栏痕迹[3]。战国晚期和秦代建筑遗址出土的方形、长方形绳纹或方格纹铺地砖，一

般在方砖周边设置抹平的边栏，如：秦咸阳城遗址的长陵车站作坊遗址出土的绳纹砖（59XYCLT5H3：17）、秦咸阳宫第一号宫殿建筑遗址出土的方格纹铺地砖（XYNⅠJ1：9）、秦咸阳宫第二号宫殿建筑遗址出土的方形绳纹铺地砖（XYNⅡT76④：17）和方形菱格纹铺地砖（XYNⅡT62④：23）、秦咸阳宫第三号宫殿建筑遗址出土的方形绳纹与方格纹铺地砖（XYNⅢT104③：7）等[4]。

遗址第3层出土的板瓦，表面为绳纹，绳纹一般宽0.2厘米，个别窄者宽0.1厘米。板瓦表面一端的绳纹被抹平，中部往往有多道被抹去绳纹形成的带状纹。板瓦内面多为素面，有的有明显刮抹痕迹。也有少量板瓦内面为麻点纹[5]。属于战国晚期和秦代的咸阳宫遗址出土板瓦，其表面饰细绳纹，纹理不一、深浅有别。如秦咸阳宫第一号宫殿建筑遗址出土的A型板瓦，绳纹宽约0.2～0.23厘米，板瓦两端有抹去绳纹的带状纹；B型板瓦表面绳纹宽约0.15～0.24厘米，板瓦表面有数道抹去绳纹的带状光面[6]。西汉时代的板瓦表面亦为绳纹，但是其绳纹较宽，一般为0.6～0.8厘米。板瓦表面上下端的绳纹一般被抹平，但中部基本不见被抹平的光带[7]。相家巷遗址第3层出土的板瓦与秦咸阳宫遗址出土的板瓦基本相同，而与汉长安城遗址出土的西汉时代板瓦不同。

遗址第3层出土的筒瓦，表面为细绳纹，绳纹宽约0.1厘米，内面为麻点纹[8]。战国晚期和秦咸阳宫遗址出土的筒瓦，其表面饰细密绳纹，有直行、斜列与交叉等，筒瓦内面为麻点纹。如秦咸阳宫第一号宫殿建筑遗址所出土的筒瓦可分为四型，其中A型筒瓦绳纹宽0.1～0.15厘米，B型筒瓦绳纹宽0.2～0.25厘米（个别有0.3～0.32厘米），C型筒瓦绳纹宽0.1～0.18厘米，D型筒瓦绳纹宽0.3～0.4厘米[9]。西汉时代的筒瓦表面为绳纹，其上下部绳纹分别被抹光。绳纹较宽，如A型筒瓦绳纹宽0.2～0.4厘米，B型筒瓦绳纹宽0.3～0.5厘米，C型筒瓦绳纹宽0.5～0.8厘米[10]。与板瓦一样，相家巷遗址第3层出土的筒瓦风格与秦咸阳宫遗址出土的筒瓦基本相同。

遗址第3层出土的陶碗（T2③：2），底部与下腹部交界处有阴文戳印“咸阳亭久”[11]。咸阳毛王沟曾出土有“咸阳亭久”戳印陶文的陶器[12]，此地为秦咸阳城遗址。在秦咸阳城遗址的长陵车站作坊遗址，曾发现了3件陶器之上有“咸阳亭久”陶文（63XYCLT19H1：159陶罐上的戳印、85XYCLH3：83H和59XYCLT4H4：48陶垫圈上的戳印）。又陈直先生《关中秦汉陶录》卷一收录有“咸阳亭久”戳印陶文的陶器。“咸阳亭久”是咸阳市亭制陶作坊的标记。《汉书·地理志（上）》记载：“渭城，故咸阳，高帝元年更名新城，七年罢，属长安。武帝元鼎三年更名渭城。”据此“咸阳亭久”应为西汉时代以前的秦陶文。

上述与相家巷遗址出土古代封泥同地层出土的板瓦、筒瓦和有戳印的陶器，为古代封泥断代提供了考古学佐证。在历史时期考古中，砖瓦和有陶文陶器一般具有明显的时代特点，因而在断代上有着十分重要的作用。通过对这些砖瓦与陶器之陶文与同时期秦咸阳城遗址及其后的汉长安城遗址出土的同类遗物进行考古学对比研究，我们可以清楚地看到，这些砖瓦与戳印陶文的陶器，其时代应早于西汉，当为战国晚期至秦代。因此，过去所说的相家巷遗址出土古代封泥为“秦代”，实际上应为“战国晚期秦国”和“秦代”封泥，或简称“秦封泥”。这在封泥研究史上有着重要意义，因为长期以来学术界对于战国时代晚期和秦代封泥与西汉时代早期封泥，很难区分，往往称之为“秦汉封泥”。相家巷遗址秦封泥的出土数量很大，种类很多，这就为区别秦汉封泥提供了科学的界定资料。

二、对相家巷遗址出土封泥地望的探索

相家巷遗址考古发掘出土的封泥，比较完整的有325枚，分别为出土于H2的1枚、探沟的96枚、第3层的228枚。第3层的封泥集中于长4米、宽1米的范围之内，堆积厚度不一，厚者达0.78米。封泥与早期夯土建筑基址遗留的砖瓦等相杂其间，叠压在早期夯土建筑基址之上，应该是早期建筑废弃或局部废弃后形成的堆积。相家巷遗址有规模较大的夯土建筑，可分为早期夯土建筑遗址和晚期夯土建筑遗址。根据出土遗物分析，早期夯土建筑基址所处时代为战国晚期至秦代，晚期夯土建筑遗址为秦至西汉初期。早期夯土建筑基址大致呈南北向长方形，南北15.45米、东西9.25米；晚期夯土建筑基址亦为长方形，东西12米、南北17.5米[13]。由于这两处夯土建筑遗址保存现状不佳，相关建筑遗迹不清，严重影响了对其使用功能的研究。但是，其中的早期夯土建筑无疑是第3层出土封泥的“承载体”。它们可能起到“验收”功能，“验收”之后，“封泥”留在这些“夯土建筑”之处，被“验收”的相关“物品”送入有关地方。它们不应该是像有人所说的“是揭拆之后作为废弃垃圾倾倒入北宫、上寝近旁池坑之中”的[14]。也不能说“秦封泥出土地，仅仅是相对于一处宫殿的垃圾倾倒处。”更不能说成是“大型灰坑”[15]。关于秦封泥的放置问题，类似情况可以参照汉长安城未央宫少府建筑遗址考古发掘情况。汉长安城未央宫少府建筑遗址出土封泥111件，其中110件发现于南通道的F10的东南角。F10实际上是南通道的“传达室”或“门房”，其“门”辟于F10南墙西部，封泥集中发现在南门之内的东部[16]。在辽宁省凌源县考古发掘的安杖子古城遗址中，在H4出土了18枚封泥，还出土了44个瓦当和150枚钱币等。H4在F3以南2米。F3在城址中部，应为“地方官署所在地”的房屋。F3坐北朝南，南面辟门。发掘者认为：“从灰坑（H4）的开口及形成和出土遗物分析，坑内的堆积，是由清扫出来的废弃物形成的”[17]。我们认为，这些封泥是从F3中清扫出来的，而清扫的时间可能在建筑物废弃后，因为在F3正在使用时，其门前不会设置“灰坑”或“垃圾坑”。需要说明的是，作者将F3确定为战国时代遗存，但是其在文中又称：“综观F3的建筑结构和出土遗物，有理由认为这座房址的时代，相当于战国末期到西汉初。”作者又把H4作为汉代灰坑，但是从该灰坑出土的18枚封泥来看，其中无界格的（即报告中的第一种）仅有2枚，其余16枚均有界格。灰坑出土平阳布、安阳布、襄平布、阴平布、益昌布等钱币，均为战国时代至西汉初期的货币。H4中的包含物与F3同时期的砖瓦等建筑材料与钱币和封泥混杂其中。类似的看法在一些考古报告中也曾谈及。实际上封泥的处理不是那样随便的，究明其更为具体的使用过程，还需要今后更多的田野考古资料积累。

三、相家巷遗址出土封泥与“南宫”地望

秦都咸阳包括渭河北部的秦咸阳城与渭南的“信宫”（或称“极庙”）、“章台”、“兴乐宫”、

“诸庙”、“南宫”、“上林苑”等。秦咸阳城遗址田野考古工作开展得较多，相对而言渭南的秦都咸阳诸遗址所做的考古工作较少。这次相家巷遗址大量“秦封泥”的出土，无疑对渭南秦宫室、苑囿研究，尤其是关于“南宫”研究有着重要作用。

“南宫”见于文献记载的有《史记·秦始皇本纪》：秦王十年“乃迎太后于雍而入咸阳，复居甘泉宫”。《集解》徐广曰：“表云，咸阳南宫也。”《史记·吕不韦列传》又载：“齐人茅焦说秦王，秦王乃迎太后于雍，归复咸阳。”《集解》徐广曰：“入南宫。”据上所载，秦甘泉宫即“咸阳南宫”或“南宫”。

《初学记》引《关中记》、《太平寰宇记》引《三秦记》均载：“桂宫一名甘泉宫。”[18]汉长安城桂宫为秦都咸阳的“南宫”故址，相家巷遗址位于桂宫宫城东北角，在桂宫遗址之内很少发现秦遗址，因而可以初步认为考古发掘的、出土秦封泥的相家巷遗址应该属于秦南宫一部分，很可能是南宫南部之“一角”。南宫地望的确认，对于认识秦都咸阳的“两宫制”很重要，因为这一制度直接被汉长安城所传承，不过后者的“两宫制”成为东西并列，及太后之宫的长乐宫与皇室的未央宫。

注　释

[1] 日本篆刻美术馆《平成十年度企画展》图录中有近百枚秦封泥，其中绝大多数应属于相家巷一带出土。

[2] 周晓陆、路东之：《秦封泥集》，三秦出版社，2000 年；傅嘉义、罗小红：《汉长安城新出土秦封泥——西安艺术博物馆藏封泥初探》，《收藏》1997 年 6 月号；倪志俊：《空前的考古发现 丰富的瑰宝收藏——记西安北郊新出土封泥地点的发现及西安中国书法艺术博物馆新入藏的大批封泥精品》，《书法报》1997 年 4 月 9 日第 1 版；傅嘉义：《秦封泥汇考》，上海书店出版社，2007 年。

[3] 中国社会科学院考古研究所汉长安城工作队：《西安相家巷遗址秦封泥的发掘》，《考古学报》2001 年第 4 期。

[4] 陕西省考古研究所：《秦都咸阳考古报告》，科学出版社，2004 年。

[5] 中国社会科学院考古研究所汉长安城工作队：《西安相家巷遗址秦封泥的发掘》，《考古学报》2001 年第 4 期。

[6] 陕西省考古研究所：《秦都咸阳考古报告》，科学出版社，2004 年。

[7] 刘振东、张建锋：《西汉砖瓦初步研究》，《考古学报》2007 年第 3 期。

[8] 中国社会科学院考古研究所汉长安城工作队：《西安相家巷遗址秦封泥的发掘》，《考古学报》2001 年第 4 期。

[9] 陕西省考古研究所：《秦都咸阳考古报告》，科学出版社，2004 年。

[10] 刘振东、张建锋：《西汉砖瓦初步研究》，《考古学报》2007 年第 3 期。

[11] 中国社会科学院考古研究所汉长安城工作队：《西安相家巷遗址秦封泥的发掘》，《考古学报》2001 年第 4 期。

[12] 袁仲一：《秦代陶文》，三秦出版社，1987 年，第 119 页。

[13] 中国社会科学院考古研究所汉长安城工作队：《西安相家巷遗址秦封泥的发掘》，《考古学报》2001 年第 4 期。

[14] 周晓陆、路东之：《空前的收获 重大的课题——古陶文明博物馆藏秦封泥综述》，《西北大学学报（哲学社会科学版）》1997 年第 1 期。

[15] 周晓陆、路东之：《秦封泥集》，三秦出版社，2000 年。

[16] 中国社会科学院考古研究所：《汉长安城未央宫——1980～1989 年考古发掘报告》，中国大百科全书出版社，1996 年。

[17] 辽宁省文物考古研究所：《辽宁凌源安杖子古城址发掘报告》，《考古学报》1996 年第 2 期。

[18] 刘庆柱：《三秦记辑注·关中记辑注》，三秦出版社，2006 年。

（原载《青泥遗珍：战国秦汉封泥文字国际学术研讨会论文集》，
西泠印社出版社，2010 年）

秦封泥与秦都咸阳宫苑及都城布局研究

刘庆柱　李毓芳

20世纪90年代中期以来，在西安市未央区六村堡乡相家巷村一带先后出土了大批秦封泥，其数量多达几千枚。现主要收藏于北京古陶文明博物馆、西安中国书法艺术博物馆、西安市文物保护考古所和中国社会科学院考古研究所。其中有一部分封泥资料及其研究成果已经发表[1]。这批封泥的时代，应属于战国时代晚期至秦代。封泥出土地在汉长安城遗址西北部，西邻桂宫遗址东北角，北邻西市遗址东南部。这里应属于秦都咸阳的“渭南”故地范围之内。出土的秦封泥中有一些涉及秦都咸阳的宫室、苑囿内容，本文拟对这些秦封泥的内容作一研究，并结合以往的秦都咸阳遗址考古发现，对秦咸阳城发展、变化及布局特点作一探讨。

一、与秦都咸阳宫苑相关内容秦封泥的研究

西安相家巷遗址出土秦封泥中，与秦都咸阳宫室、苑囿等内容相关的封泥有“南宫郎丞”、“北宫”、“北宫弋丞”、“北宫私丞”、“北宫工丞”、“北宫榦丞”、“北宫宦丞”、“章台”、“章厩”、“章厩丞印”、“禁苑右监”、“东苑丞印”等。

（一）“南宫郎丞”

相家巷遗址出土与“南宫”相关秦封泥只有“南宫郎丞”封泥一种，但其出土数量较多。《汉书·百官公卿表》：“郎中令，秦官，掌宫殿掖门户……属官有大夫、郎、谒者，皆秦官。”“郎掌守门户。”“郎丞”为掌宫门的官吏。“南宫”见于文献记载有《史记·秦始皇本纪》：秦王十年（公元前237年）“乃迎太后于雍而入咸阳，复居甘泉宫”。《集解》徐广曰：“表云，咸阳南宫也。”《史记·吕不韦列传》：“齐人茅焦说秦王，秦王乃迎太后于雍，归复咸阳。”《集解》徐广曰：“入南宫。”据上所载，秦甘泉宫即“咸阳南宫”或“南宫”。关于秦甘泉宫地望，目前学术界说法不一，主要有三种意见：一是在秦都咸阳的“渭南”[2]，二是在淳化县甘泉山[3]，三是在乾县注泔乡南孔头村[4]。前引《史记·秦始皇本纪》和《史记·吕不韦列传》记载很明确，秦王是把太后从“雍”重新迁“入咸阳”、“归复咸阳”，具体迁往地点就是太后曾经居住过的甘泉宫（即“复居甘泉宫”）。显然甘泉宫是在咸阳，这样才使秦王和太后能够“母子复相见”[5]。秦王这样做是为了避免“大王有迁母太后之名，恐诸侯闻之，由此倍

秦"[6]。因此秦甘泉宫不可能远在咸阳一二百里之外的淳化甘泉山或乾县注泔乡。如果那样，秦王把太后从"雍"迁至淳化（秦泾阳）或乾县（秦好畤），与将其母仍留在雍城没有什么不同，这与迁母太后的初衷相违，也失去了迁母太后的意义，那样秦王必将留下"不孝之行"的名声。有的学者根据《史记·匈奴列传》《正义》引《括地志》："秦始皇作甘泉宫，秦皇帝以来祭天圆丘之处。"说明秦始皇祭天圆丘之处应于都城远郊淳化的甘泉宫，因此秦甘泉宫也就不会在秦咸阳城[7]。但是唐代人的这一记载，显然与更早的文献《史记·秦始皇本纪》有矛盾，我们应以时代早的文献为据。就是与《括地志》同时代的文献关于秦甘泉宫记载也不一致，如《元和郡县志图志》卷一："云阳宫，即秦之林光宫，汉之甘泉宫。"考虑到早期的文献记载和同时期不同文献的内容，我们认为：《括地志》上述记载是把秦甘泉宫与汉甘泉宫相提并论，并误将淳化县甘泉山当成秦甘泉宫。

秦甘泉宫在咸阳，《初学记》引《关中记》、《太平寰宇记》引《三秦记》均载："桂宫一名甘泉宫"。汉桂宫建于秦甘泉宫故址之上。桂宫为汉长安城中的后妃宫城之一，汉武帝时所建。其西邻长安城西城墙，东邻横门大街，南为未央宫，北为西市。此地与渭北咸阳原上的秦咸阳城宫殿区南北相对。考古工作者在桂宫遗址北部的西汉时代建筑遗址之下，发现叠压有秦代和战国时代晚期地层与遗存，这为文献记载的桂宫为秦甘泉宫故地提供了考古学佐证。

根据《史记·秦始皇本纪》和《史记·吕不韦列传》之《集解》徐广所言，秦甘泉宫即"咸阳南宫"或"南宫"。秦南宫故址地望应在汉桂宫附近。有的学者虽然认为"南宫"应在"渭南"，但关于其具体地望则提出"南宫或在章台之南"的观点[8]。我们认为这一说法难以成立，持"南宫"在"渭南"说者，以章台为基点，设想其南、北均有秦宫室，并分别称之"南宫"与"北宫"。这种推测不但与文献记载不符，也与考古勘查情况不一致。没有任何文献记载秦甘泉宫或"南宫"在章台以南的。秦章台南部更未发现大型秦宫室建筑遗址，章台西南的阿房宫遗址与"南宫"没有关系。

有学者认为相家巷遗址是秦都咸阳的"诸庙"所在地[9]。《史记·秦始皇本纪》："二十七年……焉作信宫渭南，已更命信宫为极庙，象天极。""极庙"又名"太极庙"、"宫庙"[10]，秦二世更名"极庙"为"始皇庙"[11]。"极庙"为"诸庙"之一。秦王朝在渭南有"诸庙"，其详细情况还不清楚。《史记·樗里子甘茂列传》："昭王七年，樗里子卒葬于渭南章台之东。曰：'后百岁，是当有天子之宫夹我墓。'樗里子疾室在于昭王庙西渭南阴乡樗里，故谓之樗里子。至汉兴，长乐宫在其东，未央宫在其西，武库正直其墓。"樗里子疾之墓在汉长安城武库之下，古代人们的墓地与居室一般相距不远，樗里子疾的居室当在武库之旁，秦昭王庙在樗里子疾的居室之东，亦当在武库附近。西汉初期，汉长安城的宗庙大多在武库东南部，如高祖庙、惠帝庙均在这一带，汉高祖刘邦之高庙在安门大街以东、长乐宫西南，约在今西安市未央区未央宫乡东叶村一带。《长安志》引《关中记》："惠帝庙在高庙之西。"据此推测惠帝庙在未央宫以东、安门大街附近，武库以南。秦汉之际的社稷在汉长安城西南部。秦和西汉初年的这些宗庙、社稷分布情况，说明这一带当时是重要的宗庙、社稷等礼制建筑区，推测秦咸阳城的"渭南"、"诸庙"和"信宫"（"极庙"）可能在这里，而不应在汉长安城北部的相家巷一带。

（二）“北宫”类封泥

相家巷遗址出土的与“北宫”相关的封泥有“北宫”、“北宫弋丞”、“北宫工丞”、“北宫私丞”、“北宫宦丞”、“北宫榦丞”等[12]。“北宫”为宫城之名。“北宫弋丞”之“弋”，为“左弋”或“佐弋”省文。“北宫工丞”之“工”，为“工室”或“工官”省文（以“工室”为多）。“北宫私丞”之“私”，为“私官”或“私府”省文。“北宫宦丞”之“宦”，为“宦者”省文。“北宫榦丞”之“榦”，为“榦官”省文。“左弋”、“工室”、“宦者”、“榦官”均为少府属官，“私官”、“私府”为皇后（或王后）之官署。少府、皇后（或王后）官署当在皇帝（或国王）的宫城之中，故推断“北宫”为皇帝（或国王）之宫城。

关于“北宫”地望，目前学术界说法有二：一为在“渭南”说，一为在渭北说。持前说者认为秦封泥出土地的相家巷遗址“正值西汉北宫遗址之北墙外，汉未央宫北部之北宫，或是继承了秦北宫而得名”[13]。西汉时代长安城北宫遗址已经考古勘探究明，它位于宜城门大街以北、雍门大街以南、厨城门大街以东、安门大街以西，汉北宫西邻“北阙甲第”、“东南邻长乐宫、东北邻明光宫、南为武库、西北邻东市”[14]。汉北宫北墙外为周家堡、曹家堡等村庄，此地与出土秦封泥的相家巷遗址东西相距1250米。汉北宫之南为武库，并不是未央宫。汉北宫之得名当因其在汉长安城宫殿区北部，其东南为长乐宫。西南为未央宫，不是继承秦“北宫”之宫名。汉北宫遗址的考古勘探、试掘资料说明，其时代为西汉时期，没有发现秦代或战国时代秦建筑遗存。因而不存在汉北宫遗址叠压在秦“北宫”之上的地层关系。秦封泥出土地的相家巷遗址及其附近不是秦“北宫”所在地。我们认为秦“北宫”在渭北。“北宫”是相对“南宫”而言的，“北宫”应在“南宫”以北。如前所述，“南宫”即秦甘泉宫，其故址在汉长安城桂宫附近。桂宫遗址在汉长安城西部偏北，北距横门1100米。汉代长安城北临渭河[15]，横门在汉代渭河桥遗址以南约1200米[16]。西汉时代桂宫与渭河之间相距2300米，其间除去渭河南岸的河滩地，不可能再安排“北宫”那样的大型宫室建筑，“北宫”只能建于渭河北部。秦之“南宫”与“北宫”当以渭河为界，渭河之北为“北宫”，渭河之南为“南宫”。

关于“北宫”方位的讨论中，涉及“北宫”性质问题。一说“北宫”为后妃之宫[17]，一说“北宫”与“南宫”均为咸阳宫[18]，还有一种看法认为“北宫”即王宫或皇宫（即咸阳宫）[19]。

《周礼·内宰》：“宪禁令于王之北宫。”郑玄注：“北宫，后之六宫。”先秦诸侯国的王后寝宫，因大多位于王宫北部，往往有“北宫”之称。秦汉及以后历代，皇宫的大朝正殿居南，后妃宫室位北；外朝居南，内廷位北。皇后宫室一般在皇宫北部。如西汉时代未央宫的前殿居南，后宫椒房殿位北。故有的学者提出秦封泥的“北宫”为后宫。其实秦汉时代的“北宫”与上引《周礼·内宰》之北宫和王宫或皇宫中位于宫城北部的后妃宫室意义完全不同。秦汉时代的“北宫”宫名是就其方位而言的，如《史记·高祖本纪》：“高祖置酒洛阳南宫。”《正义》引《括地志》云：“《舆地志》云秦时已有南、北宫。”洛阳城的南、北宫制度沿袭到东汉时代。秦汉时代的南、北宫实际上是以宫城的方位而命名的。前已述及，秦封泥中的“北宫”类封泥，有少府、王后（或皇后）之属官内容，少府、王后（或皇后）之属官官署当在王宫（或皇宫）之中，因此说秦“北宫”当为王宫或皇宫，而不是后妃之宫。

有的学者提出“秦南、北宫皆在秦都咸阳宫范围之内”。又认为“咸阳宫为秦都诸宫殿、台阁之总称，南宫、北宫、上寝、章台等自在其内”[20]。显然，这种说法是没有文献和考古学依据的。《史记·秦始皇本纪》：秦始皇三十五年（公元前212年）“以为咸阳人多，先王之宫廷小……乃营作朝宫（阿房宫）渭南上林苑中”。这里说明两个问题，一是朝宫（阿房宫）营作之前的“宫廷”在渭河以北的咸阳城中，二是这个“宫廷”应即秦都咸阳的宫城（王宫、皇宫）。秦咸阳的“宫廷”、宫城应为“咸阳宫”，故《史记·秦始皇本纪》：“始皇置酒咸阳宫”；“听事，群臣受决事，悉于咸阳宫”。显然司马迁这里所记载的“咸阳宫”，不会是泛指“秦都诸宫殿、台阁之总称”，更不能将“南宫、北宫、上寝、章台”均置于“咸阳宫”中。

（三）“章台”类封泥

秦封泥“章台”，即文献记载之秦“章台”。《史记》有多处关于章台的记载（如《秦始皇本纪》、《廉颇蔺相如列传》、《楚世家》、《苏秦列传》等）。关于“章台”地望，《史记·秦始皇本纪》：“诸庙及章台、上林皆在渭南。”可见“章台”在“渭南”。《论衡·实知篇》亦载：“樗里子卒，葬于渭南章台之东”。“章台”在“渭南”的樗里子墓之西。关于樗里子墓的位置，《史记·樗里子甘茂列传》记载汉武库在樗里子墓之上。西汉时代的武库遗址位于西安市未央区未央宫乡大刘寨村东北部，西邻未央宫遗址[21]。“章台”应在武库遗址以西。汉长安城有“章台街”，《汉书·张敞传》：张敞“时罢朝会，过走马章台街。”孟康曰：章台街“在长安中”。臣瓒曰：“在章台下街也。”章台街在章台之下，章台附近。汉代朝会一般在未央宫前殿进行，前殿约居未央宫中央，前殿以南150米，有一条东西横贯未央宫的道路，宽12米。道路西与章城门相通，《汉书·五行志》（中之上）称其为“章城门通路寝之路”。这条街道当即“章台街”。章台街因章台而得名，章城门因章台街得名。章台街在汉代前殿之南，前殿坐北朝南，亦可谓在前殿之下。如若，秦章台当即汉前殿。秦章台被未央宫前殿遗址所叠压。在汉长安城未央宫前殿遗址A区和B区的考古发掘中，在西汉时代文化层之下，发现了战国和秦代文化层，出土了许多大型宫殿建筑的砖、瓦、瓦当等建筑材料遗物，其特征与秦咸阳宫第一号宫殿建筑遗址的遗物基本相同[22]。这也证明未央宫前殿遗址之下确实有战国时代和秦代的大型宫殿建筑遗址，它们可能就是秦章台遗址。章台作为大型朝仪宫殿，规模宏大，章台之中还设置了“厩”，出土的秦封泥中就有“章厩”、“章厩丞印”封泥。

（四）苑囿类封泥

秦都咸阳的“渭南”地区不但有“南宫”、“章台”、“信宫”、“诸庙”、“社稷”，还有其他苑囿。在“渭南”故地出土的秦封泥中，涉及与秦之苑囿相关的封泥有“禁苑”（“禁苑右监”）、“杜南苑”（“杜南苑丞”）、“东苑”（“东苑丞印”）等。

“禁苑”即上林苑，《文选·西都赋》西郊则有上囿禁苑，林麓薮泽，陂池连乎蜀汉。缭以周墙，四百余里。离宫别馆，三十六所。”《文选·西京赋》：“上林禁苑，跨谷弥阜。”《史记·平准书》：“是时禁苑有白鹿而少府多银锡。”禁苑为古代帝王苑囿。秦汉时代的上林苑即禁苑性质的苑囿。

"杜南苑"或为"杜南宜春苑"省称,《史记·秦始皇本纪》:秦二世葬"杜南宜春苑"。西汉时代称"宜春苑",又有"宜春下苑"之称。汉印有"宜春禁苑"[23]、"宜春禁丞"[24]。《汉书·元帝纪》载:初元二年(公元前47年),诏罢"宜春下苑";《汉书·贡禹传》载:元帝"省宜春下苑以予贫民"。关于"宜春下苑"地望,《三辅黄图》载:"宜春下苑,在京城东南隅。"《汉书·元帝纪》颜师古注:"宜春下苑即今京城东南隅曲池是。""杜南苑"、"杜南宜春苑"、"宜春苑",秦汉时代其名虽异,其实一也。

"东苑"亦为秦禁苑之一。"东苑"可能是位于都城东部的"苑囿",其以"苑"之方位命名。

相家巷遗址出土秦封泥中,其内容涉及的苑囿大多分布在秦咸阳城以南。这与文献记载和考古调查了解到的秦咸阳城苑囿分布情况基本一致。

二、秦咸阳城遗址的考古发现所反映的都城布局

秦都咸阳遗址的考古工作已开展40多年,其间主要的是对渭河北部的城址宫殿区、手工业作坊区和墓葬区的发掘,对"渭南"地区阿房宫遗址的勘探和相家巷遗址秦封泥的清理。这些新的考古资料使我们对秦咸阳城的布局形制有了更多了解。

秦都咸阳渭河北部宫殿区主要分布在今窑店镇附近的北部咸阳原上,其中以20世纪70~80年代考古发掘的秦咸阳宫第一至第三号宫殿建筑遗址最为重要[25]。

一号宫殿建筑遗址为战国时期流行的高台建筑,系楼阁式宫殿建筑。主室在第二层,长13.4米,宽12米,面积150.8平方米。过去有的学者提出这是"冀阙"或宫门的"门阙"遗址[26]。近来又有人著文,提出一号宫殿建筑遗址为"社稷"遗址的观点[27]。目前考古发现的"门阙"遗址有河南淮阳平粮台龙山文化城址的南门遗址[28]、偃师二里头遗址的第一和第二号宫殿建筑遗址中的两座南门遗址[29]、偃师商城的城门遗址[30]、陕西岐山凤雏西周宫室之台门遗址[31]、陕西凤翔秦雍城马家庄宫殿与宗庙遗址中的"门塾"遗址[32]、楚都郢城的城门遗址[33]和汉唐两京及汉魏洛阳城、邺城的城门、宫门遗址等[34],古代社稷遗址的发现有汉长安城的"社稷"遗址等[35]。这些建筑遗址的布局形制,与秦都咸阳第一号宫殿建筑遗址完全不同,显然后者既不是一座"门阙"遗址,也不是"冀阙"故址,更不是"社稷"遗址。该遗址应是一座宫殿建筑遗址,但其不应为大朝正殿之类宫殿建筑。

秦咸阳宫第二号宫殿建筑遗址规模较大,东西127米,南北32.8~45.5米,主体殿堂平面方形,面积386平方米。殿前回廊中有插立旗帜的竖管11处。这可能是一处进行政务活动的宫殿建筑。

秦咸阳宫第三号宫殿建筑遗址主要发掘了廊和殿堂一部分,对遗址的整体认识还不清楚,就现有考古资料来看,这亦应是一座宫殿建筑。该遗址出土的大面积宫室壁画是中国古代宫室建筑中发现时代最早的壁画。

上述三座宫殿建筑遗址附近的考古勘探、调查又发现大面积的夯土建筑基址,在这些已发掘、勘查的建筑遗址周围,发现有夯土城墙,它们应属于"宫城"的城墙遗迹。"宫城"之内发现8座大型宫室建筑遗址,其中有3处遗址的基址至今仍高出周围地面1.5~6米。殿址的

形制结构和出土遗物，进一步确认了这座“宫城”的性质。宫城遗址位于今咸阳市渭城区窑店镇牛羊村、姬家道村、刘家沟村一带，宫城北墙长843米，南墙长902米，西墙长576米，东墙保存甚差。《三辅黄图》：“始皇穷极奢侈，筑咸阳宫，因北陵营殿。”“陵”为高阜之地，“北陵”即秦咸阳城北部的高地，亦即“咸阳原”或秦陶文之“咸原”。“北陵”之上考古发现的上述秦建筑遗址当系“因北陵营殿”而成的“咸阳宫”遗址。

也有学者认为“咸阳南靠渭水，因为渭水不断北移，故城遗址受到冲决，目前已经看不到城址踪迹”。又谓“咸阳宫以及咸阳城址已因渭水长期泛滥和不断向北移动而被冲毁”。因此提出“秦都咸阳的布局，既然由于遗址的被冲决，无法用考古方法来查明，那么只有依据文献及其他考古资料来探索了”。这里所提到的“文献”，就是根据《华阳国志》记载的张仪修建的成都城，此城布局为小城在西，大城居东，其“与咸阳同制”。此外还有《太平御览》引《郡国志》所载成都“以象咸阳”、《七国考》所谓成都为“小咸阳”之称的记载。据此推断秦咸阳城为西“城”东“郭”布局形制。“至于咸阳原上发现的秦代宫殿建筑”，因与其推断的都城模式不同，所以被断定为“秦始皇在城旁扩建的宫殿”[36]。还有一种与上述观点相近的看法，其认为“渭水之滨”的“今咸阳市东约20华里长陵车站附近的滩毛村东南”一带的城墙，为秦咸阳宫的城墙。并把秦咸阳宫第一至第三号建筑遗址认定为“咸阳城之旁的宫观”或秦始皇时所做的“六国宫室”之一[37]。

首先要指出的是，秦咸阳城遗址并未因渭河北移而将其冲毁，几十年来秦咸阳城遗址的考古发现可以清楚地说明，渭河北移只是冲毁了秦咸阳城遗址南部的一部分，城址的大部分仍然存在。其次，关于成都城“与咸阳同制”问题，李令福先生的《秦成都“与咸阳同制”考辨》[38]已有精辟、深刻的论述，说明成都城与咸阳城二者不存在城市布局形制的“同制”。至于今咸阳长陵车站附近的“城墙”，不是秦代城墙，更不是战国时代晚期的城墙。它们是清代回民起义时，在其住地修筑的防卫墙体。依此将秦咸阳城遗址西南部的今咸阳市滩毛村一带，认定为秦咸阳宫故址，显然是缺乏科学根据的。秦咸阳城遗址的考古资料已经证明，虽然历史上存在着渭河北移，但是渭水只冲毁了秦咸阳城南部的一部分。把秦咸阳宫第一至第三号建筑遗址的时代定为秦代，并称其为秦始皇所建城旁扩建的“宫殿”或“宫观”、“六国宫室”都是与考古出土遗物时代和相关测年结论相矛盾的。

在秦咸阳宫西部，发现有为数众多的官办手工业作坊，包括了冶铜、铸铁、制陶等内容。其中宫城西边的聂家沟、胡家沟等地手工业作坊遗址区最具代表性，其规模相当庞大，如胡家沟的一处烧造砖瓦建筑材料的制陶作坊遗址，占地面积近8000平方米，现存窑址29座，陶窑东西成排，南北成行，排列有序。在秦咸阳城遗址西南部，今咸阳市长陵车站滩毛村一带，考古发现了大量制陶作坊遗址，还有数以百计的水井和多处地下排水管道，这些说明这里应为都城手工业区和市民居住区[39]。上述遗址及出土遗物的时代为战国时代晚期至秦代。这里的考古发现又否认了秦咸阳城西部或西南部为“小城”、“秦咸阳宫”的说法。

咸阳塔儿坡、黄家沟、任家嘴三大墓地的发掘，为研究秦咸阳城提供了新的考古资料。三大墓地均位于秦咸阳城遗址西部，由西向东依次为塔儿坡、任家嘴、黄家沟。塔儿坡墓地和黄家沟墓地均系战国时代晚期至秦代居住在都城咸阳的秦人平民墓地[40]，任家嘴墓地是春秋中期至秦代的当地居民墓地[41]。这是秦都咸阳附近发现的三处规模较大、比较集中的秦墓墓地，它们进一步证明秦都咸阳中心区在渭北的秦咸阳城中。

秦都咸阳“渭南”地区的考古工作，主要是阿房宫遗址的调查、勘探。目前被认为的阿房宫前殿遗址，经考古勘探究明，其东西1320米，南北420米，面积554400平方米[42]。考古资料证实这处大型建筑遗址不应是一座“单体”殿堂建筑，大型夯土基址之上似应为由多座单体殿堂组成的以阿房宫前殿为中心建筑的建筑群。对阿房宫前殿规模、形制今后还需进一步通过田野考古工作去究明。

三、秦都咸阳的发展与都城布局的变化

公元前350年秦孝公迁都咸阳，至公元前207年秦王朝灭亡，其间144年，作为首都的咸阳城发展，大体可分为三个阶段：渭河北岸都城的兴建、秦都咸阳向“渭南”地区的扩展、秦都咸阳中心向“渭南”的转移。

（一）渭河北部都城的兴建

近年考古工作者在今咸阳市任家嘴发现的春秋时代墓地，证明在秦孝公迁都咸阳之前，这里已有人居住。《史记·秦本纪》：“秦孝公十二年，作为咸阳，筑冀阙，秦徙都之。”所谓“冀阙”实际就是宫城“门阙”，这里就是修建“宫城”与“宫室”的象征。秦咸阳城宫城即“咸阳宫”。这一记载表明，秦咸阳城的建设首先从都城之“宫廷”、宫城、宫室开始的。这符合中国古代都城建设的规律，即先营宫城，后建郭城。秦咸阳城宫城北城墙的试掘表明，城墙的营建为战国时代[43]。宫城之中的一至三号宫殿建筑遗址的出土遗物的时代，从考古学观察应为战国时代中期至秦代。1980年，中国社会科学院考古研究所实验室对三号宫殿建筑遗址1室北门门槛底部出土木炭的^{14}C测年结果为，距今2290±80年（公元前340±80年）；上海博物馆文物保护科学技术实验室对三号宫殿建筑遗址出土瓦片热释光测年结果为，平均热释光年代（B.P.）2340年，测定年代误差为±10%[44]。

（二）秦都咸阳向“渭南”地区的扩展

公元前338年秦孝公去世，秦惠文王当政，历秦武王、秦昭王、秦庄襄王，至秦王政统一全国之前，这一时期是秦国政治大发展时期，国家统一大业的推进，大量外交活动的开展，从王国向帝国的转变，使诸秦王开始在“渭南”地区大兴土木，营建各种设施，以适应历史发展对都城的需求，这些工程主要有兴乐宫、章台、诸庙（如昭王庙等）、甘泉宫（即南宫）、上林苑等，此外还有王陵区的东迁。

兴乐宫的修建不晚于秦昭王，《史记·孝文本纪》《正义》引《三辅旧事》云：“秦于渭南有兴乐宫，渭北有咸阳宫，秦昭王欲通二宫之间，造横桥长三百八十步。”秦兴乐宫即汉长乐宫，《史记·叔孙通传》：“孝惠帝为东朝长乐宫。”《集解》引《关中记》云：“长乐宫，本秦之兴乐宫也，汉太后常居之。”

章台是秦都咸阳在“渭南”的最为重要宫殿建筑之一，其营建时间不晚于楚威王在位时间（即公元前339～前329年）。《史记·苏秦列传》载：苏秦游说楚威王，“今乃欲西面而事秦，则诸侯莫不西面而朝于章台之下矣”。公元前299年又发生了一起政治事件，《史记·楚世家》载：秦“昭王诈令一将军伏兵武关，号为秦王。楚王至，则闭武关，遂与西至咸阳朝章台，如蕃臣，不与亢礼”。公元前283年发生的历史上著名的秦赵“和氏璧”外交争议，地点也在章台。《史记·廉颇蔺相如列传》：“赵惠文王时，得楚和氏璧，秦昭王闻之，使人移赵王书，愿以十五城请易璧……赵王于是遂遣相如奉璧西入秦。秦王坐章台见相如。”章台曾是秦都咸阳作为秦国外交活动的重要象征。

《史记·秦始皇本纪》：“先王庙或在西雍，或在咸阳。”在咸阳的秦始皇先王庙应即渭南“诸庙”。秦孝公迁都咸阳之后，“宫廷”置于秦咸阳城的“北陵”之地，而“诸庙”则安排在秦咸阳城以外的“渭南”地区，这是中国古代都城发展的一大创举。

甘泉宫始建年代还不清楚，但至迟在秦王政十年（公元前237年）它已存在[45]。此前秦王政之母可能已在此居住，故《史记·秦始皇本纪》称太后从雍城回咸阳为“复居甘泉宫”。至于《史记·匈奴列传》：“宣太后诈而杀义渠戎王于甘泉。”其“甘泉”是否为“甘泉宫”尚待进一步研究。但甘泉宫为太后所居很值得我们注意。秦上林苑始建时间不详，其范围在“渭南”之中，北自章台、诸庙之南，南至阿房宫附近；西迄丰镐遗址以东，东达杜县故址。

秦都咸阳向渭河以南扩展的另一表现是，王陵区从秦咸阳城西北部移至渭河以南的芷阳。秦孝公归葬栎阳，惠文王和悼武王均葬于咸阳城西北的咸阳原上，昭襄王、孝文王、庄襄王则把王陵区迁至于渭河以南的芷阳“东陵”陵区。

（三）秦都咸阳中心向“渭南”的转移

秦始皇统一全国以后，立即在“渭南”开展了大规模宫室建设，《史记·秦始皇本纪》：二十七年（公元前212年）“焉作信宫渭南，已更命信宫为极庙，象天极。自极庙道通郦山，作甘泉前殿。筑甬道，自咸阳属之。”三十五年（公元前212年）“乃营作朝宫渭南上林苑中。先作前殿阿房，东西五百步，南北五十丈，上可坐万人，下可以建五丈旗……为复道，自阿房渡渭，属之咸阳以象天极阁道绝汉抵营室也。”秦始皇在“渭南”的建设，开始以信宫（极庙）为重点，继之为甘泉前殿的建设。秦都咸阳由渭北向渭南转移的标志，应为阿房宫前殿的营建。由于阿房宫在秦始皇生前未完工，秦始皇“听事，群臣受决事，悉于咸阳宫”[46]。也就是说，咸阳宫一直是都城咸阳的政治中枢，渭北始终是秦都咸阳的中心所在。秦都咸阳的考古资料也提供了这方面的佐证。

四、秦咸阳城的布局形制特点

秦咸阳城始建于公元前350年，至秦代灭亡，其间正值战国时代中晚期和秦代，这是中国古代社会历史大变革时期。作为秦国、秦王朝都城的秦咸阳城，它的布局形制特点，从某些方面反映出这一时期的重要历史变化。

（一）都城以宫城为中心

关于宫城在都城的中心地位，可以从宫城的营建时间与宫城在都城中所处位置两个方面反映出来。秦咸阳城的宫城在都城咸阳的建设工程中，作为首批建设项目被安排进行营建的。《史记·秦本纪》秦孝公“十二年，作为咸阳，筑冀阙，秦徙都之。”《史记·商君列传》：“作为冀阙宫廷于咸阳。”这与文献记载先秦都城建设中各类建筑的营建次序不同。《礼记·曲礼（下）》：三代之时“君子将营宫室，宗庙为先，厩库为次，居室为后”。

秦咸阳城的地势北高南低。宫城建于咸阳的“北陵”之地，即咸阳原上，这是咸阳城中最高的地方。宫城中的宫殿一般为坐北朝南，宫城位于秦咸阳城的东西居中位置。这反映了统治者的王权、皇权至上的政治意图。

（二）宗庙位置的变化

先秦都城的宗庙一般在宫城或宫殿区之中，如春秋中晚期的秦雍城宫室区中，宗庙与宫殿均在其中。属于秦雍城一号建筑群的宗庙遗址居东，作为宫殿群的秦雍城三号建筑遗址位西，二者东西并列[47]。秦建都咸阳城后，咸阳的秦王室宗庙营建于“渭南”，不在渭北的咸阳城中。这在中国古代都城发展史是个重要转折，它不只是宗庙位置的简单变化，其更深层次的意义还在于，宗庙作为“血缘”政治的象征，其位置的变化，说明了“血缘政治”在国家政治生活中的地位改变。在秦咸阳城中，一改过去宗庙与宫殿“平起平坐”的局面，国王的大朝正殿居于中心地位，宗庙不但离开宫城或宫殿区，甚至被安排在咸阳城之外的“渭南”地区。宗庙在宫城之外成为秦帝国都城的一大特征，为秦咸阳城以后历代都城所承袭，它充分反映了中央集权封建帝国的国家政治特点。

（三）两宫制问题

秦都咸阳在渭北有咸阳宫，渭南有章台、甘泉宫（即南宫）。咸阳宫是秦咸阳城的宫城、大朝正殿所在，一直是秦咸阳城的政治中枢。章台曾经是战国时代晚期秦国都城的重要朝政之所，尤其是秦国的重要外交活动，不少就在章台之中进行。因此当时东方各国有所谓“朝章台，如蕃臣”或“诸侯莫不西面而朝于章台之下”的记载[48]，章台成了秦国外交活动中的国家象征。章台除了外交活动之外，还会有一些其他活动。

秦王政执政后，甘泉宫取代了章台在渭南的地位。秦王政十年，将其母从雍城迁回咸阳，重新安排在甘泉宫，甘泉宫实际上是太后之宫。甘泉宫位于渭河以南，时称“南宫”。作为王宫的咸阳宫，因位于渭河以北，时称“北宫”。“南宫”与“北宫”不只是因为宫室的各自居于渭河南北而得名，更主要的还因为二者分别为太后之宫与王宫，只有它们二宫才能以“南”、“北”并称命名宫名。秦始皇统一全国后，还在甘泉宫兴建了甘泉前殿，甘泉宫的地位被进一步突出。汉长安城的长乐宫为太后之宫，未央宫为皇宫。前者又称东宫，后者又称西宫。同样也是太后之宫与皇宫以“东”、“西”并称命名宫名。秦汉都城所不同处在于，秦都咸阳的太后之宫在宫城和都城之外，汉长安城的太后之宫在都城之中。这种“两宫制”应是初期中央集权封建帝国都城的布局特点之一。

（四）苑囿建设

中国古代都城的苑囿建设，虽然早已有之，但秦咸阳城将其制度化、规模化，并直接影响了以后历代的都城苑囿建设。秦咸阳城在其宫殿区东邻修建了大型池苑——兰池，考古调查发现“兰池”遗址位于秦咸阳城以东。《史记·秦始皇本纪》：秦始皇三十一年（公元前216年）“为微行咸阳，与武士四人俱，夜出逢盗兰池”。《正义》引《括地志》云：“兰池陂即古之兰池，在咸阳县界。《秦记》云：‘始皇都长安，引渭水为池，筑为蓬、瀛、刻石为鲸，长二百丈。’”汉长安城承袭秦咸阳城兰池的做法，并有所发展，池苑由都城之旁，移建于宫城之中。西汉初年在汉长安城未央宫西南部开挖了苍池，池中修建了渐台[49]。苍池范围东西400米，南北510米，面积204000平方米[50]。西汉中期又在建章宫中修建了太液池，池中筑渐台（或称蓬莱），刻石为鲸[51]。太液池面积151600平方米。池内东北部尚存渐台基址，东西60米，南北40米，残高8米。在太液池东岸还曾发现1件西汉时代巨大石鲸，长4.9米，径1米。这大概即文献记载的“石鲸”[52]。唐长安城宫城中的太液池、大明宫中的蓬莱池，元大都皇城的太液池等都城池苑建设无不受到秦咸阳城兰池之影响。

秦咸阳城在“渭南”修建上林苑（即“禁苑”），在京畿地区兴建了“东苑”、“杜南苑”（即“杜南宜春苑”）、“鼎胡苑”等，这些苑囿的名称、地望、范围、规制为西汉都城所沿袭、发展，有的影响更为深远。汉长安城的苑囿，在西汉初年，沿用秦上林苑。汉武帝时期对上林苑进行了大规模扩建，但其仍是以秦鼎胡苑、秦长杨宫为其东西界。东汉都城洛阳城亦置上林苑。上林苑作为都城禁苑一直沿用到中古时代，如隋洛阳城的皇家禁苑为“会通苑”，又称“上林苑”。

秦咸阳城的考古研究虽然已经开展多年，但是由于相应的田野考古工作还存在许多空白，不少学术问题的进一步探讨还需要新资料的积累。基于秦王朝在中国历史上的特殊地位和意义，作为秦王朝历史缩影的都城——秦咸阳城的重要学术研究价值是不言而喻的。我们期待秦咸阳城遗址田野考古工作的进一步开展，新资料的更多发现，从而推进秦咸阳城考古学研究向纵深的发展。

注　释

[1] a. 周晓陆、路东之：《秦封泥集》，三秦出版社，2000年。

b. 中国社会科学院考古研究所汉长安城工作队：《西安相家巷遗址秦封泥的发掘》，《考古学报》2001年第4期。

c. 刘庆柱、李毓芳：《西安相家巷遗址秦封泥考略》，《考古学报》2001年第4期。

d. 傅嘉仪、罗小红：《汉长安城新出土秦封泥——西安中国书法艺术博物藏封泥初探》，《收藏》1997年第6月号。

[2] 刘庆柱、李毓芳：《秦都咸阳“渭南”宫台庙苑考》，《秦汉论集》，陕西人民出版社，1992年。

[3] 王根权：《甘泉宫考辨》，《考古与文物》1990年第1期。

[4] a.《乾陵附近发现两处秦宫遗址——咸阳文物普查队断定是秦梁山宫和甘泉宫》，《西安晚报》1988年5月18日。

b. 曹发展：《秦甘泉宫地望考》，《陕西历史博物馆馆刊》（第四辑），西北大学出版社，1997年。
[5]《史记·秦始皇本纪》《集解》引《说苑》。
[6]《史记·秦始皇本纪》。
[7] 刘瑞：《秦信宫考——试论秦封泥出土地的性质》，《陕西历史博物馆馆刊》（第五辑），西北大学出版社，1998年。
[8] 周晓陆、路东之：《秦封泥集》，三秦出版社，2000年。
[9] 刘瑞：《秦信宫考——试论秦封泥出土地的性质》，《陕西历史博物馆馆刊》（第五辑），西北大学出版社，1998年。
[10]《史记·六国年表》：秦始皇二十八年"为太极庙"。"太极庙"即"极庙"，又称"宫庙"，《索引》曰："为宫庙，象天极，故曰极庙。"
[11]《史记·秦始皇本纪》。
[12] a. 周晓陆、路东之：《秦封泥集》，三秦出版社，2000年。
b. 中国社会科学院考古研究所汉长安城工作队：《西安相家巷遗址秦封泥的发掘》，《考古学报》2001年第4期。
c. 刘庆柱、李毓芳：《西安相家巷遗址秦封泥考略》，《考古学报》2001年第4期。
d. 傅嘉仪、罗小红：《汉长安城新出土秦封泥——西安中国书法艺术博物藏封泥初探》，《收藏》1997年第6月号。
[13] 周晓陆、路东之：《秦封泥集》，三秦出版社，2000年。
[14] 中国社会科学院考古研究所汉城工作队：《汉长安城北宫的勘探及其南面砖瓦窑的发掘》，《考古》1996年第10期。
[15]《汉书·文帝纪》："昌至渭桥。"苏林注：渭桥"在长安北三里"。
[16] a. 刘庆柱：《论秦咸阳城布局形制及其相关问题》，《文博》（秦文化、秦俑研究特刊）1990年第5期。
b.《汉书·文帝纪》："昌至渭桥。"苏林注：渭桥"在长安北三里"。
[17] 史党社：《新发现秦封泥丛考》，《秦陵秦俑研究动态》1997年第3期。
[18] 周晓陆、路东之：《秦封泥集》，三秦出版社，2000年。
[19] 刘庆柱、李毓芳：《秦都咸阳"渭南"宫台庙苑考》，《秦汉论集》，陕西人民出版社，1992年。
[20] 周晓陆、路东之：《秦封泥集》，三秦出版社，2000年。
[21] 中国社会科学院考古研究所汉城工作队：《汉长安城武库遗址发掘的初步收获》，《考古》1978年第4期。
[22] 中国社会科学院考古研究所：《汉长安城未央宫——1980～1989年考古发掘报告》，中国大百科全书出版社，1996年。
[23] 罗福颐：《汉印文字征》卷一，文物出版社，1978年。
[24] 刘体智、鲍鼎：《善斋吉金录·玺录》，石印本。
[25] a. 秦都咸阳考古工作站：《秦都咸阳第一号宫殿建筑遗址简报》，《文物》1976年第11期。
b. 秦都咸阳考古工作队：《秦咸阳宫第二号建筑遗址发掘简报》，《考古与文物》1986年第4期。
c. 咸阳市文管会、咸阳市博物馆、咸阳地区文管会：《秦都咸阳第三号宫殿建筑遗址发掘简报》，《考古与文物》1980年第2期。
[26] a. 学理、采梁、梓林、洪春：《秦都咸阳发掘报道的若干补正意见》，《文物》1979年第2期。
b. 王学理：《秦都咸阳》，陕西人民出版社，1985年。
[27] 瑞宝：《秦咸阳一号建筑遗址分析》，《文物考古论集》，三秦出版社，2000年。
[28] 河南省文物研究所、周口地区文化局文物科：《河南淮阳平粮台龙山文化城址试掘简报》，《文物》1983年第3期。
[29] 中国社会科学院考古研究所：《偃师二里头——1959年～1978年考古发掘报告》，中国大百科全书出版社，1999年。
[30] 刘忠伏、徐殿魁：《偃师商城的发掘与分期》，《中国商文化国际学术讨论会论文集》，中国大百科全书出版社，1998年。

[31] 陕西周原考古队：《陕西岐山凤雏村西周建筑基址发掘简报》，《文物》1979年第10期。
[32] a. 陕西省雍城考古队：《凤翔马家庄一号建筑群遗址发掘简报》，《文物》1985年第2期。
b. 秦都雍城考古队：《秦都雍城钻探试掘简报》，《考古与文物》1985年第2期。
[33] 湖北省博物馆：《楚都纪南城的勘查与发掘（上、下）》，《考古学报》1982年第3、4期。
[34] a. 王仲殊：《汉长安城考古工作的初步收获》，《考古通讯》1957年第5期。
b. 王仲殊：《汉长安城考古工作收获续记——宣平城门的发掘》，《考古通讯》1958年第4期。
c. 中国科学院考古研究所西安工作队：《唐代长安城明德门遗址发掘简报》，《考古》1974年第1期。
d. 中国社会科学院考古研究所西安唐城工作队：《唐长安皇城含光门遗址发掘简报》，《考古》1987年第5期。
e. 中国社会科学院考古研究所西安唐城工作队：《陕西唐大明宫含耀门遗址发掘记》，《考古》1988年第11期。
f. 中国社会科学院考古研究所、河北省文物研究所邺城考古工作队：《河北临漳县邺南城朱明门遗址的发掘》，《考古》1996年第1期。
g. 中国社会科学院考古研究所洛阳汉魏故城工作队：《汉魏洛阳城北魏建春门遗址的发掘》，《考古》1988年第9期。
h. 王岩：《隋唐洛阳城近年考古新收获》，《中国考古学论丛》，科学出版社，1993年。
i. 中国社会科学院考古研究所洛阳唐城队：《唐东都乾元门遗址发掘简报》，《考古》1994年第1期。
j. 中国社会科学院考古研究所洛阳唐城工作队：《洛阳唐东都圆璧城南门遗址发掘简报》，《考古》2000年第5期。
[35] 中国社会科学院考古研究所：《西汉礼制建筑遗址》，文物出版社，待刊。
[36] 杨宽：《中国古代都城制度史研究》，上海古籍出版社，1993年。
[37] 王丕忠：《秦咸阳宫位置推测及其他问题》，《中国史研究》1982年第4期。
[38] 李令福：《秦成都“与咸阳同制”考辨》，《中国古都研究（十四）》，三秦出版社，2000年。
[39] 陈国英：《咸阳长陵车站一带考古调查》，《考古与文物》1985年第3期。
[40] a. 咸阳市文物考古研究所：《塔儿坡秦墓》，三秦出版社，1998年。
b. 秦都咸阳考古队：《咸阳黄家沟战国墓发掘简报》，《考古与文物》1986年第2期。
[41] a. 咸阳市文物考古研究所：《咸阳任家嘴春秋墓清理简报》，《考古与文物》1993年第3期。
b. 曹发展：《咸阳任家嘴秦人墓地发掘的主要收获》，《文物考古论集》，三秦出版社，2000年。
[42] 西安市文物局文物处、西安市文物保护考古所：《秦阿房宫遗址考古调查报告》，《文博》1998年第1期。
[43] 陕西省社会科学院考古研究所渭水队：《秦都咸阳故城遗址的调查和试掘》，《考古》1962年第6期。
[44] 咸阳市文管会、咸阳市博物馆、咸阳地区文管会：《秦都咸阳第三号宫殿建筑遗址发掘简报》，《考古与文物》1980年第2期。
[45]《史记·秦始皇本纪》：“秦王乃迎太后于雍而入咸阳，复居甘泉宫。”
[46]《史记·秦始皇本纪》。
[47] a. 陕西省雍城考古队：《凤翔马家庄一号建筑群遗址发掘简报》，《文物》1985年第2期。
b. 秦都雍城考古队：《秦都雍城钻探试掘简报》，《考古与文物》1985年第2期。
[48]《史记·楚世家》；《史记·苏秦列传》。
[49]《汉书·邓通传》：文帝梦“而之渐台”。颜师古注：“未央殿西有苍池，池中有渐台。”
[50] 中国社会科学院考古研究所：《汉长安城未央宫——1980～1989年考古发掘报告》，中国大百科全书出版社，1996年。
[51]《汉书·郊祀志（下）》：建章宫“北治大池，渐台高二十余丈，名曰泰液。池中有蓬莱、方丈、瀛洲、壶梁，象海中神山龟鱼之属”。
[52] 刘庆柱、李毓芳：《汉长安城》，文物出版社，2003年。

（原刊于《21世纪中国考古学与世界考古学》，中国社会科学出版社，2002年）

阿房宫前殿遗址的考古收获和研究

李毓芳

一、阿房前殿遗址现在状况的调查

根据国家文物局的批示，中国社会科学院考古研究所和西安市文物保护考古所于 2002 年 10 月成立了阿房宫考古工作队。考古队本着为国家文物局制订保护阿房宫遗址规划提供可靠之科学依据的宗旨，开始了对阿房宫遗址的考古勘探、试掘和局部发掘工作。

阿房宫遗址位于西安市以西 13 千米处的古河之西、渭河以南，与秦都咸阳城隔渭河相对。遗址分布在龙首原向西南延伸的台地上，台地海拔 394.2～401.4 米。1961 年，阿房宫遗址被国务院公布为第一批全国重点文物保护单位。

秦阿房宫遗址原为秦都咸阳的上林苑遗址故地，后来这里又成为汉代上林苑遗址的一部分。据文献记载，直到中古时期的李渊（唐高祖）还曾在“阿房宫城”驻军。因此，秦阿房宫遗址所在地的遗存和堆积不是单一时代的物质文化遗存。在这些不同时代的文化遗存中，确定秦阿房宫遗址的范围和形制结构是一件非常艰难的事情，必须要通过大量详尽考古调查、勘探、试掘和局部发掘工作，才能真正为国家保护阿房宫遗址提供可靠的科学依据。从抢救、保护阿房宫遗址的目的出发，考古队首先对阿房宫的核心建筑——前殿遗址开展了考古工作。根据调查测量，前殿遗址夯土台基在现地表以上保存部分，东西 1119、南北 400、高 7～9 米，当地俗称“郿邬岭”。夯土台基东部被赵家堡、聚驾庄覆盖，西部被大古城、小古城村压在下面。

二、阿房宫前殿遗址的考古勘探、试掘和局部发掘

2002 年 10 月至 2004 年 12 月阿房宫考古队在前殿遗址进行了大范围考古工作，勘探面积 35 万平方米（每平方米以梅花点的形式布孔），试掘和发掘面积 3000 平方米。基本搞清了阿房宫前殿遗址的范围及其所属遗迹的分布。

（一）阿房宫前殿遗址的地层堆积

前殿遗址上面遗迹不同，故土层堆积亦各异。

其一，夯土台基上面的土层堆积基本为（1）耕土（2）扰土（3）夯土台基夯土；其二，土层堆积为（1）耕土（2）扰土（3）晚期堆积层（该层仅存于前殿夯土台基上面 15 米宽之北墙南侧约 9.7 米）（4）汉代堆积层（该层仅存于前殿夯土台基上面 15 米宽之北墙南侧约 9.4 米）（5）夯土台基夯土；其三，土层堆积为（1）耕土（2）扰土（3）汉代堆积层（该层仅存于前殿夯土台基上面 6.5 米宽之北墙南北两侧 3.5～4 米）（4）夯土台基夯土。

（二）阿房宫前殿遗址现存遗迹的勘探和试掘

1. 阿房宫前殿遗址范围

根据勘探和试掘的资料，阿房宫前殿遗址夯土台基东西长 1270、南北宽 426 米，现存最大高度（从台基北边缘秦代地面算起）12 米左右。夯层厚 5～15 厘米，夯窝径 5～8 厘米。为了了解台基底部结构，又对台基夯土进行了穿透性钻探，发现夯土台基底部基本为平面，只是夯土台基西南部和台基东边缘原来地势稍高一些。

2. 阿房宫前殿遗址夯土台基北部边缘结构及北墙遗迹

（1）夯土台基北部边缘结构

为了加强夯土台基的稳固性，台基北部边缘自北向南均有收分结构。北部边缘分为中部、东部和西部三部分。中部边缘的收分自北向南形成两个台面，其西端位于前殿夯土台基西边沿以东 286 米，东端位于夯土台基东边沿以西 661 米，中部东西长 323 米。

夯土台基北部边缘之东、西部的收分自北向南形成三个台面。西部东西长 286 米，东部东西长 661 米。

（2）北墙遗迹

前殿遗址夯土台基北部边缘收分的最南面台面内侧，有夯筑土墙遗迹，其与收分台面相对应，亦分为中部和东、西部三部分。中部墙宽 15、现存高 2.3 米，该墙南侧有大量建筑倒塌堆积，以板瓦、筒瓦片为主。板瓦表面为交错细绳纹、交错中粗绳纹和斜粗绳纹之分，内面均为素面，厚 1 厘米；有的板瓦片表面为交错中粗绳纹，内为素面。个别板瓦内面有戳印陶文，陶文为阴文和阳文两种，文为“左”“右宫”“左司”“左宫”“北司”“大匠昌”“燧”“衣”“卤”等。筒瓦多数表面为细绳纹，内面为麻点纹，泥条盘筑痕迹明显。出土较完整的筒瓦长 52、径 16、厚 0.8～1.3 厘米；此外，还出土一件带有半瓦当的筒瓦。有的筒瓦表面为细绳纹或中粗绳纹，内为麻点纹（没有泥条盘筑痕迹）。少数筒瓦表面为中粗绳纹，内面为布纹。个别筒瓦表面有戳印陶文，为阴文和阳文两种，文为“北司”“左司”“右宫”“大匠”“大匠乙”“五工左”“大左”“少左”“五”等。

夯土台基北部边缘之东部收分第三台面南侧，夯筑土墙宽 6.5 米（其南沿与中部 15 米宽夯筑土墙之南沿平齐）、现存高 2.3 米。夯墙南北两侧均有大量建筑倒塌堆积，似为墙顶部建筑倒塌所致。其包含物与夯土台基北部边缘之中部收分南台面南侧夯墙顶部建筑倒塌堆积物相同。

夯土台基北部边缘之西部收分第三台面南侧夯筑土墙遗迹，与东部收分第三台面南侧夯墙遗迹及其顶部建筑倒塌堆积物均相同。

3. 前殿遗址夯土台基南部边缘及其南面遗迹

（1）夯土台基西南部边缘结构

通过勘查、试掘发现，夯土台基西南部边缘结构与南部边缘结构不同，这主要是因为前殿遗址位于龙首原向西南延伸的台地上面（台地海拔 394.2～401.4 米），原地面高低不一，夯筑台基时为取平基址台面，各处夯土厚度也不一样。整个台基并非全部人工夯筑而成，而是利用龙首原的自然地势，在上面加工夯筑取平而成。夯土台基南部下面原为秦代地面，地势较低，故台基南部夯土较厚。台基西南部之局部下面原来地势较高，越往北，地势越低，故这里由南向北夯土逐渐增厚。

（2）夯土台基南部边缘结构

通过勘探和发掘了解到，夯土台基南部边缘秦代地面距现存地表 3.05 米。夯土台基南沿自秦代地面向上现存高为 2.8 米。勘探资料表明，秦代地面向北在夯土台基下面延伸。

（3）前殿遗址夯土台基南面遗存

A. 路土

夯土台基南面的秦代地面之上，有两层未经夯打过的五花土（呈南低北高的斜坡状），每层五花土表面均有一层路土。上述五花土和路土均向北延伸进入夯土台基中，通过勘探了解到，夯土台基中普遍存在该层路土。

勘探资料表明，前殿遗址夯土台基南面普遍存在上面所述未经夯打过的五花土和路土，而路土则应为夯筑台基过程中自南向北运土踩踏所致。此外，在探方北部现存夯土台基之夯土表面亦存一层路土，该层路土向北延伸到夯土台基中，亦为夯筑台基过程中自南向北运土踩踏所致。

B. 铺瓦遗迹

前殿遗址夯土台基南面 3 米处（位于台基西南角东 55 米）的汉代堆积层内发现房屋顶部铺瓦遗迹，残留的铺瓦及瓦片范围东西 3.06、南北 3、距地表 1.04 米。现存铺瓦范围东西 2.3、南北 1.1～1.74 米。铺瓦北高南低，呈斜坡状，坡度 25°。筒瓦及板瓦下面为泥、细沙之混合土，厚 10～18 厘米。其下为夯土台基南面的踩踏面。

铺瓦由西向东存筒瓦 6 行（整瓦和残瓦计 14 块）、板瓦 5 行（整瓦和残瓦计 16 块）。

铺瓦的筒瓦通长 46～54、径 15～17、厚 1.2～2 厘米，唇长 2.5 或 3 厘米，厚 0.5～1 厘米。瓦表面为细绳纹或稍斜中粗绳纹，内面为麻点纹（一件筒瓦表面为中粗绳纹，内面为素面），泥条盘筑痕迹明显。板瓦通长 58～62、宽 44～48、厚 1～1.8 厘米。

在倒塌的碎瓦片中还发现少量的筒瓦，瓦表面为中粗绳纹，内面为布纹。在铺瓦遗迹之东西两侧进行了密集勘探，未发现任何遗迹现象及瓦片堆积层。从铺瓦遗迹中的筒瓦、板瓦及其破碎瓦片的纹饰和制法来看，铺瓦遗迹的时代应为秦至汉。从铺瓦遗迹推测，这可能是为了推算建筑用瓦数量而做的建筑物顶部“模型”。

C. 壕沟

在夯土台基南侧有一条长 285 米的壕沟（以台基南沿为北壁），该沟内出土了汉代瓦片和唐代“开元通宝”铜钱。该沟应为后代的防御设施。

4. 阿房宫前殿遗址夯土台基顶部遗存

台基顶部晚期遗存中仅有宋代以后和北周及其前后时期建筑堆积，此外，还有极其少量的东汉—北周时期、唐代和宋代墓葬。台基顶部早期遗存为前殿遗址西、北、东三面墙及其顶部建筑倒塌堆积。

三、几点看法

（一）关于阿房宫前殿位置问题

（1）《史记·秦始皇本纪》载，秦始皇“乃营作朝宫渭南上林苑中，先作前殿阿房……作宫阿房，故天下谓之阿房宫”。即明确记述了朝宫建筑在阿房这个地方，故后人称之为阿房宫。西周都城附近有“阿”之地名，西周铜器铭文中有“京”，从房声，房、方、旁音近，可以通用。有的学者推测，京乃宗周（镐京）旁之京，最先指丰，其后向北扩展，甚至向东扩展到镐之北，仍沿旧名称或旁；周末或春秋时人称“方”；战国及秦称“房”或“阿房”[1]。今阿房宫遗址适在渭河以南，丰镐遗址东北。

（2）《水经·渭水注》：“池水北经镐京东，秦阿房宫西。”经考查，这里的“池水”指西周已有的“彪池”。彪池位于现在的镐京村西，距王寺村西南约二里有余。虽历经沧桑，但是，彪池低洼的地势仍能看清，而彪池水向北恰流经今阿房宫前殿遗址。

（3）《史记》载，阿房宫前殿建筑在秦上林苑中，其规模巨大，气势磅礴。“东西五百步，南北五十丈，上可以坐万人，下可以建五丈旗”[2]。根据考古调查，自渭河、秦岭以北，只有现阿房宫遗址前殿夯土台基最大（东西 1270、南北 426 米，地面以上现存部分高 9 米）。

（4）在现阿房宫前殿遗址的东北约 1 千米处有一村庄，称为“阿房村”，而该称谓源于今阿房宫前殿遗址。

（5）文献中关于“阿城”的记载，最早见于《汉书》，其载：“举籍阿城以南……”师古曰：“举计其数而为薄籍也。阿城，本秦阿房宫也。”[3]又据宋敏求《长安志》载：“秦阿房一名阿城。在长安县西二十里。西、北、东三面有墙，南面无墙。”该书又引《十六国春秋》载：“苻坚建元二十年（公元 384 年），慕容冲据阿城。初民谣曰：凤凰凤凰上阿房。坚以凤凰非梧桐不栖，非竹实不食，乃植梧桐数千枚于阿城，以待凤凰之至。”《旧唐书·高祖本纪》载：“乙亥，命太宗自渭屯兵阿城，陇西公建成自新丰趣霸上。”

在考古勘探和发掘中，已清理了阿房宫前殿夯土台基北部的“阿城”北墙遗迹。前殿西部和东部因有村庄覆盖，不能发掘，“阿城”之西墙和东墙的遗迹暂无法究明。但据当地群众反映，在 1949 年以后还看到过夯土台基东西部各有一道南北向土梁，高约 1 米，土梁东西两侧有碎瓦片。故我们认为，群众反映的遗迹现象应为“阿城”之西墙和东墙。在现认的前殿夯土台基南部勘探和发掘中未发现南墙的遗迹。这样，考古调查、勘探和发掘之“阿城”资料与文献记载的“阿城”情况是一致的。

综合上述，现前殿遗址夯土台基即秦阿房宫前殿遗址之夯土台基。

（二）阿房宫前殿遗址未发现被火焚烧的痕迹

自2002年10月至2004年12月，考古队在阿房宫前殿遗址试掘和发掘了3000平方米，勘探面积35万平方米（被村庄覆盖之处，除水泥地和砖铺地之外，在花池内、羊圈中、厕所旁、房屋间的空地中等均进行了密集勘探），未发现一处在当时被大火焚烧过的痕迹。

文献记载："项籍为从长，杀子婴及秦诸公子宗族。遂屠咸阳，烧其宫室，虏其子女，收其珍宝货财，诸侯共分之。"[4]又记载项羽："烧秦宫室，火三月不灭。"[5]但这里司马迁也没提到项羽烧阿房宫，并未确指阿房宫被烧，而且"咸阳"一词在《史记》中具体指渭河以北咸阳城，渭河南岸的阿房宫、兴乐宫、章台、上林苑等建筑，秦时均称其地为"渭南"，未名"咸阳"者。

考古工作者在秦都咸阳第一、第二和第三号宫殿建筑考古发掘中，发现了宫殿建筑遗址被大火焚烧的痕迹。由此看来，项羽当时"遂屠咸阳"，烧的是秦都咸阳宫和其他宫室。

（三）阿房宫前殿遗址没有建成

据考古勘探和发掘资料，前殿只完成了夯土台基的建筑。

（1）勘探和发掘中仅发现了台基上面的"阿城"城墙遗迹，墙顶部有建筑，其倒塌堆积中含有大量的秦、汉板瓦片和筒瓦片及少量瓦当。

（2）前殿夯台基址的勘探和发掘，其地层堆积情况已如前述，夯土台基及其附近也没有发现秦代宫殿建筑中的墙、殿址、壁柱、明柱、柱础石及廊道和散水及窖穴、排水设施等相关遗迹，相应的砖瓦、瓦当等建筑材料亦未发现。

综合上述，通过考古发现，阿房宫前殿只建成了北墙、东墙和西墙，主体建筑没有建成。

文献中同样记载秦阿房宫没有建成。

第一，从修建时间上来看秦阿房宫不可能建成。

《史记·秦始皇本纪》载："三十五年（公元前212年），乃营作朝宫渭南上林苑中，先作前殿阿房。"而三十七年七月秦始皇死于东巡途中，阿房宫的修建工作停止，全部人力调去修建陵墓。二世"元年（公元前209年）四月，复作阿房宫"。而公元前207年二世自杀，阿房宫的修建工作也就寿终正寝了。这样阿房宫的修建工作前后最多为四年的时间。从当时的生产工具和运输工具来看，能把阿房宫前殿夯土台基（长1270、宽426米，面积54万平方米，高12米以上）建成就已实属不易了。按《史记·秦始皇本纪》中描述的阿房宫前殿的主殿"东西五百步，南北五十丈，上可以坐万人，下可以建五丈旗。周驰为阁道，自殿下直抵南山。表南山之颠以为阙"[6]之宏伟规模，在短短的四年时间内是很难建成的。而《史记》的这段描述，我理解应为秦始皇在世之时的阿房宫设计蓝图。

第二，文献记载中，从秦始皇晚期至秦二世，再到秦王子婴的全部政治活动都在咸阳宫或望夷宫，而均与阿房宫无关。

《史记·秦始皇本纪》载："乃令咸阳之旁二百里内宫观二百七十复道甬道相连，帷帐钟鼓美人充之，各案署不移徙……自是后莫知行之所在，听事，群臣受决事，悉于咸阳宫。"又载秦二世有的活动地点在望夷宫，“遣乐将吏卒千余人至望夷宫殿门……二世自杀”。又载子婴之活动地点在咸阳，“子婴遂刺杀高于斋宫，三族高家以徇咸阳。子婴为秦王四十六日，楚将沛公破秦军入武关，遂至霸上，使人约降子婴。子婴即系颈以组，白马素车，奉天子玺符，降轵道旁。沛公遂入咸阳，封宫室府库，还军霸上。居月余，诸侯兵至，项籍为从长，杀子婴及秦诸公子宗族。遂屠咸阳……”[7]从上述记载不难看出，秦始皇、秦二世和秦王子婴的政令活动均在咸阳或望夷宫，与正在修建的阿房宫前殿没有任何关系。这从侧面反映出阿房宫没有建成。若阿房宫建成了，秦始皇首先就会从咸阳迁到阿房宫前殿来办公了。

第三，《史记》和《汉书》明确记载阿房宫没有建成，前殿亦没有建成。

《史记·秦始皇本纪》载：“于是始皇以为咸阳人多，先王之宫廷小，吾闻周文王都丰，武王都镐，丰镐之间，帝王之都也。乃营作朝宫渭南上林苑中。先作前殿阿房……阿房宫未成；成，欲更择令名名之。作宫阿房，故天下谓之阿房宫。”[8]秦始皇原来打算阿房宫建成后，再重新选择名字定名。因在“阿房”这里建筑的宫殿，所以天下人称之为阿房宫。

《史记·秦始皇本纪》载，二世（元年）四月，复作阿房宫。七月，陈胜、吴广起义，（二年）冬天，因赋税、劳役繁重，民不聊生，纷纷揭竿而起，全国大乱，形势无法控制。于是左、右丞相和大将军建议立即停止阿房宫的修建工程。“右丞相去疾、左丞相斯、将军冯劫进谏曰：‘关东群盗并起，秦发兵诛击，所杀亡甚众，然犹不止。盗多，皆以戍漕转作事苦，赋税大也。请且止阿房宫作者，减省四边戍转。’”然而秦二世并没有接受他们三人的建议，说：“……且先帝起诸侯，兼天下，天下已定，外攘四夷以安边境，作宫室以章得意，而君观先帝功业有绪。今朕即位二年之间，群盗并起，君不能禁，又欲罢先帝之所为，是上毋以报先帝，次不为朕尽忠力，何以在位？”[9]不但阿房宫的修筑工程没有停止，秦二世还把两位丞相和一位将军送交司法部门处理。结果右丞相去疾、将军冯劫自杀，左丞相李斯成了阶下囚。可见，当时阿房宫并没有完工，工程还在继续进行。（三年）秦二世自杀，阿房宫的修建工作也就停止了。

《汉书》中亦记载阿房宫没有建成，故言秦“复起阿房，未成而亡”[10]。

上述文献记载，充分说明了阿房宫没有建成，考古资料也证实阿房宫前殿根本就没有建成。

但在阿房宫遗址附近，还有不少传说与阿房宫相关的建筑，如秦始皇的“上天台”遗址、“磁石门”遗址、“烽火台”遗址等，它们到底与阿房宫前殿遗址是什么关系，这是必须要搞清楚的。其次，还要搞清阿房宫前殿周围有无附属建筑。

注　释

[1] 王辉：《金文“莽”京即秦之“阿房”说》，《陕西历史博物馆馆刊》（第三辑），西北大学出版社，1996年。

[2]《史记·秦始皇本纪》。

[3]《汉书·东方朔传》颜师古注。

[4]《史记·秦始皇本纪》。

[5]《史记·项羽本纪》。

[6]《史记·秦始皇本纪》。

[7]《史记·秦始皇本纪》。

[8]《史记・秦始皇本纪》。
[9]《史记・秦始皇本纪》。
[10]《汉书・五行志》。

（原刊于《汉代考古与汉文化国际学术研讨会论文集》，齐鲁书社，2006 年）

观念中的历史与历史的真实

——阿房宫遗址考古发现的再思考

刘庆柱

近年来为了加强对全国重点文物保护单位阿房宫遗址的文物保护工作，根据国家文物局要求，由中国社会科学院考古研究所和西安市文物保护考古所联合组成阿房宫考古队，对阿房宫遗址进行了全面、系统的考古工作。就目前的考古发现，阿房宫考古队提出阿房宫没有被火烧，而且阿房宫本来就没有建成的结论，这在社会上和学术界引起了极大反响。

阿房宫遗址考古发现被媒体报道后，之所以引起社会的广泛关注，就是两千多年来阿房宫成为中国古代历史上的特殊载体，即阿房宫被后人视为既是古代宫殿建筑的杰作，又是秦始皇、秦二世大兴土木、奢华无度、涂炭百姓、重赋急刑、贬善纵恶的历史佐证。因此，阿房宫的恢弘壮观被后代文人描写得越来越夸张，而秦始皇、秦二世在人们的心目中淫威暴虐的狰狞面目也就越来越突出，迅速崛起的强大秦帝国与转瞬即逝的秦王朝形成越来越强烈的历史对比。

早在西汉前期，著名政治家贾山的《至言》就借秦为喻，言治乱之道，他笔下的秦始皇、秦二世“起咸阳而西至雍，离宫三百，钟鼓帷帐，不移而具。又为阿房之殿，殿高数十仞，东西五里，南北千步，从车罗骑，四马鹜驰，旌旗不桡。为宫室之丽至于此，使其后世曾不得聚庐而讬处焉”。其后不久，著名的史学家司马迁在《史记·秦始皇本纪》中又记述了秦宫室及阿房宫的胜景：“秦每破诸侯，写放其宫室，作之咸阳北阪上，南临渭，自雍门以东至泾、渭，殿屋复道，周阁相属。所得诸侯美人钟鼓，以充入之。”秦始皇“令咸阳之旁二百里内宫观二百七十，复道甬道相连，帷帐钟鼓美人充之，各案署不移徙”。就在秦始皇去世一年多之前，他又征调几十万人，设计“营作朝宫渭南上林苑中，先作前殿阿房，东西五百步，南北五十丈，上可以坐万人，下可以建五丈旗。周驰为阁道，自殿下直抵南山。表南山之颠以为阙。为复道，自阿房渡渭，属之咸阳，以象天极阁道绝汉抵营室也”。汉唐时代之间的文人，对秦宫室和阿房宫进行了更具想象力的描述。《史记·秦始皇本纪》《正义》引《庙记》云：秦都咸阳“东西八百里，离宫别馆相望属也。木衣绨绣、土被朱紫，宫人不徙。穷年忘归，犹不能遍也”。《三辅黄图》进一步将秦都咸阳的离宫别馆统统记在阿房宫名下，其言“始皇广其宫，规恢三百余里。离宫别馆弥山跨谷，辇道相属，阁道通骊山八十余里。表南山之颠以为阙，络樊川以为池”。《三辅旧事》又把《史记》记载秦始皇二十六年立于咸阳宫前的十二尊铜人，移到“阿房殿前”。正是基于上述“历史记载”，唐代大文学家杜牧创作了千古绝唱——《阿房宫赋》。杜牧笔下的阿房宫是：“六王毕，四海一。蜀山兀，阿房出。覆压三百余里，隔离天日……五步一楼，十步一阁。廊腰缦回，檐牙高啄。各抱地势，钩心斗角……矗不知其几千万落”。就是这样一座阿房宫，被“楚人一炬”，变成“可怜焦土”！于是杜牧吐露出自己的心声：“秦人不暇自哀，而后人哀之。后人哀之而不鉴之，亦使后人而复哀后人也。”我们的历史学家正是根据这些，在历代史家的著述中乃至今日的《中国通史简编》《中国大百科全书·文物博物馆卷》《辞海》《中国历史大辞典》《中国文物地图集》等学术著作和工具书中，在大中学校历史教材中，被一言以蔽之曰秦阿房宫为项羽纵火彻底烧毁。

这就是为什么当考古学揭开阿房宫遗址的神秘面纱之后，被认为相传两千多年历史的项羽“火烧阿房宫”事件，被誉为中国古代宫殿建筑代表性杰作的阿房宫，竟然是子虚乌有的虚构和“半拉子”工程，这自然使人们感到不知所从。

阿房宫遗址考古发现引起的风波，使我们认识到历史学作为一门科学，是在考古新资料的不断发现中、多学科结合新方法的不断应用中、学科理论的不断创新中，学科自身在不断地纠正不正确、不准确的判断中发展的。作为近代科学发展出来的考古学，使人类对自身历史的认识，从宏观与微观两方面都产生了全新的飞跃，这样的例子不胜枚举。以多学科结合开展的阿房宫遗址考古工作，通过对遗址的全面、系统的考古调查、勘探和发掘，究明了遗址堆积文化内涵和保存现状，从而得出当年阿房宫工程只完成了阿房前殿建筑基址和部分宫墙的建设，因为宫殿建筑基址以上部分未来得及营建，作为土木建筑的宫殿建筑也就不存在大火烧毁的问题。

其实关于阿房宫的历史资料，司马迁在《史记·秦始皇本纪》中已经有多处明确的交代，如其载：“阿房宫未成，成，欲更择令名名之。”甚至在秦帝国覆灭前夕，阿房宫工程仍然在进行，还是一个没有完成的工程。至于项羽“火烧阿房宫”问题，司马迁《史记》也有着明确记载，《史记·秦始皇本纪》载：项羽“遂屠咸阳，烧其宫室，虏其子女，收其珍宝货财，诸侯共分之”。《史记·项羽本纪》亦载：“项羽引兵西屠咸阳，杀秦降王子婴，烧秦宫室，火三月不灭；收其货宝妇女而东。”这里需要特别指出的是，司马迁的“咸阳”概念，不包括阿房宫所在的“渭南”地区，因此《史记·秦始皇本纪》云：“表南山之颠以为阙，为复道，自阿房渡渭，属之咸阳，以象天极阁道绝汉抵营室也。”

既然历史文献关于阿房宫问题有着明确的记载，那么为什么长期以来人们还是认为阿房宫被项羽烧毁了？我想由于秦始皇大兴土木的暴政繁刑，导致了强大秦帝国的迅速灭亡，这早已成为历史的定论。秦始皇大兴土木的项目很多，阿房宫是其中之一，阿房宫建筑越恢弘，给百姓造成的痛苦越深重，使社会的矛盾越激化，留给后人的历史教训越深刻。历史学家对秦帝国、秦始皇的历史判断是正确的。但是在历史资料的使用上，不能因为结论的正确而忽视历史资料自身的科学性；更不能为了强化结论的说服力，而使用“放大的”甚或“夸大的”历史资料。文学与史学不同，尽管阿房宫没有被火烧，也没有建成，但是唐代杜牧的《阿房宫赋》仍然是一篇光照寰宇的文学名著；但是作为历史科学作品，关于项羽焚毁阿房宫的说法则应该尊重历史事实，并及时吸收新的科学研究成果，纠正各种不全面、不准确的东西，还历史以原貌。

（原刊于《文史知识》2004年第12期，《新华文摘》2005年第3期转载）

秦阿房宫遗址考古新发现与新思索
——意料之外考古发现的科学启迪

李毓芳

阿房宫遗址位于陕西省西安市未央区赵家堡、聚家庄一带，地处西安市以西13千米。20世纪90年代中期，地方文物管理部门根据“钻探得知，遗址分布的范围是：北到三桥镇以南，东至沣惠支渠，南到和平村，西至长安县纪阳寨。”划定了包括“秦始皇上天台”“磁石门”“烽火台”遗址在内的秦阿房宫遗址面积达6平方千米，保护区面积10余平方千米[1]。”近年来，西安市及其郊区基本建设迅猛发展，为了确保秦阿房宫遗址的文物安全，进一步究明秦阿房宫遗址确切范围及四至是至关重要的。为此，中国社会科学院考古研究所和西安市文物保护考古所于2002年10月组建了阿房宫考古工作队，开展了阿房宫遗址的田野考古工作。2002年10月至2007年11月，阿房宫考古工作队相继调查、勘探、试掘和发掘了阿房宫前殿遗址及传说中的阿房宫“秦始皇上天台”遗址、“烽火台”遗址、“磁石门”遗址等。

秦阿房宫遗址北临渭水，与秦咸阳城遗址隔渭河南北相望。文献记载秦阿房宫前殿建于秦都咸阳上林苑之中[2]，秦亡之后这里又为西汉上林苑所在地[3]。2002年10月至2004年12月，考古工作者在秦阿房宫遗址进行了大规模考古勘探、试掘和发掘，其中勘探面积35万平方米，试掘和发掘面积3000平方米。根据考古勘探、试掘资料，阿房宫前殿夯土基址东西1270米、南北426米，从秦代地面算起，现存前殿遗址夯土台基最高12米。在前殿基址北部边缘，考古发现宽6～15米的北墙基址，北墙基址南侧发现大量秦代瓦片堆积，这应属于原来北墙及北墙南廊顶部的覆瓦遗存。在这些秦代板瓦与筒瓦上，发现有“左”“左司”“左宫”“右”“右宫”“北司”“大匠”“大匠乙”“大匠昌”“大左”“五工左”“少左”等常见的陶文。考古调查了解到，在前殿基址东西两旁，原来有夯筑土墙，在土墙附近亦有瓦片堆积，现在这些地方已被现代村庄建筑所覆盖或破坏。推测上述前殿基址东西两旁的墙迹有可能是文献记载中的“阿城”东墙和西墙，连同已经考古发现的前殿基址北墙，恰为文献记载的“阿城”三面之城墙[4]。前殿遗址的考古勘探、发掘证实，在前殿遗址的表土层之下为扰土层，其下为汉代至宋代的堆积层，再下即为前殿基址。前殿基址面上没有发现秦汉宫殿建筑遗址经常出现的砖瓦、瓦当等建筑构件遗物堆积，也未发现与宫殿建筑相关的墙体、壁柱、础石、散水、地面、窖穴、给排水设施等遗迹。据此，推断秦阿房宫前殿遗址没有建成，仅仅建设了前殿的夯土基址工程。在阿房宫前殿遗址的考古勘探、试掘、发掘中，在汉文化层之下与前殿夯土基址之间也未发现“火烧”痕迹[5]。

在过去划定的秦阿房宫遗址中，还有“秦始皇上天台”遗址、“阿房宫磁石门”遗址、“阿房宫烽火台”遗址等，近年来对此也进行了考古工作。

“秦始皇上天台”遗址位于秦阿房宫前殿遗址以东500米，遗址之上现存高大夯筑土台，高15.2米，上下分为三层。夯筑高台遗址东西111米、南北74米。在该遗址北30米，有一与高台及其遗址时代相同的大型建筑遗址，其范围东西240米、南北118～148米。从“秦始皇上天台”及其北部建筑遗址出土遗物判定，它们的时代应为战国时代中晚期至西汉时代[6]。

阿房宫前殿遗址东北2000米的“磁石门”遗址，经过考古勘探、试掘发现，这是一座高台建筑遗址，现存夯筑基址南北57.5米、东西48.3米，夯土厚3.7米；建筑台基现存南北45米、东西26.6米，高出今地表1.5～2.4米。该建筑遗址没有发现门道及其及门址相关的遗迹，它不是一座“门址”。遗址之内出土了战国时代至西汉时期的板瓦、筒瓦和瓦当等遗物，其时代属于战国中晚期[7]，该遗址的始建年代要早于秦代末年的阿房宫前殿基址，从遗址时代与建筑形制两方面来说，将其认定为阿房宫北宫门建筑都是不能成立的。

《水经注·渭水》记载：“镐水北径汉灵台西，又径磁石门西。门在阿房前，悉以磁石为，故专其目，令四夷朝者，有隐甲怀刃，入门而胁止，以示神。故亦曰却胡门也。”铁兵器的普及使用在西汉时代中期[8]，秦代铁兵器极少，以秦始皇兵马俑坑一号坑已考古发现的兵器为例：共出土青铜兵器剑、铍、戟、戈、矛、金钩、弩机等486件，成束的铜镞280束，零散的铜镞10895件，而出土的铁兵器只有铁矛1件、铁镞1件、铁铤铜镞2件[9]。就铁镞而言，其不及铜镞的十万分之一，短兵器中的铁兵器仅及青铜兵器的0.25%。磁石只能对铁兵器发挥作用，至于铜兵器就起不了作用了。那么“磁石门”的修筑显然当时是“无的放矢”了！

阿房宫前殿遗址西南1200米的“烽火台”遗址，经考古勘探、试掘，这也是一座高台建筑遗址，现存台基东西73.5米、南北48.7米，夯土厚3.6米。遗址之中发现一些回廊、柱础石等遗迹，出土了战国秦汉时期的砖瓦等遗物，据此判断该遗址建于战国时代中晚期，使用至西汉时代[10]。将该遗址说成“秦阿房宫”的“烽火台”遗址，显然是不能成立的。正如上述考古资料所揭示的那样，这个遗址应始建于战国时代，遗址的建筑性质应为战国时代流行的高台建筑，与“烽火台”建筑形制完全不同。“烽火台”（即文献中的“亭燧”“烽燧”等）一般属于边防设施，目前多发现于西北地区[11]。在中国古代都城及宫城之中或附近，至今还没有发现过“烽火台”设施。

上述“秦始皇上天台”“磁石门”“烽火台”三处建筑遗址，其营建时代均为战国时代中晚期，早于秦代末年修建的阿房宫前殿，不属于阿房宫的附属建筑。至于这些建筑遗址的性质，应为战国秦汉时代流行的高台建筑遗址。司马迁《史记·秦始皇本纪》记载：秦始皇三十五年（公元前212年）“始皇以为咸阳人多，先王之宫廷小……乃营作朝宫（即阿房宫）渭南上林苑中”。上林苑修建于战国时代中晚期，是秦国都城咸阳城附近的“国家公园”。上述阿房宫遗址保护范围之中所谓的阿房宫“秦始皇上天台”“磁石门”“烽火台”等遗址，实际就是“渭南上林苑”中的一部分建筑遗址，它们大多沿用至西汉时代，又成为汉上林苑中的建筑。

几年来的阿房宫遗址考古工作说明，当年的阿房宫前殿建筑只构筑了规模庞大的建筑基址，地面之上的主体建筑并未实施。也正因为当年阿房宫前殿仅仅营筑的是前殿基址，所以“火烧阿房宫”也就无从谈起，“楚人一炬、可怜焦土”（杜牧《阿房宫赋》）自然也就无处可寻了！在秦阿房宫前殿遗址秦代文化层中所取土样进行植硅石分析，其资料也说明，这里根本没有发生被火烧遗存。至于现在还有的学者提出，“前殿阿房”虽未建成，但是“阿房宫”及其附属宫室还是有的。其实这种推断、假设，是不符合中国古代都城建设规律的。因为中国古代都城建设，一般是宫城先于郭城建设，宫城之中大朝正殿先于其他宫室建设。

关于阿房宫遗址考古发现所做出的结论，即阿房宫前殿没建成，阿房宫更无从谈起，至于“火烧阿房宫”之说也是子虚乌有。这在社会上、学术界均引起巨大反响。有人说这与古代文献记载是不一致的，其实严肃的历史学著作对此记载是十分清楚的，如司马迁在其《史记·秦始皇本纪》中明确指出：“阿房宫未成，成，欲更择令名名之。”在秦帝国覆灭前夕，秦二世为了恢复因修建秦始皇陵而停工的阿房宫前殿工程，在秦王朝最高统治集团之中存在着严重分歧，丞相去疾、李斯和将军冯劫因主张停建阿房宫前殿工程，或丧命、或成为阶下囚。阿房宫前殿工程虽然恢复了，但是很快秦帝国就灭亡了，阿房宫前殿也就成为一个没有完成的工程。因此，班固《汉书·五行志》记载：秦二世“复起阿房，未成而亡”。

既然历史文献关于阿房宫问题有着明确的记载，那么为什么长期以来人们还是认为阿房宫被项羽烧毁了？我想由于秦始皇大兴土木的暴政繁刑，导致了强大秦帝国的迅速灭亡。秦始皇大兴土木项目很多，在后人看来阿房宫是其中最为典型的事例之一，在人们的观念中，阿房宫前殿建筑越恢弘，给百姓造成的痛苦越深重，使社会的矛盾越激化，留给后人的历史教训越深刻。历史学家对秦帝国、秦始皇的历史判断是正确的，但是在历史资料的使用上，不能因为结论的判断正确而忽视历史资料自身的科学性、真实性；更不能为了强化结论的说服力，而使用“放大的”甚或“夸大的”历史资料。阿房宫前殿规模在《史记·秦始皇本纪》中是“东西五百步，南北五十丈”；在西汉政治家贾山向汉文帝“言治乱之道，借秦为喻”时，就变成了秦始皇“为阿房之殿，殿高数十仞，东西五里，南北千步，从车罗骑，四马骛驰，旌旗不桡。为宫室之丽至于此，使其后世曾不得聚庐而讬处焉[12]。”到了魏晋时期的《三辅黄图》中的阿房宫，已是“规恢三百余里，离宫别馆，弥山跨谷，辇道相属，阁道通骊山八十余里。表南山之颠以为阙，络樊川以为池。”再到了唐代大文学家杜牧《阿房宫赋》中的阿房宫，更成为了“蜀山兀，阿房出。覆压三百余里，隔离天日。骊山北构而西折，直走咸阳。二川溶溶，流入宫墙。五步一楼，十步一阁。廊腰缦回，檐牙高啄，各抱地势，钩心斗角。盘盘焉，囷囷焉，蜂房水涡，矗不知其几千万落。”贾山对阿房宫的描述，是要说秦始皇“贵为天子，富有天下，赋敛重数，百姓任罢，赭衣半道，群盗满山，使天下之人戴目而视，倾耳而听”，以至于“一夫大谑、天下响应”，强大的秦王朝迅即土崩瓦解。杜牧的《阿房宫赋》在于通过对秦王朝与秦始皇修建的阿房宫的渲染，说明这样一个道理：“灭六国者六国也，非秦也；族秦者秦也，非天下也。嗟夫！使六国各爱其人，则足以拒秦。秦复爱六国之人，则递三世，可至万世而为君，谁得而族灭也？秦人不暇而自哀，而后人哀之。后人哀之而不鉴之，亦使后人而复哀后人也。”杜牧希望唐代的统治者能够吸取秦王朝的灭亡教训。

但是作为历史科学研究，关于阿房宫的规模以及是否被火烧，则应该尊重历史事实，并及时吸收新的科学研究成果，纠正各种不全面、不准确的认识，还历史以原貌，恢复我们真实的、科学的“历史记忆”。

作为我自己意料之外的阿房宫遗址重大考古发现，使我们得到深刻的科学启迪：对于历史事件本身，历史学家、学者等既不能夸大也不能缩小；对于历史人物的缺点与优点，同样人们也不能夸大或缩小。历史学是科学，尊重事实是科学的基本要求，也是历史学作为科学的灵魂！考古学是实证科学，当今历史学研究在考古新资料的不断发现中、多学科结合新方法的不断应用中、学科理论的不断创新中，历史学自身是在不断地纠正不正确、不准确的“人类记忆”判断中发展的。作为近代科学发展出来的考古学，是人类对自身历史的认识、“记忆”的科学，从宏观与微观两方面使这种对历史的“认识”与“记忆”都产生了全新的飞跃，使“历史学”越来越成为真实的、科学的“学问”。

注　释

[1] 西安市文物局文物处、西安市文物保护考古所：《秦阿房宫遗址考古调查报告》，《文博》1998年第1期。

[2]《史记·秦始皇本纪》：秦始皇三十五年“始皇以为咸阳人多，先王之宫廷小，吾闻周文王都丰，武王都镐，丰镐帝王之都也。乃营作朝宫渭南上林苑中”。

[3]《汉书·东方朔传》：“举籍阿城以南，周至以东，宜春以西，提封顷亩，及其贾直，欲除以为上林苑，属之南山。”《文选》卷八扬雄《羽猎赋序》云：“武帝广开上林，东南至宜春、鼎湖、御宿、昆吾，旁南山，西至长杨、五柞，北绕黄山，滨渭而东，周袤数百里。”《三辅黄图》记载：“汉上林苑，即秦之旧苑也。”

[4] 宋敏求《长安志》：“秦阿房一名阿城，在长安县西二十里，西、北、东三面有墙，南面无墙。”

[5] 中国社会科学院考古研究所、西安市文物保护考古所阿房宫工作考古队：《阿房宫前殿遗址的考古勘探与发掘》，《考古学报》2005年第2期。

[6] 中国社会科学院考古研究所、西安市文物保护考古所阿房宫考古队：《上林苑四号建筑遗址的勘探和发掘》，《考古学报》2007年第3期。

[7] 李毓芳等：《近年来阿房宫遗址的考古收获》，《中国文物报》2008年1月4日第7版。

[8] 中国社会科学院考古研究所：《汉长安城武库》，文物出版社，2005年；华觉明：《中国古代金属技术——铜和铁造就的文明》，大象出版社，1999年，第315～316页。

[9] 陕西省考古研究所、始皇陵秦俑坑考古发掘队：《秦始皇陵兵马俑坑一号坑发掘报告》（上），文物出版社，1988年，第249页。

[10] 中国社会科学院考古研究所、西安市文物保护考古所阿房宫考古工作队：《西安市上林苑遗址一、二号建筑发掘简报》，《考古》2006年第2期。

[11] 吴礽骧：《河西汉塞调查与研究》，文物出版社，2005年。

[12]《汉书·贾山传》卷五十一。

（原刊于《东海大学文学院学报》第49卷，2008年7月）

秦瓦当概论

刘庆柱　李毓芳

战国时代和秦代，秦统治者大兴土木、广筑宫室，京畿百里之内宫观相连、殿阁林立，堪称我国古代建筑的辉煌时代[1]。作为建筑材料的瓦当，由于大规模建筑的需要，被大量生产和应用。因之，历史上遗留下来的秦瓦当数量相当多。由于秦瓦当制作精良、当面纹饰异彩纷呈，所以在中国古代瓦当发展史上占有极为突出的位置。

本文“秦瓦当”之“秦”的时代涵盖春秋、战国时代的秦国和秦代。

秦瓦当与秦建筑不可分离，通过考古学方法研究秦瓦当，必须要建立在对秦建筑遗址考古调查、发掘研究的基础之上。

近年来考古工作者对秦建筑遗址开展了大量田野考古工作，取得了丰硕学术成果，从年代学上确定了一批不同时期的秦建筑遗址，它们主要有：陕西凤翔的秦雍城遗址和秦公陵园遗址、西安阎良的秦栎阳城遗址、咸阳市的秦咸阳城遗址、西安与临潼交界的秦芷阳城遗址和秦东陵陵园遗址、临潼的秦始皇陵陵区遗址，河北秦皇岛与辽宁绥中的秦始皇行宫遗址等。上述诸建筑遗址内出土了大量秦瓦当。与此同时，在众多开展考古调查和发掘的秦建筑遗址中，还采集、出土了为数不少的秦瓦当。我们以这些瓦当作为研究秦瓦当分类、分期的基本资料。

一、秦瓦当的考古发现与分布

秦雍城遗址是目前我们知道开展考古工作最早的秦国都城遗址。雍城遗址在今陕西省凤翔县。春秋、战国时代的秦国建都于此。从秦德公至秦献公，历经十九位国君，历时二百九十余年（公元前677～前383年）[2]。献公二年迁都栎阳以后，雍城仍为秦国故都，许多重要王室建筑一直延续到秦亡之前仍不断修葺。这里的不少秦建筑遗址进行了考古发掘，出土了一些秦瓦当。

属于春秋时期的凤翔姚家岗雍城宫殿建筑遗址，1973～1974年进行了考古发掘，出土了素面半圆瓦当[3]。

凤翔马家庄春秋中晚期的秦一号建筑遗址出土的半圆瓦当，当面刻有同心圆弧两圈，其中饰竖行绳纹，也有的两圈圆弧间填以整齐排列的交叉绳纹[4]。秦一号建筑遗址以东的秦四号建筑遗址出土有素面半圆瓦当[5]。

属于战国早期的秦建筑遗址大多仅进行了考古勘查。凤翔县凤尾村秦宫殿建筑遗址很可能是战国早期的秦躁公“受寝”的故址。该遗址内出土的“奔兽逐雁”纹瓦当，属于目前我们知道的时代最早的秦圆瓦当之一[6]。此遗址还出土有“双鹿纹”瓦当，采集有“立鹿纹”“奔鹿纹”“虎雁纹”“双獾纹”“獾纹”“夔凤纹”瓦当等[7]。凤翔秦雍城遗址的其他秦建筑遗址中还出土了不少与上述动物纹圆瓦当图像风格相近的瓦当，如凤翔豆腐村、南古城、史家河等地采集的“麋鹿纹”瓦当，孙家河村采集的“鹿犬雁鱼纹”瓦当，东社村采集的“猎人斗兽纹”瓦当等[8]。

凤翔秦雍城遗址中的战国时代建筑遗址出土的瓦当主要有南古城的莲花纹瓦当，史家河采集的树云纹瓦当，河北南里与孙家南头采集的树木纹瓦当。纹饰古朴的旋涡纹瓦当在南古城、铁沟村遗址均曾出土。葵纹瓦当在雍城遗址出土较多。高王寺采集的夔纹半圆瓦当和雍城遗址中出土的大量秦云纹瓦当，多与战国时代晚期遗物同时出土[9]。

位于秦雍城南郊三畤原的秦公陵区，已发现的十三座秦公陵园，包括了春秋中期至战国早期诸秦公的陵园，从已发表的考古发掘、调查资料来看，陵区建筑遗址出土的秦瓦当均为半圆瓦当，有素面和绳纹之别，未见圆瓦当[10]。

战国时代中晚期秦国和秦代建筑遗址已经考古试掘和发掘的主要有秦栎阳城遗址、秦咸阳城遗址、秦芷阳城遗址和秦东陵陵园遗址、秦始皇陵陵区遗址，以及渤海湾秦始皇行宫遗址等。这些遗址中出土了为数不少的战国秦和秦代瓦当。

秦栎阳城始筑于献公二年，孝公时虽然徙都咸阳，但栎阳城仍是当时的重要城市[11]。秦栎阳城出土的秦瓦当主要有葵纹和云纹瓦当，未发现半圆瓦当[12]。

秦咸阳城遗址出土的秦瓦当主要有动物纹、变形动物纹、植物纹、旋涡纹、葵纹、变形葵纹和云纹瓦当等。此外还有少量素面、夔纹、树木双兽纹、树木纹和山云纹半圆瓦当。动物纹瓦当当面均为四区间布局。这里出土的变形葵纹瓦当颇具时代与地方特色。秦咸阳城遗址出土的云纹瓦当是研究战国秦和秦代云纹瓦当变化的重要资料[13]。

临潼县骊山西麓，韩峪乡油王村、洪庆堡一带系秦芷阳城故址，近年在这里进行考古调查和试掘中发现的秦瓦当有动物纹、植物纹和云纹瓦当。动物纹瓦当当面布局与秦咸阳城遗址的动物纹瓦当相同，植物纹瓦当当面布局亦流行四区间[14]。

战国晚期的秦王陵陵区——秦东陵位于秦芷阳辖地，在秦芷阳城遗址东邻。秦东陵陵区的秦建筑遗址出土了素面、植物纹（叶纹）、葵纹和云纹瓦当[15]。

秦始皇陵园始建于战国末年，陵园的大规模营建应在秦始皇统一中国以后[16]。考古工作者曾对秦始皇陵园内的寝殿遗址[17]、便殿遗址[18]和食官遗址[19]，以及秦始皇陵园北部的郑庄村石料加工场遗址[20]、陈家沟遗址[21]，始皇陵西的陶窑遗址[22]和始皇陵北的鱼池遗址[23]等进行了考古发掘，出土了不少秦瓦当，有半圆瓦当和圆瓦当。半圆瓦当为数甚少，有素面、夔纹和云纹三种。圆瓦当以云纹占绝大多数，此外还有为数很少的葵纹、夔纹、云虎夔龙纹瓦当。夔凤纹大半圆瓦当是秦始皇陵园中大型建筑物所使用的[24]。

辽宁绥中石碑地和河北秦皇岛金山嘴的秦始皇行宫遗址均进行了大规模考古发掘，出土的秦瓦当有夔凤纹大半圆瓦当、云纹大瓦当、云纹瓦当，夔纹、云纹和叶纹半圆瓦当[25]。

此外，在关中地区的秦离宫遗址、陕北地区的秦直道附近的秦遗址等处，也发现有少量的秦云纹瓦当。

二、秦瓦当的类型

秦瓦当就其形状而言，有半圆瓦当和圆瓦当，以及为数甚少的大半圆瓦当。然而秦瓦当当面纹饰却比其形状复杂得多，西周时代瓦当当面仅有的素面和重环纹瓦当[26]，只有前者在秦瓦当中仍然保留，后者已被绳纹瓦当所代替。从战国时代开始，秦瓦当纹饰表现出异彩纷呈，先后出现并流行的瓦当纹饰主要有动物纹、植物纹、旋涡纹、葵纹、云纹、变形云纹和夔纹等，在秦半圆瓦当中还有少量受周边文化影响而出现的山云纹、树木双兽纹、树木纹等纹饰。下面我们根据瓦当不同形状和纹饰作以分类研究。

（一）半圆瓦当

半圆瓦当是我国古代瓦当中出现时代最早的瓦当，在陕西周原遗址的西周中晚期地层中已有出土[27]，当时尚不见圆瓦当。秦瓦当中也是半圆瓦当出现早于圆瓦当。秦半圆瓦当当面有素面和图案、图像纹饰，可分7型：

Ⅰ型　素面半圆瓦当。在秦雍城遗址的春秋中、晚期和战国早期秦宗庙、宫殿和陵园等建筑遗址中均曾出土素面半圆瓦当。降及战国中晚期和秦代的秦咸阳城遗址、秦芷阳城遗址和秦东陵陵园、秦始皇陵陵区建筑遗址内亦曾出土有素面半圆瓦当。所不同者战国中晚期和秦代建筑遗址中出土的素面半圆瓦当数量远不如春秋中晚期和战国早期秦遗址中多。

Ⅱ型　绳纹半圆瓦当，与素面半圆瓦当并存于春秋中晚期和战国早期秦建筑遗址中，战国中晚期和秦代建筑遗址中不见绳纹半圆瓦当。根据绳纹半圆瓦当的绳纹纹饰和部位，又分4式：

1式　当面饰同心圆弧纹两圈，其间填以并列竖行绳纹，圆弧圈外当面其余部分为素面。标本举例：81凤马T95∶14，当面径16.4厘米、高8厘米。瓦当所连筒瓦表面饰抹光带与绳纹带各8条，相间排列，以阴弦纹隔开，瓦沟为素面[28]。

2式　当面纹饰布局与1式相同，但其当面二同心圆弧间填以交错绳纹[29]。

3式　当面有两组同心圆弧带上下排列，两组同心圆弧带内均填以绳纹，当面其余部分为素面[30]。

4式　当面下部有一半圆，其上有一组同心圆弧带纹，其间均饰绳纹。当面其余部分为素面[31]。

Ⅲ型　动物纹半圆瓦当，仅有“树木双兽纹”半圆瓦当一种，出土于秦咸阳城遗址[32]（图一，1）。

Ⅳ型　夔纹半圆瓦当，在秦雍城遗址、秦咸阳城遗址、秦始皇陵园遗址和辽宁绥中、河北秦皇岛秦始皇行宫遗址等处均曾出土。根据夔纹不同又可分为2式：

1式　夔纹双眉呈倒立“八”字形，双目不封口，瓦当个体较大，当面径19～24.5厘米。秦雍城遗址[33]、秦咸阳城遗址[34]和辽宁、河北秦始皇行宫遗址均曾出土[35]（图一，2）。

2式　夔纹由左右对称的二“目”字纹组成。当面径18.8～19厘米。此式瓦当在秦始皇陵区建筑遗址出土[36]（图一，3）。

图一　半圆瓦当示意图

1. Ⅲ型（《文物资料丛刊（6）》） 2. Ⅳ型1式（《文物资料丛刊（6）》） 3. Ⅳ型2式（《考古与文物》1981年第1期） 4. Ⅴ型1式（《考古与文物》1984年第6期） 5. Ⅴ型2式（《考古与文物》1984年第6期） 6. Ⅶ型2式《文物》1986年第8期） 7. Ⅵ型（《文物资料丛刊（6）》） 8. Ⅶ型1式（《考古与文物》1983年第4期） 9. Ⅴ型3式（《文物资料丛刊（6）》）

Ⅴ型　植物纹半圆瓦当，根据不同植物纹饰，可分为3式：

1式　当面为二界格，其中各饰一圆卵形叶纹，叶面脉与筋清晰。这种瓦当仅见于秦芷阳城遗址[37]（图一，4）。

2式　当面布局同1式，二界格中各饰一花苞纹，苞后有杆，杆上二叶对称而上卷，此式瓦当亦只见于秦芷阳城址[38]（图一，5）。

3式　当面饰树木纹，与临淄齐国故城址出土的树木纹半圆瓦当图案相同。此式瓦当采集于秦咸阳城遗址[39]（图一，9）。

Ⅵ型　当面饰“山云纹”，与河北易县燕国故城址出土的山云纹半圆瓦当图案相同。此式瓦当在秦咸阳城遗址[40]和渭河以南的秦建筑遗址中均曾出土[41]（图一，7）。

Ⅶ型　云纹半圆瓦当。当面分为二界格。根据当面和当心纹饰，可分2式：

1式　每界格内饰一蘑菇形云纹，当心为二大小相套的半圆，其间饰二叶纹。当面径13厘米、边轮宽1厘米[42]（图一，8）。

2式　当面为羊角形云纹，以界格线为中轴，左右对称各有一单卷云纹。当心半圆内有一半圆乳丁。其中大多瓦当当面每界格内有一贝纹。当面径16～19.1厘米。在辽宁绥中和河北秦皇岛的秦始皇行宫遗址曾有大量出土，它们在遗址出土瓦当中所占比例甚大，如河北秦皇岛金山嘴秦代行宫遗址，共采集瓦当标本57件，其中此式瓦当多达52件[43]。秦始皇行宫遗址出土瓦当中的半圆瓦当占如此之大比例，当与秦行宫地处燕国故地，而这里战国时代半圆瓦当十分流行有关。至于瓦当上的贝纹或受此地濒临渤海湾，海贝大量存在之影响（图一，6）。

（二）大半圆瓦当

大半圆瓦当流行于秦代，多用于皇室大型宫殿或礼制建筑。此类瓦当当面饰夔凤纹，面径52～61厘米。在西安蔺高村的阿房宫遗址[44]、临潼的秦始皇陵园便殿遗址[45]（图二）、河北秦皇岛金山嘴和辽宁绥中石碑地秦始皇行宫遗址均曾出土[46]。标本举例：辽宁绥中石碑地秦

图二　大半圆瓦当示意图
（《文物》1979 年第 12 期）

行宫遗址 TQ16 出土，当面作大半圆形，当面直径 52 厘米、高 37 厘米、厚 2.5 厘米。瓦当边轮出平沿，当面饰高浮雕简化夔凤纹，纹饰蜷曲盘绕，形如山峦，左右对称[47]。

（三）圆瓦当

秦的圆瓦当中有素面、图像和图案纹饰瓦当，素面圆瓦当在战国早期还有一些，战国中晚期已甚少。图像和图案圆瓦当是秦瓦当中的大宗，它们可分 7 型。

Ⅰ型　当面为无界格动物纹瓦当。当呈青灰色，陶坚硬，边轮较窄。根据当面动物组合、种类又可分为 4 式：

1 式　当面为单体动物纹。动物种类有麋鹿、獾、蟾蜍、夔凤、虎、豹等，其中以麋鹿纹瓦当出土数量最多，其次为獾纹和夔凤纹瓦当。此式瓦当中，除极个别瓦当（如豹纹瓦当等）之外，绝大多数出土于秦雍城遗址。标本举例：82 凤南：10，当面为一奔跑状麋鹿侧面像，当背中心低凹，切口光滑。瓦当与筒瓦粘接痕迹清晰，当面径 14 厘米、边轮宽 1 厘米、当厚 2.5 厘米[48]（图三，1～3）。

2 式　当面纹饰由一种多个（两个或两个以上）动物纹组成。此式又分 2 种：

2A 式　每个动物纹在当面所占面积基本相同，如双獾纹、四兽纹瓦当等。标本举例：当面饰四奔兽纹饰，当面径 14 厘米、边轮宽 0.9 厘米[49]（图三，7、8）。

图三　无界格动物纹圆瓦当示意图
1～3. Ⅰ型 1 式（《考古与文物》1984 年第 2 期、1985 年第 4 期）　4、5. Ⅰ型 2B 式　6. Ⅰ型 3 式（《新编秦汉瓦当图录》）
7、8. Ⅰ型 2A 式（《新编秦汉瓦当图录》）　9. Ⅰ型 4 式（《考古与文物》1984 年第 2 期）

2B 式　当面虽为同一种动物纹由两个或多个动物个体组成，但当面纹饰中以一个动物纹为主，其余动物纹处于从属地位，主次之分明显（图三，5）。标本举例：当面饰子母鹿纹，母鹿纹占当面中心和主体位置，子鹿纹甚小，占当面一角的从属位置。当面径 15 厘米、边轮宽 0.7 厘米、当厚 1.7 厘米[50]（图三，4）。

3 式　当面纹饰以鹿纹为主，兼有其他动物纹饰，如鹿雁蛇纹、鹿犬雁鱼纹瓦当等。标本举例：当面饰鹿犬雁蟾蜍纹，当面径 14.7 厘米、边轮宽 0.8 厘米、当厚 0.2 厘米[51]（图三，6）。

4 式　当面为复合动物纹饰，即以一种动物纹为主体纹饰，兼有其他种类动物纹，如虎雁纹瓦当、猎人斗兽纹瓦当等。标本举例：当面饰一奔兽追逐飞雁纹饰，兽如虎状。当面径 15 厘米、边轮宽 0.5～1 厘米、当厚 2.2 厘米[52]（图三，9）。

Ⅱ型　当面由界格线分为四区间，其中饰以各种动物纹。根据当面动物纹不同，可分 4 式：

1 式　每区间有一个动物纹，当面四区间内均为同一种动物。如秦咸阳城遗址的鸟纹瓦当、秦芷阳城遗址的奔鹿纹瓦当和秦阿房宫遗址的鱼纹瓦当[53]（图四，2、4）。这种瓦当在秦雍城遗址很少见到，大多发现于战国中晚期的秦遗址中。

2 式　每界格内有一个动物纹，四界格内由四种动物纹组成。标本举例：秦芷阳城遗址 T3：46，当面残，现有二界格，每界格内各饰一动物纹，一为回首翘首的奔鹿，一为俯首站立的动物（獾？）。当面径 14 厘米、边轮宽 0.7～0.9 厘米[54]（图四，3）。

3 式　每界格内有一对动物纹，每对均属同一种动物。四界格内四对动物各异。标本举例：秦咸阳第一号宫殿建筑遗址出土，当面四界格内各有一对动物纹，它们分别为鹿、龟、雁、马（？）。当面径 17.4 厘米、边轮宽 0.6～0.8 厘米[55]（图四，1）。

4 式　当面为以动物纹为主的复合纹饰组成。标本举例：秦始皇陵园内城西墙出土，当面四区内有云纹和虎纹各一，几何图案化的变形夔龙纹二。当面径 16.5 厘米、边轮宽 1.2 厘米[56]（图四，5）。

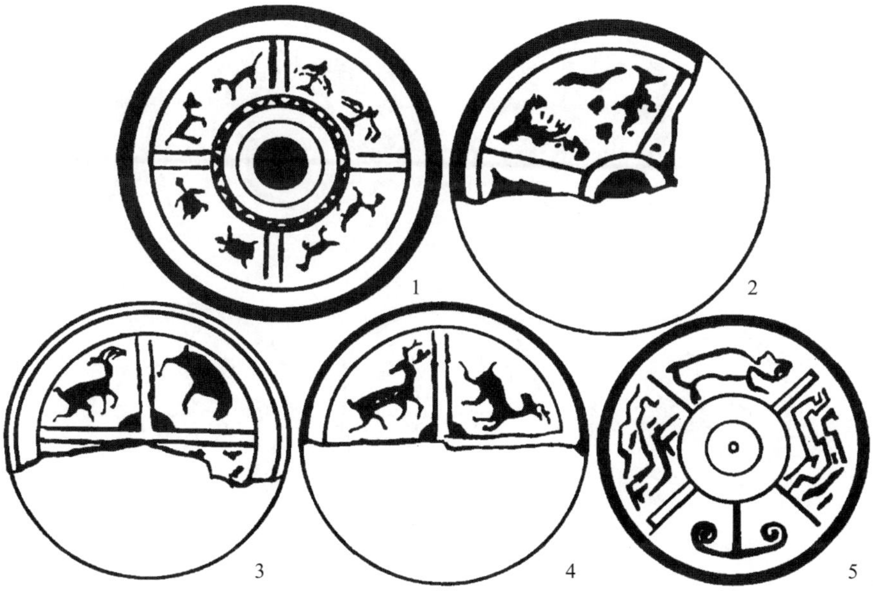

图四　有界格动物纹圆瓦当示意图

1. Ⅱ型 3 式（《文物》1976 年第 11 期）　2、4. Ⅱ型 1 式（《文物》1976 年第 11 期、《考古与文物》1984 年第 6 期）
3. Ⅱ型 2 式（《文博》1985 年第 3 期）　5. Ⅱ型 4 式（《新编秦汉瓦当图录》）

Ⅲ型　当面饰植物纹，有花朵纹、花蕾纹和叶纹等。它们与山东地区以树木纹为主的植物纹半圆瓦当区别甚大。根据当面布局分 3 式：

1 式　当面无界格，为单体植物纹，大多为花朵纹，也有个别复合纹饰。根据纹饰不同又可分为 4 种：

1A 式　莲花纹瓦当。标本举例：凤翔豆腐村秦建筑遗址出土，当心为一乳丁似花心，周围 5 个莲花瓣，每 2 个莲花瓣间各饰一箭头纹花蕊。当面径 14.3 厘米、边轮宽 1.1 厘米、当厚 2.3 厘米[57]（图五，1）。

1B 式　当面纹饰与 1A 式基本相同。当面有 4 个莲花瓣，花瓣较肥大，每 2 个花瓣间各饰一柳叶形花蕊。当面径 15.5 厘米[58]（图五，2）。

1C 式　当面纹饰与 1B 式基本相同，但在每个叶形花蕊与花瓣纹之间各饰一莲蓬纹，当面共有 8 个莲蓬纹。标本举例：当面径 16 厘米，西安三桥秦阿房宫遗址出土[59]（图五，3）。

1D 式　当面为花朵纹，饰花朵 8 瓣，当心为一乳丁。花朵纹仅具其轮廓线。标本举例：当面径 16.8 厘米、边轮宽 1～1.2 厘米，秦咸阳城遗址出土[60]（图五，5）。

2 式　当面无界格。当心为一大乳丁，外围一圆。当面饰四叶。叶有筋无脉，筋连于当心圆，四叶间各饰一云纹。标本举例：当面径 15 厘米、边轮宽 0.8 厘米，秦芷阳城遗址出土[61]（图五，4）。

3 式　当面分为四区，界格线为双线。当面有叶纹、花苞纹等，均出土于秦芷阳城遗址[62]。根据当面纹饰又可分 2 种：

3A 式　当心为一乳丁，当面有 4 个叶纹分布在当面四区之内。叶纹的脉、筋清晰，叶形如团扇状。标本举例：当面径 14 厘米、边轮宽 0.7 厘米（图五，7）。

3B 式　当面有 4 个花苞纹分布在当面四区之中。花苞纹饰同Ⅴ型 2 式半圆瓦当。标本举例：当面径 14.2 厘米、边轮宽 0.8 厘米（图五，6）。

图五　植物纹圆瓦当示意图

1. Ⅲ型 1A 式（《新编秦汉瓦当图录》）2. Ⅲ型 1B 式（《新编秦汉瓦当图录》）3. Ⅲ型 1C 式（《秦汉瓦当》）4. Ⅲ型 2 式（《文物》1976 年第 11 期）5. Ⅲ型 1D 式（《考古与文物》1984 年第 6 期）6. Ⅲ型 3B 式（《考古与文物》1984 年第 6 期）7. Ⅲ型 3A 式（《考古与文物》1984 年第 6 期）

Ⅳ型　旋涡纹瓦当。当面饰水流的旋涡纹，有的旋涡纹周围又饰浪花纹。当面无界格，有的Ⅳ型瓦当中已有当心圆。当呈青灰色。根据当面纹饰，可分5式：

1式　当面饰旋涡纹，旋涡为顺时针方向。标本举例：当面径13.4厘米、边轮宽0.8厘米，凤翔南古城秦遗址出土[63]（图六，1）。

2式　当面中部饰一当心圆，其内饰逆时针方向旋涡纹。当心圆外连一周顺时针方向浪花纹。标本举例：当面径15.5厘米、边轮宽1厘米、当厚1.6厘米，凤翔孙家南头堡子壕遗址出土[64]（图六，2）。

图六　旋涡纹圆瓦当示意图

1. Ⅳ型1式（《新编秦汉瓦当图录》） 2. Ⅳ型2式（《新编秦汉瓦当图录》1985年第4期） 3. Ⅳ型3式（《新编秦汉瓦当图录》） 4. Ⅳ型4式（《西北大学藏瓦选集》） 5、6. Ⅳ型5式（《西北大学藏瓦选集》）

3式　当面中部纹饰同2式。当面周边围一大圆，浪花纹与大圆相连，浪花纹为逆时针方向。标本举例：当面径12厘米、边轮宽1厘米、当厚2.4厘米，凤翔铁生沟秦遗址出土[65]（图六，3）。

4式　当面中部纹饰同2、3式，只是其所占面积减小。当心圆外当面纹饰为2式和3式当面浪花纹的结合[66]（图六，4）。

5式　当心圆内为逆时针方向旋涡纹，其外连双线或三条线构成的浪花纹。当心圆内旋涡纹简化[67]（图六，5、6）。

Ⅴ型　当面饰葵纹与变形葵纹，实际这些葵纹、变形葵纹应属于写意的旋涡纹、浪花纹。根据当面纹饰可分6式：

1式　当心为多层弧线组成的顺时针方向旋涡纹，弧线外端与3条线构成的葵纹底部相连，当心周围有4个逆时针方向葵纹，似为浪花纹。标本举例：当面径14.7厘米，秦栎阳城遗址出土[68]（图七，1）。

2式　当心圆为绹纹，当心饰一乳丁。当心圆外有7个顺时针方向的简化双线葵纹。标本举例：当面径13.8厘米、边轮宽1厘米，陕西省丹凤县古城村秦遗址出土[69]（图七，3）。

3 式　以绹纹为当心圆，当心圆内有 4 个顺时针方向葵纹，形似旋涡纹。当面周边有 9 个逆时针方向葵纹，形似浪花纹。葵纹由 3 条线构成。标本举例：当面径 16.5 厘米，秦咸阳城遗址出土[70]（图七，2）。

图七　葵纹与变形葵纹圆瓦当示意图

1. Ⅴ型 1 式（《考古学报》1985 年第 3 期）2. Ⅴ型 3 式（《周秦汉瓦当》）3. Ⅴ型 2 式（《新编秦汉瓦当图录》）4. Ⅴ型 5A 式（《文物》1976 年第 11 期）5. Ⅴ型 4 式（《新编案汉瓦当图录》）6. Ⅴ型 5C 式（《考古与文物》1985 年第 4 期）7. Ⅴ型 6A 式（《秦都咸阳瓦当》）8. Ⅴ型 6B 式（《文物》1976 年第 11 期）9. Ⅴ型 5B 式（《考古学报》1985 年第 3 期）10. Ⅴ型 5D 式（《考古学报》1985 年第 3 期）11. Ⅴ型 6C 式（《文物》1976 年第 11 期）

4 式　当心圆为绹纹，当心圆内有 4 个顺时针方向实心葵纹，形似旋涡纹。当心圆外连顺时针方向葵纹，当面周边有 4 个逆时针方向葵纹，上述葵纹由 3 条线构成，形似浪花纹。标本举例：当面径 14 厘米，秦雍城遗址出土[71]（图七，5）。

5 式　属于传统所称的葵纹瓦当，可分 4 种：

5A 式　当心圆为绹纹。当心中央有一小乳丁，当心圆内有 4 个顺时针方向葵纹，形似旋涡纹。当心圆外连 8 个顺时针方向葵纹，形成浪花纹。当心圆内、外 4 个葵纹相连接，形成 4 个“S”纹。葵纹由 3 条线构成。这是葵纹瓦当中数量最多的一种。标本举例：当面径 14.8 厘米，秦咸阳城遗址出土[72]（图七，4）。

5B 式　当心圆均为单线，其内有 3 个逆时针方向葵纹，形似旋涡纹。当心圆外连 8 个逆时针方向葵纹，形似浪花纹。当心圆内、外 3 个葵纹相连接，形成 3 个“S”纹。葵纹由 2 条线构成。这是葵纹瓦当中数量较多的一种。标本举例：当面径 15 厘米，秦栎阳城遗址出土[73]

（图七，9）。

5C 式　葵纹与当心圆均为单线。当心中央有一小乳丁。当面图案布局与 5B 式基本相同，只是当心圆内、外各有 4 个葵纹相连接，形成 4 个“S”纹。标本举例：当面径 16 厘米、边轮宽 0.8 厘米、当厚 2.2～2.7 厘米。当呈纯灰色，质地坚硬。出土于凤翔豆腐村秦遗址[74]（图七，6）。

5D 式　当面有四界格，界格线不穿过当心。当面周边有一外圆。当心有一小乳丁。当心圆内有 4 个逆时针方向葵纹，形似旋涡纹。当心圆纹外连 8 个葵纹，相邻葵纹相反方向排列，当心圆内、外各 4 个逆时针方向葵纹相连接，形成 4 个“S”纹。每界格内二葵纹方向相反，形若“羊角形”云纹。当面外圆、当心圆、界格线和葵纹均为单线。标本举例：当面径 16 厘米，秦栎阳城遗址出土[75]（图七，10）。

6 式　瓦当葵纹简化，形成变形葵纹。当心为花朵纹和简化葵纹所代替。此式瓦当均出土于秦咸阳城遗址。根据当面纹饰，可分 3 种：

6A 式　当心圆为绹纹，其内中心置四瓣花朵纹。当心圆内有 4 个逆时针方向葵纹。当心外连逆时针方向葵纹和简化葵纹各 4 个，二者相间排列。其中当心圆内、外 4 个葵纹相连，形成 4 个“S”纹，纹饰为双线。标本举例：当面径 17.6 厘米，秦咸阳城第一号宫殿建筑遗址出土[76]（图七，7）。

6B 式　葵纹和当心圆均为单线。当心圆中央有一小乳丁，外围一单线圆，其外连四个顺时针方向的双线简化葵纹。当心圆内有 4 个顺时针方向葵纹。当心圆外连 8 个顺时针方向葵纹，其中 4 个葵纹与当心圆内 4 个葵纹相连，组成 4 个“S”纹。标本举例：当面径 16.5 厘米，秦咸阳城第一号宫殿建筑遗址出土[77]（图七，8）。

6C 式　当心圆为单线，中央饰一乳丁。当心圆内有 4 个逆时针方向实心简化葵纹，其间分布 4 个小乳丁。当心圆外连顺时针方向单线葵纹与复线简化葵纹各 4 个，二者相间排列。标本举例：当面径 19.6 厘米，秦咸阳城第一号宫殿建筑遗址出土[78]（图七，11）。

Ⅵ型　当面分为四区间，界格线大多为双线，一般不穿过当心。当面饰云纹。云纹瓦当是秦汉瓦当中的主流，其云纹变化多端，形式多样，主要有反云纹、羊角形云纹、云朵纹和蘑菇形云纹，可分为 4 式：

1 式　当面饰反云纹，又分 2 种：

1A 式　云纹、界格线和当心圆均为单线。界格线为“十”字，穿过当心。标本举例：凤翔豆腐村秦遗址出土，当面每区间内各饰一对相向的单卷云纹，构成一个完整的反云纹。当面径 17 厘米、边轮宽 1.1 厘米、边厚 2.8 厘米[79]（图八，1）。

IB 式　反云纹为双线，界格线为单线不穿当心。当心圆为两重，中央饰一乳丁。标本举例：秦咸阳城遗址出土，当面径 16.5 厘米[80]（图八，2）。

2 式　当面饰羊角形云纹，据其纹饰与当面布局不同可分 2 种：

2A 式　当面界格线为双线，不穿当心。当心圆和当面周边外圆均为单线。当心圆内饰树木纹。单云纹分别连于界格线，形成分别以四界格线为中心，左右对称分布的四组羊角形云纹。标本举例：秦咸阳城第一号宫殿建筑遗址出土，当面径 19.2 厘米[81]（图八，3）。河北省秦皇岛市和辽宁省绥中县秦始皇行宫遗址出土的云贝纹瓦当亦属于 2A 式[82]（图八，4）。

2B 式　当面界格线、当心圆和当面周边外圆均为单线。界格线穿过当心圆，将其分为四区，每区内饰一长水点纹。羊角形云纹连于当心圆。标本举例：秦栎阳城遗址出土，当面径 16 厘米[83]（图八，5）。

3 式　当面饰云朵纹。标本举例：秦咸阳城第一号宫殿建筑遗址出土，当心圆双重，界格线为双线。当心圆内饰四叶纹（或柿蒂纹）。当面周边外围一圆。当面每区间各饰一内向多卷云朵纹，当面径 16.8 厘米[84]（图八，6）。

4 式　当面饰蘑菇形云纹，这是秦云纹瓦当中数量最多的一处，根据蘑菇形云纹中茎部式样不同，可分 3 种：

图八　云纹、变形云纹等圆瓦当示意图

1. Ⅵ型 1A 式（《考古与文物》1985 年第 4 期）　2. Ⅵ型 1B 式（《文物资料丛刊（6）》）　3、4. Ⅵ型 2A 式（《周秦汉瓦当》、《文物》1986 年第 8 期）　5. Ⅵ型 2B 式（《考古学报》1985 年第 3 期）　6. Ⅵ型 3 式（《考古与文物》1982 年第 2 期）　7. Ⅵ型 4A 式（《文物》1976 年第 11 期）　8. Ⅵ型 4B 式（《文物》1976 年第 11 期）　9. Ⅵ型 4C 式（《周秦汉瓦当》）　10. Ⅶ型 1 式（《文物》1976 年第 11 期）　11～13. Ⅶ型 2 式（《考古与文物》1982 年第 2 期）　14. Ⅶ型 3 式（《考古与文物》1982 年第 2 期）　15. Ⅶ型 4 式（《考古与文物》1982 年第 2 期）　16. 夔纹圆瓦当（《周秦汉瓦当》）

4A 式　蘑菇形云纹的双茎杆分别向左右连至界格线，相邻区间蘑菇形云纹茎杆相连接或相接近，形如反云纹，所以有的学者也称这种瓦当为连云纹瓦当。标本举例：秦咸阳城第一号宫殿建筑遗址出土，当心圆和界格线均为单绳纹线。当面周边外围一圆。相邻区间的蘑菇形云纹茎杆尾部相连接，形成反云纹。当面径 18.4 厘米[85]（图八，7）。

4B 式　蘑菇形云纹由Ⅵ型 2B 式和Ⅵ型 3 式云纹组成，前者为其茎杆。标本举例，秦咸阳城第一号宫殿建筑遗址出土，当心圆为绳纹。界格线由 3 条线组成，不穿当心，连至当心圆。当面周边围一圆。蘑菇形云纹茎杆连至当心圆。当心圆内饰一大乳丁。当面径 18.4 厘米[86]（图八，8）。

4C 式　蘑菇形云纹的茎杆（单线茎杆或双线茎杆）即当面界格线。当心圆有乳丁、乳丁与联珠、网格、十字等纹饰。标本举例：秦始皇陵园内城西垣出土，当心圆单线，中央饰一乳丁，周围 12 枚小乳丁组成的联珠。蘑菇形云纹双茎杆连至当心圆。当面径 15 厘米[87]（图八，9）。

4 式云纹瓦当中，以 4A 式数量最多，其次为 4C 式。4C 式瓦当在秦始皇陵区出土颇多，在西汉初年的云纹瓦当中亦占有相当大比例。

Ⅶ型　当面饰变形云纹。这种瓦当以云纹为母题花纹，或将其稍加变形，或辅以其他简单图案，构成动物纹、植物纹。此型瓦当大多出土于秦咸阳城遗址。可分 4 式：

1 式　蝉纹瓦当。标本举例：秦咸阳城第一号宫殿遗址出土，当心圆为绳纹，当心饰一大乳丁。当面周边有一圆。当面界格线为双线。每界格内有一蝉纹，以卷云纹为蝉翼，蝉身如枣核状，前方左右置小乳丁，为其双目。当面径 17.2 厘米[88]（图八，10）。

2 式　兽面纹瓦当。当面云纹变化较多，组成兽面种类亦有不同，但大多双目、直鼻和小嘴明显。瓦当个体相近，当面径 16～17 厘米，均出土于秦咸阳城第一号宫殿建筑遗址[89]（图八，11～13）。

3 式　飞鸟纹瓦当。标本举例：秦咸阳城第一号宫殿建筑遗址出土，当心圆双重，其间填以多条竖线，形似绹纹。当心中央为一乳丁。界格线似竹节纹。界格线两边各一卷云纹若飞鸟之双翼。当面径 16 厘米[90]（图八，14）。

4 式　花朵纹瓦当。标本举例：秦咸阳城第一号宫殿建筑遗址出土，当心圆同 3 式，当心为一乳丁。界格线上下为双线，左右为三条线。每界格内有一以羊角形云纹为母体的花朵纹，花蒂连于当心圆，云纹上部正中一点似花蕊。当面径 16 厘米[91]（图八，15）。

除了上述圆瓦当，在秦瓦当中还有不少图案瓦当，但其个体较少，对后代影响不大，如夔纹（图八，16）、“S”纹等。

三、秦瓦当的演变与时代

秦半圆瓦当传承于西周的半圆瓦当。西周时代的素面半圆瓦当，在春秋和战国时代早期遗址中仍然较多存在。大约从战国中期开始，在秦的建筑中素面半圆瓦当已很少使用，因而较之其他类型瓦当，其发现数量甚少。但是素面半圆瓦当使用时间甚长，约在西汉中期以后关中地区（原秦国故地）才不再使用这种瓦当。

秦的Ⅱ型半圆瓦当当面绳纹布局结构与西周中晚期的重环纹半圆瓦当相近，图案轮廓均呈“璜”形，所不同者是“璜”中一为绳纹、一为重环纹。战国时代中期以后，在秦的建筑遗址中再未发现Ⅱ型半圆瓦当。

秦故地出土的Ⅲ型、Ⅴ型3式和Ⅵ型半圆瓦当数量很少，它们又大多只出土于秦京畿之地的战国晚期或秦代建筑遗址。其当面图案与齐、燕地区出土的同类瓦当完全相同，亦属上述地区有地方和时代特色的半圆瓦当。推断秦地出土的这些建筑材料是用于仿照齐、燕建筑上的瓦当[92]。

Ⅳ型半圆瓦当，均出土于秦的大型建筑遗址之中，大概流行于秦代。其瓦当当面图案可能是从商周青铜器上的饕餮纹发展而来。

Ⅴ型半圆瓦当均出土于秦芷阳城遗址及秦东陵陵园建筑遗址，其时代约在战国时代晚期。

Ⅶ型半圆瓦当与Ⅵ型2A式和4B式圆瓦当有着直接渊源关系，其时代应属于秦代。

迄今所知，我国发现最早的圆瓦当约在春秋时代中期的楚国建筑遗址中，如建于春秋中晚期、战国时代废弃的楚国章华台遗址中，纪南城松柏鱼池遗址和纪南城1号窑址（Y1）均有出土[93]。它们属于素面圆瓦当，直到战国中期以前，楚国故地流行这种瓦当，其中也有极少瓦当当面中心饰有很小的花朵纹饰[94]，真正作为图像、图案纹饰的圆瓦当还是以秦的圆瓦当时代最早、种类最多。

Ⅰ型圆瓦当主要出土于秦雍城遗址，在秦栎阳城、秦咸阳城和秦芷阳城遗址均还未发现。其时代约属于战国时代早、中期。Ⅰ型圆瓦当中的鹿纹是其中最突出的动物纹饰，这可能是因为鹿被古人视为祥瑞之物[95]。Ⅰ型圆瓦当的动物纹多取侧面像和动态，其艺术手法颇与内蒙古乌兰察布岩画中的动物纹饰相同[96]，北方草原地区动物纹造型似乎也影响到秦圆瓦当的动物纹[97]。

Ⅱ型圆瓦当中的1式、2式和3式，主要出土于战国中晚期的秦咸阳城和秦芷阳城遗址。在战国时代早期及其以前和秦代的秦建筑遗址中迄今均未发现这类瓦当。Ⅰ型和Ⅱ型圆瓦当不属于同一时期的建筑材料，Ⅱ型1式、2式和3式圆瓦当时代应属战国时代中晚期。发现于秦始皇陵区秦遗址中的Ⅱ型4式圆瓦当，实际上是一种变形动物纹与云纹结合的复合纹饰。Ⅱ型圆瓦当当面四区间界格的出现，对秦汉瓦当当面布局产生了深远而广泛的影响，秦汉至魏晋几百年间圆瓦当当面的主要布局结构基本承袭了这一模式。

Ⅲ型圆瓦当数量不多，种类甚少。Ⅲ型1式主要出土于凤翔秦雍城遗址，在秦咸阳城和渭南秦上林苑遗址亦有少量出土。它们晚于Ⅰ型圆瓦当，与Ⅱ型圆瓦当时代相近。Ⅲ型2式圆瓦当实际上属于战国中晚期的变形植物纹与云纹结合的复合纹饰。Ⅲ型3式圆瓦当仅见于秦芷阳城遗址，它们已是秦植物纹圆瓦当的尾声，其时代约在战国晚期。

Ⅳ型圆瓦当大概出现于战国早期，目前发现的绝大多数这种瓦当出土于秦雍城遗址。这是秦瓦当中非常重要的一种瓦当，它们在秦汉瓦当纹饰发展史上占有突出地位。此型瓦当中的旋涡纹和浪花纹是由水的运动生成，秦人以象征水流的纹饰装饰瓦当应与其主“水德”有密切关系[98]。也有学者认为Ⅳ型圆瓦当的当面纹饰应视为“辐射纹”或“轮辐纹”，前者象征太阳的光芒，后者似若车轮辐条。我们认为从这种纹饰本身的发展变化来看，它们还是应该被理解为水流的旋涡纹饰更妥当一些。

从Ⅳ型圆瓦当具体来看，1式圆瓦当只见于战国时代早中期秦遗址中，出土数量甚少。2

式、3式圆瓦当均以1式圆瓦当的旋涡纹为其当心圆内纹饰，然后于其外饰浪花纹。4式圆瓦当是将2式、3式圆瓦当当心圆外的浪花纹结合于一起，置于其当面。5式圆瓦当的当面纹饰反映出一个十分重要的信息，其当心圆内虽仍为旋涡纹，但当心圆外的浪花纹已为战国时代中晚期流行的葵纹所代替，这种葵纹实际上是变形浪花纹。Ⅳ型圆瓦当当面的旋涡纹、浪花纹或变形浪花纹有一个共同的特点，即纹饰均取水的流动状态。2式、3式、4式和5式圆瓦当虽较1式圆瓦当多些，但在秦瓦当中总的来看还是数量不多，流行时间不长，其盛期可能在战国时代中期。

Ⅴ型圆瓦当是最具特色的秦瓦当，它可能是从Ⅳ型圆瓦当发展而来。Ⅴ型1式与Ⅳ型4式圆瓦当当面纹饰布局相同，只是前者以葵纹代替了旋涡纹和浪花纹。Ⅴ型2式圆瓦当当心圆内的乳丁纹实际成了旋涡纹的中心点，当面其余纹饰与Ⅳ型5式圆瓦当相同。Ⅴ型3式、4式圆瓦当当面和当心均饰以葵纹，分别象征当心圆内的旋涡纹及其外的浪花纹。由于当心圆内面积小，安排了同方向的4个葵纹，越显得动态的急迫，反映了水流旋涡的特点。

Ⅴ型5A式、5B式和5C式圆瓦当是传统的葵纹瓦当，当面葵纹方向的一致性，说明它们仍然属于反映“水流”的纹饰。Ⅴ型5D式圆瓦当当面出现了四界格布局，当心圆内的葵纹虽然仍为同方向旋转，但当心圆外的当面葵纹却出现了相邻葵纹的反方向图案，于是在同一界格内相反方向的二葵纹构成了原始的云纹图案。

Ⅴ型5式圆瓦当的出现时代可能略晚于Ⅳ型圆瓦当，但它们在战国时代中期似已流行。在秦雍城、秦栎阳城和秦咸阳城遗址中这类瓦当出土数量最多。

Ⅴ型6式圆瓦当是秦咸阳城遗址出土的颇具特色的瓦当，其他地方的秦遗址中不见发现。Ⅴ型6式是从5式圆瓦当发展而来。Ⅴ型6A式直接源于5B式，它于当心圆中央又增饰一朵花纹，当心圆外有3个小葵纹中双线变为实线叶形葵纹。Ⅴ型6B式源于5C式圆瓦当当面纹饰，它于当心中央增饰了简化葵纹。Ⅴ型6C式是6B式圆瓦当的进一步发展。Ⅴ型6式圆瓦当可能流行于战国时代晚期。

Ⅵ型圆瓦当出土于战国中期及其以后的秦建筑遗址，它在秦遗址出土的各类瓦当中，时代越晚所占比例越大。战国时代晚期它已成为秦瓦当中使用最多的一种，到了秦代，Ⅵ型圆瓦当已占秦建筑遗址中出土瓦当的绝大多数。

Ⅵ型1A式是以Ⅴ型5D式圆瓦当发展而来，瓦当纹饰变化主要反映在界格线位置。Ⅵ型1B式圆瓦当的双线“反云纹”与秦栎阳城遗址出土的变形葵纹瓦当图案与布局十分相似，其主要区别仅在于后者当面尚无界格线。Ⅵ型2A式和2B式圆瓦当可能均系由Ⅴ型5D式圆瓦当派生出来，2A式圆瓦当是以界格线组成单元纹饰图案，2B式圆瓦当则是在界格区间内形成单元纹饰图案。Ⅵ型3式圆瓦当的云朵纹有可能是Ⅵ型1式圆瓦当反云纹的相反方向的表达结果。Ⅵ型4A式圆瓦当的当面云纹属于简化的蘑菇形云纹，其来源可能较多。Ⅵ型4B式应是2B式和3式圆瓦当两种云纹的综合体，4C式则是由4B式圆瓦当派生出来的。

Ⅵ型圆瓦当是战国时代中晚期兴起并流行的一种非常重要的瓦当，它随着秦统一全国，迅速传布到各地，成为秦汉时代占主导地位的瓦当。只是魏晋以降，随着佛教文化的大规模传入与影响，云纹瓦当才逐渐退出历史舞台，让位于莲花瓦当。Ⅵ型圆瓦当中以4式圆瓦当最流行，其中的Ⅵ型4A式圆瓦当多见于秦始皇陵陵区建筑遗址，在西汉初期的一些建筑遗址中，也明显多于其他型式的云纹瓦当。Ⅵ型2式圆瓦当也是Ⅵ型圆瓦当中较多的一种。Ⅵ型圆瓦当的纹饰发展趋势是由繁到简，这种情况一直延续到西汉时代。到了西汉晚期，在关中地区云朵纹取代其他型式云纹，成为最流行的云纹纹饰。

综上所述，可以看出战国时代中期前后秦瓦当发生了重大变化，主要表现是当面布局上的分区界格和当心圆的出现和云纹的形成并发展成秦瓦当的主要纹饰。

秦圆瓦当当面布局上的分区界格可能受植物纹圆瓦当对称布局的植物纹饰启示，因而它们较早在动物纹和植物纹圆瓦当中出现。

秦圆瓦当当心纹饰最早出于Ⅰ型圆瓦当，而后出现以葵纹为浪花纹的旋涡纹，然后发展成多重同心圆纹，再至大圆乳丁纹。有的当心乳丁纹上仍有葵纹式的浪花纹。继之在战国晚期还有不少当心圆内饰四叶纹、树木纹、米字纹、曲尺纹、小方格纹、斜菱形格纹等。秦代云纹圆瓦当当心纹饰与当面云纹同步简化，当心纹饰多为稀疏的斜方格纹、大方格纹和菱形格纹等，也有一些乳丁纹和乳丁联珠纹。

战国时代中晚期的秦圆瓦当中有一些以绳纹、绹纹为当心圆和分区界格线，秦代则已很少见到这种情况。

秦瓦当虽然早已为学术界所注意，但是限于田野考古资料不多，正式发表的资料又较少，因而这方面的研究工作开展得还不够深入。本文关于秦瓦当有关问题的看法，仅仅是我们对秦瓦当研究的初步探索。

注　释

[1]《史记·秦始皇本纪》:"关中计宫三百，关外四百余。""乃令咸阳之旁二百里内宫观二百七十复道甬道相连。"

[2]《史记·秦本纪》。

[3] 凤翔县文化馆、陕西省文管会:《凤翔先秦宫殿试掘及其铜质建筑构件》,《考古》1976年第2期。

[4] 陕西省雍城考古队:《凤翔马家庄春秋秦一号建筑遗址第一次发掘简报》,《考古与文物》1982年第5期。

[5] 陕西省雍城考古队:《秦都雍城钻探试掘简报》,《考古与文物》1985年第2期。

[6] 陕西省雍城考古队:《一九八二年凤翔雍城秦汉遗址调查简报》,《考古与文物》1984年第2期。

[7] 陕西省考古研究所秦汉研究室:《新编秦汉瓦当图录》，三秦出版社，1986年。

[8] 徐锡台、楼宇栋、魏效祖:《周秦汉瓦当》，文物出版社，1988年。

[9] 同[6][7][8]。

[10] 陕西省雍城考古队:《凤翔秦公陵园钻探与试掘简报》,《文物》1983年第7期；陕西省雍城考古队:《凤翔秦公陵园第二次钻探简报》,《文物》1987年第5期。

[11]《史记·秦本纪》。

[12] 中国社会科学院考古研究所栎阳发掘队:《秦汉栎阳城遗址的勘探和试掘》,《考古学报》1985年第3期。

[13] 秦都咸阳考古工作站:《秦都咸阳第一号宫殿建筑遗址简报》,《文物》1976年第11期；张旭:《秦瓦当艺术》,《考古与文物》1982年第2期；王丕忠:《汉长陵附近出土的秦汉瓦当》,《文物资料丛刊(6)》，文物出版社，1982年；徐锡台、楼宇栋、魏效祖:《周秦汉瓦当》，文物出版社，1988年。

[14] 张海云:《芷阳遗址调查简报》,《文博》1985年第3期；赵康民:《西安洪庆堡出土汉愍儒乡遗物》,《考古与文物》1984年第6期。

[15] 张海云、骆希哲:《秦东陵勘查记》,《文博》1987年第3期；陕西省考古研究所、临潼县文管会:《秦东陵第一号陵园勘查记》,《考古与文物》1987年第4期；陕西省考古研究所秦陵工作站:《秦东陵第四号陵园调查、钻探简报》,《考古与文物》1993年第3期。

[16]《史记·秦始皇本纪》:"始皇初即位，穿治郦山，及并天下，天下徒送诣七十余万人，穿三泉，下铜而致椁，宫观百官奇器珍怪徙臧满之。"

[17] 陕西省考古研究所、始皇陵秦俑坑考古发掘队:《秦始皇陵兵马俑坑一号坑发掘报告(1974~1984)》，文物出版社，1988年。

[18] 赵康民:《秦始皇陵北二、三、四号建筑遗迹》,《文物》1979年第12期。

[19] 秦始皇陵考古队:《秦始皇陵西侧"丽山飤官"建筑遗址清理简报》,《文博》1987年第6期。

[20] 秦俑考古队:《临潼郑庄秦石料加工场遗址调查简报》,《考古与文物》1981年第1期。

[21] 秦俑考古队:《临潼县陈家沟遗址调查简记》,《考古与文物》1985年第1期。

[22] 秦俑考古队:《秦代陶窑遗址调查清理简报》,《考古与文物》1985年第5期。

[23] 秦俑考古队:《陕西临潼鱼池遗址调查简报》,《考古与文物》1983年第4期。

[24] 临潼县文化馆:《秦始皇陵新出土的瓦当》,《文物》1974年第12期。

[25] 辽宁省文物考古研究所:《辽宁绥中县"姜女坟"秦汉建筑遗址发掘简报》,《文物》1986年第8期；河北省文物研究所、秦皇岛市文物管理处、北戴河文物保管所:《金山嘴秦代建筑遗址发掘报告》,《文物春秋》1992年增刊。

[26] 陕西周原考古队:《扶风召陈西周建筑群基址发掘简报》,《文物》1981年第3期；陕西省博物馆、文管会岐山工作队:《陕西岐山礼村附近周遗址的调查与试掘》,《文物资料丛刊(2)》，文物出版社，1978年。

[27] 同[26]。

[28] 同[4]。

[29] 同[8]图6。

[30] 同[8]图7。

[31] 同[8]图9。

[32] 王丕忠:《汉长陵附近出土的秦汉瓦当》,《文物资料丛刊(6)》, 文物出版社, 1982年。
[33] 同[8]图42。
[34] 同[32]。
[35] 同[25]。
[36] 同[20]。
[37] 赵康民:《西安洪庆堡出土汉愍儒乡遗物》,《考古与文物》1984年第6期。
[38] 同[37]。
[39] 同[32]。
[40] 同[32]。
[41] 资料存中国社会科学院考古研究所汉城工作队。
[42] 同[23]。
[43] 同[25]。
[44] 同[8]。
[45] 同[18]。
[46] 同[25]。
[47] 辽宁省文物考古研究所:《辽宁绥中县"姜女坟"秦汉建筑遗址发掘简报》,《文物》1986年第8期。
[48] 同[6]。
[49] 同[7]。
[50] 同[7]。
[51] 同[7]。
[52] 同[6]。
[53] 张旭:《秦瓦当艺术》,《考古与文物》1982年第2期; 赵康民:《西安洪庆堡出土汉愍儒乡遗物》,《考古与文物》1984年第6期。
[54] 张海云:《芷阳遗址调查简报》,《文博》1985年第3期。
[55] 秦都咸阳考古工作站:《秦都咸阳第一号宫殿建筑遗址简报》,《文物》1976年第11期。
[56] 同[7]。
[57] 同[7]。
[58] 同[7]。
[59] 西安市文物管理委员会:《秦汉瓦当》, 陕西人民美术出版社, 1985年。
[60] 马建熙:《秦都咸阳瓦当》,《文物》1976年第11期。
[61] 同[37]。
[62] 同[37]。
[63] 同[7]。
[64] 同[7]。
[65] 同[7]。
[66] 刘士莪:《西北大学藏瓦选集》, 西北大学出版社, 1987年。
[67] 同[66]。
[68] 同[12]。
[69] 同[7]。
[70] 同[8]。
[71] 同[7]。
[72] 同[60]。
[73] 同[12]。
[74] 曹明檀、赵丛苍、王保平:《凤翔雍城出土的秦汉瓦当》,《考古与文物》1985年第4期。

[75] 同[12]。
[76] 咸阳市博物馆:《秦都咸阳瓦当》拓本，中国社会科学院考古研究所图室藏。
[77] 同[60]。
[78] 同[55]。
[79] 同[74]。
[80] 同[32]。
[81] 同[8]。
[82] 同[25]。
[83] 同[12]。
[84] 同[53]。
[85] 同[55]。
[86] 同[60]。
[87] 同[8]。
[88] 同[55]。
[89] 同[53]。
[90] 同[53]。
[91] 同[53]。
[92]《史记·秦始皇本纪》:“徙天下豪富于咸阳十二万户。诸庙及章台、上林皆在渭南。秦每破诸侯，写放其宫室，作之咸阳北阪上，南临渭，自雍门以东至泾、渭，殿屋复道，周阁相属。”
[93] 湖北博物馆:《楚都纪南城的勘查与发掘》,《考古学报》1982年第4期；荆州地区博物馆:《湖北潜江龙湾发现楚国大型宫殿遗址》,《江汉考古》1987年第3期；湖北省博物馆江陵工作站:《纪南城松柏鱼池探掘简报》,《江汉考古》1987年第2期。
[94] 湖北省博物馆江陵纪南工作站:《1979年纪南城古井发掘简报》,《文物》1980年第10期。
[95]《初学记》卷二十九:“《抱朴子》曰：鹿寿千岁，满五百岁则色白。《瑞应图》曰：王者承先圣法度，无所遗失，则白鹿来。”
[96] 盖山林:《乌兰察布岩画》，文物出版社，1989年。
[97] 乌恩:《我国北方古代动物纹饰》,《考古学报》1981年第1期。
[98]《史记·封禅书》:“昔秦文公出猎，获黑龙，此其水德之瑞。”

（原刊于《周秦文化研究》，陕西人民出版社，1998年）

汉长安城未央宫的考古发掘与研究

李毓芳

西汉王朝是我国古代历史上的鼎盛时期，汉长安城是西汉王朝的首都，我国古代著名都城，也是当时与罗马齐名的世界名城之一。未央宫是汉长安城中的皇宫，西汉一代二百余年间全国政治中枢所在，它也是我国古代都城中规模最大的皇宫。刘邦在世时虽然是以长乐宫为皇宫，但那是作为暂时的宫城，他把未央宫作为新的正式皇宫修筑。刘邦死后，其子刘盈即位，他开始以未央宫为皇宫，终西汉一代未改其制。以后的前赵、前秦、后秦、西魏和北周等王朝的皇宫也都设在这里，因此未央宫又成了中国古代使用时间最长，最著名的皇宫宫殿建筑群之一。

未央宫的考古发掘和研究在20世纪80年代的十年间取得了丰硕学术成果，宫城的布局进行了比较全面的勘查，试掘了前殿的附属建筑遗址，发掘了椒房殿遗址、少府的宫殿建筑遗址、中央宫署建筑遗址和宫城角楼建筑遗址，出土了数以万计的文物，它们有中央政府或皇室的宫廷档案，有各式各样的汉代建筑材料、兵器、生活用品等，这些文物从多层面形象而集中地再现了那个伟大时代的光辉历史，它们无疑成为了我们研究西汉都城的皇宫历史的弥足珍贵的实物资料。

一、未央宫布局的勘查

未央宫位于汉长安城西南部，现在这里坐落着大刘寨、马家寨、小刘寨、柯家寨、周家河湾和卢家口七个村庄。长乐宫与未央宫分布于汉长安城安门大街东西两边，因而它们又分别称为东宫和西宫。汉代尚“右”，方位以西为上，西宫就是皇宫。即所谓“公宫”。未央宫又称紫宫或紫微宫。我国古代天文学家分天体恒星为三垣，中垣有紫微十五星，也称紫宫。紫宫是天帝的居室，把未央宫称为紫宫，因为它是人间皇帝的宫城。

未央宫始建于公元前200年，由丞相萧何主持建造。宫城平面近方形，四周围筑宫墙，墙宽8～10米，东、西墙各长2150米，南、北墙各长2250米，宫城周长8800米，面积5平方千米，约占都城面积的七分之一[1]。

文献记载，未央宫四面各辟一座宫门，称司马门。东司马门是皇宫正门，诸侯朝谒天子、皇帝出入宫城均于此门。文武百官、达人显贵进出皇宫则由北司马门。至于西、南二司马门很少使用。东、北二司马门外修筑了高大的阙楼，这就是有汉一代闻名于世的东阙和北阙。四座司马门遗址均已进行了勘查，确定了其位置。东司马门位于大刘寨村东南，西司马门在卢家口村中部，已探明的前殿北侧的东西汉代道路，恰与东、西二司马门相连接。南司马门在未央宫东南角以西 850 米，由门道向北有一条 8 米宽的南北路通入宫内。在未央宫西北角以东 1300 米，天禄阁遗址东北 60 米处即北司马门遗址，门内有一条宽 10 米的汉代南北路，通至前殿东侧。

未央宫除了四座司马门之外，还有十几座“掖门”，它们是专为某些人出入皇宫所修建的，如建于北司马门之西 800 米的作室门，就是一座专为宫廷作室之中的各类工匠出入皇宫的门道。

前殿是未央宫的主体建筑，它位于宫城中央。皇宫中的宫殿建筑主要分布在前殿北部和东南部。钻探发现，前殿北部有多座大型殿址南北排列，它们属于文献记载中的后宫掖庭。已发掘的未央宫第二号建筑遗址是这群建筑中最大的一座，它应为皇后所居的“椒房殿”遗址。

著名的石渠阁遗址位于未央宫西北，在北宫墙以南 45 米，西宫墙以东 500 米。石渠阁属于战国时期以来流行的高台建筑，中央主体建筑台基尚存，现存夯土台基高 7 米，底部东西 60 米、南北 50 米，整个建筑遗址范围东西 115 米，南北 120 米。台基周施回廊。

石渠阁系汉初萧何主持建造。它取名于其阁下以砻石所砌渠道。遗址附近曾发现西汉时代以石块砌筑渠道的遗物。石渠阁是一处国家级重要图书馆。秦末，刘邦率军进占咸阳后，萧何广收秦宫的图书典籍和档案，这些东西就藏在石渠阁内。汉成帝时，又把汉朝政府的国家档案也都放在这里。由于石渠阁中有大量藏书和资料，许多著名文人都到这里查阅过各种文献。西汉中晚期，石渠阁又成了首都的学术中心，学者们在这里参加皇室或中央政府举办的学术讨论会，他们谈古论今，说天道地，有时皇帝还亲临会场，以示重视。

天禄阁遗址在石渠阁遗址以东 520 米，前殿以北 720 米，北距北宫墙 60 米，东距连接北司马门的汉代南北路 35 米。天禄阁也是一座高台建筑，其规模略小于石渠阁。现存天禄阁台基高 6～7 米，底部平面呈正方形，边长 20 多米。天禄阁四周亦置廊。遗址范围东西 55 米，南北 60 米。据载天禄阁亦为萧何主持营建。它得名于天禄。天禄即天鹿，汉代人们认为天鹿是一种象征祥瑞的神兽。天禄阁遗址曾出土了有天鹿图案的瓦当。

天禄阁是“收藏典籍之所”[2]。汉代这里藏书多达 3090 卷。著名史学家司马迁就是利用这里的藏书，在长安写出了不朽名著——《史记》。汉代天禄阁里还聚集着许多著名学者，如杨雄、刘向等。刘向受命于皇帝，聘请了军事、历史、天文、医学等方面的权威人士、著名专家。如步兵校尉任宏、大史令尹咸、侍医李柱国等人，分校经传诸子诗赋、兵书、数术和方技等书。我国第一部目录学著作《七略》就是在天禄阁中编纂完成的。后人为了纪念大学者刘向的历史功绩，在他工作过的地方——天禄阁之上修建了“刘向祠”，寄托人们对他的怀念。

石渠阁、天禄阁作为西汉王朝的中央图书馆、档案馆，为传播文化知识、保护中华民族古代文化的遗产，做出了不可磨灭的贡献。

未央宫西南部有一片低洼地，这就是当年的沧池所在地。沧池位于西宫墙以东 700 米，南邻南宫墙。考古勘查沧池遗址南北长约 500 米，东西宽约 400 米，池水面积 196000 平方米。池水因清澈如苍色，故名“沧池”。沧池水由城外泬水从章城门引入，入宫后称“明渠”。明渠故道已基本勘探清楚：渠水由西向东注入沧池，然后又从沧池北部由南向北流出，经前殿、椒房殿和天禄阁西边，向北流出未央宫。沧池既美化了未央宫的环境，又解决了皇宫之内用水问题。未央宫中用水量很大，沧池在给水方面起了重要作用。可以说，沧池是未央宫中的一座人工水库。《三辅黄图》记载："沧池中有渐台，高十丈。"渐台实际就是池中假山，它点缀得沧池更加风光秀丽。渐台还被统治者视为安全岛，西汉末年农民起义军攻入长安城未央宫，王莽就是从前殿逃至沧池，登上渐台，妄图凭借池水，保护自已的性命，但终因众叛亲离，他还是成了众人的刀下之鬼。

我国早在秦代统治者已注意到以人造山水来美化皇宫环境，如秦始皇就在咸阳宫东边修筑了兰池，建造了蓬莱山[3]。但在皇宫之内修建人工湖、筑造假山却是始于西汉未央宫。汉武帝时修筑的建章宫继承了这一传统，在宫内修了太液池，池中筑了蓬莱岛。这些做法和池山名称一直为后世帝王宫城所仿效、沿用。

二、前殿附属建筑遗址的试掘

秦汉时代，宫城之中的大朝正殿称"前殿"，此犹北魏、隋、唐之太极殿。未央宫前殿为萧何主持营建，建于汉高祖七年[4]。前殿筑于龙首山的山丘之上，《西京赋》中"疏龙首以抗殿"就记叙了这个情况。近年考古工作者在前殿台基之上发掘出新石器时代仰韶文化墓葬，这说明前殿台基新石器时代已存在。战国时期，秦王在此修筑了章台，诸侯来秦莫不朝于章台之下[5]，蔺相如"完璧归赵"的历史故事也是发生在这里[6]。

未央宫前殿遗址是我国古代历史上保存最完整、规模最大、最有代表性的高台宫殿建筑遗址。前殿为西汉一代大朝之地，其建筑之豪华为其他宫殿所莫及。据文献记载，建筑前殿所用的木材是清香名贵的木兰和纹理雅致的杏木。屋顶椽头贴敷的金箔，在阳光照射下熠熠生辉。华贵的大门上装饰着鎏金的铜铺首，镶嵌着闪光的宝石。窗户上雕饰着古色古香的花纹，回廊栏杆上雕刻着清秀典雅的图案。白玉般础石之上耸立着高大木柱，紫红色的地面，金光闪闪的壁带，这些使殿堂显得更加富丽堂皇。

前殿正门居南，门内是广阔的庭院，庭院以北则是前殿之上的三大殿。大朝正殿是中间台面上的大殿。

前殿基址南北长 350 米，东西宽 200 米，北高南低，北部最高处高出今地面 15 米。基址由南向北可分三个低、中、高的台面。南台面高 1～5 米，南北 140 米，东西 200 米；中间台面高 5～10 米，南北 120 米，东西 180 米；北台面高 15 米，南北 110 米，东西 165 米。三个台面之上各分布有一组大型宫殿建筑遗址，其规模分别为：南台面东西 75 米，南北 50 米；中间台面东西 130 米，南北 70 米；北台面东西 120 米，南北 50 米。

在对前殿全面勘探同时，1980 年又对前殿部分廊房和慢道遗址进行了试探。廊房的试掘在前殿西南侧台壁西边，已经考古发掘出来的房址南北长 128 米，东西残宽 13.8～15.4 米，后山墙即前殿南台西台壁，宽 5.8 米。西壁房址南北排列有 43 间房，南壁西部房址东西排列 3 间房，共计 49 间房。这些房子的平面呈长方形或方形，房与房之间置隔壁，房子布局一般是前堂后室，房内地面或为草泥，或为土坯铺置。遗址内出土的建筑材料有筒瓦、板瓦、瓦当，文字瓦当多为“长生无极”。房址内出土的遗物，属于生活用品有陶罐、陶豆、陶釜，兵器装备有铜镞、铜弩机、铁刀、铁镞和铁铠甲等，钱币有五铢、大泉五十和货泉。在房址内还发现了一批被火烧烤过的西汉木简，简文有的属于病历医方，如一支医方简上端题有“冯宗山女方”字样，这说明西汉时代已有病历医案。文献记载，淳于意（公元前216～前150年）首创“诊籍”，他把病人的姓名、住址、病名和选用的医方记录在案。前殿遗址所出土木简则是其历史见证[7]。从出土的遗物和房址位置，平面布局分析。这些房子很可能是前殿守卫人员的住处。

在前殿遗址东北角试掘了一处夯土台基及部分配房。夯土台基平面为长方形，南北22.2米，东西6.4～8.1米，台基残高0.2～1.1米。台基东西两侧有廊道散水。台基东面还有一条登殿用的慢道。台基附近有7间配房，房址平面有长方形和方形，一般长3.7～4.5米，最大的房子长8.85米。房内有草泥地面和砖铺地面两种。夯台和房址出土了大量砖瓦建筑材料，其中有素面长条砖，方格纹、回形纹铺地砖，板瓦、筒瓦及图案与文字瓦当等。房内出土的陶器有陶盆、陶罐和陶釜，钱币均为汉代的五铢、大泉五十和货泉，兵器装备则有铜镞、铜弩机、铁剑、铁戟和铁铠甲。这处夯土台基建筑，原来可能既是上殿大臣出入休息之地，又是守卫官员的办公之处。至于台基东面的几间房址建筑，似为守卫人员的居室。

三、椒房殿遗址

西汉时代的皇后宫殿称“椒房殿”[8]，椒房殿取名是因其宫殿墙壁以椒粉和泥涂抹，这样既以使其殿壁呈暖色，室内有温暖感觉；又可使殿中芳香袭人[9]。

前殿坐北朝南，椒房殿位于前殿以北360米，可谓真正的“后宫”。已发掘的椒房殿遗址使我们了解了皇后宫殿的平面布局。椒房殿南部为正殿，其夯土台基平面为长方形，东西长50余米，南北宽30余米，面积约1500平方米。台基四周置壁柱，有的壁柱础石尚存。台基周施回廊，廊道地面铺砖，廊道外为散水。正殿坐北朝南，殿址南有二阙址，二者东西相距23.5米。人们过去多以为阙设于城门或陵园司马门之外。宫殿建筑之前置阙，在以往的文献记载和考古发掘中十分罕见。殿前设阙当非一般宫殿建筑所能为，椒房殿前双阙的发现，可反映出这组宫殿建筑的规格之高，同时它也为研究阙之建筑增加了新的重要资料。正殿东西各有一条上殿慢道。正殿的附属建筑在其北部。内院南邻正殿，平面亦呈长方形，院子四周置廊道、散水。内院东西两侧又分别发掘出夯土台基、院落、巷道和厢房遗址。特别要指出的是建筑群内的巷道遗迹在考古发掘中尚属首次发现，它可能是为宫殿主人的安全所建造的。这与现代建筑中的暗道性质相同。椒房殿建筑群有着完整的给排水设施。建筑群东部有水井，井深约8米多，井台铺方砖，井壁上部为券砖，下部以陶井圈砌置。建筑群内有排水坑，积水通过北部的明渠排出。从仅有的建筑遗迹来看，正殿及其所属建筑是相当考究的，建筑群内的地面均以方砖铺设，遗址中出土的铜构件，可以想见当年宫殿中“黄金为壁带”的豪华。

椒房殿遗址出土有铺设地面的素面方砖、回形纹方砖和构筑踏步的空心砖等。瓦类有筒瓦、板瓦和素面圆瓦当、云纹瓦当及“长生无极”“长乐未央”文字瓦当。从那些直径20厘米以上的硕大瓦当的大量出土，不难想象椒房殿建筑规模之宏伟。

四、中央官署遗址

1986～1987年，考古工作者对未央宫内的一处中央官署遗址进行了大规模考古发掘，发掘面积9600平方米。该遗址在今西安市未央区未央宫乡卢家口村东100米，位于前殿遗址西北880米，西距未央宫西宫墙105米。遗址以南6.3米有一条汉代横贯未央宫内的东西大路。

中央官署遗址周围置墙垣，形成了一座封闭性大院落。院落平面长方形，东西长134.7米，南北宽65.5米，面积8822.85平方米。院落南墙宽2.7米，东墙宽1.7米，北墙和西墙各宽1.5米。墙体夯筑。墙基深1.25～1.7米。四面围墙内外均置壁柱，而且内外对称分布，这使墙体更为坚固。除了东墙，西、南、北墙之外均置廊，廊道宽分别为0.9米、2.3米与1.3米。除了南墙，西、北墙的廊外和东墙之外均置斜坡散水。南墙东、西端和北墙西端之外各有一段南北墙与其垂直相交，墙长2.2～2.3米，宽1.5～2.2米。院落东北角虽未发现上述墙垣遗址，但那里有一座小房子基址。在官署院落四角设置的墙垣和小房子应与其安全保卫有关。

在官署院落之内，中部偏东位置，有一条南北向排水渠将其分为东、西并列两座院子，简称东院和西院。

东院范围东西57米，南北65.5米，面积3733.5平方米。东院南、北墙分别为官署大院的南、北墙东段；东院东墙即官署大院东墙；东院西墙宽1.25米，墙外有廊道，宽0.9米。

东院北墙东端和西墙南端各辟一门，二者分别为东院的北门与西门。北门宽1.1米，西门宽1.15米。二门门道两边各置壁柱一对，有的壁柱之下的础石尚存，有的门道边门臼还在。门臼以砖制成，砖长32厘米，宽15厘米，厚9厘米，砖上的臼窝平面为圆形，口径8厘米，底径5厘米，深5厘米。

东院之中有南北并列的两排房屋。南排房屋与南墙间距16.75米，其间为天井（编号为一号天井）和回廊；南、北排房屋间距23.3米，其间亦为天井（编号为二号天井）和回廊。

东院南排房屋东西并列3座，自东向西依次编号为第一、二、三号房。

第一号房东西5.1米，南北27米。辟有西门和北门。第二号房东西面阔20.5米，南北进深8.4米，南墙辟门，门道宽24.5米。第三号房东西面阔25.6米，南北进深8.4米，此房南、北各置一门，南门道宽2.3米，北门道宽2.93米。房子北墙北侧有楼梯基座遗迹，其座为夯筑土台，东西宽3.5米，南北2.5米。夯台东部连接有东西向慢道，出北门，向西登慢道，上楼梯可达楼上，第二、三号房二楼共用此楼梯。

东院北排房屋东西并列3座，自西向东编号依次为第四、五、六号房，其南北进深均为8.3米，东西面阔分别为17米、13.2米和19米。南面各辟一门，门道宽为2.3～2.45米。第六号房除置南门外，还有北门一座，此门亦即东院北门。此房之内原有一南北向木板隔墙，将其分为东西两部分的内外间，二者东西面阔分别为8.3米与10.5米。木板隔墙北连北墙，南北长7.3米。隔墙南端与房子南墙相距0.92米，其间为内外间通道。

第七号房位于东院北墙东端外侧，南北面阔3.05米，东西进深3.7米。西墙辟门，门道宽0.93米。

第七号房西 2.7 米、东院北墙以北 3 米有一水井，井台砌砖，东西 1.1 米，南北 1.15 米。水井口径 0.87 米，井深约 7 米，井壁为扇形砖券筑。

一号天井东西长 35 米，南北宽 10.6 米。天井的东、西、北三面为回廊，廊宽均为 6.2 米。东西廊大小相同，各长 16.75 米，北廊长 47.2 米。

二号天井东西长 32 米，南北宽 11.2 米。天井四边砌立砖。天井南北中央各有一处豁口，其宽均为 3.4 米。天井四周置回廊，其中南、北廊大小相同，东西长 53.6 米，南北宽 6.1 米；东西廊南北长约为 23.2 米，二廊宽分别为 11.3 米与 10.3 米。天井西边有一地漏，地漏口东西 0.66 米，南北 0.8 米，深 0.56 米。地漏四壁均为上下顺砌子母砖，底部为平铺子母砖。排水口置于地漏四壁上半部。南北并列两排五角形水管道埋置于汉代地面以下，其东端连接地漏西壁排水口，两端通至东、西院间的排水渠东壁，东西长 13.8 米。这种地漏和地下五角管道主要用于排泄雨水。雨水流至地漏，泥沙沉极于地漏下部，积水从排水口排至管道，这样可以防止地下排水管道的淤泥堵塞。地漏中的淤泥清除也方便简易。

西院范围东西 72.7 米，南北 65.5 米，院子西、南、北墙分别为官署院落的西墙和南、北墙西段。西院东墙宽 1.5 米，墙外置廊道，宽 0.9 米。

西院南墙东端和东墙南端各辟一门，二者分别为西院南门与东门。南门门道宽 3.5 米，东门门道宽 1.2 米。西院东门与东院西门隔排水渠东西相对，它们应属于官署大院落之内沟通东院和西院的唯一通道，当时排水渠上可能架桥连接二门。

西院之中也有南北并列的两排房屋，二者南北间距 29.5 米，其间为东西并列的四、五号天井和回廊。南排房屋与墙间距 12.1 米，其间为三号天井和回廊。

西院南排房屋东西并列 3 座，自东向西编号依次为第九、十、十一号房，其南北进深均为 6.7 米，东西面阔分别为 17.3 米、21.7 米和 21.6 米。每房南面各辟一门，门道宽 2.1～2.4 米。第九、十号房之间有一南北通道，东西宽 4.4 米。第九号房东南部有一小房，编号为第八号房，此房南与西院南门相对，北邻第九号房。房子东西面阔 4.2 米，南北进深 2.4 米，房门辟于南墙西边，门道宽 0.9 米。第八号房是进出两院的唯一“门房”。

第九、十一号房北墙外侧各有一夯筑楼梯基座。前者基座夯台南北宽 1.9 米，东西长 2.6 米，夯台西部有上楼梯的慢道。后者基座夯台东西长 4.2 米，南北宽 2.5 米，夯台东部有慢道，由此可登楼梯至此房和第十号房的二楼。

西院北排房屋东西并列 4 座，其北墙利用了西院北墙。4 座房屋自西向东编号依次为第十二、十三、十四和十五号房，其南北进深均为 8.4 米，东西面阔分别为 7.8 米、17 米、12.9 米和 17.5 米。每座房子各于其南墙辟一门，门道宽 2.2～2.45 米。

三号天井东西长 57.2 米，南北宽 6.1 米。天井东、西、北三面置廊。东廊南北长 12.1 米，东西宽 1.4 米，东廊东墙之上辟一通道，南北宽 6.5 米，这是进入西院内部的唯一通道，西廊南北长 12.1 米，东西宽 6.1 米。北廊东西长 64.7 米，南北宽 6.2 米。天井西北角地下铺设了一条东西向排水的五角形陶管道，其东端接天井西边沿的地漏，向西穿过西院墙之下，通至院外。管道现存 18 节，东西长 12.4 米。

四号天井东西长 20.4 米，南北宽 17.3 米。天井东距西院东墙 10.6 米，距南、北排房各 6.2 米，西与五号天井东西相距 13.6 米。

五号天井东西长 14.7 米，南北宽 17.3 米。天井位于西院西墙以东 10.1 米，距南、北排房各 6.2 米。天井西边地下铺设有一条东西向五角形陶管道，现存 15 节管道，长 10.5 米。管道向西穿过西院西墙之下，通至院落以外。

四、五号天井的南、北廊分别相连，东西各长 69.5 米，南北各宽 6.2 米。四号天井东廊和五号天井西廊南北各长 29.5 米，东西宽分别为 10.6 米与 10.1 米。

东院与西院之间的排水渠为明渠，南北长 65.5 米，渠口宽 3.2 米、底宽 1.3 米，渠深 0.6 米。明渠至北墙处变为暗渠，渠道从北墙之下穿过。排水渠的水流方向是由南向北。

官署遗址出土遗物十分丰富，主要有建筑材料、石器、铁器、铜器、钱币和骨签等。

建筑材料主要有砖、瓦、瓦当等。砖有长方砖、方砖、扇形砖、子母砖和空心砖。方砖用于铺设地面或置廊道边沿，扇形砖用来券筑井壁，子母砖用作砌筑排水地漏底部和四壁，空心砖作为踏步使用。瓦包括板瓦、筒瓦，数量甚多。瓦当以当面纹饰统计，包括有云纹、葵纹、文字和素面瓦当 4 类，其中以云纹瓦当数量最多，葵纹和素面瓦当最少。云纹和文字瓦当当面均分为四界格，前者内饰卷云纹，但其中面中央纹饰不尽相同，有几何纹，也有双鹤纹；后者每界格内一字，文字内容有“长生无极”“长乐未央”“千秋万岁”“延年益寿”等吉祥语。

石质器物有用作武器的石卵和作为工具的磨石与石磨。

陶器有灯、碗、盘、盆、甑、奁，以及作为射击武器所用的弹丸。

铁器出土数量最多，主要有生产工具、生活用具、兵器和车马器等。生产工具有锛、臿、铧冠、凿、夯头、铲、斧、錾、刮刀、砧、锉形器等；生活用具有环柄刀、直柄小刀、环、钩、刷子柄等；兵器有蒺藜、戟、弩机、镞、铠甲和胄片，其中以铁镞出土数量最多；车马器有六角形铁穿、泡钉、带扣、镳等。

铜器包括有生活用具、兵器和车马器。生活用具有星云纹和规矩纹铜镜和带钩，以及漆器之上的铜饰件。兵器有镞和弩机，弩机之上大多刻有铭文。车马器有带扣和泡钉。

官署遗址出土的钱币有半两、五铢、大布黄千、大泉五十、布泉、小泉直一和货泉等。

官署遗址出土的五万多枚刻字骨签，是中国考古学上的重大发现。骨签大多分布在官署房子墙体附近的汉代地面之上。骨签均以动物骨头制作（绝大多数为牛骨），形制、大小基本相同。一般长 5.8～7.2 厘米，宽 2.1～3.2 厘米，厚 0.2～0.4 厘米。骨签背面平直，加工的锯痕明显；正面下部呈弧脊形，表面锯痕清楚，上部加工磨平，磨平面长 3.5～4 厘米，宽 1.5～2 厘米，其上刻字。骨签中腰有一半月形凹陷，其位置一般是刻一行字者在右边，刻两行字以上者在左边。原来的骨签绝大多数为两个一对，背对背捆放保存，每对骨签应该是由半月形凹陷位置相反的两个骨签组成。捆放的绳子通过半月形凹陷处，这样使之避免滑脱。

骨签文字内容一般分为两大类：

一类是一行字的骨签，字数一般为六七个字。其中绝大多数的文字内容为物品名称、规格、编号等。如“服六石”“力八石”“大黄力廿石”“射三百五十四步”“大御弋六石”“乘舆御弋六石”“甲四千七百卌二”“乙六百七十九”“丙千三百卅六”“丁四千廿七”“第二百七十五”等。

另一类是 2～4 行字的骨签，字数少者十几个字，多者三四十个字不等。其文字内容一般为纪年，工官名称、工官令、丞、啬夫、令史等各级官吏和工匠的名字。如：

三年河南工官令定丞

立广作府民工圂造

五年河南工官令定丞广

骞作府夫工尹造

六年河南工官令定丞缓

广啬夫宧工元造

始元二年颍川工官令广丞成护

工充令史咸作府仗宽冘

工拄工儩造

始元五年颍川工官护工

卒史春令□丞福掾

广作府啬夫陵工右

審宂工茂工石造

元凤元年河南工官守令若秦丞

千秋护工卒史安世作府啬夫

相伏宛冘工充乐哆工要造

太始元年河南工官令曾子

醉丞尧猜作府佐喜

工尧艄皃甘造

从上述有纪年的骨签来看，一种是有年号的，一种是没有年号的。有年号纪年的骨签，其年号包括了自汉武帝至汉平帝的诸帝年号。至于无年号纪年的骨签，它们绝大多数应属于汉武帝创立年号以前的西汉皇帝纪年。

从出土骨签的纪年来看，它们自西汉初期延续到西汉晚期，不少骨签在西汉时代的保存时间都在一个世纪以上。如果骨签仅作为器物“标牌”或“标签”，随着器物的不复存在，它们也就没有保存的必要了。但情况与此相反，数以几万计的骨签被妥善收藏于同一处，它们已与原物品“脱离”，显然不是作为器物“标牌”或“标签”的。这批骨签应属于西汉王朝中央政府或皇室宫廷档案。它们集中存放于皇宫官署之中，由于这种档案数量大，为了便于存放，所以它们选用了体积较竹、木简要小得多的骨片，其文字则大多以微雕形式刻于骨片之上。这应该是我们祖先使用的“缩微”档案。又因作为重要的档案材料，需要长期保存，丝帛和竹、木简等书写材料均嫌不足，故以质地坚硬的牛骨为刻字材料。

数以几万计的骨签作为中央档案，它们主要记叙了西汉一代各地工官向中央或皇室上交武器及其他用品等“供进之器”的记录。这批骨签是研究西汉时代职官制度、官府手工业管理、军工生产、兵器发展和书法演变等诸多方面的极为珍贵、丰富的文物资料。

汉代工官官制同于县、道[10]，因此可以说工官官制的历史变化，也正反映了县、道官制的演变情况。《汉书·百官公卿表》关于工官及县、道官制的历史情况，记载十分简略，骨签的出土，补充了这方面的不足。通过对骨签资料的整理和研究，我们还可以排出西汉时代的中央所辖郡国工官职官表，填补了这方面的历史研究空白，这在中国古代官制史研究上，无疑是一重大学术收获。

通过对骨签的研究，可以对汉代官府手工业制度有更为深刻的认识。至迟于汉景帝时，中央政府在一些手工业发达地区设置了“工官”，“工官”既组织官府手工业生产，又管理私营手工业的税收。工官管辖的官府手工业主要是为中央政府和皇室生产制造各种手工业品，其中以兵器为大宗，此外还有一些车辆等。大量有关武器内容的骨签，使我们对西汉时代军工生产规模、武器种类的发展、变化有了更为形象的认识。

有明确纪年骨签的发现，为研究古代文字和书法变化提供了大量有绝对年代的标型资料。西汉时代是我国古代文字发展变化最为重要的时期，几万片骨签上的文字向人们揭示出这一重要历史时期的文字演变过程。

我们考古发掘的中央官署建筑遗址，充分反映出它作为有放中央档案资料——骨签的建筑布局特点。官署院落中的房屋，除用于门卫的两座门房之外，其余房子均存放了大量骨签，这些房屋中面积最小者 108.38 平方米，最大者 215 平方米，平均为 145 平方米。官署布局十分严整，周筑围墙，墙体坚固。与外面相通的门道只有两处，一在西院东南角，一在东院东北角，门道狭窄，便于控制，门道之旁建筑了负责安全保卫人员值勤的小房子。官署院墙外边放置有铁蒺藜，院内房门之前安排有手执铁戟的士兵守卫。官署遗址中出土的许多汉代兵器，应是官署卫兵们的遗物。由此不难想象这里戒备之森严。

为了确保骨签的长时间保存，防止潮湿，官署房屋建成楼房，骨签藏于楼上。发现的骨签大多在房址墙体附近，大概骨签放置于靠墙的架子之上。经初步整理发现，作为档案资料的骨签可能是按照时间和地区来存放的。官署骨签使我们对汉代中央档案管理制度有了多方面了解和认识，从而丰富了我国古代档案史的研究内容。中央官署遗址及其骨签的发掘无疑是中国档案史上的最重大的发现。

五、少府所属的宫殿建筑遗址

1987～1988 年，考古工作者对未央宫内的少府所属的宫殿建筑遗址进行了发掘，发掘面积 6040 平方米。该遗址在今西安市未央区未央宫乡柯家寨村西南，位于未央宫前殿遗址西北 400 米，椒房殿遗址在其东 350 米。

已发掘的这处建筑遗址，其范围东西 110 米，南北 58 米。它主要包括主体建筑——南殿和北殿，及其两侧的附属房屋建筑群和通道、廊道、院落、水池等。这是一组具有多功能的宫殿建筑群。

南殿是该建筑群中的大殿，或称“正殿”，坐北朝南，东西 46.1 米，南北 17.5 米，面阔 7 间，进深 2 间，殿内面积 806.75 平方米。殿中间有一排东西向排列的 6 个柱础石，础石置于础墩之上。础石间距 7 米（以二础石中央间距计算）。础墩一般为覆斗形，底边长约 4.5 米，高约 1 米，础墩表面四周用砂岩石板包砌，础墩底部边沿以石板立砌为界。础石平面有长方形、椭圆形和圆形 3 种。长方形础石长 2～2.2 米，宽 1.36～1.6 米；椭圆形础石，长径 2.3～2.5 米，短径 1.7～2.1 米；圆形础石径 1.6 米。础石一般厚约 0.5 米，其径大小不一，0.46～1.44 米。凸圆中心为一安置榫卯的洞，洞深5～12厘米，洞径10～40厘米。从这样巨大的础石，我们不难想象出殿内明柱之巨大了！南殿东、西、北三面墙基夯筑，下宽上窄，墙基底宽3～3.5米，高0.6～0.65米。墙基内面以砂岩石板包砌，每块石板高53厘米，宽27～47厘米，厚5厘米。

北殿应系该建筑群中的内殿，坐南朝北，与南殿共用同一后墙。北殿东西31米、南北12.9米，面阔5间，进深2间，殿内面积399.9平方米。殿中偏北有一东西排列的4个柱础石，础石间距7米。础石之下亦置覆斗形夯筑础墩，大小、形制与南殿础墩相近。东、西、南墙基结构亦同南殿。

南殿南墙和北殿北墙只发现檐柱础石及础墩，推测为了采光可能是敞廊式或檐柱之间置窗，窗下或有低矮的木质坎墙。

南殿和北殿东西两边还有若干附属建筑，它们有的对称分布于主体建筑两侧。

北殿东西两侧的房子，二者形制、大小相近。其中西侧房子的建筑遗迹保存较好。此房东西11.35米，南北8.25米，房内面积93.64平方米。四面墙基夯筑，内面经火烧烤。每面墙各有3个壁柱，合计8个壁柱（房四角各1壁柱，四壁居中各1壁柱）。壁柱之下置础石。房内墙基四壁和其中各有7排垫石。南北向7排垫石，除东西各2排的间距为2米外，其中5排的间距为1.8米；东西向7排垫石除南北各2排的间距为1米外，其余5排的间距均为1.3米。除各壁中间一垫石直接置于房内底部铺地砖上外，四壁其他垫石均于墙壁中挖槽置石。房内其他垫石均置于砖垛之上。砖垛之面方形，边长0.38米，垛高0.51米。房内底部主要为素面方砖铺地。为了防潮，铺地砖下又垫了红烧土。房子北部东、西端各有一条南北向通气道，其长5～5.3米，宽0.8米，高0.64米。通气道东西壁砖砌，磨砖对缝，底部置铺地砖。二通气道东西间距8.5米，向北均通入院落之中。

北殿东侧房屋平面近方形，东西11米，南北11.5米，房内面积126.5平方米。房内垫石南北向7排，各排间距1.8米；东西向9排，除北壁与其南邻东西向垫石间距1.5米之外，其余各排垫石间距均为1.3米。四壁和房内垫石的放置、大小与北殿西侧房屋垫石均同。此房北部东西端亦各有一条南北向通气道。东通气道长17.35米，宽0.8米，高0.87米，西通气道长8.6米，宽0.8米，高0.75米。二通气道地面铺砖，两壁砖砌。二通气道向北亦通入院落之中。

从北殿东西两侧房屋位置、建筑结构、地面处理来看，它们很可能是该建筑群的主人居室建筑。

南殿东西两侧对称分布两座大房子，每座房子的面积约在170平方米，房内亦置覆斗形础墩。它们当属南殿的辅助性议事办公建筑。

此外，在建筑群东部有一座半地下式建筑物，其上部东西11.1米，南北8.6米。底部东西7.9米，南北5.7米，低于汉代地面1.4米。础石保存完整，东西向排列的南北4排，各排间距1.9米；南北向排列的东西5排，各排间距1.2～2米不等。础石长40～67厘米，宽33～58厘米，厚14～24厘米。房屋南部偏东辟门，门道南北长8.1米，宽0.94米，自此向南逐渐升高。门口有踏步2级。门道东西壁对称分布壁柱5对，壁柱底部有础石。房内底部出土有大量王莽钱币，钱币用绳子整齐穿着，此外还发现有“汤官饮监章”封泥。此房清理中发现，红烧土堆积很厚，土坯，砖瓦被火烧得很厉害。这说明建筑物毁于火焚，由于该房木材用量甚大，故火势才能如此之猛烈。

主体建筑北殿以北为院落，其范围东西 54.4 米，南北 14.7 米，面积 799.68 平方米。院落北边有东西向廊道，廊宽 2.8～3.3 米，廊道地面铺素面方砖。南殿以南虽未进行考古发掘，但从钻探情况来看，那里很可能有“庭”。这组建筑群的主体建筑居中，前庭后院，左右置配殿。

进出这一建筑群的主要通道在其东南部和东北部。

东南部通道位于半地下式房屋的西南、南殿东部附属建筑的东邻。通道宽 5 米，已发掘部分南北长 18.5 米。通道东西筑墙，东墙为土坯所砌，西墙夯筑。通道内有一东西向门槛槽将其分为南北两段。门槛槽东西长 1.7 米，宽 0.2 米，深 0.16 米，其两端各有一础石。

通道北部有南北排列的两座小房子。

南边小房东西 2.1 米，南北 5 米。房内东、西、北墙壁下部均以石板贴砌，每块石板高 0.72 米，宽 0.34～0.36 米，厚 3～4.5 厘米。石板之上有 3 个钉孔，铁钉穿过钉孔将石板固定在墙壁上。石板表面抹麦糠泥，其上再刷白垩土。这样使墙壁既平整又防潮。房门辟于南墙西部，门道宽 0.9 米。房内地面铺素面方砖。房内出土了大量封泥。此房可能属于“门房”一类建筑。

北边小房东西 2.1 米，南北 1.5 米，房内曾发现不少兽骨。

通道东边为南北向廊道，已发掘部分南北长 15.5 米，廊宽 1.1 米。廊道地面铺素面方砖。廊道北端置门，现存门槛槽宽 5.5 米。

东北部通道基本与东南部通道南北相对，此通道由坡道和平道组成。坡道位南，坡长 4.8 米，宽 2.1 米，自南向北斜坡；平道居北，已发掘部分南北长 6.4 米，宽 3.2 米。平道中部置门，门宽 1.5 米。坡道地面铺花纹方砖，平道地面铺素面方砖。前者可增加摩擦力，便于上下坡道，以防滑倒。

在东北部通道东边有一水池，水池东西 14.5 米，根据钻探了解，此池南北达四五十米，池中出土了大量螺壳。

水井发现两个，一在水池东边，井口径 0.9 米。另一水井在东南部通道东边，井同筑台，井台南北 4 米，东西 3.3 米，台面铺方砖。

在此建筑群遗址的发掘过程中，我们发现了一种比较普遍的遗迹现象：在那些设置础墩或垫石的房子之内（该建筑群中的大多数房屋均为这一类型）底部均有一层厚薄不一的木炭灰。在不少础墩四周的石板之上也覆盖了一层木炭灰。更值得注意的是，几乎上述房子的墙基均呈底宽上窄，形成一个坡面，其上包砌石板，坡面之上一般有一条宽 3～40 厘米的木炭带，房子四周的础石内侧，沿础石边凿出搭放木板的二层台。综观上述遗迹现象来看，应是房屋之内设置地板的反映。房内底部础墩表面和墙基边的木炭灰层或木炭灰带正是地板木炭的遗迹。础墩和墙基表面的石板应是既为了础墩和墙基的坚固，又为了防止地下潮湿而构筑的。为了保持室内地板之下的空气流通，这些房屋的地板之下还设置了通风道，这保证了地板下面空间的干燥和空气的新鲜。少府所属建筑遗址中发现的大面积使用地板遗迹，在古代宫殿建筑遗址发掘中尚属首见。由此也可反映出这座宫殿建筑群之豪华。

建筑群遗址出土建筑材料有土坯、砖、瓦和瓦当等。瓦当中有菊花纹、葵纹和云纹瓦当，还有“长乐未央”“与天无极”文字瓦当。陶器有釜、钵、弹丸、饼和球。铁器有钉、钩、锛、臿，以及镞、弩机、铠甲片等。铜器有铜构件、带钩、发叉、铺首、盖弓冒和镞等。货币有半两、五铢、货布和货泉。该遗址中出土的112枚封泥十分重要，封泥文字内容有“臣尊”“臣充”“臣朋”“臣隆”“臣客”“臣获”“司马喜章”“掌牧大夫章”“掌厩大夫章”和“汤官饮监章”等，其中以“汤官饮监章”封泥数量最多。

少府是秦汉时代十分重要的中央机构，它专管帝室财政，其库藏之多要超过国家财政主管部门——大司农。其机构之大、属官之多，在诸卿中也居首位。这因为少府负责管理皇帝的私产和供养，实际上是皇室的大总管。我们发掘的少府所属建筑如此考究、规模如此庞大、位置如此显要也反映了这一机构之重要。少府或其官署遗址的考古发掘，不仅对研究这一十分重要的中央机构有着特殊的意义，而且对于探讨皇宫布局、丰富中国古代建筑史资料都将产生重大的影响。

六、未央宫宫城西南角楼遗址

未央宫宫城西南角楼遗址位于今西安市未央区三桥镇车刘村北，南距南城墙55米，西距西城墙34米，1988～1989年对该建筑遗址进行了考古发掘。

角楼建筑遗址现存台基平面呈曲尺形，外边东西67米，南北31米；内边东西57米，南北19米。台基东部宽11～13米，其东与宫城南墙南端相连。

台基北边西部有进出角楼的慢道，其西距台基内拐角8.75米。慢道自西向东坡10°，坡长2.7米，宽1.7米，慢道地面铺设方格纹方砖，此砖边长36厘米，厚3.5厘米。

慢道北侧有角楼散水，散水平面亦呈曲尺状，其走向与角楼台基平行。散水东西长19.6米，宽0.87米；南北长2.8米，宽0.88米。散水边沿砌立砖为界，散水以竖立瓦片有规律地码放，东西向散水的瓦片码放则为东西向。散水自南向北倾斜，坡度为6°～9°。

角楼台基北壁和东壁均有壁柱痕迹。

角楼北边有水井和砖池各一个。

水井南距角楼9.9米，井口径0.98米，井壁为扇形砖券筑。

砖池位于水井西南2.1米，砖池四壁砖砌。池东西1.7米，南北1.82米，壁高0.38米，池底亦为砖铺。

角楼附近的水井和砖池说明，这里有常住的守卫士兵。

角楼遗址出土的建筑材料有砖、瓦、瓦当等。砖有素面和小方格纹方砖，均有铺地砖。长条砖大中小不等，此外还有子母砖、扇形砖、空心砖。

瓦有板瓦和筒瓦，有的瓦上还有陶文戳印，如“大世六”“工左”等，这是秦汉时代“物勒工名，以考其诚”的严格质量管理制度的反映。

这里出土的瓦当数量较多。图案瓦当以云纹瓦当为主，其次有少量葵纹、蕉叶纹、花瓣纹瓦当，还有凤纹瓦当。云纹瓦当种类比较多，尤以当面中央纹饰变化较大。文字瓦当只有“长生无极”和“卫”字瓦当。特别需要指出的是，角楼遗址出土的“卫”字瓦当与该建筑物的防卫性质是一致的。秦汉时代，宫城的保卫工作由卫尉主管，角楼的防卫亦属卫尉管辖之中[11]，这里出土的“卫”字瓦当，也应是卫尉官署的省称。“卫”字瓦当当面之上涂朱，应是为了醒目，宣扬卫尉的威严。

在角楼遗址出土的金属建筑材料中，以铁钉出土数量最多、种类最繁。铁钉有双脚钉、圆帽钉、直角钉、码钉等。此外还有铁环、铁构件、铜构件等建筑物上的构件。大量铁、铜金属建筑材料出土，说明了当时建造者已注意到，角楼作为防卫性建筑物，应更多使用坚固材料。

角楼遗址出土的生活用品有陶盆、陶灯、铁灯、陶球、带钩等。出土的工具种类不少，有陶纺轮，石臼，铁臿、铲、镰、凿、环首钎、刀、削等。钱币有半两、五铢、货泉和大泉五十。遗址内出土了不少兵器，如剑、矛、弩机、镞、弹丸等，还有不少铠甲片、胄片，它们大多为铁兵器，也有一些铜兵器。这应该是当年皇宫卫士们的武器。此外，这里出土的镳、带扣、蹄足形器、铃等车马器，大概也是守卫人员的遗物。

角楼建筑遗址的发掘，为我们探索一些重要的汉代建筑，如礼制建筑和帝陵园建筑布局的渊源，提供了极为重要的线索。如已发掘的王莽宗庙、西汉明堂和勘探的孝宣王皇后陵园等建筑遗址，其主体建筑四周均围筑墙垣，四角各置曲尺形建筑，无疑后者是仿造宫城角楼营造的。

宫城角楼建筑遗址过去仅对唐长安城大明宫角楼进行了局部发掘，未央宫西南角楼建筑遗址是至今唯一经过全面考古发掘的古代宫城角楼建筑遗址，而且也是时代最早的一处，它丰富了中国古代建筑历的内容。

注　释

[1] 未央宫面积5平方千米。东汉洛阳城中的南宫与北宫面积之和不超过3平方千米。北魏洛阳城宫城面积0.924平方千米。唐长安城宫城（太极宫）面积4.2平方千米，大明宫与兴庆宫面积分别为3.2和1.34平方千米；唐洛阳城宫城面积1.98平方千米；明清两代皇宫——故宫面积0.72平方千米。

[2]《三辅黄图》。

[3]《元和郡县图表》："兰池陂在县（咸阳县）东二十五里。始皇引渭水为池，东西二百里，南北二十里，筑为蓬莱山，刻石为鲸鱼。"

[4]《汉书·高帝纪》载：高帝"七年二月至长安，萧何治未央宫，立东阙、北阙、前殿、武库、太仓"。

[5]《史记·楚世家》："苏秦说楚威王曰：今欲西面而事秦，则诸侯莫不南面而朝于章台之下矣……楚怀王入秦，朝章台，如藩臣礼。"

[6]《史记·蔺相如列传》："秦王坐章台见相如，相如奉璧奏秦王。"

[7] 戴应新：《解放后考古发现的医药资料考述》，《考古》1983年第2期。

[8]《汉书·车千秋传》："江充先治甘泉宫，宫人转至未央椒房。"师古注："椒房，殿名，皇后新居也。"

[9]《三辅黄图》："椒房殿在未央宫，以椒和泥壁取其温而芳也。"

[10]《后汉书·百官志》："其郡有盐官、铁官、工官、都水官者，随事广狭，置令、长及丞。秩次皆如县、道。"

[11]《汉书·百官公卿表》师古注："《汉旧仪》云：卫尉寺在宫内。胡广云主宫阙之门内卫士。于周垣下为区庐。区庐者，若今之仗宿屋矣。"

（原刊于《文博》1995年第3期）

汉长安城的宫城和市里布局形制述论

刘庆柱　李毓芳

谈到中国古代都城，人们往往把古代世界东西方的两大历史名城——长安与罗马相提并论，于此可以看出长安的重要历史地位。关于汉长安城的研究，长期以来为国内外学者所关注，作为一项重要的科学研究课题，过去对长安城的布局形制方面做了不少研究工作，但对长安城中的宫城、市井和里居等方面，学术界还没有开展更多的研究，本文想就此作一探讨。

一、皇宫的宫城群

汉长安城中有未央宫、长乐宫、北宫、桂宫和明光宫，它们分布在城内的南部和中部（图一）。

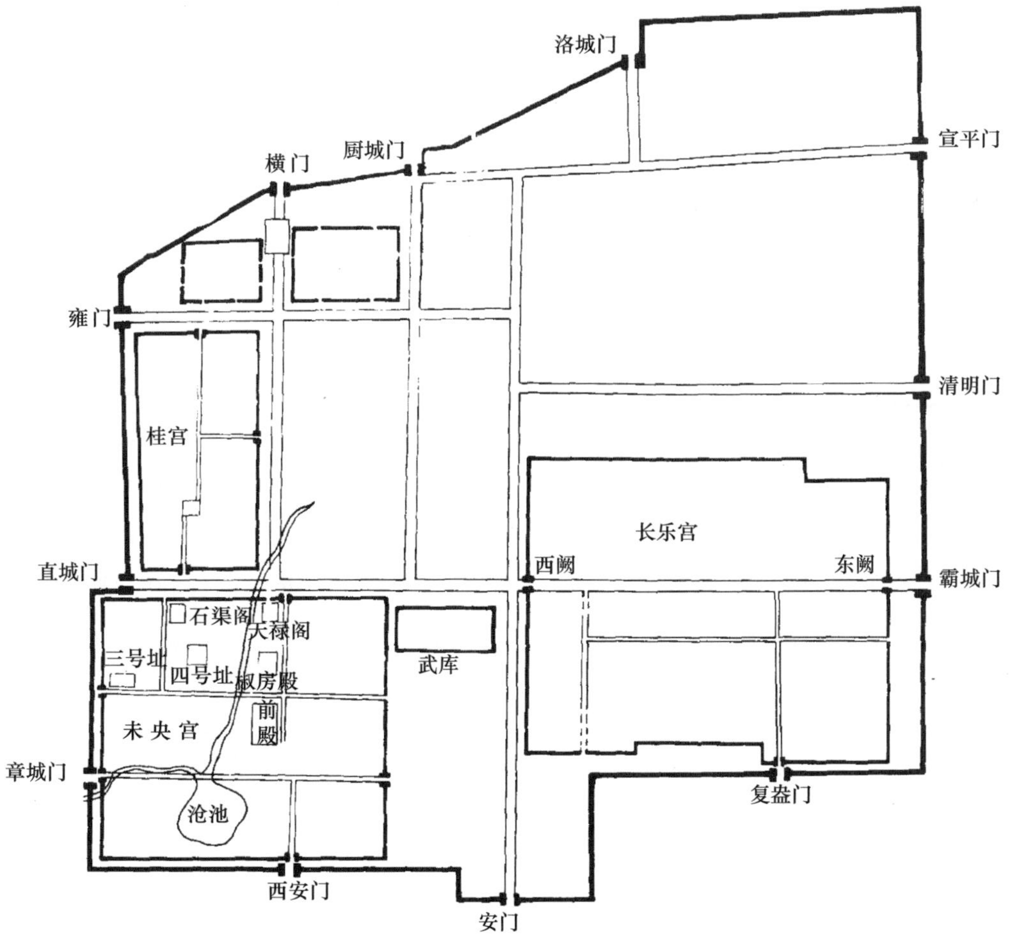

图一　长安城宫城市里布局示意图

考古工作者已勘探出未央宫、长乐宫和桂宫，北宫和明光宫正在勘探之中。从已经究明范围的未央宫、长乐宫和桂宫来看，它们各自周围筑墙，形成宫城，估计北宫和明光宫亦当如此。这些宫城相距颇近，往往只是被一些城内与城门直通的大街分隔开。它们之间筑有甬道和复道连接[1]。未央宫、长乐宫、北宫、桂宫和明光宫，各自为城，但又密切关联，形成皇室的宫城群。由于上述诸宫使用功能不尽相同，所以它们的布局形制各异。

未央宫始建于高帝七年[2]，当时是作为皇宫设计修筑的[3]，宫城平面呈方形，东西2250、南北2150米，周长8800米。宫城南墙和西墙分别与长安城南墙和西墙相邻，其间相距一般约为50米。宫城北墙西端，与长安城西墙东折之城墙南北间距仅13米。宫城北墙邻直城门大街。宫城东墙北端东邻武库。勘探中已发现，宫城西南角有“角楼”建筑遗址。编号未央宫第五号建筑遗址，已经考古发掘，其建筑平面为曲尺形[4]。《三辅黄图》记载：“汉未央、长乐、甘泉宫，四面皆有公车。”已经勘探的情况说明这一记载是可信的。未央宫南司马门和西司马门基本与长安城的西安门、章城门相对。北司马门位于小刘寨村北150米、天禄阁小学东北60米。东司马门在马寨村东北。从四座司马门均有大路通向未央宫前殿，这种“大路”即“通路寝之路”[5]，路宽十余米。西、南二司马门应为专供皇宫内使用，东、北二司马门是未央宫的主要门户，因此二门之外置双阙[6]。其中东司马门是未央宫正门，皇帝出入于此门[7]，门外道路有供天子行走的驰道[8]。诸侯朝见也要进出此门[9]。但“上书奏事谒见之徒”则要进出北司马门[10]，因而北司马门成了未央宫经常使用的宫门。

未央宫每面的司马门左右，往往还有若干“掖门”[11]。潘岳《关中记》记载：未央宫有“掖门十四”(《长安志》卷三“未央宫”条引《关中记》)。文献记载，未央宫东、北两面宫墙均辟有掖门[12]。公卿入宫，有时也走掖门[13]。

未央宫前殿是皇宫中的主体建筑。秦汉时代的大朝之殿多称“前殿”[14]，如秦代作为朝宫的“阿房前殿”、刘邦举行朝政典礼仪式的“长乐宫前殿”、汉武帝视朝的“度高未央”的建章宫前殿、皇帝听政的甘泉宫前殿[15]。未央宫前殿位于皇宫中央，其地势是未央宫及长安城中最高的。此处可能为秦的章台故址[16]。前殿的台基利用了龙首山的丘陵，故张衡《西京赋》云“疏龙首山以抗殿”，前殿台基之上发掘的新石器时代仰韶文化墓葬说明了这点[17]。前殿台基南北350、东西200米，坐北朝南，地形由南向北逐渐升高，台基北部最高处，高出附近地面15米。前殿台基，由南向北分别为3个台面：南台面高1～5米，南北110、东西200米；中间台面高5～10米，南北120、东西180米；北台面高10～15米，南北110、东西165米。3个台面之上各分布有一组大型宫殿建筑：南台面上的主体建筑遗址东西75、南北50米；中间台面上的主体建筑遗址东西130、南北70米；北台面上主体建筑遗址东西120、南北50米。中间台面上主体建筑应为前殿的中心建筑物[18]。从已经考古发掘的情况来看，前殿台基周围有厢房一类建筑。如在前殿台基西边，曾发掘43间房基，房址南北长128、东西残宽13.8～15.4米，其中出土遗物有铜和铁武器、工具、陶器、钱币等，还发现了经火烧烤过的西汉木简。在前殿台基东北角发掘有夯土基址和一些配房建筑遗址。夯土基址呈长方形，南北长22.2、东西宽6.4～8.1米，残高0.2～1.1米，基址东西两侧各有廊道散水，东西有慢道。配房建筑遗址在夯土基址东部，发掘了7间配房遗址，出土遗物有弩机、铜镞、铁刀、铁剑、铁铠甲和陶器、钱币等[19]。从厢房和配房遗址的遗迹分布和出土遗物来看，这应为前殿卫士和侍者的活动场所。

未央宫的宫殿建筑主要分布在前殿以北。前殿北邻“后宫”，后宫包括“椒房”和“掖庭”[20]。已发掘的未央宫第二号建筑遗址可能就是文献上所载的“椒房殿”，它位于前殿以北360米。二号建筑遗址南部为正殿，平面呈长方形，东西50、南北30米。正殿南部有二阙，东西相距23.5米。正殿东西各有一慢道，与正殿东西门相通。正殿以北方形庭院，院内地面方砖铺地，周施廊道。庭院再北又有其他配殿及厢房[21]。掖庭包括多座宫殿，《汉官仪》载：“婕妤以下皆居掖庭”，掖庭所属的宫殿主要分布在椒房殿以北或其附近。

北司马门内南北大道西边，是汉武帝时修筑的柏梁台故址[22]，《西汉长安》一书误以为卢家口村北、周家河湾村南的大夯土台为柏梁台故址，不妥。

天禄阁遗址在北司马门西南70米，南距前殿730米，遗址东西55、南北60米，中部为高台建筑的夯土台基，现存高10米，台基底部平面呈方形，边长20米。

石渠阁遗址位于周家河湾村东，西距未央宫墙500米，其东520米为天禄阁遗址，北宫墙在其北45米。石渠阁遗址东西115、南北120米。遗址中部为高台建筑，现存夯土台基高8米，台基底部东西77、南北65米[23]。

承明殿又称承明序、承明庐、承明庭，文献记载，承明殿在石渠阁附近[24]。勘探中发现，石渠阁与天禄阁遗址之间，柯寨村北有一处汉代大型建筑遗址似为承明殿故址。

少府及其所属官署，大多分布在前殿西北部，1987～1988年发掘的未央宫第四号建筑遗址，位于前殿西北400米，东距未央宫第二号建筑遗址350米。未央宫第四号建筑遗址的主体建筑由南、北殿组成，二殿前后排列，南殿东西45.5、南北17.5米，面阔7间、进深2间；北殿东西30.9、南北13米，面阔5间，进深2间。二殿之间为隔墙。二殿东西有配房、配殿等；南北各有一大院落，其外为廊道，已发掘的北院落东西54.5、南北14.7米，院落之北有东西长廊。遗址出土了有“居室”陶文的瓦片和数量众多的“汤官饮监章”封泥，这些遗物说明了该遗址属于少府或其所属官署的建筑[25]。据文献记载，属于少府所辖的织室、暴室、尚方之类官署均在未央宫西北[26]。

为皇宫宫廷服务、管理全国各地工官的官署也在未央宫西北部，但它们已西邻西宫墙。1986～1987年发掘的未央宫第三号建筑遗址，即属此类官署建筑，它位于前殿西北880米，西距西宫墙105米。未央宫第三号建筑遗址周围筑墙，形成大院落，东西134.7、南北65.5米。大院落中部偏东有一南北向排水渠将其分为东西并列两座院子，简称东院和西院。东院东西57、南北65.5米；西院东西72.7、南北65.5米。东、西院内各有南北两排大房子，二院南排房子的楼梯遗址尚存，证明这类房子均应为楼房。三号遗址的房屋排列整齐、规模较大、形制相近。遗址内出土了数以几万计的西汉时代骨签，骨签文字的主要内容是各地工官向中央政府“供进之器”的记录[27]。

未央宫中历年来发现的西汉钱范，均出土于宫内西北部，可知这里还有宫廷掌握的铸币作坊。

勘探发现，未央宫前殿东南也有不少建筑遗址，曲台殿、鸳鸾殿、凤凰殿等宫殿建筑物大概都在这一带[28]。

未央宫西部勘探中发现的建筑的遗址较少，见于文献记载的玉台、昆德殿等建筑遗址在前殿以西的具体地望还未究明[29]。未央宫西南部应为皇宫池苑区，沧池是这里的重要遗址。沧池西距西宫墙700米，南邻南宫墙，前殿在沧池东北250米。沧池东西400、南北490米，池水面积196000平方米，沧池之中筑造了渐台。

未央宫东北部发现的建筑遗址甚少，根据汉代人们的观念，东北方向被视为“神明之舍”[30]，那里可能有皇宫之中的祭祀性建筑物[31]。

作为汉长安城宫城群中的长乐宫、北宫、桂宫和明光宫，它们的布局形制与未央宫不同。

长乐宫是在秦兴乐宫基础上改建而成[32]，因此长乐宫的布局形制在很大程度上受到兴乐宫的制约。当然，刘邦为了把兴乐宫这座秦的离宫，当成暂时的皇宫，也做了些必要的改建。

长乐宫宫城平面为长方形，东西2950、南北最宽处为2400米。东、西宫墙各长2300米，南、北宫墙分别长3330米与3000米，宫城周长10930米。东、西宫墙平直，南、北宫墙均有曲折。

像未央宫一样，长乐宫四面各有一座司马门[33]，现已勘探出东、西、南3座司马门。东司马门与霸城门相对。西司马门隔安门大街与直城门大街东西相对。东、西二司马门之间为一东西的大路横贯长乐宫。南司马门与复盎门相对。由复盎门北经南司马门，有南北大路通至东西司马门之间的大路上。东、西二司马门之外各有双阙，分别称东阙、西阙[34]。东、西司马门应为长乐宫的主要宫门。勘探中还发现，长乐宫东、西、南宫墙之上均辟有掖门。

从现已勘探的情况来看，长乐宫的宫殿建筑主要分布在东、西司马门间的东西大路以南。樊寨村东南一处宫殿遗址，东西130、南北210米，这是目前勘探出的长乐宫中规模最大的宫殿建筑遗址，它很可能是长乐宫前殿遗址。在上述宫殿遗址以西，我们还勘探出多座宫殿建筑遗址群。据文献记载，长乐宫前殿以西有长信宫和长秋殿、永寿殿、永昌殿，前殿以北有大厦、临华、宣德、通光、高明、建始、广阳、神仙、椒房和长亭诸殿[35]。长乐宫东北部，今雷寨村附近，似为长乐宫池苑之地[36]。从上述情况可以看出，长乐宫内的宫殿建筑布局并不像未央宫那样规整，主体建筑偏居于东南部，后妃宫室位于主体建筑以西[37]。

虽然西汉一代仅汉高祖一个皇帝以长乐宫为临时皇宫，但是惠帝及以后的太后皆居长乐宫，由于外戚势力在西汉王朝政治中起着重要作用，因而太后所居的长乐宫往往与皇帝大朝的未央宫相提并论，所以反映在建筑布局形制上，长乐宫也具有皇宫不少特点，这是与其他后妃之宫所不同的。

北宫、桂宫和明光宫是后妃居住的宫城，它们属于皇室建筑的一部分。

北宫为汉高祖刘邦所建，汉武帝时大加增修[38]。关于北宫的地望，目前考古勘探还未究明，从文献记载来看，北宫在未央宫以北[39]，桂宫以东[40]。桂宫东邻为横门大街，横门大街与未央宫北阙基本南北相对。桂宫以东的横门大街东边可能为“北第”所在。北宫则又应在“北第”东邻。北宫与未央宫之间有紫房复道相连接，二宫距离应不远[41]。

北宫作为后妃宫廷之一，孝惠张皇后、孝元傅昭仪、孝成赵皇后曾居此[42]。然而其中的后妃多为不得志者，她们或被废贬，或被迫退居此宫之中[43]。北宫不只供后妃居住，而且还是皇帝供奉神君之处，《汉书·郊祀志（上）》载“置寿宫、北宫，张羽旗，设共具，以礼神君”。

桂宫是汉武帝时营建的，又称甘泉宫[44]。关于桂宫的地望，文献记载桂宫在未央宫北，二宫之间仅以直城门大街相隔[45]，桂宫西邻长安城西城墙，当时有复道，从桂宫越过西城墙进入建章宫，可至神明台[46]。通过考古勘探现已究明桂宫地望和范围。桂宫遗址范围在今夹城堡、民娄村、黄庄和铁锁村一带。桂宫宫城平面为长方形，东西 880、南北 1800 米。东西南北四邻分别为汉长安城的横门大街、西城墙、直城门大街和雍门大街。宫城东、南、北各勘探出一座宫门，南宫门应即文献记载的“龙楼门”[47]，它位于直城门以东约 350 米，其与未央宫的作室门南北相对[48]。桂宫南部，今夹城堡村东 230 米有一夯土台基，现存高 12 米，底部东西 60、南北 55 米，此台基与南宫门间有一南北路。在夯土台基以北，还勘探出大面积建筑基址，其中一处较大基址东西 170、南北 30 米。桂宫内建筑颇多，主体建筑为“鸿宁殿”，亦即桂宫“正殿”[49]。

居住在桂宫的后妃，见于文献记载的有孝元傅昭仪和孝哀傅皇后[50]，前者以“帝太太后”身份居住在桂宫，后者则是已属不得志时生活在桂宫之中。

《汉书·武帝纪》载：太初四年“起明光宫”。明光宫在长安城内，“近桂宫”[51]。桂宫和北宫并在未央宫北，桂宫西邻长安城西城墙；桂宫北为西市，西市北邻长安城北城墙。故明光宫只能在桂宫和北宫以东，二宫之东南邻长乐宫，明光宫应在长乐宫之北，当时长乐宫与明光宫之间还修筑了复道[52]。明光宫之中主要住的是宫女[53]。宫城之内的布局形制与城郊离宫一类建筑相近，大概是处避暑的好地方[54]。

在略述了汉长安城内诸宫城的情况之后，还有必要附带谈谈长安城以西的建章宫情况，以便我们对汉代皇宫有个更全面、深刻的认识。

建章宫实际上是按照皇宫的规模和布局形制修筑的[55]。

建章宫东、北二宫门之外设阙，前者称“凤阙”[56]，后者称“圆阙”[57]。凤阙基址尚存，位于建章宫前殿遗址以东 700 米，长安城以西 300 米，在今双凤村东南。二阙东西并列，间距 53 米。西阙基址保存较好，现存高 11、底径 17 米。二阙基址均为夯筑。从二阙东西并列情况来看，东宫门不是坐西朝东，而是坐南朝北，考古勘探发现，二阙间有一条南北路，宽 50 米，由二阙向南 450 米，南北路与通往建章宫前殿的东西路相交。

现存的建章宫前殿基址南北 320、东西 200 米，基址北高南低，高处高于今地面十余米。前殿西北 450 米“治大池”，“名曰泰液”池，亦即“太液池”。池的东北筑“渐台”，渐台基址在今太液池苗圃东部，东南距前殿遗址 550 米，建章宫前殿西北 1450 米（太液池遗址以北 800 米），今孟村北有一汉代大型建筑的台基遗址，现存东西 52、南北 50、高 10 米。《汉书·东方朔传》载：“今陛下以城中为小，图起建章，左凤阙，右神明，号称千门万户。”孟村的汉代台基遗址或即神明台遗址。

西汉中期，建章宫地位显赫，实际亦作为皇宫使用了。不仅皇帝经常在此视朝[58]，臣民亦视建章如未央，故时人上书皇帝时才有“待罪建章阙下”之说[59]。由于武帝视建章宫为皇宫，故昭帝于元凤二年才做出“自建章宫徙未央宫”的决定[60]。

综上所述可以看出，汉代长安一直作为皇宫使用的未央宫、汉高祖刘邦的暂时皇宫长乐宫和汉武帝曾作为皇宫建设并使用的建章宫，它们一般规模较大，宫城周长相当汉代 20 里以上。宫城四面均辟宫门，主要的宫门之外设双阙。宫城中的大朝正殿称“前殿”，前殿坐北朝南，宫殿之前列置“钟虡铜人”[61]。宫城之中不但有众多的宫殿建筑，还有风景幽雅的池苑、高耸入云的台阁，以及作为祭祀使用的建筑物。作为皇宫使用的宫城，其上述特点多为后代皇宫所沿袭。未央宫还继承了汉代以前的皇宫或王宫中设置手工作坊传统，未央宫内有为皇室服务、并为皇室直按控制的规模可观的手工作坊。汉代以后，为皇室直接服务的手工作坊已很少置于皇宫之中，这大概也就是为什么汉代以后的皇宫规模一般较小的原因了[62]。

汉长安城中的皇室建筑以未央宫为皇宫，长乐宫为太后之宫[63]，二宫并立，时称西宫和东宫[64]。北宫、桂宫和明光宫作为后妃之宫，从属于未央宫。这种布局反映了西汉王朝统治集团作为中国封建社会初期阶段的政治历史特点：中央集权的封建统治者，在他们刚刚踏上封建社会历史舞台时，“外戚”成了它们维持政权统治的重要支柱。汉长安城中未央宫和长乐宫两宫并立，后妃之宫北宫、桂宫、明光宫与未央宫并存，这些正是西汉一代皇室与“外戚”的多元联合、相互制约的政治统治在都城之内皇宫和宫城群布局形制上的反映。

随着封建社会历史的发展，皇权加强，反映在都城之中的宫城布局也发生了相应的变化，汉长安城的皇室建筑以皇宫为主，包括若干宫城的布局，到了北魏洛阳城变为了单一的宫城。

二、市场的分布、性质与形制

汉长安城是当时全国政治、经济、文化中心。作为全国的经济中心，它的工商业十分发达，其活动中心主要在长安城中的东市和西市。

关于东市和西市位置，已经考古勘探究明。

东市位于今袁家堡以东、曹家堡村西的南北向水渠以西，周堡村北、相家巷村东的东西公路以南。东市周围筑墙，墙宽5～6米。东墙在厨城门大街以西120米，西墙在横门大街以东90米，南墙在雍门大街以北40米，北墙在北城墙以南170～210米。其范围东西780、南北650～700米。

西市位于今六村堡以东、袁家堡以西，相家巷以南、黄庄和铁锁村以北。西市周围亦筑墙，墙宽与东市相近。西墙在西城墙以东400米，东墙在横门大街以西120米，南墙在雍门大街以北80米，北墙在北城墙以南20～310米。西市范围东西550、南北420～480米。

在东市和西市之间的横门大街上，横门以南160米有一汉代建筑遗址群，其范围长、宽各约300米。主体建筑在此建筑群的中央，东西147、南北56米，横门大街正对其中央（东西居中），横门大街被其南北分开。《太平御览》卷一九一引《宫阙记》云：“夹横桥大道南有当市观。”横桥大道南起横门，北至横桥。“横桥大道南”应指该“大道”南端的横门以南[65]。那样的话，“当市观”即在横门之内的长安城中了。既然《宫阙记》作者以“横桥大道南”为相对方位叙述“当市观”位置，那么此建筑不会距离横桥大道南端的横门太远。据上所述，疑横门大街上的那处遗址即属“横桥大道”以南的长安市“当市观”，或称“当市楼”“市楼”。《三辅黄图》载：“当市楼有令署，以察商贾货财买卖贸易之事，三辅都尉掌之。”上述长安市“市楼”遗址东西分别为东市和西市，这又佐证了长安市领东市和西市之说[66]。

关于东市和西市规模，有的学者根据文献记载长安有“九市”，其中西市有六市、东市有三市的说法，认为西市比东市规模大[67]。我们以为实际情况恰好与此相反。

关于“长安九市”的文献记载甚多[68]，我们认为“九市”似为约数。汪中《述学·释三九》载："凡一二之所不能尽者，则约之以三，以见其多；三之所不能尽者，则约之以九，以见其多。"古人以"九"言市之多者不限于"长安九市"[69]。至于以"九"言其多者更是不乏其例了。如《周礼》卷二十载："匠人营国方九里"，"国中九经九纬，经涂九轨"，"周人明堂，度九尺之筵"，"内有九室，九嫔居之；外有九室，九卿朝焉。九分其国，以为九分，九卿治之"，等等。如上所述，若"长安九市"确为约数，那么以所谓"道东三市""道西六市"来判断东、西市规模也就不妥了。

至于有的学者提出"长安九市"是由柳市、东市、西市、直市、交门市、孝里市、交道亭市、高市等组成[70]，亦不足为据，因为其中所列的大多数"市"不在长安城中，有的甚至远在渭北的咸阳（即汉渭城）。

过去依据文献得出的传统看法：西市有六市、东市有三市，西市较东市面积大一倍，这已被近年的考古勘探资料所否定[71]。实际上西市面积 0.2475 平方千米，东市面积 0.4875 平方千米，恰恰是东市较西市面积几乎大了一倍。

东市与西市的位置与规模，受到了二者市场性质的制约。在探讨二市性质之前，我们有必要探讨一下二市的营建过程。

《汉书·惠帝纪》载：惠帝六年"起长安西市"。这就是说，在此之前，西市之东已有了市场，不过因当时还未建西市，故此市也不会称东市。疑此市应为汉高帝六年所建的"大市"[72]。我们认为尽管刘邦设立"大市"之举是对全国而言，但京师长安绝不会例外。高帝在长安设立的"大市"应即后来的长安"东市"。"东市"和"西市"是以其相对方位而命名的。高帝时，长安因无"西市"，故不言"东市"，只称"大市"。惠帝六年建立长安西市时，"西市"之名就因其东已有高祖所立"大市"，否则"西"无从谈起。大概自"大市"之西"起长安西市"之时，"大市"亦改称"东市"。

《周礼·司市》载："大市日昃百市，百族为主。"因此长安的"大市"，即后来更名的"东市"属于以"百族为主"的市场，商业发达，这也使东市造就出不少京师有名的大商人，如"东市贾万"，"上干王法，下乱吏治，并兼役使"，号称"长安宿豪大猾"[73]。东市王好卿卖豉为业，"以财养士，与雄桀交"，积聚资巨万，成为天下有名的富商，被政府任命为"东市令"，王莽时又为长安的"司市师"[74]。

东市商业活动发达，商品种类五花八门，甚至像王莽那样的大贵族都能"物物印于市"[75]。政府为了便于对东市的商业活动进行控制和管理，将其不同门类的商业，分成不同的"肆"，东市之中甚至有专门为卜卦行业设置的"卜肆"[76]。

因为东市以商业活动为主，所以那里成了西汉时代京师的重要斩首示众之地。《礼记·王制》记载："刑人于市，与众弃之。"西汉时代继承了先秦时代"凡杀人者踣诸市"的做法，谓之"磔尸"或"弃市"[77]。汉长安城中，"磔尸""弃市"多在"长安都市四通之衢"[78]。西汉一代"磔尸""弃市"者未见文献记载有在西市进行的，而在东市行刑者大有人在，如晁错、吴章、刘屈氂和成方遂等均被斩杀于东市[79]。

东市东靠宣平门内长安城中主要居民区，南近达官显贵们的"北阙甲第"和藁街（应即横门大街）两旁的蛮夷邸，西邻西市的手工业生产区。这些方便了东市的商业活动。

在文献记载中，西汉时代驰名京师的大商人未见出于西市的，这可能与西市之内商业活动不甚发达有关。虽然西市不如东方商业发达，但其手工业则相当重要，这是东市所不及的。我们在考古勘探中发现，西市范围内有大面积的手工业作坊遗址。其中相家巷村东和东北部以铸币作坊遗址为主；相家巷村南和六村堡一带则有众多以生产陶俑为主、兼制其他陶制品的作坊遗址。

正因为西市以手工业生产为主，所以当时“弃市”活动不在那里进行。由于西市中的一些手工业生产，如铸币业，这是属于国家严密管理的生产活动，因而它偏居于长安城西北隅，环境封闭，便于控制。西市与东市一街之隔，这样又可使西市不少产品就近运往东市出售。

据上所述可以看出，东市为商业中心；西市为手工业中心，其中有相当数量的官营手工业。以东市和西市组成的“长安市”为代表的汉长安城的商业与手工业结合的市场，正是我国封建社会初期城市市场的特点。

汉代长安除了城中的东市和西市之外，城郊附近还有不少市，如便桥旁的交道亭市、渭城的孝里市、昆明池南的柳市、长安太学附近的会市等[80]。此外，长安附近驻军很多，军营附近还有军市[81]；长安还有商品专业性很强的市，如“酒市”[82]。因为酒的销量大、利润高，所以专门辟市经营，便于管理。少数贵族、豪富也有私自立“市”的，甚至不只立一市，如王根则“立两市”[83]。尽管长安附近有各种各样的市，但只有长安城中的东市和西市是长安的主要市场。

汉代长安的市场，由于其规模和性质不同，市的形制也不一样。

长安城的东市和西市形制规整。市的四周筑围墙，市墙较直，市的平面近似方形，市内各有 2 条东西和南北方向道路，形成“井”字形。市内道路均通至市外，道路与市墙相交处辟有市门，每面市墙各辟 2 门，每市各有 8 座市门。

除东市和西市之外，长安附近的市场均未经过考古勘探，形制不明。从文献记载看，有的市颇像农村“集市”，如长安城南、太学旁边的“会市”，市无围墙，也没有固定的店铺门面，更无“市楼”建筑。市内有数百行槐树，每逢朔、望之日开市，人们在树下交易。也有的市规模较大，如长安南郊杜县的“杜市”，市中心有“市楼”（“旗亭楼”），其市内可能有“十”字形街道[84]。

三、里居的分区与分布

汉代长安，居民主要住在长安城内。居民成分复杂，包括上自达官、下至贫民。由于居民政治、经济地位的不同，所以其住地形成了分区，我们将其分为官邸、甲第和一般闾里。

（一）官邸

官邸既是官府办公处所，又是其居住地。但长安城中的官邸一般为外地（或外国）派驻京师的机构，它们与长安的中央和地方官署有所不同，故暂且放在里居中研究。

汉长安城中的官邸分为“国邸”和“蛮夷邸”。

根据西汉时代的制度，“诸侯各起邸第于京师”[85]，这些“邸第”是诸侯国首脑的“朝宿之舍”[86]。邸第之前一般冠有诸侯国之名，如代邸、鲁邸、齐邸、昌邑邸等[87]。由于这种邸第为诸侯国之邸，所以又称“国邸”[88]。

西汉时代，中央政府为一些邻近地区和国家的首脑，外交人员在长安修筑邸第[89]。由于这些邸第居住者来自的地区或国家均被汉朝统治者视为“蛮夷”之邦，所以其邸第称“蛮夷邸”[90]。

“国邸”原属少府管辖，中属中尉，后属大鸿胪。“蛮夷”亦由大鸿胪所掌管，“蛮夷邸”自然也在大鸿胪管理之列。西汉中期开始，官邸统由大鸿胪所辖[91]。为了便于管理，属于官邸的“国邸”和“蛮夷邸”相距不会太远。考虑到这些官邸主人的政治地位，其邸第当近皇宫。“蛮夷邸”在藁街[92]，藁街在未央宫北，大概即横门大街，故“国邸”亦应在藁街附近的未央宫东北一带。

（二）甲第

汉长安城的官僚贵族住宅一般称“第”，或称“舍”[93]，根据居住者的政治地位不同，“第”又分成“大第”和“小第”。汉高帝十年曾下诏：“为列侯食邑者，皆佩之印，赐大第室。吏二千石，徙之长安，受小第室”[94]。长安城中的“大第”规模可观，有的其制度几与天子的规格相同[95]。这类“大第”一般称“甲第”或“甲舍”，即第一等的“第”“舍”[96]。京师甲第、大第非一般达官显贵所能居住，只有像萧何、霍光、董贤等那样的朝臣才能享此殊荣[97]。

长安城中的“大第”“甲第”大多分布在未央宫附近，西汉皇帝认为这是为了“‘近我’以尊异之”[98]。这种制度对后代影响颇大，唐长安城中，皇城和宫城附近诸坊就多为达官显贵宅第[99]。汉长安城中的“大第”“甲第”主要分布在未央宫北部，未央宫东部数量较少，根据第室相对皇宫——未央宫的方位，前者称“北第”，后者称“东第”[100]。北第在北阙附近，故张衡《西京赋》载：“北阙甲第，当道直启。”北第的分布范围约在桂宫以东、厨城门大街以西（再东或至安门大街），直城门大街以北。“东第”约在未央宫以东，安门大街以西，武库以南。

（三）闾里

汉代长安的居民，一般住在城中。城内有160里，它们“室居栉比、门巷修直”[101]。居民根据各自政治、经济地位不同，住在相应的“里”内。像“戚里”之中的居民，“国戚”甚多[102]。有的“里”内则集居着贫民[103]。另外还有一些特殊的“里”，如“尚冠里”，这是皇帝“朝请之时”，臣僚的下榻之处[104]。有的达官显贵的住宅也在尚冠里中[105]。像上述“戚里”“尚冠里”等一类的闾里，当在皇宫附近。有一些贵族官僚的第、舍的闾里和其他属于一般市民居住的大多数“闾里”均在长安城东北部，东市以东，宣平门大街附近。关于汉长安城中的“一百六十里”的具体分布情况和“闾里”的布局形制，目前还不清楚，这只能期待今后通过考古勘探和发掘去究明。

关于长安城的宫城、市里的研究，我们仅仅是根据近年来的田野考古资料，结合历史文献，进行初步的探索。本文中的不少论点有待今后汉城长安城田野考古工作的开展去验证，补充，文中不妥之处，亦望同仁指正。

注　释

[1][41][52]《汉书·孔光传》:“北宫有紫房复道通未央宫，傅太后果从复道朝夕至帝所。”《文选》卷一班固《西都赋》:“辇路经营，修除飞阁，自未央而连桂宫。北弥明光而亘长乐。凌隥道而超西墉，掍建章而连外属。”《文选》卷二张平子《西京赋》:“于是钩陈之外，阁道穹隆。属长乐与明光，径北通乎桂宫。”

[2][6]《汉书·高帝纪(下)》:高帝七年“二月，至长安。萧何治未央宫，立东阙、北阙、前殿、武库、太仓”。《史记·高祖本纪》卷八载:高帝八年“萧何治未央宫”。本文从《汉书》说。

[3]《汉书·高帝纪(下)》:萧何治未央宫，“上见其壮丽，甚怒，谓何曰:‘天下匈匈，劳苦数岁，成败未可知，是何治宫室过度也!’何曰:‘天下方未定，故可以就宫室。且夫天子以四海为家，非令壮丽亡以重威，且亡令后世有以加也。’上说”。这段话反映出萧何是把未央宫当成皇宫修筑的思想。

[4] 中国社会科学院考古研究所汉城工作队:《汉长安城未央宫第五号建筑遗址发掘简报》，待刊。

[5]《汉书·五行志(中之上)》:“谷永对曰:‘章城门通路寝之路……’”

[7]《汉书·叔孙通传》:“惠帝为东朝长乐宫，及间往，数跸烦民，作复道，方筑武库南。”

[8]《汉书·武五子传》:刘贺“至未央宫东阙，遂曰:昌邑帐在是阙外驰道北”。

[9]《汉书·五行志(上)》:“文帝七年六月癸酉，未央宫东阙罘思灾。刘向以为东阙所以朝诸侯之门也，罘思在其外，诸侯之象也。”

[10]《汉书·高帝纪(下)》师古注:“未央殿虽南向，而上书奏事谒见之徒皆诣北阙，公车司马亦在北焉，是则以北阙为正门，而又有东门、东阙。至于西南两面，无门阙矣。盖萧何初立未央宫，以厌胜之术，理宜然乎?”此注之中，颜师古谓“以北阙为正门”之说不确;未央宫西南两面有门无阙，“无门阙”之说亦不确。

[11]《汉书·高后纪》师古注:“非正门而在两旁，若人之臂掖也。”

[12]《汉书·外戚传(下)》:“客复持诏予武曰:‘今夜漏上五刻，持儿与舜，会东交掖门。’”《后汉书·董卓列传》:“帝疾新愈，大会未央殿……伪著卫士于北掖门内以待卓。”

[13]《汉书·王莽传(中)》:“公卿入宫，吏有常数，太傅平宴从吏过例，掖门仆射苛问不逊。”

[14]《太平御览》卷一七五引山谦之《丹阳记》曰:“太极殿，周制，路寝也，秦、汉曰前殿。”

[15]《史记·秦始皇本纪》:始皇三十五年“乃营作朝宫渭南上林苑中，先作前殿阿房”。《太平御览》卷一七五引《三辅宫殿名》曰:“长乐宫前殿、宣德殿、通光殿、高明殿。”《汉书·郊祀志下》:建章“前殿度高未央”。又载:“于是甘泉更置前殿，始广诸宫室。”

[16]《太平御览》卷一七三《居处部》“宫”条;《汉书》又曰:“樗里子卒，葬于渭南章台之东。曰:后百岁是当有天子宫夹我墓。樗里疾室在于昭王庙西，渭南阴乡樗里，故俗谓之樗里子。至汉兴，长乐宫在其东，未央宫在其西，武库正直其墓。”又见王充《论衡·实知篇》。《汉书·张敞传》:“然敞无威仪，时罢朝会，过走马章台街，使御吏驱，自以便面拊马。”孟康注:章台街“在长安中”。张敞下朝出未央宫“走马章台街”，章台应在未央宫附近，其街因章台而得名，章台亦应在章台街之旁，疑未央前殿即章台故址。

[17] 资料存中国社会科学院考古研究所汉长安城工作队。

[18][48][99] 刘庆柱:《长安春秋》，人民出版社，1988年。

[19]《汉代未央宫前殿遗址初步探明》，《中国历史学年鉴(1981)》，人民出版社，1981年。

[20]《文选》卷一班固《西都赋》:“后宫则有掖庭、椒房。”

[21] 中国社会科学院考古研究所汉城工作队:《汉长安城未央宫第二号遗址发掘简报》，《考古》1992年第8期。

[22]《长安志》卷三“未央宫”条引《庙记》。

[23]《长安志》卷三“未央宫”条引《三辅故事》曰:“天禄阁、石渠阁并在未央宫大殿北，以藏秘书”。

[24]《汉书·严助传》卷六四，张晏注:“承明庐在石渠阁外。”

[25] 刘庆柱:《汉长安城未央宫第四号建筑遗址》，《中国考古学年鉴(1988)》，文物出版社，1989年，第238、239页。

[26]《雍录》卷九“龙楼驰道”条:“作室者，未央宫西北织室、暴室之类，《黄图》谓为尚方工作之所者也。”

［27］中国社会科学院考古研究所汉长安城工作队：《汉长安城未央宫第三号建筑遗址发掘简报》，《考古》1989年第1期。

［28］《文选》卷一司马相如《长门赋》李善注引《三辅黄图》曰："未央宫东有曲台殿"。《文选》卷二十二徐敬业《古意酬到长史溉登琅邪城》李善注引潘岳《关中记》曰："未央宫东有鸳鸾殿"。《玉海》卷一五九引《关中记》："未央殿东有凤凰殿"。

［29］《文选》卷二张平子《西京赋》载："西有玉台，联以昆德。"

［30］《汉书·郊祀志（上）》："赵人新垣平以望气见上，言：'长安东北有神气，成五采，若人冠冕焉。或曰东北神明之舍，西方神明之墓也……'"师古注："神明以东北为居，西方为冢墓之所。"

［31］《汉书·郊祀志（下）》："宣帝时，南郡获白虎，献其皮牙爪，上为立祠。又以方士言，为随侯、剑宝、玉室璧、周康宝鼎立四祠于未央宫中。"

［32］《长安志》卷三"长乐宫"条引《关中记》曰："长乐宫本秦之兴乐宫也。"又引《长安记》曰："兴乐官秦始皇造，汉修饰之。"

［33］《三辅黄图》："汉未央、长乐、甘泉宫，四面皆有公车。"

［34］《汉书·宣帝纪》：五凤三年"三月辛丑，鸾凤以又集长乐宫东阙中树上"。《汉书·刘屈氂传》："太子引兵去，敺四市人凡数万众，至长乐西阙下，逢丞相军、合战五日，死者数万人，血流入沟中。"

［35］《水经注·渭水》："殿西有长信、长秋、永寿、永昌诸殿。"刘庆柱、李毓芳：《关中记辑注》，待刊。

［36］《水经注·渭水》卷八："殿之东北有池，北有层台。"

［37］《三辅黄图》："长信宫，汉太后常居之。按《通灵记》：'太后。成帝母也。后宫在西，秋之象也。秋主信，故殿皆以长信、长秋为名。'"

［38］《三辅黄图》。

［39］《汉书·外戚传》："独置孝惠皇后，废处北宫。"师古注："北宫在未央宫北。"

［40］《汉书·霍光传》师古注："北宫、桂官并在未央宫北。"桂宫在未央宫北，根据考古勘探资料，桂宫西邻长安城西城墙，北邻西市，西市再北为长安城北城墙，故北宫只能位于桂宫以东。

［42］《汉书·霍光传》："时成帝母太皇太后自居长乐宫，而帝祖母定陶傅太后在国邸，有诏问丞相、大司空：'定陶共王后太后宜当何居？'……大司空何武曰："可居北宫。'"《汉书·平帝纪》："贬皇太后赵氏为孝成皇后，退居北宫。"同［39］。

［43］王先谦《汉书补注》："周寿昌曰：北宫废后所居。"

［44］《初学记》第二注引《关中记》。同［18］。

［45］［47］《汉书·成帝纪》：成帝为太子时，"初居桂宫，上尝急召，太子出龙楼门，不敢绝驰道，西至直城门，得绝乃度，还入作室门。上迟之，问其故，以状对。上大说，乃著令，令太子得绝驰道云"。

［46］《太平御览》引《三辅故事》载："桂宫周匝十里，内有光明殿、走狗台、土山，复道横北庭从宫中西上城至神明台。"

［49］《汉书·哀帝纪》载：建平三年正月"癸卯，帝太太后所居桂宫正殿火"。《汉书·五行志（上）》载："哀帝建平三年正月癸卯，桂宫鸿宁殿灾，帝祖母傅太后之所居也。"由此可见，鸿宁殿亦即正殿。

［50］《汉书·外戚传》卷九十七："今令孝哀皇后退就桂宫。"同［49］。

［51］《汉书·元后传》师古注："《黄图》云：明光宫在城内，近桂宫也。"

［53］《太平御览》卷一七三引《汉武故事》曰："上起明光宫、发燕赵美女二千人充之，取年十五已上、二十已下，满四十者出嫁，掖庭令惣其籍，时有死出者，随补之。"

［54］《汉书·元后传》："初，成都侯商尝病，欲避暑，从上借明光宫。"

［55］《汉书·郊祀志（下）》："于是作建章宫，度为千门万户。前殿度高未央。"《长安志》卷三"建章宫"条引《关中记》载："建章宫周回二十余里……其制度事兼未央。"

［56］《汉书·郊祀志》：建章宫"其东则凤阙，高二十余丈"。

［57］《三辅黄图》引《三辅旧事》云：建章宫"又于宫门北起圆阙，高二十五丈，上有铜凤凰"。《三辅黄图》又引《庙记》云："建章宫北门高二十五丈，建章北阙门也。又有凤凰阙。"

[58]《汉书·武帝纪》：太始四年夏五月，“还幸建章宫，大置酒，赦天下”“征和元年春正月，还行幸建章宫”。《汉书·刘屈氂传》卷六十六：征和二年秋，“上于是从甘泉来，幸城西建章宫”。
[59]《汉书·武五子传·戾太子传》。
[60]《汉书·昭帝纪》：元凤二年夏四月，“上自建章宫徙未央宫，大置酒”。
[61]《汉书·郊祀志（下）》：甘露元年“建章、未央、长乐宫钟虡铜人皆生毛，长一寸所，时以为美祥”。
[62] 东汉洛阳城中的皇帝南宫东西1000、南北1300米，面积1.3平方千米，仅及未央宫面积的26%；其北宫虽略大，亦远不及未央宫的规模。北魏洛阳城中的宫城，南北1400、东西660米，面积2.12平方千米，仅及未央宫面积的44%。唐长安城的宫城东西2820、南北1492米，面积4.2平方千米，相当于未央宫面积的86%，至于大明宫的面积也都小于未央宫。
[63]《史记·叔孙通列传》《集解》引《关中记》载：“长乐宫，本秦之兴乐宫也，汉太后常居之。”
[64]《汉书·楚元王传》：“依东宫之尊，假甥舅之亲，以为威重。”师古注：“东宫太后所居也。”王先谦《汉书补注》：“胡注，汉制，太后率居长乐宫，在未央宫东，故曰东宫。”
[65] 刘庆柱：《汉长安城布局结构辨析——与杨宽生生商榷》，《考古》1987年第10期。
[66] 俞伟超、李家浩：《马王堆一号汉墓出土漆器制地诸问题——从成都市府作坊到蜀郡工官作坊的历史变化》，《考古》1975年第6期。
[67][71] 杨宽：《西汉长安布局结构的探讨》，《文博》1984年第1期。
[68]《文选》卷一班固《西都赋》；《文选》卷二张平子《西京赋》；《三辅黄图》引《庙记》；《文选》卷一李善注引《汉宫阙疏》等。
[69]《汉书·东方朔传》：“殷作九市之宫。”应劭注：“纣于宫中设九市。”《初学记》卷二十四引《太公六韬》：“武王伐殷，得二大夫，问曰，殷国将亡，亦有妖乎？曰：殷君喜修宫室，大者宫室九市。”《北堂书钞》卷二十：“宫内有九市。”
[70] 陈直《三辅黄图校证》作者按：“汉城九市，今可考者，有柳市、东市、西市、直市、交门市、孝里市、交道亭市七市之名，此外尚有高市，上述诸市，除东市和西市在汉长安城中之外，有的或在城郊，或在长安之外。”
[72]《史记·汉兴以来将相名臣年表》：汉高祖“六年立大市”。
[73]《汉书·王尊传》。
[74]《汉书·货殖传》。
[75]《汉书·王莽传（上）》。
[76]《史记·日者列传》载：“司马季主者，楚人也，卜于长安东市。”又云：宋忠、贾谊“二人即同舆而之市，游于卜肆中”。
[77]《汉书·刑法志》。
[78]《汉书·翟方进传》：“已捕斩断信二子穀乡侯章、德广侯鲔、义母练、兄宣、亲属二十四人，皆磔暴于长安都市四通之街，当其斩时，观者重叠，天气和清，可谓当矣……至固始界中，捕得义，尸陈都市。”
[79]《汉书·晁错传》：“乃使中尉召错，绐载行市。错衣朝衣折东市。”《汉书·云敞传》：吴章“坐要折，磔尸东市门”。《汉书·刘屈氂传》：“有诏载屈氂厨车以徇，要斩东市。”《汉书·隽不疑传》：成方遂“坐诬国不道，要斩东市”。
[80]《长安志》卷五：“交道亭市在便桥东。”《文选》卷十潘岳《西征赋》李善注引《三秦记》曰：“毕陌西北有孝里，毕陌西有白起墓。”孝里在渭北咸阳杜邮故地，孝里市似在孝里附近。《汉书·游侠传·万章传》师古注：“《汉宫阙疏》云：细柳仓有柳市。”《太平御览》卷五三四引《黄图》载：太学附近的常满仓之北为“会市”。
[81]《汉书·冯唐传》《汉书·丙吉传》。
[82]《汉书·游侠传·万章传》：“河平中，王尊为京兆尹，捕击豪侠，杀章及箭张回、酒市赵君都、贾子光，皆长安名豪，报仇怨养刺客者也。”服虔注：“酒市中人也。”
[83]《汉书·元后传》：王根“行贪邪，藏累巨万，纵横姿意，大治第宅。第中起土山，立两市”。

［84］《太平御览》卷五三四引《黄图》；陈尊祥《杜虎符真伪考辨》，《文博》1985年第6期；《三辅黄图》引《庙记》。

［85］《史记·吕太后本纪》《正义》。

［86］《汉书·文帝纪》师古注：诸侯“朝宿之舍在京师者，率名邸”。

［87］《汉书·文帝纪》：“奉天子法驾迎代邸。”《汉书·儒林传·申公传》：“是时上方好文辞，见申公对，默然。然已招致，即以为太中大夫，舍鲁邸。”《史记·吕太后本纪》卷九：“吕后喜，许之。乃置酒齐邸，乐饮，罢，归齐王。”《汉书·霍光传》：刘贺“起就乘舆副车。大将军光送至昌邑邸”。

［88］《汉书·孔光传》：“时成帝母太皇太后自居长乐宫，而帝祖母定陶傅太后在国邸。”

［89］《汉书·匈奴传（上）》：“王乌归报汉，汉为单于筑邸于长安。”

［90］《汉书·陈汤传》：“宜县头藁街蛮夷邸间，以示万里，明犯疆汉者，虽远必诛。”

［91］《汉书·百官公卿表（上）》。

［92］《汉书·陈汤传》师古注：“藁街，街名，蛮夷邸在此街也。”

［93］《汉书·胡建传》：“盖主怒，使人上书告建侵辱长公主，射甲舍门。”师古注：“甲舍即甲第，公主之宅。”

［94］《汉书·高帝纪（下）》。

［95］《汉书·佞幸传·董贤传》：哀帝“诏将作大匠为贤起大第北阙下，重殿洞门，木土之功穷极技巧，柱槛衣以绨锦”。师古注：重殿洞门“皆僭天子制度者也”。

［96］《文选》卷二张平子《西京赋》注：“甲，言第一也。”

［97］《汉书·王莽传（上）》：“以故萧相国甲第为安汉公第。”《汉书·霍光传》：宣布赏赐霍光“甲第一区”。同［95］。

［98］《汉书·夏侯婴传》卷四十一。

［100］《汉书·夏侯婴传》：“惠帝及高后德婴之脱孝惠、鲁元于下邑间也，乃赐婴北第第一。”师古注：“北第者，近北阙之第，婴最第一也。”《汉书·司马相如传（下）》：“故有剖符之封，析圭而爵，位为通侯，居列东第。”师古注：“东第，甲宅也。居帝城之东，故曰东第也。”

［101］《三辅旧事》。

［102］《汉书·石奋传》：“高祖召其姊为美人，以奋为中涓，受书谒。徙其家长安中戚里，以姊为美人故也。”师古注：“于上有姻戚者，则皆居之。故名其里为戚里。”

［103］《汉书·平帝纪》：“起五里于长安城中，宅二百区，以居贫民。”

［104］《汉书·宣帝纪》：“时会朝请，舍长安尚冠里，身足下有毛，卧居数有光耀。”文颖注：“以属弟尚亲，故岁时随宗室朝会也。”师古注：“舍，止也。尚冠者，长安中里名。帝会朝请之时，即于此里中止息。”

［105］《汉书·霍光传》：霍云“尚冠里宅中门亦坏”。

（原刊于《考古学研究：纪念陕西省考古研究所成立三十周年》，三秦出版社，1993年）

汉长安城的布局与结构

李毓芳

汉长安城是西汉王朝的首都，是西汉一代全国的政治、经济、文化中心。自张骞通西域后，又成为著名的国际城市，与西方的历史名城罗马并称为当时世界上东、西方两个大都会。

汉长安城遗址位于西安市北郊。西汉初年，刘邦定都长安，首先以秦王朝的离宫——兴乐宫为基础，修建了长乐宫作为临时皇宫。与此同时，刘邦又让丞相萧何负责修建未央宫。当时未央宫的主要工程是营建大朝正殿——前殿和东阙、北阙。未央宫是作为正式皇宫建造的，自公元前 198 年，终西汉一代它一直作为首都长安的皇宫。未央宫在我国古代宫城史上占有重要的位置，其对后代宫城建制的影响是深远的。

萧何还在长乐宫与未央宫之间修筑了武库，在长安东南修建了中央粮库——太仓。

汉长安城城墙的修筑晚于未央宫。汉惠帝刘盈即位后，开始修筑长安城城墙，至公元前

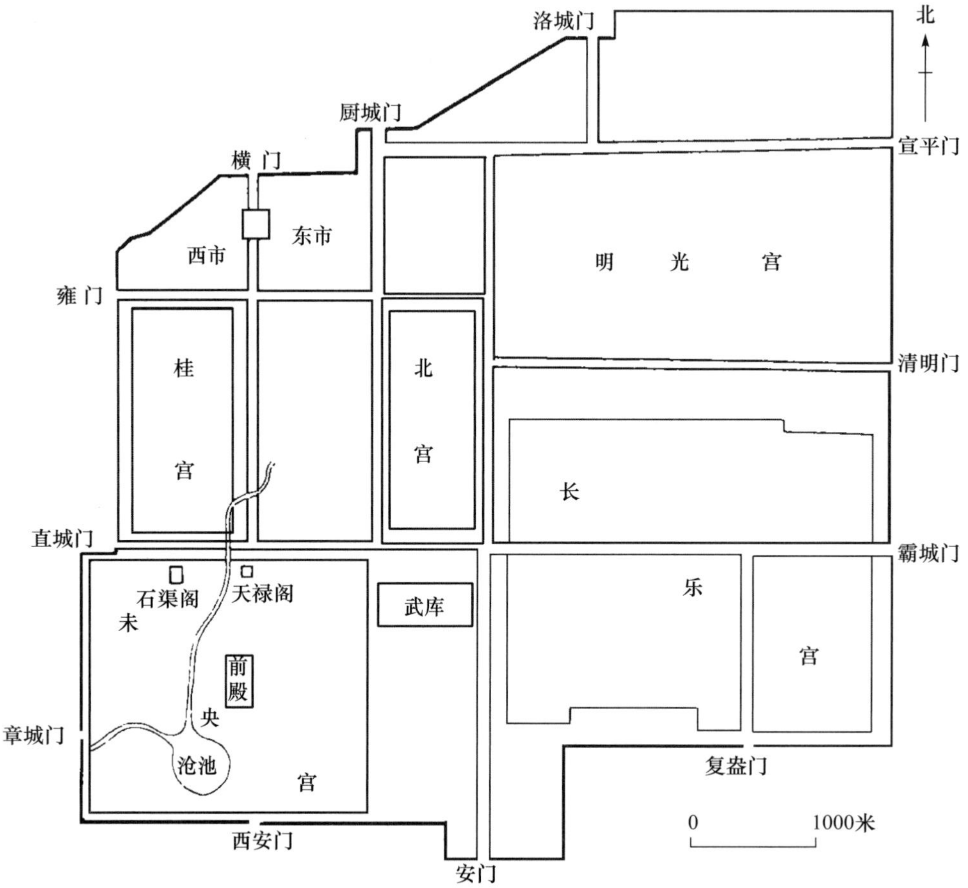

汉长安城平面图

190年，长安城修筑才告竣工。高祖和惠帝执政时期还修筑了东市、西市和北宫、社稷、高庙等重要建筑。这时的长安城已粗具规模。西汉中期，汉武帝在长安城内修筑了桂宫和明光宫，在长安城西侧上林苑内营筑了建章宫。在都城西南郊开凿了昆明池，充实了上林苑中的各种宫观建筑，大规模扩建了皇室避暑胜地——甘泉宫。汉长安城的建设，这时达到了顶峰。

西汉末年，王莽在都城南郊大规模修筑了礼制建筑群，他拆毁建章宫和上林苑中的大批宫观建筑，在城南大建明堂、辟雍和宗庙，扩建太学。

从1956年开始至今，中国社会科学院考古研究所对汉长安城遗址进行了大规模勘察和发掘，初步揭示了汉长安城的布局结构，一些重要的古代遗址重见天日，许多历史文物再现于世人面前。

汉长安城平面近似方形，经纬相等，方向基本作正南北向。长安城周长25700米，城内总面积36平方千米。周筑城墙，墙基宽16米，城墙原来高度在10米以上。城墙为版筑夯土墙。墙体坚硬如石。在汉长安城的不少地方，西汉时代的高大城墙仍然屹立于地面之上。城墙四角营筑有角楼。城墙外侧有宽40～45米、深3米的濠沟，一为增强城市的防御功能，二为便于城内排水。长安城每面各开3座城门，全城共12座城门。从已发掘的宣平门、霸城门、西安门和直城门来看，每座城门都有3个门道，城门进深16米。每个门道宽约8米，可通行4辆车。3个门道可容12辆车通行，这就是班固《西都赋》中描述的“披三条之广路，立十二之通门”。都城的12座城门大小并不完全一样，与长乐宫、未央宫相对的4座城门建筑宏伟、壮观，宽约52米，其他城门宽约32.4米。汉长安城东面的3座城门门两侧墙各向外折出一部分，似为后代之瓮城雏形。城门内侧还筑有房屋，可能属于守卫人员用房。

汉长安城内的道路规整，有8座城门各有一条大街通入城内。8条大街街道笔直，或南北向，或东西向。它们在城内交叉、汇合，形成了8个“丁”字形路口和两个“十”字形路口。8条大街长度不等，最长者达5500米，最短者也有800米。这些大街一般宽约45米（安门大街宽约55米），其间有两条排水沟将大街分为平行的3股道。中股道宽约20米，两侧的两股道各宽约12米。中股道即“驰道”，是专供皇帝行走的，其他官吏和平民只能走两边的道路。

在长安城内侧，沿城垣有一周环城道路，宽约35米，这是守城卫兵专用道路。

长安作为一个大都会，给排水工程十分重要。给水方面一是利用发源于秦岭的渭河水系的支流，另一方面又在都城开凿水库——昆明池，保证首都用水。从考古发掘材料来看，长安城的排水系统已相当完备，城内的大街两旁有明沟，这是城内的排水干道。它们与城墙或城门底部的涵道、水道相连接，将污水排入城濠中去。城门之下有用砖或石构筑的排水涵道，宽约1.2～1.6、高1.4米左右。可以想见，当年这些涵道的排水量是相当大的。在城内各种建筑群中的排水设施多为五角形或圆形陶质水管道修筑。

汉长安城布局充分体现了《周礼·考工记》关于古代都城建制的特点。汉长安城的皇宫是未央宫，位于城的南部，此外在东、北、东北还分别有后妃居住的长乐宫、桂宫、北宫和明光宫。未央宫以北，长安城北部是首都的主要市场——东市和西市。宗庙与社稷分别位于未央宫东南和西南。上述布局，反映了都城的“前朝后市”“左祖右社”特点。都城百姓的里居位于汉长安城东北部，贵族的宅第则大多在皇宫附近。长安城之西和西南部是著名的建章宫与上林苑。长安城北郊是皇室避暑离宫——甘泉宫。

古代统治者把陵墓的营筑和都城建设视为一个整体。西汉帝陵除文帝霸陵和宣帝杜陵坐落于长安城东南郊之外，其他 9 座帝陵均分布在与长安城相对的渭河北岸咸阳原上。班固《西都赋》中："南望霸杜，北眺王陵"，描述出环拱都城长安诸陵邑的情况。汉长安城附近的诸陵邑，实际成为首都的"卫星城"群。

长安城及其离宫、苑囿和帝陵构成了都城建设的统一整体，其布局对以后我国历代封建王朝的都城建设有着深远影响。

20 世纪 80 年代以来，中国社会科学院考古研究所对未央宫进行了全面勘探，基本究明了其布局形制。未央宫位于汉长安城西南部，宫城平面近方形，周筑宫墙，宽约 8 米，边长 2150～2250 米，周长 8800 米。宫城四面各辟一座宫门，此外还有 14 座"掖门"。东宫门、北宫门之外筑有高大阙楼。未央宫内有贯通宫城的南北路一条，东西路两条。前者基本位于宫城东西居中位置，此路连接南、北二宫门。后者分别位于宫城中央的大朝正殿——前殿南北，二路平行。前殿位于龙首山丘之上，至今殿基仍高于附近地面 3～15 米。殿基南北 400、东西 200 米。殿基之上自南向北排列着 3 座大型宫殿建筑基址。未央宫前殿遗址，是目前我国历史上保存最完整、规模最大、最有代表性、时代较早的高台宫殿建筑遗址群。

20 世纪 80 年代初期发掘的椒房殿遗址，是西汉一代皇宫的宫殿建筑群，它由正殿、配殿和便房等组成。宫殿规模宏大，建筑考究。

前殿西北的少府（或其所辖官署）建筑遗址，是目前已发掘的秦汉宫殿建筑中保存最好的一座。该建筑以前、后大殿为中心，左右分布有各种附属建筑物。殿堂南、北均置庭院。尤为引人注意的是，在殿堂和主要附属建筑中，地面均采取铺设地板的做法，这是秦汉建筑遗址中颇为少见的。

未央宫西北部的中央官署建筑遗址，其平面布局规整。这是一座封闭性长方形院落，东西 136、南北 65 米。大院由东、西两院组成。每院各有南北平行的两排大房屋。每座房屋面积为 200 平方米，小者 150 平方米，大者可达 240 平方米。房址之内出土的 5 万多枚刻字骨签，是汉代考古的重大发现。这些骨签之上的文字是各地向中央"供进之器"的档案记录，是研究汉代文字、手工业、官制等方面的珍贵文物资料。

未央宫北部集中分布有中央或皇室的文化性建筑，如石渠阁、天禄阁、麒麟阁、承明殿等。如石渠阁实际是西汉中央政府的图书馆和档案馆，这里还是首都的学术讨论中心。天禄阁在石渠阁东部，这里主要存放国家档案，也藏有许多重要典籍，西汉时代的刘向、杨雄等许多著名学者都在这里工作过。

长乐宫位于长安城东南部，在未央宫之东，汉代又称"东宫"。长乐宫是在秦渭南离宫——兴乐宫基础之上修建起来的，缺乏系统规划，平面不甚规整。宫城周长 10000 米，面积约 6 平方千米。宫城四面各设一座宫门，东、西二宫门是主要通道，门外筑有阙楼，称东阙和西阙。1970 年末发掘的长乐宫第一号建筑遗址，其夯土台基平面为长方形，东西 76.2、南北 29.5 米，台基周施回廊，廊外置卵石散水。根据遗址位置与建筑布局，结合文献记载，推测该建筑遗址很可能为"长信宫"殿址。

桂宫是汉武帝时修筑的后妃之宫，其平面规整，呈长方形，南北 1800、东西 880 米。桂宫的主殿是鸿宁殿，其殿址的夯土台基至今屹立在夹城堡村东。

北宫是汉高祖刘邦始建、汉武帝时增修的。北宫既是供奉、祭祀神君的地方，又是因宫廷斗争失败而被软禁的后妃的居处。关于北宫位置长期以来悬而未决，最近考古勘探有了突破性进展，在未央宫东北、长乐宫西北发现了其遗迹。北宫位于雍门大街南 35 米，直城门大街北 225 米，安门大街西 40 米，厨城门大街东 50 米。宫城南北 1710、东西 620 米，周长 4660 米。宫城四面各辟一座宫门。

明光宫是西汉中期修建的，汉武帝为容纳数以千名的宫女而筑的。

武库是汉初萧何主持建造的皇家兵器库，位于未央宫与长乐宫之间。20 世纪 70 年代中期已经全面考古发掘。这是唯一一座经过考古发掘的我国古代中央级“武库”遗址。

武库建筑平面为长方形，东西 710、南北 322 米，四周修筑了高大围墙，形成一座封闭式的大院落。武库中建筑物包括兵器库和士兵兵营两种。兵器库较兵营的建筑规模大。由于建筑物用途不同，所以形制也不一样。就是同为储藏兵器的库房，由于存放兵器的种类不同，它们的结构也各具特色。如七号建筑是武库中规模最大的一座建筑物，它位于西院南部，东西 23.5、南北 45.7 米。库房内有 3 条南北向隔墙，将其均分为 4 个大房间。每个房间南北对称各开 2 个门道，门旁有门卫用房。该库出土兵器有剑、刀、戟、矛、斧和镞等。又如一号建筑是存放铠甲的库房。

汉长安城的东市和西市是首都的主要市场，它们位于城内西北部。现已勘探清楚，东市和西市的四周筑墙，市内各有两条东西与南北道路贯通全市，4 条道路相交成“井”字形，这与汉代画像石上的“市”的图像相近。东市主要为商业区，西市之中分布有大量官办手工业作坊。

近年来对西市手工业遗址进行了考古发掘。西市东北部发掘的生产陶俑官窑 21 座，出土的陶俑均为“裸体”陶俑。陶窑排列整齐，形制、大小相同。这些陶俑是西汉时代专为皇室生产的随葬品，它们与景帝阳陵、武帝茂陵、昭帝平陵和宣帝杜陵出土的“裸体”俑相同或相近。以制作车马饰件、度量衡件等为主的叠铸范及其烧造窑址的发掘，在汉长安城当属首次。制造五铢钱的钱范在西市附近大量出现，也为我们对汉代铸币工业的研究增加了一批极为宝贵的文物资料。在西市附近的一些汉代陶窑中出土的各类汉代陶俑，加深了我们对当时制陶手工业的了解。

长安城外的与之相关的考古发掘主要是长安城南郊礼制建筑遗址，它们主要包括社稷、宗庙和明堂辟雍。

社稷遗址位于南郊礼制建筑群的最西部，其周筑围墙，社稷基址为一长方形夯土台，它可能始筑于西汉初年。

宗庙建筑遗址群位于社稷遗址以东，由 12 座建筑组成，建筑形式相同。其中 11 座建筑之外周围一方形院子，院墙每边长 1400 米。另一座建筑位于大院南墙外侧正中。每座建筑均由中心建筑、围墙、四门和围墙四隅的曲尺形建筑所组成。中心建筑和围墙平面均为长方形，轮廓如“回”字形。中心建筑边长 55 米（大院南侧的中心建筑边长 100 米）。围墙边长 260～280 米。这组宗庙建筑群可能为“王莽九庙”建筑遗址。

辟雍遗址在汉长安城东南部，它由中心建筑、围墙、四门、围墙四隅的曲尺形建筑和辟雍周围圜水沟组成。中心建筑建造在一个直径 62 米的圆形夯土台上，其平面为“亚”字形台基，中心建筑可能是一座三重屋檐的高大建筑物。外围墙平面是方形，边长 235 米。圜水沟直径 368 米。

西汉中期，汉武帝在长安城以西修筑了“度比未央”“千门万户”规模宏大的建章宫。建章宫周围 20 余里，四面各筑一座中门。东宫门之外建筑有高大阙楼，其上装饰有鎏金凤鸟，号称“双凤阙”，阙楼基址至今屹立于地面之上。建章宫中最为壮观的建筑是神明台，它位于建章宫西北部，其夯土台基现存高 10 米，东西长 52、南北长 50 米。宫城之内开池始于西汉，建章宫内的太液池之名为以后历代宫城、皇城之池所沿用。当时池岸之边还有人工雕刻的石鲸。太液池中建造了高大的渐台，以求神祈仙。

汉长安城的西南部是其禁苑——上林苑，其范围之大可容“千乘万骑”，号称周围 300 里，其中有各种宫观 70 余座，苑囿 36 处。昆明池是上林苑楼观分布最为集中的地方之一。昆明池面积约 10 平方千米。昆明池遗址之旁遗留至今的汉代牛郎、织女石雕像，仍然唤起人们丰富美好的想象。

作为西汉都城长安重要组成部分的甘泉宫，它是皇室避暑胜地，其建筑规模、形制依照皇宫。西汉皇帝，尤其是汉武帝，每年 5 月都要由长安北上到甘泉宫避暑，往往一直要到盛暑过后的 8 月，才回到长安。西汉时代，未央宫、长乐宫、建章宫和甘泉宫被列为首都长安的四大宫殿，由此可见甘泉宫的地位绝非是一般离宫别馆所能相比的。

（原刊于《考古与文物》1997 年第 5 期）

汉长安城考古的回顾与瞻望
——纪念汉长安城考古半世纪

刘庆柱　李毓芳

从1956年10月，中国科学院考古研究所派出考古工作队，进驻陕西省西安市西北郊的汉长安城遗址，开展汉长安城遗址的考古调查、勘探、发掘与研究工作，至今已经走过了半个世纪。半个世纪对于像汉长安城这样有着2200多年悠久历史的文化遗产而言，不过是短暂的历史瞬间。但是，毕竟我们50年来在运用考古学探索汉长安城历史的时空隧道中，越来越接近它了、越来越看清它了、越来越了解它了、越来越尊重它了！

一、汉长安城遗址田野考古工作的回顾

20世纪50年代中叶，正值新中国成立不久，第一个国民经济五年计划刚刚开始，国家百废待兴、百业待举，各地基本建设全面展开。在这样的大好而又严峻的形势之下，如何正确处理、解决国民经济建设与保护文物、发展中国考古学科学事业问题摆在人们面前。时任中国科学院考古研究所领导的郑振铎、梁思永、夏鼐先生，根据当时情况与中国考古学学科特点，先后决定向西安西周都城丰镐遗址、西汉都城长安城遗址、隋唐长安城遗址，洛阳东周王城、汉魏洛阳城和隋唐洛阳城遗址，安阳殷墟遗址等著名的中国古代都城遗址，派出考古工作队，积极配合国家基本建设，开展古代都城遗址考古工作，这开启了新中国文物保护工作暨“大遗址”保护工作的先河，迎来了中国古代都城遗址考古工作的新时代。就是在这样的形势与背景之下，拉开了汉长安城遗址考古工作的序幕。

汉长安城遗址的田野考古工作开展伊始，就有着明确的学术目的与具体的技术路线。当时提出，“对于这样的一个规模巨大的历史名城，考古发掘工作的计划必须是长远的：先要究明城墙和城门，然后再有步骤地发掘政治中心所在的各个宫殿，以及城内的街道、手工业区、商业区、官府、贵族宅邸和一般的居住区，最后还要把工作范围扩大到城外的离宫别馆和宗庙、陵墓，等等”[1]。正是在这一工作方针指导下，1956年10月由王仲殊先生负责并率领汉长安城工作队进驻汉长安城遗址，首先开始了都城遗址的全面勘查，究明了城墙范围。1957年春季和秋季，分别对汉长安城霸城门遗址、西安门遗址、直城门遗址与宣平门遗址进行了考古发掘，了解了汉长安城城门形制与结构[2]。

1956年7月，在汉长安城遗址南部约1千米的西安市西北郊大土门村，为配合当地基本建

设施工，陕西省文物管理委员会对汉代礼制建筑遗址——辟雍建筑遗址进行考古发掘，1957 年 3 月此项考古工作转交中国科学院考古研究所西安研究室继续进行，同年 10 月中旬结束，发掘面积 6678 平方米，这是中国考古学史上发掘的第一座古代辟雍建筑遗址[3]。为了紧急抢救面临基本建设施工破坏的汉长安城南郊礼制建筑遗址群，中国科学院考古研究所领导决定，由黄展岳先生负责此项考古发掘工作。1958 年 10 月～1960 年 12 月，对汉长安城南郊礼制建筑遗址进行了全面考古发掘，这是中国考古学史上发掘的第一座古代宗庙、社稷建筑遗址[4]。继之，1961～1962 年黄展岳先生又率领考古工作队对汉长安城遗址的主要干道的形制及长乐宫、未央宫、桂宫及城西建章宫遗址的范围进行了初步考古勘探[5]。

由于人所共知的原因，从 20 世纪 60 年代中期至 70 年代中期，汉长安城遗址考古工作基本处于停滞状态。1975 年 10 月，李遇春先生主持汉长安城考古工作队工作，同年秋季至 1976 年夏季对武库遗址进行了考古调查与钻探，在此基础之上，自 1975 年秋冬季至 1979 年底，对武库遗址先后进行了 12 次考古发掘，发掘面积达 26600 平方米，这是迄今为止考古发掘的第一座中国古代武库建筑遗址[6]。与此同时，为了配合农田基本建设，1978 年春季发掘了位于汉城乡罗寨村的长乐宫第一号建筑遗址[7]；1980 年对未央宫前殿遗址西南部的 A 区与东北部的 B 区遗址进行了考古发掘；1980 年春季至 1983 年春季，对未央宫第二号建筑遗址（椒房殿遗址）进行了考古调查、钻探和发掘[8]。

根据中国社会科学院考古研究所的决定，1985 年春季刘庆柱开始主持汉长安城工作队的工作。对于汉长安城遗址的考古工作，我们在接到这一重要学术任务之后，进行了反复、认真地思考，提出了当时与中长期的汉长安城遗址田野考古调查、勘探、发掘与研究计划，并力图通过汉长安城遗址的个案考古工作，进而探索古代都城考古学的方法、理论等学术问题。20 多年来，汉长安城工作队按照这一计划开展汉长安城遗址考古发掘与研究工作，在田野考古勘探与发掘、考古资料整理与发掘报告编写、汉长安城遗址的专题与综合研究等方面均取得重要进展和丰硕科研成果。

20 世纪 80 年代中期，在已有的工作基础之上，我们决定把都城的宫城——未央宫遗址考古工作，作为首先启动项目，力争用 5 年左右时间完成对汉长安城未央宫遗址范围、宫城角楼遗址、宫门遗址、宫城路网、大型夯土建筑遗址的分布、前殿基址布局形制等重要遗址、遗迹进行全面考古勘探，对重点皇室宫殿建筑遗址、中央官署建筑遗址等进行全面考古发掘，以期取得较为详尽、科学的考古资料，为其后未央宫遗址的考古发掘报告编写与未央宫遗址的考古学研究奠定科学基础。按照这样的科研工作计划，1985 年，我们用了 10 个月时间，首先对未央宫遗址进行了全面的考古调查、勘探与试掘，进一步究明了未央宫的范围、宫墙、宫城角楼、宫门、宫城内部的主要道路、沧池遗址、明渠故道和大型夯土建筑基址分布，前殿、石渠阁、天禄阁基址的布局形制。在此基础之上，1985～1989 年对未央宫遗址进行了大规模考古发掘，其具体考古发掘项目有：1985 年 12 月～1987 年 5 月对未央宫第三号建筑遗址（中央官署遗址）、1987 年 9 月～1988 年 5 月对未央宫第四号建筑遗址（少府建筑遗址）和 1988 年 10 月～1989 年 4 月对未央宫第五号建筑遗址（西南角楼遗址）的考古发掘，其间还试掘了未央宫宫墙、北宫门、东宫门、作室门遗址等[9]。

在未央宫遗址考古发掘工作的几年间，在不能进行田野考古发掘工作的夏季与冬季，我们又对长乐宫遗址、东市与西市遗址[10]、城内手工业作坊遗址、高庙遗址、横桥遗址、横门遗址、建章宫双凤阙遗址等进行了考古勘探与试掘。

在未央宫遗址阶段性工作告一段落之后，我们开始了都城手工业作坊遗址的考古发掘工作。1990年，在汉长安城西市范围之内，发掘了21座烧造陶俑的官窑[11]；1991年，在汉长安城遗址西北部发掘了民营陶窑群[12]；1992年，在汉长安城西市遗址发掘了铸币遗址与冶铸遗址，清理了大量铸币范、叠铸范等遗物[13]。

就中国古代都城的政治性本质而言，宫城是都城的核心建筑，而汉长安城又属于“多宫城制”的都城，虽然20世纪80年代已经重点进行了都城皇宫——未央宫遗址的较为全面、系统的田野考古工作，但是汉长安城中其他宫城的形制特点还需要究明，从而对“多宫城制”的具体文化内涵才能有比较深入地了解。为此，决定汉长安城遗址考古工作重点，在继未央宫遗址田野考古工作初步告一段落之后，将先后把北宫遗址的勘查，桂宫遗址、长乐宫遗址的进一步考古勘探与发掘，明光宫遗址的考古调查与勘探作为汉长安城工作队的科研工作重点。

根据中国社会科学院考古研究所决定，自1992年李毓芳主持汉长安城工作队工作。1993～1994年，进行了汉长安城北宫遗址的考古调查、勘探和试掘工作。长期以来，人们根据文献记载，认为北宫遗址位于桂宫东部的横门大街东侧，未央宫北宫门外。但是，经过长时间的勘探，这里并未发现宫城城垣遗迹，考虑到汉代文献中的“北阙甲第，当道直启”记载[14]，未央宫北部桂宫与北宫之间是否为“甲第”之所在，而北宫遗址或在其东？于是在未央宫遗址北部，厨城门大街与安门大街东西之间，雍门大街以南，勘探发现了北宫宫城遗址。1995年发掘了北宫南部的烧造砖瓦的官窑遗址群[15]。

1996年开始了桂宫遗址的全面考古勘探、试掘工作，并对桂宫一号建筑遗址进行了试掘，这为其后开始的中日合作开展汉长安城桂宫遗址考古发掘项目积累了资料、奠定了基础。1997年10月14日，经国务院特别许可，国家文物局批准中国社会科学院考古研究所与日本奈良国立文化财研究所合作考古发掘汉长安城桂宫遗址项目，合组中日联合考古队，刘庆柱任中方领队、町田章任日方领队、李毓芳任执行领队，开展为期4年的汉长安城桂宫遗址的考古发掘。1997年秋季～2001年春季，李毓芳先后主持中日联合考古队对汉长安城桂宫第二号建筑遗址A区和B区[16]、第三号建筑遗址[17]、第四号建筑遗址进行了考古发掘[18]。其间于2000年春季，在汉长安城遗址西北部的相家巷发掘了战国时代和秦代遗址，出土了有可靠地层关系、为数众多的秦封泥，为研究战国秦汉时代的长安提供了重要考古资料[19]。

中日合作进行的汉长安城桂宫遗址考古发掘项目结束，汉长安城工作队将长乐宫遗址考古项目列为科研工作重点。2000年，对长乐宫遗址的地下排水设施进行了考古发掘[20]；从2001年春季开始，对长乐宫遗址进行全面、系统考古调查、勘探和发掘，2002年秋季～2003年春季发掘了长乐宫第二号建筑遗址[21]、钻探并试掘了长乐宫第三号建筑遗址。从2003年春季，李毓芳受聘主持中国社会科学院考古研究所与西安市文物保护考古所合作的秦阿房宫遗址与秦汉上林苑遗址考古调查、勘探与发掘工作。汉长安城工作队开始由刘振东主持工作。2003～2005年分别发掘了长乐宫第四、五、六号建筑遗址。与此同时又对汉长安城遗址中的十六国与北朝时期相关都城之宫城遗址进行了考古勘探，这是一项十分重要的学术研究项目[22]。

为了全面了解汉长安城遗址考古学文化内涵，近年又开展了上林苑及其昆明池遗址的大规模考古调查、勘探与试掘[23]，诸如中国社会科学院考古研究所与西安市文物保护考古所联合组队进行的上林苑遗址考古工作，将是一项需要相当长时间去完成的考古工作。

二、汉长安城遗址考古研究工作的回顾

半个世纪以来汉长安城遗址田野考古工作取得了丰硕的学术成果，但是过去由于多方面原因，诸如田野考古人员少，野外工作时间长，致使室内田野考古资料整理工作时间少，专题与综合研究更是受到严重制约，从而使得研究工作相对有些滞后，田野考古资料的简报、报告、专刊等发表得慢一些，相关的研究论文、著作就更少一些。近年来我们注意了存在的上述问题，认识到田野考古工作“丰产”了，整理与研究工作不能滞后，否则将造成“丰产”而不“丰收”，将使十分重要的田野考古资料从“鲜”的放成“蔫”的，由“蔫”的变成“烂”的。就考古学学科特点及学科发展而言，田野考古工作与考古资料整理、发掘报告编写，二者关系是相辅相成的。考古资料的整理与发掘报告的编写是田野考古中，文物保护工作的最为重要的内容。只搞田野考古发掘，不进行或没有进行田野考古资料的整理与考古发掘报告的编写，将造成作为文化遗产的田野考古工作对象的彻底性破坏。我们认为这已不只是科研成果发表的快慢、数量的多少、质量的高低等问题，它们实际上是关系到考古学学科发展的基本学术规范、科学要求与是否做到文化遗产的科学保护。正是在上述思想原则指导下，我们一方面抓紧田野考古工作，另一方面抓紧考古资料整理与考古发掘简报、报告的编写，做到田野考古与考古资料整理、报告编写、专题和综合研究工作相互关照、协调发展、有机结合、全面“丰收”。汉长安城工作队仅最近 15 年，就在《考古》杂志上发表简报 19 篇、《考古学报》发表报告 3 篇，已整理、编写、出版考古专刊 4 部（《汉长安城未央宫——1980～1989 年考古发掘报告》，中国大百科全书出版社，1996 年;《西汉礼制建筑遗址》，文物出版社，2003 年;《汉长安城武库》，文物出版社，2005 年;《汉长安城桂宫遗址》，文物出版社，2006 年），其中《汉长安城未央宫》荣获中国社会科学院优秀科研成果一等奖，《汉长安城未央宫》和《西汉礼制建筑遗址》分别荣获夏鼐考古学研究成果二等奖，《汉长安城桂宫第二号建筑遗址发掘简报》荣获中国社会科学院优秀科研成果三等奖。其间汉长安城工作队成员，撰写发表了多篇关于汉长安城遗址的考古学研究论文，推进了这一学术领域的科学研究。

三、汉长安城遗址考古工作的瞻望

汉长安城遗址是第一批全国重点文物保护单位，是我国现存古代都城遗址中为数不多的、保存最好的古代都城遗址之一。汉代又是中国古代历史上的非常重要时代，它们上承先秦时代，下启魏晋隋唐王朝，这是以汉族为主体的中华民族形成时代，作为这个伟大时代历史缩影的西汉王朝首都——长安城遗址的考古工作，其历史意义、学术重要性是不言而喻的。如上所述，半个世纪来，汉长安城遗址田野考古发掘与研究尽管取得重要进展与丰硕科研成果，但无

庸讳言，相对汉长安城遗址的特殊重要学术地位与中国古代都城考古学和秦汉考古学学科发展要求而言，未来的科研工作还是十分艰巨、任重道远的。我们认为，今后汉长安城遗址的考古工作主要应该始终把汉长安城遗址（包括上林苑遗址）考古学基础工作——田野考古放在科研工作的突出位置；重视汉长安城遗址与中国古代都城遗址的考古学基础研究、专题研究，还要创造条件加强综合研究；搞好汉长安城遗址的文化遗产保护工作。

田野考古是现代考古学的基础，我们还要在今后汉长安城遗址考古工作中，一如既往的重视田野考古工作，要把田野考古工作始终作为汉长安城遗址考古科研工作的中心工作、基础工作。在田野考古工作中要恪尽职守、严格操作程序、遵守学术规范、加强质量观念、提高发掘水平。要做好田野考古工作，田野考古项目的科学设计是至关重要的。而一个可行性、科学性兼备的科研项目技术路线的制订，是与科研工作者对相关课题——汉长安城遗址及中国古代都城遗址考古学学术信息的全面掌握、学术背景的深入理解、相关学科学养的充分积累等密切相关的。关于今后汉长安城遗址田野考古工作，我们认为近期及今后较长一段时间里，主要应该是长乐宫遗址、明光宫遗址、都城市里遗址、城内宗庙遗址、西汉时代以前的长安城及汉隋之间的长安城遗址、汉上林苑遗址等考古调查、勘探与发掘工作。

长乐宫遗址的田野考古工作目前正在进行之中，究明宫城的总体布局是目前急需解决的学术问题。长乐宫是在秦兴乐宫基础之上改建而成的，秦与西汉建筑要区分出来，“秦宫汉葺”建筑也要辨明。长乐宫东西宫门之间的道路，其时代与规模必须究明，这样才可以判断原来是属于长安城还是长乐宫的道路，这些将涉及长乐宫布局形制的变化。秦汉时代之前殿，为大朝正殿，周为路寝，曹魏称太极。前殿遗址的形制及其在长乐宫所处位置，是研究这类重要宫殿建筑必须充分予以重视的。前殿遗址又是宫城的“坐标”，解决了前殿遗址地望对长乐宫遗址布局形制考古学研究至关重要，但是寻找与确认前殿遗址的困难也是异常艰巨的。就目前历史文献资料来看，长乐宫中的古代水渠遗迹、池苑遗址是寻找前殿遗址的重要线索，也是开展此项田野考古工作的切入点。只有通过田野考古工作究明这些遗迹与遗址，古代历史地理文献的使用才能更为科学。在田野考古基础工作还未完成之前，对有些事关学术关键、重大问题的研究结论宜取慎重态度。

汉长安城明光宫遗址，是汉长安城遗址中至今还未究明其地望的最后一座宫城。有的学者认为这个问题可能涉及长乐宫形制问题，也有学者认为明光宫与北宫关系密切，还有学者认为明光宫遗址就在长乐宫遗址北部。当前仅仅依靠历史文献已无法究明这个问题，只有通过田野考古勘探、发掘，利用“排除法”，将有可能一步一步更接近明光宫的历史真实。

汉长安城东市与西市分列横门大街东西两侧，二市仅仅一条道路相隔，这与汉代以后都城市场分布情况完全不同，也与我们所知的秦雍城市场布局有异。由于20世纪80年代中后期只是考古钻探发现了二市及其市楼遗址，更多的文化信息还不清楚。对东市、西市有必要开展进一步的田野考古工作，要有一定规模与数量的考古发掘，这是究明这类遗址内涵所必需的。

古代都城遗址的里居遗址考古，历来是古代都城遗址考古的薄弱方面，汉长安城里居遗址情况也是一样。出现这种情况的原因，一是都城遗址中的重要宫庙建筑基址是古代都城作为国家政治中心的最为集中的物化载体，成为古代都城考古重要内容；二是宫庙建筑遗址一般体量巨大，目标显著，受到自然与人为损坏概率较高，鉴于文物保护以“抢救为主”的原则，它们往往成为都城遗址文物保护中的首选考古发掘对象；三是古代都城遗址中，一般里居遗址保存状况甚差，遗址目标不明显甚至不清楚，其中不少又被现代一般建筑覆盖，这都影响了古代都城遗址中的里居建筑遗址考古工作的开展。考虑到里居建筑遗址对于全面认识都城的重要性与必要性，以及其工作现状的薄弱性，在汉长安城遗址考古中，有必要尽快开展这方面的田野考古工作。关于汉长安城里居遗址的分布，我们认为汉长安城遗址的未央宫遗址与东市遗址南北之间、北宫遗址与桂宫遗址东西之间，这一区域可能是都城之中的贵族居住区，也就是文献记载的“北阙甲第”；未央宫遗址与长乐宫遗址之间，是又一达官显贵的里居建筑群，这里可能就是文献记载的“东第”[24]；至于汉长安城东北部，北周庾信《哀江南赋》所说的“宣平之贵里”[25]，可能是指十六国与北朝时期的这里情况，当时这里成为宫城所在地，因而达官显贵多居其附近，故有“贵里”之称。而西汉时代这里应为汉长安城一般居民区。上述三处里居遗址区需要通过田野考古工作究明其具体情况，对比来看，“北阙甲第”里居区与未央宫遗址东部的“东第”里居区，地貌变化不太大，田野考古工作较为容易进行。“宣平”里居区，目前地下水位较高，地貌变化较大，田野考古工作难度也较为突出。

汉长安城南郊礼制建筑于20世纪50年代后期进行了考古发掘，但是西汉时代都城之中非常重要的“高庙”及汉惠帝“西庙”和“太上皇庙”，分别位于汉长安城中的长乐宫西南部及清明门大街与长乐宫北宫墙之间地带[26]。考虑到南郊礼制建筑绝大多数为西汉末年或王莽时期建筑，寻找西汉时代早期皇帝宗庙，对探讨先秦至汉代宗庙等礼制建筑变化是十分必要的。目前关于“高庙”“西庙”和“太上皇庙”遗址，已有一定线索，通过更为深入、系统、全面的田野考古工作，将使学术界得到更为准确的考古资料，从而对西汉时代宗庙遗址的发展变化更为清晰展现在学人面前。

上林苑是汉长安城的重要组成部分，过去曾经断断续续进行过一些考古工作。但是，由于上林苑分布范围很大，东至蓝田县焦岱镇鼎胡延寿宫遗址，西到周至县终南镇长杨宫遗址；上林苑中有池苑、宫殿、兽圈、官手工业作坊等，内涵异常复杂，要认识其全貌，探讨上林苑与长安城的关系，必须对其开展全面、系统的考古调查、勘探与重点发掘工作。这是需要较长时间的一项重要考古工作。2005年进行的汉昆明池遗址的考古调查、勘探与试掘，是这项大课题中的一部分。目前中国社会科学院考古研究所与西安市文物保护考古所合作进行的阿房宫遗址考古工作，除了阿房宫前殿遗址之外，许多过去认为属于秦阿房宫遗址的建筑遗址，经考古勘探与试掘，大多为战国秦汉时代的都城上林苑遗址，实际上其中不少也是汉长安城上林苑遗址的一部分。

在西汉王朝定都长安之前，据文献记载，此地为秦都咸阳的“渭南”之地，都城咸阳的“南宫”（或称“甘泉宫”）、章台宫、兴乐宫、秦国“先王诸庙”和部分上林苑建筑均在此及附近地区。在汉长安城遗址的考古调查、勘探中，也证实这里有战国时代晚期至秦代的重要建筑遗址[27]。近年来，在汉长安城遗址的西北部曾经多次出土数量很多的与中央政府或王室、皇室有关的秦封泥，它们更进一步说明秦封泥出土地可能与秦王室、皇室建筑有着密切关系。但是，要究明这些关系，还需要进行系统的考古勘探与发掘。

西汉王朝定都长安，东汉迁都洛阳城，汉代以后至隋王朝初年，汉长安城故城仍然作为不同王朝的都城使用。但是其布局形制发生了重大变化。有的学者根据文献记载与相关考古资料推测，汉长安城未央宫或未央宫与长乐宫一直作为西汉王朝以后历代定都长安王朝的宫城[28]。我们曾对汉长安城遗址东北部的“楼阁台遗址”进行过多次考古调查，并确认这应属于汉代以后的大型建筑遗址。在其后的相关研究中提出，根据“楼阁台遗址”形制，应为“殿门”一类建筑，殿堂前面分列东西二阙，它可能影响到后来的北魏洛阳城宫城阊阖门、邺南城正门——朱明门、隋唐洛阳城宫城应天门、隋仁寿宫仁寿殿（1号建筑遗址）和仁寿宫临水台榭（3号建筑遗址）、唐长安城大明宫含元殿等[29]。2003年春季，汉长安城工作队在汉长安城遗址东北部勘探发现的十六国至北朝时期的“小城”或称“宫城”，可能是当时定都长安的前赵、前秦、后秦、西魏、北周和隋王朝的宫城。考古勘探究明宫城遗址东西2180～2202米，南北974～990米。宫城遗址中部有一南北向隔墙，根据方位将宫城分为“西宫”与“东宫”。“西宫”东西1214～1236米，南北972～974米；东宫东西944～988米，南北972～990米。宫城城墙宽8～10米[30]。据文献记载：西宫为皇宫，东宫为太子之宫[31]。我们认为西宫南宫墙中部偏西的今传“楼阁台遗址”，实际上是宫城的“正门”与大朝正殿遗址。所谓宫城“正门”即“端门”[32]（即北周长安城宫城的“应门”[33]，唐洛阳城宫城正门称“应天门”），正门之外分列东西二阙[34]，正门东西两侧各辟一座掖门[35]。已考古勘探发现的楼阁台遗址东侧的南北向道路，南至南宫墙处，当为“东掖门”遗址；向北应通至北宫墙处，可能为文献记载的“平朔门”遗址[36]。“平朔门”遗址与“西掖门”遗址有待进一步勘探、发掘后确认。西宫有大朝正殿，称“太极殿”或称“太极前殿”[37]，正殿东西两侧分列“东堂”与“西堂”[38]。至于当时的“郭城”与“汉长安城故城”的关系还不清楚。汉代以后至隋文帝营建、迁都大兴城，汉长安城故城作为十六国时期的前赵和前秦及后秦、北朝的西魏与北周王朝的都城，当时可能仅限于长安故城的东部，其中北部为“宫城区”（即“小城”），宫城在洛城门大街以东，东至汉长安城故城东城墙；南到汉宣平门大街，北界为汉长安城故城北城墙之外。前述庾信所说“宣平贵里”，说明宫城附近为贵族居住区，这是古代都城布局中的特点。南部（主要是汉长乐宫遗址故地）为“郭区”（或称“外城”“大城”），我们认为其主要范围在安门大街以东，东至汉长安城故城东城墙，北自宣平门大街以南，南至汉长安城南城墙。“郭区”是否另筑城墙还不清楚，可能东南两面仍用汉长安城故城东城墙和南城墙，北有宫城。西边的情况，限于资料缺乏，现在不便做出推测。汉长安城覆盎门与今“楼阁台遗址”基本南北相对，有可能十六国、北朝时期，作为都城长安城的“外城”或“大城”的正门，故《三辅黄图》又名此门为“端门”[39]，当时的灵台就安置在端门之外。郭城北城门继续使用汉长安城洛城门，时称“朝门”[40]。西安西北郊历年来出土的北朝佛教造像，绝大多数发现于以上所说的“郭区”范围之内，如汉城乡西查村出土的汉白玉贴金绘彩观音立像，汉城乡雷家寨出土的白石菩萨头像、白石观音像、青石佛座，汉城乡中官亭出土的菩萨立像、青石立像、青石立佛，汉城乡范家村出土的青石立佛、青石菩萨像，张家堡乡南玉丰村出土的砂石释迦、多宝、弥勒造像碑、神龟造像碑、四面造像碑等[41]。2004年，在“楼阁台遗址”西南部，出土了31件北周青石佛造像，其中大多造像施彩绘、贴金，应为当时都城之中的寺院佛造像[42]。这些石造像均应属于佛教寺院造像。北朝佛教盛行，据文献记载，北魏洛阳城有佛寺1367所[43]，邺南城有佛寺4000所之多[44]，至于北朝时期的长安城可能也是寺院林立。我们提出上述诸多学术意见，就是认为汉至隋唐之间的长安城还有许多问题，需要通过田野考古工作去解决。

关于汉长安城遗址考古学研究，主要包括三方面内容，即田野考古资料整理和发掘报告编写、专题研究、综合研究。

从考古学学术规范与考古学科研规律要求来说，田野考古资料整理和发掘简报、报告编写，是考古学的头等重要“室内”（相对田野考古工作而言）科研工作，也可以说是考古学的第一位“室内”科研工作。在中国古代都城遗址考古项目中，汉长安城遗址的田野考古资料整理与发掘简报、报告编写与出版还是及时的，但是作为一个建队半个世纪的考古工作队，目前还有一些田野考古资料需要及时整理、尽快出版或发表，举其要者如《汉长安城未央宫出土骨签报告》《汉长安城手工业作坊遗址发掘报告》（汉长安城制陶作坊遗址、冶铸遗址、铸币遗址）、《汉长安城城门遗址发掘报告》等，此外近年正在进行的长乐宫遗址田野考古工作，也即将面临着考古资料整理与发掘报告编写。

汉长安城遗址考古学专题研究，需要对以前这方面的科研工作进行认真总结。如果说，过去更为重要的科研工作是田野考古资料整理与发掘报告编写的话，由于近年来集中力量解决了过去大部分的田野考古报告编写与出版“欠账”问题，对已经发表、出版的田野考古资料进行深入的专题考古学研究已是十分紧迫的科研工作了。专题研究是深化、推进汉长安城遗址考古发掘与研究所必需的，当前提出的汉长安城遗址的考古学专题研究，必须注意考古学与历史文献学、其他人文科学、社会科学及其相关自然科学的结合，这种结合不只是汉长安城遗址考古学研究所必须努力实践的，对于历史考古学研究有着普遍的学术意义。关于专题研究内容，要紧密联系汉长安城遗址田野考古工作进展，诸如汉长安城故城遗址的历史发展变化所反映的社会形态，宫城与亚宫城的政治作用，宫殿建筑遗址、礼制建筑遗址、中央官署遗址布局形制所反映的社会功能，汉长安城遗址出土砖瓦、瓦当、铁器、兵器、骨签等遗物的考古学研究，都城手工业状况与社会管理机制等问题。

要深化、提高汉长安城遗址考古学研究水平，不能把研究工作仅仅停留在汉长安城遗址的考古学专题研究上，还应立足于中国古代都城考古学研究的平台，才能比较深刻地了解汉长安城在中国古代都城发展史的地位，从而使汉长安城遗址考古学研究起点更高一些、视野更宽一些、认识更深一些。其研究主要内容，应该是汉长安城遗址与中国古代都城遗址的“宏观”与“微观”的考古学比较研究。所谓“宏观”是就汉长安城遗址与中国古代都城遗址的整体性比较研究，所谓“微观”是就汉长安城遗址与中国古代都城遗址的某一具体方面或某一具体古代都城遗址的个案比较研究。当然这样的考古学研究需要一定的学术积累，但是对于我们的中青年研究人员，这是不可或缺的重要研究内容与研究方法，也是学术研究的发展方向。

注　释

[1] 王仲殊：《汉长安城考古工作的初步收获》,《考古通讯》1957年第5期。

[2] 王仲殊：《汉长安城考古工作的初步收获》,《考古通讯》1957年第5期；王仲殊：《汉长安城考古工作收获续记——宣平城门的发掘》,《考古通讯》1958年第4期。

[3] 中国科学院考古研究所：《西安西郊汉代建筑遗址发掘报告》,《考古学报》1959年第2期。

[4] 中国社会科学院考古研究所：《西汉礼制建筑遗址》，文物出版社，2003年。

[5] 中国科学院考古研究所资料室：《中国科学院考古研究所一九六一年田野工作的主要收获》,《考古》1962年第5期；夏鼐：《我国近五年来的考古新收获》,《考古》1964年第10期。

[6] 中国社会科学院考古研究所:《汉长安城武库》,文物出版社,2005年。
[7] 李遇春:《汉长安城的发掘与研究》,《汉唐与边疆考古研究》(第一辑),科学出版社,1994年。
[8] 中国社会科学院考古研究所:《汉长安城未央宫——1980～1989年考古发掘报告》,中国大百科全书出版社,1996年。
[9] 中国社会科学院考古研究所:《汉长安城未央宫——1980～1989年考古发掘报告》,中国大百科全书出版社,1996年。
[10] 刘庆柱:《西安市汉长安城东市和西市遗址》,《中国考古学年鉴(1997)》,文物出版社,1999年。
[11] 中国社会科学院考古研究所汉城工作队:《汉长安城窑址发掘报告》,《考古学报》1994年第1期。
[12] 中国社会科学院考古研究所汉城工作队:《汉长安城23—27号窑发掘简报》,《考古》1994年第11期。
[13] 中国社会科学院考古研究所汉城工作队:《1992年汉长安城冶铸遗址发掘简报》,《考古》1995年第9期;李毓芳:《汉长安城烘范窑和铸币遗址》,《中国考古学年鉴(1993)》,文物出版社,1995年。
[14]《文选·西京赋》。
[15] 中国社会科学院考古研究所汉城工作队:《汉长安城北宫的勘探及其南面砖瓦窑的发掘》,《考古》1996年第10期。
[16] 中国社会科学院考古研究所、日本奈良文化财研究所中日联合考古队:《汉长安城桂宫二号建筑遗址发掘简报》,《考古》1999年第1期;中国社会科学院考古研究所、日本奈良文化财研究所中日联合考古队:《汉长安城桂宫二号建筑遗址B区发掘简报》,《考古》2000年第1期。
[17] 中国社会科学院考古研究所、日本奈良文化财研究所中日联合考古队:《汉长安城桂宫三号建筑遗址发掘简报》,《考古》2001年第1期。
[18] 中国社会科学院考古研究所、日本奈良文化财研究所中日联合考古队:《汉长安城桂宫四号建筑遗址发掘简报》,《考古》2002年第1期。
[19] 中国社会科学院考古研究所汉长安城工作队:《西安相家巷遗址秦封泥的发掘》,《考古学报》2001年第4期;刘庆柱、李毓芳:《西安相家巷遗址秦封泥考略》,《考古学报》2001年第4期;刘庆柱:《新获汉长安城遗址出土封泥研究》,《石璋如院士百岁祝寿论文集》,台北南天书局,2002年。
[20] 中国社会科学院考古研究所汉长安城工作队:《汉长安城长乐宫排水管道遗址发掘简报》,《考古》2003年第9期。
[21] 中国社会科学院考古研究所汉长安城工作队:《汉长安城长乐宫二号建筑遗址发掘报告》,《考古学报》2004年第1期。
[22] 中国社会科学院考古研究所汉长安城工作队:《西安市汉长安城长乐宫四号建筑遗址》,《考古》2006年第10期;中国社会科学院考古研究所汉长安城工作队:《汉长安城长乐宫发现凌室遗址》,《考古》2005年第9期。
[23] 中国社会科学院考古研究所汉长安城工作队:《西安市汉唐昆明池遗址的钻探与试掘简》,《考古》2006年第10期。
[24] 刘庆柱、李毓芳:《汉长安城》,文物出版社,2003年,第166、167页。
[25]《庾子山集注》。
[26] 刘庆柱:《三秦记辑注·关中记辑注》,三秦出版社,2006年,第97～99页。
[27] 刘庆柱、李毓芳:《秦都咸阳“渭南”宫台庙苑考》,《秦汉论集》,陕西人民出版社,1992年。
[28] 傅熹年:《中国古代建筑史》(第二卷),中国建筑工业出版社,2001年,第46页;尚民杰:《西汉以后的未央宫》,《考古与文物》2003年第2期。
[29] 刘庆柱:《古代门阙遗址的考古发现与研究》,《新世纪的中国考古学——王仲殊先生八十华诞纪念论文集》,科学出版社,2005年。
[30] 资料存中国社会科学院考古研究所汉长安城工作队。
[31]《资治通鉴·晋纪》卷九十九:“苻菁为卫大将军,平昌公,宿卫二宫。”胡三省注:“二宫,健所居及子苌所居也。”《资治通鉴·晋纪》卷一一七:秦王姚兴“如华阴,使太子泓监国,入居西宫”。胡三省注:“太子居

东宫。西宫，秦王所居也。”

[32]《雍录》：“凡宫之正门，皆可名端门。”

[33]《周书·武帝纪（上）》卷五：武成二年“改作露门、应门”。

[34]《晋书·苻坚载记》卷一一三：“坚僭位五年，凤凰集于东阙。”

[35]《资治通鉴·晋纪》卷一百：苻生“侍疾西宫，菁以为健已卒，攻东掖门”。

[36]（元）李好文《长安志图·汉长安城图》：于北城墙利城门（即洛城门，《水经注·渭水》：洛城门“亦曰利城门”。）以东。注：“苻健于此开一门，曰平朔。”

[37]《资治通鉴·晋纪》卷一百：苻生“宴群臣于太极殿”。《晋书·苻健载记》卷一一二：苻健于长安“即皇帝位于太极前殿”。

[38]《晋书·姚兴载记》：姚兴“每于听政之暇，引龛等于东堂中讲论道艺，错综名理”。《晋书·苻坚载记》：“车师前部王弥置、鄯善王休密驮朝于坚，坚赐以朝服，引见西堂。置等观其宫宇壮丽，仪卫严肃。”

[39]《三辅黄图》：覆盎门“又曰端门，北对长乐宫”。

[40]《水经注·渭水》：“洛门，又曰朝门，王莽更名建子门。”《晋书·姚兴载记》：姚兴“从朝门游于文武苑”。

[41] 西安市文物保护考古所：《西安北郊出土北朝佛教造像》，《文博》1998 年第 2 期；马咏钟：《西安北郊出土北周佛造像》，《文博》1999 年第 1 期。

[42] 资料现存中国社会科学院考古研究所汉长安城工作队。

[43]《洛阳伽蓝记》卷五：洛阳“寺有一千三百六十七所”。

[44]《续高僧传·靖嵩传》卷十。

（原刊于《考古》2006 年第 10 期）

汉长安城宫殿与宗庙布局考古发现与研究
——中国古代的王国与帝国都城比较研究之一

刘庆柱　李毓芳

秦汉时代是中国古代历史从王国时代进入帝国的时代，秦代只有短暂的十几年，帝国时代的各种典章制度的形成并获得早期发展是在西汉时代完成的。汉长安城作为西汉王朝的首都，它是当时国家的政治统治中心、经济管理中心、军事指挥中心、文化礼仪活动中心，是西汉王朝的缩影。

中国古代都城的功能主要是政治性的，从考古学研究的物化载体来看，古代都城政治性的物化载体又主要表现为宫殿与宗庙建筑。宫殿是统治者行使对国家管理的建筑，是地缘政治的体现；宗庙是祭祀祖先的地方，是国家管理者、统治者依据血缘关系，取得对国家统治、管理"合法性"的"政治平台"。古代都城的宫殿与宗庙布局，直接反映了国家的政治与社会变化，这种变化在中国古代都城发展史上有着重要意义。都城是王朝的政治统治中心、国家政治与历史的缩影，故"王国"与"帝国"的不同社会形态，必然反映在都城的宫殿、宗庙等政治性建筑之上，即都城宫殿与宗庙的形制布局变化，必将反映出"王国"与"帝国"不同社会形态的历史特点[1]。

一、汉长安城宫殿、宗庙遗址的考古发现

汉长安城遗址的田野考古工作，在究明其都城布局形制的前提之下，多年来重点对汉长安城的宫殿与宗庙遗址进行了长期的、大面积的田野考古调查、勘探与发掘，取得了大量考古资料（图一）。

（一）汉长安城宫殿建筑遗址的考古勘探与发掘

汉长安城的宫殿建筑集中分布于未央宫、长乐宫、桂宫、北宫和明光宫之中，开展宫殿建筑遗址考古工作比较多的是未央宫、长乐宫和桂宫。

未央宫是汉长安城的皇宫，位于都城西南部，平面近方形，边长2150～2250米，周长8800米。宫城四面各设置一宫门，大朝正殿——前殿基址距东、西宫城墙分别为990米与1060米，距南、北宫城墙分别为860米与890米（图二）。未央宫前殿属于战国秦汉时代流行的高台建筑，其现存基址地势南低北高，由南向北逐渐升高。基址南端高出今地表0.6米，北端高

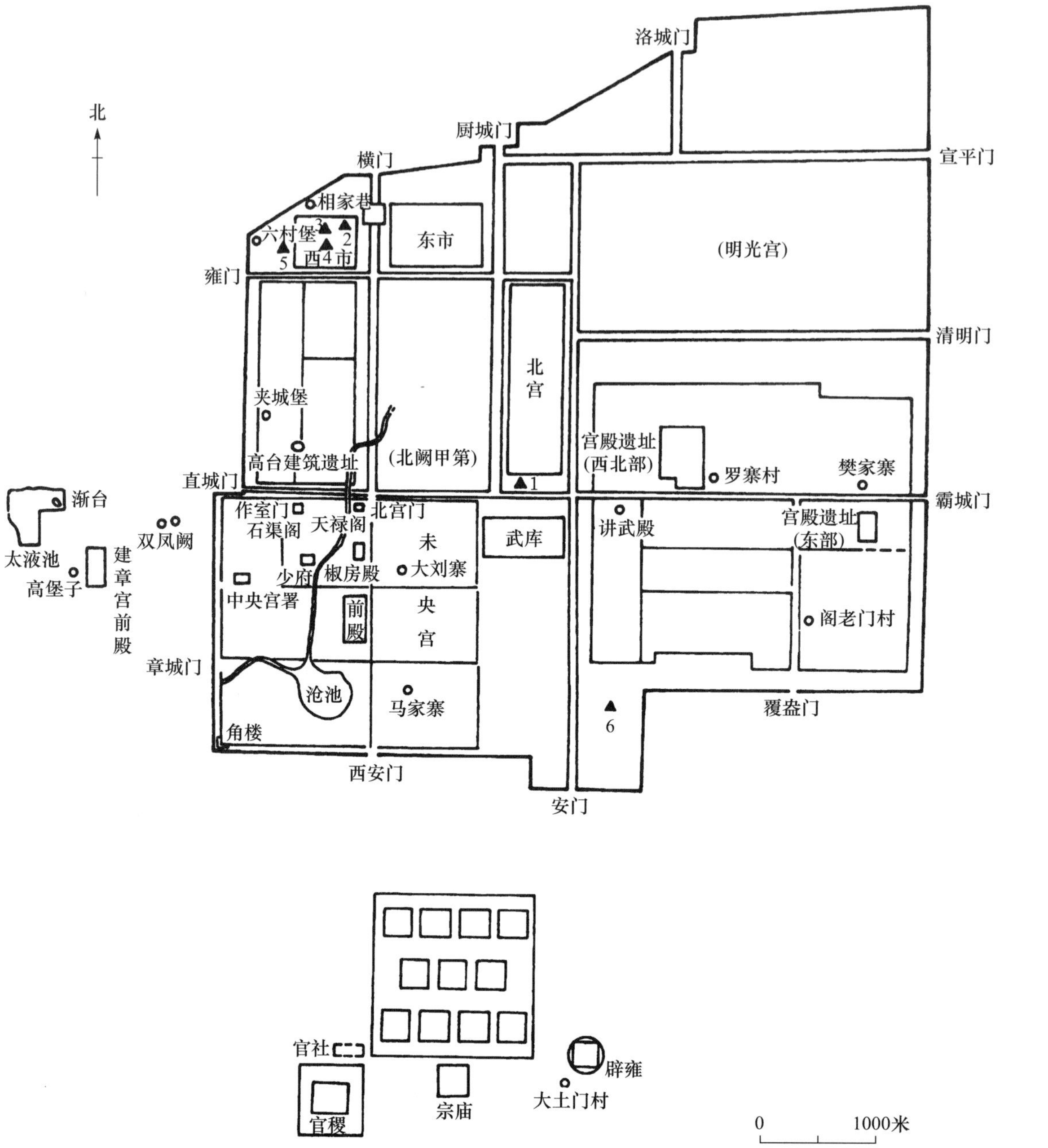

图一　汉长安城遗址平面图

1. 北宫南部烧制砖瓦的官窑群址　2. 铸币遗址　3. 烧制陶俑的官窑群址　4. 冶铸遗址　5. 民营制陶作坊遗址　6. 高庙遗址

出今地表 15 米，前殿基址是汉长安城遗址中地势最高的地方。前殿基址筑于原生土的丘陵之上，仅对其四周和表面进行了加工夯筑。这证实了前殿“斩龙首山而营之”“山即基阙，不假筑”的文献记载[2]。这种在生土周边进行夯筑，形成大型夯土建筑基址的做法，考古发现在商代已经出现。2004 年考古工作者在山西柳林县高红村，考古勘探发现了 20 处夯土建筑，已经考古发掘的夯土建筑说明，夯土基址中部为生土，在周边夯筑[3]。未央宫前殿基址平面长方形，南北长 400 米、东西宽 200 米。经考古勘探、试掘究明，基址之上有南北排列的三个台面，中部台面比南部台面高 3.3 米，北部台面比中部台面高 8.1 米。每个台面各有一座大型宫殿建筑基址，其平面均为长方形，每座宫殿前面均有一庭院。中部和北部宫殿的东西两侧列置了厢房或廊房建筑，北部宫殿以北或为“后阁”之类建筑。其中南部宫殿建筑基址位于前殿基址南端以北约 50 米，北距中部宫殿基址 94 米。南部宫殿基址东西 79 米、南北 44 米。中部宫

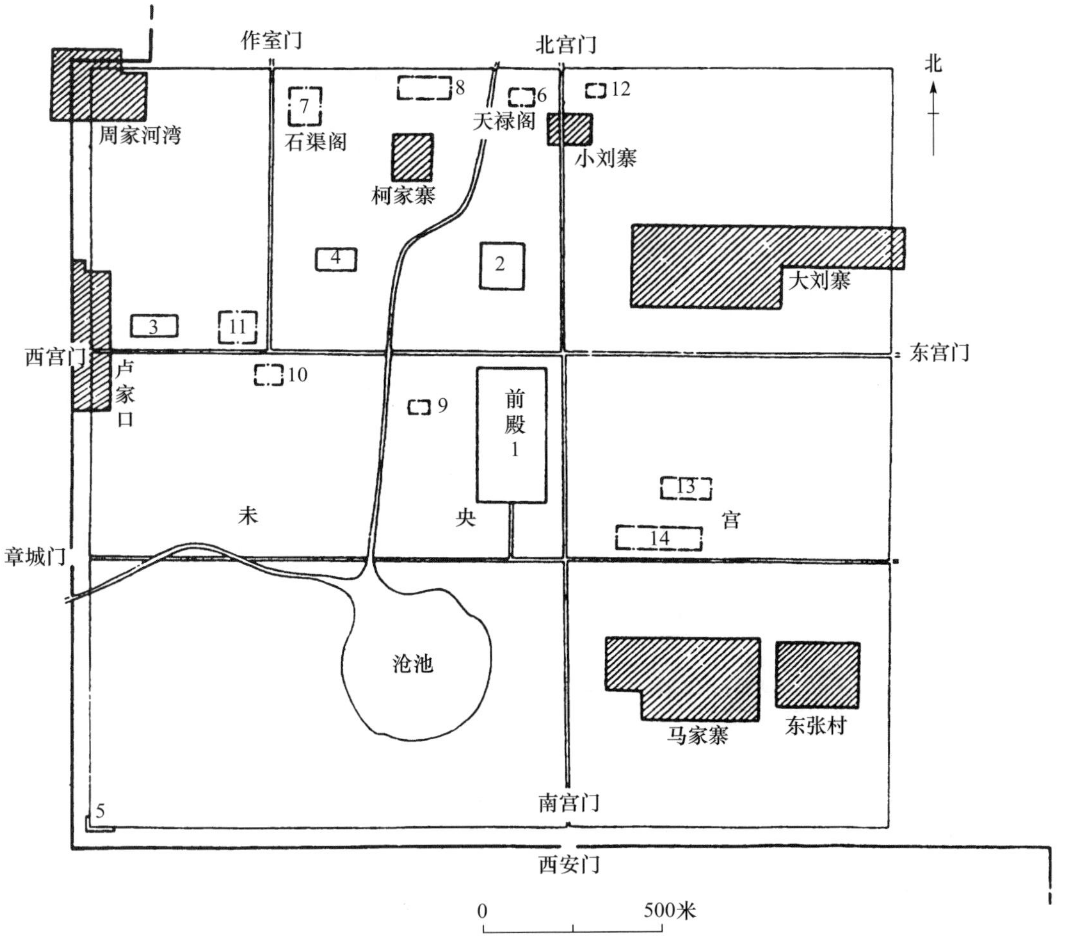

图二　未央宫遗址平面图

1. 前殿建筑遗址　2. 椒房殿建筑遗址　3. 中央官署建筑遗址　4. 少府建筑遗址　5. 宫城西南角楼建筑遗址　6. 天禄阁建筑遗址　7. 石渠阁建筑遗址　8～14. 第 8～14 号建筑遗址

殿建筑基址东西 121 米、南北 72 米。北部宫殿建筑基址南距中部宫殿基址 32 米，其基址东西 118 米、南北 47 米。“后阁”基址与北部宫殿基址南北相距 11 米，其基址范围东西 143 米、南北 16 米（图三）。1980 年考古工作者对前殿遗址的西南部与东北部进行了试掘，前者为前殿工作人员使用的居址，后者系登临前殿的通道及其相关设施。在前者的房屋遗址中出土了汉代皇宫木简，引起学术界的关注。涉及木简之上部分文字的释读，学术界目前还有不同观点，有的认为该文字是中药药材名称[4]，有的释为礼仪活动的祥瑞物名[5]。

20 世纪 80 年代初考古发掘的未央宫第二号建筑遗址，位于前殿遗址以北 330 米。根据文献记载，前殿以北为后宫所在，椒房殿为后宫主要宫殿。根据未央宫第二号建筑遗址位置与建筑形制，推测其为后宫的椒房殿遗址[6]。皇后宫殿——椒房殿遗址范围东西 130 米、南北 148 米，可分为正殿、配殿和附属建筑三部分（图四）。正殿位于椒房殿南部，配殿位于正殿东北部，附属建筑在正殿北部、配殿西部。正殿夯土台基平面为长方形，东西 54.7 米、南北 29～32 米。台基四壁有壁柱，周施回廊。台基南部置东西并列二长方形夯土台，台基东西两侧的南部各置一出入正殿的通道。台基西北部置一地下室，东西面阔 8.7 米、南北进深 3.6 米，地下室北部辟门，门外连南北向通道，通道长 5.7 米、宽 1.25 米。正殿台基北部有一庭院，东西长 43.7 米、南北宽 12.2～13.6 米。配殿范围南北 86～87 米、东西 44.5～50 米。配殿由南北二殿组成，二殿之间和北殿北部各有一座庭院，配殿之内分布有五条地下通道。椒房殿附属建

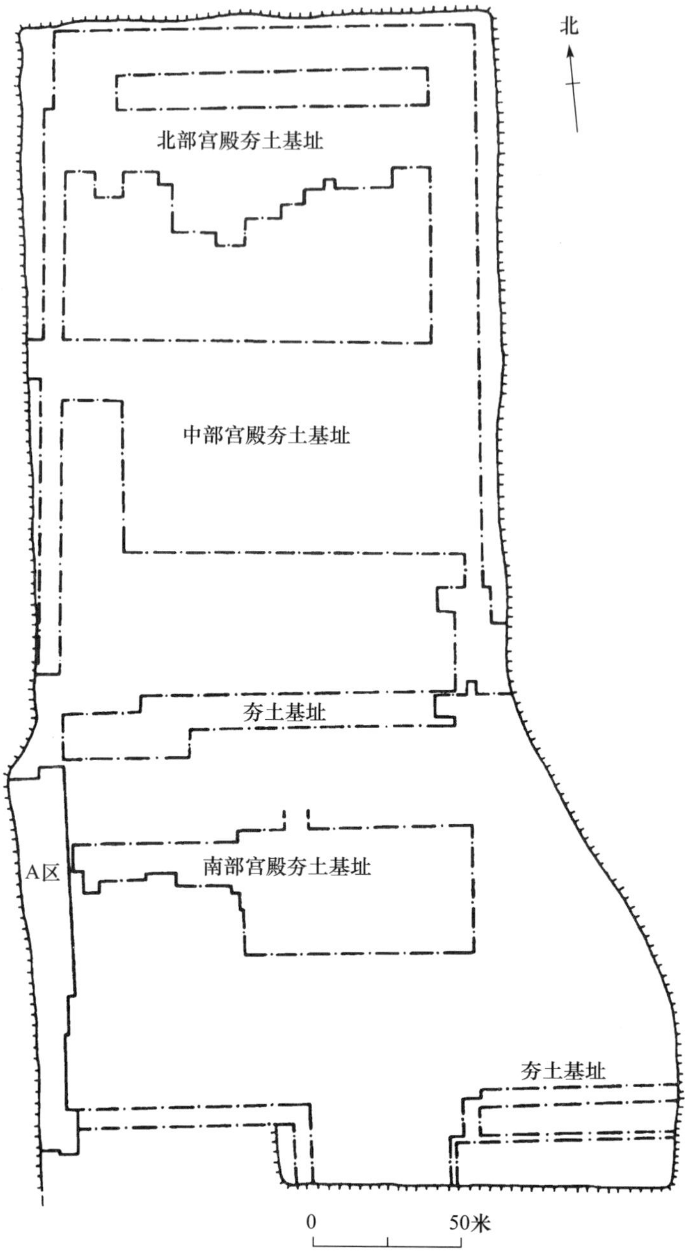

图三　未央宫前殿遗址勘探平面示意图

筑主要包括3座庭院和9座房屋：庭院在东部，南北排列；房屋在西部，亦为南北排列，房屋平面多为长条形。

80年代中后期，先后发掘了未央宫的“少府”遗址（或其所辖官署遗址）和“中央官署”遗址。“少府”遗址（或其所辖官署遗址）东南距前殿遗址430米，东距椒房殿遗址350米。少府遗址（或其所辖官署遗址）规模庞大，建筑考究，其中发现的大面积铺置木地板的建筑遗迹，为以往古代宫殿建筑遗址考古发掘中所少见。少府遗址（或其所辖官署遗址）的主体宫殿建筑是南、北殿堂，二者基址平面均为长方形。其中南部殿堂基址（F23）东西48.6米、南北17.5米，面阔7间、进深2间；北部殿堂基址（F17）东西31米、南北12.9米，面阔5间、进深2间。少府遗址（或其所辖官署遗址）的建筑布局以大型殿堂为主体建筑，殿堂分为南北二殿，南部殿堂之前（以南）有广场，北部殿堂之后有庭院。殿堂东西两侧有若干附属建筑，其中南部殿堂东西两侧附属建筑应与公务活动有关，北部殿堂东西两侧附属建筑应与生活起居有关。

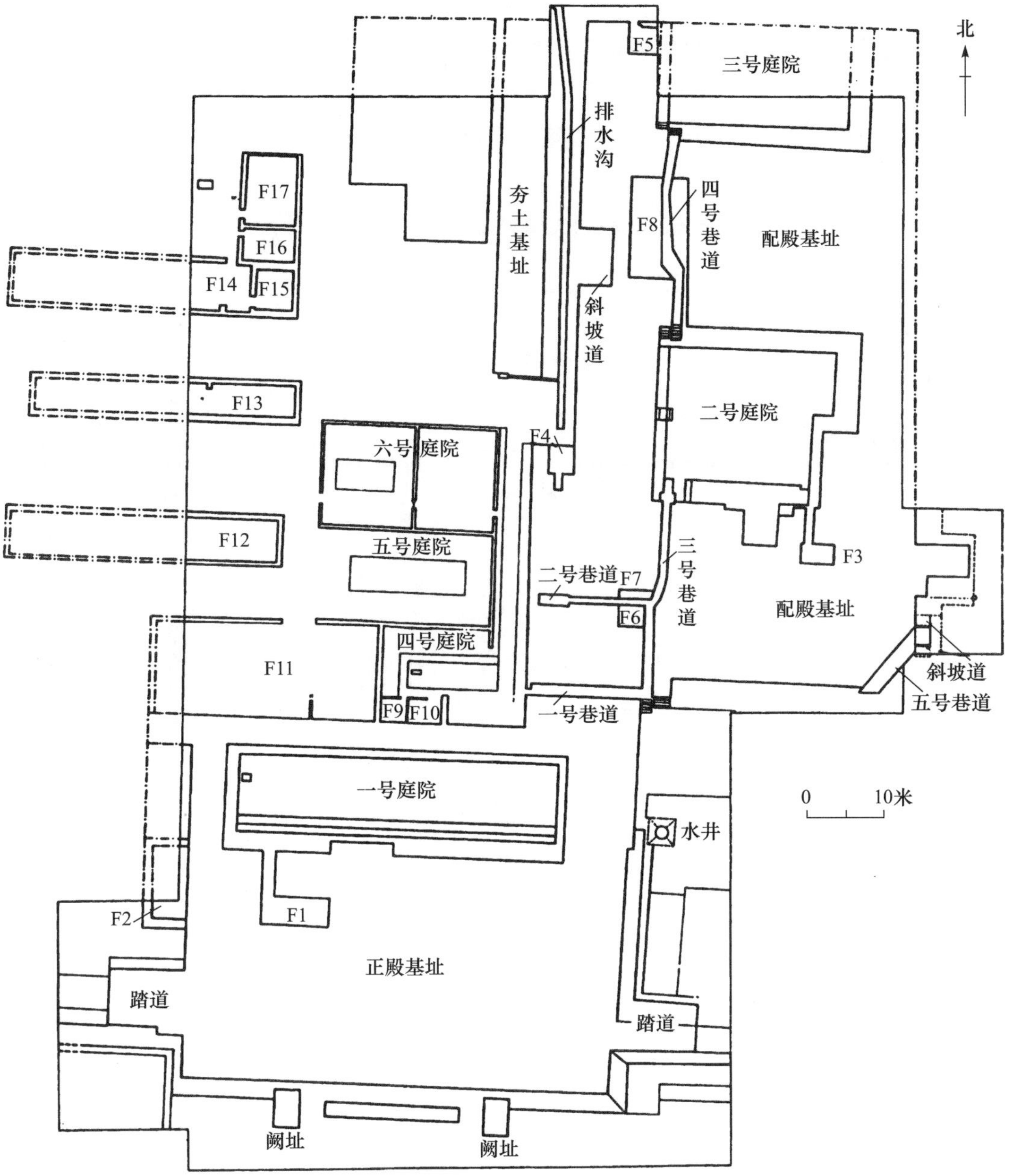

图四　椒房殿遗址平面图

上述建筑布局反映出，作为官署建筑的少府（或其所辖官署）建筑，主次关系明显，主体建筑居中、居前（图五）。

“中央官署”建筑遗址位于前殿基址西北 850 米，西距未央宫西宫墙 110 米，南距前殿遗址北部横贯未央宫的东西向干道 35 米。“中央官署”建筑遗址是一座封闭式大型院落遗址，院落东西 133.8 米、南北 68.8 米。院落周筑围墙，院落之内东西居中位置，有一南北向排水渠，将院落分为东西两部分，简称东院与西院。二院之内各有南北排房屋，每排房屋均为东西向排列 3～4 座房屋，房屋平面均为东西向长方形，其中最大的房屋面积 215 平方米，最小的房屋面积 109 平方米。每座房屋南部各辟一门，均为坐北朝南方向，这些房屋建筑形制基本相同。上述房屋遗址中出土了属于宫廷档案性质的六万多片“骨签”，是中国考古学上的重大发现，它们对于研究中国古代职官史、文字史、手工业史、汉代编年史等均有着重要学术意义。“中央官署”建筑遗址中的所有房屋建筑，均不具有“宫殿”建筑特点，它们应属于“官署”办公

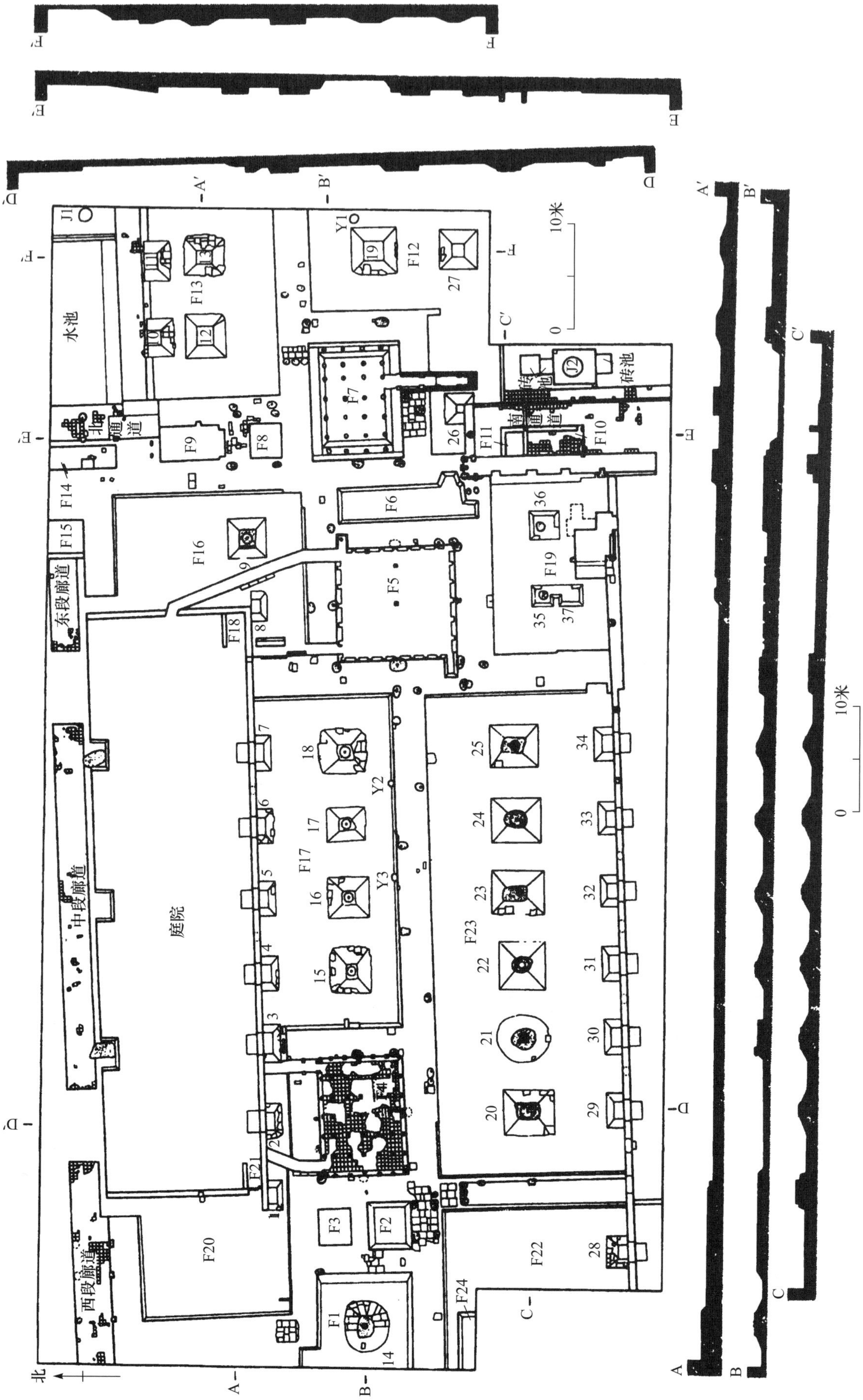

图五　少府或其所辖署遗址平、剖面图

1～8、10、11、28～34. 檐柱础墩　9、12～27、35～37. 大础墩

或“官署”文书档案库房一类建筑遗址[7]。

汉高祖刘邦定都长安之初，将秦兴乐宫改建为长乐宫，作为临时皇宫[8]。惠帝即位之后，未央宫成为大朝之地的宫城，长乐宫变成太后之宫。但是，西汉时代的“二元政治”使长乐宫成为西汉王朝的重要政治活动平台[9]。长乐宫的各种建制与未央宫基本相同。根据目前对长乐宫遗址的考古勘探，主要发现有四组建筑遗址群，即东南部建筑遗址群、中南部建筑遗址群、西南部建筑遗址群和西北部建筑遗址群。西北部建筑遗址群已经考古发掘了六座建筑遗址[10]，其他三组建筑遗址群只进行了考古勘探或局部试掘。位于罗寨村北的长乐宫西北部建筑遗址群的长乐宫一号宫殿遗址，已经进行了考古发掘，这是一处重要宫殿建筑遗址。其院落东西420米、南北550米，主体建筑——殿堂基址位于院落北部，殿堂基址东西76.2米、南北29.5米[11]。长乐宫五号遗址被认为是“凌室”建筑遗址[12]。文献记载未央宫也有凌室[13]，其为少府属官大官（又称太官）所辖[14]。凌室是藏冰之处，但是这些冰的功能应与宫廷“供养饮食”有关[15]。已发掘的长乐宫二、三、四、六号建筑遗址，多为生活起居建筑遗址，这些建筑遗址的全貌有待进一步究明，根据面前考古资料来看，还没有迹象说明那些建筑遗址具有大朝正殿一类的建筑的规模与形制。长乐宫东南部建筑遗址群位于西安市未央区汉城乡樊寨村东南，考古勘探发现的夯土基址东西宽116米、南北长197米，基址南边东西并列“三阶”，基址之上南北排列三组宫殿基址，每座宫殿基址平面均为长方形，南殿址东西100米、南北56米，中殿址东西43米、南北35米，北殿址东西97米、南北58米[16]。如果上述考古勘探资料基本上反映了建筑遗址全貌的话，这将是长乐宫中最为重要的宫殿建筑遗址。由于这是一个非常重要的学术问题，还有待进一步开展相应的考古试掘、发掘工作来证实。

桂宫为汉武帝修建[17]，平面为长方形，南北长1840米、东西宽900米，周长5480米。考古勘探表明，桂宫遗址之内有贯通南北的道路，主要宫殿位于宫城南部。20世纪90年代中后期以来，对桂宫的宫殿、仓储及其他宫室遗址进行了勘探与发掘。其中的第一、二号建筑遗址是桂宫中的重要宫殿建筑遗址（图六）。

桂宫第一、二号建筑遗址实际上是同一建筑群，其范围南北长200米、东西宽110米，由南院、北院和高台建筑组成。南院与北院南北相连，其间有一东西向隔墙将二者南北分开。南院的布局是主体建筑——宫殿殿堂居中，东西两侧为附属建筑，殿堂之南、北分别为广场与庭院。宫殿殿堂基址东西长51.1米、南北宽29米，基址四面置壁柱，殿堂台基之外周施回廊和散水。殿堂南面设对称分布的东西二阶，殿堂北面与殿堂南面对应位置各置一南北向通道。殿堂北部有一座地下建筑，东西面阔6.95米、南北进深4.1米，北墙辟门，门道长5米、宽1.4米，门道北端置门。殿堂东边有一南北向贯通殿堂的地下建筑，南北长22米，包括南北二门道、“传达室”、通道和主室。南院与北院之间隔墙辟门通行，北院中部东西并列多座房屋基址，其南部有东西并列的3座庭院，北部有东西并列的2座庭院。北院中间有南北贯通的地下通道建筑。桂宫二号建筑北院遗址以北40米为桂宫第一号建筑遗址，该建筑遗址是一座“高台”，在“高台”东部和北部均发现了登台遗迹[18]（图七）。

北宫建于西汉初年，汉武帝时期进行了扩建[19]。20世纪90年代中期，考古勘探发现了北宫宫城遗址。北宫遗址位于桂宫东部、未央宫东北部，其南临直城门大街，北临雍门大街，东西分别与安门大街、厨城门大街相邻。北宫宫城平面长方形，南北长1710米、东西宽620米，

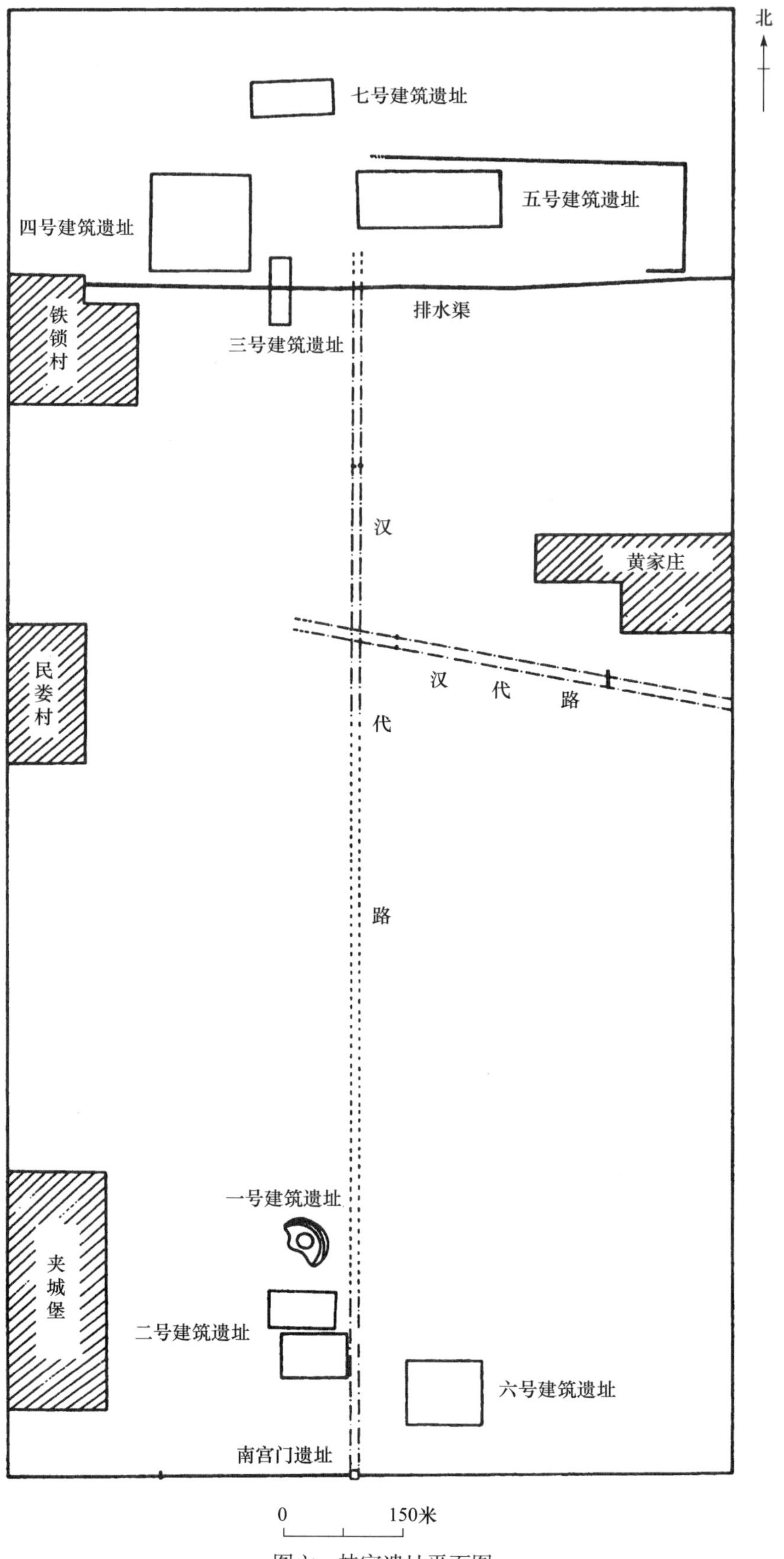

图六　桂宫遗址平面图

在宫城南北宫墙上各发现一座宫门，二宫门南北相对，宫门遗址面阔 7 米、进深 12 米[20]。北宫遗址之内的其他建筑遗址尚待考古勘探、发掘究明。

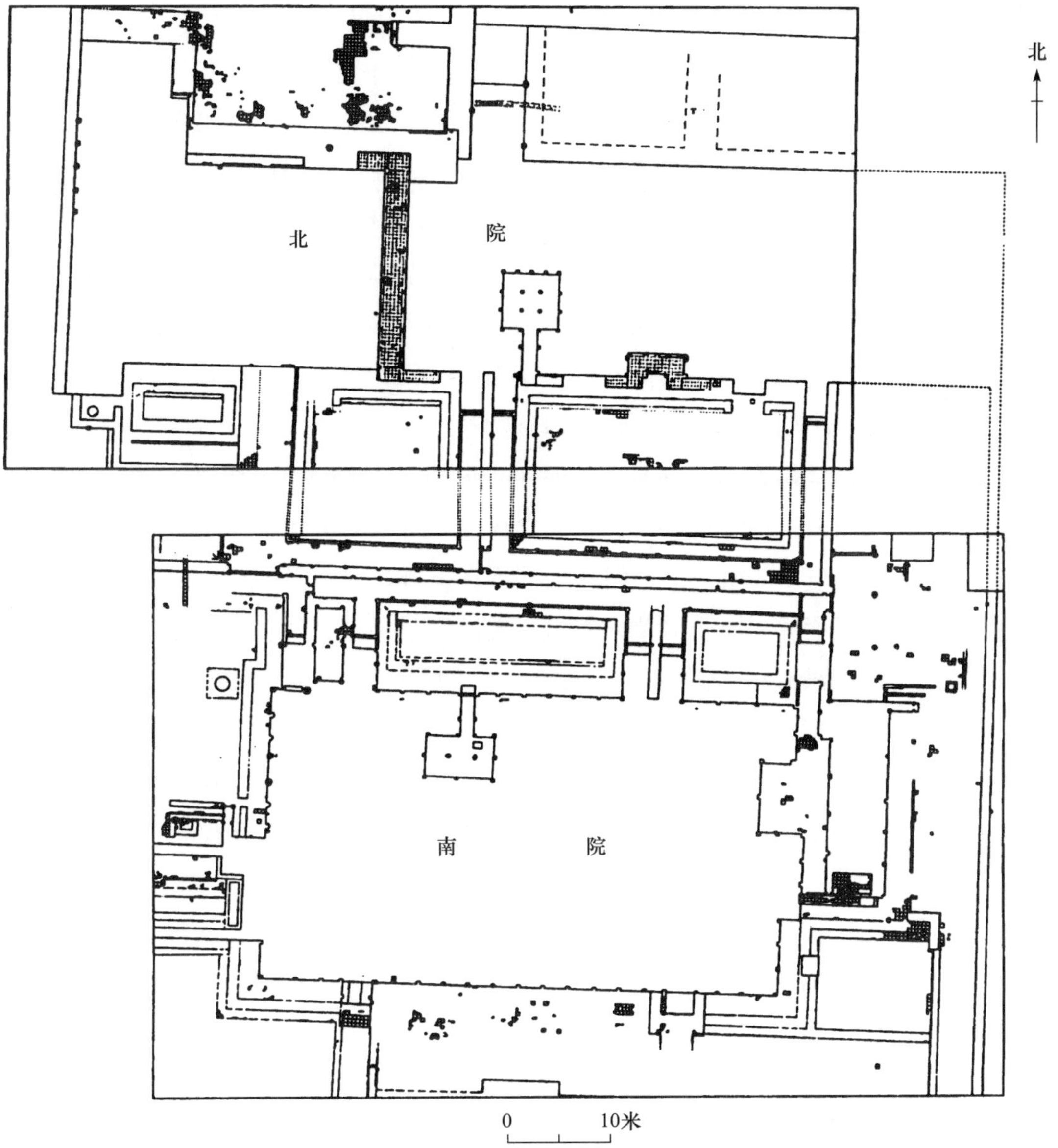

图七 桂宫第二号建筑遗址平面图

（二）汉长安城宗庙及都城附近帝陵陵庙建筑遗址的考古勘探与发掘

汉长安城的宗庙主要有汉太上皇庙、汉高祖高庙、汉惠帝庙、汉文帝庙、“王莽九庙”，以及都城附近的西汉帝陵陵庙。相对宫殿遗址，宗庙遗址开展考古工作较少。

《三辅黄图》记载：“太上皇庙在长安西北长安故城中，香室街南，冯翊府北。《关辅记》曰：‘在酒池北。’”同书亦载：“秦酒池，在长安城中。《庙记》曰：‘长乐宫中有鱼池、酒池。’”根据《水经注·渭水》记载：长乐宫“东北有池，池北有层台，俗谓是池为酒池，非也”。杨守敬并进一步解释：“长乐宫自有酒池，池北自有台，此盖别一池，而俗误以为酒池，故郦氏驳之。”[21]其实《水经注·渭水》记载的长乐宫东北的“池”，就是汉太上皇庙南部的酒池，亦即长乐宫的酒池。酒池遗址的方位大概在长乐宫东北部，即今雷寨村附近，这里至今仍然是一片低地。其北临长乐宫北宫墙。而香室街应为长乐宫北部的清明门大街。太上皇庙应在长乐宫北宫墙与清明门大街之间，由于这里地下水较浅，考古勘探工作不易开展，汉太上皇庙遗址具位置至今尚未究明[22]。

高庙是西汉时代都城长安最为重要的一座宗庙，应为汉惠帝时所建[23]。关于高庙位置，据《汉书》卷四十三《叔孙通传》记载："惠帝为东朝长乐宫，及间往，数跸烦民，作复道，方筑武库南，通奏事，因请间，曰：'陛下何自筑复道高帝寝，衣冠月出游高庙？子孙奈何乘宗庙道上行哉！'"晋灼注："《黄图》高庙在长安城门街东，寝在桂宫北。"据上所述，汉惠帝由未央宫去长乐宫，必须横越南北向的安门大街，为了勿烦民，他在武库以南的安门大街之上，修建了复道。由于安门大街又是"高帝寝衣冠月出游高庙"的宗庙道，所以叔孙通认为此事不妥。从这一记载可以看出，高庙在武库以南、安门大街以东、长乐宫西南部。在这一带的今西安市未央区大白杨乡东叶村，勘探发现一座西汉时代大型夯土建筑遗址，其建筑基址东西69米、南北34米，根据其地望推测可能为高庙遗址[24]。

《三辅黄图》记载："惠帝庙，在高帝庙后。"《长安志》引《关中记》记载："惠帝庙在高庙西。"因此，汉惠帝的宗庙又称"西庙"。传世有"西庙"文字瓦当[25]。

上述三座宗庙虽然均在都城之中，但它们都不在宫城之内。《汉书》卷四十三《叔孙通传》记载，叔孙通建议汉惠帝"为原庙渭北，衣冠月出游之，益广宗庙，大孝之本"。汉惠帝四年，采纳了叔孙通意见，在汉高祖长陵为汉高祖修建了"原庙"，《尔雅》释"原"为"再"，也就是再为汉高祖修建一座宗庙，这不是"正式"的宗庙[26]。西汉时代真正将宗庙建于都城之外营建宗及皇帝在世而营建宗庙者，应始于汉文帝。汉文帝四年于长安城南作自为宗庙，号顾成庙[27]。根据《长安志》卷十记载：唐长安城休祥坊有顾成庙遗址，休祥坊约在今西安市玉祥门以西的西安仪表厂附近。

汉文帝将宗庙从都城之内发展到都城之外的附近地方，至汉景帝又从都城附近发展至帝陵陵区。《汉书》卷五《景帝纪》记载：景帝中四年"起德阳宫"。臣瓒曰："是景帝庙也。帝自作之，讳不言庙，故言宫。《西京故事》云：'景帝庙为德阳。'"生前作庙而言宫，在西汉时代不只是限于汉景帝德阳庙[28]。近年考古工作者在景帝阳陵东南约300米处，发掘一处大型建筑遗址，遗址平面方形，边长约260米。外围壕沟，四面中部各置一门道。围沟之内四角各有一曲尺形廊房建筑。遗址中部为主体建筑，系一平面方形夯土台，边长53.7米，每面各置三门，四面共有12座门（图八）。门道踏步置四神纹空心砖，用于建筑铺地、筑墙等，按照东西南北方位，分别涂有青白红黑四种颜色。该遗址出土有成组的玉圭、玉璧等遗物[29]。因该建筑遗址的主体建筑中央有一大型花岗岩雕琢的础石，南北长183厘米、东西宽180厘米，厚40厘米，其上加工成直径140厘米的圆盘，圆盘表面雕刻有"十"字形凹槽，槽宽5厘米，深2.3厘米，经测定为正南北方向[30]。人们称其为"罗经石"，此建筑遗址也称"罗经石"遗址。有的学者认为罗经石是修建阳陵时标定水平、测量高度、标示方位的测量标石。20世纪80年代中期，我们在汉长安城未央宫遗址西北部考古调查中也发现与阳陵"罗经石"大小、形制基本相同的础石，其中间的"十字"刻画完全相同。20世纪50年代末主持汉长安城南郊礼制建筑遗址发掘的黄展岳先生也曾在"王莽九庙"遗址发现过与阳陵"罗经石"形制相同的础石。我们认为将阳陵"罗经石"说成"测量标石"这一点还有待进一步研究。也有的学者提出，阳陵"罗经石"遗址为"阳陵太社"故址，"罗经石"为竖立"男性生殖器模型"的石座[31]。这种"阳陵太社"说，显然与西汉时代帝陵陵寝制度不合。还有的学者认为："与王莽明堂的设计相比，'罗经石'遗址虽然在某些方面不太一样，但总体设计还是非常接近[32]。"其实阳陵

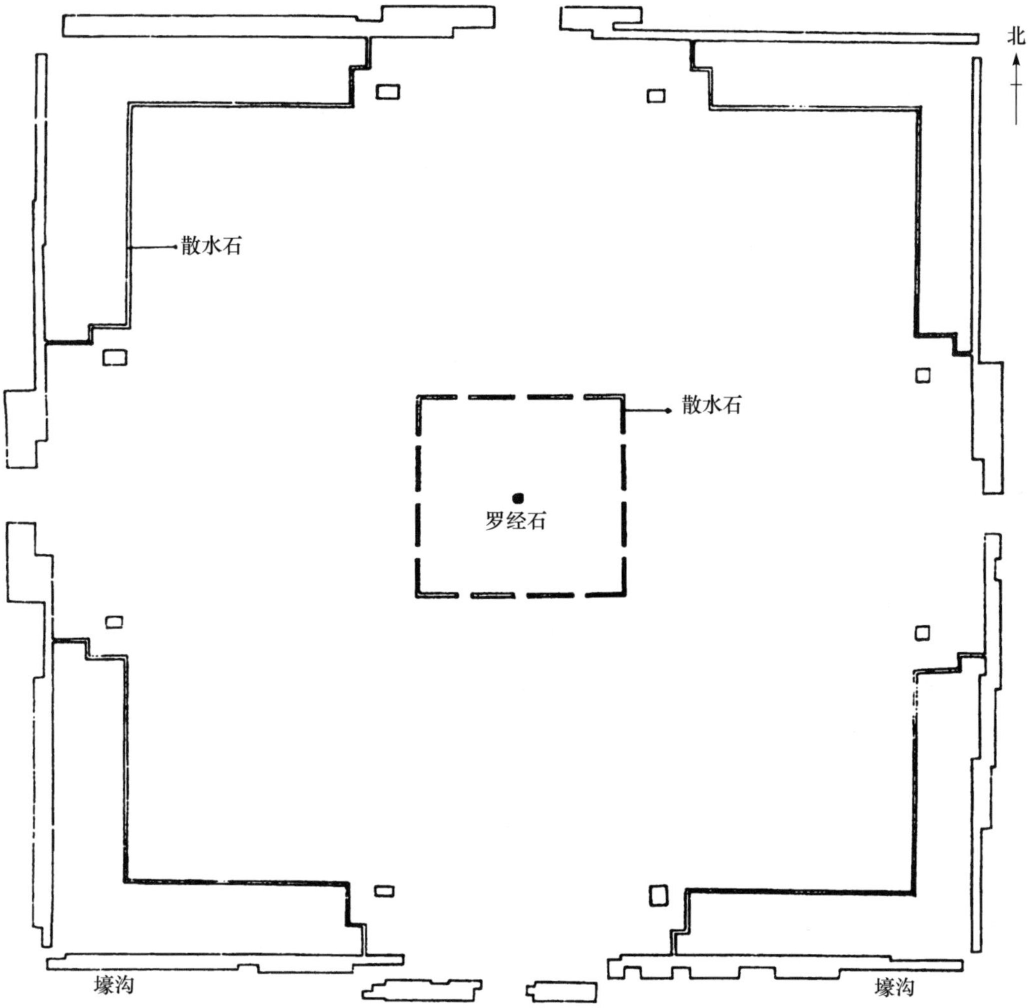

图八　汉阳陵陵庙遗址平面示意图

“罗经石”遗址与汉长安城南郊礼制建筑的“明堂”（应为辟雍）遗址相去较远，而与宗庙遗址更为接近。至于其文章之中所谈的“明堂”（即辟雍）与“罗经石”遗址均出土了“四神纹”瓦当或空心砖，其实有误。“明堂”（即辟雍）内没有发现“四神纹”瓦当或空心砖，恰恰是“王莽九庙”遗址出土了“四神纹”瓦当。从已经考古发掘的“罗经石”遗址来看，它与汉长安城南郊礼制建筑中的“王莽九庙”遗址基本相同，这应是一座宗庙建筑遗址，即汉景帝阳陵陵庙遗址。不少学者已发表文章，从多方面论述了阳陵“罗经石”遗址为阳陵陵庙[33]。

20 世纪 80 年代初，我们在汉宣帝杜陵东北 400 米，发现了可能属于杜陵陵庙的建筑遗址。该遗址中央为一夯土台基，东西 73 米、南北 70 米。遗址之中出土有西汉时代的龙凤纹空心砖。在遗址东西两侧发现南北向道路，路宽 6～7 米，东西两侧道路向南分别通至孝宣王皇后陵园西部与汉宣帝杜陵陵园东部[34]。根据文献记载，汉武帝茂陵、汉昭帝平陵、汉元帝渭陵、汉成帝延陵等均在帝陵附近设置了陵庙，它们分别是龙渊庙、徘徊庙、孝元庙、阳池庙[35]。

已经考古发掘的西汉末年的汉长安城南郊的礼制建筑遗址，是中国古代都城考古中发掘规模最大、内容最丰富、遗址性质最明确、时代最清晰的礼制建筑遗址，包括了“王莽九庙”[36]、社稷[37]和明堂[38]、辟雍遗址[39]。根据文献记载，汉长安城南郊礼制建筑中还有圜丘[40]、灵台[41]、太学等[42]，但是这些建筑遗址的具体方位现在还未通过考古工作究明（图九）。

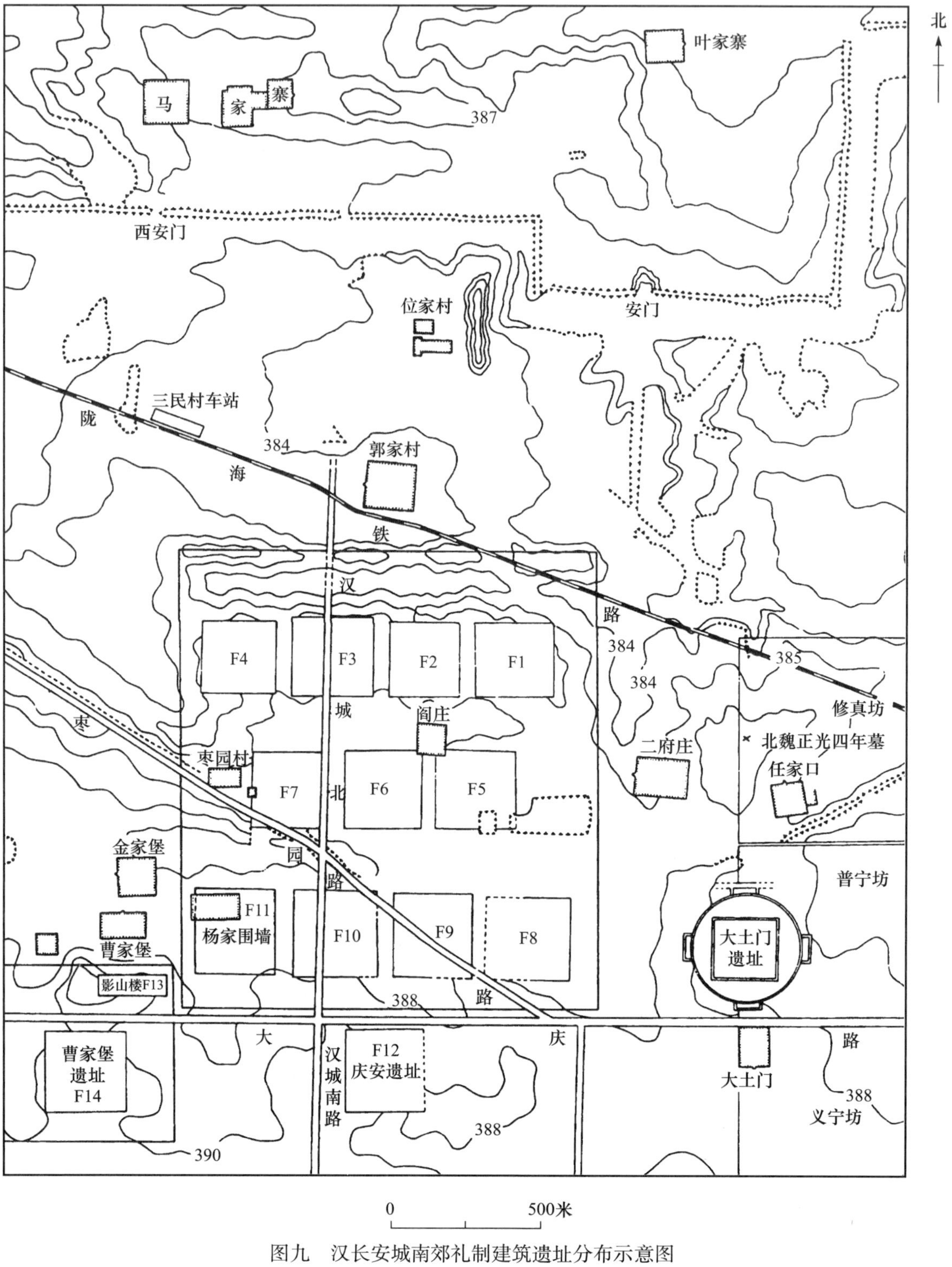

图九　汉长安城南郊礼制建筑遗址分布示意图

汉长安城南郊礼制性建筑中的“王莽九庙”遗址位于汉长安城南城墙以南约 1 千米，处于汉长安城西安门与安门南出平行线之内。1958～1960 年对其进行了考古发掘。“王莽九庙”遗址群包括 12 座单体建筑遗址，其中 11 座分布在同一大院落之中，另一座在大院落南部。大院落平面近方形，东西南北四面围墙分别长为 1635 米、1660 米、1490 米与 1415 米。从大院落西北角建筑遗迹的考古发掘情况推测，院落四角各有“角楼”一类建筑。大院落南北各辟 4 座门（每座门分别与每座宗庙院落南门或北门相对），东西各辟 3 座门（每座门分别与每座宗庙院落东门或西门相对），共置 14 座门。院落之内南北排列 3 排宗庙，南、北排宗庙各东西分布 4 座单体宗庙建筑遗址，中排宗庙东西分布 3 座单体宗庙建筑遗址（图一〇）。每座单体宗庙建筑周筑围墙，平面近方形，边长 270～280 米，围墙四面中央各辟一门。四门遗址出土有青龙、白虎、朱雀、玄武纹饰的“四神”纹瓦当。围墙四隅置配房。单座宗庙建筑的围墙之间东西相距 54 米、南北相距 200 米。每座单体宗庙建筑围墙中心为宗庙主体建筑，其平面方形，边长约 55 米，四面对称，主体建筑中央为“亚”字形的高大台基。大院落南部围墙之外的东西居中处，有一大型宗庙建筑遗址，宗庙建筑之外的围墙的形制与规模，与上述大院落中的 11 座宗庙建筑遗址相同，但是其宗庙主体建筑的边长约 100 米[43]（图一一）。

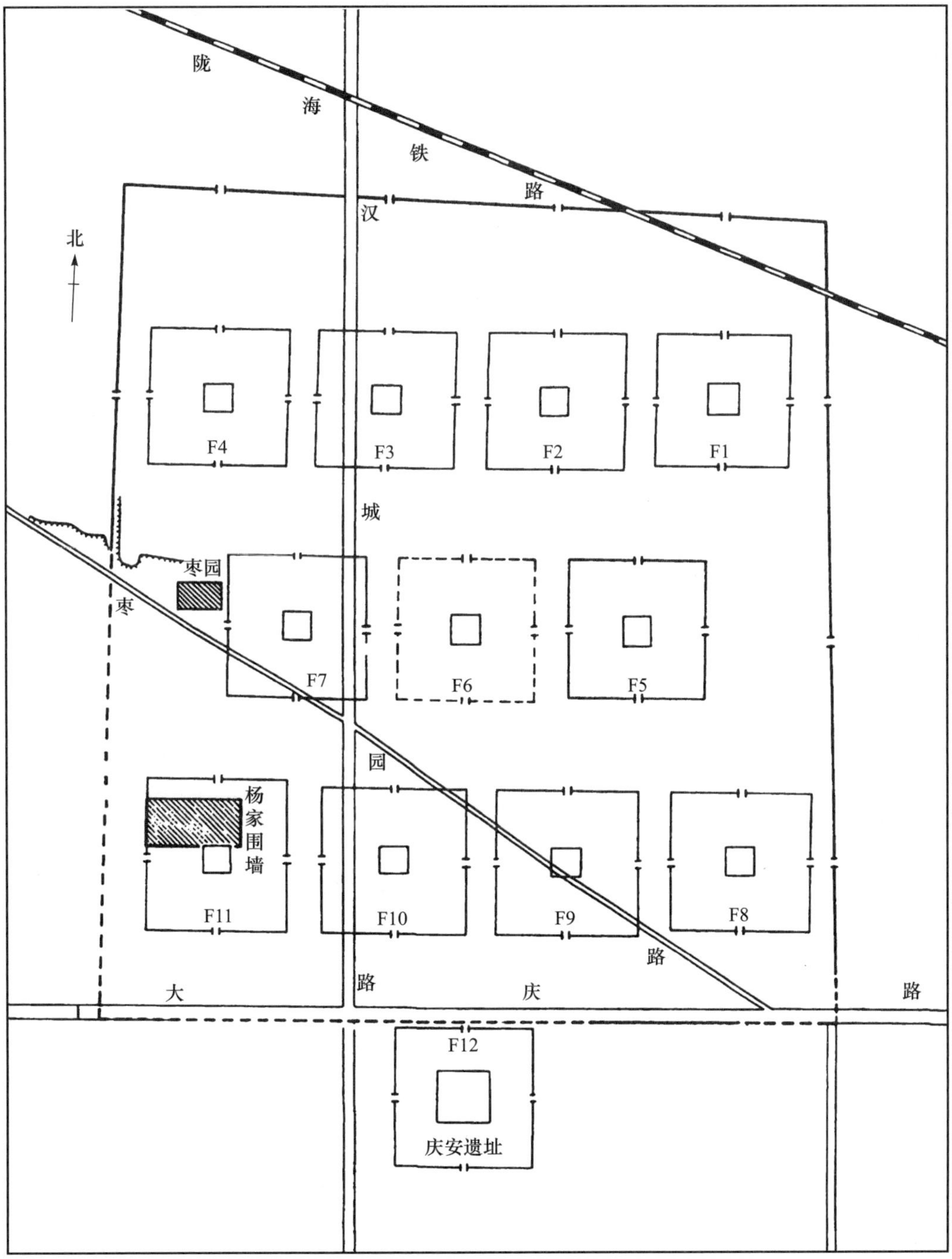

图一〇 汉长安城“王莽九庙”建筑遗址平面示意图

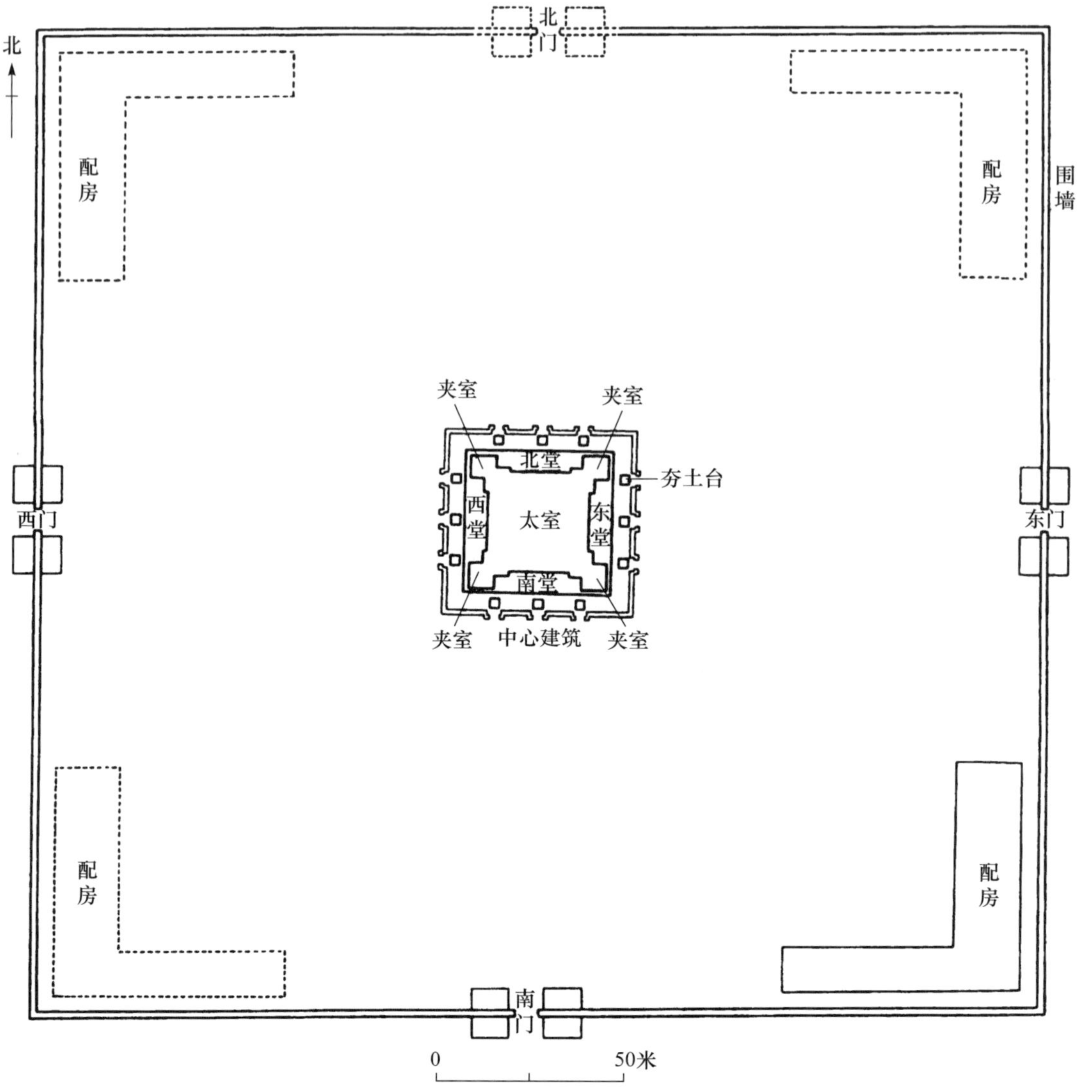

图一一　汉长安城南郊礼制建筑第三号遗址平面图

二、汉长安城宫殿与宗庙的形制、布局研究

本文探讨汉长安城宫殿与宗庙，前者是就汉长安城之中属于“前殿”或“正殿”类型的宫殿；后者是指建于都城之内或都城附近的皇帝宗庙、帝陵陵庙，各地郡国所设皇帝或皇室宗庙不在此讨论之列。

（一）汉长安城宫殿（前殿、正殿）形制、布局研究

秦汉之“前殿”是沿袭先秦之“路寝”，曹魏称“前殿”为“太极殿[44]。“前殿”是大朝正殿，如秦始皇营建的阿房前殿[45]、汉长安城未央宫前殿等[46]。根据历史文献记载，汉长安城之内的未央宫、长乐宫[47]、北宫和桂宫等均有“前殿”或“正殿”，如未央宫“前殿”、长乐宫“前殿”、北宫“前殿”[48]、桂宫“正殿”等[49]，不但都城之内的宫城、“亚宫城”中有“前殿”或“正殿”，都城附近的“度比未央”的建章宫与离宫——甘泉宫中也有“前殿”[50]。在历史文献记载中，汉长安城的有些“前殿”可以称为“正殿”[51]，但是有些“正殿”则不称

“前殿”[52]，“前殿”也不称“正殿”[53]，“前殿”作为大朝正殿要比一般“正殿”更为重要一些。已经考古发现或文献记载的汉长安城的宫城、“亚宫城”或都城附近“亚宫城”的“前殿”或“正殿”遗址，其殿堂基址平面均为长方形。如《三辅黄图》记载未央宫前殿平面为长方形；考古勘探、试掘前殿之上南北排列三座宫殿基址，其平面均为长方形。在未央宫前殿的规模上，《三辅黄图》记载与考古资料差距较大[54]。文献记载长乐宫前殿基址，东西 80.5 米、南北 27.6 米[55]。已进行考古发掘的桂宫第二号建筑遗址（A 区）的殿堂，被认为是桂宫的“正殿”遗址，其殿堂基址东西长 51.1 米、南北宽 29 米[56]。

宫城或“亚宫城”中的前殿或正殿布局，主要是指其在宫城或“亚宫城”中的位置。

未央宫前殿基本位于宫城中部，距东、西、南、北宫墙分别为 990 米、1060 米、860 米、890 米。前殿坐北朝南，其南与未央宫南宫门、汉长安城南城门之一的西安门相对。在前殿与上述宫门、城门南北之间，除了“门”之外，没有其他宫殿台阁等建筑。未央宫中的宫殿、台阁、官署等建筑，均在前殿之后（即前殿以北）或左右两侧（即前殿东西两侧）。未央宫中的两条东西向贯通宫城的干道分布在前殿南北，前殿东侧为连接南北宫门的宫城南北向干道[57]。

桂宫宫城遗址为南北向长方形，南宫墙东西 900 米，在宫城西南角以东 430 米发现南宫门遗址，宫城之内有一条南北向干道通至南宫门，其南与未央宫石渠阁遗址及其西北部的“作室门”遗址南北相对，这座宫门遗址应即文献记载的“龙楼门”故址，“龙楼门”应是桂宫正门[58]。桂宫第一、二号建筑遗址位于桂宫南北向干道西侧，作为同一建筑群的桂宫第一、二号建筑遗址，其中的第二号建筑的南院（即 A 区）殿堂，是这组建筑群的主殿，也是桂宫的正殿，即文献记载中的“鸿宁殿”[59]。该殿堂位于桂宫南部，约桂宫东西居中略偏西位置。其南对南宫门遗址（即龙楼门遗址），殿堂与南宫门之间未发现有其他宫室建筑。殿堂遗址东临桂宫南北向干道。

建章宫宫城遗址平面为东西宽、南北窄的长方形，东西约 2130 米、南北约 1240 米。建章宫前殿约位于宫城中部略偏西。建章宫遗址发现的各类建筑主要分布于前殿以北及东西两侧。

汉长安城的宫城或“亚宫城”之中，一般有“前殿”或“正殿”，“前殿”或“正殿”是其宫城或“亚宫城”的主体建筑，它们一般居于宫城或“亚宫城”的中央或东西居中位置，其他宫室建筑围绕前殿或正殿分布。前殿或正殿是其所属宫城或“亚宫城”中规模最大、规格最高的建筑，皇宫中的前殿也是都城之中规模最大、规格最高的建筑。在宫城或“亚宫城”的前殿、正殿之前（即前殿、正殿的南部）与宫门之间，除了“门阙”“广场”“庭院”之类建筑之外，一般没有其他宫室建筑。这反映了前殿、正殿在宫城或“亚宫城”中的“居前”特点。

（二）汉长安城及其附近宗庙、陵庙形制、布局研究

都城的皇帝或皇室宗庙建筑遗址，已进行考古调查、勘探、发掘的有汉长安城南郊礼制建筑遗址中的“王莽九庙”遗址、汉景帝阳陵的“罗经石”遗址（即“德阳庙”遗址）、汉宣帝杜陵陵庙遗址等。

汉长安城及其附近宗庙、陵庙建筑形制相近，建筑平面一般为正方形。“王莽九庙”遗址由两座院落组成，一座大院落平面为方形，其中包括的 11 座小院子，其平面亦为方形。小院

子之中又各有一座主体建筑，主体建筑平面方形。另一座院落规模孜小，平面方形，其中主体建筑规模较大，但平面仍为方形[60]。

方形平面建筑不仅仅限于宗庙建筑，西汉帝陵陵庙主体建筑平面亦为方形。近年考古发掘的汉景帝阳陵第二号建筑遗址（又称“罗经石”建筑遗址，即汉景帝阳陵陵庙遗址），其建筑形制、规模与汉长安城南郊礼制建筑中的“王莽九庙”基本相同[61]。20世纪80年代初考古勘探、试掘的汉宣帝杜陵第八号遗址，位于帝陵东北400米，建筑基址东西73米、南北70米，平面近方形，遗址之内出土了属于“四神纹”的龙、凤纹空心砖。此建筑遗址可能为帝陵陵庙遗址[62]。

西汉时代，不只是都城皇室宗庙、陵庙建筑平面为方形，皇帝和皇后的陵墓封土、帝陵陵园与皇后陵园[63]，皇室社稷、辟雍建筑遗址等亦均为方形平面[64]。宗庙、陵庙、社稷、辟雍、陵园等均为“礼制建筑”，而考古发现说明汉代礼制建筑的平面一般为方形。这也就是说汉代宗庙与其他礼制建筑，在建筑形制上是相同的。西汉时代皇室的“方形”平面建筑，一般与“祭祀”活动相关，这种“祭祀”包括宗庙之内对祖先的祭祀，陵园、陵墓对先人的祭祀，社稷、辟雍对天地的祭祀等。总之，宗庙、社稷、辟雍、陵园和陵墓等“方形”平面的“祭祀”活动，应属于“超现实”的政治活动。而宫城或“亚宫城”之中的“前殿”与“正殿”建筑属于皇室或国家统治者“现实”政治活动的平台。“前殿”“正殿”的长方形建筑平面与“宗庙”等礼制建筑的方形建筑平面说明，这两类建筑的不同平面形制，反映出二者使用功能方面的巨大差异。

西汉时代都城的“前殿”或“正殿”与宗庙在都城布局中的不同位置，反映出它们的“地位”差异。

西汉时代早期的汉太上皇庙、汉高祖高庙和汉惠帝庙，均置于汉长安城之中，但是不在宫城之内。汉高祖时以长乐宫为临时皇宫，当时修建的太上皇庙位于长乐宫北宫墙之外；汉惠帝时以未央宫为皇宫，高庙和惠帝庙位于未央宫之外的东南部、长乐宫之外的西南部。汉文帝的顾成庙修建在汉长安城之外的东南部，自汉景帝始于帝陵陵园附近修建陵庙（汉惠帝在汉高祖长陵修建的“原庙”，是为了“月游衣冠”的方便，当时不属于严格意义上的“陵庙”），终西汉一代而未变。王莽称帝后，又于汉长安城之外的“南郊”修建了“九庙”及其他礼制建筑。宗庙位置从都城之内到都城之外的附近地方，从都城之外的附近地方又发展到帝陵陵园之内或附近，每个皇帝在各自陵墓为其建立陵庙，这些说明了宗庙的“多元化”，以及“多元化”的宗庙与“祖庙”的同时并存。

与宗庙在都城位置的变化趋势相反，“前殿”与“正殿”在都城宫城或“亚宫城”之中的凸显位置是一目了然的。汉长安城未央宫前殿是“大朝”所在，前殿基本位于未央宫中央，是皇宫乃至都城之中规模最大、规格最高的建筑物。未央宫前殿与宫城南宫门之间，没有其他宫殿建筑，充分反映出前殿“居前”的特点；前殿居于未央宫中央，充分反映了其“居中”的特点；前殿是未央宫乃至都城之中位置最高的建筑，充分反映出前殿的“居高”特点。王莽修筑的宗庙、社稷等都城南郊礼制建筑，分列未央宫前殿的东南部与西南部，前殿在宫城、都城的中心位置而达到前所未有的突出地位，这一形制为后世所沿袭。

（三）先秦时代王国都城与汉长安城的宫殿、宗庙布局比较

宗庙在中国古代历史上作为物化的“血缘关系”之体现，对于国家统治者的权力继承、分配起着决定性的作用。宗庙的主要政治功能是面向以血缘关系为基础的统治集团“内部的”。宫殿是国家权力运行的平台，是统治者面向国家、面向百姓的，相对宗庙对统治者而言，它是面向“外部的”，因此说宫殿是国家地缘政治的物化体现。

在先秦时代的早期都城建设中，文献记载“宗庙为先”[65]。早期王国的国王更需要通过都城宗庙，体现自己（国家统治者、管理者）控制国家权力的合理性、合法性。目前可以作为王国时代最早都城遗址的，一般认为是位于河南省偃师市的二里头遗址，近年来考古工作者又在二里头遗址“宫殿遗址区”周围，发现了其宫城遗址[66]。20世纪六七十年代发掘的二里头遗址第一号和第二号建筑遗址，分别位于宫城西部和东部（图一二）。第一号建筑遗址为一平面近方形的院落，边长90～107米，面积9585平方米。主体殿堂基址位于院落北部中央，东西36米、南北25米，面积900平方米。院落南部中央置门，门址东西并列3个门道。第二号建筑遗址为一平面长方形院落，东西57.5～58米、南北72.8米。主体殿堂基址位于院落北部中央，东西32.6～32.75米、南北12.4～12.75米。其南与大门相对，门道一个，两侧为二塾[67]。二里头遗址的上述两处建筑遗址有两点值得注意：第一，即第一号建筑遗址正门为3个门道；第二号建筑遗址正门为一个门道，门道两侧各置一塾。第二，即第二号建筑遗址位居第一号建筑遗址之东，而且前者位于宫城最东部。根据《周礼·考工记》“左祖右社”的记载，宗庙与社稷，分列于大朝正殿的东西两侧，宗庙在社稷以东，也在大朝正殿以东，也就是说大朝正殿与宗庙的方位关系，是前者居西，后者位东。这种情况在《史记》《汉书》等重要历史文献记载和田野考古发掘资料中得到证实，汉长安城的大朝正殿——未央宫前殿在“高庙”和“惠帝庙”西部，“王莽九庙”在“前殿东南部”。在汉长安城南郊的宗庙建筑遗址中，其主体建筑的院落正门，均为一个门道，并且门道两边分别构筑了“塾”。因此我认为二里头遗址中的第二号建筑遗址可能为宗庙建筑遗址。关于这一看法在不少学者的论著中，从不同方面也进行了研究[68]。至于二里头遗址第一号建筑遗址的性质，当前说法也不尽相同，主要有朝政宫殿说[69]、宗庙说[70]、祭祀性建筑说或“社”说等[71]，我认为“宗庙说”“祭祀性建筑说”或“社”说都是基于一号建筑遗址中发现的“祭祀”遗迹。其实就我们目前已知的考古资料或历史文献，在古代宫殿之中进行“祭祀”活动并不鲜见。如唐代大明宫含元殿遗址考古发掘中就发现了进行“燎礼”活动的遗物——“圭璧”[72]。因此，不能因为古代宫殿遗址有“祭祀”活动遗迹，就认为它们不是宫殿建筑遗址。而发现有“祭祀”活动遗迹，就认定这里的建筑遗址就是“祭祀性”建筑遗址。

偃师商城是商代早期都城遗址，位于河南省偃师市城关镇一带，早期的小城东西740米、南北1100米，面积81万平方米。大城是在小城基础之上向北、向东扩建而成，大城平面为“厨刀形”，城墙总长5500米，面积200万平方米。宫城位于偃师商城小城中央，平面近方形，边长180～200米。大型夯土建筑基址位于宫城中南部，分成东西两组。西组南北排列有第二、三、七、八、九号大型夯土建筑基址；东组先后建有第四、五、六号大型夯土建筑基址，它们属于单体大型夯土建筑基址，各自形成独立的院落[73]。在宫城之内的北部，亦即大型夯土建

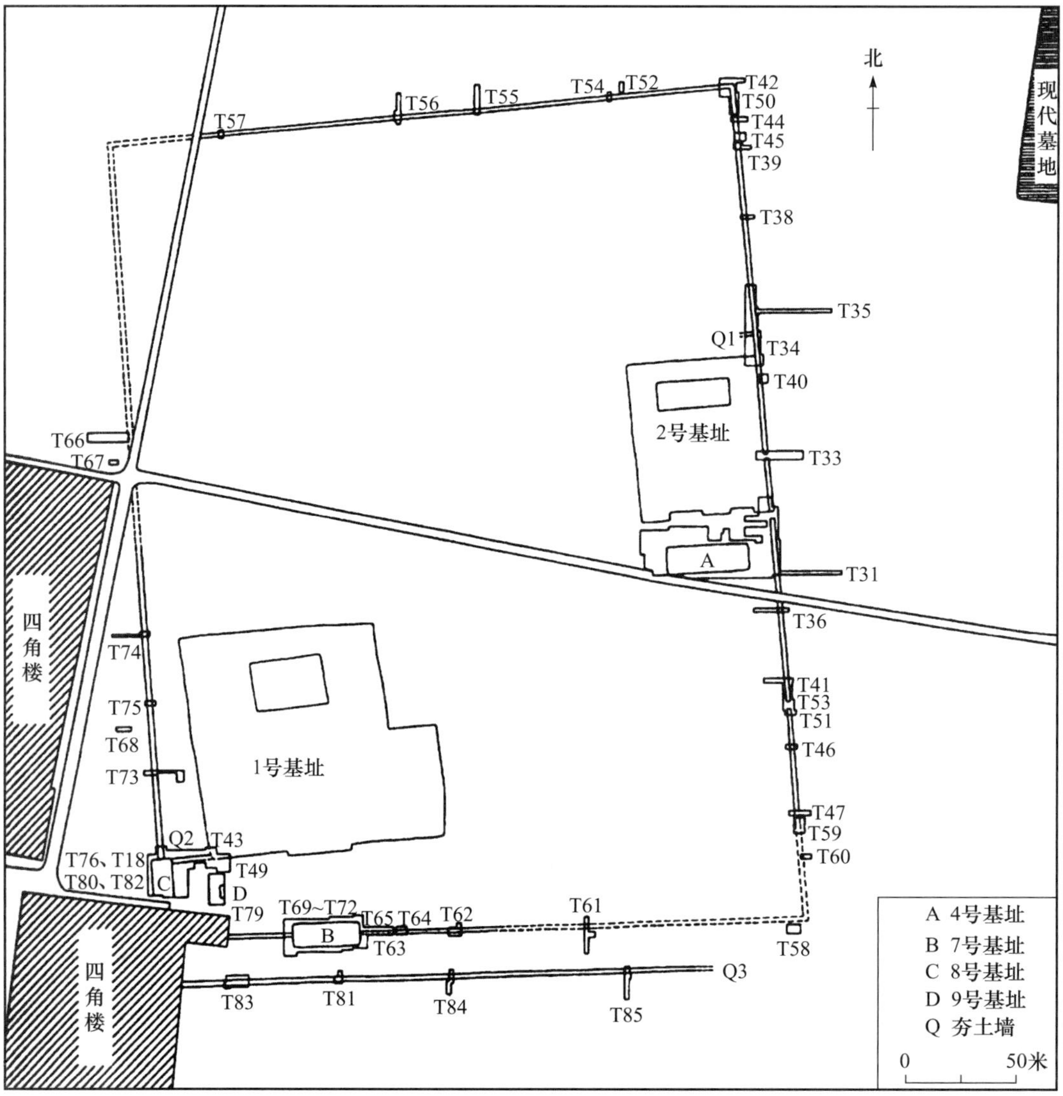

图一二　二里头遗址宫城遗址平面图

筑基址北部，发现有大规模的祭祀遗迹，其范围东西200米，面积约3100平方米（图一三）。特别需要注意的是，在东组第四号建筑基址北部发现了以动物、人、麦稻等农作物为主要内容的祭祀坑遗迹、遗物，其中猪是使用最多的祭祀用牲，此外还有牛、羊等，以上这些是宫城之中长期以来进行祭祀活动的历史佐证[74]。偃师商城的宫城遗址进行了大规模的考古发掘，已究明宫城东西两组建筑群的平面布局形制不同，其中西组第二、三、七、九号大型夯土建筑基址为主要宫殿建筑，第八号大型建筑基址为统治者生活起居的“寝殿”；东组的大型夯土建筑基址各自为一院落，其中以第四号建筑基址为主，可能属于宗庙建筑[75]。宫城北部的大规模祭祀遗迹可能即宫城宗庙祭祀遗存。

位于陕西省扶风和岐山的西周周原遗址，是周人在丰镐立都之前的“故都”。1999～2000年在陕西省扶风县云塘村发掘的西周晚期建筑群遗址，“凸”字形院落之内有三座建筑[76]，主体建筑居北，其东南部与西南部各有一座建筑，院落南门与主体建筑南北相对，其间置卵石路相连，通至南门。南门中为门道，两侧置塾。发掘者推断上述建筑群属于宗庙建筑[77]（图一四）。近来也有学者提出，根据现在已发表的考古资料来看，上述周原云塘西周晚期建筑遗址作为“宗庙”建筑，目前还难以确定，对其建筑性质“以存疑为妥”[78]。当然这一说法

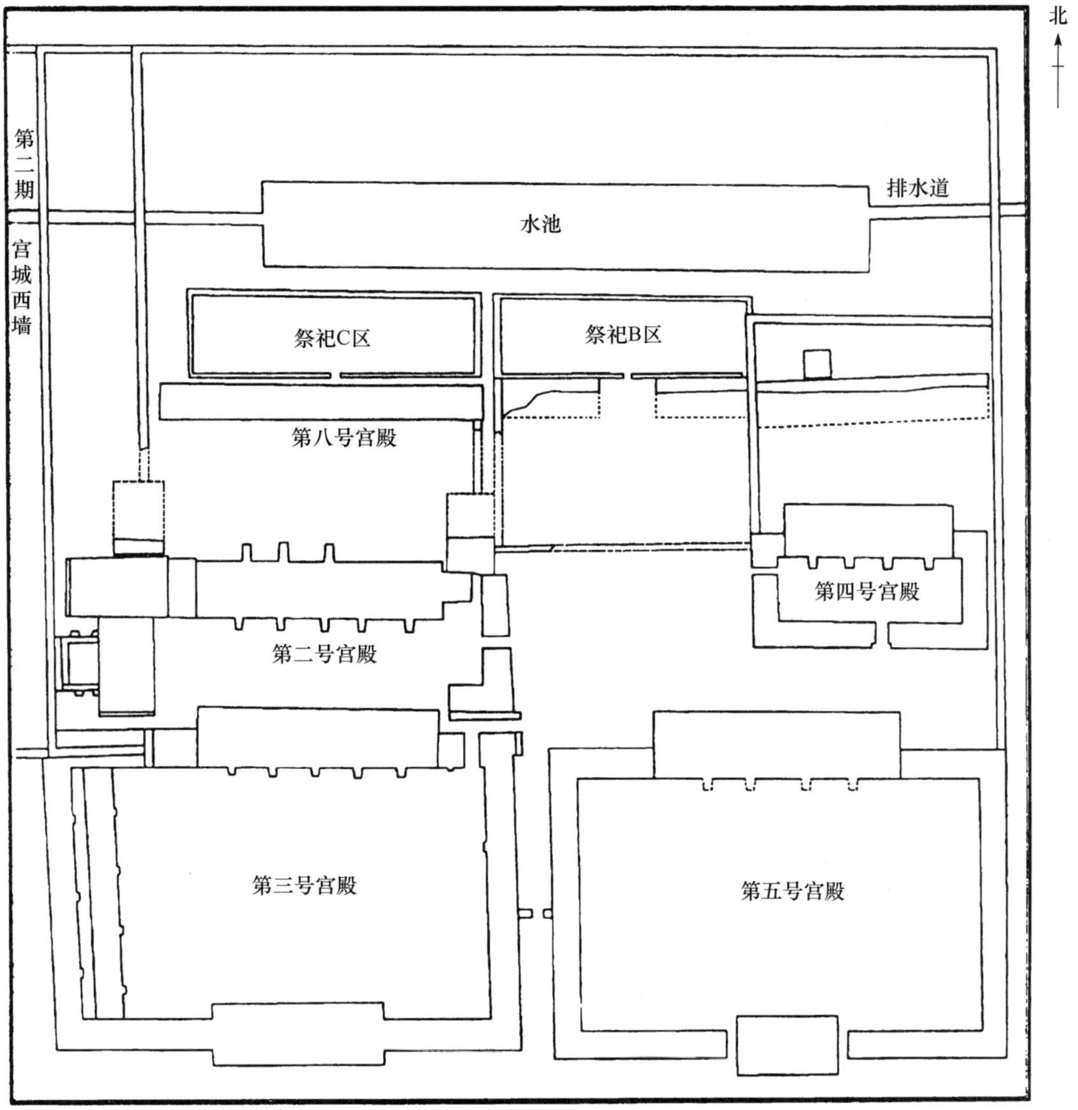

图一三　偃师商城宫城遗址平面示意图

有一定道理。但是，作为对阶段性考古发现的成果认识，结合与春秋时代的秦雍城马家庄建筑遗址对比研究，目前将扶风云塘、齐镇西周晚期建筑遗址视为“宗庙”一类建筑，也还是可以的。也许以后随着新的考古发现与研究的深入，会有更为准确的确认。

位于陕西省凤翔县的春秋时代秦国都城雍城遗址，考古工作者在其中南部的宫殿区或宫城之内，考古调查、勘探、发掘了马家庄第一号建筑遗址，这组建筑包括三座单体建筑，平面为“品”字形，外围一周墙垣，形成规正的长方形院落。院落正门辟于南墙中央，门道居中，两侧置塾。主体建筑居北，东西 30 米、南北 34.5 米。主体建筑东南部与西南部各置一建筑，形制、大小相同，对称分布，每个建筑东西 13.9 米、南北 21 米。院落之内发现 181 座祭祀坑，主要分布在主体建筑与南门、东西附属建筑之间，祭祀坑中的主要牺牲为牛羊，其中有牛坑 86 个、羊坑 55 个、人坑 8 个，推断它们应为祭祀活动的遗存[79]，发掘者认为马家庄一号建筑基址应为雍城宗庙建筑遗址[80]（图一五）。

从以上不同时期宗庙建筑遗址的形制可以看出，夏商时代的宫殿与宗庙建筑的平面结构是基本相近的。被认为属于宗庙建筑的周原西周云塘遗址和东周秦雍城的马家庄第一号建筑遗址，其平面与同时期的宫殿基址平面，有着明显区别，前者已变为“凹”字形平面，后者则仍

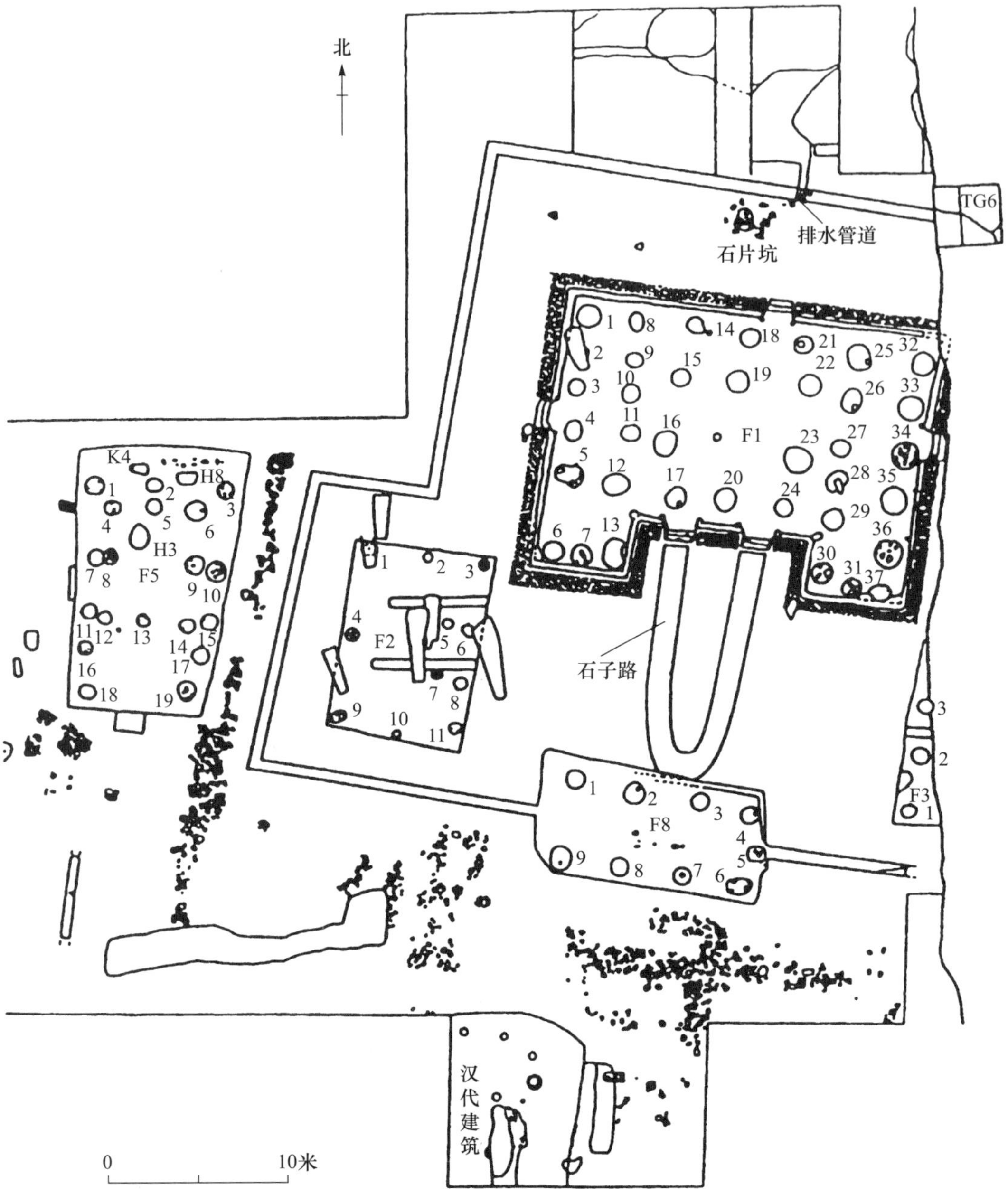

图一四　周原云塘建筑遗址平面图

F1：1～37. 柱础坑　F2：1～11. 柱础坑　F3：1～3. 柱础坑　F5：1～19. 柱础坑　F8：1～9. 柱础坑

为长方形平面。西汉时代长安城的“前殿”“正殿”建筑平面均为长方形，宗庙建筑平面已为方形。

战国时代的秦国都城咸阳城，其王室和皇室宫殿群在宫城之中，其中宫殿建筑遗址已经发掘了多座[81]。王室、皇室的宗庙，分别安排在故都雍城与咸阳附近[82]。置于咸阳城附近的宗庙在咸阳城渭河对岸的“渭南”地区，《史记》卷六《秦始皇本纪》载：“诸庙、章台、上林皆在渭南。”

总的来看，中国古代都城的宗庙位置变化是：古代都城的宗庙由夏、商、西周和战国时代早期以前，位于宫城或宫殿（含宗庙）建筑区之中。西汉时代初年，宗庙位于宫城之外、郭城之内，汉文帝开始将宗庙置于郭城之外，汉景帝开始在帝陵附近建庙。新莽时期，宗庙与社稷则置于皇宫之南，分列于大朝正殿——前殿的东南部与西南部，形成《周礼·考工记》所说

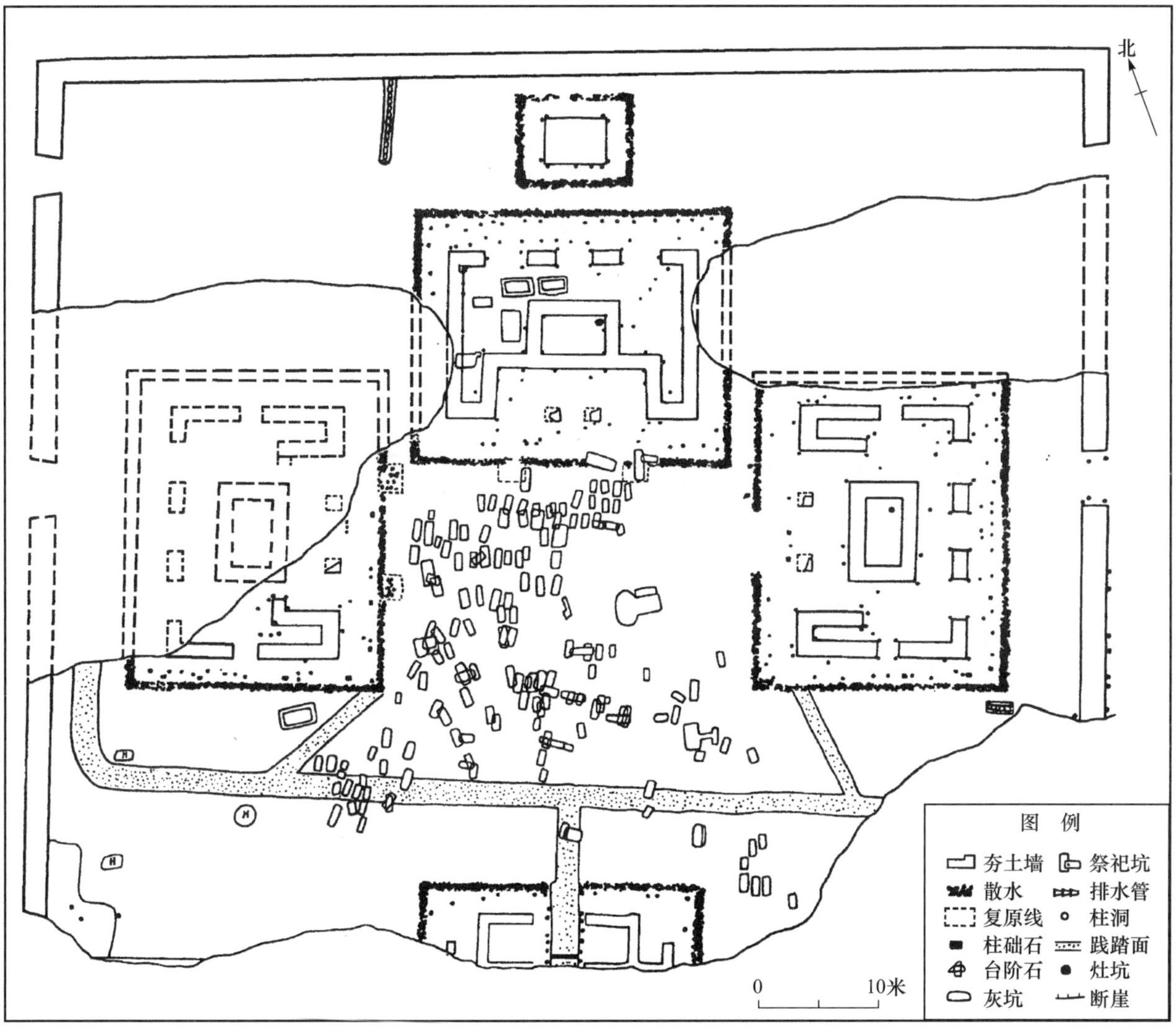

图一五　凤翔马家庄第一号建筑遗址平面图

的“左祖右社”格局，这也是我们目前考古发现最早的、最确切的古代都城“左祖右社”遗存。宗庙在都城之中分布位置的变化，反映了宗庙建筑在都城之中地位的变化。

宗庙是“血缘政治”物化载体的象征。在人类“古代文明形成”之前的史前时代，“血缘”是维系社会生存与发展的纽带。人类进入国家社会、“文明时代”，是对史前时代的发展与否定，是地缘政治对血缘政治的挑战，是地缘政治的历史性胜利。但是，人类古代历史的发展是渐进的、连续的、过渡的，人类历史从史前时代的血缘政治，到“文明时代”、早期国家社会（夏商周时代）的血缘政治与地缘政治相结合时代，然后再进入古代中央集权封建帝国的以地缘政治为主、血缘政治为辅的时代，汉长安城宫殿与宗庙的形制与布局，反映了从王国时代进入帝国时代王权与皇权政治的巨大历史变化。

注　　释

[1]　刘庆柱:《中国古代都城遗址布局形制的考古发现所反映的社会形态变化研究》,《考古学报》2006年第3期。

[2]《水经注·渭水》卷八。

[3]《山西柳林高红商代夯土基址》,《2004中国重要考古发现》，文物出版社，2005年，第57～59页。

[4]　戴应新:《解放后考古发现的医药资料考述》,《考古》1983年第2期；中国社会科学院考古研究所:《汉长安

城未央宫——1980～1989年考古发掘报告》，中国大百科全书出版社，1996年。

［5］邢义田：《汉长安城未央宫前殿遗址出土木简的性质》，《大陆杂志》1999年100卷第6期。

［6］《汉书》卷九十九（下）《王莽传（下）》：王莽末年“城中少年朱第、张鱼等恐见卤掠，趋讙并和，烧作室门，斧敬法闼，呼曰：‘反虏王莽，何不出降？’火及掖廷承明，黄皇室主所居也。莽避火宣室前殿，火辄随之”。作室门遗址在石渠阁遗址西北60米，承明殿（或称承明庐）遗址在天禄阁遗址与石渠阁遗址东西之间，根据《汉书·王莽传》上述记载，掖庭应在前殿与承明殿南北之间。掖庭或为后宫的总称，如《汉官六种·汉宫仪》载：“掖庭后宫所处。”或掖庭与椒房共同组成后宫，如班固《西都赋》云：“后宫则有掖庭、椒房，后妃之室。”《太平御览》卷一八五《居处部》引《汉宫仪》云：“皇后称椒房。”故皇后的宫殿亦称椒房殿。《三辅黄图》载：“椒房殿，在未央宫。”

［7］中国社会科学院考古研究所：《汉长安城未央宫——1980～1989年考古发掘报告》，中国大百科全书出版社，1996年。

［8］《三辅黄图》：“长乐宫，本秦之兴乐宫也。高皇帝始居栎阳，七年长乐宫成，徙居长安城。”刘庆柱《三秦记辑注·关中记辑注》（三秦出版社，2006年）辑《长安志》卷三“长乐宫”条引《关中记》载：“长乐宫本秦之兴乐宫也。周回二十余里，有殿十四。汉太后常居之。”

［9］刘庆柱：《西汉太后垂帘听政证据确凿——从未央宫、长乐宫的考古发现来看西汉的“二元政治”》，《新华文摘》2004年第9期。

［10］中国社会科学院考古研究所汉长安城工作队：《汉长安城长乐宫二号建筑遗址发掘报告》，《考古学报》2004年第1期；中国社会科学院考古研究所汉长安城工作队：《汉长安城长乐宫发现凌室遗址》，《考古》2005年第9期；中国社会科学院考古研究所汉长安城工作队：《西安市汉长安城长乐宫四号建筑遗址》，《考古》2006年第10期。

［11］李遇春：《汉长安城的发掘与研究》，《汉唐与边疆考古研究》（第一辑），科学出版社，1994年。

［12］中国社会科学院考古研究所汉长安城工作队：《汉长安城长乐宫发现凌室遗址》，《考古》2005年第9期。

［13］《汉书》卷二十七（上）《五行志（上）》：“惠帝四年十月乙亥，未央宫凌室灾。”

［14］《汉书》卷二十七（上）《五行志（上）》：“永始元年正月癸丑，大宫凌室灾。”

［15］《汉书》卷二十七（上）《五行志（上）》：“凌室所以供养饮食，织室所有奉宗庙衣服。”

［16］刘庆柱：《汉长安城》，《中国考古学年鉴（1986）》，文物出版社，1988年；刘庆柱、李毓芳：《汉长安城》，文物出版社，2003年，第109、110页。

［17］《三辅黄图》：“桂宫，汉武帝造。”

［18］中国社会科学院考古研究所等：《汉长安城桂宫——1996～2001年考古发掘报告》，文物出版社，2007年。

［19］《三辅黄图》：“北宫，在长安城中，近桂宫，俱在未央宫北。周回十里。高帝时制度草创，孝武增修之。”

［20］中国社会科学院考古研究所汉城工作队：《汉长安城北宫的勘探及其南面砖瓦窑的发掘》，《考古》1996年第10期。

［21］《水经注疏》。

［22］刘庆柱、李毓芳：《汉长安城》，文物出版社，2003年。

［23］《史记》卷八《高祖本纪》：高祖崩，“丙寅，葬。己巳，立太子，至太上皇庙。群臣皆曰：‘高祖起微细，拨乱世反之正，平定天下，为汉太祖，功最高。’上尊号为高皇帝。太子袭号为皇帝，孝惠帝也。令郡国诸侯各立高祖庙，以岁时祠”。

［24］刘庆柱、李毓芳：《西汉十一陵》，陕西人民出版社，1987年。

［25］《书道》卷三。

［26］《汉书》卷二十七（上）《五行志》（上）：“平帝元始五年七月己亥，高皇帝原庙殿门灾尽。高皇帝庙在长安城中，后以叔孙通讥复道起原庙于渭北，非正也。”

［27］《汉书》卷四《文帝纪》：文帝四年“作顾成庙”。服虔曰：“庙在长安城南，文帝作。还顾见城，故名之。”应劭曰：“文帝自为庙，制度卑狭，若顾望而成，犹文王灵台不日成之，故曰顾成。贾谊曰：‘因顾成之庙，为天下太宗，与汉无极。’”如淳曰：“身存而为庙，若《尚书》之《顾命》也。景帝庙号德阳，武帝庙号龙

渊，昭帝庙号徘徊，宣帝庙号乐游，元帝庙号长寿，成帝庙号阳池。”

[28]《汉书》卷九十八《元后传》：“及莽改号太后为新室文母，绝之于汉，不令得体元帝。堕坏孝元庙，更为文母太后起庙，独置孝元庙故殿以为文母篹食堂，既成，名曰长寿宫。以太后在，故谓之庙。”

[29] 汉阳陵博物苑：《汉阳陵博物苑》，文物出版社，2006年，第56页。

[30] 董鸿闻等：《阳陵罗经石的实测和研究》，《测绘通报》1995年第6期。

[31] 韩伟：《罗经石乎？太社乎？》，《考古与文物》2001年第2期。

[32] 李零：《说汉阳陵“罗经石”遗址的建筑设计》，《考古与文物》2002年第6期。

[33] 王学理：《罗经石遗址是阳陵庙》，《陕西日报》2000年6月13日。

[34] 中国社会科学院考古研究所：《汉杜陵陵园遗址》，科学出版社，1993年，第75页。

[35] 刘庆柱、李毓芳：《西汉十一陵》，陕西人民出版社，1987年。

[36]《汉书》卷九十九（下）《王莽传（下）》：“地皇元年望气为数者多言有土功象，莽又见四方盗贼多，欲视为自安能建万世之基者，乃下书曰：‘予受命遭阳九之戹，百六之会，府帑空虚，百姓匮乏，宗庙未修，且祫祭于明堂太庙，夙夜永念，非敢宁息。深惟吉昌莫良于今年，予乃卜波水之北，郎池之南，惟玉食。予又卜金水之南，明堂之西，亦惟玉食。予将亲筑焉。’于是遂营长安城南，提封百顷。九月甲申，莽立载行视，亲举筑三下。司徒王寻、大司空王邑持节，及侍中常侍执法杜林等数十人将作。崔发、张邯说莽曰：‘德盛者文缛，宜崇其制度，宣视海内，且令万世之后无以复加也。’莽乃博征天下工匠诸图画，以望法度算，及吏民以义入钱谷助作者，骆驿道路。坏彻城西苑中建章、承光、包阳、犬台、储元宫及平乐、当路、阳禄馆，凡十余所，取其材瓦，以起九庙。”中国社会科学院考古研究所于20世纪50年代后半叶在汉长安城南郊礼制建筑遗址考古发掘的第一号至第十二号建筑遗址，即应属于“王莽九庙”遗址。见中国社会科学院考古研究所：《西汉礼制建筑遗址》，文物出版社，2003年。

[37]《汉书》卷二十五《郊祀志》：“圣汉兴，礼仪稍定，已有官社，未立官稷。遂于官社后立官稷。”中国社会科学院考古研究所于20世纪50年代后半叶在汉长安城南郊礼制建筑遗址中考古发掘的第十三号遗址与第十四号建筑遗址，即分别为“官社”遗址与“官稷”遗址。见中国社会科学院考古研究所：《西汉礼制建筑遗址》，文物出版社，2003年。

[38]《汉书》卷九十九（上）《王莽传（上）》载：汉平帝元始四年，王莽“奏起明堂、辟雍、灵台，为学者筑舍万区，作市、常满仓，制度甚盛”。刘庆柱《三秦记辑注·关中记辑注》辑《长安志》卷五引《关中记》曰：“汉太学、明堂皆在长安城南，安门之东、杜门之西。”在西安市西郊任家口村北，1953年考古工作者曾于此清理了北魏邵真墓，墓内出土的墓志铭记载，邵真墓位于“明堂北乡永贵里”，北魏的“明堂乡”实际上是得名于汉长安城的明堂建筑，也就是说汉长安城的明堂就在今任家口村附近。见陕西省文管会：《西安任家口M229号北魏墓清理简报》，《文物参考资料》1955年第12期。

[39]《汉书》卷二十二《礼乐志》：“成帝以向（刘向）言下公卿议，会向病卒。丞相大司空奏请立辟雍，案行长安城城南。营表未作遭成帝崩，群臣引以定谥。及王莽为宰衡，欲耀众庶，遂兴辟雍，因以篡位。”汉长安城辟雍遗址在今西安市西郊大土门附近，20世纪50年代后半叶已经考古发掘，见唐金裕：《西安西郊汉代建筑遗址发掘报告》，《考古学报》1959年第2期；黄展岳：《汉长安城南郊礼制建筑的位置及其有关问题》，《考古》1960年第9期。

[40]《汉书》卷十《成帝纪》载：建始元年十二月“作长安南北郊，罢甘泉、汾阴祠”“二年春正月，罢雍五畤。辛巳，上始郊祀长安南郊”。《水经注·渭水》：昆明故渠“南有圜丘，成帝建始二年，罢雍五畤，始祀皇天上帝于长安南郊，应劭曰：天郊在长安南，即此也。”《长安志》卷五引《括地志》载：“汉圜丘在长安治内四里，居德坊东南隅。”居德坊约在今西安市大土门附近。

[41]《水经注·渭水》载：“镐水北迳汉灵台西，又迳磁石门西，门在阿房宫前，悉以磁石为之。”《两京新记辑校·大业杂记辑校》中《两京新记》记载修真坊“有汉灵台。汉平帝元始四年所立，望云物之所，今余址高五尺，周回一百廿步”。

[42]《汉书》卷九十九（上）《王莽传（上）》载：汉平帝元始四年，王莽“奏起明堂、辟雍、灵台，为学者筑舍万区，作市、常满仓，制度甚盛”。刘庆柱《三秦记辑注·关中记辑注》辑《长安志》卷五引《关中记》曰：

"汉太学、明堂，皆在长安城南，安门之东、杜门之西。"《长安志》卷十记载：普宁坊"西街，有汉太学遗址。其地本长安故城南，安门之外"。
[43] 中国社会科学院考古研究所：《西汉礼制建筑遗址》，文物出版社，2003年。
[44]《艺文类聚》卷六十二《居处部（二）》"殿"条载：陈沈炯（太极殿铭）曰"太极殿者。资两仪之意焉，大壮显其全模，土圭测其正影。周曰路寝，汉称前殿。虽名号参差，其实一也"；《太平御览》卷一七五《居处部（三）》引山谦之《丹阳记》曰："太极殿，周制路寝也。秦汉曰前殿，今称太极。"
[45]《史记》卷六《秦始皇本纪》：始皇三十五年"乃营作朝宫渭南上林苑中。先作阿房前殿"。
[46]《史记》卷八《高祖本纪》："萧丞相营作未央宫，立东阙、北阙、前殿武库、太仓。""未央宫成。高祖大朝诸侯群臣，置酒未央前殿。"
[47]《三辅黄图》载：长乐宫"前殿东西四十九丈七尺，两序中三十五丈，深十二丈"。
[48]《三辅黄图》载：北宫"中有前殿，广五十步"。
[49]《汉书》卷十一《哀帝纪》：建平三年春正月"癸卯，帝太太后所居桂宫正殿火"。
[50]《汉书》卷二十五（下）《郊祀志（下）》：汉武帝"作建章宫，度为千门万户。前殿度高未央"。《汉官六种·汉旧仪》："武帝于甘泉宫更置前殿，始广诸宫室。"
[51]《汉书》卷十二《武帝纪》：建章宫"前殿度高未央"。《文选》卷一《西都赋》：建章宫"尔乃正殿崔嵬，层构厥高，临乎未央"。
[52] 如桂宫正殿未见称其为"前殿"者。宗庙也有"正殿"，如《汉书》卷二十七（上）《五行志（上）》卷二十七（上）载："元凤四年五月丁丑，孝文庙正殿灾。"但是宗庙的正殿亦未见称"前殿"者。
[53] 如未央宫前殿未见称其为"正殿"者。
[54] 中国社会科学院考古研究所：《汉长安城未央宫——1980～1989年考古发掘报告》，中国大百科全书出版社，1996年。考古勘探资料证实未央宫前殿之上包括了南北排列的三座大型宫殿建筑，而且其各自建筑规模也超过相关历史文献记载。前殿应是一组建筑群的总称。《三辅黄图》载：未央宫"前殿东西五十丈，深十五丈，高三十五丈"。
[55] 何清谷校注：《三辅黄图校注》卷二：长乐宫"前殿东西四十九丈七尺，两序中三十五丈，深十二丈"。注："长乐宫前殿东西长一百一十四点三一米。除去东侧夹室东西十六点五米，西侧夹室东西十六点五米，堂东西八十点五米，南北宽二十七点六米。"
[56] 中国社会科学院考古研究所等：《汉长安城桂宫——1996～2001年考古发掘报告》，文物出版社，2007年。
[57] 中国社会科学院考古研究所：《汉长安城未央宫——1980～1989年考古发掘报告》，中国大百科全书出版社，1996年。
[58]《汉书》卷十《成帝纪》：汉成帝为太子时，"初居桂宫，上尝急召，太子出龙楼门，不敢绝驰道，西至直城门，得绝乃度，还入作室门"。张宴注曰："门楼上有铜龙，若白鹤、飞廉之为名也。"
[59]《汉书》卷十一《哀帝纪》：建平三年春正月"癸卯，帝太太后所居桂宫正殿火"。《汉书》卷二十七（上）《五行志（上）》："哀帝建平三年正月癸卯，桂宫鸿宁殿灾，帝祖母傅太后之所居也。"上述两条文献记载说明，桂宫正殿即桂宫鸿宁殿。因此，把明光殿认定为是桂宫正殿，与历史文献记载抵牾。
[60] 中国社会科学院考古研究所：《西汉礼制建筑遗址》，文物出版社，2003年。
[61] 汉阳陵博物苑：《汉阳陵博物苑》，文物出版社，2006年，第56页。
[62] 中国社会科学院考古研究所：《汉杜陵陵园遗址》，科学出版社，1993年，第75页。
[63] 刘庆柱、李毓芳：《西汉十一陵》，陕西人民出版社，1987年。
[64] 中国社会科学院考古研究所：《西汉礼制建筑遗址》，文物出版社，2003年。
[65]《三国志》卷二十五《高堂隆传》卷二十五："凡帝王徙都立邑，皆先定天地社稷之位，敬恭以奉之。将营宫室，则宗庙为先，厩库次之，居室为后。"
[66] 中国社会科学院考古研究所二里头工作队：《河南偃师市二里头遗址宫城及宫殿区外围道路的勘查与发掘》，《考古》2004年第11期。
[67] 中国社会科学院考古研究所：《偃师二里头——1959年～1978年考古发掘报告》，中国大百科全书出版社，

1999 年。

[68] 宋镇豪:《夏商社会生活史》，中国社会科学出版社，1994 年，第 38、39 页；杨鸿勋:《宫殿考古通论》，紫禁城出版社，2001 年，第 35 页；张国硕:《夏商时代都城制度研究》，河南人民出版社，2001 年，第 173、174 页；杜金鹏:《二里头遗址宫殿建筑基址初步研究》，《考古学集刊(第 16 集)》，科学出版社，2006 年。

[69] 中国社会科学院考古研究所:《新中国的考古发现和研究》，文物出版社，1984 年，第 217 页；杨鸿勋:《建筑考古学论文集》，文物出版社，1987 年，第 78 页；中国社会科学院考古研究所:《偃师二里头——1959 年～1978 年考古发掘报告》，中国大百科全书出版社，1999 年，第 393 页。

[70] 邹衡:《夏商周考古学论文集》，文物出版社，1980 年，第 167～170 页。

[71] 杜金鹏:《二里头遗址宫殿建筑基址初步研究》，《考古学集刊(16)》，科学出版社，2006 年。

[72] 马得志:《1959—1960 年唐大明宫发掘简报》，《考古》1961 年第 7 期。

[73] 中国社会科学院考古研究所:《中国考古学·夏商卷》，中国社会科学出版社，2003 年，第 203～213 页。

[74] 王学荣、杜金鹏等:《偃师商城发掘商代早期祭祀遗址》，《中国文物报》2001 年 8 月 5 日第一版。

[75] 杜金鹏、王学荣:《偃师商城近年考古工作要览——纪念偃师商城发现 20 周年》，《偃师商城研究》，科学出版社，2004 年。

[76] 周原考古队:《陕西扶风县云塘、齐镇西周建筑基址 1999～2000 年度发掘简报》，《考古》2002 年第 9 期。

[77] 徐良高、王巍:《陕西扶风云塘西周建筑基址的初步认识》，《考古》2002 年第 9 期。

[78] 刘瑞:《陕西扶风云塘、齐镇发现的周代建筑基址研究》，《考古与文物》2007 年第 3 期。

[79] 陕西省雍城考古队:《凤翔马家庄一号建筑群遗址发掘简报》，《文物》1985 年第 2 期。

[80] 韩伟:《马家庄秦宗庙建筑制度研究》，《文物》1985 年第 2 期。

[81] 陕西省考古研究所:《秦都咸阳考古报告》，科学出版社，2003 年。

[82]《史记》卷六《秦始皇本纪》:“先王庙或在西雍，或在咸阳。”

(原刊于《汉长安城考古与汉文化——纪念汉长安城考古，五十周年国际学术研讨会论文集》，科学出版社，2008 年)

汉代陶窑初论

李毓芳

制陶业在我国有着悠久的历史，早在石器时代已经出现，到了汉代，我国的制陶业有了飞跃的发展。

20 世纪 50 年代以来，全国各地考古工作者对汉代陶窑进行了大量调查和发掘工作，获得了丰富的考古资料。本文就汉代窑址的发现与分布、形制结构、分类与用途、陶窑性质、时代特征等问题加以探讨。

一、汉代窑址的发现与分布

目前在田野考古中发现汉代窑址较多的地方主要是在西汉京畿之地，即今陕西西安和河南洛阳附近，此外，河北地区发现的汉代窑址亦较多，山东、辽宁、内蒙古、四川、贵州、甘肃、湖南、广西、浙江等地也有发现。

陕西的汉代窑址发现数量居全国首位，到目前为止，已发现和清理的窑址有 119 座[1]。其中，西安和咸阳一带又是陕西境内发现清理最集中的地方。咸阳一带发现的西汉窑址主要分布在二道塬塬边，如陕西省考古研究所于 1980～1983 年在咸阳市窑店乡发现的 75 座西汉窑址[2]，它们背靠西汉帝陵所在的咸阳塬，面临渭水，与汉长安城仅一水之隔。在这些陶窑遗址中出土的板瓦、筒瓦遗物甚多，它们很可能承担了都城长安和帝陵陵寝建筑的部分用瓦烧造任务。除了上述发现的集中窑址群外，在帝陵陵区附近也发现生产建筑材料的窑址，如汉高祖长陵附近的咸阳市怡魏村清理的汉初窑址[3]。咸阳北安村发现的秦汉之际的烘范窑[4]，既反映出当时制陶业的发达程度，也再现了那时冶铸业的先进技术。20 世纪 90 年代以来，中国社会科学院考古研究所对汉长安城遗址内的手工业作坊遗址进行了全面勘探，发掘出 30 座西汉窑址[5]，包括烧制砖瓦、陶俑和烘范的陶窑，其中以陶俑窑为最多。这是关于西汉时代制陶手工业方面极为重要的一批资料。

西汉中期，长安城内的手工业生产规模已相当可观，大量的制陶手工业扩展到都城近郊，如史载汉武帝时就在杜陵原以南、傍秦岭北麓建造了数以几千计的陶窑，专门为皇室烧制建筑材料[6]。在都城旁边也有不少陶窑，已发现和清理的如西安北郊草滩阎家寺村的砖瓦窑（汉长安城东北部）[7]、西安北郊玉女门村东的烘范窑（汉长安城清明门东边）[8]、长安窝头寨钱范窑址（汉长安城西南的上林苑中）[9]。

在三辅故地不少地方发现了较为重要的汉代窑址，如韩城市的秦汉夏阳故城遗址的砖瓦窑[10]、华阴的西汉初期的陶窑[11]、澄城县坡头村的烘范窑和陶窑[12]。

东汉时期京都东移，三辅地区经济衰退，制陶手工业也不例外。目前考古发现的这一时期关中地区的陶窑遗址为数甚少，仅有安康良田村[13]、华阴京师仓故地[14]两处。

西汉时代，河南是我国古代手工业最发达的地区之一。东汉时期首都从长安迁至洛阳，进一步促进了中原地区的经济发展。河南省境内的制陶手工业遗址的发现也反映了这方面的历史情况。洛阳地区发现的汉代窑址，不但时代序列完整，而且类型众多。如洛阳东周王城遗址发现的秦汉之际、西汉前期、西汉后期和两汉之际的众多窑址[15]，使我们对此地汉代窑址的发展变化有了较全面的认识。汉河南县城故址的烘范窑[16]、洛阳老城东汉“对开式”砖瓦窑[17]和汉魏故城东南大量汉代陶窑[18]，它们都为汉代窑址研究提供了极为珍贵的资料。

在汉代，郑州地区是仅次于洛阳地区的另一个手工业相当发达的地方。郑州附近发现的一些汉代窑址大多与当时的冶铸业有着密切关系。如汉代荥阳故地的冶铸遗址内发现的西汉中晚期至东汉时代的13座窑址[19]，以出土大批叠铸范而著名的温县安乐寨的东汉早期烘范窑址[20]。巩县铁生沟汉代冶铁遗址发现的11座烘范窑和一排5座的陶窑[21]。此外还有密县的东汉砖窑址[22]，南阳北关瓦房庄汉代冶铁遗址中发现的4座烘范窑[23]。

豫北、冀南一带发现的窑址，主要有新乡的东汉窑址[24]和河北武安午汲古城遗址中的两汉窑址[25]。

山东虽然是汉代经济相当发达的地区，但目前发现的窑址甚少[26]，可能随着今后考古工作的开展，会有更多的窑址被发现。

汉代边陲地区的经济得到迅速发展，手工业生产也不例外，这些地区发现的大量汉代窑址为此提供了佐证。辽宁和内蒙古是关中和中原以外发现汉代窑址最多的两个地区。辽宁宁城[27]、朝阳袁台子和腰而营子[28]、辽阳三道壕等地都发现清理了一批汉代窑址[29]。在内蒙古呼和浩特二十家子[30]及和林格尔土城子发现的汉代窑址比较多，窑址延续的时间也比较长[31]，这些都是探讨北方地区汉代陶窑的重要实物资料。此外，在西北地区的甘肃酒泉[32]，西南地区的四川成都[33]和蓬溪[34]，贵州的沿河[35]和安顺[36]，广西梧州[37]，中南地区的湖南常德等地[38]，都发现了两汉窑址，有的陶窑还很具地方特色。

据考古资料粗略统计，全国各地已发掘的调查、发掘、清理资料较齐全的，汉代陶窑址有261座。然而烧制原始瓷的浙江上虞联江乡[39]、龙游县乌龟山和三石垅[40]等十多处汉代瓷窑址还不包括在内。就目前所发现的汉代窑址，尽管数量不多，但是这200多座窑址在时间上包括了两汉400余年，在空间上既有内地又有边陲地区，从类型上来看也是比较齐全的，这就为我们研究汉代陶窑提供了宝贵的资料。

二、汉代陶窑的形制结构

汉代陶窑一般由前室、火门、火膛、窑室、排烟设施和窑门组成。

前室是烧窑人员的工作场地。陶窑建造初期，前室可能还较为规整，前室大小往往是一个工人操作的范围，大多为一长方形竖井式，如汉长安城 Y2～Y27[41]、洛阳东周王城内的烘范窑[42]。有一些窑的前室，为了上下方便，在其一端修成斜坡式上下道，在洛阳东周王城遗址区内和西安郭家村的汉代陶窑中均可发现这些遗迹[43]；也有的在前室一角构筑了便于上下的台阶[44]；还有两个陶窑共用一个前室的所谓“对开式”陶窑。这在洛阳老城[45]和西安汉长安城遗址中都有发现（图 1）[46]。甚至，还有三窑共用一个前室的[47]，如汉长安城 Y28，Y29，Y30。前室实际上成了一处共用的工作场地（图 2）。

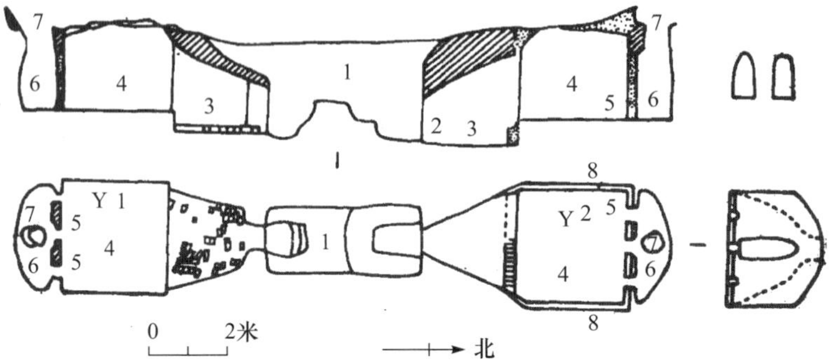

图 1　洛阳市东郊东汉对开式砖瓦窑平剖面图

1. 前室（操作坑） 2. 火门 3. 火膛 4. 窑室 5. 排烟孔 6. 烟室 7. 烟囱 8. 窑室下部排烟道

（引自《洛阳市东郊东汉“对开式”砖瓦窑的清理》，《中原文物》1985 年第 4 期）

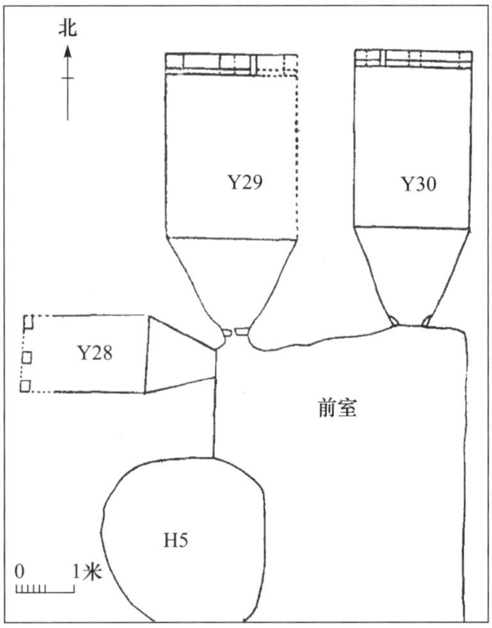

图 2　汉长安城 92CHY28、Y29、Y30 窑址平面图

火门是工人投柴点火之处，也有少数陶窑火门兼为窑门，承担装窑、出窑任务。火门的立面形状，大多呈拱形，如汉长安城清理的大多数陶俑窑即属此类[48]，也有个别陶窑火门立面呈五角形，犹如汉代五角形水道[49]。此外，还有个别陶窑火门立面为长方形[50]、圆形[51]等。火门是在生土中掏挖而成的，或再以砖券，火门表面均抹一层草泥。火门兼为窑门的，都较一般火门的规模大，其高都在 1.3～1.4 米以上。这种陶窑从秦汉之际到东汉时代均有发现，但为数不多，而且大多集中于砖瓦窑和陶器窑。如西安北郊草滩阎家寺 2 号窑[52]，洛阳东周王城 Y2、Y11[53]（图 3），华阴东汉陶窑[54]，甘肃酒泉[55]和广西梧州的西汉陶窑[56]。有的陶窑火门与火膛之间往往有一通道，各窑的通道长短不甚一致[57]。火门大多以砖封堵，也有少数使用

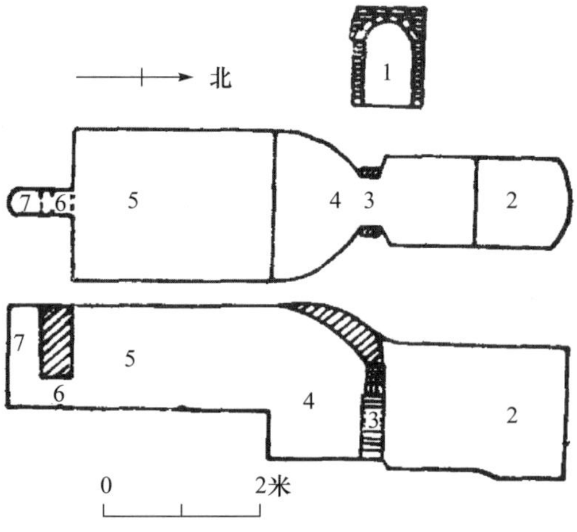

图 3　洛阳东周王城内的 11 号窑平、剖面图

1. 窑门 2. 前室（烧坑） 3. 窑道 4. 火膛 5. 窑床 6. 排烟孔 7. 烟道

（引自《洛阳东周王城内的古窑址》，《考古与文物》1983 年第 3 期）

土坯者。

火膛是燃料燃烧之处。火膛介于火门与窑室之间，从火门投入燃料，燃料在火膛内燃烧，将热量送入窑室。一般火膛底部是整个陶窑最低的地方。火膛底部有平面和坡面之分，从汉长安城发掘的陶窑资料来看，烧制陶俑、砖瓦的陶窑，火膛底部多为平面，烘范窑火膛底部则为坡面，坡面是由火门向窑室方向成斜坡，坡度为30°～45°。火膛顶部一般为拱形，两壁略呈内弧，弧度大小各窑不一，火膛越大两壁弧度越小。火膛的整体形如喇叭，近火门处口小，靠窑室处口大。火膛正视平面大多为梯形，也有少数为半圆形，极个别为圆形[58]。约在两汉之际，陶窑火膛构筑了砖箅，东汉时中原地区的陶窑火膛使用砖箅者已为数不少，如郑州荥城故址[59]、温县[60]、密县[61]（图4）、洛阳老城的陶窑址[62]。但是在中原以外各地的汉代陶窑中，火膛构筑砖箅者甚为鲜见。砖箅使火膛中的燃料能够较快燃烧，而且燃烧较充分。为了使火膛的火较均匀进入窑室，又使靠近火膛部的窑室内陶坯不因烈火而被烧流，在火膛与窑室间筑造了隔火墙。在保存较好的汉长安城陶窑遗址上发现，隔火墙单砖顺砌，最下一层砖面与窑床面平，由下向上自第二层起，每层之内的砖之间留有2～8厘米宽间隔，相邻两层砖的间隔错位排列。这些砖之间隔即是进火孔，火膛中的火藉此进入窑室。隔火墙上部应与火膛和窑室交接处的顶部相连[63]（图5）。

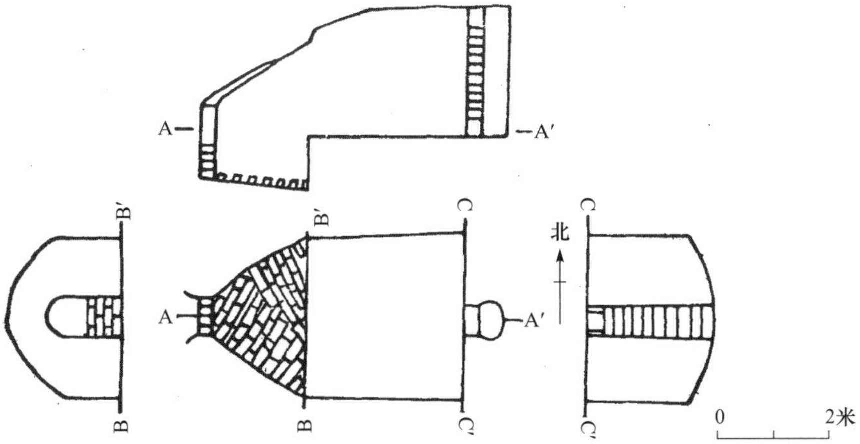

图4　河南密县密新商场工地2号窑平、剖面图

（引自《河南密县密新商场汉墓和陶窑的发掘》，《华夏考古》1992年第2期）

汉代陶窑的绝大多数是一座窑一个火膛。但也有极个别的陶窑由多个火膛组成，辽宁宁城的王莽时代烘范窑可称一例典型，该窑设有四个火膛，窑室前后各两个，火膛中的火通过烟道进入窑室[64]（图6）。

窑室是放置各种待烧物品土坯的地方。窑室平面大多为长方形或方形，也有少数呈梯形或马蹄形等。有的窑室底部两边构筑有火道设施，如洛阳东周王城址中的汉初陶窑[65]、陕西澄城坡头村4号窑[66]、西安北郊郭家村的王莽烘范窑等[67]（图7）。为了使窑室内的火力均匀分布，有些陶窑在窑室正中，砌上一道与陶窑同方向的分火道隔墙，如澄城坡头村3号窑[68]和汉长安城Y2～Y22窑址上均发现了这种遗迹现象[69]。以保存较好的汉长安城Y21、Y22两座陶窑为例，其分火道隔墙为单砖顺砌，砌筑方式与火膛及窑室间隔火墙相同，穿火孔宽2～10厘米不等。分火道隔墙与隔火墙高度相近（图5）。这种分火道隔墙在陶俑窑中使用普遍。这可

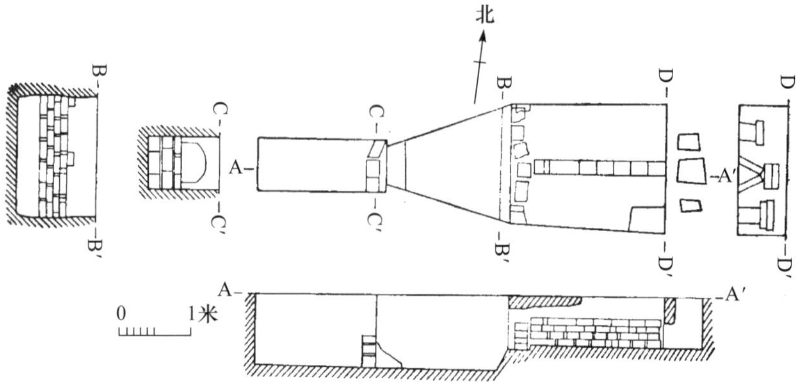

图 5　汉长安城 Y22 平、剖面图

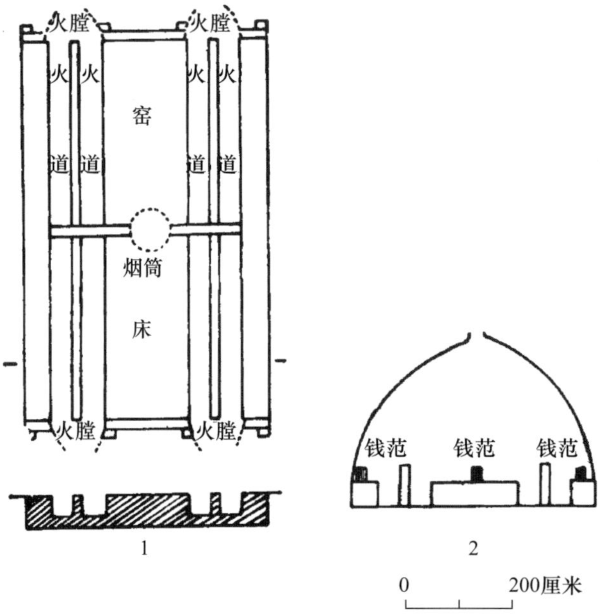

图 6　辽宁宁城县黑城古城内的窑址[70]

1. 烘范窑平、剖面图　2. 窑室结构示意图

（引自《辽宁宁城县黑城古城王莽钱范作坊遗址的发现》,《文物》1977 年第 12 期）

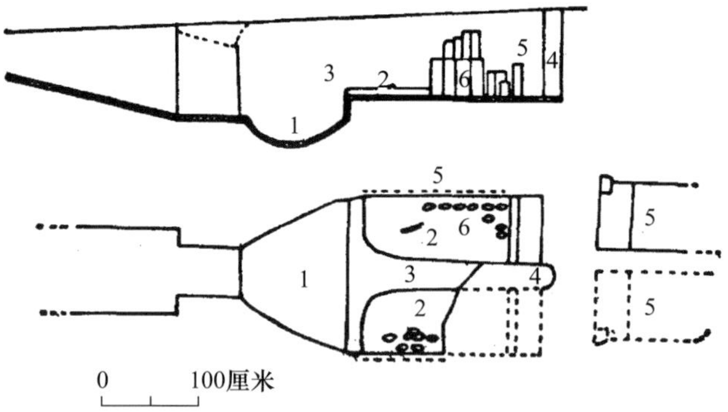

图 7　西安北郊郭家村新莽钱范窑址平、剖面图

1. 火膛（火坑） 2. 窑床（平台） 3. 通火口　4. 烟囱　5. 隔火壁　6. 钱范

（引自《西安北郊新莽钱范窑址清理简报》,《文物》1959 年第 11 期）

能是由于陶俑装窑技术难度大，将窑室再分割成小区以后便于操作；还因作为“东园秘器”的陶俑烧造不同于一般的砖瓦、陶器等，它要求精美的质量，必须控制好火力，才能使俑坯均匀受热。

各种窑室的窑床面处理不尽相同，似与陶窑烧制不同物品有关。如烧制陶器的广西梧州富民坊1号窑，窑床上铺设了2厘米厚的细砂[71]；四川武胜旧县匡家坝的2号窑的窑床面有8厘米厚的泥沙烧结层，这是砖坯装窑前撒在窑床上的泥沙，在开窑后烧结而成的[72]；河南新乡市北站郭柳村的3号窑，是一座砖窑，为了防止砖坯粘连则撒上一层草木灰[73]。对窑床面的处理，以烧造陶俑的陶窑较为复杂。汉长安城中清理的陶俑窑，窑床面先撒一层细砂，再铺一层软泥，上面再撒一层细砂，然后装陶俑坯。下层细砂用于防止软泥与窑床面粘结，上层细砂是防止俑坯与软泥烧结，软泥是为了使竖立置的俑坯比较稳定。每烧完一窑陶俑并出窑后，俑坯装窑前都要把已烧结的细沙和软泥（已变成硬泥）清除掉[74]。还有的窑床面在构筑陶窑时就铺了一层砖，如河南温县的烘范窑[75]；也有的在窑床面铺一层瓦状陶板，形成瓦形窑箅，如内蒙古呼和浩特二十家子中烧造瓦的3号窑采用的就是这种技术[76]。

排烟设施是陶窑中结构变化较大的部分。它们一般由进烟口、排烟道（或烟室）和烟囱三部分组成。进烟口开于窑室后壁底部，其截面近方形或长方形，边长约20～30厘米。大多数汉代陶窑进烟口为3个，它们的分布位置在窑室后壁底部两边和中间各1个。陕西地区发现的汉代陶窑绝大多数为3个进烟口，2个进烟口的为数甚少。咸阳怡魏村汉初的一座窑址即为两个进烟口[77]。一般而言，汉代陶窑中时代越早进烟口越少，反之则越多。河南洛阳东周王城的古窑址突出地反映了这一特点，此处属于秦汉之际的1号、2号窑和西汉初年的12号窑均为一个进烟口（图8），共青路3座两汉之际陶窑亦均为3个进烟口。河北武安午汲古城中的汉代窑址也反映出上述特点，此处的西汉初期的陶窑有1～3个进烟口，而西汉晚期和东汉时代的陶窑绝大多数为3个进烟口，多者可达5个。东汉时代陶窑极个别的虽为1个进烟口，但其烟囱结构比较特殊，如河南密县密新商场附近的东汉陶窑即属此例（图4）。

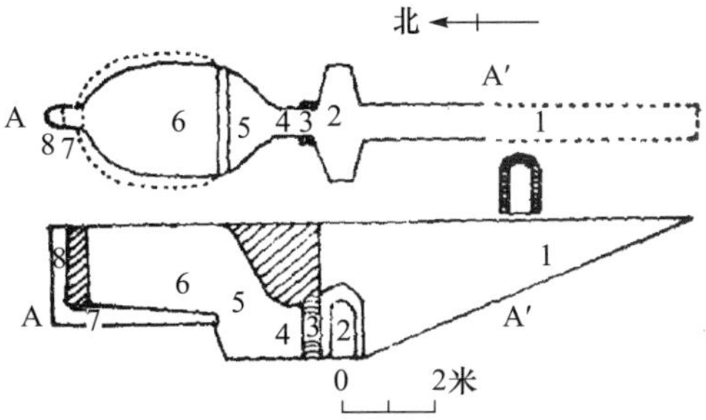

图8 洛阳东周王城内东2号窑平、剖面图
1. 上下道 2. 前室（烧坑） 3. 窑门 4. 窑道 5. 火膛 6. 窑床 7. 排烟孔 8. 烟道
（引自《洛阳东周王城内的古窑址》，《考古与文物》1983年第3期）

汉代陶窑中的排烟结构有两种。一种是进烟口与排烟道连接，然后经烟囱将烟排出窑外，它们出现的时间较早，使用延续的时间也较长。进烟口、排烟道的数量不一，多者甚至可达4～5个，然后往往汇入1个烟囱排出窑外（图9）。也有少数陶窑有2个以上进烟口，并有相应数量的烟囱，如四川武胜匡家坝汉代砖窑第2号窑（图10）。这类陶窑一般时代偏晚，多在西汉晚期以后。另一种是进烟口与烟室连接，然后经烟囱将烟排出窑外，它们的出现和普及一般在西汉中晚期以后。烟室平面形状有半圆形的，如汉长安城1号窑和华阴京师仓故址的东汉时代1号窑（图11）；也有圆形的，如洛阳涧河的汉代陶窑；还有为数较多的长条形，如汉长安城的第28～30号窑和西安北郊郭家村的王莽时代烘范窑（图7）。烟室正中上面构筑一个烟囱，烟囱大小不一，直径20～50厘米。

关于窑门，在前面火门部分已提及，有的陶窑火门兼作窑门，然而为数甚多的汉代陶窑火门根本不能作为窑门使用，这部分的陶窑窑门多构筑于窑室顶部的一侧。汉代窑址中窑室顶部保存窑门遗迹者罕见，温县烘范窑窑室顶部复原了窑门，有部分遗迹可为依据。在秦始皇陵兵

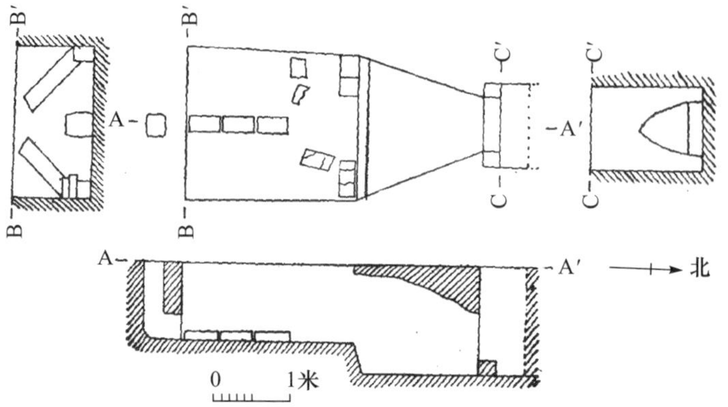

图 9　汉长安城 Y11 平、剖面图

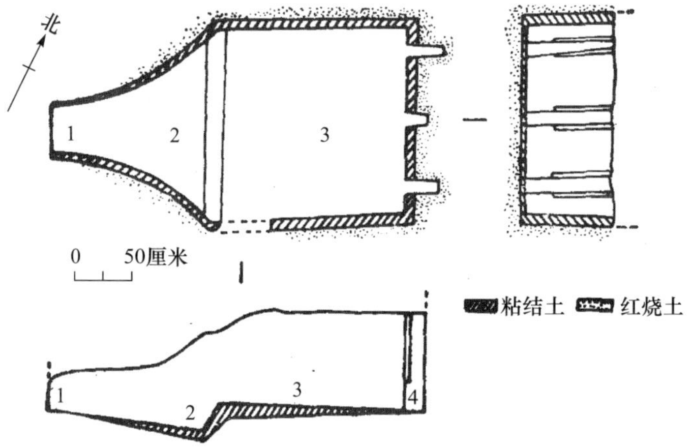

图 10　四川武胜匡家坝 2 号窑平、剖面图

1. 窑门　2. 火膛　3. 窑床　4. 烟道

（引自《四川武胜匡家坝汉代砖窑试掘记》，《考古与文物》1980 年第 2 期）

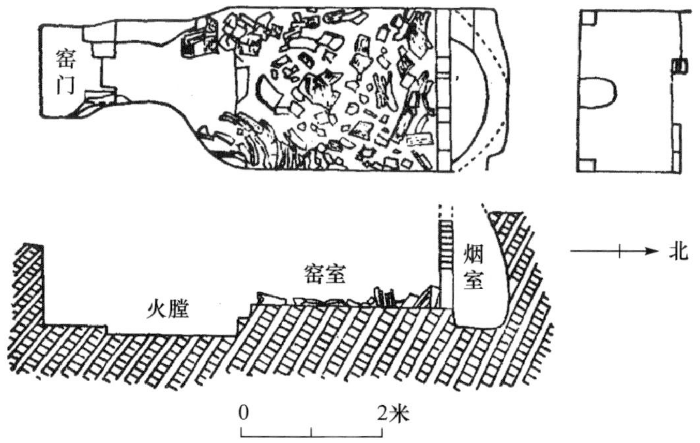

图 11　京师仓 Y1 平面、剖面图

（引自《西汉京师仓》，文物出版社，1990 年）

马俑坑附近发现的秦代陶窑保存较好，其窑门辟于窑室顶部一侧[78]。汉代的一些陶窑承袭了这一方式。还有不少汉代陶窑可能未设置窑门，如汉长安城清理的 30 座陶窑，火门很小，工作人员无法出入。从保存较好的 Y21、Y22 两窑来看，窑室壁未见起券痕迹，窑室内未见顶部券砖和其他窑顶的塌落遗物。估计当时的窑顶是临时性的，即每次装窑后构筑临时窑顶，每窑烧成出窑前再去掉窑顶，以便取出制品。Y21、Y22 两窑已装满陶俑坯，陶窑尚未点火，俑坯之上也未发现窑顶任何遗物，说明装窑前窑顶已去除。陶俑虽已装窑，可能因突然事件没有点

火，所以窑顶也就没有再构筑。

汉代陶窑的构筑方法可分为两种，第一种构筑方法是挖成半地穴式的窑形，再用土坯或砖砌筑窑顶。窑顶有弧形和穹庐形两种。如前所述，还有的窑并非土坯或砖砌筑，很可能是草泥抹顶，窑顶为一次性使用。陶窑地下部分的窑壁分为土壁、土坯壁（或砖砌壁）和夯筑壁。土壁是指直接在生土中挖成窑的形状后，在表面抹一层细泥或草拌泥、麦秸泥，厚1～8厘米。用这种方法处理窑壁，在汉代陶窑中是为数最多的。陶窑生土壁内砌土坯或砖，其表面亦抹一层1～8厘米厚的草拌泥或麦秸泥，这种窑室多见于砖瓦窑。汉代陶窑中窑壁经夯筑处理的为数较少，仅在陕西咸阳发现1座，西安汉长安城遗址内发掘了8座。夯壁表面亦抹一层麦秸泥，厚1～5厘米。第二种构筑方法是采取全部掏挖而成，形成土洞式的陶窑。这种陶窑建于阶地或山坡之上，陶窑前低后高，平面呈马蹄形，窑顶为拱形顶和平顶两种。火门即为窑门。这种陶窑仅见于陕西西安草滩阎家寺村两座汉代砖瓦窑（图12）和广西梧州富民坊的27座陶器窑。

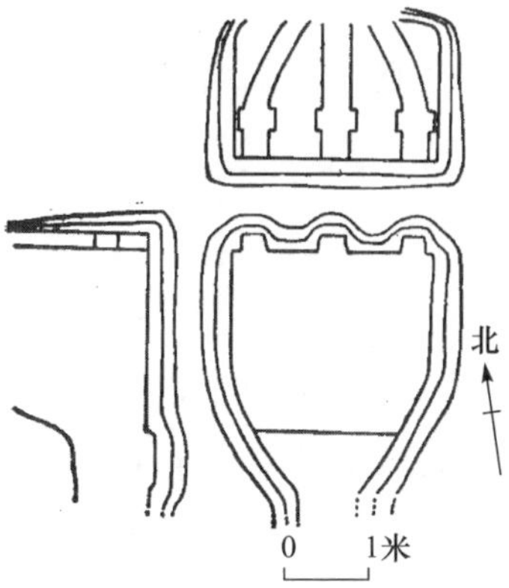

图12　西安北郊草滩区阎家寺村2号窑平、剖面图
（引自《西安市北郊汉代砖瓦窑址》，《考古》1964年第4期）

三、汉代陶窑的用途与分类

汉代陶窑的用途主要是烧造砖瓦建筑材料、陶器生活用品、陶俑（作为明器使用）、陶明器等，此外还烘烤用于铸造的泥范。有的陶窑具备多种用途。根据以上陶窑的用途，我们将其分为五类，即砖瓦窑、陶器窑、陶俑窑、烘范窑和多用窑。

1. 砖瓦窑

在汉代的各种陶制品中，砖瓦等建筑材料是用量最大的，因此在各类陶窑中，砖瓦窑也是数量最多的。汉武帝时仅在长安城东南郊修建瓦窑多达数千处。但目前所发表的汉代砖瓦窑址资料只有30多座，它们主要分布于陕西的西安、咸阳、华阴、韩城，河南的洛阳、密县和新乡，辽宁的朝阳、辽阳，内蒙的呼和浩特，甘肃的酒泉，四川的莲溪、武胜，贵州的沿河、安顺，湖南的常德等地。这些砖瓦窑包括了两汉时代各个时期的窑址。砖瓦窑规模较其他陶窑大一些，关于它们的生产能力可根据一些保存较好的窑址进行推测。在一部分窑址中发现有已烧成尚未挪动的几层筒瓦；陕西华阴东汉初年的1号窑址，窑床上码放着多层大板瓦；最近在河南省长葛县增福庙乡曹庄村发现的一座汉代砖窑，窑址保存很好，全部已烧成的砖还存留在窑内[79]，详细资料有待进一步的报道。在甘肃酒泉的西汉中晚期的3号窑床上码放着未经火烧的条形砖坯5层。考古工作者根据河南新乡郭柳村3号窑床上的砖坯行距、砖坯的码放层次，推测每窑每次出砖1000多块。辽宁辽阳三道壕的西汉中、晚期及少量东汉早期的砖窑，每窑每次出砖约1800块。由于砖窑大小的不同，砖的品种不一，砖的生产量，也就不一样。砖瓦业作为建材业的支柱产业，对其生产规模的研究，无疑对我们认识汉代建筑业、制陶手工业都是十分重要的。

2. 陶器窑

汉代陶器在人们日常生活中的需用量是很大的，但是目前已发掘和清理的汉代窑址中，单纯烧制陶器的窑并不多，其中主要有河南洛阳、河北武安、辽宁朝阳、内蒙古和林格尔与呼和浩特、四川成都、广西梧州、陕西安康等。有的陶窑可能还兼烧制作为明器使用的陶器。

3. 陶俑窑

汉代陶俑作为明器，随着各地汉代墓葬的发掘、清理已大量出土，但专门烧造陶俑的陶窑发现的并不多，目前仅见两处，即洛阳东周王城遗址和西安汉长安城遗址。后者以其数量多、保存好、又处于都城之内，而更显得重要。已发掘的汉长安城陶俑窑主要包括3组21座，陶窑形制基本相同。由于其中一些陶窑保存较好，结构清楚，解决了窑室与火膛间隔火墙和窑室内分火道隔墙的构筑方法问题。隔火墙使火膛内的火均匀进入窑室，分火道隔墙又使窑室内的火均匀分布，从而保证了窑室内的俑坯都能均匀受热。这样，火膛旁的俑坯不致因火大而烧流，距火膛较远的俑坯也不致因火力不均而烧成夹生。汉长安城陶俑窑群的发掘，还解决了俑坯如何放置的问题。由于陶俑头重脚轻，采取头朝下的倒置方法，俑坯重心下移，放置就稳定。陶俑窑虽然规模较小，但由于俑坯装窑时排列十分紧密，每窑烧制陶俑的数量还是相当可观的（图13）。以第2～22号窑为例，每窑每次可以烧制裸体俑350～450个。汉代各类陶窑中，以陶俑窑的烧成温度最高，可达1000～1050℃，已接近陶质胎的高温临界线（1100℃），也说明当时制陶手工业者已完全能控制窑温。

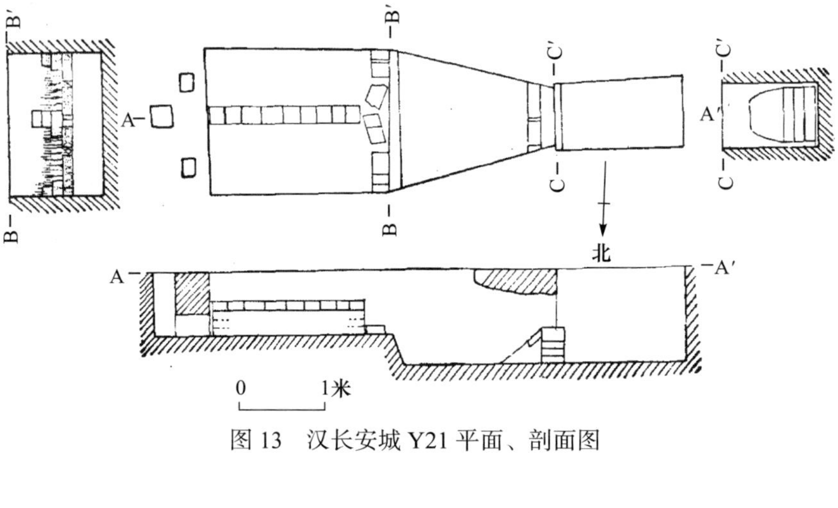

图13　汉长安城Y21平面、剖面图

4. 烘范窑

目前已发表的汉代烘范窑有25座，它们分布在陕西的西安、咸阳、澄城，河南的洛阳、温县、巩县、南阳和辽宁的宁城等地。此外，河南郑州古荥镇的汉代冶铁遗址中的13座陶窑，除了烧制砖、瓦、鼓风管和陶器外，还兼有烘范之功能。

烘范窑的出现与冶铸手工业密切相关，它的主要作用是对大型金属铸件的泥范和各类小型金属铸件的叠铸泥范进行烘烤、加温。在前述烘范窑址上，或出土了一些大型金属铸件的泥范，或出土了大量车马饰器、货币和权等叠铸泥范。这些泥范在浇注前必须经过烘烤，去掉泥范和外面的草拌泥皮中的水分和有机质，使泥料定型，增加强度、透气性，降低发气量，使泥范有较高的预热温度，以保证浇注成功。发现最早的烘范窑是陕西咸阳北安村的秦汉之际的烘范窑，其窑址结构已不清楚。洛阳东周王城内发掘的西汉初年烘范窑，其进烟口、烟道和烟囱只有一个。到了西汉中晚期的烘范窑，一般为3个进烟口，1个统一的烟室，上面还可能构筑1个烟囱排烟。进入东汉时期，火膛内有2～3块砖砌成的窑箅。烘范窑的窑壁一般与烘烤过的泥范颜色相同。烘范窑根据其烘烤的泥范不同可分为两种，一种为适用于大型铸件单件生产，在窑内烘烤后就窑浇铸，巩县铁生沟的11座烘范窑即属此类。这类窑有勺式和长方形坑式两种。陕西西安和河南温县的烘范窑属另一种，烘烤的是叠铸范，它们是乘热将叠铸范取出后浇铸的。

辽宁宁城清理的王莽时期烘范窑，在汉代窑址中结构独特，此窑为券顶长方形窑室，其中平行排列着4条南北向对称砖砌火道，火道两头低中间高，底部铺一层砖，火道南北两端各设2个火膛。火膛低于火道50厘米。烟囱设在全窑中部。这种窑的窑室面积大，建在地面上，火道与火膛则建在地下。四条火道的火焰直向窑顶，回旋分散弥漫全窑，与被烘烤泥范直接接触，烟从窑室底部进入烟囱（图6）。

5. 多用窑

多用窑系指一窑多用，既能烧制明器陶俑等，又能烧制砖瓦建筑材料、日用陶器皿。这类窑在陕西的西安、咸阳、澄城，河南的洛阳、郑州、新乡，山东的淄博，内蒙古的呼和浩特、和林格尔，以及河北的武安等地均有发现。

四、汉代陶窑的性质

如前所述，汉代陶窑不仅生产砖瓦、陶器，还生产陶俑等明器、烘烤泥范，可见汉代陶窑不仅仅属于制陶业，它还与冶铁、铸币业密切相关。因此，汉代陶窑的性质也就显得较为复杂。

汉代陶窑从经营者而言，大体上说可分为官营和私营两种。官营的陶窑也称官窑，汉代的砖瓦窑、陶器窑和陶俑窑中均有官窑，烘范窑中绝大多数应为官窑。

砖瓦窑中的官窑以西汉京畿地区的砖瓦窑最具代表性。《三国志·魏志·董卓传》记载汉长安城东南郊南山北麓的数千处瓦窑，是汉武帝时期专门为皇室烧造建筑材料的。20世纪70年代初，在西安三桥镇南（汉长安城西南）发现的数座汉代砖瓦窑，窑内尚遗留各类瓦当数百面[80]，窑址在汉代上林苑之中，它们无疑应属于皇室窑址。与汉长安城仅一水之隔的渭北咸阳原上发现的75座汉代窑址，成组分布，数十座连成一片，其规模之大，绝非一般私营民窑。这些窑址内出土的砖瓦建筑材料与其附近汉高祖长陵邑的汉代砖瓦遗物形制相同，也就是说这些陶窑生产的砖瓦是用于陵寝或宫室建筑，它们应属官营陶窑。

对已发掘整理的汉代陶器窑，要断定其是否为官窑目前还有困难。汉代的陶窑中肯定也有官窑。例如陕西新安机砖厂汉墓出土的戳印“东园□□”陶文的陶罐[81]，无疑为少府属官东园匠管辖的陶器窑烧造。又如陕西淳化的汉云阳县故址出土的有“云市”“云亭”陶文的陶器[82]，河南洛阳汉河南县城遗址出土的有“河市”“河亭”陶文的陶盒、碗、瓮等[83]，河南陕县西汉墓中出土的有“陕市”“陕亭”陶文的陶罐[84]等。上述陶器上的陶文，说明这些陶器是“市”“亭”所辖制陶手工业作坊的产品，因此这些陶窑亦应为官窑。

陶俑窑中的官营陶窑，以汉长安城第2～22号窑最具代表性。21座陶窑分为三组，平面布局略呈三角形，彼此间相距29～62米。21座窑的形制、大小基本相同。所出遗物均为形制相似的裸体陶俑。三组陶窑应为同一时期的同一陶俑窑群。从目前已发掘的考古资料来看，裸体俑大多出土于西安附近的皇帝陵墓陪葬坑或一些汉代达官显贵的墓葬，如汉景帝阳陵陪葬坑[85]、汉宣帝杜陵陪葬坑中均有大量出土[86]，在武帝茂陵[87]、昭帝平陵陵区附近曾出土了一些裸体“陶俑”[88]。汉武帝初年的利乡侯之墓也出土了“裸体”陶俑[89]。西汉时代帝陵（包括一些重要的达官显贵墓）的随葬品是由少府所辖的东园匠负责生产提供[90]。贮藏随葬品的从葬坑建筑材料也由东园匠制造。在汉薄太后南陵从葬坑中，用以砌筑框栏的条砖上就有阳文隶书“东园”字样[91]。东园匠生产的明器有时也由皇室赐与达官显贵们使用，如前所述的“利成”墓出土的陶罐上就有“东园□□”四字。笔者认为，西汉长安城第2～22号陶窑应系少府属官东园匠管辖的官窑。

从烘范窑窑址的遗物来看，一种是烘烤的货币范，另一种是各种金属铸件的泥范。

钱范在造币业中是至关重要的。西汉初期铸币权并未集中于中央政府，民间铸币盛行，币制混乱。到西汉中期，汉武帝于元鼎四年（公元前113年）下令：“悉禁郡国毋铸钱，专令上林三官铸，钱既多，而令天下非三官不得行，诸郡国前所铸钱皆废销之，输入其铜三官。”[92]从元鼎四年开始，终两汉之世，铸钱手工业为中央所属的手工业部门所控制，因此可以说西汉中期及其后的汉代用于钱范的烘范窑均为中央有关部门所管辖。如汉长安城清明门外的汉代烘范窑，窑址内出土了大量新莽钱范，其中完整的“大泉五十”叠铸范五叠，残片千余块。三辅故地的陕西澄城坡头村烘范窑中发现了大量武帝到昭帝时期的“五铢钱范”。这类官窑不仅分布于京畿地区，边远地区也有发现。如辽宁宁城县黑城古城外发掘的一处汉烘范窑，出土了“大泉五十”和“小泉直一”两种范母1000多块。据文献记载，居摄二年（公元7年），王莽始铸“大泉五十”，始建国元年（公元9年）又铸“小泉直一”，同年秋，新莽中央政府“又遣谏大夫五十人，分铸钱于郡国”[93]。上述“大泉五十”和“小泉直一”范母上有“始建国元年三月”“前钟官工良造”及“后钟官工裒造”铭文。钟官为汉王朝负责铸造钱币的官署，说明此窑址应为官窑。

烘范窑中的金属铸件泥范，绝大多数为铸铁件泥范。汉武帝时期，中央政府实行盐、铁官营。铁的官营包括开矿冶炼、生产铸造和产品销售，铁器的生产和流通全部过程都由官府控制，这种局面基本延续到新莽政权倒台前夕。到东汉一代，在盐、铁官营的同时，允许民营盐、铁生产、销售等活动，这从汉代烘范窑址中出土的遗物可以得到证实。据上所述，笔者认为，属于西汉中晚期的烘烤铁铸件泥范的烘范窑，无疑应为官窑，因为它们属于冶铁业一部分，而当时冶铁业实行官营政策。已发掘的这类烘范窑有陕西西安的汉长安城第28～30号窑，河南巩县铁生沟的11座烘范窑，郑州古荥镇兼有烘烤铁铸件泥范功能的13座陶窑。上述三处陶窑，时代均为西汉中晚期，它们恰好也是汉代实行政府盐铁专营时期。河南南阳瓦房庄汉代冶铁遗址发掘了4座东汉烘范窑，出土了大量铁铸件或其范模。在铁䦆（T33①A：28）、犁铧上内模（T49①A：1）和4件六角釭模（T2①A：31、T1①A：166、T2①A：14、T1①A：

72）上均有“阳一”铭文，“阳一”应为南阳郡铁官之第 1 号作坊。此犹如巩县铁生沟和郑州古荥镇冶铁遗址出土器物上分别有“河一”“河三”铭文，代表河南郡铁官第 1、3 号作坊。这些均应为官营冶铁作坊的佐证。南阳瓦房店汉代冶铁作坊亦应为铁官所辖的官营作坊，其中的 4 座烘范窑当为官窑无疑。这又从另一方面说明，在东汉时代中央政府虽然允许民营盐铁，但并未全部放弃这一生产领域，相反，对重要的冶铁点仍然维持官营。

官营烘范窑的布局与官营砖瓦窑、陶俑窑等似不相同，后者往往排列整齐，每组少者五六座，多者十余座，甚或更多，窑与窑的间距相近，远者 3 米余，近者 1～2 米。烘范窑则不同，如南阳瓦房店冶铁作坊区内的 4 座烘范窑，东南部和西区各 1 座，北区 2 座，它们都坐落在铸造区的边上，东、西二区的烘范窑距熔炉 11～14 米，这样便于泥范烘后趁热浇注[94]。

私营窑大多生产规模较小，产品种类较多，从发掘清理的窑址分布情况和遗物文化内涵往往可以判断是否为私营。许多汉代多用窑大多为私营窑或民窑，如汉长安城的第 23～25 号窑，它们很分散，彼此间相距几十米，窑内遗物有各式各样的陶俑，还有陶罐、盆等生活用器，也有少量砖瓦等建筑材料[95]。

五、汉代陶窑的特征

汉代陶窑在结构上的变化一般可分三个时期：西汉初期、西汉中晚期和东汉时期。

西汉初期的陶窑，平面多呈椭圆形，火膛壁和窑壁呈弧形。为了保证火力向后伸延，窑床两侧壁底部开始有火道设施。火道通向窑室后壁的进烟口。排烟设施一般有 1 个进烟口，位于窑室后壁底部左右居中位置，进烟口与其后烟道相连，烟道再与地面上的烟囱相接。进烟口和烟道由窑室后壁掏挖而成。

西汉中晚期的陶窑，窑的平面结构一般为前室呈长方形，火膛呈等腰梯形，窑室为方形或长方形。窑床前高后低，高差约 10 厘米。火膛与窑床间有隔火墙，有的陶窑在窑室左右居中位置构筑有分火道隔墙，纵贯窑室前后。隔火墙和分火道隔墙，都是为了使窑内火力均匀分布并充分利用，从而提高产品质量和生产效益。排烟设施较西汉初期复杂，大多数陶窑辟 3 个进烟口、3 条排烟道，地面上构筑 1 个烟囱、3 个进烟口，均辟于窑室后壁底部，两边和中间各一个进烟口。每个进烟口后各有 1 条排烟道，中间进烟口后面烟道向前直行，然后上折向上直行，与烟囱上下对直。两侧进烟口的烟道分别向中间进烟口上下直行烟道靠拢，形成“八字形”，在接近地面处两侧烟道与中间烟道汇合。也有的少数陶窑有 5 个进烟口和 5 条烟道汇总到直烟道由 1 个烟囱将窑中的烟排出。还有的是 3 个进烟口、3 条烟道，分别与地面上 3 个烟囱相连。西汉中期还出现了一种烟室、陶窑的进烟口与统一的烟室相连，烟室再与地面烟囱相通，进行排烟。这种排烟设施关中地区较为流行。

东汉时期的陶窑结构与西汉中晚期陶窑没有多大变化，但在火膛底部砌筑了砖箅，使火膛内的燃料既烧得快，又燃烧充分，这是一大进步。

除了陶窑自身结构特点之外，还必须注意的是，东汉时期的陶窑使用的燃料有了重大变化。西汉时期的陶窑均以草木为燃料，而东汉时代的陶窑用煤作燃料已不鲜见。

两汉时期曾经是我国封建社会历史中手工业相当发达的时期，制陶手工业和冶铸业都是汉代重要的手工业部门。与制陶和冶铸业直接相关的陶窑，通过近年的考古发掘使我们认识到，特别是从西汉中期开始，陶窑的结构较前有了很大改进，单烟道变成多烟道，火膛与窑室间砌造了隔火墙，窑室内构筑了分火道隔墙。进入东汉时代，火膛内又砌筑了砖箅，同时开始以煤为燃料。这些改进和变化，都促进了制陶业和冶铸业的发展。同时，汉代陶窑结构的变化和新燃料的使用，对后代也产生了重大影响，魏晋隋唐时期陶窑继承了这一传统。

注　释

[1] 秦都咸阳考古工作站:《秦都咸阳古窑址调查与试掘简报》,《考古与文物》1986年第3期；时瑞宝:《汉长陵邑清理瓦窑一座》,《考古与文物》1987年第1期；李长庆、何正璜:《咸阳发现秦代车零件泥范一窑》,《文物参考资料》1959年第5期；中国社会科学院考古研究所汉城工作队:《汉长安城1号窑址发掘简报》,《考古》1991年第1期；中国社会科学院考古研究所汉城工作队:《汉长安城2—8号窑址发掘简报》,《考古》1992年第2期；唐金裕:《西安市北郊汉代砖瓦窑址》,《考古》1964年第4期；陕西省博物馆:《西安北郊新莽钱范窑址清理简报》,《文物》1959年第11期；陕西省文管会、澄城县文化馆联合发掘队:《陕西坡头村西汉铸钱遗址发掘简报》,《考古》1982年第1期；呼林贵:《陕西韩城秦汉夏阳故城澧址勘查记》,《考古与文物》1987年第6期；陕西省安康水电站库区考古队:《饶家坝遗址发掘简报》,《考古与文物》1989年第4期；陕西省考古研究所:《西汉京师仓》，文物出版社，1990年。

[2] 秦都咸阳考古工作站:《秦都咸阳古窑址调查与试掘简报》,《考古与文物》1986年第3期。

[3] 时瑞宝:《汉长陵邑清理瓦窑一座》,《考古与文物》1987年第1期。

[4] 李长庆、何正璜:《咸阳发现秦代车零件泥范一窑》,《文物参考资料》1959年第5期。

[5] 中国社会科学院考古研究所汉城工作队:《汉长安城1号窑址发掘简报》,《考古》1991年第1期；中国社会科学院考古研究所汉城工作队:《汉长安城2—8号窑址发掘简报》,《考古》1992年第2期；中国社会科学院考古研究所汉城工作队:《汉长安城陶俑窑发掘报告》,《考古学报》1994年第1期。23～30号窑址资料存中国社会科学院考古研究所汉城工作队。

[6]《三国志·魏志·董卓传》载：董卓于“初平元年二月，乃徙天子都长安，焚烧洛阳宫室，悉发掘陵墓，取宝物”。裴松之注：“华峤《后汉书》曰：卓欲迁都长安，召公卿以下大议，司徒杨彪曰：又长安宫坏败，不可卒复。卓曰：武帝时，居杜陵南山下，有成瓦窑数千处，引凉州材木东下，以作宫室，为功不难。”又引《续汉书》曰：“太尉黄琬、司徒杨彪、司空荀爽俱诣卓……卓作色曰……又陇右取材，功夫不难，杜陵南山下，有孝武故陶处，作砖瓦，一朝可办。”

[7] 唐金裕:《西安市北郊汉代砖瓦窑址》,《考古》1964年第4期。

[8] 陕西省博物馆:《西安北郊新莽钱范窑址清理简报》,《文物》1959年第11期。

[9] 陕西省博物馆、文管会调查组:《长安窝头寨汉代钱范遗址调查》,《考古》1972年第5期。

[10] 呼林贵:《陕西韩城秦汉夏阳故城遗址勘察记》,《考古与文物》1987年第6期。

[11] 陕西省考古研究所:《西汉京师仓》，文物出版社，1990年。

[12] 陕西省文管会、澄城县文化馆联合发掘队:《陕西坡头村西汉铸钱遗址发掘简报》,《考古》1982年第1期。

[13] 陕西安康水电站考古队:《饶家坝遗址发掘简报》,《考古与文物》1989年第4期。

[14] 同[12]。

[15] 洛阳市文物工作队:《洛阳东周王城内的古窑址》,《考古与文物》1983年第3期。

[16] 叶万松:《近10年洛阳市文物工作队考古工作概述》,《文物》1992年第3期。

[17] 洛阳市文物工作队:《洛阳市东郊东汉“对开式”砖瓦窑的清理》,《中原文物》1985年第4期。

[18] 钱国祥:《洛阳汉魏故城》,《中国考古学年鉴（1990）》，文物出版社，1991年，第256页。

[19] 郑州市博物馆:《郑州古荥镇汉代冶铁遗址发掘简报》,《文物》1976年第7期。

[20] 河南省博物馆、新乡地区博物馆、温县文化馆:《河南省温县汉代烘范窑发掘简报》,《文物》1976年第9期。

[21] 河南省文物研究所、北京钢铁学院冶金史研究室：《巩县铁生沟汉代冶铸遗址再探讨》，《考古学报》1985年第2期。
[22] 郑州市文物工作队：《河南密县密新商场汉墓和陶窑的发掘》，《华夏考古》1992年第2期。
[23] 河南省文物研究所：《南阳北关瓦房庄汉代冶铁遗址发掘报告》，《华夏考古》1991年第1期。
[24] 新乡市文管会：《新乡北站区前郭柳村汉代窑址发掘》，《考古》1989年第5期。
[25] 河北省文物管理委员会：《河北武安县午汲古城中的窑址》，《考古》1959年第7期。
[26] 山东淄博陶瓷史编写组：《山东淄博市淄川区磁村古窑址试掘简报》，《文物》1978年第6期。
[27] 昭乌达盟文物工作站、宁城县文化馆：《辽宁宁城县黑城古城王莽钱范作坊遗址的发现》，《文物》1977年第12期。
[28] 高青山：《朝阳袁台子汉代遗址发掘报告》，《辽海文物学刊》1987年第1期。
[29] 东北博物馆：《辽阳三道壕西汉村落遗址》，《考古学报》1957年第1期。
[30] 内蒙古文物工作队：《呼和浩特二十家子古城发掘纪要》，《内蒙古文物资料选辑》，内蒙古人民出版社，1964年；内蒙古文物考古研究所：《二十家子汉城发掘记略》，《呼和浩特文物》1987年第1期。
[31] 内蒙古文物工作队：《和林格尔县土城子试掘记要》，《文物》1961年第9期；内蒙古文物考古研究所：《内蒙古和林格尔县土城子古城发掘报告》，《考古学集刊（6）》，中国社会科学出版社，1989年。
[32] 甘肃省文物管理委员会：《酒泉下河清汉代砖窑窑址试掘简报》，《文物参考资料》1958年第12期。
[33]《成都西一环路二段战国西汉窑炉》，《中国考古学年鉴（1987）》，文物出版社，1988年。
[34] 陈丽琼：《四川武胜匡家坝汉代砖窑试掘记》，《考古与文物》1980年第2期。
[35] 宋世坤：《沿河县洪渡汉代陶窑遗址》，《中国考古学年鉴（1990）》，文物出版社，1991年，第309页。
[36] 宋世坤：《安顺市瓦窑汉代窑址》，《中国考古学年鉴（1991）》，文物出版社，1992年，第278页。
[37] 李乃贤：《广西梧州富民坊汉代印纹硬陶窑址发掘》，《中国古代窑址调查发掘报告集》，文物出版社，1984年。
[38]《常德发现汉代砖窑址》，《中国文物报》1993年2月7日。
[39]《秦汉时期原始瓷的复兴与瓷器的出现》，《中国陶瓷史》，文物出版社，1982年。
[40]《龙游县乌龟山及三石垄汉代窑址》，《中国考古学年鉴（1991）》，文物出版社，1992年。
[41] 同[5]。
[42] 同[17]。
[43] 同[9]。
[44] 同[21]。
[45] 同[18]。
[46] 中国社会科学院考古研究所汉城工作队：《汉长安城2—8号窑址发掘简报》，《考古》1992年第2期。
[47] 资料存中国社会科学院考古研究所汉城工作队。
[48] 中国社会科学院考古研究所汉城工作队：《汉长安城窑址发掘报告》，《考古学报》1994年第1期。
[49] 同[47]。
[50] 同[48]。
[51] 同[31]。
[52] 同[7]。
[53] 同[15]。
[54] 同[11]。
[55] 同[32]。
[56] 同[39]。
[57] 同[18][47][48]。
[58] 同[3]。
[59] 同[19]。
[60] 同[20]。

[61] 同[23]。
[62] 同[17]。
[63] 同[47]。
[64] 同[27]。
[65] 同[15]。
[66] 同[12]。
[67] 同[8]。
[68] 同[12]。
[69] 同[48]。
[70] 宁城县现已划归内蒙古自治区管辖。
[71] 同[37]。
[72] 同[34]。
[73] 同[24]。
[74] 同[48]。
[75] 同[20]。
[76] 同[30]。
[77] 同[3]。
[78] 袁仲一:《秦始皇陵兵马俑研究》，文物出版社，1990年。
[79]《长安城出土完整汉代砖窑》,《中国文物报》1992年4月5日。
[80] 刘士莪:《西北大学藏瓦选集》，西北大学出版社，1987年。
[81] 郑洪春:《陕西省新安机砖厂汉初积炭墓发掘报告》,《考古与文物》1990年第4期。
[82] 姚生民:《淳化县出土秦汉“市”“亭”陶文的陶器》,《考古与文物》1984年第3期。
[83] 中国科学院考古研究所:《洛阳中州路》，科学出版社，1959年。
[84] 黄河水库考古工作队:《1957年河南陕县发掘简报》,《考古通讯》1958年第11期。
[85]《西汉阳陵陵园有重大发现》,《考古与文物》1992年第2期。
[86] 中国社会科学院考古研究所:《汉杜陵陵园遗址》，科学出版社，1993年。
[87] 茂陵博物馆陈列室展品。
[88] 咸阳市博物馆:《汉平陵调查简报》,《考古与文物》1984年第4期。
[89] 同[81]。
[90]《汉书·百官公卿表(上)》载：少府属官有“……东园匠十二官令丞”。师古注：“东园匠，主作陵内器物者也。”
[91] 王学理:《汉南陵从葬坑的初步清理——兼谈大熊猫头骨及犀牛骨骼出土的有关问题》,《文物》1981年第11期。
[92]《汉书·食货志》。
[93]《汉书·王莽传》。
[94] 河南省文物研究所:《南阳北关瓦房庄汉代冶铁遗址发掘报告》,《华夏考古》1991年第1期。
[95] 同[44]。

(原刊于《汉唐与边疆考古研究》(第一辑)，科学出版社，1994年)

汉长安城的手工业遗址

李毓芳

西汉王朝首都长安城遗址，自1956年开展田野考古工作以来，大体搞清了其布局结构。汉长安城南部东西并列有长乐宫和未央宫，二宫之间为武库。城址中部，未央宫之北，自西向东依次有桂宫、北阙甲第（达官显贵居住区）和北宫，长乐宫之北为明光宫。城址北部为市场和里居，市场主要为东市和西市，位于长安城西北部，分别坐落于横门大街东西两边。里居在长安城东北部。汉长安城中的手工业遗址主要分布在西市及其附近，另外在北宫的南侧、未央宫东北也发现了一些手工业遗址。

从目前通过考古调查、勘探和发掘获得的汉长安城手工业遗址文化内涵来看，它们主要包括制陶、冶铸和造币等方面的遗址。

一、制陶遗址的发现与发掘

制陶遗址为陶制品的烧造窑址，近年主要发掘了明器陶俑的烧造窑址，也发掘了少量烧造砖瓦的窑址。与此有关的遗迹遗物现象在20世纪50年代中期在汉长安城西北部考古调查中已发现[1]，80年代以来又陆续有一些这方面的调查资料发表，但关于制陶窑址的具体地望和范围长期以来并未究明[2]。80年代末和90年代以来，中国社会科学院考古研究所汉城工作队对汉长安城西北部和中南部的制陶遗址进行了全面勘探，基本搞清了其分布范围和重点窑址的具体地望，对其中38座陶窑址进行了发掘[3]。

从陶窑址的分布来看，大量窑址在汉长安城西北部的西市附近。汉长安城中南部也有一部分窑址。西市附近的窑址一少部分在西市的西侧，大量的位于西市中部略偏东北。

西市西侧的陶窑址，目前仅发掘了6座，在这一带调查和勘探了解到，这里的窑址虽然数量不少，但分布比较分散，烧制的产品种类也较繁杂。这些陶窑位于今六村堡村东南和东部。窑址均为半地穴式，先在生土中挖成土圹，尔后加工构筑陶窑有关部分。其结构分为前室、火门、火膛、窑室和排烟设施五部分。窑的方向或坐东朝西（Y_1、Y_{23}、Y_{26}、Y_{27}）、或坐北朝南（Y_{24}、Y_{25}），前室地面距今地表深0.96～1.56米，宽0.85～1.2米，长度不一。火门高0.6～0.8米，宽0.48～0.9米。火膛进深1.1～1.4米，窑室长2.86～3.2米，宽2.44～3.08米。排烟设施均由三个烟道组成，即中间一个主烟道，两侧各有一个辅烟道。最后由一个排烟口把烟排出。上述陶窑分布散乱、排列无序，大多彼此相距较远。这些陶窑之内出土的陶制品遗物有砖、瓦、瓦当等建筑材料，还有盆、罐、盘等生活器皿及作为明器使用的陶俑。陶俑种类较多，有各种人俑和动物俑。前者有着衣的，也有裸体的。着衣陶俑有跽坐俑、立俑和骑马俑三种，其大小不一，服饰、发式各异[4]。裸体俑大小、形制相若。窑址中出土的着衣无臂俑是介于着衣俑与裸体俑之间的一种俑。着衣无臂俑和裸体俑均应是从楚文化的木俑发展而来。楚文化中的木俑分着衣和彩绘木俑两大类，着衣木俑在未“着衣"前，实际是无臂裸体木俑。西汉宣帝时的桓宽所说的“桐人衣纨绨”就是着衣木俑。“桐人”从广义上讲也可包括裸体陶俑。我所以说裸体陶俑源于楚文化中的木俑，因为后者早在战国时代已存在[5]。

西市之内的陶窑址目前发掘了21座，位于相家巷村东南。21座窑址分为三组，其平面布局呈三角形，第一组共7座窑址，在东北部；第二组8座窑址，在西南部；第三组6座窑址，在东南部。第一组7座窑南北排列，北部4座窑为东西向，南部3座窑为南北向；第二组窑东西排列，均为南北向；第三组窑南北排列，均为东西向。这21座窑的形制、大小与前述6座窑基本相同。

21座窑址之中出土的陶制品均为裸体陶俑，其中出土的陶俑头725个。出土的陶俑绝大多数是当时的残次品，或俑体变形，或烧制爆裂。这些陶俑均为裸体、直立式，身高55.5～60.6厘米，肩宽6.6～8.9厘米，胸厚4.3～6.8厘米。陶俑体型细长、无臂，绝大多数为男性。陶俑以黄褐黏土，经晒干、碾轧和淘洗后，制成俑坯，装窑烧成。俑坯先分别合模制出俑的上半部（头、颈和胸、腹部）和下半部（臀部以下），然后将两部分对接而成。相接面为凹凸不平的形状。以合模法制成陶俑坯后，还要在局部进行堆贴、钻凿、刮削和刻划等加工工序。陶俑上的白衣红彩是陶俑烧成出窑后施绘的。

烧成的陶俑呈灰色，大多数色泽纯正，陶俑硬度大，烧结情况良好。这与陶窑结构有很大关系。从已发掘的窑址保留遗迹看，窑室与火膛连接处的窑床边沿，横向有一道隔火墙，用长条砖单砖顺砌。隔火墙在每一层中，相邻两砖之间均留有宽约5厘米的进火孔。相邻上下层的进火孔错位排列，可使火膛中火力通过隔火墙进火孔均匀进入窑室。

在窑室的窑床上，与上述隔火墙成垂直方向，又有一道砖砌分火道隔墙，其一端与隔火墙成“丁”字形相接，另一端相接于窑室后壁，它将窑室纵分为大小相同的两部分。此墙为单砖顺砌，每一层中，相邻两砖之间均留有宽约5厘米的通火孔，相邻上下层的通火孔错位排列，可使火膛进入窑室两部分的火力通过窑室分火道隔墙的通火孔均匀流动。

从21座陶窑出土的陶俑来看，其时代应为西汉时代。窑址中的裸体陶俑见于汉景帝阳陵陪葬坑[6]、武帝茂陵陵区[7]、昭帝平陵陵区[8]和宣帝杜陵陪葬坑之中[9]，此外在西汉时代的少数达官显贵墓葬之中也曾发现裸体陶俑[10]。这种陶俑很可能在西汉京畿地区作为国家上层统治者墓葬中的明器使用，它们应该是由中央政府的少府（东园匠）负责生产的，如若这种判断无误的话，那么这21座陶窑应为当时的官窑。近年来，在河南永城汉梁王陵中也发现这类陶俑，这可能是诸侯王仿效京师所为[11]。

关于这些官窑的生产规模，我们从保存俑坯的Y_{21}、Y_{22}估算，窑室每平方米装俑坯102个，21座陶窑窑室总面积为84.2平方米，即一次可烧制裸体陶俑8638个。因此烧制裸体陶俑的数量相当可观。如这一推断无大出入，那么西汉时代这里官窑生产裸体陶俑完全可以供应帝陵和达官显贵陵墓随葬的需要。

与 Y_2～Y_{22} 形成鲜明对比的前述 6 座窑址（即 Y_1 和 Y_{23}～Y_{27}），从其出土烧制产品的多样化，窑址分布散乱等方面来看，显然不属于官窑，很可能是民营陶窑。

上述两类陶窑有个很值得注意的地方，即 21 座官窑位于西市之中，6 座民营陶窑位于西市之外。

汉长安城中南部的窑址，位于北宫以南，直城门大街以北，厨城门大街以东、安门大街以西，窑址南对武库、西南为未央宫、东为长乐宫，目前已发掘 11 座陶窑，分为 3 组。3 组陶窑东西并列，东西两边两组各 4 座陶窑，中间一组为 3 座陶窑，陶窑均为东西向，前室居东、窑室位西。11 座窑址窑床平面均为椭圆形，以一个烟道者居多，3 个烟道者甚少。从窑址出土遗物来看多为砖瓦残块，应为烧制砖瓦等建筑材料的陶窑。从已出土的砖瓦来看，有一些遗物有陶文戳记，文字均为“大匠”。《汉书·百官公卿表》记载：“将作少府，秦官，掌治宫室，有两丞，左右中侯，景帝六年更名将作大匠。”大匠是“将作大匠”省称。“大匠”之称秦时已有，秦始皇陵园、秦阿房宫和秦林光宫遗址均曾发现有“大匠”陶文戳记的秦砖瓦。“大匠”是负责皇室基建的机构，即负责宫室、宗庙、陵园的建筑，等等。由此可以认为这群陶窑是属于“大匠”所辖烧造砖瓦的窑群，它们应为官窑。其布局之规整也恰好说明了这点。

至于北宫南面这批窑址的时代，正如前面所说，虽然其出土砖瓦上的陶文为“大匠”，但它们不应属于汉景帝或其以后的陶窑，因为西汉“大匠”因袭秦制。从出土的各类板瓦、筒瓦来看，均应属于西汉初期遗物，故推断这群窑址的时代应为西汉初年，它们是为汉初修建北宫、武库等建筑而设立的。北宫、武库建成之后，这群陶窑已完成任务被废弃，因此其窑址堆积中没有西汉中期的遗物。这里地处北宫南面，窑群废弃后，其上有一层路土面，应即北宫使用时期的踩踏面。

这群窑窑室、烟道结构较之以往发掘的西汉窑炉特殊，它对于研究汉代陶窑形制变化和断代有着较为重要的意义，同时为我们解决了汉长安城内宫城建筑的建材问题。这一工作，正在进行，我们期望今后开展更多的田野工作，丰富这一研究课题的资料，加深我们对当时砖瓦烧造业的认识。

二、冶铸遗址的发掘

在汉长安城西北部，西市之内，前述烧造裸体陶俑的 21 座官窑遗址以南，近年发现了两处相邻的冶铸遗址，一处冶铸遗址出土了大量叠铸范，另一处冶铸遗址发现了烘烤叠铸范的窑址和冶铸遗迹及废料堆积坑。两处冶铸遗址南北相距数十米。从发掘中的地层判断，上述两处冶铸遗址及其出土遗物均应为西汉时代。

已发掘的 3 座烘范窑其大小、结构与前述陶窑址基本相近，只是排烟设施略有不同。窑室后砌一长条形烟室，烟室之内贯通，窑室亦有三个进烟道与烟室相连，辟于烟室壁底部，两边和中间各一个。烟室之上设一个排烟的烟筒（图一）。

冶铸遗址包括 1 个炼炉和 4 个废料坑，其西邻烘范窑。炼炉上部已毁，仅存底部，炉底平面圆形，径 0.9 米，铺土坯，炉底已烧成红色[12]。

图一　烘范窑

冶铸遗址发掘的重要收获是出土了一批西汉时代叠铸陶范，这些陶范均为夹砂石泥质，烘制后多为浅红或浅黄色。根据铸件形状观察，这批叠铸陶范有：圆形轴套范、六角承范、带扣范、圆形环范、齿轮范、权范、器托范和镇范等。此外遗址之内还出土了为数不少的坩埚残片。以往考古发现的叠铸范以河南温县东汉烘范窑所出的叠铸范数量最多，种类最繁[13]。西汉时代叠铸范大多为钱币范，其他器具的叠铸范过去发现不多。汉长安城西市遗址内发现的各种器具的叠铸范，为我们认识西汉时代的叠铸技术提供了较为丰富的实物资料。上述汉长安城内发现的冶铸遗址的时代，从出土遗物判断应属西汉中晚期，汉武帝时在全国实行盐铁国家专营政策，禁止私人和各王国经营冶铁手工业，因而汉长安城西市遗址之内的西汉中晚期冶铸遗址应为汉王朝中央政府的官办手工业作坊遗址。

三、五铢陶范母烧造遗址

在汉长安城西北部，前述烧造裸体陶俑官窑遗址的东北部，我们曾发掘了数以几百计的陶五铢范母和阴文的五铢钱背范，在有些范母边角上还有纪年文字（如宣帝本始年号等），这也就使我们知道了这批钱范的绝对年代，它为西汉五铢钱的年代学研究提供了标尺。所谓范母又为模，是用来翻制钱范的，钱范才是用来铸造钱币的。大量的陶范母集中出土于汉长城西市之内，而其附近目前未发现冶铸遗迹或铜渣之类废料，我们认为这里可能是仅仅生产五铢陶范母的地方。

汉武帝元狩五年，在全国统一发行五铢钱，元鼎四年中央政府明令严禁各王国和民间铸钱，铸钱统由中央政府掌握，西汉时代铸造五铢多达280亿万余枚，因而铸钱手工业成为了汉代重要手工业之一。为了保证中央统一铸钱，范母可能统一由中央主持制造。汉长安城内的大量五铢钱范母发现地就应属于中央政府主持制造五铢陶范母的手工业遗址。

汉长安城内发现的烧造陶俑、砖瓦的窑址，冶铸遗址（包括烘烤叠铸范窑址）和烧造五铢陶母范的遗址，它们均属官办手工业，或隶属少府、或大司农所辖。为帝王陵墓烧制明器——陶俑、为皇室修建宫殿生产砖瓦、为官府生产铁器（尤其像权等重要器具）和烧造五铢陶母范，这些都安排在长安城之内集中管理，对于宫殿官署建筑所需砖瓦建筑材料而言是方便运输；对于东园秘器之类的陶俑和重要铁器、五铢陶母范等，是中央政府为了便于控制，将它们置于汉长安城西北部的西市之内。汉长安城设东市和西市，二市集中分布于汉长安城西北部，二者东西相邻。若仅从市的商业功能而言，本来二市可以合为一个市。现在看来，西市主要应为手工业生产区，其中相当一部分属于官府手工业，但还有一定数量的民营手工业生产。民营手工业产品和部分官营手工业产品（如冶铸的铁器）可能直接输往东市，在那里出售。历史文献（如《史记》《汉书》）记载西汉一代大商人多出于东市，刑人（斩首示众）亦在东市，不见于西市，恰好也说明东市的主要职能是商业活动，而西市主要为手工业区。

注　释

[1] 俞伟超:《汉长安城西北部勘查记》,《考古通讯》1956年第5期。

[2] 毕初:《汉长安城遗址发现裸体陶俑》,《文物》1985年第4期；周叔平、王子今:《汉长安城西北区陶俑作坊遗址》,《文博》1985年第3期。

[3] 中国社会科学院考古研究所汉城工作队:《汉长安城1号窑址发掘简报》,《考古》1991年第1期，中国社会科学院考古研究所汉城工作队:《汉长安城2—8号窑址发掘简报》,《考古》1992年第2期；中国社会科学院考古研究所汉城工作队:《汉长安城23—27号陶窑发掘简报》,《考古》1994年第11期；中国社会科学院考古研究所汉城工作队:《汉长安城窑址发掘报告》,《考古学报》1994年第1期。

[4] 中国社会科学院考古研究所汉城工作队:《汉长安城1号窑址发掘简报》,《考古》1991年第1期；中国社会科学院考古研究所汉城工作队:《汉长安城23—27号陶窑发掘简报》,《考古》1994年第11期。

[5] 中国社会科学院考古研究所:《长沙发掘报告》，科学出版社，1957年，第60页。

[6] 陕西省考古研究所汉陵考古队:《中国汉阳陵彩俑》，陕西旅游出版社，1992年。

[7] 陕西茂陵博物馆陈列展品。

[8] 咸阳市博物馆:《汉平陵调查简报》,《考古与文物》1984年第4期。

[9] 中国社会科学院考古研究所:《汉杜陵陵园遗址》，科学出版社，1993年。

[10] 郑洪春:《陕西新安机砖厂汉初积炭墓发掘报告》,《考古与文物》1990年第4期。

[11]《永城芒砀山梁王陵出土大批珍贵文物》,《中国文物报》1991年8月25日第一版。

[12] 河南省博物馆《中国冶金史》编写组:《汉代叠铸》，文物出版社，1978年。

[13] 中国社会科学院考古研究所汉城工作队:《1992年汉长安城冶铸遗址发掘简报》,《考古》1995年第9期。

（原刊于《文博》1996年第4期）

汉代长安市场探讨

刘庆柱　李毓芳

西汉时代各地的城市一般设置有市场，全国规模大的市场分布在长安、洛阳、邯郸、临淄、宛和成都等六个城市，而在上述六个城市中，“级别”最高、最大的“市”应该是都城长安的“东市”和“西市”，因为这两座“市”均设置“市令”，而其余五座城市的“市”的行政官员为“市长”。《汉书·百官公卿表（上）》记载：县“万户以上为令，秩千石至六百石。减万户为长，秩五百石至三百石”。关于“令”与“长”的“大小”关系，不只是限于“县”，其他“邑”“道”等置“令”“长”者亦然；至于时代上，“令”大“长”小，也不只是限于西汉时代，东汉时期亦然[1]。王莽当政时，将上述各“市”的“市令”或“市长”统一更名为“五均司市师”。尽管如此，长安和洛阳的“市”还是有别于邯郸、临淄、宛、成都的“市”，而且长安与洛阳的“市”又有所不同，汉长安城的“东市”“西市”也不一样，汉长安城的东市称“京”、西市称“畿”，洛阳的“市”称“中”[2]。当然，西汉时代上述城市之中不是仅有一个或两个市，以上所说的只是各自城市中最重要的市。

一、历史文献记载的汉代长安市场

在历史文献记载中，关于汉代长安的“市”数量很多，有“大市”“西市”“东市”“长安市”“四市”“柳市”“军市”“直市”“交门市”“孝里市”“交道亭市”“槐市”“酒市”“九市”等。其中“四市”“九市”之“四”与“九”可能是泛指“市”的数量，其余诸市可能以其“规模”（大市）、“方位”（东市、西市）、“地名”（柳市、交门市、孝里市、交道亭市）、“市场经营货物”（酒市）、“市场环境”（槐市）、“市场顾客对象”（军事）等而形成的各“市”之名。

1. 汉代长安的“大市”与“长安市”

《史记·汉兴以来将相名臣年表》载：汉高祖“六年立大市”。都城长安亦应被列为建立“大市”的城市之列。《周礼》载：“大市日昃百市，百族为主。”大市应该是相对其他“市”或“小市”而言的，如汉高祖长陵邑中就有“小市”[3]。东汉洛阳城的大市（亦称金市）在城内，位于宫城——南宫的西北部，而马市、羊市（亦称南市）均在洛阳城之外的东部[4]，从洛阳城的大市与马市、羊市（南市）的不同位置可以看出，大市是洛阳的主要市场。都城长安的“大市”，应即汉长安城的主要市场，它应该就是汉代文献中的“东市”，后面将就此进行专门讨论。

文献记载，汉长安城有“长安市”，《汉书·百官公卿表（上）》载：“右内史武帝太初元年更名京兆尹，属官有长安市、厨两令丞。”东汉初年的第五伦曾经“领长安市”，为“督铸钱掾”[5]。1992年，在汉长安城遗址西北部的六村堡镇相家巷村东的汉代遗址中，考古发掘发现了数以千计的五铢砖雕范母，也发现了少量石雕范母。这些砖雕范母形制相近，一般周有边缘，内作钱范。范首窄细、装柄，中通总流，左右排钱纹各1～3行，阳文正书凸起。间有题记，皆在总流左右，阳文反书。其题记内容有纪年、编号、匠名等[6]。上述出土遗物说明那里应该是汉代铸币遗址，而其地适在汉长安城西市之内。这说明汉长安城的西市有与铸币相关的生产活动。

按照秦汉时代城市市场设置的通常情况，以城市（或县城之名）命名的市场，是那个城市（或县城）的主要市场，如秦咸阳城的“咸阳市”[7]、秦汉栎阳城的“栎市”[8]、汉河南县的“河市”[9]、秦汉杜县的“杜市”[10]、成都的“成市”[11]、陕县的“陕市”等[12]，“长安市”亦理应为汉长安城中最主要的市场，但是在《汉书·王莽传》所列举的长安与洛阳、邯郸、临淄、宛、成都的“五都”中，“五都”各有一个以城市名称命名的市场，而长安有两个市场，即东市和西市，却不见“长安市”。似乎这时东市和西市是都城长安的主要市场。东汉时代长安城的市场情况可能有所变化，东市和西市在长安城中已失去西汉时代和新莽时期的重要地位、职能，可能“长安市”代之而起。这些仅仅是一些推测，实际上目前我们不清楚“长安市”的具体情况。至于长安市与东市、西市的关系，更为模糊。这方面的研究工作的深入，有待今后随着这里相关考古工作的进一步开展，更多考古新发现与新资料的获得。

东汉首都洛阳城的市场，对我们认识西汉长安城的市场应该有着一定的参考价值。文献记载东汉洛阳城的市场主要有三个，即都城之内的“金市”（亦称“大市”）、都城之外东部的“马市”和南部“南市”（亦称“羊市”）[13]，但是不见“洛阳市”，是不是汉代首都的市场不以都城命名？若此，“长安市”又如何理解？新莽时的长安城只见东市和西市，而不见“长安市”的原因，是否可以由此找到答案，需要进一步的研究。

2. 汉代长安的“西市”与“东市”

西市是汉长安城中十分重要的市场，因此《汉书·惠帝纪》记载：惠帝六年“起长安西市”。“西市”应该是根据市场方位而得名，是相对于“东市”而言的。按照时代先后，既然“西市”之名是相对“东市”而得，那么就是说在汉惠帝六年营建西市之时，其东部已经存在着与其“相当”的市场，而这个市场应该就是西市兴建以后更名的“东市”，而此前其名应为“大市”。长安的大市建于汉高帝六年。在汉长安城中，东市是最为重要的市场，历史文献中多有记载，如：《汉书·货殖传》记载：“王孙大卿以财养士，与雄杰交，王莽以为京司市师，汉东市令也。”《史记·日者列传》：“司马季主者楚人，卜于长安东市。”《汉书·食货志》：王莽改东市和西市之名，“东市称京，西市称畿”。

3. 汉代长安的“四市”

“四市”见于汉代文献记载，如《汉书·刘屈氂传》：“太子引兵去，驱四市人凡数万众，至长乐西阙下，逢丞相军，合战五日，死者数万人，血流入沟中。丞相附兵浸多，太子军败，南犇覆盎城门，得出。”又如《汉书·百官公卿表（上）》载：“右内史武帝太初元年更名京兆尹，属官有长安市、厨两令丞，又都水、铁官两令丞。左内史更名左冯翊，属官有廪牺令丞尉。又左都水、铁官、云垒、长安四市四长丞皆属焉。”

对于上述文献记载的“四市”，学术界长期以来解释不一。王先谦先生认为“四市”之“四”属于泛称[14]。严耕望先生认为《汉书·百官公卿表（上）》所载的“长安四市”之“四”为衍字，并指出“若冯翊领长安四市，则并都水、铁官、云垒为七长丞，是不合”[15]。张继海在《汉代城市社会》中对严耕望先生的上述看法提出不同意见，他认为“如果严先生的看法正确，那么《汉书·刘屈氂传》中的‘四市’仍不可得确解”[16]。陈直先生认为汉长安城出土了东西南北四市封泥，因此“四市”是存在的[17]。关于汉长安城遗址出土“东西南北四市封泥”，我们至今没有见到过实物。

我认为严耕望先生关于《汉书·百官公卿表（上）》之“四市”的“四”为衍字有一定道理。至于《汉书·刘屈氂传》所说“太子引兵去，驱四市人”的“四市”之“四”或为“肆”，“肆市”可能为“市肆”。

4. 汉代长安的“九市”

汉长安城的“九市”之说，以张衡描述汉长安城市场的《西京赋》中记载时代最早，其曰：“廓开九市，通阛带阓，旗亭五重，俯察百隧。”汉代大赋以其追求文字对称、内容夸大铺陈而著称于世，这是我们研究汉代历史使用汉赋资料时需要特别注意的。张衡在上面关于汉长安城市场的20个字的描述中，就使用了“九市”“五重”“百隧”，而这些“九”“五”“百”之数，很可能就是作者使用的约数，或可理解为言其数量之多。把“九五之尊”的“九”与“五”的数字用于都城之“市”，也可能凸显都城市场地位之非同一般。因此我们认为“九市”“五重”“百隧”均应为“文学”之“语言”。

汉代以后的一些文献，在记述汉长安城市场，又把汉代长安的市场描述的更为具体，如《三辅黄图》引《庙记》载：“长安市有九，各方二百六十六步。六市在道西，三市在道东。”同样的记载又见于《文选·西都赋》李善注引《汉宫阙疏》：“长安立九市，其六市在道西，三市在道东。”根据这些记载，汉长安城应该有九个市场，集中分布于一条道路的东西两侧，其中道路西侧有六个市场，道路东侧有三个市场。而宋代的宋敏求《长安志》又把汉长安城的诸多市场一一列出：四市、柳市、东市、西市、直市、交门市、孝里市、交道亭市。近代学者陈直先生在其辑注的《三辅黄图》中称：“汉城九市，今可考者，有柳市、东市、西市、直市、交门市、孝里市、交道亭市七市之名，此外尚有高市。”《长安志》和陈直先生这里所列出的所谓“九市”与魏晋时代以来文献记载的“九市”不同，后者的“九市”是汉长安城一条道路两侧分布的九个市场，前两者所说的九市中的柳市、直市、交门市、孝里市、交道亭市等，都是分布在距汉长安城较远的地方，不在汉长安城城门大道附近。把上述一些市场说成文献记载中的“九市”是不妥的。所谓“道东有三市”，可能与《周礼》所说的“大市”“朝市”“夕市”相混，其实上述文献所说的“三市”，不过是一个市场营业时间与买卖对象的不同[18]。

下面分别就文献记载的汉代长安附近的市场地望作以探讨。

柳市在汉长安城之外的西部，《汉书·游侠传·萬章传》载：萬章“在城西柳市”，因此他才有“城西萬章子夏”之称谓。《汉书·王尊传》又载：“长安宿豪大猾东市贾万，城西萬章。”关于柳市的具体地望，“柳市”之“柳”与地名有关，汉长安城西部与“柳”有关的地名，目前所知仅有“细柳”，古人于此早已指出[19]。至于“细柳”是西汉时代都城附近一个非常重要的地方，《汉书·匈奴传（上）》载：文帝“置三将军，军长安西细柳、渭北棘门、霸上以备胡。”《汉书·文帝纪》又载：文帝后元六年“以中大夫令免为车骑将军屯飞狐，故楚相苏意为将军屯句注，将军张武屯北地，河内太守周亚夫为将军次细柳，宗正刘礼为将军次霸上，祝兹侯徐厉为将军次棘门，以备胡”。服虔注：细柳“在长安西北”。张揖认为细柳在“昆明池南，今有柳市是也”。颜师古支持张揖的说法，他认为“细柳不在渭北，揖说是也”。而《三辅黄图校注》卷六载：“在长安西、渭水北，古徼西有细柳仓。”此处“古徼”乃“石徼”，激、徼互为双声叠韵字，可通转。石徼即石激，石激即石堤[20]。《水经注》记载此处有石激[21]。石激应在渭河北岸，因为东西流向的渭河，由于地理环境的因素，长期以来渭河河道变化是向北移动，故河道石堤应在渭河北岸。《元和郡县图志·关内道》中更为明确指出：“细柳仓在（咸阳）县西南二十里，汉旧仓也。”我们认为，以上《汉书·匈奴传（上）》提到的为防御匈奴对都城长安的军事威胁，在长安城附近分布设立三处驻军，以“备胡”，三处地点应分别为长安城东部的“霸上”、北部的渭河北岸“棘门”和西部的“细柳”。“昆明池”在汉长安城南部偏西，“细柳”不应在“昆明池”南。从汉长安城防御匈奴入侵的军事部署来说，当时长安城来自匈奴的军事威胁是都城的西部、北部和东部，不可能是都城的西南部或南部的“昆明池”一带，那里不应属于抵御匈奴军事威胁的军事防线。“细柳”是汉长安城附近的重要军事基地，驻有大量军队，因而设置了主要服务于军队的“粮仓”——“细柳仓”，还有市场——细柳市，“细柳市”省称“柳市”。有的文献记载，细柳仓有细柳仓市[22]，实际上不存在“细柳仓市”。“细柳”作为地名，其地分别有“细柳仓”“细柳市”。

关于“直市”地望，历来说法颇多。《三辅黄图校注》卷二载：“直市在富平津西南二十五里，即秦文公造。物无二价，故以直市为名。”直市为“秦文公造”不确，秦文公为春秋时期秦国国君，其势力范围并未发展到今西安附近。《太平寰宇记》卷三十记载：“直市在富平县西南十五里。”富平县为秦县，当时隶属于北地郡，即在今宁夏吴忠市西南。今富平县是西魏大统五年（539年）移治于此的。《长安志》记载：“直市在渭桥北”。“富平津”应为西安附近的渭河之渡口名，其与“富平县”无关。

关于交门市，《长安志》记载其“在渭桥之北”。《太平御览》卷八二七《资产部（七）》“市”条引《汉宫殿疏》亦有相近记载：“交门市在渭桥北头也。”此“渭桥”或为“中渭桥”（亦为“横桥”）。交门市与直市均在“渭桥北”，它们是二者为一还是分布在渭桥北部的不同地区，现在还不清楚。

关于交道亭市，《太平御览》卷八二七《资产部（七）》“市”条引《汉宫殿疏》记载：“交道亭市在便桥东。”交道亭市因“交道亭”而得名，“交道亭”又因“交道”而得名，顾名思义，“交道者”为一横一纵的两条“相交”道路。也有学者认为交道亭市之“交道”属于出汉长安城西部雍门大道和章城门大道西行于便桥之东的交汇处[23]。此类道路不只一条，如《汉书·外戚传》记载汉成帝延陵附近有“交道厩”[24]，此“厩”因“交道”得名。延陵在今陕西省咸阳市渭城区周陵镇严家沟村北，《长安志》卷十三载："交道厩去长安六十里，近延陵。"延陵附近的"交道厩"之"交道"与便桥附近的"交道亭市"之"交道"当非同一交道。值得注意的是，在汉代长安的渭河桥梁附近，往往设置有市场，如前面提到的渭桥（中渭桥）北端附近的直市、便桥（西渭桥）附近的交道亭市。

关于孝里市，文献记载其地望有两种说法：一说在汉长安城雍门附近，如《长安志》记载：孝里市"在雍门之东"。《汉书·外戚传》颜师古注："雍门在长安西北孝里西南，去长安三十里。"《太平御览》卷八二七《资产部（七）》"市"条引《汉宫殿疏》载："李里市，在雍门东。""李里市"当为"孝里市"之误。根据考古勘查的汉长安城遗址情况，雍门遗址东部或东北部应为"西市"遗址所在地，是否后人把西市当成孝里市？又一说认为孝里市可能因孝里而得名，但是隋唐时代以前的一些历史文献记载，渭河北岸的秦咸阳城西部有"孝里"。《文选》卷十《西征赋》载："索杜邮其焉在，云孝里之前号。"也就是说，杜邮后来曾名孝里。杜邮故址在今咸阳市东部的摆起寨一带。北魏郦道元的《水经注·渭水》更为明确指出："渭水北有杜邮亭，去咸阳十七里，今名孝里亭，中有白起祠。"因此，孝里市有可能在渭河北岸的秦之杜邮故地，此地在秦咸阳城遗址西南部，比邻秦咸阳城手工业作坊区，秦汉时代手工业作坊多与市场相邻。若此，则孝里市很可能也是秦咸阳城的市场之一，西汉时代继续作为市场使用。

历史文献记载中的长安"九市"之说，我们认为"九市"之"九"当为约数。汪中《述学·释三九》载："凡一二之所不能尽者，则约之以三，以见其多；三之所不能尽者，则约之以九，以见其多。"古人以"九"言之多者如"九州""九天""九庙""九族"等等，至于"九市"也不只是"长安九市"，如《汉书·东方朔传》云："殷作九市之宫"。《六韬》亦载："殷君善治宫室，大者百里，中有九市。""长安九市"或与西市之"六市"加东市之"三市"，共"九市"有关，或从东市之"三市"、西市之"六市"，再到"长安九市"，形成"三六九"的数字模式。

5. 汉代长安的其他"市"

汉代长安的市场，在汉长安城之外还有一些专业性的市场，在都城长安的"卫星城"——诸陵邑之中也有一些市场。前者如经营某一类专业性商品的槐市、酒市等，后者如长陵邑的小市等。

槐市位于汉长安城南郊礼制建筑群之中，即今西安市西郊大土门一带。《艺文类聚》卷三十八"学校"条引《三辅黄图》记载："小学在公宫之南，太学在东，就阳位也。去城七里，东为常满仓，仓之北为槐市。"槐市应在太学东北部。市场取名"槐市"是因为市内列槐树百行为"隧"，买卖双方可能多为太学中的文化人，他们把各自从家里带来的剩余东西以及各种多余的书籍、乐器、文化用品等拿到市场上，温文尔雅地相互交换买卖，或者利用逛市场的机会，谈天论地于市场的槐树之下[25]。槐市之中也有一些专业性商人。槐市又称"会市"，《太平御览》卷八二七《资产部（七）》"市"条引《三辅黄图》记载："元始四年，起明堂、辟雍长安城南，北为会市，但列槐树百行为隧，无墙屋，又为方市阛门，周环列肆，商贾居之，都商亭在其外。"

《汉书·游侠传》记载："河平中，王尊为京兆尹，扑击豪侠，杀章（萬章）及箭张回、酒市赵君都、贾子光，皆长安名豪，报仇怨、养刺客者也。”赵君都所在的酒市与萬章的柳市均为汉代长安的市场，酒市应该是与酒相关的市场，它说明汉代长安的专业性市场已经出现。汉代长安的酒市也说明酒在汉代社会已经是比较普遍、比较重要的商品了，酒已经成为社会上一种不可缺少的东西了。虽然我们现在不知道酒市的商品流通量，但是从其他考古发现资料，我们推测汉代酒的产量已经相当可观，如《史记·货殖列传》记载：通邑大都“酤一岁千酿”。汉代视死如生，在满城汉墓的刘胜墓和窦绾墓中各随葬了16件与17件大陶缸，部分陶缸之上有“黍上尊酒十五石”“甘醪十五石”“黍酒十一石”“稻酒十一石”“甘醪十石”等，出土时陶缸内壁仍有酒干后的痕迹。因此推断这些陶缸应为盛酒的器皿[26]。由此可见，西汉时代酒的消费量之巨大，自然这就要求有相应的市场支撑。汉代大城市设置“酒市”不限于长安城，东汉洛阳城也有“酒市”[27]。

二、考古发现的汉代长安的市场——东市和西市

考古发现的汉代长安的市场遗址，目前仅限于汉长安城之内的西北部，在汉长安城遗址以外的汉代长安市场遗址尚未发现。

20世纪80年代后半叶，在汉长安城遗址的西北部，今西安市未央区六村堡街道的相家巷村附近，考古勘探发现汉代市场遗址两座，二市东西并列于“横门大街”两侧，其北为北城墙，南为雍门大街，西为西城墙，东为厨城门大街。

横门大街东部的市场遗址位于今西安市未央宫区六村堡乡袁家堡村东、曹家堡村西的南北向水渠以西，在周家堡村北、相家巷村的东西公路附近，考古勘探发现市场四周有墙垣遗迹，东墙在汉长安城厨城门大街以西120米，西墙在横门大街以东90米，南墙在雍门大街以北40米，北墙在汉长安城北城墙以南170～210米，市场遗址东西780米、南北650～700米，市场面积约52.65万平方米。

横门大街以西的市场遗址位于今西安市未央区六村堡街道的六村堡以东、袁家堡以西、相家巷以南，黄庄和铁锁村以北。市场西墙在汉长安城西城墙以东400米，东墙在横门大街以西120米，南墙在雍门大街以北80米，北墙在汉长安城北城墙以南20～310米。市场遗址东西550米、南北420～480米，面积约24.75万平方米。

两座市场遗址周围各自筑有围墙，形成“市墙”，墙体基部宽5～6米。上述两座市场遗址之内各有两条平行的贯通全市的东西向和南北向道路，它们分别在二市之中形成“井”字形道路网。由于其纵横贯通全市，所以使二市的四面各辟二门，形成一市八门[28]。

在以上两座市场之间的横门大街上，北距横门遗址约160米处，考古勘探发现有一座大型汉代建筑群遗址，其范围长、宽各约300米。主体建筑位于建筑群中央，东西147米、南北56米[29]。推测这可能是文献记载的长安市的“当市观”，或称“当市楼”“市楼”。《三辅黄图》载：“当市楼有令署，以察商贾货财买卖贸易之事，三辅都尉掌之。”

关于考古发现的汉长安城西北部的两座汉代市场遗址，我们认为它们就是汉代文献多处记载的汉代长安的“东市”与“西市”。考古勘探发现的两个市场与文献记载的东市和西市方位

一致。历史文献记载，汉高祖六年（前 201 年）在全国“立大市”[30]，都城长安自然也在其中。刘邦在长安设立的“大市”应即后来的“东市”。高祖时，长安因无“西市”，故不言“东市”，只称“大市”。《汉书·惠帝纪》记载，惠帝六年（前 189 年）建西市，西市应该是相对东市而言的，没有东市谈不到西市。西市之名源于方位命名的，营筑西市之时，其东因有市场，故此市名“西市”。时间上早于西市，方位上在西市以东的市场应为汉长安城的“大市”。自长安“大市”之西建立“西市”，“大市”亦更名“东市”，形成了东市与西市的东西并列于汉长安城西北部（图一）。

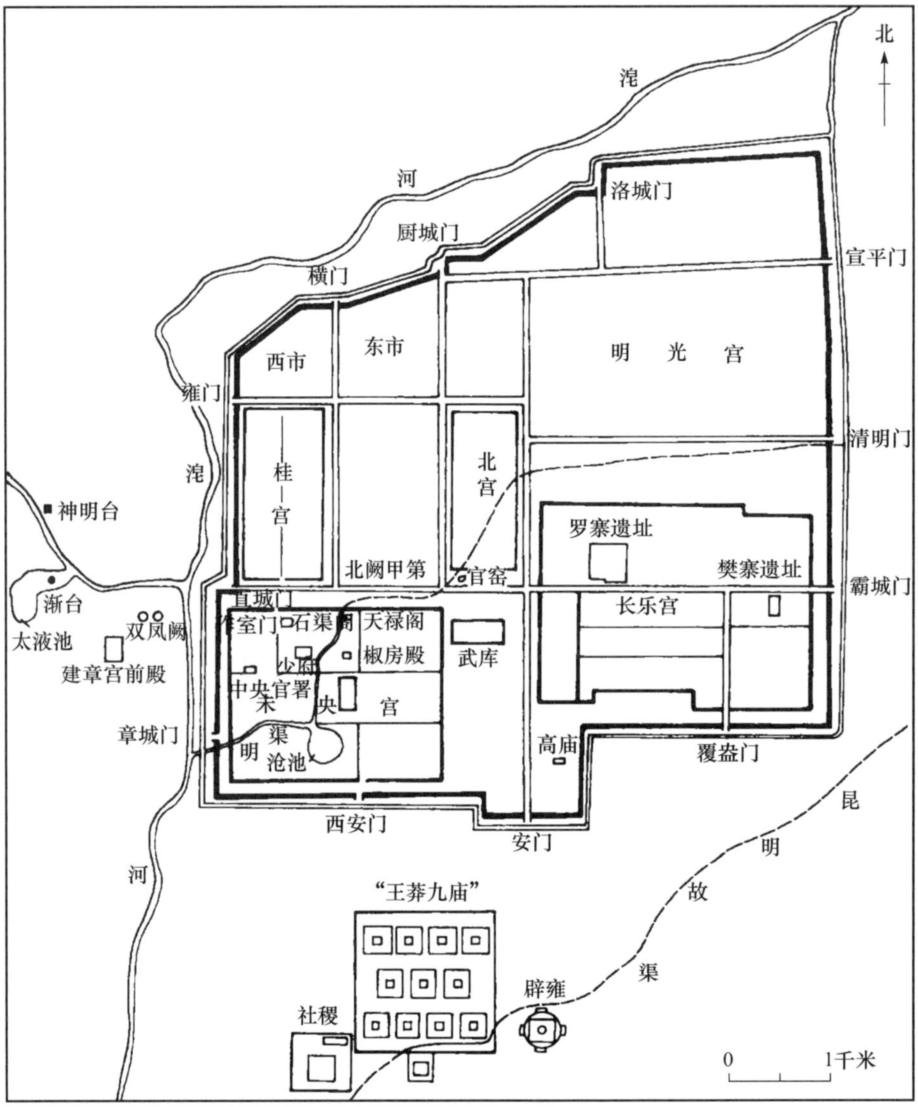

图一　汉长安城遗址平面图

关于东市与西市的具体地望，汉代以后相关历史文献有所记载。《三辅黄图校注》卷二引《庙记》云：“长安市有九，各方二百六十六步。六市在道西，三市在道东。凡四里为一市。致九州之人在突门。夹横桥大道，市楼皆重屋。”上述记载说明“长安市”由东西并列的两部分组成，即横桥大道西部的“西市”与横桥大道东部的“东市”它们位于“突门”附近和“横桥大道”两侧。文献记载“突门”即汉长安城“雍门”[31]。“横桥大道”之“横桥”因“横门”得名[32]，“横门”即“横城门”[33]。《三辅黄图校注》卷一载：“长安城西出北头第一门曰雍门。”又载：“长安城北出西头第一门曰横门……门外有桥曰横桥。”雍门和横门位于汉长安城西北部，因此前面文献记载的“长安市”应在汉长安城西北部之外的横桥大道两侧，而我们考古发现的汉长安城遗址西北部的两处市场遗址，位于汉长安城西北部之内的横门大街两侧。我们认为《三辅黄图》所载“横桥大道”应为“横门大街”之误。至于以横桥大道为界，西部有“六市”与东部有“三市”之说，应该是“九市”的附会。将考古发现的横门大街东部市场与西部市场规模相比较，东市明显大于西市，这也证明了所谓西部的西市有“六市”、东部的东市有“三市”的说法与事实不符。而与东市作为汉长安城之“大市”及其为都城“弃市”之市场相一致。

关于汉长安城东市和西市的位置问题，学术界意见不一。有学者根据“长安市有九市，各方二百六十六步。六市在道西，三市在道东。凡四里为一市。致九州之人在突门。夹横桥大道，市楼皆重屋”及“旗亭楼，在杜门大道西”的文献记载[34]，推断东市和西市均在汉长安城外，东市在城外东南部的“杜门大道南”，西市在城外西北部的“横桥大道南”[35]。其实上述文献记载存在多处问题，一是不能认定“突门”就是“横门”，它更可能是“雍门”；二是文献记载长安市及九市在“横桥大道”东西两侧，如果说“长安市”包括东市和西市的话，那么不能说“长安市”即“西市”；三是在横门之内考古勘探发现，横门大街东西两侧各有一个市场，而在横门之外的考古勘探却未发现市场遗迹，在此情况下，有的学者认为上述“考古钻探布点较疏，局限性较大，遗漏遗迹的现象时有发生”，从而断定“西市在横桥大道南”，这种以假设为前提，又从假设前提得出的结论的方法是没有说服力的；四是“旗亭楼在杜门大道南”，不等于这里的“旗亭楼”就是“东市”的旗亭楼，也就是说不能以此断定东市就“在杜门大道南”[36]。况且杜门大道是因汉长安城覆盎门（即“杜门”[37]）南对杜县相而得名，杜门大道应该是汉长安城覆盎门与其南部的杜县之间的南北道路。“杜”始为西周国名，《史记·秦本纪》载：“武公十一年，初县杜郑。”《正义》引《括地志》云：“下杜故城在雍州长安县东南九里。”这里所说的“长安县东南”应为汉代长安县之东南。1962年在西安市长安区韦曲街道首帕张堡村西出土秦陶釜，陶釜之中有一千枚秦“半两”钱，釜盖之上有“杜市”陶文戳印[38]（图二，1）。首帕张堡村西北1千米处为西安市雁塔区山门口乡北沈家桥村，1978年，在此村东约500米，发现秦“杜虎符”[39]，其出土地东南1千米处为秦汉“杜城”故址。战国秦汉时代，有县治之名而称谓的“市”，其一般在县城所在地。“杜市”为秦汉杜县的“市”，杜市应在杜县。秦“杜市”陶文与秦“杜虎符”的出土，进一步确认了秦汉杜县的地望。在秦咸阳城遗址曾出土有“杜亭”陶文的陶釜[40]（图二，2），袁仲一先生认为“杜亭”为“杜县市井官署的代称”[41]，我们同意这样的论断。此外，在陕西清涧县李家崖也发现有“杜市”陶文的秦汉时代陶器[42]（图二，3），从其文字观察，与杜城故址出土陶釜之上的“杜市”陶文戳印相同，亦应为汉长安城覆盎门之南的杜市遗物。《三辅黄图》记载的“杜门大道南”的“旗亭楼”当为“杜市”的旗亭楼，其位置应该在秦汉杜县县城（或古杜城），而杜县故城与汉长安城还有相当远的距离，不会在汉长安城覆盎门之旁（图三）。至于提出东市在覆盎门外的安门大

1 2 3

图二 “杜市”“杜亭”陶文

1. 西安市长安区韦曲街道首帕张堡村西出土秦陶釜上的“杜市”陶文 2. 秦咸阳城遗址出土陶釜上的“杜亭”陶文 3. 陕西清涧县李家崖出土秦汉时代陶器上的“杜市”陶文

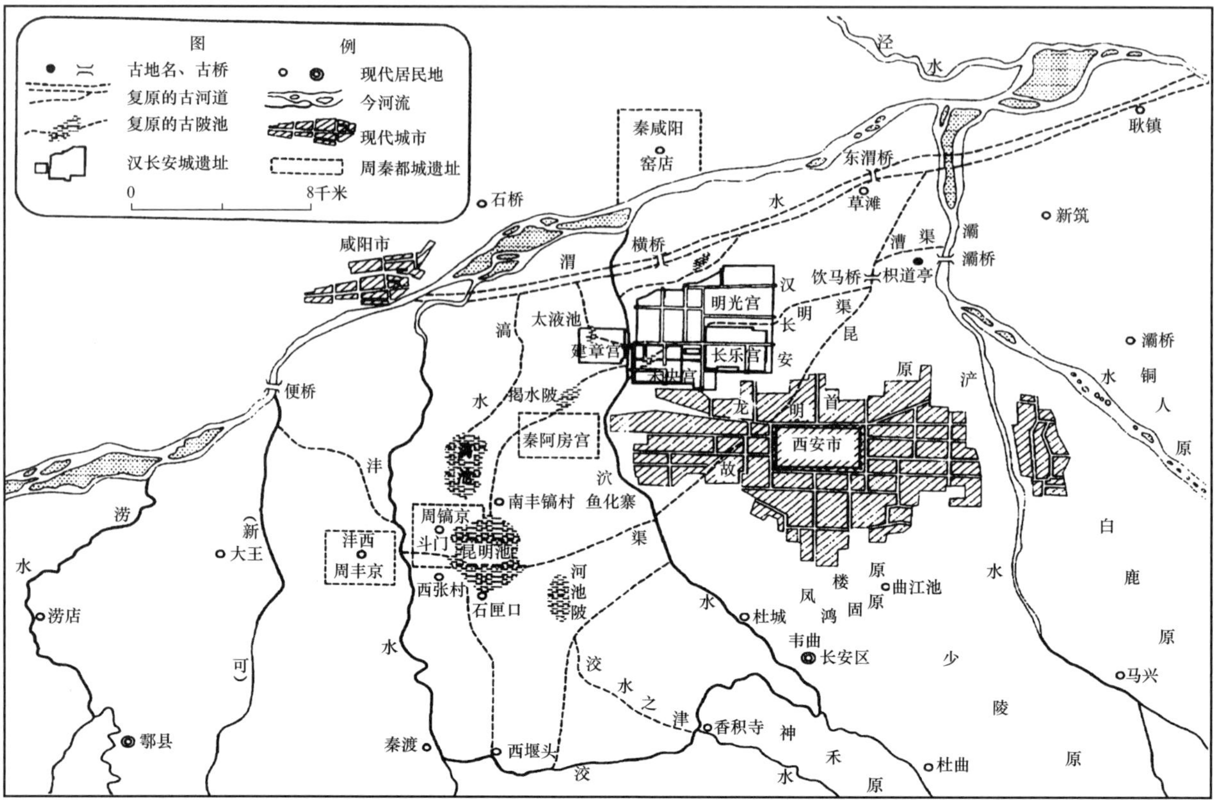

图三　杜城与汉长安城

（《三辅黄图校注》第463、464页）

街城外延长线之东与横门之外，而认定“西市”与前述“东市”是“对称”分布于汉长安城“中轴线”的“安门大街”东西两侧之说法，实际上是不能成立的。安门大街向北与东西向的宣平门大街形成“丁字形”，安门大街并未穿过宣平门大街通向城外，因此不存在横门大街在安门大街以北城外“延长线的”西部。唐长安城的东市与西市对称分布于对称“中轴线”朱雀门大街东西两侧，而不是西市在都城西北部，东市在都城东南部。

还有的学者认为东市和西市均分布在汉长安城外的北部，东市在洛城门外的东部，西市在横门大道的东西两侧[43]（图四）。比这一说法更早的是马先醒先生1972年制作的“汉长安城区划略图”中东市与西市的标示，此图西市在横门之外，不过其东市标识在洛城门之内[44]（图五）。出现上面的论断的原因，主要是认为洛城门即杜门，而文献记载杜门大道南有旗亭楼，因此判定东市就在洛城门附近（城外或城内）。至于将西市置于横门之外，亦据《三辅黄图》记载的“夹横桥大道，市楼皆重屋”。这些说法都与汉长安城遗址新的考古发现资料相抵触。关于一些学者认为东市与西市分别位于都城东西两侧的假设，可能是受到唐长安城东市与西市分布特点的影响。唐长安城的东市与西市东西对称分布在朱雀门大街两侧（图六），受中国古代都城影响修建的日本古代都城平城京，其城内亦东西对称设置了东市与西市。它们是根据都城之中地域而分别在城内安排的两个主要市场，承担其附近地区的商业活动。汉长安城的东市与西市东西并列于横门大街两侧，则是因为东市的“商业”功能与西市的“手工业”功能不同而安排的。

汉长安城西北部考古发现的两个汉代市场，被确认为东市和西市，还与当时都城市场设置的一般规律相一致。先秦时代的都城主要市场一般在宫城北部，即《周礼·考工记》记载的“面朝后市”。汉长安城的“朝”在未央宫，“市”即“东市”和“西市”。未央宫与东市、西

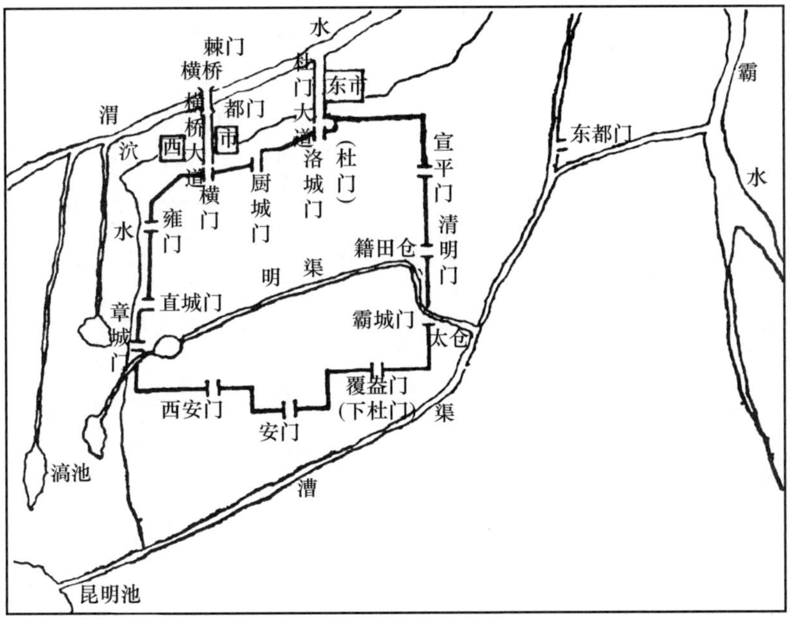

图四　西汉长安布局结构图

（《西汉长安布局结构的探讨》）

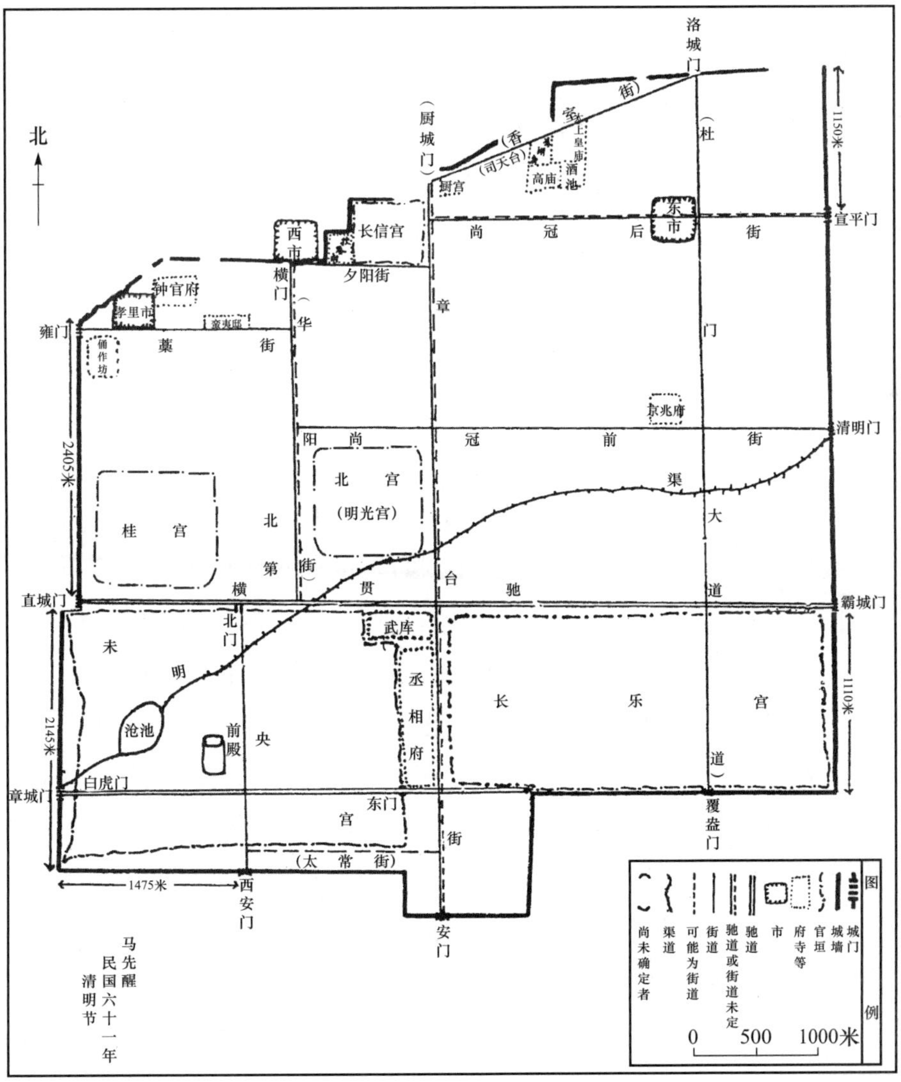

图五　汉长安城区划略图

（《中国古代城市论集》，第 51 页）

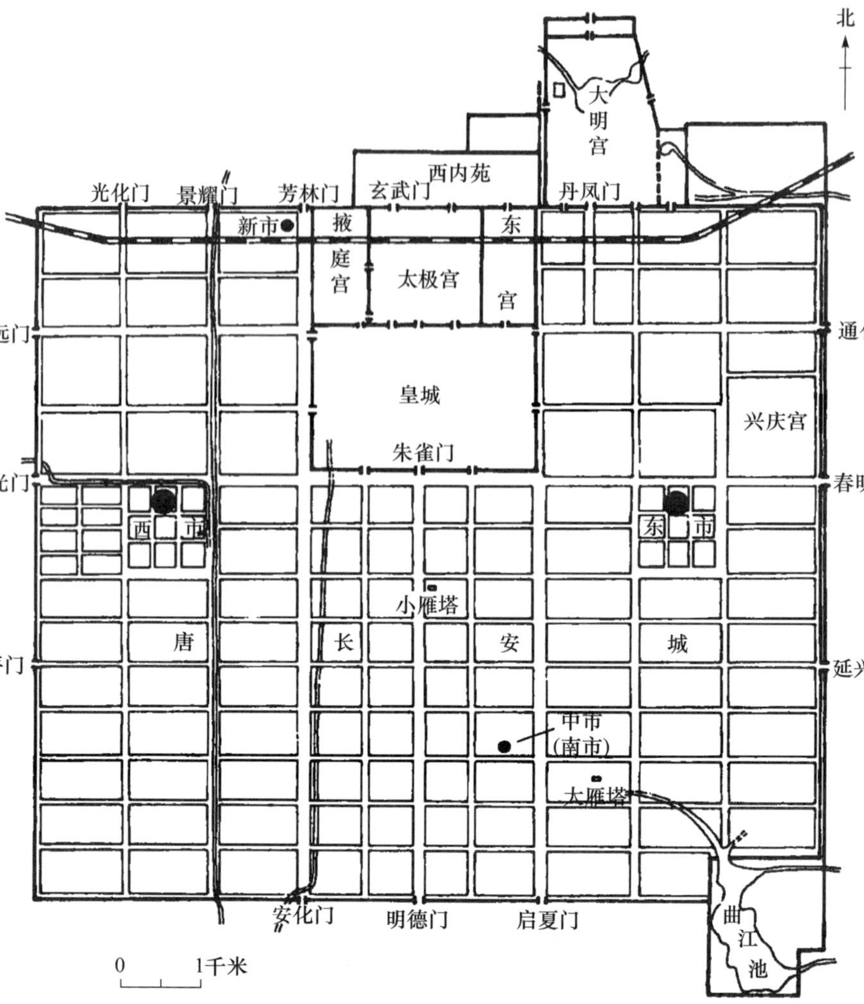

图六　唐长安城平面图

市，先后筑于高祖和惠帝时期[45]，它们应该属于统一规划的建设工程。未央宫与东市、西市分别位于汉长安城的西南部与西北部，宫城与市场南北相对，形成“面朝后市”格局。这种宫城与市场的南北排列形制，在先秦时代的都城中已多处出现。如河南偃师商城的宫城位于都城南部，在都城中部和北部发现大面积手工业作坊遗址，工商相连，都城的市场可能就在上述遗址区附近，宫城与它们形成南北排列[46]。东周时期的曲阜鲁国都城，在宫城北部的盛果寺北村发现手工业作坊遗址，这里应为鲁城市场所在地[47]。《春秋左传集解》文公十八年《传》载：“夫人姜氏归于齐，大归也。将行，哭而过市曰：‘天乎，仲不为道，杀嫡立庶。’市人皆哭，鲁人谓之哀姜。”姜氏由鲁归齐，即由南返北，当走宫城北门，再过市，则市当在宫城之北。东周王城西南部瞿家屯一带为王城宫殿建筑区，王城北部分布有大量手工业作坊遗址，市场或在其附近[48]。若此，则王城仍属“面朝后市”格局。齐临淄城和赵邯郸城都是小城（宫城）在西南，大城在东北，市均在大城之内，这种宫城与市场的方位配置也可理解为“面朝后市”的布局[49]。秦雍城的市场遗址在北城垣南300米，位于雍城北部，即今凤翔棉织厂、翟家寺一带。市场遗址以南为秦公朝寝遗址，它们主要分布在今马家庄、姚家岗一带[50]。晚于汉长安城的东汉洛阳城，光武帝立都洛阳伊始，就住在南宫却非殿，建武十四年在南宫建成大朝正殿的“前殿”——“崇德殿”[51]，南宫为其皇宫。东汉洛阳城主要有金市、南市和马市三个市，南市和马市分别在洛阳城之外的南部和东部，金市在城内的南宫西北部。金市即大市，是东汉洛阳城的主要市场[52]。南宫与金市的相对位置，基本上形成南北排列的形制，因此潘岳在《闲居赋》中称南宫与金市的布局为“面郊后市”[53]。这种先秦时代以来的都城“面朝后市”形制，到了北魏洛阳城已经发生了根本性变化。基于先秦至秦汉时代都城之宫城与市场的“面朝后市”布局特点，我们认为在汉长安城西北部考古发现的两个市场遗址，可以更为清楚的说明它们就是东市和西市遗址。

三、从东市和西市看汉代市场形制

中国古代社会有严格等级规定，国家设都城，郡治、县治等所在地有其相应的“城”，作为当地的政治、经济、文化中心。又有相应的不同等级的市场。一般而言，在不同等级城市中，反映在市场规模、布局形制上也不一样。但作为商业活动舞台，它们又有着相同之处，如为了便于管理，市场要围筑墙垣[54]。墙上辟门，称“市门”。市场的墙与门，即文献记载的“阛”与“阓”[55]。“市门”有的不只一座，如四川彭县出土的汉代画像砖市井画像图上就标有“南市门”“北市门”[56]。“市门”是出入市场的必经之处，是人们活动较为集中的地方，因此古代行刑多置于市场，以起到杀一儆百、“斩首示众”的作用，西汉前期称之为“磔”，汉景帝时期又改称为“弃市”[57]。西汉时代，文献多有“磔”之记载，如《汉书·云敞传》记载：吴章“坐腰斩，磔尸东市门”。“市门”不但是市的代称，甚至作为从商的象征，《史记·货殖列传》云：“农不如工、工不如商，刺绣文不如倚市门。”

市内通行的道路，称“隧”，其规模大小与数量多少，各市情况不同，有的相差甚多，如都城长安的市内有“百隧”之多。市内主要干路与市门相通。市的中央有“市楼”建筑，因市楼之上悬挂旗子，所以又称其为“旗亭”。

市内的商肆称市肆，市肆按其经营内容分类安排在市内不同地方，同类商店排列于一起，因此又称市肆为“列肆”或“市列”。列肆安排在道路两旁。比较固定的市还要有存放商品的房屋，它们称“邸舍”或“市廛”，也就是现在我们所说的存放商品仓库。

汉代各类城址发现不少，但对其中的“市场”遗址开展考古工作的不多。不过在有的画像砖上保留了一些有关汉代市场图像材料，如四川广汉、彭县和新繁出土的市井图画像砖，它们反映了当时市井的一些情况[58]。这三件材料所反映的均不是都城的市，它们应属于县治的市。新繁县出土市井画像砖之市井图像，市场四周围绕市墙，市场三面各开一门。市场中央置市楼，市内有隧，隧将市场分为四部分，每部分有肆3～4列，在市场列肆之外侧、市墙之内，分布有3处房屋建筑群[59]（图七）。出土的西汉时代文献资料也有关于西汉时期市场的记载，如山东临沂银雀山汉墓出土汉简载：“国市之法，外营方四百步，内宫称之，为凿四达之门。”[60]这种平面方形的市场是一种理想的汉代市场。

汉长安城东市和西市勘探资料说明，都城市场要比上述县治市场复杂一些。在东市和西市之间有国家管理市场的“市楼”，东市和西市各自于市中心还设有“市署”之类建筑，负责管理本市的事务。东市和西市之内主干道路平面为“井”字形，每市有8座市门。这种市场布局形制被唐长安城的市场所继承，甚至其东市、西市的市场名称也被沿用下来。

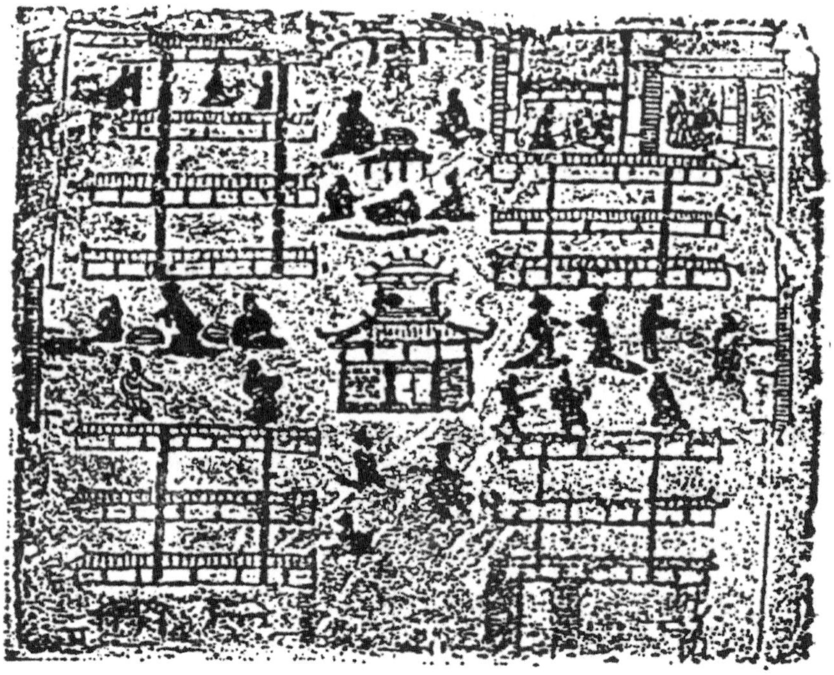

图七　汉代市井图

汉代长安除了以上所说市场之外，在长安附近驻军所在地还有以军人为对象的“军市”，如丙吉就担任过“军市令”[61]。这种军队驻地设置“军市”的情况，甚至在王朝的边远地区也存在，冯唐曾经对汉景帝说：魏尚做云中郡太守时，就把军市中的租税，分发给士卒[62]。西汉末年，还有少数贵族、豪富私自设立“市”的，如王根在汉长安城“立两市”[63]。

四、关于东市和西市关系的探讨

根据考古勘探资料，东市面积0.4875平方千米，西市面积0.2475平方千米，前者较后者面积几乎大一倍。出现这种情况与二市市场地位、性质有关。

东市作为长安的“大市”，以商业活动为主。《周礼》记载：“大市日昃而市，百族为主。”东市商业活动发达，商品种类五花八门，因此东市造就出不少京师有名的大商人，如“东市贾万”，“上干王法，下乱吏治，并兼役使”，号称“长安宿豪大猾”[64]；东市王好卿卖豉为业，“以财养士，与雄桀交”，积聚资产巨万，成为天下有名的富翁，被任命为“东市令”[65]。

市场是众人聚集之地，古代“刑人于市”，目的是斩首示众，“与众弃之”。西汉一代“弃市”“磔尸”者未见记载于西市进行的，而在东市行刑者大有人在，如晁错[66]、吴章[67]、刘屈氂[68]和成方遂[69]等均被斩杀于东市。

与东市情况所不同的是西汉时代驰名京师的大商人未见出于西市者，这可能与西市商业活动不甚发达有关。正因为如此，所以长安城的“弃市”活动未见在西市进行的记载。

西市虽然商业活动不如东市发达，但其手工业则是东市所不及的。考古勘探发现，西市之内有大面积的手工业作坊遗址，其中西市东北部，即今相家巷村东和东北部以铸币作坊遗址为主[70]；西市中部和西部，即今相家巷村南和六村堡一带有不少制作陶俑和砖瓦等陶制品的作坊遗址[71]；西市南部，即今相家巷村东南一带有冶铸作坊遗址[72]（图八）。西市中的一些手工业生产是直属中央管辖的，如铸币业、属于东园秘器的陶俑制造业等。西市偏居于长安城西北隅，环境封闭，便于对重要官府手工业的控制。东市东靠宣平门内长安城中主要居民区，南近达官显贵的“北阙甲第”，西邻西市的手工业作坊区，这些方便了东市的商业活动。

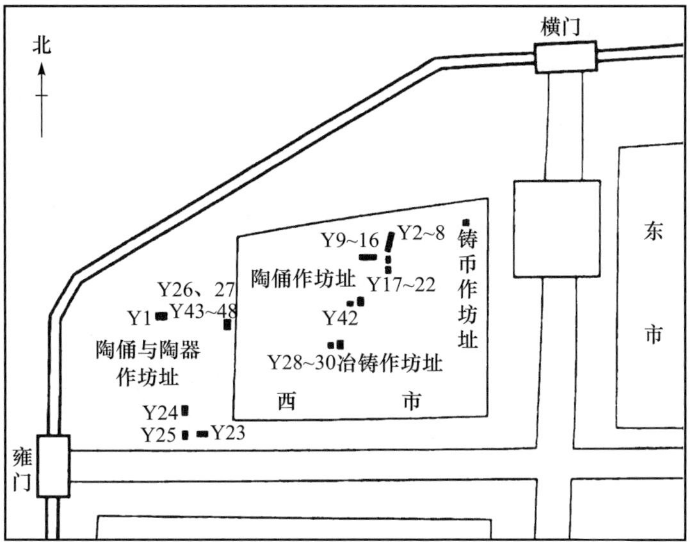

图八　西市及手工业遗址

长安城的东市和西市，一个以商业为中心，一个以手工业为中心，二市组成以“长安市”为代表的商业与手工业相结合的市场，这正是中国封建社会初期城市市场的特点。到了中古时代的唐长安城中，市场虽然仍称东市、西市，但二市均以商业活动为主，它们与汉长安城的二市工商分工的性质已不同，唐长安城中的东市和西市，只是作为大都会之中不同区域的商业中心而设置的。这也是为什么汉长安城东市和西市相邻的原因。

注　释

[1]《后汉书》卷一百一十八《百官（五）》：“每县、邑、道，大者置令一人，千石；其次置长，四百石；小者置长，三百石；侯国之相，秩次亦如之。”又载：“县万户以上为令，不满为长。”

[2]《汉书》卷二十四（下）《食货志（下）》：王莽“遂于长安及五都立五均官，更名长安东西市令及洛阳、邯郸、临淄、宛、成都市长皆为五均司市师。东市称京，西市称畿，洛阳称中，余四都各用东西南北为称，皆置交易丞五人，钱府丞一人”。

[3]《汉书》卷九十七（上）《外戚传（上）》：孝景王皇后“微时所为金王孙生女俗，在民间，盖讳之也。武帝始立，韩嫣白之。帝曰：‘何不蚤言？’乃车驾自往迎之。其家在长陵小市，直至其门，使左右入求之”。

[4]《水经注·谷水》引陆机《洛阳记》载：“洛阳旧有三市，一曰金市，在宫西大城内；二曰马市在城东，三曰羊市在城南。”

[5]《后汉书》卷四十一《第五伦传》：“鲜于褒荐之于京兆尹阎兴，兴即召伦为主簿。时长安铸钱多奸巧，乃署伦为督铸钱掾，领长安市。”

[6] 李毓芳：《汉长安城烘范窑和铸币遗址》，《中国考古学年鉴（1993）》，文物出版社，1995年。

[7] 长陵车站秦手工业作坊遗址发现“咸阳市于”“咸阳市得”陶文。见陕西省考古研究所：《秦都咸阳考古报告》科学出版社，2004年，第135页。

[8] 中国社会科学院考古研究所栎阳发掘队：《秦汉栎阳城遗址的勘探和试掘》，《考古学报》1985年第3期。

[9] 中国科学院考古研究所：《洛阳中州路（西工段）》，科学出版社，1959年。

[10] 陈尊祥：《杜虎符真伪考辨》，《文博》1985年第6期。
[11] 湖南省博物馆、中国社会科学院考古研究所：《长沙马王堆一号汉墓发掘简报》，文物出版社，1972年；俞伟超、李家浩：《马王堆一号汉墓出土漆器制地诸问题——从成都市府作坊到蜀郡工官作坊的历史变化》，《考古》1975年第6期。
[12] 黄河水库考古工作队：《1957年河南陕县发掘简报》，《考古通讯》1958年第11期。
[13]《元河南志》卷二引华延儁《洛阳记》载："大市名金市，在城中；南市在城之南，马市在大城之东。"
[14]《汉书补注》卷六十六："四市人犹言诸市人耳。"
[15] 严耕望：《正史脱讹小记》，《严耕望史学论文选集》，台北联经出版事业公司，1991年。
[16] 张继海：《汉代城市社会》，社会科学文献出版社，2006年，第261页。
[17] 陈直认为："长安四市令。直按：西安汉城遗址中，出土'市府'封泥最多，文字最精。又有东西南北四市封泥，皆为半通式，为左冯翊长安四市长所用者。"见陈直：《汉书新证》，天津人民出版社，1979年，第120页。安作璋、熊铁基亦持此说，其载：左冯翊属官"长安四市长、丞：西安城遗址中出土'市府'封泥很多，又有东西南北四市封泥，皆为半通式，当为左冯翊四市长所用者"。见安作璋、熊铁基：《秦汉官制史稿》（下册），齐鲁书社，1984年，第47页。
[18]《尸子》：尧时"宫中三市，而尧鹑居，珍馐百种，而尧粝饭菜粥"。《周礼·地官》载："大市，日昃而市，百族为主；朝市，朝时而市，商贾为主；夕市，夕时而市，贩夫贩妇为主。"郑玄注："百族，必容求来去，商贾家于市城。贩夫贩妇，朝资夕卖，因其便而分为三时之市，所以了物极众。"贾公彦疏曰："三市皆于一院内为之。大市于中，朝市于东偏，夕市于西偏。"
[19]《汉书》卷四《文帝纪》，张辑、颜师古注。
[20] 辛德勇：《西汉至北周时期长安附近的陆路交通——汉唐长安交通地理研究之一》，《古代交通与地理文献研究》，中华书局，1996年，第139页，注释第150。
[21]《水经注·渭水》：沣河入渭处"无他高山异峦，所有惟原阜石激而已"。
[22]《汉书》卷九十二《游侠传·萬章传》载：萬章"在城西柳市，号曰'城西萬章子夏'"。师古注曰："《汉宫阙疏》云，细柳仓有柳市。"《太平御览》卷八二七《资产部（七）》引《汉宫殿疏》载："细柳仓市在细柳仓。"
[23] 辛德勇：《西汉至北周时期长安附近的陆路交通——汉唐长安交通地理研究之一》，《古代交通与地理文献研究》，中华书局，1996年，第129、130页。
[24]《汉书》卷九十七（下）《外戚传（下）》：许皇后"葬延陵交道厩西"。
[25]《艺文类聚》卷三十八"学校"条引《三辅黄图》载：槐市"列槐树数百行为隧，诸生朔望会此市。各持其郡所出货物及经传书记、笙磬乐器，相与买卖，雍容揖让，论议槐下"。
[26] 中国社会科学院考古研究所、河北省文物管理处：《满城汉墓发掘报告》，文物出版社，1980年，第126、127、288页。
[27]《后汉书》卷一百零四《五行（二）》引《古今注》曰：永和"六年十二月，洛阳酒市失火，烧肆，杀人"。
[28] 刘庆柱：《西安市汉长安城东市和西市遗址》，《中国考古学年鉴（1987）》，文物出版社，1988年。
[29] 刘庆柱：《汉长安城》，《中国考古学年鉴（1986）》，文物出版社，1988年。
[30]《史记》卷二十二《汉兴以来将相名臣年表》。
[31]《水经注·渭水》：汉长安城"第三门，本名西城门，亦曰雍门，王莽更名章义门著谊亭，其水北入有函里，民名曰函里门，又曰光门，亦曰突门"。
[32]《文选》卷十潘安仁《西征赋》李善注引《关中记》："秦作渭水横桥。"刘庆柱：《三秦记辑注·关中记辑注》，三秦出版社，2006年。《汉书》卷六十三《戾太子刘据传》："焚苏文于横桥上。"师古注："即横门渭桥也。"
[33]《汉书》卷十《成帝纪》："（建始三年）秋，关内大水。七月，虒上小女陈持弓，闻大水至，走入横城门，阑入尚方掖门，至未央宫钩盾中。"
[34] 何清谷校注：《三辅黄图校注》卷二，三秦出版社，2006年。

［35］ 孟凡人：《汉长安城形制布局中的几个问题》，《汉唐与边疆考古研究》（第一辑），科学出版社，1994年。
［36］ 孟凡人：《汉长安城形制布局中的几个问题》，《汉唐与边疆考古研究》（第一辑），科学出版社，1994年。
［37］《汉书》卷六十六《刘屈氂传》：戾太子“南奔覆盎城门，得出”。颜师古注：“长安城南出东头第一门曰覆盎门，一号杜门。’
［38］ 陈尊祥：《杜虎符真伪考辨》，《文博》1985年第6期。
［39］ 陈直：《秦兵甲之符号》，《西北大学学报（哲学社会科学版）》1979年第1期；黑光：《西安市郊发现秦国杜虎符》，《文物》1979年第9期；朱捷元：《秦国杜虎符小议》，《西北大学学报（哲学社会科学版）》1983年第1期；戴应新：《秦杜虎符的真伪及其有关问题》，《考古》1983年第11期。
［40］ 陕西省考古研究所：《秦都咸阳考古报告》，科学出版社，2004年，第138页。
［41］ 袁仲一：《秦代陶文》，三秦出版社，1987年，第57页。
［42］ 袁仲一：《秦代陶文》，三秦出版社，1987年，第119页。
［43］ 杨宽：《西汉长安布局结构的探讨》，《文博》1984年创刊号。
［44］ 马先醒：《汉代长安城之营筑及其影响》，《中国古代城市论集（简牍学会丛书之四）》，台北简牍学会印行，1980年，附图八。
［45］《汉书》卷一（下）《高帝纪（下）》：高帝七年“萧何治未央宫”。《汉书》卷二《惠帝纪》：惠帝六年“起长安西市”。《史记》卷二十二《汉兴以来将相名臣年表》：汉高帝六年“立大市”。
［46］ 赵芝荃：《洛阳三代都邑考实及其文化的异同》，《河洛文明论文集》，中州古籍出版社，1993年。
［47］ 山东省文物考古研究所等：《曲阜鲁国故城》，齐鲁书社，1982年。
［48］ 中国社会科学院考古研究所：《洛阳发掘报告》，北京燕山出版社，1989年。
［49］ 群力：《临淄齐国故城勘探纪要》，《文物》1972年第5期；河北省文物管理处、邯郸市文物保管所：《赵都邯郸故城调查报告》，《考古学集刊（4）》，中国社会科学出版社，1984年。
［50］《秦都雍城发现市场和街道遗址》，《人民日报》1986年5月21日第3版；韩伟、焦南峰：《秦都雍城考古发掘研究综述》，《考古与文物》1988年第5、6期合刊。
［51］《后汉书》卷一《光武帝纪》。
［52］《水经注·谷水》引陆机《洛阳记》。
［53］《文选》卷十六潘岳《闲居赋》：“陪京泝伊，面郊后市。”
［54］《说文解字》：市“买卖所之也，市有垣”。
［55］ 崔豹《古今注》载：“阛者，市之垣也。阓者，市之门也。”
［56］ 四川省文物管理委员会：《四川彭县义和公社出土汉代画像砖简介》，《考古》1983年第10期。
［57］《汉书》卷五《景帝纪》：中元二年（前148年）“改磔曰弃市，勿复磔”。应劭曰：“先此诸死刑皆磔于市，今改曰弃市，自非妖逆不复磔也。”颜师古曰：“磔谓张其尸也。弃市，杀之于市也。谓之弃市者，取刑人于市，与众弃之也。”
［58］ 刘志远：《汉代市井考——说东汉市井画像砖》，《文物》1973年第3期。
［59］ 龚廷万：《巴蜀汉代画像集》，文物出版社，1998年，图27。
［60］ 银雀山汉墓竹简整理小组：《银雀山汉墓竹简》，文物出版社，1985年。
［61］《汉书》卷七十四《丙吉传》：“吉为车骑将军军市令，迁大将军长史，霍光甚重之，入为光禄大夫给事中。”
［62］《汉书》卷五十《冯唐传》：“今臣窃闻魏尚为云中守，军市租尽给士卒，出私养钱，五日一椎牛，以飨宾客军吏舍人，是以匈奴远避，不近云中之塞。”
［63］《汉书》卷九十八《元后传》：王根“行贪邪，藏累巨万，纵横恣意，大治室第。第中起土山，立两市”。
［64］《汉书》卷七十六《王尊传》。
［65］《汉书》卷九十一《货殖传》。
［66］《汉书》卷四十九《晁错传》：“乃使中尉召错，治载行市，错衣朝衣，斩东市。”
［67］《汉书》卷六十七《云敞传》：吴章“坐腰斩，磔尸东市门”。
［68］《汉书》卷六十六《刘屈氂传》：“有诏载屈氂厨车以徇，要斩东市。”

[69]《汉书》卷七十一《隽不疑传》：成方遂“坐诬国不道，腰斩东市”。

[70] 李毓芳：《汉长安城烘范窑和铸币遗址》，《中国考古学年鉴（1993）》，文物出版社，1995年。

[71] 中国社会科学院考古研究所汉长安城工作队：《汉长安城1号窑址发掘简报》，《考古》1991年第1期；中国社会科学院考古研究所汉长安城工作队：《汉长安城窑址发掘报告》，《考古学报》1994年第1期；中国社会科学院考古研究所汉长安城工作队：《汉长安城23—27号窑址发掘简报》，《考古》1994年第11期。

[72] 中国社会科学院考古研究所汉长安城工作队：《1992年汉长安城冶铸遗址发掘简报》，《考古》1995年第9期；中国社会科学院考古研究所汉长安城工作队：《1996年汉长安城冶铸遗址发掘简报》，《考古》1997年第7期。

（原刊于《汉代城市和聚落考古与汉文化》，科学出版社，2012年）

略论未央宫三号建筑与汉代骨签

李毓芳

20世纪80年代以来，中国社会科学院考古研究所汉城工作队开展了对汉长安城未央宫遗址的全面勘察和重点考古发掘。1985年底，为了了解未央宫西北部建筑布局、文化内涵以及寻找与皇宫手工业有关的遗址，在西安市未央区未央宫乡卢家口村东约百米，选择了一处汉代建筑遗址即编号为汉长安城未央宫第三号建筑遗址进行试掘，根据建筑遗迹保存较好，出土遗物较丰富，1986年10月至1987年4月对该遗址进行了全面考古发掘。

未央宫第三号建筑遗址位于未央宫内，西距西宫墙105米，东距未央宫前殿遗址880米，遗址以南6.3米有一条汉代东西大路，此路在前殿北边经过，横贯未央宫。

三号建筑遗址现为农田，农耕土之下为扰土，扰土层之下即为汉代文化层，该层距地表深25～75、厚5～30厘米，其中包含有汉代砖瓦、弩机、镞、戟、甲片、铧冠、陶甑、陶灯等兵器、生产工具、生活用品，最为重要的是出土了大量骨签。汉代文化层之下为建筑遗迹和汉代地面。

三号建筑遗址东西136.2、南北69.4米，面积9452.28平方米。这是一座封闭性院落建筑，院子四周筑有围墙，院子平面为长方形，东、西墙各长65.5米，南北墙各长134.7米。除院子南墙宽2.7米外，其余三面墙各宽1.5米。院墙墙体夯筑。墙基深1.25～1.7米，亦为夯筑。南墙北墙和西墙之外均置廊，北墙和西墙的廊外有散水。东墙有散水而无廊。院墙外廊道宽1～2.3米。院子约在东西居中位置，有一南北向排水渠，将院子又分为东、西两部分，简称东院和西院。东院东西57、南北65.5米。东院四面围筑夯土墙。其东墙即大院东墙。东院西墙长65.5、宽1.5米，墙外置廊，廊宽0.9米。东院南、北墙分别为大院南、北墙的东段，其长各为57米。

东院辟北门和西门各一座。

北门位于东院东北角，东距北墙东端5.3米。门道辟于北墙，面阔1.1、进深1.6米。西门位于东院西南角，门道辟于东院西墙南端，面阔1.15、进深1.25米。

根据东院现存建筑遗迹的平面布局，东院东南角或还有一门，此门很可能辟于东院南墙东端。

东院之内有两排房屋，每排房屋东西列置，两排房屋南北分布，二者间距23.3米，其间为天井和回廊。南排房屋与院子南墙之间亦为天井和回廊。

南排房屋东西并列3座，自东向西依次为F_1、F_2和F_3。F_1平面呈南北长条形，其南北约18.1、东西5.1米。F_1南墙无存，其上应辟南门。F_1北墙之上原来辟有门道。

F_2 位于 F_1 北半部西侧，二者一墙之隔，即 F_1 西墙北段为 F_2 东墙。F_2 面阔 20.5、进深 8.4 米。门道约辟于南墙中部，面阔 2.45、进深 1.5 米。

F_3 位于 F_2 西侧，面阔 25.6、进深 8.4 米。F_3 南、北墙各辟一门，南门门道宽 2.3、进深 1.5 米；北门门道宽 2.93、进深 1.5 米。F3 北墙北侧有一夯筑楼梯基址，现存东西 3.5、南北 2.5、高 0.45 米。楼梯基址的存在说明 F_3 应系二层楼建筑。F_3 与 F_2 相连，F_2 与 F_1 相连，推侧 F_2、F_1 亦为二层楼建筑，因它们与 F_3 相连、通过 F_3 楼梯登上 F_3 二层楼，从此或可向东有廊道通至 F_2、F_1 的二层楼上。

东院北排房屋也是东西并列 3 座，自西向东依次编号为 F_4、F_5 和 F_6。此外，在东院东北角北边以外还有一座小房子，编号 F_7。

F_4 面阔 17、进深 8.4 米。南墙辟门，门道宽 2.2、进深 1.5 米。F_5 面阔 13.2、进深 8.3 米。亦南墙辟门，门道宽 2.37、进深 1.5 米。F_6 面阔 19、进深 8.3 米。南、北墙上各辟一门，南门宽 2.45、进深 1.5 米。F_6 北门即东院北门。F_6 屋内地面现存一南北向沟槽，槽长 7.3、宽 0.5、深 0.35 米，其北与北壁垂直相交，形成“丁”字形，南端距南壁 1 米。槽内积满木灰。原来该槽应是木板，形成木板墙，将 F_6 分为东、西屋。F_7 面阔 3.05、进深 3.7 米，西墙南端辟门，门道宽 0.93、进深 0.6 米。F_7 应为东院北部的门房一类建筑。

东院南部的天井东西长 35、南北宽 10.6 米。天井东、西、北边呈斜坡状，坡 21°，坡长 0.36 米。天井东、西、北三面为回廊，其宽均为 6.2 米。北回廊东西长 47.2 米，东西回廊各南北长 16.75 米。天井边内侧 2 米，距回廊后壁 4 米，分布有明柱础，其间距一般为 4 米。

东院中部、南、北两排房之间的天井东西长 32、南北宽 11.2 米。天井四边呈斜坡状，坡 21°，坡长 0.36 米，坡沿以立砖砌置为界。天井南、北沿各辟一口，各宽 3.4 米。北口与 F_5 南门基本相对；南口与 F_3 北门基本相对。天井四面置回廊。东、西廊南北长各 23.2、东西宽分别为 11.4 与 10.3 米。南、北廊各长 53.6、宽 6.1 米。

西院东西 72.7、南北 65.5 米。西院亦四面围筑夯土墙。其西墙即大院西墙。西院东墙长 65.5、宽 1.5 米，墙外置廊、廊宽 0.9 米。西院南、北墙分别为大院南、北墙的西段，其长各为 72.2 米。

西院辟东门和南门各一座。

东门位于西院东南角，与东院西门隔排水渠东西相对。东门辟于西院东墙南端，门址已被晚期取土破坏，从仅存遗迹可知，门道宽 1.2、进深 1.5 米。

南门位于西院东南角，辟于南墙东端，门道宽 3.5、进深 2.7 米。

西院之内亦有南北两排房屋，二者间距 29.5 米，其间是天井、回廊和亭子。南排房屋与院子南墙之间亦为天井、回廊。

南排房屋东西并列 3 座，自东向西依次编号为 F_9、F_{10} 和 F_{11}，F_9 东南部有一小房，编号 F_8，其与西院南门南北相对。

F_8 面阔 4.2、进深 2.4 米。南墙西边辟门，门道宽 0.9、进深 0.5 米。这座房子应为西院的门房建筑。它控制着西院的全部出入，也掌握着东、西院之间人员的内部来往。

F_9 面阔 17.3、进深 6.7 米。南墙辟门，门道宽 2.45、进深 1.5 米。北墙北侧有楼梯基址，由平台和坡道组成，平台南北 1.9、东西 0.4 米，现存高 0.46 米；坡道在平台西边，自东向西坡 18°，坡长 2.6、水平长 2.2、坡宽 0.4 米。F_9 应为二层楼建筑。

F_9 与 F_{10} 之间为一 4.4 米宽的南北通道，这是进入西院北排房屋的必经之路。

F_{10} 面阔 21.7、进深 6.7 米。南墙辟门，门道宽 2.45、进深 1.5 米。

F_{10} 与 F_{11} 东西相连。F_{11} 面阔 21.6、进深 6.7 米。南墙辟门，门道宽 2.1、进深 1.5 米。北墙北侧有楼梯基址，由平台和坡道组成，平台东西 3.3、南北 2.5 米，现存高 0.16 米；坡道在平台东边，自西向东坡 13°，坡长 0.94 米。由此楼梯可登至 F_{10} 与 F_{11} 二层楼上。

西院北排房屋东西并列 4 座，自西向东依次编号为 F_{12}、F_{13}、F_{14} 和 F_{15}。4 座房子的北墙各为西院北墙中的一段。房子进深均为 8.4 米。4 座房子自西向东，其面阔分别为 17.8、17、12.9 和 17.5 米。4 座房子均于各自南墙辟一门，门道大小相同，宽 2.2、进深 1.5 米。

西院南部天井一座，位于南排房屋与西院南墙之间。天井东西长 57.2、南北宽 6.1 米。天井东、西、北三边沿向天井中央均呈斜坡状，坡 21°，坡长 0.36 米。天井东、西、北三面置回廊。东西廊南北长各 12.1，其东西宽分别为 1.8 与 6.1 米。北廊东西长 64.7、南北宽 6.2 米。天井西、北面，由天井边向回廊内 2 米，分布有明柱础石，础石间距一般为 4 米。

西院中部天井两座，东西并列，位于南北两排房屋之间。东、西二天井东西长分别为 20.2 与 14.7 米，南北宽均为 17.3 米。二天井四边缘均向各自天井中央倾斜，呈斜坡状，坡 21°，坡长 0.36 米。二天井之间为亭，其东西 13.6、南北 17.3 米。亭址明柱础石排列整齐，南北成行，东西成列。每一行列应有 3 个明柱础石，行列间距 4～5 米。东、西天井四周置回廊，东、西廊南北长各 29.5、南北宽分别为 10.6 与 10.1 米；南、北廊东西长各 69.5、南北宽为 6.2 米。

官署大院东北部有一眼水井，位于北墙北 3 米，东至 F_7 为 2.7 米。东邻东院北门。水井口径 0.87、深 7 米。井壁用扇形砖券筑。井周围筑井台，井台东西 1.1、南北 1.15 米，井台由长方砖铺砌。

官署大院有完整的排水系统。东、西院之间的排水渠是其主要排水设施。排水渠南起院子南墙，向北流出院外。排水渠为南北向，在院内南、北院墙之间为明渠，进入此院墙之下变为暗渠向北流去。明渠上口宽 3.2、底宽 1.3、渠深 0.8 米。东、西渠壁为斜壁，坡 30°，坡长 1.32 米。

东、西院天井中的积水由地漏排至院外。东院中部天井发现地漏一处，地漏内宽（东西）0.66、内长（南北）0.8 米；外宽（东西）1.06、外长（南北）1.45 米。地漏深 0.56 米，地漏东、南、北壁均为上下顺砌子母砖，底部平铺子母砖。地漏排水口在西壁，西壁底砖下面为夯土，厚 9 厘米。其上为南北并列两排五角形陶水管道组成的地漏排水管道，东西长 13.8 米，此管道向西通至排水渠。

西院南部天井的地漏已被破坏，从天井的地形来看，地漏应在天井西部，此处地漏遗迹虽已无存，但排水的陶五角形水管道尚存，它由天井西北角通至西院墙外。西院中部的西边天井的地漏亦不存，陶五角形水管道保存尚好，从天井西端通至西院墙之外。上述地下排水管道一般距当时（汉代）地面深 10～20 厘米。陶五角形水管道一般外饰斜绳纹，通高 41～41.5、底宽 36.5～40、底厚 7、壁厚 6 厘米。

未央宫第三号建筑的东、西院的布局结构在西汉时代重大官署建筑中是比较常见的。如汉长安城武库，周围筑墙，平面呈长方形，东西 710、南北 322 米，形成大院子。大院约（东西）

近中部，有一南北隔墙，将其分为东、西二院，东院东西 380、南北 322 米；西院东西 330、南北 302 米。隔南端辟有一门，沟通东西二院（中国社会科学院考古研究所汉城工作队：《汉长安城武库遗址发掘的初步收获》，《考古》1978 年 4 期）。东、西二院分属两组建筑，这以建筑不尽相同，出土遗物也各有特点，这说明了它们的功能有所不同。武库东院中的一号遗址发现有大量铁铠甲，而西院中的七号遗址则以铁镰出土数量最多。这至少可以说武库库房中的武器是分类存放的，又如汉宣帝杜陵寝园四周筑墙垣，平面为长方形，东西 173.8、南北 120 米，寝园中分为寝殿和便殿两大建筑，它们东西并列，中间以廊隔开，实际上也形成"两院制"建筑。"西院"是寝殿建筑群，东西 107.8、南北 110.6 米，"东院"是便殿建筑群，东西 66、南北 120 米。寝殿和便殿虽然均属陵上礼制建筑，但其功能是不同的。寝园又设"东院""西院"（中国社会科学院考古研究所：《汉杜陵陵园遗址》，科学出版社，1993 年），我认为未央宫第三号建筑的东院和西院其使用功能亦当有别，对此从目前正在整理的该建筑遗址内出土的骨签已稍有端倪。

从上述未央宫第三号建筑遗址形制来看，这是一座规模大、封闭性强的建筑院落。外面与大院相通的正式门户实际上只有西院南门和东院南门各一座。东院西门与西院东门属于内部使用的通道。东院北门虽系来往于院内外门，但此门应为院内人员到院外水井取水等生活活动用门。尽管这样，因这些活动已涉及到院外，又为了确保水井的安全，故于北门外边的水井旁设置了门房。东院西门和西院东门属于院内人员彼此来往的门道，故仅辟门，而未于其旁置门房。但是通往院外的东、西院南门均置门房，门房置于院内是便于管理，有利于警戒，不至于因院墙东西居中的外边建筑门房而有碍巡视。而东院北门之外院东北角设置的门房，就不存在影响卫兵巡逻视线问题。

未央宫三号建筑之中有 15 座房屋，除了 F_1、F_7 和 F_8 三座门房之外，其余 12 座房屋形制、大小基本相同，房屋平面均呈长方形，一般置一门，辟于南墙之中。门宽约 2.3 米左右，小者 2.1、宽者 2.45 米。F_3 和 F_6 北面辟门，前者系由东院南排房屋进入北排房屋的通道；后者则是作为东院后门（也是三号建筑的大院后门）。这些房屋面积大小相近，一般约为 150 平方米左右，个别规模较大者，如 F_3 为 215.04 平方米，规模较小者为 F_{14} 为 108.36 平方米。门房的面积小，F_7 为 11.285 平方米，F_8 为 10.08 平方米。F_7 和 F_8 的门宽亦仅为 0.9 米。东院和西院南排房屋均为二层楼房建筑。东院 2 个天井，西院 3 个天井，除西、中部西边天井面积 254.31 平方米之外，其余 4 个天井面积相近，一般为 350 平方米左右，小者 348.92 平方米，大者 371 平方米。各个天井的南北回廊宽度基本相近，约 6 米。房屋建筑形制的相近，反映出其使用功能上的接近。关于这些房屋的用途，可从其中出土遗物得到启发。

在未央宫第三号建筑遗址的发掘中，主要在 F_2、F_3、F_4、F_6、F_8、F_9、F_{10}、F_{11}、F_{12}、F_{13}、F_{14} 和 F_{15} 中（包括其附近），出土了大量骨签，总数六万多枚。它们大多分布在上述房屋的墙壁附近。我推测：这些骨签原来很可能放置在靠墙而立的架子上。东、西院南排房屋之上的二层楼，也应系为放置骨签之处。

这些骨签是一种重要的宫廷（或国家）档案（容后详述），所以未央宫第三号建筑实际上是一座保存特种宫廷（或国家）档案的官署。由于这种特殊的重要意义，不仅建筑结构本身封闭严密，在院墙附近发现的大量铠甲片和一些铁蒺藜，在建筑遗址内出土的陶弹丸、镞和弩机及其部件等，也都反映出第三号建筑有着严格的防卫措施。官署建筑周围布下蒺藜，建筑之内还有士兵守卫，大量远程兵器——弹丸、镞和弩机的发现，说明这里防范的严密，这些居高临下，控制大范围的兵器，更说明了建筑物的重要性。在 F_5 门前发现的一对铁戟，很有可能是门卫所持的兵器。当时是每座房屋门前均置卫兵，还是个别房屋（如 F_3）门前设置士兵守卫还不清楚。不管是哪一种，院内房屋门前置门卫就足以说明了这是一处非同一般的官署建筑。

未央宫第三号建筑遗址出土骨签几万片，其中刻字骨签约五万多片，无字骨签已逾万片。据当地农工见告，过去农村平整土地时，这里也曾出土过大量骨签。由于人们不知其重要性，大多当作废物弃置。可以肯定地说，原来这里保存的骨签会更多。

未央宫第三号建筑遗址出土的骨签，是以动物骨骼，主要是牛骨制作而成的。骨签形制基本相同，大小相近，它们先由动物骨骼加工成长条形，一般长 5.8～7.2、宽 2.1～3.2 厘米，厚 0.2～0.4 厘米。骨签上、下端呈圆弧形。一般下端较尖、背平，基面之下留有从骨料之上锯取骨片时的锯痕。骨签正面的横截面为圆弧形，表面有与背面方向一致的竖行锯痕。正面上部的圆弧面经进一步加工，形成一个磨光平面，此平面一般长约 3.5～4、宽约 1.5～2 厘米，骨签上的文字均刻此平面之上。骨签中腰一侧有一半月形凹槽，凹槽在骨签侧边位置因骨签种类不同而各异，一般是有一行字者在骨签左侧。原来的骨签绝大多数应是两个一对，包括了两种类型。每对骨签由半月形凹槽位置相反的两个骨签组成。两个骨签背对背捆放，捆签的绳子通过半月形凹槽，这样捆的牢，绳子不致滑脱。每对骨签的大小颜色、形制相同（但半月形凹槽位置相反）。在发掘中，我们还发现一些两个骨签背对背粘在一起的，但其捆签的绳子已朽没。

骨签系动物骨骼制作，为白色。但出土的骨签并非均为白色，此外还有一些灰色、黑色和褐色骨签。后三种颜色的骨签系因不同理化因素而形成的。

根据骨签上的文字内容来看，它们主要是属于与郡国之官有关的骨签，此外还有少量与中央有关部门，如卫尉、光禄、太仆、考工等机构有关的骨签。属于郡国工官的骨签一般每类可分为两种。第一种骨签内容为年代、工官或官署名称、各级官吏或工匠的名字，这种骨签一般有二至四行字，字数少者十余字，多者三四十个字不等；第二种骨签文字内容多为物品代号、编号、数量、名称规格等，这种骨签一般为一行字，字数少者 3 个字，多者 6～7 个字，两种骨签在数量上应相同。

第一种骨签如：

（1）三年河南工官令定丞立
广作府民工罘造

（2）五年河南工官令朔丞果成作府
文□分工遂工□造

（3）五年河南工官令定丞广
骞作府夫工尹造

（4）六年河南工官令定丞缓
广啬夫□宄工元造

（5）太始元年河南工官令曾子
醉丞尧猜作府佐喜

工尧館皃甘造

（6）始元二年颍川工官令广丞成护

工充令史咸作府伏宽冘

工拄工傷造

（7）始元五年颍川工官护工

卒史春令□丞福掾

广作府啬夫陵工右

審冗工茂工石造

（8）元凤元年河南工官守令若秦丞

千秋护工卒史安世作府啬夫

相伏宛工充罘哆工孝造

第二种骨签如：

（1）甲四千七百卌二

（2）乙六百七十九

（3）乙二千八百卌九

（4）丙千三百卅六

（5）丙千五十二

（6）丙万五百一

（7）丁四千廿七

（8）丁千七百卅

（9）丁万二千五百廿九

（10）丁弟三千二百七十□

（11）第二百七十五

（12）丁二千三百卅

（13）力八石

（14）服六石

（15）大黄力廿石

（16）乘舆御弋六石

（17）射三百五十四步

第一种骨签可分为两类，一类是没有年号的，如：

三年河南工官令定丞立

广作府民工罘造。

这些没有年代的骨签绝大多数应该是西汉时代汉武帝设立年号之前的骨签，也有极少数是汉武帝后元年间的骨签，但武帝后元仅设二年，故“三年”以上骨签均非武帝后元年间的骨签。以河南工官为例，根据粗略统计骨签铭为“四年”者，其工官令、丞名有：令定、丞广元，令定、丞广骞，令定、丞缓广，令霸、丞广成，令霸顾成、丞法果成，令直、丞当，令谢、丞种定和令俞初、丞果成等八组之多。年号之始起于武帝元鼎四年，元鼎四年以前之武帝诸年号建元、元光、元朔、元狩和元鼎一至三年均为“有司所追命”。景帝后光仅有三年。故，四年河南工官令、丞的八组，令丞之名至少应包括了文帝前光、后光，景帝前光、中光，武帝建元、元光、元朔和元狩年间的河南工官令、丞，甚或尚可早至高后、惠帝，或更早些。这也说明“郡国工官之设最早在武帝末期”的推测是不可能成立的（陈直：《古器物文字丛考》，《考古》1963 年 2 期）。现可肯定，郡国工官之设早在西汉初期已开始。

另一类有年号文字的骨签，包括武帝及其西汉诸帝的一些年号，其中以武帝、昭帝和宣帝时代的骨签数量最多。这说明了西汉一代的盛期——西汉中期，在官府手工业方面也是十分发达的。

第二种骨签中，属于编号的如：

甲四千七百卌二

乙二千八百卌九

丙万五百一

丁万二千五百廿九

第二百七十五

属于名称、规格者如：

力八石

服六石

大黄力廿石

乘舆御弋六石

射三百五十四步

未央宫三号建筑遗址出土的骨签不属于器物的“标签”或“标牌”，它们应系郡国工官（也有少数中央职能部门）向中央政府或皇室“供进之器”的记录。把这些延续上百年的骨签集中放在专门建筑的地方保存起来，显然是具有档案资料的性质。它们选择动物骨骼加工刻写而成，也是因为动物骨头比简帛更能较长时间保存。而骨签上的文字很小，有些骨签上的文字只能借助放大镜才能看清，它们已属微雕，这是近乎现代缩微技术在资料保存中的应用。

关于骨签的制作和刻写，应系管理骨签的中央官署，并非生产物品，提供器物的产地工官。未央宫三号建筑遗址中出土了为数甚多的没有刻字的骨签，恰好说明这点。这又反过来证明了骨签绝不是器物的“标签”或“标牌”。

未央宫第三号建筑遗址及其出土的数万片骨签，它们所涉及的学术问题是多方面的，这还有待于对其资料的全部整理。本文所谈及的未央宫第三号建筑址形制、性质和汉代骨签的分类及其相关问题，也仅是初步的研究成果。

（原刊于《文博》1993 年第 2 期）

汉长安城未央宫第三号建筑出土骨签的档案价值考

李毓芳

1986～1987年中国社会科学院考古研究所在西汉首都长安的皇宫遗址发掘了未央宫第三号建筑遗址，其中出土了一批重要的历史文物——刻有文字的骨签。从中国档案史角度来看，这是一次空前重大的考古发现。

一、未央宫第三号建筑出土骨签述略

未央宫第三号建筑遗址出土的骨签大多分散于该建筑遗址的各个房子的墙体附近，分布相对比较集中。由于骨签在地下埋藏约二千年之久，其上大多附着一层钙质锈蚀物。还有相当数量骨签，因王莽末年战火焚烧了第三号建筑，其中的骨签亦为火烧，有的骨签变色，有的几十片骨签与其他烧熔物炼结在一起。

第三号建筑遗址出土骨签六万多片，其中大多刻有文字，刻字骨签五万多片。据当地农民见告，这里早在20世纪70年代平整土地时，曾出土了大量骨签，由于当时农民不晓其为文物均弃之。我们在该遗址考古发掘中的发现也证实了这点。如在第三号建筑遗址西南部曾经农民平整过土地，地层被扰乱，并大量取土，故此址骨签出土甚少。

骨签是以动物骨骼加工制作而成，经初步研究，其中大多为牛骨。骨签的形制基本相同，大小相近。外形如长条形，上、下端是圆弧形，一般下端较尖。骨签长5.8～7.2厘米、宽2.1～3.2厘米、厚0.2～0.4厘米。骨签背面平，平面之上仍保留有从骨料上锯取骨签时的纵向痕迹。骨签正面的横截面为圆弧形，表而有与背面方向一致的据痕。正面上部经进一步加工，形成磨光平面，一般长3.5～4厘米、宽1.5～2厘米，骨签上的文字均刻于此平面之上。骨签中腰左或右侧加工出一半月形凹槽。凹槽在骨签侧边位置因骨签种类不同而各异，一般是两行字或两行字以上者在骨签左侧，一行字者在骨签右侧。原来的骨签绝大多数应是两个一对，每对骨签由半月形凹槽位置相反的两个骨签组成。两个骨签背对背捆放，捆签的绳子通过半月形凹槽。每对骨签的大小、颜色、形制相同（但半月形凹槽在骨签中腰的位置相反）。出土的骨签大多数为白色，但也有少量骨签呈灰色、黑色或褐色，后三者大概是由于不同理化因素而造成的。

骨签上所刻的文字很小，不少骨签的文字只有借助放大镜才能看清。虽然骨签文字很小，但其字迹清晰、工整，它们反映了西汉一代的书法变化。从可判定出具体时代的骨签来看，西汉前期（武帝以前或汉武帝立年号之前）以隶书为通用字体；西汉后期则以楷书为主，也多草隶，间有今草。未央宫第三号建筑遗址出土骨签刻字方法继承了周原甲骨文的契刻方法，而与殷甲刻法不同。后者先书后刻。骨签上的刻字颇似用笔写字，这就更直接反映出当时人们的日常书法特色，因此对研究汉代书法和文字更具特别重要意义。

根据骨签上的文字内容，粗略统计其可分为三大类。

第一类骨签，如：

……

第二类骨签，如：

（1）三年河南工官令定丞立
广作府民工罘造

（2）五年河南工官令朔丞果成作府
文□分工遂工□造

（3）五年河南工官令定丞广
骞作府夫工尹造

（4）六年河南工官令定丞缓
广啬夫□宾工元造

（5）太始元年河南工官令曾子
醉丞尧猜作府佐喜
工尧艏兜甘造

（6）始元二年颍川工官令广丞成护
工充令史咸作府伏宽尣
工拄工傷造

（7）始元五年颍川工官护工
卒史春令□丞福掾
广作府啬夫陵工石
審冗工茂工石造

（8）元凤元年河南工官守令若秦丞
千秋护工卒史安世作府啬夫
相伏宛工充罘哆工孪造

第三类骨签，如：

（1）甲四千七百四十二

（2）乙六百七十九

（3）乙二千八百卌九

（4）丙千三百卅六

（5）丙千五十二

（6）丙万五百一

（7）丁四千廿七

（8）丁千七百卅

（9）丁万二千五百廿九

（10）丁第三千二百七十□

（11）第二百七十五

（12）丁二千三百卅

（13）力八石

（14）服六石

（15）大黄力二十石

（16）乘舆御弋六石

（17）射三百五十四步

第一类骨签记述了中央有关部门及诸侯与“工”有关的内容，从已发现的这类骨签中提到的中央官署有卫尉、光禄、太仆、考工等。

第二类骨签记述了郡国工官与“工”有关的内容，涉及了工官及其各级官吏与工匠等。

第三类骨签文字多为物品代号、编号、数量、名称、规格等。

第一、二类骨签一般有二至四行字，字数少者十余字，多者三四十字不等。第三类骨签一般为一行字，字数少者 3 个字，多者也不过十几个字。

在第一、二类骨签中又可分为两种骨签，一种是仅有纪年而无年号者，如：

五年河南工官令定丞广

蹇作府夫工尹造

这些没有年号的骨签，除个别外，绝大多数是汉武帝没立年号之前的骨签。

另一种是既有纪年又有年号的骨签，如：

始元五年颍川工官护工

卒史春令□丞福掾

广作府啬夫陵工石

審冗工茂工石造

二、未央宫出土骨签及其载体——第三号建筑遗址的档案价值考察

未央宫第三号建筑遗址出土了几万片刻字骨片，前已述及这些骨片应为两个一对，每对骨片文字内容包括两个方面，1 个骨片上的文字记述了物品的名称、数量、规格、代号等，另 1 个骨片上的文字记载了该物品的制造时间、单位、首长及其辖属部门负责人和工匠姓名等。骨片出土时大多比较集中堆放，它们与其文字中所记载的那些物品并不在一起，因此不能说这些骨片是物品的“标牌”或“标签”。根据狭义的理解，“签”是从属于物品的。但是“签”的用途不仅限于此。《东华录》载：清人入关后，颁布命令：“各衙门奏事俱缮本章，不许复用木

签"，改为纸张书写。但从另一方面却说明原来"衙门奏事俱缮本章"使用过"木签"。可见"签"上还可书写"奏事俱缮本章"的文字内容。未央宫第三号建筑遗址出土的骨片中的文字内容大多与"工官"活动有关。我们暂定其名为"骨签"，该物原名有待究明。

从几万件骨签的出土情况来看，它们不是被弃置的废品，而是作为"供进之器"的备查资料有意收藏的。目前整理骨签资料，其时代从西汉初期至晚期，时间跨度近两个世纪。骨签的收藏是有规律可寻的。一些成对骨签粘结在一起被发现。同一时期、同一地区（行政区域）的骨签基本出土于同一处，这说明当时骨签的放置是按特定要求存放的。

西汉时代简、帛作为书写材料已相当普及，而"供进之器"记录文字刻于动物骨骼加工的骨片上，显然这是考虑到骨片比简、帛更能较长时间保存。

"供进之器"的活动是相当频繁的，为此需要保存的文字档案材料也是十分庞大的。为了便于存放和管理这些档案资料，骨签上的文字很小，有些文字近乎微雕。这颇似现代缩微技术在档案资料保存中的应用。这样可在一定的空间存放更多档案资料。

西汉时代以动物骨骼为书写材料，将需要记录的内容，刻成文字于其上，以备长久储存，这应该是继承了商周甲骨文的传统。但商代甲骨文不只是因为骨的坚硬和便于保存，首先是因为甲骨用于王室占卜，然后将占卜的记录及与占卜有关的记事文字刻于其上，所以又称之"卜辞"。已发现的商代甲骨文，是我国大量发现的较为系统的王室档案。这些甲骨文大多比较集中地保存于宗庙所在地，或按朝代排列，或依不同骨骼分门别类保存，有的还穿孔编造成册。

埃及的古代档案书写材料与中国古代的情况大不相同。埃及开罗以南 287 千米的尼罗河畔，古埃及第十八王朝都城阿马尔奈遗址（Tell el-Amarna）的王家宫殿档案库中发现的档案是 300 余块楔形文字泥板文书。在今叙利亚阿勒颇以南 55 千米的马尔迪赫，1975 年发掘了这里的公元前 2500 年前埃卜拉（City site of Ebla）王国王宫档案库遗址，出土了 16500 多块楔形文字的泥板档案。古埃及和两河流域的上述泥板档案，是用黏土制成泥板，以削尖棍棒刻写上文字，晒干后成为保存的文书。一些重要的文书泥版需要长期保存，还进行了微火烘干处理。从档案的保护角度来看，中国古代以甲骨和兽骨作为档案刻写材料，当然要优于泥板。

未央宫第三号建筑遗址出土的骨签是汉代中央政府保存备查的重要社会活动的原始记录，它们属于中央档案。就骨签文字内容详而言之，它们一方面使中央主管部门掌握了各地、各单位向中央"供进之器"的情况，另一方面又可作为质量跟踪的凭证。当然，作为珍贵的档案资料，我们现在去认识这批骨签，它们所涉及的研究领域那就大得多了。

前已述及，未央宫第三号建筑位于汉长安城未央宫之中，其重要性自不待言。都城和宫城已使之处于相当安全的环境之中。作为一座存放中央档案的大型建筑，它本身的布局形制也进一步反映出对其安全的严格要求。第三号建筑四周围筑了高大墙垣。在院子西北角和西南角，分别构筑了用于防卫的墙体。院子东北角筑造有用于安全保卫的小房子（F7）。院子东南部原来似有门道，门内有"门房"一类建筑。

第三号建筑的院落面积近万平方米。对于这座形制规整、布局严谨的大规模官署建筑，其院门偏置于院子的角隅是颇具特点的。属于对外通道的院门之旁均置"门房"，如东院北门之旁有 F7、西院南门内有 F8 等等，这些都反映出在建筑设计上对其安全的严格要求。该建筑遗址内出土了数量不少的兵器，其中尤以远射程兵器——镞、弩机、弹丸出土数量较多。在院墙附近还出土了一些铠甲。这些都反映出，虽然第三号建筑位于戒备森严的皇宫之中，但其防卫措施并未因此而减弱，卫士们还是身披铠甲，严加防卫。更有甚者，在院落之内的库房门前也安排了手执兵器的士兵警卫，房门两旁发现的一对铁戟反映了上述情况。

未央宫第三号建筑作为中央级档案馆，在我国档案史上占有特殊重要的地位。建筑遗址本身及其出土的大量骨签所反映出的档案内容也是极其丰富的。第三号建筑遗址的考古发掘资料目前正在整理阶段，随着此项工作的进一步开展，对其在中国档案史上的重要地位之认识和中国档案史的了解也必将更加深入。

（原刊于《陕西档案》1993 年第 5 期）

秦汉上林苑遗址考古发现与研究

刘庆柱　李毓芳

秦汉时代上林苑属于秦汉都城——咸阳城、长安城的重要组成部分，在中国古代都城发展史上占有重要地位。随着秦汉都城考古研究的发展，秦汉上林苑考古研究越来越引起学术界的关注。

秦汉上林苑始建于战国秦，鼎盛于西汉中期。其规模由小到大；其内容由秦上林苑时的以宫苑为主，发展为汉上林苑时的宫观、官署、池苑并存，汉上林苑功能在有汉一代较战国秦与秦代大大扩展。

一、历史文献记载的秦汉上林苑兴建时代与规模

关于上林苑修建的具体时代，目前还不清楚。《史记·秦始皇本纪》是关于秦上林苑历史记载较早的文献，其称秦始皇二十六年之时"诸庙及章台、上林皆在渭南"。同书亦载，秦始皇三十五年，"乃营作朝宫渭南上林苑中"。《史记·李斯列传》载："于是乃入上林斋戒，日游弋猎"。上述文献记载说明，那时上林苑已经存在，至于修建时间可能会更早一些。有的学者根据《韩非子·外储说右下》记载，秦昭王时都城已经有"五苑"，而上林苑应是秦五苑之一[1]。但是目前来看，这还只能说是推测，不能肯定《韩非子·外储说右下》中的"秦五苑"包括秦上林苑。根据已经发现的战国秦"上林丞印"封泥[2]，秦上林苑在战国时代晚期已经存在是毫无问题的，但是对秦上林苑具体始建时间的探索，还需要新的考古资料的发现及相关研究工作的深入开展。

关于秦上林苑的范围，前引《史记·秦始皇本纪》中记载，秦上林苑在"渭南"，"渭南"地区不只有秦上林苑，还有"诸庙""章台""阿房宫前殿"等。《史记·秦始皇本纪》中的"渭南"应该是相对"渭北"而言的，"渭南"是个特定的地理概念，它不是泛指渭河之南所有地区，我们理解应是与"渭北"秦咸阳城东西宽度基本相近的渭河南岸地区，其南界在秦阿房宫遗址以南、丰镐遗址以北[3]。西汉前期的上林苑，沿用了秦上林苑，上林苑规模的变化是在汉武帝时期。至于战国秦和秦代的咸阳城附近的"长杨宫"[4]"萯阳宫"[5]"鼎胡苑"[6]等应属于秦咸阳城附近的"离宫别馆"，那时还不在秦上林苑之中。西汉中期，在秦上林苑的基础之上，上林苑向西、向南扩展，西到周至秦的"离宫"长杨宫一带，南到"南山"，东到宜春苑。故《汉书·东方朔传》载，汉武帝"举籍阿城以南，盩厔以东，宜春以西，提封顷亩，及

其贯直，欲除以为上林苑，属之南山”。以后，上林苑又进一步向东发展至“鼎胡宫”，文献记载这时上林苑的范围已是“东南至宜春、鼎湖、御宿、昆吾，旁南山西，至长杨、五柞，北绕黄山，濒渭而东，周袤数百里”[7]。相同的记载还见于张平子《西京赋》：“上林禁苑，跨谷弥皋。东至鼎湖，邪界细柳。掩长杨而联五柞，绕黄山而款牛首。缭垣绵联，四百余里。”司马长卿《上林赋》载：“独不闻天子之上林乎？左苍梧、右西极，丹水更其南，紫渊径其北。终始灞浐，出入泾渭。丰镐潦潏，纡余委蛇，经营乎其内。荡荡乎八川分流，相背而异态。”从上述记载可以看出，汉武帝时期上林苑的范围东至鼎胡宫，西到长杨宫，北由渭河之滨，南达终南山以北。

关于上林苑的周长有多种说法，从“周袤数百里”（《羽猎赋》）到“广长三百里”（《汉旧仪》《三辅故事》），再到“缭以围墙，四百余里”（《西都赋》《西京赋》）等（图一）。

秦汉上林苑遗址范围、地望的界定，是秦汉上林苑研究的重要内容。在此基础之上，对秦汉上林苑布局形制的研究，更是至关重要的。比如，文献记载上林苑有12座门[8]，从门的数量看，这是个十分值得重视的问题。因为在汉代建筑群中，设置12座门的建筑群仅限于都城长安，这对探索秦汉上林苑在秦汉都城中的地位及其对秦汉时代以后的中国古代都城苑囿的发展，有着重要而深远的学术意义。再如，关于文献记载的秦汉上林苑的“内涵”，也需要进行认真梳理、究明历史原貌，这些研究工作的进展，在很大程度上取决于秦汉上林苑遗址考古工作的新发现、新进展。

二、秦汉上林苑的考古发现

由于秦汉上林苑遗址规模庞大，系统的田野考古工作一直未开展。但是多年来，在秦汉京畿地区的考古工作中，已经直接涉及不少秦汉上林苑遗址的考古内容，如近年来在秦阿房宫前殿遗址考古工作中，发现了秦阿房宫前殿遗址西部的纪阳寨“上林苑一号遗址”、阿房宫前殿遗址西南部的“上林苑二号遗址”和“上林苑四号遗址”、阿房宫前殿遗址东北部的“上林苑五号遗址”，以及“上林苑六号遗址”、后围寨的“上林苑三号遗址”和东凹里村、好汉庙村的上林苑遗址等多处秦汉上林苑遗址。又如，近年配合西安市城市规划，对汉代昆明池遗址的考古勘察、试掘，现在已经基本究明了汉代昆明池的范围，与此同时对西周镐池、唐代昆明池有了进一步了解。至于考古工作者历年来对上林苑黄山宫遗址、鼎胡宫遗址、长杨宫遗址、“上林三官”遗址、桥梁遗址、“上林三官”铸币遗址等的考古调查与试掘及发现的许多重要的上林苑遗物等，为秦汉上林苑遗址考古研究积累了许多重要资料。

（一）汉长安城遗址西南部的秦汉上林苑遗址

近年来考古工作者对传统划定的秦阿房宫遗址范围，进行了考古调查、勘探和试掘，发现了一批属于战国秦及西汉时代的上林苑建筑遗址，具体情况如下。

上林苑一号遗址　位于阿房宫前殿遗址以西1150米处，在今纪阳寨村附近。遗址分为南、

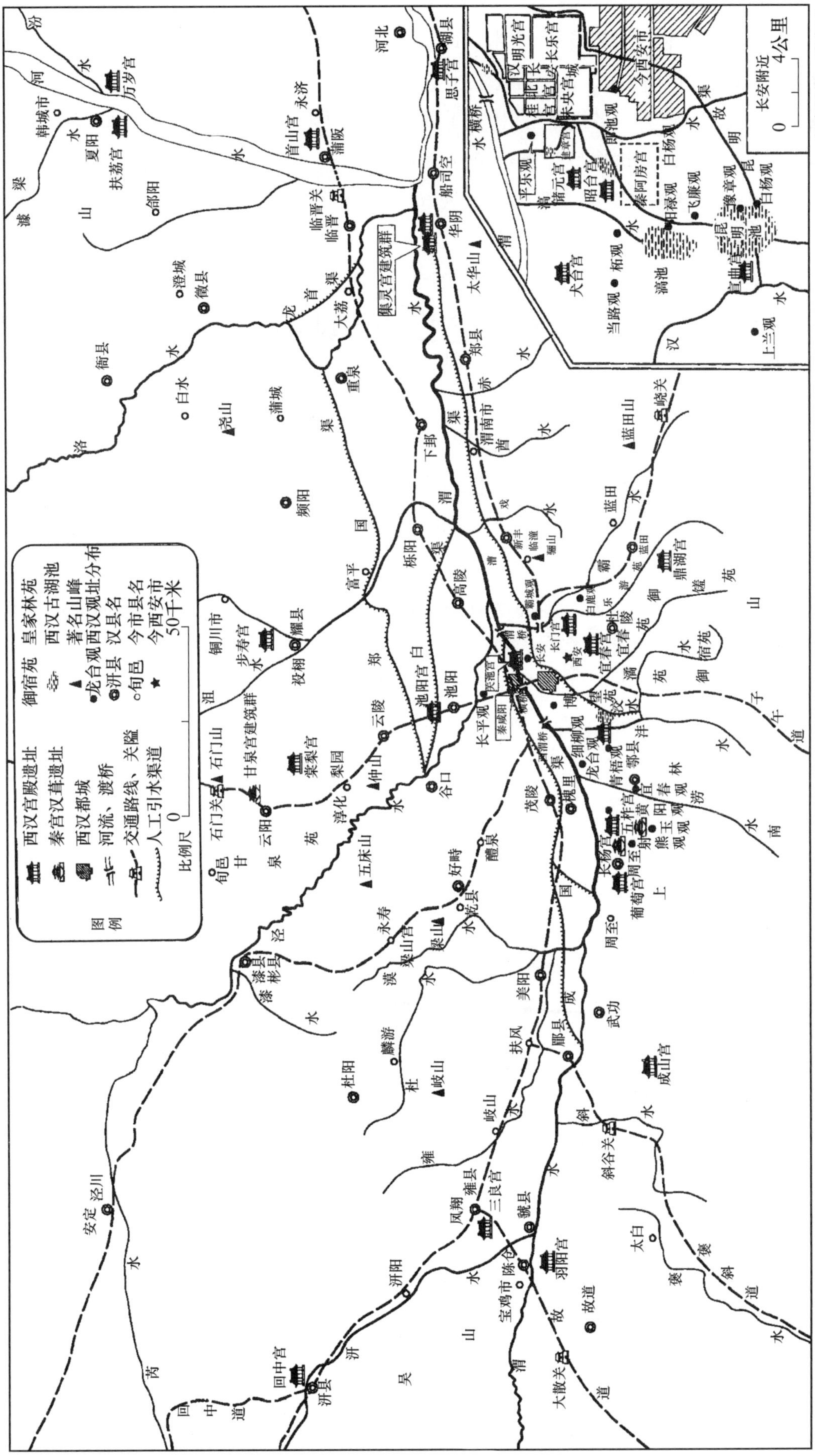

图一　秦汉都城宫观及上林苑分布图
（图片采自何清谷校注《三辅黄图校注》图十）

北两部分。南部为宫殿区，其夯土台基在现地表以上尚存高 7 米（自秦代地面以上现存高 9 米），现存东西最长 250 米，南北最宽 45 米，面积为 11250 平方米。北部为园林区。遗址出土了大量战国秦时代的板瓦、筒瓦、瓦当等遗物[9]。

上林苑二号遗址　位于一号遗址正南 500 米，东北距阿房宫前殿遗址 1200 米，传说为“阿房宫烽火台”遗址。该建筑遗址夯土台基分为上下两层。现存上层南北长 42.1 米，东西长 73.5 米，高 1.6 米；下层南北长 48.7 米，东西长 73.5 米，高 2 米。在台基上层南沿南 2 米处，发现东西向建筑物倒塌的瓦片带，宽约 3 米[10]。

上林苑三号遗址　位于西安市未央区后围寨村北。遗址夯土台基分为上下两部分。现存下部夯土台基东西长 84 米，南北长 92 米，厚 1.2～2 米（其下为生土或细沙），台基偏南部向西延伸长 59 米，宽 15～20 米。上部建筑遗址高 7 米。从该遗址出土的板瓦、筒瓦、瓦当、铺地砖等遗物来看，其时代为战国中期至西汉。从建筑形制来看，属于秦汉时代的高台宫观建筑”[11]。

上林苑四号遗址　位于阿房宫前殿遗址以东 500 米，今传为“秦始皇上天台”遗址。夯土台基东西长 111 米，南北宽 74 米，高 15.2 米。可分为三层建筑。底部建筑仅存基址，现存部分东西长 50～73 米，南北宽 62 米；中部建筑现存宽 1.9～2.5 米，高 0.92 米；上部为主体宫殿建筑遗址。在高台基址北部发现地下排水管道，在其北部又清理出大面积的同时期建筑遗址。从上述遗址出土的板瓦、筒瓦、瓦当及排水管道等遗物来看，其时代应为战国时期，该建筑遗址应为战国秦上林苑内的一座高台宫殿建筑[12]。

上林苑五号遗址　位于阿房宫前殿遗址东北角外侧 500 米，其东与上林苑四号建筑遗址连接。经考古发掘的地下排水管道遗存，已发掘部分东西向管道长 59 米，南北向管道长 10 米。上述两组排水管道均由三条圆筒形水管套接而成，排水管道横剖面呈“品”字形，即下层铺设两条水管道，上层铺设一条水管道（在下层两条水管道上面中间部位铺设）。排水管道的时代为战国秦[13]。

上林苑六号遗址　为传说中的“磁石门”遗址。该遗址为战国秦至西汉时代的高台建筑遗址[14]。考古发现表明，这不是“门址”，其修筑的时代应为战国时代，早于秦代。

好汉庙遗址　位于秦阿房宫前殿遗址东北 5800 米，时代为战国秦至西汉。

秧歌台遗址　位于秦阿房宫遗址以北 2300 米，基址范围东西长 95 米，南北宽 20 米。

东凹里遗址　位于秦阿房宫前殿遗址东南 2000 米，遗址面积约 9 万平方米，时代为西汉。

上述 9 处建筑遗址均位于传统划定的秦阿房宫遗址范围之内，实际上秦阿房宫前殿遗址恰好在上述秦汉上林苑遗址之中（图二），这与《史记·秦始皇本纪》记载阿房前殿建于秦上林苑中是一致的。

（二）汉昆明池遗址

昆明池是汉上林苑的重要组成部分，但是昆明池的开凿动因与使用情况不只是作为上林苑池苑。

汉武帝开凿昆明池首先是为训练水兵。据《汉书·武帝纪》载，元狩元年（公元前 122 年），汉武帝根据外交家张骞建议，派王然于、柏始昌、吕越人等，“间出西南夷，指求身毒

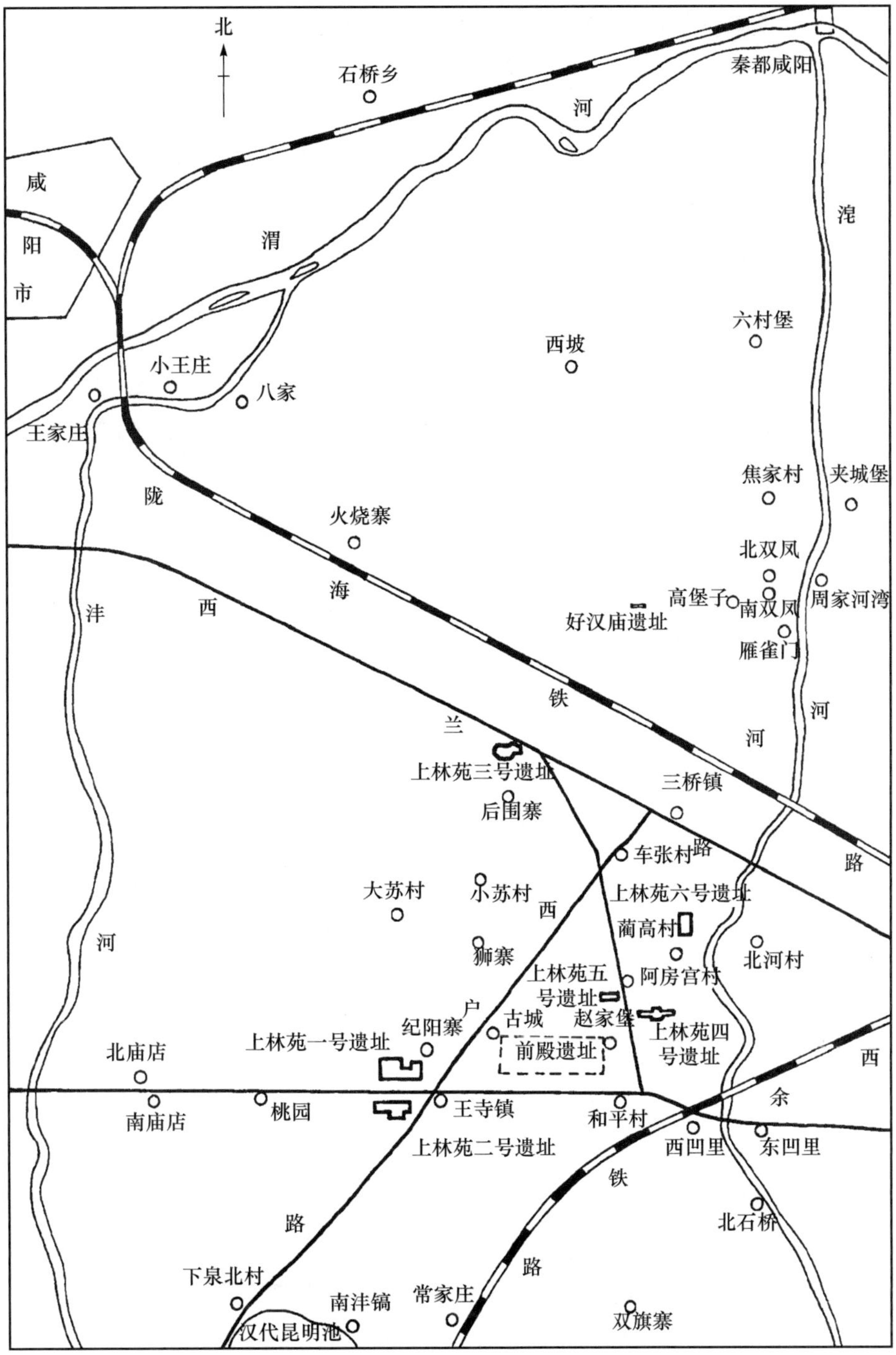

图二　秦阿房宫遗址及上林苑遗址分布示意图

国。至滇，滇王当羌迺留。为求道四岁余，皆闭昆明，莫能通”。元狩三年（公元前120年），汉武帝“减陇西、北地、上郡戍卒半，发谪吏，穿昆明池”。扬雄《羽猎赋》推测汉武帝“穿昆明池，象滇河”。滇河即滇池，亦称滇南泽、昆明湖、昆明池。汉武帝所修昆明池的池名当与滇之昆明池有关。昆明池开凿的直接目的是为训练水军伐粤。《汉书·食货志（下）》载：“是时粤欲与汉用船战逐，乃大修昆明池，列馆环之。治楼船，高十余丈，旗帜加其上，甚壮。”

其二，昆明池的开凿与漕运有密切关系，都城长安的漕渠水源即昆明池，因此漕渠又有“昆明故渠”的说法[15]。昆明池东出之水是有名的漕渠，它东北流经今西安市鱼化寨、大土门，在长安城南郊礼制建筑群南边流过。漕渠又经长安城东南部，东北与清明门流出的泬水支渠明渠相汇，再向东北流至池底村南。在这里漕渠分为两支，一支北流入渭；另一支东流横绝灞水，再向东经华县、华阴至潼关，汇于渭河。

其三，昆明池及漕渠的开凿，改善了当地的农业灌溉条件。《汉书·五行志》载："元狩三年夏，大旱。是岁，发天下故吏伐棘上林，穿昆明池。"《史记·河渠书》载，郑当时云："引渭穿渠起长安，并南山下，至河三百里，径易漕，度可令三月罢；而渠下民田万余顷，又可得以溉田。"

其四，昆明池成为都城的水库，由昆明池向北流出的一水称昆明池水，该水经镐京故址东和阿房宫遗址西，再向东北流入揭水陂，陂址在今西安市三桥镇一带。揭水陂是一座人工水库，其作用一是储水，二是控制水流。从功能上讲，后者大于前者。因昆明池地势高差比长安城大，如对池水不加以控制，昆明池北出之水将直泻入渭，这样既浪费水源，又不能全面保证长安城用水，同时也危及都城安全。据上所述可以看出，昆明池的池水通过揭水陂注入泬水，保证了长安城中的明渠、沧池和建章宫附近及长安城西部、北部的泬水水源，因此可以说，昆明池是长安城给水系统中的重要工程。

其五，昆明池是上林苑中最为重要、规模最大的池苑。《汉书·百官公卿表上》载："少府属官有上林中十池监。"今本《三辅黄图》卷四载："上林苑有初池、糜池、牛首池、蒯池、积草池、东陂池、西陂池、大壹池、当路池、郎池。"可能昆明池因其地位特殊，而不属于"上林十池"。

其六，昆明池养殖大量的鱼鳖，以供都城使用。《三辅黄图》引《庙记》载，昆明池"养鱼以给诸陵祭祀，余付长安厨"。《汉官六种·汉旧仪》卷下载："上林苑中昆明池、镐池、牟首诸池，取鱼鳖给祠祀，用鱼鳖千枚以上，余给太官。"也有文献记载，昆明池用于养殖鱼鳖，是因为汉武帝以后，这里不再作为训练水军的地方[16]。

昆明池遗址的考古工作始于20世纪50年代，当时考古工作者对其进行了踏查[17]。2005年中国社会科学院考古研究所汉长安城考古队对汉代上林苑昆明池遗址进行了考古调查、勘探、发掘，基本究明了昆明池遗址的位置、范围、形制及其周围的上林苑建筑遗址，以及与之相关的镐池与彪池遗址[18]（图三）。

经考古勘察究明，昆明池遗址位于斗门镇、石匣口、万村、南丰村之间，遗址内分布有普渡村、花园村、西白家庄、南白家庄、北常家庄、常家庄、西常家庄、镐京乡、小白店、梦驾庄、常家滩、太平庄、齐家曹村、马营寨、新堡子、杨家庄、袁旗寨、谷雨庄、五星村、北寨子、南寨子、下店等村庄，遗址周边分布有大白店、蒲阳村、堰下张村、落水村、斗门镇、石匣口、万村、南丰村、上泉北村等村镇。

昆明池遗址范围东西长约4.25千米，南北长约5.69千米，周长约17.6千米，面积16.6平方千米。昆明池的池岸一般为生土，其外以大卵石砌筑护岸。在昆明池遗址东岸边发现2条进水渠和3处汉代建筑遗址，在西岸和北岸边发现4条出水渠，在昆明池遗址中发现4处高地，在南岸发现3处汉代建筑遗址。

昆明池遗址中的4处高地，均为生土。其中一号高地位于池北岸中部附近，东西长50米，南北长195米；二号高地在昆明池中部偏西，东西长370米，南北长500米；三号高地在昆明池中北部，东西长500米，南北长660米；四号高地在昆明池中北部偏东，东西长115米，南

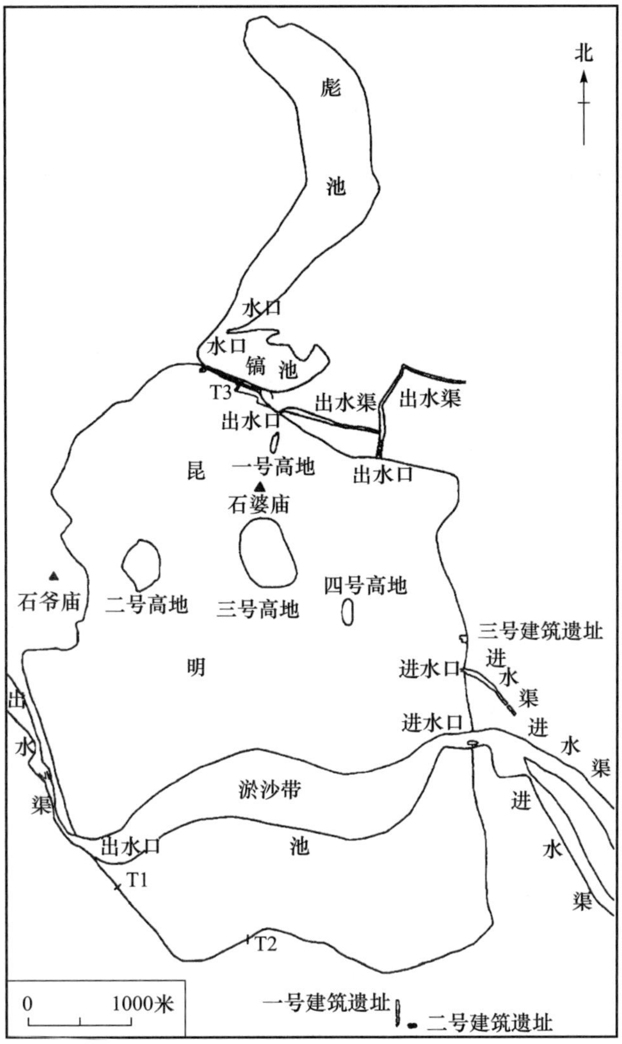

图三　汉昆明池遗址平面图

北长 260 米。四、三、二号高地东西并列于昆明池中北部。有人认为，这种生土高地或许是作为“海中”的“神山”而设置，这一推测还有待进一步研究。

根据历史文献记载，昆明池当年的岸边建筑数量不少[19]，目前考古勘探发现了 3 处，编号为一、二、三号建筑遗址。一、二号建筑遗址均在昆明池南部偏东，一号建筑遗址南北长 245 米，东西长 35 米；二号建筑遗址在一号建筑遗址以东 85 米，东西长 80 米，南北长 40 米。三号建筑遗址在昆明池遗址东侧，其南、北、西三面与昆明池相连，属于水榭一类建筑，遗址东西长 80 米，南北长 75 米，该遗址可能就是“昆明东观”故址[20]。“昆明东观”亦称“昆明观”或“豫章观”[21]，在上林苑故址中曾出土带“上林豫章观铜鉴”铭文的铜器[22]。

《三辅黄图》引《三辅故事》云：昆明池“中有豫章台及石鲸，刻石为鲸鱼，长三丈，每至雷雨，常鸣吼，鬣尾皆动”。《西京杂记》卷一亦云：“昆明池刻石为鲸鱼，每至雷雨，鱼常鸣吼，鬐尾皆动。汉世祭之以祈雨，往往有验。”考古工作者在昆明池西岸马家营调查发现一巨石，大部分深埋土中，一部分露在外面，相传为昆明池的石鲸[23]。我们认为，如果文献记载的昆明池石鲸原来置于豫章台（即昆明观、昆明东观）的话，而在昆明池西岸马家营发现的确为当年昆明池的石鲸，那么这个石鲸的位置可能已经移动。

此外，《文选》卷一《西都赋》记载：“集乎豫章之宇，临乎昆明之池。左牵牛而右织女，似云汉之无涯。”文中所云二石像的位置，一在昆明池西岸之上的今斗门镇附近，另一在北常家庄之北，后者可能不是石像的原来位置，原来应在昆明池东岸之上。

镐池在昆明池以北，镐池遗址东西长约1270米，南北长约580米，周长3550米，面积约0.5平方千米。彪池位于镐池以北，二池南北相连通。彪池遗址东西长约700米，南北长约2980米，周长约7850米，面积约1.81平方千米[24]。

（三）“沙河古桥”遗址

1986年在陕西省咸阳市西南9千米处的秦都区钓台乡西屯村发现了两座“沙河古桥”遗址，分别编号为一号桥址与二号桥址。

一号桥址方向为北偏西5°，发现木桩16排、143根，排距6～6.7米，木桩直径一般约40厘米左右。已暴露桥址长71米，勘探发现桥址连续残存106米，原来桥址总长约500米，桥宽16米。在桥址南端发现与一号古桥有关的8块铁板，每块铁板长7米，宽1.1米，厚0.07米。该桥木桩^{14}C测定年代为距今约2140±70年，桥址出土秦汉时代的瓦与瓦当等遗物。

二号桥址在一号桥址东侧300米，发现木桩5排、41根，排距8.4米，木桩直径30～40厘米。古桥方向为北偏东30°，现存桥址长约30余米，宽约10米。该桥木桩^{14}C测定年代为距今1900年左右。发掘者认为此年代偏晚[25]。

有的学者认为，“沙河”系渭河故道。一号桥是汉魏时期的西渭桥，二号桥是隋唐时期的西渭桥”[26]。也有的学者认为，“沙河”系沣河故道。一号桥的时代为战国末年至秦汉之交，二号桥的时代为西汉时期，两座古桥均为秦汉上林苑中古沣河之上的桥梁[27]。我们认为沙河应为秦汉时代的沣河故道，而古沣河位于秦上林苑之旁、汉上林苑之中，因此，沙河古桥与秦汉上林苑关系密切。

（四）汉长安城西南部汉代桥梁遗址

2006年4～8月，西安市文物保护考古所在汉长安城西南角外约300米处发掘一座西汉桥梁遗址。该遗址位于西安市未央区三桥镇湾子村东北约200米处的滈河河道旁。考古发现桥梁木桩5排、160根。木桩直径30～55厘米，露出高度0.3～2.7米，大多高1.5～2.5米。木桩为东西向排列，排距4.2～5.1米。木桩插入河床深度为1～4米。已发现的桥梁木桩分布范围东西长28米，南北长22米。根据现在已经发现的古桥木桩复原古桥宽约50米以上，长约100米以上。古桥遗址附近出土许多西汉时代的砖瓦，如“上林”“延年”文字瓦当和云纹瓦当，以及“五铢”“大泉五十”等货币。根据古桥遗址所处位置，古桥应是古滈河之上的桥梁，滈河为古“泬水”。此桥址北对建章宫双凤阙遗址，是汉长安城和建章宫进入上林苑的重要桥梁[28]。

（五）长杨宫遗址

《汉书·地理志》载：“长杨宫，有射熊馆，秦昭王起。”《三辅黄图》载：“长杨宫，在今周至县东三十里。本秦旧宫，至汉修饰之，以备行幸。宫中有垂杨数亩，因为宫名。”长杨宫遗址位于陕西省周至县终南镇竹园头村西 50 米处，遗址中心建筑群分布面积约 20 万平方米。遗址中出土的龙纹空心砖、变形葵纹瓦当、不同类型的云纹瓦当等，其中有些与秦咸阳城遗址出土的秦空心砖、秦瓦当基本相同。遗址中出土的大量砖瓦建筑材料，以西汉时代的数量最多，且具有一定特色。如发现了属于“四神纹”瓦当的“朱雀纹”“玄武纹”“白虎纹”瓦当，还发现了与上述“四神纹”瓦当性质相近的“青龙纹”“白虎纹”的“四神纹”空心砖。考古发现的西汉时代“四神纹”瓦当及空心砖多出土于宗庙、陵庙等建筑遗址，长杨宫遗址出土的“四神纹”瓦当及空心砖，有可能是宗庙之类的建筑遗物。遗址中出土的“禁圃”“汉并天下”文字瓦当等亦较为重要[29]。

（六）黄山宫遗址

《汉书·地理志》载，槐里县“有黄山宫，孝惠二年起”。传统所说黄山宫位于兴平县西南三十里的马嵬坡附近[30]。在今兴平市（原兴平县）东南约 10 千米处的田阜乡侯村西北部考古调查、勘探发现一处大型建筑遗址，其南临渭河，遗址范围东西长 1000 米，南北长 500 米，面积约 50 万平方米。遗址中出土的西汉铜灯的灯柄之上，有“横山宫”铭刻，“横”与“黄”通假[31]，“横山”即“黄山”；还发现了“黄山”文字瓦当。西汉“横山宫”铜灯、“黄山”文字瓦当的出土，说明上述遗物出土地应为“黄山宫”遗址，这也纠正了长期以来认为黄山宫位于兴平县西三十里处的说法。黄山宫遗址考古发现了夔凤纹遮朽 2 件、云雷纹遮朽 8 件，其中夔凤纹遮朽直径 76.5 厘米，高 57 厘米，云雷纹遮朽直径 51.2 厘米，高 38 厘米。类似上述规格的遮朽，以往大多出土于大型皇室建筑之中，侯村遗址出土的这些遮朽，连同“黄山”文字瓦当与“横山宫”铜灯的出土[32]，进一步证实了遗址所在地应为汉代黄山宫故址。传世“黄山”铭文的铜器还有“黄山鼎”“黄山钼”等[33]。黄山宫遗址出土的夔凤纹遮朽、云雷纹遮朽等被认为是秦代遗物，从而认定该遗址为秦汉时代建筑遗址。而文献记载的黄山宫为西汉时代的惠帝时所建，如果文献与出土实物的时代二者均无误的话，黄山宫可能是在秦的宫室基础上修建的。

从上述有关汉代文献记载来看，黄山宫是汉上林苑的北界。也就是说，上林苑一般在渭河之南，个别宫观在渭河北岸，但是决不会远至渭北北原甚或北山山脉一带。

（七）鼎胡（湖）宫遗址

汉代文献称“鼎胡宫”为“鼎湖”或“鼎胡”，《史记·封禅书》载：“文成死明年，天子（汉武帝）病鼎湖甚，巫医无所不至，不愈。”《汉书·扬雄传（上）》载：“武帝广开上林，南至宜春、鼎湖、御宿、昆吾。”扬子云《羽猎赋并序》、张平子《西京赋》均称“鼎湖”。出土的秦汉文物上多为“鼎胡”，如秦封泥有“鼎胡苑丞”[34]，疑秦“鼎胡苑”与汉代“鼎胡宫”在同一处，或为“秦苑汉葺”。考古工作者在陕西省蓝田县焦岱镇焦岱村南 100 米处，发现一处大型汉代建筑遗址，面积约 3 万平方米。考古发掘揭露宫殿建筑遗址 7 座，发现了宫墙遗迹，出土了大量西汉时代建筑遗物，其中以“鼎胡延寿宫”“鼎胡延寿保”文字瓦当较为重要[35]。“鼎胡”当为“鼎胡宫”的省称，该遗址应为汉代“鼎胡宫”遗址，而汉代“鼎胡宫”应在秦“鼎胡苑”基础之上所建，至于秦“鼎胡苑”是否为秦“鼎胡宫”之宫苑，尚待新的考古资料的发现与进一步研究。

（八）周至、户县的“禁圃”遗址

在户县甘河乡坳子村东北150米处发现一处秦汉遗址，出土“禁圃”文字瓦当1件，此前在周至县秦汉长杨宫遗址亦发现“禁圃”文字瓦当。瓦当的时代为西汉时代。根据《汉书·百官公卿表》的记载，上林苑为水衡都尉管辖，禁圃为上林苑的属官之一，禁圃属于上林苑的一部分，其职能是为皇室提供蔬菜瓜果、花卉草木等。《汉书·百官公卿表》记载禁圃设两尉。出土“禁圃”文字瓦当的周至长杨宫遗址与户县坳子村，应为禁圃的“两尉”官署所在地[36]。

（九）户县“上林三官”铸币遗址

“上林三官”就是中央政府设置在上林苑中的三处铸币工场：锺官、技巧和六厩。锺官遗址位于今陕西户县兆伦村北部，遗址面积约90万平方米，包括官署区、制范区、陶窑区、冶铸区等，发现的重要遗物有“上林”文字瓦当，西汉五铢钱范、新莽的大泉五十、小泉直一、契刀五百、次布九百、布泉、壮泉等钱范，以及一刀平五千铜范等。有的钱范之上有纪年铭文，如陶范母标本151、321、327号，范头题铭有“元康元年十月”，小泉直一陶范母标本072号上有反书阳文“锺官前官……”，大泉五十陶范母标本074号上有“锺官前官始建国元年三月工常造”等，还出土“锺官钱丞”封泥[37]。

此外，属于汉上林苑范围之内的铸钱遗址还有长安区窝头寨遗址和西安市高低堡铸钱遗址。长安窝头寨铸钱遗址包括窝头寨、黄堆坛和金家村三处，这里出土了大量五铢钱范，还发现了“上林”“上林农官”文字瓦当等[38]。高低堡铸钱遗址面积大，出土了大量五铢钱范，有的陶范母之上有“巧一”“巧二”等铭文，“巧”为“技巧”的省称，这种铭文是汉武帝时期上林三官铸钱陶范的特征。高低堡铸钱工场属于太初元年（公元前104年）以前的技巧铸钱工场，此后汉武帝在这里修建建章宫，而技巧铸钱工场废迁。此外，在建章宫西南部的好汉庙村附近，出土了汉代五铢钱陶范母和新莽时期的货泉、货布、一刀平五千、契刀五百、六泉十布的陶范母及背范[39]。

（十）与秦汉上林苑遗址的相关考古发现

秦封泥　近年来在汉长安城遗址西北部的相家巷一带，出土了大量战国秦和秦代的封泥，如“上林丞印”“东苑丞印”“杜南苑印”“具园”“麋圈”“宜春禁丞”等封泥[40]，其中一些封泥可能与秦上林苑有关，有些也许属于秦昭王时都城附近的“五苑”[41]。

上林苑昭台宫遗址出土铜器　《汉书·外戚传（下）》颜师古注：昭台宫“在上林苑中”。20世纪60年代在西安市西郊高窑村发掘出土了22件西汉铜器，铜器之上有“上林昭台厨铜铝”铭文[42]。推测高窑村附近应为西汉时代上林苑昭台宫故址。西汉中晚期，被皇帝废黜的后妃往往置于上林苑昭台宫。如《汉书·外戚传上》载，孝宣霍皇后“立五年，废处昭台宫”。《汉书·外戚传下》载，孝成许皇后“坐废昭台宫……凡立十四年而废，在昭台宫岁余，还徙长定宫”。

客省庄发现的匈奴人墓葬与上林苑遗址关系　20世纪50年代，在丰镐遗址的考古发掘中，考古工作者发现的客省庄第140号墓中出土了长方形与圆形透雕铜饰各2件，根据这些遗物的纹饰来看，它们属于鄂尔多斯式青铜器，墓葬打破了战国时代居址，综合各种因素分析，此墓可能为西汉时代匈奴人的墓葬[43]。客省庄一带是汉代上林苑遗址的一部分，匈奴人埋葬在这里，或与上林苑中的“蒲陶宫”有关。“蒲陶”即今“葡萄”，“蒲陶宫”亦称“葡萄宫”[44]《汉书·匈奴传（下）》载：“元寿二年，单于来朝，上以太岁厌胜所在，舍之上林苑蒲陶宫。”当时匈奴单于来朝，随从多达几百人[45]。关于蒲陶宫的地望，《三辅黄图》称在“上林苑西”。如果把汉长安城南郊和西郊作为上林苑的中心地区，那么丰镐遗址附近的上林苑可以视为上林苑的西部，蒲陶宫可能就在这里。丰镐遗址客省庄一带发现的西汉匈奴墓，有可能就是从匈奴来汉长安城的使者墓葬。

三、秦汉上林苑遗址考古研究

（一）秦汉上林苑内涵、功能对比

战国秦或秦代上林苑建筑，多为王室或皇室的“宫观”一类高台建筑，上林苑只是作为都城附近的“国家公园”供王室或皇室使用。汉上林苑（尤其是汉武帝及其以后的上林苑）不仅仅是作为“国家公园”或皇室公园使用，这里还设置了一些重要的皇室或国家机构，如铸币的“上林三官”、负责农业生产的“上林农官”等，还有用于外交活动的宫室如“蒲陶宫”，以及接待外国使者的建筑等。上林苑昆明池作为国家训练水军的重要基地，一些军事上的部队习射、战阵演练等也在上林苑中。上林苑昆明池作为都城的水源，是汉长安城的重要特色。昆明池中的鱼用于祭祀。

（二）秦汉上林苑为秦汉都城南部的安全屏障

秦汉上林苑基本分布在都城南部、西南部和东南部，呈弧形带拱卫着都城。秦咸阳城位于渭河北部，渭河南部还有“南宫”“章台”等重要王室、皇室建筑，战国秦和秦代上林苑具有秦咸阳城及其“渭南”地区重要宫室的安全屏障作用。汉长安城北部临近渭河，都城重要建筑未央宫、长乐宫、武库、南郊礼制建筑集中于汉长安城南部，汉上林苑主要分布在汉长安城南部、西南部和东南部，同样加强了都城重要建筑的安全。未央宫、长乐宫等北部有桂宫、“北阙甲第”、北宫和明光宫与都城北部的市里相隔，使上述重要建筑更为安全。

（三）汉代甘泉宫、建章宫与上林苑的关系

传统认为甘泉宫为汉上林苑的组成部分，我们认为甘泉宫应为西汉都城长安城的“夏

宫”[46]，后代的都城多有这类建筑，如隋唐时代的仁寿宫、九成宫、华清宫、玉华宫等，清代北京城的承德避暑山庄等。甘泉宫不属于上林苑，甘泉宫在渭北淳化县，南距汉长安城北边的渭河二百余里，这与文献记载汉上林苑北界“濒渭而东”[47]的距离也是很大的。甘泉宫有“甘泉苑”，文献记载“甘泉苑，武帝置”[48]。而甘泉宫的营建要早于甘泉苑，《关中记》载“林光宫，一曰甘泉宫。秦所造。在今池阳县西北，故甘泉县甘泉山上，周回十余里。汉武建元中增广之，周回十九里一百二十步”。甘泉苑是因甘泉宫而建，又称“甘泉上林苑”。《汉书·高惠高后文功臣表》载，王当“以元封元年坐阑入甘泉上林苑”。传世文物有“甘泉上林”瓦[49]、“甘泉上林宫行灯”[50]，故“甘泉上林苑”也称为“甘泉上林”或“甘泉上林宫”，但是“甘泉上林”“甘泉上林苑”“甘泉上林宫”均属于“甘泉宫”，甘泉宫在西汉时代的特殊重要地位，使之可能设立属于其宫城的上林苑，但是不同于汉长安城的上林苑。

建章宫是作为皇室的皇宫使用的，建章宫建于汉长安城西侧，汉长安城西部和南部为上林苑故地，因此一些文献中称建章宫为上林苑中的宫室。《玉海》卷156引《关中记》载，“上林苑中有宫十二，建章其一也”。其实更确切的说法应该是建章宫在“上林苑中”或在“苑中”。《太平御览》卷179《居处部》“观”条引《关中记》载，“上林苑，门十二，中有苑三十六，宫十二，观二十五。建章宫……以上十二宫、二十二观在上林苑中”[51]。《汉书·王莽传（下）》载：“地皇元年……坏彻城西苑中建章、承光、包阳、犬台、储元宫及平乐、当路、阳禄馆，凡十余所。”汉武帝是把建章宫作为皇宫营建的，《史记·封禅书》载：“上（汉武帝）还，以柏梁灾故……勇之乃曰：‘越俗有火灾，复起屋必以大，用胜服之。’于是作建章宫，度为千门万户。前殿度高未央。”建章宫作为皇宫及大朝正殿所在地，从汉武帝太初四年到汉昭帝元凤二年；汉昭帝元凤二年从建章宫迁回未央宫大朝[52]。因此，将建章宫作为上林苑的组成部分是说不通的。

注　释

[1] 何清谷校注：《三辅黄图校注》，三秦出版社，2006年，第271页。

[2] 周晓陆、路东之：《秦封泥集》，三秦出版社，2000年，第167页。

[3] 刘庆柱、李毓芳：《秦都咸阳“渭南”宫台庙苑考》，《秦汉论集》，陕西人民出版社，1992年。

[4]《汉书·地理志（上）》记载：“周至有长杨宫，有射熊馆，秦昭王起。”

[5]《汉书·地理志（上）》记载：“萯阳宫，秦文王起。”萯阳宫遗址可能在今陕西省户县陂头村附近。

[6] 周晓陆、路东之：《秦封泥集》，三秦出版社，2000年，第216页。其中收录的“鼎胡苑丞”秦封泥，应为“鼎胡苑”遗物，而“鼎胡苑”应属于“鼎胡宫”之“苑”。

[7]《汉书·扬雄传（上）》。

[8] 刘庆柱：《三秦记辑注·关中记辑注》，三秦出版社，2006年，第67页。

[9] 中国社会科学院考古研究所、西安市文物保护考古所阿房宫考古工作队：《西安市上林苑遗址一号、二号建筑发掘简报》，《考古》2006年第2期。

[10] 同[9]。

[11] 中国社会科学院考古研究所、西安市文物保护考古所阿房宫考古工作队：《西安市上林苑遗址三号建筑及五号建筑排水管道遗迹的发掘》，《考古》2007年第3期。

[12] 中国社会科学院考古研究所、西安市文物保护考古所阿房宫考古工作队：《上林苑四号建筑遗址的勘探和发掘》，《考古学报》2007年第3期。

[13] 同[11]。
[14] 中国社会科学院考古研究所、西安市文物保护考古所阿房宫考古工作队：《西安市上林苑遗址六号建筑的勘探和试掘》，《考古》2007年第11期。
[15] 黄盛璋：《关于〈水经注〉长安城附近复原的若干问题——兼论〈水经注〉的研究方法》，《考古》1962年第6期。
[16] 张澍辑《三辅故事》载："武帝作昆明池以习水战。后昭帝时，于池中养鱼以给诸陵祠，余付长安市，鱼乃贱。"（见《三辅黄图及其他三种》，商务印书馆，1936年）
[17] 胡谦盈：《丰镐地区诸水道的踏察——兼论周都丰镐位置》，《考古》1963年第4期；胡谦盈：《汉昆明池及其有关遗存踏察记》，《考古与文物》1980年第1期。
[18] 中国社会科学院考古研究所汉长安城工作队：《西安市汉唐昆明池遗址的钻探与试掘简报》，《考古》2006年第10期。
[19]《汉书·食货志》载："是时粤欲与汉用船战逐，乃大修昆明池，列馆环之。"
[20]《汉书·天文志》载：河平"二年十二月壬申，太皇太后避时昆明东观"。《汉书·元后传》载："历东观，望昆明。"《长安志》卷四"上林苑"条引《三辅黄图》载："上林苑中有昆明观。"
[21] 何清谷校注《三辅黄图校注》卷五载："豫章观，武帝造，在昆明池中，亦曰昆明观。"豫章观因在昆明池中而建，所以又称昆明观，因其位于昆明池东部，故又有"昆明东观"或"东观"之称。任昉《述异记》卷下载："汉武帝元鼎二年，立豫章观于昆明池中，作豫章水殿。"所谓"豫章水殿"，即用豫章木在昆明池中营建的宫殿。
[22] 西安市文物管理委员会：《西安三桥镇高窑村出土的西汉铜器群》，《考古》1963年第2期。
[23] 同[18]。陈直先生在《三辅黄图校正》（陕西人民出版社，1980年）中提出，昆明池"鲸鱼刻石今尚存，原在长安县开端庄，现移陕西省碑林博物馆"。
[24] 同[18]。
[25] 徐涛：《中国古代最大的桥梁遗址沙河古桥》，《文博》2004年第2期。
[26] 段清波、吴春：《西渭桥地望考》，《考古与文物》1990年第6期。
[27] 曹发展：《渭桥洋桥辩》，《文物考古论集——咸阳市文物考古研究所成立十周年纪念》，三秦出版社，2000年；初民：《咸阳沙河古桥略论》，《文物考古论集——咸阳市文物考古研究所成立十周年纪念》，三秦出版社，2000年。
[28] 王自力：《汉长安城西南角外发掘的㴲河木桥遗址》，《汉长安城考古与汉文化》，科学出版社，2008年。
[29] 刘合心：《长杨宫遗址出土的秦汉遗物》，《文博》2004年第3期。
[30] 何清谷校注《三辅黄图校注》载："黄山宫在兴平县西三十里。"《元和郡县图志》载："汉黄山宫在县西南三十里。"
[31] 也有学者认为："通观汉金，尚未发现宫名文字有通假者。不妨认为'横山宫'是不同于'黄山宫'的另一宫名。"（见徐正考：《汉代铜器铭文研究》，吉林教育出版社，1999年，第148页）
[32] 王晓谋：《西汉"横山宫"铜灯》，《文博》1993年第2期；国家文物局：《中国文物地图集·陕西分册（下）》，西安地图出版社，1998年，第454、455页；孙铁山：《西汉黄山宫考》，《文博》1999年第1期；孙铁山：《陕西兴平侯村黄山宫遗址出土秦汉遮朽》，《考古与文物》2002年增刊；张海云：《秦汉时期的遮朽》，《考古与文物》2002年增刊。
[33] 容庚：《汉金文录》，《文物》1983年第10期；庞文龙：《陕西岐山县博物馆收藏的汉代铜销》，《文物》1983年第10期。
[34] 周晓陆、路东之：《秦封泥集》，三秦出版社，2000年，第216页；傅嘉仪：《秦封泥考》，上海书店出版社，2007年，第146页。
[35] 国家文物局：《中国文物地图集·陕西分册（下）》，西安地图出版社，1998年，第124、125页。
[36] 张天恩：《"禁圃"瓦当及禁圃有关的问题》，《考古与文物》2001年第5期。
[37] 西安文物保护修复中心：《汉锺官铸钱遗址》，科学出版社，2004年。

［38］陕西省博物馆、文管会考古调查组:《长安窝头寨汉代钱范遗址调查》,《考古》1972 年第 5 期。
［39］同［37］。
［40］周晓陆、路东之:《秦封泥集》，三秦出版社，2000 年，第 167、214～216 页等。
［41］《韩非子·外储说右下》。
［42］同［22］。
［43］中国科学院考古研究所:《沣西发掘报告——1955～1957 年陕西长安县沣西乡考古发掘资料》，文物出版社，1963 年。
［44］何清谷校注:《三辅黄图校注》，三秦出版社，2006 年，第 231 页。
［45］《汉书·匈奴传（下）》载:“故事，单于朝，从明王以下及从者二百余人。单于又上书言:‘蒙天子神灵，人民盛壮，愿从五百人入朝，以明天子盛德。’上皆许之。”
［46］刘庆柱辑注《三秦记辑注·关中记辑注》（三秦出版社，2006 年）第 60 页载:“武帝常以五月避暑于此，八月乃还。”
［47］《汉书·扬雄传（上）》载:“武帝广开上林，南至宜春、鼎胡、御宿、昆吾，旁南山而西，至长杨、五柞，北绕黄山，濒渭而东，周袤数百里。”
［48］何清谷校注:《三辅黄图校注》，三秦出版社，2006 年，第 281 页。
［49］《金石索·石索》六，第 75 页。
［50］薛氏:《钟鼎款识》卷 20，第 1 页。
［51］刘庆柱:《三秦记辑注·关中记辑注》，三秦出版社，2006 年，第 50、67、68 页。
［52］《汉书·武帝纪》载:太始四年“夏五月，还幸建章宫，大置酒，赦天下”;“征和元年春正月，还，行幸建章宫”。《汉书·昭帝纪》载:元凤“二年夏四月，上自建章宫徙未央宫，大置酒。赐郎从官帛，及宗室子钱，人二十万。吏民献牛酒者赐帛，人一匹”。

（原刊于《西汉南越国考古与汉文化》，科学出版社，2010 年）

中国古代都城建筑的思想理念探索

刘庆柱　李毓芳

建筑是凝固的历史哲学。建筑科学技术成就最高、人文思想理念最强、最具历史时代特点的代表性建筑，应为政治性、文化礼仪性建筑，它们主要是城、都城、宫城、宫殿、宗庙等礼制建筑，寺庙等宗教建筑以及帝王陵墓等。如果说古代西方以神庙为其建筑的杰出代表，那么在东方、在中国则尤以王室、皇室的都城、宫城、宫庙建筑最为突出。这些建筑作为政治的象征、国家的象征、民族的象征、历史的象征，其中蕴含着丰富的哲学思想。

都城是国家的政治统治中心、文化礼仪活动中心、经济管理中心、军事指挥中心，正如王国维先生所说，“都邑者，政治与文化之标征”[1]。都城中的宫城、宫殿则是国家最高统治者的政治活动中枢、经济管理中枢、军事指挥中枢，都城的宗庙、社稷、明堂、辟雍、灵台等建筑成为国家礼制活动的舞台。帝王陵寝建筑则是都城与宫城的缩影，所谓“陵墓若都邑”[2]。这些标志性建筑的设计者，通过建筑的语汇，再现了建筑的哲学理念。我们所说的建筑语汇，也就是建筑的艺术，这种艺术往往通过建筑群的组合、分布，建筑形制、结构，建筑构件与装饰内容等，反映出建筑的艺术思想、哲学观念。在古代建筑中，尤以都城建筑群的布局形制最为集中地凝聚了建筑的哲学思想。

一、从“聚落”到“城”的建筑发展所反映的“国家”出现思想

史前时期，随着社会的发展，出现了以聚落为建筑单位的居民点，聚落之中以居民的居室建筑为主，还有居民的公共活动的“大房子”、广场等建筑设施，这些设施是服务于全体居民的，因此聚落中的大房屋、广场都是开放型的。为了部落、氏族成员活动方便，“大房子”和广场大多修建于聚落居址之中。在史前时期末期，出现了个别“大房子”，它们成为了部落酋长、氏族首领处理“公务”和私人生活的地方。如甘肃大地湾 F901 就是这种“大房子”，它是最早的宫殿雏形，具有了后期宫殿建筑的必备功能（图一）。尽管如此，这种“大房子”还没有形成同类建筑的“建筑群”，“大房子”周围也没有修筑墙垣，因此说这样的史前时期聚落还不是“城”。这时为了聚落中全体居民的安全，在聚落周围挖掘了壕沟或修筑了围墙，还不是为了社会管理者或其社会活动平台——大型建筑安全营建的“城”。随着社会的发展，人类从“野蛮”社会进入“文明”社会，最早的国家出现，“城”作为一种新的建筑形式才在人类

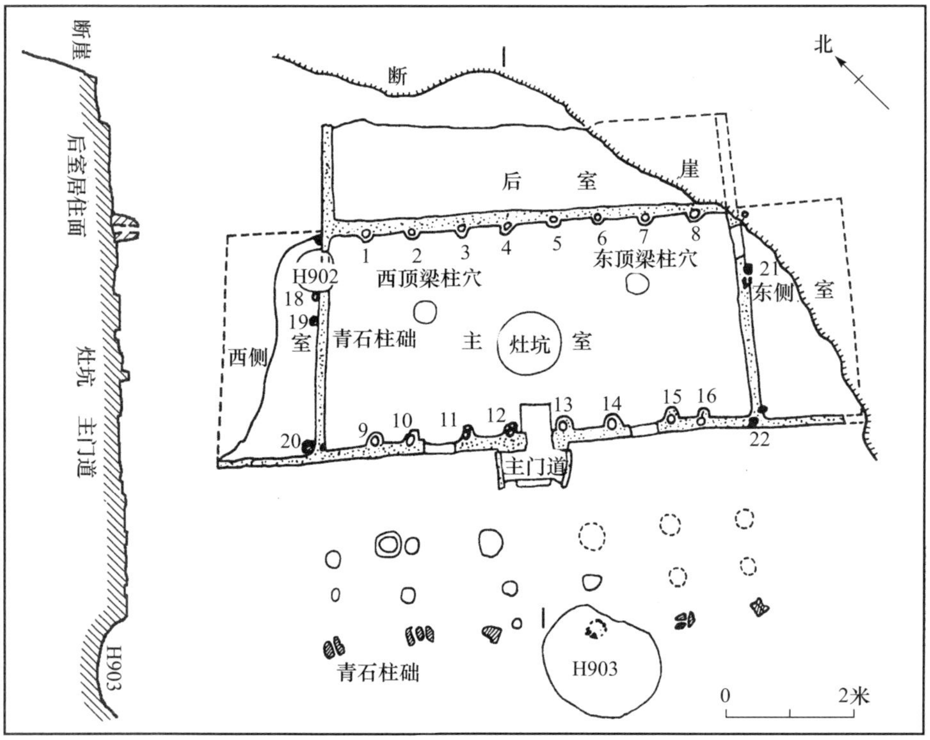

图一　甘肃大地湾 F901 复原平面图

1～22. 柱洞

历史上诞生。这种“城”不同于史前时期有“围墙”的聚落和军事“城堡”，前者“围墙”之中居住着居民，“城堡”则是军事设施。“城”是政治中心，是统治者的政治活动舞台。“城以卫君”，因此“城”是作为“大众”的对立物出现的，不是居民区的建筑物。“城”的所有建筑设计都体现着上述建筑思想。已经考古勘探、发掘的河南偃师二里头遗址，在其中心地区发现了数十座大面积的夯土建筑基址，这些大多应为宫室建筑遗址，其周围可能围筑有墙垣，形成“宫城”（图二）。已经考古发掘的二里头遗址第一号、第二号宫殿建筑遗址是目前所知最早的都城宫殿建筑遗址。第一号宫殿建筑遗址周施围廊，东西 107 米、南北 101 米。南廊居中辟门，门道并列 3 条。宫殿台基东西 36 米、南北 25 米，宫殿与南门南北相距 70 米，其间为“庭”（图三）。第二号宫殿建筑遗址周施围墙，南北 72.8 米、东西 57.5～58 米，围墙之内东、西、南三面置廊，南面中央辟门，南门门道两侧置塾。殿堂基址东西 32.6～32.75 米、南北 12.4～12.75 米，面阔 3 间、进深 1 间。南门与殿堂之间为庭院，南北 56.5 米、东西 45 米（图四）[3]。上述宫殿、庭院建筑不同于史前时期聚落的“大房子”和广场，宫殿、庭院建筑是封闭的，“大房子”、广场是开放的。宫殿、庭院之外构筑围墙，围墙之上辟门，门两侧置塾，作为门卫守门之处。史前时期聚落的“大房子”、广场与一般居住房屋均在聚落环壕或围墙之中，“大房子”、广场不再另置围墙，这是由它们的“开放性”决定的。偃师二里头遗址的两个宫殿建筑遗址之外又各置围墙形成独立院落，这是这些宫殿、庭院的“封闭性”特点所要求的。宫殿和南门南北相对，宫殿在院落北部中央，南门在院落南墙或南廊中央。这种“居中”的建筑设计理念，是建筑使用者的政治中心观念的体现。史前时期一般不存在某些人谋取或宣示其“政治中心”地位的需要，因此在其聚落中的“大房子”和广场建筑中就绝对不会存在这种“居中”的设计思想。

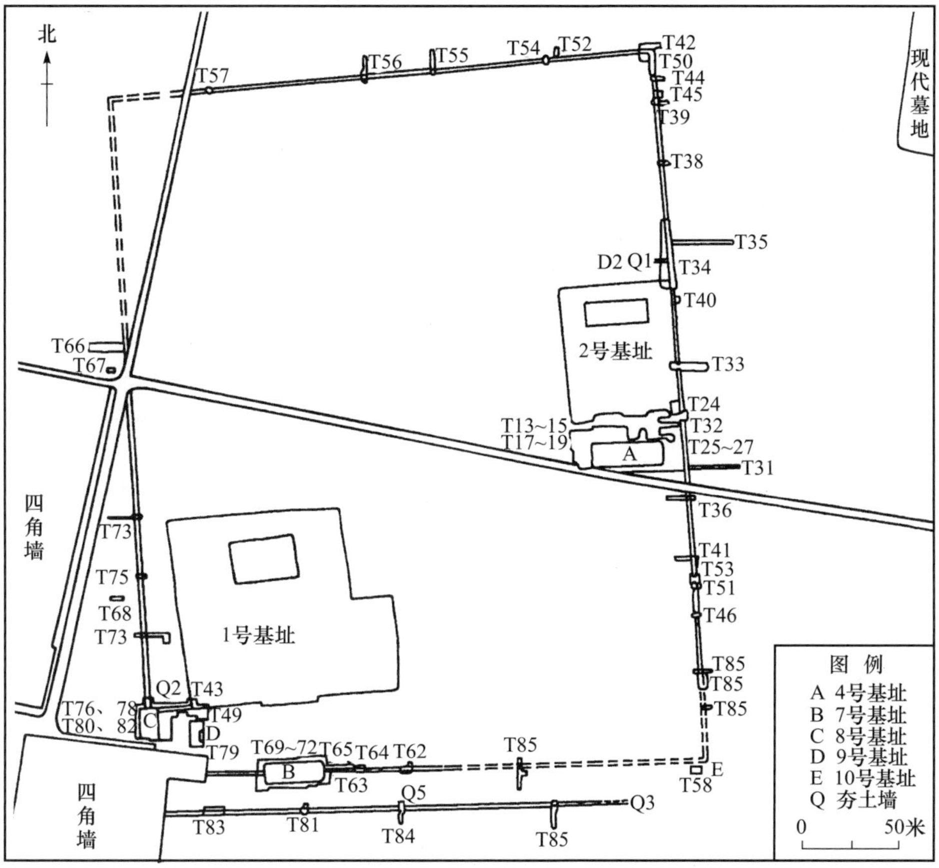

图二　二里头遗址“宫城”平面示意图

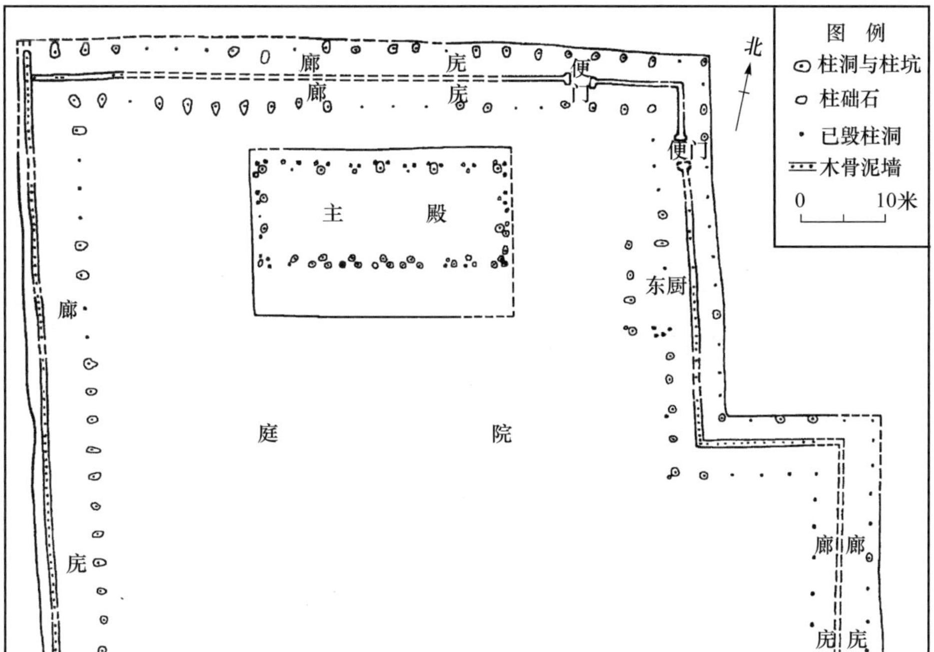

图三　二里头遗址一号宫殿遗址平面图

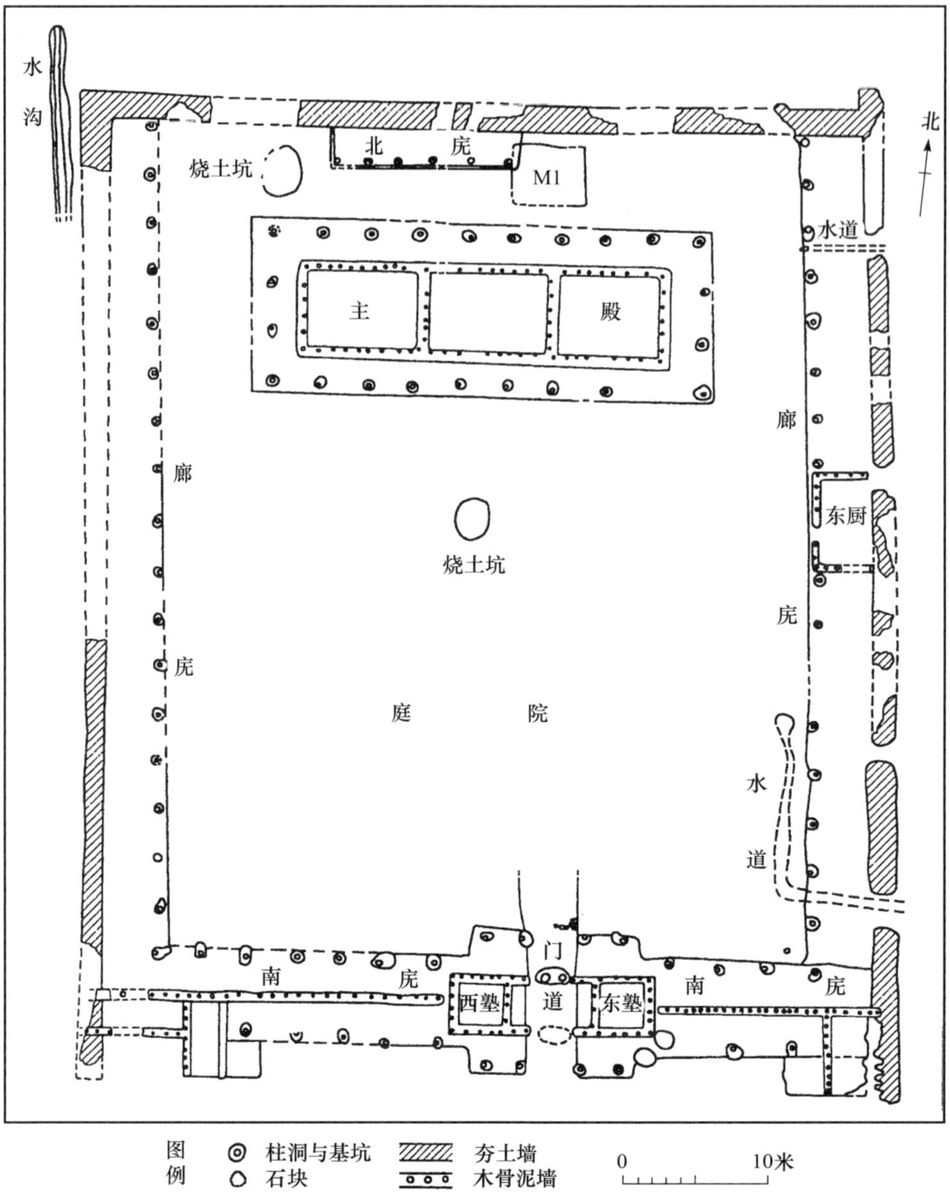

图四　二里头遗址二号宫殿遗址平面图

早期国家的发展，政权机器的扩大，统治集团的增加，政府机构及其国家统治集团需要大量相应的生产、生活服务人员，仅仅用于“卫君”的“城”已不适应都城的要求，于是在“城”之外又修建了“郭”，“郭以居民”。从现有考古资料来看，至迟到商代早期的都城已出现了郭城。属于商代最早的偃师商城，都城之中不但有宫城，宫城之外还有郭城（图五）。

偃师商城宫城西部的宫殿院落，由3座南北排列的宫殿和庭院组成，它们是目前我们所知道的最早的、由多座宫殿组成、每座宫殿建筑功能不同的“前朝后寝”宫殿建筑群。而偃师二里头遗址中的“前朝后寝”宫殿建筑布局应是在同一座建筑中实现的。在宫殿建筑中，由同一宫殿的“前堂后室”结构，发展为多座宫殿形成一组“前朝后寝”宫殿建筑群，这应是早期国家都城之中宫殿建筑布局形制的重要发展与时代特点（图六）。偃师商城宫城宫殿院落建筑布局形制，在后来的湖北盘龙城商代城址中也有发现。盘龙城城址周长1100米，城内东北部地势最高，大型建筑基址集中分布在这一带，基本上南北排列，一号宫殿遗址南13米处为二号宫殿遗址。一号宫殿基址东西39.8米、南北12.3米，二号宫殿基址东西29.95米、南北12.7米（图七）。

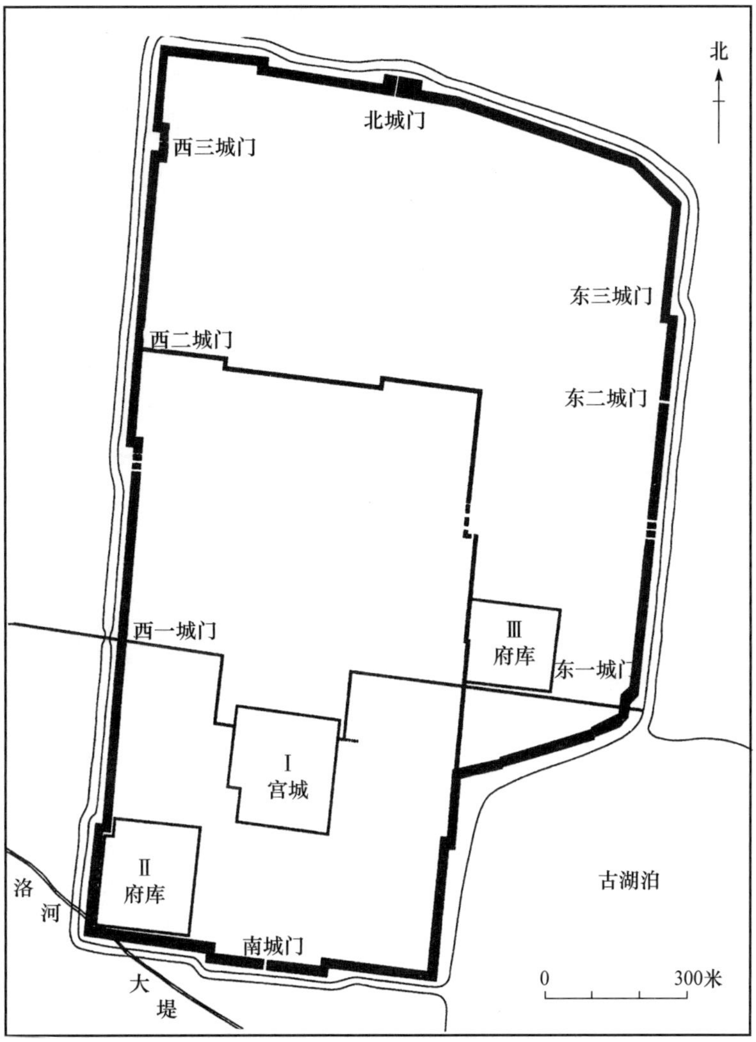

图五　偃师商城平面图

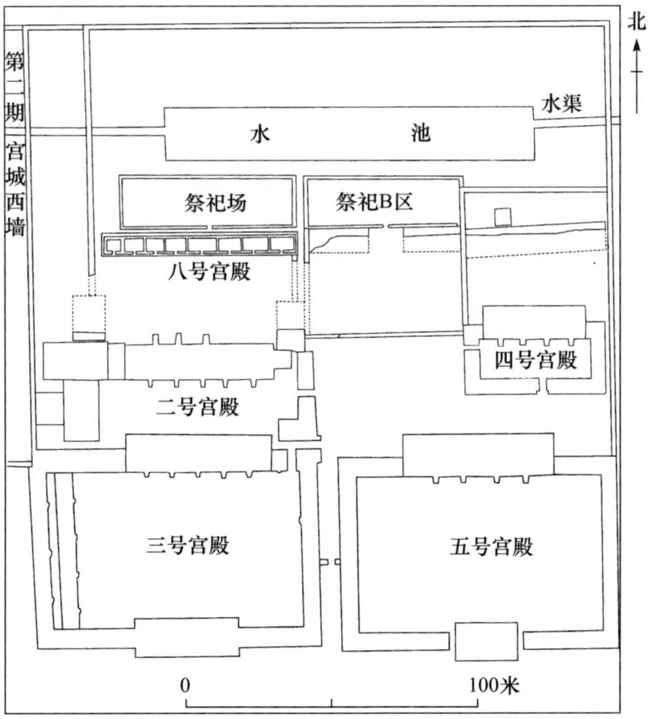

图六　偃师商城宫城平面图

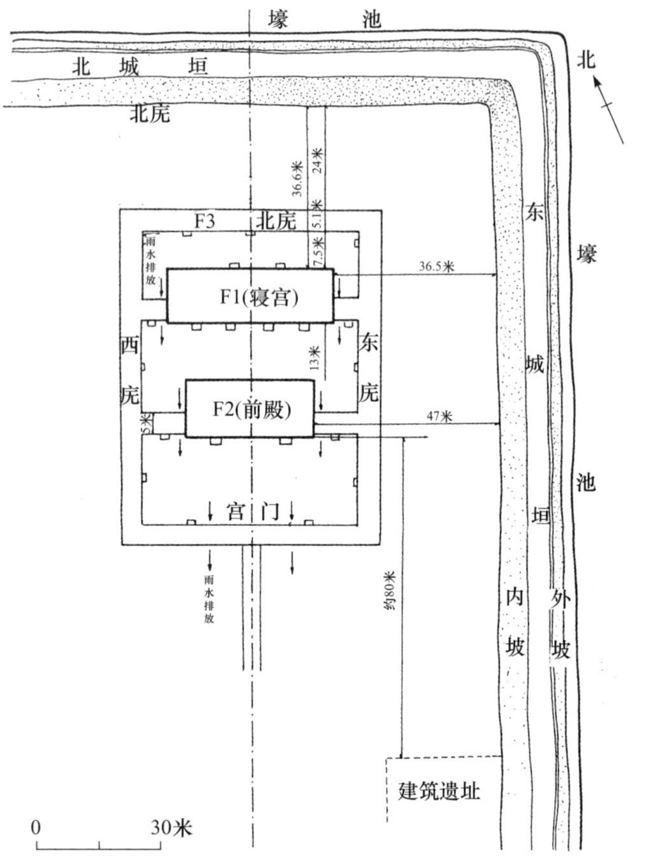

图七　盘龙城宫殿遗址平面图

有的学者根据一些遗迹推测，一号和二号宫殿之外，围筑有廊庑[4]。南北排列的二号与一号宫殿应该是“前朝后寝”的格局。

随着历史发展、国家权力的加强，反映政权建设的都城及宫殿规模也在扩大，已发现的安阳殷墟洹北商城约4平方千米，这是目前所知规模最大的商代都城（图八）。已发掘的安阳洹北商城的第一号宫殿遗址，东西173米、南北85～91.5米，面积1.6万平方米，殿堂基址南北14.4米、东西90米（图九）。这是已知商代规模最大的一座宫殿[5]。可以看出从史前时期进入文明时代，从聚落发展到“城”。最早的“城”实际是“宫城”。以后又从“宫城”发展出“郭城”。单体建筑由“大房子”发展为“宫殿”；宫殿由单一殿堂中的“前堂后室”结构，发展为多座宫殿形成的“前朝后寝”建筑群格局。

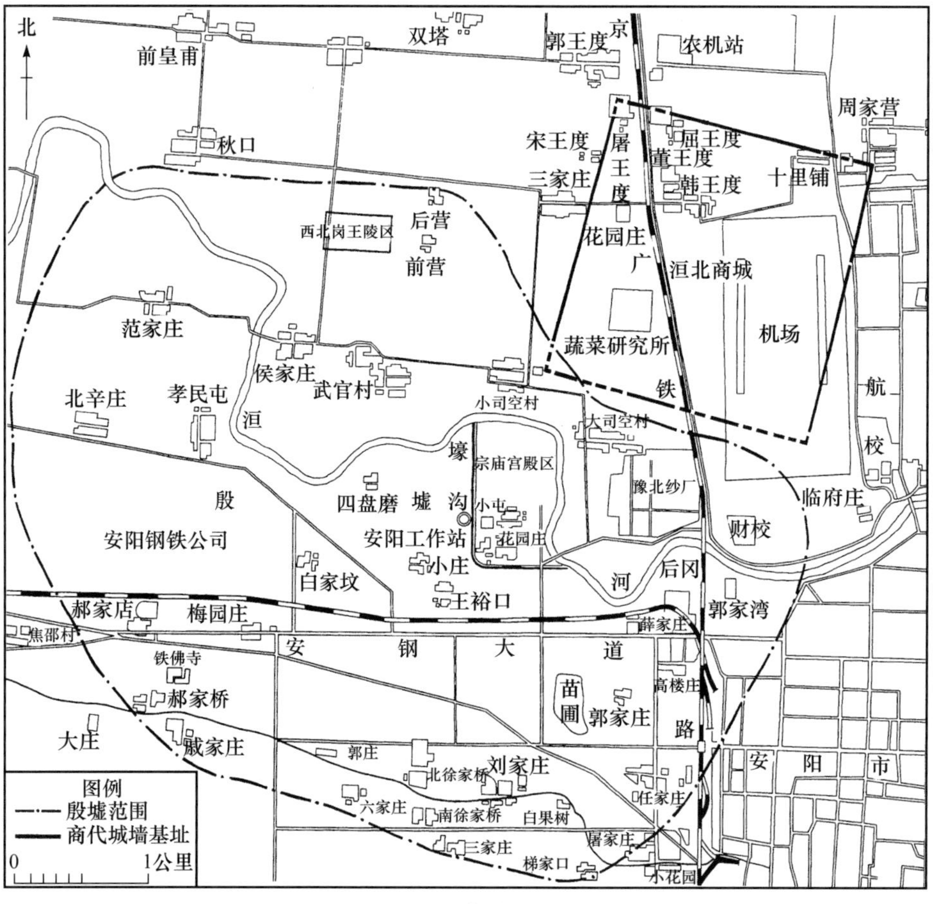

图八　洹北商城平面图

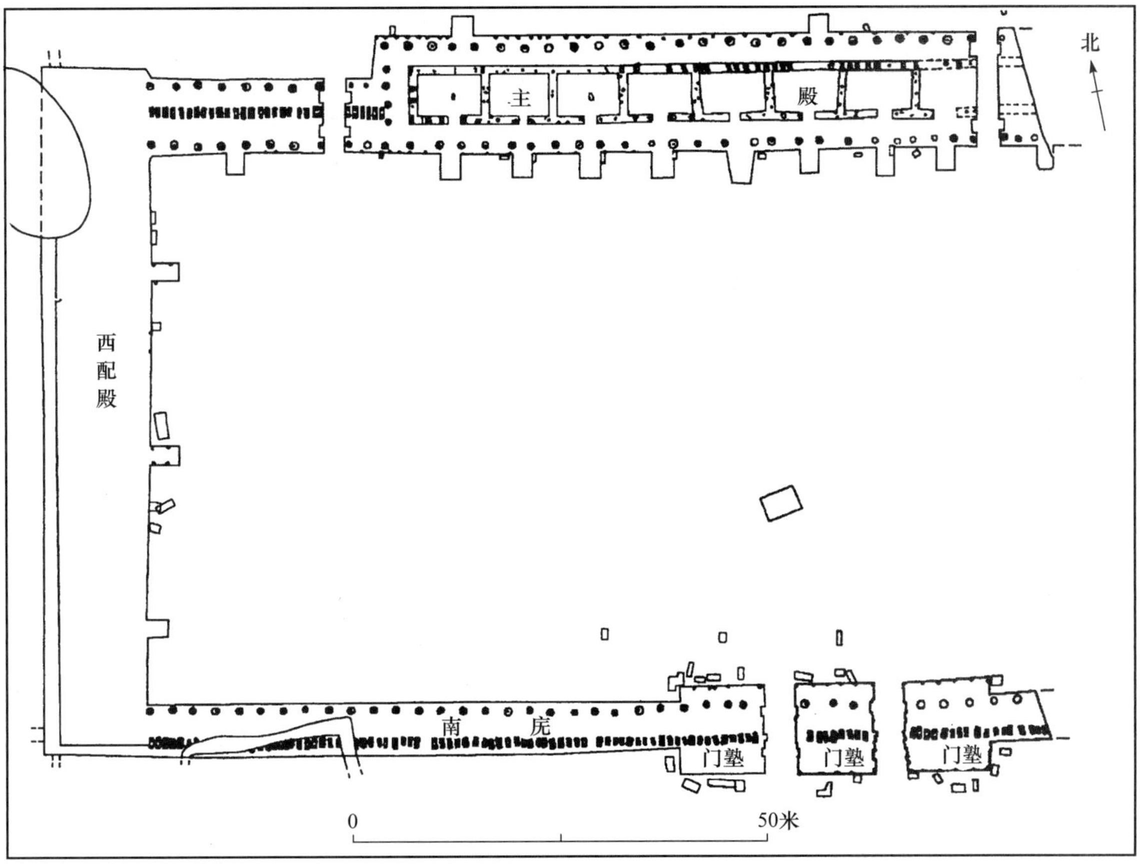

图九　洹北商城一号宫殿遗址平面图
（不含东部未清理部分；主殿、西配殿及门塾两侧方坑均为祭祀坑）

二、都城宫庙建筑布局形制变化所反映的政权与族权、地缘政治与血缘政治变化思想（宫庙位置变化、宗庙形制变化）

祭祀性建筑遗址在世界许多地方的史前时期已经存在，这些遗址的祭祀对象不尽相同，有自然神、图腾，也有祖先。在中国史前时期考古中发现，随着社会的发展，相对人们对自然神的崇拜，作为祖先崇拜物化形式的宗庙，在社会活动中的地位越来越重要，在社会生活中的作用越来越大，至少在国家出现前的最后时期，可能人们和社会对祖先祭祀超过了对自然神和图腾祭祀的重视程度。我认为历史文献记载的都城宫室建设中，宗庙建设为先的原则，实际是对这个时期前后，社会关于宗庙认识的反映。在东西方古代文化对比研究中，我们可以发现，在祭祀文化方面，中国古代突出祖先崇拜、宗庙祭祀，西方古代重视神庙祭祀，这是东西方古代文化的重要区别。“文明形成”、政权出现，作为国家统治者政治活动载体的宫殿建筑，这时至少已与宗庙建筑“平起平坐”了。河南偃师二里头遗址已发掘的夏代都城的第一号、第二号宫殿院落建筑遗址，是都城宫殿区中的部分宫殿院落，从其布局形制来看，它们的功能可能不同，不少学者研究认为这是分别属于宫殿与宗庙的建筑。20 世纪 80 年代以来发现的河南偃师商城遗址，为探讨都城之中宫庙建筑布局提供了新的考古资料。偃师商城遗址是商代早期都城遗址，大量考古工作揭示出这座都城遗址的建筑设计理念比夏代都城遗址——偃师二里头遗址更为复杂、成熟。我们对偃师商城的宫城遗址进行了全面考古发掘，宫城之内的宫殿基址由多座组成，分成东西对称分布的两组，每组宫殿群均是南北排列。东组宫殿群包括南北排列的两座宫殿院落，北部为4号建筑基址，主体建筑殿堂位于北部中央，殿堂基址东西长36.5米、南北宽11.8米。殿堂以南为庭院，东西长16.3米、南北宽12.2米，殿堂和庭院东、西、南三面修筑廊庑[6]。南部为5号建筑基址，殿堂基址在院落北部，东西长54米、南北宽14.6米。殿堂以南为庭院，周施廊庑，南廊中央辟门[7]。西组宫殿群为一南北排列3座宫殿的多进院落[8]。东组与西组宫殿院落布局结构的不同，反映了它们使用功能的差别。由于东组与西组分布于宫城东部和西部，各占宫城一半面积，可能二者的政治地位是相近或相同的。我推测宫城东部与西部庭院应分别为宗庙和宫殿建筑。如果这种推断不误的话，那么可以说商代早期作为政权象征的宫殿与血缘关系的族权象征的宗庙已经共存于宫城之中。二者方位对探讨以后都城之中的宫殿与宗庙布局有着重要意义。

就建筑形制而言，如果说夏商时代的都城之宫殿、宗庙区分还有待进一步开展考古工作去究明的话，那么西周时代的宫庙建筑应该说形制区别已比较明显。如陕西周原扶风云塘发掘的西周建筑群遗址，平面为“品”字形，由3座建筑组成，其外围筑墙垣。主体建筑F1南北16.5米、东西22米，平面为“凹”字形，F1南部中间凹进，辟2门。门前筑“U”字形卵石铺筑的道路，南北长13.1米、路宽1.2米。F1西南部和东南部分别为F2与F3，二者对称分布于“U”字形西、东两边。推测F2与F3形制、规模相近，以保存较好的F2为例，南北长11.4～11.6米、东西宽8.4～8.5米。围墙南部中间置门塾，其基址东西长12.84米、南北宽6.7米（图一〇）。在云塘建筑遗址以东52.4米的齐镇发现另一组建筑（图一一），主体建筑F4东西长23.8米、南北宽18.8米，平面为“凹”字形，南部凹进，其前部亦置“U”形卵石路，南北长11.5米。门塾F9东西长13.6米、南北宽6.2米。F4东南部为F7，南北长20米、东西宽11.5米。F4西南部还应有一建筑。推测这组建筑群周围亦围筑墙垣[9]。上述两组建筑可能为西周的宗庙建筑遗址。这个建筑群在周原遗址中心区，其西900米为西周凤雏建筑遗址，其东500米为召陈建筑遗址。凤雏建筑遗址由门塾、庭院、殿堂、后室和东西厢房组成（图一二），这应是一座宫殿院落建筑[10]。召陈的西周建筑基址，其形制与凤雏的四合院式建筑不同，但其单体建筑规模较凤雏建筑基址要大[11]，至于这些建筑基址的功能，仅据现有考古资料还难以作出准确判断。对照凤雏甲组建筑遗址和召陈建筑遗址，云塘和齐镇建筑群更具宗庙建筑特点[12]。东周时代的陕西凤翔秦雍城遗址发现的东西并列的马家庄一号建筑遗址与三号建筑遗址，是目前研究先秦宫庙制度最为重要的考古资料。马家庄一号建筑遗址进行了考古发掘，建筑遗址东西90米、南北84米，面积7500平方米。建筑群坐北朝南，周施围墙，南墙辟门，主体建筑居于北部中央。南部为庭院，其中发现祭祀坑181座，庭院东西对称分布附属建筑。这应属于宗庙一类建筑（图一三）。马家庄三号建筑遗址在一号建筑基址以西500米，勘探究明，南北长326.5米，自南向北由5进院落组成。第一进院落南北长52米、东西宽59.5米；第二进院落南北长49.5米、东西宽60.5米，庭院北部东西对称分布两厢；第三进院落南北长82.5米、东西宽62.5米，庭院中央置殿堂；第四进院落南北长51米、东西宽70米；第五进院落南北长65米、东西宽86米，庭院中有3座建筑，平面呈“品”字形分布[13]。三号建筑基址应为宫殿建筑基址（图一四）。就目前考古资料来看，先秦时代都城的宫殿与宗庙均分布在

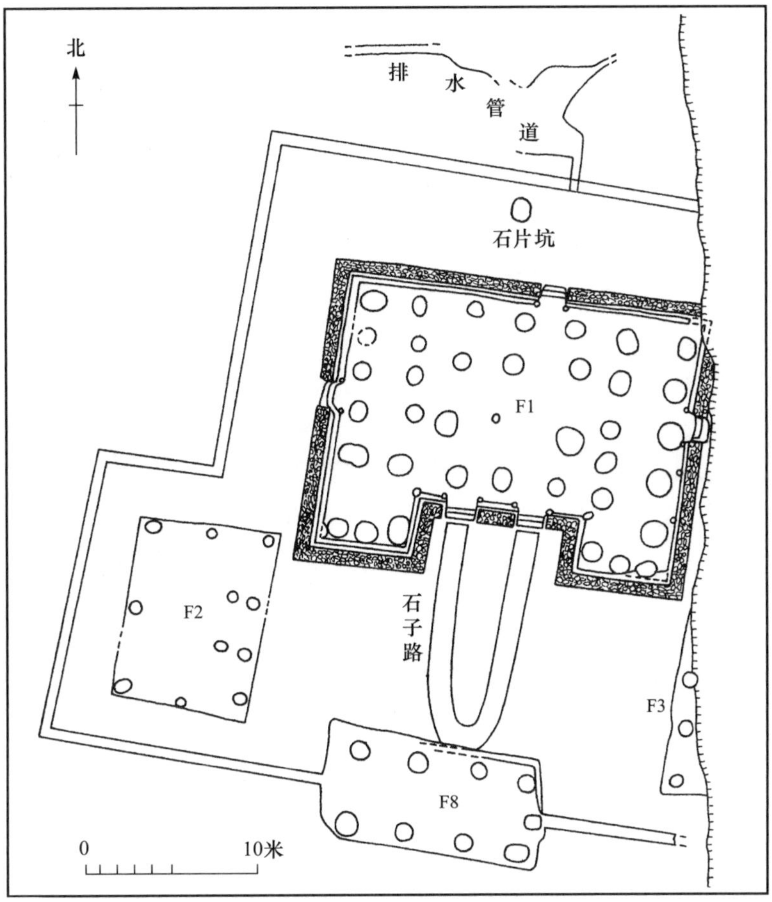

图一〇　周原云塘建筑遗址平面图

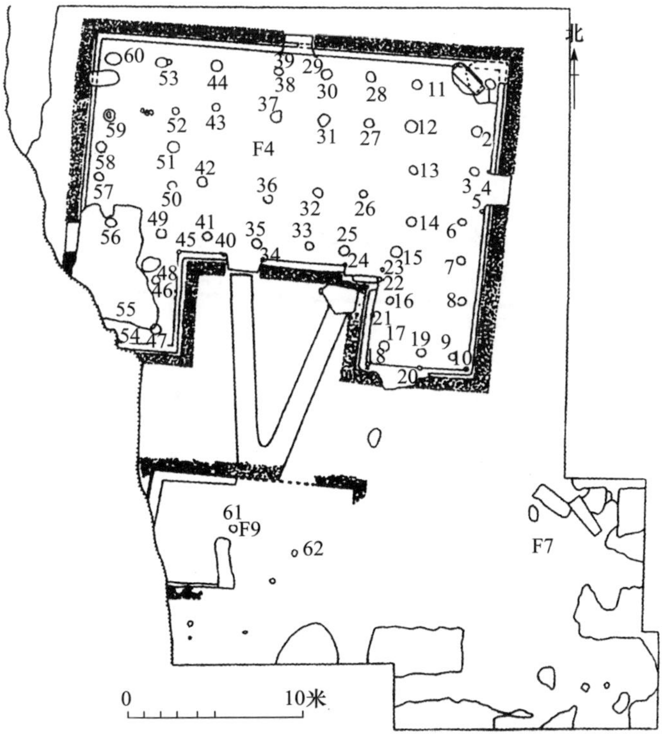

图一一　周原齐镇建筑遗址平面图

F4：1～3、6～9、11～17、19、25～28、30～33、35～38、41～44、47～53、55～60 为柱础坑，4、5、10、18、20～24、29、34、39、40、45、46、54 为柱洞；F9：61、62 为柱础坑

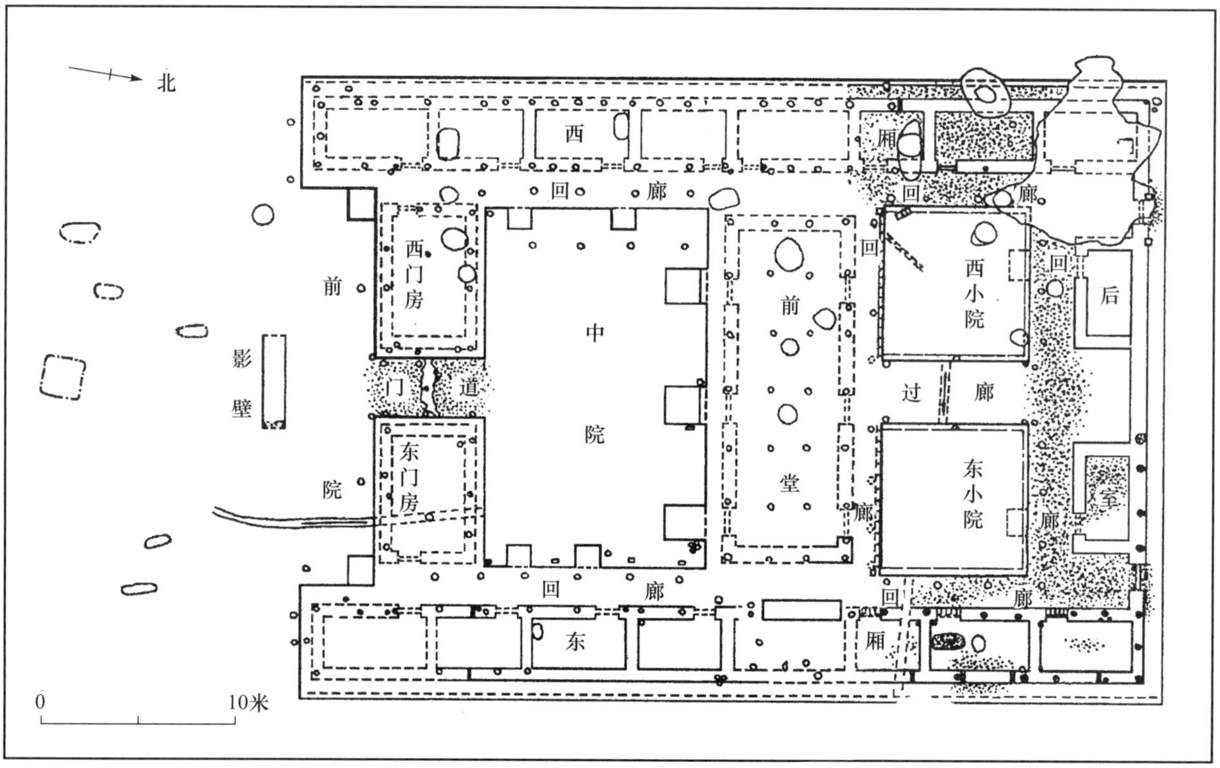

图一二　周原凤雏建筑遗址平面图

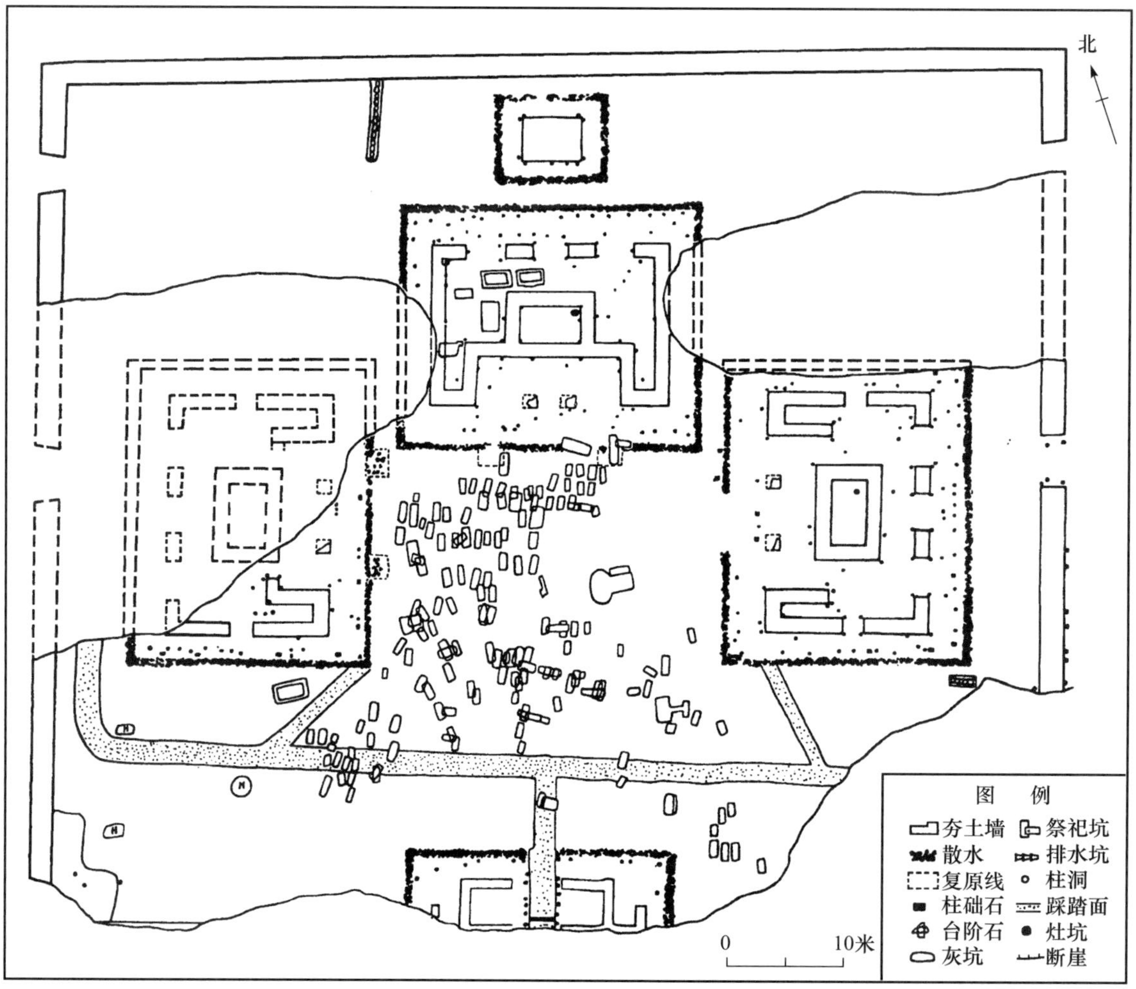

图一三　凤翔马家庄一号建筑群遗址平面图

都城内的宫室建筑区中或宫城之中，而且二者建筑形制结构已有所不同，尤其到了西周时代已有明显不同。都城宫庙建筑的上述特点，是社会政治观念在都城宫庙建筑思想上的直接反映。

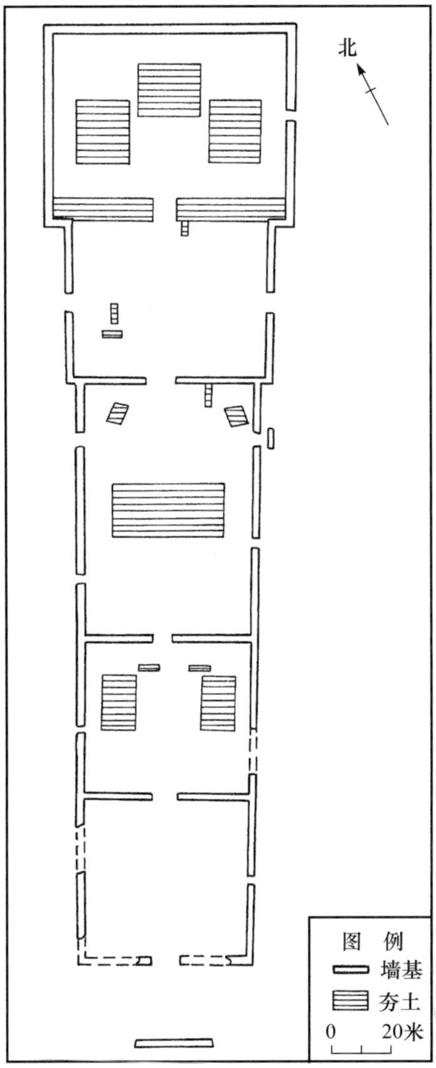

图一四 凤翔马家庄三号建筑遗址平面图

秦汉时代是从先秦时代的王国政治进入帝国政治时代，王国政治与帝国政治的最大不同点是从血缘政治向地缘政治的发展，在都城建筑中的突出表现是宫庙分布位置的变化。历史文献记载，秦国的“先王庙或在西雍，或在咸阳”。咸阳的秦王室或皇室宗庙就是《史记》记载的“诸庙”，“诸庙及章台、上林皆在渭南”[14]。可见秦国或秦王朝的宗庙不在秦咸阳城中，而是分布在都城以南的渭河南岸[15]。西汉初年，汉高祖的“高庙”和汉惠帝庙均在汉长安城之内、宫城之外的未央宫东南部、长乐宫西南部[16]。西汉时代晚期的都城宗庙等礼制建筑多分布在汉长安城南部（图一五），20 世纪 50 年代这里考古发现了大规模的汉代宗庙建筑遗址，包括 12 座建筑，其中 11 座建筑在同一方形大院落之中，院落边长 1400 米[17]。秦汉时代与先秦时代都城的宫殿与宗庙布局发生了重要变化，后者的宗庙与宫殿东西并列分布在都城之中的宫殿建筑区或宫城之内。秦汉时代都城的宗庙已从都城之中、宫城之内移至都城之外（西汉初年首先移至宫城之外），宫殿成为都城、宫城之中的唯一至尊建筑。宗庙位置在都城的这种变化，是统一的中央集权帝国之下的地缘政治加强、血缘政治削弱在都城建筑上的反映，自然这也是都城设计者建筑思想的体现。“矫枉过正”似乎是事物发展规律，中国古代历史从王国走向帝国的时候，在王国政治中发挥重要作用的血缘政治，被帝国时代的地缘政治所排挤，从二者的“平起平坐”到“主次分明”，从宫庙并列宫城或都城中心地区，到宫殿独处宫城或都城中心而宗庙被安置于都城之外。在帝国取代王国初期，上述宫庙布局位置变化正是政治发展规律的反映。秦汉时代以后，魏明帝在洛阳城所建太庙，史载于都城之内的铜驼街附近[18]，西晋和北魏洛阳城、十六国后赵石虎邺城和东魏北齐邺城宗庙均在都城之内、宫城之外。特别需要提出的是北魏洛阳城的宗庙位置，它位于都城和内城（或皇城）之中、宫城之外，这一宗庙布局制度对以后历代影响深远。宗庙在都城的位置，在六朝故都南京城也有所不同，它们分布在都城南郊，似乎受到汉长安城南郊礼制建筑影响。作为中国古代中央集权帝国，地缘政治在其统治中越来越重要，但是封建社会统治毕竟还是“家天下”，所以血缘政治也是统治者十分重视的，这就是宗庙从先秦时代都城的宫城或中心建筑区移至都城之外，又从都城之外移至都城的内城之中的原因，但相对大朝正殿它们仍处于次要地位。宗庙在中国古代建筑发展史上，从先秦时代到秦汉时代及其以后历代，政治地位的下降，不仅表现在其在都城位置的变化上，还反映在宗庙建筑形制结构的“宫殿化”上。春秋战国时代的平面方形宗庙建筑，在西汉晚期得到空前

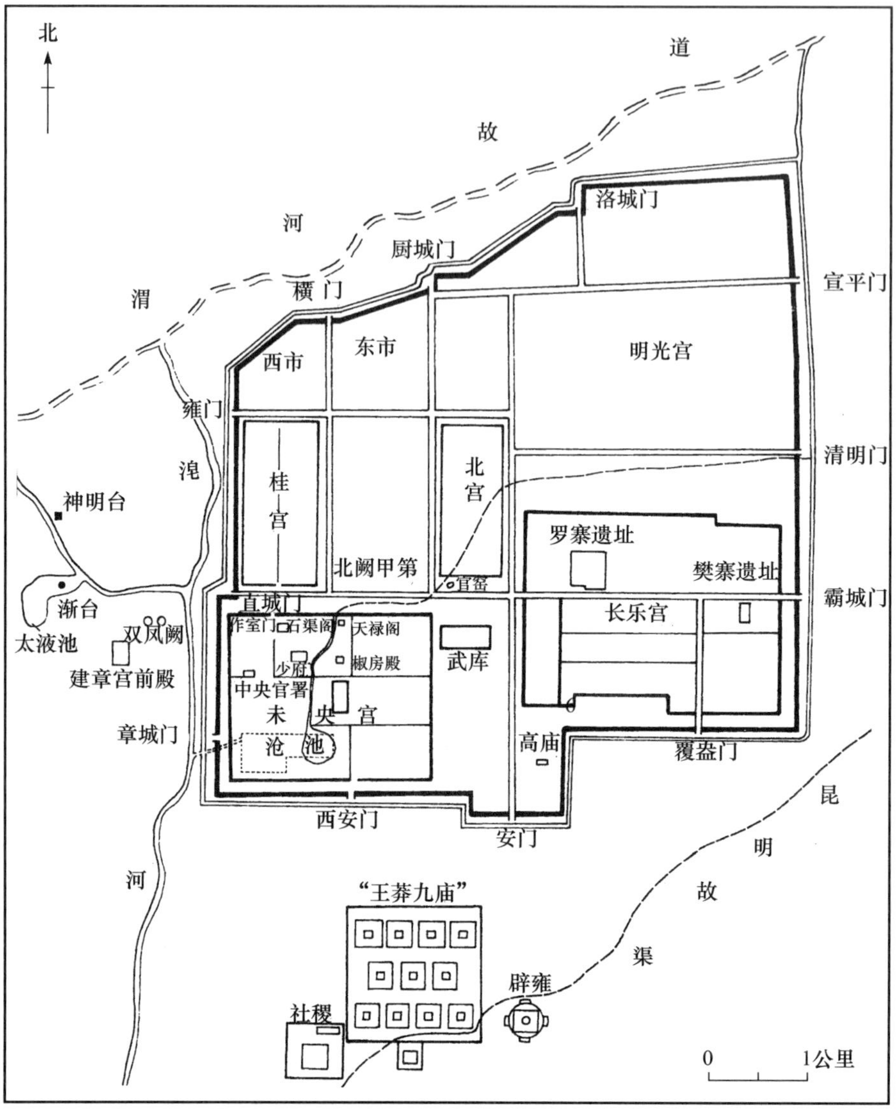

图一五　汉长安城遗址平面图

发展（图一六），汉代以后这种宗庙建筑平面方形的特色逐渐被平面为长方形的宫殿式建筑所替代。

三、中国古代“城”的等级与王国、帝国的政治架构

中国古代“文明形成”，进入国家，“城”亦随之出现。当时的“城”是国家或地区的政治中心。前面所谈到的夏、商、西周时代的“城”，都城就属于这种情况。春秋战国时期，中央国家政权的削弱，诸侯王国势力的强大，地方城市大量出现就是这种“挟天子以令诸侯”的政治局面在城市建筑上的反映。先秦时期的“城”已分成不同等级，《周礼·考工记·匠人》将“城”分为三级：第一级王城，即王国都城；第二级诸侯城，即诸侯封国都城；第三级“都”，即宗室和卿大夫采邑。这种三级城制，在建筑的反映是不同等级的“城”之规模不同，它们包括建筑的大小、高低、数量多少不等，按级别递减。这是理想的城制等级设计，目前在先秦时期城址考古中还没有得到这方面的全面佐证。尽管如此，我们根据已有的考古资料和相关文献

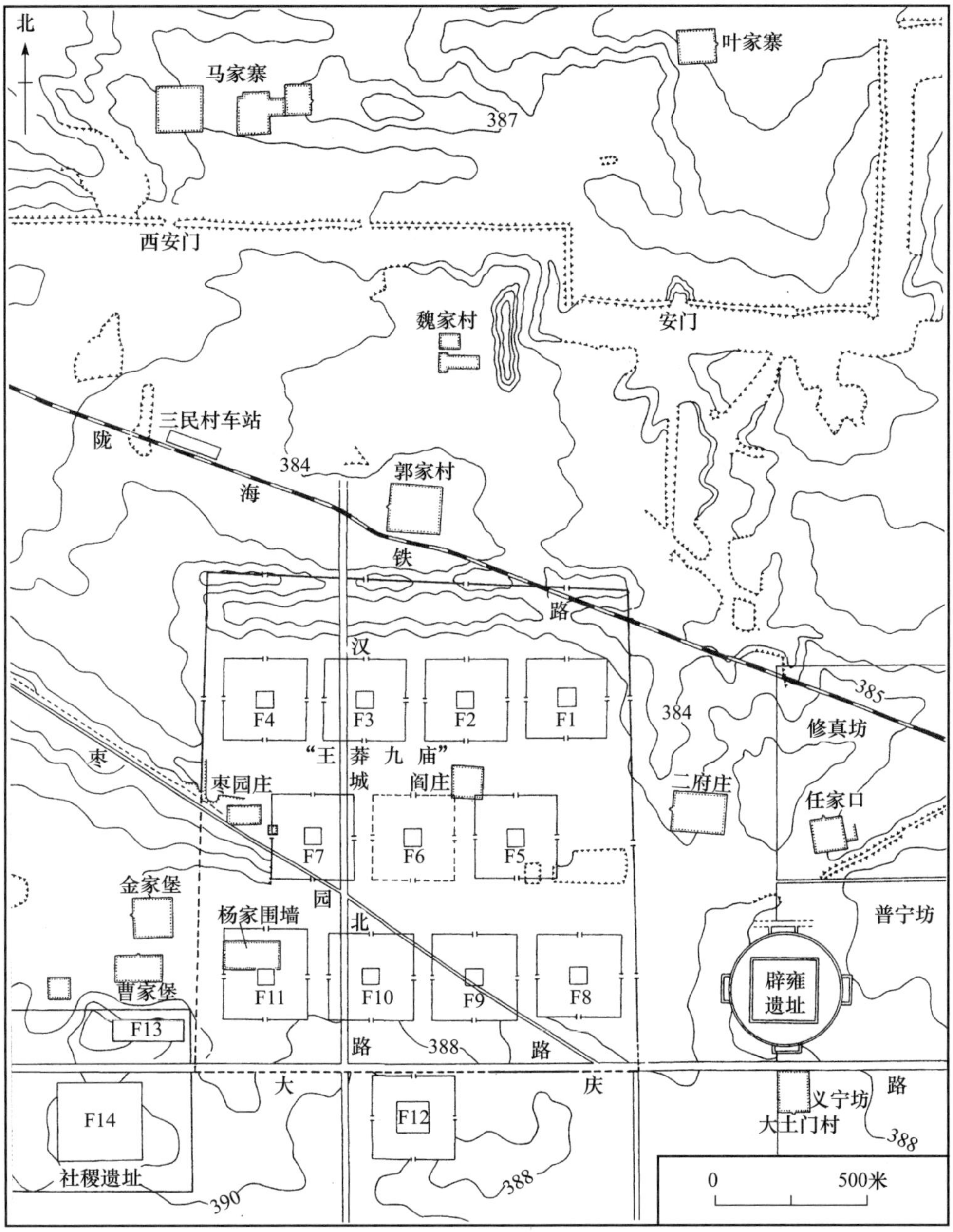

图一六　汉长安城南郊地形及已发掘的礼制建筑遗址

记载，还是可以说先秦时期的城市已经有了规模和等级的差异，而导致这种现象的原因就是“城”作为太小不同的地区、诸侯王国的政治中心所决定的。

秦汉王朝是统一的中央集权帝国，全国各地有许多不同规模的城市，除了秦代都城咸阳城、汉代都城长安与洛阳之外，各地还有一些大中城市和为数众多的小城市。汉高祖建立西汉王朝伊始，“令天下县、邑城”[19]。这些大中城市大多是当时的郡治和一些重要县治所在地，那些小城市则大多是县治所在地。不论是都城还是郡治、县治所在地的城市，它们的共同特点都是作为政治性建筑而存在。都城的代表性建筑是宫殿、宗庙等皇室建筑群及都城附近的帝王陵寝建筑，郡治和县治所在地城市的代表性建筑是官衙、庙社等官式建筑等。上述建筑在各自城市之中均占据重要位置，属于各自城市的主体建筑。秦汉时代的全国各地形成的由大而小的（都城、郡治城市、县治城市、个别乡镇级城）城市建筑群，实际上是秦汉帝国郡县制政治架构的反映。西汉王朝都城长安城周长25700米，面积36平方千米，城内约

2/3 地方为宫殿、官署等建筑，都城南郊有大面积宗庙、社稷、辟雍等礼制建筑遗址，都城北部和东南部是帝陵陵区。东汉都城洛阳周长 13000 米，城内主要为宫殿和官署建筑，礼制建筑在都城南郊，帝陵位于都城附近。汉代的诸侯王国都城，郡治城市和县治城市的考古发现说明，从城市规模上看，重要的诸侯王国都城小于帝国都城，郡治城市小于重要的诸侯王国都城，县治城市小于郡治城市。如西汉齐国都城临淄城周长 17000 米、西汉赵王国都城邯郸城周长 16600 米，二者城市规模均小于汉长安城；汉代郡治城市中，如济南郡治东平陵城周长约 7600 米，它小于上述诸侯王国都城；大多数汉代县城周长 2500～6000 米，它们一般小于郡治城市。就是在同一级城市中，由于各个城市的政治地位的不同，其建筑规模也不尽相同[20]。汉代以后至明清时代，中国古代城市建筑设计思想中仍然被严格的政治等级制度所制约。如北魏洛阳城由内城和郭城组成，内城即东汉的"九六城"，东西 2400～2700 米、南北 3700～4200 米，郭城东西 10 千米、南北 7.5 千米。邺城分为邺北城与邺南城，前者为曹魏都城，东西 2400 米、南北 1700 米；后者为东魏、北齐都城，东西 2800 米、南北 3460 米，六朝故都南京城周长约 10 千米。魏晋南北朝时期除都城之外，地方上又分为州、郡、县三级城制。一般来说上述三级"城"逐级变小。这些城大多为双重城，即外城和内城，或称大城和小城。这种城的形制，基本上沿袭的是汉代城制。隋大兴城、唐长安城，东西 9721 米、南北 8651 米，周长 36.7 千米。隋唐洛阳城，东西 6138～7290 米、南北 6776～7312 米，周长 27.5 千米。隋唐时代的城址研究揭示，除了长安城和洛阳城之外，隋唐时代的地方城制有一定的等级制度，有十六个坊、四个坊和一个坊面积的，一般大的州城十六个坊、中等州城四个坊、县城一个坊[21]。北宋开封城东西 7000 米、南北 7500～8000 米。元大都东西 6700 米、南北 7600 米，周长 28600 米。从魏晋南北朝时期的洛阳城、邺城，六朝故都南京城，隋唐时期的长安城和洛阳城，到宋元明清时期的北宋开封城，元大都和明清北京城等都城，与同时期的州、郡、府城比较，都城建筑规模都是当时最大、规格最高的城市。形成这种情况的主要原因，在于中国古代大多数城市的主要社会功能，是作为国家或某一地区政治中心，不同的政治地位形成了不同规模的城市。

不同规模、不同等级城市的城门数量、城门门道多少是城市级别高低的又一重要标志。自汉代以来，都城一般设十二城门，每面城墙置三座城门，每座城门置三个门道。其他城市一般设四座城门（个别有八座城门），每面城墙各辟一座城门（个别有两座城门）。唐代子城正门辟二门，称"双门"，此制延续到宋代。

四、中国古代建筑中的"居中"设计思想

以"中"为贵，"择中""居中"观念是中国古代非常重要的建筑设计思想，所谓"王者必居天下之中"[22]"天子中而处"[23]。这一思想在中国古代建筑中表现得十分突出，从建筑群、建筑物的选址，到建筑形制结构，"择中""居中"思想无不体现其中。如都城选址要"择天下之中而立国，择国之中而立宫"[24]，"国"即"都城"。中国古代建筑的"择中"设计思想，是中国古代建筑伦理等级、礼制观念的哲学基础。成书于战国时代的《周礼·考工记·匠人》，列

举中国古代建筑中最具代表性的城市、都城、宫城、宫庙、市里、道路等建筑，在“择中”原则指导下，提出了对中国古代建筑影响最大、最深远的规划设计模式和理论。这种“择中”建筑思想，不只是建筑群或建筑物的位置居中，还有更为重要的“以帝王为中心”、以政治为主导、以“人”为主体的建筑设计理念。如夏代都城河南偃师二里头遗址的宫殿区位于都城遗址中部；偃师二里头遗址的第一号和第二号宫殿建筑基址，其方向为坐北朝南，它们的主体建筑殿堂，分别位于各自院落北部的东西居中之处，二者的南门又分别位于各自院落南墙的中央，两组院落的殿堂、南门均在各自院落的中轴线之上。商代早期都城遗址偃师商城的宫城基本位于早期郭城（即“小城”）中央，在晚期郭城（即“大城”）南部东西居中位置，宫城之中分成东西对称的两部分建筑（西部可能为宫殿，东部为宗庙）。近年发现的安阳洹北商城，其大型夯土建筑基址群（可能为宫庙建筑基址）约建于城址东西居中位置。西周周原遗址的凤雏、云塘和齐镇宫庙建筑基址基本位于周原遗址中部，凤雏建筑基址是一座两重院落的大型建筑，其严格的南北中轴线，使我们对当时的“择中”建筑设计思想有了更为充分的认识。至于云塘、齐镇的宗庙建筑基址群所反映的主体庙堂和正门居中建筑设计，次要庙堂对称居于中轴线东西两侧，更是一目了然。东周时代是中国古代思想最为活跃的时期，建筑作为哲学思想的重要产品，自然也会表现出其时代特色，但是“择中”的设计思想仍然是这一时期的重要原则。如以列国都城为例，魏国都城安邑，其宫城居于都城中央[25]；郑韩故城的宫城在西城的北部东西居中位置[26]；邯郸赵王城的西城，东西居中位置，南北排列多座大型宫殿基址[27]；燕国都城燕下都东城北部东西居中位置，以“武阳台”为中心，在其以北依次排列着“望景台”“老姆台”等多座大型夯土基址，它们形成都城的一条南北中轴线[28]。秦咸阳城宫城——咸阳宫，基本位于都城北部东西居中位置。西汉都城长安城的皇室重要建筑的“居中”设计思想，主要体现在重要建筑群、建筑物与都城中轴线的关系，即都城中轴线位置取决于大朝正殿、宫城。汉长安城的中轴线是西安门至横门，中轴线向南穿过南郊礼制建筑，宗庙与社稷分列其东西两侧。中轴线由西安门向北基本与未央宫前殿相对，再向北穿过未央宫北宫门与横门大街重合，这一段中轴线的南部北宫与桂宫、北部东市与西市分列其东西。都城中轴线的南段在未央宫中，未央宫是都城政治中枢，大朝正殿又是未央宫的主体建筑，大朝正殿——前殿基本位于未央宫中央。都城中轴线南段即未央宫中轴线，这条中轴线的基点是前殿[29]。

类似《周礼·考工记》关于中国古代都城的“择中”建筑设计理念，在东周、秦汉时代的都城之中只是部分得到体现。在秦汉时代以后，这种“择中”建筑设计思想越来越明显，它们主要是通过都城、宫城中轴线反映出来。曹魏邺城的宫殿区位于都城北部，中轴线在邺城东西居中位置。东晋、南朝建康城以都城“中轴线”为特征的“择中”建筑思想，比曹魏邺城更为规范。北魏洛阳城的宫城、内城基本位于郭城东西居中位置，都城中轴线北对宫城正门——阊阖门及其北部的太极殿，中轴线东西两侧分布着官府、寺院、宗庙、社稷、达官显贵宅第等重要建筑。隋大兴城、唐长安城的“择中”建筑思想，通过中轴线设计使之达到全新的境界。都城的主干道——朱雀门大街就是都城的中轴线，朱雀门大街宽约 150 米，是隋大兴城、唐长安城最宽的道路，它处于都城东西居中位置。这条中轴线上自南向北依次有都城正门明德门、皇城正门朱雀门、宫城正门承天门，中轴线北端正对宫城南北排列的“三大殿”——太极殿、两仪殿和甘泉殿。隋大兴城、唐安城的中轴线不但突出了大朝正殿、宫城正门、皇城正门、郭城正门的突出地位，围绕这条中轴线，其东西两侧对称分布了宫室、官府、宗庙与社稷、市场（东市与西市）、里坊等（图一七）。在隋大兴城、唐长安城的市场、里坊等建筑群中，每个市场或里坊建筑设计也充分体现出“择中”的建筑思想。市场平面为“井”字形，其中等分九份，中央为市楼所在。里坊则以“大十字”道路将其等分为四区，每区又以“小十字”道路将其等分为四小区，构成里坊的四大区、十六小区。“十”字交叉点成为“择中”的又一种表现形式。有的宫城平面虽然不甚规整，如唐长安城大明宫平面近梯形，南墙长1674米、北墙长1135米、西墙长2256米、东墙长2604米（由东北角向东南1260米，再折向东304米，再折向南1050米），但是大明官的中轴线十分突出，南自丹凤门，北对含元殿、宣政殿、紫宸殿，再北对太液池、蓬莱山。大明宫中最重要的三殿、一池、一山均在宫城中轴线上。宫城之中的

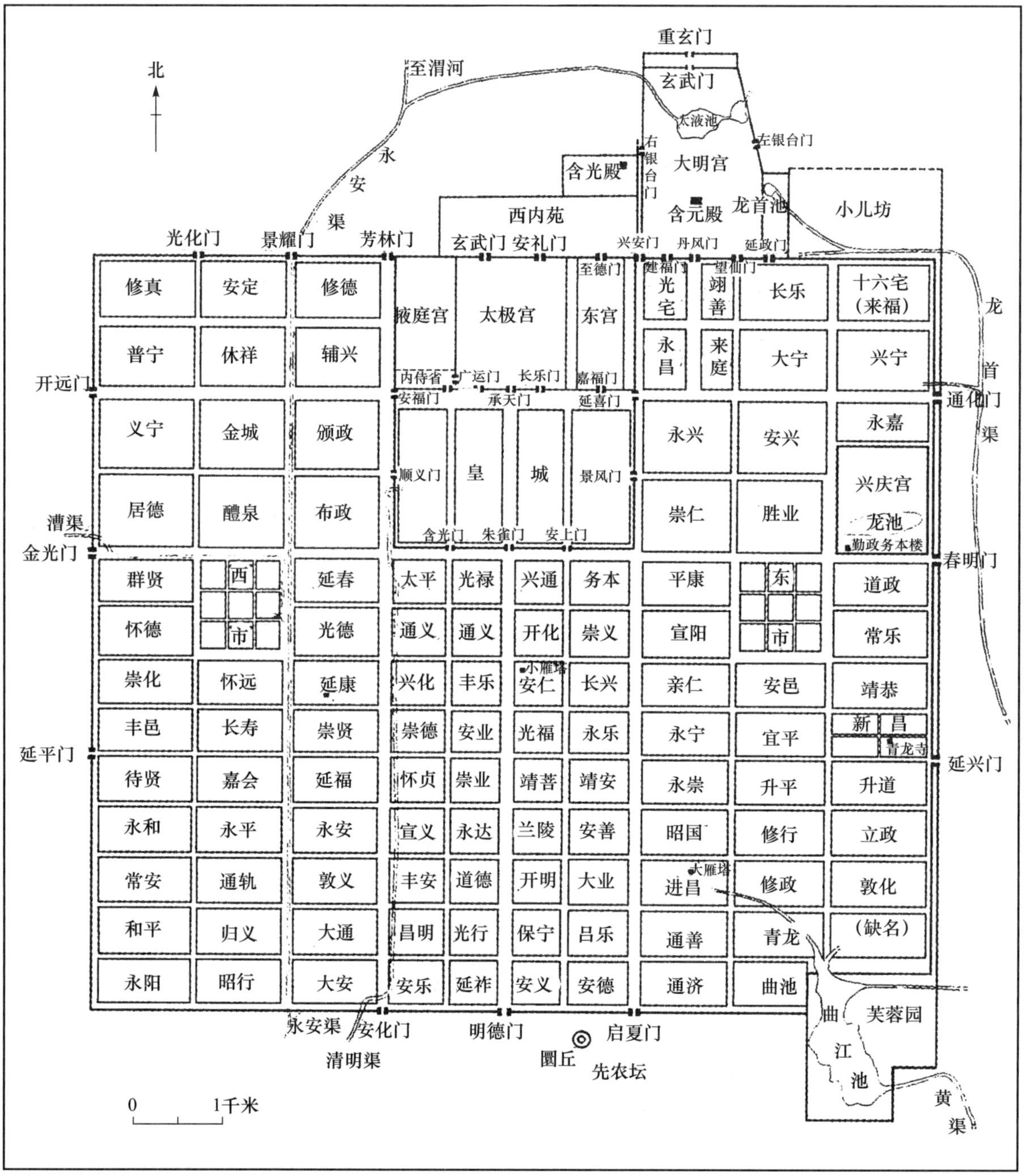

图一七　隋大兴、唐长安城规划布局图

重要单体建筑也有严格的中轴线，如大朝正殿——含元殿殿堂居中，左右对称设置了翔鸾阁、栖凤阁与东西龙尾道。已经考古发掘的麟德殿遗址平面，有着清晰的建筑中轴线。都城、宫城的中轴线是基于突出主体建筑群或主体殿堂的“居中”建筑思想。我认为在都城、宫城中轴线上，挡住中轴线伸展的建筑物是中轴线所要体现的最为重要的“居中”建筑，如唐长安城中轴线南起明德门，向北至朱雀门，再向北至承天门，又向北至太极殿而挡住中轴线，太极殿的“居中”建筑思想被都城中轴线设计表现达于极至。这种情况在隋唐时代以前，已经比较普遍。如东晋、南朝建康城中轴线上由南向北分别为国门、朱雀门、宣阳门、大司马门、南止车门（梁应门）、端门（宋南中华门、梁太阳门），至太极殿而挡住中轴线。北魏洛阳城中轴线上由南向北分别为宣阳门、阊阖门、南止车门、端门，至太极殿而挡住中轴线。邺南城中轴线上由南向北分别为朱明门、阊阖门、南止车门、端门，至太极殿而挡住中轴线。在隋唐时代以后的都城中轴线上，大朝正殿挡住都城中轴线，基本已成定制。由此可以看出，都城、宫城中轴线，实际上是中轴线上的主要建筑——大朝正殿“居中”建筑思想的体现。

在都城附近的礼制建筑和帝陵陵寝建筑中，“居中”的建筑设计思想表现得更为突出。汉长安城南郊宗庙建筑群有 12 座宗庙建筑，每座宗庙建筑自成一座院落，各个院落均为方形平面，院落大小不同，其中 11 座院落相同，边长 260～280 米，另一座院落边长 100 米。无论院落规模大小，每个院落的宗庙主体建筑均位于其所在院落的中央[30]。宗庙建筑群东部的明堂、辟雍建筑遗址，主体建筑明堂、辟雍位于方形院落中央，院落边长 235 米。院落之外有一周环水沟，明堂、辟雍院落又位于环水沟中央[31]。汉魏洛阳城的明堂、灵台等礼制建筑也是各自自成院落，主体建筑明堂、灵台分别位于各自院落中央[32]。北魏平城明堂遗址平面呈圆形，外围圜形水渠，周长 900 米，中央为方形夯土台基，这就是明堂的主体建筑[33]。唐长安城圜丘遗址主体建筑高 7.938 米，底部直径 54.5 米，其四周围筑圆形墙垣，直径 73～80 米，圜丘主体建筑位居圆形墙垣中央[34]。东都洛阳的武则天明堂遗址已经考古发掘，明堂台基平面为等边八边形，长、宽各为 87.5 米[35]，据文献记载明堂围筑方形院落，主体建筑居中安排[36]。

帝王陵墓的居中设计，主要体现在帝陵封土居于陵园中央，如西汉帝陵与后陵陵园平面一般为方形，帝陵、后陵封土位于各自陵园中央[37]。唐长安城北部的渭北唐十八陵的各个帝陵封土或地宫，一般居各自陵园中央[38]。北宋帝陵的帝陵与后陵也是各自筑陵园，它们分别位于其各自陵园的中部[39]。

五、中国古代建筑的“居高”设计思想

中国古代社会是等级分明的社会，等级社会的重要特点是人有高低贵贱之区分，与人的社会活动密切相关的建筑，也就表现出了明显的等级不同。建筑的高低是这种等级的重要表现之一，它们反映了中国古代建筑的“居高”设计思想。在中国古代的皇室、王室、官府的各类建筑中，从建筑物的地形选择、高低设计都体现出了“居高”的思想。都城、王城、各级地方政权所在地城市等，一般均选址于地形较高的地方营建。在上述诸城之中，都城、王城中的宫城，其他城市中的重要官署一般在其城中的地势最高的地方营建。如湖北黄陂盘龙城宫殿区在城内

最高处的东北部，西周都城丰镐遗址的大型夯土基址均在地势高亢之处。东周时代的列国都城，如秦咸阳城的咸阳宫、齐临淄城的西南部小城、燕下都东城北部宫殿区、赵邯郸城西南部王城、郑韩故城西城北部宫城、曲阜鲁国故城北部宫殿区等，均在各自城址的地势最高处营建。汉长安城西南部地势最高，宫城未央宫就选址在这里，都城整体地形是南高北低，汉长安城的布局则是宫殿区未央宫、长乐宫、北宫、桂宫位于城内的南部和中部，都城西北部为市场，东北部为百姓里居。隋大兴城、唐长安城筑于龙首原南部，都城地势为北高南低，宫城太极宫、大明宫在都城北部，皇城官署在宫城以南，市场在皇城南部，百姓里坊主要分布在都城中部和南部。

大朝正殿在宫城或宫殿区中又位于最高处，作为一座宫殿，它本身也是宫城、都城中的最高建筑物。如从考古调查，勘探、发掘的一些都城大朝正殿遗址就可以充分反映出上述情况，齐临淄城的“桓公台”遗址、赵邯郸城王城“龙台”遗址、燕下都的“武阳台”遗址、汉长安城未央宫的“前殿”遗址、北魏洛阳城宫城的太极殿遗址、唐长安城大明宫的含元殿遗址、保存至今的明清北京城宫城太和殿等，它们都是各自都城之中的最高建筑物。

“居高”建筑思想在帝王陵墓建设上表现尤其突出，著名古代都城长安和洛阳的帝王陵墓均在都城附近，大多居于地势高亢之处。如西汉帝陵主要分布在都城长安北部的咸阳原上，其余 2 座帝陵在都城东南部的白鹿原和鸿固原上，这两处地势均高于都城所在地。唐代帝陵分布在渭北北山山脉南麓，地处渭北高原之上，其地势明显高于唐长安城。在每个帝陵陵区中，帝陵封土又是陵区之中最高的建筑。

建筑的“居高”设计思想首先是因为建筑的等级决定的，而建筑等级又是政治等级派生出来的。王室、皇室建筑的“居高”现象，是“君临天下”的表现，是统治者“高高在上”的反映。古代建筑的“居高”设计，还有着现实的安全意义。

六、中国古代建筑的“居前”设计思想

中国古代建筑的“居前”建筑设计思想，主要表现在大朝正殿在都城宫城或宫殿建筑中的位置，以及大朝正殿所反映出的“前朝后寝”“前堂后室”的建筑格局。大朝正殿周代称“路寝”、秦汉称“前殿”、曹魏以降称“太极”。所谓“前殿”即正殿“居前”之位。宫城之中的宫殿都是以建筑群形式出现，大朝正殿的“居前”建筑思想是通过宫殿群的布局体现出来。如汉长安城未央宫前殿，基本位于宫城中部，前殿之后有椒房殿，再后又有其他宫殿建筑。前殿的前面没有其他宫殿建筑，正对宫城宫门。北魏洛阳城宫城之中的太极殿，其南面与南宫门——阊阖门相对，其间没有宫殿建筑，宫城之内其他重要宫殿建筑均在太极殿北部。唐长安城宫城大朝正殿——太极殿南对承天门，其北依次南北排列有两仪殿、甘露殿；大明宫的含元殿是大朝正殿，其南与宫城正门——丹凤门相对，含元殿北部南北依次排列着宣政殿、紫宸殿。元大都宫城的大朝正殿——大明殿，其南与南宫门相对，北部南北依次排列玉德殿、宸庆殿；明北京城宫城的大朝正殿——奉天殿，其南与南宫门相对，北部南北依次为华盖殿、谨身殿；清北京城宫城大朝正殿——太和殿，其南与南宫门相对，北部依次为中和殿、保和殿。大朝正殿“居前”设计，使同一组建筑中的其他建筑或在其后，或在其两侧。这种建筑思想在先

秦时代的中国古代建筑遗址的考古发掘中已有发现，如湖北黄陂盘龙城的宫殿群建筑，主殿居前，主殿北部为次要的宫殿建筑；再如陕西周原凤雏宫殿院落建筑遗址，主体殿堂居前，殿堂后部和两侧是居室与厢房。“居前”建筑思想不只是限于都城宫城之中的大朝正殿，在一些离宫、行宫之中亦遵此制。如渤海湾西北岸的姜女石秦始皇行宫建筑遗址群，其主体宫殿建筑位于宫殿建筑群中轴线最前端，正对海中的“姜女坟”礁石[40]。“居前”不只是宫殿建筑群如此，宗庙建筑也是这样，如汉长安城南郊礼制建筑中的宗庙建筑群中，共有12座宗庙，其中11座宗庙在一个大院落中，大院落南部中央有一宗庙院落，不论是宗庙建筑或宗庙院落，其规模都大大超过其他11座宗庙或宗庙院落。也就是说居前的宗庙、宗庙院落是建筑规模最大、建筑规格最高的。这种“居前”建筑思想在单体宫殿建筑中表现为“前堂后室”建筑格局。如河南偃师二里头遗址的一号宫殿建筑遗址的宫殿殿堂的“前堂”要大于“后室”。

七、“天人合一”的建筑设计理念

中国古代王国、帝国最高统治者自以为是代表“天”来到人间、地上进行统治，因此以“天子”自居，把他所统治的国家称之“天下”。于是将统治国家的政治中心——都城，按照“天”的建筑设计理念去营建。汉长安城皇宫——未央宫又称“紫宫”或“紫微宫”[41]。紫宫，星座名，中国古代天文学家分天体恒星为“三垣”，“中垣”有紫微十五星，亦称紫宫。因此，紫微既是“三垣”之一的星座名，又是星名。紫宫、紫微宫系天帝的居室。《汉书·扬雄传（上）》颜师古注：“紫宫，天帝之宫也。”中国古代帝王宫禁称“紫宫”或“紫微宫”不只是西汉王朝的未央宫，后代皇室宫禁亦多有这种称呼。《后汉书·霍谞传》注：“天有紫微宫是上帝之所居也。王者立宫，象而为之。”《晋书·苻坚传》载：“姊弟专宠，宫人莫进，长安歌之曰：‘一雌复一雄，双飞入紫宫。’咸惧为乱。”明清时代的宫城称之“紫禁城”，概源于以紫宫喻帝居，故称“禁中”为“紫禁”。

在都城、宫城建筑设计中的“天人合一”理念，主要反映在都城，宫城作为自然的世界缩影，都城、宫城之中有山有水，山为“仙山”，水为“神水”。这种“山”与“水”是先民“渔猎”活动的空间，是先民立足生存的基础，建筑思想源于生产、生活，“山水”安排在都城、宫城之中，就是生产、生活在建筑上的艺术化反映。统治者对国家的政治统治首先是对国家经济的占有，对经济的重视，都城之中的“山水”还体现了这种占有和重视。由于“山水”与先民生产、生活的密切关系，“山”的高大无比、“水”的变幻无常，“山水”成了先民的自然神。从考古资料来看，商代早期都城偃师商城的宫城北部就挖掘有“水池”，已发掘的水池遗迹东西130米、南北20米，深约1.5米，池岸四周石砌，池中堆积发现螺壳、网坠[42]。据文献记载，周文王在都城丰京附近建造了“灵台”，挖掘了“灵池”[43]，这时都城已有完整的“山水”建设思想，秦汉时代都城宫苑山水建设空前发展，秦咸阳城中有宫观楼阁，秦始皇还引渭水为“兰池”，又在兰池之中修筑了“瀛洲”“蓬莱”等假山[44]；汉长安城未央宫中挖掘了“沧池”，建造了“渐台”；汉武帝在建章宫北部修建“太液池”，又在池中建造了“蓬莱”“方丈”“瀛洲”“壶梁”等假山[45]。都城附近建造了上林苑，其中有狩猎的长杨宫、捕鱼的昆明池、帝后农桑活动的籍田和蚕观。如果说这一时期都城中所营造的“池”“水”还与东周时代以来的国王、皇帝“东巡海上”活动直接相关的话，那么汉代以后都城之中所修建的山、池已经有着更为广泛的意义。如北齐邺城华林园中的5座土山，象征“五岳”，其间“四池”象征“四海”[46]；唐长安城宫城北部有水池4个，称“四海”，即“东海池”“西海池”“南海池”“北海池”；大明宫北部有太液池，池中有“蓬莱山”[47]。这种都城设置假山、水池的做法一直延续到元大都、明清北京城，就连水池和假山的名称仍相沿未变。元大都皇城西部的太液池中有琼华岛、圆坻、犀山台，这是秦汉时代以来的都城置大海神山传统的延续。明代以元大都太液池及“三山”为基础，构成明北京城皇城主要池苑——西苑与清代北京城的“三海”——北海、中海、南海。

在中国古代建筑中，建筑的社会功能与建筑形制有机结合，体现出建筑设计思想的“天人合一”理念。如祭天的圜丘（天坛）、地坛建筑的圆形与方形平面，是“天”与“地”的再现。中国古代祭天的圜丘（天坛），其平面为圆形。如唐长安城圜丘遗址为一圆形高台式建筑，圜丘上下4层，各层平面均为圆形，由上向下各层平面直径逐层递减，最上层（第1层）直径19.74～20.59米，第2层直径28.35～28.48米，第3层直径40.04～40.89米，最下层（第4层）直径52.45～53.15米，圜丘高8.12米。根据12辰，圜丘周设12陛阶。圜丘周施矮墙，平面圆形，直径73～80米[48]。清代北京城天坛祭天的圜丘坛体平面为圆形，天坛主体建筑——祈年殿及屋顶均为圆形。圜丘每层坛体直径均取一、三、五、七、九阳数数列，圜丘周施栏板360块对应周天360度。凡此种种，都反映出设计者将祭天建筑的圜丘与“天”的最大限度对应。北郊坛或地坛是祭祀“地”的建筑，1999年南京市文物考古研究所在南京紫金山发现了六朝祭坛2座，2座祭坛均为坐北朝南，二者南北排列，祭坛平面方形。一号坛由4层台面组成，底层边长88米、顶层边长68米[49]。明清北京城的地坛是相对天坛而修筑的，地坛的主体建筑是方泽坛，地坛平面是方形，为上下2层，每层各八级台阶。地坛建筑均取偶数。与天坛比较，地坛以六、八之数为地，天坛以九之至尊之数代表天。天坛平面为圆，地坛平面为方，“天圆地方”建筑设计思想十分突出。

中国古代都城的圜丘（天坛）设在南部，地坛置于北郊（北郊坛），宫城在祭祀天坛与地坛南北之间，使“天地人”为一体，把“天人合一”上升到最高境界。

在同一建筑中也通过“天圆地方”观念，再现“天人合一”的建筑哲学思想，这在明堂、辟雍礼制建筑中表现得尤为突出。汉长安城南郊的明堂、辟雍遗址的中心主体建筑为圆形夯土台基，直径62米。主体建筑基址平面呈方形，边长42米。圆形夯土台基位于方形院落中央，院落边长235米，四面正中各辟一门。院落周围为圜水沟，圜水沟直径360米[50]。刘致平先生的汉长安城明堂、辟雍院落遗址复原方案有圆形屋顶一说[51]，这充分表现出了多重“天地”理念，主体建筑平面为方形，其屋顶为圆形，主体建筑夯土台基平面为圆形，明堂、辟雍院落为方形，其外圜水沟平面又为圆形。这种“圆”与“方”的层层结合，就是“天地”结合及“人”在其中的活动、“天人合一”思想的反映。

“天人合一”建筑思想是把天地作为“二元”处理，人为其主体，如“左祖右社”与“中”为“宫殿”，“左祖”居东为“阳”、为“天”，“右社”居西为“阴”、为“地”，宫殿为天子所居，形成“天地人合一”的建筑思想。又如“前朝后寝”实为前“阳”后“阴”，“阳”“阴”亦为“天地”，“人”于其间，“天地人”于一体。凡此种种，“天人合一”建筑哲学思想几乎贯彻于中国古代建筑的各个主要方面。

注　释

[1] 王国维：《殷周制度论》，《王国维学术典籍》（下集），江西人民出版社，1997年。

[2]《吕氏春秋》。

[3] 中国社会科学院考古研究所：《偃师二里头——1959年～1978年考古发掘报告》，中国大百科全书出版社，1999年。

[4] 湖北省文物考古研究所：《盘龙城——1963年～1994年考古发掘报告》，文物出版社，2001年。

[5] 中国社会科学院考古研究所安阳工作队：《河南安阳市洹北商城的勘察与试掘》，《考古》2003年第5期；中国社会科学院考古研究所安阳工作队：《河南安阳市洹北商城宫殿区1号基址发掘简报》，《考古》2003年第5期。

[6] 中国社会科学院考古研究所河南二队：《1984年春偃师尸乡沟商城宫殿遗址发掘简报》，《考古》1985年第4期。

[7] 中国社会科学院考古研究所河南第二工作队：《河南偃师尸乡沟商城第五号宫殿基址发掘简报》，《考古》1988年第2期。

[8] 王学荣：《河南偃师商城遗址的考古发掘与研究》，《考古求知集》，中国社会科学出版社，1997年；王学荣：《偃师商城"宫城"之新认识》，《中国商文化国际学术讨论会论文集》，中国大百科全书出版社，1998年。

[9] 周原考古队：《陕西扶风县云塘、齐镇西周建筑遗址1999～2000年度发掘简报》，《考古》2002年第9期。

[10] 陕西周原考古队：《陕西岐山凤雏村西周建筑基址发掘简报》，《文物》1979年第10期。

[11] 陕西周原考古队：《扶风召陈西周建筑群基址发掘简报》，《文物》1981年第3期。

[12] 周原专古队：《陕西扶风县云塘、齐镇西周建筑基址1999～2000年度发掘简报》，《考古》2002年第9期；徐良高、王巍：《陕西扶风云塘西周建筑基址的初步认识》，《考古》2002年第9期。

[13] 陕西省雍城考古队：《陕西雍城钻探试掘简报》，《考古与文物》1985年第2期；陕西省雍城考古队：《凤翔马家庄一号建筑遗址发掘简报》，《文物》1985年第2期。

[14]《史记・秦始皇本纪》。

[15] 刘庆柱、李毓芳：《秦都咸阳"渭南"宫台庙苑考》，《秦汉论集》，陕西人民出版社，1992年。

[16] 刘庆柱：《汉长安城的考古发现及相关问题研究——纪念汉长安城考古工作40年》，《考古》1996年第10期。

[17] 中国科学院考古研究所汉城发掘队：《汉长安城南郊礼制建筑遗址发掘简报》，《考古》1960年第7期。

[18]《水经注・谷水》。

[19]《汉书・高帝纪》。

[20] 刘庆柱：《汉代遗址的考古发现与研究》，《古代都城与帝陵考古学研究》，科学出版社，2000年。

[21] 宿白：《隋唐城制类型初探（提纲）》，《纪念北京大学考古专业三十周年论文集（1952～1982）》，文物出版社，1990年。

[22]《荀子・大略篇》。

[23]《管子・度地篇》。

[24]《吕氏春秋》。

[25] 陶正刚、叶学民：《古魏城和禹王古城调查简报》，《文物》1962年第4、5期合刊；中国科学院考古研究所山西工作队：《山西夏县禹王城调查》，《考古》1963年第9期。

[26] 河南省博物馆新郑工作站等：《河南新郑韩故城的钻探和试掘》，《文物资料丛刊（3）》，文物出版社，1980年。

[27] 河北省文物管理处等：《赵都邯郸故城调查报告》，《考古学集刊（4）》，中国社会科学出版社，1984年。

[28] 河北省文物研究所：《燕下都》，文物出版社，1996年。

[29] 中国社会科学院考古研究所：《汉长安城未央宫——1980～1989年考古发掘报告》，中国大百科全书出版社，1996年。

[30] 中国科学院考古研究所汉城发掘队：《汉长安城南郊礼制建筑遗址发掘简报》，《考古》1960年第7期。

[31] 唐金裕：《西安西郊汉代建筑遗址发掘报告》，《考古学报》1959年第2期。

[32] 中国社会科学院考古研究所洛阳工作队：《汉魏洛阳城南郊的灵台遗址》，《考古》1978年第1期。
[33] 大同市博物馆：《山西大同市北魏平城明堂辟雍遗址1995年的发掘》，《考古》2001年第3期；王银田：《北魏平城明堂遗址研究》，《中国史研究》2000年第1期。
[34] 中国社会科学院考古研究所西安唐城工作队：《陕西西安唐长安城圜丘遗址的发掘》，《考古》2000年第7期。
[35] 中国社会科学院考古研究所洛阳唐城队：《唐东都武则天明堂遗址发掘简报》，《考古》1989年第3期。
[36]《通典》卷四十四“大亭明堂”条。
[37] 刘庆柱、李毓芳：《西汉十一陵》，陕西人民出版社，1987年。
[38] 刘庆柱、李毓芳：《陕西唐陵调查报告》，《考古学集刊（5）》，中国社会科学出版社，1987年。
[39] 河南省文物考古研究所：《北宋皇陵》，中州古籍出版社，1997年。
[40] 郭大顺：《世纪之交的辽宁考古》，《考古》2001年第8期。
[41]《长安志》卷三引《三秦记》载：“未央宫，一名紫宫。”《文选·西京赋》李善注引《三秦记》载：“未央宫，一名紫微宫。”
[42]《偃师商城发现早期帝王池苑》，《中国文物报》1999年6月9日第1版。
[43]《诗经·大雅·灵台》。
[44]《史记·秦始皇本纪》《正义》引《括地志》。
[45]《汉书·郊祀志（下）》：建章宫“北治大池，渐台高二十余丈，名曰太液。池中有蓬莱、方丈、瀛洲、壶梁，象海中神山龟鱼之属”。
[46] 顾炎武：《历代宅京记》，中华书局，1984年。
[47] 徐松：《唐两京城坊考》卷一《西京·宫城》，中华书局，1985年。
[48] 中国社会科学院考古研究所唐城工作队：《陕西西安唐长安城圜丘遗址的发掘》，《考古》2000年第7期。
[49] 贺云翱：《南京首次发现六朝大型坛类建筑遗存》，《中国文物报》1999年9月8日。
[50] 唐金裕：《西安西郊汉代建筑遗址发掘报告》，《考古学报》1959年第2期。
[51] 刘致平：《西安西北郊宫殿建筑遗址勘查初记》，《文物参考资料》1957年第3期。

（原刊于《西安文物考古研究——西安市文物保护考古所成立十周年纪念》，
陕西人民出版社，2004年）

中国古代都城考古学史述论

刘庆柱

一、中国古代都城考古研究的学术意义

中国古代历史几千年绵延不断，有大一统的夏、商、西周、秦、汉、隋、唐、北宋、元、明、清王朝等统一时期的王国或帝国，这时的国家一般同一时期只有一个都城，如安阳殷墟、西周丰京与镐京、秦咸阳城、西汉长安城、东汉洛阳城、隋大兴城与唐长安城、北宋开封城、元大都、明清北京城等。也有国家处于分裂或战乱时期多个王朝同时并存的情况，那时也会同时有多个都城并存，如战国时代的秦国、楚国、齐国、燕国、韩国、赵国、魏国，三国时期的魏、蜀、吴，西晋和东晋，南朝的宋、齐、梁、陈，北朝的北魏、西魏、东魏和北齐、北周等，五代的梁、唐、晋、汉、周，辽、金和南宋等。

中国古代早期王国的夏商王朝都城，虽然同一时期只有一座都城，但是在同一王朝时代，先后存在有多座都城，如据历史文献记载，夏王朝从夏启到夏桀16位国王，建立的都城有：阳翟、斟寻、原、老丘、西河等。有商一代建立的都城有：亳、隞、相、邢、殷等。上述夏商时代的都城遗址，有的已被考古发现所基本上证实，如夏代中晚期的都城遗址——河南偃师二里头遗址[1]，商代早期的都城遗址——郑州商城遗址[2]和偃师商城遗址[3]、商代晚期的都城遗址——安阳殷墟遗址等。国家统一时期的王朝，除了王国或帝国的都城之外，还有“陪都”，有的学者也称首都为“主都”，陪都为“辅都”[4]。陪都是在首都之外另设的都城，古代文献也称之“陪京”，如张平子《南都赋》载：“陪京之南，居汉之阳。”东汉王朝首都洛阳，南阳郡治宛，于洛阳之南，以宛为南都，作为陪京系首都洛阳的附配之义。传统认为陪都之制，始于西周以洛邑为东都[5]。现在看来，陪都的出现要早于西周时代，至少商代已有“陪都之制”，甚或可以早至夏代[6]。除了中央的都城之外，被分封诸侯或方国也设置有都城，这些都城是当地的政治中心。还有一些边远地区的地方政权，有着相对独立性，也有作为其管辖地区政治中心的都城。

一般来说，古代都城的数量与古代王朝或王国的多少是一致的。根据史念海先生统计，三代以下我国共有古都217处，涉及277个王朝或政权，其中包括建立在内地的164处古都，建立在周边各地的53处古都[7]。根据目前考古资料，统一王朝或王国、帝国的都城主要有：西安（西周、秦、西汉、隋、唐）、洛阳（夏代都城偃师二里头遗址、偃师商城遗址、东汉洛阳城遗址、隋唐洛阳城遗址）、郑州（商城遗址）、安阳（殷墟遗址）、北京（元、明、清）、开封

（北宋）、南京（明）等，这些都城遗址是中国古代都城遗址中考古工作开展较多、研究较为深入的。

作为古代都城遗址的考古学对象，主要集中体现在建筑遗址及其相关遗迹、遗物等古代都城遗址的物化载体之上。但是，中国古代都城在其发展的历史长河之中，多年来一直面临着自然损坏、“政治性报复”的毁坏和社会的生产建设性破坏。

中国古代建筑属于土木建筑，自然界的水、火对其有着严重的威胁。如秦咸阳城遗址位于渭河北岸，根据文献记载与考古勘查，汉魏时代至今秦咸阳城与汉长安城之间的渭河河道北移了 3630 米[8]，造成秦咸阳城遗址南部被冲毁。邺北城遗址、北魏与隋唐洛阳城遗址、北宋开封城遗址等，均因都城附近的河道变化，使都城遗址受到严重破坏或被河沙深埋于地下。火灾对土木建筑往往造成毁灭性破坏，这类文献记载在史书中屡见不鲜。如西汉时代的柏梁台毁于火灾[9]，未央宫东阙、凌室、织室等重要建筑被大火烧毁[10]。

由于都城是王朝的政治中心，战争是政治的继续，都城往往成为不同政治势力最后的、最为惨烈的决战战场，战争必将造成都城的严重破坏。都城又是被敌对方政治报复的主要对象，在中国古代历史上，王朝的更迭、政权的变化，烧城毁陵成为旧王朝灭亡的象征和标志。如《史记·项羽本纪》记载：秦末“项羽引兵西屠咸阳，杀秦降王子婴，烧秦宫室，火三月不灭”。不但都城被焚毁，就是一般城市也不得幸免。如项羽在战争中烧毁齐城郭宫室[11]。新莽末年，更始军队进逼长安，“众兵发掘莽妻子父祖冢，烧其棺椁及九庙、明堂、辟雍，火照城中”；第二年赤眉军入长安，进一步烧毁“长安宫室市里”，“宗庙园陵皆发掘”[12]，使繁华的都城迅速变为一片废墟。

中国古代都城遗址大多分布在人口稠密地区，并与后代及现代城市重合或分布在其附近。现代社会经济以历史上从未有过的速度发展，城市的现代化、农村的城镇化，建筑规模的庞大，地基处理的深广，这些导致了古代都城遗址面临着整体性彻底破坏。古代都城遗址的保护已成燃眉之急，在“保护为主、抢救第一”的原则下，古代都城遗址考古成为紧迫的学术任务，同时这也极大地促进了古代都城考古学的发展。

古代都城考古学的开展，又使社会和国家进一步认识了，中国古代都城遗址作为中国古代历史的缩影、国家和民族历史的物化载体，作为不可再生的文化遗产和科学研究资源，它有着重要的历史与科学意义。从 1961～2001 年，一大批古代都城遗址被国务院公布为全国重点文物保护单位。如第一批全国重点文物保护单位中的郑州商城遗址、殷墟、丰镐遗址、临淄齐国故城、曲阜鲁国故城、侯马晋国遗址、楚纪南故城、郑韩故城、赵邯郸故城、燕下都遗址、阿房宫遗址、汉长安城遗址、汉魏洛阳城遗址、高昌故城、交河故城、大明宫遗址、太和城遗址、渤海国上京龙泉府遗址、辽上京遗址、辽中京遗址、古格王国遗址，第二批全国重点文物保护单位中的周原遗址、丸都山故城、金上京会宁府遗址、明中都故城，第三批全国重点文物保护单位中的陶寺遗址、平粮台古城遗址、二里头遗址、尸乡沟商城遗址、盘龙城遗址、琉璃河西周燕国都城遗址、秦雍城遗址、禹王城遗址、战国时代中山古城遗址、秦咸阳城遗址、楼兰故城遗址、郧城遗址、平城遗址、隋唐洛阳城遗址、北宋东京城遗址、元上都遗址，第四批全国重点文物保护单位中的王城岗及阳城遗址、天马—曲村遗址、蔡国故城、五女山山城遗址、城村汉城遗址、统万城遗址、隋大兴唐长安城遗址、渤海中京城遗址，第五批全国重点文物保护单位中的寿春城遗址、栎阳城遗址、元中都遗址、临安城遗址、寿春城遗址等[13]。1982年国务院批转了《关于保护我国历史文化名城的请示》，正式公布了中国第一批24个历史文化名城；1986年又公布了第二批38个国家历史文化名城[14]。中国古代都城中的绝大多数包括在这些历史文化名城之中，如洛阳、西安、安阳、北京、南京、杭州、开封、郑州等。

考古学史说明，在考古学学科发展的初期，考古学的时空框架和考古学文化谱系建立，是学科建设的头等重要的学术任务。随着学科建设的发展，考古学要求进一步体现学科社会价值，考古学作为一门“人学”要通过对“遗物”“遗迹”的研究，揭示“物质”背后的社会历史。考古学从单体遗物、遗迹研究，发展为“群体”性遗物群、遗迹群研究。如相对单体器物特征研究而言，器物组合研究的重要性和学术意义就更为突出；单个墓葬或单体建筑的考古研究，对于历史的深入、全面认识就远不如墓地、聚落或聚落群、城址的考古研究。古代都城作为国家古代历史的缩影，是考古学研究社会历史的最为典型、最具特色、最有可操作性的科学研究对象。因此，古代都城考古学成为中国考古学最为重要的学术课题。正因为如此，近年来古代都城考古研究越来越被学术界所重视，从“夏商周断代工程”到“中华文明探源工程”，古代都城考古成为了这些国家重大科研项目的主要内容，成为这些项目能否取得预期成果的关键之所在。如“夏商周断代工程”所选取的主要遗址为偃师二里头遗址、偃师商城遗址、郑州商城遗址、安阳殷墟遗址和西安丰镐遗址，而这些均为先秦时代夏商周王朝的主要都城遗址。“中华文明探源工程预研究”的主要遗址为豫西与晋南的学术界提出的早期都邑、都城遗址，如陶寺遗址[15]、登封王城岗遗址[16]、新密新砦遗址[17]、偃师二里头遗址等。

二、中国历史上的古代都城研究

都城作为国家的政治中心所在地，其重要性是不言而喻的。都城的重要性，决定了历代最高统治者均将都城选址视为国之大事，所谓“卜都定鼎，计及万世”[18]。如西周王朝要建陪都洛邑，周成王派召公“至于洛，卜宅。厥既得卜，则经营”。其后“周公朝至于洛，则达观于新邑营”[19]。西汉初年，高祖为定都长安，召集朝廷重要官员商议此事[20]。

都城选址要考虑多方面因素。从方位上要强调其“居中”思想，如周公营洛邑为都城，就是考虑洛邑为西周王朝的“天下之中”，便于四方入贡[21]。又如《吕氏春秋·审分览·知度篇》载：“古之王者择天下之中而立国，择国之中而立宫，择宫之中而立庙。”这里不但都城（“国”）要位于“天下之中”，都城（“国”）之中的宫城（“宫”）也要位于“国之中”，进而宗庙还要置于宫城之中。显然这是《吕氏春秋》作者将都城建设“择中”思想的“扩大化”“理想化”。但是，都城建设的“择中”理念是确实存在并为后代所延续的。先秦时代都城建设中的“择中”思想是因地、因时、因不同对象而各异。至于“择宫之中而立庙”，现有考古发掘资料还无法得到证实，这可能是当时学者的理想。在政治、军事、经济等方面所涉及的都城所在地之区域位置、山川形势、物产资源等诸多方面，应该是都城选址的重要条件。《管子·乘马篇》就从都城所要求的自然地理条件提出：“凡立国都，非于大山之下，必于广川之上，高毋近旱，而水用足；下毋近水，而沟防省。因天材，就地利。”西汉初年，刘邦在洛阳讨论定都问题时，娄敬和张良关于力主定都关中长安的阐述[22]，清楚地体现出《管子》的上述都城选址思想。

《周礼·考工记·营国》可以被认为是对先秦时代都城建设的“理想式”总结，同时它又影响到秦汉以来两千多年的中国古代都城的建设与发展。该书提出的“匠人营国，方九里，旁三门，国中九经九纬，经途九轨；左祖右社，面朝后市”，被认为是中国古代都城规划的基本“模式”。但是，在中国古代都城遗址考古中，真正完全与《周礼·考工记》所载都城“模式”相同者，至今还没有发现一座。然而都城建设中突出“旁三门”、遵从“左祖右社”的规定还是被汉代及其以后历代王朝营建都城时所严格遵守的。当然，历代都城“模式”有其共性特点，也有其各自不同的方面。这在不少文献记载中，都有所反映。

由于都城的重要性，古人文献之中多有涉及都城方面的内容，比如《史记》之中的《货殖列传》《地理志》均有这方面的较多记载。都城也成为不少文学家作品中的重要内容，如汉代大赋中的班孟坚《两都赋》(即《西都赋》与《东都赋》)、张平子《两京赋》(即《西京赋》与《东京赋》)、潘安仁《西征赋》等。在相关的古代历史地理文献中有与古代都城密切相关的《三辅黄图》《洛阳伽蓝记》《东京梦华录》《雍录》《长安志》等著作。顾炎武的《历代宅京记》应为古人研究古代都城的集大成之巨著。

三、中国古代都城考古的发展

中国古代都城考古是20世纪初，伴随着近代考古学从西方传入中国而出现的。开始是一些外国探险队或旅行家等在中国西部，对古代地方政权首府城址的考古勘查，这种活动大多以“寻宝”为目的。1928年中央研究院历史语言研究所对河南安阳商代晚期都城遗址——殷墟遗址的考古发掘，是中国国家学术机构独立进行考古发掘的开始，也是首次对中国古代都城遗址的考古发掘。中国国家科研机构第一次考古科研活动就确定了都城遗址考古工作，这绝不是偶然的，它充分说明了都城考古，对于中国这样一个有着悠久历史文化传统的国家和民族，是十分重要的。这一点在其他几个拥有著名古代文明的国家中概莫如此，如近东地区的伊拉克、叙利亚和巴勒斯坦、土耳其、埃及[23]，南亚次大陆的印度和巴基斯坦[24]，欧洲的希腊和罗马[25]，中美洲的墨西哥和南美洲的秘鲁等[26]。之所以出现这种情况，因为都城考古在历史时代考古学中占有极其重要的地位。

（一）中国古代都城考古学的始创期（1928～1937年）

19世纪末20世纪初，一些外国人以探险、旅行或考古调查等名义来到中国，他们的活动涉及了不少中国古代都城遗址或古代周边地方政权所在地城址，如1900～1901年斯坦因在新疆发掘丹丹乌里克遗址和尼雅遗址，斯文赫定发掘古楼兰遗址；1908年白鸟库吉、鸟山喜一调查了渤海上京遗址；1909年鸟居龙藏调查了集安高句丽遗迹；1913年关野贞、谷井济分别调查了西龙渤海遗迹和集安高句丽遗迹；1912年法国传教士闵宣化调查内蒙古巴林左旗的辽上京遗址；1913～1915年斯坦因发掘内蒙古西夏至元的黑城遗址、新疆的唐北庭都护府城址和高昌城址。上述活动的主要目的是“寻宝”，而都城遗址或古代地方政权所在地城址，往往是“寻宝”者的首选对象，他们把在这些地方发掘出来的大量珍贵文物运回其国内。正如格林·丹尼尔所指出的那样：“十九世纪上半叶，以及在此之后的一个相当长的时期内，发掘的目的主要是企图迅速发现掩埋在土冢、土墩或金字塔中的器物，攫取艺术品来装点欧洲的博物馆与满足私人的收藏。”[27]这种情况在西方考古学史上是相当多的，如埃及考古发掘创始人马里埃特，他在埃及的考古活动是关注古代奇珍异宝的寻求，据说他在狮身人面像附近进行发掘时，用炸药炸掉一座神庙坍塌的废墟。马里埃特“满足于收集大量的资料，但既不记录它们的出处，又不估价它们在历史上的意义”。他与上述在中国“寻宝”者的重要不同是，“他全身心地致力于阻止埃及古物流散到欧洲，希望古埃及的遗物就保存在现代的埃及”。“为了这个目标，他呕心沥血，千方百计禁止移走埃及的古物，并且创立了一所埃及国家古物博物馆”[28]。18世纪中叶开始的意大利庞贝城遗址的发掘，实际也是一种“寻宝”活动，其采取的是“挖宝”的方法。19世纪中叶之前，1843年法国驻摩苏尔领事保罗·埃米勒·鲍塔（Botta）大规模发掘了亚述城市萨尔贡堡，1845年英国的亨瑞·莱亚德发掘了亚述首都尼木缛德（Nimrud）和尼尼微等，英、法两国外交人员在当地古代都城遗址进行了发掘。这些发掘的主要目的是获得石像、浮雕板、泥板文书和艺术品，他们将出土的珍贵遗物运回大英博物馆、卢浮宫收藏[29]。西方考古学家真正科学地考古发掘古代都城遗址，是19世纪中叶以后的事情了，如1858～1859年英国人牛顿（Charles Thomas Newton）对希腊克尼多斯城遗址的考古活动，1860年菲奥雷利（Fiorelli）主持的意大利庞贝城遗址的考古发掘工作等。这时古代都城考古才走上科学的轨道，即考古发掘主要是通过城址的遗迹、遗物研究其历史，而不是仅仅为了“寻宝”。但是对于中国古代都城考古学而言，真正科学的考古发掘，始于1928年中国国家学术机构——中央研究院历史语言研究所在河南安阳殷墟独立进行的考古发掘工作。

1928年开始进行的安阳殷墟考古工作，是基于1899年清王朝国子监祭酒王懿荣发现的殷墟甲骨及甲骨文。甲骨及甲骨文发现的划时代学术意义，由于王国维等学术大师对甲骨、甲骨文研究成果，而在很短时间凸现出来。这些又使甲骨成为收藏家和金石学家追逐的对象。古董市场甲骨价格的迅速上攀，促使殷墟的甲骨盗掘活动十分猖獗。仅据不完全统计，从1899年至1928年，甲骨被盗掘约10万片左右[30]，殷墟遗址遭到严重破坏。与此同时，数以几万计的甲骨流散到国外。自19世纪末20世纪初，近代考古学传入中国，它们为殷墟的考古发掘提供了良好的科学背景。1928年中央研究院成立，殷墟考古工作理所当然被首选为其重要学术课题。

1928年，以中央研究院名义开始的殷墟考古工作，发掘主持者这时还是为了通过田野考古活动，寻找遗址区内遗留的甲骨[31]，并不是将其作为都城遗址考古来进行的。在中央研究院历史语言研究所所长傅斯年所作的第一次工作报告（《中央研究院十七年度总报告》）中指出：“安阳之殷故墟，于三十年前出现所谓龟甲文字者；此种材料，至海宁王国维手中，成极重大之发明。但古学知识，不仅在于文字；无文字之器物，亦是研究要件；地下情形之知识，乃是近代考古学所要求者。若仅为取得文字而从事发掘，所得者一，所损者千矣。”[32]1929年考古学家李济主持安阳殷墟的考古工作，贯彻了傅斯年先生的科学思想，并开始把安阳殷墟遗址作为都城遗址进行考古发掘、研究，从地层的划分到遗址时代的判定，从遗址范围的勘查到遗址功能分区的了解，从遗物、遗迹的发现、研究到整合，殷墟遗址历时10年的15次发掘，在小屯村一带共发现夯土建筑基址53座，后来经石璋如先生的资料整理、研究，将以上53座建筑基址分为甲、乙、丙三组，其中甲组基址有15座、乙组基址有21座、丙组基址有17座。安阳殷墟遗址的田野考古，为中国古代都城考古提供了宝贵经验。1929年李济主持的殷墟第二次发掘已注意到地层的划分、灰坑和墓葬等遗迹现象的考察[33]。1931年的殷墟第四次和第五次发掘，郭宝钧先生负责B区的考古发掘工作，“在这两次发掘中，他取得了重要的收获。他吸取了在山东历城县龙山镇城子崖发掘城墙的经验，并结合文献记载，肯定了殷墟‘文化层内的聚凹纹’乃是版筑遗迹，否定了其为‘水波纹遗痕’的殷墟水淹说，从而使殷墟的发掘与认识水平大大地提高了一步”。郭宝钧先生“纠正殷墟水淹说，辨认出夯土遗迹”。在殷墟第十三次发掘中，郭宝钧先生“采用了大面积平翻的方法，使所有遗迹能全面揭露出来。这种方法不仅可以研究遗迹的层位关系，而且可以研究各种遗迹平面分布的情况”[34]。这种“平翻法”就是以10米×10米的探方，代替殷墟第十次发掘以前的探沟或探坑发掘方法。当时的所谓探沟、探坑的宽度一般为1米，探坑标准为10米长、1米宽。这种“平翻法”或“平翻政策”，石璋如先生认为殷墟第四次发掘时李济先生早已提出[35]，但是其用于实践是郭宝钧先生在殷墟第十三次发掘和石璋如先生在殷墟后几次发掘中的事情。邹衡先生认为：在20世纪30年代殷墟发掘中，“石璋如先生的贡献，就在于他结合小屯的实际情况，成功地把小屯的平面和剖面结合起来，彻底地实行了‘整个翻’的设想，即全面采用了大规模、大面积揭露的先进方法，发现了大批遗迹现象。至此，具有中国特色的中国考古学遗址的发掘方法已渐臻完善，从而使中国的田野考古学进入世界考古学的先进行列”[36]。

我认为殷墟发掘在中国古代都城考古史上的重要贡献集中表现在以下三点：第一，夯土的辨析、“平翻法”的使用，在中国古代都城考古中有着极为重要的学术意义。诚如李济先生所指出的，“殷墟的发掘，就现代科学的立场说，最基本的贡献实为殷商时代建筑之发现；亦即夯土遗迹之辨别，追寻与复原之工作”[37]。第二，殷墟考古发掘中，主持者还区分出民众的半地穴居室与地面之上的宫庙建筑基址。这种利用田野考古方法，区分不同功能建筑遗址是古代都城考古发掘、研究的基础。第三，殷墟作为都城遗址考古发掘的另一重要意义，是把王陵纳入都城考古的有机组成部分。由梁思永先生主持的1934～1935年侯家庄殷墟王陵的发掘，集中反映了殷墟考古的这方面学术成就（图一）。他们把宫庙建筑遗址和王陵的考古发掘，均作为都城考古的重要组成部分统一考虑。上述三点对此后的中国古代都城考古产生了深远影响。

但是，这一时期的殷墟考古工作，毕竟是中国古代都城考古的初始阶段，由于经验不足，学科刚刚起步，现在看来当时的考古发掘还有不少需要重新审视的地方，如小屯殷墟宫庙区遗址的甲区、乙区和丙区的分区、时代、性质问题，甲、乙、丙三组诸单体建筑基址的形制问题等，都还有进一步研究甚或补充发掘的必要，从而更为准确地究明建筑遗迹的早晚关系、建筑遗址完整结构、各个建筑之间的相互关系、都城的布局形制等（图二）。

几乎与安阳殷墟考古的同时或稍后，中国学者又对一些古代地方政权首府城址或王国都城遗址进行了考古工作，如1928～1929年西北科学考察团黄文弼在新疆开展高昌古城、唐北庭都护府城址等遗址的考古工作[38]；1930年北京大学考古学会、北平研究院史学研究会等单位

图一 殷墟西北岗王陵区大墓及祭祀坑

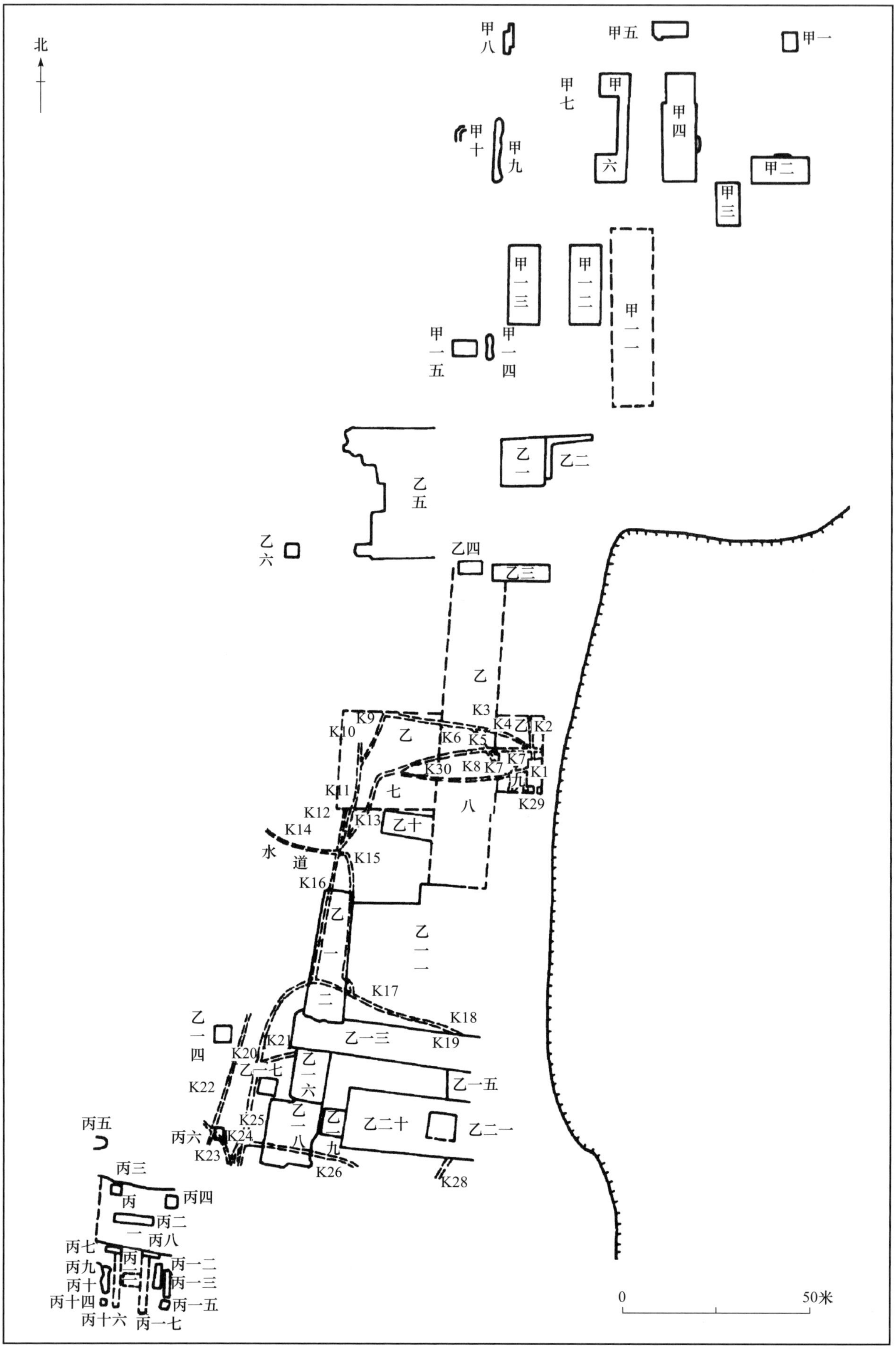

图二　殷墟小屯宗庙宫殿区甲、乙、丙三组基址位置图

合组燕下都考古团，由马衡率领进行燕下都遗址的考古调查、试掘[39]；1933年董作宾在山东调查临淄齐故城和滕县滕国故城；1934年北平研究院史学研究会在西安发掘唐中书省遗址，中央研究院历史语言研究所调查安徽寿县的寿春故城遗址等。这一时期的古代都城或古代地方政权首府城址的考古工作，大多仅限于考古调查，有的虽然进行了一些考古试掘，但因其面积很小，很难解决城址的布局形制问题，也不可能在都城或城址考古方法上有较大推进。

20世纪30～40年代，日本军国主义侵略中国，日本学术界伴随着日本对中国军事占领、政治统治，也进行了文化侵略，其中涉及中国古代都城或古代地方政权首府城址的考古活动，主要有日本东亚考古学会1933年6月～1934年7月在黑龙江宁安发掘渤海上京龙泉府遗址[40]，此后他们还对吉林珲春的八连城（东京）[41]、吉林和龙的西古城（中京）进行了大规模发掘[42]；1937年日本东亚考古学会发掘元上都遗址；1938年日本考古学家原田淑人调查了北魏平城遗址，1940～1941年日本人又发掘了邯郸赵王城[43]、曲阜鲁城遗址[44]；与此同时，关野雄调查了齐国故城[45]和薛国、滕国故城[46]。上述20世纪三四十年代日本人在中国进行的古代都城考古发掘，具有明显的文化侵略性质，为了“寻宝”，他们违背国际通用的考古发掘方法，造成了对遗址的破坏、学术研究的混乱。

（二）中国古代都城考古学的发展期（1950～1966年）

1949年新中国诞生，百废待兴，各地基本建设大规模开展，中国这片古老土地上，新的考古发现层出不穷。为此，国家成立了文物行政管理机构——文化部文物事业管理局，1950年中国科学院又组建了考古研究所，这些为新中国考古事业的发展提供了组织保证。

20世纪50年代，西安、洛阳等地是国家经济建设发展的重点地区，这里安排了不少新的大型基本建设项目，这些地方恰恰又是中国古代历史上建都数量最多、时间最长的地方。为了确保历史文化遗产在大规模基本建设中不被破坏或将其可能带来的损失降低到最小程度，当时主持、领导中国考古工作的郑振铎、梁思永、夏鼐先生，决定把历史文化遗产的抢救工作放在第一位。他们同时考虑到安阳殷墟、西安的周秦汉唐都城和古都洛阳在考古学学术研究上的特殊重要性，把上述地方的考古工作确定为当时中国科学院考古研究所的工作重点。这些都为中国古代都城考古创造了极为有利的条件，使古代都城考古在中国考古学中占有重要地位，也使中国古代都城考古从此前的始创期进入发展期。

中国古代都城考古发展期的主要标志是中国古代重要王朝都城考古工作的启动，具体田野考古工作本着“先易后难”、先重点后一般、优先配合基本建设和“抢救为主”的原则，逐渐推开。

从考古学角度而言，考古工作开展较早、考古资料积累较多、学术研究较为深入的都城遗址，如安阳殷墟考古工作在停顿了多年之后，新中国建立伊始就恢复了考古发掘工作。从1950年至1961年，为配合当地的基本建设，在殷墟范围之内进行了大量考古发掘工作，这时主要以发掘商代墓葬为主，仅清理了少量遗址，小屯宫庙建筑遗址区的遗址发掘更少一些[47]。

对于地面遗迹保存较好、较多的都城遗址，它们又处于国家大规模基本建设的重点地区，如汉长安城遗址、汉魏洛阳城遗址、唐长安城遗址等，被较早地提到考古工作日程上来。20世纪50年代开展考古工作之前，汉长安城遗址的地面之上，都城的四面城墙仍然保存较好，汉代高台建筑基址矗立在都城遗址中[48]。汉魏洛阳城遗址和唐长安城遗址，虽然地面之上保留的相关遗迹不如汉长安城遗址那样好、那样多，但是它们的城墙、建筑基址有的在地面之上仍可看到，如汉魏洛阳城遗址的城墙、金墉城遗址、太学和灵台建筑遗址等[49]，唐长安城皇城、宫城和大明宫的宫城部分城墙、含元殿、麟德殿、三清殿和太液池遗址等[50]。

还有一些文献记载明确的古代都城遗址，如西周都城丰镐遗址、隋唐洛阳城遗址等，由于它们分别位于著名古代都城西安和洛阳，20 世纪 50 年代在开展对西安、洛阳的古代都城遗址进行勘查时，它们自然亦为考古工作重点。1954 年中国科学院考古研究所石兴邦、吴汝祚等对西周丰镐遗址进行了考古调查[51]；1955 年中国科学院考古研究所王伯洪主持发掘了长安客省庄遗址，此后又发掘了西周张家坡遗址和墓地[52]；1954 年开始，中国科学院考古研究所郭宝钧等在洛阳进行了东周王城和隋唐洛阳城的考古勘查[53]。

1951～1955 年，河南省考古工作者在配合郑州基本建设中，发现了郑州商城（图三），1956 年开始对这座商代城址进行了有计划的考古勘查、发掘工作，学者们对郑州商城的都城性质也逐渐取得了共识[54]。

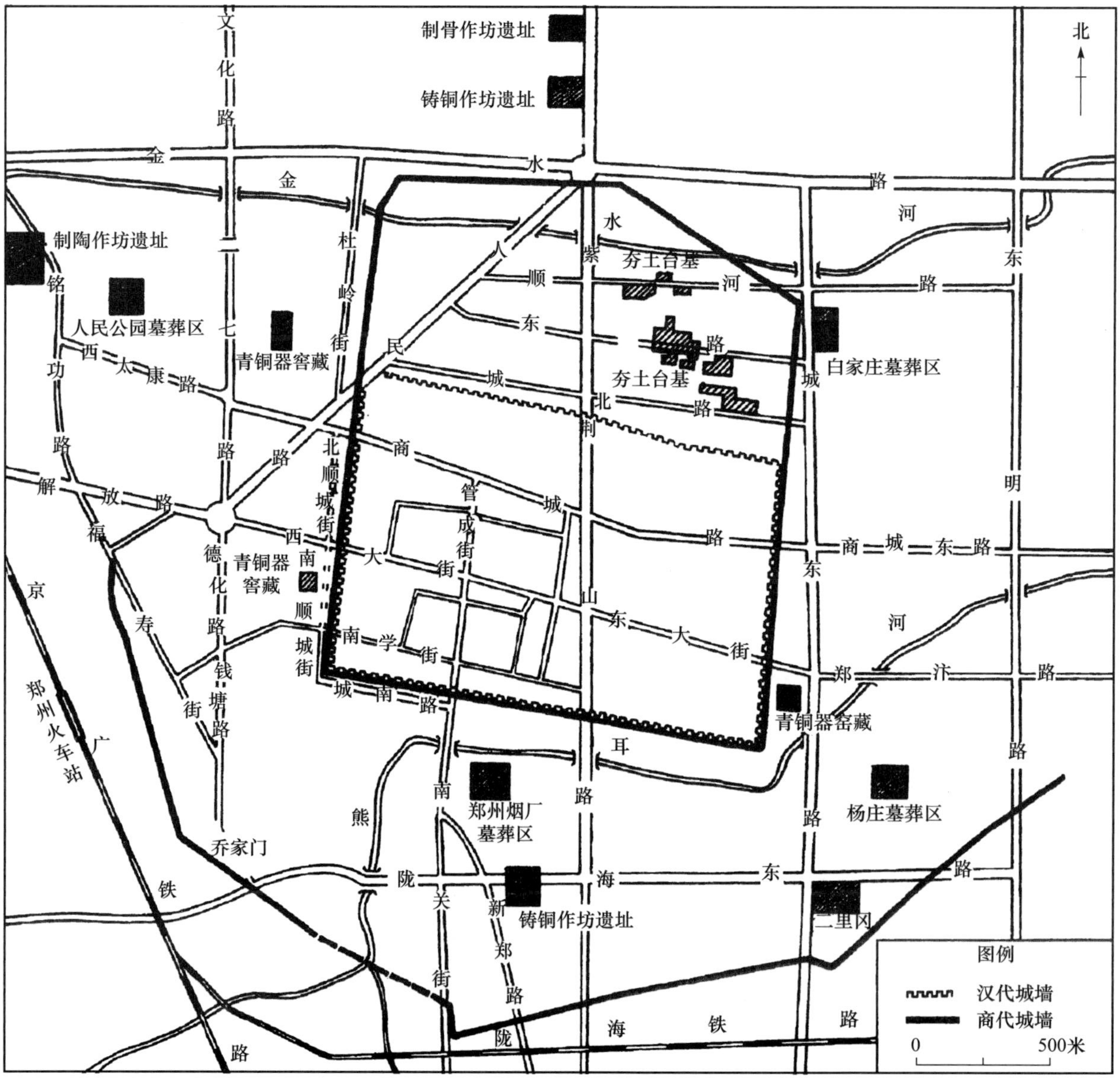

图三　郑州商城平面图

20 世纪 50 年代是中国古代都城考古工作的恢复期、初步发展期，这些考古活动拉开了新中国都城考古的序幕。在近十年的时间内，通过考古实践，在古代都城考古方法上进行了有益的探索。如 1956～1962 年的汉长安城遗址、唐长安城遗址等考古工作，考虑到有的城址的城墙，地面之上仍然基本保存或断断续续的部分保存，考古调查与勘探结合，注意“点”与“点”的关系，由“点”探索“线”，由“线”推导出“面”，进而勾勒出城址范围。城门是都城的坐标，确定城门位置是十分必要的。由于城门遗址在城墙上留有缺口，寻找城墙缺口，然后通过对城墙缺口及其附近的勘探，确定路土的存在，这成为究明城门遗址的基本方法。在勘查城门遗址基础上，选择了汉长安城宣平门、霸城门、西安门和直城门遗址，进行了全面考古发掘，究明城门的不同形制，了解不同城门的功能，为推断都城的“方向”提供重要依据[55]。在确定城门遗址方位之后，考虑城门是城内外主要道路的必经之地，以城门门道路土为基点，寻找都城主要道路。道路是都城的“骨架”和都城分区布局的界线。1961～1962 年通过对汉长安城主要道路（与城门相连通的道路）的勘查，究明由城内主要街道分隔的 11 个“区”，这成为探讨都城布局的基础。在此基础上，首先勘探了未央宫、长乐宫、桂宫和都城西部建章宫遗址的范围[56]。在主动开展汉长安城遗址考古工作同时，为了配合基本建设，1958～1960 年还抢救发掘了汉长安城南郊礼制建筑遗址[57]（图四）。汉长安城考古工作开展伊始，考古工作者就明确提出：“对于这样的一个规模巨大的历史名城，考古发掘工作的计划必须是长远的：先要究明城墙和城门，然后再有步骤地发掘政治中心所在的各个宫殿，以及城内的街道、手工业区、商业区、官府、贵族宅第和一般的居住区，最后还要把工作范围扩大到城外的离宫别馆和宗庙、陵墓等等。”[58]

另一座著名古代都城——唐长安城遗址的考古工作，在取得丰硕科研成果的同时，也在都城考古方法上创造出不少有益的经验。1957 年陕西省文管会对唐长安城遗址进行了初步考古勘测[59]，此后中国科学院考古研究所西安唐城队勘查了唐长安城大明宫遗址的宫墙范围、宫门位置及主要宫殿分布情况，发掘了麟德殿遗址和玄武门遗址，在此基础上编写了考古发掘报告[60]。1959～1960 年又对唐长安城的城墙、城门、街道、里坊及宫城、皇城等布局、形制进行了全面勘查[61]，并对大明宫含元殿遗址[62]、东市和西市遗址进行了考古试掘或发掘[63]。后来又勘查了唐长安城兴庆宫遗址，发掘了其中的勤政务本楼遗址等[64]（图五）。这一时期的唐长安城遗址考古工作，突出了宫城考古，把勘查大明宫范围、宫门位置作为考古工作切入点，在此基础上开展对宫城之中的主要宫殿建筑遗址的考古勘查、发掘。这些做法在今后的都城考古中产生了重要影响。但是我们也注意到，当时“发掘大明宫含元殿，限于各种条件，未对此殿的龙尾道遗迹加以揭露，只是依靠钻探和开掘探沟作考察，以致判断失误”[65]。现在看来，对个别大型建筑遗址仅仅采取了探沟等试掘方法，不进行全面的揭露或有足够的发掘面积，对遗址的整体面貌难以得到全面、准确地认识，甚至导致学术研究判断上的重大失误，也使相关学科的研究失去科学的基础。

20 世纪 50 年代末、60 年代初中叶，在以往对商周汉唐王朝都城遗址考古基础上，古代都城遗址考古在时空两方面都取得了大大扩展。时间上，古代都城考古范围向早晚两头发展，如夏代都城和元大都的考古调查、勘探；空间上，在进一步开展中原、关中一带传统的商周汉唐都城考古之外，又扩及其他和周边地区的都城或地方政权首府城址的考古工作。这一时期，既抓传统的统一王朝的都城考古工作，又开辟了一些历史上分裂时期割据王朝的都城考古内容。

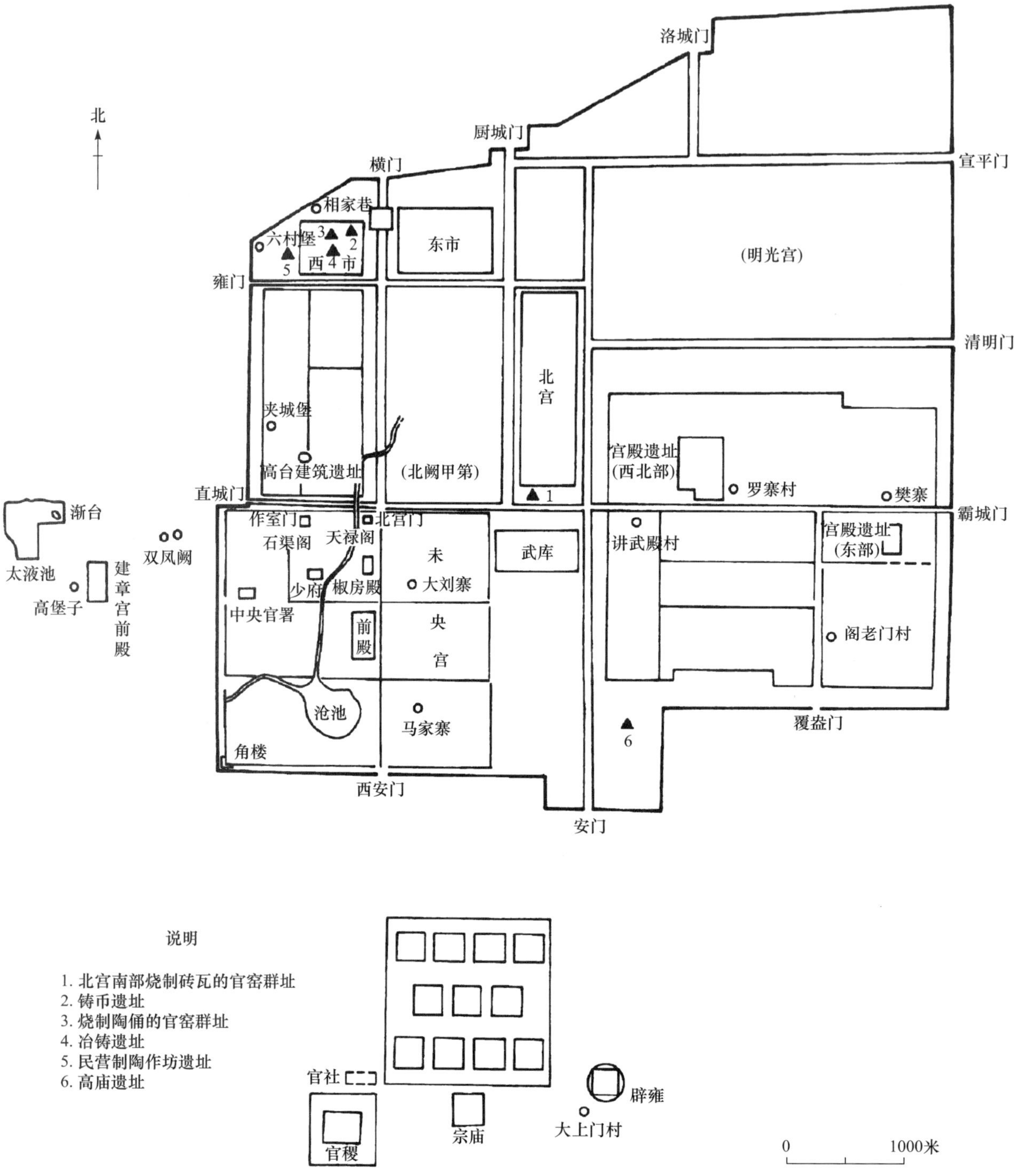

图四　汉长安城平面图

这时期新的王朝都城遗址考古工作，以夏代都城考古调查最为重要。1959 年中国科学院考古研究所徐旭生先生主持在豫西登封、禹县一带考查“夏墟”，在偃师二里头村发现了大量古代文化遗存，他说“我们看到此遗址颇广大，但未追求四至，如果乡人所说不虚，那在当时实为一大都会”[66]。其后的考古复查，证实了这是一处早于郑州二里冈、晚于河南龙山文化的大型遗址。1961 年秋季，开始对二里头第一号宫殿建筑遗址的考古发掘，这一考古工作延续到 1975 年春季[67]（图六）。元大都遗址是元代都城遗址，是当时世界上著名大城市。明清两代都城——北京城基本继承了元大都规制，因此元大都在中国封建社会晚期的古代都城考古学中占有重要地位。1964～1974 年，中国科学院考古研究所与北京市文物工作队共同开展了元大都

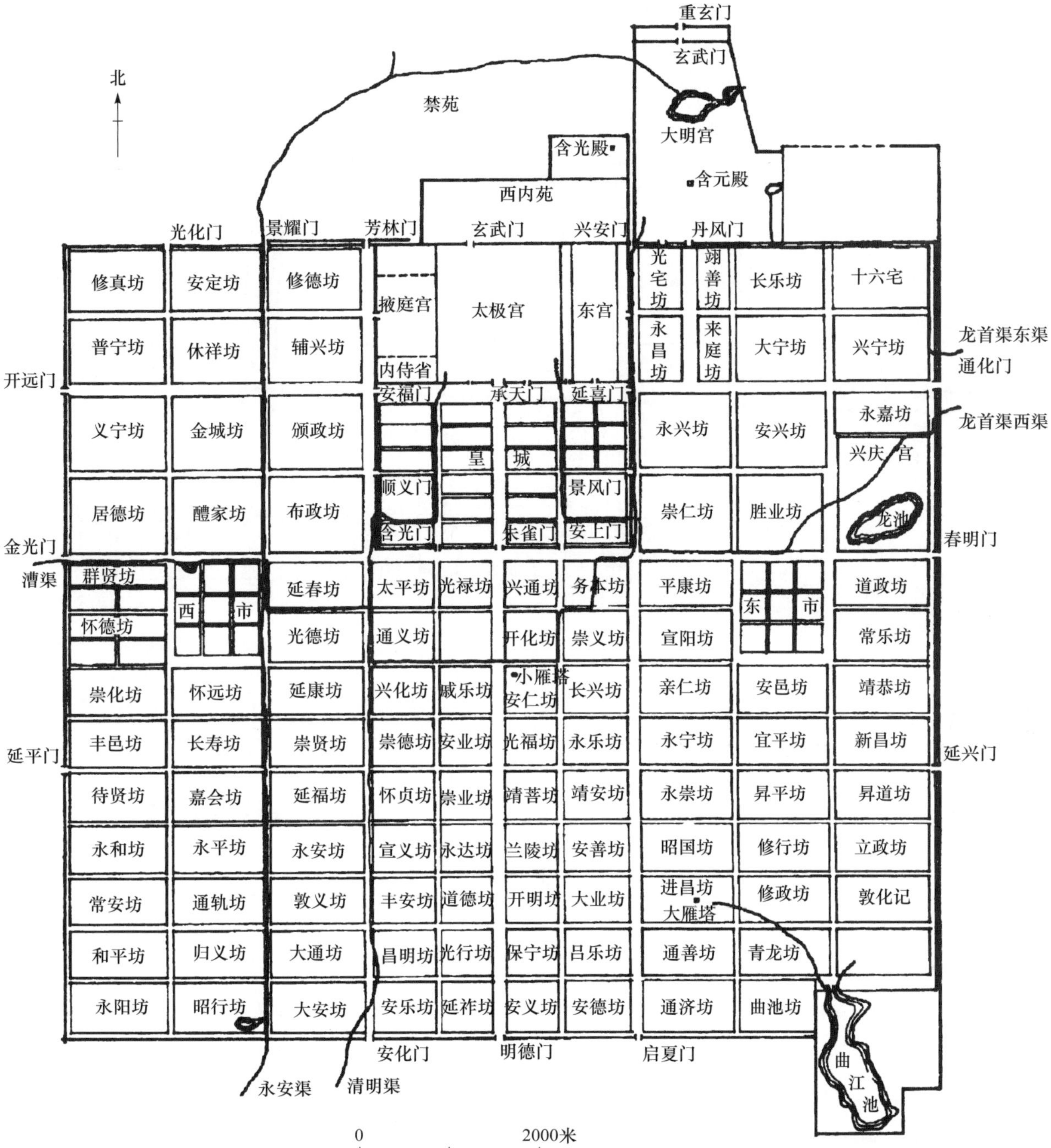

图五　隋大兴—唐长安平面图

遗址考古工作，勘查了元大都城垣、街道、河湖水系等遗迹，发掘了10余处建筑遗址[68]（图七）。此外，20世纪60年代初启动的秦都咸阳遗址的考古工作，也是中国古代都城考古的重要内容[69]。

这一时期进行的都城遗址考古工作，还有1962年开始对北京琉璃河董家林古城遗址的调查[70]；1958年和1962年考古工作者两度对燕下都遗址进行的比较全面的考古勘查[71]；1962年开始，中国科学院考古研究所勘查、发掘汉魏洛阳城遗址的城墙、街道、宫城及城南的明堂、辟雍、太学等遗址[72]；1966年中国科学院考古研究所又勘测了金中都的外郭城、街道、宫城及其中的一些宫殿建筑遗址[73]；1959～1960年内蒙古的辽中京发掘委员会对辽中京遗址进行了全面勘查和重点发掘，基本究明了城址平面布局和文化内涵[74]；1962年内蒙古文物工作队对

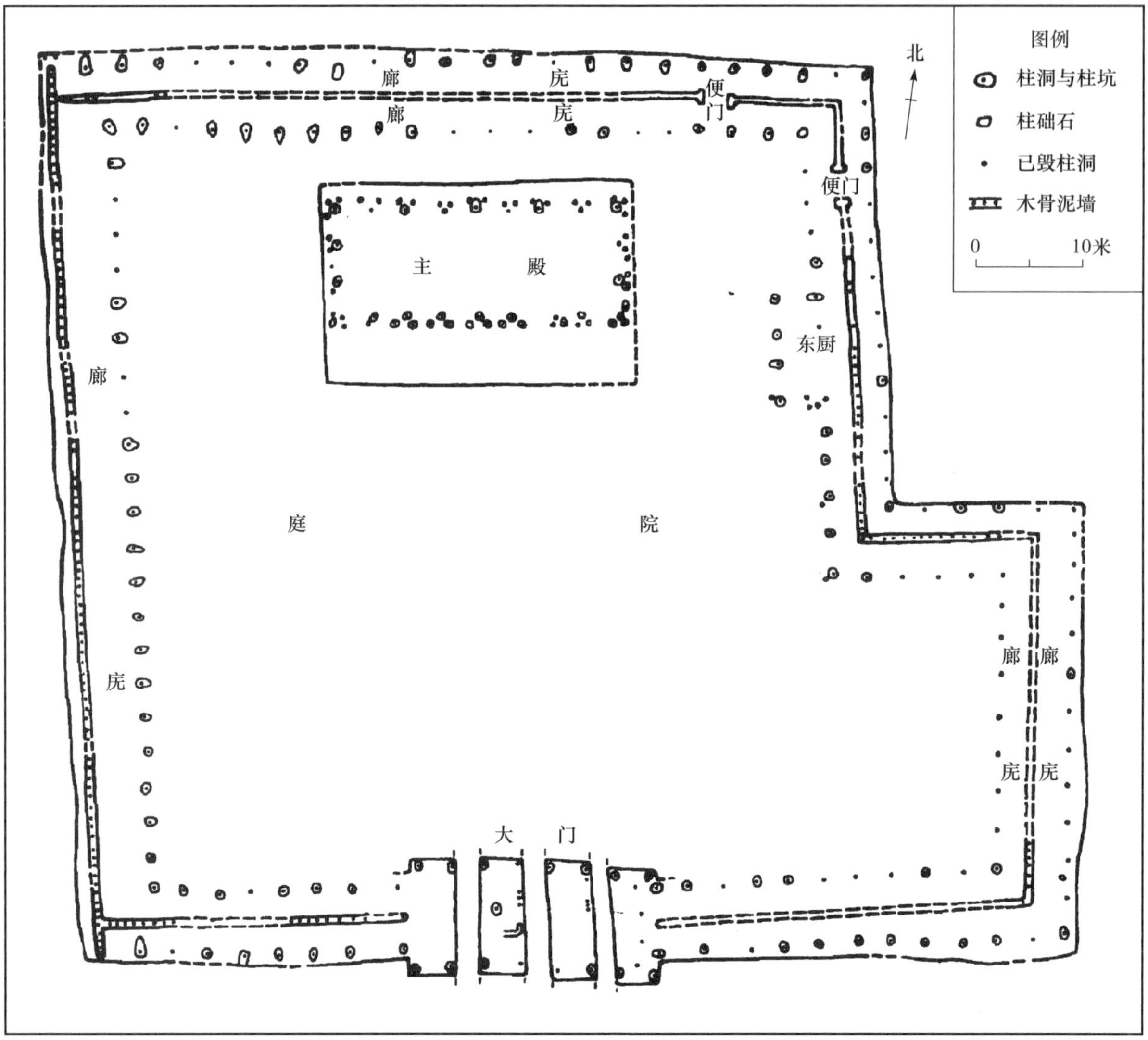

图六 二里头遗址一号宫殿基址平面图

辽上京遗址进行了初步勘测[75]；1962、1964年陕西省文管会开展了对秦雍城遗址[76]、秦汉栎阳城遗址的勘查与试掘[77]；1964年山东、河南等省的考古工作者对临淄齐国故城、新郑郑韩故城进行了勘查、勘测或发掘[78]；1958～1960年福建省博物馆对崇安汉城遗址进行了勘查与试掘[79]；1964年云南省勘查了唐代南诏国都太和城遗址[80]；1963年中国科学院考古研究所对唐代地方政权的渤海上京龙泉府遗址进行了大规模的勘查、发掘[81]。

（三）中国古代都城考古学的继续发展期（20世纪70年代至今）

1966年开始的"文化大革命"，使中国考古学陷于停顿状态，直到70年代考古工作才逐渐得到恢复。中国考古学继续发展期可分为两段，20世纪70年代前半叶属于恢复期，后半叶进入继续发展期。中国古代都城考古学属于中国考古学的组成部分，其学科发展情况亦可分为上述两段。

中国古代都城考古恢复期适值"文化大革命"的后期，当时大多数文物考古机构尚未恢复正常工作，少数考古研究单位和高等学校考古专业由于科研工作或教学实习的需要，开展了一些主动考古发掘工作。这时为了配合基本建设，也进行了一些田野考古发掘工作。当时重要的

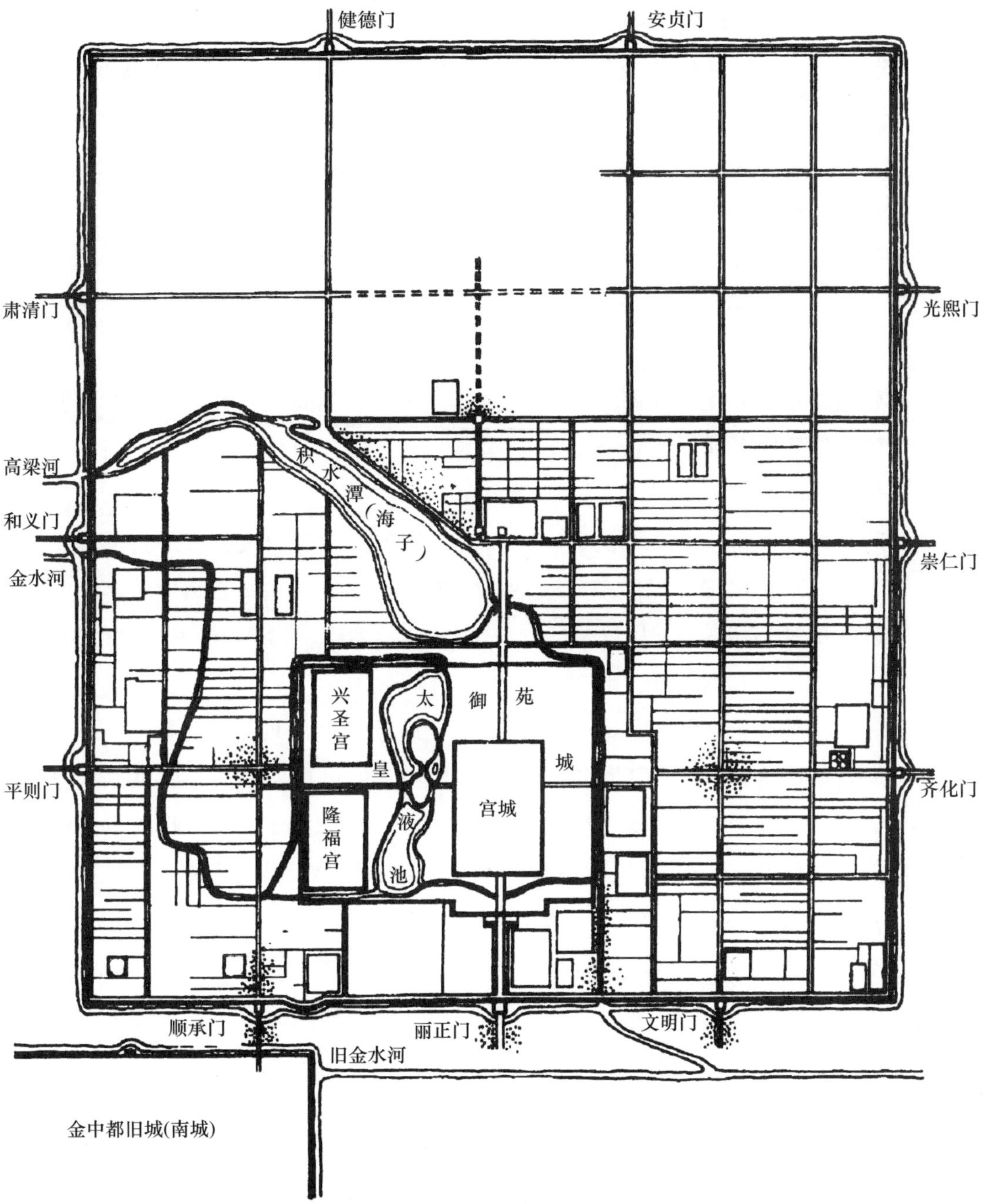

图七　元大都新城平面复原图

主动考古发掘项目有：河南偃师二里头遗址第一号宫殿建筑遗址[82]、安阳殷墟小屯南地甲骨坑[83]、唐长安城外郭城正门——明德门遗址[84]、唐长安城青龙寺殿堂和塔基遗址[85]、汉魏洛阳城礼制建筑遗址[86]、秦都咸阳第一号宫殿建筑遗址[87]、湖北黄陂盘龙城遗址[88]、河北平山中山国都城遗址等[89]；配合基本建设的古代都城考古勘查、发掘项目有：河北赵都邯郸古城遗址[90]、河南隋唐洛阳城含嘉仓遗址等[91]。

20世纪70年代后半叶至80年代前期，适逢“文化大革命”刚刚结束，改革开放拉开序幕，我们国家、民族的科学春天已经到来。在这样的时代背景之下，古代都城考古得以全面展开，其中重要的都城遗址考古勘查、发掘项目有：河南偃师二里头遗址第二号宫殿建筑遗址[92]、偃师商城遗址[93]、安阳殷墟妇好墓和王陵区公共祭祀坑[94]、陕西周原遗址的大型建筑遗址[95]、湖北江陵楚都纪南城遗址[96]、山东曲阜鲁国故城遗址[97]、陕西凤翔秦雍城宗庙和宫殿建筑遗址[98]、秦咸阳城遗址[99]、秦汉栎阳城遗址[100]、汉长安城武库遗址和椒房殿遗址[101]、福建崇安城村汉城遗址的全面勘探和高胡坪甲组建筑基址的全面发掘[102]、河北临漳邺城遗址[103]、汉魏洛阳城永宁寺遗址[104]、隋唐长安城青龙寺遗址和大明宫遗址（三清殿遗址、翰林院遗址）[105]、麟游隋唐离宫——仁寿宫·九成宫遗址[106]、河南开封北宋东京城遗址[107]、浙江杭州南宋临安城遗址等[108]。

偃师二里头遗址第一、第二号大型建筑遗址，应属目前所知时代最早的古代宫庙建筑遗址（图八）。作为中国古代早期都城遗址，宫庙建筑遗址是其核心的物化载体，因而二里头遗址的第一、第二号宫庙建筑遗址对确认二里头遗址的都城性质有着非常重要的意义。偃师二里头遗址的两座宫庙建筑遗址的发掘，从时代序列上与其相连的偃师商城及其宫城之中的宫庙建筑遗址发现，在夏商都城考古学中有着极为重要的学术意义。偃师商城是目前我们所知道保存着宫城与郭城的时代最早的都城遗址[109]。

春秋战国时代是中国古代历史上的大变革时代，代表王国的中央王权势力削弱，地方的诸侯势力增长。多元政治的出现，促使多元政治权力中心的形成，这又必然导致多元政治中心活动平台——“城”的相应大量出现。如果说人类社会从“野蛮”到“文明”过程中，“城”的出现，是与文明形成、国家诞生相一致的话，那么春秋战国时代的“造城”运动，则是与天下“礼崩乐坏”、王权削弱、诸侯“挟天子以令诸侯”的政治局面出现是一致的。《周礼·考工记》就是这样一个时代的产物，它既是王国时代都城理想模式的再现，又是一幅从国王到诸侯的不同政治中心活动平台——都城（王城或“国”）与诸侯之城，以及更小一些的政治中心活动平台——一般城的国家分层政治构架图。《周礼·考工记》成书于东周时代的山东地区，为战国时代齐人所撰。山东曲阜鲁国故城遗址的全面考古勘探、发掘，对研究、认识《周礼·考工记》无疑是非常重要的（图九）。曲阜鲁国故城、齐临淄城、秦雍城、秦栎阳城、秦咸阳城、晋侯马故城、楚纪南城、赵邯郸故城、燕下都、郑韩故城等东周都城遗址考古工作的开展，对了解这一时期的“造城”运动将会有更为深刻的学术意义。

魏晋南北朝是中国古代都城发展史上的重要时期，曹魏邺城和东魏、北齐邺城遗址考古工作的启动（图一〇），填补了这段中国古代都城遗址考古工作的空白。

这一时期的古代都城考古工作反映出考古工作者已意识到，都城考古不能仅仅局限于究明其范围大小、城门位置、街道分布、城内分区等，还要进一步了解都城中的宫殿、官署、宗庙、寺院遗址等结构，探讨都城附近离宫遗址情况。这期间进行的偃师二里头遗址的第二号宫殿建筑遗址[110]、偃师商城第四号宫殿建筑遗址[111]、郑州商城宫殿遗址[112]、陕西周原西周大型建筑基址[113]、凤翔秦雍城宫庙建筑遗址[114]、秦咸阳城宫殿建筑遗址[115]、汉长安城武库遗址和未央宫椒房殿遗址[116]、北魏洛阳城永宁寺遗址[117]、唐长安城青龙寺遗址[118]、隋唐离宫仁寿宫·九成宫遗址[119]等考古发掘，反映了考古工作者的学术构想，这些田野考古发掘为建立具有学科系统性、完整性、内在严密逻辑性的都城考古学方法、理论，积累了宝贵的科学资料和实践经验。

20 世纪 80 年代后半叶至 90 年代中叶，中国古代都城考古向更深入、更全面发展，其中汉唐时代都城遗址开展考古工作较多、学术成果较为突出。如这一期间汉长安城遗址未央宫[120]、市场[121]、手工业作坊遗址的考古勘探和发掘[122]，其中未央宫遗址的全面勘探和重点发掘，

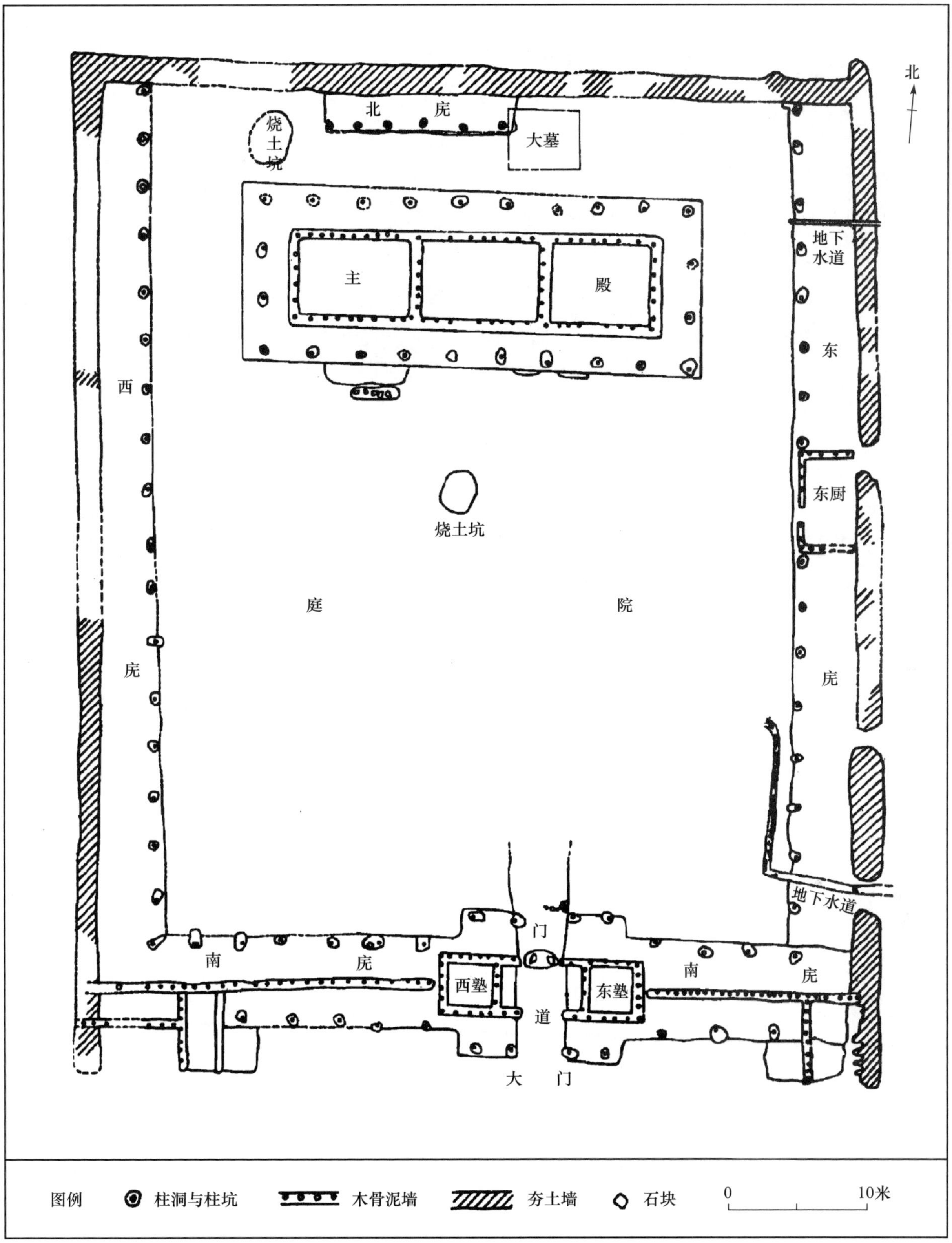

图八　二里头遗址第二号宫殿基址平面图

为都城之宫城考古积累了有益的经验，探索出相应的考古方法（图一一）。隋唐两京长安和洛阳的考古工作开展的很多，如唐长安城西明寺遗址[123]、皇城城门含光门遗址[124]、安定坊街道遗址[125]、含耀门遗址[126]，离宫中的九成宫和华清宫遗址等[127]；隋唐洛阳城遗址的考古工作主要有永通门遗址[128]、宣仁门遗址[129]、圆壁城南门遗址[130]、武则天明堂遗址[131]、

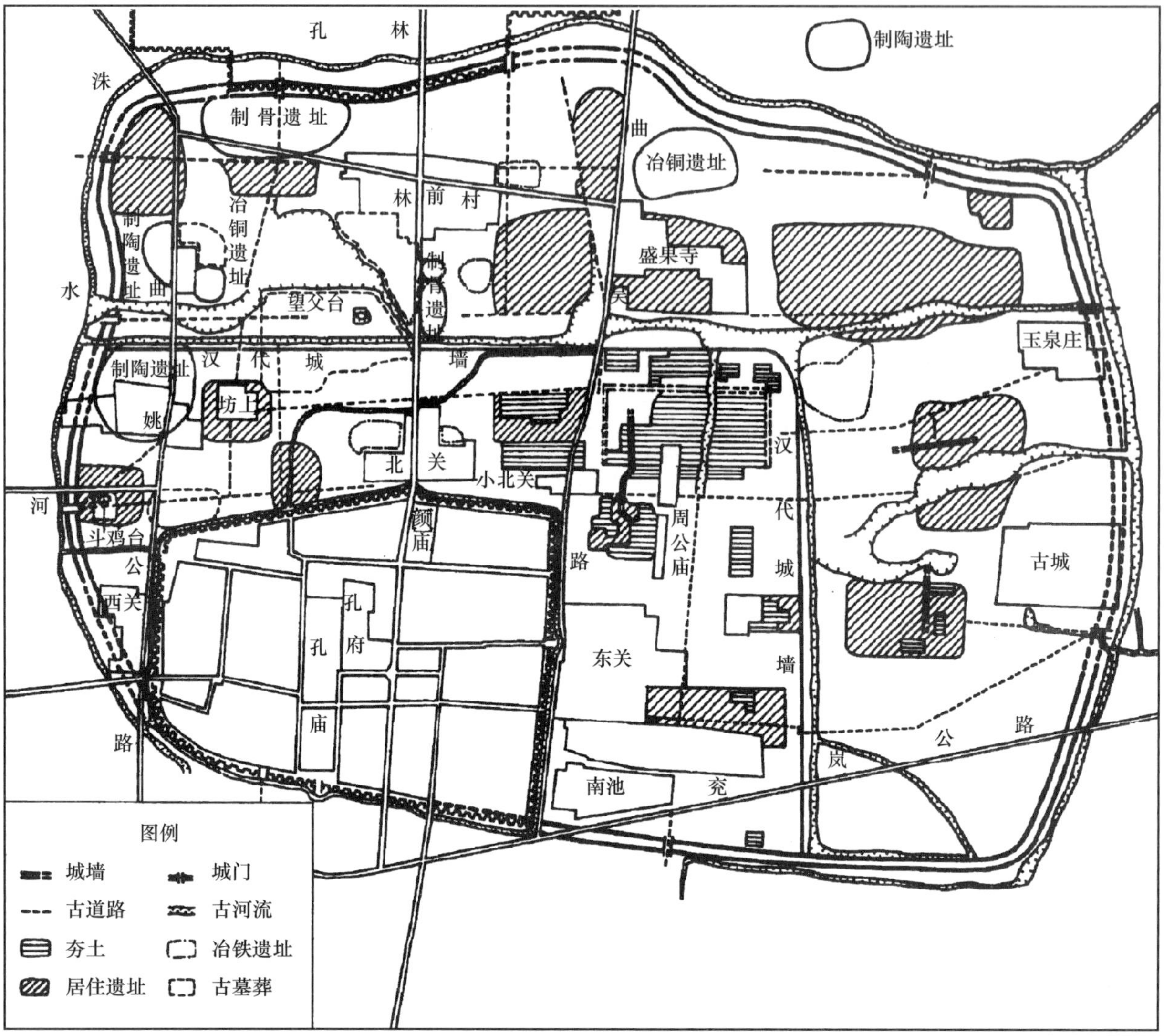

图九　曲阜鲁国故城遗迹分布示意图

上阳宫遗址发掘等[132]（图一二）。其中九成宫和华清宫遗址的发掘，填补了都城离宫遗址考古的空白。武则天明堂遗址的考古发掘，丰富了唐代都城礼制建筑遗址的考古资料。隋唐洛阳城遗址发掘大多是配合城市基本建设进行的，自然其各个发掘项目的内部有机学术联系很难全面考虑，但是其单体的发掘项目学术意义还是相当重要的。河南开封北宋东京城的考古工作进一步深入，内城、皇城进行了勘探和试掘[133]（图一三）。

1994年11月25～30日，中国社会科学院考古研究所在河南洛阳召开了中国古代都城考古研讨会，参加这次会议的以中国社会科学院考古研究所汉唐时代都城遗址考古学者为主，还有二里头考古工作队、偃师商城考古工作队负责人等。“会上对以往的都城考古发掘工作进行了回顾，总结了近40年来的经验和教训，对今后的工作提出了可行的计划。莅会学者讨论了都城考古在中国考古学研究中的地位和作用，晚期都城考古的构成因素，确定早期都城的主要标志及早晚都城的关系等问题。进而深入探讨了中国古代都城发展演变规律，城址和都城考古的研究方法和相关理论。”会议针对以前都城考古的经验和存在的问题，提出了今后的工作思路。强调了都城考古的目的要明确，方法要准确，理论要正确[134]。在中国古代都城考古学学术发展史上，这是一次有着重要意义的学术会议。这次研讨会之后，作为国

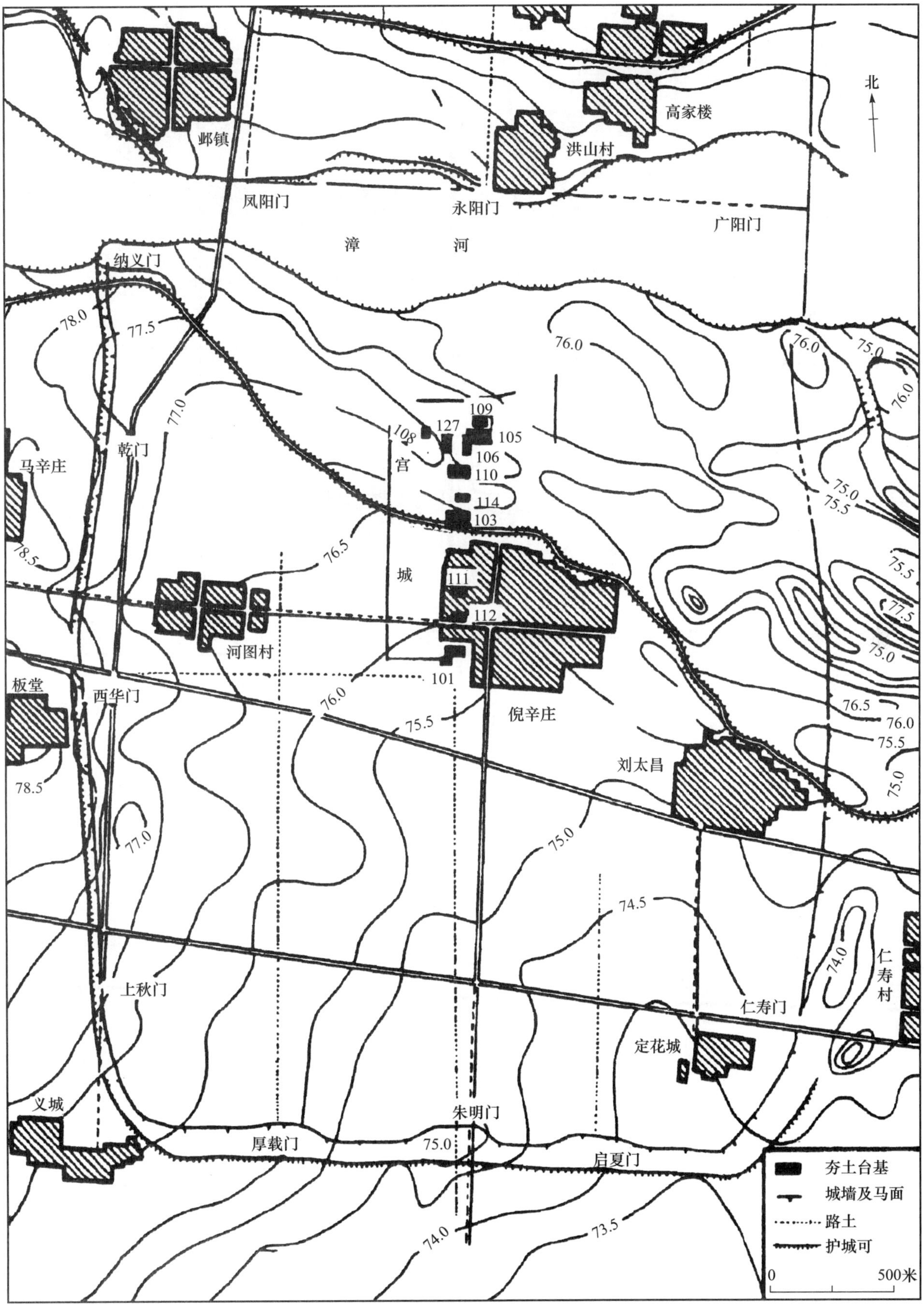

图一〇　邺南城遗址实测图

内主要从事古代都城遗址考古发掘与研究的中国社会科学院考古研究所，按照这次会议的精神，对以往都城遗址考古工作进行了认真总结和反思，尤其在先秦时代的都城遗址考古课题

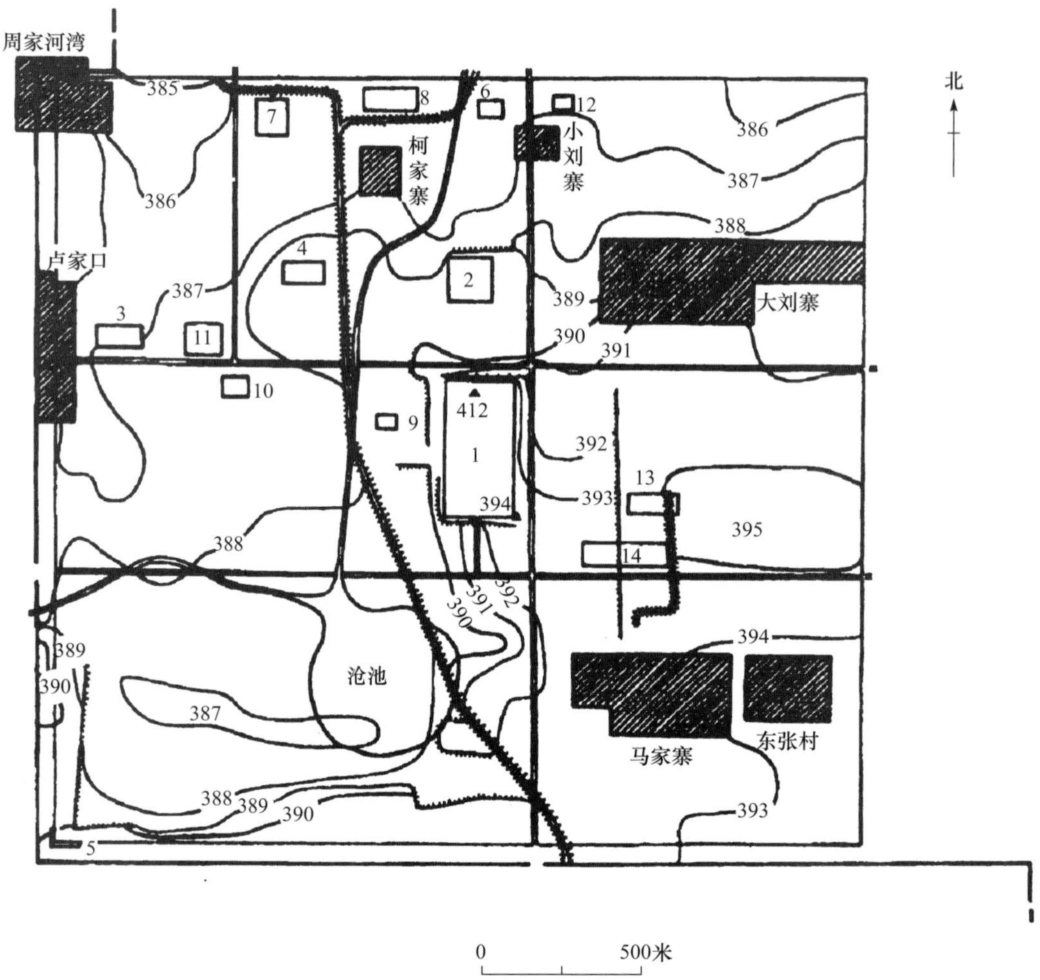

图一一 未央宫地形图

1. 前殿建筑遗址 2. 椒房殿建筑遗址 3. 中央官署建筑遗址 4. 少府建筑遗址 5. 宫城西南角楼建筑遗址 6. 天禄阁建筑遗址 7. 石渠阁建筑遗址 8～14. 第8～14号建筑遗址

中，进一步突出了都城遗址的考古目的，提出都城构成的“要素”，以“要素”为田野考古“单元”，分析诸“要素”内在关联，确定不同时期、不同类型的都城遗址田野考古切入点及程序。强调在都城考古中要重视究明都城布局形制及其变化，要研究布局形制形成与变化的原因，这种原因包括技术与社会两个层面，尤其是对后者所涉及的深层社会历史意义的揭示。在都城遗址考古中，要更加突出“由物及人”，研究人员把学术平台搭建得更高一些，以便使学术视野更远一些，认识更深入一些。这次都城遗址考古会议产生了积极效果，会后的十年来，在中国社会科学院考古研究所的统一规划、指导、要求下，各都城遗址考古工作，尤其是先秦时代的早期都城（或都邑）遗址田野考古工作相继调整了方向、改变了方法、突出了学术重点，取得了较大的进展、获得了较为丰硕的学术成果。这集中表现在20世纪90年代中期开始重点进行的偃师商城的宫城遗址全面揭露、20世纪90年代后期启动的陶寺遗址的城址（调查、勘探）寻找与试掘和安阳殷墟城址的勘查、世纪之交二里头遗址宫殿区范围（宫城）与道路网（探讨分区与布局）的探索等工作。如1996年中国社会科学院考古研究所从科研战略上调整了偃师商城遗址的考古发掘与研究工作，从组织上加强了科研力量，从经费上增加了考古发掘的支持力度。都城作为国家的政治中心，在都城田野考古中，突出抓反映其“政治”的物化载体——“宫庙”建筑遗址及其所在的宫城遗址考古工作，根据早期都城遗址的特点，采取

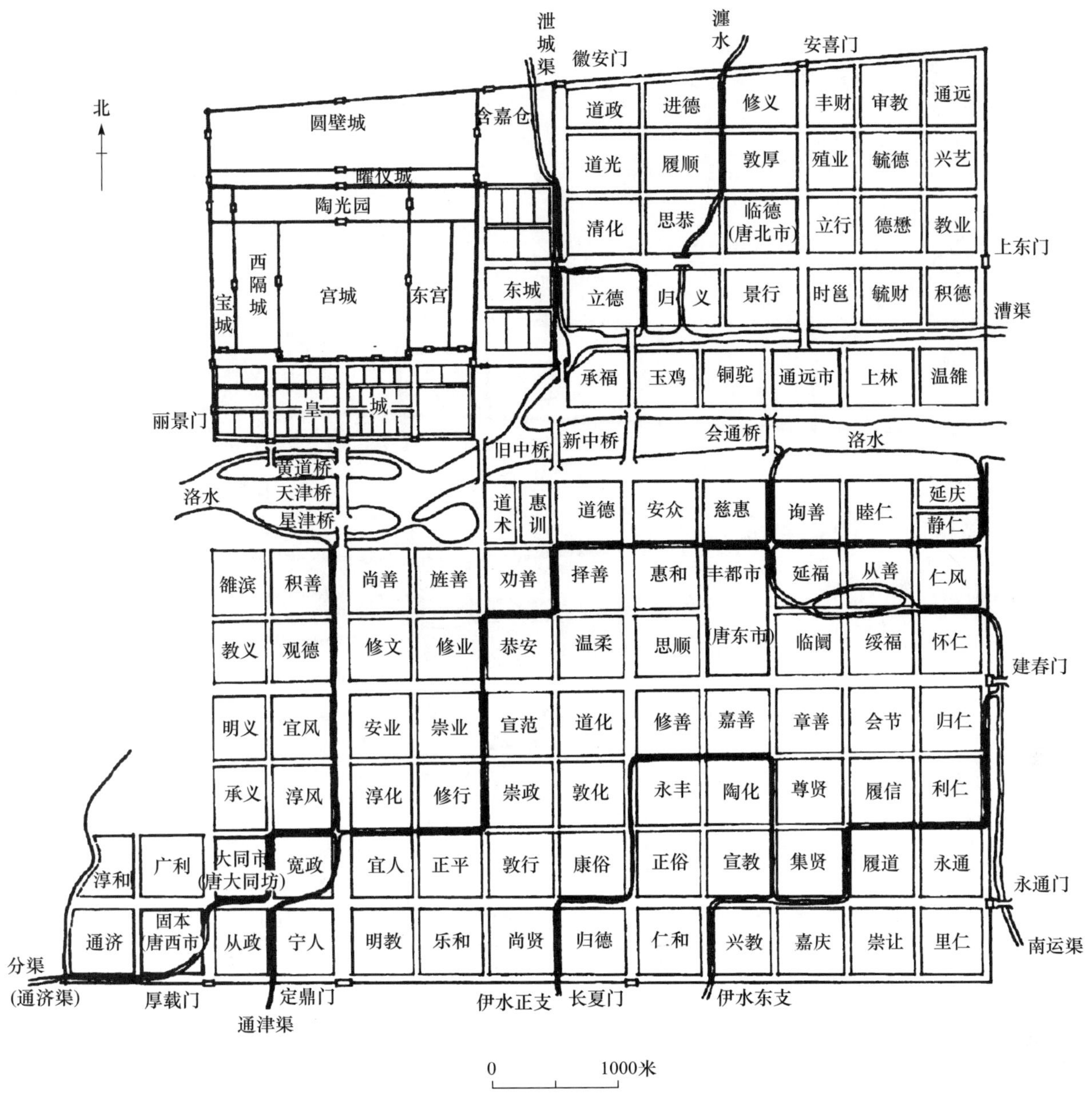

图一二　隋唐东都洛阳城平面复原图

全面揭露的田野考古方法，从宏观上设计、实施了对偃师商城宫城遗址的全面发掘[135]，使其在不长的时间里，被基本揭示出来。我们看到宫城之中大多为宫庙建筑遗址所占用，宫城之内，不同形制的大型建筑遗址分列东西，它们可能反映了其不同使用功能。宫城北部的祭祀区和池苑遗址的清理，使早期都城之中的宫城内涵更清楚的呈现在人们面前。这一考古发现，在中国古代都城考古研究发展史上有着划时代的学术意义（图一四）。突出偃师商城遗址的布局形制研究，在加强器物类型学研究的同时，更加注重考古地层学，通过考古发掘，揭示出来了偃师商城由“小城”发展为“大城”的变化[136]（图一五）。又如安阳殷墟开展考古工作 70 多年，20 世纪 30 年代曾经对都城遗址中的宫殿宗庙区和王陵区进行了大规模考古发掘，取得了令世人瞩目的学术成果，有着学科开创性意义。但是由于当时中国古代都城考古学刚刚起步，田野考古所涉及的许多技术、方法、理论都处于探索阶段，对大量的重要遗迹现象缺少考古学研究必要的、科学的比较资料，许多问题长期得不到解决，这就为目前殷墟考古发掘与研究留下大量学术探讨空间。20 世纪 50 年代以来，殷墟遗址主要是面临配合基本建设的考古勘探、

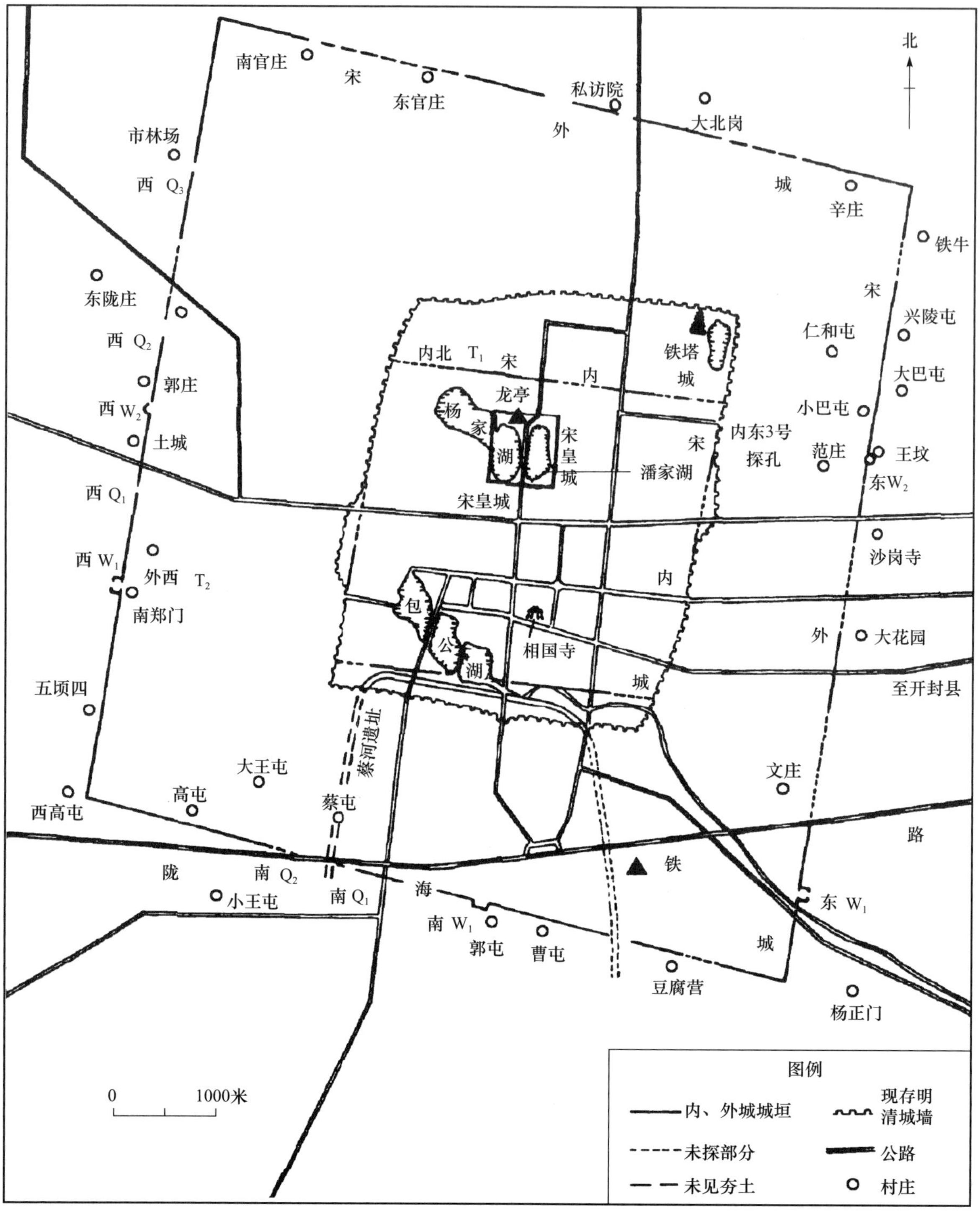

图一三　北宋东京城平面实测图

发掘，同时也进行了一些主动考古发掘工作，如1989～1990年在殷墟宫庙区东南部发掘的大型建筑遗址[137]。几十年来考古工作者积累了丰富的殷墟考古资料，20世纪90年代后半叶以来，殷墟遗址考古工作突出强调了解决都城布局形制问题，对殷墟“小屯”宫庙区遗址开展了进一步勘探、发掘与研究。如安阳小屯村东“发掘出的凹字形建筑，由北殿、南庑和西厢建筑二座基址组成，东厢建筑已不复存在。由其南庑有门道推测，这也应是一个坐北朝南的四合院式建筑”[138]。这些为我们更加深入认识、理解过去考古发掘的殷墟宫庙建筑遗址有着重要的参考价值。世纪之交，安阳洹北商城的发现和洹北商城第一号宫殿建筑遗址的发掘[139]，又为考古学界重新认识殷墟的布局结构提供了新的考古资料（图一六）。偃师二里头遗址是中国古代都城遗址中学术意义最为重要的都城遗址之一，一段时期以来，因为对该遗址出土的器物分期问题争执不下，影响了二里头遗址考古研究的深化，对遗址整体布局形制的研究进展不大。20 世纪末至 21 世纪初，我们对偃师二里头遗址考古工作，提出了重点解决都城遗址分布范围、突出解决以宫殿区为中心的都城布局形制，以及以已知宫庙遗址为基点，以勘探都城遗址宫殿区周围道路与路网遗迹为突破口，以寻找宫城为学术目的的田野考古思路和科研工作要求，在不长的两三年时间里，使二里头遗址的考古工作取得了引人注目的进展。偃师二里头遗址宫庙区的勘探、发掘，已表明作为夏代都城遗址的偃师二里头遗址宫庙区，周围存在有城垣，已经发掘的第一、第二号宫庙建筑遗址均在其中，这个城垣范围之内的宫庙区可能就是夏代都城中的宫城[140]（图一七、图一八）。

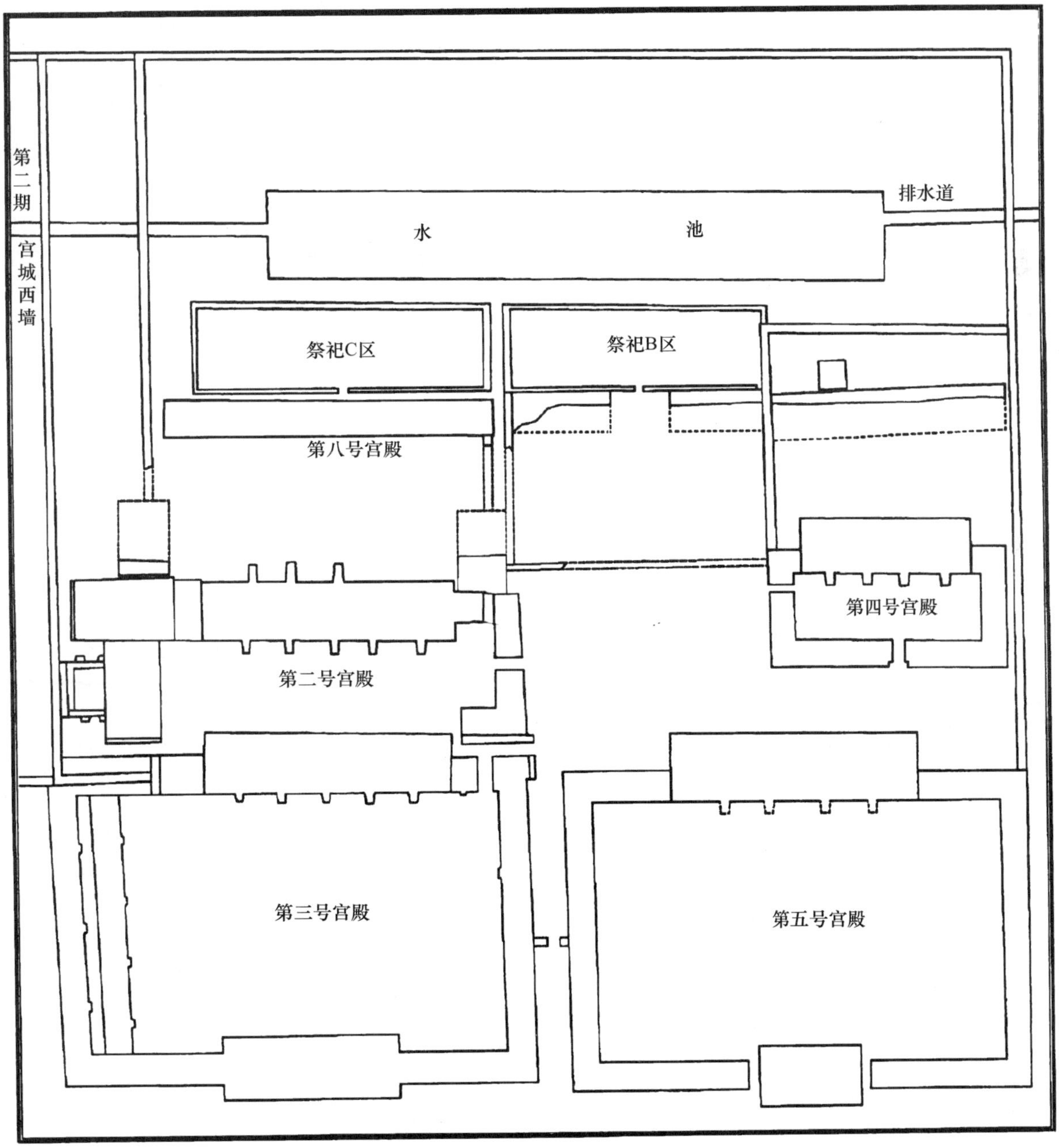

图一四 偃师商城宫城示意图

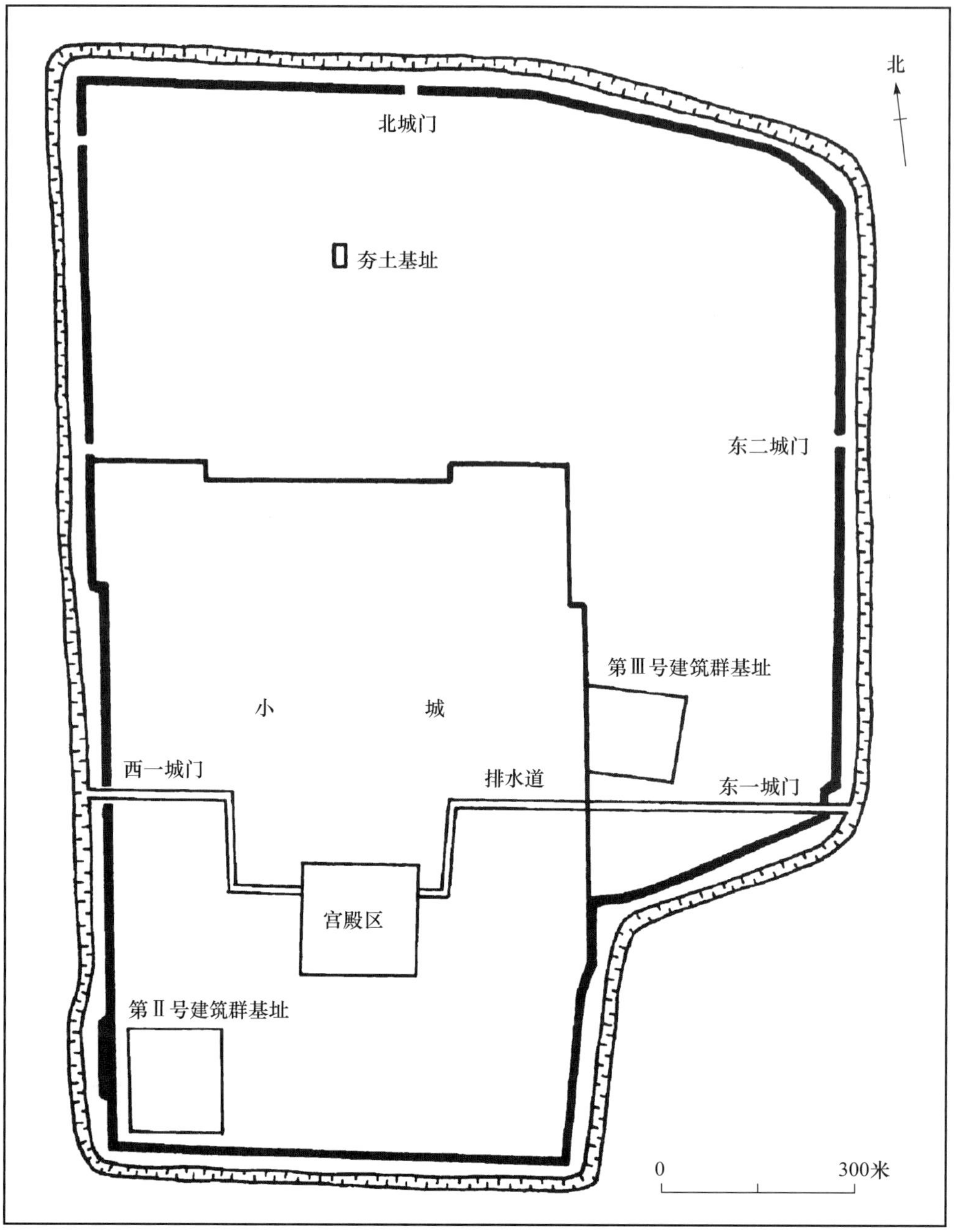

图一五　偃师商城平面图

这十年间，秦汉时代及其以后历代都城遗址考古工作也取得了重大进展。汉长安城北宫[141]、桂宫[142]、长乐宫遗址的勘探与发掘[143]，究明北宫位置，解决了长期以来北宫地望不清的问题；桂宫作为汉长安城中的“亚宫城”，通过全面考古发掘，与宫城未央宫的对比研究，使我们对汉长安城中这两种宫城有了更为深刻的认识；长乐宫是在秦兴乐宫基础之上修筑的，长乐宫遗址的发掘，对于秦汉时代宫室变化探讨将有重要意义。汉魏洛阳故城曾先后作为东周、东汉、曹魏、西晋和北魏王朝的都城，通过近年的考古工作，现在已究明汉魏洛阳故城之下，至少有3个规模不同、时代早晚有别的早期城址叠压在一起，它们分别为西周城址、东周城址和战国末年至秦代的城址，汉魏洛阳故城就建于其上[144]。汉魏洛阳城西北隅金墉城遗址的勘探与试掘，解决了金墉城遗址的始建年代、分布范围、历史沿革等问题[145]。世纪之交发掘的北魏洛阳城宫城正门——阊阖门遗址（图一九、图二〇），是目前中国古代都城考古中，发现的

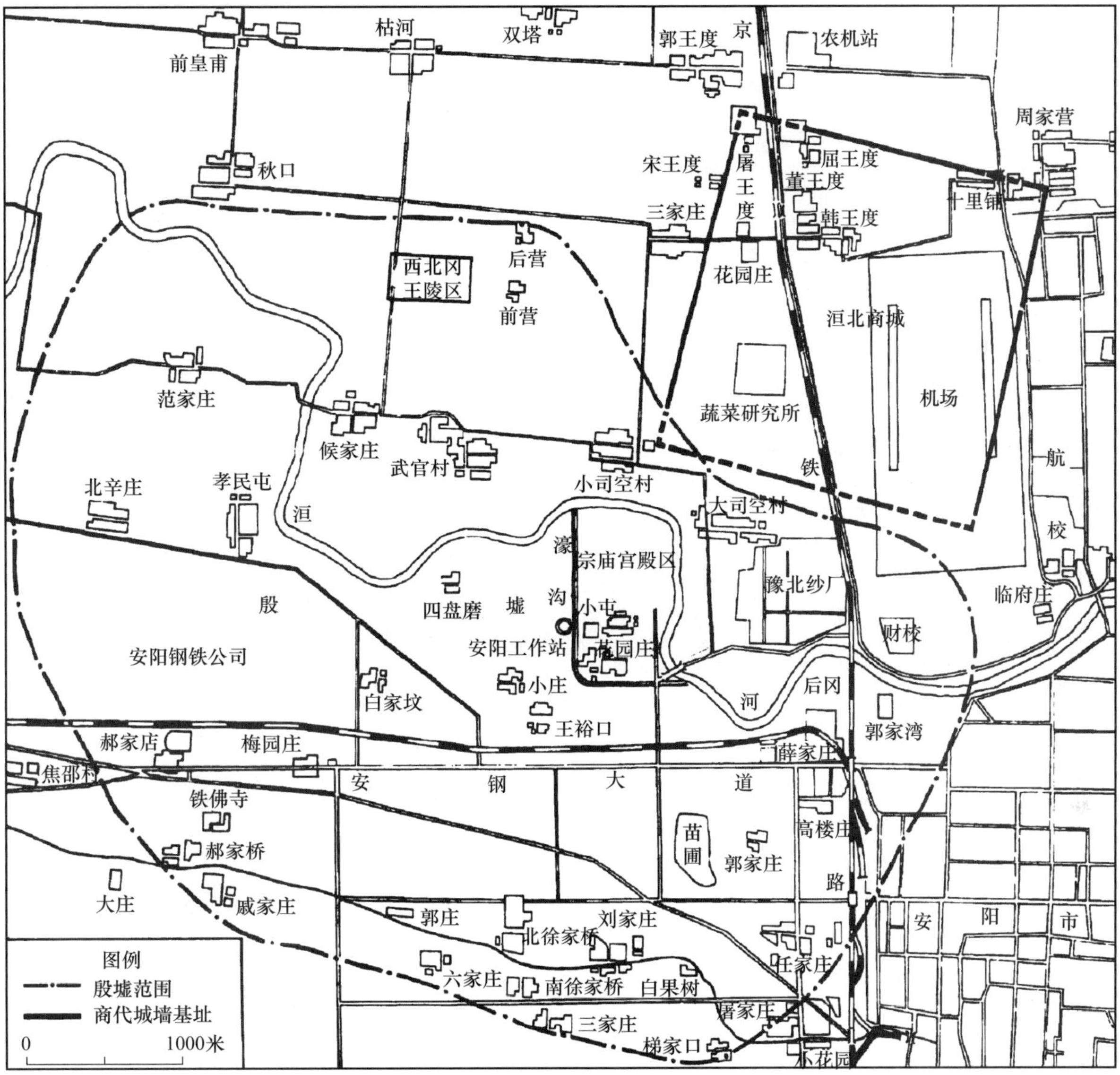

图一六 安阳殷墟与洹北商城位置图

时代最早的具有双阙的宫门遗址[146]。唐长安城大明宫含元殿遗址[147]、圜丘遗址[148]、大明宫太液池遗址的考古发掘在隋唐都城遗址考古中具有重要学术意义[149]，其中唐大明宫含元殿遗址的全面发掘，究明了“龙尾道”的形制（图二一）。隋唐洛阳城白居易故居[150]、定鼎门遗址发掘[151]，为古代都城增添了重要新资料。多年来古代都城里坊遗址考古方面是一个学术空白，白居易故居的考古发掘开启了隋唐两京里坊遗址考古工作。其他都城遗址的主要考古发现还有：陕西周原大型建筑遗址[152]、河南东周虢国上阳城遗址[153]、广州南越国都城之宫城建筑遗址[154]、辽宁桓仁五女山城遗址[155]、吉林集安国内城与民主遗址[156]、吉林丸都山城遗址[157]、吉林集安高句丽王陵[158]、山西大同北魏平城礼制建筑遗址[159]、江苏南京南朝都城地坛遗址[160]、黑龙江宁安唐渤海国上京城遗址[161]、吉林延边西古城唐渤海国中京城遗址[162]、南宋都城临安城太庙遗址[163]、黑龙江金城市的金上京附近大型宫殿建筑遗址[164]、河北张北元中都遗址等[165]，此外还对辽上京、辽中京和元上都遗址进行了航空考古等[166]。这些都城遗址的田野考古工作，为中国古代都城考古学研究的深入发展，奠定了坚实的科学基础，同时它也推动了中国考古学相关研究领域的学术发展。

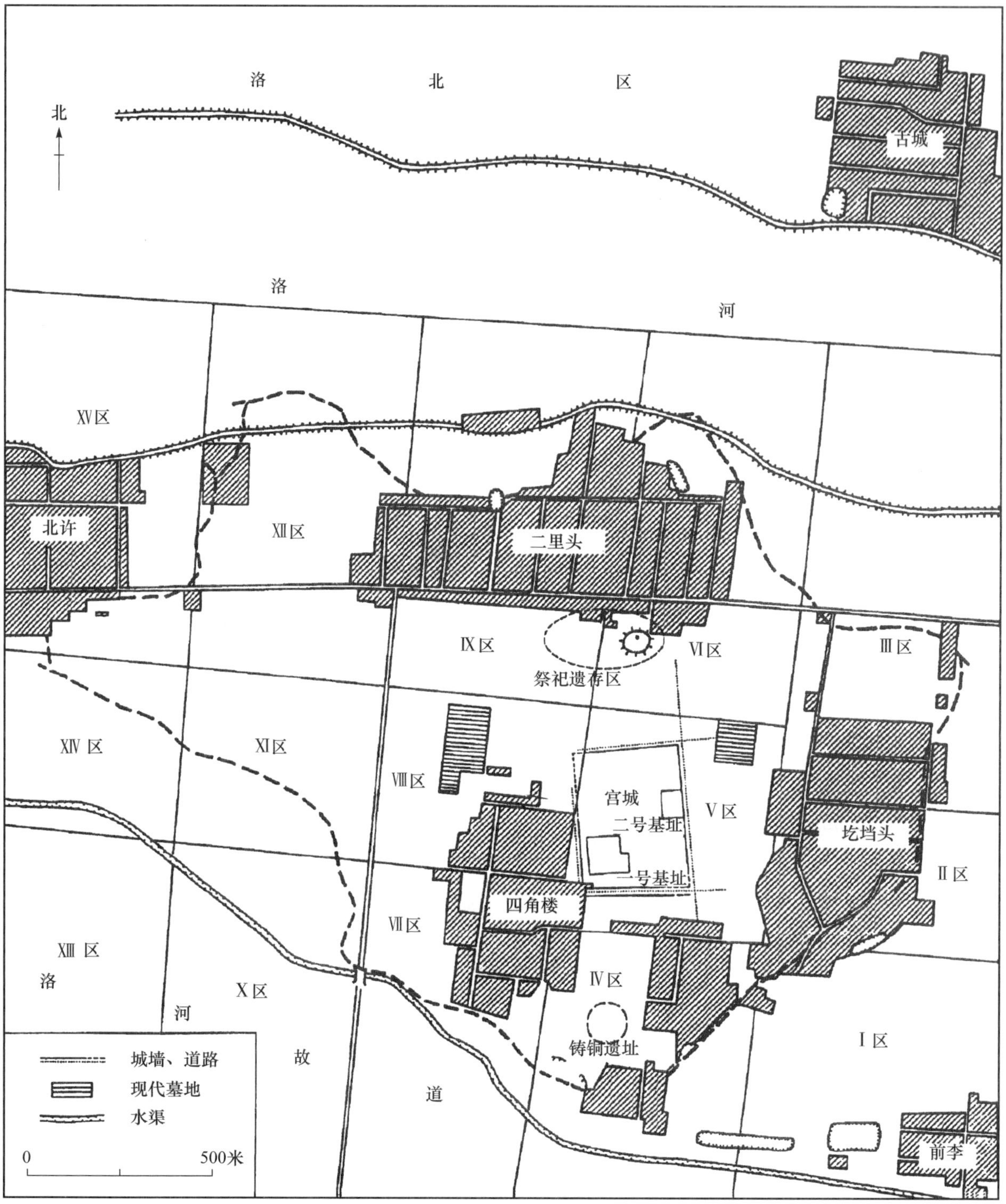

图一七　二里头遗址分布范围示意图

四、中国古代都城研究述略

关于中国古代都城研究的重要性，学术界是早有共识的。包括历史学、历史地理学、建筑史学等学科，历来重视古代都城研究。自 20 世纪 20 年代以来，中国古代都城考古的开展与接连不断的新发现，不但使中国古代都城考古学从无到有，而且还极大地推进了诸如历史学、历史地理学、建筑史学等相关学科的古代都城研究。

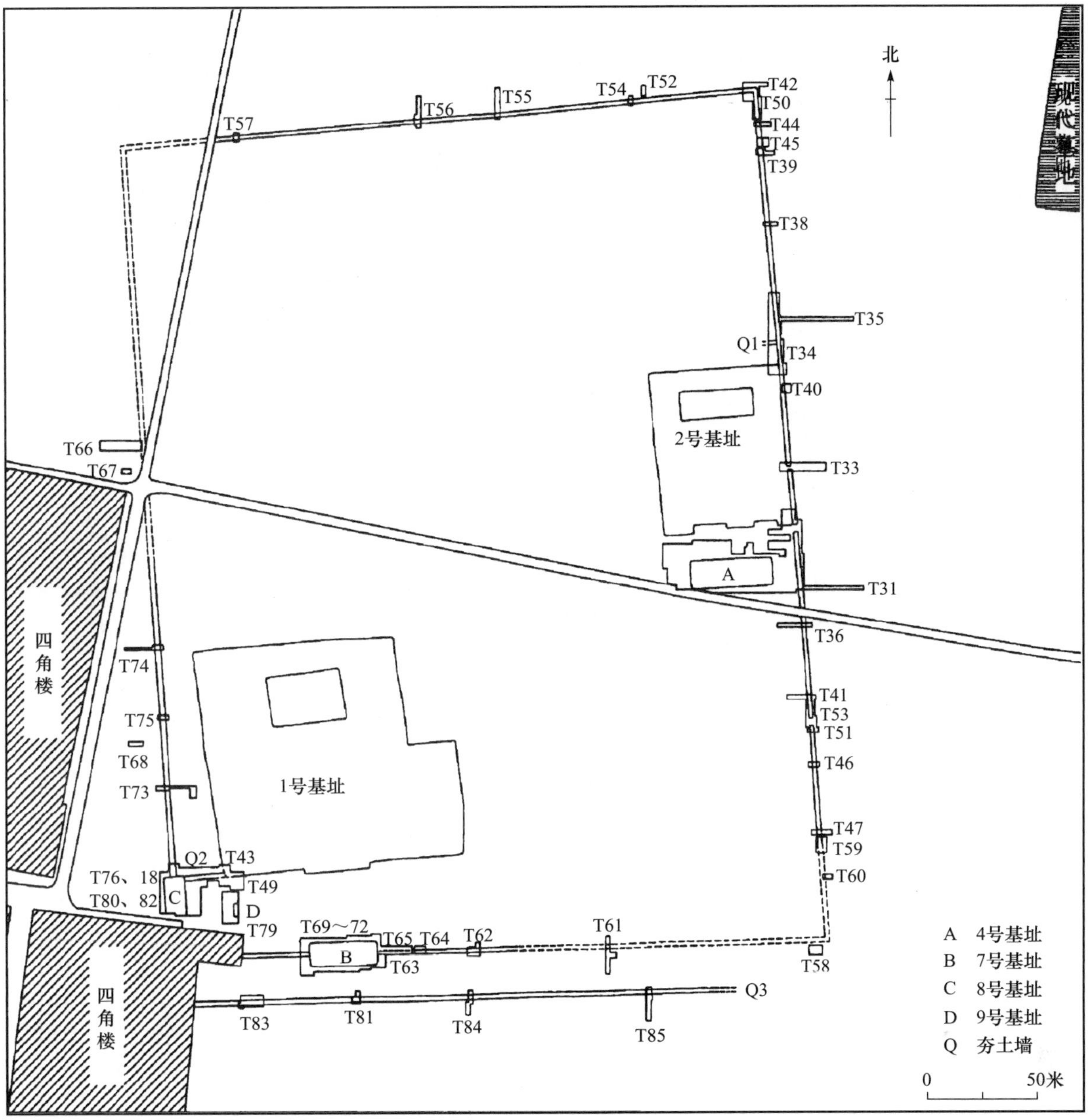

图一八　二里头遗址宫城遗址平面示意图

（一）中国古代都城考古学研究

中国古代都城考古学研究，以都城遗址田野考古工作的开展与发现为基础，随着中国古代都城考古工作的持续不断的大规模开展，都城考古研究逐渐深入。古代都城考古学研究始于对古代都城遗址地望的考古调查与勘探，这一工作往往与历史地理学、历史文献学密切结合。

安阳殷墟遗址考古发掘资料的整理，使中国古代都城考古学研究提到学科发展的日程上来，其中以石璋如先生撰写发表《小屯殷代的基址遗迹》(《历史语言研究所集刊》27，1955年)、《小屯第一本·遗址的发现与发掘乙编·殷墟建筑遗存》(“中央”研究院历史语言研究所出版，1959年)、《河南安阳小屯殷代三组基址》(《大陆杂志》21，1960年)、《小屯殷代丙组基址及有关的现象》(《史语所集刊外编第四种》下册，1961年)、《殷墟基址遗存的新认识（论殷代早期宗庙）》(《“中央”研究院国际汉学会议论文集——历史考古组》，台北：“中央”研究院，1981年）等论著，最为集中地反映了其都城考古学研究成果。

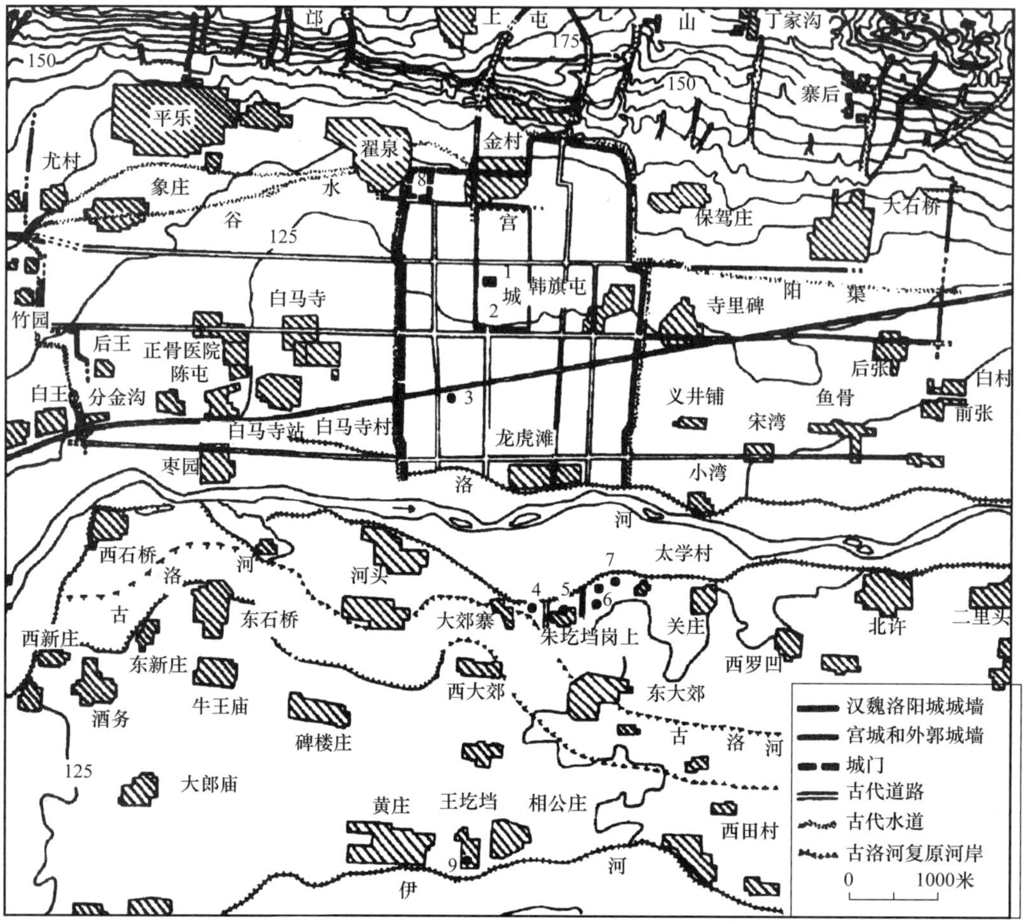

图一九　北魏洛阳城平面位置图

1. 太极殿　2. 阊阖门　3. 永宁寺　4. 灵台　5. 明堂　6. 辟雍　7. 太学　8. 金墉城　9. 圜丘

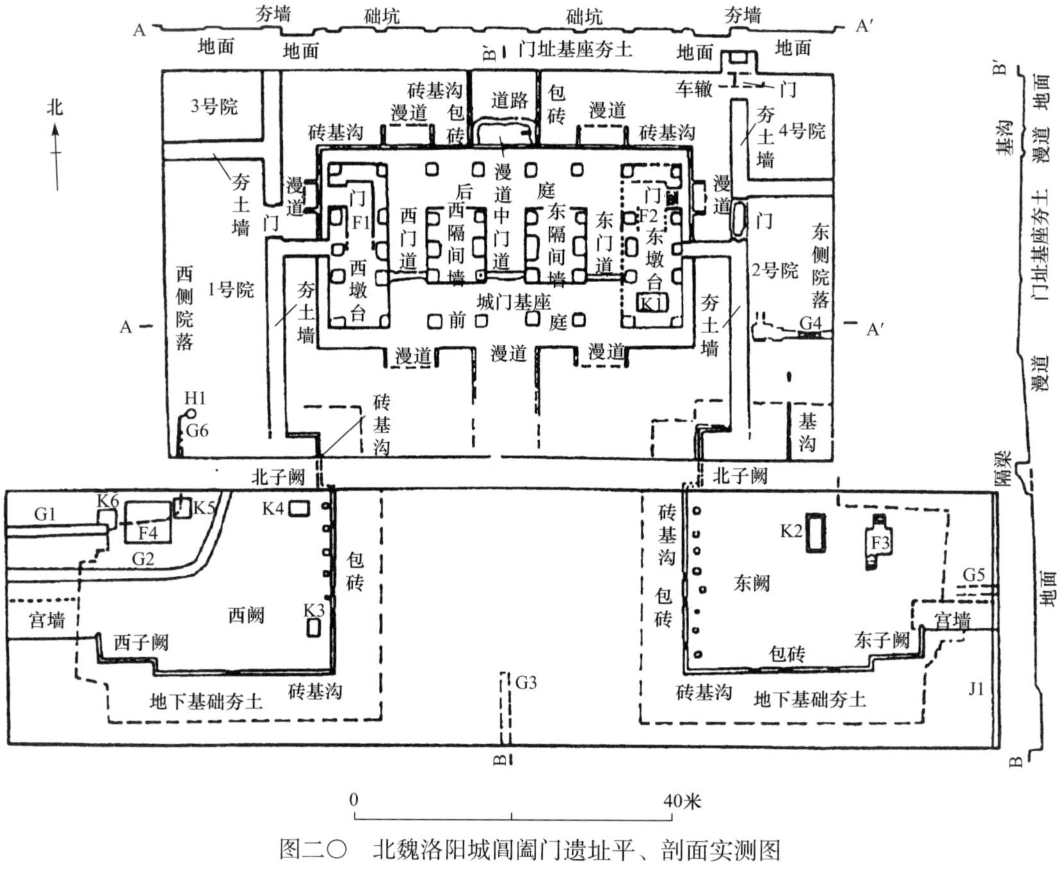

图二〇　北魏洛阳城阊阖门遗址平、剖面实测图

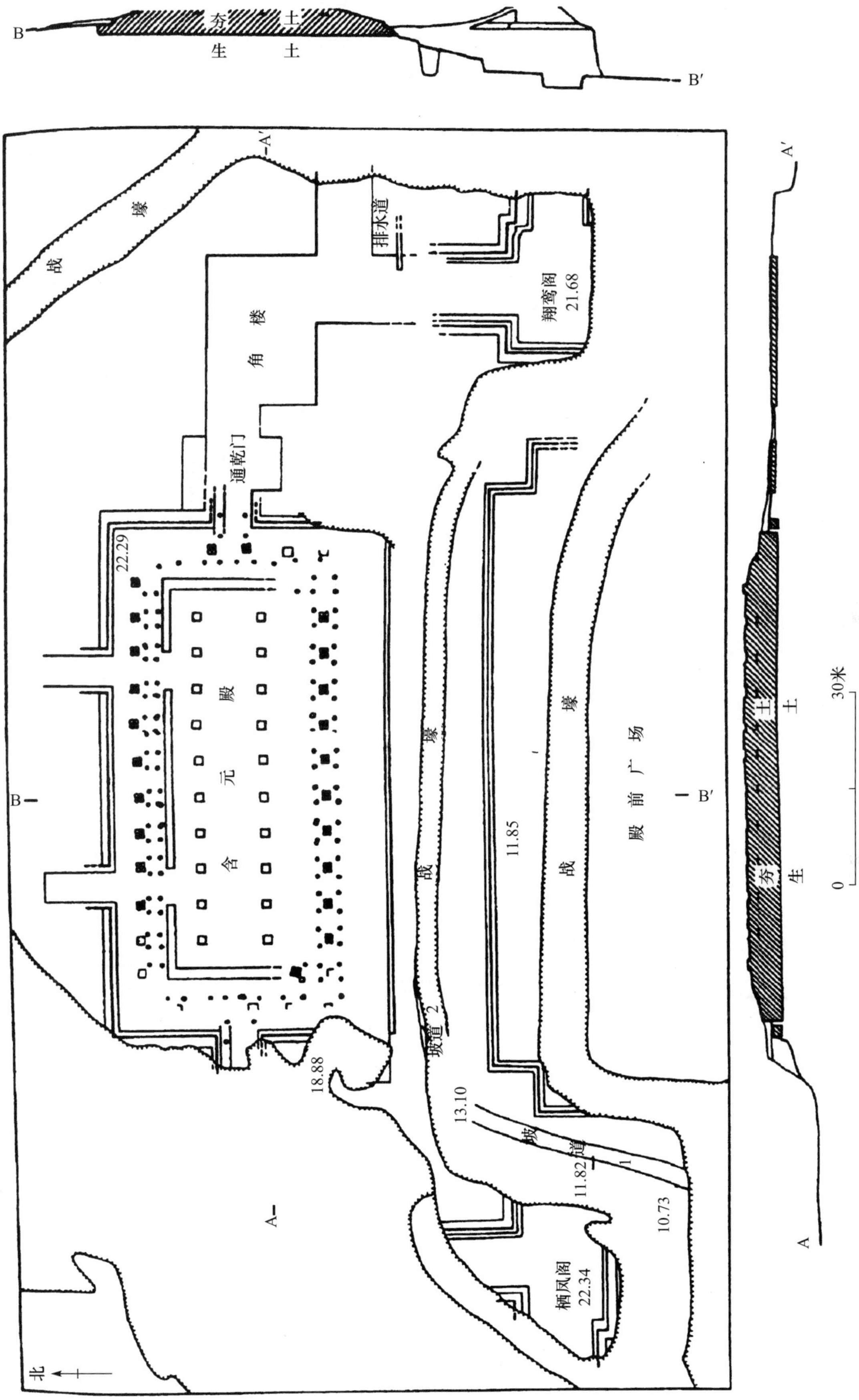

图二一 大明宫含元殿遗址平、剖面图

20 世纪 70 年代后半叶至 80 年代初，基于多年古代都城考古工作的大量资料积累，使以考古学资料为基础的中国古代都城综合研究全面展开。这一时期，一些考古学家开始了综合或个案的都城考古学研究，主要考古学论著有王仲殊《中国古代都城概说》(《考古》1982 年第 5 期)、宿白《北魏洛阳城和北邙陵墓——鲜卑遗迹辑录之三》(《文物》1978 年第 7 期）和《隋唐长安城和洛阳城》(《考古》1978 年第 6 期)、刘庆柱《秦都咸阳几个问题的初探》(《文物》1976 年第 11 期)、马得志《唐代长安与洛阳》(《考古》1982 年第 6 期)、徐苹芳《唐代两京的政治、经济和文化生活》(《考古》1982 年第 6 期)、孟凡人《北魏洛阳外郭城形制初探》(《中国历史博物馆馆刊》1982 年总第 4 期)、魏存成《关于渤海都城的几个问题》(《史学集刊》1983 年第 3 期）等，他们探讨了相关都城的平面布局形制。

20 世纪 80 年代前后，中国古代都城考古新发现层出不穷，如河南登封王城岗古代城址、偃师二里头遗址第二号宫庙建筑遗址、偃师商城遗址、湖北盘龙城遗址、陕西周原遗址、曲阜鲁故城遗址、秦雍城遗址、秦咸阳城遗址、楚纪南城遗址、郑韩故城遗址、邯郸赵王城遗址、汉唐两京遗址、汉魏洛阳城遗址、邺城遗址等，上述考古工作极大地促进了中国古代都城考古学研究。1985 年 3 月，在北京召开的中国考古学会第五次年会，其学术讨论的中心就是中国古代城市考古学研究[167]。这是中国古代都城考古学进入新时期的重要标志，说明中国古代都城考古学的发展，已提到中国考古学学科发展的重要日程。

出现这一学术现状的背景是学科发展的要求：

第一，20 世纪 80 年代初，当一些考古学家在中国考古学界介绍国外的史前聚落考古之时，其理论、方法和实践在中国古代都城考古已较为广泛应用，并取得诸多方面重要进展。为解决考古学文化时空任务的所有考古工作，我认为只是考古学“方法”问题；所有考古发掘出土的遗物、遗迹，我认为只是探讨考古学研究的“人”“社会”及其与之相关的自然环境（客体世界）变化过程、变化动力、变化原因、变化趋势、变化规律的重要科学资料。在考古学史上，都城考古为近年提出的聚落考古提供了成功的范式。

第二，古代文明起源与形成的研究成为学术界最为关注、最具学科生长点的领域，而都城考古又是古代文明起源与形成考古学研究的核心内容，作为古代文明起源与形成重要物化载体的古代都城，其考古学研究成为学术界最为重视的考古学研究课题。从认识论角度来说，人类对未知的认识，要以其已知为起点。于是历史时期都城考古研究，自然而然成为学术界进行“城”的出现与早期发展研究的起点与热点。

从 20 世纪 80 年代中叶至 90 年代初，古代都城考古研究方面的论著数量之多是前所未有的。这一时期的都城考古研究，包括两个方面，一方面是继续开展都城遗址布局形制的探讨和不同时代都城布局形制的比较研究，尤其是对于后者的对比研究更为突出。另一方面，也有个别学者从不同时期社会政治、经济形态变化，导致出现都城布局形制的不同，提出了中国古代都城规划发展的阶段性[168]。前者如《中国考古学会第五次年会论文集》(文物出版社，1988 年)、宿白先生《隋唐城址类型初探（提纲)》(《纪念北京大学考古专业三十周年论文集（1952～1982)》，文物出版社，1990 年）和杨宽先生与刘庆柱关于秦汉都城布局形制的学术讨论文章等[169]；后者如俞伟超先生《中国古代都城规划的发展阶段性——为中国考古学会第五次年会而作》(《文物》1985 年第 2 期）等。

20 世纪 90 年代中期至今，中国古代都城考古学研究向更加纵深发展，这时的中国古代都城考古学研究，已不再仅仅局限于都城布局形制的探讨和对比，已有一些学者力图探索都城产生的历史背景与过程，揭示造成都城布局形制变化的社会历史发展之内在原因，以及与中国古代的从方国到王国，再到帝国的发展历史，“单重城”（“单城制”）、“双重城”（“双城制”）和“三重城”（“三城制”）古代都城发展模式；都城轴线以大朝正殿为基点、以宫城为中心的理念，是帝国时代皇权至上的反映；古代都城从先秦时代的“左庙”“右宫”，到秦汉时代的以正殿为中心而形成的“左祖右社”，这是地缘政治的加强与血缘政治的弱化在都城布局形制方面的表现，是从王国政治发展为帝国政治的重要反映[170]。

1996 年开始的“夏商周断代工程”、2001 年启动的“中华文明探源工程预研究”和正在实施的“中华文明探源工程”，它们均以考古学为基础，而在考古学中又以中国古代早期都城考古学为核心内容，即主要以晋南和豫西地区的陶寺遗址、王城岗遗址、新砦遗址、二里头遗址、郑州商城遗址、偃师商城遗址及安阳殷墟遗址和西安丰镐遗址等为主要研究对象。一方面是这一时期中国古代早期都城考古发现与研究，为“夏商周断代工程”开展，为“中华文明探源工程予研究”和“中华文明探源工程”国家重大课题的启动和顺利进行提供了科学研究基础的支撑；另一方面“夏商周断代工程”“中华文明探源工程予研究”和“中华文明探源工程”又极大地促进了中国古代早期都城的考古学研究。

这一时期，秦汉时代以后的都城遗址，结合都城宫殿、礼制建筑、苑囿、里坊和手工业作坊遗址的田野考古工作开展，深化了都城不同内容的建筑遗址研究。如汉长安城手工业作坊遗址、后妃宫城——桂宫遗址、北宫遗址和长乐宫遗址的发掘与研究，都城近郊大型墓地的清理与研究[171]。都城礼制建筑遗址的考古发现，促进了这方面的研究[172]。古代都城的苑囿遗址考古研究，从偃师商城到中世纪的都城均已涉及，有的还与国外的相关考古研究进行了对比[173]。

这一时期出版、发表了大量与中国古代都城考古学研究相关内容的发掘报告、专著和论文，其所涉及古代都城考古学研究的广度和深度都是前所未有的。如 20 世纪 90 年代后半叶以来出版的《偃师二里头——1959 年～1978 年考古发掘报告》[174]《郑州商城——1953～1985 年考古发掘报告》[175]《安阳小屯》[176]《盘龙城——1963 年～1994 年考古发掘报告》[177]《西周张家坡墓地》[178]《燕下都》[179]《秦都咸阳考古报告》[180]《汉长安城未央宫——1980～1989 年考古发掘报告》[181]《西汉礼制建筑遗址》[182]《武夷山城村汉城遗址发掘报告》[183]《五女山城——1996～1999、2003 年桓仁五女山城调查发掘报告》[184]《国内城——2000～2003 年集安国内城与民主遗址试掘报告》[185]《丸都山城——2001～2003 年集安丸都山城调查试掘报告》[186]《集安高句丽王陵——1990～2003 年集安高句丽王陵调查报告》[187]《北魏洛阳永宁寺——1979～1994 年考古发掘报告》[188]《六顶山与渤海镇——唐代渤海国的贵族墓地与都城遗址》等考古发掘报告[189]及《中国考古学·夏商卷》[190]《中国考古学·两周卷》[191]《殷墟的发现与研究》[192]《古代都城与帝陵的考古学研究》[193]《中日两国考古学·古代史论文集》[194]《先秦城市考古学研究》[195]《夏商时代都城制度研究》[196]《北宋东京城研究》[197]《汉唐都城礼制建筑研究》等专著和论文集[198]，以及数以千篇计的相关论文。

我们应该看到，虽然这一时期古代都城考古学研究取得重大进展，尤其是夏商周时期的都城考古，在一些田野考古方法与理论上的突破之后，考古新发现极大地促进了古代都城的考古学研究。但是，夏商时代的都城考古研究还有许多问题没有解决。二里头遗址作为夏代中晚期的都城遗址，如果目前可以取得学术界共识的话，那么夏代前期的都城遗址是不是可以认定为河南登封王城岗城址（指其新发现的大城）？如果可以的话，王城岗城址（大城）的城内宫庙建筑遗址分布在什么地方？具体建筑遗址布局结构也要通过大面积考古发掘究明，城址路网要勘探，王陵区与墓地要寻找。二里头遗址已勘探出宫城，紧接二里头遗址之后的偃师商城、郑州商城均已在宫城之外构筑了郭城，偃师商城和郑州商城的宫城与郭城的“双城”制度是首创还是继承？究明二里头遗址的宫城之外有无郭城是回答这个学术问题的关键。目前我们知道的中国古代都城遗址中，三个时代最早的都城遗址：二里头遗址、偃师商城和郑州商城，都还未找到王陵区。根据中国古代帝王陵墓制度，建都时间上百年或更长时间的都城，均应有王陵区或帝陵区，而且时代越早的都城，王陵区距离都城越近；反之则帝王陵墓区距离都城越远。举其要者，如殷墟王陵区在西北岗，秦始皇陵在秦咸阳城东南部的骊山附近，西汉帝陵在汉长安城北部的咸阳原和都城东南部，唐代帝陵分布在唐长安城以北的渭北北山一带，北宋帝陵在都城开封西部的巩义一带，明十三陵在都城北部的昌平，清代帝陵分为清东陵与清西陵，它们分别位于北京的东北部遵化市和北京西南部的易县。郑州商城的宫殿区范围已经基本清楚，但是宫城还没有找到；作为都城坐标点的城门遗址一个也没有发现。殷墟发现了大量甲骨，甲骨文文字已经相当成熟，我们有理由相信，时代与其基本衔接的郑州商城等应该使用了甲骨，并有较为成熟的甲骨文文字。西周时期是中国古代历史上非常重要的时代，作为中国古代都城发展史上的西周都城丰镐遗址，是探索古代都城从王国到帝国时代的关键性都城遗址。但是丰镐遗址的布局形制，还有大量田野考古与基础研究工作要做。帝国时代的都城遗址，主要都城遗址的布局虽然已基本清楚，但是作为都城重要组成部分的里坊遗址的考古与研究一直是个薄弱环节。从隋唐及其以前时代的“封闭式”都城向北宋的“开放式”都城转化，主要反映在都城坊市布局形制的变化，近期在唐洛阳城里坊遗址田野考古中已发现了一些相关重要现象，但是距离解决这一问题，还有很多工作要做。

（二）中国古代都城的历史学研究

20 世纪 70 年代后半叶以来，中国历史学出现了空前繁荣的局面，文化史、社会史等成为这一时期中国历史学中最为活跃的分支学科。在这样的大背景下，以马先醒、杨宽先生为代表的一些历史学家，较早开始了中国古代都城历史研究。马先醒先生的《中国古代城市论集》，主要收集了作者关于汉代都城长安与洛阳的多篇论文[199]。杨宽先生的代表作是 1993 年上海古籍出版社出版的《中国古代都城制度史研究》[200]，本书的主要论点有二，其一是把中国都城制度发展历史，分为前后两大阶段，前一阶段从先秦到唐代，是封闭式都城制度时期；后一阶段从北宋到明清，是开放式都城制度时期。其二是从先秦到唐代，按城郭连结的不同布局划分为三个时期，“即商代是有城无郭的时期；从西周到西汉是西城连结东郭的时期；从东汉到唐代是东西南三面郭区环抱中央北部城区的时期”。杨宽先生的第一个论点基本上科学地划分出中国古代都城制度发展史的两大阶段；第二个论点，由于新的都城考古资料的大量发现，动摇、甚至否定了作者提出的先秦至秦汉时期都城城郭布局模式变化的基本立论。20 世纪 80 年代中后期至90年代初期，刘庆柱与杨宽先生就“东郭西城”模式问题进行的学术论辩，充分反映了这一情况[201]。此外还有曲英杰的《先秦都城复原研究》[202]、叶骁军的《中国都城发展史》[203]、朱祖希的《北京城——营国之最》[204]、于杰等的《金中都》[205]、陈高华的《元大都》[206]、武伯纶的《西安史话》[207]、徐卫民的《秦都城研究》[208]、周长山的《汉代城市研究》[209]、吴涛的《北宋都城东京》[210]、林正秋的《南宋都城临安》等[211]，这些专著主要以历史文献资料为主，作者也尽其所能收集了都城考古资料，进行古代都城研究。还有一些研究中国古代都城的史学工作者，目前更多的是根据历史文献记载和考古发现资料，对都城布局形制进行“客观”地描述，对于不同时期都城布局形制变化的内在原因有待加强深入分析。此外，个别很有学术影响的史学家，十分关注不同时代的都城所显示出的不同外在形制，并且力图探索其变化的“内因”。但是由于作者所使用资料的薄弱性、片面性、不确定性，致使其总结出来的都城形制“模式”或“变化规律”，缺乏科学性、普遍性。如有的学者设计的西周至秦汉时代都城的“西部小城连接东部大郭”模式[212]，曾经在学术界造成很大影响，但实际上考古资料所反映出来的这种所谓普遍“模式”，个别现象是有的，但是一种普适性的“模式”，客观上是不存在的。又如，关于秦咸阳城遗址问题，本来田野考古调查、勘探、发掘已经究明，秦王朝和秦帝国都城咸阳城的宫殿区遗址仍然保存在咸阳原上，但是一些学者对新发现的田野考古资料缺乏充分的了解，对使用自然科技方法测定的出土考古标本年代重视不够，对资料的使用存在着某些片面性、不完整性[213]。开展中国古代都城研究，现在既不能仅仅限于传统文献史学；也不能采取在多学科结合的研究领域，使用简单地“加法”；在应用都城田野考古资料时，更要避免“两张皮”。

（三）中国古代都城的历史地理学研究

20世纪70年代末、80年代初，中国古代都城考古学的蓬勃发展，中国的改革开放、社会的加速发展、城市现代化和农村城镇化的迅速推进，这些都使历史地理学界极大的关注中国古代都城研究。1983年一些历史地理学者发起成立了中国古都学会，学会每次召开的学术讨论会均已结集出版了论文集——《中国古都研究》，现已出版了18辑[214]。史念海先生这时提出了建立“中国古都学”学科，指出建立“中国古都学”的必要性、可能性，提出了“中国古都学”的概念、范畴及研究方法[215]，在他晚年又出版了《中国古都和文化》[216]。中国历史地理学家在推动中国古代都城研究方面所作出的学术贡献是有目共睹的。

（四）中国古代都城的建筑史学研究

20世纪初叶中国建筑史创立，直至20世纪50年代，中国建筑史学科的研究工作“主要以地上遗存的古建筑为对象，这就是说，研究的重点是放在唐、宋以至明、清时期。当时的研究，涉及南北朝以前的建筑问题，则是以文献考察为主，还没有科学地利用当时有限的一点考古学材料；建筑史学家更绝少参与田野考古工作”[217]。但是以梁思成、刘敦桢先生等为代表的老一辈建筑史学家，历来对中国古代都城研究十分重视，他们在20世纪前半叶，在中国古代都城建筑史领域进行了大量开拓性研究工作，取得了重要学术成果，这方面的代表性论著有刘敦桢《大壮室笔记》[218]、王璧文《中国建筑》[219]、朱偰《元大都宫殿图考》和《北京宫阙图说》等[220]。

20世纪50年代后半叶，中国建筑史学界，开始关注当时一系列重要古代都城的宫殿、礼制建筑、城门遗址等考古发掘，并以此为基础进行"个案"的古代建筑遗址复原研究。这一时期发掘的汉长安城南郊礼制建筑遗址[221]，王世仁首先对其进行了复原研究[222]，1987年杨鸿勋又发表了关于同一建筑遗址的复原研究文章[223]。20世纪50年代后半叶考古发掘的唐大明宫麟德殿遗址，是一座规模大、规格高的宫殿建筑遗址之一[224]。这一发现引起建筑史学界的极大重视，郭湖生首先发表了麟德殿复原研究论文[225]，1963年刘致平和傅熹年对麟德殿进行了较为全面的复原研究[226]，20世纪80年代中期杨鸿勋根据1982～1983年对麟德殿遗址进行的考古复查与发掘资料，又提出了关于麟德殿复原的新观点[227]。20世纪50年代末唐大明宫含元殿原状的勘探、试掘[228]，郭义孚、傅熹年、杨鸿勋先后分别据此对含元殿相继进行了复原研究[229]，他们提出了各自的复原意见。20世纪70年代傅熹年根据过去唐大明宫玄武门及重玄门的考古发掘资料和当时的唐长安城明德门发掘情况[230]，分别对二者进行了复原研究[231]。20世纪70年代中期发掘的陕西周原的两座大型建筑遗址[232]，有着重要学术意义，傅熹年[233]、杨鸿勋[234]分别发表了关于它们的复原论文。与此同时发掘的秦咸阳城的高台宫殿建筑遗址[235]，1976年杨鸿勋发表了复原探讨文章[236]。20世纪70年代后半叶至80年代前期，傅熹年、杨鸿勋又根据河北平山的中山国王陵[237]、湖北盘龙城遗址[238]、河南偃师二里头遗址[239]考古发掘资料，发表了各自的复原研究成果[240]。通过对考古发掘的不同时代都城遗址中的宫庙建筑基址复原研究，使人们对这类古代建筑有了更为直观的认识、了解。杨鸿勋的近作《宫殿考古通论》，对不同时期的中国古代都城宫殿、礼制建筑、帝王陵寝建筑进行了复原研究[241]。建筑史学家对考古发掘的中国古代宫殿、礼制建筑遗址的复原研究，加深了学术界对中国古代建筑的全方位认识。与此同时我们也应该看到，对同一个考古发掘的古代建筑遗址，相同的考古资料，不同的建筑史学家可以复原出不同形象的古代建筑，但是正确的只应有一个。产生这种情况的原因除了田野考古资料的不完整之外，还说明建筑史学家对中国古代建筑的认识，尚有许多未知领域需要研究、探索，建筑史学作为一门科学，自身还存在着方法、理论上进一步发展及学科科学化的问题。

建筑史学家对中国古代都城研究的重大贡献，突出表现在对中国中古时代及以后王朝都城、宫城布局形制的探索。20世纪80年代中期以来，傅熹年以明代都城的宫殿和礼制建筑作为切入点，从技术层面探讨宫城、都城建筑群总体规划手法[242]，继之他又对元大都大内建筑群[243]、隋唐长安城和洛阳城规划手法进行了开拓性探索[244]。20世纪80年代中期，贺业钜先生出版了《考工记营国制度研究》《中国古代城市规划史论丛》(在此基础之上，其后他又于1993年出版了《中国古代城市规划史》)[245]。近年出版的五卷本《中国古代建筑史》[246]，其中涉及中国古代都城的内容占有相当大的比例。上述论著是中国建筑史学家从建筑史角度研究中国古代都城布局结构的重要著作，是中国建筑史学家对中国古代都城的研究，从局部的、个案的"微观"研究，发展到探讨都城布局结构、形制的"宏观"研究的标志。

五、中国古代都城考古学理论与方法的发展

（一）中国古代都城考古学理论的发展

1. 关于古代都城界定认识变化的理论思考

关于古代都城的界定，是考古学发展的需要。回顾考古学发展史，考古学家对于古代都城的认识，是根据“由近及远”、从“已知”到“未知”的认识过程进行的。古代都城遗址寻找，一种是根据历史文献记载与历史学及历史地理学研究成果，在较大范围之内，确定相关时代的都城遗址所在地区，进而通过考古调查、勘探和试掘，去寻找、判定遗址具体方位，究明遗址分布范围，揭示遗址文化内涵，确定遗址历史时代及其具体都城名称。如战国时代列国都城遗址（秦雍城遗址、楚纪南城遗址、齐临淄城遗址、燕下都遗址、郑韩故城遗址、赵邯郸城遗址和魏安邑城遗址等）、秦咸阳城遗址、汉长安城遗址、汉魏洛阳城遗址、邺城遗址、隋唐长安城遗址、隋唐洛阳城遗址、北宋东京城遗址、元大都遗址等，就是按照上述技术路线，进行都城遗址的探索与研究的。古代都城遗址的界定，从时间上讲，时代越晚，对其判断越准确，反之则争议较多、难度较大。除了以上列举的古代都城遗址之外，还有一些先秦时代的都城遗址，较秦汉时代及以后各时代都城遗址的学术争议更多一些、更大一些。如河南安阳殷墟遗址，其考古的直接原因是为寻找甲骨，当1928年殷墟考古序幕拉开之后，随着殷墟遗址的大型夯土建筑基址和大型高规格墓葬的考古新发现，以及安阳小屯一带甲骨的考古发掘出土及甲骨文的辨识，使考古学家、历史学家根据历史文献记载，结合历史地理研究成果，按照遗址、遗物的地层学、类型学考古研究，推断这是晚商时代的都城遗址。多年来的殷墟田野考古发现，又进一步证实了上述论断。但是尽管如此，至今学术界关于安阳殷墟遗址性质问题仍然有不同看法，甚至是“针锋相对”的看法。例如：有的学者认为，盘庚迁都的地方是河南偃师，而不是安阳，武丁时迁都于殷，即今安阳小屯一带[247]；还有学者认为，盘庚不但没有迁都于殷墟，而且殷墟从来没有做过商王朝的都城，那里只是商王武丁至帝辛时期的陵墓区和祭祀场所[248]；也有的学者认为，现在我们所说的“殷墟”，“无论从它的规模、布局以及文化内涵来看，都不可能是一座都城，而应该是殷晚期王国都城近畿地方的一处苑囿离宫的遗址”[249]。当然，这些观点并不构成学术界关于殷墟都城性质的主流意见。

还有一类时代更早的夏商时期的大型遗址，如河南偃师二里头遗址、郑州商城遗址和河南偃师商城遗址等，开始是通过田野考古工作，发现了大型夯土建筑基址、高规格的大型墓葬、密集的手工业作坊遗址、具有“王气”的青铜器和玉器等，有的发现了城墙，也有的没有发现城墙。这些大型遗址属于什么性质？如果它们是都城遗址的话，那么它们是哪个王朝、哪个时期、与文献记载相对应的哪个都城遗址？这是我们在古代都城遗址考古中，仍在进行探索的科学难题，我想这样的探索可能要持续相当长的时间。考古学家通过考古发掘与研究，确定这些地方不是一般的聚落或居民区，它们应该属于高等级的社会活动中心，并推断出其存在的社会活动时间。在此基础之上，结合历史文献学、历史地理学等学科相关研究成果，作出它们为都

城遗址结论，进而又探索它们属于什么时代的、哪座都城遗址。由于考古资料、文献资料的不完整性，研究的理论模式的不一致，导致学者之间认知结论的不同。当然学术上的不同是正常的，但是同一问题的科学结论只有一个，不能是多种多样的，更不能是二者针锋相对的，这实际上至少说明当前古代都城考古研究理论上存在的某些薄弱。

偃师二里头遗址是1957年发现的[250]，将其视为都城遗址则是通过1959年徐旭生先生的考古调查，但是当时徐旭生先生认为二里头遗址“为商汤都城的可能性很不小”[251]，这种看法在其后的研究中持续了一段时间[252]。20世纪80年代中期以后，二里头遗址被学术界大多视为夏代都城遗址。然而二里头遗址作为夏代都城遗址与二里头文化作为夏文化，在国际学术界还存在着不同的声音[253]，这一方面是我们的相关田野考古新发现对外介绍得不够，对方了解得不多；另一方面彼此之间也确实存在着理论与方法上的不同，有些我们必须考虑自己的历史文化传统，结合自己的文化特点，进行学术研究；有些属于学术研究的理论与方法中的共性问题，我认为这些还是需要特别慎重对待的。一些以前认为已经解决的学术问题，随着学科的发展、新的考古资料的发现，对于学术界又有可能提出新的挑战。二里头遗址在“夏商周断代工程”被认为二里头文化一期至四期均为夏文化，夏王朝的年代为公元前2070～前1600年[254]。“夏商周断代工程”提供的二里头遗址新的碳素标本测定结果，二里头文化一期至四期拟合后的日历年代为公元前1880～前1521年[255]。最近有的学者根据新的考古资料，又提出二里头文化一期至四期大约在公元前1750～前1520年的观点[256]。如果上述推断不误的话，那么二里头文化一期至四期与夏文化关系、二里头文化一期至四期整体与夏代都城关系、二里头遗址与早期商代的偃师商城、郑州商城关系问题，就要进行重新的思考与认识。夏鼐先生1983年3月应日本广播协会邀请，在日本所做的讲演中指出：“至于二里头文化与中国历史上的夏朝和商朝的关系，我们可以说，二里头文化的晚期是相当于历史传说中的夏末商初。但是夏朝是一个比商朝为早的朝代。这是属于历史（狭义）的范畴。在考古学的范畴内，我们还没有发现有确切证据把这里的遗迹遗物和传说中的夏朝、夏民族或夏文化连接起来。”[257]夏鼐先生的讲演已过去了20多年，二里头遗址的考古工作也已取得多方面的学术收获，今天看来夏鼐先生的上述论述仍然有着重要的学术意义。我们可以说二里头遗址是夏代都城遗址，这样的假设不会出现什么大的问题，但是这不能掩盖“假设”理论方面的薄弱或逻辑上的某些缺失。这个问题的解决，我以为有赖于今后二里头遗址田野考古中与夏代都城内容相关的考古新发现，这是认定其夏王朝都城遗址的关键所在。

郑州商城遗址确定为商代都城遗址，是从1955年在郑州白家庄的商代文化层之下发现了夯土城墙遗迹，并由此钻探出相当长的城墙，在城墙之内发现了大量商代遗物。随着属于商代的宫殿建筑等大型夯土基址的考古发现，贵重青铜器的不断发掘出土，大面积手工业作坊遗址的清理，学术界逐渐取得了郑州商城是一座商代都城遗址的共识。但是有商一代，文献记载其都城有6处，按时代先后依次为：汤始居亳、仲丁迁隞、河亶甲居相、祖乙迁邢、南庚迁奄、盘庚迁殷。现在有两种主要观点，其一认为郑州商城为汤之都城亳，其二认为郑州商城为仲丁之都城隞。出现这样的情况，因为不同观点的学者对相同考古资料、文献记载的不同理解，研究方法的不同。如对郑州市出土的战国时代同一陶文的释读就不同，有人释为“亳”，有人释为“亭”[258]。显然，“亳”与“亭”是意义完全不同的两个字。鉴于上述情况，考古学就要与相关学科（即古文字学）结合，对“亳”或“亭”的释读有一个准确的界定。

目前关于偃师商城遗址的争论更大一些，主要问题是，偃师商城是不是商代都城。一种意见认为，偃师商城是商汤的都城“亳”[259]；第二种意见认为，偃师商城是盘庚迁都的都城[260]；第三种意见认为，商代都城有“主都”与“辅都”之分，偃师商城是作为“主都”的郑州商城之“辅都”[261]；第四种意见认为，偃师商城不是商代都城，而是文献记载中的商代“桐宫”，即“离宫”[262]。学术界的上述分歧看法，说明关于古代都城理论所涉及的都城概念的混乱、文献理解上的巨大差异。

关于古代都城的理论问题，古代都城概念界定的不一，是当前都城理论研究中的突出问题。

文献记载，上古时代有“万邦”“万国”之称。《周礼·天官·太宰》：“佐王治邦国。”注：“大曰邦，小曰国。”《国语·周语》：“国有班事，县有序民。”注：“国，城邑也。”《史记·五帝纪》：“（舜）一年而所居成聚，二年成邑，三年成都。”《太平御览·郡部一·叙京都上》载：“《尚书》曰：建邦设都。”又“《帝王世纪》曰：天子所居宫曰都。”《初学记·居处部·都邑》：“释名云，都者，国君所居，人所都会也。”又载：“唐虞以前，都名不著。自夏之后，各有所称。《白虎通》云：夏为夏邑，商为商邑，周为京师是也。《公羊传》曰：京师者何也？天子所居也。京，大也。师，众也。言天子所居，必以众大言之也。”上述文献所说的“夏邑”“商邑”“京师”，实际上系夏商周三代王朝之都城，相对他们所管辖的方国、分封诸侯国的都城，则为“首都”。

将“都”与“城”合并称之“都城”，是因为最初“城”的意义与“都”是基本相同的。《左传·庄公二十八年》云：“凡邑有宗庙先君之主曰都，无曰邑。邑曰筑，都曰城。”《初学记·居处部·城郭》：“《管子》曰：内为之城，外为之郭。《释名》云：城盛也，盛受国都也。郭，廓也，廓落在城外也。《风俗通》曰：郭或为之郛，郛者亦大也。按《淮南子》：鲧作城。《吴越春秋》曰：鲧筑城以卫君，造郭以守民。此城郭之始也。”

从史前时期到王国时代，是人类社会从“野蛮”到“文明”、从原始部落（或部落联盟）到国家的历史发展过程。国家是政府管理的社会，前国家社会即原始社会是无政府状态的社会。古代文明起源与形成时期，一般没有当时的文字记载留存下来，大多保留的是“传说”，中国的远古文明如此，世界其他几大古代文明也是这样。开展这方面的研究，获得科学的历史资料是进行研究工作的基础，而这种历史资料只能从遗留的那个时期的遗址、遗迹、遗物等各种物质遗存中去寻找，考古学（包括现代自然科学技术在考古学中的应用）是目前提供这种“寻找”的最为重要的学科。

既然国家社会与前国家社会的主要区别在于社会有无管理社会的机构——政府，那么政府的物化形式就是我们要探讨的内容。政府是高居于社会之上的组织，政府活动的空间形式是政府机构的建筑及其其他政府活动遗物。这种建筑不同于社会上的一般建筑，如社会成员的生活性、生产性建筑，或以血缘为基础组成的聚落性居住区或建筑群，以及为了防御自然或其他方面的威胁、攻击而修建的壕沟、墙垣等。聚落一般是以血缘为基础的、多个“家庭”组成的社会基本群体单元。初期国家及其政府是对某一地区范围之内的多个社会基本群体单元的组织协调、管理，国家对外代表、维护其管辖范围人们的利益，国家对内协调、管理其管辖地区的不同社会群体单元的社会利益。国家通过政府运作活动，政府在“城”的宫庙、官署中实施对国家的管理、统治。在东方、东亚开始出现的这些“城”，不是社会的农业与手工业、商业经济分工的产物，可能有的也不是社会贫富分化的产物。“城”是社会历史发展的政治产物，严格意义上的“城”是与国家同时产生的，国家是古代文明形成的集中体现，“城”是国家最集中的物化形式，“城”是早期古代国家历史缩影。

古代“城”的产生与早期发展研究，对探讨古代文明形成或国家出现有着极为重要的学术意义。

作为“万邦”的各“邦”之统治管理中心所在地——“国”，它实际就是“邦”的“都城”。“万邦”的发展，走向“王国”，王国政治中心的城，也就是国家的都城。王国时代王朝都城之中最具其代表性的物质载体与空间表现形式的是高大的城墙、宏伟的城门（或宫门、殿门、门阙）、壮观的宫殿和宗庙之类的大型夯土建筑基址及其帝王陵墓等。

如前所述，最早的都城就是“城”。就“城”的本义而言，它是国家的象征。古代文献《周礼·考工记》中的“国”与“王城”意义是相同的，至于“城以卫君”“郭以居民”的历史文献记载，更清楚地反映出“城”作为国家产物的特征了。从这一角度来说，最早的城，实际就是最早的“邦”或“国家”的政治统治中心。因此，中国古代都城考古学研究，是古代文明形成、国家出现考古学研究的主要内容，也是进行古代文明形成研究的最为重要的途径、路线和方法。

关于都城要素中的城墙问题。新世纪之前，学术界有一种说法，都城（或宫城）的城墙可以有，也可以没有。其典型的例证是二里头遗址和安阳殷墟，一般认为它们都是都城遗址，但当时又都没有发现城墙。近年的一些都城考古发现，至少说明上述推断是不妥当的。应该说上述论断的出现，实质上是对都城城墙理论认识上的缺失。其实我们在 1994 年古代都城考古学术研讨会上，就明确指出，城墙是构成都城的基本政治要素，没有城墙的“都城”实际上是不存在的。都城遗址的考古发现也充分证明了这点。近年来，经过考古工作者的努力，二里头遗址发现了宫城城墙，安阳殷墟的洹河北岸发现了规模庞大的商代城址。目前已经知道的考古材料，郑州商城、偃师商城都有宫城或大城（或称郭城），北京琉璃河有燕国西周城址；东周各国都城遗址，凡是开展了田野考古工作的，毫无例外的都发现了城墙；秦咸阳城已发现宫城，汉长安城及其以后历代都城均有城墙，现在可以说，都城（或宫城）必须有城墙，这是都城的基本条件。

2. 中国古代都城考古发现所揭示都城布局形制变化的理论认识

长期以来古代都城考古的重要任务是确定都城时代、地望、范围，进而揭示古代都城之中及其附近各种遗存内容。20 世纪 30 年代，中央研究院历史语言研究所在河南安阳殷墟遗址，对小屯的大型夯土基址进行了“整个翻”的考古发掘，力图了解殷墟遗址中宫庙建筑群的分布范围，究明建筑遗址的宏观布局。小屯的大型夯土建筑基址位于殷墟遗址中心区，发掘者把它们划分为甲、乙、丙三区，并认为三区的功能分别为：甲区为宫殿区、乙区为宗庙区、丙区为社稷区。王陵区在殷墟中心区西北部。不同分区及其各区的内容，使人们可以认为，这就是一座王国都城。再结合殷墟遗址出土的甲骨文，进一步了解到这里是历史文献记载的商代晚期都城遗址。通过田野考古确定历史文献记载的古代都城遗址地望，进而了解都城遗址范围、提出了关于都城形制看法。他们的这些古代都城考古的学术理念，在其后的相当长时间里，从事发掘先秦时代以后都城遗址考古的学者们，继承并发展了这一都城考古理论。从都城考古理论发展史看，正如有的学者指出的那样："虽然汉唐都城考古是强调了解城址布局的，但很长时间以来，先秦考古尤其是夏商西周时期考古，并未强调探索都城布局。10年前的会议上，仅有三四位学者论及有关问题；对二里头、偃师商城、郑州商城和小双桥遗址，更多是着眼于各处的年代、分期、文化属性及它们之间的关系，围绕着夏商界定课题，从不同学说角度做出解释。因为是一种普遍现象，很难简单归咎于某几位考古领队缺乏布局意识，而应当承认当年学科实际发展水平便是如此。"[263]

但是，我注意到由于20世纪30年代殷墟田野考古工作时间不长，总体上揭露面积不足，没有其他都城遗址田野考古经验的积累和都城考古资料的参照，相关历史文献资料的薄弱，这些给研究者造成严重的困难。因此在殷墟小屯建筑遗址群的分区及功能研究方面，存在着宫殿、宗庙、社稷等政治与礼制性建筑遗址"泛化"现象，即见到夯土建筑遗址就视为宫庙等高等级建筑。并进而力图把考古发现的这些建筑遗存，与历史文献相对应，从而提出都城之中宫殿与宗庙、社稷的布局假设。其实现在可以从二里头遗址、偃师商城、盘龙城等夏商时代城址及其宫庙建筑清楚地看到，在小屯夯土建筑遗址群中，作为使用了二百多年的王室大型建筑区，考古发掘的小屯商代宫殿及礼制建筑的形制是需要重新审视，对以此为基础进行的甲、乙、丙分区是更需要重新考虑的。诚如当年殷墟小屯宫庙建筑遗址考古发掘者所说："甲乙丙三组基址，经过整理之后，感觉有许多欠缺，希望日后再行发掘殷墟时候把它弥补起来，倘使自己没有再发掘的机会，寄望日后发掘殷墟的考古予以注意。"[264]

通过近半个世纪的都城遗址考古，20世纪80年代初，考古学家开始对秦汉及其以后的古代都城遗址的布局形制进行对比研究，这种研究大多限于都城建筑平面的形状、分布不同的对比，也就是都城物化载体的表象对比。20世纪90年代中后期，古代都城考古研究从过去的布局形制比较研究，发展到对不同时代都城遗址的不同都城布局形制或同一都城遗址不同时代的都城布局形制的深层历史原因的探索[265]。从都城、宫城平面布局变化，到不同功能大型建筑遗址分布、建筑形制发展所反映的深刻历史意义。如从宫城（即早期的"城"）到宫城与郭城组成的都城，是国家从"方国"到"王国"的发展变化，或早期王国都城的发展反映。从王国都城的宫城到初期帝国都城的宫城和亚宫城，反映了国家从血缘政治向地缘政治发展变化。从早期帝国都城的宫城、宫城和郭城，发展为秦汉时代以后都城的宫城、内城（或称皇城）和郭城，说明地缘政治的中央集权国家政治更为成熟。又如宫殿与宗庙在都城位置，早期都城的宫殿与宗庙均在都城的宫城之中，并形成宫城的"双轴线"形制，二里头遗址的宫城遗址、偃师商城宫城遗址均属于这一类型。宫城"双轴线"形制，是地缘政治与血缘政治"二元"并行在宫城布局形制方面的折射。当宫城、都城之内形成单一轴线时，即"一元"的帝国政治（地缘政治）取代了王国时代地缘政治与血缘政治结合的"二元"政治。从目前考古资料来看，至迟在秦代都城咸阳城遗址，宗庙已建在都城之外的"渭南"地区。西汉都城长安城的宗庙遗址在长安城南郊，此后历代都城之宗庙均不在宫城之中。在战国时代的都城可以发现，"双轴线"的宫城已经看不到，能够看出宫城"轴线"的，均为单一轴线。如燕下都、赵王城、齐临淄城的宫城等。汉长安城及其以后历代都城、宫城的单一"轴线"已十分明显、突出。再如，汉代以后都城的大型夯土建筑基址中发现的礼制建筑、宗教建筑的宫殿化问题，它们恰恰说明了中国古代历史上皇权主导地位越来越突出的特点。

中国古代都城的宫城与皇城（或称内城）出现，既说明不同时代都城布局形制的不同特点，更为重要的还在于，它反映了国家政治机制的重大变化，即国家统治集团从王国时代的王室统治向帝国时代的皇室和中央集权政府统治的变化。但是都城变化的这种情况，与人类社会历史发展往往不是同步的，社会已经从王国时代发展到帝国时代，作为帝国时代的都城一般还要保留、延续一段王国时代都城布局形制的基本特点，这就是考古学文化相对“政治”变化的“滞后性”。中国古代历史的中央集权统一帝国建立于秦代，而与帝国都城形制相一致的帝国都城成熟则延至北魏都城洛阳城[266]。

3. 关于城、都城的出现与社会经济分工的关系及工商业在城、都城之中的地位等理论问题认识的发展

一种看法认为中国古代早期城、都城是农业与手工业或商业（或称工商业）的分工产物，正是这种分工造成“城”与“乡”（即农村）的对立。现在看来这些说法有进一步研究的必要。早期城、都城是地区、国家的政治中心，这种“政治中心”的出现是社会经济发展的要求，它应该是对社会经济资源的分配、对与社会经济（即农业经济）所必需的水利资源的统一管理、对管辖区域的“保护”、以武装力量为基础的维持对非管辖区域的政治平衡或以掠夺为目的的征服战争、对管辖区域内不同地区与不同血缘集团利益冲突的调解或制止等。早期都城遗址之中发现的手工业作坊遗址，一般为官府手工业作坊遗址。“工在官”是中国古代历史的重要特点之一，在二里头遗址发现的绿松石手工业作坊区、青铜器冶铸遗址均位于宫城附近或遗址中心区之内，它们被认为是官府手工业作坊遗址。这种情况，在古代都城中延续了相当长时间，在汉长安城遗址之中发现的为数不少手工业作坊遗址，它们基本属于官府手工业作坊遗址，如在西市遗址中发掘的制造“裸体”陶俑的陶俑窑遗址、铸币遗址、冶铸遗址，在北宫南部发掘的砖瓦窑遗址等。我们不能将这些手工业作坊遗址视为与农业分工的物证遗存，这些手工业作坊遗址所生产的产品，更不是为了作为商品进入社会流通领域。作为大规模商品生产的都城手工业，应该是进入中古时代以后的事情。我认为农业与手工业的社会分工，应该是手工业成为一种社会生业，其产品作为商品进入社会流通领域，当时都城的官府手工业不具备或不完全具备这些功能。商业、商人在中国古代历史上，基本处于被打压的地位，在唐代及其以前的时代，商业、商人的活动在时空两个方面都被严格控制的，“重农抑商”是中国历史传统文化的主要特点之一。到了中国古代封建社会晚期，甚至直至近代，安徽的“徽商”，在商业上取得巨大成就之时，还要“买”个虚名的官爵，还要以“书香门第”装点自己。这种心态下的商业、商人的独立性是很值得怀疑的。东西方古代都城遗址关于市场遗址及与商业文化遗产相关的考古发现越来越说明，中国古代都城与西方古代国家的都城重大区别就在于商业在都城中的地位，前者极其微弱，后者相当发达。意大利古代罗马城与汉长安城的考古发现，是个非常典型的例证。

（二）关于古代都城考古方法论的发展

古代都城遗址的田野考古方法，从20世纪30年代至今80多年来，已发生了重大变化。殷墟遗址开始使用的“探沟法”，很快就被“平翻法”所代替。这是根据都城遗址一般面积大，10米 ×10米的“平翻法”，克服了2米宽“探沟法”对遗址全貌整体认识的制约。这种10米 ×10米的“平翻法”，现在还多用于先秦时代都城大型夯土建筑遗址的考古发掘中。20世纪80年代以来，在一些汉唐都城的大型夯土建筑遗址中，采用了20米 ×20米的探方进行发掘；有的甚至采取了“无探方法”的发掘，这种“无探方法”实际上是一个独立建筑单元的大型建筑遗址，作为一个探方去发掘。这些在提高田野考古发掘质量和科研效率方面，进行了极为有益的成功探索。

关于古代都城遗址田野考古“程序”的探索。一个使用长达百余年或二三百年的都城遗址，一般而言，时代越早地面之上保留遗迹越少。以历史文献资料为线索，确定其地望，通过田野考古调查，缩小地望的区域范围，寻找与历史文献记载时代相近的遗址，进行试掘，确定遗址时代。开展考古勘探究明准确的城址范围，寻找城墙、城门遗迹。城门遗址的寻找，往往与都城主要道路的勘探相关联。都城道路勘探是都城遗址考古中十分重要的工作，在秦汉以来的都城遗址考古中，这方面已经取得不少成功经验。以往先秦时代都城遗址考古的道路勘探工作相对较为薄弱，像安阳殷墟这样的大型都城遗址，至今路网结构仍不清楚。其他先秦时代都城遗址考古工作中，也是大多没有解决都城路网布局问题。新世纪伊始，先秦都城遗址在这方面有所改变，偃师二里头遗址是个突出的例子。都城遗址的布局离开其路网结构，将无从谈起。所谓都城遗址的功能分区，其分界线一般就是利用都城的纵横干道。同时，都城主要道路还是与城门密切相关的，而城门又是都城的坐标点。在一些水位较高的都城遗址进行考古勘探，从技术层面而言，都城道路的路土寻找比城墙、宫墙的夯土寻找更容易，这因为路土比夯土更为坚硬，保存状况更好，颜色与土质结构更易于辨识。20世纪80年代初，我们在水位很高的秦汉栎阳城遗址开展田野考古工作，正是通过从城址路土的寻找，究明了都城城门位置，解决了城内的不同功能分区[267]，这一都城考古方法，在1982年中国社会科学院考古研究所年终田野考古汇报中，曾经进行了总结汇报。汉长安城遗址之中的11个单元区域，也是依据已经考古勘探究明的城内干道而产生的，从而究明了都城之中的宫城、“亚宫城”、武库、贵族宅邸、百姓里居、市场、官手工业作坊区等分区及其范围。

关于都城建筑遗址地层堆积问题。在都城考古学的地层学方面，长期以来存在着一些明显的误区，这里涉及两个方面问题，其一，地层时代与王朝时代问题；其二，简单的以地层包含物时代，确定建筑物时代问题。

第一个问题，在古代都城遗址考古中，我们可以发现并经常听说其探方剖面的上下相邻两个地层为西汉时代文化层与秦代文化层、唐代文化层与隋代文化层等等，在先秦时代都城建筑遗址考古中这些地层划分情况也多有存在。首先，我认为地层的形成与王朝的变更没有必然联系，前者属于“自然原因”，后者当为“社会原因”。王朝的改变，不可能导致新的“地层”形成；反之，新的“地层”出现与王朝的更换也不存在因果关系。在古代都城考古中，出现这样问题的主要原因是，相当长时间以来，一些考古学家把考古学文化与以“王朝”命名的文化等同起来。在历史时代，考古学文化当然会受到王朝时代的“政治”影响，但是考古学家对其相应时代考古学文化内涵的确定主体是“物质的”，这些主要“物质”（如陶器）的变化并不受政治变化的制约，把这种考古学文化与王朝（尤其是王朝更迭时期）文化等同起来是缺乏科学依据的。至于宫庙之类大型“政治性”建筑，因王朝更迭而废毁形成的地层堆积，不在上述所说之列，它们恰恰是“政治”变化的物化记录。

第二个问题，在古代都城大型宫庙建筑遗址考古中，以其同期地层包含物的时代确定建筑遗址时代，也是不严谨的。大型宫庙建筑遗址的地层堆积，一般属于“一次性”堆积。我在2000年的一篇文章中谈到古代瓦当断代时指出：“瓦当是历史考古学的研究对象。当前在历史考古学研究中，往往把属于政治性概念的‘王朝’文化与考古学文化相混淆，如一般把秦文化、汉文化、唐文化等，理解为相对应的‘王朝’文化，而具体研究中又视为‘考古学文化’，这样造成了不少的混乱。其实一种考古学文化不会因政治上的改朝换代而立即‘更新’。在历史考古学中，考古学文化与王朝、帝国的兴亡，往往前者表现出滞后性。这也就是为什么许多物质文化在王朝的政治更替时期，显得‘麻木不仁’。”[268]宫庙建筑在使用中产生的垃圾，一般不会在原地形成地层堆积，当时都要清理出去。过去有些考古工作者认为，在都城宫庙建筑遗址发掘时很少见到“灰坑”“灰层”，甚至把这种现象视为不正常。这应该是一个误区。须知，都城或宫城宫庙建筑区使用期间所产生的“垃圾”，不会就地堆积，一般而言，宫庙建筑区的使用功能决定了这里不会有大量生活垃圾存在。在田野考古中我们发现，大型宫庙建筑遗址的堆积大多为建筑物的倒塌堆积，其中以各种各样建筑材料最多，也有一些兵器及其相关遗物。在东周时代及其以后的都城建筑遗址考古中，砖、瓦、瓦当等建筑材料往往是考古工作者判断建筑遗址时代的重要依据。由于大型建筑的使用年代比较长，而中国古代的宫庙建筑均为土木建筑，需要经常修缮，宫庙建筑废弃之时，其建筑本体所保存的建筑材料时代可能比较复杂，有建筑物始建时期的建筑材料，也有建筑物使用过程中，建筑物修缮时的新更换的建筑材料，建筑物使用的时间越长，建筑物修缮的次数越多，建筑物新更换的建筑材料越多。因此，在判断建筑遗址始建时代时，这是必须予以充分注意的。

都城宫庙建筑遗址中的建筑物之间打破关系与时代的界定问题。古代都城田野考古中，非常重视建筑遗址中的建筑遗迹的打破关系。现在的有的学者往往把这种建筑遗迹上反映的不同时期、不同建筑的打破关系，简单的与该遗址以陶器为研究对象形成的类型学分期套用，形成对建筑遗址的年代判断依据，这也存在着片面性。在实际的都城建筑遗址田野考古中，同一个王朝时代的都城夯土，很难区分出来它们的时代特点。至于以夯土中的陶器等遗物判断建筑遗址时代，其可靠性、严谨性都是需要慎重考虑的，而且真正重要的宫庙建筑遗址，其夯土一般是相当纯净的。至于宫庙建筑遗址与墓葬的相互打破关系，在推断宫庙建筑遗址的相对年代方面有着重要作用。墓葬打破建筑，可以作为建筑下限年代的参考；建筑遗址叠压在墓葬之上，可以作为界定建筑上限年代的参考。建筑遗址中建筑遗迹反映的打破关系，反映了相对年代关系，但是把这些打破关系形成的相对年代，转化成对应的考古学文化分期，这是需要我们认真对待的。

新世纪的中国考古学在迅速的发展，中国古代都城考古作为中国考古学的重要方面，被学术界、考古学界越来越重视，古代都城田野考古发现越来越多，自然科学技术在古代都城考古方面的应用越来越广泛，人文社会科学在古代都城研究的越来越深入，这些都将极大地推动新世纪中国古代都城考古的发展。

注　释

[1] 学术界一般认为河南偃师二里头遗址是夏代中晚期都城遗址，有的学者推断可能为夏王朝的都城斟寻。

[2] 学术界一般认为郑州商城遗址属于商代早期都城遗址，有的学者认为是商王朝都城亳，有的学者认为是商王朝都城隞。

[3] 有的学者认为偃师商城遗址是商代早期都城遗址，即商王朝都城亳；个别学者认为是商代国王盘庚的都城遗址；有的学者认为偃师商城遗址是商王朝的离宫遗址，即文献记载的“桐宫”；也有学者认为偃师商城属于商王朝的“陪都”。

[4] 张国硕：《夏商时代都城制度研究》，河南人民出版社，2001年，第73、74页。

[5]《辞源》（四）第3273页“陪都”条载：“周以洛邑为东都，即陪都所自始。”商务印书馆，1983年。

[6] 张国硕：《夏商时代都城制度研究》，河南人民出版社，2001年，第45～88页。

[7] 史念海：《中国古都和文化》，中华书局，1998年，第178页。

[8] 刘庆柱：《论秦咸阳城布局形制及其相关问题》，《古代都城与帝陵考古学研究》，科学出版社，2000年。

[9]《汉书》卷二十五（下）《郊祀志（下）》。

[10]《汉书》卷二十七（上）《五行志（上）》。

[11]《史记》卷七《项羽本纪》。

[12]《汉书》卷九十九（下）《王莽传（下）》。

[13] 国家文物局、中国文物报社：《中华文明遗迹通览》，上海古籍出版社，2002年。

[14] 郑孝燮：《历史文化名城保护规划》，《中国大百科全书·文物博物馆》，中国大百科全书出版社，1993年。

[15] 史学家一般认为，陶寺遗址所在地的山西襄汾，就是文献记载的“尧都”平阳。

[16] 一些考古学家、历史学家认为，夏代早期都城曾置于王城岗遗址所在地的河南登封，文献记载“禹都阳城”，河南登封古代名“阳城”。其中以安金槐先生为此说代表，见安金槐：《试论登封王城岗龙山文化城址与夏代阳城》，《中国考古学会第四次年会论文集》，文物出版社，1985年。

[17] 有的考古工作者认为，新砦城址可能为夏代国王启的都城所在地，见赵春青：《新密新砦城址与夏启之居》，《中原文物》2004年第3期。

[18] 顾炎武：《历代宅京记》之徐元文《序》，中华书局，1984年。

[19] 李民、王健：《尚书译著》，上海古籍出版社，2000年，第285页。

[20]《汉书》卷一（下）《高帝纪（下）》。

[21]《史记》卷一《周本纪》。

[22]《史记·张良传》《史记·刘敬传》。

[23] 刘文鹏：《古代西亚北非文明》，中国社会科学出版社，1999年。

[24] 乔纳森·马克·基诺耶著，张春旭译：《走进古印度城》，浙江人民出版社，2000年。

[25] 保罗·麦克金德里克著，晏绍祥译：《会说话的希腊石头》，浙江人民出版社，2000年。

[26] 郝名玮、徐世澄：《拉丁美洲文明》，中国社会科学出版社，1999年。

[27] 格林·丹尼尔著，黄其煦译：《考古学一百五十年》，文物出版社，1987年，第145页。

[28] 格林·丹尼尔著，黄其煦译：《考古学一百五十年》，文物出版社，1987年，第155、156页。

[29] 刘文鹏：《古代西亚北非文明》，中国社会科学出版社，1999年，第197、198页。

[30] 胡厚宣：《殷墟发掘》，学习生活出版社，1955年，第36页。

[31] 董作宾：《民国十七年十月试掘安阳小屯报告书》，《安阳发掘报告》第一册，1929年。

[32] 李济：《傅孟真先生领导的历史语言研究所——几个基本观念及几件重要工作的回顾》，《感旧录》，台北传记

文学出版社，1985 年。
[33] 李济：《小屯地面下情形分析初步》，《安阳发掘报告》第一册，1929 年。
[34] 邹衡：《郭宝钧先生的考古事迹及其在学术上的贡献》，《新学术之路——“中央”研究院历史语言研究所七十周年纪念文集（上）》，“中央”研究院历史语言研究所，1988 年，第 369、373 页。
[35] 陈存恭、陈仲玉、任育德：《石璋如先生访问纪录》，“中央”研究院近代史研究所，2000 年，第 87、127 页。
[36] 邹衡：《中国考古学的奠基人之一——祝贺石璋如先生百岁寿辰》，《石璋如院士百岁祝寿论文集》，南天书局出版，2002 年，第 2 页。
[37] 石璋如：《小屯第一本·遗址的发现与发掘乙编·殷墟建筑遗存》之李济《序》，“中央”研究院历史语言研究所，1959 年，第 2 页。
[38] 刘观民：《黄文弼》，《中国大百科全书·考古学》，中国大百科全书出版社，1986 年，第 215、216 页。
[39] 河北省文物研究所：《燕下都》，文物出版社，1996 年。
[40] 日本东亚考古学会：《东京城——渤海上京龙泉府址的调查发掘》，日本东京，1939 年。
[41] 斋藤甚兵卫：《关于满洲国间岛省珲春县半拉城》，《考古学杂志》1942 年第 32 卷第 5 期。
[42] 鸟山喜一：《渤海中京考》，《考古学杂志》1944 年第 34 卷第 1 期。
[43] 驹井和爱、关野雄：《邯郸——战国时代赵都城址的发掘》，东亚考古学会，1954 年。
[44] 驹井和爱：《曲阜鲁城的遗迹》，东京大学文学部考古学研究室，1950 年。
[45] 关野雄：《齐都临淄调查》，《中国考古学研究》，东京大学东洋文化研究所，1956 年。
[46] 宿白：《八年来日人在华北诸省所作考古工作记略》，《大公报图书周刊》第 2 卷，1947 年 1 月 11 日。
[47] 中国社会科学院考古研究所：《殷墟的发现与研究》，科学出版社，1994 年，第 15～18 页。
[48] 足立喜六著，杨链译：《长安史迹考》，商务印书馆，1935 年，第 59～62 页。
[49] 阎文儒：《洛阳汉魏隋唐城址勘查记》，《考古学报》第九册，1955 年。
[50] 足立喜六著，杨链译：《长安史迹考》，商务印书馆，1935 年，第 129～134 页。
[51] 石兴邦：《丰镐一带考古调查简报》，《考古通讯》1955 年第 1 期。
[52] 中国科学院考古研究所：《沣西发掘报告——1955～1957 年陕西长安县沣西乡考古发掘资料》，文物出版社，1963 年。
[53] 考古研究所洛阳发掘队：《洛阳涧滨东周城址发掘报告》，《考古学报》1959 年第 2 期；陈久恒：《隋唐东都城址的勘查和发掘》，《考古》1961 年第 3 期。
[54] 河南省文物考古研究所：《郑州商城——1953～1985 年考古发掘报告》，文物出版社，2001 年。
[55] 王仲殊：《汉长安城考古工作的初步收获》《考古通讯》1957 年第 5 期；王仲殊：《汉长安城考古工作收获续记——宣平门的发掘》，《考古通讯》1958 年第 4 期。
[56] 夏鼐：《我国近五年来的考古新收获》，《考古》1964 年第 10 期。
[57] 中国社会科学院考古研究所：《西汉礼制建筑遗址》，文物出版社，2003 年。
[58] 王仲殊：《汉长安城考古工作的初步收获》，《考古通讯》1957 年第 5 期。
[59] 陕西省文物管理委员会：《唐长安城基址初步探测资料》，《考古学报》1958 年第 3 期。
[60] 中国科学院考古研究所：《唐长安大明宫》，科学出版社，1959 年。
[61] 中国科学院考古研究所西安唐城工作队：《唐长安城考古记略》，《考古》1963 年第 11 期。
[62] 马得志：《1959—1960 年唐大明宫发掘简报》，《考古》1961 年第 7 期
[63] 中国科学院考古研究所西安唐城工作队：《唐长安西市遗址发掘》，《考古》1961 年第 5 期。
[64] 马得志：《唐长安兴庆宫发掘记》，《考古通讯》1959 年第 10 期。
[65] 马得志：《唐大明宫含元殿的建筑形制及其源流》，《新世纪的中国考古学——王仲殊先生八十华诞纪念论文集》，科学出版社，2005 年，第 690 页。
[66] 徐旭生：《1959 年夏豫西调查“夏墟”的初步报告》，《考古》1959 年第 11 期。
[67] 中国社会科学院考古研究所：《偃师二里头——1959 年～1978 年考古发掘报告》，中国大百科全书出版社，1999 年。

[68] 元大都考古队：《元大都的勘查和发掘》,《考古》1972年第1期。

[69] 陕西省社会科学院考古研究所渭水队：《秦都咸阳故城遗址的调查和试掘》,《考古》1962年第6期。

[70] 北京市文物局考古队：《建国以来北京市考古和文物保护工作》,《文物考古工作三十年》，文物出版社，1979年，第3页。

[71] 中国历史博物馆考古组：《燕下都城址调查报告》,《考古》1962年第1期；河北省文化局文物工作队：《河北易县燕下都故城勘查和试掘》,《考古学报》1965年第1期。

[72] 中国科学院考古研究所洛阳工作队：《汉魏洛阳城初步勘查》,《考古》1973年第4期。

[73] 徐苹芳：《金中都》,《中国大百科全书·考古学》，中国大百科全书出版社，1986年。

[74] 辽中京发掘委员会：《辽中京城址发掘的重要收获》,《文物》1961年第9期。

[75] 文物编辑委员会：《文物考古工作三十年》，文物出版社，1979年，第78页。

[76] 陕西省社会科学院考古研究所凤翔队：《秦都雍城遗址勘查》,《考古》1963年第8期。

[77] 陕西省文管会：《秦都栎阳初步勘探记》,《文物》1966年第1期。

[78] 群力：《临淄齐国故城勘探纪要》,《文物》1972年第5期；河南省博物馆新郑工作站、新郑县文化馆：《河南新郑郑韩故城的钻探和试掘》,《文物资料丛刊（3）》，文物出版社，1980年。

[79] 福建省文物管理委员会：《福建崇安城村汉城遗址试掘》,《考古》1960年第10期。

[80] 胡振东：《太和城遗址》,《中国大百科全书·文物博物馆》，中国大百科全书出版社，1993年。

[81] 中国社会科学院考古研究所：《六顶山与渤海镇——唐代渤海国的贵族墓地与都城遗址》，中国大百科全书出版社，1997年。

[82] 中国科学院考古研究所二里头工作队：《河南偃师二里头早商宫殿遗址发掘简报》,《考古》1974年第4期。

[83] 中国科学院考古研究所：《小屯南地甲骨》，中华书局，1988年。

[84] 中国科学院考古研究所西安工作队：《唐代长安城明德门遗址发掘简报》,《考古》1974年第1期。

[85] 中国科学院考古研究所西安唐城工作队：《唐青龙寺发掘简报》,《考古》1974年第5期。

[86] 中国社会科学院考古研究所：《新中国考古发现和研究》，文物出版社，1984年，第620页；中国科学院考古研究所洛阳工作队：《汉魏洛阳城南郊的灵台遗址》,《考古》1978年第1期。

[87] 秦都咸阳考古工作站：《秦都咸阳第一号宫殿建筑遗址简报》,《文物》1976年第11期。

[88] 湖北省博物馆、北京大学考古专业盘龙城发掘队：《盘龙城1974年度田野考古纪要》,《文物》1976年第2期。

[89] 河北省文物研究所：《河北平山三汲古城调查与墓葬发掘》,《考古学集刊（5）》，中国社会科学出版社，1987年。

[90] 河北省文物管理处、邯郸市文物保管所：《赵都邯郸故城调查报告》,《考古学集刊（4）》，中国社会科学出版社，1984年。

[91] 河南省博物馆：《洛阳隋唐含嘉仓的发掘》,《文物》1972年第3期。

[92] 中国社会科学院考古研究所二里头队：《河南偃师二里头二号宫殿遗址》,《考古》1983年第3期。

[93] 中国社会科学院考古研究所汉魏故城工作队：《偃师商城的初步勘探和发掘》,《考古》1984年第6期；中国社会科学院考古研究所河南第二工作队：《1983年秋季河南偃师商城发掘简报》,《考古》1984年第10期；中国社会科学院考古研究所河南二队：《1984年春偃师尸乡沟商城宫殿遗址发掘简报》,《考古》1985年第4期。

[94] 中国社会科学院考古研究所：《殷墟妇好墓》，文物出版社，1980年；中国科学院考古研究所安阳发掘队：《安阳殷墟奴隶祭祀坑的发掘》,《考古》1977年第1期；中国社会科学院考古研究所：《殷墟的发现与研究》，科学出版社，1994年，第22页。

[95] 陕西周原考古队：《扶风召陈西周建筑群基址发掘简报》,《文物》1981年第1期；陕西周原考古队：《陕西岐山凤雏村西周建筑基址发掘简报》,《文物》1979年第10期。

[96] 湖北省博物馆：《楚都纪南城的勘查和发掘》,《考古学报》1982年第3期、第4期。

[97] 山东省文物考古研究所等：《曲阜鲁国故城》，齐鲁书社，1982年。

[98] 陕西雍城考古队：《凤翔马家庄一号建筑群遗址发掘简报》,《文物》1985年第2期；陕西省雍城考古队：《秦

都雍城勘查试掘简报》,《考古与文物》1985 年第 2 期。
[99] 秦都咸阳考古工作站:《秦都咸阳第二号建筑遗址发掘简报》,《考古与文物》1986 年第 4 期；秦都咸阳考古工作站:《秦都咸阳第三号宫殿建筑遗址发掘简报》,《考古与文物》1980 年第 2 期；秦都咸阳考古工作站:《秦都咸阳古窑址调查与试掘简报》,《考古与文物》1986 年第 3 期；陈国英:《咸阳长陵车站一带考古调查》,《考古与文物》1985 年第 3 期；陕西省考古研究所:《秦都咸阳考古报告》，科学出版社，2004 年。
[100] 中国社会科学院考古研究所栎阳发掘队:《秦汉栎阳城遗址的勘探和试掘》,《考古学报》1985 年第 3 期。
[101] 中国社会科学院考古研究所汉城工作队:《汉长安城武库遗址发掘的初步收获》,《考古》1978 年第 4 期；中国社会科学院考古研究所:《汉长安城未央宫——1980～1989 年考古发掘报告》，中国大百科全书出版社，1996 年。
[102] 福建省博物馆:《福建崇安汉城探掘简报》,《文物》1985 年第 11 期。
[103] 中国社会科学院考古研究所、河北省文物研究所邺城考古工作队:《河北临漳邺北城遗址勘探发掘简报》,《考古》1990 年第 7 期。
[104] 中国社会科学院考古研究所:《北魏洛阳永宁寺——1979～1994 年考古发掘报告》，中国大百科全书出版社，1996 年。
[105] 马得志:《唐长安发掘新收获》,《考古》1987 年第 4 期。
[106] 中国社会科学院考古研究所汉唐考古研究室:《考古研究所汉唐宋元考古二十年》,《考古》1997 年第 8 期，第 33、34 页。
[107] 丘刚、孙新民:《北宋东京外城的初步勘探与试掘》,《文物》1992 年第 12 期；丘刚:《北宋东京外城的城墙和城门》,《中原文物》1986 年第 4 期。
[108] 浙江省文物考古研究所:《杭州市南宋临安城考察》,《中国考古学年鉴（1985）》，文物出版社，1985 年。
[109] 刘庆柱:《中国古代都城遗址布局形制的考古发现所反映的社会形态变化研究》,《考古学报》2006 年第 3 期；王学荣:《偃师商城布局的探索和思考》,《考古》1999 年第 2 期。
[110] 中国社会科学院考古研究所二里头队:《河南偃师二里头二号宫殿遗址》,《考古》1983 年第 3 期。
[111] 中国社会科学院考古研究所河南第二工作队:《1984 年春偃师尸乡沟商城宫殿遗址发掘简报》,《考古》1984 年第 5 期。
[112] 河南省文物研究所:《郑州商代城内宫殿遗址区第一次发掘报告》,《文物》1983 年第 4 期。
[113] 陕西周原考古队:《陕西岐山凤雏村西周建筑基址发掘简报》,《文物》1979 年第 10 期；陕西周原考古队:《扶风召陈西周建筑群基址发掘简报》,《文物》1981 年第 1 期。
[114] 陕西雍城考古队:《凤翔马家庄一号建筑群遗址发掘简报》,《文物》1985 年第 2 期。
[115] 咸阳市文管会、咸阳市博物馆等:《秦都咸阳第三号宫殿建筑遗址发掘简报》,《考古与文物》1980 年第 2 期。
[116] 中国社会科学院考古研究所汉城工作队:《汉长安城武库遗址发掘的初步收获》,《考古》1978 年第 4 期；中国社会科学院考古研究所:《汉长安城未央宫——1980～1989 年考古发掘报告》，中国大百科全书出版社，1996 年。
[117] 中国社会科学院考古研究所:《北魏洛阳永宁寺——1979～1994 年考古发掘报告》，中国大百科全书出版社，1996 年。
[118] 中国社会科学院考古研究所西安唐城队:《唐长安青龙寺遗址》,《考古学报》1989 年第 2 期。
[119] 中国社会科学院考古研究所汉唐考古研究室:《考古研究所汉唐宋元考古二十年》,《考古》1997 年第 8 期。
[120] 中国社会科学院考古研究所:《汉长安城未央宫——1980～1989 年考古发掘报告》，中国大百科全书出版社，1996 年。
[121] 刘庆柱:《西安市汉长安城东市和西市遗址》,《中国考古学年鉴（1987）》，文物出版社，1989 年。
[122] 中国社会科学院考古研究所汉城工作队:《汉长安城窑址发掘报告》,《考古学报》1994 年第 1 期；中国社会科学院考古研究所汉城工作队:《汉长安城 23～27 号陶窑发掘简报》，1994 年第 11 期；中国社会科学院考古研究所汉城工作队:《1992 年汉长安城冶铸冶铸发掘简报》,《考古》1995 年第 9 期；李毓芳:《汉长安城烘范窑和铸币遗址》,《中国考古学年鉴（1993）》，文物出版社，1995 年。

[123] 中国社会科学院考古研究所西安唐城工作队：《唐长安西明寺遗址发掘简报》，《考古》1990 年第 1 期。
[124] 中国社会科学院考古研究所西安唐城工作队：《唐长安皇城含光门遗址发掘简报》，《考古》1987 年第 5 期。
[125] 中国社会科学院考古研究所西安唐城工作队：《唐长安城安定坊发掘记》，《考古》1989 年第 4 期。
[126] 中国社会科学院考古研究所西安唐城工作队：《陕西唐大明宫含耀门遗址发掘记》，《考古》1988 年第 1 期。
[127] 中国社会科学院考古研究所西安唐城工作队：《隋仁寿宫唐九成宫 37 号殿址的发掘》，《考古》1995 年第 12 期；陕西省文物局：《唐华清宫》，文物出版社，1998 年。
[128] 中国社会科学院考古研究所洛阳唐城队、洛阳市文物工作队：《隋唐洛阳城永通门遗址发掘简报》，《考古》1997 年第 12 期。
[129] 中国社会科学院考古研究所洛阳唐城队：《河南洛阳隋唐城宣仁门遗址的发掘》，《考古》2001 年第 11 期。
[130] 中国社会科学院考古研究所洛阳唐城队：《洛阳唐东都圆璧城南门遗址发掘简报》，《考古》2000 年第 5 期。
[131] 中国社会科学院考古研究所洛阳唐城队：《唐东都武则天明堂遗址发掘简报》，《考古》1988 年第 3 期。
[132] 中国社会科学院考古研究所洛阳唐城队：《洛阳东都上阳宫园林遗址发掘简报》，《考古》1998 年第 2 期。
[133] 丘刚：《北宋东京内城的初步勘探与试掘》，《文物》1996 年第 5 期；丘刚、董祥：《北宋东京皇城的初步勘探与试掘》，《开封考古发现与研究》，中州古籍出版社，1998 年，第 163～172 页。
[134] 王立早：《社科院考古研究所在洛阳召开古代都城考古研讨会》，《中国文物报》1995 年 1 月 8 日第二版；王立早：《中国社会科学院考古研究所在洛阳召开古代都城考古研讨会》，《中国考古学年鉴（1995）》，文物出版社，1997 年，第 268 页。
[135]《偃师商城考古再获新收获》，《中国文物报》1998 年 1 月 11 日；中国社会科学院考古研究所：《河南偃师商城商代早期王室祭祀遗址》，《考古》2002 年第 7 期。
[136] 中国社会科学院考古研究所河南第二工作队：《河南偃师商城小城发掘简报》，《考古》1999 年第 2 期；杜金鹏、王学荣、张良仁：《试论偃师商城小城的几个问题》，《考古》1999 年第 2 期。
[137] 郑振香：《安阳殷墟大型宫殿基址的发掘》，《文物天地》1990 年第 3 期。
[138] 杜金鹏：《殷墟宫殿区建筑布局和性质简论》，《中国文物报》2005 年 3 月 4 日第 7 版。
[139] 中国社会科学院考古研究所安阳工作队：《河南安阳市洹北商城宫殿区 1 号基址发掘简报》，《考古》2003 年第 5 期。
[140] 中国社会科学院考古研究所二里头工作队：《河南偃师二里头遗址宫城及宫殿区外围道路的考察与发掘》，《考古》2004 年第 11 期；许宏：《二里头遗址发掘和研究的回顾与思考》，《考古》2004 年第 11 期。
[141] 中国社会科学院考古研究所汉城工作队：《汉长安城北宫的勘探及其南面砖瓦窑的发掘》，《考古》1996 年第 10 期。
[142] 中国社会科学院考古研究所、日本奈良国立文化财研究所：《汉长安城桂宫发掘报告》，文物出版社，2007 年。
[143] 中国社会科学院考古研究所汉长安城工作队：《汉长安城长乐宫二号建筑遗址发掘报告》，《考古学报》2004 年第 1 期；中国社会科学院考古研究所汉长安城工作队：《西安汉长安城长乐宫四号建筑遗址》，《2004 中国重要考古发现》，文物出版社，2005 年；中国社会科学院考古研究所汉长安城工作队：《汉长安城长乐宫发现凌室遗址》，《考古》2005 年第 9 期。
[144] 中国社会科学院考古研究所汉魏城队：《汉魏洛阳故城城垣试掘》，《考古学报》1998 年第 3 期。
[145] 中国社会科学院考古研究所汉魏故城队：《汉魏洛阳故城金墉城址发掘报告》，《考古》1999 年第 3 期。
[146] 中国社会科学院考古研究所汉魏故城队：《河南汉魏洛阳故城北魏宫城阊阖门遗址》，《考古》2003 年第 7 期。
[147] 中国社会科学院考古研究所西安唐城工作队：《唐大明宫含元殿遗址 1995—1996 年发掘报告》，《考古学报》1997 年第 3 期。
[148] 中国社会科学院考古研究所西安唐城工作队：《陕西西安唐长安城圜丘遗址的发掘》，《考古》2000 年第 7 期。
[149] 中国社会科学院考古研究所、日本奈良文化财研究所联合考古队：《唐长安城大明宫太液池遗址发掘简报》，《考古》2003 年第 11 期。
[150] 中国社会科学院考古研究所洛阳唐城队：《洛阳东都履道坊白居易故居发掘简报》，《考古》1994 年第 8 期。
[151] 中国社会科学院考古研究所洛阳唐城队、洛阳文物工作队：《定鼎门遗址发掘报告》，《考古学报》2004 年第

1 期。
[152] 周原考古队:《陕西扶风县云塘、齐镇西周建筑基址 1999～2000 年度发掘简报》,《考古》2002 年第 9 期。
[153] 河南省文物考古研究所:《虢国真容终面世——三门峡虢国墓地及上阳城址》,《启封中原文明——20 世纪河南考古大发现》,河南人民出版社,2002 年。
[154] 中国社会科学院考古研究所、广州市文物考古研究所、南越王宫博物馆筹建处:《广州南越国宫署遗址 2000 年发掘报告》,《考古学报》2002 年第 2 期;广州市文物考古研究所、南越王宫博物馆筹建办公室:《广州南越国宫署遗址 1995—1997 年发掘简报》,《文物》2000 年第 9 期。
[155] 辽宁省文物考古研究所:《五女山城——1996～1999、2003 年桓仁五女山城调查发掘报告》,文物出版社,2004 年。
[156] 吉林省文物考古研究所、集安市博物馆:《国内城——2000～2003 年集安国内城与民主遗址试掘报告》,文物出版社,2004 年。
[157] 吉林省文物考古研究所、集安市博物馆:《丸都山城——2001～2003 年集安丸都山城调查试掘报告》,文物出版社,2004 年。
[158] 吉林省文物考古研究所、集安市博物馆:《集安高句丽王陵——1990～2003 年集安高句丽王陵调查报告》,文物出版社,2004 年。
[159] 王银田、曹臣明、韩生存:《山西大同市北魏平城明堂遗址 1995 年的发掘》,《考古》2001 年第 3 期。
[160]《南京首次发现六朝大型坛类建筑遗存》,《中国文物报》1999 年 9 月 18 日;《南京钟山六朝祭坛建筑遗址》,《2001 中国重要考古发现》,文物出版社,2002 年。
[161] 黑龙江省文物考古研究所、吉林大学考古学系、牡丹江市文物管理站:《渤海国上京龙泉府宫城第二宫殿遗址发掘简报》,《文物》2001 年第 11 期;黑龙江省文物考古研究所、牡丹江市文物管理站:《渤海国上京龙泉府外城正北门址发掘简报》,《文物》2001 年第 11 期。
[162]《吉林和龙西古城城址》,《2001 中国重要考古发现》,文物出版社,2002 年;《吉林延边西古城渤海国城址》,《文物天地》2003 年第 5 期。
[163] 杜正贤:《杭州发现南宋临安城太庙遗址》,《中国文物报》1995 年 12 月 31 日。
[164]《黑龙江阿城刘秀屯金代宫殿遗址》,《文物天地》2003 年第 5 期。
[165]《河北元中都遗址》,《1999 中国重要考古发现》,文物出版社,2001 年。
[166] 中国历史博物馆遥感与航空摄影考古中心、内蒙古自治区文物考古研究所:《内蒙古东南部航空摄影考古报告》,科学出版社,2002 年。
[167] 中国考古学会:《中国考古学会第五次年会论文集》,文物出版社,1988 年。
[168] 俞伟超:《中国古代都城规划的发展阶段性——为中国考古学会第五次年会而作》,《文物》1985 年第 2 期。
[169] 杨宽:《西汉长安布局结构的探讨》,《文博》1984 年创刊号;刘庆柱:《汉长安城布局结构辨析——与杨宽先生商榷》,《考古》1987 年第 10 期;杨宽:《西汉长安布局结构的再探讨》,《考古》1989 年第 4 期;刘庆柱:《再论汉长安城布局结构及其相关问题——答杨宽先生》,《考古》1992 年第 7 期。
[170] 刘庆柱:《中国古代都城考古学研究的几个问题》,《考古》2000 年第 7 期;刘庆柱、李毓芳:《中国古代都城建筑的思想理念探索》,《西安文物考古研究——西安市文物保护考古所成立十周年纪念》,陕西人民出版社,2004 年;刘庆柱:《中国古代建筑思想史概说》,《中国美术史》,上海人民出版社,2003 年;刘庆柱:《中国古代都城遗址布局形制的考古发现所反映的社会形态变化研究》,《考古学报》2006 年第 3 期。
[171] 西安市文物保护考古所:《西安龙首原汉墓》,西北大学出版社,1999 年;西安市文物保护考古所、郑州大学考古专业:《长安汉墓》,陕西人民出版社,2004 年。
[172] 姜波:《汉唐都城礼制建筑研究》,文物出版社,2003 年。
[173] 汪勃:《中日宫城池苑比较研究——6 世纪后期到 10 世纪初期》,中国社会科学院考古研究所博士后研究工作报告,2004 年。
[174] 中国社会科学院考古研究所:《偃师二里头——1959 年～1978 年考古发掘报告》,中国大百科全书出版社,1999 年。

［175］河南省文物考古研究所：《郑州商城——1953～1985年考古发掘报告》，文物出版社，2001年。
［176］中国社会科学院考古研究所：《安阳小屯》，世界图书出版公司，2004年。
［177］湖北省文物考古研究所：《盘龙城——1963年～1994年考古发掘报告》，文物出版社，2001年。
［178］中国社会科学院考古研究所：《西周张家坡墓地》，中国大百科全书出版社，1999年。
［179］河北省文物研究所：《燕下都》，文物出版社，1996年。
［180］陕西省考古研究所：《秦都咸阳考古报告》，科学出版社，2004年。
［181］中国社会科学院考古研究所：《汉长安城未央宫——1980～1989年考古发掘报告》，中国大百科全书出版社，1996年。
［182］中国社会科学院考古研究所：《西汉礼制建筑遗址》，文物出版社，2003年。
［183］福建省博物院、福建闽越王城博物馆：《武夷山城村汉城遗址发掘报告（1980—1996）》，福建人民出版社，2004年。
［184］辽宁省文物考古研究所：《五女山城——1996～1999、2003年桓仁五女山城调查发掘报告》，文物出版社，2004年。
［185］吉林省文物考古研究所、集安市博物馆：《国内城——2000～2003年集安国内城与民主遗址试掘报告》，文物出版社，2004年。
［186］吉林省文物考古研究所、集安市博物馆：《丸都山城——2001～2003年集安丸都山城调查试掘报告》，文物出版社，2004年。
［187］吉林省文物考古研究所、集安市博物馆：《集安高句丽王陵——1990～2003年集安高句丽王陵调查报告》，文物出版社，2004年。
［188］中国社会科学院考古研究所：《北魏洛阳永宁寺——1979～1994年考古发掘报告》，中国大百科全书出版社，1996年。
［189］中国社会科学院考古研究所：《六顶山与渤海镇——唐代渤海国的贵族墓地与都城遗址》，中国大百科全书出版社，1997年。
［190］中国社会科学院考古研究所：《中国考古学·夏商卷》，中国社会科学出版社，2003年。
［191］中国社会科学院考古研究所：《中国考古学·西周卷》，中国社会科学出版社，2004年。
［192］中国社会科学院考古研究所：《殷墟的发现与研究》，科学出版社，1994年。
［193］刘庆柱：《古代都城与帝陵的考古学研究》，科学出版社，2000年。
［194］王仲殊：《中日两国考古学·古代史论文集》，科学出版社，2005年。
［195］许宏：《先秦城市考古学研究》，北京燕山出版社，2000年。
［196］张国硕：《夏商时代都城制度研究》，河南人民出版社，2001年。
［197］刘春迎：《北宋东京城研究》，科学出版社，2004年。
［198］姜波：《汉唐都城礼制建筑研究》，文物出版社，2003年。
［199］马先醒：《中国古代城市论集》（简牍学会丛书之四），简牍学会印行，1980年。
［200］杨宽先生《中国古代都城制度史研究》的上编，除第十二章东吴都城建业和东晋南朝都城建康以外，均为作者1987年日本东京学生社出版的日文译本《中国都城的起源和发展》。
［201］杨宽：《西汉长安布局结构的探讨》，《文博》1984年创刊号；刘庆柱：《汉长安城布局结构辨析——与杨宽先生商榷》，《考古》1987年第10期；杨宽：《西汉长安布局结构的再探讨》，《考古》1989年第4期；刘庆柱：《再论汉长安城布局结构及其相关问题》，《考古》1992年第7期。
［202］曲英杰：《先秦都城复原研究》，黑龙江人民出版社，1991年。
［203］叶骁军：《中国都城发展史》，陕西人民出版社，1988年。
［204］朱祖希：《北京城——营国之最》，中国城市经济社会出版社，1990年。
［205］于杰、于光度：《金中都》，北京出版社，1989年。
［206］陈高华：《元大都》，北京出版社，1982年。
［207］武伯纶：《西安史话》，陕西人民出版社，1981年。

[208] 徐卫民：《秦都城研究》，陕西人民教育出版社，2000年。
[209] 周长山：《汉代城市研究》，人民出版社，2001年。
[210] 吴涛：《北宋都城东京》，河南人民出版社，1984年。
[211] 林正秋：《南宋都城临安》，西泠印社，1986年。
[212] 杨宽：《中国古代都城制度史研究》，上海古籍出版社，1993年。
[213] 王丕忠：《秦咸阳宫位置推测及其他问题》，《中国史研究》1982年第4期。
[214] 中国古都学会：《中国古都研究》（第一辑，1985年）、（第二辑，1986年）、（第三辑，1987年）、（第四辑，1989年），浙江人民出版社；《中国古都研究》（第十二辑、第十三辑，1998年），山西人民出版社；《中国古都研究》（第十四辑，2000年；第十七辑，2001年），三秦出版社；《中国古都研究》（第十八辑），国际华文出版社，2001年。
[215] 史念海：《中国古都学刍议》，《浙江学刊》1986年第1、2期合刊。
[216] 史念海：《中国古都和文化》，中华书局，1998年。
[217] 杨鸿勋：《建筑考古三十年综述》，《建筑考古学论文集》，文物出版社，1987年。
[218] 刘敦桢：《刘敦桢文集》（第一卷），中国建筑工业出版社，1982年，第129～167页。
[219] 王璧文：《中国建筑》，华北科学社，1943年。
[220] 朱偰：《元大都宫殿图考》，商务印书馆，1936年；朱偰：《北京宫阙图说》，商务印书馆，1938年。
[221] 唐金裕：《西安西郊汉代建筑遗址发掘报告》，《考古学报》1959年第2期。
[222] 王世仁：《汉长安城南郊礼制建筑（大土门村遗址）原状的推测》，《考古》1963年第9期。
[223] 杨鸿勋：《从原状看西汉长安明堂（辟雍）形制》，《建筑考古学论文集》，文物出版社，1987年。
[224] 中国科学院考古研究所：《唐长安大明宫》，科学出版社，1959年。
[225] 郭湖生：《麟德殿遗址的意义和初步分析》，《考古》1961年第11期。
[226] 刘致平、傅熹年：《麟德殿复原的初步研究》，《考古》1963年第7期。
[227] 杨鸿勋：《唐大明宫麟德殿复原研究》，《中国考古学研究——夏鼐先生考古五十年纪念论文集》，文物出版社，1986年。
[228] 马得志：《1959～1960年唐大明宫发掘简报》，《考古》1961年第7期。
[229] 郭义孚：《含元殿外观复原》，《考古》1963年第10期；傅熹年：《唐长安大明宫含元殿原状的探讨》，《文物》1973年第7期；杨鸿勋：《唐长安大明宫含元殿复原研究》，《庆祝苏秉琦考古五十五年论文集》，文物出版社，1989年。
[230] 中国科学院考古研究所西安工作队：《唐代长安城明德门遗址发掘简报》，《考古》1974年第1期。
[231] 傅熹年：《唐长安大明宫玄武门及重玄门复原研究》，《考古学报》1977年第2期；傅熹年：《唐长安明德门原状的探讨》，《考古》1977年第6期。
[232] 陕西周原考古队：《陕西岐山凤雏村西周建筑基址发掘简报》，《文物》1979年第10期；陕西周原考古队：《扶风召陈西周建筑群基址发掘简报》，《文物》1981年第3期。
[233] 傅熹年：《陕西岐山凤雏西周建筑遗址初探——周原西周建筑遗址研究之一》，《文物》1981年第1期；傅熹年：《陕西扶风召陈西周建筑遗址初探——西周建筑遗址研究之二》，《文物》1981年第3期。
[234] 杨鸿勋：《西周歧邑建筑遗址初步考察》，《文物》1981年第3期。
[235] 秦都咸阳考古工作站：《秦都咸阳第一号宫殿建筑遗址简报》，《文物》1976年第11期。
[236] 陶复：《秦咸阳宫第一号遗址复原问题的探讨》，《文物》1976年第11期。
[237] 河北省文物管理处：《河北省平山县战国时期中山国墓葬发掘简报》，《文物》1979年第1期。
[238] 湖北省博物馆、北京大学考古专业盘龙城发掘队：《盘龙城一九七四年度田野考古纪要》，《文物》1976年第2期。
[239] 中国科学院考古研究所二里头工作队：《河南偃师二里头早商宫殿遗址发掘简报》，《考古》1974年第4期。
[240] 傅熹年：《战国中山王𰯼墓出土的〈兆域图〉及其所反映出的陵园规划》，《考古学报》1980年第1期；杨鸿勋：《战国中山王陵及兆域图研究》，《考古学报》1980年第2期；杨鸿勋：《从盘龙城商代宫殿遗址谈中国

宫廷建筑发展的几个问题》,《文物》1976 年第 2 期;杨鸿勋:《初论二里头宫室的复原问题——兼论“夏后氏世室”形制》,《建筑考古学论文集》,文物出版社,1987 年。

[241] 杨鸿勋:《宫殿考古通论》,紫禁城出版社,2001 年。

[242] 傅熹年:《关于明代宫殿坛庙等大型建筑群总体规划手法的初步探讨》,《建筑历史研究》(第二辑),建筑工业出版社,1992 年。

[243] 傅熹年:《元大都大内宫殿的复原研究》,《考古学报》1993 年第 1 期。

[244] 傅熹年:《隋唐长安、洛阳城规划手法的探讨》,《文物》1995 年第 3 期。

[245] 贺业钜:《考工记营国制度研究》,中国建筑工业出版社,1985 年;贺业钜:《中国古代城市规划史论丛》,中国建筑工业出版社,1986 年;贺业钜:《中国古代城市规划史》,中国建筑工业出版社,1996 年。

[246] 刘叙杰等:《中国古代建筑史》(原始社会、夏、商、周、秦、汉建筑)第一卷,中国建筑工业出版社,2003 年;傅熹年等:《中国古代建筑史》(两晋、南北朝、隋唐、五代建筑)第二卷,中国建筑工业出版社,2001 年;郭黛姮等:《中国古代建筑史》(宋、辽、金、西夏建筑)第三卷,中国建筑工业出版社,2003 年;潘谷西等:《中国古代建筑史》(元、明建筑)第四卷,中国建筑工业出版社,2001 年;孙大章等:《中国古代建筑史》(清代建筑)第五卷,中国建筑工业出版社,2002 年。

[247] 彭金章:《试论河南偃师商城》,《全国商史学术讨论会论文集》,《殷都学刊》编辑部,1985 年;郑光:《试论偃师商城即盘庚之殷亳》,《故宫学术季刊》第八卷第四期,1991 年。

[248] 秦文生:《殷墟非殷都考》,《郑州大学学报》1985 年第 1 期。

[249] 杨鸿勋:《宫殿考古学通论》,紫禁城出版社,2001 年,第 65 页。

[250] 中国科学院考古研究所洛阳发掘队:《河南偃师二里头遗址发掘简报》,《考古》1965 年第 5 期。

[251] 徐旭生:《1959 年夏豫西调查“夏墟”的初步报告》,《考古》1959 年第 11 期。

[252] 中国科学院考古研究所二里头考古队:《河南偃师二里头早商宫殿遗址发掘简报》,《考古》1974 年第 4 期;殷玮璋:《二里头文化探讨》,《考古》1978 年第 3 期;殷玮璋:《偃师二里头的早商遗址》,《新中国的考古发现和研究》,文物出版社,1984 年。

[253] 目前在美国的杜朴、艾兰、贝格立教授等,美国从事中国上古史研究的学者始终对夏代的存在持保留的态度,认为有待进一步证明。即使是新出版的《剑桥中国上古史》,其中也并没有单独的篇章讨论夏代。见《手铲释天书——与夏文化探索者的对话》,大象出版社,2001 年,第 118 页。又,邹衡先生说:“1990 年美国洛杉矶‘夏文化国际讨论会’是首次在国外讨论夏文化问题。参加会议的有欧、亚、美、澳诸国对中国夏文化有兴趣的学者……当时的讨论大概有三种意见:第一种意见基本持否定态度,认为夏朝充其量是神话传说时代,不能具体有所指。持这种意见者几乎都是欧美学者。”同上书,第 61 页。张光直先生在同书(第 118 页)对这种现象,提出了自己的看法:“西方学者对夏代问题的保留态度,主要是基于出土文字材料的缺乏。二里头文化从考古证据上来看,还是属于史前;也就是说它没有文字。西方学者不愿意认定二里头是夏代有他们的考虑,而这样的考虑也是出于做学问的谨慎态度。这是可取的,我们不需要去批评。从学术研究的立场来讲,在材料还不完备的时候,不同的说法是可以同时存在的,我们不需要去排斥异说或判定谁是谁非。”

[254] 夏商周断代工程专家组:《夏商周断代工程 1996～2000 年阶段成果概要》,《文物》2000 年第 12 期。

[255] 夏商周断代工程专家组:《夏商周断代工程 1996—2000 年阶段成果报告(简本)》,世界图书出版公司,2000 年。

[256] 仇士华、蔡莲珍、张雪莲:《关于二里头文化的年代问题》,《中国·二里头遗址与二里头文化国际学术研讨会论文·提要集》,2005 年 10 月;考古研究所、河南省偃师市人民政府:《中国·二里头遗址与二里头文化国际学术研讨会论文·提要集》,2005 年 10 月。

[257] 夏鼐:《中国古代文明的起源》,文物出版社,1985 年,第 96 页。

[258] 俞伟超:《先秦两汉考古学论集》,文物出版社,1985 年。

[259] 张文军、张玉石、方燕明:《关于偃师尸乡沟商城的考古学年代及相关问题》,《青果集·吉林大学考古专业成立二十周年考古论文集》,知识出版社,1993 年,第 173～193 页。

[260] 郑光：《试论偃师商城即盘庚之亳殷》，《故宫学术季刊》第八卷第四期，1991年。
[261] 张国硕：《夏商时代都城制度研究》，河南人民出版社，2001年。
[262] 邹衡：《偃师商城即太甲“桐宫”说》，《北京大学学报（哲学社会科学版）》1984年第4期。
[263] 高炜：《1995～2005：跨世纪10年的夏商都城考古》，《中国·二里头遗址与二里头文化国际学术研讨会论文·提要集》，2005年10月。
[264] 石璋如：《殷墟建筑遗存》，“中央”研究院历史语言研究所，1959年，第23页。
[265] 刘庆柱：《汉长安城的考古发现及相关问题研究——纪念汉长安城考古工作四十年》，《考古》1996年第10期；刘庆柱：《中国古代都城考古学研究的几个问题》，《考古》2000年第7期；刘庆柱：《中国古代宫城考古学研究的几个问题》，《文物》1998年第3期；刘庆柱：《关于中国古代宫殿遗址考古的思考》，《考古与文物》1999年第6期。
[266] 刘庆柱、李毓芳：《中国古代都城建筑的思想理念探索》，《西安文物考古研究——西安市文物保护考古所成立十周年纪念》，陕西人民出版社，2004年。
[267] 中国社会科学院考古研究所栎阳发掘队：《秦汉栎阳城遗址的勘探和试掘》，《考古学报》1985年第3期。
[268] 刘庆柱：《汉长安城遗址及其出土瓦当研究》，《古代都城与帝陵考古学研究》，科学出版社，2000年。

（原刊于《考古学集刊（16）》，科学出版社，2006年）

中国古代都城遗址布局形制的考古发现所反映的社会形态变化研究

刘庆柱

中国古代都城是古代王朝的政治统治中心、经济管理中心、文化礼仪活动中心、军事指挥中心，正如王国维先生所说，“都邑者，政治与文化之标征”[1]。可以说古代都城是国家历史的缩影，因此说中国古代都城遗址考古是中国考古学中的重要内容。本文将根据中国古代都城遗址布局形制的考古发现，探讨中国古代社会形态变化及其相关问题。

一、中国古代都城遗址布局形制的考古发现概述

目前中国古代都城建筑中，地面之上仍然保存着城墙、宫殿、宗庙、社稷、寺院等重要建筑，主要为明清时代的都城遗存。明清以前的地面之上仍然保存的古代都城建筑则寥寥无几。与西方古代的石构建筑不同，中国古代建筑一般为土木建筑，后者随着时间的流逝，原来的地面建筑大多已不复存在（少数都城的城墙尚有部分保存），都城遗址与宫殿、礼制建筑遗址等保存下来的也只是其部分残存建筑物的夯土基址及其相关遗物等，而这些恰恰是我们目前研究中国古代都城布局形制及其所反映的社会形态历史变化的重要物化载体。因为目前仅存的中古时代以前的、为数不多的古代建筑和有关古代建筑的文献资料，远远不能满足上述研究的需要。中古时代及以前的中国古代都城遗址的考古发现，成为进行上述研究的基础和前提。自20世纪初考古学传入中国至今，七十多年来，中国考古学家十分关注古代都城遗址田野考古发现与研究，在这一学术传统的影响之下，起步较晚的中国考古学，在中国古代都城遗址考古方面，取得了丰硕学术成果。

（一）夏商西周时期都城遗址布局形制的考古发现

古代都城是以国家（王国、帝国）或王朝的形成、存在为前提的，国家的形成是个漫长的历史发展过程，“前王国”时代的“邦国”管理社会的活动平台，可能就是近年考古发现的某些重要的史前时期的“城”，但它们不作为本文的“都城”。本文“都城”为王国、帝国时代的王朝都城。关于史前时期的“城”与王国“都城”的关系，本文后面将进行讨论。

根据历史文献记载夏王朝都城地望与时代，结合考古调查、发掘资料，学术界一般认为河

南偃师二里头遗址应为目前所知最早的中国古代都城遗址（实际上二里头遗址并不是中国古代的第一座都城遗址，不过目前比它更早、可以确定为夏王朝的都城遗址，田野考古还未发现或尚未取得共识）。

1959年中国科学院考古研究所徐旭生先生率队在豫西进行的“夏墟”考古调查，发现了河南偃师二里头遗址，其后对二里头遗址开展了长期的考古工作。现已究明遗址范围东西最长2400米、南北最宽1900米，现存面积300万平方米，遗址中心区位于遗址东南部至中部一带，其中包括宫庙区、铸铜作坊区、玉石器作坊区、祭祀活动区和一些贵族聚居区。宫庙区主要位于遗址东南部，已发现大型夯土建筑基址数座，考古发掘了多座大型宫殿建筑遗址。晚期筑有宫城，平面为长方形，南北长359～378米、东西宽292～295米，面积约10.8万平方米。宫城外围发现垂直相交的大道。宫城南部发现有规模庞大的绿松石器制造作坊遗址。宫城周围分布有大量中小型夯土建筑基址，这应属于贵族聚居区。在贵族聚居区附近分布有中型墓葬。宫殿区以南200米有大范围的铸铜遗址，面积在1万平方米以上，其周围可能有壕沟。祭祀活动区在宫殿区北部，主要包括有圆形的地面建筑遗址和长方形的半地穴建筑遗址，以及附近的一些墓葬，其范围东西约在二三百米。二里头遗址的西部和北部为一般居住活动区。东部和西部分别有骨器、陶器作坊遗址，二里头遗址历年来还出土了诸如铜爵、铜斝等青铜礼器和青铜兵器及玉钺、玉璋、绿松石龙形器、绿松石牌等玉石礼器及其他大量高规格遗物[2]。二里头遗址发现的宫城遗址、宫庙建筑遗址、青铜礼器等，均属于中国古代都城考古发现中同类遗存时代最早的。学术界一般认为，二里头遗址是夏王朝中晚期的都城遗址。不过根据最近的^{14}C测年结果来看，二里头遗址晚期可能已进入商代编年，如果这一测年结果无误的话，二里头遗址晚期也就失去了作为都城遗址的地位。

偃师商城遗址毗邻二里头遗址，位于偃师市西南部洛河北岸，由郭城和宫城组成。郭城分为早晚两期，早期郭城（即考古发现者所说的“小城”）规模较小，南北长1100米、东西宽740米，面积约81万平方米；晚期郭城（即考古发掘者所说的“大城”）是在早期郭城基础之上扩建而成，东西1240米（以北城墙为例）、南北1710米（以西城墙为例），城墙周长5500米，面积约2平方千米。城墙之外有城壕。发现城门遗址5座，即东西城门各2座、北城门1座。已进行考古发掘的3座城门遗址，均各为1个门道。偃师商城的郭城，是目前中国古代都城之中考古发现时代最早的郭城。宫城在郭城南部，平面近方形，南北墙长190～200米、东西墙长180～185米。宫城在使用过程中又进行了扩建，其最大时期的面积超过4.5万平方米。已发现南宫墙中部辟有一座单门道宫门。宫城遗址进行了全面考古发掘，发现了建于不同时期的十余座宫庙建筑遗址。在宫城北部发现石砌池渠，池渠与宫殿之间设置了祭祀场所。郭城北部有一般居址、手工业遗址[3]。我们注意到，偃师商城的宫城与二里头遗址宫城相比，后者比前者规模大一倍，而时代上后者又比前者早，这其中应该蕴含着非常重要的信息，需要在今后的田野考古发掘与研究中予以特别的重视。

郑州商城遗址在郑州市，东西约1700米、南北约1870米，周长6960米，面积3平方千米。在城址东南部与西部偏北发现了部分城壕遗迹。城址东北部分布有数量众多的大型夯土建筑基址，这里可能为都城的宫庙建筑区，其范围长约750米、宽约500米。宫庙建筑区外围发现有部分夯土墙与壕沟遗迹，发现者认为这有可能是宫庙区所在的宫城城墙与城壕遗迹。在靠近城墙内侧与城址之外的附近地区，还发现了一些一般居址。为数众多的铸铜、制陶、制骨作坊遗址，均分布于城址南、北、西三面之外的附近地区。在郑州商城东南角至西南角发现一道长 3425 米的夯土墙遗迹，一般认为这是郑州商城的"外郭城"城墙，这种说法还有待更多考古发现与研究的支撑[4]。

《史记·殷本纪》《正义》引《竹书纪年》载："自盘庚徙殷至纣之灭二百五十三年，更不徙都。"又据《史记·项羽本纪》《索隐》引《汲冢古文》云："盘庚自奄迁于北蒙，曰殷虚，南去邺州三十里。"《史记·项羽本纪》载："项羽乃与期洹水南殷虚上。""殷虚"即"殷墟"，故《史记·项羽本纪》《集解》引应劭曰："洹水在汤阴界。殷墟，故殷都也。"学术界长期以来认为，殷墟在安阳的洹河南岸，是商代晚期都城遗址。武丁至帝辛时期的宫殿、宗庙区在洹河南岸的小屯村一带，宫庙区的西、南两面挖有壕沟，西壕沟长 1050 米、南壕沟长 650 米；北、东两面邻洹水。关于小屯宫庙区的整体布局和单体宫庙建筑遗址形制，以往发表的考古资料和研究成果，与近年先秦都城遗址田野考古发现与研究的新成果多有抵牾，有的属于学术发展的历史局限所至，这就要求我们必须用新的理论、新的方法、新的资料去认识、分析以往的考古资料与研究结论，将这一研究向更加深入推进。殷墟遗址区还分布有铸铜、制陶、制骨、制玉等手工业作坊遗址，以及大量一般居址与墓地。王陵区在洹河北岸的侯家庄与武官村一带。

近年又在洹河北岸发现了早于小屯宫庙建筑遗址区的都城遗址——洹北商城遗址，这可能是"盘庚徙殷"至武丁之前的早期殷都遗址，或可说殷墟作为都城的早期遗址。洹北商城遗址平面近方形，边长 2100～2200 米，面积 470 万平方米。在城址中部偏南发现大面积夯土基址群，其排列有序、分布密集。有的建筑基址规模宏大，如已考古发掘的第一号宫殿建筑遗址，面积达 1.6 万平方米[5]。

西周都城——陕西长安丰镐遗址，位于西安西南部沣河两岸，遗址范围约 10 平方千米，已发现多座夯土建筑基址和大量墓葬。在沣河西部的客省庄与马王庄一带，钻探发现 14 座夯土建筑基址[6]。在沣河东部的镐京遗址范围之内，也发现了 10 余处夯土建筑基址[7]。由于上述发现大多属于调查勘探资料，对于那些夯土建筑遗址的原来建筑功能，还难以开展深入、全面的研究，因而涉及都城遗址布局与宫庙遗址形制等重要学术问题，还需要今后田野考古工作的更多积累。周原遗址（此处所说的周原遗址包括周公庙遗址，即一般所说的"大周原遗址"）是周人的发祥地，这里有大量西周时代重要宫室建筑，但是周原遗址不是"真正"的都城遗址，因为"周原"在西周一代从未做过西周王朝的都城，它只是西周王室先人的"故地"。尽管如此，我认为周原遗址考古发现的大型夯土建筑基址，在学术上对于研究周代宫室建筑仍有重要意义[8]。

历史文献记载，西周王朝在洛阳建有陪都[9]，但是关于其具体地望、范围、形制都还不清楚，有待今后进一步的考古工作来究明。

在上述都城遗址之中，大多发现了建筑规模庞大的宫庙建筑遗址与祭祀活动遗迹，有的都城遗址附近还发现了铸铜和玉石制造等官手工业作坊遗址、巨大的王陵群或贵族墓葬。近年来考古发掘的河南偃师二里头遗址的宫城遗址（及其中宫庙建筑遗址）与祭祀遗迹、偃师商城的郭城与宫城遗址（及其中宫庙建筑遗址、祭祀遗存和池渠遗址）、郑州商城城墙遗迹与宫庙建筑遗址、安阳殷墟洹北商城宫庙建筑遗址等，为我们研究当时的都城遗址布局形制及其所反映的社会形态变化提供了珍贵的科学资料。

（二）春秋战国时期都城遗址布局形制的考古发现

春秋战国时代，东周王朝日渐衰落，诸侯国日益强大，国家实际上已经处于各个诸侯国各自为政的局面。春秋战国时期是中国古代历史上的社会大变革时期，作为凝结时代政治、经济、文化于一身的各个诸侯国都城，处于这一社会大变革的各个诸侯国的政治中心地位。这一时期各诸侯王国都城遗址的考古勘察、发掘，使我们对这些都城的布局形制有了初步了解，深化了对当时都城及其宫殿、宗庙等重要建筑遗址的认识。

周平王东迁定都洛阳，王城遗址在今洛阳涧河两岸，其北城墙长 2890 米，东西城墙均残，王城南北长约 3200 米。王城遗址中部偏南可能为宫城遗址，此处发现了一些夯土建筑基址及其周围的夯土墙遗迹。王城西北部发现制陶、制骨及石器制造等手工业作坊遗址，东北部与西南部发现了一些烧造砖瓦的窑址，在城址南部发现了数十座粮仓遗址。战国时代的王陵与贵族墓地可能在王城遗址东北部的金村一带，王城遗址之内曾发现了大量春秋战国时代的一般墓葬[10]。

春秋战国时代秦国都城——雍城遗址，平面近长方形，东西长 3480 米、南北宽 3130 米，面积逾 10 平方千米。城内中西部姚家岗发现宫殿遗址群，面积约 2 万平方米，推测这是春秋时代秦大郑宫遗址。位于姚家岗宫殿建筑遗址群东部、雍城中部偏北的马家庄宫庙建筑群遗址，包括了东西并列的宗庙与朝寝宫室建筑。雍城北部的今翟家寺村附近，发现有市场遗址，其平面长方形，东西 180 米、南北 160 米，面积 2 万平方米。市场周置围墙（市墙），四面各辟一门。目前在已发现的春秋战国时期诸侯王国都城遗址中，秦雍城是唯一发现了宗庙建筑遗址和市场遗迹的诸侯国都城遗址。城址西南部为秦公陵区[11]。

战国时代中期，秦孝公徙都咸阳，都城遗址范围东西约 7200 米、南北约 6700 米，已勘探究明咸阳宫宫城遗址位于城内北部咸阳原上，遗址范围东西 843～902 米、南北约 576 米。宫城遗址之中已发掘了 3 座宫殿建筑遗址。在战国时代晚期，秦国国王又在秦咸阳城南部的“渭南”地区，营建了大量宫庙建筑和上林苑。都城手工业作坊遗址分布在城址西南部、南部，墓地在都城西部。咸阳作为秦国首都之后，初置王陵于都城西北部，后移于芷阳“东陵”[12]。

楚纪南城是东周时期楚国都城遗址，城址平面长方形，东西长 4500 米、南北宽 3500 米，面积约 16 平方千米。已发现 7 座城门遗址，其中西城墙北部城门遗址与南城墙西部城门（水门）遗址均为 3 个门道。城址中部偏东的松柏村一带分布有 61 座排列有序的夯土建筑基址，其北部和东部发现了夯土墙基，南部为城墙，东、西、北三面有河流，这里可能为都城宫城或宫殿区[13]。城南有祭祀建筑遗址，城东有制陶作坊遗址，城西和城北有密集的居址。都城四周分布着众多的墓地，其中大型墓葬多在城北和城东[14]。

齐临淄城是西周至战国时代的齐国都城遗址，由大城和小城组成，小城位于大城西南角。大城平面为长方形，南北长 4000 米、东西宽 4500 米。小城南北长 2200 米、东西宽 1400 米，周长 7275 米，面积 3 平方千米。小城发现 5 座城门遗址，其中南门 2 座，其他三面各 1 座。宫殿建筑基址主要分布在小城之内的北部。关于大城与小城的时代，目前学术界说法不一，大多认为小城建于战国时代；个别学者认为小城时代早于大城[15]。大城中部和东北部为手工业作坊遗址区。早期都城之内还有墓地，主要分布在城址东北部。都城东南部是战国时代田齐王陵区[16]。

曲阜鲁国故城位于今山东曲阜，建于西周晚期，沿用至汉代。城址平面近长方形，东、西、南、北城墙各长2531米、2430米、3250米、3560米，城墙周长11771米。发现城门遗址11处，除南城墙辟2门外，其余三面各辟3门。宫殿建筑遗址群主要在城址中部，分布范围东西约1000米、南北约2000米。其中周公庙村的宫殿建筑遗址地势最高、规模最大，在其东、西、北三面已发现夯土墙遗迹，它们可能是宫城城墙遗存。南城墙的东部城门北对宫城遗址，南对“舞雩台”遗址，后者可能是一处祭坛遗址。鲁国故城西南部的小城，一般认为是建于汉代，也有学者认为它可能始建于战国时代[17]。

燕下都是战国晚期燕国都城遗址，位于河北省易县东南部。城址平面为不规则长方形，东西长8000米、南北宽4000～6000米，面积30平方千米。城址中部有一古河道，纵贯南北，将其分为东西并列二城。东城东西4500米、南北4000米；西城东西3500米、南北3700米。东城北部有一东西向隔墙横贯东城，隔墙南侧有一东西向河道亦横贯东城，宫殿建筑遗址群均在河道以北，其中最重要的武阳台、望景台、张公台和城外的老姆台四座大型建筑基址，由南向北依次排列，分布在一条南北向中轴线上。兵器作坊遗址、制骨作坊遗址等均在宫殿建筑遗址区之内的西部，冶铁、铸铜、制陶、铸币等作坊遗址均在东城北部的东西向河道以南。东城西北隅的虚粮冢墓区为王室墓区，其南的九女台墓区为贵族墓地[18]。

郑韩故城是东周时期郑国和韩国都城遗址，位于河南新郑市。城址东西长5000米、南北宽4500米，由东城和西城组成。西城平面近长方形，城内中北部有宫城遗址，其平面近长方形，东西500米、南北320米。东城为不规则长方形，其中分布有铸铜、制骨、制陶、铸铜等手工业作坊遗址。大中型墓葬主要发现于西城东南部与东城西南部，一般墓葬主要在东城以外的东部与西城以外的南部[19]。

赵邯郸城是战国时代中晚期赵国都城遗址，由大城和小城组成。大城为不规则的长方形，南北约4880米、东西约3240米，周长15314米，面积13.8平方千米。小城即宫城，又称“赵王城”，位于大城西南部，但是大城与小城之间并不相连。小城由3座城组成，即东城、西城和北城，平面为“品”字形，面积5平方千米。其中西城最重要，平面方形，周长5680米。城内中部偏南有主体建筑——“龙台”，南北长296米、东西宽265米，这是战国时代规模最大的夯土建筑基址。“龙台”以北还有南北排列的5座大型夯土建筑基址。西城与东城东西并列，东城南北最长为1442米、东西最宽为926米，南北排列的两个大型夯土建筑基址成为东城的主体建筑遗址，东城与西城之间的隔墙中部辟有一门。北城南北长1520米、东西最宽为1410米，其南城墙为东城北城墙和西城北城墙东段，西城与东城均辟北门与北城相通。北城西南部的大型夯土台基是赵王城中仅次于“龙台”的高台建筑基址。王陵区位于赵都邯郸城西北15千米[20]。

魏安邑城是魏国前期都城遗址，位于山西夏县，俗称“禹王城”。安邑城遗址由大城和小城组成，小城位于大城中央，汉代在大城西南部修建了一城。大城北墙长2100米、南墙长3565米、东墙残长1530米、西墙长4980米，城墙之外有城壕。小城位于大城中央，东、西、南、北四面城垣各长495米、930米、990米、855米，小城即安邑城的宫城[21]。

此外，这一时期还有不少诸侯国的都城遗址，如山西的晋国都城新田[22]、河北的中山国都城灵寿[23]、山东的薛国故城[24]、河南的宋国故城[25]、湖北的季家湖古城与“楚皇城”[26]、江苏武进淹城等[27]。

在上述都城遗址中，秦雍城的宫庙遗址、秦咸阳城的宫殿建筑遗址、楚国纪南城的离宫——章华台遗址等进行了大规模考古发掘[28]。另一个重要的工作，是对这一时期不少都城遗址附近的王陵及其陵寝建筑遗址的考古勘查与发掘，其中秦公陵[29]、中山国王陵[30]、魏王陵[31]、赵王陵[32]、秦东陵[33]、齐王陵[34]、燕王陵及其陵寝建筑遗址的勘察与发掘最为重要[35]。

（三）秦汉时期都城遗址布局形制的考古发现

秦汉时期是中国古代帝国取代王国的历史时期，是以汉族为主体的中华民族形成时期，是中国古代封建社会典章制度的确立时期。作为这样一个历史时期的古代都城——秦咸阳城、汉长安城和东汉洛阳城，在中国古代都城发展史上，占有重要的地位。

秦始皇统一六国，建立了中央集权封建帝国，继续以秦咸阳城为其都城，并对都城进行了扩建，在“咸阳北阪”修建了“六国宫室”，在咸阳城东邻建造了兰池与兰池宫，在都城附近及“渭南”大规模扩建与新建了离宫别馆、上林苑及其他宫庙建筑，其中最著名的莫过于大朝正殿——阿房宫前殿的兴建。目前考古工作者正在对阿房宫遗址进行全面考古勘探[36]。阿房宫基址夯筑而成，基址现保存东西长 1270 米、南北宽 424 米，高 12 米。这是目前所知规模最大的中国古代宫殿建筑基址。但是，这是一项未完成的巨大工程，秦始皇拟在“渭南”新建的“都城”实际上仅限于规划的启动阶段。秦帝国大兴土木修建宫室，不只是限于都城咸阳及京畿之地，甚至在远离都城的渤海湾也进行了大规模的宫室建设，已经考古发掘的渤海湾秦行宫建筑遗址是个最好的例子[37]。在秦代皇室建筑中，秦始皇陵则是留给我们规模最大、保存最完整、等级最高的秦代皇家建筑遗址群，自 20 世纪 70 年代以来，秦始皇陵考古工作已取得丰硕学术成果，为世界所瞩目[38]。“陵墓若都邑”，秦始皇陵的考古发现，对于我们认识、研究秦代都城，有着重要的学术借鉴意义。

秦帝国是中国古代历史上极其的重要王朝，但是由于其仅仅十几年的统治，许多制度的实施、思想的贯彻不得不留给了后继的西汉王朝。西汉都城长安城遗址自 1956 年以来，已经开展考古工作半个世纪[39]。主要进行的考古工作有：城址勘探和城门的发掘、未央宫的勘探和宫殿、官署等建筑遗址发掘[40]，市场遗址勘探与手工业作坊遗址的发掘，北宫宫城遗址的勘探，桂宫宫殿和官署建筑遗址发掘[41]，武库遗址勘探与发掘[42]，汉长安城南郊礼制建筑遗址发掘等（宗庙遗址、社稷遗址、辟雍或明堂遗址）[43]，以及目前正在进行的长乐宫遗址、上林苑昆明池遗址的勘探与试掘。汉长安城平面近方形，东、西、南、北四面城墙各长 6000 米、4900 米、7600 米、7200 米，周长 25700 米，城内面积 36 平方千米。汉长安城每面 3 座城门，每座城门 3 个门道。一般城门宽 32 米，与未央宫、长乐宫宫门相对的 4 座城门各宽 52 米。未央宫前殿约居宫城中央，它是宫城及都城之中规模最大、规格最高、排列最前、位居宫城与都城轴线之上的最为重要的宫殿建筑。都城地势西南高、东北低，北低南高，皇宫——未央宫位于都城西南部，长乐宫在未央宫东部、都城南部，桂宫、北宫在都城中部，市场在都城北部。宗庙和社稷在南城墙之外，分别在未央宫东南部与西南部。汉长安城的上述宫殿、市场、宗庙、社稷分布情况，是我们目前通过考古所知的时代最早的“面朝后市”“左祖右社”都城布局的实例。

东汉王朝建都洛阳，洛阳城东、西城墙残长分别为3900米与3400米、北城墙长2700米，南城墙已被洛河改道冲毁，根据东、西城墙的距离，推断南城墙长约2460米，洛阳城的周长约为13000米。东汉洛阳城亦应有12座城门，其中东西各3座城门，南面4座城门，北面2座城门。每座城门亦为3个门道。城内有南宫与北宫，此外在城内东北部有太仓、武库、永安宫和贵族宅邸，南宫东邻置太尉府、司空府与司徒府等中央官署。南宫西北部、北宫西南部为市场（金市）所在地。都城南郊有礼制建筑遗址（灵台遗址、明堂遗址、辟雍遗址、太学遗址）[44]。由于东汉洛阳城遗址被晚期的曹魏、西晋与北魏洛阳城等相继整体覆压与打破，当前进一步通过考古学全面究明都城、宫城的布局形制，还有待田野考古新方法的探讨与考古研究新思路的拓展。

古代都城附近的帝王陵墓是都城的重要组成部分，它们对于全面、深入认识古代都城有着重要学术意义。基于上述原因，考古工作者对西汉帝陵及其陵寝建筑遗址，开展了大量考古工作，其中尤以汉景帝阳陵、汉宣帝杜陵陵寝建筑遗址考古勘查、发掘的学术意义最为突出[45]。

（四）魏晋南北朝至隋唐时期都城遗址布局形制的考古发现

这一时期的都城遗址考古工作以曹魏邺城遗址、北魏洛阳城遗址、东魏和北齐邺南城遗址、隋唐长安与洛阳两京遗址等开展工作较多。

魏晋南北朝时期是中国古代历史上的又一次大变动、大变革时期，如果说春秋战国时期的社会历史变化加速了王国的覆亡，催生了帝国的出现，那么魏晋南北朝时期的中外文化交流，则促使隋唐文化及其隋唐时代都城建筑达于中国古代都城发展历史的顶峰。

邺北城为曹魏、后赵、冉魏和前燕的都城（公元204～307年），考古勘察究明，其范围东西2400米、南北1700米。南面3座城门，其余三面各1座城门。城内有6条道路与城门相连。东西城门之间的东西道路把都城分为南北二区，北区包括宫殿建筑群及其东西两侧的贵族宅邸与宫室苑囿；南区是居民区与部分官衙所在地[46]。

北魏洛阳城遗址考古勘探究明，它是中国古代都城中第一座包括了宫城、内城和郭城的重要都城遗址。宫城东西660米、南北1398米；内城东西约2460～2820米、南北约3510～3895米；郭城北城墙在内城以北850米、东城墙在内城东3500米、西城墙在内城以西3500～4250米，南城墙在古代洛河北岸，今洛河在古代洛河以北1000～1500米。北魏洛阳城遗址城门、城壕、城内道路、金墉城遗址、永宁寺遗址、宫门遗址和明堂、辟雍、太学、灵台等南郊礼制建筑遗址进行了考古勘查、发掘[47]。

邺南城与邺北城南北相连，系东魏、北齐的都城（公元534～577年）。邺南城遗址东西约2800米、南北约3460米。文献记载有城门14座，南北各3座、东西各4座。已勘探发现南城门3座、西城门4座、东城门1座和北城门3座。城墙发现马面50座。城外环绕城壕。城内中部偏北有宫城遗址，其范围东西620米、南北970米[48]。邺南城南部中间城门——朱明门遗址进行了考古发掘[49]，这是一座3个门道、置双阙的城门遗址。根据文献记载与考古勘查、研究，邺南城应属于"内城"，其外尚有"郭城"[50]，邺南城塔基遗址的发掘[51]，支持了上述看法。

这一时期的北魏平城及其礼制建筑遗址[52]、六朝南京的地坛遗址和魏晋南北朝时期帝陵等也开展了考古调查、勘探与试掘工作[53]，对于认识其都城布局形制有着一定意义。

隋唐两京的都城遗址和帝陵的考古工作，几十年来取得丰硕学术成果，其中尤以隋唐两京都城的考古勘察与发掘更为突出。

唐长安城遗址进行了全面考古勘探与重点发掘。现已究明，唐长安城由外郭城、皇城和宫城组成。以后又于都城东北部和东部修建了大明宫、兴庆宫作为宫城，在都城北部有"禁苑"，都城东南部有池苑——"曲江"。外郭城范围东西9721米、南北8651米，周长36744米，面积约80平方千米。城外置城壕。四面各辟城门3座，除南面中间的明德门5个门道之外，其余城门均为3个门道。皇城遗址位于外郭城中部偏北，其范围东西2820米、南北1843米，周长9.2千米，面积约5.2平方千米。宫城南邻皇城，其范围东西2820米、南北1492米，周长8.6千米，面积4.2平方千米[54]。其中的大明宫遗址、兴庆宫遗址、西市遗址、明德门遗址、含光门遗址、西明寺遗址、青龙寺遗址[55]、圜丘遗址及其离宫九成宫和华清宫遗址等，进行了考古发掘[56]。

大明宫是唐长安城中最重要的宫城，大明宫遗址周长7.6千米，面积3.2平方千米。辟有13座宫门，南面5座、北面3座、西面4座、东面1座。其中大明宫丹凤门及御道遗址、含元殿遗址、麟德殿遗址、三清殿遗址、玄武门遗址、太液池遗址、东朝堂遗址等进行了考古发掘[57]，丹凤门遗址和含元殿遗址考古发掘使学术上的重大疑难问题得到基本解决，加深了对宫城在都城中的重要地位及大朝正殿在都城之中的"居中""居前""居高"特点的全面、深刻认识。

隋唐洛阳城包括外郭城、皇城、宫城。外郭城遗址平面近方形，东、南、北城墙各长7312米、7290米、6138米，西城墙残长6776米。有8座城门，其中东门与南门各3座，北门2座，均为"一门三道"，正门为南城墙中间的定鼎门。外郭城中南部和东部为坊市，其中有109坊、3市。皇城在外郭城西北部，由于洛河北移，皇城东南部被河水冲毁。宫城在皇城之内，其东、西、南、北城墙长分别为1275米、1270米、1710米与1400米[58]。宫城正门为南门应天门。考古发掘的隋唐洛阳城遗址主要有：明堂遗址[59]、应天门遗址[60]、履道坊遗址[61]、上阳宫遗址[62]、含嘉仓遗址[63]、南市遗址和定鼎门遗址等[64]。

唐代帝陵的调查与发掘[65]，从另一个方面加深了对唐代都城建筑思想的理解。

（五）宋辽金元时期都城遗址布局形制的考古发现

北宋都城开封城包括外郭城、内城、皇城和宫城。外郭城遗址平面近平行四边形，周长29120米。外郭城有12座城门，其中南、西城门各3座，东城门2座、北城门4座。内城遗址位于外郭城中心，平面近方形，周长11550米。有城门10座，其中东、西城门各2座，南、北城门各3座。皇城在内城中部偏北，周长约5000米。宫城在皇城北半部的东西居中位置，平面近长方形，周长2521米[66]。北宋开封城的重要特点是外郭城中的街巷制代替了以前都城之中的里坊制，这反映了宋代商品经济的发展、市民文化的兴起等，使都城布局结构由此前的封闭型向开放型的转变。

辽金元清四个王朝，均是北方少数民族入主内地，取得了对国家的统治地位。政治、经济、文化落后的民族，统治先进的民族，必须以被统治民族先进的政治、经济、文化进行统治，有时甚至利用被统治民族的“最纯粹”“最正宗”的“文化”和“思想”进行统治，这在中国古代都城建筑上表现得尤为突出。辽的都城基本继承了唐宋都城制度，少有创新。金元都城建筑则多复古主义作法。目前已经考古究明了辽上京[67]、辽中京[68]、金上京[69]、金中都[70]、元上都[71]、元中都[72]、元大都遗址等都城的布局形制[73]，而明清北京城大多至今仍得到较好保存。

辽上京位于内蒙古巴林左旗，分为南北二城，北为皇城，南为“汉城”。皇城遗址东西1720米、南北1600米，大内位于皇城中部偏北。汉城遗址平面近方形，周长5800米。

辽中京位于内蒙古宁城，都城由外城、内城和宫城组成。外城遗址平面为矩形，东西4200米、南北3500米。南城墙辟3座城门，中间城门为正门。内城位于外城中部偏北，平面为长方形，东西2000米、南北1500米。宫城在内城北部正中，其北宫墙为内城北城墙一部分。宫城平面方形，周长4000米。可以看出，辽的都城所受到唐长安城、北宋开封城的影响。

金上京是金的最早都城，在黑龙江省阿城市，由南北二城组成。南城东西500米、南北645米，周长2290米。南城西部偏北有金城，金城中部有南北排列的5座宫殿。南城东部为官署和贵族居住区，北城为工商业区和居民区。

金中都位于北京市西南部，由外郭城、皇城和宫城组成。外郭城平面近方形，东西4900米、南北4510米。除北城墙辟有4座城门之外，其余三面城墙各辟3座城门。宫城在外郭城的中部偏西，平面为长方形。皇城在宫城之南。

元上都位于内蒙古正蓝旗，由外城、皇城和宫城组成。外城和皇城均为方形，边长分别为2200米与1400米，皇城在外城东南部。外城有7座城门，除西城墙辟1座城门之外，其余三面城墙各辟2座城门。皇城东、西城墙各辟2座城门，南、北城墙各辟1座城门。宫城在皇城中部偏北，平面长方形，东西570米、南北620米。宫城东、西、南三面各辟1门。

元中都位于河北省张北县西北15千米，由郭城、皇城和宫城组成，皇城位于郭城北部，宫城在皇城中部。宫城的主体宫殿建筑位居其中央，其他宫殿建筑分布在它的北部与东西两侧。

元大都由郭城、皇城和宫城组成。郭城平面近长方形，东西6680～6730米、南北7590～7600米。除北城墙辟2座城门外，其余三面城墙各辟3座城门。皇城位于郭城南部居中位置，皇城西部为太液池、东部为宫城，宫城位于皇城东部的南北居中位置。市场在皇城北部，这似乎折射出《周礼·考工记》关于都城“面朝后市”的设计理念。

二、史前聚落、城、都城发展史与社会形态变化的考古学研究

“都城”是历史的产物，是历史发展的特定社会形态的建筑。“都城”是从“城”发展而来的，“城”又是从史前聚落发展而来的。

（一）史前时期聚落的考古发现

人类在旧石器时代晚期已开始为自己营建居室，如黑龙江哈尔滨市阎家岗遗址的窝棚遗迹[74]、湖南临澧县竹马遗址的居住遗迹等[75]。农业的发生、出现与新石器时代的到来，使人们的定居成为可能。新石器时代考古发现说明，随着农业的发展，定居生活的稳定，人口的增加，聚落遗址在新石器时代中期开始出现并得到迅速发展，史前聚落是一种以血缘为基础的社会组织形态。考古发现的新石器时代聚落遗址众多，如具有壕沟与土围的湖南澧县八十垱遗址[76]、内蒙古敖汉兴隆洼遗址和敖汉北城子遗址[77]、内蒙古林西白音长汗双聚落并存遗址[78]、裴李岗文化的河南舞阳贾湖遗址[79]、后李文化的山东章丘西河遗址[80]、甘肃秦安大地湾遗址[81]、内蒙古敖汉赵宝沟遗址[82]、湖北枣阳雕龙碑遗址[83]、浙江余姚河姆渡遗址[84]、陕西西安半坡遗址[85]、陕西宝鸡北首岭遗址[86]、陕西临潼姜寨遗址[87]、河南郑州大河村遗址[88]、河南邓州八里岗遗址[89]、河南淅川下王岗遗址[90]、安徽蒙城尉迟寺遗址[91]、河南淅川黄楝树遗址等[92]。聚落之中的建筑物主要是人们的居室，此外，随着社会的发展、历史的前进，在居住区中还出现了“非居住”的“大房子”，如新石器时代的陕西西乡李家村、临潼姜寨、华县泉护村、河南洛阳王湾、灵宝西坡等聚落遗址中发现的“大房子”。它们一般位于聚落中央的广场附近，“大房子”附近有许多一般聚落成员的住房，这类“大房子”应属于聚落的全体成员的“公共建筑”。

（二）史前时期城址的考古发现

在新石器时代晚期后段和末期，随着社会经济的发展，聚落成员对经济资源需要的进一步增加，并由此引起的与其他聚落对经济资源占有的无休止“争夺”与“战争”，这使不同血缘系统聚落将面临“两败俱伤”“同归于尽”的灾难。为避免脆弱的社会面临的崩溃，协商、让步、共同管理与发展，成为历史的必然选择。聚落全体成员对生存环境的共同关注，在巨大自然灾害面前表现出来的无能为力、束手无策，一次又一次的历史悲剧，让人们意识到，对于客体世界的自然灾害而言，人类以地缘关系的联合应对，比仅仅依靠“血缘”系统的孤军奋战要有力得多。上述历史发展背景，可能是出现以地缘为基础的聚落联合体的重要原因之一。“城”可能是负责管理这种“聚落联合体”的社会平台，它不属于某一聚落，它是高于聚落的一种社会形态。从本质上说，它是对传统的、以血缘系统为基础的聚落社会形态之否定。

现在已经发现的史前时代的“城”约有50多座[93]，其中开展考古工作较多的重要城址如：大溪文化的湖南澧县城头山城址[94]、仰韶文化晚期的郑州西山城址[95]、大汶口文化晚期的山东滕州西康留城址[96]、章丘城子崖城址[97]、邹平丁公城址[98]、寿光边线王城址[99]、淄博田旺城址[100]、阳谷景阳岗城址[101]、茌平教场铺城址[102]、河南龙山文化中期的淮阳平粮台城址[103]、登封王城岗城址[104]、辉县孟庄城址[105]、郾城郝家台城址[106]、安阳后冈城址[107]、山西襄汾陶寺城址[108]、湖北天门石家河城址[109]、江陵阴湘城遗址[110]、荆门马家院城址[111]、江苏连云港藤花落城址[112]、四川成都平原的一批史前城址（新津宝墩城遗址、温江鱼凫城遗址、郫县梓路城址、都江堰芒城遗址等）等[113]。在内蒙古中南部地区发现的一些山城遗址[114]，它们可能更为主要的功能是军事城堡作用。此外，在长江流域下游良渚文化中发现的人工堆筑营建的高土台，如江苏昆山赵陵山土台[115]、浙江余杭瑶山祭坛[116]、浙江余杭汇观山祭坛[117]、上海青浦福泉山高土台[118]、江苏武进寺墩等[119]，它们具有作为显贵者墓地和祭祀祖先的双重功能，它们是不是作为史前城址或其一部分，还需要开展更多的考古工作去究明。

史前时期城址的性质，是研究“城”的重要内容。确定史前时代的“城址”是否属于“城”，关键在于它们是否具备了该历史阶段“城”的基本性质。我认为史前城址基本性质有二：其一，“城”必须有“城墙”或“墙”围绕。那么是否有“城墙”或“墙”围绕的建筑遗址群就是“城”？我认为是不能这样推断的。其二，“城”中的建筑内涵，主要应为宫庙性质的大型夯土基址。“城”作为从史前聚落发展出来的新的社会形态物化载体，作为社会的多“聚落”（不是仅仅以血缘系统为纽带而形成的多“聚落”，而是包括了一些非相同血缘系统的多“聚落”）管理中心、利益协调中心，它是社会进步与经济发展的政治产物。中国古代“城”的出现与形成，实质上不是生业分工（即农业与手工业、农业与商业等的分工）的产物，也不是“城乡对立”的结果（“城乡对立”是“城”出现以后历史发展的特定时期的特定表现），是人类社会形态从血缘关系向地缘关系发展的产物。古代中国与古代西方“城”的出现历史是沿着不同道路发展的。

（三）古代文明形成、国家建立与古代都城出现

新石器时代晚期随着“邦国”的形成，作为其政治中心的“城”，亦随之出现。据文献记载，“国”要比“邦”的规模小[120]，“国”与“城”同意，因此《国语·周（中）》载：“国有班事，县有序民。”《注》曰：“国，城邑也。”《史记·五帝本纪》云：舜“一年而所居成聚，二年成邑，三年成都”。按照这一记载，在三代之前的“五帝时代”，也就是学术界现在一般所说的新石器时代晚期，当时的社会组织形态已经存在“聚”“邑”“都”三级。“聚”即村落，汉代“县”之下为“乡”，乡之下为“聚”。这在当时的社会教育机构上也有明确反映与记载，汉平帝元始三年，王莽曾提出郡设立“学”，县设立“校”，乡设立“庠”，聚设立“序”[121]。“聚”作为社会基层组织，先秦时代已存在，因此商鞅变法才有“并诸小乡聚，集为大县”之说[122]。“邑”与“都”均为“城”，按照《左传·庄公二十八年》记载：“凡是有宗庙先君之主曰都，无曰邑。”我认为，“都”与“邑”上述区别之外，二者的规模大小、社会管理机构多少也会有所不同。鉴于目前新石器时代晚期的城址大多仅为考古调查或少量试掘，缺乏对城址的整体认识与深入了解，因此就现有的史前城址，判断那些城址属于“邑”或“都”，条件还不成熟，还需要更多的考古发现与相应的研究才有望做出进一步的探索。尽管如此，已有的史前城址考古资料说明，它们确实存在着规模的大小与规格的高低，像文献记载的那样分成“都”与“邑”的两级“城制”是可能的，“都”与“邑”对应“邦”与“国”，这有可能是“前王国时期”的两级社会形态。

从“城”到“都城”的发展，应该是与从“邦国”到“王国”的发展相一致的，简而言之也可以说这是与古代文明形成、国家出现历史过程相统一的。

（四）中国古代都城、城的等级与王国、帝国的社会政治架构

随着王国的出现，都城也就产生了。古代都城是王国、帝国的政治中心，王国与帝国时代的城一般是相应区域的政治中心。通过对都城及其同时代的其他城的考古学研究，我们可以进一步认识当时的国家政治架构、社会形态。

学术界目前一般认为二里头文化属于夏王朝的考古学文化，历史文献记载夏王朝是中国古代历史上的第一个王国，二里头遗址被认为是夏王朝的都城遗址。从已发现的考古资料来看，就城址规模之大、建筑遗迹与出土遗物反映的规格之高、与其后的古代都城遗址布局形制关系之密切，目前还没有任何一座史前时期城址可与二里头遗址相比。属于二里头文化分布区及其附近地域，考古发现的二里头文化城址或与之时代相同的城址，从城址规模、规格等方面综合来看，亦未见出其右者。

王国都城遗址与史前城址的区别在于王国都城有集中的宫庙区，在其周围筑有夯土墙，形成宫城，其平面一般为规整的长方形或方形。宫城中的宫庙主体建筑平面形制，一般为长方形，也有方形的。宫城周围及附近有铸铜、玉石制作等官手工业作坊，还有一些贵族居址与墓葬。在王国的宫城之外大多围筑有郭城（或称为大城）。二里头遗址已发现宫城遗址，在其外围是否还存在大城或郭城遗址，还需要进一步的考古工作去究明。但是，现在我们已经可以看到，二里头遗址的宫城遗址之中布满宫殿建筑群遗址，其中没有“民居”遗址，也不可能安排“民居”，它的“城以卫君”性质是十分清楚的。宫城之外的附近大量官手工业作坊遗址及贵族宅邸与一般居址，他们是服务于宫城主人的“民”，也就是居住于郭城中的“民”。迄今为止，考古发现的史前城址，没有一座具有上述所说的二里头遗址的都城布局形制及其文化内涵。史前城址之中，虽然有的发现夯土基址的存在，但是从这些基址规模与平面形制来看，与二里头遗址中的宫庙建筑遗址相去甚远。在已发现的史前城址之中，还存在不少一般居址建筑遗迹，这在王国都城的宫城之中是不存在的。就二里头遗址与史前城址出土遗物比较，我们可以看到：前者出土了青铜礼器和兵器等，这是古代王国重要职能“祀”与“戎”的物化载体；后者有的也出土了一些金属器，但它们一般为简单的饰物或小型工具，这些不属于“祀”与“戎”的物化载体。

考古资料与文献记载使我们注意到，不但王国时代的都城与“邦国”时代的“城”有着明显的不同，作为不同区域政治中心的“城”的分级多少，二者也不一样。如果说“邦国”时代是两级“城制”，那么“王国”时代就是三级“城制”了。《周礼·考工记·匠人》记载，先秦时期“城”分为三级，第一级王城，即王国都城；第二级诸侯城，即诸侯封国都城；第三级“都”，即宗室和卿大夫采邑。这种三级城制，在建筑上的反映是不同等级的“城”之规模不同，它们包括建筑的大小、高低、数量多少不等，按级别递减。《左传·庄公十八年》云：“名位不同，礼亦异数。”先秦时代的王国都城（即王城）与诸侯王国都城、卿大夫城邑的三级城制，反映了这样的情况。贺业钜先生根据《周礼·考工记·匠人·营国》记载的“三级城邑的礼制营建制度量的级差”，提出了礼制营建制度的“营建等级制”，并指出它们的级差“是用一组以二为公差的等差级数”[123]，这在汉代文献中也得到佐证[124]。上述的城制等级设计，目前在

先秦时期城址考古中还没有得到全面佐证。尽管如此，我们根据已有的考古资料和相关文献记载，还是可以看出先秦时期城市的规模确有不同，而导致这种现象的原因，就是王国社会形态的国王、诸侯王、卿大夫三级社会管理，形成三级社会政治管理中心的存在，王国都城、诸侯国都城与卿大夫城邑就是这种三级社会形态的反映。“城”作为管辖区域的大小不同、人口多少不同、地理环境不同等，而形成以“城”为代表的区域经济、军事作用、政治地位的不同，这也就决定了“城”的规模不同、等级不一。

春秋战国时期，王国中央政权的削弱，诸侯王国势力的扩大，东周王朝都城与战国时代几个主要诸侯国都城规模、规格均发生了重大变化，如东周王城遗址面积约 9 平方千米、秦雍城遗址面积约 10 平方千米、楚纪南城遗址面积约 16 平方千米、齐临淄城遗址面积约 24.4 平方千米、燕下都东城遗址面积 18 平方千米（燕下都总面积 30 平方千米）、赵邯郸城遗址（大城）面积约 13.8 平方千米等。东周王城与诸侯国都城出现的上述情况，一方面恰恰是当时“挟天子以令诸侯”政治局面在都城建筑上的反映；另一方面，同为战国时代诸侯国都城，其规模也有较大差别。在战国时代各诸侯国都城之外，还有一类似《周礼·考工记》所说的“都”（即宗室和卿大夫采邑），或即县治之城。但是这方面的考古工作开展的甚少，鉴于考古资料不足，目前还难于深入研究。

古代都城随着王国被帝国的代替，帝国管辖领域的扩大，政府职能的增多，地缘政治加强导致的社会统治、管理机制的变化，社会政治架构更趋扩大化、复杂化，为适应从王国到帝国时代社会形态的历史发展变化，帝国国家形成了更为多级的城市架构。

秦汉王朝是统一的中央集权帝国，全国各地有许多不同规模的城市，除了秦代都城咸阳城、汉代都城长安与洛阳之外，按照郡县制的行政管理区划，形成从大到小、不同等级的区域政治统治中心、经济管理中心、文化礼仪活动中心。一般来说，这些“中心”就是全国各地的郡治、县治及一些乡治所在的“城”。汉高祖建立西汉王朝伊始，“令天下县、邑城”[125]。这些城大多是当时的郡治或县治所在地。不论是都城还是郡治、县治所在地的城，它们的共同特点都是作为政治性建筑而存在。都城的代表性建筑是宫殿、宗庙等皇室建筑群及都城附近的帝王陵寝建筑，郡治和县治所在地城的代表性建筑是官衙、庙社等官方建筑等。上述建筑在各自城之中均占据重要位置，属于各自城的主体建筑。秦汉时代的全国各地形成的由大到小的（都城、郡治城、县治城、个别乡级城）城的建筑群，实际上是秦汉帝国郡县制政治架构的反映。西汉王朝都城长安城城内约 2/3 地方为宫殿、官署等建筑，都城南郊有大面积宗庙、社稷、辟雍等礼制建筑遗址，都城北部和东南部是帝陵陵区。东汉都城洛阳城内主要为宫殿和官署建筑，礼制建筑在都城南郊，帝陵位于都城附近。汉代的诸侯王国都城、郡治城和县治城的考古发现说明，从城的规模上看，诸侯王国都城小于帝国都城，郡治城小于重要的诸侯王国都城，县治城小于郡治城。如西汉齐王国都城临淄城周长 17000 米、西汉赵王国都城邯郸城周长 16600 米，二城规模均小于汉长安城；汉代郡治城中，如济南郡治东平陵城周长约 7600 米，它小于上述诸侯王国都城；大多数汉代县城周长 2500～6000 米，它们一般小于郡治之城。就是在同一级城中，由于各个城的政治地位的不同，其建筑规模也不尽相同[126]。汉代以后至明清时代，中国古代城市建筑设计思想中，仍然被严格的政治等级制度所制约。魏晋南北朝时期除都城之外，地方上又分为州、郡、县三级城制。一般来说上述三级“城”逐级变小。这些城大多为双重城，即外城和内城，或称大城和小城，这种城的形制，是与其城的功能一致的。隋唐时代的城址研究揭示，除了长安城和洛阳城与地方城有着明显的等级差别之外，地方城中也有一定的等级制度，就城的面积而言，有十六个坊、四个坊和一个坊等不同面积的城，一般大的州城十六个坊、中等州城四个坊、小型州城和县城一个坊的面积[127]。从魏晋南北朝时期的洛阳城、邺城、六朝故都南京城及隋唐时期的长安城和洛阳城，到宋元明清时期的北宋开封城、元大都和明清北京城等都城，与同时期的州、府城比较，都城建筑都是当时规模最大、规格最高的城。形成这种情况的主要原因，在于中国古代大多数城的主要社会功能，是作为国家或某一地区政治中心，不同的政治地位而形成不同等级规模的城市。

城门是其“门面”，可以说是城的标志性建筑。城门及其门道数量的多少也体现着“城”的等级，都城、郡治之城、县城或其他城的城门数量及其门道多少是各不相同的。自汉代以来，都城一般设十二座城门，每面城墙置三座城门，每座城门三个门道。有的宫城、内城（皇城）正门亦设置三个门道，甚或五个门道。如已经考古发掘的汉长安城宣平门遗址、霸城门遗址、西安门遗址和直城门遗址，北魏洛阳城宫城正门——阊阖门遗址、可能为邺南城内城正门的朱明门遗址、唐长安城皇城的含光门遗址、隋唐洛阳城外郭城正门——定鼎门遗址和宫城正门——应天门遗址等均为三个门道，唐长安城外郭城正门——明德门遗址和大明宫正门——丹凤门遗址均为五个门道。其他城市一般设四座城门（个别有八座城门），每面城墙各辟一座城门（个别有两座城门）。

三、“单城制”“双城制”“三城制”与社会形态变化的考古学研究

（一）“单城制”与“邦国”“方国”的社会形态研究

史前社会的发展，出现了聚落，聚落之中有居民的居室建筑，还有居民的公共活动的“大房子”、广场等建筑设施，这些设施是服务于全体居民的，因此聚落中的“大房子”、广场都是开放型的。为了部落、氏族成员活动方便，“大房子”和广场大多修建于聚落居址之中。在史前社会晚期，出现了部落酋长、氏族首领处理“公务”和私人生活的“大房子”，这种“公务”管理活动的对象应属于“血缘系统”内部的。如甘肃大地湾F901，可能是最早的宫殿雏形，具有了后期宫殿建筑的某些功能。尽管如此，这种“大房子”还没有形成大型夯土基址“建筑群”，“大房子”周围也没有修筑墙垣，它不应是“地缘政治”管理社会活动的平台，因此说这样的史前时期聚落还不是“城”。尽管这些聚落有的在其周围挖掘了壕沟或修筑了围墙，但是其目的是为了聚落全体成员的共同安全。随着人类从“野蛮”社会向“文明”社会发展，出现了传说或文献记载的“邦国”或“方国”，它们可能具有了国家的雏形。“城”伴随着“邦国”“方国”时代的到来，作为其行政管理“中枢”平台的建筑形式而出现。这种“城”不同于史前时期有“围墙”的聚落和军事“城堡”，前者“围墙”之中居住着居民，有的学者将这类“城”称为“乡村城堡”，并认为它们“与一般的乡村聚落没有太大的差别”[128]；后者则是

军事设施，内蒙古中南部的不少史前城址可能多属于这类城址。

关于史前城址的形制，钱耀鹏先生将其分为三种类型："单体一重式"，即本文所说的"单城制"；"双体一重式"和"内外二重式"，也就是本文所说的"双城制"。他认为史前城址的上述三种城址类型，以"单体一重式最为常见"[129]，这种论断是客观的，也就是说"单城制"在史前城址占有主导地位。"双体一重式"的城址，如王城岗城址存在的东城与西城，一种看法认为它们是不同时期的城址，二者时代上有着先后不同，东城被河水冲毁以后才建起西城；又有一说，西城最初是"仓城"，东城毁后，西城又有了一些大型建筑。不论上述任何一种说法，都不能说西城与东城是作为宫城与郭城的关系。关于"内外二重式"史前城址，见诸于已经发表的考古资料主要有藤花落城址、边线王城址、丁公城址、芒城城址、双河城址等。它们之中有的大城与小城不是同时期所建，如边线王城址、丁公城址等；有的城址仅仅限于调查，有待进一步开展考古工作，如芒城城址、双河城址等；在"内外二重式"史前城址中的个别城址，如藤花落城址的大城与小城现象十分重要，后期的"双城制"可能与其不无关系[130]，但是这种形制的史前城址，目前所知为数甚少。可以说，史前城址的主体城址形制是"单城制"。史前城址的"单城制"（即上述所说的"单体一重式"城址）与新石器时代晚期"方国""邦国"是相伴而生的历史产物，这种"城"实质上是最早的"宫城"，或者可以说"城"是作为"宫城"首先出现的。它们"比较普遍存在有夯土高台建筑"，"史前城址虽普遍偏小，却具有宫城性质"[131]。

（二）"双城制"与"王国"社会形态的研究

作为基本属于"宫城"性质与职能的"单城制"的史前城址（即"早期城市"），随着方国、邦国时代地域的扩大、人口的增加、经济的发展，方国、邦国之间的进一步联合、兼并而形成"王国"。作为方国、邦国"单城制"的"城"，已不适应作为王国政治统治中心、经济管理中心、军事指挥中心、文化礼仪活动中心——"都城"的需要。这时因为王国政权机构的增加，与之相应的是统治集团需要更多的生产、生活服务人员。仅仅用于"卫君"的"城"已不适应都城的要求，于是在"城"之外又修建了"郭"，"郭以居民"，这些"民"是为王室统治"服务"的人员，他们不是从事商品生产的手工业者，也不是自给自足的农业生产者。郭城的出现不是经济发展的直接产物，郭城是作为政治中心的宫城"政治"发展的需要而出现的。二里头遗址的宫城遗址周围分布有大量与"王室"活动相关的遗存，如宫城周围有贵族居住区，其中还有一些中型墓葬。大型铸铜作坊区位于宫城南部200余米处，铸铜作坊区与宫城之间有绿松石制造作坊遗址。宫城北部、西北部"集中分布着一些可能与宗教祭祀有关的建筑和其他遗迹。主要包括圆形的地面建筑和长方形的半地穴建筑及附属于这些建筑的墓葬。"[132]目前关于二里头遗址的宫城周围重要遗址、遗迹外围还未发现"郭城"（"外郭城"）或"大城"遗迹，这可能一是当时已存在"郭城"（"外郭城"）或"大城"，不过我们至今还未发现；二是当时的"郭城"（"外郭城"）或"大城"已被毁坏无存；三是可能当时就没有构筑（"郭城"）"外郭城"或"大城"。如若属于前二者，自然说明进入王国时代，王国都城已为"双城制"，并非史前城址流行的"单城制"。如若属于最后的情况，我认为作为王国都城的二里头遗址，其宫城周围分布着那么多的重要遗存，它们已经具备了“郭城”（“外郭城”）或“大城”的物质文化内涵，只是因为“物质文化”相对“政治文化”变化的“滞后性”，形成了王国出现与都城“双城制”取代“单城制”不是“同步”的现象。这种情况，在“帝国时代”也曾出现，后面还将详细讨论这个问题。

继二里头遗址之后的早期商代都城，如偃师商城与郑州商城，其考古资料已证明，这时已经是相当成熟的“双城制”都城了。近年来，有的学者提出偃师商城、郑州商城已是“三城制”都城。我注意到关于偃师商城的相关考古简报、报告和研究论文中，涉及偃师商城的布局，经常使用“大城”“小城”与“宫城”的专用学术术语。这可能是造成偃师商城“三城制”说法的原因。在中国古代都城研究中，学术界约定俗成的“大城”是与“小城”对应的，“宫城”与“郭城”（或称“外郭城”）或“宫城”与“内城”（后来称“皇城”）、“郭城”（或称“外郭城”）对应的，传统所说的“小城”实际上是“宫城”。偃师商城遗址的考古研究人员所说的“小城”，是偃师商城的早期“郭城”（“外郭城”），他们所说的“大城”实际上是偃师商城的晚期“郭城”（“外郭城”）或称晚期“大城”。偃师商城早期是宫城之外围筑了他们所称的“小城”，偃师商城的发展是“小城”废弃，营建了“大城”，原来的宫城仍在“大城”之中，这在他们的相关考古简报、论文之中说的是很清楚的[133]。但是还有学者认为，偃师商城的“大城”（“外郭城”）建成之后，“小城”仍然使用了一段时间[134]，这是与实际的考古资料不一致的。

关于郑州商城遗址的都城布局，有的学者根据在“郑州市顺河路与顺河东街交叉口的西南侧”发现的二里岗下层时期的夯土墙，认为这“可能是郑州商城宫墙的一部分”，从而作出“估计郑州商城已明确分为外郭城、内城和宫城三部分”的论断[135]。安金槐先生并不这样认为，他指出“内城（引者注：即郑州商城）的兴建及其用途，主要是为了奴隶主与贵族们在城内居住的安全”[136]。张国硕先生更为明确提出“郑州商城内城主要为宫殿分布区”，“内城是专为商王、贵族建造的”，“具有‘筑城以卫君’的性质”[137]。从目前考古资料来看，郑州商城还应该是属于“双城制”的都城。

安阳殷墟的洹北商城遗址，在大城之内，又发现了有可能是“小城”的线索。传统所说的洹河南岸的殷墟小屯宫庙区之外，多年来发现了为数众多的铸铜、制骨等官手工业作坊遗址，还有大量的居址，它们应为“服务”于小屯宫庙区的遗存。如果这一推断不误的话，当时在小屯宫庙区之外可能还存在着外郭城。

东周时代社会政治发展导致的国家机制复杂化，东周王朝与各诸侯国、诸侯国之间政治关系的激化，“挟天子以令诸侯”的政治局面出现，这些都引起当时各诸侯国都城布局形制的变化。总体来看，东周时代都城虽然仍保持着“双城制”，但是较前已多有所发展。这时的“双城制”都城基本上有三种类型：第一种为大小二城相套，延续了商代都城的形制；第二种为郭城与宫城的二城相邻或相连；第三种是在第二种类型的基础之上，其中一城又为大城与小城相套，另一城作为前一城的附属的城（即“附郭”）。第一种如东周王城、秦咸阳城、魏安邑城、曲阜鲁城、楚纪南城等，第二种如齐临淄城、赵邯郸城等，第三种如郑韩故城、燕下都等。特别需要我们注意的是，这时有的都城之宫城（或小城）从单独一座宫城向多座宫城的发展，如秦咸阳城在城内有咸阳宫（又称“北宫”），于都城毗邻的“渭南”又营建“南宫”“兴乐宫”

等；赵邯郸城的小城由西城、东城和北城三座各自独立的城组成。这可能反映了当时国家统治集团政治势力组合上的变化。

（三）“三城制”与“帝国”时代社会形态的研究

关于中国古代都城的“三城制”（即宫城、内城或皇城、外郭城）的出现时间，学术界目前还有不同观点。如前所述，有的学者甚至提出郑州商城就是由外郭城、内城和宫城组成的都城[138]。我认为，都城由“双城制”发展为“三城制”，是国家社会形态的变化在国家政治中心——都城的布局形制方面的反映，是王国的王室政治发展为帝国的皇室与中央集权的统一国家政府的结果。帝国时代，作为王室政治活动平台的“宫城”（或称“小城”），由皇室政治活动平台的宫城和中央政府政治活动平台的“内城”（或称“皇城”）所代替。

中国古代历史的帝国时代，以秦始皇建立统一的中央集权国家——秦王朝为开端。尽管秦始皇结束了中国历史上的王国时代，开创了帝国时代，但是秦帝国的都城咸阳是公元前350年秦孝公迁都始建的，一直沿用至秦始皇统一六国、建立秦帝国。咸阳作为都城的基本布局形制，在战国时代中晚期已奠定。秦始皇建立秦帝国以后，为了巩固统一的中央集权国家，采取了许多政治、经济、文化等方面的重大措施，但是都城布局形制并没有立即进行改变，到了他的晚年，才决定在“渭南”营建新的都城之大朝正殿——阿房宫前殿，这项工程还没建成，秦始皇就死去，秦王朝也就随之迅速崩溃。因此，作为从王国发展为帝国的同一都城——秦咸阳城，其布局形制基本保持着战国时代的特点，并未发生重大变化，它与当时社会形态的变化显现出都城建筑作为“文化”变化上的“滞后性”。

相对秦帝国而言，西汉初年“黄老思想”主导下的“无为而治”“休养生息”，统治者采取了一些政治上的“复古”“让步”的做法，在继承秦帝国郡县制的政体情况下，又推行了王国时代分封诸侯王的政策。诸侯王国实际上是个小型“帝国”，其“制同京师”。西汉王朝定都长安，长安在秦代实际上是秦都咸阳的一部分，汉长安城的皇宫大朝正殿——前殿建于秦国和秦王朝的章台之上，长乐宫实际上是在秦兴乐宫基础之上改建的。经过近半个世纪的考古工作，汉长安城的布局形制已基本究明，汉长安城作为“大城”或“郭城”，其中有“宫城”——未央宫，还有长乐宫、北宫、桂宫等“亚宫城”。就郭城之中包括宫城而言，这还是属于“双城制”都城。有的学者认为现在所说的汉长安城为“内城”，或称“扩大的宫城”，汉长安城之外还有“外郭城”，就是说汉长安城是由宫城、内城与外郭城组成[139]。我认为这一说法，已为汉长安城及其附近的越来越多的考古新发现所否定[140]。

秦汉时代，作为国家的社会形态已由先秦时期的王国政体进入帝国政体，而其都城的形制基本上仍属于王国时代的“双城制”都城，其原因在于，都城建筑作为一种物质文化，虽然受到政治的影响与制约，但是二者的变化不是同步的，一般来说物质文化相对政治的变化是滞后的。正是由于都城布局形制变化相对国家政体及其社会形态发展的滞后性，秦汉时代虽然已经确立了帝国政体的社会形态，但是作为帝国政治中心的都城，直到北魏洛阳城才真正形成了“三城制”都城。秦汉帝国的建立，庞大的中央政府建筑群，并没有在都城之中形成统一的区域，只是到了北魏洛阳城，在宫城之外、内城之中的中轴线东西两侧才形成了较为集中的中央政府机构建筑群，到了隋大兴城·唐长安城又进一步发展为中央政府机构建筑群的专用区域——皇城。北魏洛阳城的“三城制”都城形制出现以后，一直为以后历代封建王朝都城所遵循，与中国古代封建社会相始终。

秦始皇建立的统一的中央集权封建帝国，有着庞大的国家机器，它们的政治活动平台，当时安排在宫城与郭城之中，而郭城之内还有诸如官手工业作坊、市场、达官显贵宅邸、市民里居等，这种“官”与“民”的杂处状况，显然不利于中央政府的统治与管理。但是这种现状一直延续到东汉洛阳城。如东汉王朝的太尉府、司徒府、司空府等中央政府的最高行政机构，均分布在都城之中、南宫以东的地方。都城之内还有市场——“金市”、步广里与永和里等里居。这种都城布局形制到北魏洛阳城发生了根本性变化，宫城之外围筑内城，内城之中以中央官署为主，如左卫府、右卫府、司徒府、太尉府、司空府、国子学、将作曹、宗正寺、御史台、武库等，此外还有太庙、太社、太仓、永宁寺等重要建筑。市场已不在内城，安排到郭城之中。隋唐两京的长安城与洛阳城的中央官署、宗庙社稷等均分布在皇城（即“内城”）之中。“三城制”都城反映了帝国与王国的社会形态的不同，即中央集权的封建帝国对国家的统治与管理，通过中央政府行政机构去进行，内城是其进行对国家统治、管理的政治平台；皇室所在的宫城，是作为“国家元首”的政治中枢；郭城则是维系都城作为国家政治统治中心、经济管理中心、军事指挥中心、文化礼仪活动中心正常运转的官、民活动与“服务”（为都城正常运转的各种相关“服务”工作）空间。“三城制”都城是与中央集权封建帝国都城的社会形态相一致的。

四、古代都城宫庙建筑遗址考古发现及其所反映的社会形态变化的考古学研究

（一）关于古代都城宫殿建筑遗址的考古学研究

宫殿是国家政治活动的平台，是都城的核心建筑。杨鸿勋先生认为：“宫殿建筑是王（皇）权的象征。不论对哪个国家来说，宫殿都是一种特殊的建筑……在中国，它集中体现了古代宗法观念、礼制秩序及文化传统的大成，没有任何一种建筑可以比它更能说明当时社会的主导思想、历史和传统……因而宫殿建筑最能反映当时社会本质的建筑。通过对宫殿建筑历史的了解，可以生动地了解古代社会的主导思想意识和形态的发展。”[141]

当然，作为一种重要的建筑，宫殿也是历史发展的产物。早在宫殿出现之前的史前时代，在一些重要的聚落遗址中就发现了“大房子”遗迹，如西安半坡遗址 F1，分为东西两部分，东部（即大房子的前部）似为庭堂，西部（即大房子后部）可能是用于休息的居室。有的学者认为这应是目前我们所知道的最早一座具有“前堂后室”功能的建筑[142]。这种大房子已不只是作为聚落之中成员的公共活动场所，它很可能还是聚落首领社会活动与生活的地方。再如，甘肃秦安大地湾聚落遗址发现的“大房子”F901，位于聚落南北中轴线上，坐北朝南，占地面积 420 平方米、室内面积 126 平方米。主室平面长方形，前墙辟门 3 座，如后世“三阶”，东

西并列，正门居中。主室正门有外凸“门斗”，门前附属建筑为“轩”。东墙、西墙各辟一侧门。主室东西各一侧室，当为后世的“旁”“夹”。北部为后室、南部为附属建筑。发掘者认为F901“已不是一般部落的公共建筑，而应是举行大型祭祀、议事活动的大会堂”[143]。F901的“前堂后室”，左右置“旁”“夹”，堂设“三阶”，门前临“轩”，已成为中国古代宫殿最早的雏形，有的学者认为“夏后氏世室”就是由此发展而来[144]。

二里头遗址的宫城之中坐落有多座大型夯土建筑基址，它们应属于宫殿或宗庙一类建筑遗址。已进行考古发掘的第一、二、四、六、七号等大型夯土建筑基址，其平面大多为长方形。这是目前我们通过考古发掘可以确认的、时代最早的中国古代宫殿（或宗庙、门阙）建筑基址，其中以第一、二号建筑基址最为完整、重要，据此看出中国古代宫殿建筑的发展变化及其一脉相承的基本特点：长方形的宫殿基址，宫殿南部的登堂台阶，宫殿南面的大型庭院，三门道或“一门四塾”“一门二塾”的宫殿庭院正门（南门），宫殿及其庭院的坐北朝南的方向和建筑物的中轴理念等。这些成为中国古代宫殿建筑的文化基因，成为我们判断宫殿的基本因素。需要指出，早期宫殿与宗庙在建筑形制上是基本相同的，因此古代文献记载，宫、庙不分，我认为所谓宫庙不分还是“形式上”的不分，其各自“功能”应该是不同的。

偃师商城宫城西部的宫殿院落，有南北排列的二号、三号、七号宫殿，它们是目前所知最早由多座宫殿组成、每座宫殿建筑功能不同的“前朝后寝”宫殿建筑群。而偃师二里头遗址中的“前朝后寝”宫殿建筑布局应是在同一座建筑中实现的。在宫殿建筑中，由同一宫殿的“前堂后室”结构，发展为多座宫殿形成一组“前朝后寝”宫殿建筑群，这应是早期国家都城之中宫殿建筑布局形制的重要发展与时代特点。偃师商城宫城宫殿院落建筑布局形制，在后来的湖北盘龙城商代城址中也有发现。盘龙城城址周长1100米，城内东北部地势最高，大型建筑基址集中分布在这一带，基本上南北排列，一号宫殿遗址南13米为二号宫殿遗址。一号宫殿基址东西39.8米、南北12.3米，二号宫殿基址东西29.95米、南北12.7米。有的学者根据一些遗迹推测，一号和二号宫殿之外，围筑有廊庑[145]。南北排列的二号与一号宫殿应该是“前朝后寝”的格局。

随着历史发展和国家权力的加强，反映政治活动平台的宫殿规模也在扩大，已发现的安阳殷墟洹北商城面积约4平方千米，这是目前所知规模最大的商代都城。已发掘的安阳殷墟洹北商城的第一号宫殿遗址，是目前已知商代规模最大的一座宫殿[146]。宫殿庭院东西173米、南北85～91.5米，面积1.6万平方米。殿堂基址南北14.4米、东西90米。

20世纪80年代前期，在秦雍城遗址考古钻探发现的马家庄第三号建筑群遗址，南北长326.5米，南端东西宽59.5米、北端东西宽86米，面积21849平方米，位于都城中心部位。由南向北包括五进庭院，第一进庭院南北进深52米、东西宽59.5米；第二进庭院南北进深49.5米、北部南北宽60.5米，庭院东西置两厢；第三进庭院南北进深82.5米、北部东西宽62.5米，庭院中部置殿堂，殿堂基址东西34米、南北17米；第四进庭院南北进深51米、东西宽70米；第五进庭院南北进深65米、东西宽86米，庭院之内有三座大小、形制相同建筑基址，各东西宽22米、南北进深18米，为“品”字分布于庭院之中。韩伟先生认为这是秦国都城的“宫寝、朝廷之所在”[147]。

战国时代流行高台宫殿建筑，其规模之高大、宏伟是前所未有的，如齐临淄城小城中的

"桓公台"遗址，东西宽 70 米、南北长 86 米，残高 14 米；赵邯郸城的赵王城之西城中的"龙台"基址东西宽 264 米、南北长 296 米，残高 16 米；燕下都的"武阳台"基址东西长约 140 米、南北宽约 110 米，残高 10 米以上，此外还有"老姆台""路家台"等；秦咸阳宫第一号宫殿建筑遗址、秦阿房宫前殿遗址等，在中国古代宫殿建筑中均具有重要的学术意义；已经考古勘探、发掘的汉长安城未央宫前殿遗址和少府遗址、桂宫第一号宫殿建筑遗址等，唐长安城大明宫含元殿遗址、麟德殿遗址等，它们对于深入了解、认识中国古代宫殿建筑，均有重要科学意义。

单体建筑由"大房子"发展为"宫殿"；宫殿由单一殿堂中的"前堂后室"结构，发展为多座宫殿形成的"前朝后寝"建筑群格局，这反映了中国古代都城宫殿建筑发展的规律。

（二）关于古代都城宗庙建筑遗址的考古学研究

都城宗庙是"血缘政治"与"地缘政治"发展、结合的产物，宗庙与宫殿同为中国古代国家"二元政治"物化载体。根据考古发现与研究，学术界一般认为属于宗庙建筑遗址的有：二里头遗址第二号建筑遗址、偃师商城宫城的第四、五号建筑基址，周原遗址的云塘和齐镇建筑基址、雍城马家庄第一号建筑基址、汉景帝阳陵的"罗经石"建筑基址、汉杜陵第八号建筑遗址、汉长安城南郊礼制建筑遗址、南宋临安太庙遗址等，当然见于古代文献记载的都城宗庙数量就更多了。

二里头遗址第二号建筑遗址范围东西 57.5～58 米、南北 72.8 米，周置廊庑，南庑中间辟门，南门置东西二塾，中为门道。主体建筑殿堂居北，殿堂与南门之间为庭院。殿堂基址东西 32 米、南北 12 米，庭院东西 45 米、南北 59.5 米[148]。

偃师商城宫城第四号建筑遗址范围东西 51 米、南北 32 米，周置廊庑，大门辟于南庑，西庑辟侧门。殿堂居北，坐北朝南。殿堂基址东西 36.5 米、南北 11.8 米，南部置四阶。殿堂与大门之间为庭院，庭院东西 16.3 米、南北 12.2 米[149]。第五号建筑基址形制与第四号建筑基址基本相同，殿堂基址在院落北部，东西 54 米、南北 14.6 米。殿堂以南为庭院，周置廊庑，南廊中央辟门，其规模要比第四号建筑基址大得多[150]。

陕西周原扶风云塘发掘的西周建筑群遗址，由 3 座建筑组成，其平面分布为"品"字形，外围筑墙垣。围墙南部中间置门塾。在云塘建筑遗址以东 52.4 米的齐镇发现另一组建筑，主体建筑 F4 东西长 23.8 米、南北宽 18.8 米，平面为"凹"字形，南部凹进，其前部亦置"U"字形卵石路，南北长 11.5 米。门塾 F9 东西长 13.6 米、南北宽 6.2 米。F4 东南部为 F7，南北长 20 米、东西宽 11.5 米。F4 西南部还应有一建筑。推测这组建筑群周围亦围筑墙垣[151]。上述两组建筑可能为西周的宗庙建筑遗址。

马家庄一号建筑遗址东西 90 米、南北 84 米，面积 7500 平方米。建筑群坐北朝南，周施围墙，南墙辟门，主体建筑居于北部中央。南部为庭院，其中发现祭祀坑 181 座，庭院东西对称分布附属建筑[152]。

汉景帝阳陵二号建筑遗址（又称"罗经石"建筑遗址）位于帝陵东南 300 米，建筑遗址平面方形，边长 260 米。外围壕沟，壕沟之内四角有曲尺形平面建筑遗址，壕沟四面中央各辟一门。围壕之内中央为主体建筑，平面方形，边长 53.7 米。建筑基址四面各辟 3 门道，门道地面按照门道所处方位，分别铺设象征东、西、南、北四方的“四神”纹饰空心砖，建筑物四面的铺地砖、墙壁、屋面均按东、南、西、北方位，分别涂有青、红、白、黑四种颜色[153]。二号建筑遗址应为阳陵陵庙建筑遗址。

在汉宣帝杜陵东北 400 米的杜陵第八号建筑遗址，东西 73 米、南北 70 米，遗址之中出土了不少四神纹空心砖，推测这应为杜陵陵庙遗址[154]。

汉长安城南郊礼制建筑群遗址中的宗庙建筑遗址，是目前考古发现最为全面、系统的中国古代宗庙建筑群遗址，包括 12 座宗庙建筑遗址，每座自成一个平面方形的院落，其中 11 座宗庙建筑院落围筑在一个边长 1400 米的方形大院落之中，每座院落边长 270～280 米。院落中央为主体建筑——庙堂基址，基址平面方形，边长 55 米，院落四角各有一曲尺形建筑遗址。院落四面中央各辟一门。在大院落南部中间有一平面方形院落，边长 274 米，院落中央为主体庙堂建筑遗址，平面方形，边长 100 米[155]。

1995 年发现的南宋临安城太庙遗址，清理了太庙建筑遗址的东围墙、东门遗址和庙堂建筑基址[156]。

从上述已经考古发掘的都城宗庙建筑遗址可以看出，早期的都城宗庙建筑与宫殿建筑的平面形制基本相同，均为长方形。如二里头遗址宫城的第一号与第二号大型夯土建筑遗址，学术界一般认为前者为宫殿建筑基址，后者为宗庙建筑基址，二者殿堂建筑基址平面均为长方形；再如，偃师商城宫城的第二、三、七号与第四、五号建筑基址，近年有的学者认为前组属于朝寝宫殿建筑遗址，后组为宗庙建筑遗址，它们的殿堂建筑基址平面均为长方形。属于西周时代的周原遗址的云塘建筑群遗址，其单体建筑基址平面近方形，与之对应的宫殿建筑基址的情况目前还不清楚；春秋时期的雍城马家庄第一号与第三号建筑遗址，分别为宗庙与宫殿建筑遗址，前者殿堂单体建筑基址平面近方形，后者殿堂建筑基址平面为长方形。已考古发掘多座的汉长安城宫殿建筑遗址与南郊礼制建筑的宗庙遗址，二者殿堂建筑基址平面不同，前者一般为长方形，后者为方形。西汉时代以后的都城宗庙建筑遗址的考古工作进行的很少，根据历史文献记载，其平面大多为长方形，如东晋建康的太庙[157]、唐长安城的太庙等[158]。都城宗庙殿堂平面由长方形发展为方形，又由方形“变回”长方形，后者反映了宗庙（包括寺院、道观建筑）的宫殿化（趋时性表现）。第一个时期，即夏商时代，都城宗庙与宫殿殿堂平面均作为长方形时，这反映了宫殿与宗庙的“平等”时期，这是早期王国时代“地缘政治”与“血缘政治”“对等”的社会形态的特点。第二个时期，即西周时代晚期至秦汉时代，都城宗庙殿堂平面由长方形变为近方形或方形，宫殿殿堂平面仍为长方形，宫殿与宗庙殿堂平面形制的变化，反映了二者所代表的“地缘政治”与“血缘政治”力量的消长。在这一时期的后段，即西汉时代的都城宗庙与明堂、辟雍、灵台、社稷等礼制建筑的主体建筑及帝陵和皇后陵的陵墓、陵园平面一般均为方形。从建筑形制上来看，似乎宗庙已“等同”于皇室其他礼制建筑和皇帝、皇后的陵寝建筑，“宫庙并列”已成为历史。西汉时代都城宗庙地位的下降，揭示出帝国时代初期，“地缘政治”强化与“血缘政治”衰落的社会形态特点。第三个时期，历史似乎又走了个“轮回”，都城宗庙殿堂平面又“回归”长方形，这不是“血缘政治”的“复兴”，而是宗庙“趋时性”表现，反映了宗庙地位的进一步下降，宗庙成为皇权的附庸，这是帝国时代成熟时期的社会形态特点。

（三）关于古代都城宫庙布局形制与地缘政治和血缘政治关系的探讨

祭祀性建筑遗址在世界许多地方的史前时期已经存在，这些遗址的祭祀对象不尽相同，有自然神、图腾，也有祭祀者的祖先。在中国的史前时代考古发现，随着社会的发展，作为祖先崇拜物化形式的建筑（即王国时代已经出现的“宗庙”），在社会活动中的地位越来越重要，在社会生活中的作用越来越大，这可能反映了人们和社会对祖先祭祀超过了对自然神和图腾祭祀的重视程度。历史文献记载，王国时代都城宫室建设“宗庙为先”，这说明了当时人们对于宗庙的重视情况。在东西方古代文化中，在祭祀方面，中国古代突出祖先崇拜、宗庙祭祀，西方古代重视神庙祭祀，这是东西古代文化的重要区别之一。“文明形成”、国家出现，折射出“血缘政治”与“地缘政治”势力的消长。作为国家统治者政治活动平台、“地缘政治”物化载体的宫殿建筑，这时至少已与本质上属于“血缘政治”物化载体的宗庙建筑“平起平坐”了。河南偃师二里头遗址已发掘的夏代都城的第一号与第二号宫庙院落建筑遗址，从其布局形制来看，它们各自形成的轴线，构成宫城的宫庙二元布局结构，折射出当时社会形态的“二元政治”特点。20世纪八九十年代以来发现的河南偃师商城遗址，为探讨都城之中宫庙建筑布局提供了新的考古资料。偃师商城遗址是商代早期都城遗址，大量考古工作揭示出这座都城遗址在建筑设计理念方面比夏代都城遗址——偃师二里头遗址更为复杂、成熟。偃师商城宫城之内的大型夯土建筑基址分成东西两组，东组建筑群包括南北排列的两座院落，北部为4号建筑基址[159]，南部为5号建筑基址[160]。西组建筑群在一南北排列3座大型夯土建筑的多进院落之中[161]。东组与西组院落布局结构的不同，反映了它们使用功能的差别，推测宫城东部与西部庭院应分别为宗庙和宫殿建筑[162]。如果这种推断不误的话，那么可以说商代早期作为地缘政治象征的宫殿与血缘政治象征的宗庙，继承了二里头遗址宫城中的宫殿与宗庙共存于宫城之中传统。

西周时代的都城宫庙建筑遗址，目前还没有发现。作为西周时代重要都邑的“周原遗址”，位于其中心区的云塘和齐镇建筑群遗址的考古发掘至关重要。云塘遗址以西900米为西周凤雏建筑遗址，其东500米为召陈建筑遗址。凤雏建筑遗址由门塾、庭院、殿堂、后室和东西厢房组成，这应是一座宫殿院落建筑[163]。召陈的西周建筑基址，其形制与凤雏的四合院式建筑不同，但其单体建筑规模较凤雏建筑基址要大[164]，至于这些建筑基址的功能，仅据现有考古资料还难以做出准确判断。对照凤雏甲组建筑遗址和召陈建筑遗址，云塘和齐镇建筑遗址群更具宗庙建筑特点[165]。

东周时代的陕西凤翔秦雍城遗址发现的东西并列的马家庄一号建筑基址与三号建筑基址，是目前研究先秦宫庙制度最为重要的考古资料。马家庄三号建筑遗址在一号建筑基址以西500米，应为宫殿建筑基址[166]。就目前考古资料来看，先秦时代都城的宫殿与宗庙主体建筑的形制结构（主要指二者殿堂基址平面）已有所不同，但是自二里头遗址宫城之中的宫殿与宗庙并列分布宫城之中的二元布局至东周时代仍然未变。

秦汉时代是从先秦时代的王国进入帝国的时代，王国政治与帝国政治的最大不同点是从血缘政治向地缘政治的进一步发展，在都城建筑中的突出表现是，宗庙地位的下降，这主要表现在宫庙建筑形制的进一步改变及其在都城之中的分布位置变化。从建筑形制来看，宗庙已与一般礼制建筑形制（包括明堂或辟雍、灵台、社稷等）基本相同或相近。宫庙分布位置发生了重大变化。历史文献记载，秦国的“先王庙或在西雍，或在咸阳”。咸阳的秦王室或皇室宗庙就是《史记》记载的“诸庙”，“诸庙及章台、上林皆在渭南”[167]。可见秦国或秦王朝在首都地区的宗庙不在秦咸阳城中，更不在咸阳宫内，而是分布在都城以外的渭河南岸[168]。西汉初年，汉高祖的“高庙”和汉惠帝庙均在汉长安城之内，二者分别位于宫城之外的未央宫东南部与长乐宫西南部[169]。西汉时代晚期，都城宗庙等礼制建筑多分布在汉长安城南郊[170]。先秦时代的宗庙与宫殿东西并列分布在都城之中的宫殿建筑区或宫城之内，秦汉时代都城的宗庙已从都城之中、宫城之内移至都城之外（西汉初年首先移至宫城之外），大朝正殿成为都城、宫城之中的唯一至尊建筑，宗庙位置这种变化，是统一的中央集权帝国之下的地缘政治加强、血缘政治削弱在都城布局形制上的重要反映，是社会形态变化在都城设计建筑思想变化的重要体现。“矫枉过正”似乎是事物发展规律，中国古代历史从王国走向帝国的时候，在王国政治中发挥重要作用的血缘政治，被帝国时代的地缘政治所排挤，从二者的“平起平坐”到“主次分明”，从“宫庙并列”于宫城或宫殿区的中心地区，到宫殿（大朝正殿）位于宫城或都城中心位置，而宗庙被安置于都城之外。在帝国取代王国初期，上述宫庙布局位置变化正是上述政治发展规律的反映。

秦汉时代以后，魏明帝在洛阳城铜驼街附近建太庙[171]，西晋和北魏洛阳城、十六国后赵石虎邺城和东魏与北齐邺城的宗庙也均在都城之内、宫城之外。特别需要提出的是，北魏洛阳城的宗庙位于都城和内城（或皇城）之中、宫城之外，这一宗庙布局制度对后代影响深远。宗庙在都城的位置，在六朝故都有所不同，它们分布在都城南郊，似乎受到汉长安城南郊礼制建筑影响。

作为中国古代中央集权帝国，地缘政治在其统治中越来越重要，都城的大朝正殿独处宫城的“居中”“居前”“居高”位置与地位[172]，决定着宫城与都城的轴线或中轴线，这充分体现出统一的中央集权封建帝国的皇权至上、皇帝至上的社会形态。但是封建社会最高统治者还是以“血缘政治”为据继承、维系其在国家的最高统治者的地位，由“宗庙”体现的“血缘政治”，确立了最高统治者在国家地位的政治合法性。然而尽管如此，宗庙在帝国时代还是从先秦时代都城的宫城或中心建筑区移至都城之外，这显然是以宗庙为象征的“血缘政治”的消弱，新的帝国时代社会形态的发展与壮大。

注　释

［1］王国维：《殷周制度论》，《王国维学术典籍》（下集），江西人民出版社，1997年。

［2］中国社会科学院考古研究所：《偃师二里头——1959年～1978年考古发掘报告》，中国大百科全书出版社，1999年；许宏、陈国梁、赵海涛：《二里头遗址聚落形态的初步考察》，《考古》2004年第11期。

［3］王学荣：《河南偃师商城遗址的考古发现与研究》，《考古求知集》，中国社会科学出版社，1997年。

［4］河南省文物考古研究所：《郑州商城——1953～1985年考古发掘报告》，文物出版社，2001年。

［5］中国社会科学院考古研究所：《殷墟的发现与研究》，科学出版社，1994年；中国社会科学院考古研究所安阳工作队：《河南安阳市洹北商城的勘察与试掘》，《考古》2003年第5期；中国社会科学院考古研究所安阳工作

队：《河南安阳市洹北商城宫殿区 1 号基址发掘简报》，《考古》2003 年第 5 期。
[6] 中国科学院考古研究所：《沣西发掘报告——1955～1957 年陕西长安县沣西乡考古发掘资料》，文物出版社，1962 年；中国社会科学院考古研究所：《张家坡西周墓地》，中国大百科全书出版社，1999 年；中国社会科学院考古研究所沣西发掘队：《1976—1978 年长安沣西发掘简报》，《考古》1981 年第 1 期。
[7] 陕西省考古研究所：《镐京西周宫室》，西北大学出版社，1995 年。
[8] 陕西周原考古队：《陕西岐山凤雏村西周建筑基址发掘简报》，《文物》1979 年第 10 期；陕西周原考古队：《扶风召陈西周建筑群基址发掘简报》，《文物》1981 年第 3 期；周原考古队：《陕西扶风县云塘、齐镇西周建筑基址 1999～2000 年度发掘简报》，《考古》2002 年第 7 期。
[9] 孔颖达：《尚书正义》，《十三经注疏》，中华书局，1980 年；《逸周书》，辽宁教育出版社，1997 年。
[10] 中国科学院考古研究所洛阳发掘队：《洛阳涧滨东周城址发掘报告》，《考古学报》1959 年第 2 期；中国科学院考古研究所《洛阳中州路（西工段）》，科学出版社，1959 年；洛阳市文物工作队：《洛阳东周王城内的古窑址》，《考古与文物》1983 年第 3 期；洛阳博物馆：《洛阳战国粮仓试掘纪略》，《文物》1981 年第 11 期。
[11] 陕西省雍城考古队：《陕西雍城钻探试掘简报》，《考古与文物》1985 年第 2 期；陕西省雍城考古队：《凤翔马家庄一号建筑群遗址发掘简报》，《文物》1985 年第 2 期；韩伟：《秦都雍城考古发掘研究综述》，《考古与文物》1988 年第 5、6 期合刊。
[12] 陕西省考古研究所：《秦东陵第一号陵园勘查记》，《考古与文物》1987 年第 4 期；陕西省考古研究所：《秦东陵第二号陵园调查、钻探简报》，《考古与文物》1987 年第 5 期。
[13] 湖北省文物考古研究所：《1988 年楚都纪南城松柏区的勘查与发掘》，《江汉考古》1991 年第 4 期。
[14] 湖北省博物馆：《楚都纪南城的勘察与发掘（上、下）》，《考古学报》1982 年第 3、4 期。
[15] 马良民：《试论战国都城的变化》，《山东大学学报》1988 年第 3 期。
[16] 山东省文物管理处：《山东临淄齐故城试掘简报》，《考古》1961 年第 6 期；群力：《临淄齐国故城勘探纪要》，《文物》1972 年第 5 期；山东省博物馆：《三十年来山东省文物考古工作》，《文物考古工作三十年》，1979 年。
[17] 山东省文物考古研究所等：《曲阜鲁国故城》，齐鲁书社，1982 年；许宏：《先秦城市考古学研究》，北京燕山出版社，2000 年。
[18] 河北省文物研究所：《燕下都》，文物出版社，1996 年。
[19] 河南省博物馆新郑工作站等：《河南新郑郑韩故城的钻探和试掘》，《文物资料丛刊（3）》，文物出版社，1980 年。
[20] 河北省文物管理处等：《赵都邯郸故城调查报告》，《考古学集刊（4）》，中国社会科学出版社，1984 年。
[21] 陶正刚、叶学明：《古魏城和禹王古城调查简报》，《文物》1962 年第 4、5 期合刊；中国科学院考古研究所山西工作队：《山西夏县禹王城调查》，《考古》1963 年第 9 期。
[22] 山西省考古研究所侯马工作站：《晋都新田》，山西人民出版社，1996 年。
[23] 河北省文物研究所：《河北平山三汲古城调查与墓葬发掘》，《考古学集刊（5）》，中国社会科学出版社，1987 年。
[24] 山东省济宁市文物管理局：《薛国故城勘探和墓葬发掘报告》，《考古学报》1991 年第 4 期。
[25] 中国社会科学院考古研究所、美国哈佛大学皮保德博物馆中美联合考古队：《河南商丘县东周城址勘查简报》，《考古》1998 年第 12 期。
[26] 湖北省博物馆：《当阳季家湖楚城遗址》，《文物》1980 年第 10 期；楚皇城考古队：《湖北宜城楚皇城勘查简报》，《考古》1980 年第 2 期。
[27] 江苏省淹城遗址考古发掘队：《发掘淹城遗址的主要收获》，《南京博物院建院 60 周年纪念文集（1933～1993）》，1994 年。
[28] 荆州地区博物馆、潜江县博物馆：《湖北潜江龙湾发现楚国大型宫殿基址》，《江汉考古》1987 年第 3 期。
[29] 陕西雍城考古队：《凤翔秦公陵园钻探与试掘简报》，《文物》1987 年第 3 期。
[30] 河北省文物研究所：《河北平山三汲古城调查与墓葬发掘》，《考古学集刊（5）》，中国社会科学出版社，1987 年；河北省文物管理处：《河北省平山县战国时期中山国墓葬发掘简报》，《文物》1979 年第 1 期。

[31] 中国科学院考古研究所：《辉县发掘报告》，科学出版社，1956年。
[32] 河北省文物管理处等：《赵都邯郸故城调查报告》，《考古学集刊（4）》，中国社会科学出版社，1984年。
[33] 陕西省考古研究所：《秦东陵第一号陵园勘查记》，《考古与文物》1987年第4期；陕西省考古研究所：《秦东陵第二号陵园调查、钻探简报》，《考古与文物》1987年第5期。
[34] 罗勋章：《田齐王陵初探》，《齐文化丛书·考古卷》，齐鲁书社，1997年。
[35] 河北省文物研究所：《燕下都》，文物出版社，1996年。
[36] 中国社会科学院考古研究所、西安市文物保护考古所阿房宫考古队：《阿房宫前殿遗址的考古勘探与发掘》，《考古学报》2005年第2期。
[37] 辽宁省文物考古研究所：《辽宁绥中县“姜女坟”秦汉建筑遗址发掘简报》，《文物》1986年第8期；辽宁省文物考古研究所：《辽宁绥中县石碑地秦汉宫城遗址1993—1995年发掘简报》，《考古》1997年第10期。
[38] 陕西省考古研究所、秦始皇兵马俑博物馆：《秦始皇帝陵园考古报告（1999）》，科学出版社，2000年。
[39] 刘庆柱、李毓芳：《汉长安城》，文物出版社，2003年。
[40] 中国社会科学院考古研究所：《汉长安城未央宫——1980～1989年考古发掘报告》，中国大百科全书出版社，1996年。
[41] 中国社会科学院考古研究所等：《汉长安城桂宫考古发掘报告》，待刊。
[42] 中国社会科学院考古研究所：《汉长安城武库》，文物出版社，2005年。
[43] 中国社会科学院考古研究所：《西汉礼制建筑遗址》，文物出版社，2003年。
[44] 中国社会科学院考古研究所：《汉魏洛阳城“三雍”遗址考古发掘报告》，待刊。
[45] 中国社会科学院考古研究所：《汉杜陵陵园遗址》，科学出版社，1993年；陕西省考古研究所：《汉阳陵》，重庆出版社，2001年；刘庆柱、李毓芳：《西汉十一陵》，陕西人民出版社，1987年。
[46] 中国社会科学院考古研究所、河北省文物研究所邺城考古工作队：《河北临漳邺北城遗址勘探发掘简报》，《考古》1990年第7期。
[47] 中国科学院考古研究所洛阳工作队：《汉魏洛阳城初步勘查》，《考古》1973年第4期；中国社会科学院考古研究所：《新中国的考古发现与研究》，文物出版社，1984年；中国社会科学院考古研究所洛阳工作队：《汉魏洛阳城南郊的灵台遗址》，《考古》1978年第1期；中国社会科学院考古研究所汉魏故城队：《汉魏故城金墉城址发掘简报》，《考古》1999年第3期；中国社会科学院考古研究所：《北魏洛阳永宁寺——1979～1994年考古发掘报告》，中国大百科全书出版社，1996年；中国社会科学院考古研究所汉魏洛阳城工作队：《河南洛阳汉魏故城北魏宫城阊阖门遗址》，《考古》2003年第7期。
[48] 中国社会科学院考古研究所、河北省文物研究所邺城考古队：《河北临漳县邺南城遗址勘探与发掘》，《考古》1997年第3期。
[49] 中国社会科学院考古研究所、河北省文物研究所邺城考古队：《河北临漳县邺南城朱明门遗址的发掘》，《考古》1996年第1期。
[50] 朱岩石：《东魏北齐邺南城内城之研究》，《汉唐之间的视觉文化与物质文化》，文物出版社，2003年。
[51] 中国社会科学院考古研究所：《北魏洛阳永宁寺——1979～1994年考古发掘报告》，中国大百科全书出版社，1996年。
[52] 刘俊喜、张志忠：《大同发现北魏明堂辟雍遗址》，《中国文物报》1998年1月21日。
[53]《南京钟山六朝祭坛建筑遗址》，《2001中国重要考古发现》，文物出版社，2002年。
[54] 陕西省文物管理委员会：《长安城地基初步探测》，《考古学报》1958年第3期；中国科学院考古研究所西安唐城发掘队：《唐代长安城考古纪略》，《考古》1963年第11期。
[55] 中国社会科学院考古研究所西安唐城工作队：《唐长安西明寺遗址发掘简报》，《考古》1990年第1期；中国社会科学院考古研究所西安唐城工作队：《唐长安城明德门遗址发掘简报》，《考古》1974年第1期；中国社会科学院考古研究所西安唐城工作队：《唐长安城含光门遗址发掘简报》，《考古》1987年第5期；中国社会科学院考古研究所西安唐城工作队：《唐长安青龙寺遗址》，《考古学报》1989年第2期。
[56] 中国社会科学院考古研究所西安唐城工作队：《陕西西安唐长安城圜丘遗址的发掘》，《考古》2000年第7期。

[57] 中国科学院考古研究所：《唐长安大明宫》，科学出版社，1959 年；中国社会科学院考古研究所西安唐城工作队：《唐大明宫含元殿遗址 1995—1996 年发掘报告》，《考古学报》1997 年第 3 期；马得志：《唐长安城发掘新收获》，《考古》1987 年第 4 期；中国社会科学院考古研究所、日本奈良文化财研究所联合考古队：《唐长安城大明宫太液池遗址发掘简报》，《考古》2003 年第 11 期。
[58] 中国科学院考古研究所洛阳发掘队：《隋唐东都城址的勘查和发掘》，《考古》1961 年第 3 期；中国科学院考古研究所洛阳发掘队：《隋唐东都城址的勘查和发掘续记》，《考古》1978 年第 6 期。
[59] 中国社会科学院考古研究所洛阳唐城队：《唐东都武则天明堂遗址发掘简报》，《考古》1988 年第 3 期。
[60] 洛阳市文物工作队：《隋唐东都应天门遗址发掘简报》，《中原文物》1988 年第 3 期；《隋唐洛阳城考古又获重大成果——宫城应天门东阙遗址重见天日》，《中国文物报》1991 年 1 月 20 日。
[61] 中国社会科学院考古研究所洛阳唐城队：《洛阳唐东都履道坊白居易故居发掘简报》，《考古》1994 年第 8 期。
[62] 中国社会科学院考古研究所洛阳唐城队：《洛阳唐东都上阳宫园林遗址发掘简报》，《考古》1998 年第 2 期。
[63] 河南省博物馆、洛阳市博物馆：《洛阳隋唐含嘉仓的发掘》，《文物》1972 年第 3 期。
[64] 中国社会科学院考古研究所：《隋唐洛阳城遗址考古发掘报告》，待刊。
[65] 刘庆柱、李毓芳：《陕西唐陵调查报告》，《考古学集刊（5）》，中国社会科学出版社，1985 年。
[66] 开封宋城考古队：《北宋东京外城的初步勘探与发掘》，《文物》1992 年第 12 期；开封宋城考古队：《北宋东京内城的初步勘探与测试》，《文物》1996 年第 5 期；丘刚、董祥：《北宋东京皇城的初步勘探与试掘》，《开封考古发现与研究》，中州古籍出版社，1998 年；秦大树：《宋元明考古》，文物出版社，2004 年。
[67] 李逸友：《辽代城郭营建制度初探》，《辽金史论集》第 3 集，书目文献出版社，1987 年；秦大树：《宋元明考古》，文物出版社，2004 年。
[68] 辽中京发掘委员会：《辽中京城址发掘的重要收获》，《文物》1961 年第 9 期；秦大树：《宋元明考古》，文物出版社，2004 年。
[69] 景爱：《金上京》，生活 • 读书 • 新知三联书店，1991 年；秦大树：《宋元明考古》，文物出版社，2004 年。
[70] 《金中都遗址》，《中国大百科全书 • 考古学》，中国大百科全书出版社，1986 年，第 238 页；秦大树：《宋元明考古》，文物出版社，2004 年。
[71] 《元上都》，《中国大百科全书 • 考古学》，中国大百科全书出版社，1986 年，第 633 页；秦大树：《宋元明考古》，文物出版社，2004 年。
[72] 《元中都考古取得重大进展》，《中国文物报》1999 年 12 月 29 日第 1 版。
[73] 中国科学院考古研究所、北京市文物管理处等元大都考古队：《元大都的勘查和发掘》，《考古》1972 年第 1 期。
[74] 黑龙江省文物管理委员会、哈尔滨市文化局、中国科学院古脊椎动物与古人类研究所：《阎家岗——旧石器时代晚期古营地遗址》，文物出版社，1987 年。
[75] 储友信：《湖南发现旧石器时代末高台建筑》，《中国文物报》1997 年 4 月 6 日。
[76] 湖南省文物考古研究所：《湖南澧县梦溪八十垱新石器时代早期遗址发掘简报》，《文物》1996 年第 12 期。
[77] 中国社会科学院考古研究所内蒙古工作队：《内蒙古敖汉旗兴隆洼遗址发掘简报》，《考古》1985 年第 10 期；中国社会科学院考古研究所内蒙古工作队：《内蒙古兴隆洼聚落遗址 1992 年发掘简报》，《考古》1997 年第 1 期；杨虎：《敖汉旗发现一大型兴隆洼文化环壕聚落》，《中国文物报》1998 年 7 月 26 日。
[78] 内蒙古自治区文物考古研究所：《白音长汗——新石器时代遗址发掘报告》，科学出版社，2004 年。
[79] 河南省文物考古研究所：《舞阳贾湖》，科学出版社，1999 年。
[80] 山东省文物考古研究所：《山东发现八千年前居址聚落》，《中国文物报》1998 年 1 月 21 日。
[81] 甘肃省博物馆文物工作队：《甘肃秦安大地湾第九区发掘简报》，《文物》1983 年第 11 期；甘肃省博物馆文物工作队：《秦安大地湾 405 号新石器时代房屋遗址》，《文物》1983 年第 11 期；甘肃省博物馆文物工作队：《甘肃秦安大地湾遗址 1978 至 1982 年发掘的主要收获》，《文物》1983 年第 11 期。
[82] 中国社会科学院考古研究所：《敖汉赵宝沟——新石器时代聚落》，中国大百科全书出版社，1997 年。
[83] 中国社会科学院考古研究所湖北工作队：《湖北枣阳市雕龙碑新石器时代遗址试掘简报》，《考古》1992 年第

7 期。
[84] 浙江省文管会、浙江省博物馆：《河姆渡遗址第一期发掘报告》，《考古学报》1978 年第 1 期；河姆渡遗址考古队：《河姆渡遗址第二期发掘的主要收获》，《文物》1980 年第 5 期。
[85] 中国科学院考古研究所、陕西西安半坡博物馆：《西安半坡》，文物出版社，1963 年。
[86] 中国社会科学院考古研究所：《宝鸡北首岭》，文物出版社，1983 年。
[87] 西安半坡博物馆、陕西省考古研究所、临潼县博物馆：《姜寨——新石器时代遗址发掘报告》，文物出版社，1988 年。
[88] 郑州市博物馆：《郑州大河村仰韶文化的房基遗址》，《考古》1973 年第 6 期；郑州市博物馆：《郑州大河村遗址发掘报告》，《考古学报》1979 年第 3 期。
[89] 北京大学考古系、南阳地区文物研究所：《河南邓州市八里岗遗址 1992 年的发掘与收获》，《考古》1997 年第 12 期；北京大学考古系、南阳地区文物研究所：《河南邓州八里岗遗址发掘简报》，《文物》1998 年第 9 期。
[90] 河南省文物考古研究所、长江流域规划办公室考古队河南分队：《淅川下王岗》，文物出版社，1989 年。
[91] 中国社会科学院考古研究所：《蒙城尉迟寺——皖北新石器时代聚落遗存的发掘与研究》，科学出版社，2001 年。
[92] 长办考古队河南分队：《河南淅川黄楝树遗址发掘报告》，《华夏考古》1990 年第 3 期。
[93] 任式楠：《中国史前城址考察》，《考古》1998 年第 1 期。
[94] 湖南省文物考古研究所：《澧县城头山古城址 1997～1998 年度发掘简报》，《文物》1999 年第 6 期。
[95] 国家文物局考古领队培训班：《郑州西山仰韶时代城址的发掘》，《文物》1999 年第 7 期。
[96] 山东省文物考古研究所等：《山东滕州市西康留遗址调查发掘简报》，《考古》1995 年第 3 期。
[97]《城子崖遗址又有重大发现，龙山岳石周代城址重见天日》，《中国文物报》1990 年 7 月 26 日。
[98]《山东邹平丁公发现龙山文化城址》，《中国文物报》1992 年 1 月 12 日；山东大学历史系考古专业：《山东邹平丁公遗址第四、五次发掘简报》，《考古》1993 年第 4 期。
[99] 杜在忠：《边线王龙山文化城堡的发现及其意义》，《中国文物报》1988 年 7 月 15 日。
[100] 魏成敏：《临淄区田旺龙山文化城址》，《中国考古学年鉴（1993）》，文物出版社，1995 年。
[101] 山东省文物考古研究所等：《山东阳谷县景阳岗龙山文化城址调查与试掘》，《考古》1997 年第 5 期。
[102] 中国社会科学院考古研究所山东队、山东省文物考古研究所：《山东茌平教场铺遗址龙山文化城墙的发现与发掘》，《考古》2005 年第 1 期。
[103] 河南省文物考古研究所等：《河南淮阳平粮台龙山文化城址发掘简报》，《文物》1983 年第 3 期。
[104] 河南省文物研究所、中国历史博物馆考古部：《登封王城岗与阳城》，文物出版社，1992 年。
[105] 河南省文物考古研究所：《辉县孟庄》，中州古籍出版社，2003 年。
[106] 河南省文物考古研究所等：《郾城郝家台遗址的发掘》，《华夏考古》1992 年第 3 期。
[107] 中国社会科学院考古研究所安阳队：《1979 年安阳后冈遗址发掘报告》，《考古学报》1985 年第 1 期。
[108] 中国社会科学院考古研究所山西工作队、临汾地区文化局：《1978—1980 年山西襄汾陶寺墓地发掘简报》，《考古》1983 年第 1 期；中国社会科学院考古研究所山西工作队、临汾地区文化局：《陶寺遗址 1983—1984 年Ⅲ区居住址发掘的主要收获》，《考古》1986 年第 9 期；
[109] 北京大学考古系等：《石家河遗址群调查报告》，《南方民族考古》（第五辑），四川科学技术出版社，1992 年。
[110] 江陵县文物局：《江陵阴湘城的调查与探索》，《江汉考古》1986 年第 1 期；荆州博物馆等：《湖北荆州市阴湘城遗址东城墙发掘简报》，《考古》1997 年第 5 期。
[111] 湖北省荆门市博物馆：《荆门马家院屈家岭文化城址调查》，《文物》1997 年第 7 期。
[112] 林留根等：《藤花落遗址聚落考古取得重大收获》，《中国文物报》2000 年 6 月 25 日。
[113]《成都平原发现一批史前城址》，《中国文物报》1996 年 8 月 18 日；《成都史前城址发掘又获重大收获》，《中国文物报》1997 年 1 月 19 日。
[114] 内蒙古文物考古研究所：《准噶尔旗寨子上遗址发掘简报》，《内蒙古文物考古文集》（第一辑），中国大百科全书出版社，1994 年；内蒙古文物考古研究所：《准噶尔旗白草塔遗址》，《内蒙古文物考古文集》（第一

辑），中国大百科全书出版社，1994年；内蒙古文物考古研究所：《准噶尔旗小沙湾遗址》，《内蒙古文物考古文集》（第一辑），中国大百科全书出版社，1994年；内蒙古文物考古研究所：《清水河县后城嘴遗址》，《内蒙古文物考古文集》（第二辑），中国大百科全书出版社，1997年。

[115] 江苏省赵陵山考古队：《江苏昆山赵陵山遗址第一、二次发掘简报》，《东方文明之光》，海南国际新闻出版中心，1996年。

[116] 浙江省文物考古研究所：《余杭瑶山良渚文化祭坛遗址发掘简报》，《文物》1988年第1期。

[117] 浙江省文物考古研究所、余杭市文物管理委员会：《浙江余杭汇观山良渚文化祭坛与墓地发掘报告》，《文物》1997年第7期。

[118] 上海市文物保管委员会：《上海福泉山良渚文化墓葬》，《考古》1984年第2期。

[119] 南京博物院：《1982年江苏武进寺墩遗址的发掘》，《考古》1984年第2期。

[120]《周礼·天官·太宰》："以佐王治邦国。"《注》："大曰邦，小曰国。"

[121]《汉书·平帝纪》：元始三年，王莽奏"立官稷及学官。郡国曰学，县、道、邑、侯国曰校。校、学置经师一人。乡曰庠，聚曰序"。张晏注曰："聚，邑落名也。"师古注曰："聚小于乡。"

[122]《史记·秦本纪》《正义》："万二千五百家为乡。聚犹村落之类也。"

[123] 贺业钜：《考工记营国制度研究》，中国建筑工业出版社，1985年，第27页。

[124]《汉书·韦贤传》："自上以下，降杀以两，礼也。"

[125]《汉书·高帝纪》。

[126] 刘庆柱：《汉代城址的考古发现与研究》，《古代都城与帝陵考古学研究》，科学出版社，2000年。

[127] 宿白：《隋唐城制类型初探（提纲）》，《纪念北京大学考古专业三十周年论文集（1952～1982）》，文物出版社，1990年。

[128] 钱耀鹏：《中国史前城址与文明起源研究》，西北大学出版社，2001年，第188页。

[129] 钱耀鹏：《中国史前城址与文明起源研究》，西北大学出版社，2001年，第294页。

[130] 林留根等：《藤花落遗址聚落考古取得重大收获》，《中国文物报》2000年6月25日。

[131] 钱耀鹏：《中国史前城址与文明起源研究》，西北大学出版社，2001年，第294页。

[132] 中国社会科学院考古研究所二里头工作队：《河南偃师市二里头遗址宫城及宫殿区外围道路的勘察与发掘》，《考古》2004年第11期；许宏、陈国梁、赵海涛：《二里头遗址聚落系统的初步考察》，《考古》2004年第11期。

[133] 王学荣：《偃师商城布局的探索和思考》，《考古》1999年第2期。

[134] 张国硕：《夏商时代都城制度研究》，河南人民出版社，2001年，第151～152页。

[135] 郑州市文物考古研究所：《二十世纪郑州考古》，香港国际出版社，2004年，第214页。

[136] 安金槐：《试论郑州商城的地理位置与布局》，《中国商文化国际学术讨论会论文集》，中国大百科全书出版社，1998年，第84页。

[137] 张国硕：《夏商时代都城制度研究》，河南人民出版社，2001年，第138页。

[138] 郑州市文物考古研究所：《二十世纪郑州考古》，香港国际出版社，2004年，第214页。

[139] 杨宽：《中国古代都城制度史研究》，上海古籍出版社，1993年。

[140] 刘庆柱：《汉长安城布局结构辨析——与杨宽先生商榷》，《考古》1987年第10期；刘庆柱：《再论汉长安城布局结构及其相关问题——答杨宽先生》，《考古》1992年第7期。

[141] 杨鸿勋：《宫殿考古学通论》，紫禁城出版社，2001年，第3页。

[142] 杨鸿勋：《宫殿考古学通论》，紫禁城出版社，2001年，第5页。

[143] 甘肃省文物工作队：《甘肃秦安大地湾901号房址发掘简报》，《文物》1986年第2期；郎树德：《甘肃秦安县大地湾遗址聚落形态及其演变》，《考古》2003年第6期。

[144] 杨鸿勋：《宫殿考古学通论》，紫禁城出版社，2001年，第20～22页。

[145] 湖北省文物考古研究所：《盘龙城——1963年～1994年考古发掘报告》，文物出版社，2001年。

[146] 中国社会科学院考古研究所安阳工作队：《河南安阳市洹北商城的勘探与试掘》，《考古》2003年第5期；中

国社会科学院考古研究所安阳工作队：《河南安阳市洹北商城宫殿区 1 号基址发掘简报》，《考古》2003 年第 5 期。
[147] 陕西省雍城考古队：《秦都雍城钻探试掘简报》，《考古与文物》1985 年第 2 期；韩伟：《秦公朝寝钻探图考释》，《考古与文物》1985 年第 2 期。
[148] 中国社会科学院考古研究所：《偃师二里头——1959 年～1978 年考古发掘报告》，中国大百科全书出版社，1999 年。
[149] 中国社会科学院考古研究所河南二队：《1984 年春偃师尸乡沟商城宫殿遗址发掘简报》，《考古》1985 年第 4 期。
[150] 中国社会科学院考古研究所河南二队：《河南偃师尸乡沟商城第五号宫殿基址发掘简报》，《考古》1988 年第 2 期。
[151] 周原考古队：《陕西扶风县云塘、齐镇西周建筑基址 1999～2000 年度发掘简报》，《考古》2002 年第 9 期。
[152] 陕西省雍城考古队：《凤翔马家庄一号建筑群遗址发掘简报》，《文物》1985 年第 2 期。
[153] 汉阳陵考古陈列馆：《汉阳陵考古陈列馆》，文物出版社，2004 年，第 76 页。
[154] 中国社会科学院考古研究所：《汉杜陵陵园遗址》，科学出版社，1993 年。
[155] 中国社会科学院考古研究所：《西汉礼制建筑遗址》，文物出版社，2003 年。
[156] 杜正贤：《杭州发现南宋临安城太庙遗址》，《中国文物报》1995 年 12 月 31 日。
[157]《宋书·礼志》卷十六。
[158] 傅熹年主编：《中国古代建筑史》第二卷，中国建筑工业出版社，2001 年，第 406 页。
[159] 中国社会科学院考古研究所河南二队：《1984 年春偃师尸乡沟商城宫殿遗址发掘简报》，《考古》1985 年第 4 期。
[160] 中国社会科学院考古研究所河南二队：《河南偃师尸乡沟商城第五号宫殿基址发掘简报》，《考古》1988 年第 2 期。
[161] 王学荣：《河南偃师商城遗址的考古发掘与研究》，《考古求知集》，中国社会科学出版社，1997 年；王学荣：《偃师商城"宫城"之新认识》，《中国商文化国际学术讨论会论文集》，中国大百科全书出版社，1998 年。
[162] 杜金鹏、王学荣：《偃师商城近年考古工作要览——纪念偃师商城发现 20 周年》，《偃师商城研究》，科学出版社，2004 年。
[163] 陕西周原考古队：《陕西岐山凤雏村西周建筑基址发掘简报》，《文物》1979 年第 10 期。
[164] 陕西周原考古队：《扶风召陈西周建筑群基址发掘简报》，《文物》1981 年第 1 期。
[165] 周原考古队：《陕西扶风县云塘、齐镇西周建筑基址 1999～2000 年度发掘简报》，《考古》2002 年第 9 期；徐良高、王巍：《陕西扶风云塘西周建筑基址的初步认识》，《考古》2002 年第 9 期。
[166] 陕西省雍城考古队：《陕西雍城钻探试掘简报》，《考古与文物》1985 年第 2 期；陕西省雍城考古队：《凤翔马家庄一号建筑群遗址发掘简报》，《文物》1985 年第 2 期。
[167]《史记·秦始皇本纪》。
[168] 刘庆柱、李毓芳：《秦都咸阳"渭南"宫台庙苑考》，《秦汉论集》，陕西人民出版社，1992 年。
[169] 刘庆柱：《汉长安城的考古发现及相关问题研究》，《考古》1996 年第 10 期。
[170] 中国科学院考古研究所汉城发掘队：《汉长安城南郊礼制建筑遗址发掘简报》，《考古》1960 年第 7 期。
[171]《水经注·谷水》。
[172] 刘庆柱、李毓芳：《中国古代都城建筑的思想理念探索》，《西安文物考古研究——西安市文物保护考古所成立十周年纪念》，陕西人民出版社，2004 年。

（原刊于《考古学报》2006 年第 3 期）

从“双轴线”到“中轴线”
——中国古代都城轴线发展脉络

刘庆柱

古代都城轴线是中国古代都城的重要特点。表面上看，古代都城轴线是建筑规划与技术问题，实质上是国家政治理念在都城建设上的反映。

以往关于中国古代都城轴线的研究，一是统称“中轴线”，二是认为都城中轴线似乎与古代都城同时出现，其实并非如此，古代都城轴线、中轴线是古代都城发展的产物。

目前考古发现的陶寺城址、登封王城岗城址、新砦城址等，很难看出其轴线、中轴线规划理念。二里头宫城遗址的二号宫庙遗址与一号宫殿遗址并列于宫城东西，这可能是目前考古发现时代最早的都城轴线。一号宫殿遗址主体建筑殿堂遗址与其院落南门及宫城南门（7 号遗址）南北相对。二号遗址主体建筑与其院落南门相对，在宫城南城墙上还未发现与之相对的宫门。不过从宫城整体布局来看，南宫墙东部有可能还有一座宫门，如果这一推测无误的话，二里头宫城应该有两条东西并列的南北向轴线，也就是宫城的“双轴线”。类似情况在偃师商城的晚期宫城中也有可能存在。偃师商城在其早期都城中有一条南北向轴线，其南端为偃师商城南城门，向北经宫城南宫门、北宫门至北城门，即传统所说的“小城”北门。那样的话，偃师商城（早期）可能是我们目前所知道的时代最早具有中轴线的都城遗址。

在二里头宫城遗址与晚期偃师商城的宫城遗址中出现的“双轴线”规划，应该与当时宫城中“左庙右宫”的“宫庙”并列布局有关。地缘政治与血缘政治结合的“二元”政治，决定了都城之宫城中“宫庙”并列的“双轴线”。

秦咸阳城是战国时代修建的都城，秦始皇建立秦帝国之后仍然以此为都城，就都城形制而言，它属于从王国时代到帝国时代的“过渡型”都城。就目前秦咸阳城遗址考古发现而言，我们还无法究明战国时代秦咸阳城与秦代秦咸阳城的都城轴线问题。但是，秦代末年秦始皇修建的秦阿房宫前殿，从汉代史学家司马迁的记述来看，当时似乎规划了一条南北向的都城轴线，其北自阿房宫前殿，南至终南山，所谓“表南山之颠为阙”。《史记》卷六《秦始皇本纪》载：秦始皇三十五年“乃营作朝宫渭南上林苑中。先作前殿阿房，东西五百步，南北五十丈，上可以坐万人，下可以建五丈旗。周驰为阁道，自殿下直抵南山。表南山之颠以为阙。为复道，自阿房渡渭，属之咸阳，以象天极阁道绝汉抵营室也”。

汉长安城是帝国时代第一个修建的都城，从汉高祖修建皇宫——未央宫伊始，大朝正殿——前殿的“居中”理念就确定了，也就是说未央宫的“双轴线”已不可能存在。虽然皇宫——未央宫的中轴线理念已经出现并实施，但是作为整个都城的“中轴线”规划理念还没有形成，直到西汉晚期南郊礼制建筑的全面建成，都城的中轴线及其“左祖右社”格局才最终形成。都城中轴线形成的早期阶段，“中轴线”并不是科学的、严格的建筑规划意义上“居中”与“左右对称”内涵。但是随着古代都城的发展，都城“中轴线”越来越接近“居中”，西汉晚期形成都城整体的“中轴线”。东汉洛阳城前期是大朝正殿与南宫的南宫门、外郭城南城门——平城门形成南北向的都城“中轴线”，东汉洛阳城晚期是大朝正殿与北宫的南门、外郭城南城门形成南北向的都城“中轴线”；魏晋洛阳城和北魏洛阳城的都城中轴线就比汉代长安与洛阳的都城“中轴线”更为接近“居中”位置。古代都城中轴线真正实现“居中”，应该是隋大兴城与唐长安城，此后一直延续至明清北京城。

古代都城“双轴线”折射了地缘政治与血缘政治的“二元”政治格局，古代都城从“双轴线”发展为“中轴线”是地缘政治强化与血缘政治弱化的表现。古代都城的“点”“线”“面”，即以帝国的大朝正殿为都城“基点”，由此“基点”产生了都城“中轴线”，以此“中轴线”形成帝国都城的整体空间。大朝正殿的“基点”是都城的“核心”，其处于帝国都城的“居中”“居前”位置与“居高”地势。

（原刊于《中国社会科学报》2016年5月6日）

二、陵墓研究

秦始皇陵考古述评

刘庆柱

秦始皇陵位于西安市东约35千米，坐落在骊山北麓，地势自南向北倾斜，南倚骊山，北临渭水，史称“骊山园”。1961年国务院公布为第一批全国重点文物保护单位，1987年联合国教科文组织将秦始皇陵列入世界文化遗产名录。

有的学者将埃及胡夫金字塔、中国秦始皇陵和日本仁德天皇陵，称为世界三大古代陵墓[1]。

埃及金字塔流行于公元前2650～前1550年，其中以胡夫金字塔规模最大，因此也称为“大金字塔”。胡夫金字塔原高146.5米（现高137.2米），底部平面方形，边长230.38米，塔身共计250级。金字塔以230万块石材砌成，总计石材重量约570万吨。在大金字塔的东、西、南分布有王妃的金字塔与王室人员和贵族的马斯塔巴。胡夫的儿子及继承者哈夫拉的金字塔，距其父的大金字塔160米。哈夫拉金字塔附近有规模宏大的上庙、下庙遗址和著名的斯芬克斯狮身人面像。门卡乌拉金字塔在哈夫拉金字塔西南200米，它与胡夫金字塔、哈夫拉金字塔合称为吉萨三大金字塔，成为埃及金字塔的代表[2]。

仁德天皇陵（即“百舌鸟耳原中陵”）建成于公元5世纪，是日本最大的前方后圆墓，陵墓封土全长486米，前面方形部分宽305米、高约33米，后面圆形部分直径249米、高约35米。包括壕沟在内，仁德天皇陵范围东西656米、南北793米，周长2718米，总面积464124平方米。陵墓周围有三重壕沟围绕，壕沟之外有收冢古坟、孙太夫山古坟、童佐山古坟、狐山古坟、铜龟山古坟、菰山古坟、丸保山古坟、永山古坟、茶山古坟、大安寺古坟、源右卫门寺古坟、冢徊古坟、镜冢古坟等十多座陪葬墓[3]。

作为第15次亚洲史学会研究大会上大多学者认为的古代世界三大陵墓之一的秦始皇陵，在时代上介于埃及金字塔与日本仁德天皇陵之间，在建筑规模与形制方面也独具特色。

秦始皇陵的墓主人嬴政，公元前246年立为秦王，公元前238年亲理朝政，公元前221年统一全国，是中国历史上的第一个皇帝，所以又称“始皇帝”。《史记·秦始皇本纪》记载：“始皇初即位，穿治郦山，及并天下，天下徒送诣七十余万人。”秦始皇陵是中国历史上第一个皇帝陵，其规模之巨大、用工之众多、从葬之丰富，为中国乃至世界古代陵墓史上所罕见。在中国古代帝王陵墓发展史上，秦始皇陵也有着重要影响。

一、秦始皇陵的考古发现[4]

秦始皇陵陵区面积56.25平方公里，其中有秦始皇陵园（包括陵园内外城、门阙、封土、地宫、陵寝建筑遗址等）、陪葬坑、陪葬墓、修陵人墓地、防洪堤遗址、阻水与排水遗址、鱼池建筑遗址、石料加工场遗址等（图一）。

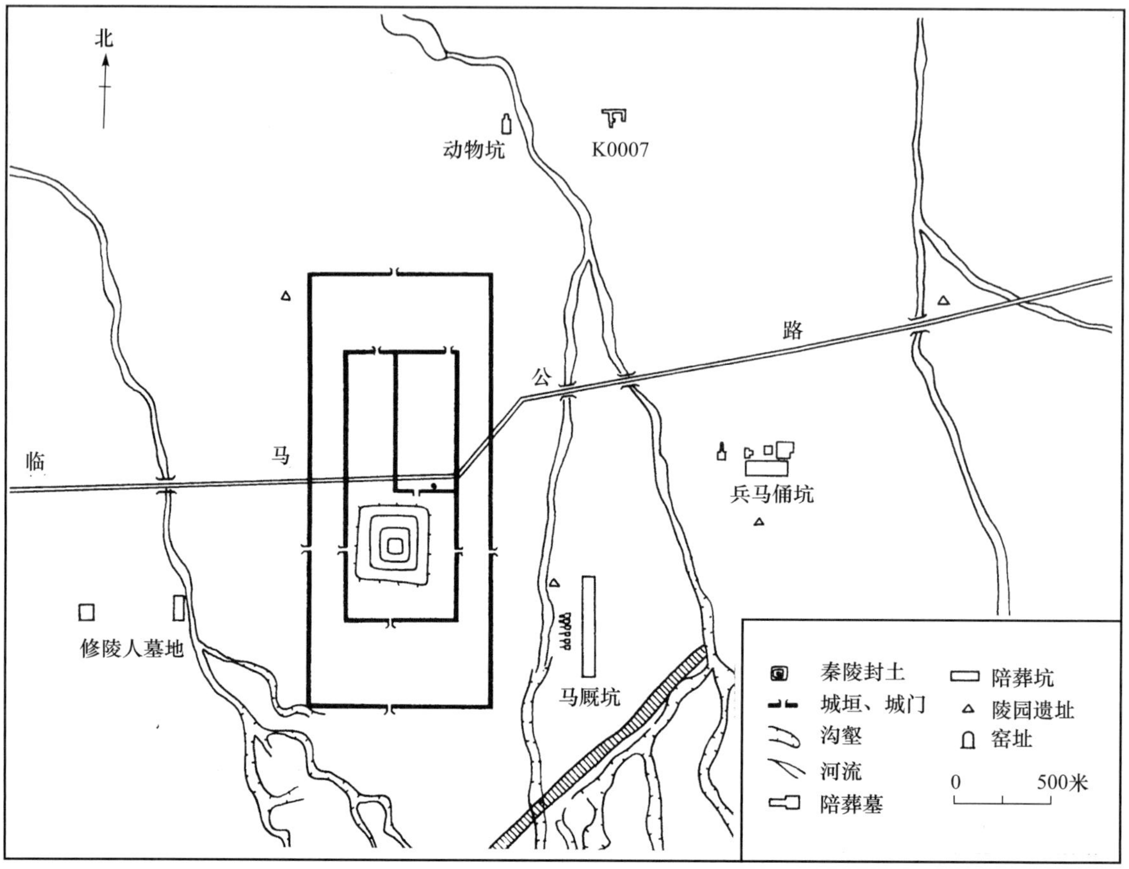

图一　秦始皇帝陵区重要遗迹分布示意图

（引自《秦始皇帝陵园考古报告（2000）》插图）

（一）秦始皇陵园的考古发现

1. 秦始皇陵园内、外城的考古勘探

秦始皇陵陵园由内外两重城墙组成，内、外城平面均为南北向长方形。内城约位于外城南北和东西居中位置。外城基本为正南北向，东城垣长 2185.914 米、西城垣长 2188.378 米、南城垣长 976.186 米、北城垣长 971.112 米，外城周长 6321.59 米，面积 212.94826 万平方米。城墙墙基宽 7.2 米，城墙遗址内外均发现了大量瓦片等原生堆积，推测陵园城墙顶部原来有覆瓦设施，城墙内外侧并有廊房一类建筑。已勘探发现外城南城墙中央辟一门，东门和西门在东城墙与西城墙的中部偏南。外城南门距内城南门 420 米，其门址平面长方形，东西 68 米、南北 22.8 米。外城东门距内城东门 173 米，其门址夯土台基平面为长方形，南北 77 米、东西 22.4 米，东门应有 3 个门道。西门门址东西 78.2 米、南北 22.8 米，与内城西门东西相距 174 米。长期以来，秦始皇陵园的外城，被认为四面各有 1 座城门，但是近来秦始皇陵考古队在原来所说的外城北门遗址附近，进行了多次勘探与复查，“均没有发现与陵园其他门址相似的夯土台基和归属于北门遗址的建筑遗迹，也没有发现有关北门遗址的任何线索”[5]。这是一个涉及陵

园形制的非常重要问题。

内城南北1355米、东西580米，周长3870米，面积78.59万平方米。墙基宽8.18米，墙体宽3.5米，其南北两侧的廊房进深及散水宽分别为1.45米与0.95～0.98米。内城分为南北两部分，二者面积大小相近，内城南部与北部南北各长670米与685米，二者东西宽均为580米。内城北部又分为东西两部分，二者东西宽分别为330米与250米，南北长均为670米。内城北部的东部西边和南边各筑墙垣，分别与内城北城墙和内城南城墙连接，形成一封闭的空间，其南墙西部辟门，北门即内城北城墙东侧的北门。内城已发现5座城门，其中东、西、南面各1座，北面2座。内城东门门址南北77米、东西23米，有3个门道；内城西门门址南北77.4米、东西22.8米。内城东西二门址大小相同，推测其西门可能亦应有3个门道，但这还需要今后的考古工作去究明。内城南门门址东西65.4米、南北18.6米。有的内城城角保存较好，可能有角楼遗存。

2. 秦始皇陵园门阙遗址考古勘探与发掘

近年来秦始皇陵园内外城东、西门址之间进行了全面考古勘探，发现了二者形制、大小相近的建筑遗迹（图二）。

在内、外城东门之间南北两侧，各有一东西向墙垣遗迹连接内外城东城垣，形成一东西长173米、南北宽113米的封闭区域，北部墙垣宽约2.8～4.8米、南部墙垣宽4.6～5.4米。在内城东门址东81.5米、外城东门址西77.5米，内外城东门之间道路南北两侧，发现“南阙”与“北阙”遗址，二阙址均为南北向，平面呈“凸”字形，阙址东西两侧曲折，呈不对称状，西侧二出、东侧三出。“南阙”遗址南北长46.9米、东西宽3.2～15.3米，北端宽15.3米、南端宽3.2米。“北阙”遗址南北长45.9米、东西宽4.6～14.6米，北端宽4.6米、南端宽14.6米[6]。

在内、外城西门之间南北两侧，各有一东西向墙垣遗迹连接内外城西城垣，形成一东西长187米、南北宽118米的封闭区域，南、北部筑墙垣。在内外城西门址约东西居中位置，内外城西门之间道路南北两侧，发现“南阙”与“北阙”遗址，二阙址南北相距29米，阙址均为南北向，平面呈“凸”字形，阙址东西两侧均三出。“南阙”与“北阙”大小、形制相同。以“南阙”遗址为例，南北长46米，主阙长29.5米、宽15米，自南向北两个子阙长分别为8.5米与8米，宽分别为5米与8.5米[7]（图三）。

内城南、北门之外尚未发现置阙遗存，这与其后的帝陵陵园门阙制度不同，它也可能反映了陵园门阙制度初期的特点。如，文献记载汉长安城长乐宫东、西宫门之外置阙[8]，长乐宫是汉高祖在秦兴乐宫基础之上修建的，它们是否继承了兴乐宫的门阙设置制度有待进一步的探究。汉长安城皇宫——未央宫，始建于西汉初年，仅于北宫门和东宫门之外置阙[9]，东阙为“朝诸侯之门”[10]。上述情况说明，秦代与西汉初年的门阙制度与后代可能有所不同。

3. 秦始皇陵封土的勘测

秦始皇陵封土位于内城南部中央。封土为覆斗形，中部有两级缓坡状台阶，形成三层阶梯状封土。

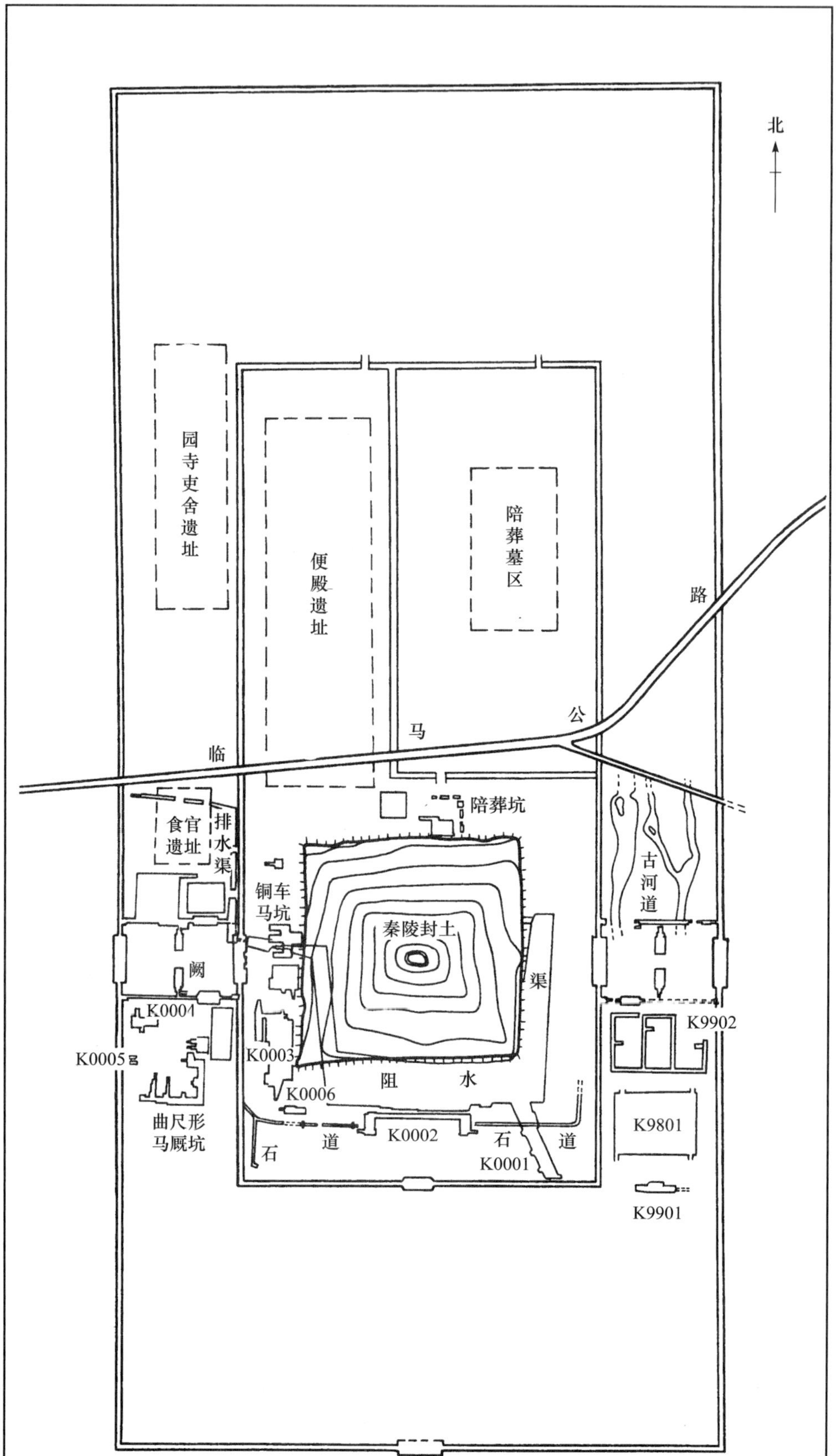

图二　秦始皇帝陵园内外城遗迹分布示意图

（引自《秦始皇帝陵园考古报告（2000）》插图）

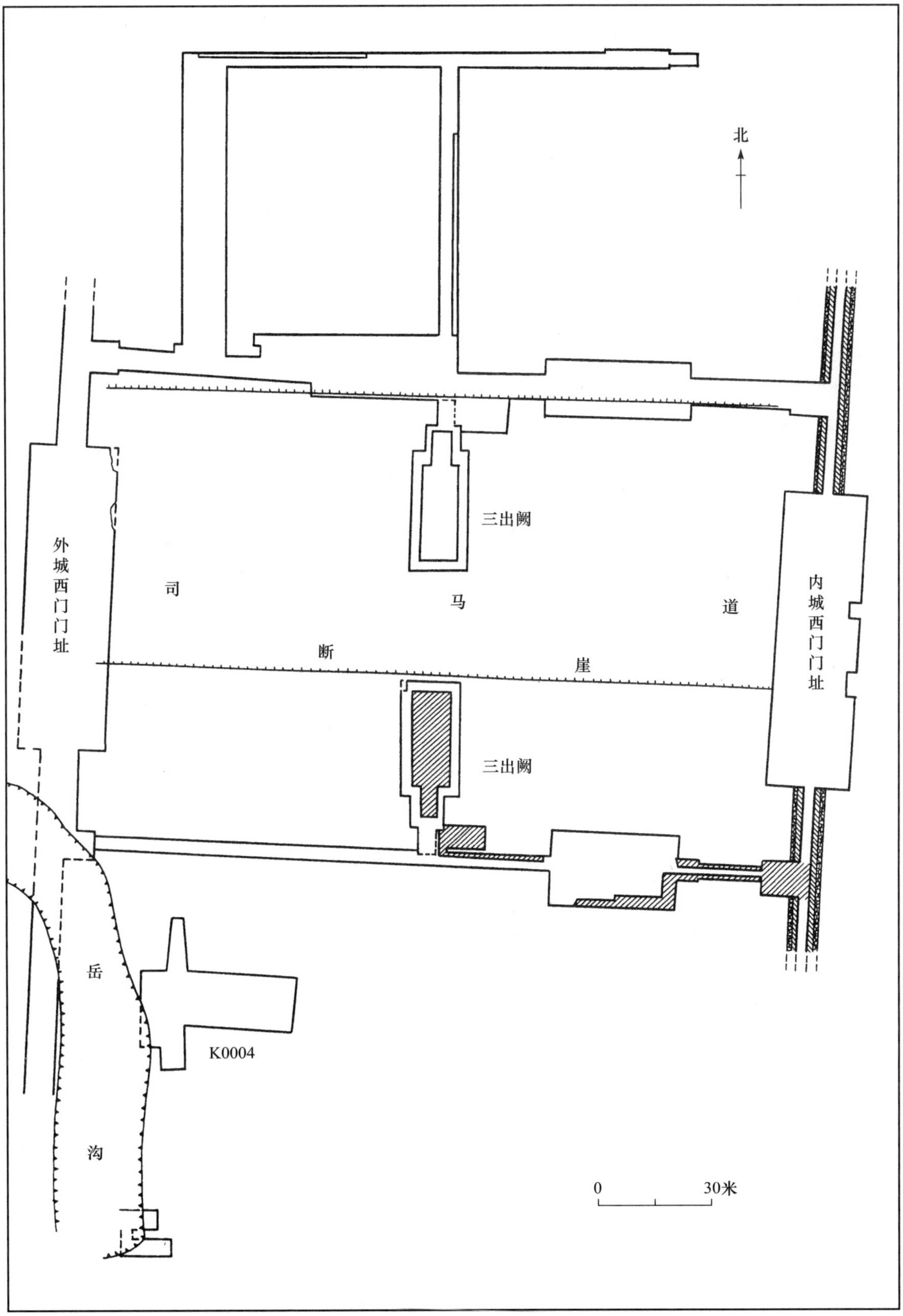

图三　陵园西部内、外城之间建筑遗址平面图
（引自《秦始皇帝陵园考古报告（2000）》插图）

关于秦始皇陵封土底部平面大小有多种说法，而且其中有些重要数据相差甚大。如《中国大百科全书·考古学》（1986 年版）“秦始皇陵”条载：坟丘“底部方形，每边长约 350 米，现存高 43 米”。《中国大百科全书·文物、博物馆》（1993 年版）“秦始皇陵”条载：陵冢经实

测“底边长350米，宽345米”。《秦始皇陵兵马俑坑一号坑发掘报告（1974～1984）》（1988年版）载：秦始皇陵封土“经探测，原封土的底基近似方形，南北长515米，东西宽485米，周长2000米”。又载：“因长期雨水的侵蚀和平整土地的切削，现存的封土南北长350米、东西宽345米，高76米，周长1390米。”2000年出版的《秦始皇帝陵园考古报告（1999）》称：秦始皇陵“20世纪初，封土的底边南北长515米、东西宽485米，周长2000米”。又称：“因历年来水土流失及平整土地，1962年测量的封土底边南北长350、东西宽345米。”显然，这里所说的“20世纪初”的秦始皇陵封土测量情况，与日本学者足立喜六当时调查秦始皇陵的数据相近[11]，后者称秦始皇陵“陵基略呈方形，东西约一千六百尺，南北一千七百尺”。帝陵封土底部折今东西533米、南北566米。1962年的测量数据来自陕西省文物管理委员会的勘测[12]。段清波、孙伟刚在最近发表的文章中指出：秦始皇陵的“原封土的底边南北向长575米、东西宽485米，周长2000米。历经两千多年的水土流失及多年来平整土地的破坏，现存封土南北长350米、东西宽345米，周长1390米”[13]。如果以上数据基本可靠的话，那么它们就与目前秦始皇陵园遗址的考古勘探资料存在着较大的矛盾，最新的考古钻探资料表明，秦始皇陵“陵园建成后内城南部的地貌基本上没有太大变化”，“秦陵原封土边沿一直延伸到东西内城城垣之下，其最薄处的厚度超过3米，从封土中心部位流失到边沿的封土的厚度不到1米”[14]。据此来看，所谓“两千多年的水土流失及多年来平整土地的破坏”其实对秦始皇陵封土规模的影响不是那样大的。因此，准确地勘测秦始皇陵封土底部平面数据，是当务之急。

关于秦始皇陵封土的高度，说法更多、差距更大。就考古实测而言，最低的是目前从今秦始皇陵封土北部地面测量的封土，高度为35.5米，此外还有封土高43米、45.72米、51.668米、55.06米、71米、76米等数据。至于文献记载的秦始皇陵封土高度，各种说法相差更大，将文献记载折今长度，低者仅为“坟高五丈”[15]，时代较早的《汉书·楚元王传》记载秦始皇陵封土“高五十丈”，折今115米[16]。

4. 秦始皇陵地宫的勘探

与秦始皇陵封土高度相对应的地宫深度，也是众说纷纭。浅者23～30米[17]，深者在500～1500米之间[18]。其间有地宫深26米[19]、33米[20]、40～50米[21]、48.9米等多种说法[22]。目前经过对秦始皇陵封土东南角考古勘探达到的最大深度是24米[23]。近年秦始皇陵考古队与中煤航测遥感局应用研究院合作，采用遥感和地球物理探测技术，特别是高光谱遥感考古应用于秦始皇陵地宫探测。勘探者认为2003年的“物探勘测出地宫建筑位置、埋深、大小、形状的初步状况，大部分经过考古勘探验证的确存在。主体尚未完全坍塌；地宫中存放有大量的水银；墓室中可能存有金属制品；地宫没有发现类似东西墓道结构的南北墓道”[24]。根据其发布的数据，秦始皇陵“地宫位于封土堆顶台及其周围以下，距离地平面35米深，东西长170米、南北宽145米，主体和墓室均呈矩形状。墓室位于地宫中央，高15米”。从考古队提供的秦始皇陵区示意图还可以知道，墓室东西约80米、南北约50米。在墓室周围置宫墙，宫墙夯筑，南墙宽16米、北墙宽22米，宫墙高约30米。在夯筑宫墙内侧还发现了石质宫墙。探测者“发现墓室内没有进水，而且整个墓室也没有坍塌”。“这次探测结果，除了东、西各一条墓道外，其余则是一些陪葬坑。”新的探测，改变了原来考古勘探的结果，即“封土东边发现了5条墓道，封土西边、北边也各找到1条”[25]。这一勘探结果与原来提出的秦始皇陵地宫有很大出入，《秦始皇帝陵园考古报告（1999）》指出：地宫在封土之下，地宫周围以土坯构筑宫墙，宫墙南北460米、东西392米，一般宽约4米、高3～4米。地宫四面辟门，东部发现5条墓道，其余3面各1条墓道。

5. 秦始皇陵园之中的陵寝建筑遗址

内城北部、南距帝陵封土53米有一平面近方形建筑遗址，东西57米、南北62米，面积3524平方米，中间为高台殿基，周施回廊，回廊宽3～5米。廊前“门厅”南北长15米、东西宽1米，踏步以青石板铺砌。殿基之上叠铺4层河卵石，再覆一层细泥，地面之上铺装石板，石板面为线雕菱形纹。该建筑遗址由主殿、侧殿、回廊、门道组成，用材考究，被认为是秦始皇陵的“寝殿”建筑遗址[26]。可惜的是至今我们还没有见到其建筑遗址的平面图，因此影响了对该建筑遗址性质的深入探讨。

在上述“寝殿”基址北部，20世纪70年代和90年代中期发掘了“便殿”遗址，根据发掘报告中的“秦始皇帝陵园内外城遗迹分布平面示意图”，其面积相当大，约占内城北部的二分之一，遗憾的是报告之中也没有发表其建筑遗址平面图。70年代发掘的“二号建筑保存较好，南北长19、东西宽3.4米，面积64.4平方米，它由主体建筑与门道两部分构成，坐西朝东”。90年代中期发掘的“六号建筑面积最大，东西残长近80、南北宽10米许”。像上述两座建筑遗址的平面，似乎与殿堂的平面形制差别较大，却与“廊”之类的建筑形制相近[27]。

关于上述“寝殿”“便殿”遗址的确认，目前来看还缺少相应的历史文献依据，田野考古资料证据也存在不足，这些都有待今后继续开展田野考古工作去究明。

内外城之间西门北部，发掘者认为属于“园寺吏舍”遗址，共有3组建筑，每组均呈四合院式。其中一组建筑遗址南北长200米、东西宽180米，平面如“四合院”，遗址之中曾出土有“丽山飤官”“丽山飤官右”“丽山飤官左”等陶文的陶器。“飤官”即“食官”，《后汉书·百官志》记载：“先帝陵，每陵食官令各一人。”发掘者据此推断这处建筑遗址可能是文献记载的“食官”遗址[28]。

（二）秦始皇陵陵区与秦始皇陵相关的其他墓葬

秦始皇陵陵区范围之内现已发现各种墓葬421座，其时代绝大多数为秦代，集中分布于9处。这些墓葬分为秦始皇陵陪葬墓、殉葬墓、与秦始皇陵兵马俑坑相关秦墓和修建帝陵人员的墓葬。

1. 秦始皇陵的陪葬墓

陪葬墓计4处。

① 内城南部、帝陵封土西北35米，西距内城西城墙50米，有一大型“甲”字形墓，墓葬坐东朝西，为斜坡墓道的竖穴墓。墓道东西长15.8米、南北宽3～3.5米，墓室东西长15.5米、

南北宽 14.5 米，深 6.2 米。从目前已发现的秦始皇陵陪葬墓来看，这座墓是距帝陵最近的，墓主人的地位应该是十分重要的，具体的墓主人还有待考古发掘之后来判定。但是有的学者提出，这是公子高之墓[29]。

② 内城北部东区，始皇陵陵园内城东北部形成一个独立的小区。该区内共钻探出 33 座墓葬，大多坐北朝南，为南北向三行排列。墓葬形制有竖穴土圹墓 14 座、斜坡式墓道洞室墓 8 座、竖穴洞室墓 2 座和台阶式墓道土圹墓、斜坡式墓道土圹墓、台阶式墓道洞室墓各 3 座。这批陪葬墓深度一般 3～5 米，浅者 1.3 米，深者 10 米。

33 座陪葬墓自成一独立墓区，其南临秦始皇陵、西临主要陵寝建筑区，有的学者认为这批陪葬墓墓葬的主人应是秦始皇后宫从葬者[30]。

③ 陵园西部内外城之间、西门以北 30 米有一组陪葬墓群，墓群周围筑墙，形成东西 120 米、南北 60 米的“墓园”。“墓园”基本东西居中处有一南北向隔墙，将“墓园”分为东西二区。东区辟北门、西区辟南门各一座。东区之内勘探发现 61 座墓葬，墓葬排列有序，墓向多朝北或朝西。勘探中未发现墓葬埋葬后的遗迹或遗物，这批墓葬均为墓穴建成后并未埋葬死者的空墓；西区勘探未发现墓葬或建筑遗迹。

④ 陵园东部内外城之间、东门以北目前发现了 3 座陪葬墓，值得重视的是这些陪葬墓与陵园西部内外城之间、西门以北的陪葬墓，基本对称分布于秦始皇陵封土东西两侧。鉴于陵园内外城之间、西门北部墓园西区的“空白”与东区的“空墓”，陵园内外城之间、东门以北也可能还会存在有更多值得关注的遗迹现象[31]。

2. 秦始皇陵的殉葬墓

陵园之外东南部的上焦村秦墓，考古发现了 18 座秦代墓葬，墓群为南北向排列，墓葬之间的距离 2～15 米不等，墓葬均为坐东朝西。18 座墓分为斜坡墓道方形竖穴墓（即“甲”字形墓）和竖穴墓两类。在已发掘的 8 座“甲”字形墓中，6 座墓为一棺一椁，2 座墓为一椁无棺。8 座墓中 1 座未见人骨架，7 座墓内各有一具人骨架，性别为 5 男 2 女。发掘中发现的全部人骨架各部分散放置。鉴于墓主人埋葬情况，发掘者推断这些墓葬的墓主人应为非正常死亡，当为被杀后埋葬。8 座墓葬中（18 号墓未发现人骨架），除 17 号墓主人约为 20 岁外，其余墓主人均约为 30 岁。已发掘的墓葬中出土了金箔、银蟾蜍、铜印、带钩、镜、剑、釜、匜、漆器等遗物[32]。根据这批墓葬的位置、葬具情况、墓主人年龄、人骨架保存情况和墓葬出土遗物等分析，这些墓葬的墓主人或是被秦二世所杀的秦始皇子女或宗室大臣，作为殉葬者埋葬于此。

3. 与秦始皇陵兵马俑坑相关的秦墓

与秦始皇陵兵马俑坑相关的秦墓，位于第三号兵马俑坑以西 150 米处，墓葬平面呈“甲”字形，坐南朝北，墓道长 52 米、宽 5.5～11 米，墓室南北 17 米、东西 14 米，深 12 米[33]。此墓形制与秦始皇陵园内城之中、帝陵封土西北部的“甲”字形墓相同，但其规模要大于后者。如果认为后者为秦始皇的儿子公子高之墓的话，那么此墓绝非一般墓葬。鉴于该墓的位置，我认为它很可能与秦始皇兵马俑坑所象征的那批军队的首长有密切关系。

4. 秦始皇陵的修陵人墓地

《史记》卷六《秦始皇本纪》记载："始皇初即位，穿治郦山，及并天下，天下徒送诣七十余万人。"秦始皇陵修建时间之长、规模之大、用工之多，在中国古代帝王陵墓中是非常突出的，其中有相当部分修陵人由于各种各样的原因，死于修陵工程中，埋葬于帝陵的附近。目前发现的修建帝陵人员的墓地计 3 处[34]。

赵背户村修陵人墓地　位于秦始皇陵西 1500 米，面积 8100 平方米，在该墓地东北部的东西 45 米、南北 180 米范围之内，已勘探发现墓葬 103 座，墓葬间距 0.2～1 米。其中的 32 座墓葬已进行了考古发掘，仅发现 1 座墓葬有以瓦片砌成的瓦棺，其余均无葬具。32 座墓葬共发现 100 具人骨架，有的一座墓多达 14 具骨架，大多数墓无陪葬品。100 具人骨中，女性 3 具，男性 97 具。人骨反映的死者年龄约为 6～12 岁的 2 具，其余 98 具均为约 20～30 岁的青年。32 座修陵人墓葬中发现 26 件有陶文的遗物。其中出土有瓦文墓志 18 件，刻有 19 人的名字，从其瓦文内容来看，他们来自现在的山东、江苏、河南、河北等地[35]。

五金砂轮厂东侧修陵人墓　位于秦始皇陵封土以西，共 220 座，墓地范围东西 50 米、南北 80 米。葬具有砖棺、瓦棺和木棺，有的墓葬还发现了陶质随葬品。

姚池头村北修陵人墓地　多被破坏，从仅存的墓葬可以看出，墓内人骨层层叠压。这里还曾发现过不少大型圆坑葬的修陵人墓葬。

这些修陵人的身份一般为刑徒、居赀、服徭役者、官府和民间手工业作坊的工匠与管理者[36]，因此其墓葬的大小、形制、随葬品和葬具的有无与多少等也不一样。

（三）秦始皇陵陪葬坑的考古发现

目前见诸报导的陵区已发现陪葬坑 181 座，其中分布于陵园内的陪葬坑 77 座、陵园外的陪葬坑 104 座[37]。

1. 秦始皇陵园之内陪葬坑的考古发现

陵园内陪葬坑分为内城之中与内外城之间两部分。

（1）秦始皇陵园内城之中陪葬坑的考古发现

内城之中的陪葬坑主要分布在地宫周围，计 16 座陪葬坑。

① 地宫北侧发现 7 座陪葬坑，其中最大陪葬坑东西长 56 米、南北宽 35 米，深 8～10 米，面积 1960 平方米，可能属于车马坑一类的陪葬坑。其余 6 座陪葬坑均为规模较小的竖穴坑，面积在 24～158 平方米之间。

② 地宫西侧陪葬坑发现 3 座：一号坑、二号坑和三号坑。

一号坑　编号 K0003 陪葬坑，位于帝陵封土西南部，南距内城南墙 137 米，西距内城西墙 60 米，东距帝陵封土 7 米。K0003 坐南朝北，平面呈不规则长方形，南北长 157 米、东西宽 64 米。陪葬坑南部有一条斜坡门道，北部有三条斜坡门道。陪葬坑之内分为四区，第一区在陪葬坑北部，第二、三、四区东西并列于第一区之南。陪葬坑之内各区以生土隔梁分隔开，各区之内又有多少不一的夯土隔墙将其分为若干部分或过洞。根据 K0003 陪葬坑勘探中发现的大量红色细泥陶片和动物骨骼，考古工作者推测这座陪葬坑“可能属于为皇室、甚或始皇帝本人提供饮食的机构”[38]（图四）。

二号坑　位于K0003陪葬坑北侧、内城西门南侧，坐北朝南。南北通长59米（含门道）、东西宽42米，深8米。南面斜坡门道长19.8米、宽3～8米。门道北与二号坑前廊相通。前廊南北长32米、东西宽9米。前廊西面有东西向隔墙（宽4米），将二号坑分为南北两部分。南部东西长28.2米、南北宽10米；北部东西长25.3米、南北宽8.6米。此外，门道西面还钻探出一个竖穴土坑，其北与二号坑相通。该坑南北长5.8米、东西宽4.6米，深3.8米。

三号坑　位于二号坑北面，平面呈东西向“巾”字形，是享誉国内外的铜车马坑。坑东西、南北各长55米，距地表深8米。与陵园内城西门东西相对，为陵墓西墓道前面的陪葬坑。坑平面分为四区：一区在坑南部偏西处，为东西向斜坡门道，长29米、宽4.8～5.5米。门道西端是门口，东端与二区相连。二区为南北向长方形，长19米、宽15米。三区位于二区东端，东西长50米、南北宽15米，深10～22米，实为地宫西面墓道。四区在坑北部，呈南北向“凹”字形，由南北并排的两个东西向耳室组成。

考古工作者对三号坑进行了试掘，发现三号坑四区南部耳室的南北两壁均有夯土二层台，台宽3.5米。其范围东西长19米、南北宽10米。其内还有南北向隔梁5道（隔梁宽0.7米），将其分为6条东西排列的过洞（过洞南北长10米、东西宽2.7米，高2.8米）。该区盗洞内发现有铜车马的构件及粗绳纹板瓦及细绳纹砖等遗物。

三号坑二区经试掘后发现有南北并列的5个耳室，自南向北第三耳室东西长8.8米、南北宽2.2米。其东、西两壁有夯筑二层台，台宽3.1～3.2米。耳室内为一木椁，椁内放置两乘髹漆彩绘木车马。车马为东西向排列，面朝西。

三号坑二区第一耳室为东西向长方形竖穴土坑，坑东、西、北三壁有夯筑二层台。坑上大下小，底部东西长7米、南北宽2.1米。坑内置大型木椁，椁内出土东西向排列、面朝西的两乘彩绘铜车马。铜车马的大小相当于真车马的二分之一。两乘车马均通体彩绘。车为独辕双轮，辕前端架衡，其上缚两轭。四马两服两骖，鞍具齐全。

一号铜车马为两服两骖所驾的“轺车”或立车，车马通长2.25米、通高1.52米，总重量为1061千克。一号铜车上出土了铜剑（铜御官腰间所佩）、弩、箭箙、箭、盾等兵器。一号铜车马少部分为金银饰件，其余均为青铜铸件。车舆低矮，四面无遮拦，车中立有高柄伞盖，御者站立，车上配有兵器。这应为文献中所载的“立车”。立车又名高车。《晋书·舆服志》载：“倚乘者谓之立车，又谓之高车。”车上有兵器，又属于兵车（戎车），这种车在皇帝的车队中用以开导、保卫或征战。

二号铜车马通长3.17米、通高1.062米，总重量1241千克。车舆呈纵长方形，分为前后两厢。前箱较小，内有跽坐铜御官俑1件。四马两服两骖，鞍具齐全。二号铜车马上的一条铜辔索，末端有朱书“安车第一”四字。可见该车为秦代的安车。上有车盖，车舆分前后箱，四周有遮屏，窗门俱备。舆内有软垫式的厚茵，使乘车者坐、卧均舒适，应为较华贵的安车。

一号铜车马和二号铜车马结构复杂，由大量零部件组装而成，采用了铸接、焊接、铆接、套接、镶嵌、子母扣等多种工艺方法。两乘驷马铜车以白色为地，彩绘变体龙凤纹和几何纹图案。车马造型准确，形象逼真，号称“青铜之冠”[39]。

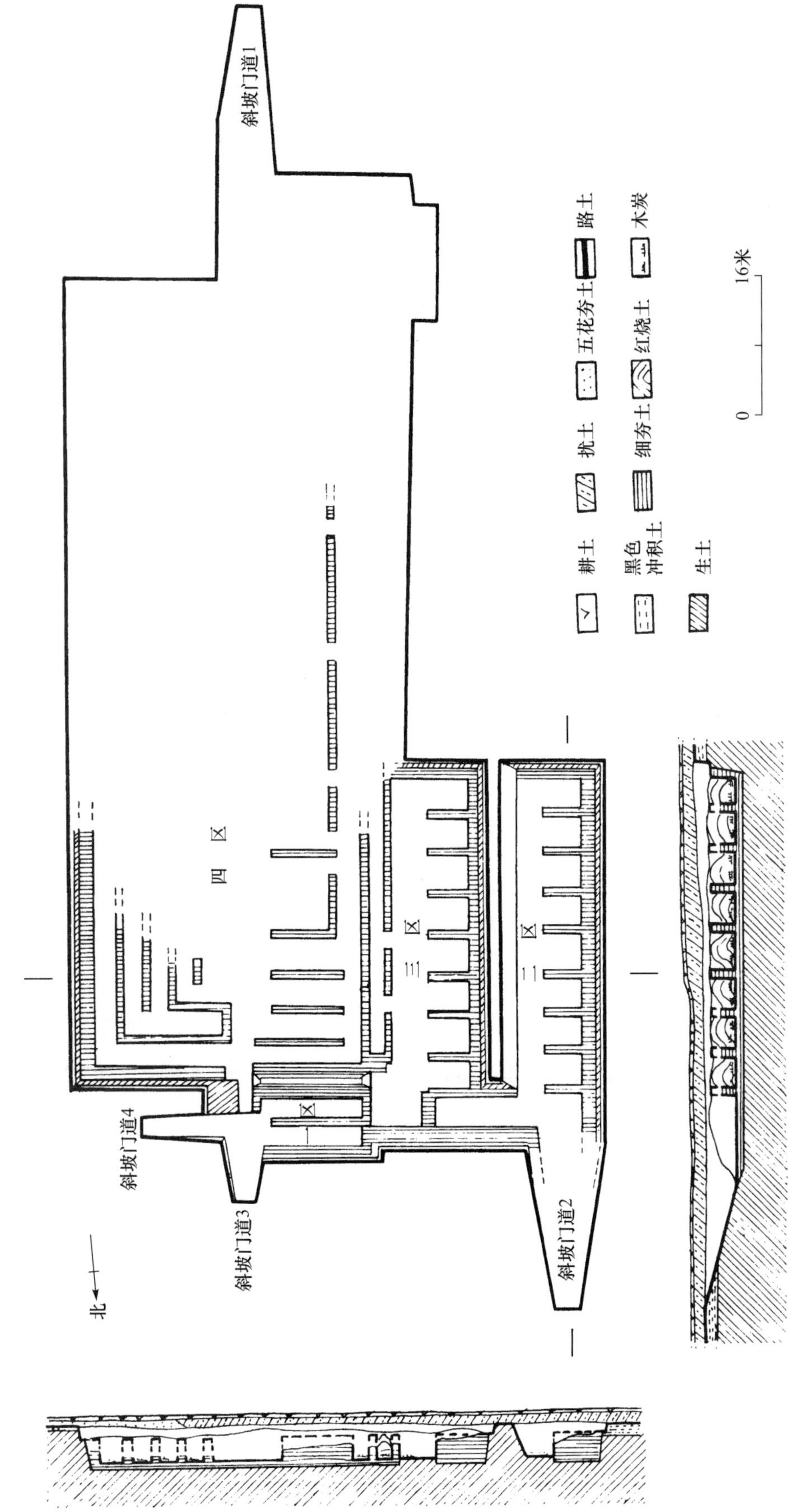

图四 K0003 陪葬坑勘探平、剖面图

（引自《秦始皇帝陵园考古报告（2000）》插图）

③ 地宫南侧发现 3 座陪葬坑，自西向东依次编号为 K0006、K0002 和 K0001。

K0001 陪葬坑　位于内城东南部，北临石道、南临内城南墙与东墙。

K0002 陪葬坑　位于内城南门与帝陵封土南北居中和内城东西居中位置。K0002 平面呈“凹”字形，“凹”口朝南，东西长 194 米、南北宽 34～35.8 米，深 6.8～7.3 米。东西各有一形制、大小基本相同的主室，二主室各有一斜坡门道，东西主室之间有一东西向通道连接。斜坡门道东西长 15 米、南北宽 3.1～7.2 米。主室南北长 34～35.8 米、东西宽 15.6～16.2 米，深 6.8～7.3 米，主室之内筑有 5 条东西向夯土隔墙，形成 6 个东西向过洞。连接东西二主室的通道长 134.6 米、通道南北宽 5.6～7 米，深 6.8～7.8 米。勘探发现陪葬坑中有动物骨骼、石质器物（可能为石铠甲）残片等遗物。陪葬坑两端有石道，其东端以东 4.5 米，有一东西长 168 米石道，东至内城东墙以西 26 米，石道北折，南北长 50 米；其西端以西 8 米，有一东西长 135 米石道，然后石道分别折向西北 35 米与向南延伸 88 米。石道总长 476 米、宽 2～4 米，以未经加工的沙石砌筑，石道道面凹凸不平。上述石道与 K0002 东西横置于帝陵封土与内城南墙中间，它们可能象征着一定的礼仪[40]（图五）。

K0006 陪葬坑　位于帝陵封土以南 50 米，内城南墙以北 120 米，内城西墙以东 58 米。陪葬坑平面为东西向的“中”字形，东西长 47 米、南北宽 2.7～11.8 米，深 6.5 米，面积 144 平方米。陪葬坑由斜坡道、前室和后室三部分组成。属于地下坑道式土木结构的陪葬坑。陪葬坑四壁有生土二层台，台内壁侧砌木板，坑底为夯筑地面上平铺木板，坑顶部平架长方形棚木，其上铺盖芦席，再上填土粗夯，封土高出秦代地面。其外又有一周夯筑二层台。陪葬坑前室长 10.6 米、宽 4.05 米，其中出土 12 个陶俑及陶罐、铜钺、单辕双轮木车等。12 个陶俑中，除 12 号俑面朝西外，其余 11 个陶俑均面朝北。陶俑均头戴长冠，分为袖手俑和御手俑两类。袖手俑 8 个，高 1.85～1.9 米，头戴长冠，陶俑右侧腰带部悬挂着贴塑的削及砥石，左臂与躯干间有一椭圆形的斜孔。上述陶俑头戴双版长冠，其爵位等级应在八级左右，属于秦之上爵。陶俑身上所挂削（刮削简牍用的书刀）、砥石（磨刀之具）均属文具，左臂处的斜孔应是起着插持成册简牍的作用。由此看来，这些陶俑既不是士兵，也不是养马人，是该机构的文职人员。陪葬坑后室埋葬有真马，为葬马区，马骨已乱。后室长 20.2 米、宽 3.9 米。发掘者根据 K0006 出土的头戴长冠陶俑及执铜钺的袖手俑，推测 K0006 陪葬坑应为象征文职人员执掌主管监狱与司法的廷尉[41]（图六）。

（2）秦始皇陵园内外城之间陪葬坑的考古发现

内外城之间的陪葬坑主要发现于东、西侧内外城之间。

1）陵园西侧内外城之间的陪葬坑

内外城之间西侧发现陪葬坑 51 座，其中有曲尺形马厩坑 1 座、珍禽异兽坑 17 座、跽坐俑坑 14 座、葬仪坑 16 座、其他陪葬坑 3 座。

曲尺形马厩坑　位于陵园内城西门以南，坑平面呈曲尺形。马厩坑是由各一条东西向和南北向隧道，以直角相接而成的地下建筑。东西向隧道长 117 米、宽 6.8～8.4 米；南北向隧道长 84 米、宽约 9 米。东西向的隧道自北边沿向北面伸出三条形状各异的坑道，自西向东，三条坑道分别长 40 米、31 米和 10 米。南北向隧道的北端向西和向北伸出的部分构成了曲尺形。隧道中部西边沿向西伸出一条坑道，其东西长 12 米、南北宽 4～17 米。

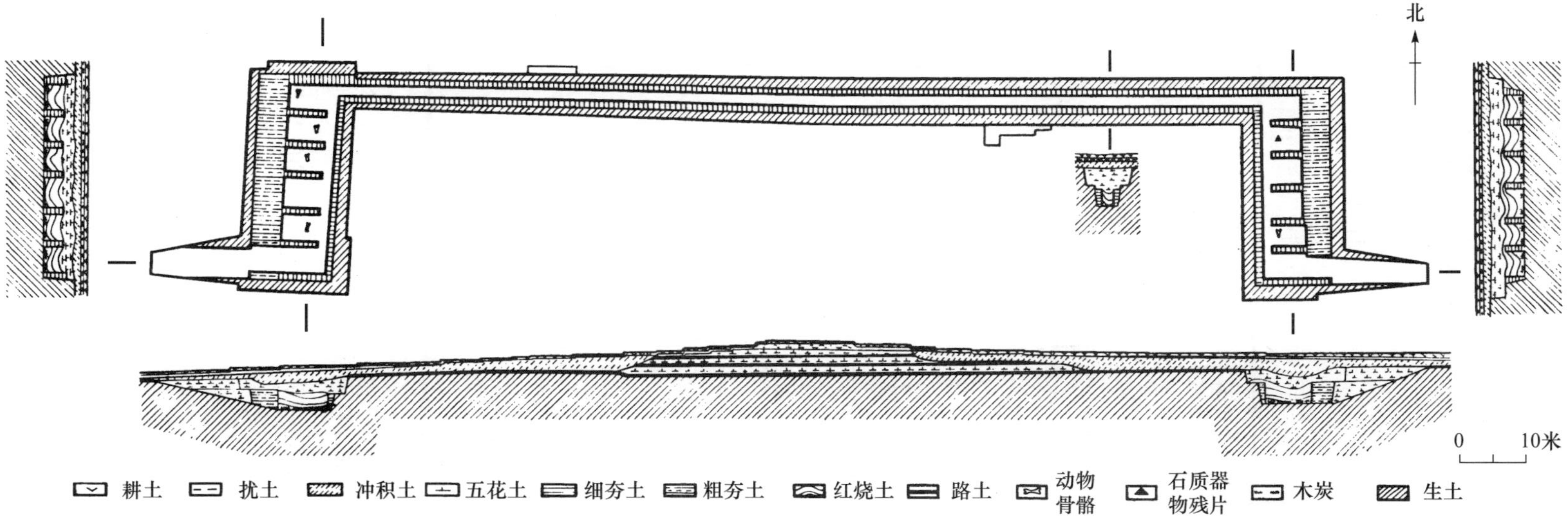

图五　K0002 陪葬坑勘探平、剖面图

（引自《秦始皇帝陵园考古报告（2000）》插图）

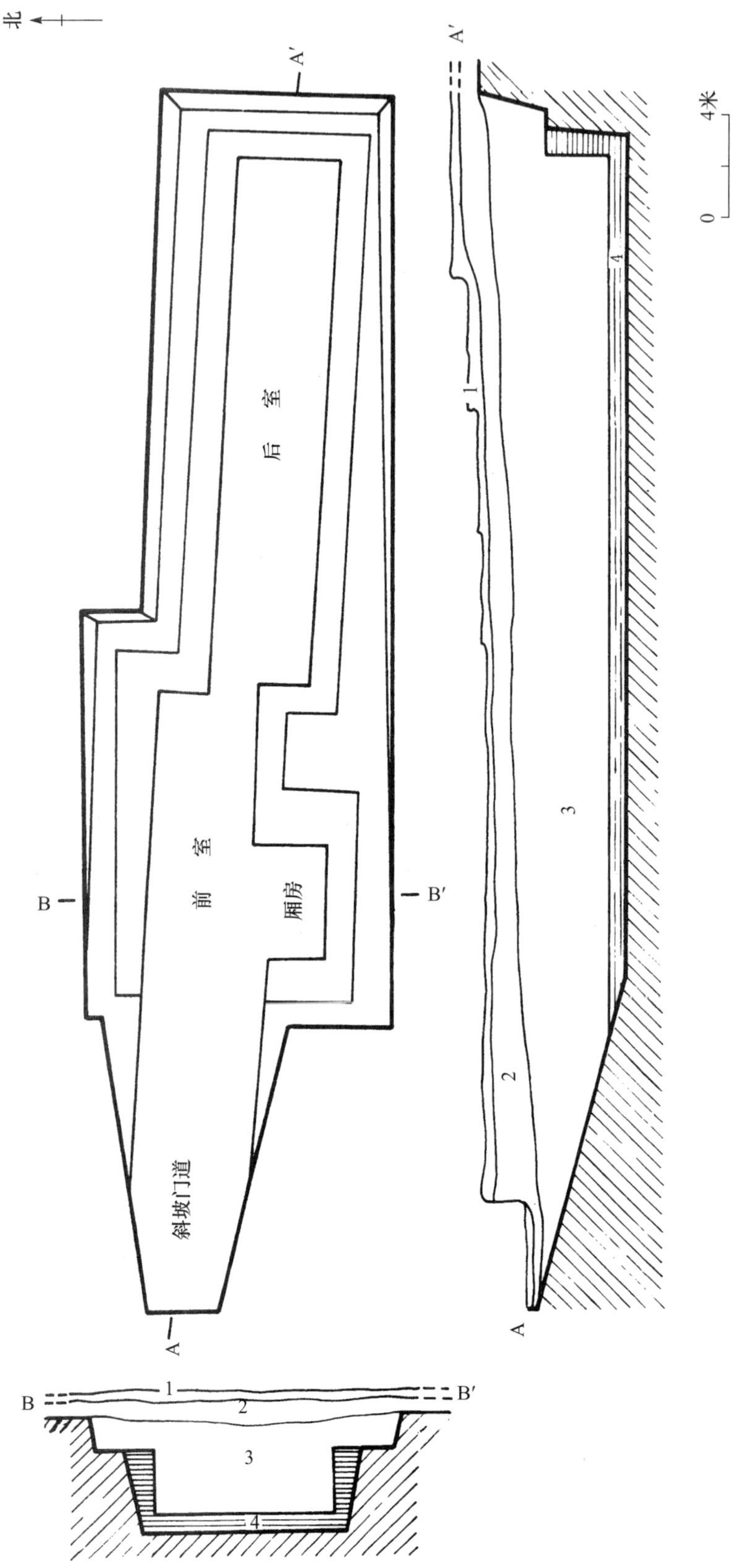

图六　K0006 陪葬坑勘探平、剖面图
（引自《秦始皇帝陵考古报告（2000）》插图）

马厩坑所埋均为真马。在南北向隧道内置一盒状木椁，3匹马为一组，马头向西，马均作跪卧状，其中一匹马口内还有一把铜刀。东西向隧道内除埋葬真马外，还发现11件大型站立俑，身着齐膝长襦，头戴高冠，双手在袖内相套。

东西向隧道向北伸出的三条坑道中，最东面一条坑道的北端发现一长方形炉台，该炉台用砖坯砌成，砖坯上饰细绳纹，炉长1.4米、宽0.9米，高0.6米。炉面正中有一圆形炉灶，炉口位于炉南壁正中，炉灶南8米之外，有大量被烧过的炭碴、灰烬。发掘工作者认为该炉是一座引火底炉，目的是焚烧陪葬坑，这是一种葬仪之形式[42]。

珍禽异兽坑　17座坑呈南北向“一”字形排列，位于陵园西门以南130米处。均为东西向长方形竖穴陪葬坑。已发掘的第32号瓦棺坑，东西长2.1米、南北宽1.3米，深2.4米。坑南、北壁有生土二层台，坑内有长方形瓦棺，内有一具兽骨及一件陶钵及铜环。第38号坑东西长1.8米、南北宽1.25米，深2.1米。坑中瓦棺内亦有兽骨一具，陶钵及铜环各一件。瓦棺为盖和身两部分组成[43]。

跽坐俑坑　此种俑坑共有14座。位于珍禽异兽坑东侧6座、西侧8座，均呈南北向排列。各俑坑均为长方形竖穴坑，一般东西长1.6～2米、南北宽1.2～1.97米，深1.8～3.6米。已发掘的珍禽异兽坑东侧的一座俑坑内有一件跽坐俑，面向东，身高0.68米，身着高领右衽袍，双臂弯曲置于膝上，双手作握拳状。珍禽异兽坑西侧的坑内亦有一件跽坐俑，面向东，身高0.73米。14座跽坐俑坑与17座珍禽异兽坑形成一整体，有的学者认为这是死者灵魂的游猎场[44]。

葬仪坑　位于马厩坑以东和珍禽异兽坑的南侧，共16座，均为小型竖穴坑，分为东西两行，应为象征饲马用的葬仪坑[45]。

其他陪葬坑（双门道陪葬坑、K0004陪葬坑、K0005陪葬坑[46]）。

双门道陪葬坑　位于曲尺形马厩坑之北，双门道朝西，该坑主室东西长22米、南北宽26.4米，面积700平方米。斜坡门道长14米、宽4米，坑四壁有夯筑二层台，台宽1.8米、高2.8米。坑内因烧毁严重，故埋葬物不清。

K0004陪葬坑　位于珍禽异兽坑以西、外城西门以南、曲尺形马厩坑以北，平面呈“十”字形，东西长42.3米、南北宽39.2米，由斜坡门道、隔墙、过洞、厢房、通道组成。陪葬坑中的6条隔墙将其分隔成6个过洞。K0004出土遗物有动物骨骼、残陶俑及有彩绘痕迹朽木，推断K0004可能埋葬有陶俑、动物及彩绘木质器具。

K0005陪葬坑　位于曲尺形马厩坑以西、K0004陪葬坑以南，陪葬坑西半部遭水毁，残存部分平面为“U”形，仅存2个过洞。

2）陵园东侧内外城之间陪葬坑

陵园内外城东司马道以南分布着三座大型陪葬坑，编号为K9801、K9901、K9902；东司马道及其以北分布有10座小型陪葬坑，编号为K9903～K9912。

K9801陪葬坑　位于封土东南200米，东距外城东墙25米，西距内城东墙26米。陪葬坑属于地下坑道式、多单元的土木结构建筑，平面长方形，东西长130米、南北宽100米，深5～7米。陪葬坑有四个斜坡门道，分别位于陪葬坑南边、北边及东、西两端。

陪葬坑内除东北部有南北向隔墙外，其余部分多为东西向隔墙与过洞。隔墙夯筑，宽1米，过洞宽3～4米。过洞底部平铺木板，顶部置棚木，棚木之上覆席，席上覆土。

通过对K9801陪葬坑西南部75平方米的考古试掘，发现87领石甲、43顶石胄。甲胄东西成行，南北成列。出土的铠甲中，除一领为马甲外，其余均为人甲。人甲甲片可分为长方形、方形、等腰梯形、鱼鳞形和不规则形等，马甲的甲片可分为长方形、弧刃形、近方形等。

陪葬坑内试掘部分所出胄片可分为两大类，第一类表面有弧度，可分八型：圆形胄片、等腰梯形胄片、覆瓦形胄片、尖尾形胄片、靴形胄片、弧形胄片、近梯形胄片、倒置靴形胄片。第二类表面无弧度，可分二型：圆形胄片，位于胄的顶部；等腰梯形胄片，位于胄侧。

上述石甲胄的甲片上有数目不等的圆形或方形穿孔，甲片是用铜丝通过穿孔编织在一起。已修复出的一顶石胄由74片石片组成，重3168克。已复原出的一领石甲由612片石片组成，重18千克。

这批出土用铜丝编缀的石质甲胄是我国考古及世界考古学史上前所未见的考古新发现，是研究中国古代甲胄史的珍贵资料。这种石质甲胄并不是在战争中的实用品，而是作为“礼仪”或“明器”使用的。这些石质甲胄应该是军人的象征，他们所处的位置说明，其“地位”应高于秦始皇陵东部的“兵马俑”。

此外还出土了一些石质马缰构件、铜车马器构件、铜锛、铜镞和彩绘陶俑残块等。

发掘者根据K9801勘探、试掘出土的部分遗物，认为该陪葬坑似为象征武库一类建筑[47]。

K9901陪葬坑　位于K9801南35米。陪葬坑平面呈“凸”字形，主室东西长40米，东、西端南北宽分别为12.3米与16米。坑东西两端各有一斜坡门道。西门道长20.8米，东、西两端宽分别为11.4米和7.6米；东门道已探出的部分长4米、宽4.6米。坑内有东西向二道隔梁将陪葬坑主室分割为三个过洞，隔墙均宽1米、高2.55米，过洞东西长2.6米、南北宽约3.3～4米，其底部距地表深5.1米。

陪葬坑内隔墙顶部和过洞顶部均覆盖一层棚木，棚木长4.5～5米，直径0.3～0.4米，棚木上面压盖一层席子，其上为粗夯封土。

陪葬坑内2号过洞的棚木上出土了一件大铜鼎。鼎重212千克。此鼎是秦始皇陵截至目前出土体积、质量最大的一件铜鼎。此外，该坑还出土了铜镞、石甲片、车马器、铁凿、陶盆等。

该陪葬坑内出土11件与真人同等大小的陶俑，均出自3号过洞底部。从出土情况分析，陶俑均面向东，东西成行，南北三列。从已修复的6件陶俑，可看出这些陶俑仅腰部著短裙，其余部分肢体裸露。从陶俑的各种姿势来看，这些陶俑应是进行“角抵”表演的“百戏俑”，反映了秦代宫廷娱乐百戏（杂技）活动。棚木之上的大铜鼎，似为“百戏”之道具[48]。

K9902陪葬坑　位于K9801以北35米处，陪葬坑平面呈“巨”字形，由7条坑道组成，坑道宽6米。最南边坑道东西长153.4米，向北伸出南北向东西排列的坑道4条。最东面坑道长38米，其余三条各长94米。最西面一条坑道北端向东又伸出一条东西向坑道，中间两条南北向坑道北端连接一条东西向坑道。通过钻探资料了解到，该坑内埋有小型动物骨骼[49]。

2. 秦始皇陵园之外陪葬坑的考古发现

目前发现的秦始皇陵园之外的陪葬坑，主要分布于陵园东北部、东南部和东部，东北部为动物陪葬坑和K0007陪葬坑，东南部为上焦村马厩坑，东部为兵马俑坑。

（1）陵园之外东北部的陪葬坑

动物陪葬坑　位于陵园外城东北角以北750米。陪葬坑平面呈南北向“甲”字形，由主室和斜坡道组成。主室南北长23.5米、东西宽10米，深6米，斜坡道长6米、宽4米。主室东西居中位置有南北向甬道，甬道东西两侧各有4条对称分布的隔梁，在甬道南端又有一南北向隔梁，隔梁均夯筑。陪葬坑主室被上述隔梁分割成16个小区域。每个区域底部均平铺木板，四壁横放立砌木板，隔梁顶部铺盖棚木（即每个区域形成一个小椁室），主室与木门道相接处亦用木板封堵。

该坑出土了陶俑头、腿、手、袍等残块，一件铁铤铜镞和秦半两铜币等。坑内大量出土物为动物骨头，计有近似于鹤的大鸟、鸡、猪、羊、狗、獾、鱼、鳖等[50]。

K0007陪葬坑　位于动物陪葬坑以东、秦始皇陵园东北900米，陪葬坑平面作“F”形，总面积978平方米。由一条斜坡门道、两条南北向过洞和一条东西向过洞组成，属于地下坑道式土木结构建筑。陪葬坑分为三区：Ⅰ区位于陪葬坑北部，东西长60.2米、南北宽6～6.4米，面积为322平方米，为一条东西向的过洞，其中出土了与实物等大的青铜禽类遗物46件，包括天鹅20件、鹤6件、雁20件。Ⅱ区位于陪葬坑南部居中，由斜坡门道和南北向过洞、厢房组成，其中出土陶俑15个。Ⅲ区位于陪葬坑东部，为一南北向过洞。

陪葬坑内出土了与真禽大小相同的青铜飞禽。它们可分为大小二种，大者通长0.665米，躯干最大径0.2米，颈长0.4米；小者通长0.48米，躯干最大径0.17米。青铜禽类大小不同，其脚下青铜踏板大小亦不相同。大者长0.47米、宽0.33米；小者长0.22米、宽0.12米，厚0.14米。这些青铜禽类形态各异，是秦代考古中首次发现[51]。

（2）陵园之外东南部的陪葬坑

上焦村马厩坑　位于陵园外城墙南部东侧，共98座马厩坑，其分布范围南北1500米、东西400米。陪葬坑均为东西向，南北三行排列。陪葬坑分为跽坐俑坑、马坑、俑马同坑三种类型。葬马均为真马活埋，马头面西，陶俑向东。

马厩坑内发现了不少喂马用的陶器，有的陶盆里放入了谷子和草等马饲料。马头的前面或马头两侧的壁龛内立有陶俑，陶俑前放了陶灯、铁镰、铁斧、铁锸等生活和生产工具。出土陶器上的陶文有“中厩”“宫厩”“左厩”“三厩”“大厩”等，这些陶文表明该陪葬坑应为官府养马的厩苑[52]。

（3）陵园之外东部的兵马俑坑

兵马俑坑共有4座。所出兵马俑，位于始皇陵墓东司马道的延长线以北，西距秦始皇陵封土1500米。

一号兵马俑坑　该坑东西向，平面长方形，东西230米、南北62米，深4.6～6.5米。俑坑前后和两侧各有五个斜坡门道，门道均被立木堵住。俑坑南北面门道为挖俑坑土圹时取土、运土所用通道。俑坑西南五条门道中的二、四门道不与俑坑内相通，一、三、五门道下口各通入一条与俑坑底部高度相同的甬道西端。甬道东西12米、南北3.2米。甬道东端与俑坑内西面长廊相通。甬道为砖铺地面，俑坑东面五条门道均通向坑内东面的长廊。

俑坑内有东西向10条夯筑隔墙，墙宽2米，残高0.75～2.4米。隔墙将俑坑分为东西向11个过洞。南、北两边的过洞各宽1.75米、高3.2米。中部9个过洞各宽3.2米、高3.2米。11

个过洞底部均铺砖。过洞东、西侧均为一道南北向长廊，长 57.25 米、宽 3.45 米。俑坑南、北壁有夯筑二层台，俑坑内隔墙、南北壁二层台上搭盖着南北向棚木，棚木上覆盖着席子，席子上面为夯筑封土。

经过勘探与局部发掘，推断一号兵马俑坑内共埋藏与真人、真马大小相同的陶俑、陶马 6000 多件，木质战车 40 辆，驾车陶马 160 匹。现已发掘出木质战车 20 辆，出土各种兵器 4 万多件。

考古工作者把出土陶俑分成了两大类，即车兵俑和步兵俑。车兵俑又可分为军吏俑、御手俑和车右俑。军吏俑高 1.96～1.97 米；御手俑分别高 1.795 米、1.88 米和 1.91 米；车右俑分别高 1.845 米、1.935 米。步兵俑分为军吏俑和一般步卒俑，军吏俑高 1.775～1.925 米，步卒俑高 1.765～1.95 米。

陶马通长 2.09～2.1 米、通高 1.62～1.7 米、腰围 1.59～1.64 米、腿高 0.71～0.75 米。

陶俑、陶马均周身彩绘，以朱红、粉红、粉绿、粉蓝、赭色为主。

陶俑、陶马身上均有陶文，陶文内容大致分为数字和工名、地名两大类。后者有“宫”字类陶文（如宫得、宫藏、宫嫱等）和带有地名的陶文（如咸阳衣、咸午等）和其他类陶文（如咏留、屈等）。

木质车辆保存很差，只能根据各辆木车各部件保存情况推断出其大致数据。每辆木车前驾四匹陶马，为两服两骖。车舆为横长方形，舆底前面双角呈圆弧形，后面双角为直角。舆左右宽为 1.4 米、前后进深为 1.1 米。车輢高度不明，只有一辆车现存车輢高 0.3 米。车轮径约为 1.34～1.36 米，牙高 0.1 米。每轮有 30 根车辐。车轴长约 2.5 米，径 0.07～0.08 米。车辕前端昂起，后端平直，通长 3.5 米。车衡长 1.4 米、径 0.03～0.05 米，车轭高 0.574 米，两腿内侧间距 0.4 米。

一号兵马俑坑内已发掘出土遗物有车马器 646 件，陶模、陶拍、陶楔等制陶工具，半两钱，青铜兵器，铁锸、铁钩、铁斧、铁铲等铁工具。

已发掘的陶俑和战车在俑坑内排列成三列横队，每列 68 个兵士俑和 204 个弓弩手组成，其后由 38 路纵队组成的主体。发掘者认为，兵马俑、战车在俑坑内的排列象征着保卫京城的宿卫军[53]。

二号兵马俑坑　位于一号兵马俑坑东端北面 20 米，其平面为曲尺形，由斜坡门道和主室组成。俑坑东西通长 124 米、南北通长 98 米、深 5 米，面积 6000 平方米。俑坑计有 9 条斜坡门道，分布在东、西、北三面。其中东面有 4 条门道，西面有 3 条门道，北面有 2 条门道。俑坑主室内有东西向 18 条夯土隔梁，隔梁宽 2.2～3.2 米，将俑坑主室分割成了 18 条东西向过洞。主室内布局可分成独立的四个单元。第一单元位于俑坑主室东北角，由 4 条过洞及一周回廊组成，过洞宽 2.2 米，回廊宽 3.2 米；第二单元是俑坑主室的南部，由 8 条东西向过洞及其东西两侧的南北向回廊组成，过洞宽 3.2 米，回廊宽 3.2 米；第三单元是俑坑主室的中部，由 3 条东西向过洞及其西侧一南北向长廊组成，长廊宽 3.2 米；第四单元是俑坑主室的北部，由 3 条东西向过洞及其西侧的南北向长廊组成，长廊宽 3.2 米。俑坑内过洞和隔梁顶部盖棚木，棚木上铺了一层席，再上置细腻坚硬的青灰泥，厚 0.02～0.1 米。青灰泥上面为填土，再上为现代耕土层。

二号俑坑内埋藏了木质战车 89 辆，驾车的陶马及车士（御手、车左、车右）俑、骑兵俑、步兵俑 2000 件。每辆战车前驾四马，即两服两骖。陶马与一号兵马俑坑出土陶马大小相同。

二号俑坑内出土的陶俑分为车士俑、骑兵俑和步兵俑。车士俑中有御手俑和甲士俑。步兵俑又分为跪射俑、徒手步兵俑（身高 1.8～1.9 米）、身披铠甲的步兵俑（有的身高 1.95 米）和跟随战车的徒兵俑。战车和陶俑在俑坑主室内的分布为第一单元中回廊内为立射陶俑，过洞内为跪射俑，二者组成了弩兵阵容；第二单元 8 个过洞中有战车 64 辆，每辆战车驾四马并配备三个车士俑，三俑均站于车后；第三单元中有战车、步兵、骑兵阵容；第四单元中均为骑兵。陶俑、战车、陶马在俑坑中的排列显示了秦代实战中的各种兵种配合作战的强大阵容。

此外，二号兵马俑坑中还出土了大量兵器（包括铜镞、铜矛、铜钺、铜剑、铠甲）和车马器（衡饰、车辖、盖弓帽、铜环、马具和马饰品等）及铜锥、铜凿、铁铲、铁锸等工具[54]。

三号兵马俑坑[55] 位于一号兵马俑坑西端北面 25 米，二号兵马俑坑西 120 米。三号兵马俑坑平面呈东西向“凹”字形，东西长 17.6 米、南北宽 21.4 米，深 5.2～5.4 米。俑坑由一斜坡门道和主室组成。斜坡门道位于主室东壁南北近居中位置，其东西长 112 米、南北宽 3.7 米，底口深 5.4 米。门道通向主室的入口处有夯筑二层台，台高 3～3.5 米、宽 1～2 米。主室周围有木柱，柱顶有枋木，其上搭盖棚木，棚木上面覆盖一层席，席上夯筑封土，夯筑封土原来高出现地表 2～3 米。主室内地面铺砖。

三号兵马俑坑内平面布局可分为三个单元。第一单元是俑坑主室的南部，东西长 14.4 米。第二单元是俑坑主室的中部，东西长 5.8 米、南北宽 3.9 米，其东面为俑坑斜坡门道，二者相通。第三单元是俑坑主室的北部，东西长 10.4 米。

俑坑出土武士俑 68 件，木质战车 1 辆，驾车的陶马 4 匹，陶马的大小、形态与一、二号俑坑内出土的驾车陶马相同。

此外，三号兵马俑坑内还出土了兵器（铜殳、铜镞、铜标枪等）、生产工具（铜凿、大铁锤、小铁锤等）及铜车饰、带柄铜环、门楣饰品等。因坑内出土兵器以铜殳为主，故有人认为坑内武士俑为“持铜殳担任警戒职务的殳兵队”。考虑三号兵马俑坑的陶俑列队方式与一、二号兵马俑坑的不同，陪葬坑出土的战车为髹漆彩绘，车顶置华盖，乘员戴单卷长尾冠。鹿角及动物骨骼的出土，多数学者认为三号兵马俑坑是秦始皇陵东部兵马俑坑的“指挥部”或曰“军幕”，也有的学者认为三号兵马俑坑是“军祭的社宗”。

四号陪葬坑[56] 位于一号兵马俑坑北侧，二、三号兵马俑坑之间，是一座未竣工的陪葬坑，该坑南半部被水冲毁。陪葬坑北边长 48 米，深约 4.8 米。坑内未见夯土隔梁，坑底地面未见铺砖，坑顶未见棚木及填土，坑内未见陶俑、战车和陶马。由于四号陪葬坑与一、二、三号兵马俑坑深度相近，位于其间又无打破关系，它应属于秦始皇陵东部兵马俑坑的一部分，可能是一座没有建成的兵马俑坑，有的学者甚至认为四号陪葬坑是拟建的“中军”。

在秦始皇陵区之内，近年还发现了一些与秦始皇陵相关的附属设施。如：外城以南发现的防洪堤遗迹——“五岭”遗址，其方向为西南—东北走向，西起大水沟，从陈家窑村东南向东北发展，过杨家村、李家村直到杜家村东南，全长 1700 米。现存宽 89.2 米，最高处为 8.5 米[57]。

在外城北侧 1300 米发现的“鱼池”遗址，东西长 2000 米、南北宽 500 米，面积 100 万平方米。在“鱼池”遗址东北部，发现东西长400米、南北宽200米的墙垣一周，残高2～4米，其中发现多处房屋建筑遗迹、砖瓦建筑材料、各种兵器与工具，出土有大量“左右司空”“北司”“宫水”等陶文的陶器，根据相关考古资料判断，这里可能为修建秦始皇陵园时的官邸建筑遗址[58]。

在陵园外城以西发现的石料加工场遗址，东西长约1500米、南北宽约500米，面积75万平方米。根据勘察，遗址包括石料堆放区、加工区及工作人员的管理与居住区[59]。

二、秦始皇陵考古发现涉及的几个学术问题讨论

（一）秦始皇陵园的朝向问题

古代帝王陵园等大型建筑群的布局形制，朝向是其至关重要的问题，而陵园门址的分布与形制又是探讨上述大型建筑群朝向的重要考古遗存。

秦始皇陵陵园由内外城组成，内城套于外城之中。根据目前考古发现，秦始皇陵园内外城东、西、南三面各有一门，内外城东、西、南门，分别与秦始皇陵东、西、南三面的墓道相对。内城北门有二，但是二北门与帝陵北墓道不是南北相对。近年考古勘察否定了外城北墙之上原来勘察出来的门址。依据目前考古资料，由于秦始皇陵园外城没有北门，因此其朝向不可能朝北。虽然秦始皇陵园内外城东、西、南三面均有与秦始皇陵东、西、南墓道相对的门址，但是陵园内外城的东西二门之间发现了阙址，内外城南门与内城北门均未发现阙址。从陵园内外城不同门址的门阙遗址的发现，反映出内外城不同门址的作用与功能。应该说秦始皇陵园内外城东、西门，由于其门阙遗址的发现，相对没有阙址的内外城南门与内城北门更为重要。从陵园朝向上来看，秦始皇陵园不会向南、向北。

秦始皇陵园内城之中的陪葬坑，以帝陵封土西部最多，其次是南部，再次是封土北部，内城封土东部陪葬坑最少。

陵园内外城之间，南部和北部未发现陪葬坑，陪葬坑均分布在内外城东西部的东西门以南，内外城东西门以北安排了陪葬墓。

陵园之外的陪葬坑主要分布在陵园东部、东北部和东南部，有陵园东部的兵马俑坑、东南部的马厩坑与东北部的动物陪葬坑、青铜水禽陪葬坑等，修陵人墓地被安排在陵园之外的西南部。根据主要陪葬坑的分布位置，陵园司马门置门阙仅发现于东门和西门，陵墓东墓道的规模大于其他三面墓道的情况（根据原来的勘探资料），这些均反映出陵园及陵区的坐西朝东的朝向。这种朝向布局不是秦始皇陵园的首创，它是继承了秦雍城王陵区的朝向。在秦雍城王陵区，共发现大型墓葬“中”字形墓18座，它们可能为秦公陵墓，墓葬东西各有一条墓道，且东墓道比西墓道长，属于主墓道。发现的3座“甲”字形墓，只有东墓道。这些反映出秦雍城王陵区的王陵朝向是向东的。战国时代的秦芷阳陵区，是秦王陵陵区，位于秦咸阳城东部，称“东陵”，秦东陵的发现属于王陵的“亚”字形墓2座，均以东墓道规模最大，它们也反映出秦东陵的王陵朝向亦应为向东[60]。

秦始皇陵的帝陵与陵区朝向又直接影响了西汉帝陵、汉太上皇陵，已经勘探知道它们的陵墓均为“亚”字形墓，其东墓道规模大于其他三面的三条墓道，帝陵陵园朝向为坐西朝东[61]。

（二）关于陪葬坑问题

作为秦始皇陵外藏椁系统的陪葬坑，在中国古代帝王陵墓发展史上，从其规模、数量、种类等方面来看，均已达到顶峰。“陵墓若都邑”的理念在这里得到最为充分的体现。这一制度直接影响着西汉时代中期以前的帝陵外藏椁制度建设，汉景帝阳陵、汉昭帝平陵、汉宣帝杜陵、薄太后南陵等陪葬坑的考古发现是其最好的证明。

秦始皇陵陪葬坑的布局，可以分为两个层次，即陵园外陪葬坑与陵园内陪葬坑。陵园外的陪葬坑，依据距离陵园远近分为两部分；陵园内陪葬坑，分为陵园内外城之间的陪葬坑与内城地宫四周的陪葬坑。

秦始皇陵园外陪葬坑主要有距离陵园较远的兵马俑坑与陵园附近的马厩坑与动物坑。

关于秦始皇陵兵马俑坑及其兵马俑的性质，长期以来学术界说法不一。兵马俑坑作为秦始皇陵陪葬坑，这是绝大多数学者们的一致看法。但是涉及关于这些兵马俑坑的性质问题，学术观点则有多种：其一为象征秦始皇的都城咸阳的卫戍部队，其二为象征为秦始皇送葬的军队，其三为“封”说，其四为“冥军”，其五为三种“卫军”[62]。第一种看法，目前“学者们一般同意它是守卫京城宿卫军的象征”[63]。如袁仲一先生提出：“大型的兵马俑坑在秦始皇陵东侧，我认为似象征着屯驻在京师外边的宿卫军。”[64]这已成为现在秦始皇陵兵马俑坑研究的主流观点。第二种看法的学者主要有黄展岳、杨泓和刘庆柱。1981年，黄展岳先生撰文提出，秦始皇陵兵马俑是送葬的俑群[65]。刘庆柱在1987年出版的专著中提出：“汉代有军队送葬的习俗，如著名年轻将领霍去病死后，汉武帝就‘发属国玄甲军阵自长安至茂陵’，为之送葬。霍光死时，汉宣帝‘发材官轻车北军五校士军阵至茂陵以送其葬’。匈奴人金日磾死后，皇帝‘送以轻车介士，军阵至茂陵’，为其送葬。张安世、王凤等人都享受了死后军队送葬之仪（参见《汉书》之《霍去病传》《金日磾传》《霍光传》《张安世传》《孔光传》和《元后传》)。东汉时代继承了以前的军队送葬习俗，如‘发五营轻车骑士’为邓弘送葬；吴汉死去，‘发北军五校、轻车、介士送葬’；耿秉去世，‘假鼓吹，五营骑士三百余人送葬’；祭遵至葬，‘介士军阵送葬’；梁商及葬，皇帝‘赠轻车介士’送葬；杨赐下葬时，军队送葬队伍规模空前，当时‘兰台令史十人发羽林轻车骑士，前后部鼓吹，又敕骠骑将军官属司空法驾，送至旧茔’（参见《后汉书》之《邓骘传》《吴汉传》《耿秉传》《祭遵传》《梁商传》《杨赐传》)。”“西汉时代的兵马俑陪葬于陵墓附近（如长陵陪葬墓的杨家湾汉墓陪葬坑出土的2375件兵马俑，江苏徐州狮子山楚王陵出土的2300余件兵马俑），应是承袭了秦代制度。回过头来看，我们认为秦始皇兵马俑的性质，也应该是送葬军士象征。”[66]杨泓先生在其1997年出版的著作中指出：秦始皇陵的陶俑，“只不过是用于代替活的人马，用以模拟皇帝侍从及排列成送葬的军阵。”[67]1998年，黄展岳先生再次发表文章指出：“关于兵马俑坑的性质，曾有过多种推测。我认为，兵马俑坑的设置应是军队列阵为始皇送葬的模拟。至于是否要排成实战军阵行列或带有宏伟的征战寓意，还有待于兵马俑的全面发掘以后才能做出比较具体的论断。军队列阵送葬，在《汉书》《后汉书》中屡见不鲜，咸阳杨家湾汉墓（长陵陪葬墓）、汉景帝阳陵、徐州狮子山楚王墓都有实例发现，仅规模略小于秦陵兵马俑坑而已。汉承秦制，汉代军队列阵送葬制度当亦创始于秦，秦陵兵马俑坑的发现就是例证。”[68]正如以上所述，秦始皇陵兵马俑坑不是什么都城咸阳附近“宿卫军”的模拟，从汉承秦制的西汉时代大型墓葬附近陪葬坑——兵马俑坑的发现，以及《汉书》《后汉书》等重要历史文献相关记载来看，秦始皇陵兵马俑坑的兵马俑应该是当时为秦始皇送葬军队的象征。

关于秦始皇陵兵马俑坑性质的学术讨论，实际上涉及历史学、考古学研究的方法论问题。对于遥远的古代历史而言，我们的研究必须以已有的科学成果为起点、支撑点，去探讨未知领域。所有科学研究都需要“假设”“假说”，但是“假设”“假说”的科学性，取决于其科学研究的“起点”是否准确、“支撑点”是否牢固。科学研究方法论的共识，是推进科学研究的前提条件。秦始皇陵兵马俑坑发现 30 多年来，对于其至关重要的兵马俑坑性质问题讨论，一直没有什么进展，应该主要归结于科学研究方法论的有待进一步加强。

秦始皇陵园东南部上焦村的 98 座马厩坑与陵园东北部的动物坑，似与都城的马厩、苑囿有关。

秦始皇陵园内外城之间的陪葬坑，主要是内外城东西门南部的陪葬坑。内外城西门以南的陪葬坑有珍禽异兽坑、马厩坑和跽坐俑坑，其中的珍禽异兽坑与陵园之外东北部的动物坑不同之处在于，如果说后者似为都城苑囿的一部分的话，前者可能象征宫城之中苑囿的珍禽异兽。西门南部的马厩坑均以真马陪葬，陵园之外东南部上焦村马厩坑则为明器，前者可能象征宫城马厩，后者似为都城马厩。内外城东门以南的陪葬坑有石铠甲坑（K9801）、杂技俑坑（K9901），其中石铠甲坑的规模巨大，石铠甲坑中的大量石铠甲可能象征当时秦国皇宫中的“卫戍部队”。如果这一推断不误，那么秦始皇陵园之外的兵马俑坑之兵马俑更可能是为秦始皇送葬的部队。

内城之中的地宫四周的陪葬坑，在地宫北部与西部均发现了与出行有关的车马坑。在地宫南部发现的文吏俑坑，发掘者认为应为“廷尉”机构象征，我以为更有可能属于宫城之中的皇室官吏。

在以往的秦始皇陵陪葬坑研究中，对陪葬坑的位置似乎重视不够。我认为这是需要特别注意的，一般来说陪葬坑距离帝陵地宫越近，地位应该越为重要，与墓主的关系越为密切。

（三）关于陪葬墓问题

为去世国王陪葬的葬仪，有着相当久远的历史。在安阳殷墟武官村大墓的北墓道东西两侧埋葬 41 人，其中东侧 17 人，多为男性；西侧 24 人，多为女性。死者均为全躯，有的有葬具及青铜礼器和兵器，还有玉佩饰。根据死者情况分析，这些人应为墓主人生前的亲信、侍从和姬妾[69]。从历史文献记载来看，陪葬墓的真正出现，应始于西周时代，《唐大诏令集》载：“诸侯列葬，周文创陈其礼。”东周时代陪葬墓制度得到进一步发展，《史记·秦本纪》记载：秦穆公去世，“从死者百七十七人，秦之良臣子舆氏三人名曰奄息、仲行、鍼虎，亦在从死之中”。

目前考古发现的与秦始皇陵有关的墓葬有陪葬墓及与秦始皇陵相关的墓葬。

秦始皇陵陪葬墓主要分布在陵园内城与外城之中。陵园内城之中的陪葬墓有二：一为帝陵封土附近西北部的“甲字形”墓，二为内城东北部墓园中的33座墓。前者应为秦始皇陵陪葬墓中地位最高的陪葬墓，有人认为这是公子高的墓葬；对于后者，有人提出这是秦始皇后妃的墓葬。

在秦始皇陵园内外城之中的陪葬墓，目前发现于陵园内外城东西门的北部。内外城东门以北有3座陪葬墓；内外城西门以北有一墓园，其中发现多座墓葬，但是均为“空墓”，它们应该是等待“使用”的陪葬墓。内外城东西两侧安排的两组陪葬墓，对称分布于内城东西两边。两组陪葬墓的南部，又各自安排有一组陪葬坑。通过今后的考古发掘可能会使我们进一步认识内外城东西两侧陪葬墓墓主人身份，以及其与内外城东、西门南边陪葬坑的关系。

在秦始皇陵园之外东南部上焦村考古发现的18座秦墓，时代与秦始皇陵相同，发掘者认为这是秦二世杀害反对自己的秦始皇公子、公主等人的墓葬。如果这一说法可以成立的话，秦二世不会将其作为陪葬墓入葬秦始皇陵。但是考虑这些人的特殊背景，将其埋葬在秦始皇陵园之外，使其“近”帝陵，这是一种政治上的“照顾”，与“真正意义”的帝陵陪葬墓还是不同的。

在秦始皇陵兵马俑坑三号坑西北部的“甲字形”墓，其墓葬规模比秦始皇陵园内城的“甲字形”陪葬墓还要大。从布局上来看，这座墓葬的墓主人，可能与三座兵马俑坑的关系更为密切。

秦始皇陵继承了先秦时代王陵陪葬墓传统并有所发展，在陵园之中安排了数十座陪葬墓。在陵园之外的东南部也发现、发掘了一些与秦始皇陵有关墓葬。西汉帝陵在秦始皇陵陪葬墓制度基础之上，又有了进一步发展，但是陪葬墓不再安排在陵园之中，而是置于陵园之外。这一陪葬墓制度为后代所承袭。

（四）秦始皇陵属于未建成的工程

关于秦始皇陵研究，学术界经常遇到一些十分费解的问题。究其原因可能有许多，但是有一个重要原因就是秦始皇陵是一个未建成的大型工程，这样也就导致使人们对秦始皇陵的许多问题，无法给以合理的、有说服力的解释。

秦始皇陵作为未建成的工程，可以从历史文献记载、帝陵封土现状、陪葬墓中的空墓与陪葬坑中的空坑等方面得到佐证。

文献记载秦始皇三十七年“出游”，于七月“崩于沙丘平台”，同年九月“葬始皇郦山”。由于秦始皇的突然死去，为了尽快料理其后事，当时停止了秦阿房宫前殿的建设工程，“罢其作者，覆土郦山”。这项工程实际上到秦二世二年，陈涉的农民起义军攻入秦的京畿之地时，大量的刑徒还在进行着秦始皇陵工程，因此少府章邯才提出“盗已至，众疆，今发近县不及矣。郦山徒多，请赦之，授兵以击之”[70]。鉴于上述情况，秦始皇陵的工程应该不可能按照原规划完成。这样也就出现了，我们现在所发现的关于秦始皇陵的文献记载与考古发现之间的距离，以及一些未完成的“项目”。如关于秦始皇陵封土高度，目前考古测量的数据不一，从35.5至77米不等，据说出现这一情况是因为测量基点的不同所致。但是，根据文献记载秦始皇陵高“五十丈”，约折今115米。显然目前测量秦始皇陵封土的高度，从最低的30多米，到最高的77米，它们与115米的高度都相差甚远。也有的学者认为，可能由于两千多年来的水土流失，使原来秦始皇陵封土被冲掉了几十米高的封土。我认为这种说法会遇到相关考古资料的挑战。与秦始皇陵时代相近的西汉诸帝陵，其陵墓封土基本保存完好。如汉高祖长陵、吕后陵、汉惠帝安陵、汉景帝阳陵、汉武帝茂陵、汉昭帝平陵、汉宣帝杜陵、汉元帝渭陵、汉成帝延陵、汉哀帝义陵、汉平帝康陵等，现在这些陵墓的封土，除了汉武帝茂陵封土高46米之外，其余诸帝陵封土高一般为30米左右。这与历史文献记载的西汉帝陵封土高度是一样的。西汉诸帝陵与秦始皇陵均位于今西安市附近，古今自然地理环境应该基本相同，西汉帝陵封土高度古今基本相近，秦始皇陵封土亦应如此。再有，秦始皇陵园的内外城城墙及其墙基、内城之中相关陵寝建筑遗址，有的遗迹至今仍保存在地表以上，有的距地表不深，若秦始皇陵封土两千年来被冲掉七十多米，那些内外城城墙及其墙基、陵寝建筑遗址的遗存又为什么能够保存下来?

根据20世纪初测量的秦始皇陵封土，其“陵基略呈方形，东西约一千六百尺（折今约533米），南北一千七百尺（折今约566米）”[71]。如果参照西汉时代帝陵封土的底部长度与高度比例推算[72]，秦始皇陵封土高度应在110米左右。目前出现的秦始皇陵封土高度与文献记载的差距，显然不是文献记载的失误。应该说文献记载是属实的，不过当时记载的是秦始皇陵封土建造的规划数据，后来因为国家形势的突变，规划数据无法实现了，但是作为“前期”工程的帝陵封土底部，还是按照原来的规划进行的。按照秦始皇陵封土底部的“未被”自然与人为破坏的规模，参照西汉帝陵封土的底部与高度比例，秦始皇陵封土高“五十丈”是与现存西汉帝陵的情况是一致的。

在秦始皇陵园内外城之间的西门北部，有一陪葬墓墓园，其中发现的多座陪葬墓均为“空墓”，这在以往的考古勘探、发掘中是极为罕见的。这些“空墓”应该是还没有埋葬死者的墓葬，它们可能属于“计划”之中的项目，是没有完成的工程。

在秦始皇陵园东部的兵马俑坑，现已考古发掘了一、二、三号兵马俑坑，其中发现了大量兵马俑。但是，四号坑的考古勘探使人们感到十分意外，陪葬坑中没有任何陪葬品，是一个“空坑”。这个“空坑”应该是一个还没有放置陪葬品的陪葬坑，也就是没有“完工”的项目。

综上所述，可以看出，秦始皇陵应是一个“未完工”的工程。

（五）秦始皇陵与西汉帝陵的考古学比较研究

秦汉帝陵在中国古代帝陵发展中，占据着特别重要的地位。究明二者之间的关系，对深入认识秦汉时代帝陵陵寝制度史变化十分重要。

帝陵封土与地宫问题。秦始皇陵封土平面近方形，地宫平面亦为方形。这种封土、地宫平面形制为西汉帝陵所沿袭，西汉帝陵封土称“方上”，帝陵地宫称“方中”。秦始皇陵地宫四面均有墓道，其中东墓道的规模与数量都要大于、多于其他三面的墓道。西汉帝陵地宫四面也是各辟一个墓道，已经勘探的西汉帝陵地宫四个门道中，东墓道也是规模最大的墓道。

帝陵陵园问题。秦始皇陵园由内外城组成，二者平面均为长方形。内城基本分为大小相近的南北两部分，平面均近方形。帝陵封土在内城南半部居中位置，内外城与帝陵封土东、西、南面居中相对位置各辟一门。陵园内城北部辟二门，外城北部无门。内外城东西门之间有门阙建筑，门阙与内外城城门不相连。帝陵主要陵寝建筑在陵园内城之内西北部，帝陵陪葬墓主要置于内城东北部、封土西北部，还有一些陪葬墓在内外城之间的北部。

西汉帝陵陵园可分为两个时期，一个是汉高祖长陵和汉惠帝安陵时期，其后为汉文帝霸陵至汉平帝康陵时期。长陵和安陵均为皇帝、皇后埋葬在一个陵园之中。陵园平面基本为方形。长陵主要陵寝建筑在陵园之中。陵邑与陵园毗连。陪葬墓主要在陵园东部。汉文帝霸陵至汉平帝康陵时期，皇帝帝陵与皇后陵墓各自有一陵园，二陵园一般东西排列。陵园平面方形，四面中央各辟一门，四门各置阙，阙与门相连。寝园（包括寝殿、便殿）、陵庙在陵园之外的附近。陪葬墓均在陵园之外的东部或北部。从汉文帝霸陵至汉宣帝杜陵的陵邑，一般距帝陵陵园较远，但仍在帝陵陵区之中。

关于陪葬坑的情况，从秦始皇陵到西汉末年的帝陵，再到中古时代的唐宋帝陵，陪葬坑数量是从多到少、从有到无，陪葬坑规模是从大到小，种类是从繁到简。陪葬坑的位置是从陵园内外都有，到仅于陵园之外安置陪葬坑。

秦汉帝陵的上述发展变化，对以后的帝陵发展产生了重要影响。

注　释

［1］ 亚洲史学会2006年11月在日本举行的“2006东亚的巨大古坟学术讨论会暨亚洲史学会第15届研究大会”的大多日本学者和相关博物馆即把埃及金字塔、秦始皇陵和仁德天皇陵墓认定为世界古代三大陵墓。

［2］ 刘文鹏：《古代西亚北非文明》，中国社会科学出版社，1999年，第148～149页。

［3］ 界市教育委员会：《百舌鸟古坟群》，宏和印刷株式会社，平成17年版。

［4］ 陕西省考古研究所、秦始皇兵马俑博物馆：《秦始皇帝陵园考古报告（1999）》，科学出版社，2000年；陕西省考古研究所、秦始皇兵马俑博物馆：《秦始皇帝陵园考古报告（2000）》，文物出版社，2006年。

［5］ 陕西省考古研究所、秦始皇兵马俑博物馆：《秦始皇帝陵园考古报告（2000）》，文物出版社，2006年，第33页。

［6］ 陕西省考古研究所、秦始皇兵马俑博物馆：《秦始皇帝陵园考古报告（1999）》，科学出版社，2000年，第39～42页。

［7］ 陕西省考古研究所、秦始皇兵马俑博物馆：《秦始皇帝陵园考古报告（2000）》，文物出版社，2006年，第31～33页。

［8］《汉书》卷八《宣帝纪》：五凤三年“三月辛丑，鸾凤又集长乐宫东阙中树上”；《汉书》卷六十六《刘屈氂传》：征和二年，戾太子“驱四市人凡数万众，至长乐西阙下，逢丞相军合战五日”。

［9］《史记》卷一《高祖本纪》：“萧丞相营作未央宫，立东阙、北阙、前殿、武库、太仓。”

［10］《汉书》卷二十七《五行志》。

［11］ 足立喜六：《长安史迹研究》，三秦出版社，2003年，第74页。

［12］ 陕西省文物管理委员会：《秦始皇陵园调查简报》，《考古》1962年第8期。

［13］ 段清波、孙伟刚：《秦始皇帝陵考古五年记》，《上海文博论丛》2004年第4期。

［14］ 陕西省考古研究所、秦始皇兵马俑博物馆：《秦始皇帝陵园考古报告（2000）》，文物出版社，2006年，第4、6页。

［15］《水经注·渭水》。

［16］ 陕西省考古研究所、秦始皇兵马俑博物馆：《秦始皇帝陵园考古报告（1999）》，科学出版社，2000年，第15页、第31页注〔35〕。

［17］ 袁仲一：《秦始皇陵考古纪要》，《考古与文物》1988年第5、6期。

［18］ 转引自邵友程《从水文地学看秦陵地宫深度》（《文博》1990年第5期）引用戴维·勒基等的《应用于考古学

的非破坏性探测和层析 X 摄影学》。
[19] 高维华、王丽玖：《秦始皇陵工程地质述评》，《文博》1990 年第 5 期。
[20] 王学理：《秦始皇陵研究》，上海人民出版社，1994 年。
[21] 邵友程：《从水文地学看秦陵地宫深度》，《文博》1990 年第 5 期。
[22] 孙嘉春：《秦始皇陵之谜地学考辨》，《文博》1989 年第 5 期。
[23] 陕西省考古研究所、秦始皇兵马俑博物馆：《秦始皇帝陵园考古报告（1999）》，科学出版社，2000 年，第 9 页。
[24] 段清波、孙伟刚：《秦始皇帝陵考古五年记》，《上海文博论丛》2004 年第 4 期。
[25]《我国用高科技探测秦皇陵 解开地宫布局之谜》，《新京报》2003 年 11 月 28 日。
[26] 张占民：《秦始皇陵北寝殿建筑群的发现与初步研究》，《考古文物研究》，三秦出版社，1996 年。
[27] 陕西省考古研究所、秦始皇兵马俑博物馆：《秦始皇帝陵园考古报告（1999）》，科学出版社，2000 年，第 11 页。
[28] 陕西省考古研究所、秦始皇兵马俑博物馆：《秦始皇帝陵园考古报告（1999）》，科学出版社，2000 年，第 12 页；秦始皇陵考古队：《秦始皇陵西侧“丽山飤官”建筑遗址清理简报》，《文博》1987 年第 6 期。
[29] 陕西省考古研究所、秦始皇兵马俑博物馆：《秦始皇陵园考古报告（1999）》，科学出版社，2000 年，第 25 页。
[30] 陕西省考古研究所、秦始皇兵马俑博物馆：《秦始皇帝陵园考古报告（1999）》，科学出版社，2000 年，第 26 页。
[31]《我国用高科技探测秦皇陵 解开地宫布局之谜》，《新京报》2003 年 11 月 28 日。
[32] 秦俑坑考古队：《临潼上焦村秦墓清理简报》，《考古与文物》1980 年第 2 期。
[33] 陕西省考古研究所、秦始皇兵马俑博物馆：《秦始皇帝陵园考古报告（1999）》，科学出版社，2000 年，第 28 页。
[34] 陕西省考古研究所、秦始皇兵马俑博物馆：《秦始皇帝陵园考古报告（1999）》，科学出版社，2000 年，第 27～28 页。
[35] 秦俑坑考古队：《始皇陵西侧赵背户刑徒墓地》，《文物》1982 年第 3 期。
[36] 陕西省考古研究所、秦始皇兵马俑博物馆：《秦始皇帝陵园考古报告（1999）》，科学出版社，2000 年，第 28 页。
[37] 段清波：《帝国的梦想——秦陵还会有多少陪葬坑》，《文物天地》2002 年第 10 期。
[38] 陕西省考古研究所、秦始皇兵马俑博物馆：《秦始皇帝陵园考古报告（2000 年）》，文物出版社，2006 年。
[39] 秦始皇兵马俑博物馆、陕西省考古研究所：《秦始皇陵铜车马发掘报告》，文物出版社，1998 年。
[40] 陕西省考古研究所、秦始皇兵马俑博物馆：《秦始皇帝陵园考古报告（2000）》，文物出版社，2006 年，第 10～12 页。
[41] 陕西省考古研究所、秦始皇兵马俑博物馆：《秦始皇帝陵园考古报告（2000）》，文物出版社，2006 年，第 24、62～90 页。
[42] 陕西省考古研究所、秦始皇兵马俑博物馆：《秦始皇帝陵园考古报告（1999）》，科学出版社，2000 年，第 18 页。
[43] 陕西省考古研究所、秦始皇兵马俑博物馆：《秦始皇帝陵园考古报告（1999）》，科学出版社，2000 年，第 27～28 页。
[44] 陕西省考古研究所、秦始皇兵马俑博物馆：《秦始皇帝陵园考古报告（1999）》，科学出版社，2000 年，第 27～28 页。
[45] 陕西省考古研究所、秦始皇兵马俑博物馆：《秦始皇帝陵园考古报告（1999）》，科学出版社，2000 年，第 27～28 页。
[46] 陕西省考古研究所、秦始皇兵马俑博物馆：《秦始皇帝陵园考古报告（1999）》，科学出版社，2000 年，第 27～28 页；陕西省考古研究所、秦始皇兵马俑博物馆：《秦始皇帝陵园考古报告（2000）》，文物出版社，2006 年，第 17～19 页。
[47] 陕西省考古研究所、秦始皇兵马俑博物馆：《秦始皇帝陵园考古报告（1999）》，科学出版社，2000 年，第

48～104 页。
[48] 陕西省考古研究所、秦始皇兵马俑博物馆：《秦始皇帝陵园考古报告（1999）》，科学出版社，2000 年，第 166～200 页。
[49] 陕西省考古研究所、秦始皇兵马俑博物馆：《秦始皇帝陵园考古报告（1999）》，科学出版社，2000 年，第 20 页。
[50] 陕西省考古研究所、秦始皇兵马俑博物馆：《秦始皇帝陵园考古报告（1999）》，科学出版社，2000 年，第 21 页。
[51] 陕西省考古研究所、秦始皇兵马俑博物馆：《秦始皇帝陵园考古报告（2000）》，文物出版社，2006 年，第 22～24 页。
[52] 秦俑坑考古队：《秦始皇陵东侧马厩坑钻探清理简报》，《考古与文物》1980 年第 4 期。
[53] 陕西省考古研究所、秦始皇兵马俑博物馆：《秦始皇兵马俑一号坑发掘报告》，文物出版社，1988 年。
[54] 陕西省考古研究所、秦始皇兵马俑博物馆：《秦始皇帝陵园考古报告（1999）》，科学出版社，2000 年，第 22～23 页。
[55] 秦俑坑考古队：《秦始皇陵东侧第三号兵马俑坑清理简报》，《文物》1979 年第 12 期。
[56] 陕西省考古研究所、秦始皇兵马俑博物馆：《秦始皇帝陵园考古报告（1999）》，科学出版社，2000 年，第 24 页。
[57] 陕西省考古研究所、秦始皇兵马俑博物馆：《秦始皇帝陵园考古报告（2000）》，文物出版社，2006 年，第 34～35 页。
[58] 陕西省考古研究所、秦始皇兵马俑博物馆：《秦始皇帝陵园考古报告（1999）》，科学出版社，2000 年，第 13 页。
[59] 秦俑坑考古队：《临潼郑庄秦石料加工场》，《考古与文物》1981 年第 1 期。
[60] 韩伟、程学华：《秦陵概论》，《考古学研究》，三秦出版社，1993 年。
[61] 刘庆柱、李毓芳：《西汉十一陵》，陕西人民出版社，1987 年。
[62] 袁仲一：《秦兵马俑坑》，文物出版社，2003 年，第 125 页。
[63] 陕西省考古研究所、秦始皇兵马俑博物馆：《秦始皇帝陵园考古报告（1999）》，科学出版社，2000 年，第 22 页。
[64] 袁仲一：《秦始皇陵东侧第二、三号俑坑军阵内容试探》，《中国考古学会第一次年会论文集》，文物出版社，1980 年。
[65] 黄展岳：《中国西安、洛阳汉唐墓的调查与发掘》，《考古》1981 年第 6 期。
[66] 刘庆柱、李毓芳：《西汉十一陵》，陕西人民出版社，1987 年，第 205、206 页。
[67] 杨泓：《美术考古半世纪》，文物出版社，1997 年，第 309 页。
[68] 黄展岳：《秦汉陵寝》，《文物》1998 年第 4 期。
[69] 郭宝钧：《一九五〇年春殷墟发掘报告》，《中国考古学报》第五册，1951 年。
[70]《史记》卷六《秦始皇本纪》。
[71] 足立喜六：《长安史迹研究》，三秦出版社，2003 年，第 74 页。
[72] 如西汉时代前期的汉景帝阳陵，帝陵封土底部边长约 167 米，封土高 32 米，封土高度与底部长度之比约为 1∶5。

（原刊于《探古求原——考古杂志社成立十周年纪念学术文集》，科学出版社，2007 年）

西汉帝陵的考古发现与研究

刘庆柱　李毓芳

一、西汉帝陵考古发现史

关于西汉帝陵的研究，很早已经引起人们的关注。自汉代以后，不少历史地理文献记载了西汉帝陵，如《三辅黄图》《三秦记》《关中记》《水经注》《长安志》《关中胜迹图志》等，其中尤以北魏郦道元《水经注》记述的西汉帝陵方位及其与周边关系最为详尽。至于对西汉帝陵的考古调查，则是随着近代考古学传入中国之后而出现的。日本学者足立喜六于1906～1910年，应聘在西安的陕西高等学堂任教习，其间对西汉帝陵进行了考古调查、勘测。20世纪30年代，在足立喜六出版的《长安史迹研究》中介绍了上述内容。与足立喜六同时，日本学者关野贞、法国学者沙畹和V.色伽兰等，也对西汉帝陵进行了考古调查。1942～1943年，由中央研究院历史语言研究所、中央博物馆筹备处等单位合组的西北史地考察团，调查了关中地区的西汉帝陵。此后，20世纪70年代初，考古工作者开始了对西汉帝陵进行全面考古调查，1974年发表了考古调查的初步成果[1]。20世纪60～70年代，先后对一些帝陵及陪葬坑、陪葬墓、刑徒墓地进行了考古发掘[2]；20世纪70年代末～80年代中期，开展的西汉帝陵考古调查、勘探与汉宣帝杜陵陵园遗址考古发掘工作，取得了重大进展[3]；20世纪90年代以来汉景帝阳陵的考古发现[4]，促进了西汉帝陵的考古学研究。近年来开展的汉惠帝安陵、汉昭帝平陵、汉武帝茂陵等西汉帝陵的考古调查、勘探及试掘，又为西汉帝陵研究提供了新的考古发现资料[5]。

通过多年来的西汉帝陵考古工作，现在已经可以基本究明西汉帝陵的情况：西汉时期有十一座帝陵，它们分成两大陵区，即咸阳原陵区和长安东南陵区，其中以咸阳原陵区为主。两大陵区均位于都城长安附近。每个皇帝及其皇后的陵墓又形成独立的大陵园，汉文帝霸陵及其后的大陵园之中，又包括有帝陵与皇后陵各自的陵墓封土及陵园。大陵园之中有陪葬坑、寝殿与便殿组成的寝园、陵庙等，大陵园（之外）附近有帝陵的陪葬墓、刑徒墓、陵邑等（图1）。

二、西汉帝陵及陵园遗址的考古发现与研究

（一）西汉帝陵的分布

《周礼·春官·冢人》载："冢人掌公墓之地，辩其兆域而为之图。"东周时代的中山国国王

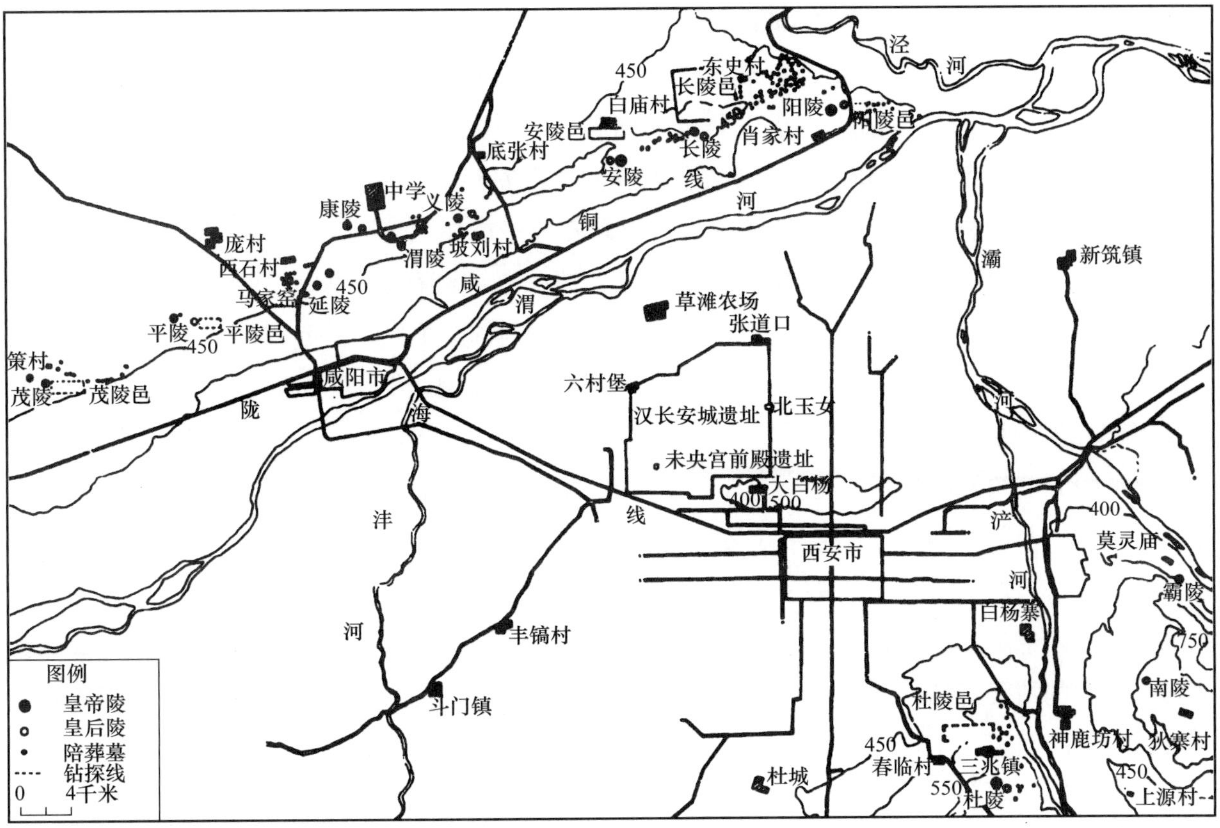

图 1　西汉帝陵分布图

（《西汉十一陵》，第 2 页，图 1；《汉杜陵陵园遗址》，第 3、4 页，图一）

謽墓曾出土一件兆域铜版[6]。尽管至今还未发现汉代的兆域图，但汉代及其以后的帝陵修建，应该继承了这种先秦制度是没问题的。类似中山国王陵“兆域图”功能的“图纸”，在汉代帝陵修建中可能也会有。汉代学者郑玄在为《周礼·春官·冢人》兆域之图作注时称：“图谓之画其地形及丘垄所处而藏之者。谓未有死者之时，先画其地之形势，豫图出其丘垄之处。”

像西汉以前的帝陵或王陵一般葬于都城、王城附近一样，西汉一代十一个皇帝均葬于都城长安附近。其实这种帝陵埋葬制度一直与中国古代社会相始终，目前考古究明最早的王陵——安阳西北岗商代王陵位于商代都城殷墟北部，中国古代最后的两个王朝——明清王朝的帝陵（明十三陵和清东陵、清西陵）就在都城北京附近。

关于西汉时代各个帝陵的地望，根据历史文献记载，结合考古调查资料，学术界一般认为咸阳原上渭北陵区的西汉帝陵，自西向东依次为汉武帝茂陵、汉昭帝平陵、汉成帝延陵、汉平帝康陵、汉元帝渭陵、汉哀帝义陵、汉惠帝安陵、汉高祖长陵和汉景帝阳陵，东西绵延近百里。长安城东南陵区有汉文帝霸陵和汉宣帝杜陵[7]。但是清代所立西汉诸陵石碑标识和相关地方志记载与此有所不同[8]，近年也有学者对咸阳原上的西汉晚期的延陵、康陵、渭陵和义陵的地望排序提出不同看法[9]。

西汉十一陵分为两个陵区，可能与古代的昭穆制度有关。昭穆制度被认为是礼制的核心内容，丧葬礼仪是礼制的重要组成部分。当昭穆制度作为秦汉时代宗庙礼仪的基本制度时，“阳间”社会折射的“阴间”——墓葬，同样对于基本的礼仪制度也要严格执行，不过由于其墓葬（尤其是陵区、陵园）较宗庙“载体”的“庞大”，昭穆制度在空间的反映方面，则表现得比较宽泛。汉代人认为："父为昭，子为穆，孙复为昭，古之正礼也。"[10]西汉皇帝属于昭位者有高祖、景帝、昭帝、宣帝、成帝；属于穆位者有惠帝、文帝、武帝、元帝、哀帝和平帝。从西汉帝陵分布中，可以看出，辈分相同者，因其昭穆序位相同，死后不能葬在同一陵区。如惠帝和文帝皆为高祖之子，均属于穆位。惠帝安陵在长陵之旁，文帝只能另辟陵区于渭河之南。辈分不同，属于隔辈者继位，由于其昭穆序位相同，死后也不可能葬在同一陵区。如宣帝为昭帝堂孙，二帝均为昭位，宣帝刘询继昭帝刘弗陵而为皇帝，因此宣帝不能在咸阳原西汉帝陵陵区预建寿陵，而陵址选在长安城东南的杜东原上。哀帝和平帝俱为元帝庶孙，均属于穆位，但王莽篡汉以后仍把其女婿汉平帝康陵置于咸阳陵区，这可能是王莽故意违背西汉王朝礼仪的特例。

在咸阳原上的西汉陵区，可分为三个小陵区，即东部的西汉初期高祖长陵、惠帝安陵和景帝阳陵陵区；西部的西汉中期武帝茂陵和昭帝平陵陵区；中部的西汉晚期元帝渭陵、成帝延陵和哀帝义陵（包括平帝康陵）陵区。东部陵区以长陵为祖位，安陵位西，阳陵居东，形成昭东穆西排列。西部陵区以茂陵和平陵为穆西昭东排列。由于文帝时在灞、渭汇流的渭河北岸修建了祭祀神明的渭阳五庙，后来景帝又于长陵和渭阳五庙间筑阳陵，因此在咸阳原上的西汉帝陵区不可能再向阳陵以东延伸。

关于西汉帝陵分布，也有学者认为它们与昭穆排序无关[11]，西汉时代"左昭右穆的礼制已不通行"[12]。

西汉帝陵陵区（咸阳原陵区）分布范围东西达百里，这种规模在西汉时代以前帝王陵中是不曾有过的。现在已究明的殷墟侯家庄发现的商王陵区共有 8 座王陵，其范围东西 450 米、南北 250 米[13]，这一面积不及西汉帝陵陵区中一座帝陵陵园的占地面积。帝陵陵园、陵区的扩大，其主要原因有五：一是陵墓规模变大；二是陵寝建筑的大规模营建；三是大量陪葬墓的安葬；四是众多陪葬坑的设置；五是陵邑的建设。西汉帝陵陵区、陵园的扩大，基于帝国时代皇权的强化与突出，依托于社会经济的发展、国家支配能力的加强。

西汉前期的高祖长陵、惠帝安陵和景帝阳陵在西汉长安城正北，这种帝陵与都城南北相对的方位设计，反映了当时设计者将帝陵与都城作为"阴阳二界"统一体的观念。

（二）西汉帝陵封土、地宫的考古勘查与研究

战国晚期，王陵的封土规模明显变大，如齐临淄、赵邯郸、秦芷阳等地的王陵，均有高大封土。战国时期王陵的高大封土出现，是因为受到古人"事死如事生，事亡如事存"[14]的影响。王陵的封土形制则是受到当时盛行的高台宫殿建筑的影响[15]。封土规模反映了战国时代流行"宫室之量，器皿之度，棺椁之厚，丘封之大，此以大为贵也"[16]。秦始皇陵将战国时代陵墓"以大为贵"发展到极致。

西汉帝陵和皇后陵封土平面形制早期为长方形，也就是文献记载中的"坊"形[17]，如汉高祖长陵帝陵封土底部东西约 159～160 米、南北约 126～129 米，吕后陵封土东西 150～155 米、南北 124～125 米[18]；汉惠帝安陵帝陵封土东西 170 米、南北 140 米。大约从汉文帝以后，西汉一代的帝陵和皇后陵封土平面一般均为近方形，即"覆斗形"，也就是文献记载

的“堂”形[19]，如孝文窦皇后陵封土底部东西 137 米、南北 143 米；汉景帝阳陵帝陵封土边长 158～159 米，孝景王皇后陵封土边长 151～158 米[20]；汉武帝茂陵帝陵封土底部东西 224～226 米、南北 228～236 米，李夫人陵封土底部东西 114 米、南北 131 米[21]；汉昭帝平陵帝陵（西部的陵）封土边长 160 米，孝昭上官皇后陵（东部的陵）封土边长 150 米；汉宣帝杜陵帝陵封土边长 172 米，孝宣王皇后陵封土边长 148 米；汉元帝渭陵帝陵封土边长 175 米，孝元王皇后陵封土边长 90 米；汉成帝延陵帝陵封土边长 173 米，孝成班婕妤陵封土底部边长 80 米；汉哀帝义陵帝陵封土底部边长 175 米，孝哀傅皇后陵封土底部东西 100 米、南北 85 米；汉平帝康陵帝陵封土底部东西 216 米、南北 209 米，孝平王皇后陵封土底部边长 86 米。西汉帝陵封土高一般为 30 米左右，也有个别超出常制的，如汉武帝帝陵封土高 46.5 米，汉惠帝、汉元帝和汉平帝的帝陵封土高 25～26.6 米[22]。

与皇帝合葬的皇后陵墓封土，其形状与帝陵封土基本相同，但是二者封土规模多不同，一般帝陵大于皇后陵封土。少数帝陵与皇后陵封土规模也有相近者，如汉高祖长陵和吕后陵封土高分别为 32.8 米与 30.7 米。皇后陵墓的封土一般高 25 米左右，西汉晚期汉元帝至汉平帝的各皇后陵封土规模进一步变小[23]。

西汉帝陵的墓室称“方中”，未进行过考古发掘，从现已获得的汉太上皇陵、汉景帝阳陵（包括帝陵和皇后陵）、汉武帝帝陵、孝昭上官皇后陵、汉宣帝杜陵（包括帝陵和皇后陵）考古调查、勘探资料来看，帝陵与皇后陵的墓室四面居中位置各有一条墓道，西汉前期的帝陵四条墓道有明显主次之分，南、北、西三条墓道大小相近，东墓道大于上述三条墓道，应为主墓道。如汉太上皇陵的东墓道长 82 米（仅为封土以外的墓道长度），其余 3 条墓道封土以外长为 31～34 米[24]；汉景帝帝陵东西南北四个墓道长分别为 69 米、21 米、17 米和 23.1 米。西汉时代中晚期帝陵的 4 条墓道形制、大小基本相同，如：孝昭上官皇后陵（东部的陵）的东西南北四条墓道长分别为 66 米、76 米、60 米和 51 米[25]，汉宣帝帝陵的东西南北四个墓道长均为 20 米（封土以外部分）[26]。从目前已知的考古资料来看，西汉帝陵继承了商代晚期以来王陵地宫设四条墓道、平面为“亚”字形的传统形制。

（三）西汉帝陵陵园及门阙遗址的考古勘查、发掘与研究

1. 西汉帝陵陵园的勘查

帝王陵墓设置陵园早在战国时期就已出现，如河北平山县中山国国王𰯼墓出土“兆域图”铜版之上有陵园墙[27]，河南辉县固围村魏国王陵[28]、河北邯郸赵国王陵考古发现的陵园遗址[29]，秦国的凤翔秦公陵中陵园多以隍壕为界[30]，芷阳的秦王陵和临潼的秦始皇陵之陵园则筑墙为界[31]。西汉帝陵继承了秦始皇陵筑墙为界的做法。

西汉初年，沿袭了战国以来的传统，汉高祖长陵、汉惠帝安陵的皇帝和皇后的陵墓在同一个陵园之内。汉高祖长陵陵园平面为方形，边长 780 米，陵园四角置角楼，汉高祖陵墓在吕后陵墓西北 280 米。汉惠帝安陵陵园东西 940 米、南北 840 米，汉惠帝陵墓与孝惠张皇后陵墓东西相距 270 米。从汉文帝霸陵开始，皇帝与皇后的陵墓各自筑成一座陵园，孝文窦皇后陵园现在仍然保存。文献记载汉文帝霸陵陵园有东阙[32]，这个“东阙”如果是汉文帝帝陵陵园门阙，

证明汉文帝时帝陵陵园与皇后陵园已经各自营筑陵园；如果是汉文帝霸陵的包括帝陵陵园和皇后陵园的“大陵园”东阙，更说明汉文帝时帝陵与皇后陵各自营筑陵园，并且于其外又筑“大陵园”将汉文帝帝陵陵园与孝文窦皇后陵园包于其中。20 世纪 80 年代中期，有的学者根据《汉书·外戚传》已经指出，在皇帝陵园和皇后陵墓陵园之外，还应存在包容帝、后二陵园的大陵园[33]。近年来西汉帝陵的考古勘探，已经证实了这一推断。如汉景帝阳陵陵园遗址考古勘探发现，陵园平面长方形，四面各有一门。在此陵园之中有帝陵陵园、皇后陵园，还有陵庙建筑等礼制建筑和陪葬坑。阳陵陵园居中位置有东西向与南北向道路各一条，连至陵园四门。帝陵陵园约位于阳陵陵园居中位置，阳陵陵园四门与帝陵陵园四门相对，其间有道路相连。帝陵陵园基本位于阳陵陵园的“中心”位置。皇后陵园在帝陵陵园东北部。阳陵的陪葬墓主要分布在阳陵陵园之外的北部和东部，陵邑在阳陵东部陪葬墓区以东[34]。刑徒墓地在阳陵陵园之外的西北部，墓地面积约 8 万平方米[35]（图 2）。

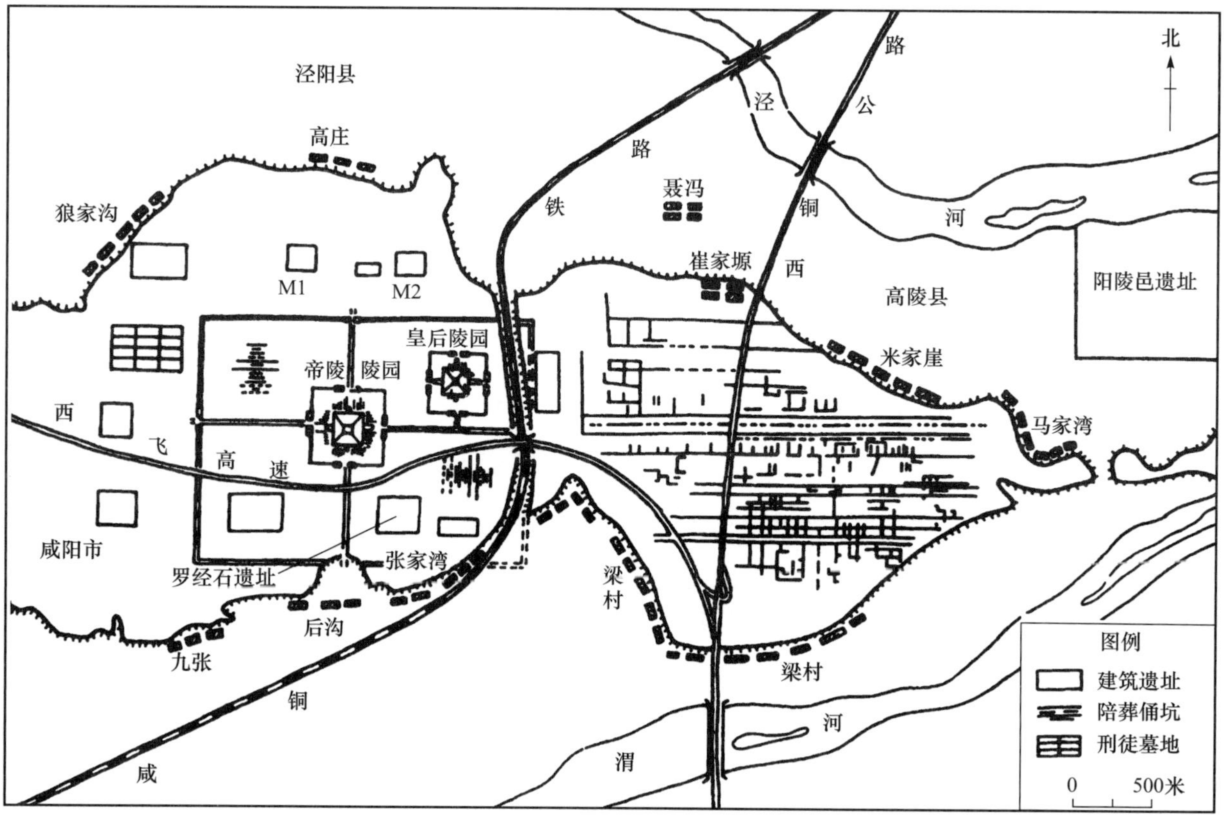

图 2　阳陵陵区遗迹分布示意图
（《考古》2007 年第 11 期，第 80 页，图一）

目前汉文帝霸陵及以后西汉时代诸帝陵陵园与皇后陵陵园的位置、形制，已经基本究明。帝陵与皇后陵陵园平面形制一般均为方形，陵园每面中央各辟一门。如阳陵、茂陵、平陵、杜陵、渭陵、延陵、义陵和康陵帝陵陵园，边长分别约为 418 米、430 米、370 米、433 米、400～410 米、382～400 米、420 米。皇后陵园形制与帝陵陵园基本相同，但皇后陵陵园规模一般小于帝陵陵园。如：孝景王皇后、孝宣王皇后、孝元王皇后陵园，边长分别为 347～350 米、334～335 米、300 米等。也有个别皇后陵园规模较大者，如孝昭上官皇后陵园（东部陵园）边长 400 米。

2. 帝陵、皇后陵陵园门阙遗址的发掘与研究

帝陵、皇后陵陵园四门称“门”[36]“司马门”或“阙”[37]，它们与各自陵墓的四条墓道相对。同一陵园中的四座“司马门”，其形制、大小基本相同，但帝陵与皇后陵陵园“司马门”的规模、结构有所不同，前者规模较大、结构较为复杂。从西汉帝陵陵区和陵园整体形制布局来看，虽然帝陵陵园四座司马门形制、大小基本相同，但还是有正门与一般门之分的，而正门应为东门。

西汉帝陵与皇后陵陵园“门阙”形制有二,一为“台门”，一为“阙门”[38]。已经考古发掘的汉宣帝帝陵陵园东门和北门、孝宣王皇后陵陵园东门、汉景帝帝陵陵园南门遗址，揭示出西汉帝陵与皇后陵陵园中的“台门”“阙门”形制结构。两种门均为中央置门道，门道两侧为左右塾。“台门”与“阙门”主要不同之处在于：“台门”二塾之外为“配廊”，“阙门”二塾之外为“阙台”。属于“同茔不同穴”的帝陵与皇后陵陵园，使用同一形制的“司马门”。

（1）西汉帝陵、皇后陵陵园的“台门”遗址[39]

西汉帝陵陵园“司马门”中，考古调查发现属于“台门”类型的陵园司马门有汉高祖长陵、汉惠帝安陵、汉文帝霸陵、汉宣帝杜陵、汉平帝康陵陵园的司马门[40]。这类陵园司马门已经考古发掘的有汉宣帝杜陵的帝陵陵园东门和北门遗址，孝宣王皇后陵园东门遗址[41]。

汉宣帝帝陵陵园四门内侧，距陵墓封土边均为 120 米。四门大小、形制基本相同。门址面阔 82～84 米、进深 20～22 米。

汉宣帝帝陵陵园东门遗址保存较完好，东门面阔 84.24 米、进深 20.36 米，由门道、二塾和二配廊组成。门道居门址中央，门道两侧为门庭，二塾分布于门道和门庭左右。二塾左右为二配廊，二塾与左右配廊前后置廊道、卵石散水。门道宽 13.2 米、长 17.4 米，地面铺素面方砖。门道居中置木门槛，将门道分为内、外大小、形制相同的两部分。门槛左右为门墩，间距 6.3 米，二门墩形制、大小相同，均为一端与门槛相接，另一端与塾相连。二塾中部有一与东门平行的隔墙，将二塾分为内塾与外塾，此即文献记载的“一门四塾”。左右塾的内塾和外塾与左右配廊连接处各辟一门。门道两旁左右塾基址大小、形制相同，以右塾基址为例，东西 15.3 米、南北 9.75 米。左右塾四壁置壁柱，每塾计有壁柱 16 个。配廊长 26 米、宽 12.2 米。配廊中部有隔墙，长与配廊相同，墙体夯筑，宽 3.4 米。隔墙东、西壁各有 5 对壁柱。左右配廊的隔墙延伸出与陵园墙相接（图 3）。

孝宣王皇后陵园东门遗址，是西汉帝陵之中唯一进行考古发掘的西汉皇后陵园司马门遗址。孝宣王皇后陵园东门面阔 67.8 米、进深 19.3 米，由门道、二塾和二配廊组成。门道宽 10.5 米、长 15.6 米。门道两侧各有一门墩与左右塾相连。二塾形制大小相同，以左塾为例，其夯土台基东西 13.65 米、南北 8.4 米。左、右塾四壁置壁柱，每塾计有壁柱 16 个。二塾前后置廊，其形制、大小相同。左右塾分别与左右配廊相连，左右配廊对称分布于左右塾两边。左右配廊大小、形制相同。以左配廊为例，长 19.5 米、宽 7 米，配廊中部（东西居中）有隔墙，隔墙宽 3.2 米。隔墙将配廊分为内外两部分，内外廊形制、大小相同，各宽 1.9 米。左右配廊的隔墙各有 6 对壁柱，对称分布于隔墙东、西壁。左右配廊的隔墙延伸出与陵园墙相接。

从汉宣帝帝陵与皇后陵陵园东门遗址对比研究可以发现，它们之间的主要不同之处是：帝陵陵园东门的门道、门道与左右塾之间、配廊地面均铺置素面方砖；皇后陵园的同部位地面则

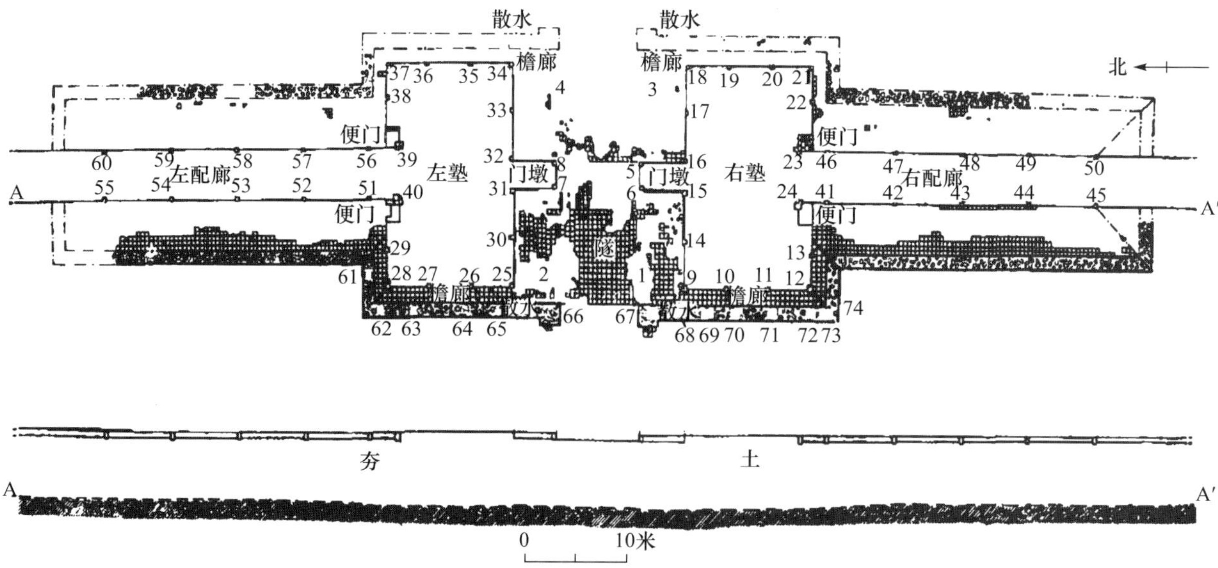

图 3　汉宣帝帝陵陵园东门遗址平面图

1～60. 柱洞　61～74. 挑檐柱窝

（《汉杜陵陵园遗址》，第 9、10 页，图一）

均未铺砖，只是经过夯筑处理。帝陵陵园东门左右塾和配廊廊道之外置卵石散水；皇后陵园东门的同部位则均不见卵石散水。在建筑材料使用上，以础石与瓦当区别最突出。帝陵陵园东门左右塾壁柱础石面高于檐廊地面，础石面加工细致、光洁如玉，形成“明柱”；皇后陵园东门左右塾壁柱为暗础。帝陵陵园东门遗址出土瓦当主要为“长乐未央”文字瓦当，“长生无极”文字瓦当和云纹瓦当所占比例甚少；皇后陵园东门遗址出土瓦当以“长生无极”文字瓦当为主。从帝陵陵园与皇后陵园司马门的门道、塾和配廊规模对比可以看出，前者远大于后者。

（2）西汉帝陵陵园司马门中的“阙门”遗址

西汉帝陵陵园“司马门”中的“阙门”类型有汉景帝阳陵、汉武帝茂陵、汉昭帝平陵、汉元帝渭陵、汉成帝延陵和汉哀帝义陵的帝陵和皇后陵陵园司马门[42]，这类陵园司马门已经考古发掘的只有汉景帝帝陵陵园南门遗址。

阳陵帝陵陵园南门遗址，北距帝陵封土东边 120 米。门阙由内向外对称分布有塾、主阙台、副阙台，二塾之间为门道。门阙面阔 131.5 米、进深 25.2 米。塾平面长方形，南北 19.8 米、东西 10.7 米。主阙台东西 27.5 米、南北 8.2 米，残高 6.12 米。主阙台台面南北居中位置，东西排列 5 个柱洞。副阙台东西 19 米、南北 4 米，残高 0.4～4.3 米。主阙台、副阙台均为夯筑台基，台壁涂朱。塾、主阙台、副阙台南北置廊及散水[43]（图 4）。

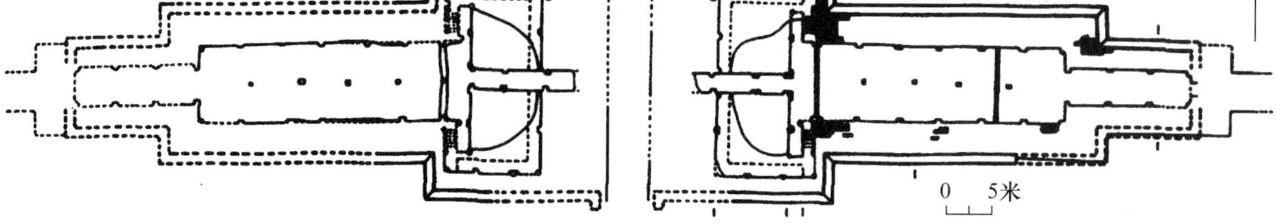

图 4　汉景帝帝陵陵园南门遗址平面图

（《西部考古》，第 295 页，图七）

三、帝陵、皇后陵礼制建筑遗址考古发现与研究

西汉帝陵和皇后陵的礼制建筑主要包括寝殿和便殿组成的寝园及陵庙，此外还有食官等建筑。目前已经考古发掘的有寝园（寝殿、便殿）、陵庙遗址，关于“食官”建筑遗址还不清楚。经过考古勘探、调查，在一些西汉帝陵附近，还发现了规模宏大的建筑遗址，它们有可能与帝陵、皇后陵的礼制建筑有关。

（一）帝陵、皇后陵寝园遗址的发现与研究

文献记载，西汉时代的帝王陵及皇后陵、王后陵均置“寝园”[44]，有的寝园遗址在近年来的考古工作中已被发现，如汉宣帝杜陵的帝陵、皇后陵寝园遗址、河南永城的梁孝王陵寝园遗址等[45]。寝园是以寝殿为主体建筑，包括便殿的一组建筑群。建筑群周围构筑夯墙。西汉帝陵和皇后陵各自设置寝园。关于寝园在陵区的位置，西汉初年的帝陵寝殿建于陵园之内、陵墓之旁，《后汉书·礼仪志》载：“始皇出寝，起于墓侧，汉因而弗改。”如汉高祖长陵陵园内勘探发现有大面积建筑遗址，这些建筑遗址中可能包括长陵寝园的寝殿、便殿遗址，大多分布在陵园北部，这与秦始皇陵园中的陵寝建筑遗址位置基本相同，后者大多发现于陵园及封土西北部[46]。约从汉文帝霸陵开始，寝殿（或寝园）移到帝陵陵园与皇后陵陵园之外，但仍在包括帝陵陵园与皇后陵陵园的“大陵园”之中。这主要是因为帝陵陵园与皇后陵陵园之中安置了大量陪葬坑，如汉景帝阳陵的帝陵、皇后陵陵园之中的数以几十计的陪葬坑和规模宏大地宫，已经占满陵园，包括寝殿和便殿建筑的寝园不可能再建于陵园之中，而只能建于帝陵、皇后陵陵园之旁。已经进行考古调查、勘探、发掘的汉宣帝帝陵寝园遗址、孝宣王皇后陵寝园遗址和可能为阳陵陵寝建筑的遗址，多分布于帝陵、皇后陵陵园之外的东南部和西南部。

从考古发掘的汉宣帝帝陵与孝宣王皇后陵寝园资料来看，寝园中的寝殿居西、便殿位东。寝殿平面呈长方形。帝陵寝殿南北各置三阶，东西两侧辟门；皇后陵寝殿南面置一阶，北面设两阶，东西两侧辟门。便殿之内有多种使用功能的建筑设施，包括了庭院、居室、收藏主要物品的房屋、小型殿堂等。

1. 帝陵寝园

1983 年对汉宣帝帝陵寝园遗址进行了全面考古勘探、发掘。寝园遗址位于帝陵陵园东南部，其范围东西 174 米、南北 120 米，面积 20880 平方米。寝园四周围筑夯墙，其北墙即帝陵陵园南司马门以东的南墙，寝园东墙与陵园东墙南北相连。寝园南墙外侧有檐廊和卵石散水。寝园有东、西门各一座，南门 3 座（图 5）。

（1）寝殿遗址

寝殿自成一组建筑，形成一座大院落，范围东西 116 米、南北 120 米，东、西、南面各置

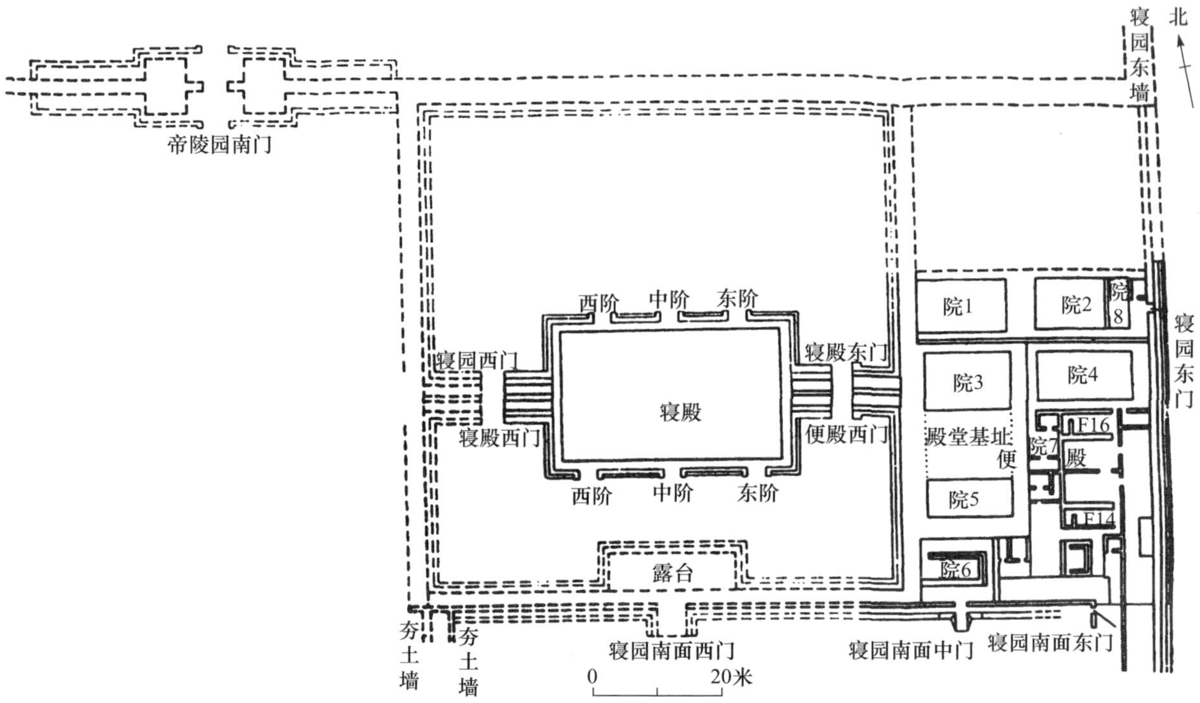

图 5　汉宣帝帝陵寝园平面图

（《汉杜陵陵园遗址》，第 24 页，图一〇）

一门。东、西二门形制、大小基本相同。以东门为例，面阔 12.75 米、进深 11.5 米。门址由门道及其两边的檐廊和散水组成。门道中间置东西向夯土墙，将门道分为南、北二通道。二通道各长 11.1 米、宽 2.95 米。二通道西端各置一门槛。寝殿院落南门即寝园南面西门，面阔 10.8 米、进深 7.2 米，门道宽 6.8 米。

寝殿殿堂位于其院落中部偏南，东西 74.3 米、南北 37.5 米。殿堂台基四壁有壁柱，四周设置回廊，廊外围绕卵石散水。

寝殿殿堂四面辟门，东、西二门对称分布于寝殿东西两边，二者形制、大小基本相同。以西门为例，门址面阔 12.25 米、进深 10.53 米。门址由门道、南北檐廊及其散水组成。南、北各有三座门，可称东阶、中阶和西阶。三阶形制、大小相同。每阶面阔 4 米、进深 1.75 米。

（2）便殿遗址

便殿东、南、北三面围筑夯墙，西面置廊，范围东西 73.5 米、南北 120 米。便殿南、北二墙利用了寝园南、北墙的东段；东墙利用寝园东墙，西与寝殿院落相连。便殿东、西、南三面置门，其东门即寝园东门；西门即寝殿院落东门；南面有二门，即寝园南面中门和东门。

便殿由堂、室和院子三组建筑群组成，殿堂、室两组建筑群并列于院子建筑群南部，其间有夯土墙和廊道相隔。便殿中的建筑物主要是堂和室，堂又是便殿中的主体建筑物。

以殿堂为主的建筑群位于便殿建筑群西部，其范围南北 58.2 米、东西 29.1 米。这组建筑包括殿堂和院子（编号三、五、六号院）、房屋一套两间（编号 F1 和 F2）及一座庭院（编号Ⅲ号庭院）以及西、南门各一座。

室的房屋建筑群位于殿堂基址东南面，范围南北 58.2 米、东西 31.4 米。它们主要包括三套房屋、三座院子和三座庭院。在其中的 3 座房子内，各发现 1 座窖穴，窖穴之内有牛、羊、猪、鳖、水禽等动物的骨头。

院落建筑群分布在便殿北部，包括三座院子（编号一、二、八号院）以及一间房子（F8）和一座庭院（编号Ⅴ号庭院）。其范围东西 53.2 米、南北 12.3 米。

便殿建筑群中有完整的排水系统，院子中有天井，天井低处置地漏，地漏与地下砖砌排水道或五角形排水管道相连。

2. 皇后陵寝园遗址

1984 年考古发掘的孝宣王皇后陵寝园遗址，位于王皇后陵园西南，范围东西 129 米、南北 86 米。寝园北墙利用了王皇后陵园南墙西段（即陵园南门以西），寝园东、西、南面各辟一门。

寝殿遗址范围东西 90 米、南北 86 米。寝殿院落西墙即寝园西墙，南、北二墙利用了寝园南、北二墙的西段；寝殿院落东面为廊。寝殿院落于东、西、南三面置门，西、南二门即寝园的西、南门，东门形制、大小与寝园西门相同，二者对称分布于寝殿院落东、西两边。

寝殿殿堂东西 54 米、南北 35.2 米，中部殿堂台基东西 39.6 米、南北 27.16 米。寝殿四周置廊，廊外置散水。寝殿四面辟门，东、西、南面各一门，北面有二门。东、西门对称分布于寝殿东、西两边，二者大小、形制相近。以东门为例，面阔 13.3 米、进深 7.15 米，门道宽 6.8 米，门道分为南、北二通道。门道两边对称分布着檐廊与散水。寝殿南门位于南面中央，面阔 2.6 米、进深 3.5 米，其与寝园南门相对。寝殿北门有二，东西并列（图 6）。

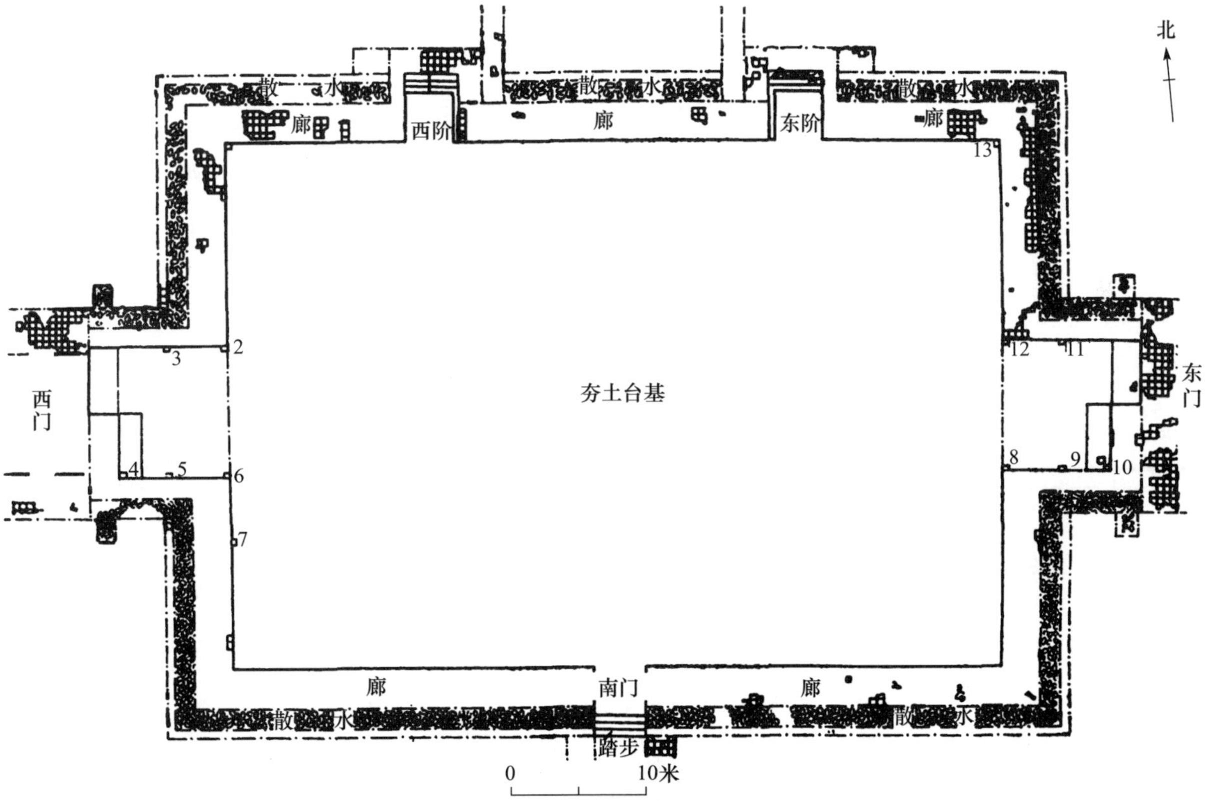

图 6　孝宣王皇后陵寝殿遗址平面图

1～13. 柱洞

（《汉杜陵陵园遗址》，第 68 页，图三二）

便殿遗址范围东西 42 米、南北 72.5 米。便殿院落东墙即寝园东墙，南、北墙即寝园南、北墙的东段；便殿院落与寝殿院落以南北向廊作为分界。便殿院落西门与东门，即寝殿院落与寝园东门。便殿院落之内的建筑均为中、小房屋和小型庭院，以及连接上述建筑的廊道，这些建筑大多分布在寝殿院落东南部。

（二）帝陵陵庙遗址的考古发现与研究

文献记载西汉帝陵陵庙有汉高祖长陵“原庙”、汉景帝阳陵“德阳宫”（即景帝庙）、汉武帝茂陵“龙渊宫”（即武帝庙）、汉昭帝平陵“徘徊庙”、汉宣帝杜陵“乐游庙”、汉元帝渭陵“长寿庙”等[47]，目前西汉帝陵陵庙遗址经过考古调查、试掘或发掘的只有汉宣帝杜陵和汉景帝阳陵的陵庙遗址。

1984年，在汉宣帝帝陵东北400米处，考古勘探发现一处夯土基址，其高出附近地面1～3米，基址范围东西73米、南北70米。通过试掘，在遗址西汉时期地层中出土了不少龙、凤纹空心砖。遗址西侧勘探发现一条南北向汉代道路，其东邻夯土基址，向南通至杜陵陵园东墙和东司马门，再南至杜陵寝园与王皇后陵寝园。根据基址平面形制、规格和出土属于“四神”内容的“青龙”纹、“朱雀”纹空心砖，推测该遗址为宣帝杜陵的陵庙遗址[48]。

在景帝阳陵东南约300米（与阳陵陵园相距130米），有一编号为阳陵第二号建筑遗址（“罗经石”遗址）。该遗址已进行了全面考古发掘[49]。遗址平面方形，边长260米。周施围墙，围墙四面中央各辟一门，四门形制基本相同，门址面阔56米、进深22米。门道两侧各有一口渗水井。围墙之内，四角各有一座曲尺形建筑，其外置卵石散水。围墙之外发现有与之基本平行的壕沟，后者年代早于围墙，该建筑修筑围墙后，原来的壕沟即废弃。壕沟四面中央与门相通处有通道。围墙之内中央为主体建筑，现存一夯台基址，高于周围地面5.3米。基址平面方形，边长53.7米。每面有3个门址，东西南北四门的空心砖纹饰分别为龙纹、虎纹、朱雀纹和玄武纹。主体建筑周施回廊和散水，遗址发现的主体建筑四面的铺地砖、墙壁等，均按照东、西、南、北方位的不同，而分别涂有代表不同方位的青、红、白、黑颜色。二号遗址除了出土大量砖瓦建筑材料之外，还出土了成组的玉璧与玉圭等礼器，其放置为玉璧居中，玉圭围绕玉璧，玉圭上部朝向玉璧。从该建筑遗址的建筑形制、规模及其出土的四神纹瓦当来看，均与汉长安城南郊礼制建筑中的宗庙建筑遗址相近，它应为汉景帝阳陵的陵庙建筑遗址，亦即“德阳庙”遗址[50]（图7）。

（三）帝陵其他礼制建筑遗址考古发现

在西汉帝陵的考古调查、勘探中，还发现了一些重要建筑遗址，它们大多位于帝陵、皇后陵或其陵园附近，对照已经考古究明的汉宣帝帝陵、皇后陵寝园（包括寝殿和便殿）和阳陵陵庙建筑遗址情况，根据这些新发现的建筑遗址位置、形制等，推测它们可能与帝陵礼制建筑有关。这些发现有：汉高祖长陵的帝陵北130米、吕后陵北350米、吕后陵南（陵园南墙以北30米）发现的3处大型建筑遗址[51]。在茂陵帝陵陵园之外西北部、东南部各发现一处大型建筑遗址，前者南北长243米、东西宽154米，后者范围东西550米、南北260米[52]。汉昭帝平陵发现了5处建筑遗址，其中帝陵（西部的陵）陵园之外北部东西并列2处，东者东西190米、南北320米，西者东西100～130米、南北270米，在帝陵陵园之外西南部的建筑遗址

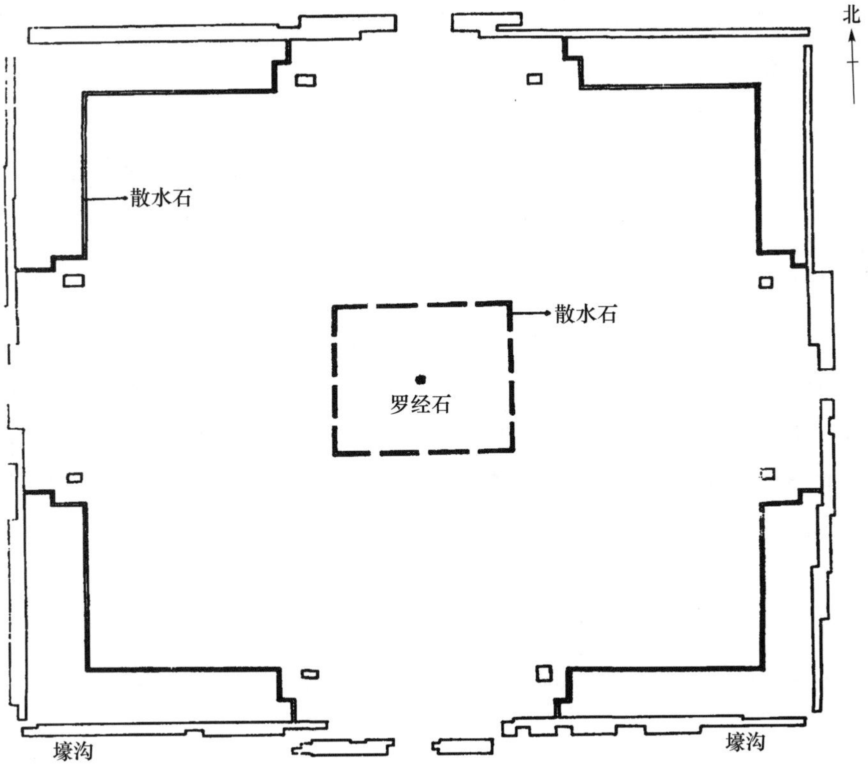

图 7 汉阳陵陵庙遗址平面示意图
（《汉阳陵》，第 18 页，图三三）

东西 110 米、南北 140 米；皇后陵（东部的陵）陵园之外北部东西并列 2 处建筑遗址，东者东西 40 米、南北 90 米，西者东西 210 米、南北 206 米[53]。此外，在汉元帝帝陵陵园北部发现的大型建筑遗址，出土了一些重要的西汉时代玉器，这一遗址被认为是渭陵的重要礼制建筑[54]。

在汉阳陵帝陵西南约 450 米处，考古勘探发现的阳陵第一号建筑遗址，东西 320 米、南北 210 米，建筑群外围壕沟，其内筑院墙，院墙之内为主体建筑。在一号遗址东南部进行了考古试掘，发现了墙基、柱础、庭院等建筑遗迹，出土了大量砖瓦等建筑材料。还有一个重要的发现，就是在一段南北向长数十米的墙基之下，出土了 230 余件塑衣式粉彩绘陶俑和动物俑，彩绘陶俑中有舞女俑、奏乐俑等，这可能是一组伎乐活动的记录，为进一步探讨建筑物的性质提供了重要资料[55]。

四、西汉帝陵及皇后陵陪葬坑的勘探、发掘与研究

西汉时代帝陵与皇后陵一般均置陪葬坑，这一制度源远流长，上溯至商周时期的大型墓葬附近的车马坑、祭祀坑（包括器物祭祀坑、动物祭祀坑及殉兽坑）等，实际上与秦汉时代帝王陵墓的陪葬坑意义基本相同。陪葬坑与“地宫”（即墓室）是西汉帝陵的“地下”主要组成部分：即“外藏”与“正藏”，“外藏”即“外藏椁”，“外藏椁”以“具”为计量单位[56]。

（一）西汉帝陵陵园与“大陵园”之中陪葬坑的考古发现

目前绝大多数西汉帝陵已经发现了数量多少不一的陪葬坑，已经勘探、发掘有陪葬坑的有

汉太上皇陵、景帝阳陵、武帝茂陵、昭帝平陵和宣帝杜陵等，其中以景帝阳陵、武帝茂陵陪葬坑勘探、发掘工作开展的最多。

在汉高祖之前的汉太上皇陵发现的2具陪葬坑，分别位于太上皇陵主墓道——东墓道南、北两边，平面均为长方形，南北向[57]。应属于西汉时代最早的、具有帝陵陪葬坑性质的遗存。

汉景帝阳陵是西汉帝陵之中发现、发掘陪葬坑数量最多的[58]。它们有的在帝陵陵园之内，有的在阳陵陵园（大陵园）之中。

帝陵陵园之中的陪葬坑，目前考古发现86具，其中东西南北四侧分别为21具、20具、19具、21具，陵园东北部5具。帝陵封土东西两侧的陪葬坑均为东西向分布，南北两侧陪葬坑均为南北向分布。陪葬坑与封土距离一般约为10米，各陪葬坑之间距离为2～7米，一般为4米。陪葬坑的长度不一，最长者逾百米，最短者仅有4米；陪葬坑宽3～4米，绝大多数约为3.5米；坑口至坑底深约3米，陪葬坑距今地表深5～11米。坑内主要出土物为骑兵俑、步兵俑等武士俑和羊、狗、猪、鸡、牛、马等动物模型俑，上述大量动物俑可能与当时人们的“三牺”“五牲”“六畜”有关。

帝陵封土东侧陪葬坑在东墓道南侧有11具、北侧有10具，已考古发掘的陪葬坑11具。陪葬坑出土了“宗正之印”银印，“仓印”“甘泉仓印”“大官之印”“内官丞印”“左府之印”“右府”“宦者丞印”“长乐宫车”“永巷丞印”“徒府”“西府”“山府”“东织寝官”铜印和“大官丞印”“导官令印”“东织令印”封泥，这些是研究陪葬坑性质的重要资料。

阳陵陵园（大陵园）之中的帝陵东南500米、孝景王皇后陵西南300米处发现24具陪葬坑，其分布范围东西320米、南北300米。这些陪葬坑均为南北向，平面为长条形或“K”字形。24具陪葬坑东西排列14行，行距20米。每行少者1具陪葬坑，多者6具陪葬坑。陪葬坑长25.3～291米、宽一般4米、最宽者10.5米，深7～8米。陪葬坑均为地下隧道式木框架结构。坑体为竖式，坑道两端部分为斜坡。坑底铺横木板，坑两侧壁下设纵向地栿，上立方柱，柱间镶枋板，顶架枋木。两侧枋上横铺密桁，形成隧道。棚木之上铺席，席上覆土。这里经过发掘和部分清理的有15具陪葬坑，出土了大量彩绘武士俑、各式兵器及武备，连同这些陪葬坑中出土的“车骑将军”“军大右仓”“军武库丞”“军武库兵”“军武库器”“左府”等印章，说明这些陪葬坑性质可能与军事相关。

阳陵陵园（大陵园）西北部、帝陵西北500米发现的陪葬坑群，其陪葬坑数量、形制、排列、占地面积均与上述帝陵东南部的陪葬坑群相同[59]。

已发现的茂陵陪葬坑分布在帝陵陵园之内和帝陵陵园之外的西部、西南部和东北部[60]（图8）。

帝陵陵园之内的陪葬坑已发现63具，分布在帝陵封土四周。其中封土东西南北面分别为13具、17具、14具和19具，陪葬坑一般长14～64米（为陪葬坑在封土外的长度）、宽3～7米。

帝陵陵园之外的陪葬坑共勘探发现115具，可分为西部、西南部和东北部三区。西部陪葬坑区位于帝陵陵园以西200米，已发现22具陪葬坑，均为东西向、南北平行排列，间距9～12米。22具陪葬坑对称分列于帝陵陵园西司马道南北两侧，南北间距108米，其中北侧9具、南侧13具。陪葬坑一般长31～42米（其中最长者91.5米）、宽3米。西南部陪葬坑

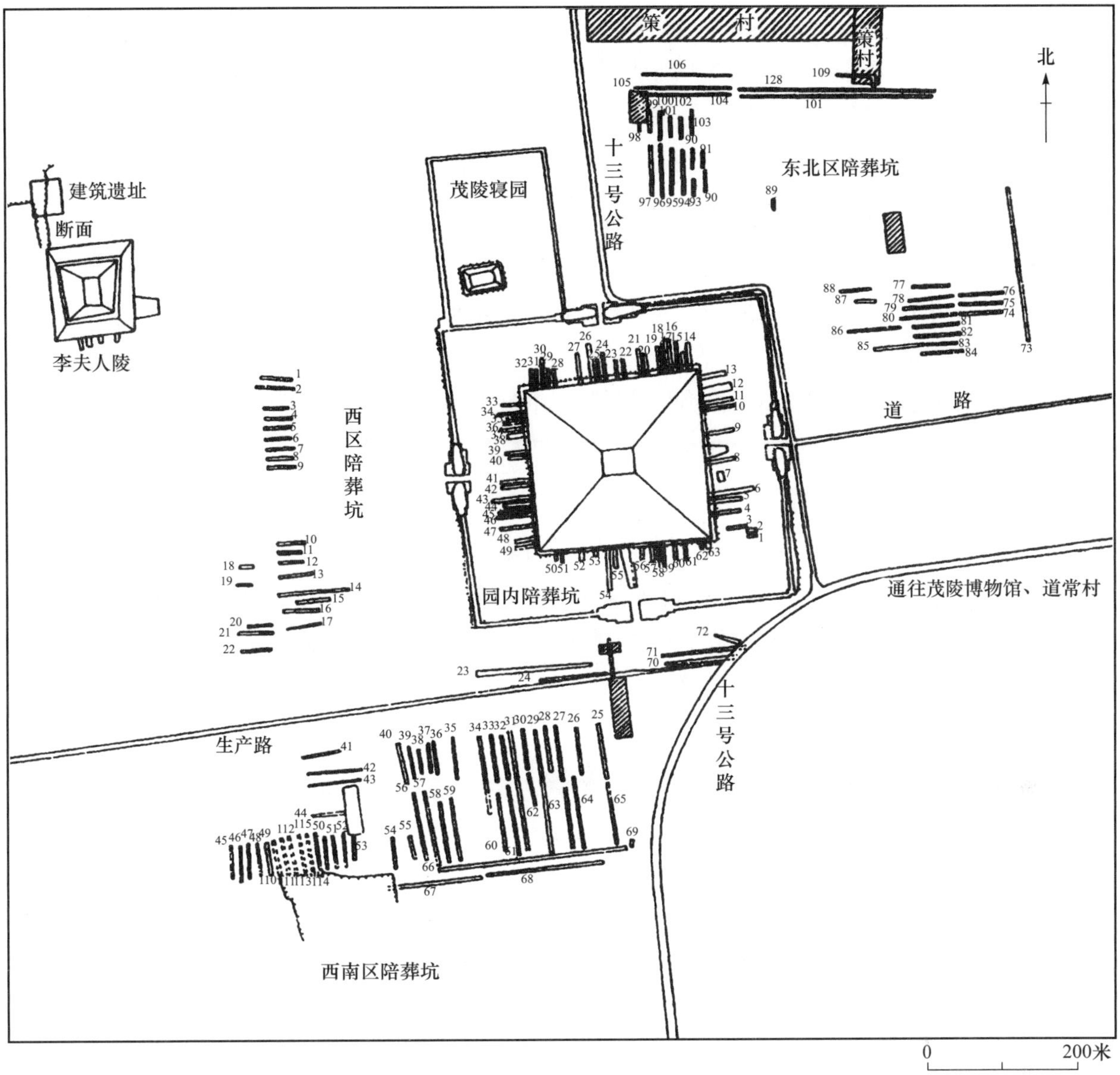

图8　茂陵陪葬坑分布图

（《考古与文物》2007年第6期，第25页，图二）

区主要分布在帝陵陵园南司马道西部，已勘探发现56具陪葬坑，以南北向排列为主，其中最大的陪葬坑长242米、宽2～5.5米。东北部陪葬坑区的陪葬坑分为两组，一组在帝陵陵园东司马道以北，勘探发现16具陪葬坑，均为东西向南北排列；另一组在帝陵陵园北司马道以东，勘探发现21具陪葬坑，一般为南北向、东西排列，该组北部的陪葬坑为东西向、南北排列。

分布在帝陵陵园之中的陪葬坑，均在四条墓道两侧，陪葬坑方向均与墓道方向一致。帝陵陵园之外的陪葬坑，均在帝陵陵园司马道附近，陪葬坑的方向基本与其附近司马道方向一致。上述陪葬坑均以帝陵封土或帝陵陵园为中心分布。

《汉书·贡禹传》记载：武帝死时，“昭帝幼弱，霍光专事，不知礼正，妄多藏金钱财物，鸟兽鱼鳖牛马虎豹生禽，凡百九十物，尽瘗藏之……昭帝宴驾，光复行之”。可见平陵的随葬物品应是非常丰富的。目前已经勘探发现，平陵陪葬坑与景帝阳陵和武帝茂陵陪葬坑一样，分为帝陵陵园之内和帝陵陵园周围陪葬坑，帝陵陵园之内陪葬坑也是围绕封土四周分布，陪葬坑与其附近墓道方向是一致的[61]。帝陵陵园和皇后陵园之外已发现陪葬坑26具，其中帝陵陵园

（西陵园）之外西部和西南部发现5具陪葬坑，一般长5～14米、宽4～7米[62]。

目前汉宣帝杜陵发现陪葬坑5具，其中4具在帝陵陵园之外北部，1具在帝陵陵园之外西南部，除帝陵北一号陪葬坑平面为方形外，其他均为长方形，方向有东西向与南北向两种。其中两座陪葬坑（K1和K4）进行了考古发掘。一号陪葬坑位于帝陵以北520米。坑室为平面近方形的竖穴，其东西12.04米、南北10.4米，坑深约8米。坑室之内分为主室和车室，主室之内又分为中厢和东、南、西、北四个边厢。四号陪葬坑在一号陪葬坑西130米，这是一具附斜坡坑道的长方形竖穴陪葬坑。坑室平面长方形，长8.46～8.7米、宽4.2米，深4.4米。坑内出土"大仓"半通铜印章。

从以上帝陵的陪葬坑可以看出，西汉初期到中晚期帝陵陪葬坑的数量，从少到多，再从多到少，其中以文帝、景帝、武帝、昭帝陵陪葬坑数量最多，规模最大。

通过景帝阳陵和宣帝杜陵的陪葬坑对比可以看出，不同时期帝陵陪葬坑中陪葬品不尽相同，景帝阳陵有较多的武士俑，大量陪葬牲畜陶俑，如羊、豕、犬俑等；宣帝杜陵武士俑甚少，仅有一些或为侍卫一类。景帝阳陵陪葬坑内有不少实用的"粮食"、大量牛、羊、豕、犬、鸡俑等陪葬品发现，在宣帝杜陵的陪葬坑中却已不见这些陪葬品。这反映出西汉时代前期西汉帝陵陪葬坑中，还保留着一些先秦时代以"五牲""太牢"等的丧葬礼仪。

（二）西汉皇后陵陪葬坑勘探、发掘

近年来考古勘探、发掘的皇后陵（或皇太后陵）陪葬坑的有昭灵皇后陵、薄太后陵、孝文窦皇后陵、孝景王皇后陵、孝昭上官皇后陵等。

薄太后南陵位于西安市灞桥区狄寨街道张李村的白鹿原上。南陵陪葬坑在其封土西北200米处，分布在陵园西墙之外。已发掘20座陪葬坑，为西北—东南走向三行排列。陪葬坑为长方形小坑，规模不大，最大的第20号坑，长3.1米、宽1.6米，深4米。陪葬坑形制一般为口大底小的长方形竖穴土圹，圹内以条砖砌筑框栏，或置圆角长方形陶棺，或置薄木椁。陪葬物有犀牛、熊猫、马、羊、狗、猫等动物[63]，还有陶俑、陶罐等。值得注意的是，在陪葬坑的砌筑框栏的条砖之上有"东园"陶文。

在孝文窦皇后陵以西1000米发现一组陪葬坑[64]，在4620平方米的范围内，共发掘47具陪葬坑。陪葬坑东西并列8排，每排少则1具，多达11具。陪葬坑的方向一般为南北向。坑平面为长方形，坑的规模不一，小坑一般长1.46米、宽0.98米，深1米；大坑长2.56米、宽1.56米，深3.33米。陪葬坑出土有彩绘陶俑、陶罐和马、羊、猪、狗、鹅、鹤及谷物等。

孝景王皇后陵陪葬坑分布于皇后陵陵园之内的封土四周，已发现28具陪葬坑，封土四周陪葬坑与四面墓道方向一致。封土东西侧陪葬坑各7具，南北侧陪葬坑分别为6具与8具。

孝昭上官皇后陵（东部的陵）陪葬坑发现21具，分布在皇后陵园南部和西南部，范围东西450米、南北300～400米。陪葬坑平面为长条形，一般长10～40米、宽4～7米。皇后陵园之外西南部3具陪葬坑进行了考古发掘，其中一具陪葬坑平面为东西向长条形，长105米，局部发掘已发现部分漆器和60匹朱漆木马，此外还发现了一些戈、镞、剑、弩机等铜、铁兵器。发掘者认为这是代表护卫皇帝的骑兵军阵。另外两具陪葬坑均为南北向长条形，一具长

59.2米、宽2.3米，深3米，陪葬坑内东西两边对称各开凿27个洞室，洞室形制、大小基本相同，平面均为长方形，顶呈拱形。洞室进深2.8米、面阔0.8米，高0.9米。每个洞室之中放置一个大型哺乳动物，经鉴定有骆驼33个、牛11头、马10匹。这批骆驼是内地发现时代最早的骆驼，它们可能是西域诸国进贡给西汉朝廷的贡品，饲养于上林苑中。另一具陪葬坑平面长方形，长15米、宽3.9米、深2.44米，已清理5乘木车，其中有四个骆驼驾一车或四羊驾一车的[65]。

五、西汉帝陵陪葬墓及其陪葬坑的勘探、发掘与研究

西汉帝陵一般都有陪葬墓，这是在商周以来君王的臣妾、亲信为其殉葬或陪葬的基础上发展而来的。安阳殷墟武官村大墓的北墓道二层台东西两侧，葬41人，其中东侧17人，多为男性，西侧24人，多为女性。这些死者均为全躯，有的有棺，并随葬有鼎、觚、爵、簋、卣、刀、戈、镞等青铜礼器和兵器，还有佩饰的玉器。从死者埋葬的情况分析，他们应为墓主人生前的亲信、侍从或姬妾[66]。《唐大诏令集》卷六十三记载：“诸侯列葬，周文创陈其礼。”如太公望封于山东营丘，但其死后就陪葬在文王陵附近。春秋时期，君王陪葬制度进一步发展。《史记·秦本纪》记载：秦穆公死后葬于雍，“从死者百七十七人，秦之良臣子舆氏三人名曰奄息、仲行、缄虎，亦在从死之中”。

西汉帝陵的陪葬墓多、规模大，皇帝为陪葬者在帝陵陵区另辟茔地，墓上筑高大封土，冢旁或建有礼制建筑，这些不同于先秦时代王陵的殉葬或陪葬者。

（一）高祖长陵陪葬墓及其陪葬坑的发掘

长陵陪葬墓在陵区以东，目前保存封土的陪葬墓有63座，它们大多成组分布，各组中的陪葬墓又南北或东西并列成对，成对的陪葬墓多为“同茔不同穴”的夫妻合葬墓。陪葬墓的封土形制有覆斗形、圆丘形和“山形”。根据文献记载，长陵陪葬墓墓主人大多是当时朝廷的达官显贵、豪门巨富。在这些陪葬墓附近有的还发现了规模宏大的陪葬坑。属于长陵陪葬墓的杨家湾汉墓，是西汉帝陵之中目前唯一经过全面考古发掘的陪葬墓。

杨家湾汉墓包括南北排列的两座墓，编号为四号墓和五号墓。

四号墓由封土、墓道（包括墓门、中庭）、墓室（后堂）三部分组成。墓道平面呈曲尺形，宽6～23米、全长约100米。墓室周围和棺椁上下均有积炭，外椁用大量枋木重叠而成方形椁室。棺椁结构可能为有“黄肠题凑”一类墓葬。就整个墓葬结构而言，颇似一座由过道（南墓道）、中庭（西墓道）、后室（墓室）并有三个楼层组成的大型第宅建筑。

五号墓在四号墓北26米，墓上有覆斗形封土。墓坑平面为曲尺形，总长82米。墓室葬具为一棺一椁。椁与棺两侧，形成南、北厢。北厢置玉器、鸭蛋壶等。南厢置钟、磬之类。墓室内出土遗物还有玉衣片、玉璜、玉璧等。

四号墓发现陪葬坑七具，其中放置有用具、鸭形壶（盛有稻谷）、陶仓（盛有谷子、黄米、小麦、豆类等粮食）、日用陶器、祭祀坑（有两辆彩绘漆车、漆箱、漆盒、漆盘及马、

牛、羊、猪、狗骨骼等）、车马等。在四号墓南 70 米，有陪葬坑 11 具，出土了骑兵俑 583 件，各种人俑 1965 件，盾牌模型 410 件，鎏金车马饰件 1110 多件。陶俑为五列四行排列，前三列六坑为骑兵俑，后二列四坑为人俑。这批陶俑数量之多，配套之全，步伍之整齐是汉代考古的重要发现[67]。

（二）惠帝安陵陪葬墓之陪葬坑的清理[68]

在汉惠帝安陵东北部，安陵陪葬墓区北，编号第 11 号陪葬墓的墓室上口一周，有一平面方形的陪葬沟，沟南北 19 米、东西 21 米、沟内宽 0.54 米，沟两壁砌砖，顶置棚木。已清理南沟 9 米长，沟内陶俑六行，陶武士俑、陶羊、陶牛、陶猪等分行排列，陶羊居中，陶猪、陶牛分列在东西两侧。这种陶羊、陶牛和陶豕的陪葬组合，可能是“太牢”礼仪。

（三）景帝阳陵陪葬墓的勘探、发掘与研究[69]

阳陵陪葬墓主要有两处，它们分布在陵区的北部与东部，其中以后者更为重要。北部陪葬墓区在帝陵以北 600 米，主要有两座大型陪葬墓，两墓均为东西向中字形大墓，其封土各自有外围湟壕，湟壕平面为方形，边长 170 米，形成各自的墓园，其中又各有 12 座陪葬坑。

东部陪葬墓区在帝陵陵园东司马门百米以外，东西排列在东司马门道南北两侧。东司马道东西长约 3500 米、南北宽约 110 米。陪葬墓区位于帝陵以东 1100 米处，东至高陵县马家湾乡米家崖村。其范围东西长 2350 米、南北宽 1500 米，面积约 3.5 平方千米。考古勘探已经究明，东部陪葬墓区东、西各有一条南北向壕沟，作为其东西界限。已探明西边壕沟南北长 440 米、东西宽约 8 米，深 6.2 米；东边壕沟南北长 570 米、东西宽约 40 米，深约 10 米。帝陵陵园东司马道东西横贯其间，西至帝陵陵园东司马门，东至阳陵邑。在这一范围之内，东司马道南北两侧勘探发现排列有序的汉代墓园 200 余座，墓园平面多为方形，少数为长方形。墓园之间以壕沟分隔，已勘探发现东西向壕沟 22 条，南北向壕沟百余条。墓园分布东西成排、南北成行，陪葬墓区平面形成棋盘格状。墓园之内有数量不等的陪葬墓和陪葬坑。东部陪葬墓区的各墓园之中勘探发现墓葬约有万余座，已经考古发掘 2000 余座，出土文物逾万件。

根据东部陪葬墓区的墓园布局、墓葬形制及墓葬出土遗物分析，这里的墓园时代不尽相同，可分为早、中、晚三个时期。

早期墓园有 30 座，位于司马道的南北两侧，各有 2 排，总面积 263831 平方米。靠近司马道的一侧多无壕沟，共发掘汉墓 60 座，以竖穴土洞墓、斜坡墓道土洞墓为主。墓园平面多为长方形，大者面积 51875 平方米，小者面积 420 平方米，多数墓园面积约 4200～13000 平方米。有的墓园之中还有建筑遗址，它们可能与墓园的祭祀活动有关。每个墓园之内有 1～5 座墓，其中的主墓均为甲字形，墓葬旁边一般有陪葬坑。东司马道的南北两侧墓园中的主墓墓道均朝向司马道。墓园之间发现东西向壕沟 8 条，壕沟一般宽 6～8 米，最宽 30 米，深一般为 12.5 米，最深约 16 米。早期墓园的特点是距离司马道近，墓园规模大，壕沟宽而深，墓圹较大，排列有序，墓主级别较高。

中期墓园位于早期墓园的南北两侧，与早期墓园约有 10 米间隔。墓园平面多方形，边长

50～70米。墓园门道宽5～25米，多朝北辟门。个别墓园之中发现建筑遗址。这一时期墓园壕沟宽约2.8～7.6米，大多宽为2～4米，深约3.2～6米。各墓园中的墓葬以小型和中型墓葬居多。墓园中的墓葬数量多少不一，多者百余座，少者十几座。中期墓园时代约在西汉中晚期。

晚期墓园位于中期墓园南北两侧，与中期墓园有10米的间隔距离。墓园平面有方形和长方形，各个墓园大小不等，多数墓园边长在50～70米，门道宽约3米，门的朝向不一。墓园之间的壕沟宽约1.8～4米，深2.8～3.2米。这一时期的墓园之中的墓葬数量较多，方向不一，排列无规律。晚期墓园的年代从西汉晚期到东汉中期。

从以上早、中、晚三个时期的墓园来看，早期墓园中的主墓应为阳陵陪葬墓，中期墓园和晚期墓园，则应为与陪葬墓墓主人有血缘关系的家族墓地[70]。

（四）武帝茂陵陪葬墓及其陪葬坑的勘探、发掘与研究[71]

茂陵陪葬墓有19座，主要分布于帝陵陵园东部，其中以陵园东司马道两侧最多，尤其是司马道南侧更多。司马道南部有12座陪葬墓，基本为东西向排列，各陪葬墓墓道以南向为主；司马道北部有7座陪葬墓，墓道以北向为多，卫青、霍去病的墓葬均在这里。在卫青墓东北部、霍去病墓西部各发现1具陪葬坑。显然，茂陵陪葬墓是以帝陵陵园东司马道为轴线，陪葬墓分列其南北两侧、东西排列。在陵园东司马道南侧的一座陪葬墓周围勘探发现了38具陪葬坑，其中清理的一个陪葬坑出土了230件器物，出土有大量实用的铜器、铁器、漆器、铅器等，还有鎏金铜马和鎏银竹节熏炉等。

（五）昭帝平陵陪葬墓的勘探

平陵陪葬墓主要分布于陵区东部和北部，已发现9座陪葬墓，一般墓道长20～60米，墓道多为东向。此外在平陵西部与南部还有一些属于平陵的陪葬墓[72]。

（六）宣帝杜陵陪葬墓的勘探

根据考古调查，现在保存封土的汉宣帝帝陵陪葬墓有62座，已被平掉封土的陪葬墓45座，这些陪葬墓主要分布在杜陵东南部与东北部，其中以东南部陪葬墓最为重要（图9）。

东南部陪葬墓中，现存封土者24座，目前已无封土者29座，杜陵陪葬墓中的大型陪葬墓多在这里。陪葬墓分布范围东西1200米、南北700米。东北部陪葬墓中，现存封土者38座，目前已无封土者16座。陪葬墓分布范围东西1100米、南北2100米。陪葬墓或几座聚集一起，或数座排列成行，许多陪葬墓结对排列，他们大多应为夫妻合葬墓，其中东西并列的陪葬墓多于南北排列陪葬墓。属于东西并列陪葬墓的茔域和封土规模，一般大于南北并列陪葬墓。东西并列陪葬墓较南北并列陪葬墓距离帝陵、皇后陵较近。距离帝陵、皇后陵越近的陪葬墓规模越大，反之陪葬墓规模越小。成对的陪葬墓中，东西并列者，西边的墓大于东边的墓；南北排列者，南边的墓大于北边的墓[73]。

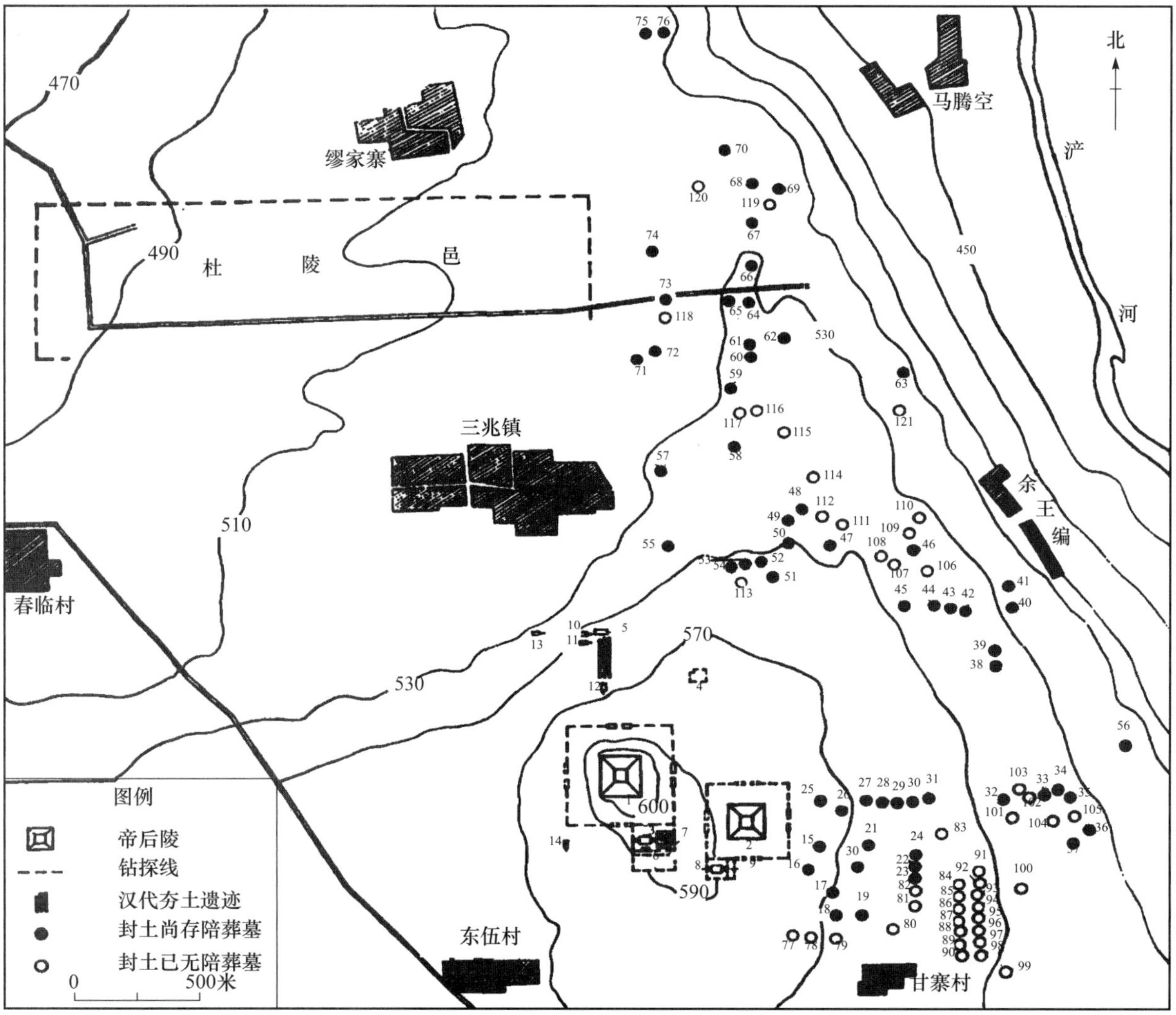

图 9　汉杜陵陵区遗迹分布示意图

1. 宣帝杜陵　2. 王皇后陵　3. 杜陵寝殿遗址（一号遗址）　4. 杜陵陵庙遗址（八号遗址）　5. 杜陵九号遗址　6. 杜陵寝殿南面遗址（十号遗址）　7. 杜陵便殿遗址（五号遗址）　8. 王皇后陵寝殿遗址（六号遗址）　9. 王皇后陵便殿遗址（七号遗址）　10. 杜陵一号陪葬坑　11. 杜陵二号陪葬坑　12. 杜陵三号陪葬坑　13. 杜陵四号陪葬坑　14. 杜陵五号陪葬坑　15～76. 封土尚存陪葬墓　77～121. 封土已无陪葬墓

（《汉杜陵陵园遗址》，第 5 页，图二）

（七）其他西汉帝陵陪葬墓的发现

在汉元帝帝陵东北 800 米有 18 座、帝陵南 500 米有 5 座保存封土的陪葬墓，它们应属于渭陵陪葬墓。汉成帝帝陵以东 1500 米，有 7 座可能属于延陵的陪葬墓。汉哀帝义陵陪葬墓分布在帝陵附近，已发现 15 座陪葬墓，其中帝陵东北部 3 座、南部 5 座、西部 4 座，此外帝陵东部、北部和西南部各 1 座[74]。

西汉帝陵陪葬墓分布有一定规律，从目前保留封土的陪葬墓来看，它们大多分布在帝陵以东，也有的在帝陵以北。分布在帝陵以东的陪葬墓，位于东司马道南北两侧，以南侧的陪葬墓数量较多。陵区中陪葬墓的这种布局，可能反映其仿照都城长安之中的宫城与达官显贵宅第方位关系。

从西汉帝陵陪葬墓分布位置可以发现，距离帝陵、皇后陵越近的陪葬墓，其封土规模越大，结合相应文献记载其墓主人地位越高，这在长陵、安陵、阳陵、茂陵和杜陵的陪葬墓中都可以明显看出。西汉帝陵陪葬墓分布位置，承袭了先秦时代的有关制度，《周礼》卷二十二载："凡诸侯居左右以前，卿、大夫、士居后，各以其族"，"凡有功者居前"[75]。

六、西汉帝陵陵邑考古发现与研究

"园邑之兴，始自疆秦。"[76]西汉自汉高祖长陵至汉宣帝杜陵，帝陵均置陵邑。现已基本究明的帝陵陵邑有汉高祖长陵邑、汉惠帝安陵邑、汉景帝阳陵邑、汉武帝茂陵邑、汉昭帝平陵邑、汉宣帝杜陵邑。

汉高祖长陵陵邑在长陵陵园以北，陵园北墙是陵邑南墙的一部分。长陵邑东西 2200 米、南北 1245 米，陵邑面积 2.739 平方千米。长陵邑未发现东墙，在西汉帝陵诸陵邑中是很特别的（图 10）。

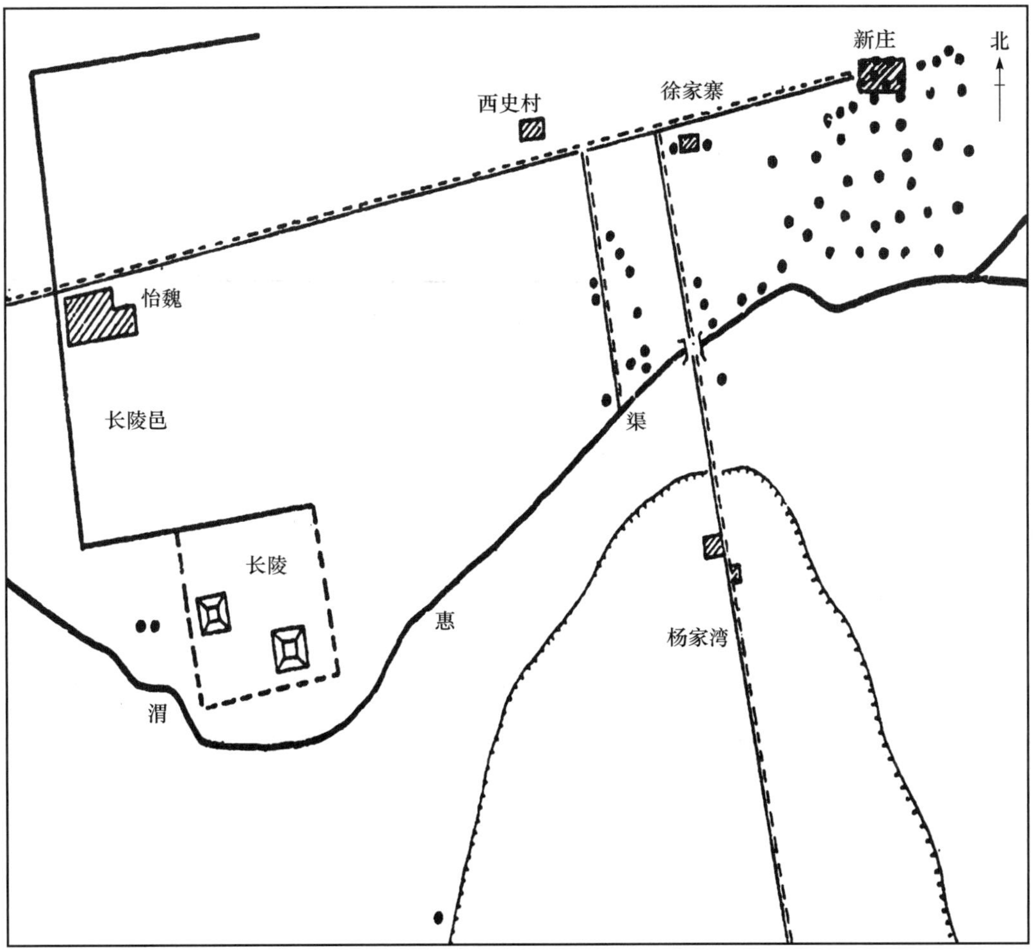

图 10　汉长陵陵区遗迹分布示意图
（《西汉十一陵》，第 10 页，图 2）

汉惠帝安陵陵邑在帝陵封土以北 600 米，帝陵陵园北墙即陵邑南墙中间部分。陵邑平面为倒置"凸"字形，北墙东西长 1586 米，东墙北段南北长 500 米、南段南北长 235 米，南墙东西长 940 米，陵邑面积 1.139 平方千米。城墙宽约 6～10 米。陵邑北墙之外 1 米发现城壕遗址，壕沟宽 5 米，深 2 米。在陵邑北墙与东墙北段中部分别发现门址一处[77]（图 11）。

阳陵邑在阳陵陵区东端，陵邑范围东西 4500 米、南北 1000 米，面积 4.5 平方千米。阳陵

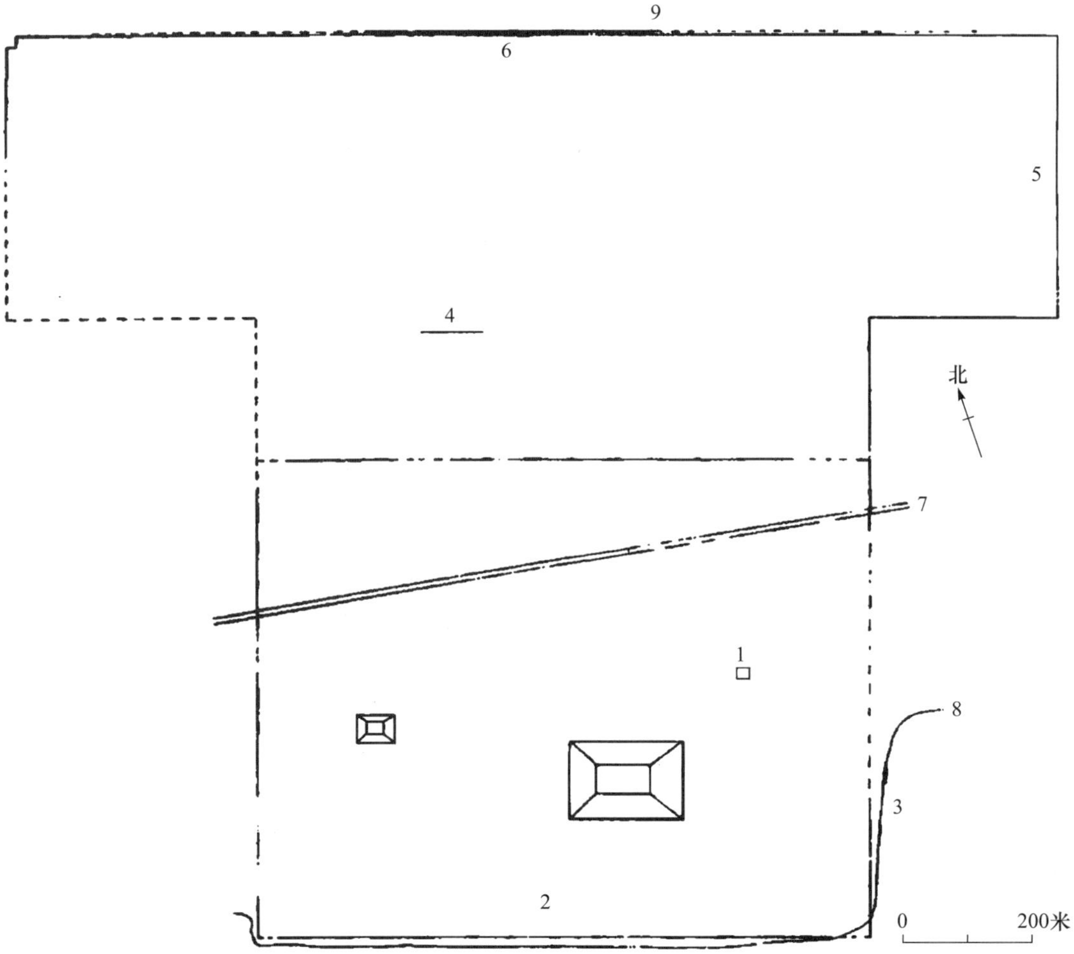

图 11　汉安陵陵区遗迹分布示意图

1、2. 陪葬坑　3. 建筑遗址　4. 陵邑内建筑遗迹　5. 陵邑东门遗址　6. 陵邑北门遗址　7. 五陵塬旅游路　8. 高干渠　9. 陵邑北墙外壕沟

（《考古与文物》2002 年第 4 期，第 4 页，图一）

邑周筑城墙，其外置城壕。陵邑之中有东西向道路 11 条、南北向道路 31 条。陵邑内东西向的干道宽 62 米，将陵邑分为南北两部分，北部为官署区，南部为居民区。不同方向的道路相交形成了 200 余个方形或长方形空间，它们可能是陵邑中的“里”。阳陵邑遗址出土了“阳陵令印”封泥、“阳陵泾乡”文字瓦当等遗物，它们佐证了阳陵邑的地望[78]。

最近考古勘探发现，茂陵邑位于茂陵东北部。在茂陵的帝陵封土以东 1100 米，有一平面“曲尺形”空间，周置沟渠，渠宽 3～8 米、深 4 米。“曲尺形”空间沟渠北边东西长 3150 米、东边南北长 2450 米（引者注：应为 2460 米）、南边东西长 1830 米；西部“曲尺”部分沟渠东边南北长 1650 米、西边南北长 810 米、南边东西长 1300 米（引者注：应为 1320 米）。茂陵邑面积约 5.5395 平方千米。发现者认为这就是文献记载的茂陵邑。茂陵邑南边在帝陵陵园东司马道北侧，茂陵邑南部与东司马道南侧的茂陵陪葬墓相对。茂陵邑西边的南部与茂陵陪葬墓——霍去病墓、卫青墓等相邻[79]（图 12）。

汉昭帝平陵陵邑在平陵东北部，陵邑四面筑墙，墙宽 4～10 米，陵邑范围东西 2400 米、南北 3100 米，平陵邑面积 7.44 平方千米[80]。

汉宣帝杜陵陵邑在杜陵西北部，陵邑周筑城墙，东西长 2250 米、南北宽约 500 米，陵邑面积 1.125 平方千米。

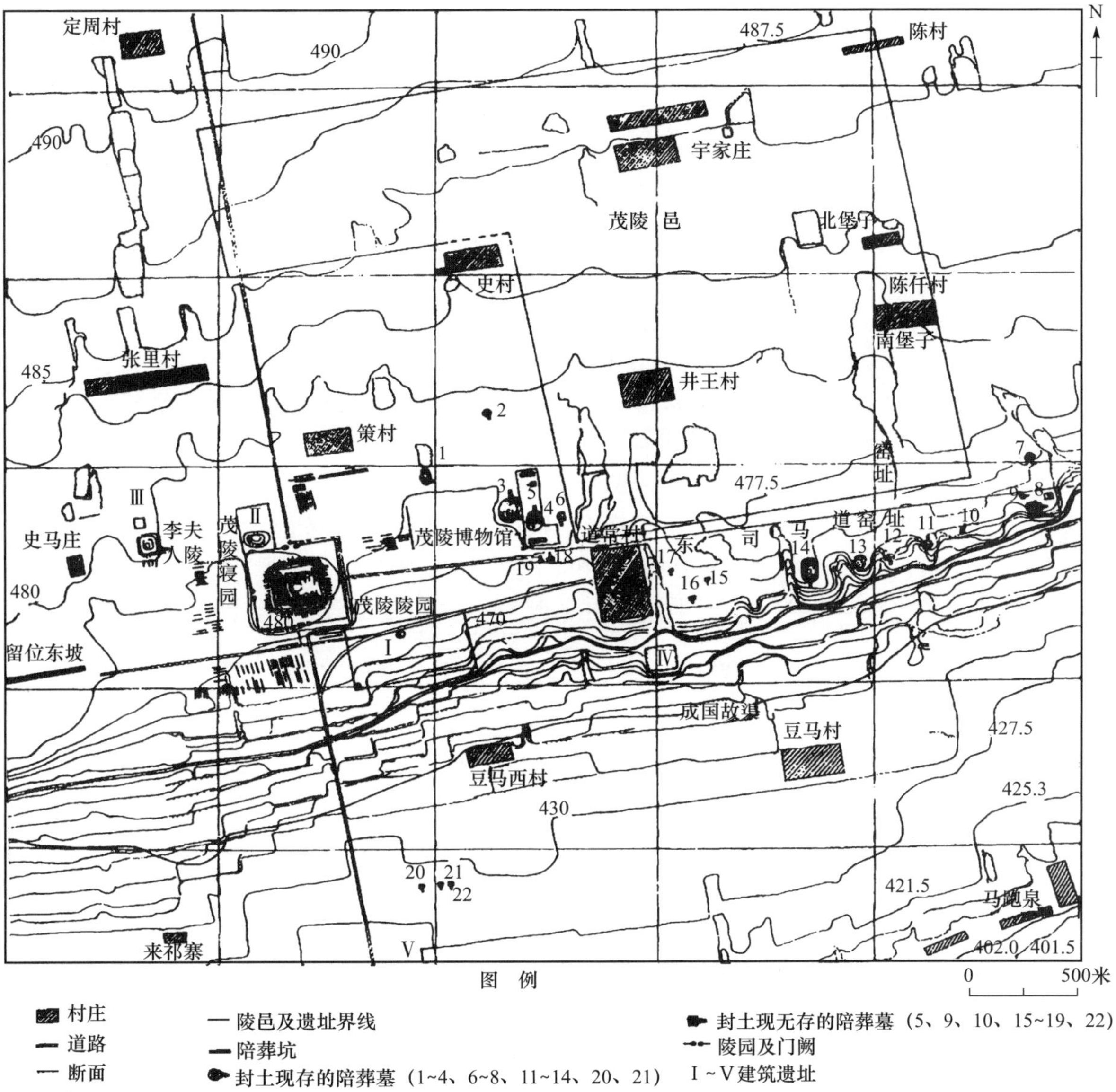

图 12　汉茂陵陵区遗迹分布示意图

（《考古与文物》2007 年第 6 期，第 24 页，图一）

西汉初年的长陵邑、安陵邑和西汉中晚期的平陵邑、杜陵邑均位于各自帝陵陵园（大陵园）的北部，阳陵邑、茂陵邑位于各自帝陵陵园（大陵园）的东部。西汉帝陵陵邑的分布位置，集中体现出西汉帝陵是以都城长安为“蓝图”进行规划的理念。西汉的帝陵陵邑，一是为了供奉陵园；二是迁徙关东大族、达官巨富，消弱地方势力，强化中央集权统治；三是由于西汉时代皇帝“予作寿陵”，通过“随帝徙陵”，突出当政皇帝的权威。基于上述原因，当时对于“徙陵”者的政治、财产有着很高的严格要求，能够迁徙到陵邑之中的人多为达官显贵。西汉时代汉长安城中，以“北第”“东第”为官僚贵族居住区，“北第”在未央宫北部；“东第”在都城东部[81]。“徙陵”的达官显贵住地的陵邑，安排在帝陵北部与东部，正是仿照都城“北第”“东第”的布局方位。

注　释

[1] 咸阳地区文物管理委员会：《咸阳地区历史文物概况》，陕西人民出版社，1974 年，第 27～42 页。

[2] 陕西省文物管理委员会、咸阳市博物馆:《陕西省咸阳市杨家湾出土大批西汉彩绘陶俑》,《文物》1966年第3期;王学理、吴镇烽:《西安任家坡汉陵从葬坑的发掘》,《考古》1976年第2期;茂陵保管所、陕西省博物馆:《汉茂陵及其陪葬冢附近新发现的重要文物》,《文物》1976年第7期;陕西省文管会等:《咸阳杨家湾汉墓发掘简报》,《文物》1977年第10期;秦中行:《汉阳陵附近刑徒墓的发现》,《文物》1972年第7期。
[3] 杜葆仁:《西汉诸陵位置考》,《考古与文物》1980年第1期;刘庆柱、李毓芳:《西汉诸陵调查与研究》,《文物资料丛刊(6)》,文物出版社,1982年;中国社会科学院考古研究所杜陵工作队:《1982～1983年西汉杜陵的考古工作收获》,《考古》1984年第10期;刘庆柱、李毓芳:《西汉十一陵》,陕西人民出版社,1987年;中国社会科学院考古研究所杜陵工作队:《1984～1985年西汉宣帝杜陵的考古工作收获》,《考古》1991年第12期;中国社会科学院考古研究所:《汉杜陵陵园遗址》,科学出版社,1993年。
[4] 陕西省考古研究所汉陵考古队:《汉景帝阳陵南区从葬坑发掘第一号简报》,《文物》1992年第4期;陕西省考古研究所汉陵考古队:《汉景帝阳陵南区从葬坑发掘第二号简报》,《文物》1994年第6期;陕西省考古研究所阳陵考古队:《汉景帝阳陵考古新发现(1996年～1998年)》,《文博》1999年第6期;陕西省考古研究所:《汉阳陵》,重庆出版社,2001年;焦南峰:《试论西汉帝陵的建设理念》,《考古》2007年第11期。
[5] 陕西省考古研究所:《西汉安陵调查简报》,《考古与文物》2002年第4期;汉平陵考古队等:《巨形动物陪葬少年天子——初探汉平陵陪葬坑》,《文物天地》2002年第1期;咸阳市文物考古研究所:《西汉昭帝平陵钻探调查简报》,《考古与文物》2007年第5期;咸阳市文物考古研究所:《汉武帝茂陵钻探调查简报》,《考古与文物》2007年第6期。
[6] 河北文物研究所:《䀠墓——战国中山国国王之墓》,文物出版社,1995年。
[7] 刘庆柱、李毓芳:《西汉十一陵》,陕西人民出版社,1987年。
[8] 毕沅:《关中胜迹图志》;《咸阳县志》。
[9] 王建新:《西汉后四陵名位考察》,《古代文明》(第2卷),文物出版社,2003年。
[10]《汉书·韦贤传》,第3118页。
[11] 这一观点的代表性文章有:时瑞宝:《西汉帝陵与昭穆之序》,《中原文物》1987年第1期;雷依群:《论西汉帝陵制度的几个问题》,《考古与文物》1998年第6期;焦南峰、马永赢:《西汉帝陵无昭穆制度论》,《文博》1999年第5期;黄展岳:《西汉陵墓研究中的两个问题》,《文物》2005年第4期;赵化成:《从商周"集中公墓制"到秦汉"独立陵园制"的演化轨迹》,《文物》2006年第7期。
[12] 叶文宪:《西汉帝陵的朝向分布及其相关问题》,《文博》1988年第4期。
[13] 中国社会科学院考古研究所:《殷墟的发现与研究》,科学出版社,1994年。
[14]《礼记·中庸》卷五十二,《十三经注疏》(下册),中华书局,1982年,第1629页。
[15]《吕氏春秋·安死》所载:"设阙庭,为宫室,造宾阼也若都邑。"
[16]《礼记·礼器》卷二十三,《十三经注疏》(下册),中华书局,1982年,第1433页。
[17]《礼记·檀弓》卷八:"昔者夫子言之曰:吾见封之若堂者矣,见若坊者矣。"郑玄注:"坊形旁杀平上方而长。"《十三经注疏》(上册),中华书局,1982年,第1292页。
[18] 陕西省考古研究所:《西汉长陵、阳陵GPS测量简报》,《考古与文物》2006年第6期。
[19]《礼记·檀弓》卷八:"昔者夫子言之曰:吾见封之若堂者矣。"郑玄注:"封筑土为垄堂形四方而高。"《十三经注疏》(上册),中华书局,1982年,第1292页。
[20]《礼记·中庸》卷五十二,《十三经注疏》(下册),中华书局,1982年,第1629页。
[21] 咸阳市文物考古研究所:《汉武帝茂陵钻探调查简报》,《考古与文物》2007年第6期。
[22] 刘庆柱、李毓芳:《西汉十一陵》,陕西人民出版社,1987年。
[23] 以上关于西汉帝陵封土的数据,除已注明出处者外,均引自刘庆柱、李毓芳:《西汉十一陵》,陕西人民出版社,1987年。
[24] 中国社会科学院考古研究所栎阳发掘队:《秦汉栎阳城遗址的勘探和试掘》,《考古学报》1985年第3期。
[25] 咸阳市文物考古研究所:《西汉昭帝平陵钻探调查简报》,《考古与文物》2007年第5期。
[26] 中国社会科学院考古研究所:《汉杜陵陵园遗址》,科学出版社,1993年。

[27] 河北文物研究所：《𠑱墓——战国中山国国王之墓》，文物出版社，1995年。
[28] 中国科学院考古研究所：《辉县发掘报告》，科学出版社，1956年。
[29] 河北省文物管理处、邯郸市文物保管所：《赵都邯郸故城调查报告》，《考古学集刊（4）》，中国社会科学出版社，1984年。
[30] 韩伟、焦南锋：《秦都雍城考古发掘研究综述》，《考古与文物》1988年第5、6合期。
[31] 陕西省考古研究所、临潼县文管会：《秦东陵第一号陵园勘察记》，《考古与文物》1989年第5期。
[32]《汉书·五行志（上）》卷二十七（上）："永始四年六月甲午，孝文霸陵园东阙南方灾。"
[33] 刘庆柱、李毓芳：《西汉十一陵》，陕西人民出版社，1987年，第174、175页。
[34] 焦南峰：《试论西汉帝陵的建设理念》，《考古》2007年第11期。
[35] 秦中行：《汉阳陵附近钳徒墓的发现》，《考古》1976年第12期。
[36]《汉书·王莽传（下）》卷九十九（下）："王莽遣使坏渭陵、延陵园门罘罳，曰：'毋使民复思也。'"
[37]《汉书·五行志（上）》卷二十七（上）：杜陵"小于朝廷，阙在司马门中"；《汉书·五行志（上）》卷二十七（上）："永始四年六月甲午，孝文霸陵园东阙南方灾。"
[38] 刘庆柱、李毓芳：《关于西汉帝陵形制诸问题的探讨》，《考古与文物》1985年第5期；刘庆柱、李毓芳：《汉宣帝杜陵陵寝建筑制度研究》，《中国考古学论丛》，科学出版社，1993年。
[39]《礼记正义·礼器》："有以高为贵者……天子诸侯台门。"孔颖达："两边筑闍为基，基上起屋，曰台门。"《十三经注疏》，中华书局，1980年。
[40] 刘庆柱、李毓芳：《关于西汉帝陵形制诸问题探讨》，《考古与文物》1985年第5期。
[41] 中国社会科学院考古研究所：《汉杜陵陵园遗址》，科学出版社，1993年。
[42] 刘庆柱、李毓芳：《关于西汉帝陵形制诸问题探讨》，《考古与文物》1985年第5期。
[43] 焦南锋：《西汉帝陵考古发掘研究的历史及收获》，《西部考古》（第一辑），三秦出版社，2006年，第289～303页。
[44]《汉书·韦玄成传》卷七十三："昭灵后、武哀王、昭哀后、孝文太后、孝昭太后、卫思后、戾太子、戾后各有寝园，与诸帝合，凡三十所。"
[45] 中国社会科学院考古研究所：《汉杜陵陵园遗址》，科学出版社，1993年；河南省文物研究所：《永城西汉梁国王陵与寝园》，中州古籍出版社，1996年。
[46] 陕西省考古研究所、秦始皇兵马俑博物馆：《秦始皇帝陵园考古报告（1999）》，科学出版社，2000年。
[47]《汉书·文帝纪》卷四，如淳注："景帝庙号德阳，武帝庙号龙渊，昭帝庙号徘徊，宣帝庙号乐游，元帝庙号长寿，成帝庙号阳池。"《三辅黄图校注》，三秦出版社，2006年，第359～368页。
[48] 中国社会科学院考古研究所：《汉杜陵陵园遗址》，科学出版社，1993年。
[49] 汉阳陵博物苑：《汉阳陵博物苑》，文物出版社，2006年，第56页；陕西省考古研究所：《汉阳陵》，重庆出版社，2001年，第4、5页。
[50]《汉书·景帝纪》卷五载："四年春三月，起德阳宫。"臣瓒曰："是景帝庙也。帝自作之，讳不言庙，故言宫。《西京故事》云：景帝庙为德阳。"
[51] 刘庆柱、李毓芳：《西汉十一陵》，陕西人民出版社，1987年。
[52] 咸阳市文物考古研究所：《汉武帝茂陵钻探调查简报》，《考古与文物》2007年第6期。
[53] 咸阳市文物考古研究所：《西汉昭帝平陵钻探调查简报》，《考古与文物》2007年第5期。
[54] 刘庆柱、李毓芳：《西汉十一陵》，陕西人民出版社，1987年。
[55] 汉阳陵考古陈列馆：《汉阳陵考古陈列馆》，文物出版社，2004年，第76页。
[56]《汉书·霍光传》卷六十八载：霍光去世，皇帝"赐金钱、缯絮，绣被百领，衣五十箧，璧珠玑玉衣，梓宫、便房、黄肠题凑各一具，枞木外藏椁十五具"。服虔曰："在正藏外，婢妾藏也。或曰厨厩之属也。"
[57] 中国社会科学院考古研究所栎阳发掘队：《秦汉栎阳城遗址的勘探和试掘》，《考古学报》1985年第3期。
[58] 陕西省考古研究所：《汉阳陵》，重庆出版社，2001年；焦南峰：《汉阳陵从葬坑初探》，《文物》2006年第7期；陕西省考古研究所汉陵考古队：《中国汉阳陵彩俑》，陕西旅游出版社，1992年。

[59] 焦南峰：《汉阳陵从葬坑初探》，《文物》2006年第7期。
[60] 咸阳市文物考古研究所：《汉武帝茂陵钻探调查简报》，《考古与文物》2007年第6期。
[61] 岳起、刘卫鹏：《由平陵建制谈西汉帝陵制度的几个问题》，《考古与文物》2007年第5期。
[62] 咸阳市文物考古研究所：《西汉昭帝平陵钻探调查简报》，《考古与文物》2007年第5期。
[63] 王学理：《汉南陵从葬坑的初步清理——兼谈大熊猫头骨及犀牛骨骼出土的有关问题》，《文物》1981年11期。
[64] 王学理、吴镇烽：《西安任家坡汉陵从葬坑的发掘》，《考古》1976年第2期。
[65] 咸阳市文物考古研究所：《西汉昭帝平陵钻探调查简报》，《考古与文物》2007年第5期；汉平陵考古队：《巨形动物陪葬少年天子——初探汉平陵从葬坑》，《文物天地》2002年第1期。
[66] 郭宝钧：《一九五〇年春殷墟发掘报告》，《中国考古学报》第五册，1951年。
[67] 陕西省文物管理委员会、咸阳市博物馆：《陕西省咸阳市杨家湾出土大批西汉彩绘俑》，《文物》1966年第3期；陕西省文管会、博物馆、咸阳市博物馆杨家湾汉墓发掘小组：《咸阳杨家湾汉墓发掘简报》，《文物》1977年10期。
[68] 咸阳市博物馆：《汉安陵的勘察及其陪葬墓中的彩绘陶俑》，《考古》1981年第5期。
[69]《1999中国重要考古发现》，文物出版社，2001年。
[70] 陕西省考古研究所：《汉阳陵》，重庆出版社，2001年，第5、6页。
[71] 咸阳市文物考古研究所：《汉武帝茂陵钻探调查简报》，《考古与文物》2007年第6期；咸阳地区文管会、茂陵博物馆：《陕西茂陵一号无名冢一号从葬坑的发掘》，《文物》1982年第9期。
[72] 咸阳市文物考古研究所：《西汉昭帝平陵钻探调查简报》，《考古与文物》2007年第5期。
[73] 中国社会科学院考古研究所：《汉杜陵陵园遗址》，科学出版社，1993年。
[74] 刘庆柱、李毓芳：《西汉十一陵》，陕西人民出版社，1987年。
[75]《十三经注疏》（上册），中华书局，1980年，第786页。
[76]《后汉书·东平宪王苍传》。
[77] 陕西省考古研究所：《西汉安陵调查简报》，《考古与文物》2004年第4期。
[78] 汉阳陵考古陈列馆：《汉阳陵考古陈列馆》，文物出版社，2004年，第128、129页；焦南峰：《试论西汉帝陵的建设理念》，《考古》2007年第11期。
[79] 咸阳市文物考古研究所：《汉武帝茂陵钻探调查简报》，《考古与文物》2007年第6期。
[80] 咸阳市文物考古研究所：《西汉昭帝平陵钻探调查简报》，《考古文物》2007年第5期。
[81]《汉书·夏侯婴传》卷四十一："惠帝及高后德婴之脱孝惠、鲁元于下邑间也，乃赐婴北第第一。"颜师古注："北第者，近北阙之第，婴最第一也。"《汉书·司马相如传（上）》卷五十七（上）："故有剖符之封，析圭而爵，位为通侯，居列东第。"颜师古注："东第，甲宅也。居帝城之东，故曰东第也。"

（原刊于《洛阳汉魏陵墓论文集》，文物出版社，2009年）

关于西汉帝陵形制诸问题探讨

刘庆柱　李毓芳

汉代文化对中国古代文化的影响是深远的，从某种角度上说，汉族文化就是以汉代文化为基础形成的。汉代丧葬制度是汉代文化的重要组成部分。丧葬制度是当时现实生活制度的缩影。西汉帝陵形制是汉代丧葬制度中非常有代表性的，它集中地反映了当时的礼制。同时，西汉帝陵陵区又是仿照汉代都城长安形制修筑的。因此，对西汉帝陵形制的研究，无疑将加深我们对当时社会历史的认识。

在总结春秋战国以来丧葬制度的基础上，西汉时期形成了一套新的丧葬制度。就帝陵形制而言，西汉帝陵对以后我国历代封建统治者的陵墓制度，有着深远而广泛的影响。本文试图以近年来西汉帝陵的考古调查、钻探和发掘材料为基础，结合文献记载，对西汉帝陵形制的变化，陵园和都城的关系，门阙、陵庙和寝殿、便殿制度等问题作以探讨。

一、西汉帝陵形制的变化

“汉承秦制”在秦汉之际的各个方面都有明显表现，西汉初期的帝陵形制也不例外。以帝陵的陵名为例，虽然文献记载“秦名天子冢曰山，汉曰陵”，实际上汉初的帝陵既称“陵”，又称“山”，如汉高祖长陵，“亦曰长山”[1]。又如，秦始皇陵的寝殿等建筑，置于陵园城垣之内的北部[2]，而“长陵城周七里，百八十步，因为殿垣，门四出，及便殿掖庭诸官寺，皆在中”[3]，调查亦发现在长陵陵园的城垣之内北部，即长陵北 130 米和吕后陵北 350 米附近各有一大型建筑遗址，它们应为寝、便殿一类建筑[4]。可见秦始皇陵和汉高祖长陵之间的上下承袭情况。

西汉初期，帝陵既有“汉承秦制”的方面，也有不少新的发展，这主要表现在陵园形制的变化上。

西汉一代，帝、后同茔不同穴，汉初的长陵即高帝陵和吕后陵在同一陵园围墙的茔域之内，这在秦代的帝王陵墓中目前尚未见到。

陵园的城垣，秦始皇陵陵园由内外两道城垣组成，内、外城均呈南北向长方形，平面形成狭长“回”字形。陵墓坐落于内城南半部。汉初的帝陵与此有所不同，如长陵，变秦始皇陵的大小城相套而为大小城相邻接，长陵陵园北墙与长陵县邑南墙共用同一墙垣，这种大小城相邻是战国城市布局中的另一种形制。

尽管汉初帝陵大小城形制与秦始皇陵有所不同，但这还是大同之中的小异。再从二者陵园大小城的布局也可看出，如长陵和安陵的大城（即陵邑）均在帝陵北部，帝陵筑于小城之内，这些都与秦始皇陵基本相同。

西汉帝陵形制的变化，主要在文帝霸陵以后，突出表现在以下三方面：

第一，帝陵和皇后陵不再共用同一墙垣的陵园，而是各自于其陵墓周围筑墙垣以为陵园。皇后陵一般在帝陵之东，故皇后陵陵园又称“东园”[5]。

第二，帝陵陵园墙垣和陵邑城墙不再相邻接，而是彼此有一段距离。如霸陵县与文帝陵相距十里[6]；阳陵邑、茂陵邑、平陵邑和杜陵邑也分别与其帝陵陵园墙垣相距少者一二里，多者四五里[7]。此时的陵邑与陵园已不再是什么大小城关系。

第三，帝陵的寝殿、便殿等建筑，已由长陵设置于陵园墙垣之内，而变成建于陵园墙垣之外。庙的位置，从阳陵开始，由过去筑于都城内或近郊，移筑于陵旁。

西汉帝陵的上述变化，是与都城布局的变化有关。

二、帝陵陵园与都城长安的关系

我们所以说西汉帝陵形制与都城布局变化有关，就是因为西汉帝陵陵园系模仿都城长安而筑。

帝陵陵墓封土，似皇帝的“正殿”[8]，即所谓“象生制度为殿屋”[9]。帝陵玄宫“设四通羡门”[10]，我们对汉太上皇陵和汉宣帝杜陵的钻探中，发现了其陵墓各有四条墓道，每条墓道正居每面中央[11]。帝陵陵墓四条墓道，犹如帝王为“开四聪，延直言之路，下不讳之诏，立敢谏之旗”而开辟的“四门”[12]。

帝陵封土四周的墙垣，犹如皇宫“宫墙”[13]。陵园墙垣四面中央各辟一门，此犹皇宫四门。关于汉宫设四门，《三辅黄图》载：“汉未央、长乐、甘泉宫，四面皆有公车。”“公车”即公车司马令，系卫尉属官[14]。公车司马令为司马门之门官[15]。不但皇宫有四门，就是丞相亦“府有四出门”[16]，但这并非“官寺常制”[17]。

西汉的帝陵与皇后陵位置，一般前者居西，后者居东。如景帝阳陵与孝景王皇后陵、昭帝平陵与孝昭上官皇后陵、宣帝杜陵与孝宣王皇后陵、元帝渭陵与孝元傅皇后陵，以及成帝延陵、哀帝义陵和平帝康陵与其后妃陵墓，情况都是这样。帝陵与皇后陵的这种关系与汉长安城中未央宫与长乐宫的关系相似。未央宫为皇宫，长乐宫为太后之宫[18]。从位置上看，未央宫居西，又称西宫；长乐宫居东，又称东宫[19]。由此可见，帝陵陵园象征未央宫，皇后陵陵园象征长乐宫。

西汉诸陵多有皇亲国戚、达官显贵陪葬，这些陪葬墓一般分布在陵区东部和北部。如景帝阳陵、武帝茂陵和宣帝杜陵，其东部均有不少陪葬墓，它们以穿过帝陵陵园东门的东西线为中轴，南北分布，这颇似汉长安城未央宫前诸侯朝谒之仪[20]。另外，西汉帝陵的陵邑一般在陵东或陵北，这与分布在陵东或陵北的陪葬墓还有另一层意义。据文献记载，汉长安城居民贵宣平之地[21]，宣平门为汉长安城东面北数第一门，位于汉长安城东北部，陵邑和陪葬墓安排在帝陵东或东北部，当受这种观念的影响。至于分布在陵北的陪葬墓或陵邑，这还因汉代视未央宫北阙附近为“甲第”[22]，不少权贵，如霍光、夏侯婴、董贤等均被赐宅地于此[23]。故这些权贵们生前迁居于陵北或陵东的陵邑之中居住，死后在陵北或陵东安葬，这是他们京城生活的反映。

三、门阙、陵庙和寝、便殿

关于门阙问题。西汉帝陵四周绕以墙垣，四面中央各辟一门，此门称司马门。如《汉书·外戚传》载：“五官以下，葬司马门外。”服虔注曰：“陵上司马门之外。”又，《后汉书·孝和孝殇帝纪》载：“朕望长陵东门，见二臣（萧何、曹参）之垅，循其远节，每有感焉。”注引《东观汉记》曰：“萧何墓在长陵东司马道北百步。”《后汉书·显宗明帝纪》注引《东观汉记》注曰：“霍光墓在茂陵东司马道南四里。”司马道即司马门道省称。司马门道得名于司马门，可见陵园门称司马门。陵园门名与都城宫门名相同[24]。

西汉帝陵陵园司马门外有的有阙，有的没有阙。在调查中我们发现，阳陵、茂陵、平陵、渭陵、延陵和义陵的陵园门外有阙址；长陵、安陵、霸陵、杜陵和康陵的陵园门外没发现阙址。陵园门外有无阙可能与门的结构有关。我们对杜陵陵园的四个门址进行了钻探和试掘，并发掘了北门和东门遗址，发现杜陵陵园的四个门外均无阙。其四门大小和形制基本相同。门址的门道与陵墓羡门门道在同一东西或南北线上。门址规模宏大。以东门址为例，门址宽84.24、进深20.57米。门址由门道、左右塾和左右配廊组成。门道南北宽13.02米。门道中部有门槛槽，其两端与夯土台基的门墩相连。两边门墩又与左右塾的夯土台基相接。左右塾位于门道两边，二塾大小、形制相同。塾的夯土台基东西15.3、南北9.75米，每塾东西居中各有一隔墙，分其为大小相同的内外塾。隔墙一头与门墩相接，另一头与配廊的墙体相连。左右塾的内外塾又各有掖门[25]。陵园司马门与汉长安城南郊礼制建筑围墙上所辟之门的形制、大小基本相近[26]。

《汉官旧仪》记载，门有阙，故无塾。反过来，似乎门有塾，故无阙。汉长安城南郊礼制建筑中的门有塾，但无阙。未央宫和长乐宫的有阙之宫门未见有塾的记载。门前有无阙，看来与门有无塾有关。阙和塾的这种关系，可能因为其职能有相近之处。如，阙上饰“丹垩，其下皆云气仙灵、奇禽怪兽，以昭示四方”[27]；而塾则“以饰门因取名”[28]，塾上亦绘有壁画[29]。又如，阙是为“人臣将至此，则思其所阙”而筑[30]；塾则为“臣下当见于君，先塾思其事”而建[31]。

由于阙和塾的功能相近，因此文献记载中，对于无有塾之门亦称门阙或阙。如宣帝杜陵陵园东司马门虽无阙，但有塾，而仍称之为“东阙”[32]。

通过对杜陵陵园门址的发掘，使我们对“塾”有了较明确的认识。塾，早在西周的宫殿建筑中已出现，如陕西周原的考古发掘中已发现。关于塾的概念，《尔雅》释宫室曰：“门侧之堂谓之塾。”但后代文献记载有所不同，《古今注》和《三辅黄图》均称：“塾，门外之舍。”从杜陵陵园门址发掘情况来看，塾在门侧的记载是正确的。塾分左右，每塾又各分内外。《太平御览》卷一八五《居处部一三》塾条载："魏武制度奏曰：三公列侯门施内外塾。"杜陵东门左右塾各分内外，内外塾之间互不连通，各有塾门。过去文献记载塾的作用为"臣来朝君，至门外当就舍，更详所应对之事"[33]，这只能说讲对了一半，也就是说，讲外塾功能可以这样，而内塾功能则不能作此解释。

西汉帝陵陵园有四门，从已钻探、试掘或发掘的宣帝杜陵陵园四个门址的形制和大小来看，基本相同，分不出主次。实际上陵园是有正门的，正门即东司马门，理由如下：

第一，从考古材料来看。我们对汉太上皇陵进行钻探，陵墓四面正中各有一条墓道，南、北和西三条墓道大小基本相同，长约31～34米，而东墓道长82米，显然陵墓的主墓道为东墓道[34]。汉陵一般是陵墓墓道与陵园司马门对直，陵墓的主墓道应与陵园的正门相对。因此，我们认为汉太上皇陵陵园的正门应为东门。太上皇的陵墓是以帝陵规格修筑，其基本制度应与西汉诸帝陵相近，因此可以说西汉帝陵陵园正门亦应为东门。

第二，从汉陵附近的重要建筑遗址和陪葬墓来看。以汉宣帝杜陵为例，其陵庙和寝、便殿等分布于杜陵东北和东南。以穿过杜陵东门的一条东西线为中轴线，陵区的主要礼制建筑南北对称分布[35]。这种情况不只是杜陵，阳陵、茂陵、平陵的陵庙和寝、便殿一类重要建筑，也大多分布于陵园东部。再从汉陵的陪葬墓来看，前已述及，它们大多分布在陵东，这犹似皇亲国戚、达官显贵居东向西的朝谒之仪。无疑，陵区的设计者把东门当作正门了。

第三，如前所述，我们认为帝陵陵园实际上是仿未央宫城所筑，所不同的是规模上"园陵小于朝廷"[36]。关于未央宫的正门，《汉书·五行志》载："刘向以为东阙所以朝诸侯之门也。"诸侯王奔丧亦"至未央宫东阙"[37]。可见未央宫是以东门为正门。有的文献记载："未央殿虽南向，而上书奏事谒见之徒皆诣北阙，公车司马亦在北焉。是则以北阙为正门"[38]。可以看出，关于这个问题，古人的说法是有矛盾的。唐人颜师古说"上书奏事谒见之徒皆诣北阙"，而西汉人刘向说未央宫"东阙所以朝诸侯之门"；颜师古说"公车司马亦在北焉"，有的文献则称未央宫"四面皆有公车"[39]。我们认为颜师古"北阙为正门"的上述两个论据是靠不住的、不全面的。未央宫的"朝诸侯之门"——东门，应为正门。帝陵陵园仿未央宫修筑，亦当以东门为正门。

第四，前已述及，西汉帝陵和皇后陵的陵园分别象征着皇宫的未央宫和太后之宫的长乐宫，亦即西宫和东宫。在陵区中，帝陵和皇后陵的位置，与汉长安城中未央宫和长乐宫的位置是一致的，一般帝陵在西，皇后陵在东。二陵之间应以西者向东，东者向西。也就是说，帝陵东门向着皇后陵，理应为正门。

西汉帝陵陵园正门问题的研究是我们探讨陵园布局重要环节。西汉帝陵陵园以东门为正门承袭了秦陵的特点，也反映了汉长安城未央宫的形制。东汉的帝陵承继了这一特点，并且一直影响到魏晋南北朝的帝王陵墓布局。到了唐代，陵墓布局由过去的坐西朝东改为坐北朝南，陵园的正门也变东门为南门，因而陵园的整个布局也就相应地起了很大变化。

关于陵庙问题。《汉书·五行志》载："古之庙皆在城中，孝文庙始出居外。"西汉初年，汉太上皇、高帝和惠帝的庙筑于汉长安城内。几座庙的具体位置，文献有记载。《三辅黄图》云："太上皇庙，在长安西北长安故城中，香室街南，冯翊府北。《关辅记》曰：'在酒池北。'"又载："高祖庙，在长安西北故城中。"《雍录》卷八详载了其地望："高庙在长安城中安门里。"

《汉书·叔孙通传》晋灼注则谓：“《黄图》：高庙在长安城门街东。”有人认为汉长安城中有“城门街”，即引此为例[40]。其实晋灼注文中有佚字，原句应为：“高庙在长安城安门街东。”文献记载惠帝经常由未央宫经武库南，穿过安门大街去长乐宫。他想修筑一条空中复道，但是这一路线恰好压在由北向南穿行的高帝月游衣冠道之上[41]。高寝在北，高庙在南。因此推测高庙在武库南，安门北。武库以南、安门以北，未央宫和长乐宫之间的南北向大街只有“安门街”，没有什么“城门街”。高庙应在长乐宫西、安门大街东、安门北、武库南。惠帝庙与高庙相邻，《三辅黄图》载：“惠帝庙，在高帝庙后。”《长安志》引《关中记》载：“惠帝庙在高庙之西。”《书道》卷三辑录有“西庙”文字瓦当，陈直先生认为系惠帝庙用瓦是有道理的。

文帝庙已不在汉长安城中[42]，它“在长安城南”[43]，即唐长安城休祥坊内[44]。《汉书·韦玄成传》载：“京师自高祖至宣帝，与太上皇考、悼皇考，各自居陵旁立庙。”实际上太上皇、高祖和惠帝的庙已立于汉长安城内，文帝庙立于城郊，后来因园陵的寝、便殿建筑于陵园之内，为了方便陵事活动，又筑“原庙”于以上诸陵之旁。真正“居陵旁立庙”当始于景帝阳陵，终西汉一代这个制度沿袭下来，如武帝龙渊庙、昭帝徘徊庙、宣帝乐游庙和元帝庙等都在“陵旁”。武帝龙渊庙在茂陵之东、平陵之西[45]。昭帝徘徊庙应在平陵东南、延陵西南[46]，距延陵较近[47]。考古工作者发现，“在平陵东南十里，马泉公社肖家堡村北二道原的南边，有一汉代夯土建筑遗址。夯土范围南北60、东西56米，中心区为一高3米的高台”[48]，这可能即徘徊庙遗址。

《三辅黄图》载：“宣帝庙，号乐游，在杜陵西北。”宣帝庙名应与乐游苑或乐游里有关[49]。乐游苑的位置在曲江池南，今西安市雁塔区曲江街道春临村北、曲江街道东南。有的文献记载“宣帝立庙曲池之北”[50]，这似不确。根据我们的调查，宣帝陵庙似应在杜陵附近（东北部）的一块高地之上，现在基址尚存[51]。

传统说法，元帝庙名长寿[52]。这种说法不对。《汉书·元后传》载：“莽为安汉公时，又谄太后，奏尊元帝庙为高宗，太后晏驾后当以礼配食云。及莽改号太后为新室文母，绝之于汉，不令得体元帝。堕坏孝元庙，更为文母太后起庙，独置孝元庙故殿以为文母篹食堂，既成，名曰长寿宫。以太后在，故未谓之庙。莽以太后好出游观，乃车驾置酒长寿宫，请太后。既至，见孝元庙废彻涂地，太后惊，泣曰：‘此汉家宗庙，皆有神灵，与何治而坏之！’”从上述记载可见，长寿庙乃孝元王皇后之庙，它是在“堕坏孝元庙”后，“更为文母太后”所建的庙。关于孝元庙位置，只要搞清长寿庙位置就基本清楚了，因为“置酒长寿宫”即可看到“废彻涂地”的孝元庙，想来二者相距很近。《汉书·王莽传》载：“莽妻死，谥曰孝睦皇后，葬渭陵长寿园西，令永侍文母，名陵曰亿年。”长寿园即孝元王皇后陵园。孝元王皇后合葬渭陵，长寿园当在渭陵附近。渭陵西北今传周康王陵乃孝元王皇后陵墓，长寿园即此，长寿宫（即长寿庙）亦当在此附近。有人认为渭陵北300米（孝元王皇后陵东北），有一片建筑遗址，即长寿宫所在地[53]。这种推断如果可靠的话，孝元庙当在此附近。

西汉自景帝开始，庙移陵旁，又称陵庙，这与原来都城之内或附近的宗庙作用有所不同。陵庙和寝、便殿是帝陵的一整套礼制建筑，它不同于以前宗庙之处在于，陵庙主要与陵事活动有关，即：每月要进行一次祭典活动，即所谓“月祭于殿”，这里的“殿”即“殿堂”，亦即陵庙。这个活动与每月由寝殿取出衣冠送往陵庙祭祀的活动是一致的。此外，每年要进行二十五次祭祀，即所谓“岁二十五祠”。一年四季每季还要有一次太牢祭典[54]。

西汉帝陵陵庙现在还仅限于调查和钻探，没有经过发掘，具体形制不清楚。但西汉的宗庙已经发掘过，如汉长安城南郊的王莽九庙。陵庙应仿照宗庙而建。王莽九庙中的每座庙，中心建筑为方形，边长55米[55]。宣帝杜陵东北的二号建筑遗址为一边长64米的方形夯土台基[56]，昭帝平陵东南肖家堡村的东西56、南北60米的汉代夯土台基，它们可能分别为杜陵和平陵的陵庙遗址[57]，其大小和方形平面形制与王莽九庙相近。不过就规模而言，陵庙只一座，王莽宗庙一组九座。值得注意的是，在这些陵庙遗址中都出土了龙、凤纹空心砖，而在寝、便殿和陵园门阙遗址中却很少见到。这种砖大概为陵庙所专用。

关于寝殿问题。西汉帝陵的寝殿，文献记载中多处提及，由于它是陵上礼仪活动的经常性的、重要的场所，因而早就引起了人们的重视，一些人还就寝殿位置、功能、形制等写过不少文章，说法很多，分歧不小。近年来我们对宣帝杜陵的寝殿建筑遗址进行了考古发掘，为研究这些问题提供了一些新的资料。

关于寝殿位置，杨宽先生认为：“有一点可以肯定的，西汉陵园中的‘寝’即使不在陵墓的顶上，必然也在陵墓的边侧，在陵墓的四周围墙之内”[58]。这种看法大概根据“寝者，陵上正殿”之记载[59]，但此处“陵上”不可理解为陵墓的顶上。应为陵附近的高敞之地。我们对所有西汉帝陵的调查发现，它们的陵墓封土顶上（即“方上”）根本没有建筑遗迹（不包括封土本身）。至于说寝殿“在陵墓的四周围墙之内”，西汉初年长陵的寝殿位置可能这样，但自景帝阳陵开始，终西汉一代的诸帝陵情况则并非如此。如杜陵寝殿遗址，位于杜陵陵园围墙（即南墙）以南79米[60]；东汉帝陵的寝殿位置，基本沿袭着西汉中晚期的制度[61]。

关于寝殿的功能。文献记载：“古不墓祭，汉诸陵皆有园寝，承秦所为也。”[62]可见似乎秦汉帝陵改变了“古不墓祭”的传统。“园寝”是为“墓祭”而筑的。园寝即园陵之寝殿。文献中的“日祭于寝”具体说明了寝殿中祭祀活动的时间。杨宽先生认为：“所谓‘日祭于寝’并不是在‘寝’中每天举行祭祀典礼，只是‘日上四食’而已，这与在宗庙中举行祭礼不同。”[63]说寝殿中的祭祀与宗庙中举行的祭礼不同，那是对的，否则成了不必要的重复。但不能因其不同而否定“日祭于寝”不是祭祀活动，只是“日上四食”而已。须知，“日上四食”是“日祭于寝”的具体活动内容，怎么能否定“日上四食”属于祭祀呢？《汉书·冯奉世传》载：“竟宁中，（参）以王舅出补渭陵食官令。”食官令的主要任务是组织好“日上四食”等活动，也就是“给陵上祭祀之事”[64]。既然“日上四食”等属于“陵上祭祀之事”，怎么能说“日祭于寝”不是举行祭祀典礼，只是“日上四食”呢？前已谈到“日上四食”系陵上祭祀之事，自然以“日上四食”为主要活动内容的“日祭于寝”就是在寝殿中举行祭祀之事。

上面谈到“日祭于寝”的“日上四食”活动是基于寝殿有“起居衣服象生人之具”的原因[65]，寝殿“若平生路寝”[66]，它那里的活动较陵庙频繁得多。我们认为它是汉陵礼制建筑中主要祭祀活动场所。杨宽先生说，寝殿“只用于供奉日常生活、‘日上四食’”，断言那里不是举行祭祀的地方，这是不能成立的。如果说寝殿不是举行祭祀的地方，那么哀帝义陵寝殿中存在柙里的神衣，出现在床上，于是寝令在寝殿以太牢祭祀[67]，这怎么能说寝殿不是举行祭祀的地方？我们认为寝殿的祭祀功能是秦汉时代帝陵礼仪制度的一个发展。

杨宽先生认为：“扩大寝殿，设置钟虡而举行上陵朝拜祭祀之礼，是从东汉明帝开始的”[68]。而《后汉书·礼仪志（上）》载：“西都旧有上陵”，只是由于西汉末年的战乱使得“昔京师在长安时，其礼不可尽得闻”[69]。这里讲东汉时对“西都旧有上陵”礼“不可尽得闻”，不是“不得闻”，关键是不能“尽”，基本情况还应该是知道的。实际上东汉的上陵礼基本上还是沿袭了西汉中晚期的“西都旧有上陵”之礼。

西汉帝陵寝殿的形制，过去我们不知道，或知道的很少，文献记载亦甚简单。《尔雅·释宫》载：“室有东西厢曰庙，无东西厢有室曰寝。”有的同志就以此设想庙和寝的格局[70]。寝殿建筑实际上要远比《尔雅·释宫》的记载和一些同志的设想复杂得多，它绝不是仅仅有个“室”就可以了。已发掘的杜陵第一号建筑遗址，即杜陵寝殿遗址，东西 75、南北 37.8 米。遗址中部为夯土台基，东西 51、南北 29 米。夯土台基周施檐廊，廊外置霤。殿址南北各三阶，东西门各分左右阶。寝殿有东西厢，故东西门形制宏大，远胜于南北门[71]。将杜陵寝殿遗址的形制与文献记载的东汉帝陵寝殿的建筑形制进行对照，不难看出，它们十分相近。就是寝殿在陵园的位置亦基本相同[72]。这也可看出，杨宽先生把西汉和东汉的陵寝制度划分为两个不同阶段的理由是难以成立[73]。

关于便殿问题。便殿与寝殿关系甚为密切，所谓“便殿者，寝侧之别殿耳”。何谓便殿？“凡言便殿、便室者，皆非正大之处”[74]。这种建筑物的功能又是什么呢？第一，文献记载：“便殿为休息闲宴之处耳。”[75]第二，它还有藏储器物和衣物的作用，如《汉书·王莽传》载：“杜陵便殿乘舆虎文衣废臧在室匣中者出，自树立外堂上，良久乃委地。”又如《后汉书·礼仪志》载：“容根车载容衣。司徒至便殿，并蠲骑皆从容车至帐下。司徒跪曰：‘请就幄’，导登。尚衣奉衣，以次奉器衣物，藏于便殿。”第三，便殿的另一个重要功能就是开展祭祀活动，如“时祭于便殿”“便殿四岁祠”等[76]。我们发掘的杜陵第五号建筑遗址可能为杜陵便殿遗址[77]，其西邻杜陵第一号建筑遗址（即杜陵寝殿遗址），五号遗址可谓“寝侧之别殿”。从杜陵五号建筑遗址的结构来看，它包括有殿堂（规模小于寝殿），这大概是“时祭于便殿”和“便殿四岁祠”的场所；此外还有许多小房屋和大院落。成套小房屋的布局不尽相同，可以看出它们使用功能上的差异。有的房屋中还有窖穴，这大概是藏储陵事活动中所需各种食物的地方，有的成套小房屋及其小院落和廊道环绕的大院落可能为人们“休息闲宴之处”[78]。

综上所述，我们认为西汉帝陵形制反映了重要的社会历史问题，无疑这方面的研究，对我们认识西汉一代历史是有重要意义的。关于帝陵形制，过去只限于从礼仪制度方面去探讨，实际上它是当时社会现实的缩影。

传统的看法认为：在中国古代帝陵形制发展史上，一直把秦汉归于同一阶段，有的甚至把先秦和西汉的陵寝制度放在一个阶段。与此同时，又把西汉和东汉分为两个阶段。我们认为无论对前者或后者来说，这种划分方法都值得研究。其实汉景帝以后的西汉诸帝陵与秦和先秦帝王陵墓形制不同；至于汉景帝以后西汉诸帝陵和东汉帝陵的形制与西汉帝陵和先秦帝王陵墓形制比较，前者可视为一个大的发展阶段，而后者则应视为两个大的不同发展阶段。这可从本文所谈到的帝陵形制诸问题上看出来。

注　释

[1]《水经注·渭水》。

[2] 陕西省秦俑考古队、秦始皇兵马俑博物馆：《秦始皇陵兵马俑》，文物出版社，1983 年。

[3] 陈直：《三辅黄图校证》，陕西人民出版社，1980 年。

[4] 刘庆柱、李毓芳：《西汉诸陵调查与研究》，《文物资料丛刊（6）》，文物出版社，1982 年。

[5]《汉书·外戚传》载：孝宣王皇后“合葬杜陵，称东园”；《汉书·马宫传》曰：孝元傅皇后合葬渭陵，“称渭陵东园”。

[6]《长安志》卷十。

[7] 刘庆柱、李毓芳：《西汉诸陵调查与研究》，《文物资料丛刊（6）》，文物出版社，1982 年。

[8]《汉书·平帝纪》师古注曰：“殿中，谓圹中象正殿处。”

[9]《汉书·平帝纪》如淳注曰：“陵上有宫殿，象生制度为殿屋。”

[10]《后汉书·礼仪志（下）》、《汉旧仪》注引《皇览》曰：“汉家之葬，方中百步，已穿筑为方城，其中开四门、四通。”

[11] 中国社会科学院考古研究所栎阳发掘队：《秦汉栎阳故城勘探和试掘报告》，待刊；中国社会科学院考古研究所杜陵工作队：《1982～1983 年西汉宣帝杜陵的考古工作收获》，《考古》1984 年第 10 期。

[12]《汉书·梅福传》《后汉书·申屠刚传》《后汉书·郅恽传》。

[13]《汉书·平帝纪》如淳注曰：“陵上有宫殿，象生制度为殿屋。”

[14]《汉书·百官公卿表》。

[15]《史记·项羽本纪》《集解》：“凡言司马门者，宫垣之内，兵卫所在，四面皆有司马，主武事。”

[16]《后汉书·百官志》应劭注：“丞相旧位在长安时，府有四出门。”

[17] 刘敦桢：《刘敦桢文集·大壮室笔记·两汉宫署》。

[18]《三辅黄图》载：“高帝居此宫，后太后常居之，孝惠至平帝皆居未央宫。”

[19]《汉书·五行志》载：“左氏以为西宫者，公宫也，言西知有东，东宫太子所居。”王先谦补注：“沈钦韩曰，此据汉法知之，窦婴传，田蚡云：程、李俱东、西宫卫尉，时程不识为长乐卫尉，长乐太后所居，曰东宫；李广为未央卫尉，帝所居，曰西宫，则公宫为西宫，明矣。”关于东宫之载，又见《汉书》之《张汤传》《元后传》《外戚传》《贡禹传》和《叙传》。

[20]《汉书·五行志》载：“刘向以为（未央宫）东阙所以朝诸侯之门也。”

[21]《周书·庾信传》载：“践长乐之神皋，望宣平之贵里。”

[22]《文选》卷一班固《西都赋》：“北阙甲第，当道直启。”

[23]《汉书·霍光传》《汉书·佞幸传·董贤传》等。

[24]《汉书·成帝纪》载：“永始四年夏四月癸未，长乐临华殿、未央宫东司马门皆灾。”《史记·项羽本纪》《集解》：“凡言司马门者，宫垣之内，兵卫所在，四面皆有司马，主武事。”

[25] 中国社会科学院考古研究所栎阳发掘队：《秦汉栎阳城勘探和试掘报告》，待刊；中国社会科学院考古研究所杜陵工作队：《1982～1983 年西汉宣帝杜陵的考古工作收获》，《考古》1984 年第 10 期。

[26] 中国科学院考古研究所汉城工作队：《汉长安城南郊礼制建筑遗址群发掘简报》，《考古》1960 年第 7 期。

[27]《古今注》卷上。

[28]《白虎通》。

[29]《后汉书·齐武王縯传》载：“王莽使长安中官署及天下乡亭，皆画伯昇像于塾，旦起射之。”从“旦起射之”来看，壁画中能绘于外塾之外壁。邮亭之塾尚且饰有壁画，帝陵陵园司马门之塾更会堂皇。

[30]《古今注》卷上。

[31]《白虎通》。

[32]《汉书·五行志》载：“永光四年六月甲戌，孝宣杜陵园东阙南方灾。”

[33] 陈直：《三辅黄图校证》，陕西人民出版社，1980 年。

[34] 中国社会科学院考古研究所栎阳发掘队：《秦汉栎阳故城勘探和试掘报告》，待刊稿。

[35] 资料存中国社会科学院考古研究所杜陵工作队。

[36]《汉书·五行志》。

[37]《汉书·五行志》。
[38]《汉书·高帝纪》颜师古注。
[39] 陈直:《三辅黄图校证》，陕西人民出版社，1980年。
[40]《三辅黄图校证》陈直按：汉长安城中“有城门街，见《汉书》卷四十三《叔孙通传》晋灼注引《三辅黄图》”。
[41]《汉书·叔孙通传》。
[42]《汉书·五行志》。
[43]《汉书·文帝纪》服虔注。
[44]《长安志》载：唐城休祥坊内，“有汉顾成庙余址，庙北汉奉明园”。《雍录》卷八载：“顾成庙在长安城南，又《方舆志》在金坞北大道南。”
[45]《水经注·渭水》载：成国故渠“东迳汉武帝茂陵南……又东迳茂陵县故城南……又东迳龙泉北，今人谓之温泉，非也。渠北故阪北即龙渊庙。如淳曰:《三辅黄图》有龙渊宫，今长安城西有其庙处，盖宫之遗也。故渠又东迳姜原北，渠北有汉昭帝陵。”
[46]《水经注·渭水》载：成国故渠“东迳姜原北，渠北有汉昭帝陵。东南去长安七十里，又东迳平陵县故城南，《地理志》曰：昭帝置，王莽之广利也，故渠之南有窦氏泉，北有徘徊庙。又东迳汉大将军魏其侯窦婴冢南，又东迳成帝延陵南。
[47]《汉书·张禹传》载:“禹年老，自治冢，起祠室，好平陵肥牛亭部处地，又近延陵，奏请求之，上以赐禹，诏令平陵徙亭它所。曲阳侯根闻而争之:‘此地当平陵寝庙衣冠所出游道，禹为师傅，不遵谦让，至求衣冠所游之道，又徙坏旧亭，重非所宜。’”
[48] 咸阳市博物馆:《汉平陵调查简报》,《考古与文物》1982年第4期。
[49]《汉书·宣帝纪》载:“神爵三年春，起乐游苑。”《长安志》引《关中记》载:“宣帝许后，葬长安县乐游里，立庙于曲江池北，名日乐游庙，因葬为名。”
[50]《太平御览》卷一九七引《天文要录》按《黄图》载:“宣帝立庙曲池之北，即今升平坊内基址也。”
[51] 资料存中国社会科学院考古研究所杜陵工作队。
[52]《三辅黄图》载:“元帝庙，号长寿。”
[53] 李宏涛、王丕忠:《汉元帝渭陵调查记》,《考古与文物》1980年创刊号。
[54]《汉书·韦玄成传》。
[55] 中国科学院考古研究所汉城工作队:《汉长安城南郊礼制建筑遗址群发掘简报》,《考古》1960年第7期。
[56] 资料存中国社会科学院考古研究所杜陵工作队。
[57] 咸阳市博物馆:《汉平陵调查简报》,《考古与文物》1982年第4期。
[58] 杨宽:《先秦墓上建筑和陵寝制度》,《文物》1982年第1期。
[59]《汉书·韦玄成传》颜师古注。
[60] 中国社会科学院考古研究所杜陵工作队:《1982～1983年西汉宣帝杜陵的考古工作收获》,《考古》1984年第10期。
[61]《东汉会要》“帝陵”条。
[62]《东汉会要》“园寝”条引蔡邕《独断》。
[63] 杨宽:《先秦墓上建筑和陵寝制度》,《文物》1982年第1期。
[64]《汉书·冯奉世传》如淳注。
[65]《后汉书·祭祀志(下)》
[66]《汉书·韦玄成传》。
[67]《汉书·平帝纪》。
[68] 杨宽:《先秦墓上建筑问题的再探讨》,《考古》1992年第7期。
[69]《后汉书·礼仪志(上)》。
[70] 杨宽:《先秦墓上建筑和陵寝制度》,《文物》1982年第1期。
[71] 中国社会科学院考古研究所杜陵工作队:《1982～1983年西汉宣帝杜陵的考古工作收获》,《考古》1984年第

10期。

[72]《后汉书·礼仪志》：上陵礼，“东都之仪，百官、四姓亲家妇女、公主、诸王大夫，外国朝者侍子、郡国计吏会陵。书漏上水，大鸿胪设九宾，随立寝殿前。钟鸣，谒者治礼引客，群臣就位如仪。乘舆自东厢下，太常导出，西向拜，折旋升阼阶，拜神坐。退坐东厢，西向。侍中、尚书、陛者皆神坐后。公卿群臣谒神坐，太官上食，太常乐奏食举，午文始、五行之午”。

[73] 杨宽：《先秦墓上建筑和陵寝制度》，《文物》1982年第1期。

[74]《汉书·韦玄成传》颜师古注。

[75]《汉书·武帝纪》颜师古注。

[76]《汉书·韦玄成传》。

[77] 资料存中国社会科学院考古研究所杜陵工作队。

[78]《汉书·韦玄成传》。

（本文原刊《考古与文物》1985年第5期）

关于“陵墓若都邑”与“都邑‘似’陵墓”的研究
——以汉阳陵“小陵园”“大陵园”与汉长安城遗址形制对比研究为例

刘庆柱　李毓芳

《吕氏春秋》记载：“陵墓若都邑”，对比古代帝王陵墓与中国古代都城的考古发现与研究，从陵墓、陵园与都城布局、陵园与都城及宫城门阙设置、陵邑及帝陵陪葬墓与都城宅第分布、帝陵陵庙与都城宗庙位置及其所折射的“中”与“中和”理念等方面，均佐证了这一历史记载，尤其是从西汉帝陵陵园与汉长安城宫城的考古发现与对比研究中得到充分体现。但是，我们必须看到，陵墓与都邑关系不只是“陵墓若都邑”，也存在着“都邑若陵墓”的现象，这是过去考古研究中较少关注的。这两种情况，在中国古代都城与帝王陵墓发展史上，反映得越来越突出，它们通过“阴阳二元”文化突出、“延续”中华文化的“中”“中和”与“国家认同”的核心理念。根据目前西汉帝陵考古发现情况，本文以西汉阳陵“小陵园”和“大陵园”为例，与西汉都城长安城遗址进行对比研究。

一、“陵墓若都邑”之一：帝陵陵园与汉长安城布局形制变化对比研究

在讨论陵园之前，有必要说明本文的“小陵园”系西汉时代皇帝、皇后独立使用的陵园，即“帝陵园”与“皇后陵园”。“大陵园”系指将帝陵园与皇后陵园围于其中的陵园。

从已公布的关于西汉“小陵园”与“大陵园”考古发现可知最早、最完整者为汉景帝阳陵。汉阳陵陵园（即“大陵园”）平面为东西向长方形，其中主要包括帝陵与皇后陵两座陵园，还有“大陵园”之中的陵庙、陵寝建筑遗址、两处陪葬坑区等。汉景帝陵园在大陵园中部偏北，虽然其不在大陵园中央，但是帝陵园的四门与大陵园四门分别相对，也就是说帝陵园与大陵园的“中轴线”是重合的，即大陵园的中轴线是帝陵园中轴线的“延长线”，可以说帝陵园中轴线决定着大陵园中轴线。

王皇后陵园在汉景帝陵园东北部，以帝陵园为“核心”的陵庙与陵寝建筑遗址基本对称分列于帝陵陵园东南部与西南部。陵庙又在帝陵园与皇后陵园东西之间。两处陪葬坑群分列于大

陵园西北部与东南部[1]。

关于汉景帝阳陵的“帝陵园”与“大陵园”之前的帝陵陵园形制变化，考古工作者从20世纪70年代末～80年代初对汉文帝霸陵考古调查与历史研究指出：“《汉书·外戚传》记载：后宫‘五官以下，葬司马门外’。经过实地勘察，西汉帝陵周围墙垣之内并无陪葬墓。这里记载的司马门，不是我们今天一般所称的陵园门阙，而应是更大范围的门阙。”因此提出“从汉文帝开始，皇帝和皇后的陵墓各自筑成一座陵园”。而且皇帝与皇后二陵园之外应该有一个更大陵园[2]。从已经公开发表的资料来看，21世纪初陕西省考古研究所汉景帝阳陵的考古工作验证、解决了当时提出的这一重要学术问题[3]。近年来根据汉文帝霸陵与孝文窦皇后陵考古发现的情况来看，它们与汉景帝阳陵与孝景王皇后陵的陵园布局形制基本相同，即帝陵与皇后陵各自有一个单独陵园，其外围再有一个“大陵园”环绕，这使困扰学术界多年的“霸陵问题”也初步得以解决，从而2019年霸陵（以“江村汉墓”之名）与孝文窦皇后陵被公布为第八批全国重点文物保护单位。

汉霸陵与汉阳陵之前的西汉帝陵有汉高祖长陵与汉惠帝安陵，它们的陵园之内有皇帝与皇后各一座陵墓，但是皇帝陵墓与皇后陵墓并未独立构建陵园，而是二者共用一个陵园，形成这样的陵园形制应该是受到战国时代晚期东方王国及秦王陵陵园规制影响。

战国时代晚期东方地区王国及南方楚国王陵，如：河北平山县中山国王陵陵园之中的王陵与后妃陵及其椁室内出土的“兆域图”，其陵园之中考古发现王陵与后妃陵（哀后陵）[4]。约于公元前300年的河南辉县固围村战国时代王陵陵园中心东西并列3座陵墓，中间为王陵，东西两侧为后妃陵[5]。在湖北纪南城附近考古发现的几座战国时代楚王陵陵园之中均有王陵及合葬的王后陵[6]。

战国时代晚期秦咸阳城附近的秦王陵，一般为王陵与王后陵在同一个陵园之中，如延陵东北500米左右的所谓“西汉成帝的后妃陵墓”、周陵镇附近所谓的“周文王和武王陵”以及贺家村北部所谓的“周公和鲁公陵”，它们应该分别为现在考古界编号的战国时代的咸阳Ⅰ号、Ⅱ号秦王陵。

Ⅰ号秦王陵位于咸阳市渭城区周陵街道严家沟村北部，西汉成帝延陵的东北。Ⅰ号陵的围沟平面基本呈南北向的长方形，东西650米、现存南北992～994米（围沟南部被破坏），这种“围沟”实际上与陵园墙垣的功能相同。围沟内中部偏南有南北间距160米的两座“亚”字型墓葬。现存南部陵墓封土南北宽90米，东西长90～120米；北部陵墓封土底边长75～88米，前者比后者规模大，南部陵墓应为王陵，北部陵墓应为王后陵。

Ⅱ号陵位于Ⅰ号陵东北3800米处的周陵街道，Ⅱ号陵围沟平面呈长方形，南北长960米、东西宽630米。围沟内中部南北向排列“亚字形”二墓，其南北间距150米。南墓封土呈覆斗形，底部边长约98米。北墓现存封土呈圆丘形，底径66～68米。从二墓规模来看，南部陵墓应为王陵，北部陵墓为王后陵。

关于以上两组陵墓墓主，考古勘探者认为Ⅰ号陵是秦惠文王及其夫人的“公陵”；Ⅱ号陵可能是秦悼武王及其夫人的“永陵”。[7]

秦人以咸阳城为都城之时，在秦咸阳城以东的芷阳设置一处王陵区，即文献所载的“秦东陵”，其中发现四座陵园，分别编号为一、二、三、四号陵园，陵园以兆沟为界。其中一号陵园有2座亚字形墓，四号陵园有1座亚字形墓和2座甲字形墓。一号陵园与四号陵园应该各为一个国王与王后陵墓或后妃陵墓的合葬陵园[8]。

在秦雍城考古发现的秦公陵园“大陵园”之中的14座“分陵园”中，田亚岐认为：“目前在整个雍城已发现的21座中字形大墓数基本与当时在雍城执政的秦公人数相吻合或超出，似乎也在一定程度上印证了中字形大墓可能为秦公陵的判断，对于目前在整个雍城秦公陵园内仅发现的3座甲字形大墓，从陵园制度的规律性讲，过去认为此类墓是秦公夫人墓的观点在情理上较为牵强。”因此他指出：“在秦公陵园的兆沟之内埋葬的墓主人可能只有享国的秦公或未享国的太子。”[9]也就是说，秦雍城的秦公陵园之中陵墓没有与秦公合葬的后妃陵墓。从目前考古发现与研究来看，至少在秦国王陵与王后陵在同一陵园之中的做法，应该始于战国时代，如以上所述的秦人迁都咸阳以后的秦王陵（关于秦栎阳城附近的秦公陵、秦王陵情况目前还不清楚）。关于战国时代秦王与王后合葬情况，历史文献也有明确记载，如《史记》卷5《秦本纪》载：“昭襄王卒，子孝文王立，尊唐八子为唐太后，而合其葬于先王。”

西汉初年的长陵陵园与安陵陵园之中各自均包括了“同茔不同穴”的皇帝陵与皇后陵，应该是受到战国时代王陵陵园规制影响[10]。

当然，汉高祖长陵与汉惠帝安陵的帝陵与皇后陵在同一陵园（即所谓“小陵园”）之中还有另一重要原因，即《吕氏春秋》所记载的“陵墓若都邑”。也就是说西汉时代帝陵“小陵园”与汉长安城的布局关系密切。

汉高祖刘邦于公元前202年，采纳娄敬意见，定都关中长安[11]。“长安”为秦之“乡”名，因此可以说汉长安城之名源于秦之“长安乡”。汉长安城在秦代是秦咸阳城的“渭南”之地，这里有秦的“诸庙”“章台”“上林苑”与“兴乐宫”、“甘泉宫”（即秦“南宫”）、“官社”等建筑[12]。刘邦徙都关中之后，开始以“栎阳”为临时都城。其后开始营建长安城，汉高祖五年改造秦兴乐宫为“长乐宫”，作为其在长安的临时皇宫。汉高祖七年二月“长乐宫成，丞相已下徙治长安”[13]。同年十月“诸侯群臣朝”长乐宫[14]。高祖十年，淮南王、梁王、燕王、荆王、楚王、齐王、长沙王等“来朝长乐宫”，高祖十二年“崩于长乐宫”[15]。

汉高祖七年，萧何基本建成未央宫东阙、北阙、前殿、武库、太仓，汉高祖九年“冬十月，淮南王、梁王、赵王、楚王朝未央宫，置酒前殿。上奉玉卮为太上皇寿”[16]。汉惠帝继承皇位之后，开始以未央宫为正式皇宫，吕太后在长乐宫，因此文献记载“惠帝为东朝长乐宫”[17]。公元前188年汉惠帝“崩于未央宫”[18]。吕后执政期间，也在未央宫，高后去世就在未央宫[19]。陈平、周勃等在未央宫粉碎了吕氏家族政变之后，代王刘恒在未央宫登基称帝[20]。虽然早在汉惠帝时期，长乐宫因吕太后所居，其宫就有“东朝”之称[21]，但是作为西汉时代“二元政治”空间的未央宫与长乐宫在长安城形成“西宫”与“东宫”并列格局[22]，可能始于汉景帝时期。文献记载：“孝景时，吴楚七国反，景帝往来东宫间，天下寒心数月。”[23]之所以在社会上造成如此影响，与汉文帝去世、刘启即位，孝文窦皇后为“太后”有关，其时她组织上培植政治力量，国家意识形态上以其黄老思想“信仰”为中心，因此文献记载：窦太后“封广国（窦太后之弟）为章武侯。长君（窦太后之兄）先死，封其子为南皮侯。吴楚反时，太后从昆弟子窦婴侠，喜士，为大将军，破吴、楚，封魏其侯，窦氏侯者凡人三”[24]。《史记》卷49《外戚世家》记载：“窦太后好黄帝、老子言，帝（景帝）及太子诸窦不得不读《黄帝》

《老子》，尊其术。”武帝登基之初，“御史大夫赵绾坐请毋奏事太皇太后，及郎中令王臧皆下狱，自杀。丞相婴、太尉蚡免。”[25]这也就导致了汉景帝与汉武帝时期，汉长安城形成了未央宫与长乐宫的“两宫制”。昭帝之时，霍光的两个女婿就是“东西宫卫尉”[26]。由于二者“东西”分列，故未央宫又称“西宫”，长乐宫则称“东宫”[27]。西汉一代十一位皇帝，除汉武帝之外，其他皇帝均为先皇后去世，皇后成为太后，有的甚至成为皇太太后，如孝文窦皇后于汉景帝时为皇太后，至其孙刘彻当皇帝时，她就成为皇太太后。“东宫”至西汉晚期权势越来越突显，《汉书》卷72《贡禹传》记载：汉元帝时“臣禹尝从之东宫，见赐杯案，尽文画银饰，非尝所以赐食臣下也。东宫之费亦不可胜计”。汉成帝时，许皇后“其孝东宫，毋阙朔望”[28]。直至西汉末年，王莽篡位之前，他还要“车驾至东宫，亲以其书白太后”[29]。故长乐宫谓“东宫”，自汉景帝、汉武帝之后终西汉一代而未变。

作为“陵墓若都邑”的汉代帝陵与其不同时期的都城形制基本保持着一致性。汉景帝、汉武帝时期都城未央宫与长乐宫“两宫制”形成，影响了西汉帝陵由皇帝陵与皇后陵在同一陵园发展为汉文帝霸陵与汉景帝阳陵的皇帝陵与皇后陵各自一个陵园，而二陵园之外又置“大陵园”，“大陵园”则以帝陵园的“小陵园”为“核心”。西汉时代皇后陵园多称“东园”，如《汉书·外戚传·孝宣王皇后传》记载：孝宣王皇后“永始元年崩，合葬杜陵，称东园”。颜师古注：“虽同茔兆而别为坟，王后陵次宣帝陵东，故曰东园。”传世刻铭永始元年的“杜陵东园铜壶”和“杜陵东园铜钟”应即王皇后陵园的遗物。《汉书》卷81《马宫传》载：“妇人以夫爵尊为号，谥宜曰孝元傅皇后，称渭陵东园。”

在西汉十一陵中，同一帝陵之中，帝陵在西部、后陵在东部的除了以上所说的汉文帝霸陵、汉景帝阳陵、汉宣帝杜陵、汉元帝渭陵（孝元傅皇后陵）[30]之外，还有汉高祖长陵（同一陵园之内）[31]、汉昭帝平陵[32]、汉哀帝义陵[33]、汉平帝康陵[34]。

至于目前考古发现的汉惠帝安陵园之中，东部为汉惠帝陵，孝惠张皇后陵在惠帝陵西部，有着特殊原因。惠帝于公元前188年崩，“葬安陵”。孝惠张皇后是惠帝姐姐的女儿，因政治原因被“废处北宫”，她死于孝文后元年（公元前163年），当时汉文帝将其“葬安陵，不起坟”[35]。这里强调的是“葬”安陵，而不是将其“合葬”安陵；二是突出其墓“不起坟”。因此目前汉惠帝安陵园中“孝惠张皇后墓”如何解读，以及具体情况如何尚待进一步考古工作与深入研究。

汉武帝茂陵、汉成帝延陵的帝陵与皇后陵之陵园为帝陵园居东、皇后陵园位西，均有其各自“特殊原因”。

茂陵大陵园之中的李夫人墓园在汉武帝陵园西北部，这是西汉十一陵中唯一一个皇帝在位之时将其后宫嫔妃以皇后礼仪合葬帝陵的，并且“破例”安置于大陵园西部。《汉书》卷97（上）《外戚传》（上）载：李夫人“生一男，是为昌邑哀王。李夫人少而蚤卒，上怜闵焉，图画其形于甘泉宫。及卫思后废后四年，武帝崩，大将军霍光缘上雅意，以李夫人配食，追上尊号曰孝武皇后”。同书亦载：“及夫人（李夫人）卒，上（汉武帝）以后礼葬焉。”[36]

汉成帝建始二年（公元前31年），“以渭城延陵亭部为初陵”[37]。在其营建延陵十年之际，文献记载：“成帝作延陵及起庙窦将军有青竹田在延陵陵庙之南，恐犯蹈之，言作陵不便，乃徙作昌陵。”[38]实际上可能还有另一个重要原因，即近年来在汉成帝帝陵及陵园东临发现战国时期修建的秦王陵，这直接影响了汉成帝延陵“大陵园”的规划，无法按照“例行”的“大陵园”之中帝陵园居西与皇后陵园位东的传统礼仪。

关于西汉帝陵“大陵园”之制的形成时间，从考古发现资料来看，汉文帝霸陵与孝文窦皇后陵各自有其独立陵园（也就是“小陵园”）。再据《汉书·外戚传》记载，“五官以下，葬司马门外”，霸陵园与孝文窦皇后陵园二者之外还应该有一圈“大陵园”[39]。而汉惠帝安陵与汉高祖长陵均为皇帝陵和皇后陵在同一陵园之中，因此可以说汉文帝霸陵园是形成“大陵园”之制最早的。至于“大陵园”的形成具体时间，可能会晚于汉文帝执政时期。根据历史文献记载，汉文帝公元前157年崩，葬霸陵[40]；而孝文窦皇后是公元前135年（汉武帝建元六年）崩，与汉文帝合葬霸陵[41]。汉景帝公元前152年作阳陵，公元前141年崩，葬阳陵[42]；孝景王皇后公元前126年崩（汉武帝元朔三年），与汉景帝合葬阳陵[43]。孝文窦皇后、孝景王皇后均于汉武帝时期去世，而后分别与汉文帝、汉景帝合葬于霸陵与阳陵。孝文窦皇后陵与孝景王皇后陵是在她们生前分别于汉文帝、汉景帝时期修建的，还是孝文窦皇后陵由其子汉景帝为其母“预作寿陵”或其孙汉武帝为其修建的并不清楚。孝景王皇后陵是由汉景帝为其“预作寿陵”或汉武帝为其母修建的，目前也不清楚。当然随着今后田野考古工作进一步深入开展，更多新资料的发现，出土有明确地层关系与时代特点的遗迹地层关系及遗物，从而推断出相关建筑遗存时代，有可能对孝文窦皇后陵、孝景王皇后陵的营建时代有个准确的答案。现在看来，虽然西汉帝陵的“大陵园”首次出现是在汉文帝霸陵，但是“大陵园”制度全面形成很可能于汉景帝与汉武帝时期。这里的关键问题是西汉时期皇帝“预作寿陵”，而皇后是否与其同步“预作寿陵”还不清楚，我想这可以从帝陵与皇后陵修建是否同步得到反映。但是就已知情况来看，皇帝与皇后陵墓同时“预作寿陵”可能性很小。如汉元帝渭陵的“大陵园”之内的汉元帝陵园与孝元傅皇后陵园、孝元王皇后陵园的三者营建过程，可以看出后二者并不是在汉元帝生前“预作寿陵”的。《汉书》卷9《元帝纪》记载：永光四年（公元前40年），汉元帝“以渭城寿陵亭部原上为初陵”。汉元帝于竟宁元年（公元前33年）“五月，帝崩于未央宫……秋七月丙戌，葬渭陵”。汉元帝生前的唯一皇后就是王皇后（王政君），其子汉成帝[44]。绥和二年汉成帝崩，元帝庶孙刘欣继承皇位，即汉哀帝。汉元帝生前与去世之时，并没有为皇后“预作寿陵”。第一个以汉元帝皇后身份合葬渭陵的是孝元傅昭仪。《汉书》卷97（下）《外戚传》（下）记载：“元帝崩，傅昭仪随王（定陶共王，汉哀帝之父）归国，称定陶太后。”定陶太后的孙子汉哀帝当政之时，她于“元寿元年（公元前2年）崩，合葬渭陵，称孝元傅皇后”[45]。孝元傅皇后陵及陵园在汉元帝陵园东北部。帝王陵墓建设是“国家大事”“国家政治”，王莽为其政治需要，汉平帝元始五年他把合葬渭陵的孝元傅皇后陵毁掉，以图“安排”其姑母孝元王皇后百年之后作为汉元帝皇后合葬渭陵。王莽称帝以后，始建国五年（公元13年）孝元王皇后崩，王莽将其姑母“合葬渭陵”[46]。由此不难看出，西汉一代，合葬帝陵的皇后，有的皇后陵园在大陵园中位置有违“常规”或与当时的执政皇帝或“掌权者”关系十分密切。这也就应慎重考虑西汉帝陵“大陵园”的形成与相关形制变化的时间等多种因素。若此，如前所述汉景帝阳陵的帝陵与皇后陵不应是同时营建的，至于其阳陵陵园规划是否是汉景帝生前制定，目前还无法究明。

都城与帝陵陵园之中相关遗存的空间位置，与传统文化也有着重要关系。《尔雅·释宫》记载："西南谓之奥。"《疏》："西南隅为最深隐，故谓之奥，而祭祀及尊者常处焉。"[47]因此反映在都城之中皇宫居西、太后之宫城居东；帝陵陵园之中，帝陵居西、皇后陵居西。东汉学者王充《论衡·四讳》指出："夫西方，长老之地，尊者之位也。尊长在西，卑幼在东。"

综上所述，西汉帝陵的陵园形制变化与都城汉长安城及其未央宫与长乐宫的功能变化及社会发展变化密切相关，这正是"陵墓若都邑"的实证。同时，我们通过西汉早期汉高祖长陵、汉惠帝安陵、汉文帝霸陵、汉景帝阳陵等陵园形制变化，对西汉帝陵"大陵园"与"小陵园"（帝陵园、皇后陵园）的形成时间进行了初步探讨。

二、"陵墓若都邑"之二：关于帝陵与宫城"崇方"及"四门"形制

1. 帝陵与宫城以"方"为"贵"的"崇方"理念

西汉帝陵的皇帝与皇后陵墓封土、陵园平面形制，自汉景帝阳陵开始，至西汉末年汉平帝康陵，其平面绝大多数为方形或近方形。

如：汉景帝至汉平帝的帝陵封土底部平面一般为方形或近方形[48]，因此西汉时代帝陵封土时称"方上"。历史文献记载，不但封土底部平面为方形，陵墓地宫平面亦为方形，故称"方中"[49]。再如孝文窦皇后、孝景王皇后、孝昭上官皇后、孝宣王皇后、孝元王皇后、孝哀傅皇后、孝平王皇后的皇后陵墓封土底部平面亦均为方形或近方形[50]。

从汉高祖长陵、汉惠帝安陵及汉景帝至汉平帝的帝陵陵园平面形制来看，除了汉成帝延陵的帝陵陵园之外，其他诸帝陵陵园平面均为方形或近方形。汉高祖长陵陵园边长780米、汉惠帝安陵陵园边长840～940米，景帝陵园、武帝陵园、昭帝陵园、宣帝陵园、元帝陵园、成帝陵园、哀帝陵园、平帝陵园平面边长分别为418米、430米、370米、433米、400～410米、382～400米、420米、375米。这一时期的皇后陵园，除了李夫人陵园及西汉晚期的汉成帝的皇后、孝哀傅皇后、孝平王皇后的陵园平面为长方形之外，孝景王皇后、孝宣王皇后、孝元王皇后之陵园均为方形或近方形，其各自陵园边长分别为347～350米、334～335米、300米，孝昭上官皇后陵园边长400米。[51]

帝陵园的方形平面应该从理念上是"象征"皇帝宫城，西汉时代长安城的宫城——未央宫东西2250米、南北2150米，其平面"近方形"。而在西汉帝陵园中，有不少帝陵园平面可以说是"标准"的"正方形"，如：汉景帝陵园平面边长418米、汉武帝陵园平面边长是433～435.5米、汉昭帝陵园平面边长422米、汉宣帝陵园平面边长433米、汉元帝陵园平面边长418米、汉哀帝陵园平面边长418米。这表明皇帝"终极理想"的"宫城"平面是"正方形"而不是"近方形"。应该说西汉时代作为"国家建筑"之"崇方"形制理念达于极致的是帝陵与都城宗庙、社稷、辟雍（明堂）[52]、灵台[53]等建筑，这似乎可以说"都城若陵墓"的折射，当然随着中国古代都城与中国古代陵墓的发展，其表现会越来越丰富。

2. 陵墓、陵园与都城、宫城的"崇方"与"四门"

陵墓、陵园与都城、宫城的崇方理念是基于两个方面，一是"天圆地方"，"地"之"形"为"方"，"地"是承载人的平台，"地"及"人"是国家的"物化载体"，帝陵、都城则是国家的"代表"。二是"方"所表示的东西南北"四方"，与"四方"连通则要四面辟门。如汉长安城东西南北四面辟门，每面各 3 座城门；都城长安的未央宫、长乐宫、甘泉宫均属"宫城"性质，文献记载上述诸宫城亦均四面辟门[54]。考古发现也证实了其宫城四面辟门[55]。

陵墓的"墓道"实际上就是"门道"，西汉帝陵地宫四面各辟一条墓道，"四墓道"的墓道口有"墓门"，它们也就是地宫之"四门"，其分别与帝陵园四面的"四门"相对。秦汉时期的帝陵不只是其地宫四面辟门，而且地面之上设置的陵园，亦四面辟门，帝陵地宫之四门与帝陵园的四面"司马门"相对。如，汉景帝陵园平面方形，陵园四面中央各辟一门，帝陵地宫（墓室）四面各辟一墓道（墓门），其与陵园之四门相对，并且又与大陵园四门相对[56]。再如汉宣帝杜陵之帝陵园平面方形，陵园四面中央各辟一门。陵墓位于陵园中央，封土覆斗形，底部平面方形。地宫（墓室）平面"亚字形"，四面中央各辟一墓道（墓门），其与陵园四门相对[57]。

历史上陵墓四面辟门可以追溯到殷墟西北岗商王陵，20 世纪 30 年代这里考古发现的"亚字形"墓，就是我们现在所说的四墓道王陵[58]。这种陵墓也就是考古学上所说的"亚字形"墓，这一制度一直延续至西汉时代的西汉十一陵。

西汉一代与帝陵"合葬"的"同茔不同穴"的皇后陵也是与上述帝陵及帝陵园规制相同，只是后者较前者规格上低一些。如孝景王皇后陵园在汉景帝陵园东北部，其平面亦为方形，陵园四面中央各辟一门。后陵位于陵园中央，封土覆斗形，底部平面近方形。地宫（墓室）平面"亚字形"，四面中央各辟一墓道（墓门），其分别与陵园四门相对。孝景王皇后陵园与汉景帝陵园二者形制基本相同，只是前者较后者"规模"小。再如西汉中晚期的孝宣王皇后陵园平面方形，陵园四面中央各辟一门。陵墓在陵园中央，封土覆斗形，底部平面方形。地宫（墓室）平面"亚字形"，四面中央各辟一墓道（墓门），其与陵园四门相对[59]。

根据考古发现，从商代晚期殷墟王陵至西汉一代的帝陵，亚字形墓的使用仅限于帝王陵墓，而其他达官显贵使用"亚字形"墓属于"僭越"。当然极个别诸侯王墓也有使用亚字形墓的，如近年来考古发现的战国时代晚期从秦雍城徙都咸阳的秦王陵，这只能说明战国时代晚期秦国国王就认为其以后将成为灭六国、统一天下的国王（即秦代的皇帝）。与此形成鲜明对比的是东周时代齐国、楚国、燕国、韩国、魏国、中山国等国君墓，已经考古发掘见诸报道的不见亚字形国君墓，均为"中字形"甚或"甲字形"陵墓。如春秋时期的齐景公陵[60]、战国时代早中期的湖北江陵纪南城熊家冢楚王陵均为甲字形墓[61]，河北易县燕下都第十六号墓（王陵）[62]、河南新郑胡庄韩国王陵[63]、河南辉县固围村战国时代晚期的魏国王陵[64]、河北省平山县战国时代晚期的中山国王陵等均为"中字形"墓[65]。

东汉及其以后的帝陵虽然陵墓墓室一般由过去的亚字形变为甲字形，但是其地面之上的陵园仍然是四面辟门，亚字形墓室功能被地面陵园四面辟门所代替[66]。中国古代陵墓规制发展，从秦汉时期开启的帝国时代，其重点从"墓内"逐渐向"墓外"或"墓上"转移、发展，丧葬礼仪从重点祭祀逝者，到"利用"陵寝祭祀活动为现实"政治"服务。

我们将汉长安城、未央宫、长乐宫与上述汉阳陵、汉杜陵的陵园、帝陵、后陵的布局形制进行对比，可以发现它们之间存在着许多“共同点”，它们佐证了“陵墓若都邑”：

（1）未央宫（宫城）与皇帝陵园二者平面均为方形。

（2）大朝正殿（前殿）在未央宫中部；皇帝陵墓在其陵园（小陵园）中央。

（3）未央宫（宫城）四面辟门；帝陵陵园亦四面辟门。

（4）汉长安城四面辟门；汉阳陵（大陵园）亦四面辟门。

（5）汉长安城有“两宫”未央宫与长乐宫（东宫与西宫）；西汉帝陵的皇后陵园有“东园”之称，“东园”应该相对帝陵陵园的“西园”而言。

（6）汉长安城与未央宫均为“坐西朝东”，以“东城门”[67]“东宫门”为正门[68]；汉景帝、汉武帝的帝陵陵园与“大陵园”及汉宣帝帝陵陵园的“正门”均为“东司马门”[69]。

三、从“陵墓若都邑”到“都邑若陵墓”

在考古学研究中，传统上一直认为“陵墓若都邑”，当然这也是古人对涉及陵墓与都城关系的一个精辟的历史总结。随着古代都城与帝陵考古发现与研究工作的深入开展，我们发现“都邑”与“陵墓”的彼此关系不是单向的“陵墓”对“都邑”的“克隆”，也还存在着“都邑若陵墓”现象，或者说作为政治文化的“都城”与“陵墓”，随着时代发展，“陵墓”比“都城”更为凸显其政治文化，有的方面表现得更为“强化”“深化”。现以西汉陵墓与都城为例：

1.“中”与“中和”的“标准化”

“中”作为都城与陵墓建筑的突出特点是国家文化的“核心理念”体现，而西汉时期都城与帝陵比较，后者比前者“中”的特色更为突出。以汉景帝阳陵为例：帝陵地宫（墓室）在帝陵封土中心。

“中和”即中心与东西南北关系，四方“和”于“中”是“中和”的核心。帝陵地宫四门与帝陵园四门相对，帝陵园东西南北四门与阳陵大陵园四门相对，形成帝陵地宫在封土中央、封土在帝陵园中央、帝陵园在阳陵大陵园中的中心地位[70]。

作为阳陵帝陵园与帝陵封土（小陵园）“模本”的未央宫及其大朝正殿——前殿，其“中”之方位不如阳陵“标准”。未央宫在汉长安城西南部，可以说前殿约在未央宫中部，但并不在未央宫中心或中央，前殿居未央宫东、西、南、北宫墙距离分别为990米、1060米、860米和890米。而且未央宫的东西宫门也不是与前殿东西相对。未央宫东西二宫门之间的东西道路在前殿以南150米，未央宫南北二宫门之间的南北道路在前殿东侧[71]。

2.“崇方”更“标准化”

西汉帝陵陵园“崇方”理念与都城之宫城比较，帝陵涉及的“崇方”内容更多，诸如帝陵与皇后陵园之内的封土，它们犹如宫城之中的大朝正殿。帝陵封土为“覆斗形”，封土底部方形。如汉景帝陵封土底部边长155～166米、汉武帝陵封土底部边长229～231米、汉昭帝陵封土底部边长160米、汉宣帝陵封土底部边长172米、汉元帝陵封土底部边长172米、汉成帝陵封土底部边长152～156米等。也有不少皇后陵园中央之封土为覆斗形，底部平面为方形或近方形，如孝文窦皇后陵、孝景王皇后陵、茂陵李夫人陵、孝昭上官皇后陵、孝宣王皇后陵、孝元王皇后陵、孝哀傅皇后陵、孝平王皇后陵等，它们应该是皇后"正殿"的象征。而都城之宫城的大朝正殿与皇后正殿平面，一般是长方形。这或许说明"陵墓若都邑"的西汉帝陵"崇方"理念要比"都邑"更"纯正"、更"标准化"、更"理想化"。在中国古代都城发展史上，宫城或皇城的方形平面形制，几乎没有一座都城、宫城平面达到如汉景帝陵园、帝陵封土那样的"正方形"标准。

3. 陵庙与宗庙形制变化：从陵庙到宗庙

汉景帝阳陵陵庙遗址是目前考古发现的可以与历史文献记载明确对应的时代最早的"庙"。20世纪50年代，中国科学院考古研究所在西安西北郊汉长安城遗址南部考古发掘的西汉晚期"宗庙"建筑遗址，已被学术界所公认[72]。阳陵陵庙遗址的发现使我们觉得它们二者虽然相隔一百多年，但是其建筑形制几乎完全相同，因此我们认为它们之间应该有着十分密切的文化传承关系。与阳陵陵庙相同或相近的陵庙遗址在已经发表的汉高祖长陵、汉惠帝安陵的考古资料中尚未见到，文献记载汉文帝的"顾成庙"在汉长安城东南部，其建筑布局形制更无从谈起。根据目前考古资料推测，从已知的阳陵陵庙、平陵陵庙[73]、杜陵陵庙[74]、延陵陵庙[75]的考古发掘或勘探、试掘资料可知，西汉晚期的汉长安城南郊宗庙建筑遗址与阳陵陵庙建筑遗址有着十分密切的关系，也就是说西汉晚期都城长安的宗庙建筑与阳陵陵庙形制有着一定的传承关系，这也从某个方面再现了"都邑若陵墓"。

四、西汉帝陵与宫城形制折射出"共同"的"中"及"中和"理念

西汉帝陵与都城属于"国家文化"，也就是学术界所说的"大传统文化"[76]。它们集中反映在二者的"崇方""四门"与"中"及"中和"形成的"东西南北中""五方"之理念，而其核心是突出"中"。"中"的突出，实际上在中华文明史上有着久远历史。1987年河南濮阳考古发现的距今6400年新石器时代晚期墓葬（M45），其中的蚌塑龙虎与北斗形象，昭示着死者生前"求中"的理想[77]。其后，4000多年前的陶寺遗址墓葬中发现的与"测中"有关的"圭表"遗物[78]，《清华简·保训篇》关于虞舜、夏禹"求中"与商汤的六世祖上甲微为夏禹"追中"（即"求中"）于"河"的记载[79]。20世纪50年代末以来，考古工作者在嵩山周围发现了登封王城岗城址、新密新砦城址与偃师二里头遗址，学术界一般认为上述三处城址应分别为夏代早、中、晚期的都城遗址。继夏之后的商代早期都城郑州商城、偃师商城均分布在"大嵩山"地区。1963年，陕西宝鸡发现的西周早期青铜器"何尊"铭文"宅兹中或（国）"则是"中国"于"天下之中"的物证资料[80]。先秦时代相关历史文献记载也与"何尊"形成"互证"。《左传》昭公三十二年载："昔成王合诸侯，城成周，以为东都"；《史记·周本纪》进一步详述：

“成王在丰，使召公复营洛邑，如武王之意。周公复卜申视，卒营筑，居九鼎焉。曰：‘此天下之中，四方人贡道里均。’”[81]

进入帝国时代，“中”的理念在最重要的国家文化——都城与帝陵之中体现得最为突出，而在都城遗址与帝陵之间，帝陵陵寝建筑遗址相对都城遗址保存较好一些。如汉景帝阳陵的帝陵封土与帝陵园、皇后陵封土与皇后陵园、陵庙与庙院等形成的布局形制反映的“中”之特色，与此同时通过汉封土之下地宫、“小陵园”四面辟门，以“四门”象征“东西南北”四方，而“四方”之“小陵园”“中央”的帝陵封土（方上）、封土“中央”的“地宫”，宫城之“大朝正殿”与帝陵园之“中央”的帝陵封土，体现的是“东西南北”之“四方”与“中”之“中和”理念，即“中”之“和”于“东西南北”“四方”，宫城、帝陵园的“崇方”平面规制，反映的是“中”与“四方”的“等距离”，“中”对“四方”的“公允”“公平”，这也就是中华文明的“多元”“和”于“一体”在汉景帝阳陵布局形制所传达的“国家认同”的中华文明发展史的“核心理念”。

注释

[1] 陕西省考古研究所：《汉阳陵》，重庆出版社，2001年；汉阳陵博物苑：《汉阳陵博物苑》，文物出版社，2006年，第56页；焦南峰：《试论西汉帝陵的建设理念》，《考古》2007年第11期。

[2] 刘庆柱、李毓芳：《西汉十一陵》，陕西人民出版社，1987年，第174、175页。

[3]《文博》1999年第6期发表的《汉景帝阳陵考古新发现（1996年～1998年）》尚未见有关汉景帝阳陵的“帝陵园”与“小陵园”内容。

[4] 河北省文物管理处：《河北省平山县战国时期中山国墓葬发掘简报》，《文物》1979年第1期；河北省文物研究所：《𠱃墓——战国中山国国王之墓》，文物出版社，1996年。

[5] 中国科学院考古研究所：《辉县发掘报告》，科学出版社，1956年。

[6] 李兆华：《荆门发现楚大型陵园建筑》，《中国文物报》1991年8月4日第1版；荆门市博物馆：《记山楚冢调查》，《江汉考古》1992年第1期；荆州博物馆：《湖北荆州熊家冢墓地2006～2007年发掘简报》，《文物》2009年第4期；荆州博物馆：《湖北荆州熊家冢墓地2008年发掘简报》，《文物》2011年第2期；荆州博物馆：《湖北荆州八岭山冯家冢墓地考古勘探简报》，《文物》2015年第2期。

[7] 咸阳地区文物管理委员会：《咸阳地区历史文物概况》之《周陵考》，陕西人民出版社，1974年（内部出版），第17～21页；刘庆柱：《论秦咸阳城布局形制及其相关问题》，《文博》（秦文化、秦俑研究特刊）1990年5期；咸阳市文物考古研究所：《西汉帝陵钻探调查报告》，文物出版社，2010年，第160～168页。

[8] 陕西省考古研究所、临潼县文管会：《秦东陵第一号陵园勘察记》，《考古与文物》1987年第4期；陕西省考古研究院、咸阳市文物考古研究所周陵文物管理所：《咸阳“周王陵”考古调查、勘探简报》，《考古与文物》2011年第1期。

[9] 田亚岐：《秦都雍城布局研究》，《考古与文物》2013年第5期。

[10] 刘庆柱、李毓芳：《西汉十一陵》，陕西人民出版社，1987年，第5～7转27页。

[11]《汉书》卷1（下）《高帝纪（下）》，中华书局，1962年，第58页。

[12]《史记》卷6《秦始皇本纪》，中华书局，1959年，第227、230（注23）、239页。

[13]《史记》卷8《高祖本纪》：高祖七年“长乐宫成，丞相已下徙治成长安”。

[14]《汉书》卷43《叔孙通传》，第2127页。

[15]《史记》卷8《高祖本纪》，第392页。

[16]《汉书》卷1（下）《高帝记（下）》，第64、66页。

[17]《汉书》卷43《叔孙通传》，第2129页。

[18]《汉书》卷2《惠帝纪》，第92页。

[19]《汉书》卷3《高后纪》，第101页。

[20]《史记》卷10《孝文本纪》，第417页。

[21]《汉书》卷43《叔孙通传》：“惠帝为东朝长乐宫。”

[22] 刘庆柱：《汉长安城未央宫、长乐宫与西汉的二元政治——从未央宫、长乐宫的考古发现来看》，《古都问道》，中国社会科学出版社，2015年。原载《人民政协报》2004年2月26日，《新华文摘》2004年第9期转载。

[23]《汉书》卷59《张汤传》，第2641页。

[24]《汉书》卷97（上）《外戚传（上）》，第3945页。

[25]《汉书》卷6《武帝纪》，第157页。

[26]《汉书》卷68《霍光传》，第2948页。

[27]《汉书》卷36《楚元王传》载：“依东宫之尊，假甥舅之亲，以为威重。”颜师古注：“东宫，太后所居也。”《汉书补注》王先谦曰：“胡注：汉制，太后率居长乐宫，在未央宫东，故曰东宫。”《汉书》卷二十七《五行志》载：“《左氏》以为西宫者，公宫也，言西知有东，东宫太子所居。”王先谦补注：“沈钦韩曰：此据汉法知之。窦婴传，田蚡云：程、李俱为东西宫卫尉，时程不识为长乐卫尉，长乐太后所居，曰东宫；李广为未央卫尉，帝所居，曰西宫，则公宫，明矣。”关于东宫之载，又见《汉书》之《张汤传》《元后传》《外戚传》《贡禹传》和《叙传》。

[28]《汉书》卷97（下）《外戚传（下）》，第3981页。

[29]《汉书》卷98《元后传》，第4033页。

[30] 汉元帝葬渭陵，其后首先作为皇后合葬渭陵的是孝元傅昭仪，《汉书》卷97（下）《外戚传》（下）：傅昭仪“元寿元年（公元前2年）崩，合葬渭陵，称孝元傅皇后”。

[31]《史记》卷49《外戚世家》：“高后崩，合葬长陵。”《史记集解》引《关中记》曰：“高祖陵在西，吕后陵在东。汉帝后同茔，则为和陵也。诸陵皆如此。”

[32] 刘庆柱、李毓芳：《西汉十一陵》，陕西人民出版社，1987年，第70、71页。

[33] 陕西省考古研究院、咸阳市文物考古研究所：《汉哀帝义陵考古调查、勘探简报》，《考古与文物》2012年第5期。

[34] 陕西省考古研究院：《汉成帝延陵考古调查、勘探报告》，文物出版社，2020年。

[35]《汉书》卷97（上）《外戚传（上）》，第3940页。

[36]《汉书》卷97（上）《外戚传（上）》，第3951、3952页。

[37]《汉书》卷10《成帝纪》。

[38]《太平御览》卷37引《三辅旧事》，中华书局，1962年，第176页。

[39] 刘庆柱、李毓芳：《西汉十一陵》，陕西人民出版社，1987年，第174、175页。

[40]《汉书》卷4《文帝纪》，第131页。

[41]《汉书》卷97（上）《外戚传（上）》，第3945页；《汉书》卷5《景帝纪》载：汉景帝（中元）三年“春正月，皇太后崩”。注：“文颖曰：景帝母窦太后，以帝崩后六年乃亡。凡立五十一年，武帝建元六年崩。今此言皇太后崩，误耳。”孟康曰：“此太后崩，《史记》无也。”臣瓒曰：“王楙云景帝薄后以此年死，疑是也。当言废后，而言太后，误也。”颜师古曰：“孟说是也。废后死不书，又不言崩。瓒解为谬。”

[42]《汉书》卷5《景帝纪》，第143、153页。

[43]《汉书》卷97（上）《外戚传（上）》，第3948页。

[44]《汉书》卷98《元后传》，第4015、4016页。

[45]《汉书》卷97（下）《外戚传（下）》，第4002页。

[46]《汉书》卷98《元后传》：孝元王皇后“建国五年二月癸丑崩。三月乙酉合葬渭陵”。

[47]《十三经注疏》下册，中华书局，1980年，第2597页。

[48] 汉景帝陵、汉武帝陵、汉昭帝陵、汉宣帝陵、汉元帝陵、汉成帝陵、汉哀帝陵、汉平帝陵封土底部边长分别为：158～159米、224～226米、160米、172米、175米、173米、175米、209～216米。

[49]《汉书》卷59《张汤传》：张汤“调茂陵尉，治方中”。《后汉书》卷10（上）《皇后纪·和熹邓皇后纪》（上）：“以连遭大忧，百姓苦役，殇帝康陵方中秘藏，及诸工作，事事减约，十分居一。”
[50] 孝文窦皇后、孝景王皇后、孝昭上官皇后、孝宣王皇后、孝元王皇后、孝哀傅皇后、孝平王皇后的皇后陵墓封土底部边长分别为：137～143米、151～158米、150米、148米、90米、100米、80米。
[51] 以上西汉帝陵、皇后陵封土与其陵园底部平面数据均引自：刘庆柱、李毓芳：《西汉帝陵考古发现与研究》，《洛阳汉魏陵墓研究论文集》，文物出版社，2009年。
[52] 中国社会科学院考古研究所：《西汉礼制建筑遗址》，文物出版社，2003年。
[53] 中国社会科学院考古研究所洛阳工作队：《汉魏洛阳城南郊的灵台遗址》，《考古》1978年第1期。
[54]《三辅黄图》：“汉未央、长乐、甘泉宫，四面皆有公车司马门。”
[55] 中国社会科学院考古研究所：《汉长安城未央宫——1980～1989年考古发掘报告》，中国大百科全书出版社，1996年。
[56] 陕西省考古所阳陵考古队：《汉景帝阳陵考古新发现（1996～1998年）》，《文博》1996年第6期。
[57] 中国社会科学院考古研究所：《汉杜陵陵园遗址》，科学出版社，1993年。
[58] 中国社会科学院考古研究所：《中国考古学·夏商卷》，中国社会科学出版社，2003年，第339页。
[59] 中国社会科学院考古研究所：《汉杜陵陵园遗址》，科学出版社，1993年。
[60] 山东省文物考古研究所：《齐故城五号东周墓及大型殉马坑的发掘》，《文物》1984年第9期；山东省文物考古研究所：《临淄齐故城》，文物出版社，2013年。
[61] 荆州博物馆：《湖北荆州熊家冢墓地2006～2007年发掘简报》，《文物》2009年第4期；荆州博物馆：《湖北荆州熊家冢墓地2008年发掘简报》，《文物》2011年第2期。
[62] 河北省文化局文物工作队：《河北易县燕下都第十六号墓发掘》，《考古学报》1965年第2期。
[63] 河南省文物考古研究所：《河南新郑胡庄韩王陵考古发现概述》，《华夏考古》2009年第2期。
[64] 中国社会科学院考古研究所：《辉县发掘报告》，科学出版社，1965年。
[65] 河北省文物研究所：《礜墓——战国中山国国王之墓》，文物出版社，1996年。
[66] 中国社会科学院考古研究所：《中国考古学·秦汉卷》，中国社会科学出版社，2010年；韩国河：《东汉帝陵有关问题的探讨》，《考古与文物》2007年第5期。
[67] 汉长安城东部的三座城门宣平门、清明门与霸城门，已经考古发掘的宣平门与霸城门与汉长安城南、西、北三面城门不同之处主要是东城门均置双阙，这应该是反映了汉长安城东城门应为其正门。
[68]《汉书》卷63《武五子传》：刘贺“至未央宫东阙。遂曰：昌邑帐在是阙外驰道北”。《汉书》卷27《五行志》：“（文帝七年）六月癸酉，未央宫东阙罘罳灾。刘向以为东阙所以朝诸侯之门也。罘罳在其外，诸侯之象也。”
[69] 陕西省考古研究院、咸阳市文物考古研究所、茂陵博物馆：《汉武帝茂陵考古调查、勘探简报》，《考古与文物》2011年第2期。
[70] 陕西省考古所阳陵考古队：《汉景帝阳陵考古新发现（1996～1998年）》，《文博》1996年第6期；焦南峰：《西汉帝陵考古发掘研究的历史及收获》，《西部考古》（第一辑），三秦出版社，2006年。
[71] 中国社会科学院考古研究所：《汉长安城未央宫——1980～1989年考古发掘报告》，中国大百科全书出版社，1996年，第14、15页。
[72] 中国社会科学院考古研究所：《西汉礼制建筑遗址》，文物出版社，2003年。
[73] 咸阳博物馆：《汉平陵调查简报》，《考古与文物》1982年第4期。
[74] 中国社会科学院考古研究所：《汉杜陵陵园遗址》，科学出版社，1993年，第75、106页。
[75] 陕西考古研究院：《汉成帝延陵考古调查、勘探报告》，文物出版社，2020年。
[76] 罗伯特·雷德菲尔德著，王莹译：《农民社会与文化》，中国社会科学出版社，2013年。
[77] 河南省文物考古研究所、濮阳市文物保护管理所：《濮阳西水坡》，中州古籍出版社、文物出版社，2012年。
[78] 中国社会科学院考古研究所山西队、山西省考古研究所、临汾市文物局：《陶寺城址发现陶寺文化中期墓葬》，《考古》2003年第9期。

[79] 李学勤主编:《清华大学藏战国竹简》(壹)下册，中西书局，2010年，第143、145页。

[80] 马承源:《何尊铭文初释》,《文物》1976年第1期。

[81]《史记》卷4《周本纪》，第133页。另，关于成周在今洛阳的具体位置，现在还有不同意见，但是洛阳市附近已经发现了一些应该属于西周时期的古代城址，有人认为其中应有西周洛邑。参见中国社会科学院考古研究所洛阳汉魏城队:《汉魏洛阳故城城垣试掘》,《考古学报》1998年第3期。

(原刊于《汉阳陵与汉文化研究》(第四辑)，三秦出版社，2021年)

西汉陵墓封土渊源与形制

李毓芳

西汉时期厚葬成风，其陵墓包括墓上和墓下两部分。墓上建筑以封土为中心。本文试就汉代陵墓封土的渊源、形制、规模和名称诸问题探讨如下。

汉陵封土渊源于先秦墓上建筑。上古时代，墓上没有封土[1]，因而汉代学者刘向已经不清楚周文王、周武王、周公、樗里子等人葬于长安何处[2]。墓上出现封土大致在春秋战国之际。如河南固始侯古堆大墓，安徽淮南蔡家岗蔡国大墓，以及湖北、湖南和河南等地的楚墓，墓上均已有了封土。至于国君陵墓的封土，从目前保存下来的看，最早属于战国时期，如秦惠文王陵、秦悼武王陵、楚幽王墓、曾侯墓、赵王陵、燕王陵和齐王陵等。

关于墓葬封土渊源，根据民族学资料可知，在一些原始民族中，人们对死者表示怀念，往往要在葬地之上堆起一个土台放置祭品，这种土台应为墓葬封土的前身。进入阶级社会以后，统治阶级的墓上建筑渐趋高大和豪华。商代王陵[3]、陕西凤翔的秦公陵[4]和河北平山中山国王陵[5]的陵墓之上都有高大的建筑物。从中山国王陵内出土的“兆域图”可知，这种墓上建筑物叫做“堂”。战国是我国奴隶制解体、封建制确立的时代。封建国家的代表——国君或帝王，仿造其生前的都邑和宫域营建“陵区”，帝王陵墓便成了陵区内的主要建筑物。过去陵上用于祭祀的堂，发展为陵墓封土。因此，文献记载，“封之若堂”[6]。原来墓上用于祭祀的“堂”则移到陵侧，即秦汉帝陵之寝殿。

陵墓封土作为一种象征性建筑物，其外观的不同形制，应包含着特定的意义。汉代陵墓封土的外观形制可分四种：“坊”形、“覆斗”形、“圆丘”形和“山”形。

“坊”形封土底部和顶部平面均呈长方形的截锥体。此种封土早在先秦时代已经出现[7]。战国时代赵王陵中的三号陵，其封土底部南北 66 米、东西 37 米[8]。西汉初期的高祖长陵、吕后陵和惠帝安陵的封土，它们的底与顶部平面均为长方形[9]，同属“坊”形封土。考古工作者在商代墓冢[10]和秦公陵园中[11]，已经发现了基址平面为长方形的墓上建筑物，“坊”形封土就是受到了这种建筑的影响[12]。

“覆斗”形封土形如一个覆扣的斗，这也就是文献中记载的“堂”形，“坊形旁杀平上而长”[13]。已发掘的殷墟妇好墓、河南辉县魏国王陵、河北邯郸赵王陵和河北平山县战国中山国王陵的墓上建筑——“堂”的平面均为方形。“覆斗”形封土由此演变而来。汉代大型陵墓中筑造“覆斗”形封土比较多，帝陵的封土，除极个别的“坊”形和“山”形以外，均为“覆斗”形。此外，汉代称帝陵封土为“方上”。“方”言其形，“上”言其位。一般汉陵封土的底部和顶部平面均为方形即“覆斗”形，故言其“方”，帝陵封土位于地宫之上，故言其“上”。

将陵墓封土筑成这种几何形体，给人以壮观稳固的感觉。

“覆斗”形封土，在我国古代延续时间很长，直到唐代，除依山为陵的帝陵之外，如高祖献陵、敬宗庄陵、武宗端陵和僖宗靖陵的封土外观仍为“覆斗”形。河南偃师北宋诸陵的封土，亦为“覆斗”形陵台。不过唐、宋帝陵的“覆斗”形封土规模远逊于汉陵。

汉代圆丘形封土，在西安附近，多见于帝陵的陪葬墓。一般封土规模较小，大多因后代自然或人为破坏所致，封土原貌已难究清。

汉代陵墓中的“山"形封土为数不多，但颇具特色，影响深远。代表性的有霍去病墓、卫青墓、长陵陪葬墓的“三连冢”和李夫人墓。霍去病“发迹于祁连”[14]，“祁连山，即天山也，匈奴呼天为祁连”[15]。霍去病死后，其坟墓仿祁连山而筑。卫青冢仿庐山而建[16]。关于庐山，人们的说法不一，或曰中山，或曰南庭山，或曰寘颜山。虽然如此，但是，这三山却都是匈奴占领地区内的山脉。故汉代学者杨雄把庐山作为匈奴地区的代名词[17]。霍、卫二人均在抗击匈奴的战争中立下了丰功伟绩。他们死后的坟墓仿匈奴的名山或象征匈奴的大山而筑，显然是为了纪念他们的功绩。

位于咸阳市杨家湾长陵陪葬墓中的“三连冢”，墓主人待考，该墓封土也是仿造某“山”而营筑。类似此冢形状如唐太宗昭陵陪葬墓中的李靖和李勣墓，其封土形状与杨家湾“三连冢”相似。李靖墓在北，称“上三冢”；李勣墓在南，称“下三冢”。根据文献记载，李靖冢以阴山（内蒙古西部）、积石山（青海西宁市西南）象征其墓阙，它们与李靖坟墓本身组成三冢[18]。李勣墓冢象征阴山、铁山（陕西榆林一带）和乌德鞬山（又称郁都斤山，位于内蒙古中南部）[19]。把它们的坟墓或双阙建造成“山”形，是仿照“卫、霍故事”，目的是以旌其功。故而长陵陪葬墓中的“三连冢”，其意或亦表彰武功。

上面所述“山”形封土的坟墓，均为表彰死者战功而筑。当然，筑造“山”形封土的含义并非都是这样。李夫人冢就是个例外。李夫人墓“冢形三成”[20]，“三成”为昆仑丘[21]，可以认为李夫人冢应象征着“昆仑山”。因“西王母”居昆仑，而武帝自比天帝，把李夫人当成“西王母”，因此，令葬李夫人在茂陵以西，封土筑成“昆仑”之状。

汉代陵墓中有“依山为陵”或“因山为墓”者如文帝“不治坟”，使“山以因其故，毋有所改”[22]。中山王刘胜和窦绾夫妇凿崖为墓，以山为冢。这种陵墓封土形制汉代虽不甚多，但对后代影响颇大。汉魏以降，封建王朝的帝陵，大多“依山为陵”。

汉代陵墓封土规模（主要指高低）反映了封建社会的等级观念。西汉时代，帝陵一般“坟高十二丈”，“武帝坟高二十丈”属于例外[23]。皇后陵的封土规模不尽相同。高祖和吕后陵墓的封土规模基本相同，这或许由于吕后的特殊政治地位和她多年把持朝政所致。景帝、昭帝和宣帝的皇后陵墓，其封土一般高24～25米，规模略小于帝陵封土。西汉晚期，与诸帝合葬的后妃陵墓，其封土规模显著变小。封土高度一般为17～20米。

从以上情况可以发现，西汉一代皇后陵墓的封土规模变化趋势是越来越小。进入封建社会中期以后，皇帝与皇后陵由过去的同茔不同穴，改为“同穴”而葬，皇后再不另筑陵墓。

西汉时代诸侯王死后，多陪葬于帝陵附近，它们大多分布在帝陵和皇后陵的旁边。西汉帝陵陪葬墓中，封土规模较大者可高达20米左右。这些墓葬一部分可能是皇帝姬妾，但相当数量的还是诸侯王的坟墓。考古工作者在河北省定县北庄发掘的东汉初年中山简王刘焉之墓，其封土高 20 米[24]，刘焉相去西汉不远，其陵墓封土规模恐系亦沿前朝之制。

《周礼·春官·冢人》郑玄注引《汉律》曰：汉代“列侯坟高四丈，关内侯以下至庶人各差”。实际上当时坟墓要比这个规定高一些。侯王以下的官吏、庶人的坟墓封土较小，历经两千余年，风雨侵蚀，原貌全非，坟墓封土的原始高度已难搞清楚。

汉代墓葬封土，以死者“爵等为丘封之度”[25]。就是贵为天子、皇后，一般也不能例外。惠帝崩，吕后欲增其陵墓封土，遭到大臣们的一致反对，她只好作罢[26]。哀帝将其祖母孝元傅昭仪合葬于渭陵。王莽当政后，以其“冢高与元帝山齐”为理由，将其封土夷平、墓葬挖掘[27]。

汉代陵墓的名称，《尔雅·释地》记载：“大野曰平，广平曰原，高平曰陆。大陆曰阜，大阜曰陵。”国君坟墓称“陵”始于战国中期赵肃侯的陵墓[28]。但那时“陵”的使用并不严格，一些大贵族的坟墓也有称陵的。战国时代以来，由于国君的坟墓越建越大，外观犹如高山，因而其坟墓又称“山陵”或“山”。如秦始皇陵又叫“骊山”。汉初继承了这种称谓，高帝长陵又称“长山”[29]。甚至到了西汉末年，仍有称帝陵为“山”者，如王莽指责孝元傅昭仪冢“高与元帝山齐”。但就一般而言，高帝长陵以后，皇帝坟墓不再称“山”，而称“陵”，泛称为“山陵”。

秦始皇的坟墓，称“始皇陵”或“骊山”[30]。有的国君坟墓，生前预建，又称“寿陵”[31]。战国晚期的秦惠文王和秦悼武王陵，称公陵和永陵。汉代，皇帝陵墓都有专名，一般是以地名为陵名的。如高帝长陵取名于“长平”或“长平阪”[32]。文帝霸陵是“就其水名，因以为陵号”[33]，景帝阳陵取名于“弋阳”[34]；武帝茂陵取名于槐里茂乡[35]；昭帝平陵取名于始平原[36]；宣帝杜陵取名于杜县；元帝渭陵取名于渭城等。帝陵之名有的是从予作之时就已经有了，如阳陵、茂陵等。有的则始称“初陵”，后来才有了正式名称，如杜陵、渭陵、义陵等。

西汉以后，帝陵名称大多取自吉祥词语，以地名为陵名越来越少，以至于后来雷同者甚多。

注　　释

[1]《易·系辞传（下）》：“古之葬者，厚衣之以薪，藏之中野，不封不树。”
[2]《汉书·楚元王传》，第 1952 页。
[3] 梁思永、高去寻：《侯家庄——1001 号大墓》，中国台湾台北，1962 年。
[4]《我国考古工作者揭开大型秦公陵园区之谜》，《光明日报》1986 年 5 月 2 日第一版。
[5] 河北省文物管理处：《河北省平山县战国时期中山国墓葬发掘简报》，《文物》1979 年第 1 期。
[6]《礼记·檀弓》，《十三经注疏》，第 1292 页。
[7]《礼记·檀弓》(《十三经注疏》，第 1292 页)：“吾见封……若坊者矣。”
[8] 河北省文物管理处：《河北邯郸赵王陵》，《考古》1982 年第 6 期。
[9] 刘庆柱、李毓芳：《西汉诸陵调查与研究》，《文物资料丛刊（6）》，文物出版社，1982 年。
[10] 马得志等：《1953 年安阳大司空村发掘报告》，《考古学报》1955 年第 9 册。
[11]《我国考古工作者揭开大型秦公陵园区之谜》，《光明日报》1986 年 5 月 2 日第一版。
[12]《史记·秦始皇本纪》，第 256 页。
[13]《十三经注疏》，第 1292 页。
[14]《汉书·杨雄传（下）》，第 3572 页。
[15]《汉书·霍去病传》，第 2489 页，颜师古注文。
[16]《汉书·卫青传（下）》，第 2490 页。

[17]《汉书·匈奴传(下)》记载:"运府库之财,填卢山之壑而不悔"。
[18]《新唐书·李靖传》,第 3815 页。
[19]《新唐书·李勣传》,第 3820 页。
[20]《水经注》卷八,第 16 页。
[21]《尔雅·释山》卷七,《十三经注疏》,第 2616 页。
[22]《史记·孝文本纪》,第 434 页。
[23]《后汉书·礼仪志(下)》注引《汉旧仪》。
[24] 河北省文化局文物工作队:《河北定县北庄汉墓发掘报告》,《考古学报》1964 年第 2 期。
[25]《周礼注疏》卷二十二,《十三经注疏》,第 786 页。
[26]《太平御览》卷四五七引《楚汉春秋》。
[27]《汉书·外戚传·孝元傅阳仪传(下)》,第 3999～4003 页。
[28]《史记·赵世家》,第 1802 页。
[29]《水经注》卷八:"东径长陵南,亦曰长山。"《文选·西征赋》:"造长山而慷慨。"
[30]《史记·秦始皇本纪》,第 265 页。
[31]《史记·赵世家》,第 1802 页;《史记·秦始皇本纪》,第 289 页。
[32]《汉书·宣帝纪》。
[33]《三辅黄图校证》,第 143 页。
[34]《史记·景帝本纪》:景帝"更以弋阳为阳陵"。
[35]《水经注》卷八,第 363 页。
[36]《长安志》卷十四。

(原刊于《文博》1987 年第 3 期)

西汉帝陵分布的考察
——兼谈西汉帝陵的昭穆制度

李毓芳

西汉王朝建都长安，自高祖刘邦至平帝刘衎共十一个皇帝，他们的陵墓像一座座东方的“金字塔”分布于汉长安城附近，成为汉代留传下来的重要文物古迹，蕴藏着深刻的历史内涵。但对于西汉帝陵分布的认识，长期以来并未引起人们的充分注意。本文试图通过对西汉帝陵分布的考察，进而对这些问题作一探索。

一、西汉帝陵分布的考察

西汉时代继承并发展了战国时代以来的厚葬习俗，作为皇帝的陵墓尤为突出。《晋书·索琳传》记载：“天子即位一年而为陵。天下贡赋三分之，一供宗庙，一供宾客，一供山陵。”虽然西汉皇帝未必都是“即位一年而为陵”，但其都是生前就为自己开始修筑陵墓则是实事[1]。而陵址的选择是件十分重大的事情，它应有一定的章程[2]。陵址的确定也有一定的原因。我在这里所要考察的就是西汉帝陵分布的成因及其章程。

1. 高祖长陵

长陵位于今咸阳市秦都区窑店乡三义村，南与长乐、未央二宫之间遥遥相对。若以长乐、未央二宫之间的武库为基点，长陵在其北 27 里。长乐宫是高祖的皇宫，后来他又修筑了未央宫，并计划将来作为新的皇宫。高祖将其陵墓正对二宫之间，显然是意味着其陵墓与皇官（包括当时的长乐宫及新建的未央宫）南北相对。而萧何在汉王七年设计、营筑未央宫时，就考虑了这个重要问题。因此，在未央宫北边，面对咸阳原修筑了雄伟壮观的“北阙”[3]。

2. 惠帝安陵和景帝阳陵

惠帝安陵在今咸阳市秦都区韩家湾乡白庙村，东距长陵 3300 米。景帝阳陵在今咸阳市秦都区肖家村乡张家湾村，西距长陵 5800 米。安陵和阳陵分别位于长陵西、东两侧。安陵南与长安城西城墙相对。阳陵在长安城东北，阳陵陵区东部基本与汉长安城东都门（或称东郭门）南北相对[4]。惠帝和景帝这样安排自己的陵墓位置，首先是因为他们分别属于穆位与昭位。以高祖长陵为祖位，穆位居西、昭位居东。其次，关于二陵与长陵的间距，主要是考虑帝陵应与

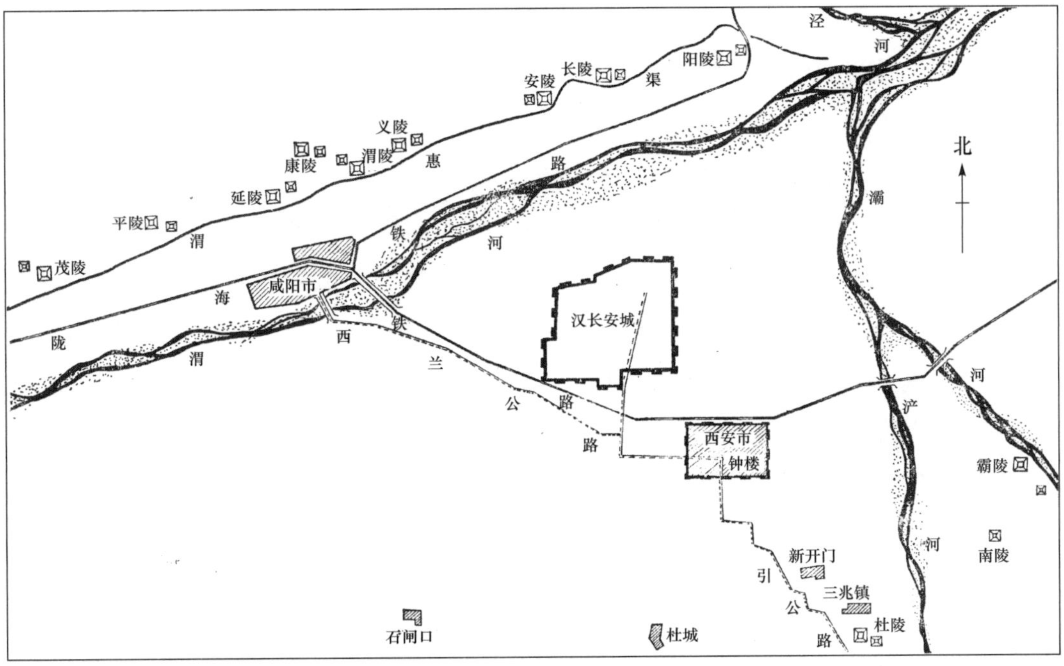

西汉诸陵分布位置示意图

汉长安城的西墙和东郭门南北相对。

3. 文帝霸陵

霸陵在今西安东郊白鹿原东北隅，即灞桥区毛西乡杨家屹嶗村，位于汉长安城东南 50 里[5]。

文帝不在咸阳原上的长陵附近选择陵址，而是另辟长安城东南灞河之滨的白鹿原上筑陵，有以下四方面原因：

第一，惠帝刘盈和文帝刘恒为兄弟辈分，而同辈兄弟只能有一个皇帝进入咸阳原汉陵陵区之中。惠帝已先葬于长陵之西，因此文帝只好在咸阳原汉陵区以外另辟墓地。

第二，文帝不能在咸阳原汉陵区选择陵址，而以汉长安城东南的灞河西岸的霸上之地为寿陵，这因为汉代往往以灞河为京师长安的东界，霸上是长安的东部门户。文帝后六年冬，匈奴侵入云中，文帝即令刘礼屯霸上，守卫京城东方[6]。

西汉中央政府与东方来的诸侯王送往迎来的礼仪，也都是在“霸上”。如昌邑王刘贺到长安参加昭帝葬礼并准备即位，朝廷就派大鸿胪迎于霸上[7]。

第三，文帝选择白鹿原北端预作寿陵，这是为了便于斩原为崖，凿崖为墓，“山川因其故，无有所改”[8]。

第四，文帝在汉长安城东南的灞河岸边营陵，还因为长安城东北灞渭二水汇流之处的渭河北岸营建有渭阳五帝庙[9]。霸陵和五帝庙分别位于首都长安的东南和东北，前者葬“人君”，后者祭“天神”。

4. 武帝茂陵

茂陵在今兴平县南位乡策村，位于汉长安城以西 53 里[10]。茂陵是咸阳原汉陵区中最西边的一座帝陵，东距长陵 60 里。形成这个情况有三点原因：

第一，按照昭穆序位，武帝系穆位。以长陵为祖位，武帝陵应在其西。

第二，根据西汉初期帝陵茔域范围来看，武帝应在安陵以西10里左右选择陵址。但茂陵与安陵东西相距53.5里。形成这个情况可能主要是因为武帝选陵址依据了其母的意见。我们知道，茂陵所在地，归槐里县所管辖[11]。武帝的母亲是槐里人[12]。武帝十六岁即位，第二年就选择陵址，修筑陵墓、建置陵邑。当时他年龄尚小，像这样的大事，太后会起着重要作用的。

第三，武帝的陵墓筑于汉长安城以西，这可能还与当时人们对西方的认识有关。古代人们根据太阳出于东方、没于西方，想象人死后的归宿也是到西方去，也就是所谓的“归西天”。因此，西方也就成了冢墓之地[13]。古人释“墓”与“暮”同，曰暮于西。照此道理，人死后也就埋葬在日落的西方。根据民族志材料，在一些民族中流行的鬼魂崇拜认为，人死后的葬地方位或头向，表示鬼魂要去的方向。世界上这样的情况颇多，如苏丹东尼尔兰人、新几内亚土人等就是这样的信仰[14]。我国台湾的排湾族中也有与此类似的信仰[15]。因此，我认为武帝筑寿陵于汉长安城以西，或有去“西方极乐世界”的想法。

5. 昭帝平陵

平陵位于今咸阳市秦都区大王乡，在茂陵以东12里。昭帝属昭位，按照昭穆位置，昭帝应把其陵墓修筑于阳陵以东。但阳陵陵区东邻汉文帝时修筑的渭阳五帝庙。“五帝庙”为“神明之舍”，在其东营筑陵墓是违背礼仪的。因此，西汉一代，景帝以后属昭位的皇帝不能于阳陵以东营陵。换句话说。景帝以后属于昭位的皇帝，不能再以长陵为“祖位”了。因此，昭帝即以茂陵为“祖位”选择了自己的茔地。昭帝以武帝茂陵为“祖位”大概是为了“以近其父”。

6. 宣帝杜陵

杜陵在今西安市雁塔区曲江乡三兆村南。宣帝在汉长安城东南的杜东原上营建杜陵有以下三个原因：

第一，宣帝刘询是武帝曾孙，昭帝堂孙。按照辈分，在咸阳原汉陵区中，昭帝之下应为其子、侄一辈为帝者入葬，但继昭帝之后即位的是昭帝之“孙”辈，“祖”“孙”相继为帝者，后者不能与前者进入同一陵区，因此宣帝无法于咸阳原汉陵区营建“初陵”。

第二，宣帝不能在咸阳原汉陵区选址营陵，而在杜陵东原上为“初陵”，这因为宣帝还在民间时，即“喜游侠、斗鸡走马，具知闾里奸邪，吏治得失，数上下诸陵，周遍三辅，常困于莲勺卤中，尤乐杜、鄠之间，率常在下杜”[16]。可以由此看出，刘询即位后，选址杜东原为“初陵”，与他青少年时代这段经历和爱好也有一定关系。

第三，宣帝的直系亲属曾祖母孝武卫皇后、祖母史良娣、父母史皇孙和王夫人，均因宣帝祖父刘据受“巫蛊”之祸，而被株连遇害，葬于长安城东南[17]。宣帝置初陵于杜东原，还有以近其祖母、父母陵园之意。

7. 元帝渭陵

渭陵在今咸阳市秦都区周陵乡新庄村。元帝属穆位，以长陵为“祖位”，元帝在长陵西边选择了陵址。但是，元帝理应按照长陵以西穆位皇帝的顺序，将其陵墓筑于茂陵以西，可是他没有这样做，而是在茂陵以东的平陵与安陵之间选择了陵址。元帝这样做是因为他首先考虑到，在他之前，昭帝已经以茂陵为“祖位”在其东营筑了平陵，元帝若再在茂陵西边营筑陵墓，反而会被误认为他也以茂陵为“祖位”。大概是为了避嫌，元帝决定在茂陵以东、长陵以西的平陵与安陵之间为“初陵”。其次，茂陵以东、长陵以西，平陵与安陵之间东西相距 41.5 里，那里有广大地域可供用来选择茔地。

8. 成帝延陵

延陵在今咸阳市秦都区周陵乡严家窑村。成帝属昭位，若以长陵为“祖位”，他应在阳陵以东营陵，如前所述，阳陵以东因“五帝庙”所在而不能营陵。成帝可能像昭帝一样，也以茂陵为“祖位”，按照昭位的先后序列，在平陵东邻选址营陵。

9. 哀帝义陵

义陵在今咸阳市秦都区周陵乡南贺村。哀帝属穆位，他在安陵以西、渭陵以东为“初陵”显然是以长陵为“祖位”的。但是，按照当时情况，哀帝如果象元帝一样，认为昭帝已把茂陵视作“祖位”，而他认为“祖位”仍应为长陵，因此不能在茂陵以西选择陵址，那么哀帝也应该在渭陵以西选择陵址方妥。然而渭陵以西 8 里即成帝延陵。西汉晚期，每座帝陵范围东西约 5 里左右。以此计算，延陵与渭陵间仅余 3 里左右，其间也不够一座帝陵茔域。延陵以西则分别为平陵和茂陵茔域。因此，哀帝只好在渭陵与安陵间选址为“初陵”了。

10. 平帝康陵

康陵在今咸阳市秦都区周陵乡大寨村，位于渭陵西北、延陵东北。汉平帝九岁即位，十四岁就被王莽毒害而死[18]。平帝生前由于未及冠，所以没有营筑“寿陵”[19]。他死后是王莽葬埋的。

平帝与哀帝是堂兄弟，如前所述，像惠帝和文帝一样，同辈兄弟为帝，本来后者不能安葬在咸阳原汉陵区内。但是王莽违背当时礼仪，在咸阳原汉陵区中择地为陵安葬了平帝。

王莽为平帝选择茔地时可能考虑到了下述问题：平帝属穆位，以长陵为“祖位”，平帝陵墓应在长陵以西。平帝之前，长陵西边已经有属于穆位皇帝的安陵、义陵、渭陵和茂陵。茂陵与渭陵以西无法安置穆位皇帝的陵墓，前已述及。渭陵与义陵相距 4.5 里，其间也无法再置帝陵。义陵与安陵之间相距 14.5 里，本来可以建置新的帝陵，但是这样安排的话，就陵区中的亲疏关系来看，平帝与元帝则较哀帝与元帝为疏。而王莽在政治上对哀帝是颇有成见的，为此，他在为平帝选择陵址时，就在渭陵西北 4.5 里与延陵东北 5.5 里营筑了平陵。

通过对以上十一座西汉帝陵分布的逐一考察，我们基本看清了它们各自分布位置的历史原因。现在我们再进一步从整体上考察一下西汉帝陵的分布特点。

西汉一代十一个皇帝的陵墓分别修筑在汉长安城北与西北的咸阳原和长安城东南的白鹿原与杜东原上。咸阳原上有高祖长陵、惠帝安陵、景帝阳陵、武帝茂陵、昭帝平陵、元帝渭陵、成帝延陵、哀帝义陵和平帝康陵。白鹿原与杜东原上分别有文帝霸陵和宣帝杜陵。此外，西汉一代按照“父为士，子为天子，祭以天子”[20]的礼仪，长安城东南有史皇孙和王夫人的奉明园。霸陵以南的狄寨原上还有薄太后南陵。这是“用吕后不合葬长陵，故特自起陵，近文帝”(《汉书·外戚传(上)》，第3942页)。从大的方面来看，可以将西汉帝陵分为两大陵区，即咸阳原陵区和长安城东南陵区，后者还应包括奉明园和薄太后南陵。从两大陵区来看，长安城东南陵区的霸陵和杜陵，实际是咸阳原陵区的“外延”，或者可以说是咸阳原陵区的“补充”。从这个角度看，长安城东南陵区不是西汉皇帝的“独立”茔域。西汉帝陵陵区主要在咸阳原上。下面我就重点谈谈咸阳原陵区的情况。

咸阳原陵区分布有九座西汉帝陵，西自兴平县南位乡，东至高陵县马家湾乡，九座汉陵东西一字排开，绵延八十多里。其中长陵、安陵、阳陵、茂陵和平陵附近分别设置了陵邑，所以后人又称咸阳原为“五陵原”。咸阳原汉陵区中的九座汉陵，从其分布来看，又可分为三大组，第一组包括长陵、安陵和阳陵；它们位于咸阳原陵区的东部，均属西汉初期的皇帝陵墓。此组的“中心”陵墓是长陵。第二组包括茂陵和平陵，它们位于咸阳原陵区的西部，均属西汉中期的皇帝陵墓，此组的“中心”陵墓是茂陵。第三组包括渭陵、延陵、义陵和康陵，它们位于咸阳原陵区的中部，均属西汉晚期的陵墓，此组的“中心”陵墓是渭陵。

咸阳原上的三组汉陵中，第二、三组汉陵的分布位置受到第一组汉陵的制约，因为后两组的“中心”帝陵——茂陵和渭陵都是以第一组汉陵中的“中心”帝陵——长陵为“祖位”而排列的。

在三组汉陵中还存在着“交叉组合”的情况。如从昭穆制度来看，延陵实际上是以茂陵为“祖位”，作为昭位皇帝的陵墓而排列在茂陵以东的。从这方面来看，延陵似不应属于第三组汉陵。又如哀帝义陵和平帝康陵，它们实际上都是以长陵为“祖位”，作为穆位皇帝的陵墓排列在长陵以西的。因此，也可以说义陵和康陵亦不应属于第三组汉陵。但是我们看到上述情况的同时，更注意到元帝以后的成帝、哀帝和平帝的陵墓虽然分别以茂陵和长陵为祖位，但它们与元帝渭陵的距离甚近。如，义陵东距安陵14.5里，西距渭陵仅4.5里；延陵西距平陵12里，东距渭陵仅8里；平帝作为穆位本来陵墓可以筑在安陵与义陵之间，但王莽宁可让平帝陵墓居“后”一些，也要靠近渭陵。这些情况反映了当时人们一方面按昭穆制的规则选择陵址；另一方面，子孙更为突出其祖、父的地位，并往往以之为“中心”安排茔域内的陵墓位置。作为第三组汉陵中的元帝子孙的陵墓，分列渭陵左右或其后，这又不能不让人认为他们又可能兼以渭陵为“尊”排列自己的陵墓。这也就造成了西汉晚期第三组汉陵中出现的所谓“交叉组合”的复杂现象。

二、西汉帝陵的分布所反映的昭穆制度

我们通过对西汉帝陵分布的考察，可以看出，无论就其大的陵区来看，或就其每组汉陵而言，它们的分布主要是受汉代昭穆制度的影响。

所谓“昭穆者，父子易其号序”。古人解释“昭，明也。穆，美也”[21]。昭穆制度在葬仪上应用，要求“先王之葬居中，以昭穆为左右”。这种制度源远流长，至少在西周时代已经存在。文献记载，“文王在丰，葬于毕，子孙皆就而葬之，即以文王居中。文王弟当穆，则武王

为昭居左，成王为穆居右，康王为昭居左，昭王为穆居右，已下皆然”[22]。西汉时代继承了这种制度。

汉代学者根据“父为昭、子为穆，孙复为昭，古之正礼”[23]。推导出西汉十一个皇帝的昭穆序列。属于昭位者有：高祖、景帝、昭帝、宣帝和成帝；属于穆位者有：惠帝、文帝、武帝、元帝、哀帝和平帝[24]。

从对西汉帝陵分布的考察可以看出，在咸阳原汉陵区中，属于同一辈分者，因其昭穆序位相同而一般不能进入同一陵区。如惠帝和文帝，均为高祖之子，都属于穆位。惠帝死后葬于长陵之右，文帝只能另辟陵区。不属于同一辈分，孙继祖位者，因其昭穆序位相同，祖孙一体，也不能进入同一陵区。如宣帝系昭帝堂孙，二人均为昭位。刘询继昭帝之后即位，宣帝为“初陵”就不能在咸阳原上，只好在杜东原另辟茔地。

不但西汉皇帝陵区的大布局受当时昭穆制度的约束，就是在同一陵区内，帝陵的分布也受到了昭穆制度的影响。但是，由于政治情况的变化，地形条件的限制等等，陵区中昭穆序位的排列并不是那样整齐，即：中间为“祖位”，然后左昭右穆依次排开。为了保持大的皇室陵区的统一性，又在大的陵区中分成若干小区。如咸阳原汉陵区以长陵为“祖位”，第二、三组汉陵中的“中心”陵墓茂陵和渭陵亦以长陵为“祖位”，但是第二、三组中的其他帝陵则未必再以长陵为“祖位”了，像平陵则以茂陵为“祖位”。当然咸阳原汉陵区内出现三组汉陵的原因，除了昭穆制度的影响之外，还有“多元”崇拜的历史原因。“多元”崇拜的表现是“多中心”的出现。“多中心”是昭穆制度中“尊者居中”原则的发展。如咸阳原汉陵区以长陵为“中”。但具体到每组汉陵中又有自己的“中”，像第三组的渭陵、延陵、义陵和康陵，应以渭陵为“中”。当然，咸阳原汉陵区中也有个别尊者居右[25]和“尊者居前”的情况。如第二组的茂陵和平陵，可谓“尊者居右”；又如第三组的渭陵、延陵和康陵，可谓“尊者居前”。

西汉帝陵中昭穆制度的实行，说明了当时“公墓”制的存在。“公墓”是统治阶级的坟墓，它是相对“邦墓”而言的，“邦墓”属于庶民的墓地。“公墓”和“邦墓”都属于“族坟墓”[26]。“族坟墓”就是死者按照宗法关系同族而葬的制度。它在我国延续时间很长，影响深远。这里我们主要讨论“公墓”制的情况。由于历史的发展，各个时代“公墓”制的表现形式不会完全一样，但这并不能说西汉时代这种以宗法关系为基础的墓葬制度已经破坏、崩溃。通过对西汉帝陵分布的考察，使我们可以清楚地看到，就是到了西汉晚期，严格的昭穆制受到程度不同的破坏，帝陵的分布上出现了一些混乱，但陵址的选择还是在顽固的宗法关系约束下进行的。我认为宗法关系是维系中国古代奴隶制和封建制的一个强有力的支柱，而“公墓”制则是维系宗法关系的重要手段。因此，尽管从形式上看，不同时期它有着不同的变化，但在这种思想指导下的墓地（或陵区）布局，在我国封建社会却延续了相当长的时间。

三、西汉帝陵布局的渊源及影响

古代帝王陵墓均在其都城附近。安阳殷墟是商代晚期的首都，小屯村附近是当时的王宫区，商王陵墓区则在小屯西北约 3 公里的侯家庄、武官村一带[27]。在西周都城丰、镐故址附近，虽然至今还未找到王陵区，但根据考古调查，结合文献记载，它们分布在丰镐附近也是毫无疑义的[28]。春秋、战国时代的王公陵墓也都在都城附近。如秦公陵园已在秦都雍城故址附近发现[29]。又如东周[30]、赵国[31]、齐国[32]、和秦国[33]的王陵均在其都城附近找到。像战国晚期的燕国王陵，甚至营筑于都城之内[34]。西汉王朝的统治者继承了这个作法，把天子的陵墓安排在首都长安附近。以后，随着帝陵陵区的不断扩大和都城的发展，帝陵陵区与都城的距离也就越来越远了。

关于西汉帝陵分布的两大陵区，有人认为它们是承袭了秦国王陵区的布局形制，我想并非如此。秦国（及以后的秦代）始都咸阳之时，其王陵——秦文王公陵和秦悼武王永陵置于秦咸阳城西北的咸阳原上[35]。从秦昭襄王起，经秦孝文王、庄襄王至秦始皇，秦的王陵区从秦咸阳城西北的咸阳原上迁移到秦咸阳城东南的渭河南岸，除孝文王陵在今西安市东郊外，其余均集中分布在骊山之下的芷阳一带[36]。可以看出，芷阳秦王陵区是从咸阳原秦王陵区发展而来的，二者之间不存在补充与被补充的关系。如果谈主次的话，那么可以说，秦迁都咸阳的初期，秦王陵区在咸阳原上；秦迁都咸阳后的中期和晚期，秦王陵区在咸阳城东南的芷阳一带。显然，秦国都城咸阳附近的两个王陵区与西汉帝陵两大陵区的形成原因不同。后者一直以咸阳原汉陵区为西汉帝陵主要茔域，长安城东南的汉陵区不过是其补充而已。因此说，仅就秦汉两代的帝陵分布而言，看不出其承袭关系。西汉帝陵的布局是受昭穆制度的影响。

西汉帝陵的分布，对以后封建王朝的帝王陵墓影响是深远的，这主要表现在以下三点：

第一，同一王朝的帝陵，设置两大陵区。如东汉王朝的帝陵的分布，可以分成洛阳东南陵区和西北陵区。前者包括明帝显节陵、章帝敬陵、和帝慎陵、殇帝康陵、冲帝怀陵、质帝静陵和桓帝宣陵；后者包括光武帝原陵、安帝恭陵、顺帝宪陵和灵帝文陵[37]。又如，封建社会末代的清王朝帝陵亦分为两大陵区，清东陵位于北京东北的河北遵化，其中有顺治的孝陵、康熙的景陵、乾隆的裕陵、咸丰的定陵和同治的惠陵；清西陵位于北京西南的河北易县，有雍正的泰陵、嘉庆的昌陵、道光的慕陵和光绪的崇陵。当然，东汉王朝和清代帝陵的两大陵区与西汉帝陵的两大陵区形成原因并不一样[38]，但是这种帝陵分区形式，可能受到了西汉帝陵布局的影响。

西汉帝陵中，在咸阳原汉陵区的大的统一布局之下，又根据父子关系分成三组汉陵的做法，也影响了后代。如北宋王朝的河南巩县帝陵陵区之中，亦分成三大组帝陵，宣祖永安陵、太祖永昌陵和太宗永熙陵（实际还应包括真宗永定陵）为一组；仁宗永昭陵和英宗永厚陵为另一组；神宗永裕陵和哲宗永泰陵又为一组[39]。

第二，西汉帝陵选取背山临原（或临水）的地形，葬于都城北部（或西北部），这种做法对后代影响是深远的。建都洛阳的封建王朝，如东汉、魏晋和北朝时代的不少帝王陵墓就葬于洛阳以北的邙山之上[40]。唐帝国建都长安，唐代十八座帝陵均葬于长安城以北的北山南麓。晚至明代的十三陵，亦在都城北部的昌平县境内的山南营陵。这大概就是唐代人所说的世代相袭的“古之葬者并在国都之北域”的传统了[41]。

第三，帝陵区之中，突出“尊者居中”。我国古代陵墓分布上，有“尊者居右”“尊者居前”和“尊者居中”的传统。西汉帝陵陵区中，帝陵分布以“尊者居中”为突出。这个特点，对后代帝王陵墓的分布影响甚大，而且得到了进一步的发展。如关中唐十八陵，高祖李渊献陵位于三原县徐木乡，其西依次有武宗端陵、敬宗庄陵、德宗崇陵、宣宗贞陵、太宗昭陵、肃宗建陵、僖宗靖陵和高宗乾陵；其东依次有懿宗简陵、代宗元陵、文宗章陵、中宗定陵、顺宗丰陵、睿宗桥陵、宪宗景陵、穆宗光陵和玄宗泰陵。献陵的居中位置是十分清楚的。明十三陵中的长陵是其中规模最大、时间最早的一座陵墓，其他十二座帝陵则分布其东西两侧。清代帝陵虽然分成东西两大陵区，但每个陵区中仍以“尊者居中”的原则安排诸帝陵。如清东陵和西陵分别以顺治的孝陵和雍正的泰陵为中心，其他陵墓分置其两侧。

注释

[1]《汉书·地理志》记载：“长陵，高帝置”；“安陵，惠帝置”；“平陵，昭帝置”。霸陵为文帝生前所置，文帝九年改芷阳为霸陵，见《史记·汉兴以来将相名臣年表》，第1127页。又，文帝生前曾携带慎夫人视查霸陵工程，见《史记·张释之列传》，第2753页。《史记·景帝本纪》记载：景帝四年“更以弋阳为阳陵”。《汉书·武帝纪》记载：武帝建元二年“初置茂陵邑”。《汉书·宣帝纪》记载：宣帝于“元康元年春，以杜东原上为初陵，更名杜县为杜陵”。《汉书·元帝纪》记载：元帝于永光四年“以渭城寿陵亭部原上为初陵”，此即渭陵。《汉书·成帝纪》记载：成帝于建始二年“以渭城延陵亭部为初陵”，此即延陵。《汉书·哀帝纪》记载：哀帝于建平二年“以渭城西北原上永陵亭部为初陵”，即义陵。平帝十四岁而崩，未及及冠之年（十七岁），故未予作寿陵。

[2]《周礼注疏》卷二十二，《十三经注疏》，中华书局，1980年，第786页。

[3]《汉书·高帝纪》记载：“萧何治未央宫，立东阙、北阙、前殿、太仓。”

[4] 东都门亦称东郭门。见《汉书·武五子传》载：“旦至广明东都门……此长安东郭门也。”东郭门在宣平门以东十三里（折今4485米），在今西安市北郊徐家湾村东，车家堡村西附近。见《三辅黄图校证》，第23页；《汉书补注》，第4303页之〈补注〉。

[5]《三辅黄图》曰：“文帝霸陵，在长安城东七十里。”折今48里，与较实测数字相近。《水经注·渭水》云：霸陵在长安东南三十里。此载不确。

[6]《汉书·文帝纪》，第131页。

[7]《汉书·武五子传》，第2765页。

[8]《汉书·文帝纪》，第132页。

[9]《汉书·郊祀志》记载：“文帝亲拜霸渭之会，以郊见渭阳五帝，五帝庙临渭，其北穿蒲池沟水。”

[10]《汉书·武帝纪》，第212页，臣瓒曰：“茂陵在长安西北八十里”。折今27.6千米。

[11]《汉书·武帝纪》，第158页，师古注：茂陵“本槐里之县茂乡，故曰茂陵”。

[12]《汉书·外戚传·孝景王皇里传》，第3945页。

[13]《汉书·郊祀志（上）》记载：“东北神明之舍，西方神明之墓。”

[14] Tame, O., Prehistoric Religon.

[15] 乔健：《台湾土著诸族屈肢葬调查初步报告》。

[16]《汉书·宣帝纪》，第237页。

[17]《汉书·外戚传·孝武卫皇后传》，第3950页；《汉书·武五子传·戾太子传》，第2748、2749页。

[18]《汉书·平帝纪》，第360页，臣瓒注。

[19] 西汉时代，及冠之年十七岁。如汉昭帝元凤四年“加元服”，时年十七岁；见《汉书·昭帝纪》，第229页。又如，汉成帝在刘欣十七岁时为其“加元服”；见《汉书·哀帝纪》，第333页。古代及冠之年也不一样，如周成王十五而冠，鲁襄公十二年而冠。汉代及冠则就宫；见《汉书·武五子传·戾太子传》，第2741页。大概皇帝为“初陵”至少也要到及冠之年。如武帝营筑茂陵就在十七岁。西汉一代，没有未及冠的皇帝营筑寿陵的。

[20]《汉书·韦贤传》，第3130页。

[21]《汉书·韦贤传》，第3119页，注〈五〉。

[22]《周礼注疏》卷二十二,《十三经注疏》，中华书局，1980 年，第 786 页。
[23]《汉书・韦贤传》，第 3118 页。
[24]《汉书・韦贤传》，第 3120 页。
[25]《汉书・诸侯王表》，第 396 页，注〈八〉应劭曰：“人道上右，今舍天子而仕诸侯，故谓之左官也。”师古曰：“……汉时依上古法，朝廷之列以右为尊。”
[26]《周礼注疏》卷二十二,《十三经注疏》，中华书局，1980 年，第 786 页。
[27] 胡厚宣：《殷墟发掘》，学习生活出版社，1955 年，第 74～97 页；Li, C., Anyan, Seattle University of Washington Press, 1977: 74-94.
[28]《史记・周本纪》第 132 页，注〈四〉《集解》裴骃按《皇览》曰：“文王、武王、周公冢皆在京兆长安镐聚东杜中也。”《正义》引《括地志》云：“武王墓在雍州万年县西南二十八里毕原上也。”桑绍华：《西安南郊三爻村发现四座唐墓》,《考古与文物》1983 年第 3 期。
[29] 韩伟：《凤翔秦公陵园钻探与试据简报》,《文物》1983 年第 7 期。
[30] 中国社会科学院考古研究所：《新中国的考古发现和研究》，文物出版社，1984 年，第 282 页。
[31] 河北省文物管理处：《河北邯郸赵王陵》,《考古》1982 年第 6 期。
[32] 北京大学历史系考古教研室：《商周考古》，文物出版社，1979 年，第 248 页。
[33]《史记・秦始皇本纪》，第 289 页。
[34] 河北省文物工作队：《河北易县燕下都故城勘察和试掘》,《考古学报》1965 年第 1 期。
[35]《史记・秦始皇本纪》，第 289 页;《史记正义》引《括地志》云：“秦惠文王陵在雍州咸阳县西北十四里。”“秦悼武王陵在雍州成阳县西十里。”
[36]《史记・秦始皇本纪》，第 289、265 页。
[37]《后汉书・礼仪志（下）》，第 3149、3150 页，注引《帝王世纪》。
[38] 清代初期，帝陵陵区仅有北京东北的遵化马兰峪一处（即后来的清东陵）。乾隆时下诏，决定父子不葬一地，使其相间葬于二地。于是又营建了易县永宁山下太平裕的清西陵。这样使清代帝陵遂有东、西二陵区之分。
[39] 郭湖生等：《河南巩县宋陵调查》,《考古》1964 年第 11 期。
[40] 中国社会科学院考古研究所汉魏故城工作队：《西晋帝陵勘察记》,《考古》1984 年第 12 期;《三国志・魏书・文帝纪》，第 81 页；宿白：《北魏洛阳城和北邙陵墓》,《文物》1978 年第 7 期。
[41]《旧唐书・吕才列传》，第 736 页。

（原刊于《考古与文物》1989 年第 3 期）

汉宣帝杜陵陵寝建筑制度研究

刘庆柱　李毓芳

近年来，关于古代陵寝建筑制度的研究颇为活跃。然而由于长期以来陵寝建筑遗址的考古工作开展得很少，所以只能主要根据古代文献记载，参照当时仅有的少量勘查资料，进行这项研究工作。80年代前半期，中国社会科学院考古研究所杜陵工作队，对汉宣帝杜陵陵寝建筑遗址进行了较为系统、全面的考古发掘，获得了一批重要的研究资料，本文就是借此对杜陵的陵园、寝园建筑制度和陵庙问题作一探讨。

一、陵园建筑制度研究

汉宣帝杜陵陵园四面筑墙垣，平面呈方形，边长430米，帝陵居陵园中央。陵园四面正对陵墓各辟一门，四门形制、大小基本相同。孝宣王皇后陵陵园形制与杜陵陵园基本相同，只是其规模较小，陵园边长330米[1]。

类似上述陵园建筑形制，在西汉的明堂、宗庙遗址的考古发掘中也已发现。位于汉长安城南郊的明堂[2]与宗庙遗址[3]，各自周围筑墙，其平面均呈方形，边长分别为235米与260～280米，四面正中各辟一门，中心建筑居遗址中央。东汉洛阳的明堂、辟雍和灵台建筑遗址，其形制也是周围筑墙，平面呈方形，每面一门，中心建筑居中，不过其规模大小不同而已[4]。

由此可以看出，汉杜陵园和汉明堂、宗庙建筑的总体布局形制基本相同。已发掘的汉长安宗庙、明堂遗址为西汉末年王莽所筑[5]，汉杜陵园的布局形制、建筑制度不可能受到它们的影响。

古代明堂、宗庙与宫室通制，周人的宫与庙在金文和周代文献中经常混用[6]。宗庙实际就是从生人所住的宫室转化过来的[7]。西周时代，明堂是作为天子的“布政之宫”，犹如秦汉之前殿，故明堂又称“天子之路寝”[8]。我们认为，西汉明堂、宗庙就其总体平面布局而言，应该是仿照当时的“宫室”——未央宫而修建的。汉代的天子园陵制度也是仿照“朝廷”的[9]，同样是受到了未央宫的影响，这主要表现在未央宫与杜陵园的平面布局相近、门阙名称相同、正门位置一样。

未央宫平面近方形，东西2250米、南北2150米，中心建筑——前殿约位于宫城中央，宫城四面各辟一座宫门。杜陵园平面布局与此不无二样。

未央宫宫门谓“司马门”[10]，杜陵（西汉诸陵亦然）的陵园四门亦称司马门[11]。

未央宫四面各有一座司马门[12]，但其正门为东司马门[13]。虽然杜陵园四门形制、大小相同，但我们认为其正门亦为东司马门，理由如下。

第一，《周礼》卷二十二载："凡诸侯居左右以前，卿、大夫、士居后，各以其族。"又"凡有功者居前"。由于当时墓葬封土"以爵等为丘封之度"[14]，所以凡是"居前"的坟墓又都是封土高大的。这就是说，地位越高、功劳越大，其墓葬封土越高大，距帝陵陵园正门越近。根据勘察资料，杜陵陪葬墓中现仍保存封土的有62座，其中属于覆斗形封土的大型陪葬墓均是距杜陵东部最近的[15]。类似这种情况不只限于宣帝杜陵，高祖长陵、惠帝安陵、景帝阳陵和武帝茂陵均是这样。如长陵陪葬墓中地位最高的萧何、曹参之墓，距长陵东司马门最近[16]。又如，惠帝安陵陪葬者中，以鲁元公主地位最高，其坟墓是西距安陵最近、规模最大的陪葬墓[17]。再如，茂陵陪葬墓中，以卫青、霍去病地位最高、功劳最大，冢形如山，二墓是距茂陵东司马门最近的陪葬墓[18]。上述西汉诸陵的重要陪葬墓，在陪葬墓群中的位置"居前"，即距帝陵陵园东门最近，这说明了西汉帝陵陵园东门为其正门。

第二，杜陵园四门现存基址形制、大小基本相同，据此很难区别哪个是陵园正门。但是陵园的正门可能会建筑得更加壮观、宏伟一些。鉴于陵园四门地面以上的建筑部分早已毁坏，从基址上分辨又区别不大，我们想借助文献记载作以探讨。当时的陵园和宫城门阙均系土木建筑，它们作为皇室的重要建筑物，其规模一定相当高大。文献记载，西汉一代帝陵陵园和未央宫的门阙共发生过五起火灾[19]，而且均发生在"东阙"或"东司马门"，不见其他方位的门阙有发生火灾的记载。这些火灾发生的时间约在4～8月，其中以6月最多，而这时正是当地雷雨天气较多的季节。估计上述门阙的火灾可能多与雷电所击有关。从这点来看，未央宫和帝陵陵园的东门阙或较二者的其他方位门阙更高大一些。如果这样推测不误的话，那就又从门阙的建筑规模上证明了未央宫和帝陵陵园（包括杜陵园）东门阙应为各自正门。

第三，《后汉书·礼仪志》云："始皇出寝，起于墓侧，汉因而弗改。"秦始皇陵的寝殿在陵墓北150米[20]，杜陵的寝园和陵庙分别位于杜陵园东南和东北（关于杜陵寝位置详论见后）。从秦始皇陵和杜陵的寝殿位置可知，陵之南、北均为其侧。考虑到杜陵园陵庙和寝园在其东北与东南，而不是位于西北与西南，又因杜陵主要陪葬墓在其东，其西没有陪葬墓，因此可以断定杜陵园西为后、东为前。也就是说，东门为其正门。

汉代宫城司马门没有进行过考古发掘，但是关于其形制，古代文献还有一些零星记载。杜陵园司马门的发掘，印证了文献记载的宫门形制，同时纠正了文献中的一些错误，也解决了长期以来一些悬而未决的学术问题。杜陵园东门遗址通宽85米、进深20米，门址由隧、左右塾和左右配廊组成。隧内外居中处，左右筑门墩，二门墩间距6米，此亦门道宽。门道方砖铺地。门道与二塾间每侧还各有3.2米宽的方砖铺地地面，《仪礼·释宫》称此处为"宁"[21]，此说不妥。"宁"在"门屏之间"[22]。门道与二塾间空地应该是迎送宾客时的站立之处[23]。隧左右对称分布左右塾，每塾面阔9.75米、进深15.3米。二塾前后居中各横筑一墙，此即文献所载之"墉"[24]。墉将左右塾又各分为内外塾，这也正如《尔雅·释宫》所云："一门而塾四。"四个塾各在靠配廊处开一便门，四个便门形制、大小基本相同。这使人们第一次弄清楚了门的四个塾及四座便门布局关系，纠正了长期以来关于这方面研究的错误。

隧两侧的塾，现存夯土台基高0.5米，其上筑屋，此亦文献记载中的"台门"[25]。按照周代礼制规定，只有天子和诸侯可使用"台门"[26]。

目前已经考古发掘的西汉时代"台门"有四处，即明堂和"王莽九庙"的宫门，杜陵园和孝宣王皇后陵园的司马门。按照《仪礼·释宫》规定："门之屋虽人君亦两下。"所谓"两下"就是屋有前后檐，置前后散水。从考古发掘的遗迹现象来看，明堂、"王莽九庙"宫门和孝宣王皇后陵园门均为"两下"，而杜陵园司马门则四面置散水，散水即"溜"，下有"四溜"系因上有"四霤"，"屋檐滴水为霤"[27]，这就是说杜陵园司马门并非"两下"，而是"四注"。"人君"的"四注"之门屋，早在东周时代的雍城秦宗庙的都宫门已存在[28]。以上情况说明，作为天子的宫门有"两下"的，也有"四注"的。从门的规模、建筑材料等方面分析，在规格上人君的"四注"之门要高于"两下"之门。关于这点，可以从已经考古发掘的"四注"与"两下"之门的内部结构处理、建筑材料使用、规模大小等方面得到佐证。

门的内部结构处理，从考古发掘的遗迹现象来看，以门的地面处理方法区别较大。杜陵园东门的隧、隧与左右塾间、配廊地面均铺置素面方砖；孝宣王皇后陵园东门的隧、隧与左右塾间、配廊地面均未铺砖，只是经过夯筑处理；西汉明堂和"王莽九庙"宫门的隧地面在夯基之上抹草泥，其上再抹谷糠泥，表面涂红色泥面，隧与两塾间铺方砖。

建筑材料使用上的差别，以础石和瓦当最为突出。杜陵园东门左右塾壁柱础石面略高于旁边檐廊地面，础石面经细致加工，光滑洁白如玉。孝宣王皇后陵园东门左右塾壁柱础石为暗础，系砂岩，础石虽加工平整，但粗糙、不光洁。在瓦当使用方面，现将杜陵园东门、北门和孝宣王皇后陵园东门遗址出土的各类瓦当（均以瓦当个体完整者计数）列表一统计如下[29]：

表一　杜陵出土瓦当统计表

地点 \ 瓦当类别		"长乐未央"文字瓦当	"长生无极"文字瓦当	云纹瓦当	合计
杜陵园	东门	118	9	3	130
	北门	28	2	1	31
王皇后陵园	东门	19	26	14	59

从上表可以看出，在杜陵园司马门中，主要为"长乐未央"文字瓦当，"长生无极"文字瓦当和云纹瓦当所占比例甚少。孝宣王皇后陵园东门址的情况与上不同，它以"长生无极"文字瓦当居多。目前人们一般认为"长乐未央""长生无极"文字瓦当均为"吉祥语"瓦当，现在看来其内涵还不止于此，就上述情况反映出的数字说明，很可能天子的门阙，当时主要使用"长乐未央"文字瓦当，"长生无极"文字瓦当则很少使用。皇后陵园门阙主要使用"长生无极"文字瓦当，而"长乐未央"文字瓦当使用较少。二陵门阙均不见其他"吉祥语"文字瓦当。上述情况在帝陵与皇后陵的寝园建筑中，表现更为突出。

在已发掘的杜陵园东门、孝宣王皇陵园东门和西汉长安城南郊明堂、"王莽九庙"的宫门中，就门址规模而言，以杜陵园东门最大（见表二）[30]，它可能与皇宫宫门规模更接近。

表二　杜陵东门相关建筑规模

门名 \ 部位	隧		二塾与隧之间宽	塾之台基		配廊	
	进深（米）	宽（米）		进深（米）	面阔（米）	长（米）	宽（米）
杜陵园东门	20	6	3.6	15.3	9.75	76.04	9.96
王皇后陵园东门	19.2	5.6	2.5	13.65	8.4	19.5	7
西汉明堂宫门	17.7	4.5	1.2	11.95	7.65		
"王莽九庙"宫门		5.4	2	13.6	10.5		

二、寝园建筑制度研究

《后汉书·祭祀志》载："汉诸陵皆有寝园。"然而西汉初年寝园并未设置，寝殿、便殿均在陵园之内。汉武帝建元六年四月，高祖长陵的便殿发生火灾后，董仲舒说："高园殿不当居陵旁"[31]。可见按照当时的制度，寝殿、便殿不应放在陵园之内，应筑于陵园之外的"寝园"之中。寝园之设，大概始于汉景帝阳陵，至于此前的西汉诸陵寝园，恐为西汉中期或其后所增筑。有的学者说："正因为陵园中设有'寝'，所以陵园就称为'寝园'"[32]，此说不妥。寝园应该是寝殿从陵园内迁移出来，单独围筑成封闭性院落而得名。就是寝园出现后，它也应该是从属于陵园的，陵园和寝园名称不同，前者以陵墓为中心，得名"陵园"；后者以寝殿为中心，得名"寝园"。

关于陵墓旁边置寝，文献记载始于秦始皇[33]，现在看来并非如此。属于早商时期的河南偃师二里头二号宫殿遗址，它是包括廊庑、大门、广庭、中心殿堂和大墓的一组封闭式院落建筑。院落东西57.8～58米、南北72.8米。院落南部为广庭，广庭之北为中心殿堂，再北为一大墓[34]。有的学者认为这组建筑的功能是为祭祀其中大墓的，把它称为"宗"，其性质与殷墟妇好墓上的享堂性质相同[35]，我们赞成这种观点。实际上，二里头二号宫殿遗址中的中心殿堂与战国时代魏王陵和中山国王陵之上的"堂"没什么性质上的不同，只是位置有别，一在陵墓之旁，一在陵墓之上，这也恰好是秦汉时期帝陵之旁的寝与战国时代王陵之上的"堂"之区别。从二里头二号宫殿遗址的中心殿堂，经殷墟妇好墓的墓上建筑，战国时代王陵之上的"堂"，到秦汉时代陵侧之寝殿，虽然名称不一，其"实"是一样的。因此说，陵墓之旁修筑祭祀性建筑物的历史是相当久远的。

古人在陵墓之旁或其上"设阙庭，为宫室，造宾阼也，若都邑"[36]，其所筑的"宗""堂""寝"等，仿照生人的建筑，大量考古发掘资料为此提供了佐证。如二里头一、二号宫殿遗址十分相似，前者位于二里头遗址中部，也是一座包括廊庑、大门、广庭和殿堂组成的封闭式院落建筑群，院落中部偏北为殿堂基址，东西36米、南北25米[37]。显然，就其位置、形制、规模而言，它是二里头遗址中的主要宫殿建筑。一、二号宫殿遗址的形制相似，但二者功能却截然不同，前者为生人的宫殿，后者属于为死者修筑的祭祀性建筑物，这恰恰反映出，远在早商时代，统治者为陵墓修筑的祭祀性建筑物和其使用的主要宫殿建筑形制是一样的。又如，战国时代的河南辉县魏国王陵和河北平山的中山国王陵之上的"堂"[38]，它们与古代明堂形制相近[39]，而明堂曾是西周天子的大朝之地[40]。陵上之"堂"作为高台建筑又是战国时代各国宫室建筑中普遍流行的。上述情况说明，祭祀陵墓的主要建筑，可能采取当时的主要宫殿建筑形制。这种制度，降及秦汉仍袭旧制，故西汉宣帝杜陵的寝殿建筑也应该是仿照西汉宫廷主要宫殿建筑修建的[41]。

西汉帝陵附近的寝殿是"陵上正殿"，它犹如皇宫之中的"路寝"，或谓"正寝"[42]，也就像汉长安城中的"前殿"、唐长安城中的"太极殿"[43]。

杜陵寝殿的殿堂台基面阔55.15米、进深29.3米[44]。江永《仪礼释宫增注》引汉人的

《书·多士传》云："天子之堂广九雉"，一雉为三丈，我们以一周尺等于19.91厘米计算[45]，九雉（27丈）当为53.75米，这与杜陵寝殿规模相近。

在殿堂形制上，杜陵寝殿与天子"路寝"也颇相似，这主要反映在殿堂南面设"三阶"和地上置"四霤"。

帝王殿堂设三阶，曾见于古代文献记载。

《礼记·明堂位》曰："昔者周公朝诸侯于明堂之位，天子负斧依南乡而立，三公中阶之前，北面东上。诸侯之位，阼阶之东，西面北上。诸伯之国，西阶之西，东面北上。"

《周礼·匠人》曰："夏后氏世室……九阶。"疏："南面三，三面各二。释曰：按贾马诸家皆以为九等阶，郑不从者以周殷差之，夏后氏宫室故一尺之堂为九等阶，于义不可，故旁九阶也。郑知南面三阶者，见明堂位云：三公中阶之前，北面东上，诸侯之位阼阶之东，西面北上，诸伯之国，西阶之西，东面北上，故知南面三阶也。"

班固《西都赋》和张衡《西京赋》均称西汉未央宫前殿为"重轩三阶"或"三阶重轩"。

李尤《德阳殿赋》称："开三阶而参会，错金银于两楹。"[46]

目前已经考古发掘的先秦、秦汉时期大型宫殿建筑遗址为数不少，其中哪些可以断定为"天子路寝"的建筑还很难说，但是其中像宗庙、明堂遗址等属于王室或皇室的礼制建筑是可以肯定的。如前所述，这些宗庙、明堂之类的建筑物是仿照天子"路寝"修建的，而在这些建筑中，设置三阶甚为普遍。河南偃师二里头二号宫殿遗址的中心殿堂南面有三处踏步[47]周原凤雏遗址的主体建筑——前堂南边有三个斜坡状台阶[48]；扶风召陈的西周建筑基址中的F8，东西面阔七间，其中中室四间，东西两室各一间半，中室中间台基之前有一阶，东西两室前的台阶破坏无存[49]，根据现存遗迹分析，我们认为F8南面可能亦置三阶；陕西雍城的凤翔马家庄一号建筑群遗址中的朝堂后设三阶，前面情况不清。东西厢的堂与朝堂形制相似[50]。汉代皇室重要建筑物的"三阶"设置更为普遍，如"王莽九庙"中的每座中心建筑，中央为主室，主室四面各有一个"厅堂"，厅堂前面各对着三个方形土台，其前有砖路，它们正对庙的宫门[51]。可以看出，庙的四面各置三阶通入主室。西汉长安的明堂遗址以西厅堂遗址保存较完整，发掘时清理出通入西厅堂的三道门（也就是说门前当有三阶）[52]。明堂四面厅堂形制相同，对称分布于中心建筑四面，因此可以推断，明堂四面各有三阶通入厅堂。

从上述文献记载和考古发掘资料看出，商周秦汉时代，天子路寝或形制与其相同的王室、皇室礼制建筑，主要殿堂之前设置三阶是较为普遍的。杜陵寝殿南北各设三阶，与上面殿堂情况是一致的，这正反映出它确实"若平生露寝"[53]。

杜陵寝殿作为仿造天子路寝的另一建筑特点就是它的地上"四霤"。下有四霤因上有四霤，屋有四霤必为"四注"。《仪礼释宫增注》云："周制，天子诸侯得为殿屋为四注。"杜陵寝殿殿堂的"四注"，说明它正是自商代以来，统治者视为至尊式样的"四阿重屋"式殿堂建筑。

杜陵寝园之中包括寝殿和便殿，其他西汉诸陵寝园亦然[54]。关于寝殿、便殿在寝园中的位置，文献均载便殿立于寝殿之"侧"[55]。寝殿同大朝正殿，东、西两边为其侧。《论衡·四讳篇》载："夫西方，长老之地，尊者之位也。尊长在西，卑幼在东。"《风俗通义》亦云："俗说西者为上。"在寝园之中，相对"陵上正殿"——寝殿而言的便殿，它并非"正大之处"，不过是"休息闲晏"之地[56]，因此便殿只能位居寝殿之东"侧"。杜陵寝园（包括孝宣王皇后陵寝园）的考古发掘完全证实了上述制度，即寝殿居西，便殿位东[57]。

西汉一代，每座帝陵中的皇帝陵与皇后陵各筑一寝园[58]。就杜陵与王皇后陵的两座寝园来看，二者从规模、形制和建筑材料的使用上都有明显区别。

从规模上看，杜陵寝园东西174米、南北112米，占地19488平方米。王皇后陵，寝园东西129米、南北92米，占地11868平方米。杜陵寝殿规模已如前述，它相当于“天子九雉”殿堂。王皇后陵寝殿殿堂面阔（东西）39.6米、进深（南北）27.16米，其大小相当于“公侯七雉”之殿堂[59]。

从形制上看，杜陵与王皇后陵的寝殿区别主要表现在南北所置的“阶”上，前者为南北各“三阶”，后者为南置一阶、北置二阶。这种设阶数量的多少，也反映出二者建筑规格的高低[60]。

从建筑材料上看，杜陵与王皇后陵的寝殿区别，颇似二者陵园门址的情况，而且有的方面表现更为突出。如瓦当的使用，杜陵寝园出土的165枚完整瓦当均为“长乐未央”文字瓦当；而王皇后陵寝殿出土的22枚完整瓦当，其中“长乐未央”与“长生无极”文字瓦当分别为11枚和8枚，云纹瓦当3枚。杜陵与王皇后陵寝殿的壁柱础石分别与各自陵园门址壁柱础石情况相同[61]。这些建筑上的多方面差别，正反映出了建筑物的等级不同。

三、陵 庙 问 题

《汉书·韦贤传》载：“京师自高祖下至宣帝，与太上皇、悼皇考各自居陵旁立庙。据此可知，宣帝庙应在杜陵旁。关于其具体位置，《三辅黄图》载：“宣帝庙，号乐游。”故又称“乐游庙”，它位于“杜陵西北”。《太平御览》卷一九七引《天文要录》详载其庙位于唐长安城升平坊之内，即今西安电影制片厂附近。也有的文献认为，乐游庙和宣帝庙不是异名同庙，它们是两座不同的庙，前者应在乐游苑附近，后者位于“本陵（即宣帝杜陵）北”[62]，这里以杜陵为坐标点记述宣帝庙方位，说明二者相距不远。称宣帝庙在“本陵北”，那么此庙理应被视作“本陵”之陵庙。

西汉时代“陵旁立庙”，弄清此“旁”的范围大小、距离远近，对于我们确定“乐游庙”是否为宣帝陵庙颇为重要。

西汉诸陵陵庙具体方位见于文献明确记载的有文帝霸陵、景帝阳陵、武帝茂陵、昭帝平陵、元帝渭陵等。关于文帝的陵庙，有人认为是“顾成庙”[63]，此庙系汉文帝四年所筑[64]，它就是古代始筑于城外的孝文庙[65]。《长安志》卷十载：顾成庙在唐长安城休祥坊内，北距汉长安城2.8千米，东南至文帝霸陵15.5千米，故此庙不可能属于霸陵“陵旁”所立之庙。文帝的陵庙应系景帝元年建立的[66]，它位于霸陵之旁（霸陵之北）[67]。《长安志》卷十三“咸阳县”条记载，“景帝阳陵在县东十五里”（应为22.5千米），“景帝庙在县东北十五里”（亦应为22.5千米），可见景帝庙在景帝陵北附近，相距约500米左右。武帝庙（亦名龙渊庙、龙渊宫）位于茂陵以东、平陵以西[68]。茂陵与平陵东西间距6千米，也就是说，武帝庙距茂陵在6千米以内。据《长安志》卷十四“兴平县”条载，茂陵和武帝庙分别位于兴平县东北十七里与二十四里，也就是说二者东西距3.5千米。昭帝庙（亦名徘徊庙）在平陵东南、延陵西南[69]，约在今咸阳市秦都区马泉乡肖家堡附近，其西距平陵约5千米[70]。元帝渭陵的孝元庙就在渭陵西北边[71]。

从上述西汉诸陵与陵庙距离可以看出，大多陵庙都在“陵旁”约0.5千米左右，个别远者距帝陵3.5～5千米，但这些陵庙仍在该“陵区”之内。“乐游庙”南距杜陵6千米，因建于乐游苑而得名。《汉书·宣帝纪》载：神爵三年“起乐游苑”，汉宣帝于元康元年已开始营建杜陵，此后6年修建的乐游苑不会安排在杜陵陵区之内，因此在乐游苑的乐游庙就不会位于杜陵陵区之中，自然乐游庙也就不应是宣帝“陵旁”所立之“陵庙”了。何焯云：“乐游苑犹景帝之德阳宫，皆自作庙。”[72]这个说法不能成立。汉代虽有“宫”“庙”之名混用者[73]，但绝者无“苑”“庙”互称的。古代养鸟兽的园林称“苑”[74]。因此可以说“德阳宫”亦名“德阳庙”，但不能把“乐游苑”又称之为“乐游庙”，后者是因建于乐游苑故地而得名“乐游”庙的。这正如颜师古所指出的，乐游之地“盖本为苑，后因立庙”[75]，故庙得苑名。

汉代帝陵的陵庙未进行过考古发掘，对于其形制，现存文献也未见记载，但陵庙是从宗庙发展而来的，它们的形制应相近。“王莽九庙”已进行了考古发掘，每座庙的主体建筑平面均为方形，边长55米[76]。前已谈及，在昭帝平陵东南的肖家堡村北发现的昭帝庙故址，遗址中央为一夯土台基，平面近方形，东西56米、南北60米[77]。从“王莽九庙”和“昭帝庙”的情况，似乎我们可以说，西汉中晚期的陵庙主体建筑平面为方形，边长约50～60米。通过铲探和试掘，我们在宣帝陵东北400米发现一处遗址（编号为杜陵八号遗址），该遗址中央为一夯土台基，东西63米、南北66米。根据西汉时期“陵旁立庙”制度，参照宣帝庙位于“本陵北”的记载，结合“王莽九庙”和昭帝庙的发掘、勘察情况，我们认为从杜陵八号建筑遗址的地望、形制、规模来看，它应为宣帝杜陵的陵庙遗址。

西汉时代，皇帝陵和皇后陵各有一组“寝园”建筑，但陵庙情况则与此不同，当时每座帝陵只立一座陵庙[78]。杜陵陵庙遗址东西两侧各有一条宽6～7米汉代道路，它们北起陵庙基址，向南分别通至杜陵和王皇后陵的陵园、寝园[79]。这说明杜陵与王皇后陵的“庙事”活动都在这一陵庙中进行。

在杜陵陵庙遗址的试掘中，发现了大量汉代砖瓦建筑材料，其种类、形制、大小与杜陵陵园门址和寝园遗址中出土的砖瓦基本相同，比较特殊的是，该遗址内有大量汉代龙、凤纹空心砖残块（属于建筑材料），而这种图案的空心砖，在杜陵其他建筑遗址中不曾发现。同样的情况，在昭帝庙遗址内也出土有龙、凤纹空心砖残块[80]。联系到“王莽九庙”宫门遗址出土的青龙、白虎、朱雀、玄武四神瓦当，在汉长安城其他宫殿等建筑遗址内很少见到，我们认为这些宗庙、陵庙建筑物中使用的这类动物图案建筑材料，不只是作为象征“方位”而使用的，或者它们还可能兼有着沟通天地的作用。因为古代人们认为沟通天地之间的“工具”是动物[81]。当然现在看来这只是一种假设，随着今后更多考古工作的开展，新资料的出现，对这个问题的认识可能会更深刻、更全面、更准确。

注　释

[1] 中国社会科学院考古研究所杜陵工作队：《1982～1983年西汉杜陵的考古工作收获》，《考古》1984年第10期。

[2] 唐金裕：《西安西郊汉代建筑遗址发掘报告》，《考古学报》1959年第2期。

［3］ 中国社会科学院考古研究所汉城工作队：《汉长安城南郊礼制建筑遗址群发掘简报》，《考古》1960年第7期。

［4］ 王仲殊：《汉代考古学概说》，中华书局，1984年，第26页。

［5］ a.《汉书·王莽传（上）》：“莽奏起明堂、辟雍、灵台。”

b.《汉书·王莽传（下）》：“坏彻城西苑中建章、承光、包阳、犬台、储元宫及平乐、当路、阳禄馆，凡十余所，取其材瓦，以起九庙。”中华书局标点本，1962年，下同。

［6］ 王国维：《明堂庙寝通考》，《观堂集林》卷三，中华书局，1959年。

［7］ 唐兰：《西周铜器断代中的“康宫”问题》，《考古学报》1962年第1期。

［8］《大戴礼记·盛德》，雅雨堂丛书十三种。

［9］《汉书·五行志（上）》：杜陵“园陵小于朝廷”。

［10］ a.《汉书·成帝纪》：永始四年四月，“长乐临华殿、未央宫东司马门皆灾”。

b.《汉书·五行志》：“成帝绥和二年八月庚申，郑通里男子王褒衣绛衣小冠，带剑入北司马门殿东门。”颜师古注曰：“入北司马门，又入殿之东门也。”《三辅黄图》：“凡言司马者，宫垣之内，兵卫所在，司马主武事，故谓宫之外门为司马门。”

c.《艺文类聚》卷六十三载：“贾谊书曰，天子宫门日司马门。”中华书局，1965年，下同。

［11］ a.《汉书·五行志（上）》：杜陵“园陵小于朝廷，阙在司马门中”。

b.《史记》卷五十三《萧相国世家》之《集解》引《东观汉记》云：“萧何墓在长陵东司马门道北百步。”中华书局，1959年，下同。

c.《后汉书·显宗明帝纪》注引《东观汉记》：“霍光墓在茂陵东司马门道南四里。”中华书局，1965年，下同。司马门道得名于司马门。

［12］《三辅黄图》：“汉未央、长乐、甘泉宫，四面皆有公车司马门。”清经训堂丛书本。

［13］《汉书·五行志（上）》：“刘向以为（未央宫）东阙所以朝诸侯之门也。”

［14］《十三经注疏·周礼注疏》，中华书局，1980年，第786页。

［15］ 中国社会科学院考古研究所：《汉杜陵园遗址》，科学出版社，1993年。

［16］ a.《后汉书·孝和孝殇帝纪》：永光三年下诏，“高祖功臣，萧、曹为首，有传世不绝之义。曹相国后容城侯无嗣。朕望长陵东门，见二臣之垅，循其远节，每有感焉。”注引《东观汉记》曰：“萧何墓在长陵东司马门道北百步。”

b.《重修咸阳县志》卷一：“萧何墓，在县东北三十五里，王村西一里。”

［17］ a.《史记·张耳陈余列传》之《集解》引《关中记》曰：“张敖冢在安陵东。”《正义》：“鲁元公主墓在咸阳县西北（引者按：应为东北）二十五里，次东有张敖冢，与公主同域。”

b. 刘庆柱、李毓芳：《西汉诸陵调查与研究》，《文物资料丛刊（6）》，文物出版社，1982年。

［18］ 刘庆柱、李毓芳：《西汉诸陵调查与研究》，《文物资料丛刊（6）》，文物出版社，1982年。

［19］《汉书·五行志（上）》：“文帝七年六月癸酉，未央宫东阙罘思灾。”“景帝中五年八月己酉，未央宫东阙灾。”“永光四年六月甲戌，孝宣杜陵园东阙南方灾。”“永始四年四月癸未，长乐宫临华殿及未央宫东司马门灾。六月甲午，孝文霸陵园东阙南方灾。”

［20］ 杭德洲：《略谈修建始皇陵的徭役负担》，《陕西省考古学会第一届年会论文集》，《考古与文物》编辑部，1993年。

［21］ 李如圭：《仪礼·释宫》：“凡门之内，两塾之间谓之宁。”武英殿聚珍版丛书本。

［22］ 郭璞：《尔雅注疏》卷四：“门屏之间谓之宁。”《十三经注疏》，中华书局，1980年。

［23］ 江永：《仪礼释宫增注》，清经解读编本。

［24］ 任启运：《朝庙宫室考》：“内为内塾，外为外塾，中以墉别之。”清经解读编本。

［25］《礼记正义·礼器》孔颖达《正义》云：“两边筑阇为基，基上起屋，曰台门。”《十三经注疏》，中华书局，1980年，下同。

［26］《礼记正义·礼器》：“有以高为贵者……天子诸侯台门。”

［27］ 徐锴：《说文解字系传》，汪启淑刊宋本。

[28] 陕西省雍城考古队:《凤翔马家庄一号建筑群遗址发掘简报》,《文物》1985年第2期。
[29] 中国社会科学院考古研究所:《汉杜陵园遗址》,科学出版社,1993年。
[30] a. 中国社会科学院考古研究所:《汉杜陵园遗址》,科学出版社,1993年;
b. 唐金裕:《西安西郊汉代建筑遗址发掘报告》,《考古学报》1959年第2期;
c. 中国社会科学院考古研究所汉城工作队:《汉长安城南郊礼制建筑遗址群发掘简报》,《考古》1960年第7期。
[31]《汉书·五行志(上)》。
[32] 杨宽:《先秦墓上建筑和陵寝制度》,《文物》1982年第1期。
[33] 蔡邕:《独断》:"古不墓祭,至秦始皇出寝,起之于墓侧,汉因而弗改。"龙溪精舍丛书本。
[34] 中国社会科学院考古研究所二里头工作队:《河南偃师二里头二号宫殿遗址》,《考古》1983年第3期。
[35] 杨鸿勋:《妇好墓上"毋辛宗"建筑复原》,《文物》1988年第6期。
[36]《吕氏春秋·安死篇》,学林出版社,1984年。
[37] 中国科学院考古研究所二里头工作队:《河南偃师二里头早商宫殿遗址发掘简报》,《考古》1974年第4期。
[38] a. 中国科学院考古研究所:《辉县发掘报告》,科学出版社,1956年;
b. 河北省文物管理处:《河北省平山县战国时期中山国墓葬发掘简报》,《文物》1979年第1期。
[39] 杨鸿勋:《战国中山王陵及兆域图研究》,《考古学报》1980年第2期。
[40]《大戴礼记·盛德》,雅雨堂丛书十三种。
[41]《汉书·韦贤传》颜师古注曰:"寝者,陵上正殿,若平生露寝矣。"
[42]《春秋公羊传注疏》庄公三十二年:"路寝者何?正寝也。"《十三经注疏》,中华书局,1980年。
[43]《艺文类聚》卷六十三:"太极殿者,资两仪之意焉,大壮显其全模,土圭测其正影,周曰路寝哀,汉曰前殿,虽名号参差,其实一也。"
[44] 中国社会科学院考古研究所杜陵工作队:《1982~1983年西汉杜陵的考古工作收获》,《考古》1984年第10期。
[45] 吴承洛:《中国度量衡史》,商务印书馆,1957年,第54页。
[46]《艺文类聚》卷六十三。
[47] 中国社会科学院考古研究所二里头工作队:《河南偃师二里头二号宫殿遗址》,《考古》1983年第3期。
[48] 陕西周原考古队:《陕西岐山凤雏村西周建筑基址发掘简报》,《文物》1979年第10期。
[49] 陕西周原考古队:《扶风召陈西周建筑群基址发掘简报》,《文物》1981年第3期。
[50] 陕西省雍城考古队:《凤翔马家庄一号建筑群遗址发掘简报》,《文物》1985年第2期。
[51] 中国社会科学院考古研究所汉城工作队:《汉长安城南郊礼制建筑遗址群发掘简报》,《考古》1960年第7期。
[52] 唐金裕:《西安西郊汉代建筑遗址发掘报告》,《考古学报》1959年第2期。
[53]《汉书·韦贤传》颜师古注曰:"寝者,陵上正殿,若平生露寝矣。"
[54]《汉书·韦贤传》:"又园中各有寝、便殿。"
[55]《汉书·韦贤传》颜师古注曰:"便殿者,寝侧之别殿耳。"《三辅黄图》云:"立便殿于寝侧。"
[56]《汉书·武帝纪》颜师古注曰:"凡言便殿、便室、便坐者,皆非正大之处,所以就便安也……便殿为休息闲晏之处耳。"
[57] 中国社会科学院考古研究所杜陵工作队:《1984~1985年西汉宣帝杜陵的考古工作收获》,《考古》1991年第12期。
[58]《汉书·韦玄成传》:"昭灵后、武哀王、昭哀后、孝文太后、孝昭太后、卫思后、戾太子、戾后各有寝园,与诸帝合,凡三十所。"西汉十一帝,帝后各一所,计二十二所,故其言"与诸帝合凡三十所"。
[59] 据江永《仪礼释宫增注》引《书·多士传》载:"公侯七雉",一雉三丈,一周尺为19.91厘米,七雉折今41.71米。
[60] 中国社会科学院考古研究所杜陵工作队:《1984~1985年西汉宣帝杜陵的考古工作收获》,《考古》1991年第12期。
[61] 中国社会科学院考古研究所:《汉杜陵园遗址》,科学出版社,1993年。
[62]《长安志》卷十一;《太平寰宇记》卷二十五。

[63] 杨宽、刘根良、太田有子、高木智见：《秦汉陵墓考察》，《复旦学报（社会科学版）》1982年第6期。
[64]《汉书·文帝纪》。
[65]《汉书·五行志（上）》："古之庙皆在城中，孝文庙始出居外。"
[66]《史记·汉兴以来将相名臣年表》。
[67]《长安志》卷十一"万年县"条载："汉文帝庙在县东本陵北，去县二十五里。"今实测文帝霸陵在唐万年县故址以东二十四里，文帝庙约在霸陵北一里左右。
[68]《水经注·渭水》成国渠条："东径武帝茂陵南……又东径茂陵县故城南……又东径龙泉北，今人谓之温泉，非也。渠北故阪北即龙渊庙。如淳曰：(《三辅黄图》）有龙渊宫，今长安城西有其庙处，盖宫之遗也。故渠又东径姜原北，渠北有汉昭帝陵。"北京文学古籍刊行社，1955年，下同。
[69]《水经注·渭水》成国渠条："东径姜原北，渠北有汉昭帝陵。东南去长安七十里。又东径平陵县故城南，《地理志》曰：昭帝置，王莽之广利也。故渠之南有窦氏泉，北有徘徊庙。又东径汉大将军魏其侯窦婴冢南，又东径成帝延陵南。"
[70] 刘庆柱、李毓芳：《西汉十一陵》，陕西人民出版社，1987年，第72页。
[71] a.《汉书·元后传》："莽为安汉公时，又谄太后，奏尊元帝庙为高宗，太后晏驾后当以礼配食云。及莽改号太后为新室文母，绝之于汉，不令得体元帝。堕坏孝元庙，更为文母太后起庙，独置孝元庙故殿以为文母篡食堂，既成，名曰长寿宫。以太后在，故未谓之庙。"
b.《汉书·王莽传（下）》："莽妻死，谥曰'孝睦皇后'，葬渭陵长寿园西，令永侍文母，名陵曰'亿年'。"长寿园系孝元王皇后陵园，即渭陵西北的今传周康王陵，"长寿园"因"长寿宫"得名，二者相邻。孝元庙故址在长寿宫附近。
[72]《汉书补注》，中华书局，1983年，第116页。
[73] 王国维：《明堂庙寝通考》，《观堂集林》卷三，中华书局，1959年。
[74] a.《吕氏春秋·重己》高诱注曰："畜禽兽所，大曰苑，小曰囿。"
b.《汉书·高帝纪》颜师古注曰："养鸟兽曰苑，苑有垣曰囿，所以种植谓之园。"
[75]《汉书·宣帝纪》颜师古注。
[76] 中国社会科学院考古研究所汉城工作队：《汉长安城南郊礼制建筑遗址群发掘简报》，《考古》1960年第7期。
[77] 咸阳市博物馆：《汉平陵调查简报》，《考古与文物》1982年第4期。
[78]《汉书·韦玄成传》："而京师自高祖下至宣帝，与太上皇、悼皇考各自居陵旁立庙。"
[79] 中国社会科学院考古研究所：《汉杜陵园遗址》，科学出版社，1993年。
[80] 咸阳市博物馆：《汉平陵调查简报》，《考古与文物》1982年第4期。
[81] 张光直：《考古学专题六讲》，文物出版社，1986年，第98页。

（原刊于《中国考古学论丛：中国社会科学院考古研究所建所40年纪念》，
科学出版社，1993年）

杜陵的礼制建筑

刘庆柱　李毓芳

西汉帝陵的礼制建筑，主要包括寝园和庙园。目前西汉帝陵（甚至可以说我国古代帝陵）礼制建筑经过较系统考古发掘的，唯有汉宣帝杜陵。

一、杜 陵 寝 园

杜陵寝园位于杜陵陵园东南。寝园四周筑墙垣。寝园北墙利用了陵园南墙东段（陵园南门以东），南墙宽 1.3 米，墙外檐廊宽 0.85 米，廊道地面铺设方砖，檐廊外卵石散水宽 1.04 米，东墙宽 1.5 米，墙外有 1 米宽的护坡与墙基相连，西墙宽 4.6 米。寝园平面为长方形，东西长 173.8 米，南北长 120 米。寝园辟有南门、东门和西门。南门有三座，东、西门各一座。三座南门东西并列，西边两座比较重要，分别是通往寝殿和便殿的重要门道。东边一座为便门，属于便殿内部杂役人员的通道，寝园西门通至寝殿，东门通至便殿。寝园的几座门由于作用不同，所以建筑形制各异。

寝园东门，位于寝园东北，门址在寝园东北角以南 46 米。门道辟于寝园东墙上，宽 2.22 米，进深 1.5 米。门道中部置木门槛，门槛槽深 5 厘米，宽 22 厘米。门道方砖铺地。门内北面有一间小房，坐北向南，东西长 3.45 米，南北宽 4.65 米，房门开在南墙西端，宽 81 厘米。房内曾出土了西汉时代铁矛等兵器。这里可能是门卫值班的房间。

东门外，距东墙以东 2.1 米，有一条与东墙平行的南北向道路，路宽 78 厘米，由三排砖并列铺设，中排为方砖，两边为长方砖。此路向南通至寝园东南部，向北沿陵园东墙伸展，通至陵园东门。无疑，这条道路是寝园东门外一条十分重要的通道。

寝园南部东门，位于寝园东南。此门坐东朝西，门宽 76 厘米，有踏步 2 级。门外（西边）紧邻地漏。应是便殿中杂役人员的出入门道。

所谓寝园南部中门，是就此门居南部三座门之中而言，并非在寝园南部东西居中。门址平面似“飞鸟”，门外为斜坡门道，坡 17 度，长 4.35 米，宽 2.9 米。坡道左右（即东西）为“两翼”护坡。坡道和护坡上，铺设几何纹方砖，可能是为了便于行走。门道宽 1.91 米，进深 1.3 米。门道两壁各立壁柱 3 个，壁柱在础石上，础石面高于门道地面 5 厘米，础石面加工精细，光滑如玉。门道铺素面方砖。此门向南有砖铺路，通到“寺吏舍”一类建筑。无疑，便殿以此门为主要通道。这座门也是联系便殿与“寺吏舍”的门户。

杜陵便殿遗址发掘情形

寝园南部西门，北对寝殿。门址宽 7 米，进深 1.4 米。门道呈斜坡。门内有露台，台宽（东西）28.8 米，进深（南北）8.6 米。门道两侧有檐廊，廊道宽 1 米。檐廊外的卵石散水宽 1 米。推测此门上有“屋顶”建筑。

寝园西门与寝殿西门，东西相对。门址宽（南北）11.8 米，进深（东西）13 米。门道中间筑隔墙。将门道分为左右两部分。

寝园里有寝殿和便殿两大组建筑。寝殿是寝园的主体建筑，寝园也因寝殿而得名。

寝殿位于寝园西部，为一大型宫殿建筑。寝殿范围东西 107.8 米，南北 110.6 米。大殿筑于长方形夯土台基上。夯台东西 51.2 米，南北 29.6 米，现存高 0.25 米。

寝殿东西各一门，南北各三门。

寝殿东、西门形制、大小基本相同。分别在寝殿东西两侧居中的位置。现简介西门：

寝殿西门与寝园西门，东西相对，两门间距 4 米。寝殿西门宽 12.25 米，长 10.38 米。门道中间有一隔墙，宽 0.95 米。隔墙将门道分为左、右两部分，或称左、右阶，两阶各宽 2.9 米。门道地面分为三段，东、西段为平面，中段为坡道。门道均以方砖铺地，但东、西两段的平面门道与中段的坡道，铺地砖的表面纹饰不同，前者为素面，后者为几何纹。左右阶属于上下道，是否文武官员行走有别，还待进一步研究。门道两边为檐廊，廊宽 1.05 米。檐廊外卵石散水宽 1.7 米。左、右阶进门处，分别安置了木门槛，两门槛间以木柱隔开。门槛长 2.1 米，宽 0.22 米。门道隔墙两壁和左、右檐廊的廊壁均有壁柱，柱下有础石。础石磨制光滑，洁白如玉。门道隔墙两壁的壁柱础石为方形，边长 30 厘米，厚 45 厘米。檐廊廊壁的壁柱础石平面为圆形，直径 40 厘米，厚 25 厘米。

寝殿南边三门与寝园南部西门内的露台南北相对，寝殿南边东西居中位置设中门，中门以东 15.85 米为东门，以西 15.7 米为西门。三座门的形制、大小基本相同，门道宽 4 米，进深 1.75 米。门道地面稍有坡度。

寝殿北边三门。中门位于寝殿北边东西居中的位置。东、西门分别在中门东、西各 11 米处。三门形制、大小基本相同。以中门为例，门道宽 4.2 米，进深 1.9 米，坡 5 度。门道为几何纹方砖铺地。

寝殿周施回廊（或称檐廊），檐廊宽 2.1 米，地面铺以素面方砖。回廊外为卵石散水，宽 1 米。散水外铺设了一排几何纹方砖。

寝殿北部的中门与东、西二门的中间，在两处的散水外，以四叶方砖铺设成方形平面，边长 70 厘米。两处对称分布于中门的东西两旁。这可能是守卫寝殿的士卒值勤的地方。

寝殿台基四壁有壁柱，壁柱截面方形，边长 33 厘米。壁柱下有础石，置柱的础石面一般略高于廊道地面，为了牢固，柱基部箍以铜锧。闪闪发光的八角形鎏金铜锧，洁白如玉的础石，彩绘夺目的柱身，富丽堂皇，相映成辉。

建筑物的墙壁抹以麦糠泥，涂上白垩，复施粉红色，显得庄重典雅。

寝殿通宽（东西）13 间，进深（南北）5 间。殿内减柱情况，已不清楚。但是可以肯定，寝殿东西门内为东西厢，或称东西阁，那里要减柱；殿内中央，为了豁敞，也要减柱。两处减柱数量，目前难以查明。

寝殿四周围以外廊。外廊东西 53.4 米，南北 33.5 米。寝殿西外廊，即寝园西墙内廊（即东廊）。寝殿南、北外廊，即寝园南、北墙西段的内廊（即南墙北廊与北墙南廊）。寝殿东外廊，亦即便殿西廊。上面已谈到，由寝殿西门西出，正对寝园西门。沿寝园西门可进入寝殿西外廊（即寝园西廊），也可到寝园外。寝殿东门与便殿西门东西相对，间距 4 米，二门大小、形制相近。寝殿以北是个大空场，可能是举行重要礼仪活动的场所。

便殿在寝殿以东，它是一组多功能的建筑群，由殿堂、院落和成套的房间组成。

殿堂在便殿西南部，由一座大殿和南、北两座院落组成，大殿面宽（东西）18.9 米，进深（南北）15.3 米。

北边院子，东西长 15.65 米，南北宽 9.4 米。院子四周为方砖铺地的檐廊，廊宽 1 米；檐廊外为卵石散水。院子中部较低。

南边院子，东西长 15.62 米，南北宽 3.94 米。院子南部辟一门，即寝园南部中门。门内为庭，地面铺砖。从砖块破碎情况可以看出，这是人们熙来攘往之处。庭后（即庭北）为院，庭与院之间，置屏相隔。屏的西端与南院西墙相接，东端与东墙间留有通道。由庭东行，向南可进入院内。院内东、北两面有内檐廊，廊外有卵石散水。檐廊和院子中央天井地面均为方砖铺地。南边院子的东、西、北三面，可能均有踏步通到便殿其他地方。

院落区分布在便殿北部。由寝园东门可以直接进入此区。这里东西并列分布着两座大院落和一座小院落。东边大院子长 13.2 米，宽 8.55 米，西边大院子长 16.3 米，宽 8.3 米。两座院子之间为廊屋，其东西 6.8 米，南北 12.1 米，地面方砖铺地。院内四周为檐廊，廊道宽 0.85 米。廊外为卵石散水，宽 1 米。院落南部有宽敞的廊道，宽 2.3 米，长 53.7 米，廊道南边有一堵东西向的墙垣，把南部的殿堂和成套房区隔开。

便殿的大量建筑是成套的房屋，分布在整个便殿建筑的东南部。这些房屋，每套数量不一，面积大小不等，布局结构各异，表明其作用不同。

第一套房屋，在此区西南部，其西邻殿堂南部院子东墙。由两间房子组成，一大一小，各于南墙辟一门。大房子长 4.63 米，宽 3.75 米，门宽 1.15 米；小房子在大房子以西，长 4.65 米，宽 2 米，门宽 0.71 米。这套房子南边有个小院子。

第二套房子在第一套房子的东北，有三间房子。西边两间，南北排列，里外间形式，东边一间在西边两间东邻。西边南房面宽（东西）4.9 米，进深（南北）3.9 米，南面置门，门宽 0.9 米，北墙中部又辟一门，门宽 1 米，此门实际上也是西边北房的门道。西边北房面宽（东

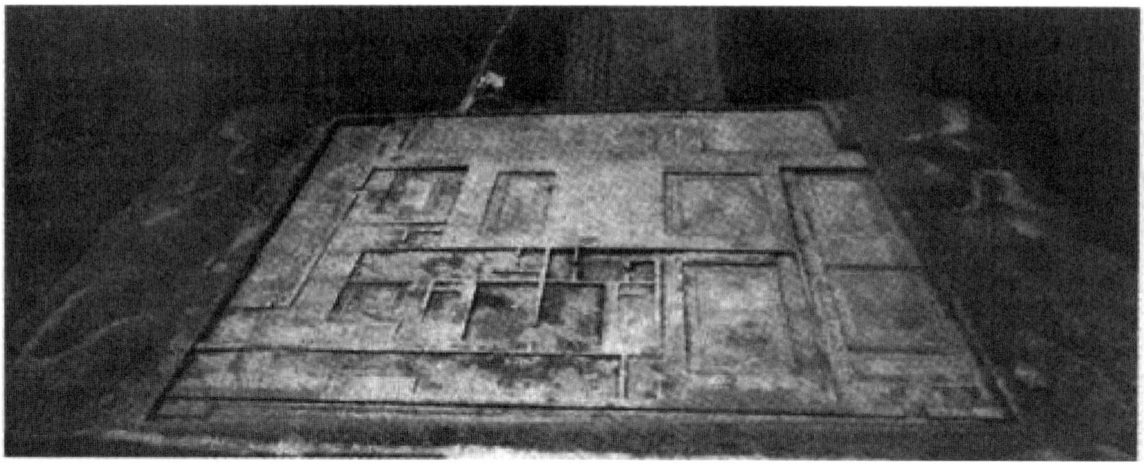

杜陵便殿遗址

西）4.9 米，进深（南北）2.9 米。东边房子的平面为长条形，东西 1.65 米，南北 7.3 米，门道开在西墙南端，宽 1.45 米。东边房子与西边南房通过此门相通。东边房子的北部有一窖穴，窖穴口为圆形，直径 0.98 米，深 6.95 米。窖壁砖砌。窖穴内清理出土了大量腐烂的粮食、动物骨头、漆器上的鎏金铜饰件、西汉五铢和王莽货币，还有巨型铁器（似为铁钟或铁鼎）残块。这些遗物有可能与寝园中的祭祀活动有关，可以设想，这套房屋的主人，可能负责寝园的祭祀活动，窖穴则用来储藏祭祀用品。第二套房子南部有一个院子，院内方砖铺地。由此院南部向东，又通向另一座小院子。

第三套房子在第二套房子北边，有两间房子，南北各一间，中间为院子。南房，面宽（东西）7.1 米，进深（南北）2.85 米，门辟于北墙中央，门宽 0.9 米。北房，面宽（东西）4.6 米，进深（南北）2.8 米，门辟于南墙中央，门宽 0.9 米。中间院子全部砖铺地面，东西 4 米，南北 4.2 米。这套房子的西边有一条南北通道，长 4.5 米，宽 1.9 米。通道北端与北房北墙平行处，置一院门，门宽 1.45 米。由此通道北出，为一大院子。这套房子布局十分严谨，房子和院子建筑相当讲究，可以推测，这里的主人不是便殿的一般勤杂人员。

第四套房子在第二、三套房子的东邻，由四间大房子南北并列组成。由北向南第一间房，面宽（南北）3.8 米，进深（东西）9.4 米，西部置一套间，东西 1.59 米，南北 3.95 米。套间北部有一窖穴，口径 0.95 米，深 7 米。此房东北角开一门，门宽 1.1 米。大房子东北角开一门，门宽 1.5 米。这是通向第三、四套房北边大院子的门道。此房东南角亦开一门，门宽 1.5 米，这是通向这套房子第二间房的门道。

第二间房面宽（南北）6.85 米，进深（东西）13.35 米。其东墙中央辟一门，门宽 1.5 米。此房东北有一坡道，通至第一间房东南部的门道，坡道宽 1.5 米，坡长 1.05 米，坡道上以几何纹方砖铺地。此房东南部辟一门，宽 2.85 米，是第二、三间房的通道。

第三间房面宽（南北）7.2 米，进深（东西）13.35 米。其东墙中央辟一门，门宽 2.5 米，此房东北部的门即第二间房东南部的门。此房东南角有一坡道，通至第四间房东南角的门道，坡道宽 1.5 米，坡长 1.1 米，坡道上几何纹方砖铺地。

第四间房面宽（南北）3.8 米，进深（东西）9.8 米。此房东北部的门即第三间房的东南部门，门宽 1.5 米。此房东南部的门，由房内通向房外廊道。房子西部为一套间，东西 1.35 米，南北 3.5 米，套间中央有窖穴，口径 0.9 米，深 7.2 米。第一、四间房的套房中窖穴，所出遗物与第二套房的东房窖穴所出遗物大致一样。

第四套房的四间房，面积较大，彼此有门道沟通，互相连接，可作为一组整体性建筑，显然不是居室，可能为公共活动场所。这套房中的两个窖穴，表明其活动或与祭祀有关。在第四套房东北和东南两处，各有一间小房。前者东西 7.2 米，南北 2.7 米，门朝北开，门宽 1.43 米；后者东西 3.45 米、南北 2.97 米，门朝南开，门宽 0.7 米。两间小房好像为这套房的安全而设，在第四套房的东部，有个宽敞的庭院，东西长 39.5 米，南北宽 5.3 米，地面方砖铺地。从内部设施及其环境来看，第四套房在便殿中位置比较重要。

便殿遗址内有周密的地下排水设施，是在便殿建筑施工前铺设的。便殿中每个院子的天井中均有地漏，院子之间的地下水管均为长方砖砌筑，水道截面为长方形，高 9 厘米，宽 11～20 厘米。便殿建筑的总排水口在东南角。便殿外的排水管道为五角形水管道，高 45 厘米，宽 43 厘米。

寝园南部还分布着大面积的小房屋，被墙围住，这或是"寺吏舍"之类的建筑，或为守陵宫女住所。

二、王皇后陵寝园

王皇后陵寝园位于王皇后陵西南，周置墙垣。寝园北墙即陵园南墙西段（陵园南门以西）。陵园西墙向南延长，形成寝园西墙。寝园墙基宽 4 米。寝园平面长方形，东西 129 米，南北 92 米。寝园已钻探出南门，东门和西门。寝园南门北对寝殿。此门东南角还有一个建筑。基址东西 4 米，南北 8 米。门内为一大型露台，东西 24 米，南北 7 米。

寝园东门，也是通向便殿的门户，位于寝园东北角以南 24 米。

寝园西门，位于寝园西北部，门址宽 10.8 米，门道长 7.2 米。门道分为左右。门道两边有檐廊，廊外有散水。此门形制、大小与寝殿西门基本相同。

和宣帝陵寝园一样，王皇后陵寝园里也有寝殿和便殿两大建筑。

寝殿是寝园中的主体建筑，位于寝园的西部。寝殿面宽（东西）54.15 米，进深（南北）34.08 米。大殿夯土台基东西 39.8 米，南北 27.13 米，现存高 0.5 米。寝殿东、西、南各辟一门，北面辟二门。

寝殿东、西两门的形制、大小基本相同，分别在寝殿东西两侧居中的位置。现简介西门：

寝殿东门与寝园西门东西相对，相距 4 米。寝殿西门宽 10.65 米，门道长 7.15 米。门道又分为左右道（或称左右阶），但与帝陵寝殿东西门不同，其门道中间没有隔墙。左右门道宽度相等，各为 3.35 米，长度略异。二门道均由平道和坡道组成。坡道在进门处。左门道（南门道）的平道长 4.3 米，坡道长 1.3 米，坡 25 度；右门道（北门道）的平道长 5.65 米，坡道长 1.57 米，坡 12 度。平道以素面方砖铺地，坡道以方格纹方砖埔地。门道两边为檐廊，廊道宽 1.05 米。檐廊外为卵石散水，宽 0.98 米。散水顶端与门口平行处，左右两边散水均外折 22 厘米，这可能是为了适应大门的挑檐屋顶而筑的。大门左右檐廊的廊壁均有壁柱，础石为砂岩，表面打磨平整。础石平面又可分为圆形和长方形两种，前者直径 44 厘米，厚 24.5 厘米；后者长 30 厘米，宽 25 厘米，厚 25 厘米。

南门位于寝殿南边中央，与寝园南门南北相对。寝殿南门宽 2.75 米，门道长 3.5 米，有四级踏步。门道台阶以下两侧，向南有方砖铺设的两条道路，路宽各为 2.75 米。

寝殿北边二门，大小、形制相同。二门东西间距 15.7 米，二门距寝殿台基东北角和西北角各为 9.15 米。门宽 2.75 米，门道长 3.45 米，有踏步 4 级，用几何纹空心砖砌置。门道外一条方砖铺设的道路通向北边，路宽 1.1 米。

寝殿周施回廊（或称檐廊），宽 2 米。廊道以素面方砖铺地。廊外为卵石散水，宽 1 米。

寝殿台基四壁有壁柱。壁柱截面呈方形，边长 26 厘米，柱下置础石。寝殿东、西门内为东西厢（或称东西阁），殿内中央辟有堂。

寝殿东门与便殿西门东西相对，间距 4 米，两门大小、形制基本相同。

寝殿北部可能是主要礼仪活动场所，这与宣帝陵的寝殿相似。

便殿在寝殿以东，从钻探和试掘获得的考古资料来看，便殿东西长 33 米，南北长 73 米。便殿中包括殿堂、院落和成组小房屋。

在寝园南部还有大面积建筑物，大概是从事陵事活动的杂役人员、侍卫兵士及守陵人员的住地与活动场所。

王皇后陵的寝园比宣帝陵的寝园规模小、结构简单。这一方面是由于皇后葬仪规格自然低于皇帝，另一方面可能由于王皇后“丧事仓卒，吏赋敛以趋办”[1]。

三、杜陵陵庙

《汉书·宣帝纪》记载：神爵三年（公元前 59 年），“起乐游苑”。后人认为乐游苑就是乐游庙。古代养禽兽的园林称“苑”。古代虽有“宫”“庙”通称，但“苑”“庙”不互称。由此看来，把“乐游苑”，说成“乐游庙”不妥。据宋代文献记载，乐游庙在曲江池北岸，唐长安城升平坊内，即今西安电影制片厂附近。但我们认为，此处所说的“乐游庙”不是汉宣帝的陵庙。《太平寰宇记》卷二十五和《长安志》卷十一都分别记载了乐游庙和宣帝庙，如果二者为一，这就成了不必要的重复。而且上述两部文献记载的二庙地望也有所不同，它们均载乐游庙在唐长安城曲江之北的升平坊内，而所称宣帝庙则位于“本陵（即宣帝杜陵）北”。据《汉书·韦玄成传》记载：“京师自高祖下至宣帝，与太上皇、悼皇考各居陵旁立庙。”显然，宣帝庙也应在陵旁，不会远在唐长安城升平坊。

考古工作者在宣帝杜陵东北 400 米发现一处西汉建筑基址。建筑物的夯土台基东西 63 米，南北 66 米，现存的夯台比附近地面大约高 2 米。遗址内出土了大量汉代砖瓦，有素面和几何纹、回形纹、乳丁纹铺地砖，别具特色的朱雀、青龙等纹饰的空心砖，“长乐未央”和“长生无极”文字瓦当等。建筑台基东西两侧，各有一条南北向大路，路宽 6～7 米。它们向南分别通往宣帝陵和王皇后陵的陵园及寝园。这里可能是汉宣帝杜陵陵庙遗址。

出土陶器

注　释

［1］《汉书·薛宣传》，第3393页。

（原刊于《走进杜陵》，西北大学出版社，2007年）

曹操墓的考古学证明

刘庆柱

西高穴墓位于河南省安阳市西北安阳县安丰乡西高穴村。该墓近年来不断被盗掘，为了对其进行抢救性保护，河南省文物考古研究所于2008年12月至2009年进行了考古发掘，已经考古发掘完成的西高穴墓有两座，编号为一号墓和二号墓，二号墓的田野考古发掘工作已基本完成，一号墓考古发掘正在进行之中。从考古发掘的资料来看，南北并列的二号墓与一号墓，前者应为主墓。据目前已经取得的田野考古发现资料，可以确认二号墓就是历史上著名的政治家、军事家、文学家曹操的墓葬。

西高穴二号墓确认为曹操墓的主要考古依据是：考古发现的西高穴二号墓形制规格、遗迹与遗物所反映的墓葬时代、出土"石牌"及其文字内容、人骨遗存鉴定结果、墓葬地望、文献记载与考古发现遗存的对应关系、其他出土旁证遗物等。

1. 西高穴二号墓的形制与规格

二号墓为"甲"字形墓，坐西朝东，由墓道、前室、后室和4个侧室构成，属于斜坡墓道的双室砖券墓。

墓道长39.5米、宽9.8米，东西长18米。墓门宽1.95米、高3.02米，墓门4层，外3层为砖砌，内层为石门。墓圹平面东边22米、西边19.5米，东西长18米。

墓室有前室与后室，二室平面均为方形，边长约3.8米，四角攒尖顶。前室与后室南北两侧各设置一个侧室，侧室平面均为长方形。墓室石板铺地，石板长95厘米、宽90厘米。4个侧室均置石门。

在西高穴二号墓考古发掘之前，考古发掘的汉代诸侯王墓近50座，其中东汉时期诸侯王墓有7座。东汉时期的7座诸侯王墓中，有前期2座、中期3座、晚期2座。考古发现的东汉晚期的诸侯王墓为河北定县北陵头43号墓（东汉中山国中山穆王刘畅墓）、江苏徐州土山墓（东汉晚期某代彭城王或王后墓），二者均由墓道、前室、后室与左右耳室或侧室组成。

晚于东汉的三国东吴高级贵族墓（或帝王陵墓）考古发现有江苏南京江宁区上坊墓、安徽马鞍山宋山墓（东吴景帝孙休墓）和朱然及其家族墓等，其墓葬形制均由墓道、前室、后室及侧室（或耳室）组成，墓内安置石门，墓室地面铺地砖规格大（如安徽马鞍山宋山东吴墓铺地砖、江苏南京上坊东吴墓铺地砖边长50厘米）。宋山墓墓室长17.68米、宽6.6米。上坊东吴墓墓室长20.16米、宽10.5米，前后二室平面均近方形，顶部为四隅券进式穹隆顶，前室与后室两侧各有2个耳室。

东汉时期考古发掘的诸侯王墓一般在王国都城附近的高地或山冈之上，东汉时代前期诸侯王墓的墓葬形制是题凑石墙回廊多室墓，东汉晚期诸侯王与魏晋时期高等级墓葬则为单墓道、前后室及四侧室（或耳室）、穹隆顶砖室墓。西高穴二号墓墓葬形制恰与东汉时代晚期诸侯王墓和魏晋时期高等级墓的墓葬形制相同，它们的规格相近。从考古发现的西高穴二号墓墓葬形制规格来看，二号墓应为“王陵”。

2. 考古发现遗迹与遗物所反映的墓葬时代

西高穴二号墓墓葬形制规格与东汉晚期诸侯王墓基本相同，墓内发现的 3 枚东汉五铢钱、有“魏武王”铭刻石牌 7 件及物疏石牌 51 件，均不晚于东汉晚期或曹魏初期。因此可以判定其时代为东汉时代晚期至曹魏初期。

3. 出土“石牌”的文字用语及书法特点

在西高穴东汉晚期墓葬出土有“魏武王常所用格虎”铭文的石牌 7 件，“魏武王”在东汉晚期曹操去世至曹丕称帝之间，只能是曹操。“常所用”为汉魏之际所使用语言，如《三国志·吴书·周泰传》裴松之注引《江表传》有“常所用”语，《宋书·肖思话传》有“常所用铜斗”，此外其他文献中还有“常所用弩”等。有“魏武王”铭的石牌中“格虎大戟”“挌虎短矛”及被盗的石牌中的“格虎大刀”等铭刻，“格虎”为当时常用语，如《魏书》有“格虎车四十乘”、《文选》谢灵运《拟魏太子邺中集诗》注引王肃《格虎赋》、《全汉文·谏格虎赋》、《太平御览》引崔鸿《十六国春秋·后赵录》载“格虎车”等。

“刀”作为短柄武器，东汉晚期在军队中已基本取代了长剑。东汉晚期的诸侯王墓（河北定县 43 号墓）之中，出土有长 105 厘米的大刀。“戟”是东汉末年、三国时期最主要的格斗兵器。

西高穴二号墓出土的刻铭“魏武王挌虎大戟”与缴获盗墓者从此墓盗出的“魏武王挌虎大刀”，从其“挌虎”的用语与“大戟”和“大刀”的兵器，都说明它们是东汉末期至曹魏时期所流行的。

西高穴二号墓出土的 58 枚刻铭石牌分为两种类型，一为刻铭“魏武王常所用”者，计 7 枚；另一为物品名称及数量刻铭。其中后者应为“物疏”（即一般所说的“遣册”）遗存，这是随葬品记录，它们流行于战国时代至魏晋时期。

二号墓发现的刻铭石牌文字，绝大多数为汉隶，亦即“八分体”，这是东汉时代流行的书法。

4. 人骨遗存鉴定

西高穴二号墓发现人骨个体 3 个，鉴定认为男性 1 个，年龄约 60 岁；女性 2 个，年龄分别约为 50 岁和 20 岁。《三国志·魏书·武帝纪》记载：建安二十五年春正月“庚子，王崩于洛阳，年六十六”。二号墓发现男性个体头骨鉴定年龄与曹操去世年龄基本吻合。

5. 其他出土旁证遗物

在西高穴村以东 14 千米为曹魏都城——邺城遗址。20 世纪 80 年代以来进行的考古勘探、发掘工作，基本探明了邺城遗址的范围、布局形制。根据中国古代帝王陵墓埋葬规律，一般帝王陵墓安排在帝王都城附近，如商代晚期都城——殷墟的王陵区在殷墟西北部的西北岗一带，春秋秦国都城雍城的附近有在此执政的秦公陵，战国时代秦咸阳城西北部有秦王陵，西汉一代9座帝陵埋葬在汉长安城北部，唐十八陵在唐长安城以北的“北山”一带东西排列着；朱元璋以南京为都城，去世之后葬于南京。明十三陵是在北京当皇帝的帝陵。曹操以邺城为王都，作为“魏王”的曹操陵墓理应埋葬于邺城附近。曹魏邺城的“魏王”只有曹操，邺城作为东汉晚期曹操的王都，这里东汉晚期的王陵则非曹操莫属，其他王陵不可能在此。

1998年，西高穴村村民徐玉超在村西取土时，发现了后赵建武十一年仆卿驸马都尉鲁潜墓志，志文记载：鲁潜“墓在高决桥陌西行一千四百廿步，南下去陌一百七十步，故魏武帝陵相比较西行四十三步，北迴至墓明堂二百五十步”。墓志上述文字记载锁定魏武帝高陵就在西高穴村。西高穴村发现的东汉晚期曹操墓与鲁潜墓志互为佐证。

6. 文献记载与考古发现遗存的对应关系

《三国志·魏书·武帝纪》载：曹操于建安二十三年六月在“西门豹祠西原上为寿陵，因高为基，不封不树”。西门豹祠遗址在今河南省安阳县安丰乡丰乐镇，遗址地面常有东汉、北朝时期的砖瓦残块发现。《水经注》又载：“西门豹祠东侧有碑，隐起文字，祠堂东头石柱，勒铭曰：赵建武中所修也。”该石柱现存于临漳县文物保管所。西高穴村在西门豹祠遗址以西7千米，西高穴二号墓所处地势高亢，地面没有发现封土遗存。古代帝王陵墓的“薄葬”，历来将“不封不树”作为十分重要的内容，西高穴二号墓就是一座东汉时代末期具有王陵形制与规格的“不封不树”的墓葬。

唐代《元和郡县制》记载：“魏武帝西陵在县（唐代邺县，即魏晋时期邺城故址）西三十里。”西高穴村东距邺城遗址15千米。

西高穴二号墓的地望与上述文献记载的方位是一致的。

《三国志·魏书·武帝纪》记载：建安二十二年“天子进公爵为魏王”。又载：建安二十五年“王（曹操）崩于洛阳……谥曰：武王。二月丁卯，葬高陵”。西高穴二号墓出土的有“魏武王常所用”石牌，其称谓与上述文献记载是相同的。

从以上所述可以认为，西高穴二号墓就是曹操墓，前面提出的所有证据是一个完整而又相互佐证的证据链。曹操作为魏王，王都在邺城，曹魏邺城的魏王只有曹操，曹操去世之后只能葬于邺城附近，曹操的陵墓只能是东汉时代晚期的，其墓葬形制规格应该与东汉晚期至三国时代的“王陵”形制规格是一致的，东汉时代晚期的“魏武王”只能是曹操的“谥号”，西高穴二号墓具备了上述证据链中的所有方面，因此我认为西高穴二号墓就是曹操墓。

（原刊于《中国社会科学报》2010年1月19日第1版）

唐陵石刻简论

李毓芳

唐代帝陵主要分布在陕西关中平原北部的渭北高原和北山山脉。以都城长安为中心，西迄乾县梁山，东至蒲城金粟山，东西成扇面形排开，绵延一百五十千米。

唐代是中国古代的鼎盛时期，唐代帝陵从一个重要方面反映了这个时期的政治、经济和文化。唐陵不仅规模大，制度上也有新的创建和发展，陵墓前大型石刻群的设置，就是这方面的突出例证。本文拟对陵墓石刻渊源、唐陵石刻考释及其位置与组合问题，作以初步探讨。

一、陵墓石刻溯源

像一切历史现象一样，陵墓石刻也有自身漫长的历史发展过程。陵墓前置石刻始于何时？从文献记载来看，似乎早已有之。《水经注》卷十载：尧母庆都陵和尧陵前均有石驼。《格致镜原》卷七引《洞微志》载："汴都之南百里有周公墓，前一石人，能作怪人，或遇之称鲁校书石抻衙。"又引《物原》载："周宣王始置石鼓、石人、猊、虎、羊、马。"

综上所述，似乎远至尧、舜、禹的传说时代和西周王朝的陵墓前已置石人、石兽等石刻。但是这些记载并未被田野考古工作所证实，因此其可靠性是值得怀疑的。

自战国时代以来，关于陵墓前置放石刻的记载越来越多，而且不少已被田野考古工作所证实。

《三辅黄图》载：青梧观"有石麒麟二枚，刊其胁为文字，是秦始皇骊山墓上物"。

咸阳和西安一带的西汉帝陵均未发现石刻，亦未见于文献记载。洛阳的东汉帝陵列置石刻者只有光武帝原陵一例[1]。东汉以后帝陵置石刻者比较多了，如魏武帝陵前有石犬（还有铜驼）、北魏孝庄帝静陵和西魏文帝陵前有石狮、石虎、石人等[2]。帝陵石刻比较早、保存较好的要算南朝帝陵，宋、齐、梁、陈诸帝陵一般陵前置天禄、辟邪、石柱和石碑等[3]。

文献记载的人臣墓石刻以丹阳大姑陵的石兽最早，比较确切可靠的是西汉霍去病墓前或墓上的石刻，此外还有张骞墓和山西安邑杜村西汉墓前石虎，山东邹县城东匡衡墓前石人等[4, 5]。

西汉以后，"天下送死奢靡，多作石室石兽碑铭等物"[6]，从《水经注》记载的情况看，汉太尉桥玄、中常侍长乐太仆侯苞、安邑长尹俭、桂阳太守赵越、中常侍长乐太仆特进费亭侯曹嵩、平阳侯蔡昭、弘农太守张伯雅、桂阳太守胡锡墓等，均置石兽、石人、石阙、碑、石柱等[7]。另外，还有汝南汝阳彭氏墓[8]、宋均墓、宗资墓等[9]，墓前也置有石兽等石刻。考古调查发现的东汉人臣墓前石刻主要有咸阳潘家村石狮，洛阳博物馆藏“缑氏蒿成奴作”石狮、河南叶县石柱、嘉祥县武氏祠前石兽、历城琅玡相刘君石柱、曲阜孔林石兽、四川雅安高颐墓石虎、芦山县石马坝石兽等[10]。

魏晋南北朝时代，战争频繁，经济凋敝，中央政府三令五申不得厚葬。建安十年魏武帝下令禁立碑，晋武帝咸宁四年下诏禁立石兽、碑表[11]。南朝刘宋裴松之曾上表建议皇帝对“欲立碑者，宜悉令言上，为朝议所许，然后听之”[12]。萧梁也有明文规定：“凡墓不得造石人兽碑，唯听作石柱，记名位而已”[13]，但萧梁的宗室王侯墓似不在其列[14]。

从现有考古调查材料来看，陵墓前置石刻，人臣墓略早于帝陵。人臣墓前石刻以西汉霍去病和张骞墓最早。为什么他们的墓前置放石刻呢？我们注意到，霍去病是我国历史上第一个远征西域的将军，张骞是中国历史上第一个通使西域的外交家。他们熟谙西域的风土人情，接受西域文化的影响是完全可能的。他们墓前列置石刻可能受到当时西域葬仪的某些影响。近年在新疆地区调查发掘的石人石棺墓文化，这类遗迹在北疆草原地区，如何勒太、富蕴、青河、哈巴河、吉木乃、布尔、温泉等县普遍存在，这些墓前，一般有石人立像或立石，石人石棺墓的早期可到秦汉之际，当时那一带广泛分布着匈奴人[15]，霍去病曾在此与匈奴人长期战争，获得辉煌战绩。霍去病死后，墓前和墓上的石刻（以及竖石），可能就是以石人石棺墓葬仪作为对霍去病在西域战功的纪念。张骞通使西域，远抵西亚，当时北非、西亚的陵墓前（神庙、宫殿前亦然）置放石兽非常普遍，张骞墓前置放石兽或许受到这种葬俗影响。

西汉王朝以后，社会上流行的为死人随葬习俗，不只是人们出于迷信，还是为了标榜自己的孝道。而为死者墓前列置石刻，不仅张扬了死者的显赫地位，同时也使筹办者获得了荣宗耀祖、忠孝仁义的美名。这是西汉以后陵墓置放石刻之风愈演愈烈的原因之一。东汉时期，虽然不少人臣墓前已有石刻，但尚无定制。南北朝时期，南朝陵墓前的石刻已形成一定制度，但帝陵和人臣墓前的石刻组合区别甚微，主要区别表现在石兽的不同，帝陵前置天禄、辟邪，人臣墓前置石狮。到了唐代，陵墓前列置石刻的制度已趋完善，帝陵与人臣墓石刻组合的区别亦甚明显，人臣墓也分成了若干等级[16]。

二、唐陵石刻丛考

唐陵石刻在中国古代帝王陵墓石刻中有着划时代的历史意义，它开创了一个新阶段。它不仅在造型艺术上注意了现实主义与浪漫主义的有机结合，更重要的是，唐陵多种类型的成组石刻，从不同方面反映了中国古代社会鼎盛时期的历史。

唐陵石刻包括有：石虎、石狮、蕃像、石碑、石人、仗马、鸵鸟、翼马、犀牛和石望柱。

石虎　在唐陵石刻中仅见于高祖献陵，陵园四门各置一对。陵墓置石虎早见于西汉霍去病墓和张骞墓。帝陵置石虎则以西魏文帝陵最早。严格讲，汉魏两晋南北朝陵墓前的天禄、辟邪就是以虎为主体[17]，或虎、狮结合的神化动物。陵墓置虎是因为古人认为：“罔象畏虎与柏，故墓前立虎与柏。”[18]传说“帝喾葬于阴爰有熊文虎”[19]；考古发掘中发现殷周墓中有玉虎、铜虎，战国时代中山国王陵墓中有错金银铜虎，秦汉之际的义帝冢内有石虎[20]。陵园门兽选择石虎则因为古代人们视虎为“石兽之长，能执搏挫锐，噬食鬼魅”，人们有“画虎于门”“冀以御凶”的习惯[21]。

东汉以后，陵墓前置石狮逐渐增多，在这种情况下，献陵置虎而不置狮，主要原因有二：第一，唐初讳虎为武（因李渊祖父名虎），如改“虎贲”为“武贲”、改“白虎”为“白兽”等。高祖年号“武德”，实为“虎德”，亦即李渊标榜自己承继“祖德”。当时对“虎”是崇仰的。第二，唐初李渊尊崇道教，认老子李耳为其祖[22]，在佛教影响日益扩大之际，作为道教的信徒自然不会把佛教的圣物——狮子置于其陵园门阙。加之石狮作为帝陵门兽当时并未形成定制，自然置放石虎也就不会引起厚非。

高祖李渊之后，佛教进一步传播、流行，终唐一代，乃至以后整个中国古代社会，佛教影响大于道教，社会地位亦高于道教。皇帝为了神化自己的地位，使宗教更好地为自己服务，自然在葬仪上也要利用宗教。因此自唐高祖献陵以后，一般帝陵的门兽改为石狮。

石狮　作为陵墓石刻始于东汉，《水经注》卷十二记载，尹俭墓前有石狮。魏晋南北朝时期，陵墓置石狮更为常见。帝陵置石狮当以北魏静陵最早。南朝人臣墓置石狮，帝陵则置天禄、辟邪。唐初李虎、李昺被追封为帝，永康陵和兴宁陵均置石狮，昭陵以南的礼泉县后寨村有石狮一对。自乾陵始，以后诸唐陵之陵园四门外各置石狮一对。唐代以后，历代皇帝陵墓前的石刻俱遵此制——均以石狮为门兽。

狮子产于非洲和亚洲西部，汉代以前，人们不了解狮子，我国古代文献中关于狮子的最早记载始于汉代[23]。狮子最早运到中国在东汉[24]。魏晋南北朝时期，西域朝贡狮子于中国的记载就屡见于史书了[25]。唐代中外关系进一步发展，史载中亚和西亚地区的国家多次遣使献狮[26]。

狮子之所以作为贡品献给中国，一是中国没有这种动物；二是当地人视此为神兽。古埃及台奈斯第二王朝以前，就把阿吞、书和太夫内作为埃及三大神，其中除阿吞为城隍神之外，书和太夫内分别为雄狮与雌狮化身，它们都具有太阳神的性质，狮子王代表着天空中的日光[27]。埃及的狮子在神话里还用作圣地的守卫，举世闻名的斯芬克司狮身人面像就是基查大坟地的守卫和卡夫拉太阳神的化身[28]。新王国时代的卡纳克阿蒙神庙前的狮身人面大道，纪元前后埃及纳加的“狮神”和“狮庙”等等，都说明狮子是古埃及人心目中的神兽[29]。

古代的地中海和西亚地区的人们也视狮子为神兽，例如在阿布卡迈勒附近幼发拉底盆地的特勒——哈里皇宫遗址出土的公元前3000年的青铜像[30]；公元前2000年赫梯首都哈杜沙什城门遗址，石门两旁的狮子雕像；公元前六世纪巴比伦城“仪仗大街”两旁墙壁之上，有象征帝王仪仗的琉璃砖制造的狮子像[31]。

在中亚，公元前四世纪潘梯卡佩的国徽由狮和鸟组成[32]；塞西安的艺术品，其特色是带有极特别的动物图案，其中最多的是狮[33]；公元前三至一世纪，从阿尔泰山区的巴泽雷克墓葬可以反映出，狮头人身像、戈尔诺阿尔泰的有翼有角狮身人面像，狮身鹰头像等，这些怪兽在戈尔诺阿尔泰诸部落的神话中都有重要地位[34]；相当于公元560～760年的北塔吉克萨马尔干东部泽拉夫善河上喷赤干的粟特城址的木雕中有女神骑狮，这种女神被认为是古代中近东最流行的女神[35]。还有十分重要的一点，那就是狮子几乎与佛教同时来到中国。狮子在佛教中被神化。佛教比喻佛祖讲经“演法无畏，犹狮子吼。其所讲说，乃如雷震”，又谓“佛为人中狮子”[36]。人们赋予狮子神和佛的外衣，随着狮子被运到中国，关于狮子的神话传说和崇奉信仰同时传到东方。狮子被描绘成“铜头、铁额、钩爪锯牙、弥耳跪足，目光如电，声吼如雷”，“毛群之长”[37]，“绝域之神兽”，有“拉虎吞貔，裂犀分象”之本领[38]。

唐代以前，陵墓上置天禄、辟邪、石虎、石狮者已为数不少。天禄和辟邪在两汉时代，尤其在西汉时代，它们是以虎为模特雕刻的，东汉以后这两种神兽就兼有了虎、狮二者的特点，并且狮的成分越来越多。石狮彻底取代天禄、辟邪和石虎在帝陵石刻中的地位，是由唐高宗和武则天的乾陵开始，此制为以后历代帝陵石刻所沿袭。这大概应归于佛教文化在中国的进一步传播，之所以由乾陵开其端，因为唐高宗和武则天是虔诚的佛教徒。

唐陵石狮均作为陵园门兽。在狮子的故乡它就多被当作门兽。例如，赫悌首都哈杜沙什城门两旁雕刻的风格古拙的狮子像，伊朗“沙尔恭之丘”宫殿门旁巨大的牡牛和狮子像等[39]。这因为“狮子为兽中之王”[40]，“虎见之而伏，豹见之而眠，罴见之而跃”[41]，以狮护门，固若金汤。

唐陵石狮造型变化甚大。李虎永康陵和李昺兴宁陵的石狮有明显的隋及北朝遗风，但已接近写实，与南朝萧梁人臣墓石狮风格迥异。昭陵和顺陵的石狮均为行狮，造型上受到了西亚影响，这是写实石狮的代表。乾陵及以后诸唐陵石狮，均为蹲踞，具有某些印度风格；自睿宗桥陵以后，诸唐陵石狮牝牡有别，一般为左牡右牝，牡狮卷鬣合口，牝狮披鬣张口。

蕃像　过去认为陵墓置蕃像始于唐代，在唐陵中又仅见于昭陵和乾陵。就目前所知，我国古代陵墓石刻中置蕃像者最早应为西汉霍去病墓石刻中的“马踏匈奴”和“野人”。其身份，前者为战败者，后者还待研究。霍去病墓石刻中的蕃像渊于新疆北疆草原一带的石人、石棺墓文化，在这类墓前树有石人或立石[42]，据有些学者研究认为，那些墓前石人或立石表示战场的俘虏，以其表饰坟墓，让其服侍死者[43]。霍去病墓的蕃像石刻，其意义与此相近。

由西汉中期至唐初，历经七百多年，就目前所知，其间陵墓石刻中置蕃像者甚少。由唐太宗昭陵开始，帝陵置蕃像已较普遍。这种葬仪一方面是传统形式的发展，另一方面又是西域文化影响的进一步扩大、深入。

见于文献记载的唐陵蕃像只有昭陵和乾陵，而关于这些蕃像的身份有着不同说法。昭陵十四蕃像，有的认为是“蕃臣曾侍轩禁者”[44]；有认为属于“蛮夷君长为先君所擒服者”或“诸蕃君长，贞观中擒伏归化者”[45]。乾陵蕃像的身份，说法也不一样。《长安图志》载：“宋元祐中计使游公图而刻之，防御推官赵楷为之记曰：乾陵之葬，诸蕃之来助者何其众也！武后曾不知太宗之余威遗烈，仍欲张大夸示来世，于是录其酋长六十一人，各肖其形，旅之琬琰，庶使后皆可得而知之。”但就石人背刻名爵来看，大多数与昭陵蕃像性质相似，并非王宾。把这些蕃像统称为“王宾”或“曾侍轩禁者”都是片面的。我们认为昭陵和乾陵蕃像的身份不能简单划一，他们之中有被征服者、归化者，也有友好国家、地区的使者。

近年来，我们在泰陵、崇陵、庄陵和简陵也发现了一些石刻蕃像（据调查，在定陵、桥陵和建陵也曾发现蕃像残石刻），但其背部不见刻文。关于这些蕃像未见文献记载。

唐代，中国与西域来往十分频繁，前面谈到的新疆石人石棺墓文化始于秦汉，延续千余年。如果说昭陵蕃像包含有“为先君所擒伏者”，那么这与石人石棺墓文化中的石人表示战俘应属同样意义的葬仪。在西亚地区，建于公元前486年的波斯国王“大流士一世陵墓的浮雕上，刻有所有臣服于大流士的各族人民代表者的像”[46]，唐陵蕃像石刻可能也受到这种波斯葬仪的影响。需要指出的是，唐代统治者又给予它新的含意，即蕃像不只是被擒伏者，更重要的还是归化者和宠者，后者使它有了更积极的政治意义，促进了中外友好关系的发展，巩固和加强了多民族的统一国家。

在唐陵蕃像中，崇陵蕃像中有的合手打拱、身披帛纱，右肩袒露，双足赤露；乾陵和崇陵有的下身著裙，裙下有周圈莲饰。就此来看，这些石像似与佛教或佛教流行的南亚国家和地区的人们服饰有关，因此，其身份又有另一意义。

目前发现的唐陵蕃像石刻，由于年代久远和其他原因，或失或毁，无一完整者。昭陵蕃像有十四尊，每个“高八九尺，逾常形，座高三尺许。或兜鍪戎服，或冠裳绂冕，极为伟观”，他们“拱立于享殿之前，皆深眼大鼻，弓刀杂佩”。其他唐陵的蕃像大都卑小，没有昭陵蕃像那样高大，但其服饰基本相近。

乾陵所谓“六十一蕃像”，实乃六十四个蕃像，在唐代诸陵中，其蕃像数量最多，服饰大多短袖阔裾、束腰佩刀、著蹀躞带，双足并立，穿六缝靴，两手前拱。有的长发披肩，有的满头卷发。乾陵蕃像置于陵园朱雀门外、阙台里面。

其他唐陵所发现的蕃像，其形制、服饰和位置与乾陵蕃像相近。其蕃像位置一般居陵墓神道石刻之首，这反映出了唐代对友好睦邻的关系和团结各地区少数民族政策的重视。

北宋帝陵石刻中虽仍有蕃像，但均属侍卫之类，其身份与唐陵石刻蕃像已不同。

石人　我们一般将古人对其死后的安排，看作其生前活动的缩影。远在商周时代的墓葬中就有人殉，也有用玉、石、陶、铜等制作的人俑随葬。人殉制度一直延续到春秋时代。墓内殉人或人俑的身份，有奴隶，也有小奴隶主、小官吏，或贵族身边的亲信臣妾、弄臣，或国王的仪卫扈从。《西京杂记》记载，魏哀王冢内，石床左右立侍武冠带剑石人；《抱朴子》记载，吴帝时，于江陵古冢内发现有大冠衣、执剑列侍灵座的数十枚铜人（言殿中将军或侍郎），应属仪卫扈从。

陵墓前列置石人，应该是过去墓内象征仪卫扈从身份的殉人或随葬人俑的一种墓外地上新形式，当然其所反映的社会意义更广泛，而且殉葬还不是其主要的历史内容，这里主要应是一种仪卫的安排。但是陵墓前的石人与陵墓内的属于帝王仪卫扈从身份的殉人或人俑有着一定的发展关系。

从目前较为可靠的资料来看，墓前置石人不会早于汉代，前述山东邹县匡衡墓前石人、文献记载的东汉汝南汝阴彭氏墓、弘农太守张伯雅墓前的石人即可为证[47, 48]。

帝王陵前置石人要以北魏孝庄帝静陵和西魏文帝永陵的石人最早，二陵之前的石人均手持兵器。帝陵前置石人成为定制，当始于唐高宗乾陵。

乾陵、定陵和桥陵各有十对石人，均双手拄剑；泰陵以下十三座唐陵也各有十对石人，但东西二列有别，左文右武，文者握笏、武者拄剑。

关于唐陵石人身份，《隋书·礼仪志》记载：“梁武帝受禅于齐，侍卫多循其制，正殿、便阁及诸门上下各以直阁将军等直领……行则仪卫。”唐初用隋礼[49]。乾陵、定陵和桥陵石人当属皇宫仪卫，身份可能为直阁将军、殿中将军或侍郎。泰陵及以后诸唐陵石人，左文右武，这与当时唐陵石刻追求进一步的对称布局有关，另外也反映了那时朝仪制度的变化。《唐会要》

卷二十五记载："文武官行立班序：通乾观象门外序班，武次于文，至宣政门，文由东门而入，武由西门而入，至阁门亦如之。"

唐陵置十对石人，似与当时制度有关。《太平御览》卷六八一载："《晋公卿礼秩》曰：诸公及开府位从公者给虎贲二十人持班剑"，又载："徐邈奏议曰，东宫班剑议者不处数案公卿故事，给虎贲二十人持剑，安平献王加青盖九旒，前后鼓吹，虎贲亦二十人，依准此数，东宫班剑当不过二十。"班剑二十似为最高仪卫。这些可能对门戟制度也有所影响。初唐时期，天子庙社门、宫殿门列戟二十四。到了盛唐，天宝六年敕改仪制，庙社门、宫殿门每门各二十戟[50]。从上所述班剑仪制数字来看，唐陵石人十对的数目可能与此有关。

唐代以后，北宋、明、清诸帝陵亦均置文武石人，唯数量少于唐陵。

仗马　《史记·平准书》载："在天莫如龙，在地莫如马。"因而古人视马为"甲兵之本，国之大用。安宁则以别尊卑之序，有变则以济远近之难"[51]。远在商周时代，就以真车马为死者随葬，后来又以车马俑代之。秦始皇陵兵马俑坑和咸阳杨家湾汉墓的兵马俑，其数量，规模令人叹为观止！西汉霍去病墓前的立马、卧马和跃马是目前所知陵墓前最早的石马。东汉时代，随着陵墓置石刻之风的流行，墓前置石马者也多起来了[52]。

帝陵置石马，据近人研究认为始于东汉光武帝原陵，但目前尚未定论。魏晋南北朝以来，无论帝陵或人臣墓，一般未见置石马者[53]。唐代帝陵（除献陵）均置石马。昭陵的"六骏"置于陵北，乾陵及以后诸唐陵均于神道和北门外各置五对与或对仗马。

唐代的仗马即汉代之仪马。关于仪马设置，《西京杂记》载："汉朝舆驾祀甘泉汾阴，罼罕左右及节十六，后乃有御马三，则仪马之设自汉始也。"关于唐代朝廷设立仗马，《唐会要》卷六十五载："天宝八载七月二十五日罼：自今南衙立仗马，宜停，其进马官亦省，十二载正月，杨国忠奏置立仗马及进马官。"又载："大历十四年七月十日，闲厩使奏置马随仗，当使准例，每日于月华门立马八匹，使下厩去。"据上所述，可见仗马（亦即仪马）之设归始于汉，唐代沿袭此制。

仗马是朝廷仪仗队伍一部分，号墓为陵的懿德太子墓壁画也反映了这点，墓道东西壁有对称的仪仗队伍，由车队、马队和步行仪仗队组成。陵前神道的仗马可能象征马队。《新唐书·兵志》载："高宗龙朔二年始取府兵越骑、步射置左右羽林军，大朝会则执仗以卫阶陛，行幸则夹驰道为内仗。"联系到陵前石人和仗马的列置情况，它们也可象征"大朝会则执仗以卫阶陛"的仪卫。

神道仗马取数为十（五）对的原因，我们认为，这与"十骥"之说有关。《唐会要》卷七十二载："贞观二十一年八月十七日，骨利干遣使朝贡，献良马百匹，其中十匹尤骏，太宗奇之，名为制名，号曰十骥。"

唐陵神道设仗马之制为宋、明、清诸帝陵所沿袭。但仗马数量、马饰和控马官则均有所不同。

唐陵除在陵前神道设十匹仗马外，还在陵的北门置仗马六匹，此为唐陵石刻布局的突出特点之一。

北门置六马始于昭陵，昭陵"六骏"为浮雕，置北门内，这是为纪念唐太宗征战沙场的武功而置[54]。乾陵及以后诸唐陵北门六马为圆雕，造型与神道仗马同，置北门外。

唐陵北门设六马又可理解为设计者把帝陵作为帝都长安的缩影来安排的。唐长安城历来有北门屯军的传统。高祖李渊从太原起兵，其队伍称为元从禁军，灭亡隋朝，定都长安后，元从禁军屯于北门，专任宿、卫，又称北门屯兵，唐太宗贞观十二年，又在京都长安的玄武门置左右屯营，以诸卫将军统领，其兵称为飞骑，又从其中选材力骁健、善于骑射的称为“百骑”，扈从皇帝。唐陵北门置仗马犹如长安玄武门置“飞骑”“百骑”（即左右屯营）。关于北门仗马取数为六，大概与汉魏以来文献记载的“天子驾六”制度有关[55]。《通典》载：“昔人皇乘云驾六羽出谷。”《事物纪原》卷二载：“夏书王子之歌曰，若朽索之御六马，则驾六之制，夏后已然”；“逸礼王度记曰，天子驾六马”；“易京房春秋公说皆云，天子驾六”。

鸵鸟　地质时代自上新世初期至更新世晚期，鸵鸟在我国北方分布很广，几乎遍布秦岭以北的黄土分布地区[56]。随着地理环境的变化，鸵鸟在我国消失了。但是到了汉代，《史记·大宛列传》记载：“汉使至安息……汉使还而后发使随汉使来观汉广大，以大鸟卵（即鸵鸟蛋）及黎轩善眩人献于汉。”[57]东汉和帝永元十三年，西域的鸵鸟作为贡品运到中国[58]。汉代以后，中国与中亚、西亚地区的交往更频繁，关于他们遣使贡献鸵鸟的记载也多了，有唐一代则更为突出[59]。

像狮子一样，鸵鸟作为贡品是因为中国当时没有这种动物，而鸵鸟故乡的人们又把它视为珍禽。古埃及第五王朝庙宇中的刻文，其中有第三、五、七等三个诺姆时代所崇奉的西风女神像（Iment），女神头上以鸵羽为标识，鸵羽作为西方的象征[60]。鸵鸟还能“食铜铁，噉火炭”，它“举头高七、八尺，张翅丈余”，“雁身驼蹄，驰走如疾，日行七百里”，因此外域使者常把鸵鸟与狮子、白象、犀牛等作为珍禽异兽献给中国。中国古代统治者对西域地区贡献的鸵鸟蛋或鸵鸟十分重视，安息献大雀卵，汉武帝“大说”[61]；班超为西域都护，贡献大雀，皇帝下诏曹大家为之作颂[62]；唐高宗永徽年间，吐火罗遣使献大鸟（鸵鸟），高宗将其献于昭陵[63]。

陵墓前置石鸟，东汉时代已有之。《封氏见闻记》卷六“羊虎”条载：“后汉太尉杨震葬日，有大鸟之祥，因立石鸟像于墓。”这是什么样的大鸟还不清楚。但是遇珍禽，琢其石像立于陵墓之前的情况早有此例。唐高宗可以把吐火罗贡献的鸵鸟作为珍禽和纪念物献于昭陵，而武则天把鸵鸟作为“圣君世”“祥瑞出”的珍异和大唐皇帝怀远之德的象征，雕成石鸵鸟置于乾陵就是不难理解的事情了。

乾陵及以后诸唐陵均置鸵鸟，北宋帝陵则以鸾鸟代替鸵鸟，明、清两代帝陵石刻中既无鸵鸟，又无鸾鸟了。

唐陵鸵鸟位于仗马之北、翼马之南。鸵鸟不属宫廷仪仗，但是作为仪仗队伍，往往“鸾旗在前，属车在后”[64]，若把鸵鸟视为瑞禽，当作鸾鸟，象征鸾旗，那么鸾旗居前，仪仗殿后，唐陵鸵鸟的位置是合乎那种礼仪的。

翼马（天马）　唐代自高宗乾陵开始，诸唐陵（除桥陵为翼兽之外）各有翼马一对，位于鸵鸟与华表之间。

翼鸟头有角，两胁有翼。文献记载，天马头“有角为奇”“骼上有翼”[65]“马如龙，腾虚逐日，两足倚行，或藏行于空中”[66]。唐陵翼马实乃文献所载之天马。

古代文献关于天马记载颇多，《山海经》卷三载：“马成之山，其上多文石，其阴多金玉，有兽焉，其状如白犬而黑头，见人则飞，其名曰天马。”《史记·大宛列传》载：“天子发书《易》云：‘神马当从西北来’，得乌孙马好，名曰‘天马’及得大宛汗血马，益壮，更名乌孙马曰‘西极’，名大宛马曰‘天马’。”

天马历来被看作祥瑞，《汉书·武帝纪》载：“武帝太初四年春，贰师将军广利斩大宛王首，获汗血马来，作《西极天马之歌》。”又，元鼎四年“六月，得宝鼎后土祠旁。秋，马生渥洼水中。作宝鼎、天马之歌”。《晋书·苻坚传》谓大宛贡献的天马为珍异。《艺文类聚》卷九十九引《瑞应图》记载，龙马（即天马）“鸣声九音，有明王则见”。因此，将翼马置于唐陵，以此嘉瑞表示明君盛世。

天马来自西域，唐陵置翼马的意义犹如驼鸟，这是中外友好往来见证，也表明了唐代圣君的“怀远之德”。

唐陵翼马变化较明显，早期以乾陵翼马为代表，两胁较繁复，腹下四腿内中空；中期以泰陵翼马为代表，两胁翼纹为三长翅翎，腹下四腿内与座连为实体，其表面雕饰云气纹；晚期左右翼马追求对称，如崇陵翼马的鬃毛左披右剪，景陵、光陵、庄陵和贞陵的翼马马尾左垂右缚等。

唐陵中唯桥陵以翼兽代替翼马。翼兽鹿头，头有角，兽牙，马身，牛尾，圆蹄，两胁雕饰繁复翼纹。《艺文类聚》卷九十八引《毛诗义疏》曰：“麟，麇身，马足，牛尾，黄色，圆蹄，一角，角端有肉。”《初学记》卷二十九“麟”条载：“麒麟兽有翼能飞。”对照上述文献记载，桥陵翼兽应为麒麟。麒麟被视作“仁兽”[67]。《太平御览》卷八八九《兽部》“麒麟”条引《春秋感应符》曰：“王者德化旁流四表则麒麟其国。”桥陵置翼兽与其他唐陵置翼马意义相同。

犀牛　仅见于高祖献陵。古人把犀牛视若神异，《离骚》载：“淹芳芷于腐井兮，弃鸡骇于筐簏。”[68]《战国策》记载：“张仪为秦破纵连横，说楚王遣车百乘，献鸡骇之犀、夜光之璧于秦王。”战国时代，人们把骇鸡（犀牛角）与芳芷、夜光之璧相提并论。晋人郭璞神化犀牛“力无不倾，吻无不靡”[69]；又有所谓犀牛行丛林，“露齿前向直指，棘林自开”[70]“犀角通天，向水辄开”[71]。

周秦以来，我国的犀牛越来越少，邻近的地区和国家常把这种被统治者视为嘉瑞的动物，作为重要贡品献到中国。文献记载，太公使南宫适至义渠得犀牛以献纣；西汉时有尉他献犀角，黄支国献犀牛；东汉时有日南献白犀[72]；唐代，西域、南亚和东南地区献犀于中国的活动也是不绝于史[73]。

因此历代统治者对犀牛倍加重视，商周时代制成铜犀作为重器；秦国蜀守李冰“作石犀五头，以压水精”[74]；西汉薄太后南陵有以生犀殉葬；汉上林苑把犀牛作为神兽饲养。在唐代，据《唐会要》卷九十八载：“贞元九年，环王因遣使贡犀牛，上令见于太庙。”

像唐陵置翼马和鸵鸟一样，置犀牛也是为了表现高祖李渊的“怀远之德”。

献陵犀牛为独角——鼻角，瞋目，目小，合口，短耳，背平，短腿，三瓣蹄，通体遍饰鳞纹。这与文献记载的“皮有五朱甲”或“黑色鳞甲”的水犀当属同类[75]，而并非现在的山犀。

石碑　文献记载，“死有功业，生有德政者”都要立碑[76]。最早是用于引棺下柩，以木为之，“形如石碑，于棺前后四角树之，穿中于间为鹿盧，下棺以绛绕”[77]。后来，人们为“追述君父之功美，以书其上，后人因焉，无故建于道陌之头显见之处，名其文就谓之碑”[78]。为了保持追述“功美”文字的久远，改木碑为石碑[79]，汉魏两晋南北朝陵墓前石碑上圆孔，即以木为碑时，下棺系绳的圆孑遗。

碑的使用有严格等级界限。《礼记·丧大记》载：“君葬，用輴，四綍二碑；大夫葬，用盾，二綍二碑；士三綍无碑。”《隋书·礼仪志》载：“梁天监六年，申明葬制，凡墓不得造石人、兽、碑。”

唐代非常重视立碑，《新唐书·礼乐志》载：贞观中议立碑，“勒石纪号，垂裕后昆，美盛德之形容，阐后王之休烈，其义远矣。”因此，唐代立碑之风甚盛。《唐语林》卷一“碑志”条载：“长安中争为碑志，若市贾然。大官薨，其门如市。至有喧竞构致，不由丧家者。裴均之子求铭于韦相，许缣万匹。贯之曰：‘宁饿不苟。’”

唐陵立碑只有乾陵和定陵。

乾陵有二碑，居神道石刻北，南门阙台南，左右对称列置。左为无字碑，右为述圣纪碑。无字碑，碑头螭首下垂，碑身两侧与碑座四侧线雕云龙和祥兽纹饰。碑身正、背面平素，故称无字碑。其实，现在无字碑上已有宋、金、元、明历代刻文十五段。乾陵无字碑上“大金皇帝都统经略郎君行记”刻文右下方有明崇祯范中闇书刻的题字，其中有“祖龙作无字碑”的文字。祖龙即秦始皇，看来明代人认为无字碑早于秦始皇时已有。无字碑无字的原因，大概取意于《论语》“民无德而称焉”的记载。碑是为记功德而立，立碑者认为皇帝功德无量，以无量之功德，碑上无法书记，故以无字碑来表现。

述圣记碑，碑文武则天撰，李显书，原文约四千六百字，现存一千五百字。碑为庑殿式顶，碑身、碑座平面均为方形。此碑外形与沂南汉墓画像石中所见桓表下建筑物相似[80]。

定陵只有一通无字碑，已毁。据载其大小、形制与乾陵无字碑相近，其义可能与乾陵无字碑也相同。

北宋帝陵也不见当时立碑者。明代十三陵于神道正中，石刻群最南面，树立无字碑一通。清代帝陵每陵置二碑，亦置神道正中，石碑在石像生南或北，似不统一。

华表　又谓石柱，《吕氏春秋·慎小篇》注：“表，柱也。”华表又称表[81]，最早不用于墓前。《吕氏春秋·自知篇》载：“舜有诽谤之木”，也就是“书其过失以表木”。表还是古代交通标志，《古今注》载：“以表识路衢”，因此，表多置于亭邮、桥梁、城门、宫殿等处。表又是界标[82]。

文献记载，战国时代的燕昭王墓前和西汉淮南厉王墓上均置华表[83，84]。由于东汉以前华表多以木制，所以现在很难发现当时的实物。东汉时代的墓前华表已改木为石，尽管如此，由于年代久远，保存至今者为数甚少，现在有琅玡相刘君石柱、河南叶县发现的石柱头等[85]。晋代有骠骑将军韩寿墓石柱[86]。南朝陵墓列置石柱已成定制，保存下来的也较多[87]。唐陵承前之制，终中国古代社会，历代帝陵均置华表。

关于华表形状，汉代的画像石给我们留下了形象的资料，如徐州和沂南汉墓画像石上的桥表、亭邮表等[88，89]。从目前保存的晋骠骑将军韩寿墓石柱来看，柱身为圆形，有凸起的垂直瓜棱纹，上、下各一道绳辫纹带，柱身上部有刻文的方面，柱顶为圆雕石兽。南朝陵墓石柱造型与上相近，唯后者的石柱上之石兽、莲花纹圆盖、直刳绫纹柱身等，有着波斯和印度文化的影响。

唐代陵墓华表较前代造型变化较大，对以后历代影响较深。高祖李渊献陵华表，柱头有石兽，柱础上浮雕首尾相衔螭龙，这些都承继了前代南朝陵墓华表的作风。但是，在献陵华表上已没有刻文方面和介砌，这又是新的发展。至于献陵华表不见莲花纹饰，这可能与前述李渊笃信道教有关。目前在太宗昭陵还未发现华表。乾陵及以下诸唐陵华表形制相近，柱头由兽变为宝珠，柱顶台盘之上和柱身与柱座相接处各浮雕仰、覆莲一周，柱身各棱面线刻蔓草花纹。这些变化反映了佛教文化对唐陵华表的影响。

河南偃师北宋诸陵华表，沿袭唐陵形制，而宋陵华表柱身雕刻不只有阴文线刻，也有了减地平雕。明、清帝陵华表变化略大，柱身为六棱面，浮雕云气纹，柱头为圆柱形冠，浮雕云龙纹。在明、清帝陵碑楼四角外也有四个华表，其形制与神道石刻华表有所不同，主要是其柱头有一蹲踞小石狮，柱身上部有云板，柱身浮雕龙纹。

三、唐陵石刻位置及组合

上面我们探讨了唐陵石刻中各类石刻的历史渊源和其所涉及的历史问题。作为石刻群体而言，唐陵石刻分布位置及组合情况也是陵墓葬仪的重要内容之一。

历代陵墓石刻分布位置不尽相同。如西汉霍去病墓石刻既在墓南有“马踏匈奴”等石刻，又在墓上有其他石刻。东汉墓的石刻分布，有在墓北者，如曹嵩和赵越墓[90]；有在墓东者，如桥玄和仲山甫墓[91]；六朝陵墓的石刻分布位置也不统一，梁文帝建陵、齐明帝兴安陵、梁武帝修陵、梁简文帝庄陵的石刻均在陵东；六朝人臣墓的石刻，有在墓南的，也有在墓北或墓东的，唐陵石刻分布一般：陵园四门各置石狮一对（献陵为石虎），北门外置仗马三对，石刻主要分布在南门外神道两侧。北宋和明、清帝陵基本沿袭了唐陵石刻分布位置，但北门均不再列置仗马。陵墓石刻分布位置取决于陵墓方向，因为陵墓石刻一般列置神道两旁。《后汉书·光武十王传》载：“中山简王焉薨，诏大为修冢茔，开神道。”李贤注：“墓前开道，建石柱以为标。”《水经注·汲水》载：“汉熹平中，某君隧前有师子（即狮子）、天鹿。”《建康实录》又载：“梁中大同元年，曲阿县建陵隧口石辟邪起舞。”由上可见，汉魏两晋南北朝的陵墓石刻均置于陵墓前面的神道或隧口两边。唐陵石刻亦然。

对陵墓石刻分布位置的调查与研究，不仅可以了解陵墓的方向，还为研究都城布局提供了间接资料，因为皇帝死后的陵墓往往以其生前居室住地为模式修筑而成。如唐长安城玄武门地近宫城，至关重要，当时设重兵左右屯骑防卫，唐陵通过北门列置六马，体现了这个城市布局特点。

唐陵石刻的组合，也是当时朝仪的缩影，王献在《杂录》中曾指出：墓前石刻“如生前之仪卫”。同时它也反映了当时的社会文化、宗教和中外关系等方向的问题。

唐陵石刻组合可分为三期：初唐、盛唐和中晚唐时期。

初唐时期：包括唐高祖献陵和太宗昭陵。这一时期的陵墓石刻组合制度属草创时期，也是从汉魏两晋南北朝向盛唐过渡时期。献陵陵园四门均置门兽，这种制度虽然东汉时已出现[92]。但作为帝陵这是目前所知最早的。昭陵始创帝陵列置蕃像和六骏，这开启了以后唐陵列置蕃像和北门置六马的制度。

盛唐时期：包括高宗乾陵、中宗定陵和睿宗桥陵。陵园四门外各置石狮一对；神道石刻由北向南依次有蕃像、石碑（桥陵无石碑）、石人十对、仗马五对、鸵鸟、翼马（桥陵为翼兽）、华表各一对；北门外仗马三对。

中晚唐时期：包括玄宗泰陵至僖宗靖陵，石刻组合与盛唐时期基本相同。此期不见石碑，蕃像数量较少，石刻规模卑小，但石刻中追求严格的对称布局，如石狮、翼鸟大多分牡牝，左牡右牝；石人分文武，左文右武。这一特点为以后宋、明、清历代帝陵石刻所沿袭。

唐陵石刻所涉及的内容十分广泛，本文仅就唐陵石刻所反映的历史问题及其布局与组合提出些看法，许多其他方面的问题还有待进一步深入研究，这一工作无疑对唐史研究有着重要意义。

注　释

[1]《水经注》卷九。

[2]（南朝）任昉：《述异记》“魏武帝陵”条；宫大中：《试论洛阳关林陈列的几件北魏陵墓石刻艺术》，《文物》1982年第3期。

[3]《六朝陵墓调查报告》。

[4] 山西省博物馆：《安邑县杜村出土的西汉石虎》，《文物》1961年第12期。

[5] 王思礼：《山东邹县城东匡庄的古代石人》，《文物参考资料》1956年第10期。

[6]《宋书·礼志》，第407页。

[7]《水经注》卷四、九、十、十二。

[8]《风俗通义》卷九“石贤士神”条。

[9]《六朝陵墓调查报告·天禄辟邪考》，第185～187页。

[10] 何正璜：《石刻双狮和犀牛》，《文物》1961年第12期；杨爱玲：《河南叶县发现的东汉石兽——兼谈汉晋的华表》，《中原文物》1981年第2期；孔次青：《山东曲阜孔林发现汉代石兽》，《考古》1964年4期；色伽兰（Victor Segalen）：《中国西部考古记》，第14页；陶鸣宽、曹桓钧：《芦山县的东汉石刻》，《文物参考资料》1957年第10期。

[11]《宋书·礼志》卷十五，第407页。

[12]《宋书·裴松之列传》卷六十四。

[13]《隋书·礼仪志》卷八，第153页。

[14]《六朝陵墓调查报告》，第29～39、48～62页。

[15][42]《文物考古工作三十年（1949～1979）》，第175、176页。

[16]《唐会要》卷三十八。

[17]（南朝）任昉：《述异记》卷上：“汉中山有虎生角。道家云：虎千岁则牙蜕而角生。”

[18]《风俗通义校释》，第428页（佚文）。

[19]《太平御览》卷五五五引《穆天子传》。

[20]《水经注》卷十五。

[21]《风俗通义》卷八“桃梗”“苇茭”“画虎”条。

[22]《唐会要》卷五十。

[23]《汉书·西域传》：“乌弋地暑热，莽平……而有桃拔、师子、犀牛。”

[24]《后汉书·西域传》卷八十八：“章帝章和元年，遣使献师子、符拔。”《后汉书·肃宗孝章帝纪》卷三：“章和元年，月支国遣使献扶拔、师子。”

[25]《魏书·西域列传》：悉万斤“其国南有山，名伽色那，山出师子，每使朝贡”。又，嚈哒国“正光末，遣使贡

师子一”。《洛阳伽蓝记》卷三：“永桥南道东有白象、师子二坊……师子者，波斯国胡王所献也”，庄帝于华林园观狮子斗虎、豹和盲熊。《梁书·诸夷列传》卷五十四载：滑国于“普通元年，又遣使献黄师子、白貂裘、波斯锦等物”。

［26］《新唐书·西域传》载：“贞观五年，康国遣使献狮子兽。”《册府元龟》卷九七载：“武德五年，西突厥献狮子；贞观九年，康国献狮子。”《资治通鉴》卷二〇五载：“武后万岁通天元年，大食请献狮子。”

［27］A·摩赖：《尼罗河与埃及之文明》，第 90 页。

［28］A·费克里：《埃及考古学》，第 14 页。

［29］Davidson, B., Old Africa Rediscovered, Victor Grollanez lta London, 1960: 46.

［30］Al-Nuss, I., etc, Syria Greograpby and History, The Directorato-General of Information, Damascus, 1955: 120.

［31］朱龙华：《古代世界史参考图集》，第 42、48 页。

［32］A·B·阿尔茨霍夫斯基：《考古学通论》，第 139 页。

［33］W·麦高文，《中亚古国史》，第 68 页。

［34］A·蒙盖特：《苏联考古学》，第 941 页。

［35］Frumkin, G., Archaeology in Soviet Central Asia: 38.

［36］《维摩经·佛国品》;《大智度论》卷七。

［37］《格致镜原》卷八十二《兽类》“狮”条引《东观汉纪》。

［38］《太平御览》卷八八九《兽部（一）》“师子”条。

［39］米海里司：《美术考古一世纪》，第 97 页。

［40］《经律异相》第四十七“师子（一、七）事”条。

［41］《格致镜原》卷八十二《兽类》“狮”条引《埤雅》。

［43］Frumkin, G., Archaeology in Soviet Central Asia: 27.

［44］《封氏见闻记》卷六“羊虎”条。

［45］《资治通鉴》卷一九九;《唐会要》卷二十。

［46］A·B·阿尔茨霍夫斯基：《考古学通论》，第 177 页。

［47］《风俗通义》卷九“石贤士神”条，第 343 页。

［48］《水经注》卷九。

［49］《新唐书·礼乐志》。

［50］《唐会要》卷三十二。

［51］《后汉书·马援列传》卷二十四。

［52］［53］《水经注》卷九、十。

［54］《唐会要》卷二十载：“刻石为常所乘破敌马六匹于昭陵阙下。”

［55］《格致镜原》卷三十九引《春秋历命序》;《群书考索》引《汉旧仪》载：“天子卤簿有六驾、法驾。”蔡邕注：“法驾乘金根车驾六马。”

［56］周本雄：《河南安阳小南海旧石器时代洞穴遗址脊椎动物化石的研究》,《考古学报》1965 年第 1 期。

［57］《广志》载：条支大鸟或安息雀，“鸱鹰身，蹄骆，色苍，举头八九尺，张翅丈余，食大麦，卵大如瓮”。

［58］《后汉书·西域传》卷七十八载：“和帝永元十三年，安息王满屈复献师子及条支大鸟，时谓之安息雀。”

［59］关于西域地区贡献鸵鸟的记载还有《魏书·西域传》《周书·异域传》《隋书·西域传》《新唐书·西域传》、《旧唐书·西域传》。

［60］A·摩赖：《尼罗河与埃及之文明》，第 42 页。

［61］《汉书·西域传》。

［62］《太平御览》卷九二二《羽族部》“鸵鸟”条引《曹大家传》。

［63］《旧唐书·高宗本纪》。

［64］《资治通鉴》卷十三。

［65］《水经注》卷一;《艺文类聚》卷九十九引《瑞应图》。

［66］《太平御览》卷八九六引《洞冥记》。
［67］《说文》卷十上载："麒，仁兽也，"
［68］《抱朴子·内篇》卷十七"入山符"条。
［69］《艺文类聚》卷九十五《兽部》"犀"条。
［70］［71］《太平御览》卷八九《兽部》"犀"条。
［72］《韩诗外传》;《汉书·西南夷两粤朝鲜列传》;《东观汉纪》。
［73］《册府元龟》卷七："天宝五年，波斯献犀";《唐会要》卷九十八。
［74］《华阳国志》。
［75］《瀛涯胜览》。
［76］［79］（宋）高承:《事物纪原》卷八"神道碑"条。
［77］《礼记·檀弓》郑玄注。
［78］《释名》。
［80］曾昭燏等:《沂南古画象石墓发掘报告》。
［81］《说文》卷六上。
［82］《水经注》卷十四载：马文渊"建金标为南极之界"，"立两铜柱于林邑岸北"，"马援树两铜柱于象林南界，与西屠国分汉之南疆也"。
［83］《汉魏丛书》引《谐齐续记》。
［84］《汉书·淮南衡山济北王传》卷四十四。
［85］［86］《六朝陵墓调查报告》，第73页。
［87］姚迁、古兵:《南朝陵墓石刻》。
［88］江苏省文物管理委员会:《江苏徐州汉画象石》，图23。
［89］曾昭燏等:《沂南古画像石墓发掘报告》，39号拓片。
［90］《水经注》卷四、九。
［91］《水经注》卷十。
［92］《水经注》卷十二。

（原刊于《文博》1994年第3期）

中国殡葬史·导论

刘庆柱

一、为什么编写殡葬史

1. 中国殡葬史是中国历史的重要组成部分

人类的历史至今有二百多万年，而有文字记载的历史不过几千年。以中国为例，长期以来，人们认为中国有着“五千年”的悠久历史，近代考古学传入中国以后，经过中国考古学家近一个多世纪的努力，已经可以肯定地说，中华民族的先民历史绝不只是“五千年”，中国大地之上的人类历史同样已经有二百多万年[1]。以往所说的“中国五千年文明史”是指有文字记载的历史，其中在“五千年文明史”中还有一千多年的“传说时代”历史。就是按照“五千年文明史”而言，充其量也不过是人类全部历史（包括中国历史）的0.25%，而没有文字记载的史前史却占据了人类历史（包括中国历史）的99.75%[2]，对于后者而言，其历史探索只能通过考古学完成。考古学对二百多万年的华夏与中华民族先民遗存做的田野考古调查、勘探、发掘，正在一步一步地寻找、获取“复原”人类历史的物质文化资料，在这些考古资料中，绝大多数是先民墓葬资料。进入新石器时代以后，先民的“遗址”资料数量与内容均有所增加，但是墓葬资料仍然是占较大比重。由此可以看出，史前时代历史在很大程度是通过先民的各种各样墓葬资料考古发现与研究去完成的。而这些史前时代的墓葬作为殡葬史的组成部分，大大丰富、扩充了我们的历史时空，使华夏、中华民族历史更为完整。科学家正是通过史前时代的墓葬资料，使我们知道了人类如何从群婚到对偶婚，又如何发展到氏族、家庭、家族，人类如何从“蒙昧”走向“野蛮”，从“野蛮”走向“文明”。这种墓葬变化，成为阶级社会出现、形成的科学物证，奠定了人类社会从原始社会到阶级社会的马克思主义唯物史观科学基石，而这正是殡葬史研究的科学意义之所在。

中华民族及其先民把“生老病死”视为人生历史的“全过程”，“生死”又被视为其中最为重要的历史“节点”，而“死”比“生”更为人们及社会所重视，因为“死”是人生的“终结”，“生”则仅仅是人生的起点。人类的“生”与“死”是完全不同的两个人生时空，在华夏与中华民族历史文化中却被赋予“意义”相近而“形式”相反的两个“世界”，即“阳间”与“阴间”的“二元世界”。所谓“阳间世界”就是人们现实生活着的世界，“阴间世界”则是人去世后的虚拟“世界”，“阴间世界”是人类在“阳间世界”去世之后“灵魂”之“生存”空间。人们生前在“阳间世界”的一切，死后延续到了“阴间世界”，因此“事死如生”成为中国古代殡葬文化中一个极为突出的特点。国王、皇帝生前在都城、宫城、大朝正殿统治着国家，死后其陵墓也要仿照其生前的宫室等进行建设与开展祭祀活动，这也就是古代文献《吕氏春秋》所说的“陵墓若都邑”。从安阳殷墟西北岗的商代王陵“亚字形”墓，到秦始皇陵墓室之中“以水银为百川江河大海，机相灌输，上具天文，下具地理”[3]的天象与地域国家象征，以及反映秦始皇生前政治、文化、军事等诸多方面的秦始皇陵园与陵区之中“兵马俑坑”等180多座陪葬坑[4]。汉武帝茂陵的平面方形陵园、覆斗形陵墓封土的“方上”与“方中”的墓室所体现的“崇方”“尊中”理念；霍去病、卫青、金日磾等茂陵陪葬墓所反映的汉武帝及其周围政治家、军事家等丝绸之路开拓者的丰功伟绩；唐太宗昭陵一百多座陪葬墓所折射出的唐代初年贞观盛世的政治气象；唐高宗乾陵“三重阙”所象征的大唐都城的宫城、皇城、外郭城的三重正门，以及乾陵石像生中的64尊“蕃酋像”所反映的中外友好的“丝绸之路”盛况等等。这些墓葬文化成为那个时代的历史文化的物化载体，可以说“阴间世界”是“阳间世界”的一面历史“镜子”，殡葬史在某种程度上可视为社会历史的“缩影”，它们浓缩着华夏与中华民族的相关重要历史信息，构成中华民族五千年不断裂的礼制文明史，蕴含着中华民族历史文化的核心“遗传基因”。

夏商周至明清时代历史尽管已经有丰富的文献记载，但是传统历史文献（尤其是“正史”）基本为“官方”的社会政治活动内容，其缺乏鲜活、生动、真切的历史细节。而中国古代殡葬“视死如生”理念所体现的“阴间世界”则实际上是“阳间世界”更具“生气”的“活灵活现”“有血有肉”的历史缩影。又因殡葬活动是人类历史上与任何人、任何时候密切相关的，因此殡葬所遗留的历史信息“全面性”“生动性”“真实性”等，对于我们全面、深入、科学解读、认知中华民族历史有着重要的科学意义。

中华民族及其先民的墓葬资料，其物化载体已经成为中华民族历史文化遗产的重要组成部分。中国是世界文化遗产大国，其文化遗产名录中的古墓葬有安阳殷墟王陵、秦始皇陵、高句丽王陵与贵族墓葬、湖南永顺老司城墓葬与贵州海龙屯老司城墓葬、明清皇家陵寝（明十三陵、明孝陵、明显陵、清东陵、清西陵）、关东三陵（沈阳北陵、东陵与新宾永陵）等墓葬群，中华人民共和国国务院公布为全国重点文物保护单位中的古墓葬多达392处，至于全国各省级文物保护单位中的古代墓葬更是数以几万计。其中的“黄帝陵”、“炎帝陵”、“禹陵”、秦王陵、齐王陵、赵王陵、西汉帝陵、东汉帝陵、洛阳北邙古代帝王陵墓群、唐十八陵、藏王陵、巩义宋陵、西夏王陵、辽陵、金陵及许多古墓群均作为全国重点文物保护单位，成为中华民族历史上的重要文化遗产。这些墓葬资料是中国殡葬史研究的科学资料，同时也是全面了解、研究、传承中华民族历史文化过程中极为重要与珍贵的物化载体。在当代革命文物中，民族英雄、革命烈士等相关的文物占有相当大的比重，对这些与殡葬相关的遗存进行研究，无疑有着更为重要的现实意义。

基于以上所述，可以说，中国殡葬史是中国历史不可分割的组成部分，而且历史越久远，殡葬史之于中国历史的重要性越为突出，所占“历史权重”越大；殡葬史越是接近当代，与社会现实的政治、文化、经济等诸多方面关系越密切，涉及的社会层面越广泛，它们成为近现代史及其近现代文化遗产的重要组成部分。

2. 中国殡葬事业发展需要一部具有时代科学水平的“中国殡葬史”，从而达到以史为鉴的目的。在中国殡葬史的基础之上，建立“殡葬学”学科，进而为新时期的殡葬事业提供坚实的科学支撑

中国现在乃至今后相当长的时间内都将是世界上人口最多的国家，而中国的殡葬事业自然也是世界上涉及人数最多、规模最大的。加之中国有着久远殡葬历史文化传统，对于殡葬事业的重视是中华民族历史文化的重要特点之一。在中华民族的悠久历史长河中，殡葬被视为国家大事。先秦时代的《左传·成公十三年》记载：“国之大事，在祀与戎。”《左传·文公二年》又载：“祀，国之大事也。”所谓“戎”即国家“军事”，“祀”为“祭祀”礼仪，礼仪包括吉、凶、宾、军、嘉五礼，对此《礼记·祭统》认为：“礼有五经，莫重于祭。”《礼记·昏义》云：“夫礼始于冠，本于昏，重于丧祭，尊于朝聘，和于射乡。”如何在继承优秀历史文化传统的同时，使殡葬事业科学地发展，现在仍然是我们当前及今后相当长时间的重要任务。殡葬事业与其他社会事业一样，都有其自身发展的规律，研究历史，探索历史规律，服务于社会发展是历史科学的基本任务。但是我们至今还没有一部全面的、科学的“中国殡葬史”，这与我国的悠久殡葬历史文化及当今中国作为拥有十几亿人口大国的殡葬事业发展是很不相称的。

从中国古代历史可以知道，殡葬事业历来被视为国民的“大事”，它关系到社会秩序的稳定、道德情操的培育、家国情怀的凝聚、“友好型”生态社会环境的形成。因此对于殡葬事业我们必须给以充分重视。基于殡葬事业在社会生活中的重要性、广泛性，以及殡葬事业所涉及的哲学社会科学、自然科学诸多领域，我们必须以正确的理念、科学的方法，将其上升为“科学学科”之一——“殡葬学”。以科学态度、科学方法、科学理论构建当代“殡葬学”，这是使殡葬事业能够健康有序发展的科学支撑与保障。

“学科”的学术发展史——“殡葬史”是“殡葬学”的学科发展基础，这也是我们编著《中国殡葬史》的又一缘由。

3. 考古学、历史学所涉及殡葬学的发展与积累，以及殡葬学自身的学术研究深化，均为编撰中国殡葬史提供科学条件

重视殡葬活动是中华民族历史文化传统，上至皇室、王室与达官显贵，下到庶民百姓，莫不如此。从国家层面来看，西周时代官方已经设置了管理殡葬的官吏，如“墓大夫”“冢大夫”等。对于国王、皇帝的陵墓，中央政府有专门的机构负责修建。秦始皇陵的修建就是丞相李斯总理其事。汉代皇室少府设有“东园”，专门负责制造帝王陵墓之中的明器，汉文帝霸陵陪葬坑出土的明器戳有“东园”等陶文戳印。汉文帝去世之后的埋葬，由国家设置的“覆土将军”张武负责。不但陵墓修建有专职官员负责，陵寝祭祀与陵园、陵邑的管理也有相应机构专司其职。关于秦汉时期的国家殡葬管理制度，在《史记》《汉书》《后汉书》中多有记载，尤其是《后汉书·礼仪志》记载更为详尽。进入秦汉帝国时代，殡葬问题已经被国家最高统治集团置于重要位置，两汉时代的汉宣帝、汉章帝亲临著名的“石渠阁”与“白虎观”会议，参与讨论与殡葬相关的礼制、理论工作。一些在历史上有影响与作为的皇帝，如“文景之治”的奠基者汉文帝、“一代枭雄”曹操、大唐王朝开创者唐太宗李世民等，还为殡葬专门颁布诏书。有宋

一代编制了《开宝通礼》《礼阁新编》等多部有关丧葬礼仪的典章，使国家的殡葬制度规范化、法制化。殡葬为历代王朝所重视，因此，中国古代历史上的殡葬文化源远流长，中国历史上殡葬文化的研究亦多为社会所关注。我们研究古代殡葬史是为了“以史为鉴”，做好现在涉及千家万户的殡葬事业，使殡葬事业与时俱进、科学有序的发展。

中国古代历史文献中涉及殡葬的内容很多，如《仪礼》《礼记》《周礼》《左传》等先秦文献，“正史”之中的《礼仪》《祭祀》等相关部分及《通典》《通志》《文献通考》等典籍中的殡葬内容。

近代曾有不少学者做了一些中国殡葬史的研究工作，形成不少学术成果，如文藻《中国丧礼沿革》[5]、祝止岐《中国丧葬制度考略》[6]等。但是中国殡葬史研究的大发展，应该始于20世纪70年代末80年代初，这一学术发展至今方兴未艾。

20世纪70年代后期以来，关于古代墓葬的历史学、考古学、民俗学等领域著作大量出现[7]，无疑推动了殡葬史研究。但是我们也注意到，目前有关中国殡葬史方面的学术著作虽然不少，但是绝大多数是仅仅限于殡葬史某一方面的内容，其研究内容广度与深度均显得较为薄弱，更缺少一部“时空”完整、“内涵”系统、理论深刻的“中国殡葬史”。

近年来在殡葬史相关著作出版的同时，中国古代殡葬文化研究的基础性科学研究工作，即古代殡葬资料的新发现，取得了丰富成果，它们集中反映在中国境内从史前时代到历史时代（即先秦至明清时代）的田野考古发现的各类古代墓葬资料。这些浩如烟海的考古资料，许多已经经过资料整理、综合研究，编写出考古发掘报告，现在已经出版了几百部之多。这些殡葬学的科学资料涉及的时代从史前至明清，涵盖的空间从内地到边疆，包括的内容从帝王陵墓、达官显贵墓葬到一般庶民墓葬及墓地，甚至还有一些社会特殊阶层的“刑徒墓”“太监墓”等。以此为基础出版的科学著作包括：史前时代重要墓葬的大型田野考古发掘报告：《西安半坡》《姜寨——新石器时代遗址发掘报告》《舞阳贾湖》《秦安大地湾——新石器时代遗址发掘报告》等[8]；夏商周时期的重要墓葬考古发掘报告：《辉县发掘报告》《殷墟妇好墓》《张家坡西周墓地》《天马—曲村（1980～1989）》《曾侯乙墓》等[9]；秦汉时代的古代墓葬考古发掘报告：《秦始皇陵兵马俑坑一号坑发掘报告（1974～1984）》《汉杜陵陵园遗址》《西安龙首原汉墓（甲编）》《长安汉墓》《西安东汉墓》《满城汉墓发掘报告》《长沙马王堆二、三号汉墓（第一卷）：田野考古发掘报告》《西汉南越王墓》《广州汉墓》《汉魏洛阳故城南郊东汉刑徒墓地》等[10]；魏晋南北朝时期的重要墓葬考古发现报告：《大同南郊北魏墓群》《磁县湾漳北朝壁画墓》《西安北周安伽墓》等[11]；中古时代及以后的古代墓葬考古报告：《唐睿宗桥陵》《唐长安城郊隋唐墓》《南唐二陵发掘报告》《北宋皇陵》《白沙宋墓》《西夏陵》《辽陈国公主墓》《北京金代皇陵》《定陵》等[12]，此外还有边疆地区及其族群的古代墓葬考古报告[13]。

至于相关考古新发现的发掘简报、中篇报告更是数以万计，它们绝大多数发表在《考古学报》《考古》《文物》《考古与文物》《华夏考古》《中原文物》《南方文物》《四川文物》《江汉考古》《东南文化》《文博》《文物春秋》等考古、文博类专业期刊之上。

近百年来积累的上述考古发现资料与考古学研究成果，基本涵盖了中国古代各个地区、各个时代、各个民族的古代墓葬概况，相对传统历史文献记载而言，这些墓葬考古资料更为细化、深化和科学化，最大限度地减少了“人为”之“干扰”。我们还应该注意到，上述考古资料主要与“葬”相关，涉及“殡”与“祭”的内容极少。考古报告更多关注资料的描述与类比，这在学科建立初期阶段是必然的，但是资料积累到一定阶段，应该更要重视墓葬考古资料所揭示的墓葬修建者的意图及其产生的社会作用。再者，有些考古资料本来可以对“殡”“葬”“祭”三方面进行综合研究，而多年来有些考古学家往往只是局限于对“墓葬”本体的遗迹与遗物的研究，对实施墓葬活动主体的“人”与“墓”的前后之“殡”与“祭”相关的活动研究似有不足，然而这些活动恰恰蕴含着更为深刻的思想、更为丰富的历史内涵。近百年来中国考古学在墓葬考古方面所取得的丰富成果，无疑向我们提出了在新时期撰写中国殡葬史的更高要求。

二、殡葬史写什么

殡葬史是人类殡葬活动的历史，兼具“精神”与“物质”方面的内容。其“精神”方面包括探索人类殡葬意识、思维、观念、思想的产生、发展，以及殡葬制度、礼仪与礼俗等；“物质”方面涵盖了与殡葬活动相关的“殡”“葬”“祭”活动中的物化载体，如墓地、坟丘、墓室、葬具、陪葬品等，还有“殡”与“祭”的场所及其“殡”“葬”“祭”的活动过程。通过开展中国古代殡葬史的研究，揭示其历史发展规律，可以“以史为鉴”，在新时代更为科学地发展殡葬事业。

1. 殡葬意识、思维、观念、思想的产生、发展及其所反映的社会历史发展变化

从人类历史发展来看，墓葬不是与人类同时“诞生”的，人类在自己的“幼年”“童年”时代，一直没有“墓葬”的意识、观念、思想。随着历史的发展，人类“群体”“个体”的“亲情”“感情”意识的产生并逐渐得以确认，以及其中“逝者”在生者的“梦境”中的多次再现，于是生者认为“人”是“二元”的“人”，即“肉体”的人与“灵魂”的人。在我们的先民看来，“肉体”的人有“生”与“死”两种状态，“灵魂”的人则是“永生”的。对“人”之“灵魂”永恒存在的推测，在出现基本“定居”的生存状态下，产生了对故去成员遗体的“埋葬”活动。所以说殡葬是人类发展到一定时期的历史产物，殡葬是人类与动物的重要区别之一，是作为生物界的人所特有的意识、思维、思想、经济发展的结果，是人类从“蒙昧”向“野蛮”时代发展的标识之一。

墓葬的出现是人类发展与进步的体现，人类虽然有着两百多万年的历史，但就世界历史而言，目前所知最早的墓葬，发现于欧洲尼安德特人的文化遗址中，距今约75000～35000年之间的旧石器时代中晚期。属于这一时期的墓葬考古发现多在欧洲，如法国中部多尔多涅地区的飞拉西（Ferrassie）洞穴、法国谢卑尔奥珊洞穴（Chapelle-auxsaints）和雷兹的拉沙伯尔村洞穴，以及乌兹别克斯坦的捷希克—塔什（Teshik-Tash）洞穴等处旧石器时代中期墓葬。旧石器时代中晚期人类居住在洞穴中，死后就埋葬在其居住的洞穴之下。

中国境内目前发现的最早的墓葬是旧石器时代晚期的北京山顶洞人，距今约18000年。山

顶洞遗址是山顶洞人的居址与墓地，遗址上部（即“上室”）为山顶洞人的“房屋”，遗址下部（即“下室”）是山顶洞人的墓葬。墓葬中的3个成年人为一男二女，他们周围的“随葬品”有其生产活动的工具（石器），也有骨坠、河蚌、穿孔介壳、钻孔兽齿、石珠等装饰品，这些应该是当时人们的重要生活、生产的构成物[14]。山顶洞人的“上室”与“下室”是当时人们“二元世界”——“阳间世界”与“阴间世界”的空间载体。考古学家把山顶洞遗址的下室墓葬称之为“居室葬”是有道理的。这种“居室葬”是旧石器时代晚期与新石器时代早期流行的墓葬形式，如新石器时代早期的黑龙江省依兰县倭肯哈达洞穴[15]、江西万年仙人洞遗址[16]、广西桂林甑皮岩洞穴遗址中发现的墓葬[17]，均属于“居室葬”。“居室葬”是中国乃至世界古代墓葬的最早形式。房屋之中为人们的居室，居室之下就是其死后的墓室，形成人的生死两界空间。这种埋葬方式一直延续到新石器时代中期，如内蒙古赤峰市敖汉旗兴隆洼遗址，在180余座房屋遗址中，考古发现有“居室葬”墓葬30余座[18]，但是这些“居室葬”，被发掘者认为是墓葬制度中的一种特殊形式，是生者对死者祭祀崇拜的反映[19]。

从新石器时代中期开始，随着人类技术的进步、社会经济的发展、社会组织的变化、贫富差距的出现、人群的分层、阶级的分化，部落、家庭与家族、氏族相继出现，墓葬的内容与形式也发生了相应的改变。从已经取得的田野考古资料来看，新石器时代中期开始，一般墓葬与居址已经分开，“阳间世界”与“阴间世界”不再是“上下重叠”，而是各有其地，如湖南澧县八十垱聚落遗址发现的百余座墓葬，均分散在居址周围，没有形成聚落“墓地”[20]。但是在黄河中下游地区考古发现的新石器时代中期的遗存中，“墓地”已经广泛出现，其中以裴李岗文化墓地最具特色，它们反映在河南新郑裴李岗遗址[21]、郏县水泉遗址[22]、舞阳贾湖遗址[23]的几处墓地。

从墓葬发展历史可以看出，墓葬出现之后，随着人类历史发展而不断变化，墓葬从房屋之内（居室葬）发展到房屋之外，又从房屋附近发展到聚落之旁。墓葬的组成由旧石器时代中晚期至新石器时代早期的“单体型”，变成新石器时代中晚期的“聚合型”，由个人墓葬发展为家族、氏族墓地；新石器时代末期的墓葬随着社会生产力的发展，财富的进一步增加，贫富的进一步分化，人群的分层，墓葬规格、随葬品及墓地规模也同步出现了巨大变化。

当我们祖先告别了原始社会之际，他们的另一个世界——“阴间世界”也就从“墓葬”发展为“三位一体”的“殡”“葬”与“祭”。

“殡”是人去世之后，置于葬具（如棺椁）之中，在棺柩下葬之前，需要将柩放在某一地方停留一段时间，这称之为“殡”。“殡”是社会发展到一定阶段的产物，新石器时代晚期或末期，“殡”伴随着社会分层而出现。社会发展、贫富分化，“事死如生”的墓葬自然也就出现了“分层”“分级”，层级越高的墓葬，修建的工程越大、随葬品越多、葬具越复杂，与之相应的是祭祀礼仪也越来越多、越复杂[24]，于是等待埋葬的时间越长。

历史文献记载，死者身份、地位不同，作为“殡”的时间长短、形式与礼仪等也不一样，《礼记·王制》载：“天子七日而殡，七月而葬；诸侯五日而殡，五月而葬；大夫庶人三日而殡，三月而葬。”《礼记·丧大记》载：“君殡用輴攒，至于上，毕涂屋；大夫殡以帱攒，置于西序，涂不暨于棺；士殡见衽，涂上，帷之。”就是殡的礼仪活动中使用的粮食种类、数量也因死者“级别”不同而不一。《礼记·丧大记》云：“熬，君四种八筐，大夫三种六筐，士二种四筐，加鱼腊焉。”国君用黍、稷、稻、粱，大夫用黍、稷、粱，士用黍、稷。

在殡的活动期间，举行各种各样的祭祀，其中主要的就是朝夕奠、朔月奠、荐新奠等，还有卜筮葬地、葬日，以及安排随葬物品。

所谓“葬”就是“藏”，即埋葬死者，而埋葬死者的空间为“墓”。《中国大百科全书·考古学》认为：“人类将死者的尸体或尸体的残余按一定的方式放置在特定的场所，称为‘葬’。用以放置尸体或其残余的固定设施，称为‘墓’。在中国考古学上，两者常合称为‘墓葬’”[25]。考古学上所说的“墓葬”也就是殡葬文化中的“葬”。所谓“墓葬”与“坟墓”不是一个概念，我们现在通常所说的“坟墓”有“墓”与“坟”两个方面内容，“墓”是地面之下安葬死者的设施；“坟”是“墓”之上“墓葬”的“标识性”设施。如果说“葬”（即“墓葬”）早在旧石器时代中期已经出现的话，那么“坟”的出现历史应该是很晚的了，上古时代墓上没有封土，所谓“古之葬者，厚衣之以薪，臧之中野，不封不树”。由于没有丘垅，甚至西汉时代的人们也不知道殷汤葬在什么地方。对于周、秦时代的一些著名历史人物，像周文王、周武王和周公，以及秦穆公、樗里子等，西汉大学者刘向也是只知葬地，却找不到墓冢[26]。《礼记·檀弓》记载：“国子高曰：葬也者，藏也。藏也者，欲人之弗得见也。”[27]大概这是不起坟的原因之一。生活在距今2500年的孔子曾经对当时社会上修建“坟”的现象不满，发出了古代“墓而不坟”[28]的感慨，责难古风不存！

关于墓葬封土的出现时代，考古资料揭示应该比上述文献记载要早一些，有封土的墓葬早在商代已经出现。在河南罗山县蟒张乡天湖村考古发现的商代晚期墓葬（M41）为长方形竖穴土坑木椁墓，残留封土，高约30厘米，推测原封土高约1.5米[29]。在殷墟发现的妇好墓以及大司空村商代墓葬，均在墓圹的上部发现有和填土相连的夯土台基以及柱洞、砾石柱础等遗迹[30]。发现的东周时期最早的封土墓是春秋早期的黄君孟及夫人合葬墓，封土高约7～8米[31]；河南省固始县侯古堆春秋晚期墓葬的坟丘高7米、直径55米[32]。出现如此高大的坟丘，可能是受吴越地区大土墩墓的影响。春秋战国之际，高大墓冢发现较多，如安徽淮南蔡家岗的蔡国大墓和湖北、湖南和河南等地的楚墓等，这与文献记载是一致的，《墨子·节丧》曰：“王公大人有丧者，曰棺椁必重，埋葬必厚，衣衾必多，文绣必繁、丘陇必巨。”

至于现在仍保存着的国君陵墓封土，最早的是战国时代的，如咸阳的秦惠文王公陵、安徽寿县的楚幽王墓、湖北随县的曾侯墓、河北邯郸的赵王陵、河北易县的燕王陵和山东临淄的齐王陵等。秦始皇为自己建造的陵墓，封土非常高大，可以说在中国古代帝陵封土中是登峰造极。西汉帝陵的封土，就是在前代基础上发展而来的。

考古资料已经证实，墓上筑造高大坟丘之前，在一些大型墓葬上往往有“享堂”一类的建筑，享堂基址一般坐落在墓上，前者面积大于后者，如安阳大司空村墓地的311号和312号墓[33]、近年发现的妇好墓[34]，其上均有享堂的遗迹。至于商代王陵，从1001号大墓发掘情况来看，墓上亦建有享堂[35]。就目前所知，墓上建享堂这种情况最迟在商代就出现了，一直延续到战国时期，在邯郸的赵王陵中，有的陵墓封土上有许多战国时代的瓦片等建筑材料，推测这是当时封土之上享堂之类的建筑遗物[36]。从考古发掘探明，河北平山的中山国王陵的享堂规模已相当大[37]。享堂的地基处理，由简单、低矮到逐渐复杂、高大。到了后来，随着高台建筑的流行，享堂也采用了这种建筑形式。春秋、战国时代流行的高大墓冢，实际上是从高台建筑的享堂发展而来的。随着墓上高大土冢的兴修，在墓上就不太常建享堂了。此后具有享堂性质的建筑不在墓上，而是移至坟墓之旁。

从战国时代开始出现并逐渐流行的帝王陵墓的大型封土建筑，显然是受了当时盛行的高台宫殿建筑风格的影响，如考古发现的秦咸阳宫第一号宫殿建筑遗址[38]、燕下都南北排列在一条主轴线上的1～4号高台建筑基址（1号武阳台、2号望景台、3号张公台、4号老姆台）[39]、邯郸赵王城西城的龙台（现存东西宽264米、南北长296米、台高15.6米）[40]、齐临淄城宫城的桓公台（现存东西96米、南北108米、高14米）[41]、号称“天下第一台”的楚灵王章华台等，由于陵墓是宫殿的缩影，封建王朝最高统治者营建高台宫殿建筑与构筑高大陵墓，显然都是为了显示自己拥有至高无上的权力，因此《礼记·礼器》认为上述社会现象均说明“有以大为贵者，宫室之量，器皿之度，棺椁之厚，丘封之大，此以大为贵也”。

国君、帝王陵墓不但封土高大，而且这样的情况成为一种特权，由此发展到墓葬封土的高低成为社会地位高低的标志[42]。历史文献记载：“天子即位，明年将作大匠营陵地，用地七顷，方中用地一顷，深十三丈，堂坛高三丈，坟高十二丈。”[43]西汉一代帝陵考古发现也证实了上述记载，西汉帝陵封土高为30～32米（除汉武帝茂陵封土高48米之外）。西汉时期的帝陵附近陪葬墓很多，但是至今没有发现一座官员的墓葬封土高度与帝陵封土相同者，他们均低于帝陵陵墓[44]。不但墓葬封土高低根据死者生前地位有着明显等级区别，就是坟墓之上种植的树木种类也不相同，有着严格的规定[45]。在唐代帝陵的陪葬墓之中，不同级别官员与贵族封土高低也有着明文规定，唐代规定一品官陪葬帝陵时，其坟墓高一丈八尺；二品官以下，每低一品，其坟高减低二尺。显然，封土成为当时墓主人地位的标志，就此而言封土要比墓主人墓室中的随葬品更为引人关注。

国君们把葬身的陵墓视作生前宫殿，而且从建筑规模上来说，帝王陵墓的封土远远超过其高台宫殿建筑，这更可以看出他们多么重视自己的葬仪。

坟的出现是殡葬发展史上的一个重要节点，它标示着殡葬文化的政治性、标识性功能的凸显与强化。殡葬已经从过去生者对逝者的怀念发展到对逝者生前的社会资源、政治资源的进一步开发、利用。坟是阶级社会的殡葬文化从地下的感情寄托、哀思表达，发展到地上的服务于生者社会、政治需要的载体，古代社会的坟越来越变成社会等级的政治符号与标示。

人类从开始对逝者埋葬，到形成殡葬经过了漫长历史。真正的殡葬活动，从考古发现来看，可能在人类社会历史“文明形成”之后，也就是上古的夏商时期。而殡葬作为一种成熟礼仪，大约是在西周时期，那时有关的丧礼、丧服的制度已经具雏形，春秋战国时期，中国古代殡葬礼仪全面形成，对此后两千多年中国古代社会产生了巨大而深远的影响。

“殡”“葬”之后的“祭”，是殡葬文化的重要组成部分。一般来说“祭”是从“墓祭”发展为“庙祭”，后来又专门设置祭奠故人的活动日期。所谓“墓祭”就是在坟墓附近的祭祀，这种祭祀活动应该是从帝王、达官显贵到一般百姓的殡葬文化之中普遍存在，并且延续的时代很长，有些至今依然以各种各样的形式表现出来。过去的传统历史文献记载“古不墓祭”[46]是不准确的，其实古代历史文献中也有关于“墓祭”活动的记载，如《史记·周本纪》：“武王上祭于毕”。《集解》马融认为：“毕，文王墓地名。”至于考古发现的“墓祭”活动，时代更早，如考古工作者在安阳殷墟王陵区的东区勘探和发掘了191座祭祀坑。这些祭祀坑，根据其排列的疏密、深浅和大小，可分为22组，每组多者47坑，少者仅1坑。这些坑分布在王陵东区的几座大陵墓之间，应是若干次祭祀陵墓后的遗迹[47]。这里属于商王室在王陵区祭祀先祖的公共祭祀场所。不管它用以祭祀整个王陵区中的王陵，还是祭祀其中某个王陵，两者的性质都一样，即属于“墓祭”活动遗存。这表明，商代已出现了对陵墓的祭祀。再如，已经考古发现的安阳殷墟商王武丁后妃妇好的墓之上有“房屋”类建筑遗存[48]，在20世纪50年代初安阳大司空村商代墓葬之上也发现了用于祭祀活动的建筑遗迹。东周时代的秦公陵园之中，考古发现多座君王或其后妃的墓上有“房屋”一类建筑遗存。河南辉县固围村战国时代魏国大墓之上也发现了建筑遗存。特别是河北平山县战国时代中山王兽墓出土的一件错金银“兆域图”铜版，它实际上就是中山国王陵陵园“规划图”，其上标示出“王堂”“哀后堂”“王后堂”，它们分别是中山国王与哀后、王后的“堂”。根据《礼记·礼器》记载：“设祭于堂”，中山国王陵出土“兆域图”上的刻铭“堂”应该是用于“祭祀”的。这也就是历史文献记载中的“享堂”。这里的王陵之上考古发掘“堂”的遗址也佐证了“兆域图”关于“享堂”刻文。

进入秦汉时期，陵墓的祭祀活动则由墓葬之上的“享堂”移之陵墓至旁的寝园或陵庙之中。汉代有的墓葬的附近设置了“祠堂”之类“墓祭”建筑。

中国古代殡葬制度起源可以追溯到先秦时期，然而作为国家统一规制的系统殡葬祭祀礼仪，应该形成于秦汉时代，此后一直为历代王朝所沿用，只是随着时代发展，更加强化以社会等级、地位为核心的殡葬祭祀的重要社会功能。祭祀礼仪是维护封建社会统治与宗法社会体系的根本需要，当然其中也有一些值得重视的中华民族传统优秀文化，如殡葬礼仪文化中所体现的“孝”“节葬”思想等，他们或者增加了社会、家庭与家族、国家的凝聚力，或者反映了朴素的唯物史观与进步的政治理念。

2. 殡葬礼制与殡葬民俗

关于殡葬活动，古人制定了很多的“礼”，它们贯穿在“殡”“葬”“祭”活动的全过程。《周礼》《礼记》和《仪礼》(合称“三礼”)是研究殡葬礼仪最为重要的历史文献，而“三代”以后的殡葬礼仪，基本上是承袭“三礼”中的《礼记》所记载的礼制。上述有关殡葬礼仪的历史文献，是中国古代社会殡葬礼制文献的基础，它们支撑了长期以来的中国殡葬礼仪活动，也成为中国殡葬史研究的基础性文献。但是特别需要指出的是，“三礼”与先秦、秦汉及其以后历代关于殡葬礼仪的文献，与近年来的相关考古发现与研究所取得的认识，存在着一定差距，这是以往殡葬史研究很少关注的。随着时代的发展、科学的进步，不同学科的“互补”，历史学学科的局限性在缩小，科学性在增强。因此关于殡葬礼仪研究中的“多学科”结合是我们当代撰写殡葬史中所必须予以充分重视的。

“殡”礼的内容比较多，包括丧者亲属服丧期间之衣食住行等方方面面。

从国家层面而言，中国古代殡葬礼制是“早熟”的，它是维护国家秩序的法制的延续。但是涉及广大民众的殡葬活动，基本上是以不同时期社会主导文化为基础的殡葬礼制与地方民间葬俗相结合形式进行。民间葬俗是因各个地区社会发展进程不同、自然地理环境不同、生活内容不同、文化背景不同、宗教信仰不同而各自形成的。但是各地的不同殡葬民俗只是中华民族殡葬历史文化“大同”之中的“小不同”，或谓“大同”之中的“小异”。所谓华夏与中华民族殡葬文化“大同”之实质，就是殡葬中的“阴阳”二元世界的哲学理念、宗法社会的等级观念、父系社会的家族信念等。

3. 墓地与坟墓

墓地是墓葬的空间载体，墓地的选择是墓葬的前提。从长时段来看，墓地与居址的选址原则基本相同，即居高临下、背山面水。古人这样的选择，不是什么“风水”问题，主要是居址的实际需要而在墓地选择上的表现。在远古时代，人类驾驭周围环境的能力十分有限，充分利用“地利”是其必然选择。居高临下、背山面水是为了居址与居住者的生活安全、方便、舒适。而墓地又是作为人们的“阴宅”，其仿照“阳宅”进行规划、营造是中国古代殡葬文化的重要特点。墓地与居址相对位置，时代越早，二者距离越近，最早的墓葬就埋葬在居室之下，称为“居室葬”。随着时代发展，居室葬发展为家族、氏族墓地，居址规模越来越大，墓葬及墓地被安排得与居址越来越远，但是所谓“越远”也不过是在族群聚落空间范围之内，而不会置于其外。新石器时代中期开始，墓葬已经置于房屋之外的居址与聚落附近。新石器时代晚期，在聚落之旁已经形成专用的家族或氏族墓地（墓区），这种传统一直延续到近代，近代的大多数农村村民的墓葬，安排在其村庄附近。这是与中国古代的宗法制社会一致的，或者说宗法制社会影响着墓地与居址的空间布局形制。

帝王陵墓的墓地选择也是遵循上述原则，百姓“叶落归根”，葬于其故地。帝王以国为家，都城是国家的缩影与代表，自然帝王去世要葬于都城附近，陵墓成为其都城的组成部分。

从古代帝王陵墓的考古发现来看，时代越早的帝王陵墓与都城越近，时代越晚距离越远。已经考古发现的殷墟商王陵在都城宫殿区西北部 2.5 千米的西北岗，其地势高于殷墟宫殿区的小屯一带。洛阳东周王陵分为周山、王城和金村 3 个陵区。周山位于东周王城西南约 5 千米处，因东周王陵位于此山而得名。相传这里有周敬王、悼王、定王和灵王的陵墓。王城陵区位居东周王城东北，金村陵区汉魏洛阳城北部偏西的金村一带。秦陵包括春秋战国时代秦都雍城和咸阳附近的秦国君陵墓。秦国国君均葬于今凤翔县尹家务至宝鸡市阳平的三时原上。根据陵园内的兆沟设置，可分为 14 座分陵园，每座分陵园由数量不等和类型不同的大墓有机地组成。国君陵区与首都雍城隔雍水南北相望[49]。战国时中期，秦孝公迁都咸阳，秦王室分别在咸阳城西北与咸阳城东南的芷阳城东建造了王室陵区。咸阳陵区在秦咸阳城西北部，以前古人多认为这里的大墓为“周陵”，20 世纪 70 年代以后考古工作者通过田野考古工作，已经确认这些大墓为战国时期的秦王陵[50]。芷阳陵区位于咸阳以东（或相对雍城先秦秦陵区以东），故名“东陵”，设有东陵侯。东陵区位于今陕西省西安市临潼区斜口乡东南，灞水从其左流过。陵区背山面水，西邻芷阳城，与都城咸阳隔渭水相望。目前共发现 4 座陵园[51]。战国时代的田齐王陵位于临淄齐故城东南 11.5 千米处的临淄齐陵镇和青州东高镇、普通镇一带，地处泰沂山脉东北麓。陵区之内的齐王陵中以四王冢和二王冢最著名，此外还有田和冢、点将台与南辛庄古冢。上述 5 处古陵墓可能分别属于战国时代的 5 位齐国国君陵墓[52]。赵王陵主要应分布在赵国首都邯郸城西北部约 15 千米处，即今邯郸市西北的丘陵地带，现在分别隶属于邯郸县三陵乡、工程乡和永年县两岗乡。秦始皇的陵墓位于陕西省西安市临潼区晏寨乡。西汉十一座帝陵，9 座分布在汉长安城北部的咸阳原上，汉文帝霸陵与汉宣帝杜陵分别位于汉长安城东南部的白鹿原与杜东原之上，咸阳原、白鹿原、杜东原地势均高于汉长安城[53]。汉魏洛阳城位于洛阳北邙山之南，而当时的东汉、曹魏、西晋与北朝帝陵均在洛阳北邙原上，如孝文帝太和十八年（494）迁都洛阳，在北邙山上筑长陵，宣武帝葬景陵、孝明帝葬定陵、孝庄帝葬静陵，这些陵墓左右毗连，形成北魏皇室陵墓区[54]。东晋定都建康城，即今南京市。东晋11位皇帝的陵寝均在南京附近钟山余脉富贵山南麓与鼓楼岗南麓之九华山，南朝包括宋、齐、梁、陈四个朝代，先后建都于建康。有遗迹可寻的南朝帝陵有15处，大多在建康城附近，选择于土山丘陵的半麓[55]。隋代帝陵在隋朝都城大兴城（今西安市）以西的陕西省武功县。唐长安城北部的关中北山山脉及其南麓，分布着唐十八陵，它们距唐长安城77～108千米[56]。北宋帝陵位于都城西部的嵩山之北、洛河以南之地，以今巩义市芝田镇为中心[57]。西夏建都兴庆府，即今宁夏银川，西夏王陵位于宁夏银川市西约25千米处的贺兰山东麓的洪积扇上[58]。朱元璋定都南京，他的陵墓明孝陵修建于南京紫金山南麓独龙阜玩珠峰下。明成祖迁都北京之后，明代13位皇帝的陵墓均安置在北京市昌平区的天寿山南麓[59]。南距皇城约50千米清东陵位于河北省遵化市马兰峪西的昌瑞山下，陵区北靠雾灵山，南临天台山和烟墩山，东自马兰峪，西至黄花山。清西陵位于河北省易县城西永宁山下[60]。都城与帝王陵墓之间距离越来越远，是因为帝陵及其陵园的规模越来越大，规模变化大原因有二：一是都城附近没有足够空间容纳，必须向更为广阔地带发展。二是后代王朝帝王有追求比前朝帝王墓地地势更高的思想，如西安地区是周秦汉唐四大王朝所在地，根据历史文献记载，西周王陵在都城丰镐遗址附近的“毕”，战国时代秦国王陵先在都城咸阳城之旁西北部，而后置于都城东南的芷阳附近高地，秦始皇陵则筑于骊山山麓；西汉帝陵陵区主要在汉长安城北部的咸阳原之上，而唐代十八陵就东西排列修筑于北山之南麓，其高程超过西汉帝陵近一倍之多。

4. 墓室及葬具与随葬品

如果说墓地象征着死者的宅基地，那么墓室则类似死者的房屋居室。就一般墓葬而言，各地因自然环境不同，墓室的做法、形制与建筑材料也有所不同。中国古代大部分地区流行的是竖穴土坑墓，有的地方土洞墓较为流行。还有一些地区以不同石材构筑墓室。新石器时代中期墓室多为墓坑，墓坑体积小，仅容死者尸体，埋葬浅。这种墓室反映了当时社会生产力的低下，联系到当时不少居室为半地穴式建筑，显然那时埋葬浅、体积小的墓坑与其同时期半地穴居室关系密切。新石器时代晚期，随着社会的发展，财富积累的增加、贫富差距的加大，有的居室已经是“大房子”或“里外屋”的形式。与此同时，考古发现了这些遗址附近出现了一些规模较大、规格较高的墓葬，其墓室中有木棺、木椁，有的棺、椁之上还有涂漆痕迹[61]。新石器时代末期的龙山文化考古发现的一些大型墓葬中，有的还不只是一棺一椁，已经出现一棺两椁（或称“重椁”）[62]，甚或在棺椁之间还安置有木制边厢，其中有大量陪葬品[63]，这些大型墓葬的墓主人生前应该是社会地位特殊的人。学者根据考古发现和古代墓葬资料研究认为，大型墓葬多重棺椁制度的滥觞在西周至春秋时代早期，而《礼记》等历史文献记载的多重棺椁制度应该形成于春秋时代中期至战国早期[64]。战国时代晚期出现“挟天子以令诸侯”的社会政治变化，使标志死者政治地位的多重棺椁制度也面临挑战，僭越现象普遍出现。秦汉时期，在高等级墓葬中，多重棺椁制度变为代之而起的“黄肠题凑”“多室墓”。秦汉时代以后，墓葬的重点从地下逐渐转移至地上，墓室中的棺椁葬具的权重越来越小。墓室相对陵墓封土及陵园、陵寝建筑的重要性已经大大下降。

作为一般墓葬的墓室形制，除了以上所述的居室葬、土坑墓之外，在不同时期、不同地区出现了多种多样的形式，如土洞墓、石棚（亦称“支石墓”“石桌坟”）、石棺墓、石板墓、瓮棺葬、悬棺葬、土墩墓、船棺葬、砖室墓、崖墓、画像石墓、画像砖墓、壁画墓等。

在我国西北地区黄土高原古代流行的土洞墓，是一种很有地方特色的墓室形式，它们应该是从当地先民“窑洞”居址仿造而来的。洞室墓的做法是先由地面向下挖一圆形或方形竖坑，再在一侧挖成侧室安置死者。长期以来这种墓葬被认为是战国时期的，甘肃兰州土谷台考古发现的史前时期马家窑文化半山至马厂类型墓葬中的土洞墓改变了这种传统看法，使土洞墓时代可以上溯到新石器时代晚期[65]。

以石板为材料构建的墓室种类比较多，有石棚、石棺墓、石板墓等，这与那些地区先民以石板构筑房屋有关。石棚与石棺墓均流行于新石器时代晚期至铁器时代早期，前者在中国主要分布在辽东半岛一带，后者多为游牧民族使用。石板墓始于新石器时代晚期，盛行于春秋战国时期，下限到中古时期。

瓮棺葬以陶瓮、陶罐等陶容器为葬具，其中尤以陶瓮使用较多，因此这类葬具的墓葬一般称为“瓮棺葬”。瓮棺葬在史前时代已经出现，一直延续到秦汉时代，个别瓮棺葬的时代延续的更晚。瓮棺葬主要是作为儿童与“二次葬”者的埋葬方式。

悬棺葬主要分布在福建、江西、浙江、台湾、湖北、湖南、四川、云南、贵州、广西等地，公元前2000年出现，流行于青铜时代与早期铁器时代，悬棺葬在有些地区可延续至明清时代，台湾的耶眉族迄今仍保存着这一葬俗。

土墩墓是在平地之上修建土墩，然后在其上造墓。土墩墓主要分布在长江中下游地区和福建北部，在北方的山东东南部也发现有这类墓葬。前者时代偏早，早至新石器时代晚期的良渚文化，晚到汉代，主要流行于西周至春秋。传统埋葬应该在地高土厚之处，但是由于当地地势很低，地下水位又很高，为此人们修建“土墩”安置墓葬。

船棺葬因其棺如船形而得名，战国秦汉时期在四川地区流行的丧葬形式。

砖室墓是因以小型长方形砖砌筑的墓室而得名。一般认为始于西汉中晚期，东汉以后普及流行。砖室墓分为单室墓和多室墓，规模越大，墓室越多、结构越复杂。砖室墓应该是死者生前居室、府第的缩影。中古时期以后，出现仿木建筑结构的砖室墓。砖室墓是从土坑墓、木椁墓发展而来，是墓葬进一步生活化、世俗化的结果。

崖墓出现于西汉，盛行于东汉至南北朝时期，影响至以后的一些高等级墓葬形制。崖墓是于山崖上开凿出墓室，其出现有可能受到悬棺葬的影响。一般崖墓在四川巴蜀地区比较流行，而且多以为家族合葬墓地。近年来考古发现的“因山为陵”（或“依山为陵”）的徐州西汉楚王陵、河北满城汉墓（中山王陵）、山东曲阜鲁王陵、河南永城梁王陵等，有的学者认为可能受到崖墓一定的影响。

画像石墓、画像砖墓、壁画墓以画像装饰墓室的墓壁，一方面是以画代物，另一方面是把物所不能表达的历史、神话故事、祥瑞、天象等形而上内容置于墓室之中。画像石墓出现于西汉中晚期，东汉时代流行，汉代以后销声匿迹。画像石墓分布范围很广，其中以徐州、南阳、陕北和四川四个地区画像石墓数量最多，并形成四个各具特色画像石墓分布区。画像砖墓是画像石墓的简化形式，盛行于东汉，魏晋南北朝以降逐渐衰落。画像砖墓在甘肃、四川、河南、江苏等地区均有发现。目前见到时代最早的墓室绘制壁画的墓葬是梁恭王刘买（前 144～前 136 年在位）墓[66]。在西安、洛阳一带发现了一些西汉晚期壁画墓，东汉时代壁画墓已经广为流行，中国古代壁画墓发展到唐代达到顶峰。中古以后，壁画墓越来越少。

在墓室建筑及其装饰与棺椁葬具之外，还有随葬品。一般而言，古代墓葬中的随葬品有着从少到多、从真到假、从实到虚、从物质到精神的历史发展变化过程，这些充分反映了中华民族的殡葬理念进步。史前社会由于生产力的低下，人类生产活动只能解决自己最低的生存需求，尽管那时已经出现了墓葬，但是墓葬中的随葬品基本上是逝者生前的使用物品。随着生产力的发展，社会财富的积累增加，社会出现了贫富不均，墓葬的随葬品也发生了重大变化，有的墓葬不但有逝者生前用品，还有“奢侈品”、象征权利与社会地位的“礼器”等。与此形成鲜明对比的是，一些人去世之后，只是“挖坑”而埋，连墓室都没有，更谈不上棺椁葬具，至于随葬品就无从谈起。安阳殷墟的西北岗王陵与其附近的平民墓葬就是鲜明对比，至于贵族与奴隶的墓葬，二者更是天壤之别。

人类的殡葬历史发展不是朝着一个方向一直不断向前，而是常常出现反复，但是这种反复不是简单的重复，而是发展中的否定之否定的螺旋式历史上升。墓葬中的随葬品变化就说明了这点。人类墓葬之中的随葬品从无到有，从少到多，然后再从多到少。虽然墓室之中的随葬品少了，但是墓室之外却增加了大量陪葬坑，陪葬坑中有着各种各样的陪葬品。如秦始皇陵的墓室之外已经勘探发现有 180 多座陪葬坑，有的一座陪葬坑的面积之大甚至超过墓室，秦始皇陵第一号兵马俑坑的面积约 13000 平方米，其中陪葬的兵马俑多达数千件，陶俑身高 1.8 米。汉景帝阳陵、汉武帝茂陵的陪葬坑更是多达数百座。陪葬坑的陪葬品多了，但是陪葬品的明器化现象越来越突出了，从殷墟的人殉到东周的陶俑，从秦始皇陵比真人高大的兵马俑到西汉帝陵仅有真人三分之一高度的汉代陶俑，再到三国时代曹操墓出土的仅 7 厘米高的陶俑，中古以后陶俑又常为纸人所替代。从西汉时期的真金白银，到以后的冥币（涂金泥饼等）、纸币等，莫不体现了这一点。

汉代以后帝王陵墓不再设置陪葬坑，墓室及其附近地下随葬品大大减少。代之而起的是陵园地面之上却构建了规模庞大的陵寝建筑群，以及神道石像生，石像生由开始的少数几件，发展到以后的几十件、上百件。石像生种类由两三种发展为几十种。一般墓葬的地面之上也设置了祠堂等祭祀性建筑。如南朝宋齐梁陈的帝陵石像生只有石柱、翼兽各一对；唐代初年的唐高祖献陵陵园四门各置石虎一对，神道有华表、犀牛各一对；唐太宗昭陵北司马门主要有“昭陵六骏”“十四蕃酋像”等，而唐高宗与武则天的乾陵陵园四门各置石狮一对，陵园南门之外神道东西分列王宾像各三十二尊、石碑一对、石人十对、仗马与控马者各五对、鸵鸟及翼马、石柱各一对，北司马门之外神道两侧现存仗马等石刻。

5. 祭祀

祭作为殡，葬之后的礼仪、礼俗活动，随着历史发展，活动内容与“平台”越来越多、社会影响越来越大。“殡葬”的活动重点由对逝者的后事安排，越来越改变为对逝者的纪念。纪念逝者通过祭祀活动，为了祭祀活动的开展，设置了各种各样的祭祀“平台”，如墓祭（今“扫墓”）、堂（“享堂”）、寝园、寝殿、便殿、祠、石殿、陵庙、庙、献殿、上宫、下宫等。社会形成特定祭祀节日，如清明节，清明节又从社会节日发展为国家节日。

死者埋葬之后的祭祀活动空间首先从“墓祭”开始的，所谓“墓祭”就是在墓葬所在地进行的祭祀活动。关于史前时期墓祭遗存线索，考古学者一直在追寻。良渚文化的大型贵族墓地附近考古发现的各种各样的祭祀坑，如果可以认定其时代有的晚于其附近墓地、墓葬时代的话，那么就可以说，那些祭祀坑就是祭祀逝者的祭祀遗存。先秦时期的“殡葬祭”之祭祀活动物化载体，以殷墟西北岗商王陵区的大量祭祀坑最为突出。它们可能不是某个王陵的祭祀坑，而似乎是对王陵墓地的整体祭祀。这种祭祀活动应该是延续了相当长的时间。“墓祭”不但在殷墟王陵区发现，在殷墟的其他高等级墓、贵族墓之上也发现了与祭祀相关的遗迹，如妇好墓、大司空村商墓之上的祭祀建筑遗迹。降及两周时期，墓祭遗存更是多有发现，如春秋时期的陕西凤翔雍城秦公陵墓上建筑遗迹，战国时期河北平山中山王陵“墓祭”建筑遗迹与墓中出土的“兆域图”、河南辉县魏国高等级墓葬、新郑郑韩故城附近的王陵、河北邯郸赵国都城附近王陵之上的建筑遗存等。秦汉时代的墓祭活动遗存已经极为普遍，从帝王陵墓，到一般墓地，祭祀建筑平台从“墓上”改变为在“墓旁”。秦始皇陵园之内西北部考古发现的陵寝礼制建筑遗址，一改以前在“墓上”祭祀的传统做法。“汉承秦制”，已经考古勘探、发掘的西汉杜陵陵园遗址，其皇帝陵园与皇后陵园之外，附近各有寝园，寝园之中有寝殿与便殿。在帝陵陵园与皇后陵园东西之间的北部设置了陵庙。高等级墓葬与其他一些墓葬之旁则设置有祠、石殿等祭祀性建筑。普通百姓的墓葬附近是否有祭祀性建筑，目前还不清楚，但是“定期”或在社会、国家“法定日期”进行墓祭则一直延续到近代。

6. 中国殡葬史是统一国家的多民族殡葬历史

中国幅员辽阔，地理环境各异，远古时代形成的殡葬文化各个地区各具特色。作为多民族统一国家，中国殡葬史显得尤为丰富多样。

人类历史越是久远，环境对人类文化的影响越是突出。从遥远的古代殡葬文化出现之后，广袤中国大地之上的各个族群有着不尽相同的殡葬文化，他们多因区域、生业、宗教不同而殡葬各异。在远古时期的新石器时代，中原的周边地区各地族群的殡葬文化异彩纷呈，从新石器时代晚期至战国时代，我国西北地区流行土洞墓，东南地区流行土墩墓，辽东半岛沿海地区流行石棚，西南地区流行石棺墓，国家边疆地区流行火葬。先秦至近代，福建及长江流域至云贵地区流行悬棺葬，战国秦汉时代四川地区流行船棺葬等。汉代以后佛教的传入，对中国古代周边地区的人们产生了重要影响，殡葬文化发生了反反复复的变化，女真人从土葬变为火葬，尔后又回归至土葬；蒙古族的传统是土葬，因佛教影响而流行天葬、火葬，有的地区从游牧时代的无坟丘，到农牧与农耕时代构筑坟丘，凡此种种，殡葬文化的发展直接与社会历史（地域特色、生态环境、生业结构、宗教信仰、“国家文化”影响等）变化密切相关。可以说殡葬文化作为人类历史文化的一部分，它们与人类历史一样，随着时代发展、社会进步，自身也在不断发展与变化，这是历史发展规律所决定的。就人类的殡葬史而言，发展与变化是绝对的，世界上没有一成不变的殡葬文化，中国殡葬史也是一样。殡葬文化的多样性，与历史发展的科学性是相统一的。

7. 中国古代殡葬史发展规律与启示

通过对中国古代不同时期、不同地区的殡葬活动分门别类研究，我们可以探索中国古代殡葬史的发展规律，进而得到有益启示，以便更好地开展当前及今后的殡葬工作。

（1）殡葬与社会发展同步

人类墓葬出现于旧石器时代中晚期，当时对应的墓葬形制为居室葬，那里只有逝者的遗体与其生前极为简单的生活、生产用品等。这些居室葬反映了逝者与居室生者的亲情关系。人类社会进入新石器时代中期，大多墓葬已经从居室之内移至居室之外附近的地方，显然这时的墓葬仍然与其附近居室主人（或称死者与生者的家庭）有着密切关系。新石器时代中晚期，墓葬从居室附近移至聚落（“村庄”）之旁的墓地，这些墓地是“阴间”的“聚落”，聚落墓地之中的墓葬又成组分布，这是“阴间”的“家庭”“家族”“氏族”等社会。

新石器时代晚期社会生产力发展、财富增加、贫富分化，通过当时的墓葬可以清楚看到原始社会末期，社会不同阶层与阶级的出现。反映在墓葬上则是从其规模、随葬品数量与质地有着巨大差异，这些墓葬现象证明了马克思主义关于阶级与国家起源学说的科学性。

夏商周王国时代与秦汉至明清王朝的帝国时代，近四千年来的殡葬文化更为复杂，殷墟西北岗王陵区附近大量被杀的奴隶或战俘随葬坑，数十人被葬于一坑之中，或身首异处，或活埋、腰斩，再现了当时社会的残酷。与此同时，国王与贵族墓葬之中放置了大量玉器、青铜器等随葬品，不少随葬品成为死者身份与地位的象征与标识，其中以各种青铜礼器与玉礼器最为突出，这是社会等级制度在墓葬中的反映。与上述墓葬形成鲜明对比的是一般百姓的墓葬，它们形制大小、随葬品多少方面与达官显贵墓葬比较有着天壤之别。尤其是从考古发现的那些奴隶尸骨可以看出，这些人谈不到“墓葬”，他们与随葬在贵族墓葬中的牛羊猪狗没有两样，甚至还不如那些能够有个完整尸体的牲畜。

从先秦时代至明清王朝，四千多年来殡葬历史发生了巨大变化，自然这种变化主要是由从王国时代到帝国时代社会生产力发展、人们之间社会关系变化与社会制度变化所导致的。秦汉至明清王朝的帝国时代以地缘政治为主、血缘政治为辅，政治层面突出国家至上，作为国家最高统治者的皇帝至上。反映在殡葬制度方面，主要就是墓葬的重点由地下转至地上，由墓室转至封土，由地下随葬坑转至地上寝园、寝殿、便殿、陵庙、献殿、上宫与下宫等礼制建筑，陪葬墓的安排成为统治者的政治工具。在这样的殡葬制度变化中，随葬品从王国时代的真金白银、各种贵重玉器、青铜器（尤其是各种礼器）及殉葬人等，逐渐变为随葬品的“明器化”及“明器微型化”，各种各样的青铜礼器、玉礼器、陪葬坑等的“退化”“淡化”，直至“退出”殡葬活动。

19 世纪中叶至 20 世纪前半叶，中国历史进入半殖民地半封建社会，相应的殡葬制度也发生了重大变化，留下了这个时代最具特色的殡葬文化。作为国家行为的国家最高统治者的殡葬礼仪与殡葬活动，深刻反映了殡葬活动、殡葬制度与社会发展的一致性。民国时期的袁世凯墓，其墓葬封土、陵园、神道及其石像生制度延续了帝国时代帝陵形制，但是又进行了极大的精简；而陵墓、陵园等相关建筑则采用了西方的建材与工艺。可以说袁世凯墓（今称“袁林”）

就是“中西”（中国与欧洲）、“古今”（封建主义与资本主义）殡葬文化的结合，它清楚地折射出当时半殖民地半封建社会的性质。

至于民国时期的一般民众或城市殡葬，其既有传统的明清时代以来的殡葬文化特色，又有西方“舶来”殡葬文化的特点。城市中有杠房，也有万国公墓。广大农村的殡葬文化则大部分依然主要是保存着千百年来的宗法制社会的殡葬制度与习俗。

新中国成立之后，社会主义社会的政治制度本质使中国殡葬制度发生了根本性转变，其中最为突出的是作为“国家殡葬文化”开创了中国殡葬史的新时代特色。奴隶社会、封建社会与半殖民地半封建社会的殡葬文化被送进了“历史博物馆”。殡葬不再被社会作为区分贫富、贵贱、官民身份高低的指示物，国家倡导人们在殡葬面前的平等，提倡全社会以火葬、海葬代替土葬，倡导文明、环保祭祀与网上祭祀，取代造成环境污染的香火祭祀，全新的殡葬文化从国家与社会层面得到推广，社会主义殡葬制度越来越为社会广大群众认同、接受并实施。这突出反映了社会主义殡葬制度的特色。

（2）殡葬的变化是绝对的，不变是相对的

在人类文化中，殡葬文化处于最为保守的文化之列，但是绝不是一成不变的。人类殡葬历史发展说明，人类的殡葬活动是从无到有，从简单到复杂，然后又从复杂到简约。殡葬文化的变化可以说是绝对的，不变才是相对的。殡葬文化作为人类文化的一部分，它必将随着人类社会的变化而变化，不可能独立之于社会发展变化之外。中国殡葬发展史揭示，墓葬从先秦时代以前的“墓而不坟”到战国时代以后社会上层流行的“大作丘垄”，再汉文帝、光武帝、曹操及其后的唐太宗李世民等著名政治家提倡“不封不树”，毋庸置疑的殡葬历史是社会主导文化并不支持“大作坟丘”。殡葬发展史上的墓葬形制也不是一成不变的，而是在不断发生着变化，当传统的土葬占据着墓葬的主体之时，不同地区也在流行着火葬等葬法，就是在同一地区土葬与火葬并行现象也不鲜见。人类的殡葬活动一直在发生着变化，而总的变化趋势是越来越简化，越来越从物质追求转向精神诉求。上述殡葬史所揭示的殡葬历史发展规律，无疑是我们当今进行殡葬事业改革的科学依据与支撑。

三、殡葬史怎么写

1. 以唯物史观为指导

殡葬史属于历史，历史研究必须以马克思主义唯物史观指导。长期以来殡葬史研究中，对于历史上的殡葬现象的发展与变化原因关注不够，很少注意殡葬与其相同时空的客体世界的环境与物质变化关系，更多关注精神层面的研究。这里的“物质”包括人们的生产方式、生产关系、科技发展水平，以及由物质生活决定的哲学社会科学认知能力。从人类墓葬的起源来说，它不是迷信的产物，而是人类社会发展到一定阶段的历史必然。表面来看，墓葬源于人类的情感，其实是人类生存组织形式的变化导致人类“情感”的出现，产生人类的“单体”墓葬。随着社会发展，人群社会组织发生相应的变化，家庭、家族、氏族的社会组织的相继出现，墓葬又从单体墓葬发展到原始墓地。

墓葬伴随着人类从“蒙昧”走向“野蛮”而来到“人间”，当人类告别“野蛮”迈向“文明”时代，随着社会生产力的发展，贫富分化、社会分层的出现，“阴间”的墓葬也同样出现了大小不同、规模不一，这是客体世界决定先民墓葬变化的根本原因。

不同阶层、阶级的人之墓葬从棺椁、墓室、随葬品、祭祀活动方面的差距进一步加大，并被赋予社会规制而推行实施，导致先民死后的“后事”状况截然不同。安阳殷墟西北岗王陵区的国王墓葬与其殉葬坑的死者有着天壤之别的埋葬“待遇”，是由二者经济状况、财富多少所决定的，也是由各自政治权利与阶级地位不同而决定的。同样这不应被视为人们“迷信”程度的加深。

不同地区一般大众的墓葬，因各自环境的不同，决定了先民文化的多样性，正如马克思谈到针对自然环境的不同而导致的人类文化差异时指出：“不同的共同体在各自的自然环境中，找到不同的生产资料和不同的生活资料。因此，它们的生产方式、生活方式和产品，也就各不相同。”[67]如古代洞室墓以西北地区较为发展，这与那里先民的“窑洞”居室传统有关；汉代砖室墓则是当时的民居的缩影。东南地区的土墩墓流行则取决于当地低平而潮湿的自然地理环境。

至于墓葬中的随葬品，上至帝王将相，下至黎民百姓，完全是各自现实生活的浓缩版。帝王陵墓出土的各种玺印，是其身份标示。如吕后陵附近发现的“皇后之玺”；广州南越王墓出土19枚印章，有金印、包金铜印、玉印和玛瑙印等多种，其中在墓主身上就发现了8枚印章，最大的一枚是龙钮金印。皇帝和皇后陵墓中的随葬品，几乎包括了衣食住行各个方面，如陶俑、食物、器皿、动物、竹简等等。大量陶俑，象征皇帝、皇后生前的卫士、仆从、宫女、奴婢和仪仗队等。甲胄、刀剑、干戈、箭镞等兵器，则守卫着帝、后的安全。帝王为了“多藏食物，以歆精魂”[68]，于是随葬了数量众多、品种齐全的食物。王莽毁坏孝元傅昭仪陵时，由于陵中“多藏食物，腐朽猥发”，以至“臭憧于天，洛阳丞临棺，闻臭而死”[69]，可见随葬食物之多。随葬食物，包括粮食、酒、糖等。粮食有黍、稷、麦、粱、稻、麻、菽和小豆，此外还有醯（醋酸）、醢（肉酱）等。食物放在瓮、甑里，置于陵墓中。唐代帝王陵墓之中的壁画则以“画”代“物”与“人”等，如懿德太子墓壁画中的“阙楼图”“仪仗图”，章怀太子墓壁画中的“马球图”“客使图”“宫女扑蝉图”“狩猎图”，永泰公主墓壁画中的“天象图”“仕女图”等，可谓社会百态应有尽有。中国殡葬史中，随葬品从史前时期与夏商周时代墓葬中的实物、活人、真金白银，发展到春秋战国时代及其以后墓葬中的明器、俑、冥币，中古时代以后又进一步发展为纸质明器、纸人、纸动物俑及纸质冥币等。从唯物史观考察上述殡葬文化现象，这些应该是人类丧葬观进步的反映。当然，相对现在殡葬活动中的网上祭祀、环保祭祀、绿色祭祀，古代的“烧纸钱”应该加以改变，这种与时俱进是唯物史观在殡葬活动中的体现。

2. 以社会发展史为基础

以往的殡葬史研究大多只是将其作为文化史、风俗史的一部分，而对殡葬史作为社会发展史的必要组成部分被忽略。虽然近年来有一些学者力图通过自己的研究改变这一学术现状，但收效甚微。

史前时代的墓葬是人们生产发展的结果，也是相对较为固定群居的出现及人与人之间意识、思维、观念、思想的形成与发展之派生物。社会发展进入邦国时代，生产力进一步发展，出现了人与人之间的贫富不均，人们的经济地位不同导致了墓葬的大小不一、规制各异。王国时代使殡葬打上了鲜明的当时社会历史发展烙印，统治阶级对财富的贪婪从其墓葬之中大量随葬品与奴隶的殉葬可以清晰反映出来。当以地缘政治为主、血缘政治为辅，地缘政治与血缘政治相结合的帝国时代到来，以皇帝为代表的统治阶级墓葬，从单一的财富（随葬品与人殉多少）追求与地位标示，发展为权利的象征，殡葬重点从“地下”转移至“地上”，从主要作为“哀思”的墓葬，改变为政治后继者的权利合法性的历史见证。此时殡葬的规模越来越大、墓葬之内随葬品日益“明器化”、“明器”的“微型化”越来越发展，以“画”代“物”、以“字”代“物”越来越突出，殡葬越来越成为统治阶级的政治工具。从王国时代的“墓而不坟”到帝国时代秦汉帝王坟墓的“积土为冢”，再到唐代及其以后的“依山为陵”；从早期墓葬地下随葬品大量放置，到秦汉以降历代帝王陵墓构建庞大陵寝建筑，再到唐宋至明清帝陵神道众多石像生的配置，凸显出帝国时代中央集权理念的强化，成为帝国时代物化政治缩影。统治者陵墓与广大贫苦大众墓葬形成极为鲜明对比，这恰恰是统治阶级与被统治阶级社会地位巨大反差的反映。

当清王朝被西方殖民主义侵略而使中国成为半殖民地半封建社会之后，当时统治者的墓葬也打上了时代的历史烙印，以袁世凯的陵墓——“袁林”就是最好的例证。20 世纪上半叶，社会上层的殡葬则反映了半殖民地半封建社会殡葬文化之两重色彩。

20 世纪 50 年代以后，社会主义新中国殡葬文化，一步一步地“回归”殡葬文化的“本体”，即人们通过殡葬活动表现出来对故去亲人与为人民、国家做出贡献逝者的哀思、悼念。数千年来的以死者身份、地位决定殡葬活动的分层与形式的不平等理念，被新中国的殡葬平等理念所取代。利用殡葬显示死者及其亲属身份、地位的象征被国家与大众所不齿。这也就是新中国殡葬事业与社会主义社会历史发展一致性的充分体现。新中国成立所带来的殡葬变化，开启了中国历史上前所未有的殡葬事业发展的新时代，殡葬文化的改革，使殡葬真正回归到其历史的“原点”。随着人类对于环境文化的认识深化，环保意识的加强，对自然的敬畏，诸如火葬、海葬、树葬等一系列新的殡葬形式新变化的文化内涵、科学理念与方法，逐渐为人民所认同，为社会所提倡。这些是当今社会历史发展的必然。

3. 多学科相结合

自 21 世纪编著中国殡葬史，应该以多学科结合方式进行，最大限度吸收考古学、历史学、环境学、人类学、民族学、民俗学、社会学、法学、哲学等有关古代殡葬文化研究方面的新资料、新成果、新理论、新方法，这是现代科学研究从分学科走向多学科、跨学科结合的发展趋势所决定的，只有这样才能保障当代编撰的中国殡葬史占据学术前沿，也只有一部具以与时代同步的科学方法、理论体系为学术研究基础编撰的中国殡葬史，才能为我们当代的殡葬事业提供强有力的科学创新支撑。

总之，中国殡葬史应该是一部殡葬文化的发展史，发展就是“否定之否定”，发展需要在继承与扬弃中进行，殡葬发展史是华夏先民、中华民族的殡葬活动从无到有、从低级向高级发展的历史，是殡葬事业不断改革的历史。

殡葬的历史说明，随着社会历史发展，作为社会发展史重要组成部分的殡葬史也在发展，从殡葬在历史上出现至今，可以说殡葬是在不断随着时代发展而变化，也就是殡葬在适应社会历史发展的中不断“改革”，殡葬改革是殡葬作为社会文化一部分所决定的，社会发展变化是历史之必然，作为“社会的”殡葬理所当然也要变化，殡葬发展与变化是其永续“存在”的必然。

《中国殡葬史》不是“迷信史”“落后史”，殡葬史是人类文明史的重要组成部分，中国殡葬史是中华民族文化史的有机组成部分。一部以马克思主义唯物史观为指导编著的中国殡葬史，是中国殡葬学与国家殡葬事业发展的科学基石之一。

《中国殡葬史》编写使情系万家的殡葬事业能够更好地继承中国殡葬事业发展史的优秀历史文化传统，为当代殡葬事业发展、创新提供科学的理论支撑。

注　释

[1] 刘庆柱：《中国考古发现与研究（1949～2009）》，人民出版社，2010年，第8页。

[2] 刘庆柱：《考古学视阈下的马克思主义唯物史观》，《中国史研究》2016年第2期。

[3]《史记·秦始皇本纪》。

[4] 陕西省考古研究所、始皇陵秦俑坑考古发掘队：《秦始皇陵兵马俑坑一号坑发掘报告（1974～1984）》，文物出版社，1988年；陕西省考古研究所、秦始皇兵马俑博物馆：《秦始皇帝陵园考古报告（1999）》，科学出版社，2000年；陕西省考古研究所、秦始皇兵马俑博物馆：《秦始皇帝陵园考古报告（2000）》，文物出版社，2006年；陕西省考古研究院、秦始皇兵马俑博物馆：《秦始皇帝陵园考古报告（2001～2003）》，文物出版社，2007年。

[5]《新东方》（上海）第2卷第4期，1941年6月。

[6]《国民杂志》第1卷第8期，1941年8月。

[7] 如：谢敏聪：《中国历代帝王陵寝考略》，台北正中书局，1976年；罗哲文、罗杨：《中国历代帝王陵寝》，上海文化出版社，1984年；杨宽：《中国古代陵寝制度史研究》，上海古籍出版社，1985年；刘庆柱、李毓芳：《西汉十一陵》，陕西人民出版社，1987年；孙中家、林黎明：《中国帝王陵寝》，黑龙江人民出版社，1987年；罗开玉：《中国丧葬与文化》，海南人民出版社，1988年；邓子琴：《中国风俗史》，巴蜀书社，1988年；黄展岳：《中国古代的人牲人殉》，文物出版社，1990年；徐吉军、贺云翱：《中国丧葬礼俗》，浙江人民出版社，1991年；霍巍、黄伟：《四川丧葬文化》，四川人民出版社，1992年；邓卓明、邓力：《中国葬俗》，重庆出版社，1992年；严昌洪：《中国近代社会风俗史》，浙江人民出版社，1992年；张捷夫：《中国丧葬史》，台湾文津出版社，1995年；李如森：《汉代丧葬制度》，吉林大学出版社，1995年；何彬：《江浙汉族丧葬文化》，中央民族大学出版社，1995年；陈明芳：《中国悬棺葬》，重庆出版社，1996年；黄景略：《丧葬陵墓志》，上海人民出版社，1998年；万建中：《中国历代葬礼》，北京图书馆出版社，1998年；徐吉军：《中国丧葬史》，江西高校出版社，1998年；王夫子：《殡葬文化学——死亡文化的全方位解读》，中国社会出版社，1998年；韩国河：《秦汉魏晋丧葬制度研究》，陕西人民出版社，1999年；陈华文：《丧葬史》，上海文艺出版社，1999年；丁凌华：《中国丧服制度史》，上海人民出版社，2000年；印群：《黄河中下游地区的东周墓葬制度》，社会科学文献出版社，2001年；贺西林：《古墓丹青——汉代墓室壁画的发现与研究》，陕西人民美术出版社，2001年；王计生：《事死如生——殡葬伦理与中国文化》，百家出版社，2002年；周吉平：《北京殡葬史话》，北京燕山出版社，2002年；徐吉军：《长江流域的丧葬》，湖北教育出版社，2004年；石奕龙：《中国民俗通志·丧葬志》，山东教育出版社，2005年；贺云翱、郭怡：《古代陵寝》，文物出版社，2008年；陈华文、陈淑君：《吴越丧葬文化》，华文出版社，2008年；刘毅：《中国古代陵墓》，南开大学出版社，2010年；

陈华文：《浙江民间丧俗研究》，上海文艺出版社，2011年；李玉洁：《先秦丧葬与祭祖研究》，科学出版社，2015年。

[8] 河南省文物考古研究所：《舞阳贾湖》，科学出版社，1999年；甘肃省文物考古研究所：《秦安大地湾：新石器时代遗址发掘报告》，文物出版社，2006年；中国科学院考古研究所、陕西省西安半坡博物馆：《西安半坡》，文物出版社，1963年；西安半坡博物馆、陕西省考古研究所、临潼县博物馆：《姜寨——新石器时代遗址发掘报告》，文物出版社，1988年；青海省文物管理处考古队、中国社会科学院考古究所：《青海柳湾——乐都柳湾原始社会墓地》，文物出版社，1984年；宁夏文物考古研究所、中国历史博物馆考古部：《宁夏菜园：新石器时代遗址、墓葬发掘报告》，科学出版社，2003年；中国社会科学院考古研究所：《大甸子——夏家店下层文化遗址与墓地发掘报告》，科学出版社，1996年；新疆文物考古研究所：《新疆察吾呼——大型氏族墓地发掘报告》，东方出版社，1999年。

[9] 中国社会科学院考古研究所：《殷墟妇好墓》，文物出版社，1980年；江西省博物馆、江西省文物考古研究所、新干县博物馆：《新干商王大墓》，文物出版社，1997年；中国社会科学院考古研究所：《滕州前掌大墓地》，文物出版社，2005年；中国科学院考古研究所：《沣西发掘报告》，文物出版社，1963年；中国社会科学院考古研究所：《张家坡西周墓地》，中国大百科全书出版社，1999年；北京市文物研究所：《琉璃河西周燕国墓地（1973～1977）》，文物出版社，1995年；北京大学考古学系商周组、山西省考古研究所编著：《天马—曲村（1980～1989）》，科学出版社，2000年；广西文物考古研究所、南宁市博物馆：《广西先秦岩洞葬》，科学出版社，2007年；河南省文物考古研究所、三门峡文物工作队：《三门峡虢国墓》，文物出版社，1999年；河南省文物考古研究所：《新郑郑国祭祀遗址》，大象出版社，2006年；山西省考古研究所、太原市文物管理委员会：《太原晋国赵卿墓》，文物出版社，1996年；湖北省博物馆：《曾侯乙墓》，文物出版社，1989年；《云梦睡虎地秦墓》编写组：《云梦睡虎地秦墓》，文物出版社，1981年；湖北省荆州地区博物馆：《江陵雨台山楚墓》，文物出版社，1984年；湖北省荆沙铁路考古队：《包山楚墓》，文物出版社，1991年；河北省文物研究所：《嚳墓——战国中山国国王之墓》，文物出版社，1996年；浙江省文物考古研究所、绍兴县文物保护管理局：《印山越王陵》，文物出版社，2002年；山东省文物考古研究所：《临淄齐墓（一）》，文物出版社，2007年；中国科学院考古研究所：《辉县发掘报告》，科学出版社，1956年。

[10] 咸阳市文物考古研究所：《任家咀秦墓》，科学出版社，2005年；咸阳市文物考古研究所：《塔儿坡秦墓》，三秦出版社，1998年；陕西省考古研究所、始皇陵秦俑坑考古发掘队：《秦始皇陵兵马俑坑一号坑发掘报告（1974～1984）》，文物出版社，1988年；陕西省考古研究所、秦始皇兵马俑博物馆：《秦始皇帝陵园考古报告（1999）》，科学出版社，2000年；陕西省考古研究所、秦始皇兵马俑博物馆：《秦始皇帝陵园考古报告（2000）》，文物出版社，2006年；陕西省考古研究院、秦始皇兵马俑博物馆：《秦始皇帝陵园考古报告（2001～2003）》，文物出版社，2007年；中国社会科学院考古研究所：《汉杜陵陵园遗址》，科学出版社，1993年；西安市文物保护考古所：《西安龙首原汉墓（甲编）》，西北大学出版社，1999年；西安市文物保护考古所、郑州大学考古专业：《长安汉墓》，陕西人民出版社，2004年；西安市文物保护考古所：《西安东汉墓》，文物出版社，2009年；中国社会科学院考古研究所、河北省文物管理处：《满城汉墓发掘报告》，文物出版社，1980年；大葆台汉墓发掘组、中国社会科学院考古研究所：《北京大葆台汉墓》，文物出版社，1989年；徐州博物馆、南京大学历史学系考古专业：《徐州北洞山西汉楚王墓》，文物出版社，2003年；河南省商丘市文物管理委员会、河南省文物考古研究所、河南省永城市文物管理委员会：《芒砀山西汉梁王墓地》，文物出版社，2001年；湖南省博物馆、湖南省文物考古研究所：《长沙马王堆二、三号汉墓（第一卷）：田野考古发掘报告》，文物出版社，2004年；湖南省博物馆、湖南省文物考古研究所、长沙市博物馆、长沙市文物考古研究所：《长沙楚墓》，文物出版社，2000年；广州市文物管理委员会、中国社会科学院考古研究所、广东省博物馆：《西汉南越王墓》，文物出版社，1991年；广州市文物管理委员会、广州市博物馆：《广州汉墓》，文物出版社，1981年；广西壮族自治区博物馆：《广西贵县罗泊湾汉墓》，文物出版社，1988年；广西壮族自治区文物工作队、合浦县博物馆：《合浦风门岭汉墓——2003～2005年发掘报告》，科学出版社，2006年；中国社会科学院考古研究所：《汉魏洛阳故城南郊东汉刑徒墓地》，文物出版社，2007年。

[11] 朱希祖等：《六朝陵墓调查报告》影印本，线装书局，2006年；山西大学历史文化学院、山西省考古研究所、

大同市博物馆:《大同南郊北魏墓群》,科学出版社,2006年;中国社会科学院考古研究所、河北省文物研究所:《磁县湾漳北朝壁画墓》,科学出版社,2003年;山西省考古研究所、太原市文物考古研究所:《北齐东安王娄睿墓》,文物出版社,2006年;咸阳市文物考古研究所:《咸阳十六国墓》,文物出版社,2006年;负安志:《中国北周珍贵文物》,陕西人民美术出版社,1993年;陕西省考古研究所:《西安北周安伽墓》,文物出版社,2003年。

[12] (德)美茵兹罗马—日尔曼中央博物馆、陕西省考古研究所:《唐睿宗桥陵》,德国(Dam Stadt)出版,2002年;陕西省考古研究所、陕西历史博物馆、礼泉县昭陵博物馆:《唐新城长公主墓发掘报告》,科学出版社,2004年;中国社会科学院考古研究所:《唐长安城郊隋唐墓》,文物出版社,1980年;中国科学院考古研究所:《西安郊区隋唐墓》,科学出版社,1966年;陕西省考古研究院、西北大学文博学院:《陕西凤翔隋唐墓——1983～1990年田野考古发掘报告》,文物出版社,2008年;陕西省考古研究所、临潼县文物园林局:《唐惠昭太子陵发掘报告》,三秦出版社,1992年;山西省考古研究所、太原市文物考古研究所、太原市晋源区文物旅游局:《太原隋虞弘墓》,文物出版社,2005;中国社会科学院考古研究所:《六顶山与渤海镇——唐代渤海国的贵族墓地与都城遗址》,中国大百科全书出版社,1997年;中国社会科学院考古研究所、呼伦贝尔民族博物馆、海拉尔区文物管理所:《海拉尔谢尔塔拉墓地》,科学出版社,2006年;南京博物院:《南唐二陵发掘报告》,文物出版社,1957年;冯汉骥:《前蜀王建墓发掘报告》,文物出版社,1964年;四川省文物考古研究所、成都市文物考古研究所、泸县文物管理所:《泸县宋墓》,文物出版社,2004年;四川省文物考古研究院、广安市文物管理所、华蓥市文物管理所:《华蓥安丙墓》,文物出版社,2008年;河南省文物考古研究所:《北宋皇陵》,中州古籍出版社,1997年;宿白:《白沙宋墓》,文物出版社1957年;宁夏文物考古研究所:《西夏陵》,东方出版社,1995年;宁夏文物考古研究所:《闽宁村西夏墓地》,科学出版社,2004年;内蒙古自治区文物考古研究所、哲里木盟博物馆:《辽陈国公主墓》,文物出版社,1993年;河北省文物研究所:《宣化辽墓:1974～1993年考古发掘报告》,文物出版社,2001年;北京市文物研究所:《北京金代皇陵》,文物出版社,2006年;中国社会科学院考古研究所、定陵博物馆、北京市文物工作队:《定陵》,文物出版社,1990年;北京市文物研究所:《北京工商大学明代太监墓》,知识产权出版社,2005年。

[13] 成都文物考古研究所:《成都商业街船棺葬》,文物出版社,2009年;四川省博物馆:《四川船棺葬发掘报告》,文物出版社,1960年;云南省博物馆:《云南晋宁石寨山古墓群发掘报告》,文物出版社,1959年;云南省文物考古研究所、昆明市博物馆、官渡区博物馆:《昆明羊甫头墓地(壹～肆卷)》,科学出版社,2005年;云南省文物考古研究所、玉溪市文物管理所、江川县文化局:《江川李家山——第二次发掘报告》,文物出版社,2007年;贵州省文物考古研究所:《赫章可乐:2000年发掘报告》,文物出版社,2008年;内蒙古文物考古研究所:《内蒙古地区鲜卑墓葬的发现与研究》,科学出版社,2004年;吉林省文物考古研究所、集安市博物馆:《集安高句丽王陵——1990～2003年集安高句丽王陵调查报告》,文物出版社,2004年。

[14] 贾兰坡、甄朔南:《原始墓葬》,《史学月刊》1985年第1期。

[15] 李文信:《依兰倭肯哈达的洞穴》,《考古学报》第7册,1954年。

[16] 江西省文物管理委员会:《江西万年大源仙人洞洞穴遗址试掘》,《考古学报》1963年第1期;江西省博物馆:《江西万年大源仙人洞洞穴遗址第二次发掘》,《文物》1976年第12期;彭适凡:《万年仙人洞新石器早期文化的几个问题》,《江西历史文物》1981年第2期;严文明、彭适凡:《仙人洞与吊桶环——华南史前考古的重大突破》,《中国文物报》2000年7月5日。

[17] 广西壮族自治区文物工作队、桂林市革命委员会文物管理委员会:《广西桂林甑皮岩洞穴遗址的试掘》,《考古》1976年第3期;中国社会科学院考古研究所、广西壮族自治区文物工作队、桂林甑皮岩遗址博物馆、桂林市文物工作队:《桂林甑皮岩》,文物出版社,2003年。

[18] 中国社会科学院考古研究所内蒙古工作队:《内蒙古敖汉旗兴隆洼遗址发掘简报》,《考古》1985年第10期;中国社会科学院考古研究所内蒙古工作队:《内蒙古敖汉旗兴隆洼聚落1992年发掘简报》,《考古》1997年第1期。

[19] 杨虎、刘国祥:《兴隆洼居室葬俗及相关问题探讨》,《考古》1997年第1期。

[20] 湖南省文物考古研究所：《湖南澧县梦溪八十垱新石器时代早期遗址发掘简报》，《文物》1996年第12期；中国社会科学院考古研究所：《中国考古学·新石器时代卷》，中国社会科学出版社，2010年，第168、172页。

[21] 开封地区文管会、新郑县文管会：《河南新郑裴李岗新石器时代遗址》，《考古》1978年第2期；中国社会科学院考古研究所河南一队：《1979年裴李岗遗址发掘简报》，《考古》1982年第4期；中国社会科学院考古研究所河南一队：《1979年裴李岗遗址发掘报告》，《考古学报》1984年第1期。

[22] 中国社会科学院考古研究所河南一队：《河南郏县水泉新石器时代遗址发掘简报》，《考古》1992年第10期；中国社会科学院考古研究所河南一队：《河南郏县水泉裴李岗文化遗址》，《考古学报》1995年第1期。

[23] 中国社会科学院考古研究所：《中国考古学·新石器时代卷》，中国社会科学出版社，2010年，第139页；李友谋：《裴李岗文化墓葬初步考察》，《中原文物》1987年第2期。

[24] 关于"殡"的产生原因，学术界也有不同说法，如李玉洁《先秦丧葬与祭祖研究》（科学出版社，2015年，第242页）认为："我国古代丧葬之礼中这种先殡后葬形式可能与原始社会的'二次葬'有一定的渊源关系。远古时期的人们认为，如果人死了，那么死者的肉体留在人世，灵魂可以到另一个世界上去。春秋战国时期，在人死后，停留一定的殡期再行埋葬，可能是人们不愿意亲人死后，马上就到那个幽深的世界，希望死者继续在亲人身边一段时间，再去阴间生活。实行二次葬葬俗的原因主要是受原始的灵魂不死观念的支配。周人的这种先殡一定时期，再行埋葬的风俗可能是原始部落先民的二次葬俗演化而来的。殡，也可能是表示对死者的留恋。"

[25]《中国大百科全书·考古学》，中国大百科全书出版社，1985年，第665页。

[26]《汉书》卷三十六《楚元王传》，中华书局，1962年，第1952页。

[27]《十三经注疏》（上），第1292页。

[28]《礼·檀弓（上）》："吾闻之，古也墓而不坟。"

[29] 河南省信阳地区文管会、河南省罗山县文化馆：《罗山天湖商周墓地》，《考古学报》1986年第2期。

[30] 中国社会科学院考古研究所：《殷墟妇好墓》，科学出版社，1980年。

[31] 河南信阳地区文管会、光山县文管会：《春秋早期黄君孟夫妇墓发掘报告》，《考古》1984年第4期。

[32] 固始侯古堆一号墓发掘组：《河南固始侯古堆一号墓发掘简报》，《文物》1981年第1期。

[33] 马得志、周永珍、张云鹏：《一九五三年安阳大司空村发掘报告》，《考古学报》第9册，1955年。

[34] 中国社会科学院考古研究所：《殷墟妇好墓》，文物出版社，1980年。

[35] 梁思永、高去寻：《侯家庄第1001号大墓》，台北："中研院"历史语言研究所，1962年。

[36] 河北省文物管理处、邯郸市文物保管所：《赵都邯郸故城调查报告》，《考古学集刊（4）》，中国社会科学出版社，1984年。

[37] 河北省文物研究所：《兯墓——战国中山国国王之墓》，文物出版社，1996年。

[38] 陕西省考古研究所：《秦都咸阳考古报告》，科学出版社，2004年。

[39] 河北省文物研究所：《燕下都》，文物出版社，1996年。

[40] 河北省文物管理处、邯郸市文物保管所：《赵都邯郸故城调查报告》，《考古学集刊（4）》，中国社会科学出版社，1984年。

[41] 山东省文物考古研究所：《临淄齐故城》，文物出版社，2013年。

[42]《礼记·月令》记载："饬丧纪，辨衣裳，审棺椁之厚薄，茔丘垄之大小、高卑、厚薄之度，贵贱之等级。"

[43]（清）孙星衍等辑：《汉官六种》之《汉旧仪》，中华书局，1990年，第106页。

[44] 刘庆柱、李毓芳：《西汉十一陵》，陕西人民出版社，1997年。

[45]《白虎通·崩薨篇》引《礼纬·含文嘉》载："天子坟高三仞，树以松；诸侯半之，树以柏；大夫八尺，树以栾；士四尺，树以槐；庶人无坟，树以杨柳。"

[46]《后汉书·祭祀志（下）》，中华书局，1965年，第3199页。

[47] 中国社会科学院考古研究所：《殷墟的发现与研究》，科学出版社，1994年，第115～117页。

[48] 中国社会科学院考古研究所：《殷墟妇好墓》，文物出版社，1980年，第71页。

[49] 韩伟、焦南峰：《秦都雍城考古发掘研究综述》，《考古与文物》1988年第5、6期合刊。

[50] 刘庆柱：《咸阳地区历史文物概况》（内部资料），陕西人民出版社，1973年；刘庆柱、李毓芳：《西汉十一陵》，陕西人民出版社，1987年；卫鹏、岳起：《咸阳塬上"秦陵"的发现和确认》，《文物》2008年第4期。
[51] 张海云：《芷阳遗址调查简报》，《文博》1985年第3期；陕西省考古研究所：《秦东陵第一号陵园钻探简报》，《考古与文物》1987年第4期；陕西考古研究所：《秦东陵第二号陵园调查、钻探简报》，《考古与文物》1990年第5期；秦陵工作站：《秦东陵第四号陵园调查、钻探简报》，《考古与文物》1993年第3期。
[52] 张学海：《田齐六陵考》，《文物》1984年第9期。
[53] 刘庆柱、李毓芳：《西汉十一陵》，陕西人民出版社，1987年，第144页。
[54] 刘庆柱、李毓芳：《陵寝史话》，社会科学文献出版社，2011年，第101页。
[55] 罗宗真：《魏晋南北朝考古》，文物出版社，2001年，第93～103页。
[56] 刘庆柱、李毓芳：《陕西唐陵调查报告》，《考古学集刊（5）》，中国社会科学出版社，1987年。
[57] 河南省文物考古研究所：《北宋皇陵》，中州古籍出版社，1997年，第6页。
[58] 宁夏文物考古研究所：《西夏陵》，东方出版社，1995年，第6～12页。
[59] 刘毅：《明代帝王陵墓制度研究》，人民出版社，2006年，第80～99页。
[60] 晏子有：《清东西陵》，中国青年出版社，2000年。
[61] 洛阳市第二文物工作队：《河南伊川县伊阙城遗址仰韶文化遗存发掘简报》，《考古》1997年第12期。
[62] 山东省文物考古研究所：《山东20世纪的考古发现与研究》，科学出版社，2005年，第239～241页。
[63] 山东省文物考古研究所等：《临朐县西朱封龙山文化重椁墓的清理》，《海岱考古》（第1辑），1989年；中国社会科学院考古研究所山东工作队：《山东临朐朱封龙山文化墓葬》，《考古》1990年第7期。
[64] 赵化成：《周代棺椁多重制度的研究》，《国学研究》（第5卷），北京大学出版社，1997年。
[65] 甘肃省博物馆、兰州市文化馆：《兰州土谷台半山—马厂文化墓地》，《考古学报》1983年第2期。
[66] 河南省商丘市文物管理委员会、河南省文物考古研究所、河南省永城市文物管理委员会：《芒砀山西汉梁王墓地》，文物出版社，2001年，第181～247页。
[67] 马克思：《资本论》（第1卷），人民出版社，2004年，第407页。
[68] 王充：《论衡·薄葬篇》卷二十三，上海人民出版社，1974年，第352页。
[69] 王充：《论衡·死伪篇》卷二十一，上海人民出版社，1974年，第331页。

三、考古学国家文化研究

中国考古学·总序

刘庆柱

20世纪是考古学传入并诞生于中国的时代，是中国考古学的形成、发展和继续发展的时代。20世纪90年代中期，中国社会科学院考古研究所的领导和学者们，曾经就20世纪中国考古学的发现、研究及其在21世纪的进一步发展，进行过多次讨论，大家认为：中国社会科学院考古研究所及其前身——中国科学院考古研究所，是中国考古学学科历史发展的主要参与者、见证者。在世纪之交，中国社会科学院考古研究所作为当今中国唯一的国家级考古科研机构，将百年来考古学在中国的发展历史作一回顾、总结和研究，并对新世纪的中国考古学作一展望，是我们义不容辞的学术责任。基于上述考虑，1996年我们考古研究所审时度势，提出编著《中国考古学》计划，通过充分论证，这一计划先后被批准为国家社会科学基金项目和中国社会科学院重点课题项目，以及“十五”国家重点图书规划项目。

《中国考古学》各卷分别对不同时代中国考古学发展历程，进行了回顾、研究。从总体来看，20世纪以来的中国考古学发展，大致划分为近代考古学传入时期和中国考古学诞生时期、形成时期、发展时期与继续发展时期等几个阶段。

1. 近代考古学传入时期（19世纪后半叶至20世纪20年代）

19世纪后半叶至20世纪初，随着外国殖民者对中国的政治、经济侵略，文化渗透也接踵而来。这种文化渗透的表现之一，就是外国人到中国的“寻宝”活动。他们采取的形式大多是以探险队、考察队名义进行活动，其中欧美国家的探险队或考察队多在我国新疆、甘肃、内蒙古等西北地区活动，日本的探险队、考察队多在我国东北和台湾等地活动。上述活动，一方面使大量中国古代珍贵历史文物被劫掠到国外，另一方面考古学作为一门科学也随之传入中国。

这一时期近代考古学传入中国和“殷墟甲骨”“汉晋简牍”“敦煌文书”的重大发现，成为中国学术史从传统学术向近代学术转变、从传统史学向现代史学转变的重要契机；使从“层累地造成的中国史”走出的“疑古”学者们，看到了“释古”（历史文献与考古资料结合的“二重证据法”）、“考古”的科学曙光。考古学成为学术界倍加关注的新科学。

2. 中国考古学诞生时期（20世纪20年代至30年代）

从学术发展史来看，近代考古学传入中国促使中国传统的“金石学”发展为“古器物学”，继之“古器物学”又发展为考古学。

考古学在中国的诞生有着深层次的历史原因。辛亥革命推翻了清王朝，埋葬了两千多年的封建专制统治，1919年的五四运动又给中国带来了科学与民主的思想，这为此前传入中国的考古学的诞生奠定了重要的思想基础。

从科学史来看，考古学是在近代科学发展的基础之上诞生的，更具体地说考古学的出现是近代地质学、生物学等自然科学发展的产物。在当时“科学救国”思想影响下，近代中国科学，尤以地质学、古生物学成就最为突出。由于地质学、古生物学与考古学学科之间的密切关系，当时已有一批在国外学有所成，在国内业绩卓著的中国地质学家、古生物学家，成为了最早涉足中国考古学的科学家；还有一批中国学者，虽然其学术背景不尽相同，但他们都积极投身中外合作考古活动或中国人独立主持的考古发掘。这些都为考古学在中国诞生创造了人才条件。同时，一些受聘于中国科研机构或政府管理部门的国外著名地质学家、古生物学家、考古学家等，通过与中国学者合作开展的田野考古工作，把西方考古学的方法和理论介绍、传播到中国，从而为考古学在中国的诞生创造了科学条件。

这一时期的考古发现众多，如旧石器时代北京周口店遗址的发掘和北京猿人头盖骨的发现，山西夏县西阴村、河南渑池仰韶村、山东历城龙山镇等史前遗址的发掘，河南安阳殷墟遗址的大规模勘探与发掘等。1928年由中国国家学术机构负责、中国学者独立主持的河南安阳殷墟遗址的考古发掘，成为中国考古学诞生的标志。通过大量田野考古工作的开展，西方考古学中的地层学、类型学在中国考古学中得到运用和发展，一些自然科学技术在考古发掘和研究中得以应用。由于当时中国境内的不少考古工作采取了国际合作的方式，使刚刚在中国诞生的考古学获得了“跨越式”发展。

3. 中国考古学形成时期（20世纪30年代至40年代）

20世纪20年代考古学在中国诞生之后不久，中国学者就成为了本国考古学的主力军。这一时期开展的北京周口店遗址、河南安阳后冈遗址（小屯文化、龙山文化、仰韶文化三叠层遗址）、安阳殷墟宫庙基址和王陵区的大规模考古发掘，获得重大学术成果，为建立黄河中下游史前文化和早期国家的考古学文化框架奠定了基础。从学术的时空两方面来说，它们为中国考古学向早晚两方面的拓展和由中原向周边地区的发展，寻找到了科学的支撑点。中国考古学家在安阳殷墟的长时期、大规模的成功的考古发掘，为东亚和东北亚地区古代都城遗址、大型建筑遗址的考古发掘，探索出一条成功经验。

中国考古学在其幼年时期取得的成果，成为中国马克思主义史学诞生的科学基础。马克思主义历史学家郭沫若，正是利用安阳殷墟考古资料和两周金文资料，完成了中国第一部马克思主义历史学著作《中国古代社会研究》。

4. 中国考古学的发展时期（20世纪50年代至70年代）

1949年新中国的成立，使中国考古学的发展面临极好的机遇。在以历史唯物主义和辩证唯物主义为基石的马克思主义指导下，中国考古学坚持以田野考古为基础，使学科得到健康发展。中央政府设立了专门的文物考古行政管理机构，成立了国家考古科研学术机构——中国科学院考古研究所（1977年更名为中国社会科学院考古研究所），在北京大学设立了考古专业。

中国科学院考古研究所、文化部文物局与北京大学应全国考古工作急需，联合举办了四届全国考古工作人员训练班，为新中国考古事业的发展提供人才保证。作为中国考古学学术园地的“三大杂志”——《考古》《文物》开始创办，《考古学报》更名复刊，它们为中国考古学的发展提供了重要的学术平台。

全国各地的考古工作者主动配合国家大规模的基本建设，积极开展文物保护、考古勘探与发掘，积累了极为丰富的考古资料，为此后中国考古学学科时空框架的建立，考古学方法、理论的发展，奠定了坚实的科学基础。

这一时期旧石器时代的云南元谋人和陕西蓝田人等考古发现，使古代人类在中华大地上的活动历史上溯了百万年，活动地域大大扩展。新石器时代半坡遗址、姜寨遗址的发掘，丰富了仰韶文化内容，成为中国考古学史上史前聚落考古方法、理论的最早的成功探索；山东大汶口文化的发现，找到龙山文化源头；冀南、豫北的磁山—裴李岗文化，河南的庙底沟二期文化，山东的北辛文化、岳石文化的发现，使黄河中下游的新石器时代文化向早晚两方面延伸。长江下游河姆渡遗址、良渚遗址的发掘，引发了中国考古学文化多元理论认识上的飞跃。河南偃师二里头遗址、郑州二里冈遗址等中国早期国家都城遗址的考古勘察与发掘，使以殷墟遗址为代表的晚商文化以前的早商文化和夏文化，得以确认。春秋战国时代和秦汉至元明时代的都城、王陵的考古调查与发掘，连同先秦及新石器时代考古发现，再现了绵延数千年的中国古代文明，构建起了中国考古学学科的基本框架。

夏鼐领导的中国科学院考古研究所，率先积极、主动地将科学技术应用于考古学，其中尤以 ^{14}C 实验室的建立和年代学的成果最为突出，在体质人类学、古动物学等方面也取得了令人瞩目的成就。与此同时，考古学家与冶金、陶瓷、古植物学等方面的科学家合作，在古代遗存的物质结构分析、古代作物的研究等诸多方面多有收获。

十年“文化大革命”，使朝气蓬勃发展的新中国考古学受到严重挫折。但是，人类发展的历史往往是在遭到巨大的破坏之后，人们对过去认识得更深刻，对未来审视得更清晰，人类社会将出现更大、更快的进步。20 世纪 70 年代后半叶的中国考古学，在学科建设、考古学方法和理论发展等诸多方面，为中国考古学其后的“起飞”准备了条件。

5. 中国考古学的继续发展时期（20 世纪 80 年代至今）

20 世纪 70 年代末 80 年代初，中国的改革开放带来了中国科学技术发展的春天，同样也吹响了中国考古学继续发展的号角。尊重科学，尊重人才，科学工作者的聪明、智慧和创造性得到空前的发挥，国家对科学研究的经济支持力度大大增强，国际科学文化合作与交流的良好环境已经出现。这一切为中国科学的发展，自然也包括为中国考古学的发展，提供了前所未有的历史机遇。

这一时期的重要考古发现主要有：在安徽、重庆、河北等地，早期旧石器时代文化发现了更多的石器出土地点，个别地点还出土了人骨化石。这使中国境内的旧石器时代可望上推到距今 200 万年左右。广西、湖南、江西、河北、北京等地的距今 1 万年左右的早期新石器时代文化的发现，使中国境内的早期新石器时代推进至距今 12000～10000 年。内蒙古敖汉旗兴隆洼、河南舞阳贾湖等新石器时代中期一些大型史前聚落遗址的发现或发掘，极大地丰富了对这一时期考古学文化的认识。辽宁、浙江、湖北、四川、安徽、河南、山西、湖南等地的新石器时代晚期聚落遗址、祭祀遗址或城址的考古勘察和发掘，对探索中华民族的多元考古学文化和中国古代文明形成有着重要意义。早期夏文化的探索，偃师商城遗址的发掘，四川三星堆遗址的发现，夏商周断代工程的开展等，使20世纪80年代、90年代的“三代考古”学术成果异彩纷呈。秦汉至元明时期的考古发现，如帝王陵墓及陵寝建筑遗址、历代都城遗址、石窟寺与佛教寺院遗址、古代瓷窑遗址等勘察与发掘，使秦汉至元明时代的考古学内容更为充实，学科框架更为完整。这一时期中国境内周边地区广泛进行的考古勘察、发掘，使不少地方的考古学文化序列得以初步建立。一些周边省区已经建立了较完整的考古学文化谱系，学科框架得以基本构建。

20世纪80年代以来，中国考古学家们在总结了半个多世纪考古工作的基础之上，在中国考古学学科框架、谱系基本建立起来的情况下，以考古学的地层学、类型学为基本方法，吸收国际考古学界的先进方法、理论，大规模地开展了聚落考古、城址考古、祭祀遗址群考古以及与经济活动密切相关的手工业遗址考古和古代大型建设工程遗址考古等。与此同时，考古学广泛利用现代自然科学技术，如多种测年手段的使用，DNA遗传技术的应用，食性分析的探索，环境考古学的引进与创立，计算机技术在考古学研究中的普及等，这些又使田野考古发掘和研究更加“微化”、更加“细化”、更加“量化”、更加“深化”，也就是考古学的更加科学化、现代化。考古发掘与研究向“大”和“小”“广”和“深”两极的发展，使考古学从宏观和微观两个方面，在科学研究的学术舞台上充分地确立了中国考古学的重要地位。

通过《中国考古学》对20世纪中国考古学发展的回顾、研究，使我们看到考古学百年来在中国的发生、发展，看到考古学在中国所取得的辉煌学术成就，看到年轻的中国考古学的发展为世界所倍加关注的现实。中国考古学已成为我国人文社会科学领域中最具影响力的学科之一。但是我们还应该看到，新世纪的中国考古学任重道远。本书进一步指出，中国考古学在21世纪要取得更大发展、进步，我们还必须全面、准确、科学地把握21世纪中国考古学的发展方向，必须明确新世纪我们的学术使命。

中国是世界上唯一的具有数千年延续不断历史的古代文明国家，中国有着丰富的历史文化遗产，已有的考古发现只是我国历史文化遗产中很小的一部分，还有更多、更重要的考古工作等待着我们去开展。已经进行的考古工作在各地区的发展也不平衡，不同时代的考古学学科进展也不一样。至于自然科学技术在考古学中的应用方面，我们与世界发达国家的考古学相比，还有一定的差距。多年来，由于考古工作者把主要精力投入到配合国家大规模基本建设的考古发掘工作，相应的考古学理论、方法的研究也有待进一步加强。

加强中国考古学学科理论建设是目前及今后中国考古学学科继续发展的重要条件。学科的发生、发展是与学科理论建设密切相关的，学科成熟的前提是其理论的完备与彻底。学科在发展，学科理论也在发展，因而学科的成熟、理论的完备与彻底也都是相对而言的。学科的存在和发展，决定了学科理论的存在与不断发展。理论是对学科科学规律的探索，对学科过去而言是学科的科学总结，对学科未来而言是学科的科学假设。学科理论涉及学科的诸多方面问题，如人类起源的一元与多元问题，人类起源一元说与基于传统的地层学、类型学研究所形成的考古学文化的科学整合问题，古代文明形成、国家出现模式问题，早期国家功能问题，人类社会发展与环境关系问题，社会生产分工问题，考古学文化与血缘集团（血缘社会单位）、民族、国家关系问题等。

学科的发展离不开方法论的创新，所谓“工欲善其事，必先利其器”。考古学要不断发展，就要不断创新其学科“方法论”。地层学、类型学是近代考古学将当时的地质学、生物学学科基本方法“移植”过来的，一百年多年来，它们对于考古学的发展功不可没。但是，正如现代地质学、生物学的发展是伴随着^{14}C、热释光、古地磁和DNA等现代科学技术的应用而获得进步一样，地质学、生物学的科学研究，如果至今仍然仅仅停留于使用地层学、类型学方法上，现代意义上的地质学、生物学则无从谈起。既然考古学的地层学、类型学是源于地质学、生物学的，那么借鉴现代地质学、生物学的发展经验，对于当今考古学的发展，学科方法的现代化、科学化、多样化同样是至为重要的。

21世纪，现代科学技术在考古学中更加广泛的应用，将使基于“考古学文化”提出的“相对”时空框架、谱系，加速向“绝对”的时空框架、谱系发展。诸如^{14}C断代及AMS、古代树木年轮、古地磁法（PM）等断代技术，生物遗存分析和物理、化学对古代遗物的物种、物质成分的分析技术等，都使考古学资料的时空研究提高到更高的科学层次，其中不少是传统考古学方法所无法解决的。我们应看到各种自然科学技术在考古学中的应用所带来的考古学研究的革命性变化。考古学作为一门交叉学科、边缘学科，其进一步深入发展还必须加强与其他相关人文社会科学的结合。对于21世纪中国考古学而言，多学科结合、多种方法应用是新世纪中国考古学学科发展的基础和方向。

考古学文化主要以“特定类型的器物”——陶器与相关物质遗存所构成的“特定关系组合遗存”，体现人们的生产活动、物质生活。自然环境和地理是考古学文化形成、发展的主要条件和背景。马克思曾针对这种由于自然环境、条件的不同而导致的差异指出：“不同的共同体，是在各自的自然环境内，发现不同的生产资料和不同的生活资料的。所以，它们的生产方式、生活方式和生成物是不同的。”（《资本论》第一卷，人民出版社，1957年）我国国土广大，各地自然环境、地理条件不同，有的差别很大。在这种背景下形成了各地不同的考古学文化。从这个角度来看，自然地理环境的多样性决定了考古学文化的多元性。因此，对于21世纪中国考古学而言，在考古学研究方法上必须更加关注环境与人的关系以及“人地关系”。

20世纪以后的中国考古学发展，还涉及许多考古学理论、方法问题，都是极具时代挑战性的，有的已在本书中进行了探讨。至于以田野考古为基础的中国考古学学科的自身发展，要做的工作就更多了，如学科在时空两方面都存在着一定的发展不平衡性问题，即不同地区的考古工作开展的不同，不同时代考古学研究的情况不同，等等，在本书的相关部分也会谈到，此处不再赘述。

《中国考古学》共设九卷，包括《绪论卷》《旧石器时代卷》《新石器时代卷》《夏商卷》《两周卷》《秦汉卷》《魏晋南北朝卷》《隋唐卷》和《宋辽金元明卷》，各卷分之可独立成书，合之为一有机整体。参加撰写的学者多达五十多位，其中大多为中国社会科学院考古研究所的科研人员，同时我们还聘请一些所外专家，参与了本书的部分撰写工作。作为一项集体性项目，本书涉及全国的考古发现与研究，因此我们要求作者在现有的考古资料和研究成果基础之上，在撰写中要突出科学性、全面性、客观性，同时更要有创新性。鉴于考古学著作编写出版的复杂性和难度，我们专门设立了编辑出版工作组，协助编委会负责有关技术性和事务性工作，以求把本书编写出版为精品。尽管如此，对于这样一部几十人参与撰写，又涉及时代如此之长、地域如此之广、内容如此之泛、问题如此之复杂的庞大著作，其中的不足或错误是在所难免的，我们诚挚地希望得到大家的批评、指正。

《中国考古学》的编写出版，是在本书编委会的直接领导下进行的。在编写出版过程中，我所的老领导、老专家自始至终给予了我们亲切的关怀、热情的鼓励和悉心的指导，全国各地的考古、文博单位以及中国社会科学出版社给予了我们无私的帮助、大力的支持。在《中国考古学》付梓之际，我们向所有在本书编写出版期间，关心、支持、帮助过我们的同志们，向全国各相关兄弟单位的朋友们表示衷心感谢！

（原刊于《中国考古学》，中国社会科学出版社，2010年）

外国考古学译丛·序

刘庆柱

《外国考古学研究译丛》即将付梓之际，主编陈淳教授嘱我为序，我欣然同意。这主要因为长期以来，我十分钦佩陈淳教授孜孜不倦的治学精神，对科学研究的持续激情，对真理探索的不断追求，对考古学学科理论与方法的真知灼见，对传播国外考古学思想与成果的积极贡献。

陈淳教授是"文化大革命"后的第一批考古学研究生，他在中国科学院古脊椎动物与古人类研究所师从贾兰坡院士攻读旧石器时代考古学。其后又于20世纪80年代中期，赴加拿大麦吉尔大学（McGill University）人类学系攻读史前考古学，他成为新中国最早获得西方考古学博士学位的研究生之一。特别需要提出的是，陈淳教授在加拿大留学期间，深得西方著名考古学家布鲁斯·特里格先生的"真传"，使他成为当今较为准确、全面、深入掌握现代西方考古学基本理论的中国考古学家。

陈淳教授三十多年来，一直工作在考古学教学、科研第一线。其间，他出版了《考古学的理论与研究》《当代考古学》《文明与早期国家探源——中外理论、方法与研究之比较》《远古人类》《中国猿人》《考古学理论》《考古学研究入门》等著作。陈淳教授在考古学理论与方法、旧石器时代考古学、国家与文明起源研究、农业起源研究等诸多考古学重要学术领域成果丰硕，显示出其广博的学识、深厚的学术造诣。

国外长期考古学学习、研究的学术背景，国内多年来考古学教学与科研的实践与学术积累，使陈淳教授倍加关注、思考中国考古学的历史发展过程、学科现状与学科未来走向。

考古学在欧美的发展经历了19世纪的进化考古学、20世纪初的文化历史考古学、20世纪60年代兴起的过程考古学到80～90年代的后过程考古学等几个重要发展阶段。在陈淳教授看来，当今中国考古学与国际考古学界发展相比，虽然改革开放后有一些理论方法的借鉴，但是国内这门学科基本上还是停留在欧美的文化历史考古学阶段。这是一个很值得重视的意见。我认为目前至少中国考古学存在不同程度上学科理论的"贫乏"、方法的"滞后"、术语"共识"的"缺失"等问题。长期以来，我们一些考古学者把方法与理论混为一谈，把一个世纪前已经出现并应用的考古学基本学术概念，视为新的"学说"、新的"理论"、新的"方法"。我们的一些考古学研究还处于对考古学资料的"描述"阶段，人们只是在津津有味的陈述"是什么"，很少探索"为什么"。对于诸如家庭、家族、氏族、族、族群、民族、国家等不同学科的基本学术概念，缺少"共识性"、使用"随意性"是较为普遍存在的学术现象。在一些重大学术研究中，把本来不属于"同类"的科学问题混为一谈。如属于"血缘"性质的家庭、家族、氏族，与基本属于"地缘”与“文化”性质的“民族”及属于“政治”性质的“国家”，不分时代统统纳入“考古学文化”，造成学理的混乱。改变上述现状是目前中国考古学的急需，了解世界上其他地区的考古学研究成果，这是尽快深刻认识、加速发展中国考古学所必需的，是极为有益的科学借鉴。

中国考古学界从20世纪80年代起，随着中外交流的频繁、增进，一些国外考古学理论、方法和学术经典被陆陆续续介绍到中国。如其间翻译出版的《当代国外考古学的理论与方法》、《考古学的历史·理论·实践》《时间与传统》《考古学：理论、方法与实践》《考古学理论导论》《考古学思想史》《理论考古学》《民族考古学实践》和《阅读过去》等论著，他们为中国考古学发展做出了一定的学术贡献。但是，诚如陈淳教授所指出的，从学科发展的更深层次、更高要求来看，上述译著的翻译质量还是存在参差不齐，有的也不尽人意，因此有必要加强这方面的基础性学术建设。为此，他近年来，翻译和推介了大量西方考古学经典著作，如：当代灵长类学缔造者约翰·内皮尔的《手》，柴尔德的《欧洲文明的曙光》《历史发生了什么》《人类创造了自身》《历史的重建》和《考古学导论》，国际考古学理论权威布鲁斯·特里格的《考古学思想史》（第2版）、《时间与传统》（重译）等。陈淳教授的译著受到学术界广泛好评。与此同时，他还主持了《南方文物》“域外视野”栏目，在中国考古学界产生了积极影响。

近年来随着改革开放的深入，国家加大了中外文化交流的支持力度，在国家社会科学基金重大课题项目中，专门设置了国外著名学术著作的翻译项目。陈淳教授主持的“外国考古学研究译丛”，当之无愧的被评为考古学内容的“国家社会科学基金重大课题”。

《外国考古学研究译丛》与此前出版的同类译丛著作相比，其译丛著作作者的权威性、著作的代表性与前沿性十分突出。译丛著作的作者多为世界著名考古学家，如《考古学：理论、方法与实践》作者科林·伦福儒和保罗·巴恩、《秘鲁维鲁河谷的史前聚落形态》作者戈登·威利、《圭拉那魁兹：墨西哥瓦哈卡的古代期觅食与早期农业》作者肯特·弗兰纳利，还有《国家与文明的起源》作者——著名的人类学家塞维斯、《民族身份的考古：构建古今的身份》作者——学界新锐希安·琼斯。纳入译丛的五本书堪称在世界考古学界范围内的相关学术领域的重要著作，其内容涉及考古学学科综述、聚落考古、农业起源、文明探源、民族身份考古等五个方面，涵盖了当今世界考古的最为重要、最为关注、最为前沿的学术问题。

陈淳教授的深厚学术素养，使其在本译丛的选题方面，紧扣“国情”。他认为当前中国考古学界的最为重大学术课题是人类起源、农业起源、文明起源，以及族属的考古学研究，这一分析是十分准确的。在此基础之上，陈淳教授《外国考古学研究译丛》的五部专著是从国外众多考古学著作中精心挑选出来的，可以预见，这套译丛的出版会像陈淳教授所期待的那样，为我所用、中西结合、提升我国考古学界自身水平，使中国考古学的发展少走一些弯路，达到事半功倍的效果。

陈淳教授主编的即将付梓的《外国考古学研究译丛》是开展中外考古学学术交流的很好开始。世界考古学还在飞跃的发展，新的考古学成果还会不断出现，我衷心希望陈淳教授还能不断把更新、更多、更重要的国外考古学成果更快译介给中国考古学界！

（原刊于《外国考古学研究译丛》，上海古籍出版社，2015年）

中国历代长城发现与研究·序

刘庆柱

长城是中国古代最重要、最伟大的文化遗产之一，它与北京故宫、周口店旧石器遗址、秦始皇陵兵马俑、敦煌石窟寺，均是中国第一批进入世界文化遗产名录的重要文化遗产。长城之所以享有如此殊荣，无疑与其重要历史意义密不可分。

就目前所知，中国历史上的长城最早始于东周时代，这一时期是中国古代历史从王国时代到帝国时代的重大变化时期。随着国家社会形态的发展，王国时代与帝国时代在国家领土概念上也产生了巨大变化。我认为中国“长城”的出现，就是这种变化的重要的反映。长城出现在东周时代是历史的必然，是长城自身的政治、军事属性所决定的。长城自其出现伊始，就成为中国古代王朝的重大国家工程，长城的修筑集中体现了国家意识。

一部中国古代长城历史，可以说承载着中华民族的形成、发展的历史。东周时代的“春秋五霸”与“战国七雄”，打破了传统的“王国”秩序，这时各个诸侯王国修筑长城是对周王朝“血缘政治”的挑战与背叛，是从政治上、军事上强化“地缘政治”历史发展新趋势的表现。春秋战国时代的秦楚齐晋吴“五霸”与秦楚齐燕韩赵魏“七雄”，地理范围主要分布在今陕西、湖北、山西、河南、山东等地，这一时期的长城遗存大多分布在这些地方。

多民族统一的中央集权国家始于秦始皇建立的秦王朝，秦王朝与其后建立的西汉王朝，开创了以汉族为主体的中华民族形成与早期发展的历史。就中国古代历史上多民族统一的中央集权国家而言，“全国性”长城的修筑始于这一时期，因此秦汉长城奠定了此后两千多年来中国古代长城的基本规模与文化内涵。秦汉长城与秦汉王朝在中国古代历史上的重要地位是一致的。自秦汉至唐宋时代以来（还有明王朝），历代王朝（不包括北魏与十六国各王朝）的外部军事威胁主要来自北方，北方成为中国历史上的“主战场”，南方是国家的“大后方”。因此上述历史时期的长城主要分布在甘肃、山西、宁夏、陕西、内蒙古、河北、北京、辽宁一带。

随着历史的发展，国家的强大，中华民族的壮大，秦汉时代的长城也在变化，这种变化始于魏晋南北朝时期，到了辽金元清时代，随着北方契丹族、蒙古族、女真族入主“内地”，先后建立辽王朝、金王朝、元王朝和清王朝，国家的空间范围已经大大扩及长城以北的广大地区，秦汉时代以来的长城已经不再具有国家的“政治”与“军事”意义。朱元璋推翻了元王朝，建立了明王朝，恢复了汉唐时代以来长城的政治功能与军事防御功能，并且一改传统的“土长城”，对其进行了大规模整修，长城城墙包砌了砖，绵延“万里”的长城基本成为“砖砌长城”。明代虽然是中国古代长城建设的一个“辉煌”时期，但是从历史发展的长河来看，明长城实际上不过是中国古代长城的“回光返照”。

两千多年来长城的历史变化，也反映了中国古代国家与中华民族的发展变化，随着多民族国家的发展，国家区域范围的扩大，战国秦汉时代的长城已经不再是国家边防设施与国家“边界”的“标志”，而是成为“文化遗产”。

作为文化遗产的长城，它不止是中国的“文化遗产”，也是世界的“文化遗产”。长城分布范围之广、使用和延续时间之长、工程之巨、技术之高、难度之大是中国乃至世界文化遗产中所仅见的。

长城虽然早在1987年已经成为中国第一批世界文化遗产，但是无论就学术界还是社会而言，对长城的研究、了解、认识都还很不够。直到2007年国家文物局启动长城的全面调查、研究工作，过去的局面才得到改变。即将付梓的段清波教授主编的《长城研究》，由段清波、徐卫民教授主编，全文从时、空两个方面，深入地研究了长城，是迄今为止，长城研究的集大成之作。

该书关于长城内容方面类型之多、内容之全，是以往长城研究所不可比拟的。从“宏观”内容方面看，如本书将包括春秋战国、秦汉、魏晋南北朝、隋唐、辽金元明清时代全部长城。其中魏晋南北朝的“塞围”，隋唐时代的高句丽长城、渤海长城、吐谷浑长城，辽金时期的辽长城与边壕、呼伦贝尔漠北边壕和黑龙江地区的金界壕即清代东北地区的柳条边等均作为广义上的“长城”而收入其中。这样就使辽金长城与边壕、界壕遗存，成为中华民族发展壮大的历史载体的直接反映。从“微观”内容方面看，如：与长城相关设施的烽燧、鄣城（含“坞”）、关、关城及堑壕，均纳入其中。这样极大地丰富了长城研究内容，现本书呈现在我们面前的是一部“全息”的、“多维”的“长城”。

此外，长城研究始于19世纪末期，但直至20世纪50年代以前的长城研究只限于文献考证。该书则采取了以历史文献记载为参照，以考古调查为基础，通过田野考古方法对不同时期长城遗存进行时代界定，确定不同时期长城的空间范围，这是与以往所有长城调查、研究的最大不同，因此本书的“科学性”也是以往长城研究所不可相比的。

该书从整体上对长城进行了迄今为止最全面（时空）的研究，对过去长城研究中存在的一系列学术争议问题，作者旗帜鲜明地提出自己的看法，其中不少观点颇多创新，有益于启迪思路，为深化长城研究做出极为有益的工作。长城作为世界文化遗产，有着极为重要的学术研究意义，又具有非常迫切的“应用性”，该书把长城的认知、长城的保护与长城的管理等均作为重要内容提出，更是填补了以往长城研究之空白。我相信这本书的出版，对长城研究、宣传、保护都会产生深远而重要影响。

（原刊于《中国历代长城发现与研究》，科学出版社，2014年）

黄河文化：中华民族文化的“根”与“魂”的解读

刘庆柱

作为中华民族文化的“根”与“魂”的黄河文化，我的理解是：黄河文化的“根”体现在“中”，“魂”则凝聚在“华”。

一、黄河文化所体现的中国古代文化的“根文化”——“中”

中华历史文化上的黄河文化之“核心文化”集中体现在黄河流域中游的文化，这主要是因为人类早期历史文化受环境制约很强，而就生存地理环境而言，世界各地的大河流域中游，在人类早期历史中，更为先民所重视，我在《黄河文明是中华文明之源》(《黄河·黄土·黄种人》2017年第9期）一文已经就世界古代四大文明形成（西亚两河流域文明、北非埃及文明、南亚次大陆印度文明、东亚中国文明），指出大河流域中游的地理位置、空间环境对人类早期文明的形成至关重要。

中国古代文明形成还有着与西亚两河流域文明、北非埃及文明、南亚次大陆文明不同的地方，就是对“中”的信仰，即古人所称的“求中”“追中”与“择中”[1]。

其一，黄河在中国古代被认为居于中国大地之上的“河”与“江”的“中”地位，这集中表现在中国古代历史上形成“河”与“江”的二者分布上。

作为中国的“河”与“江”，一般来说，“江”在“河”的南北两侧，如黄河在中国的地理位置上，其北主要有海河、辽河，其南主要有渭河、泾河、洛河、淮河等。淮河之南与西南一般均为“江”，如：长江及其以南的闽江、赣江、湘江、珠江、西江、东江，岷江、沱江、雅砻江、澜沧江、怒江、雅鲁藏布江等。中国北方的辽河以北有松花江、黑龙江、乌苏里江、图们江等。不难看出，在中国大地之上，凸显古人在“河”与“江”的名称选择上，突出了“河”的“居中”之地位。

其二，黄河文化的核心是黄河中游文化，都城是国家的政治统治中心、经济管理中心、军事指挥中心、文化礼仪活动中心，因此说都城是国家“政治与文化之表征”[2]，中国古代“择中建都”，中华五千年文明中的4200年的都邑、都城均位于黄河中游的大中原地区，因此黄河中游文化成为中国古代历史上的国家文化所在地文化。三千年前的西周“何尊”之铭文“宅兹中国”，佐证了黄河中游的“嵩山”之“天下之中”地位，形成了“天下之中”与黄河之“中”的重合。

其三，黄河中游在中国之“中”：在古代中国地理分布上，整个国家分为九州，其中豫州在九州中央，因此豫州又有中州之称。豫州即今河南，也就是中原，作为文化区的中原历史文化区一般是指大中原，即西至关中东部、东至鲁西南，北至晋南、南至淮河流域，基本属于黄河中游，东部进入黄河流域中下游部分区域。黄河中游地区的旧石器时代早期蓝田人在大中原的关中东部，旧石器时代出现的现代人在大中原地区的龙脉——秦岭的汉中、商洛、安康及秦岭境内的洛阳、“大嵩山”一带多有发现。

其四，历史上的黄河称谓及其独尊地位与“中”之体现。

殷人甲骨文称黄河为高祖河或河宗，并为周承。从河称高祖，我们再检视汉代及其以后历代王朝开国皇帝的称谓：汉高祖刘邦，唐高祖李渊，五代梁太祖朱温、晋高祖石敬瑭、汉高祖刘知远、周太祖郭威，宋太祖赵匡胤，辽太祖耶律阿保机，金太祖完颜旻，元世祖忽必烈，明太祖朱元璋，清世祖福临等，由此可以看出汉高祖刘邦至五代汉高祖刘知远，他们均为各王朝的开国皇帝，因此称为“高祖”。五代梁太祖朱温至明太祖朱元璋各代开国皇帝多称太祖，元代与清代开国皇帝则称世祖。由此或可推测，上古时代称黄河为高祖河，实际上是以其为河之高祖，此犹自汉代始历朝之开国皇帝称“高祖”“太祖”“世祖”。

《史记》《汉书》记载一般称黄河为“河”[3]。黄河之名正式出现于西汉时代，《汉书·高惠高后文功臣表》记载：“封爵之誓曰：‘使黄河如带，泰山若厉，国以永存，爰及苗裔。’”同样内容，《史记·高祖功臣侯者年表》则记载：“使河如带，泰山若厉，国以永存，爰及苗裔。”这里称“河”，就是黄河。上述文献说明，黄河在西汉初期已有“黄河”与“河”的两种称谓，“黄河”一词的出现不能简单地认为是班固在《汉书》中于“河”之前加进“黄”字而变成“黄河”，因为在《汉书·地理志》中也有“黄河”文字记载：常山郡元氏县“且水首受中丘西山穷泉谷，东至堂阳入黄河”。东汉以后的文献多称“黄河”，如《三国志·魏书·袁绍传》裴注引《献帝传》：“悠悠黄河。”《水经注·河水》：“自黄河泛舟而渡者皆为河津也。”

我认为“黄河”之名称在秦汉之际出现，还与“黄河”之“黄”的称谓有关，这个称谓又与“五色”“五行”“五方”密切相关，体现出其独尊与“中”之地位。

有的学者认为“黄河”之“黄”因黄河中游沿岸水土流失而致其河水变为浑浊的黄色水，关于这一论点还需要提出有科学依据的相关数据，目前我们还不知道关于黄河中游地区的水土流失始于何时。基于上述黄河中游地区水土流失研究现状，我认为“黄河”之名的“黄”应该从出现“黄河”的历史时代——战国秦汉时代来考虑。

战国秦汉时代流行的“五方”“五行”与“五色”，三者出现的时代可能有所不同。“五行”是在“求中”“居中”基础之上发展而来。“求中”是以“天中”为空间基点。“求中”“追中”的理念在距今6400年的濮阳西水坡新石器时代晚期墓葬中已出现，战国时代《清华简·保训篇》记载了“五帝时代”的虞舜“求中”于“历山”（今河南濮阳），又记载距今4000年前上甲微为夏禹定都“求中”于“河”（伊河、洛河，即大嵩山）。从居中发展到“东西南北中”之“五方”观念出现，考古发现材料以殷墟商王陵“亚字形”墓室时代最早，由此可以推断，墓室中央为“中”，与墓室相对的东西南北四面各一墓道象征“东西南北”四方，墓室之“中”

与东西南北四条墓道组成“东西南北中”的“五方”，因此说至迟商代晚期已经出现了“地上”的“五方”理念。西周历史文献《诗·商颂·殷武》：“商邑翼翼，四方之极。”郑玄《笺》：“极，中也。商邑之礼俗翼翼然可则效，乃四方之正中也。”[4]

古代帝王“居中”之后，发展出“五方”之“概念”，“地中”首先与“天中”相对，然后帝王作为管理国家的最高统治者，其管理、统治对象是地，他们的管理、统治空间范围应该是“天下”的“东西南北中”之“五方”。“五方”发展而后出现了属于地的“金木水火土”之“五行”，《国语·周语（下）》韦昭注：“地有五行，金木水火土也。”，《史记·天官书》：“天有五星，地有五行。”显然作为“地”之“五行”的核心是“土”，因此“土”居“五行”之“中”。

“青白赤黑黄”之“五色”对应的是“五行”之“木金火水土”与“五方”的“东西南北中”，可以推断“五色”是基于“五行”与“五方”而出现的。冯时认为：“古人对于五色的认识源于五方显然没有问题。”[5]在战国秦汉时代开始流行的“五方”“五行”与“五色”理念，把与“五方”之“中”、“五行”之“土”及其相对应的“五色”之“黄”推至极致，“黄河”应该就是产生于这个伟大的历史时代。黄河从商代以来称谓的“高祖河”“宗河”“大河”“上河”“河”，发展为“黄河”，恰恰说明其历史发展之必然。

与“黄河”之称谓密切相关的“黄帝”，见于《史记》所载东周时期。“黄河”与“黄帝”之“黄”均为“五色”之“黄”。东周之秦汉之际兴起的“五方”“五行”与“五色”，其三者关系，应该“五方”决定“五行”与“五色”，“五行”之“中”是华夏文化核心基因，“人”在天之下、地之上，“人”之“帝”在天中之下，地中之上，地为“土”，“土”为“五行”之“中”，“黄帝”都城有熊国在“黄河中游”的“天地之中”之大嵩山地区，故二者均姓“黄”。“人文始祖”黄帝在黄河中游始创了黄河文化。

黄河流域自西向东有三座著名的山：华山、嵩山与泰山，它们与山西恒山、湖南衡山，共同构成中国的“五岳”，其中东岳泰山、中岳嵩山、西岳华山在“五岳”中最为重要，它们均在黄河中下游，其中嵩山与泰山又是世界文化遗产。保存在中国古代语言学、文字学、文化学上的“河”与“山”对应，形成河山或“山河”，它们又成为国家的同义语，如古代河山、山河成为国家象征，大好河山被誉为国家与天下象征，如大好河山之河山指国家，国破山河在之山河指国家的国土。因此可以说黄河文化实际上是中国古代历史上的国家文化，它不是区域文化与时代文化。这就是黄河文化的“根文化”，“根文化”的核心理念是“中”及其渐次发展形成的“中和”理念。因此中华五千年不断裂文明始于此、长于此，中华大地“和”于此。

二、黄河文化之“魂”

黄河文化作为中华民族历史文化的“魂”——“华”，集中体现在黄河流域中游以仰韶文化庙底沟类型的族群，这一族群的活动空间中心地区在黄河中游的核心地区——豫西、晋南与关中东部，其分布范围北至长城地带、南至江淮地区、东到鲁西南与苏北、西至甘肃地区，其彩陶的“花卉纹”（“华”亦为北朝以后的“花”）成为“华人”的精神图腾，黄河流域中游地区庙底沟文化族群“华”之“魂”的形成并传承于河南龙山文化后继族群，使这一区域（“中”）人们的崇拜祖先、崇尚王权、淡化神灵，祭祀则体现在主要是追念逝者亲人与强化社会凝聚力规制。他们不像有些史前文化那样，“因突出神权、崇尚祭祀造成社会财富巨大浪费而过早夭折”[6]。

黄河文化是中华民族历史文化的“根”与“魂”，科学解读了中华文明形成之“源”，我认为：“在中国古代文明形成时期，长江流域下游的良渚文化、辽西的红山文化虽然曾经一度表现得异常繁荣，但是支撑这一文化理念的神权的玉文化却不代表历史发展方向，反而是其文明成为历史上昙花一现的匆匆过客的原因。”[7]对此，针对以史前时期遗址、墓葬出土玉器作为衡量社会历史发展、进步的标尺的做法，2002年我曾指出：“近年来在古代文明形成研究中，我们注意到一些学者对有的考古学文化中的祭祀（祭神）活动遗迹、遗物非常重视，并且将其作为古代文明形成的重要标识物。古代各种祭祀遗存，可以作为国家统治者统治其百姓的精神工具的反映；也可以是史前时代人们面临当时条件下，无法抗御的自然环境，祈求生存平安、发展的精神寄托。前者可视为早期国家的较普遍现象，后者则不然，因为史前时代社会经济的发展与祭祀活动的发达程度并不是都成正比例的，甚至历史学、民族学资料往往得出相反的结论……各类通神玉器的空前发达，人力、物力、财力的大量浪费，这不能认为是社会经济进步的反映，而有可能是社会历史发展扭曲的表现。”[8]

黄河流域中游的史前与夏商周及秦汉唐宋时代考古发现说明了中华民族历史文化的“根”与“魂”就在大中原地区，保护好黄河流域中游乃至黄河流域的生态环境是保护中华民族“根”和“魂”历史文化的重中之重！是传承中华五千年不断裂文明的国家大事、中华民族永续发展的大事！

注　释

[1] 李学勤：《清华大学藏战国竹简》（壹）下册，中西书局，2010年，第143、145页。

[2] 王国维：《殷周制度论》，《观堂集林》第2册，中华书局，1959年，第451页。

[3]《史记》卷27《天官书》记载：“及秦并吞三晋、燕、代，自河山以南者中国。”《正义》：“河，黄河也。山，华山也。”

[4] 冯时：《文明以止：上古的天文、思想与制度》，中国社会科学出版社，2018年，第198页。

[5] 冯时：《自然之色与哲学之色——中国传统方色理论起源研究》，《考古学报》2016年第4期。

[6] 李伯谦：《中国古代文明演进的两种模式——红山、良渚、仰韶文化大墓随葬玉器观察随想》，《文明探源与三代考古论集》，文物出版社，2011年。

[7] 刘庆柱：《中华文明五千年不断裂特点的考古学阐释》，《中国社会科学》2019年第12期。

[8] 刘庆柱：《考古学文化与中原地区的古代文明形成》，《华夏文明的学会与发展——河南省文物考古研究所建所五十周年庆祝暨华夏文明的形成与发展学术研讨会论文集》，大象出版社，2003年，29页。

（原刊于《黄河·黄土·黄种人》2020年第9期）

大运河对中国历史“功莫大焉”

刘庆柱

中国大运河以隋唐大运河与京杭大运河规模最大，对中国古代历史影响最深，应该将大运河置于长时段的历史进程中去考察其价值和意义。中国的自然地理环境是西部与中亚之间有大面积戈壁沙漠，东部和南部是大海。华夏文化形成的核心地区在黄河流域和长江流域，从夏商周时代的华夏文化，到秦汉时代以汉族为主体的中华民族文化，其空间的发展是从中原向四周的扩展。在这一历史发展过程中，从秦汉帝国开始，其北部和东北部，一直是中华民族自身历史发展的关键地区。自然地理环境的因素决定了中国古代历史发展的总体趋势是从西向东，经济上是向东南方向发展，政治上是向东北方向发展。隋唐时期是中国古代历史的鼎盛时代，在国家空间格局的变化上，突出反映了上述规律。

从经济方面来看，汉代以后的三国魏晋南北朝时代，北方地区连年战乱，人口大量南迁。与此同时，南方地区得到迅速发展，致使江南一带被当时的学者誉为“膏腴上地，亩值一金，鄠、杜之间，不能比也”。北魏孝文帝曾经设想开凿沟通从洛阳到东南地区的运河，由于当时国家战乱而难以诸实施。隋唐时代，江南地区的重要经济作用更为突出，所谓当时“天下以江淮为国命”。国家的财政是“赋出天下而江南居十九”。隋炀帝杨广在当皇帝之前，曾任淮南道行台尚书令，开皇八年（588 年）他又作为行军元帅统兵伐陈。杨广对江南地区的经济状况很了解，登基之后即开始了从洛阳到江南的大运河建设工程。

从政治、军事方面来看，由三国魏晋南北朝的几百年分裂时期走向统一的隋王朝，面临着巩固国家的统一、加强中央集权的重要任务。隋王朝的建立不等于国家统一的全面完成，杨广平陈之后一年，江南豪强汪文进就发动叛乱。加强对东南地区的政治统治和军事、经济控制，应该是隋炀帝开凿东南方向大运河的重要原因。为了使中央政府行政权力运作得以正常进行，推动国家东北部地区的发展与进一步融入，东南部经济的迅速崛起，国家政治、经济和军事中心向东南部与东北部的发展，隋唐大运河开凿成为中古时代中国历史发展需要的必然。

隋唐大运河分为两支，一为连接京师长安和洛阳至东北地区的“永济渠”，一为隋唐两京沟通东南部的通济渠、山阳渎和江南河。隋唐时代是结束了三国两晋南北朝几百年分裂割据的统一帝国时代，相对长期处于割据的“南朝”政治势力来说，防止其分裂、巩固国家的统一，是当时社会发展的头等要务。隋唐大运河东南一支的兴建正是发挥了这样的历史作用。继之，国家疆域的恢复（汉代已于东北地区设置了“乐浪四郡”）与发展，又是这个伟大历史时代的重要任务，而这正是隋唐大运河东北一支开凿的主要原因。其实，早在东汉晚期，曹操就已开始华北地区的运河开凿，其目的是为了消灭地方割据势力、征讨乌桓、统一北方。隋炀帝在此基础之上，于大业四年（608 年）征调百余万人开凿永济渠，第二年建成了从洛阳至涿郡的大运河，大业六年在涿郡修建了“临朔宫”，大业七年隋炀帝通过永济渠，亲临涿郡临朔宫，征集二百万军队，集结于涿郡，随后连续三年发动了“征辽东”的战役，这就是历史上著名的隋炀帝“三驾辽泽”。这里也可以看出隋炀帝开凿永济渠的主要目的。永济渠的开凿与使用，使幽州成为唐代最为重要的政治、军事重镇，唐代晚期的安禄山、史思明正是以幽州为大本营，他们左右时局，相继称帝，并将幽州为“大都”“燕京”，奠定了唐宋以后北京作为中国政治中心、军事中心的基础。宋代后期的辽金政治势力走上中国古代历史的舞台，辽金政权的“基地”在内蒙古东北部与东北地区，其为控制中国华北地区，只能南下，建立以北京地区为统治中心的都城，而北京作为辽金王朝的首都，其重要条件是“可进”“可退”。隋唐大运河成就了辽金王朝的统治，开启了将北京从地方政治、军事中心推向古代中国政治、军事中心的历史大门。

经过辽金王朝的过渡，元、明、清王朝相继建都北京，北京成为全中国的政治统治中心、经济管理中心、文化礼仪活动中心和军事指挥中心。隋唐大运河东北一支——永济渠为北京这一地位的形成创造了条件、奠定了基础。京杭大运河开凿，保障了北京作为都城地位的。元代定都北京以后，兴建了通惠河、会通河，并将永济渠北段的白河、卫河连接在一起，然后又与黄河以南的淮阳运河、江南运河和浙东运河相连接，形成以北京和杭州间的“京杭大运河”。在中国古代历史上，正是元代开凿的京杭大运河把中国的北方与南方连接在一起，把汉族与北方和东北方及其他各地的少数民族融合在一起，使中华民族在这一时期“全面形成”，奠定了现代中国的疆域和版图。由此可见，中国大运河之于中国历史“功莫大焉”！

（原刊于《中国社会科学报》2014 年 4 月 4 日 A04 版）

中与中和的考古学阐释

刘庆柱

从20世纪90年代开始，中国考古学聚焦于一些重大历史课题，如“中国古代文明形成”的讨论、“夏商周断代工程”与“中华文明探源工程”的相继启动。在此基础上，近年来，考古工作者进一步对“中华历史文化基因”展开了探索与研究。

从考古发现与历史研究来看，我“中”与“中和”理念应为中华历史文化基因的核心，本文拟对此作以考古学阐释。

长期以来，“中”与“中和”被作为“哲学史”“思想史”的命题研究，这类研究大多突出“和”，而弱化“中”，更有甚者把“中”与“中和”释为“中庸”。事实上，考古发现揭示出，“中”与“中和”理念有着十分久远的历史，其产生与“文明起源”“国家形成”“国家认同”密切相关，应属于“政治文化”范畴。“中”“中和”的实质是“国家”的“政治认同”。“中”与“中和”理念的形成轨迹是由“中”发展为“中和”，“中和”就是“多元”之“和”于“一体”，“一体”就是“中”，“中”是“核心”，“中”与“中和”是中华五千多年不断裂文明中的“文化基因”，是国家认同的核心思想。

一、从“求中”建都到“宅兹中国”：“中”的萌发与延续

中国先民对“中”的信仰与追求，可以上溯至遥远的新石器时代晚期。1987年，河南濮阳西水坡发现了一座距今6400年的墓葬，墓主人左右两侧分别放置了蚌壳堆塑的“龙”与“虎”图像，足下有一象征“北斗”的蚌塑三角形图案，图案东部与东西向两根人的胫骨相连。有学者指出，这即古人测量“求中”方位的“槷表”或“圭表”[1]。

20世纪80年代至21世纪初，在山西襄汾陶寺城址（距今4300～1900年左右）相继发现的两座墓葬（M2200与ⅡM22）[2]，其中各自均出土了与“测中”有关的“槷表”遗物[3]。目前学术界一般认为襄汾陶寺城址，应是一处古代都城遗址，即可能是历史文献记载的“尧都平阳”[4]。因此陶寺城址发现“测中”的“槷表”等遗物，应与“求中”之“建都”密切相关。上述二墓考古发现“槷表”说明，中华文化关于“中”的理念早在夏商周三代之前已经出现。

就目前而言，有关“求中”最早的出土文献是战国时代的清华简《保训》，其简文提及“五帝时代”的虞舜“求中”于“鬲茅”[5]，即在今河南濮阳与山东菏泽一带。《保训》又载，商汤的六世祖上甲微为夏禹“追中”（即“求中”）于“河”。“河”即“河洛”[6]，即现在所说

的“大嵩山”地区（包括现在的郑州市、洛阳市）。

20 世纪 50 年代末以来，考古工作者在嵩山周围发现了可能为夏代都城的登封王城岗城址、新密新砦城址与偃师二里头遗址[7]。

继夏之后的商代早期都城郑州商城、偃师商城均分布在“大嵩山”地区[8]。

安阳殷墟是商代中晚期都城遗址。考古发现了地处安阳殷墟北部的商代中期“洹北商城”与商代晚期的洹河南部“殷墟”[9]。如果说商代中晚期都城从“大嵩山”地区“求中”而“回归”于“河济地区”，那么周武王灭商后，新王朝的都城又从“河济地区”返回“大嵩山”地区。1963 年，陕西宝鸡发现的西周早期青铜器“何尊”铭文“宅兹中或（国）”则是“中国”于“天下之中”的物证[10]。

自秦汉至唐宋，大一统王朝的都城基本在“大中原”的长安、洛阳与开封东西一线，继承、发展了夏商以来的“择中建都”原则。金朝徙都燕京，在金人看来“燕京乃天地之中”，因此，当时国家最高统治者认为定都于燕京是“以应天之地之中”的传统中华政治文化[11]，这开启了中古时代后期元、明、清三朝定都北京之先河。故金朝在燕京的都城名为“中都”，此名又为其后“大元”王朝开启者忽必烈所延续，至元四年（1267 年）他命“秉忠（刘秉忠）筑中都城，始建宗庙宫室”。至元八年改国号“大元”，都城“中都”才更名“大都”。

二、从择中建宫到“一门三道”，再至“一门五道”：“中”的“扩展”“强化”与“深化”

中国古代都城考古发现与研究揭示，“中”的理念不断“扩展”“强化”与“深化”，都城从“择中建都”到“择中建宫”再到“择中建殿”，都城城门、宫城宫门从“单门道”发展到“一门三道”“一门五道”，这些均凸显出象征国家的政治性建筑：都城、宫城、大朝正殿及城门与宫门之“中门道”的“中”的理念之“强化”与“深化”。

1. 从“择中建都”到“择中建宫”“择中建殿”

在中国古代都城发展史上，“择中建宫”是继“择中建都”发展起来的。夏代晚期的偃师二里头都邑遗址位于“天地之中”的“大嵩山”地区，可谓“择中建都”，而在二里头都邑之中心区又是其都邑的“宫城”地区，这应该是“择中建宫”的佐证。早期偃师商城的宫城在都城南部东西居中位置。洹北商城的宫城、战国时代的魏国都城安邑城之宫城等基本都在其都城中央，郑韩故城西城的宫城位于西城的东西居中。东汉洛阳城、魏晋与北朝洛阳城与唐长安城之宫城一般均在都城北部东西居中之地。北宋东京城的宫城则居外郭城的中央。金中都、元大都、明清北京城的宫城一般在都城东西居中位置。宫城作为国家政治中枢，居于坐北朝南的都城东西居中位置，无疑是突出宫城的“中”之核心政治地位。这是宫城作为国家政治中枢的核心地位之体现。

在宫城之内“择中建殿”，实际上是“大一统中央集权国家时代”与“封邦建国时代”都城布局的重大政治区别，这也是国家从以血缘政治与地缘政治结合的“二元政治”发展为以地缘政治为主、血缘政治为辅的多民族统一的中央集权国家“一元政治”的物证。通过“大朝正殿”于宫城居中之空间安排，体现了中央集权多民族统一国家的至高无上。考古发现的这类大朝正殿居于宫城中央或东西居中的有：汉长安城未央宫之“前殿”、北魏洛阳城宫城之“太极殿”、唐长安城宫城之太极殿与大明宫之含元殿、隋唐洛阳城宫城之乾元殿、北宋东京城宫城之大庆殿、元大都宫城之大明殿、明清北京城宫城的奉天殿与太和殿等[12]。

2. 都城城门、宫门从“单门道”发展为“一门三道”与“一门五道”

从目前已经发现的古代都城城门与宫城宫门遗址来看，夏商周时代的都城及其宫城城门一般为“单门道”，如偃师商城、东周秦雍城、临淄齐故城、曲阜鲁国故城、中山国灵寿城、秦汉栎阳城等，均为“单门道”[13]。

从中国古代都城发展史来看，都城外郭城的四面城墙十二城门均为“一门三道”的“定制”，始于中国历史上多民族统一国家都城汉长安城，一直延续至明清北京城。

目前考古发现宫城正门“一门三道”最早的是北魏洛阳城宫门——“阊阖门”遗址，此规制一直延续至明清北京城故宫午门[14]。

进入中古时期至明清北京城，部分朝代的都城与皇城、宫城之正门出现了“一门五道”的形制，如唐长安城外郭城“明德门”、大明宫“丹凤门”、北宋东京城皇城宣德门、金中都宫城应天门、元大都宫城崇天门、明清北京城皇城“天安门”[15]。

关于城门“一门三道”各个门道的使用或功能，古代有的学者认为“男子由右，女子由左，车从中央”。“车从中央”之说与考古发现是不一致的。汉长安城直城门遗址考古发现，城门两边的门道保存有清晰的车辙遗迹，是行人通行的门道，但是中门道则为“草泥”地面，没有发现车辙遗迹[16]。因为“中道”实际上是国家最高统治者象征性使用的“驰道”“御道”。都城与宫城城门、宫门的“一门三道”与“一门五道”的“中门道”，是至高无上地位的“国家”象征“符号”。

都城城门、宫门由“一门三道”发展为“一门五道”看来只是门道数量的由少到多，实际上这不只是门道数量多少的问题，而是通过“奇数”的由少到多，“奇数”的“中位”更为“突出”，而“中”则更为凸显。这犹如上古时代礼制之从三、五、七、九之不同“等级”的“用鼎制度”。

三、“左祖右社”与都城“中轴线”的形成

《周礼·考工记》载：“匠人营国，方九里，旁三门，国中九经九纬，经途九轨。左祖右社，面朝后市。”这被认为是自周代以来中国古代都城主体布局的“金科玉律”。然而，考古发现说明，按照“左祖右社”规制营建的都城，以西汉晚期的汉长安城遗址为最早，目前尚无中国古代都城“左祖右社”始于周代的确切证据。先秦时期，都城宫城之内“右宫左庙”并列，如二里头宫城遗址、偃师商城的宫城遗址、东周时期的秦雍城遗址等均属此类情况[17]。进入大一统中央集权王朝时代以后，“宫庙”布局发生了重大变化，出现了只有宫殿（大朝正殿）在宫

城之中，而“宗庙”则安排在宫城甚或都城之外的情况。如文献记载的秦咸阳城，其“宫庙”安排在城外的“渭南”或故都“雍城”[18]；考古发现，西汉大朝正殿——“前殿”在未央宫中央，宗庙则不在未央宫，文献记载西汉早期的汉高祖高庙、汉惠帝庙均在未央宫之外，而汉文帝的顾成庙则已安置在都城之外。西汉晚期宗庙与“社稷”遗址，在汉长安城之南，北对未央宫前殿，形成目前所见最早的都城“左祖右社”规制。这一规制为汉魏洛阳城、唐长安城、宋开封城（东京城）、金中都、元大都、明清北京城等古代都城所继承[19]。上述诸都城的大朝正殿均在宫城中央，宗庙与社稷均安排在宫城之外，形成以“大朝正殿”为中心的“左祖右社”的都城布局，从而进一步突出了以“大朝正殿”为代表的“中央政府”在国家的“缩影”——都城的“中”之“政治定位”，以“中”为核心的国家“大一统”理念，由都城布局形制彰显、固化并世代传承。

四、都城规制的“中和”理念与国家认同

从目前考古发现资料来看，汉长安城是中国古代都城、宫城形成四面营建城门、宫门规制的最早都城。都城与宫城的“四门”，象征国家的东西南北“四方”。“四门”相对都城之内的宫城及大朝正殿的“居中”而言，形成二者的“中和”，这种“空间”的“中和”理念，既体现了“中”对“四方”的“公允”“公正”“不偏不倚”，又强化了“四方”对“中”的“政治认同”“国家认同”。“中和”理念是以“中”为核心的“国家认同”的深化。上述都城规制两千多年来基本延续不变，它体现了国家认同感与凝聚力，维系了中华五千多年文明的绵延不绝。

如果说“四门”所代表的“四方”是“多元”，那么都城、宫城、大朝正殿则是“一体”。它们是国家之“中”的集中体现，使“四方”的“多元”，“和”于“国家”的“一体”，“多元”归宿于“一体”成为中华“文化基因”、优秀历史文化传统与政治信念，构成中华五千年文明的“核心文化”。

中国古代都城考古发现与研究揭示出的“中”之理念，也见于中华历史文化的早期文献记载。如《荀子·大略》：“欲近四旁，莫如中央，故王者必居天下之中。”《吕氏春秋·审分览·慎势》：“古之王者，择天下之中而立国。”

“中”与“和”密切相关，二者并称合用，最早出现在《礼记·中庸》：“中也者，天下之大本也。和也者，天下之达道也。致中和，天地位焉，万物育焉。”司马光认为，“中和者，大则天地、中则帝王、细则昆虫草木，皆不可须臾离者也”[20]。

古代都城及宫城布局形制所蕴含的“中和”理念是中华历史文化基因，在中华文明五千多年历史发展中，它被中华大地的各个民族所认同。考古发现与古代文献记载均佐证这一历史。鲜卑民族从大兴安岭南下，经内蒙古盛乐、晋北大同（平城）建立北魏王朝，最终徙都“天地之中”洛阳，继承汉长安城、汉魏洛阳城布局形制，营建北魏洛阳城，使都城的“中”与“中和”观念更为深化，开创了中国古代都城的“三城制”，完善了都城“中轴线”，弘扬了先秦、汉魏都城的宫门门阙形制。考古发现的北魏洛阳城宫城正门——阊阖门遗址布局形制对后代产生深远影响。中古以后，北方女真、蒙古等民族依次建立了金朝、元朝、清朝，他们承袭了几

千年形成的“中”与“中和”理念，深化了国家认同理念。

注　释

［1］冯时：《〈保训〉故事与地中之变迁》，《考古学报》2015 年第 2 期。

［2］中国社会科学院考古研究所山西队、山西省考古研究所、临汾市文物局：《陶寺城址发现陶寺文化中期墓葬》，《考古》2003 年第 9 期。

［3］冯时：《陶寺圭表及相关问题研究》，《考古学集刊（19）》，科学出版社，2013 年，第 54 页。

［4］王振中：《中国古代文明起源的比较研究》，中国社会科学出版社，2013 年，第 317～322 页。

［5］李学勤：《清华大学藏战国竹简》（壹）下册，中西书局，2010 年，第 143、145 页。

［6］参见冯时：《文明以止：上古的天文、思想与制度》，中国社会科学出版社，2018 年，第 174～176、181 页。

［7］夏商周断代工程专家组：《夏商周断代工程 1996—2000 年阶段性成果报告（简本）》，世界图书出版公司北京公司，2000 年，第 79～80 页。

［8］参见刘庆柱：《中国古代都城考古发现与研究》（上），社会科学文献出版社，2016 年，第 85～98 页。

［9］刘庆柱：《中国考古发现与研究（1949～2009）》，人民出版社，2010 年，第 239 页。

［10］马承源：《何尊铭文初释》，《文物》1976 年第 1 期。

［11］于敏中等：《日下旧闻考》，北京古籍出版社，2001 年，第 588 页引《元一统制》。

［12］刘庆柱：《中国古代宫城考古学研究的几个问题》，《文物》1998 年第 3 期。

［13］参见中国社会科学院考古研究所：《偃师商城》，科学出版社，2013 年，第 193～207 页；陕西省雍城考古队：《秦都雍城钻探试掘简报》，《考古与文物》1985 年第 2 期；山东省文物考古研究所：《临淄齐故城》，文物出版社，2013 年，第 44～47 页；山东省文物考古研究所等：《曲阜鲁国故城》，齐鲁书社，1983 年，第 7～10 页；河北省文物研究所：《战国中山国灵寿城——1975～1993 年考古发掘报告》，文物出版社，2005 年，第 15 页；中国社会科学院考古研究所栎阳发掘队：《秦汉栎阳城遗址的勘探和试掘》，《考古学报》1985 年第 3 期。

［14］参见中国社会科学院考古研究所：《偃师二里头——1959 年～1978 年考古发掘报告》，中国大百科全书出版社，1999 年，第 141～143 页；中国社会科学院考古研究所河南第二工作队：《河南偃师商城宫城第三号宫殿建筑基址发掘简报》，《考古》2015 年第 12 期；中国社会科学院考古研究所洛阳汉魏故城队：《河南洛阳汉魏故城北魏宫城阊阖门遗址》，《考古》2003 年第 7 期。

［15］参见中国科学院考古研究所西安唐城工作队：《唐代长安城明德门遗址发掘简报》，《考古》1974 年第 1 期；中国社会科学院考古研究所西安唐城工作队：《西安市唐长安城大明宫丹凤门遗址的附近》，《考古》2006 年第 7 期；辽宁博物馆藏北宋铁钟上有宣德门的“一门五道”图案。

［16］中国社会科学院考古研究所汉长安城工作队：《西安汉长安城直城门遗址 2008 年发掘简报》，《考古》2009 年第 5 期。

［17］参见刘庆柱：《中国古代都城宫庙遗址的考古发现与研究》，《古都问道》，中国社会科学出版社，2015 年，第 239～249 页。

［18］《史记·秦始皇本纪》载：“诸庙及章台、上林皆在渭南”；“（秦始皇二十七年）焉作信宫渭南，已更命信宫为极庙，象天极”；“先王庙或在西雍，或在咸阳”（《史记》卷 6《秦始皇本纪》，第 239、241、266 页）。《史记·樗里子甘茂列传》载：“昭王七年，樗里子卒，葬于渭南章台之东。曰：‘后百岁，是当有天子之宫夹我墓。’樗里子疾室在于昭王庙西渭南阴乡樗里，故俗谓之樗里子。至汉兴，长乐宫在其东，未央宫在其西，武库正值其墓”。（《史记》卷 71《樗里子甘茂列传》，第 2310 页）。

［19］刘庆柱：《中国古代宫城考古研究的几个问题》，《文物》1998 年第 3 期。

［20］《司马文正公传家集》卷六十二。

（原刊于《光明日报》2021 年 1 月 13 日第 11 版）

中华民族“国家认同”的考古学解读

刘庆柱

中华民族悠久的历史形成“国家至上”“国家认同”的文化传统，它凝聚与维护着统一多民族国家的永续不断发展，成为中华民族的历史文化基因。大量考古新发现与考古学研究的广度与深度的新进展，越来越清晰地揭示出，中国历史上不同时期、不同族群对“统一多民族国家”的历史文化认同。

一、不同时代、不同族群所建立的王朝都城选址与布局形制的“择中”文化认同理念

从夏商王朝开始，历经两周秦汉、魏晋南北朝、隋唐、宋辽金元、明清王朝，都城是古代国家的政治统治中心、军事指挥中心、经济管理中心、文化礼仪活动中心，是国家的“缩影”。因此中国古代历史上历代王朝都把都城建设作为重大国家工程，其都城选址与规划理念集中体现了历代王朝“国家文化认同”，从历代都城考古揭示出来的情况说明，它们主要反映在“择中”的思想。

古代都城选址的“择中建都”理念，有着久远的历史。考古发现的六千年前的河南濮阳西水坡45号墓之“北斗周髀”遗存，四千多年前陶寺墓葬出土的“漆杆槷表”，清华简《保训》记载的舜求地中于“陶”与商汤六世祖上甲微测天地之中于河洛嵩山，西周早期青铜器何尊铭文中的在洛阳“作大邑成周于土中”。上述历史文化理念，在中国古代有着数千年延续不断的历史，并形成不同时期、不同王朝、不同族属的王朝最高统治者的共同政治文化认同。今天我们所说的“中国”“中华”均源于此，它们也多见于先秦时代以来的文献记载。不但都城要“择中”，作为都城政治中枢的宫城，也要“择中”而建，至于象征国家最高权力的物化载体——大朝正殿，又是在宫城之中处于“居中”“居前”“居高”的特殊空间位置。从都城之于国家、宫城之于都城、大朝正殿之于宫城的一系列“居中”设计理念，突出了“中”文化基因、“中”的文化内涵，这就是国家的中正、中和、中央的意义。

中国古代历史由多王朝组成，而这些王朝的统治者，不只是来自内地族群，还有许多“诸夏”与“四夷”的族群，尤其是在统一多民族中央集权国家形成以后的帝国时代，更为突出，如鲜卑族群建立的“北魏”王朝，他们从中国北部的大兴安岭一路南下，自内蒙古盛乐至山西大同（平城），最后孝文帝迁都“天地之中”的洛阳。鲜卑统治者规划、营建的北魏洛阳城最

大特点就是对夏商周、秦汉魏晋以来中国古代都城传统核心文化的继承与发展，这主要反映在进一步深化、突出都城作为国家政治中心的“中”之理念。在北魏洛阳城规划营建中的“择中立宫”、形成“完整”“规整”的都城“中轴线”，更是开启了此后中国古代都城发展的先河，并直接影响了隋唐两京的长安城与洛阳城。这说明在中华民族历史文化形成与发展中，鲜卑族不但对中华民族文化认同、国家政治认同，而且对中华民族历史上的社会主导文化——国家都城文化发展有着重要贡献。

中古时代之后北京之“中”，与国家空间及“统治者”变化，女真、蒙古的加入，使中国之“中”的北移；国家统治者“根据地”与国家政治统治中心、军事指挥中心地理区位的政治、军事“进退”的合理选择。1151年营建金中都，海陵王明确指出，从黑龙江徙都北京的原因就是“燕京乃天地之中”。后来金王朝进一步发展，宋朝统治者南迁临安，金朝皇帝又以开封为都城，宋代范成大指出的金朝“国之制度，强慕华风，往往不遗余力”，这从金中都与开封城遗址的考古发现得到充分证明。

元大都是蒙古人取代女真人金王朝之后建立的元朝都城，几代元朝皇帝主持之下建成的元大都是一座比汉唐更为“中华民族化”的都城。这主要表现在元大都的宫城、皇城偏于都城南部，市场在皇城北部，都城的宗庙、社稷分列宫城东西两侧，大朝正殿在寝宫之南（即寝宫前面），这些充分体现了元大都布局形制上的《周礼·考工记》核心理念，即古代都城的“前朝后寝”“面朝后市”“左祖右社”等特点，元大都的这一布局形制，在中国古代都城发展史上是最“接近”《周礼》的。

明清王朝“中”的国家认同理念，在都城“中轴线”方面达于极致。古都北京中轴线，见证这条从曹魏洛阳城、西晋洛阳城到北魏洛阳城、东魏北齐邺南城、隋唐长安城、北宋开封城、金中都、元大都以来，不管什么王朝，不管是汉族、鲜卑、契丹、女真、蒙古族、满族等中华民族中的任何族群管理古代中国，体现在其都城中轴线的延续不断、代代相传、世世相袭的就是多民族统一国家的至高无上，这个国家的前后相延、世代相承，不因古代中国不同族属的统治者而改变，不但不改变而且还在不断强化，古都北京中轴线作为中国古代都城中轴线的集大成就再清楚不过地证明了这点。

二、国家文化认同之下的祖先与国家的祭祀

在上古时代，中国人就有祭祀“远祖”（三皇五帝）的传统，《礼记·祭法》云：“有虞氏禘黄帝而郊喾，祖颛顼而宗尧。夏后氏亦禘黄帝而郊鲧，祖颛顼而宗禹。殷人禘喾而郊冥，祖契而宗汤。周人禘喾而郊稷，祖文王而宗武王。”《汉书·郊祀志》（上）记载：“自秦宣公作密畤后二百五十年，而秦灵公于吴阳作上畤，祭黄帝；作下畤，祭炎帝。”《史记·秦始皇本纪》载：秦始皇“望祀虞舜于九嶷山”，“上会稽，祭大禹”。特别需要指出的是鲜卑人所建立的北魏王朝之道武帝、明元帝、孝文帝，就对帝尧、帝舜、黄帝等进行了祭祀。这时的祭祀已经不只是“三皇五帝”，还有周王朝的政治人物。

在中国中古时代以后的北方、东北方的契丹、女真、蒙古等部族建立的多民族统一的国

家——辽王朝、金王朝、元王朝、清王朝的统治者，代表国家对中华民族圣君与历代王朝帝王的祭祀，特别是明清北京城营建的帝王庙，具有了真正政治意义上的"国家宗庙"，他们把三皇五帝与夏、商、周、汉、唐、宋、元作为一个不同时期连续性王朝的"国家"整体来看待。对传说时代"三皇五帝"的祭祀、对历代王朝的历代帝王的祭祀，这实际上是对共同"先祖"、共同国家历史的"祭祀"，是对中华民族历史的"祭祀"，这说明了多民族对共同国家——中国的认同，对多元一体的中华民族历史文化的认同。

（该文以《国家认同是民族文化的基因》发表于《人民日报》
2017 年 2 月 23 日，发表时有删节，现以原文收录）

中华文明五千年不断裂特点的考古学阐释

刘庆柱

“文明”一词在先秦时代已经出现，如《周易·乾文言》“见龙在田，天下文明”，《尚书·舜典》“睿哲文明”等。上述文献之“文明”与“中华五千年不断裂文明”的“文明”不同，后者是从西方引进来的政治学、人类学、考古学术语。

1877年美国人类学家路易斯·亨利·摩尔根（Lewis Henry Morgan）在《古代社会》一书中提出人类社会发展的三个阶段或三个时代，即“蒙昧时代”“野蛮时代”与“文明时代”[1]考古学家柴尔德（Vere Gordon Childe）在《城市革命》中提出：“蒙昧时代”即旧石器时代，“野蛮时代”为新石器时代，“文明时代”则人类已进入国家阶段[2]。

“文明”的本质是什么？恩格斯认为“国家是文明社会的概括”[3]。易建平认为：“从词源角度来看，文明即国家。”[4]本文的“五千年不断裂文明”的“文明”，是“国家”的同义语。从中国考古学来说，“蒙昧时代”“野蛮时代”与“文明时代”相当于考古学上的“旧石器时代”“新石器时代”与“青铜时代”和“铁器时代”。

文明起源研究是个世界性课题，长期以来在国际学术界关于中国文明的起源有着“传播论”与“独立演化论”两种观点。20世纪前半叶至70年代中国的田野考古发现与研究已经基本解决了中国文明起源的源头就在本土，并非由“地中海文明”发展而来的问题[5]。关于中国文明起源的时间，国外学术界多认为始于商代晚期的殷墟遗址。从20世纪50年代至今，70年来的中国田野考古发现与研究，已经证实中华文明形成早在距今五千多年前。中华文明在全世界六大文明（即两河流域、埃及、印度、中国、墨西哥和秘鲁）中的特点是什么？我认为就是中华文明历史发展中的“五千年”之“不断裂”，这也就是中华文明的文化基因所致。但是学术界长期以来关于中华五千年文明的“不断裂”及其形成之文化基因的全面、深入、系统的学术研究进行得很少，本文就是在这方面进行的科学探索。

一、“中华文明五千年不断裂”的“起点”

关于中华文明的历史“起点”，包括时空两个方面，时间上一般说距今五千多年中华文明已经形成，这已得到新中国70年考古发现与研究的证实。

自20世纪初考古学传入中国，近百年来中国考古发现引起世界重视，尤其是20世纪50年代以来新中国一系列的重大考古发现，极大地丰富了人们对中华五千年文明历史的认识。

1899年，金石学家王懿荣，从中药的“龙骨”上发现了甲骨文。其后，刘鹗、王襄、孟定生、罗振玉等也收集了不少甲骨文资料，他们又据此编辑了一些甲骨著录图书[6]。1917年王国维依据当时可以见到的甲骨资料，撰写了《殷卜辞中所见先公先王考》及《续考》等著名论文，证明“有商一代先公先王之名，不见于卜辞者殆鲜”。并认为“卜辞与《世本》《史记》间毫无抵牾之处”[7]。20世纪30年代以来，殷墟甲骨出土地附近考古发现的宫庙建筑遗址、安阳西北岗商王陵与其他高等级墓葬出土的青铜器、玉器等，再现了3300年前中国历史上的高度文明。这些考古发现、研究成果，进一步佐证司马迁《史记·殷本纪》应该是可信的。从而可以推断，《史记·夏本纪》的撰写是有所依据的，其历史记载应该是基本可信的。

20世纪50年代以来，考古发现的登封王城岗城址、新密新砦城址、偃师二里头遗址与郑州商城遗址、偃师商城遗址、安阳洹北商城遗址等，“夏商周断代工程”通过多学科与跨学科结合研究，认为它们分别为夏代早、中、晚期与商代早、中期都邑城址[8]。

20世纪末以来，考古发现的距今4300年的山西襄汾陶寺城址，一般认为属于历史文献记载的“尧都平阳”，该城址发现的文字、青铜齿轮器与铜铃、各种与礼器相关的遗物及“观天授时”遗址等至关重要[9]。

21世纪以来，战国时代《清华简·保训篇》的研究揭示，虞舜“求中”于“历山”，历山在今河南濮阳一带[10]。这里是河南龙山文化（距今4800～4000年）的后冈二期文化流行区[11]，在这一区域考古工作者曾发现了同时期的大型聚落、城址，其中有的城址可能与《史记·五帝本纪》记载的颛顼、帝喾、唐尧、虞舜的邦国之都邑有关[12]。河南龙山文化上溯即仰韶文化之庙底沟文化或庙底沟时代[13]，韩建业认为这时“中国大部地区文化首次形成以中原为核心的共同体，‘早期中国文化圈’或者文化意义上的‘早期中国’正式形成”[14]。这也奠定、开启了“中华五千年不断裂文明”的历史进程。

近年来在历史文献记载的黄帝“有熊国”故地——郑州地区，发现了一些河南龙山文化城址，如新密古城寨城址，面积17.6万平方米，周围版筑夯土城垣，城外设置护城河，城内发现大型宫殿区之中的夯土建筑基址与“柱网”遗迹[15]。古城寨城址周围还分布有十余个龙山文化遗址，古城寨应是一处具有都邑性质的中心聚落[16]。如郑州牛寨遗址发现了熔铜炉壁及青铜块[17]，登封王城岗城址灰坑出土了青铜器残片等[18]。

上述历史文献记载与考古发现，互证了中华五千年不断裂文明形成的“起点”在黄河流域中游的中原地区。这一认识的前提是中华五千年文明的“起点”与“不断裂”的缺一不可，它不排除在距今五千年左右中国大地有多处“文明”形成，如辽宁的以牛河梁遗址为代表的红山文化、浙江良渚文化等，但是这时出现的各地文明，能够与以后中华五千年文明史一脉相承而生生不息者，应该是非中原龙山文化及其文明传承者的夏商周莫属。20世纪70年代末以来苏秉琦提出的文明“满天星斗”及“区系类型理论”之下的文明“多元论”，并未涉及那些诸多文明是否属于“五千年不断裂文明”。其实在苏秉琦的“满天星斗”与文明形成“多元论”提出不久，严文明1986年在美国弗吉尼亚州艾尔莱召开的“中国古代史与社会科学一般法则”国际讨论会上，就以《中国史前文化的统一性和多元性》为题发表演讲，提出著名的中国史前文化的“重瓣花朵”模式的格局说：而这一“重瓣花朵”的“花心”就在中原地区，以中原为核心，其外围分列着北方燕辽的红山文化、东方的山东、西北的甘青、江浙的良渚文化与长江中游地区的史前文化为“花心”之外的第一层“花瓣”。再外则为第二层“花瓣”[19]。中原地区考古学文化承袭了黄河中游地区仰韶文化，直接发展为公元前2500年至2000年的中原龙山文化，它又是中国历史上开启王国时代的夏文化的源头，从庙底沟文化到中原龙山文化、夏文化，这也就是“中华五千年不断裂文明”的“起点”。

严文明提出的“中国史前文化”的“重瓣花朵”格局，实际上是对苏秉琦“满天星斗”说及其依据“区系类型理论”而得出的文明“多元论”的重大发展[20]。我认为：“‘满天星斗’是客观存在，但是这只是‘表象’，‘满天星斗’中的不同‘星斗’的‘功能’‘作用’‘权重’之于宇宙是各不相同的，科学研究需要我们探究在众多‘星斗’中谁是‘恒星’？不能都是‘半斤八两’，这是我对‘满天星斗’的看法。”[21]其实对于人类早期历史而言，关于文化多样性及其成因，我认为“人类生活的不同环境造就了不同‘文化’”[22]。早在一百多年前马克思对此就有精辟论述：“不同的共同体在各自的自然环境中，找到不同的生产资料和不同的生活资料的。所以，它们的生产方式、生活方式和产品，也就各不相同。”[23]不同“考古学文化”不等同于不同“文明”（即不同“国家文化”）。

在中国古代文明形成时期，长江流域下游的良渚文化、辽西的红山文化虽然曾经一度表现得异常繁荣，但是支撑这一文化理念的“神权”的“玉文化”却“不代表”历史发展方向，反而是其“文明”成为历史上“昙花一现”的“匆匆过客”的原因。

针对以史前时期遗址、墓葬出土玉器作为“衡量”社会历史发展、进步的“标尺”的做法，2002年我曾指出：“近年来在‘古代文明形成’研究中，我们注意到一些学者对有的考古学文化中的祭祀（祭‘神’）活动遗迹、遗物非常重视，并且将其作为‘古代文明形成’的重要标识物。古代各种‘祭祀’遗存，可以作为国家统治者统治其百姓的精神工具的反映；也可以是史前时代人们面临当时条件下，无法抗御的自然环境，祈求生存平安、发展的精神寄托。前者可视为早期国家的较普遍现象，后者则不然，因为史前时代社会经济的发展与祭祀活动的发达程度并不是都成正比例的，甚至历史学、民族学资料往往得出相反的结论……各类通神玉器的空前发达，人力、物力、财力的大量浪费，这不能认为是社会经济进步的反映，而有可能是社会历史发展扭曲的表现。”[24]

近年来李伯谦提出中华五千年文明形成与发展中“古国”的两种演进模式：即“红山文化古国是以神权为主的神权国家，良渚文化古国是神权、军权、王权相结合的以神权为主的神权国家，仰韶文化古国是军权、王权相结合的王权国家”。而“广布于中原地区的仰韶文化及其后继的河南龙山文化、二里头文化、商周文化因遵循突出王权的发展道路，从而保证了社会的持续发展和文明的延续，成为中华大地上绵延不绝的核心文化，而避免了像红山文化和良渚文化那样，因突出神权、崇尚祭祀造成社会财富巨大浪费而过早夭折。”[25]

赵辉指出：“大约公元前3000年左右，中原地区进入一个各种文化重组的复杂阶段……结成一个巨大的考古学文化丛体。可以统称为‘中原龙山文化’。这个文化丛体占据了史前农业文化经济区的中心……至此，考古学文化意义上的‘以中原为中心’的态势已经形成。”他认为：“更重要的是，中原社会迫于政治需要而采取的对待不同文化、不同宗教的开放态度，以及位于天下之中的天然地理优势，使得这里成为一个文化、思想和意识形态的熔炉，从而培育出中国文化的凝聚力和政治、外交的向心趋势。”[26]

二、“国家”“国民”与“国土”之“不断裂”

在世界历史上，具有五千年文明历史的地区与国家并不少见，甚至有些地区还有更为久远的文明历史，如西亚的两河流域文明、北非的古埃及文明等，但是世界上作为有着“五千年不断裂文明”历史的国家或地区只有中国。五千年不断裂文明是指作为同一个“国家”、同一群“国民”、同一片“国土”的“不断裂”。

（一）“国家”之“不断裂”

中华五千年不断裂文明的历史由《史记》等“二十四史”记载的“五帝时代”“夏商周”的“封邦建国时代”与“秦汉至元明清”王朝的“大一统中央集权国家时代”所组成，其间的不同朝代缔造了“中国”不断裂的“共同国家”的历史。对此，可以从黄帝祭祀与历代帝王庙看出中华五千年文明的“国家”之“不断裂”。

1. 黄帝祭祀与中华五千年不断裂文明

中国历史上的“国之大事，在祀与戎”，“祀”即“祭祀”。祭祀属于礼制活动，礼制是中华文明的重要组成部分。《礼记·祭法》记载：“有虞氏禘黄帝而郊喾，祖颛顼而宗尧；夏后氏亦禘黄帝而郊鲧，祖颛顼而宗禹；殷人禘喾而郊冥，祖契而宗汤；周人禘喾而郊稷，祖文王而宗武王。”

三代祭祀黄帝作为“国之典祀”，也就是国家祭祀。以后各个时代的不同王朝均通过不同祭祀形式，认同黄帝是中华“人文始祖”。“祖”有两重意义：“祖宗”与“祖国”（“国家”），其中第二方面尤为重要。中国古代许多王朝的开国之皇帝，多以“祖”称，如：汉高祖刘邦、唐高祖李渊、宋太祖赵匡胤、辽太祖耶律亿、金太祖完颜旻、元太祖成吉思汗、明太祖朱元璋、清太祖爱新觉罗·努尔哈赤等，而他们各自本朝其他的皇帝一般则称“帝”或“宗”等，也有称“祖”者，但是除了后秦、西秦、南汉“开国帝王”称“太祖”“烈祖”“烈宗”，后继皇帝称“高祖”之外，未有称“高祖”者[27]。

最早见于“正史”记载“王国”之“国王”祭祀黄帝的是战国时代的秦灵公，他专门为祭祀黄帝修建了“上畤”[28]。考古工作者在陕西宝鸡考古发现的“血池遗址”出土了有“上畤”陶文的陶器，这应该是“上畤”的遗物[29]。秦始皇在云梦九嶷山、浙江会稽分别祭祀黄帝之后人虞舜、大禹[30]。刘邦在秦末战争之初，被立为“沛公”，于是“祠黄帝，祭蚩尤于沛庭”[31]。汉武帝元封元年（前110年）于桥山祭祀黄帝陵[32]。

北魏皇室是来自大兴安岭的鲜卑人，公元415年明元帝在桥山派使者“以太牢祠黄帝庙。至广宁，登历山，祭舜庙”[33]。太祖道武皇帝“东巡，遂幸涿鹿，遣使者以太牢祠帝尧、帝舜庙”[34]。《唐会要》记载：唐玄宗在唐长安城中修建“三皇五帝庙”，祭祀黄帝等[35]。《宋大诏令集》载：宋代在桥山的“黄帝陵”祭祀黄帝[36]。至元元年（1264年），世祖忽必烈登基伊始，就提出对尧舜禹诸庙的祭祀[37]。明清祭祀黄帝既在都城修建的帝王庙中祭祀，又在桥山黄帝陵举行。

历代王朝祭祀黄帝实际上是国家行为，也就是国家祭祀。这种祭祀活动体现的是从五帝时代、夏商周、秦汉魏晋南北朝至唐宋元明清不同王朝认为其均为黄帝创建的国家继承者，它们说明了中华五千年文明是不断裂的、一脉相承的。

2. 从“帝王庙”到“历代帝王庙”祭祀

唐玄宗时期，在都城之内修建了祭祀传说时代圣君（“上古之君”与“三皇五帝”）的“帝王庙”，又在那些圣君、帝王的原来都城所在地进行祭祀[38]。

明代是中国古代都城帝王庙的真正出现时期，朱元璋在明南京城与明中都分别营建的是“历代帝王庙”。洪武六年（1373年）“以五帝、三王及汉、唐、宋创业之君，俱宜于京师立庙致祭，遂建历代帝王庙于钦天山之阳”[39]。

明南京城历代帝王庙中祭祀18位历史人物，他们不只是传说时代圣君，更为重要的是祭祀了明代之前中国历史上夏商周汉唐宋元王朝的主要开国君主，其中将元王朝皇帝置于帝王庙中，标示着明王朝认为元王朝是中国历史的组成部分。因此明代把以前的“帝王庙”发展为“历代帝王庙”，“历代”至关重要，这是跨越“朝代”的“国家宗庙”。尤为重要的是，洪武二十一年，朱元璋又增加37位夏商周汉唐宋元王朝的“名臣”从祠于历代帝王庙[40]，这些名臣之中有汉族的，也有少数民族的。这时的帝王庙具有了真正政治意义上的“国家宗庙”，之所以这样说，因为朱元璋把三皇五帝与夏、商、周、汉、唐、宋、元作为一个不同时期连续性王朝的“国家”整体来看待。

永乐徙都北京之后，明世宗嘉靖九年“建历代帝王庙于都城西”。祭祀的先代圣君、帝王与明南京城历代帝王庙中的基本相同。

清代北京城历代帝王庙沿袭了明代北京城历代帝王庙，但是比明代帝王庙享祀的帝王数量有了大量增加，尤其是一些中华民族中的少数民族建立的王朝帝王进入到了历代帝王庙祭祀对象之中。如辽、金、元三代帝王及其名臣，还有明代的国君与功臣。根据《日下旧闻考》记载，乾隆四十九年依据“国家观念”“正统理念”，提出中国历史上的历代王朝的历代帝王均应具有“庙享”地位，最后使历代帝王庙享祀帝王达到188位。清代的“历代帝王庙”的祭祀对象包括了中国古代历史上几乎所有王朝与绝大多数帝王，使历代帝王庙真正成为“国家宗庙”，成为多民族统一国家“完整”历史的缩影。明清历代帝王庙传达的是“尊崇中华统序的一脉相承”，历代帝王庙是“‘中华统绪’不绝如线的标志与象征”。历代帝王庙还表现了“尊重中华统序的一体多元”[41]。

对传说时代“黄帝”、历代王朝的历代帝王祭祀，实际上是对共同的“第一国父——黄帝”及共同的“先祖”、共同国家的历朝国家代表人物（国王或皇帝及其功臣）的“祭祀”，这说明了历代帝王庙祭祀充分反映了“中华五千年不断裂文明”，这在世界各国历史上是独一无二的。中华五千年不断裂文明是基于中国历史上多民族对共同国家——中国的认同，对以汉族为主体形成的中华民族的认同，对多元一体的中华民族历史文化的认同。

（二）“国民”之“不断裂”

1. 遗传学、体质人类学与考古学反映的证据

关于中华五千年不断裂文明的“主体”是创造这一“文明”的“人”之“不断裂”。

中国遗传学研究的新成果显示，五千年来（或者可以说更为遥远的远古时代以来），东亚地区的古代中国国民的遗传基因延续不断，目前中国境内的绝大部分人的基因与五六千年前的黄河流域中游地区人群基因相近。复旦大学人类学实验室研究发现：“有着共同的文化和语言的汉族，人口超过了十一亿六千万（2000年人口统计），无疑是全世界最大的民族。因此汉文化的扩散过程广受各领域研究者的关注。通过系统地对汉族群体的Y染色体和线粒体DNA多态性进行分析，我们发现汉文化向南扩散的格局符合人口扩张模式，而且在扩张过程中男性占主导地位。”[42]根据近年来考古学、分子人类学的研究表明：“在距今5000～6000年，华夏族从汉藏语系群体中分化出来集聚在黄河中上游盆地，这就是汉族前身。”[43]这里的远古时代男人，对现代中国人，特别是对中国南方地区中国人的基因贡献尤为突出。也就是说中华五千年不断裂文明的缔造者主要来自黄河流域中游的古人。

古代北方与东北地区少数族群与内地的人群关系，依据田野考古资料，开展遗传学、体质人类学、历史文献学多学科结合研究已经取得重要突破。

北方少数族群以建立北魏王朝的鲜卑人、辽王朝的契丹人与元王朝的蒙古人与内地族群关系最为重要。

据吉林大学分子考古学研究室对北方内蒙古东部地区的汉魏时期鲜卑文化与早期契丹文化遗存研究认为，二者的古墓遗骸DNA检测显示其属于具有亲缘关系的同一种族系统[44]。考古工作者发现的早期契丹文化与北方地区的汉魏时期鲜卑考古学文化具有明显的共性特点。契丹王朝重要官员、贵族耶律羽之的墓志铭记载说明，契丹与鲜卑同出一源[45]。在辽宁阜新考古发现的辽代永清公主墓志则铭刻：永清公主“原其姓耶律氏，景宗孝漳皇帝之嗣女也，圣宗孝宣皇帝之侄孙。盖国家系轩辕黄帝之后”[46]。

蒙古族起源于唐代的“蒙兀室韦”，考古学家、人类学家通过对考古发现的内蒙古乌盟察右前旗豪欠营辽墓出土的契丹人和东汉鲜卑墓葬的人骨及近代蒙古族人骨的体质人类学比较研究，认为“蒙兀室韦”应溯源于汉代鲜卑[47]。

高凯军在《通古斯族系的兴起》一书中提出：东北地区建立大金王朝与清王朝的女真人，他们就是古代东北亚地区通古斯族，而通古斯语与满语的同源关系，说明西伯利亚的通古斯族应该渊源于黑龙江地区。20世纪20年代初，俄国学者史禄国（C. M.希罗科戈罗夫，1889～1934年）提出“通古斯人的原始故乡当在‘黄河和长江的中游和部分下游地区’”。高凯军认为：“我国境内史前时代遗址的分布情况和民族学资料及历史文献记载表明，古代通古斯人最早起源于我国内地。”[48]

复旦大学金力院士团队通过语言学、遗传学、考古学等多学科结合，对109种汉藏语系进行研究，探索“中华五千年不断裂文明”的“主人”之“一脉相承”，他们认为：“汉语和藏缅

语系的分化时间——即原始汉藏语分化成现代语言的最早年代在距今约 5900 年前，地点可能在中国北方，因此该语系的起源和分化可能与仰韶文化及马家窑文化的发展有着密切关系。”[49]也就是说，藏族渊源于黄河中上游地区。

2. 中华姓氏发展历史

姓氏学是通过人们之间的姓氏研究彼此血缘关系。利用“姓氏学”研究“文明”与人群、“族群”、“国民”彼此关系，这方面中国有着得天独厚的条件。袁义达、张诚研究认为：中国是世界上最早出现姓氏的国家，大约在新石器时代晚期“姓”已产生[50]。中国人的姓氏出现不但有着久远历史，而且姓氏相对十分集中，据统计，在“当今中国流行的前 200 个姓氏中，出自炎帝姜姓系统的姓氏约占 10%，出自黄帝姬姓系统的姓氏约占 89%”。也就是说当今中国人应有 99% 为“炎黄子孙”[51]。上述中国国民姓氏情况充分说明，作为“炎黄子孙”的中华儿女自新石器时代晚期以来，一代又一代传承、缔造了五千年不断裂的文明历史。

3. 历史上周边“族群”认同源于“炎黄”

五千年来对于中华“人文始祖”的祭祀，反映了中国人五千年来对中国、华夏的国家认同，这些“认同者”不限于“中原”地区，历史上的“东夷”“西戎”“南蛮”“北狄”的“四夷”人群亦然。[52]

属于“东夷”的“少昊”族群，历史文献记载少昊为“黄帝之子”[53]。

起家于西戎之地的秦人，自称“秦之先，帝颛顼之苗裔”[54]。“西戎”的后人苻洪（前秦皇帝）自称其祖先为“有扈之苗裔，世为西戎酋长”[55]。“有扈”为大禹之后[56]。后秦皇帝姚苌，自认为其祖先“羌酋”是虞舜之后[57]。

“南蛮”的楚人，《史记·楚世家》记载其先祖“出自帝颛顼高阳”[58]。“南蛮”的另一支“百越”，《史记·越王勾践世家》记载其先祖属于“禹之苗裔，夏后帝少康之庶子也”[59]。颛顼、夏禹均出自黄帝。

北方地区匈奴则自称：“其先祖夏后氏之苗裔也，曰淳维。”[60]《山海经·海经》则明确指出：“黄帝之孙曰始均，始均生于北狄。”[61]

北燕开国皇帝惠懿帝高云自认其是高句丽之支庶，高阳氏之苗裔，也就是说高句丽系出自黄帝之孙高阳氏颛顼[62]。

大兴安岭地区的北魏鲜卑人，自称：“魏之先，出自黄帝轩辕氏。黄帝之子曰昌意，昌意之少子受封北国，有大鲜卑山，因以为号。”[63]

中古时代及以后建立辽、元王朝的契丹、蒙古（蒙兀室韦）族群，他们均源于汉代的鲜卑[64]。

金朝为女真人所建，女真可溯源于商周之际东北地区的“肃慎”[65]，汉晋称“挹娄”，南北朝称“勿吉”，隋唐称“黑水靺鞨”，辽称“女真”。在黑龙江镜泊湖地区、吉林松花江中上游的吉林市与永吉县之间，考古发现的距今 3000 年左右的莺歌岭文化与西团山文化，学术界一般认为它们属于历史记载的“肃慎”族群的考古遗存。特别值得提出的是，这些西团山文化遗存中的鼎、鬲、甑等陶器与中原地区同时代的同类陶器基本相同。这就说明三千年前的东北地区的“肃慎”考古学文化与中原文化的密切关系。因此史载金宣宗贞祐四年，参议官王浍与金朝女真贵族完颜海奴谈到，“本朝绍高辛，黄帝之后也”[66]。

关于建立清王朝的女真，以后又称满族，清王朝的统治者认为，他们与大金王朝的女真是同一民族，因此《清史稿·太祖纪》载：“其先盖金遗部。”[67]

（三）“国土”之“不断裂”

早在六千多年前，也就是考古学界现在所说的“早期中国”考古学文化主体——仰韶文化主要分布在“陕西关中地区、河南大部分地区、山西南部、河北南部，远及甘青交界、河套地区、河北北部，湖北西北部也有一些发现”[68]。而仰韶文化的庙底沟文化范围要比以上传统所说的仰韶文化分布范围更大。

承袭黄河中游庙底沟文化的是河南龙山文化，中华五千年不断裂文明的主要源头即是上述考古学文化，也就是历史文献记载的“五帝时代”。“五帝时代”始于黄帝，《史记·五帝本纪》记载黄帝建立的“有熊国”的范围：“东至于海，登丸山，及岱宗。西至于空桐，登鸡头。南至于江，登熊、湘。北至荤粥，合符釜山。”[69]这与庙底沟文化分布区基本一致。这一范围在中华五千年文明发展史上不但没有断裂、得到承袭，并在秦汉至明清时代得到不断巩固、发展。

三、中华文明五千年不断裂的“物证”

就中华文化来说，“文明社会”形成的物化载体集中体现在与“国家文化”密切相关的都城、陵墓、文字、礼器之上，它们是中华五千年不断裂文明的最重要“物化载体”。

（一）古代都城规制理念一脉相承

恩格斯在《家庭、私有制和国家的起源》中指出：“在新的设防城市的周围屹立着高峻的墙壁并非无故：它们的堑壕成了氏族制度的墓穴，而它们的城楼已经高耸入文明时代了。”[70]这个比喻形象地说明，城市（都城）的出现意味着国家的出现与原始社会被送进“历史博物馆”。王国维认为“都邑者，政治与文化之标征”[71]。

自中华文明形成以来，具有同一规制理念的都城（都邑）延续不断，并使这一规制理念不断发展。从新中国70年来的考古发现与研究来看，夏商周三代都城，至秦汉、魏晋南北朝、隋唐宋与辽金元明清都城，其选址、布局形制等规划理念一脉相承，并被视为国家统治者政治“合法性”的“指示物”与中华文明核心政治理念“中和”的“物化载体”。这在古代世界历史上是极为罕见的，它凸显了中华五千年不断裂文明的特点。

1. 古代都城选址的“择中”理念

古代都城“选址”的“求中”“择中”理念之五千年来的“不断裂”，从都城遗址的考古发现与出土文献记载得到佐证。

（1）陶寺城址的“择中”考古发现

陶寺城址位于山西襄汾。考古学界一般认为这是中国古代都城遗址中，目前考古发现的时代最早、“内容最全”的都邑城址。而历史文献记载的“尧都平阳”之“平阳”就在“陶寺城址”所在地的襄汾。因此考古发掘者与历史学家认为陶寺城址应为“尧都”[72]。其中20世纪80年代与21世纪初在陶寺遗址考古发现的两座墓葬出土了与“测中”有关的“槷表”等遗物[73]，它们可能折射了陶寺城址当年选址的“求中”理念。

（2）虞舜“求中”于“历山”

战国时代的《清华简·保训篇》记载：虞舜“求中”于“鬲茅”[74]，“鬲茅”即古文献之“历山”，在今河南濮阳与山东菏泽一带[75]。近年来，这一区域发现大量与虞舜同时期的聚落遗址和一些重要城址。这与《保训》记载的舜“求中”可以对应。

（3）上甲微“求中”于“嵩山”

《清华简·保训篇》记载：商汤六世祖上甲微为夏禹“求中”于嵩山[76]。目前考古发现的夏代都邑河南登封王城岗城址、新密新砦城址、二里头遗址及商代早期都城郑州商城、偃师商城遗址所在地均在“大嵩山”地区[77]。

周武王灭商，建立周王朝，其都城选址明确提出要在国家的中心。《史记·周本纪》记载：“成王在丰，使召公复营洛邑，如武王之意。周公复卜申视，卒营筑，居九鼎焉。曰：‘此天下之中，四方入贡道里均。’”[78] 1963年陕西宝鸡出土的西周初年青铜器“何尊”之铭文：“宅兹中或”[79]之“中”即“天地之中”的“中”，“或”即“国”，《周礼·考工记》记载“国中九经九纬”之“国”即“都城”。《诗经·大雅·民劳》：“惠此中国，以绥四方。”毛传：“中国，京师也；四方，诸夏也。”[80]《史记·五帝本纪》：“夫而后之中国，践天子位焉。”《集解》：“刘熙曰：‘帝王所都为中，故曰中国。’”[81]

因此可以说，从文献记载与考古发现两方面来看，中华文明形成伊始的国家都城就规划在国家空间的“中央”。《吕氏春秋·慎势》指出：“古之王者，择天下之中而立国。”《荀子·大略》亦云：“欲近四旁，莫如中央，故王者必居天下之中。”

三代都城以中岳嵩山地区为“天地之中”，随着国家空间范围扩大，以嵩山为中心的“大中原”范围扩及鲁西南、关中东部、晋南及河南大部，三代以降的都城，在中古时代以前的各“大一统”王朝都城基本在长安与开封之间的东西轴线上，夏商周、秦汉、魏晋、唐宋王朝都城均“择中建都”于这一“广义”之“天地之中”。进入中古时代以后的辽金元明清王朝，由于国家经济中心的“东移”，政治上北方族群的崛起，隋唐大运河的开通，国家都城由中古之前选址的长安——开封的东西南北之“中”，发展为辽金元明清都城的居国家南北之“中”，考虑女真、蒙古等北方族群多起家于大兴安岭、蒙古高原一带，于是始都北京的海陵王认为燕京乃“天地之中”，[82]这正是反映了海陵王的“正统”之“择中建都”原则[83]。都城“择中”从“中原”转移至“燕京”（今北京），海陵王从“择中建都”理念、实践上营建的金“中都”，开启了中国中古时代后期，元明清王朝定都北京的先河。

2. 古代都城形制的发展

目前考古发现的中国古代都城遗址，可以上溯至距今四千多年前的陶寺城址，其都城由宫城与外郭城组成，这种“双城制”都城延续至魏晋洛阳城。南北朝时期发展为宫城、皇城与外郭城的“三城制”都城，此后这一都城形制一直沿袭到明清北京城。

中国古代都城之宫城平面多为正方形或近方形，如二里头遗址、偃师商城、魏安邑城、汉长安城、东汉洛阳城、隋唐两京、宋东京城之宫城等。也有的宫城平面为长方形，如魏晋与北魏洛阳城、元大都与明清北京城之宫城等，但其皇城一般多为方形。有的都城的平面也是方形或近方形，如洹北商城、东周鲁国故城（鲁国曲阜城）、汉长安城、隋唐长安城、宋东京城、金中都、元大都等。都城由于面积大，其地形相应比较复杂，有的都城只能是将都城平面规制成近似方形。就世界古代城市而言，古代城市的方形或近方形平面是中国古代城市形制的重要特色之一，它是基于“天圆地方”哲学观与“中”相对“四方”均等的政治理念[84]。

古代都城之中的主体建筑是宫城、宫殿、宗庙、官署等，宫城是都城的“政治中枢”，都城以宫城为核心。王国时代宫城以大朝正殿与宗庙为核心，帝国时代宫城以大朝正殿为核心，大朝正殿成为都城“中轴线”的“基点”。以大朝正殿为中心的“左祖右社”是“帝国时代”中国古代都城最大特点[85]。

都城与其他城市的不同，还表现在帝国时代的都城城门“一门三道”，都城及宫城四面辟门。根据目前考古发现资料来看，至少自北魏洛阳城及其以后的都城之宫城正门均为“一门三道”。这是都城作为国家政治中心的政治理念进一步强化的表现。都城城门与宫城宫门是“国家”的“门面”与“象征”，“一门三道”之“中道”突出了“国家”之“中心”理念。都城与宫城四面设置城门与宫门形成“四门”则体现了“中央”相对“四方”的“公允”“公平“公正”，也是中国古代政治文化的“中和”政治理念的体现，是中华五千年不断裂文明始终如一的“大一统”核心政治观的“物化载体”。

（二）帝王陵墓

在中国古代历史上，帝王陵墓历来是“国家工程”，几乎与都城构建一样重要，“帝王陵墓文化”亦为古代王朝的“国家文化”。任何王朝的统治者，不论其是中华民族哪个族群，是否传承这一“国家文化”，都意味着对中华民族的“国家认同”。通过古代帝王陵墓规制研究，可以从一个侧面再现“中华五千年不断裂文明”。

目前中国考古发现最早的帝王陵墓是安阳西北岗的殷墟商王陵，其墓室平面为“亚字形”，也就是墓室四面各辟一墓道，形成墓室的四面各一门道[86]，这一帝王陵墓制度一直延续至西汉帝陵[87]。就目前考古发现而言，殷墟商王陵的墓室四面各辟一墓道，实际上是秦汉时代开启的都城、宫城四面辟门规制之源头。

东周时期“墓而不坟”传统被冲破，墓室之上出现了“封土”（即“坟”），与此同时，帝王陵封土周围构筑了陵园，陵园四面各辟一门，它们分别对应其陵墓的“四墓道”及陵墓地宫，这应该是宫城辟四门与大朝正殿基本相对的“阳间世界”的“阴间”之“翻版”[88]。

东汉帝陵为帝后同坟同穴合葬，墓葬为南北向长斜坡墓道的“甲”字形明券墓，墓道一条为南向。这一变化改变了自商代晚期以来帝王陵墓设置东西南北四条墓道的传统，但是帝陵规制仍然是延续未变，这主要反映在陵园仍然是设置东西南北“四门”，对“活人”而言陵园置“四门”比“亚字形”陵墓的“四墓道”更使人们直观意识到陵园辟四门这是宫城开四门的再现，这一规制与中国古代社会帝王陵园四门规制相始终[89]。

在中华五千年文明发展史中，汉唐之间的南北朝时期是中国古代历史上第一次大规模多民族融合时期，也是中华五千年不断裂文明的大发展时期，其中尤其以北方地区最为突出。如北魏、东魏、北齐、北周等王朝的统治者，他们均为北方少数族群，但是作为其陵墓，理应是一个国家、族群最稳定、最“保守”的“文化”，从已经开展田野考古工作较多的洛阳北魏孝文帝长陵、宣武帝景陵，洛阳北邙北魏鲜卑贵族墓、山西大同的北魏云中金陵、平城永固陵与万年堂[90]、河北磁县的东魏与北齐帝陵[91]、陕西咸阳北周武帝陵墓[92]等，可以看出其帝王陵墓文化与该地区的传统“帝王陵墓文化”基本一致，而与他们原来的族群所在地的墓葬文化差异甚大。这也反映了他们的“华化”进程与深度。

唐代帝陵在秦汉、魏晋南北朝帝陵基础之上，陵墓的地面设施更为完备，陵园与陵区更进一步仿效都城及宫城，其中以唐高宗与武则天的乾陵最为典型[93]。

北宋帝陵继承了汉唐帝陵特点直接影响到中古时代后期的辽金元明清帝陵。

辽代帝陵主要分布在辽上京附近的内蒙古巴林左旗，地宫设南北排列的前、中、后三室，前、中室东西两侧各有附室。辽陵“依山为陵”“凿山为藏”，陵前设置石像生，这些与唐陵基本相同。陵墓附近有祭祀性建筑，沿袭了秦汉帝陵传统。辽陵总体上继承了汉唐陵寝制度特点[94]。

西夏帝陵布局结构大体相近，帝陵方向均为坐北朝南。帝陵“陵园”由内城与外城组成，内城平面为方形或长方形，四隅各置一座角楼，四面中央各辟一门。陵台在内城西北部，献殿在内城南门内偏西处。内城南部为月城，其中列置石像生。在内城和月城之外再筑一重城垣，形成外城，外城南部有高大双阙。刘毅认为：“从已知考古资料来看，西夏王陵制度明显受到唐、宋皇陵制度的影响。”[95]

金陵位于北京市房山区周口店镇龙门口村北，主陵区坐落于九龙山。主陵区平面布局采用中国传统的建筑模式，由南向北依次为：陵区入口的石桥，由石桥进入神道、石踏道、东西台址、东西大殿、陵墙及地下陵寝等组成[96]。

金代皇室为女真人，历史文献记载，女真人原来葬俗简单，“死者埋之而无棺椁，贵者生焚所宠奴婢、所乘鞍马以殉之”[97]。金代皇陵制度确立，始于海陵王。这与海陵王徙都燕京，营建“金中都”是一致的，应该属于海陵王“慕华风”的产物。相对辽代被宋金联合所灭而言，使金王朝灭亡北宋王朝，统治了“大半个中国”，这与海陵王的“慕华风”的政治态度是密不可分的。

关于元代帝陵的考古学研究，至今还有许多问题说法不一。但是元代帝陵与唐宋、西夏辽金帝陵完全不同，这是基于元代统治者考虑的社会矛盾影响到的陵墓安全而采取的不同埋葬方式。但是，从北京地区考古发现元代高等级蒙古族贵族埋葬来看，他们还是基本传承了中原地区“葬俗”与“葬仪”。也就是说元代统治集团在墓葬文化上被“华化”。如北京海淀区颐和园附近考古发掘的元朝“光禄大夫监修国史中书左丞相耶律铸”墓[98]、北京市东城区龙潭湖元朝勋贵铁可墓及其父斡脱赤墓为石椁墓[99]等。上述北京地区发现的元朝高等级墓葬，其基本考古学文化与内地宋金时期的墓葬文化是一致的。

明代帝王陵墓主要包括江苏盱眙明祖陵、安徽凤阳明皇陵、南京明孝陵与北京明十三陵。明太祖十分重视“国家文化”或“社会大传统”的传承，其中对于国家的祭祀、舆服、职官等要求“悉从唐制”。明代帝王陵墓在中国古代帝王陵墓发展史上，与以前相比较，其在陵区布局中更为突出不同地方都城的创始帝王之帝陵的中心地位，这是“国家至上”意识的反映。如，明成祖迁都北京，因此北京明十三陵以明成祖长陵为“核心”，“从各陵排列与分布来看，明代初年的成祖长陵、仁宗献陵、宣宗景陵和英宗裕陵的位置排列，遵照了古代的昭穆制度”[100]。而“昭穆制度”是中国古代社会“家国”礼制的核心。这一陵区规制为清东陵与清西陵所承袭。

女真人建立清王朝之前，其葬俗上至达官显贵，下到一般百姓流行火葬[101]。在盛京三陵与清东陵、清西陵我们看到的帝王陵寝制度则完全不同，追溯其源，我们可以看到清代帝陵形制可上溯至唐、宋、明之帝王陵寝制度。

中国历史上的不同王朝统治者有中原地区的，也有来自周边地区族群的，因此说这些帝王陵墓的主人出生于不同地区、不同时代、不同族群，有着各自不同的葬俗，但是他们作为中华民族不同王朝的“国家最高统治者”，传承着属于“国家文化”性质的共同的“帝王陵墓文化”，这些“帝王陵墓文化”成为中华五千年不断裂文明的“物化载体”。

（三）礼制建筑与礼器

《左传·文公二年》载：“祀，国之大事也。”[102]“祀”即“祭祀”，“祭祀”属于礼制活动，这是中国古代国家的重要职能，“礼制”是“中华文明”的标示与中华五千年不断裂文明核心文化基因之一。作为“祭祀”的“礼制”，其物化载体主要是礼制建筑与礼器。

1. 礼制建筑的发展与延续

礼制建筑是基于中华文明的“祖先崇拜”及“天地人”的朴素唯物主义哲学观（即“人”的存在是基于“天”与“地”）而设计的。

从考古学研究而言，作为国家礼制活动的“平台”一般是礼制建筑，它们主要是宗庙、社稷、明堂、辟雍、灵台、圜丘（天坛）、地坛等，其中宗庙、圜丘遗址等考古工作开展较多，文献亦多有记载。

“宗庙”在中华文明中占有十分重要地位。考古发现早期宗庙与宫殿一般均在宫城之中，形成“宫庙”结合格局，这也为中华五千年不断裂文明的“家国”体系奠定了深刻思想基础，它们突出的是“祖宗崇拜”与“国家至上”理念。至于各种各样的“神”在宫城之中没有它们的“一席之地”，这就是中华古代文明与西方古代文明的最大不同。考古发现的夏代二里头遗址宫城、偃师商城宫城之中的西东宫庙并列于宫城北部，形成“东庙西宫”格局；降及东周秦雍城中部的马家庄的东西并列的宗庙与宫殿遗址。秦汉时代宗庙移出宫城，汉长安城遗址考古发现了最早的都城“大朝正殿”居中与“左祖右社”的礼制建筑布局，并一直与中国古代社会都城礼制建筑规制相始终，其中虽然有北魏洛阳城、金中都、元大都、清北京城等少数族群建立的王朝，但是其都城之中的“左祖右社”礼制被历代王朝所沿袭。

“天地”在中国历史文化中，有着特殊的意义。中国古代从帝王到百姓的先民均把“天地”视同“父母”，这应该是古人最朴素的唯物主义思想。对“天地”的祭祀成为上至“国王”“皇帝”，下到庶民百姓的重要精神信仰。尤其是历代王朝不同族属的统治者均以国家的名义，在都城构建的祭祀“天地”的“平台”——天坛（圜丘、南郊坛）与地坛（北郊坛），使之成为古代中国“天地观”的物化载体。

考古发现的“祭天”遗址以战国时代到西汉时代的凤翔雍城“血池”祭天遗址最早。唐长安城圜丘遗址考古发现显示，清代北京城的“祭天”礼制建筑“天坛”与其一脉相承。至于历史文献记载的几千年来古代礼制建筑，内容丰富，十分清楚地向人们展示“礼制文明”在中华五千年文明发展史上始终没有“断裂”。

2. 礼器的发展与延续

中国历史上的礼器很多，我认为“青铜鼎”和“玉圭”无疑是佐证中华五千年不断裂文明中最为重要的礼器之代表。

（1）“鼎”：生命力最强的“礼器”

鼎的考古发现可以追溯至八千多年前的新石器时代中期裴李岗文化[103]。“鼎”作为礼器有着久远历史，《史记·封禅书》记载：“黄帝作宝鼎三，象天、地、人。”[104]《左传·宣公三年》亦载：“昔夏之方有德也，远方图物，贡金九枚，铸鼎象物……用能协于上下，以承天休。桀有昏德，鼎灭于商，载祀六百。商纣暴虐，鼎迁于周。”因此“鼎”在先秦时代是重要的礼器，它成为那个时代政治地位的象征。《春秋公羊传·桓公二年》何休注：“祭，天子九鼎，诸侯七、卿大夫五、元士三也。”[105]“鼎”的“政治色彩”一目了然。《左传·宣公三年》记载“成王定鼎于郏鄏”，注：“郏鄏，今河南也，武王迁之成王定之。”[106]文献记载：“周自知不能救，九鼎宝器必出。据九鼎，案图籍，挟天子以令于天下，天下莫敢不听，此王业也。”[107]有的学者认为，随着青铜时代的结束、铁器时代的到来，“鼎”失去了“过去”的“辉煌”。其实这是一种误解，秦汉王朝开启的帝国时代，使先秦时代的许许多多礼器已不再辉煌如旧，而唯独鼎在传统青铜礼器中的地位进一步“凸起”，成为国家的“最重”之“重器”。鼎被认为是国家“大吉大利”之象征，秦始皇“过彭城，斋戒祷祠，欲出周鼎泗水。使千人没水求之，弗得”[108]。历史文献记载：武帝公元前116年“得鼎汾水上”，于是改纪元“元鼎”，为此于同年“夏五月，赦天下，大酺五日”[109]。

鼎在中古时代以后经过“华丽转身”，以香炉形象作为祭祀祖先的重要“礼器”而继续保持着它的高贵身份。香炉作为供具放在供桌的中央，由此不难看出鼎在中国人心中的特殊地位。

鼎在中国的语言、文字中留下它唯其独尊的至高形象，千百年来中国人家喻户晓的“问鼎天下”“定鼎中原”“一言九鼎”等，这里的鼎成为国家的象征，同时也说明鼎与“中华五千年不断裂文明”一直在中华民族历史发展的长河中“形影不离”“结伴前行”。

鼎在中国人的心目中是十分神圣的，鼎是中华民族精神文化的象征，是国民对中国悠久历史文化认同的物化载体。至今中国在国际交往与国家重大政治活动中，还把鼎作为国家文化的象征，1995 年 10 月 21 日，为庆祝联合国 50 华诞，中华人民共和国向联合国赠送一尊巨大的青铜“世纪宝鼎”；2006 年为庆祝西藏和平解放 50 周年，中央政府向西藏赠一尊“民族团结宝鼎”，矗立于拉萨人民会堂广场，象征民族团结和西藏各项事业鼎盛发展，这些举措都寓意深远[110]。

（2）玉圭

考古发现与历史文献记载均说明，作为礼器的玉器在新石器时代与夏商周时代，备受重视，而在玉礼器中，又以玉圭作为“中华五千年不断裂文明”的物化载体最为突出，生命力最强。

历史文献记载“五帝时代”的唐尧因夏禹治水之功，而赐其“玄圭”[111]，这奠定了夏禹创建“夏王朝”的政治基础。有学者认为夏代的“政治信物”——“玉璋”实际上就是“玄圭”，《说文》卷 13 土部：“剡上为圭，半圭为璋。”《礼记·礼器》记载：“圭璋特。”孔颖达疏：“圭璋玉中之贵也，特谓不用它物媲之也，诸侯朝王以圭，朝后执璋，表德特达，不加物也。”[112]

与二里头遗址出土玉璋、石璋相同或相近的遗物在南自广东、福建，北到长城地带，西起黄河上游与长江流域上游的四川盆地，东达东部沿海广阔区域多有发现。上述地区发现的夏王朝前后的玉圭、石圭可能有相当多的是从二里头遗址扩散出去的，或受到二里头遗址的圭、璋之影响，这些圭、璋作为“政治信物”的扩散与接受，应该是对夏王朝的“政治认同”与“文化认同”，这与夏禹接受虞舜赐予“玉圭”似有相近政治意义。

玉圭作为“文明社会”的政治“身份”标识，备受统治者及社会“上层”的重视。夏商周时代，朝廷已经把各种形制大小与纹饰不同的玉圭颁发给不同的官员，作为其爵位与身份的徽标。

秦汉王朝结束了两千多年王国时代，开创了中国历史上的帝国时代，玉圭在诸多玉礼器中得到更为突出的重视。如：1975 年在山东烟台芝罘岛阳主庙遗址考古发现两组秦代玉器，每组均为：“圭一件，璧一件，觿两件”[113]，这批成组的玉器可能是秦始皇登芝罘岛祭祀“阳主”时所瘗埋的[114]。

历史文献记载，汉代天子祀上帝、本朝帝王、宗庙、大河、天地皆用圭[115]，这方面的考古发现颇多，如：陕西凤翔的秦汉血池遗址考古发现的皇帝祭天的祭祀坑中的“玉圭”（玉璋）[116]。汉太上皇陵建筑遗址与太上皇陵之间，“曾出土过为数不少墨绿色玉圭，据推测这些是当时祭祀用品”[117]。在汉景帝阳陵的二号建筑遗址（陵庙遗址），出土了成组的玉圭与玉璧礼器[118]。1962 年考古工作者在陕西兴平县汉武帝茂陵调查时，在茂陵“白鹤馆”遗址南曾出土过大批的玉圭。[119]在昭帝平陵与孝昭上官皇后陵之间“分别发现了东西向排列的成组玉器，每组间距约 2 米。每组玉器均由玉璧和玉圭组合而成”。在汉成帝延陵“陵园南门附近曾出土过整齐的玉圭和玉璧”[120]。

汉代以后，玉圭仍然是国家重大活动的重要礼器。有人认为汉代以后“礼器已不再作为随葬之用”[121]，其实不然，唐惠昭太子陵就出土了玉圭[122]。唐长安城大明宫含元殿遗址东侧，考古发现了皇室“燎祭”时使用的礼仪玉器的“圭璧”[123]。

降及明代的帝陵之中仍然以玉圭为重要礼器随葬，1956 年，在明定陵中曾出土了八件玉圭。1980年发掘的明益王二妃棺内各有仿制的玉谷圭一枚。

“笏版”与“牌位”应从“玉圭”发展而来。有的学者已经提出：“据《礼记》记载，诸侯朝见天子时或大夫访问他国时，以及举行射礼时，都必须手持细长的板状物‘笏’。依持有者身份的不同，它的形状、大小和材质都有差别，分别用美玉、象牙和带有不同装饰的竹制成。‘笏’的形状和使用它的一套程序，与‘玉圭’极为相似，很可能是由玉圭转化而成的。”[124]中古时代及其以后，在帝王陵墓神道之上的石像生，其中的文官石像，其胸前双手所持的“笏版”应该就是玉圭的“转型”。至于在祠堂、宗庙供奉的祭祀祖宗之“牌位”，就其形状与文化内涵而言，也应该与“玉圭”密切相关。

（四）文字反映的中华文明五千年不断裂

学术界大多认为距今五千年左右，中国的汉字已经出现，中国各地考古发现的新石器时代晚期与末期遗存中的不少“符号”已经具有“文字”特点，有的学者称之为早期“文字”。再晚一些的如距今约4300～4100年的山西襄汾陶寺遗址中已经考古发现了可以确认的汉字，而且其一直延续到现在。殷墟甲骨文的发现，可以说是已经“成熟”的汉字。继之，西周青铜器铭文、东周陶文与盟书、简牍、帛书之上的文字，这些是在商周甲骨文基础之上进一步发展的大篆小篆及“六国文字”。秦始皇建立了多民族统一的中央集权国家，他采取了“统一文字”的“国策”，为维护国家的统一、增加国家文化的凝聚力，做出了永载中华史册的巨大贡献。正是由于秦始皇统一文字于小篆，经汉唐时代，由小篆至汉隶、楷书，至今使汉字成为中华五千年不断裂文明的突出代表。就世界各国而言，类似情况是极为罕见的，甚至可以说是绝无仅有的。

由五千年不断裂的中国文字历史，形成的五千年不断裂的中国历史文献在世界史上更是极具特色的，其中的“二十四史”在世界各国历史文献发展史上是独一无二的，是全世界唯一的一个国家保存着“五千年不断裂”的完整国家主导编撰的历史文献。“二十四史”既是中华五千年不断裂文明的历史文献，又是“中华五千年不断裂文明”的科学佐证。

文字作为一种“形而上文化”，它不同于其他“文化”，文字是看得见、摸得着的“文化”。就世界古代文明而言，绝大多数文明的形成与文字密不可分，两河流域的楔形文字、古埃及的象形文字、古印度的哈拉本文字等，产生了相应的两河流域文明、埃及文明、南亚次大陆文明。中华文明的文字，始于新石器时代晚期陶器之上的刻画“符号”，有的学者认为它们就是中华文化的早期“文字”，此后，进入青铜时代的甲骨文则是已经成熟的文字，再后就是周代青铜器的铭文、东周、秦汉及以后大量考古发现的简牍、帛书、陶文、石刻文字等，正如周有光所说：“从甲骨文到小篆，汉字有明显的图形性。为了书写方便，文书人员（隶人）把图形性的线条改成‘笔画’，就成了‘隶书’。从篆书到隶书的变化叫作‘隶变’。隶变使汉字的图形性完全消失。隶书是汉朝的通用字体。隶书写得平整就成‘楷书’。楷书盛行于东汉，一直到今天，是正式的字体。”[125]这就是中华五千年不断裂文明中的文字发展史。

四、结语：从“中和”到“国家认同”的“中华文明五千年不断裂”

“中华文明五千年不断裂”的主要成因是五千年来华夏族群对中华文明的认同，并在其历史发展进程中这种认同形成了中华“核心文化基因”。“中国的核心文化基因是‘中’，‘中’是东南西北的汇聚，‘中’，就是根。中国是从‘中’来的，建国要立‘中’，建都要立‘中’……最后国家也叫‘中’，这时中国的国家是指天下，要东西南北中，因此皇宫要建在都城正中间，皇宫里象征国家的大朝正殿要建在宫里的正中间。”[126]这一都城规制原则从夏商周至唐宋元明清王朝历代都城延续不变，在其几千年的不断发展中越来越强化。

与“中”对应的是“和”，“择中建都”对国家东西南北而言就是“和”；“和”在都城的体现是都城四面辟门代表国家“四方”与国家缩影都城之“和”；宫城四面辟门代表国家东西南北与宫城作为国家政治中枢之“和”。

“中”与“和”是辩证统一关系。从文化上来说“多元一体”的“一体”为“中”，“多元”是“和”，“一体”是核心。就政治文化而言，“一体”是“国家认同”“中华民族认同”“中国历史文化认同”。

“中和”之“中”的政治上“大一统”与“和”之“有容乃大”成为中华五千年不断裂文明的又一核心文化基因，对中国历史文化产生深刻影响，从百姓的“家和万事兴”到国家的民族“和亲政策”，不同“汉传宗教建筑”及“儒道释三教合一”所体现出中华文明的“和为贵”，以及中国历史优秀文化传统的“有容乃大”之“中和”理念所铸造的“多元一体”中华五千年不断裂文明。

“中”是“国家认同”思想基础，“国家认同”是对国家公民、社会群体（包括不同民族、不同宗教）的基本要求，在世界各国的历史与现实中都是一样的。作为有着五千年不断裂文明的古国，在“国家认同”方面中国有着更为悠久的优秀历史文化传统，这一传统在“中华五千年不断裂文明”中表现尤为突出。“国家认同”高于其他任何“认同”，这一认同实质上是对国家的“政治认同”。

“中”是“国家文化基因”，关于“中”的理念之出现，似乎早在新石器时代晚期仰韶文化中已经萌发，其中在河南濮阳考古发现6400年前的仰韶文化的西水坡45号墓的蚌塑“北斗”，其北斗勺柄即以人的胫骨象征测影之髀表即“槷表”，“‘中’的本义乃取槷表不偏不倚的中正状态”，因此冯时认为濮阳西水坡45号墓考古发现的“周髀”（槷表），说明那时濮阳西水坡先圣认为那里就是“天地之中”[127]。这一“居中”观念的形成与新石器时代晚期中华大地中原仰韶文化居于“东西南北”史前文化之“中心”的分布格局是一致的。仰韶文化庙底沟时代出现的“执中”观念为其后的中原龙山文化（“五帝时代”）及夏商周、秦汉魏晋南北朝、隋唐宋辽金元与明清王朝所继承、发展，它们与“国家”政治文化息息相关，在中华五千年国家历史发展中一直延续，成为中华文明的“国家文化基因”，其物化载体表现形式如国家“择中建都”、都城“择中建宫”、宫城“择中建庙（宫庙）”；都城、宫城“辟四门”；都城城门与宫城正门均为“一门三道”等。上述所有“形而下”的“物化载体”，它们折射出的是“形而上”的中国人的“中”“中和”核心理念与“家国一体”及“国家至上”思想。

在以上所述“中华文明五千年不断裂”中，我们可以清楚地看到，其中的“中华文明五千年”之“不断裂”的发展是“不变”的，“不变”的是其核心理念“中”与“中和”；至于其形式也在随着时代发展而变化，但是这种“变化”是“万变不离其宗”，这个“宗”就是“国家认同”的强化。比如，作为“中”从王国时代都城的宫城之“宫庙”（宫殿与宗庙）居宫城之中的“二元政治”（血缘政治与地缘政治）之“中”，到帝国时代都城之宫城大朝正殿居中的“一元政治为主”（地缘政治），再到帝国时代都城“左祖右社”与“中轴线”的全面形成，可以看到就是“不断裂文明”的“中”之理念（即“国家意识”）随着历史发展而越来越强化。中国古代都城发展史揭示的都城城门从王国时代的“一门一道”到帝国时代的“一门三道”，再到中古时代的“一门五道”，无疑是“中”的理念越来越“强化”的反映。至于“断裂的文明”就是随着历史发展被淘汰的“变异基因”，这就是中华五千年不断裂文明的“大一统”之“国家认同”的历史发展之必然，也是“中华五千年不断裂文明”传承中的发展脉络与历史逻辑。

注　释

[1] 路易斯·亨利·摩尔根著，杨东莼、马雍、马巨译：《古代社会》，商务印书馆，1977年，第11页。

[2] 戈登·柴尔德：《城市革命》，《当代国外考古学理论与方法》，三秦出版社，1991年，第2页。

[3]《马克思恩格斯选集》第4卷，人民出版社，2012年，第193页。

[4] 易建平：《文明与国家起源新解——与范毓周、王震中等学者商榷》，《中国社会科学报》2011年8月11日第5版。

[5] 夏鼐：《中国文明的起源》，文物出版社，1985年，第79页。

[6] 王宇信：《新中国甲骨学六十年》，中国社会科学出版社，2013年，第4、5页。

[7] 王国维：《观堂集林》第2册，中华书局，1959年，第411、435页。

[8] 夏商周断代工程专家组：《夏商周断代工程1996—2000年阶段性成果报告（简本）》，世界图书出版社，2000年，第86页。

[9] 中华人民共和国科学技术部、国家文物局：《早期中国——中华文明起源》，文物出版社，2009年，第35～37页。

[10] 冯时：《〈保训〉故事与地中之变迁》，《考古学报》2015年第2期。

[11] 中国社会科学院考古研究所：《中国考古学·新石器时代卷》，中国社会科学出版社，2010年，第555页、802页。

[12] 袁广阔：《后岗二期文化与早期夏文化探索》，《光明日报》2016年1月3日第11版。

[13] 韩建业：《庙底沟时代与“早期中国”》，《考古》2012年第3期。

[14] 韩建业：《早期中国——中国文化圈的形成和发展》，上海古籍出版社，2015年，第79页。

[15] 河南省文物考古研究所等：《河南新密市古城寨龙山文化城址发掘简报》，《华夏考古》2002年第2期。

[16] 王震中：《中国古代国家的起源与王权的形成》，中国社会科学出版社，2013年，第337页。

[17] 王震中：《中国文明起源的比较研究》，陕西人民出版社，1998年，第218页。

[18] 安金槐：《登封王城岗遗址的发掘》，《文物》1983年第3期。

[19] 严文明：《中国史前文化的统一性与多样性》，《文物》1987年第3期。

[20] 苏秉琦、殷玮璋：《关于考古学的区系类型问题》，《文物》1981年第5期。

[21] 秦益成：《考古学研究与马克思主义指导——访中国社会科学院学部委员、考古研究所原所长刘庆柱》，《马克思主义研究》2014年第9期。

[22] 刘庆柱：《从考古走进历史》，中国文史出版社，2019年，第8、9页。

[23] 马克思：《资本论》第1卷，人民出版社，2004年，第407页。

[24] 刘庆柱：《考古学文化与中原地区的古代文明形成》，《华夏文明的形成与发展——河南省文物考古研究所建所五十周年庆祝暨华夏文明的形成与发展学术研讨会论文集》，大象出版社，2003年，第29页。

[25] 李伯谦：《中国古代文明演进中的两种模式——红山、良渚、仰韶大墓随葬玉器观察随想》，《文明探源与三代考古论集》，文物出版社，2011年，第50、51页和“前言”。

[26] 赵辉：《中国的史前基础——再论以中原为中心的历史趋势》，《文物》2006年第8期。

[27]《中国大百科全书·中国历史》，中国大百科全书出版社，1994年，第1079～1096页。

[28]《史记》卷28《封禅书》，中华书局，1959年，第1364页。

[29] 田亚岐：《血池遗址与秦人祭祀文化的认知》，《光明日报》2019年1月7日第14版。

[30]《史记》卷6《秦始皇本纪》，中华书局，1965年，第260页。

[31]《史记》卷8《高祖本纪》，中华书局，1965年，第350页。

[32]《汉书》卷6《武帝纪》，中华书局，1962年，第189页。

[33]《魏书》卷3《太宗纪》，上海古籍出版社，1985年，第2179页。

[34]《魏书》卷2《太祖纪》，上海古籍出版社，1985年，第2177页。

[35]《唐会要校正》卷22，陕西出版集团、三秦出版社，2012年，第370页。

[36]《宋大诏令集》卷156，中华书局，1962年，第585页。

[37]《元史》卷77《祭祀志》，上海古籍出版社，1985年，第7453页。

[38]《唐会要校正》卷22《前代帝王》，陕西出版集团、三秦出版社，2012年，第369～371页。

[39]《明史》卷50《礼志四》，中华书局，1974年，第1292页。

[40]《明史》卷50《礼志四》，中华书局，1974年，第1291～1294页。

[41] 许伟：《历代帝王庙的来龙去脉》，《光明日报》2013年8月21日第5版。

[42] 金力、李辉、文波等：《遗传学证实汉文化的扩散源于人口扩张》，《自然》2004年第431卷，第302～304页。

[43] 李辉、金力：《Y染色体与东亚族群演化》，上海科学技术出版社，2015年，第120页。

[44] 高凯军：《论中华民族——从地域特点和长城的兴废看中华民族的起源、形成与发展》，文物出版社，2014年，第256页。

[45] 内蒙古文物考古研究所、赤峰市博物馆、阿鲁科尔沁旗文物管理所：《辽耶律羽之墓发掘简报》，《文物》1996年第1期。

[46] 袁海波、李宇峰：《辽代汉文〈永清公主墓志〉考释》，《中国历史文物》2004年第5期。

[47] 高凯军：《论中华民族——从地域特点和长城的兴废看中华民族的起源、形成与发展》，文物出版社，2014年，第260页。

[48] 高凯军：《通古斯族系的兴起》，中华书局，2012年，第27、272页。

[49] 颜维琦、曹继军：《我学者揭示汉藏语系起源于中国北方——可能与仰韶文化及马家窑文化的发展有着密切关系》，《光明日报》2019年4月25日第11版；复旦大学金力团队：《语言谱系证据支持汉藏语系在新石器晚期起源于中国北方》，《自然》2019年，第569卷，第112～115页。

[50] 袁义达、张诚：《中国姓氏：群体遗传和人口分布》，华东师范大学出版社，2002年，第1页。

[51] 刘文学：《建设华人寻根圣地　传承华夏历史文明》，《黄帝与中华姓氏》，河南人民出版社，2013年，第230、231页。

[52]《史记》卷1《五帝本纪》，中华书局，1965年，第28页。

[53]《史记》卷1《五帝本纪》：“嫘祖为黄帝正妃，生二子，其后皆有天下：其一曰玄嚣，是为青阳。”《索隐》按：“皇甫谧以青阳为少昊。”（中华书局，1965年，第10页）。

[54]《史记》卷5《秦本纪》，中华书局，1965年，第173页。

[55]《晋书》卷112《苻洪载记》，中华书局，1974年，第2867页。

[56]《史记》卷2《夏本纪》，中华书局，1965年，第89页。

[57]《晋书》卷116《姚弋仲载记》:“禹封舜少子于西戎，世为羌首。”（中华书局，1974年，第2959页）。
[58]《史记》卷40《楚世家》，中华书局，1965年，第1698页。
[59]《史记》卷41《越王勾践世家》，中华书局，1965年，第1739页。
[60]《史记》卷110《匈奴列传》，中华书局，1965年，第2879页。
[61] 袁珂校注:《山海经校注》卷11《大荒西经》，上海古籍出版社，1980年，第395页。
[62]《晋书》卷124《慕容云载记》，中华书局，1974年，第3108页。
[63]《北史》卷1《魏本纪》，中华书局，1974年，第1页。
[64] 高凯军:《论中华民族——从地域特点和长城的兴废看中华民族的起源形成与发展》，文物出版社，2014年，第256～260、289～295页。
[65] 张博泉、魏存成:《东北古代民族考古与疆域》，吉林大学出版社，1998年，第71页。
[66] 张广智:《大嵩山——华夏历史文明核心的文化解读》，大象出版社，2016年，第265页。
[67]《清史稿》卷1《太祖本纪》，中华书局，1976年，第1页。
[68] 中国社会科学院考古研究所:《新中国的考古发现和研究》，文物出版社，1984年，第41页。
[69]《史记》卷1《五帝本纪》，中华书局，1965年，第6页。
[70]《马克思恩格斯选集》第4卷，人民出版社，2012年，第181页。
[71] 王国维:《殷周制度论》,《观堂集林》第2册，中华书局，1959年，第451页。
[72] 何驽:《尧都何在？——陶寺城址发现的考古指证》,《史志学刊》2015年第2期；王震中:《中国文明起源的比较研究》，中国社会科学出版社，2013年，第308～322页。
[73] 中国社会科学院考古研究所山西队、山西省考古研究所、临汾市文物局:《陶寺城址发现陶寺文化中期墓葬》,《考古》2003年第9期。
[74] 李学勤:《清华大学藏战国竹简》(壹)下册，中西书局，2010年，第143、145页。
[75] 冯时:《文明以止：上古的天文、思想与制度》，中国社会科学出版社，2018年，第174～176页。
[76] 李学勤:《清华大学藏战国竹简》(壹)，中西书局，2010年，上册第8、55～60页，下册第142～143页。
[77] 刘庆柱:《中国古代都城考古发现与研究》(上)，北京：社会科学文献出版社，2016年，第57～59、60～70、71～82、83～96页。
[78]《史记》卷4《周本纪》，中华书局，1965年，第133页。
[79] 马承源:《何尊铭文初释》,《文物》1976年第1期。
[80]《毛诗正义》卷17,《十三经注疏》(上册)，中华书局，1980年，第548页。
[81]《史记》卷1《五帝本纪》，中华书局，1965年，第30、31页。
[82]《元一统志》记载:“天德三年，海陵意欲徙都于燕。上书者咸言上京临潢府辟在一隅，官艰于转漕，民难于赴愬，不如都燕，以应天下之中。”（中华书局，1966年）。
[83] 宋德金:《金中都的历史地位》,《光明日报》2003年11月11日第3版。
[84] 刘庆柱:《中国古代都城考古学研究的几个问题》,《考古》2000年第7期。
[85] 刘庆柱:《中国古代宫城考古学研究的几个问题》,《文物》1998年第3期；刘庆柱:《关于中国古代宫殿遗址考古的思考》,《考古与文物》1999年第6期。
[86] 中国社会科学院考古研究所:《殷墟的发现与研究》，科学出版社，1994年，第100～112页。
[87] 刘庆柱、李毓芳:《西汉十一陵》，陕西人民出版社，1987年，第162～164页。
[88] 刘庆柱:《关于西汉帝陵形制诸问题探讨》,《考古与文物》1985年第5期。
[89] 中国社会科学院考古研究所编著:《中国考古学·秦汉卷》，中国社会科学出版社，2010年，第238页。
[90] 大同市博物馆、山西省文物工作委员会:《大同方山北魏永固陵》,《文物》1978年第7期；张庆捷:《北魏永固陵的调查与探讨》,《洛阳汉魏陵墓研究论文集》，文物出版社，2009年，第122～133页。
[91] 中国社会科学院考古研究所、河北省文物研究所:《河北磁县湾漳北朝墓》,《考古》，1990年第7期。
[92] 陕西省考古研究所、咸阳市考古研究所:《北周武帝孝陵发掘简报》,《考古与文物》1997年第2期。
[93] 刘庆柱、李毓芳:《陕西唐陵调查报告》,《考古学集刊(5)》，中国社会科学出版社，1987年。

[94] 中国社会科学院考古研究所内蒙古第二工作队、内蒙古文物考古研究所:《内蒙古巴林左旗辽代祖陵陵园遗址》,《考古》2009 年第 7 期。

[95] 刘毅:《中国古代物质文化史・陵墓》,开明出版社,2016 年,第 243～255 页。

[96] 北京市文物研究所金陵考古工作队:《北京房山区金陵遗址的调查与发掘》,《考古》2004 年第 2 期。

[97] 宇文懋昭撰,崔文印证:《〈大金国志〉校正》之“附录三”,中华书局,1986 年,第 613 页。

[98] 宋大川主编:《北京考古发现与研究(1949～2009)(下)》,科学出版社,2009 年,第 369、370 页。

[99] 喻震、黄秀纯:《元铁可父子墓和张弘纲墓》,《考古学报》1986 年第 1 期。

[100] 刘庆柱、李毓芳:《陵寝史话》,社会科学文献出版社,2011 年,第 164 页。

[101] 尹德文:《清太宗皇太极火葬考略》,《故宫博物院院刊》1985 年第 1 期。

[102]《春秋左传》卷 18,《十三经注疏》(下册),中华书局,1980 年,第 1839 页。

[103] 中国社会科学院考古研究所河南一队:《1979 年裴李岗遗址发掘报告》,《考古学报》1984 年第 1 期。

[104]《史记》卷 28《封禅书》,中华书局,1965 年,第 1392 页。

[105]《春秋公羊传注疏》卷 4,《十三经注疏》(下册),中华书局,1980 年,第 221 页。

[106]《春秋左传正义》卷 21,《十三经注疏》(下册),中华书局,1980 年,第 1886 页。

[107]《史记》卷 70《张仪列传》,中华书局,1965 年,第 2282 页。

[108]《史记》卷 6《秦始皇本纪》,中华书局,1965 年,第 248 页。

[109]《汉书》卷 6《武帝纪》,中华书局,1962 年,第 182 页。

[110] 张新斌、刘五一:《黄帝与中华姓氏》,河南人民出版社,2013 年,第 95～109 页。

[111]《史记》卷 2《夏本纪》,中华书局,1965 年,第 77 页。

[112]《礼记正义》卷 23,《十三经注疏》(下册),中华书局,1980 年,第 1483 页。

[113] 烟台博物馆:《烟台市芝罘岛发现一批文物》,《文物》1976 年第 8 期。

[114]《史记》卷 28《封禅书》记载:秦始皇曾东游海上,“行礼祠名山大川及八神,求仙人羡门之属”。“八神”中“五曰阳主,祠之罘”,“皆各用一牢具祠,而巫祝所损益,圭币杂异焉”(中华书局,1965 年,第 1367、1368 页)。

[115]《史记》卷 10《孝文本纪》载:“朕获执牺牲圭币以事上帝宗庙。”(中华书局,1965 年,第 429 页);《史记》卷 28《封禅书》载:祭祀“河(黄河)、湫(湫泉)、汉水加玉各二;及诸祠,各增广坛场,圭币俎豆以差加之”(第 1381 页);《后汉书》卷 2《显宗孝明帝纪》载:“朕以暗陋,奉承大业,亲执圭璧,恭祀天地。”(中华书局,1965 年,第 100 页)。

[116] 国家文物局:《2016 中国重要考古发现》,文物出版社,2017 年,第 88 页。

[117] 刘庆柱、李毓芳:《西汉十一陵》,陕西人民出版社,1987 年,第 128 页。

[118] 汉阳陵考古陈列馆:《汉阳陵考古陈列馆》,文物出版社,2004 年,第 130 页。

[119] 陕西省文物管理委员会:《陕西兴平县茂陵勘查》,《考古》1964 年第 2 期。

[120] 刘庆柱、李毓芳:《西汉十一陵》,陕西人民出版社,1987 年,第 72、115 页。

[121] 詹德隆:《汉魏至唐宋时期的玉礼器初探》,《文博》1997 年第 5 期。

[122] 陕西省考古研究所:《唐惠昭太子陵发掘报告》,三秦出版社,1992 年。

[123] 刘庆柱:《从考古走进历史》,中国文史出版社,2019 年,第 349、372 页。

[124] 许宏:《最早的中国》,科学出版社,2009 年,第 117、118 页。

[125] 周有光:《世界文字发展史》,上海教育出版社,2018 年,第 74 页。

[126] 刘庆柱:《国祭也是祭国》,《光明日报》2015 年 9 月 7 日第 16 版。

[127] 冯时:《〈保训〉故事与地中之变迁》,《考古学报》2015 年第 2 期。

(原刊于《中国社会科学》2019 年第 12 期)

从考古学视角深化中华优秀传统文化研究

刘庆柱

近年来，习近平总书记多次谈及“中华优秀传统文化”，2014年12月20日，他在庆祝澳门回归15周年大会暨澳门特别行政区第四届政府就职典礼上指出：“中华民族在几千年历史中创造和延续的中华优秀传统文化，是中华民族的根和魂。”这里有两层意义：一是中华优秀传统文化有着“几千年”的创造和延续历史，可谓“不断裂的文明史”；二是中华优秀传统文化是“中华民族的根和魂”。其后，2018年8月21～22日，习近平总书记在全国宣传思想工作会议上强调：“中华优秀传统文化是中华民族的文化根脉，其蕴含的思想观念、人文精神、道德规范，不仅是我们中国人思想和精神的内核，对解决人类问题也有重要价值。”对此习近平总书记提出“要把优秀传统文化的精神标识提炼出来、展示出来，把优秀传统文化中具有当代价值、世界意义的文化精髓提炼出来、展示出来”。考古学主要是以物质遗存为研究对象的学科，在历史研究中考古学更具有通过“透物见人”的研究方法，达到“延伸历史轴线，增强历史信度、丰富历史内涵、活化历史场景”的作用，这样“提炼”出来的科学成果，更容易为大众所理解与认同，从而使中华优秀传统文化得以科学、“通俗”的阐释，“让世界了解中国历史、了解中华民族精神，从而不断加深对当今中国的认知和理解，营造良好国际舆论氛围”。

一、自然史和人类史互相制约

考古学对“中华优秀传统文化”考古学研究，必须以马克思主义史学理论指导，即通过历史唯物主义，以有“历史信度”的“物化载体”为对象，探寻“中华优秀传统文化”起源、形成与发展规律，阐释“中华优秀传统文化”之真谛。马克思、恩格斯在运用历史唯物主义进行人类历史研究中，十分突出“物质”的重要性。例如，马克思在《哲学的贫困》中指出：“手工磨产生的是封建主为首的社会，蒸汽磨产生的是工业资本家为首的社会。”这绝不是简单的“比喻”，他强调的是“工具”之于人类社会的重要性。

在运用考古学、历史学研究中，我们认识到，对其“物化载体”的时空确认至关重要。我认为“中华民族”并非“民族学”意义上的“民族”概念，而是凝聚了“国族”即“中国”意义，这是“政治学”概念。其基础是“国民”的“国家认同”，而“国家认同”是基于中华民族的“家国同构”“家国一体”的思想基础，其物化载体是“家”与“国”空间结构所折射的“中”与“中和”之文化基因。

中华优秀传统文化历史“久远”，特别是其发展初期（史前时期或原史时代）的研究，因史料匮乏，在内容与方法存在着诸多局限性，百年来，通过田野考古工作的开展，重要考古发现的层出不穷，多学科、跨学科研究方法的普及深化，极大提高了研究的科学性与“辩证性”。这也就是马克思、恩格斯在《德意志思想体系》中所说：“我们仅知道一门唯一的科学，即历史科学。历史可以从两方面来考察，可以把它划分为自然史和人类史。然而这两方面是不可分割地联系在一起的；只要人们还生存下去，自然史和人类史就彼此互相制约着。”

以往的历史科学更多的是对“人类史”的研究，而忽视对“自然史”的研究，更没有将“人类史”与“自然史”作为“统一”的历史科学去研究。现代考古学彻底改变了以往的历史研究方法，实现了将“人类史”与“自然史”作为人类历史科学的一个密不可分的整体，尤其是将“自然”作为“人类”赖以活动的基础去研究。

二、国家文化认同最为重要

从历史科学的“时空”角度分析，“中华优秀传统文化”不属于“区域文化”，也不同于特定“时代”“王朝”及其他“政体”的历史文化，更不属于具体哪个“族属文化”，它是中华民族“多元一体”的“一体”文化，其本质是“国家文化”。国家通过“国家文化”的“认同”，保证了国家统一与国家历史文化延续。国家文化认同是所有文化认同中最核心、最重要、最根本的。

中华优秀传统文化属于“形而上”的，考古学可以通过对其“物化载体”发现与研究及其解读、认知，使之成为“看得见”“摸得到”的“形而下”东西。我们在中华优秀传统文化考古学研究中，遵照马克思、恩格斯以“物质”为基础，从“物质”到“精神”的研究路径，从“中华五千年不断裂文明”作为“切入点”，此处的“文明”是相对其前的“野蛮”与“蒙昧”时代历史而言的，后二者也就是还没有进入“国家”的“原始社会”，对此恩格斯在《家庭私有制国家起源》指出“国家是文明社会的概括”。据此，可以说中国的“五千年不断裂文明”就是“中国”五千年的延续不断的国家历史。

“中华五千年不断裂文明”经历了“五帝时代”与夏商周、秦汉、魏晋南北朝、唐宋元明清诸王朝，作为这些不同时代、不同族属的国家统治者、管理者坚守着同一国家文化理念，这就是我们所说的“国家认同”，这种基于“国家认同”之下的“国家文化”就是中华优秀传统文化。

考古学视阈之下的中华优秀传统文化研究，主要是从国家形成的核心“要素”作为切入点，考古学视域之下的国家核心“要素”是管理国家平台——都城、礼制建筑及其“若都邑”之帝王陵墓，这些物化载体反映了国家政治文化“中”与“中和”理念的物化载体。

三、国家认同进一步深化

古代都城是国家政治统治中心、军事指挥中心、文化礼仪活动中心、经济管理中心，其考古学物化载体主要有都城选址（择中建都、择中建宫），大朝正殿“居中、居前、居高”，以大朝正殿为中心形成的“左祖右社”布局，以及中央政府平台的宫殿、官署、武库、宗庙、社稷空间位置分布、个体建筑平面布局及其出土遗物等。据此，我们通过古代都城及其遗存考古研究究明中华优秀传统文化的“中”与“中和”传承，再现随着历史发展，国家认同的政治理念之深化、强化。

“中”相对“四方”而言，显示的是“中”之“权威”与“中正”“公允”“凝聚”。“国”以“中”为贵，“择中”“居中”观念是中国古代非常重要的政治思想、治国理念、“家国”规范。

考古发现的夏代早中晚期都邑城址登封王城岗遗址、新密新砦遗址与偃师二里头遗址，商代的郑州商城遗址、偃师商城遗址等，周代都城成周、王城遗址均在洛阳，东汉、魏晋、北魏与隋唐宋均都于“大中原”，宋王朝之后，金元明清徙都北京之始，海陵王则认为“燕京乃天地之中”，因此大金王朝都城名称即为“中都”。这也就是说“天地之中”具体地点可以不同，但是其理念不能改变，历代王朝营建都城选址之所以必须“择中建都”，就是“中和”实质，就是“四方”“和”于“中”。

都城营建于“天下（即国家）之中”是相对于东西南北“四方”而言的，“四方”即“东夷”“西戎”“南蛮”“北狄”。“择中建都”之“中”体现国家相对“东西南北”的至高至尊，同时“中”相对“四方”又反映了国家对“四方”的不偏不倚之“公允”“公正”，从而达到国家之“和”，这种“和”是国家“一统”的基础。

作为都城与宫城“代表性”建筑的都城城门与宫门，形成“一门三道”规制，都城之中的道路实施“一道三途”制度，这些应该是把“中”的理念进一步扩大与深化，从而使“中”成为中华五千年不断裂文明中“生命力”最强的文化基因。

“中和”理念的进一步深化表现在都城“四面辟门”、都城之“宫城居中”与宫城“四面辟门”。考古发现汉唐长安城、汉魏隋唐洛阳城、宋开封城、金中都、元大都与明清北京城其都城及宫城四面均辟门，这是“中和”之“和”理念的佐证。在以上诸都城遗址考古发现中，宫城之大朝正殿“居中”“居高”“居前”则突出了作为国家代表的中央政府“平台”的“至高”与“至尊”理念，这又是中华“五千年不断裂文明”与国家“大一统”的根本思想理念保障。

四、深化国家认同理念

古代都城及宫城布局形制所呈现的“中和”观念，之所以称之为“中华优秀传统文化”，就因为在中华五千年文明史发展中，被中华大地的各个民族所认同，考古发现与古代文献记载均佐证这一历史。鲜卑人从大兴安岭南下，经内蒙古盛乐、晋北大同（平城）建立北魏王朝，其进一步发展，徙都“天地之中”洛阳，继承汉长安城、汉魏洛阳城布局形制，营建北魏洛阳城，使都城的“中和”观念更为深化，开创了中国古代都城的“三城制”，完善了都城“中轴线”，弘扬了先秦、汉魏都城的宫门门阙形制，考古发现的北魏洛阳城宫城正门——阊阖门遗址布局形制对后代产生深远影响，直至明清北京城午门形制与之一脉相承。中古时代以后北方族群女真、蒙古先后入主内地，建立了金、元、清王朝，他们承袭了几千年形成的“中”与

“中和”的中华优秀传统文化，深化了国家认同理念。

中国古代都城考古发现与研究揭示出的“中”与“中和”理念，也见于中华历史文化的早期文献记载，如：《左传》记载：“民受天地之中以生，所谓命也。”《老子》载：“多言数穷，不如守中。”《管子·度地篇》记载“天子中而处”。《荀子·大略》云：“欲近四旁，莫如中央，故王者必居天下之中。”《吕氏春秋·审分览·慎势篇》则总结历史提出：“古之王者，择天下之中而立国，择国之中而立宫。”《礼记·中庸》亦载：“中也者，天下之大本也。和也者，天下之达道也。致中和，天地位焉，万物育焉。”司马光《司马文正公传家集》提出：“中和者，大则天地、中则帝王、细则昆虫草木，皆不可须臾离者也。”

“中和”也就是“多元一体”，“一体”为“中”，“多元”是“和”，“一体”是核心。就政治文化而言，“一体”是“国家认同”“中华民族认同”“中国历史文化认同”。“中和”之“中”的国家“大一统”与“和”之“有容乃大”，成为“中华传统优秀文化”之“基因”。

五、不同文化应该互相尊重

恩格斯在《家庭、私有制和国家的起源》指出：蒙昧时代的“中级阶段——从食物中采用鱼类与使用火开始。”“高级阶段——是从弓矢的发明开始的……弓矢对于蒙昧时代，正如铁剑对于野蛮时代及枪炮对于文明时代一样，乃是决定性武器。”野蛮时代的“低级阶段——是从陶器的应用开始的”。“中级阶段——在东大陆，是从家畜驯养开始的，在西大陆是从靠灌溉之助栽培食用植物及建筑上使用干砖与石头开始的”“高级阶段——从铁矿的熔炼开始，并因文字的发明与它的应用于文献记录而转入文明时代”。对照恩格斯的著名论断，中国考古工作者从中华远古历史文化到中华传统优秀文化的考古学研究中，进行了大量实证性考古学研究，把人类社会古代历史概括为石器时代、青铜时代、铁器时代等，这恰恰与中国史学界传统所说的“原始社会”、夏商周“奴隶社会”、秦汉及以后的“封建社会”相对应。这些“实证性”科学研究，证明马克思主义国家学说的科学真谛。

中华传统优秀文化是中华五千年不断裂文明史的“文化基因”，亦谓“中华民族的根与魂”，中华传统优秀文化是东亚大地几千年历史发展的必然，诚如马克思在《资本论》中针对自然环境的不同而导致的人类文化差异时指出：“不同的共同体，是在各自的自然环境内，发现不同的生产资料和不同的生活资料的。所以，它们的生产方式、生活方式和生产物是不同的。”马克思在这里实际上提出了从“自然”及物质生活资料的生产与再生产去考察文化现象的唯物主义原则，这为不同地区人类文化的不同应该互相尊重，提供科学支撑。

（原刊于《中国社会科学报》2021年10月29日）

考古学文化与中原地区的古代文明形成

刘庆柱

中国古代文明形成研究是当前学术界十分关注的课题。由于古代文明形成之前或之际，没有或基本没有当时的作为历史文献的文字资料，考古学资料就成为了研究这一重大历史问题的关键。考古学的学科特点决定了其在古代文明形成研究中的特殊作用，究明考古学文化与古代文明形成的关系，是研究中国古代文明形成所必需的。中原地区曾是中国古代夏商王朝的发祥地和中心地区，夏商王朝一直被认为是中国历史上最早的两个王朝，因此中原地区在中国古代文明形成的研究中有着十分重要的学术意义。

一、关于考古学文化问题

1. 考古学文化的主要内容

《中国大百科全书·考古学》中的“考古学”条载：“考古学是根据古代人类通过各种活动遗留下来的实物以研究人类古代社会历史的一门科学。”根据近年考古学的新发展，我认为考古学的学科内容还应更多一些，从时间上说考古学是研究过去的科学，即人类出现以来至今的“过去科学”；从空间上说考古学是研究人类出现以来主体的“人”和客体的自然世界变化的科学。考古学为人类历史上所有学科的历史研究提供新资料，并主要依据考古资料，利用考古学理论、方法开展历史研究（包括人类社会历史及其与人类相关的科学技术史和人类生存空间变化史的研究）。考古学既研究过去的人文社会科学，也研究过去的自然科学及人类的生态环境空间。从这个意义上讲，考古学可谓“研究过去的科学”。

考古学研究以“考古学文化”为单元进行。“‘考古学文化’是代表同一时代的、集中于一定地域内的、有一定地方性特征的遗迹和遗物的共同体。这种共同体，应该是属于某一特定的社会集团。由于这个社会集团有着共同的传统，所以在它的遗迹和遗物上存在着这样的共同性。”[1]安志敏先生对考古学文化作了更为具体说明，他认为：“在考古工作中，发现某几种特定类型的器物，经常地在一定地区的某一类型的居址或墓葬中共同出土，这样一群有着特定组合关系的遗存，即可称为一种‘文化’。”[2]就当前我国考古工作的实际情况来看，考古工作者对新石器时代考古学文化（甚至一些夏商时代的考古学文化）命名，一般以陶器作为主要物质遗存的特定器物，辅之以建筑遗址、墓葬及其他生产、生活遗迹和遗物。

2. 考古学文化的多元性

在我国广袤土地上，从东海之滨到新疆、西藏腹地，从东北三省到闽粤滇桂，各地多年的考古发现，展示出丰富多彩的考古学文化。中国考古发现说明，新石器时代考古学文化较夏商时代考古学文化众多，夏商时代又较秦汉时代考古学文化众多。随着人类征服自然环境能力的加强，考古学文化的趋同也在加速。

3. 多元考古学文化的产生原因

考古学文化主要是以“特定类型的器物”——陶器与相关物质遗存所构成的“特定关系组合遗存”。它们是人们活动的体现。一般说自然环境和地理区域是考古学文化形成、发展的重要条件和背景。正如恩格斯指出那样：“在此（野蛮时代）以前，我们可以把发展过程看作是一般的，可适用于一定时期的一切民族，不管他们所生活的地域如何。但是，随着野蛮时代的到来，我们达到了这样一个阶段，其时两大陆的天然条件上的差异，则有了作用……由于自然条件上的这种差异，每个半球上的居民，自此以后，便各循着自己独特的道路发展，而表示个别发展阶段的界标在两个半球也就各不相同。”[3] 马克思把这种由于自然环境、条件的不同，而导致的差异讲得更为明确：“不同的共同体，是在各自的自然环境内，发现不同的生产资料和不同的生活资料的。所以，它们的生产方式、生活方式和生成物是不同的。”[4] 我国国土广大，各地自然环境、交通条件不同，有的差别很大，在这种背景下形成了各地不同的考古学文化。从这个角度我认为自然地理环境的多样性决定了考古学文化的多元性。

二、古代文明形成的本质问题

“文明”社会是相时“蒙昧”“野蛮”社会而提出来的，这个“文明”不是一般意义上的“文化”，也不等同“考古学文化”。古代文明形成的本质是国家的出现。古代文明形成、国家出现属于政治范畴。“古代文明形成”时期处于人类历史完成从史前时代到历史时代的转化，这一时期历史一般没有当时的文字记载资料，我们所能见到的只有传说，“传说”仅仅是“口头历史”，它们在“古代文明形成”“国家出现”的研究中存在着极大局限性。“古代文明形成”“国家出现”研究在很大程度上要依赖于考古学去探讨其时空范围、构成人群、社会结构、经济状况等。

“国家”是“古代文明形成”的概括，从考古学研究讲，最早“国家”的物化形式或载体学术界有多种多样的说法，如“城市”“文字”“金属器”“礼器”“王陵”等。上述种种物化形式或载体，如“文字”“金属器”“礼器”“王陵”等很难界定，而最早国家机器的物化形式与载体以“城”最具代表性。“城”作为政治中心，它与围以墙垣、壕沟的聚落、村庄、军事城堡不同，这种“城”不是从乡村分离出来的“市民”聚居地，它是国家政治统治中心、军事指挥中心、社会与经济管理中心。它们遗留下来的物质载体是宫殿、宗庙、官署及其相关遗物等。

三、古代文明形成的先后与考古学文化的多元性问题

人类历史从“野蛮社会”进入“文明社会”，是社会发展的“飞跃”，是从“量变”到“质变”的过程，也就是我们所说的古代文明从“起源”到“形成”的过程。在距今5000～4000年的现在中国大地上，拥有数量众多的不同考古学文化的人群，“古代文明形成”“国家出现”不是同时降临给他们的，他们进入“文明社会”“国家”有先有后，有的甚至相差数千年。民族学调查资料说明，有的民族到近代仍然处于“原始社会”阶段。“古代文明形成”“国家出现”不是不同考古学文化的简单“融合”，一个国家、一个地区考古学文化的多元性，不等于其“古代文明形成”的多元性。考古学文化的多元与作为政治实体的“古代文明形成”（即国家出现）的多元是截然不同的两个概念。

四、关于中原地区“古代文明形成”的问题

夏商作为早期国家已为学术界所公认。文献记载与考古研究证实，夏商都城和中心地区都在中原地区。继夏商之后的周秦汉唐的都城和国家中心都在黄河中游地区。从最初的“古代文明形成”“国家出现”到汉唐帝国，黄河中游地区一直是华夏文化的核心地区，一直是夏商王朝至汉唐帝国的政治中心。这样的历史有着深厚的背景，以中原地区为主诞生的“国家”，是在新石器时代晚期仰韶文化、河南龙山文化基础上出现的。就当时自然环境而言，黄河中游地区比辽西、太湖平原、成都平原、江汉平原更适于早期人类的生存与发展。从仰韶文化、河南龙山文化与同一时代目前中国版图内其他考古学文化所反映的社会经济发展水平而言，无疑这里的经济基础是最雄厚的。作为原生的中国古代文明，首先在中原地区“形成”并得到长期发展，这是历史的必然。

近年在“古代文明形成”研究中，我们注意到一些学者对有的考古学文化中的祭祀活动遗迹、遗物非常重视，并且将其作为“古代文明形成”的重要标识物。古代各种“祭祀”遗存，可以作为国家统治者统治其百姓的精神工具的反映；也可以是史前时代人们面临当时条件下，无法抗御的自然环境，企求生存平安、发展的精神寄托。前者可视为早期国家的较普遍现象，后者则不然。因为史前时代社会经济的发展与祭祀活动的发达程度并不是都成正比例的，甚至历史学、民族学资料往往得出相反的结论。历史上有些人群或民族祭祀文化非常发达，但是他们所处的社会发展阶段却相当原始。这一方面是祭祀活动浪费了大量人力、物力和财力，使社会经济发展受到严重影响；另一方面，不少祭祀文化发达地区，相对当时人类生存能力而言，恰恰是生态环境脆弱地区，人们以祭祀自然神、宗教神，企求生存或美好未来。根据多学科研究，新石器时代晚期辽西地区的自然地理生态环境与现在基本一样，干旱对于当时的人们来说，是致命的自然灾害。连续几年的干旱，可能导致社会的崩溃。良渚文化所在的太湖地区，现在是鱼米之乡，“人间天堂”，史前时期那里频繁的洪涝灾害，使人们不得不求助于“神”，

各类通神玉器的空前发达，人力、物力、财力的大量浪费，这不能只认为是社会经济进步的反映，而有可能是社会历史发展扭曲的表现。对于当时的人们而言，祭祀是人们希望借助“神”改变自然生态环境，历史发展规律恰恰是自然生态环境不但不同情弱者，反而予其以严惩。从科学意义上讲，在新石器时代晚期的辽西、太湖地区，由于其自然地理生态环境的制约，华夏的“古代文明形成”“国家出现”不会首先发生在那里，从世界范围来看，大河中游地区往往是孕育出当地最早的古代文明，形成该地域最早的国家。古代东方的中国情况也不例外。中原地处黄河中游，而黄河中游地区河水与附近地面的高差大于长江中游地区江水与附近地面的高差。显然，地处黄河中游的中原地区较之长江中游一带更有利于“古代文明形成”前后人们的生产与生活。加之其他方面的诸多因素，也就使中国古代文明形成最早出现于中原地区，河南成为中国古代早期王朝的中心地区也就是历史的必然了。

注　释

[1] 夏鼐、王仲殊：《考古学》,《中国大百科全书·考古学》，中国大百科全书出版社，1985年。
[2] 安志敏：《考古学文化》,《中国大百科全书·考古学》，中国大百科全书出版社，1985年。
[3] 恩格斯：《家庭、私有制和国家的起源》，人民出版社，1957年，第21页。
[4] 马克思：《资本论》，人民出版社，1957年，第423页。

（原刊于《华夏文明的形成与发展》，大象出版社，2003年）

中原历史文化演进的考古学观察

刘庆柱　韩国河

中原包括今河南全部、山西中南部、河北南部、陕西东部、山东西部地区，位于黄河流域中游。中原又称中土。就地理位置而言，古代中原是相对“东夷”、“西戎”、“南蛮”、“北狄”、“四夷”而言，它们与中原共同构成“天下”，中原与四夷形成“东西南北中”。中原之“中”有两个层面的意义：一是空间概念，古代国家为了便于对东西南北四方的管理与统治，选择中原作为管理国家的都城所在地，即古代国家“择中立都”。宋代以前历代王朝绝大多数定都于中原，因此中原及其都城也被称为中国，《诗经·大雅·民劳》：“惠此中国，以绥四方。”《毛传》：“中国，京师也；四方，诸夏也。”《史记·五帝本纪》：“夫而后之中国，践天子位焉。”《集解》：“刘熙曰：‘帝王所都为中，故曰中国。’”由此在中国古代文化中，“中原”与“天下”、“中国”成为同义语，如“得中原者得天下”、“问鼎中原”等。二是形而上的观念，即“中”相对东西南北四方及其四夷而言的公允、公正、不偏不倚，以及“中”的“中正”思想，并由此“引申出中和的观念”[1]。

中原特定的区位及其环境特点，决定了中原历史文化自新石器时代末期至中古以来成为中国历史的主导文化与多元一体华夏文明之核心文化。宋代以后虽然中国历史的政治中心移至北京，但是辽金元明清王朝的社会主导文化的核心依然沿袭了从新石器时代末期以来中原地区历史“文化基因”。可以说“五千年”不断裂的中华文明基因集中体现在中原历史文化之中。据考古学研究而言，中原历史“文化基因”物化载体集中体现在古代都城、帝王陵墓及其相关的礼器、文字等，以及有容乃大的儒道释思想与正统及“大一统”的哲学理念和政治信仰。因此可以说作为考古学文化的中原历史文化不同于一般的“区域文化”、“时代文化”或“王朝文化”，也不同于一般的“民俗历史文化”、“宗教文化”，我们所说的“中原历史文化”实质上是中国历史上的“政治文化”、“国家文化”、“社会主导文化”。

一、史前时期：从“多元”走向中原文化的“一体”格局

中原地区位于第二、三阶梯的过渡地带，以山地、低山丘陵、平原地貌为主，河流、湖泊纵横，在平原地带因河流泛滥形成了广阔的潮土、垆土分布区，加之位于季风区的中部，气候环境也相对适宜[2]。这些为早期文明的产生提供了非常优越的自然条件和充足的食物来源。

史前时期的中原大体以公元前 1 万年为界，分为旧石器和新石器两个时代。根据不同时期

考古学文化面貌的差异又可以将新石器时代分为早期（公元前 10000～前 7000 年）、中期（公元前 7000～前 5000 年）、晚期（公元前 5000～前 3000 年）、末期（公元前 3000～前 2000 年）四个阶段[3]。这一地区的不同文化交流融合，最终确定了中原历史文化在中国历史上的核心地位。

旧石器时代晚期到新石器时代早期是早期人类文明的孕育阶段。这一时期，以河南许昌灵井[4]、安阳小南海[5]、新密李家沟[6]，山西沁水下川[7]、吉县柿子滩[8]，河北阳原于家沟[9]、虎头梁[10]、小长梁[11]、徐水南庄头[12]等遗址为代表的考古学文化在华北大地蓬勃发展，在环嵩山地区、泥河湾盆地形成了密集的旧石器时代—新石器时代过渡遗址群。这些遗址中细石器工具被广泛使用，反映了当时社会的“广谱革命”[13]，这极大地改变了先民们的生产方式，扩展了食物来源，提高了适应和改造自然的能力，为农业起源奠定了坚实的基础[14]。

经过新石器时代早期的发展，中原地区环嵩山与冀南两个区域形成了新石器时代中期裴李岗、磁山文化聚落群，其周边则分布着其他考古学文化，主要有关中、汉中的老官台文化，鄂西峡江、长江中游地区的城背溪、皂市下层、彭头山文化，浦阳江流域的跨湖桥文化，洪泗河流域的顺山集文化，环泰山地区的后李文化等。其中尤以裴李岗文化发展得最为成熟。该文化以嵩山为中心，遍布河南全境，无论聚落布局中的房屋建筑、墓地制度还是出土器物的组合、形制特征都显示出其内部高度的一致性，第一次在时空框架上展现了早期中原文化的聚合力。

裴李岗文化的扩张性和生业模式的多元化极大提高了该文化的适应能力，实现了不同地域、不同文化间的交流与融合。根据目前的考古发现与研究，在武安磁山[15]、临潼白家村[16]、宜都枝城北[17]、泗洪顺山集[18]等同期周邻文化遗址中都能见到与裴李岗文化的因素，如红陶素面三足钵、鼎、深腹罐等。在与其他文化的交流与互动过程中，裴李岗文化以鼎为主要炊器、龟甲崇拜、骨笛和刻画符号等文化因素传播到长江中下游、淮河流域和海岱地区，为新石器时代晚期文化格局的形成奠定了基础。而“鼎”在中原地区裴李岗文化中的出现并在该地区新石器时代晚期仰韶文化、河南龙山文化代代相传，进入夏商王国时代至帝国时代成为王朝与中华民族的“政治性”之“标识物”，成为国家政权的“物化载体”，因此也才有“问鼎中原”的文化认同意义。

需要指出的是，在裴李岗文化基础上发展起来的仰韶文化，在其中期基本形成了早期“华夏文化圈”。仰韶文化早期前段遗存目前已经发现的有豫西、晋南、关中地区的翼城枣园[19]、垣曲古城东关[20]、临潼零口村[21]、新安荒坡[22]；豫西南鄂西北的方城大张庄[23]、淅川沟湾[24]、下王岗[25]、郧县店子河[26]、胡家窝[27]、郧西张家坪[28]；豫中地区的郑州大河村[29]、长葛石固[30]；豫北的磁县下潘汪[31]、武安赵窑[32]等遗址。这些遗址的仰韶文化早期前段遗存都保留了裴李岗文化红色素面陶居多、泥质陶比例较大、以鼎罐钵为基本器物组合的特点，但由于文化源头、分布地域和自然环境的差异，在文化面貌主体相近的基础上又存在着一定的区别，可以划分为不同的地方类型。

仰韶文化早期后段的遗存增多，主要有豫西与陕西东部的三门峡南交口[33]、灵宝晓坞[34]、底董[35]、华县元君庙[36]、西安半坡[37]、临潼姜寨[38]等遗址；豫西南鄂西北地区的邓州八里岗[39]、淅川沟湾、下王岗、郧县大寺[40]等遗址；豫中的郑州大河村等遗址；豫北的安阳后岗[41]、濮阳西水坡等遗址[42]。在此基础之上，仰韶文化又向周边扩展，华北中北部的房山镇江营[43]、正定南杨庄[44]、易县北福地[45]、容城北城村[46]等遗址与内蒙古中南部的凉山王墓山坡[47]、红台坡[48]、孤子山[49]等遗址的考古发现佐证了这一历史发展进程。仰韶文化向周围地区的扩张，促进了与周邻文化的交流及不同文化类型之间的互动，强化了其自身的文化凝聚力。

经历早期的发展，到仰韶文化中期，在豫西、晋南地区东庄类型基础上形成和发展起来的庙底沟类型迅速崛起。庙底沟类型从分布地域上看，东到豫东，北至河套，西抵青海东部，南达汉水中游地区，影响范围扩及海岱地区的大汶口文化[50]、北方的红山文化[51]和小珠山中层文化[52]、长江中游的大溪文化[53]、淮河流域的侯家寨文化[54]、长江下游地区的薛家岗文化[55]等，成为史前时代中国境内分布范围最大、对其后中国历史影响最为深远的考古学文化。以中原地区为核心的庙底沟类型陶鼎（国家的象征）与花瓣纹（“华”的象征）彩陶纹样成为此后“中华文明”的物化表征。

到仰韶文化晚期，随着中原地区凝聚力、向心力的进一步增强，各地史前文化越来越汇聚于中原地区，东方大汶口文化的西进[56]、南方屈家岭文化的北渐[57]，使有容乃大的中原文化更为发展，促使中华文明与早期国家在中原地区的形成与发展。

当公元前3000年左右，黄河流域各地随葬品丰富的贵族大墓、高等级祭祀遗存和房屋建筑、城址等特殊遗迹的普遍发现，在更深层次上反映出了当时日益加剧的社会关系变革。

龙山时代早期，豫西、晋南、豫中地区在原有仰韶文化的基础上分别发展起来了庙底沟二期文化和大河村五期文化，这两支文化中虽然可见不少来自东方大汶口文化的因素和一定数量的来自南方屈家岭晚期、石家河早期文化的因素，但其文化主体仍处于上升阶段。这一时期，在孟津妯娌[58]、芮城清凉寺[59]、襄汾陶寺的庙底沟二期文化遗址中发现有随葬精美玉器、彩绘陶器、象牙器等具有礼仪性质器物的高等级贵族墓地以及大量形制规整的袋状窖穴，这种袋状窖穴在同期中原地区以外的其他文化中基本不见，它们是否属于标志社会富裕的仓储设施有待于进一步考证。

到龙山时代晚期，具有标志性的早期都邑性质大型城址（聚落）开始出现。这类聚落中不仅已有贵族、一般平民居住区和墓葬区之分，而且还出现有高等级宫室建筑以及服务于社会上层的手工业作坊区、仓储区、大型祭祀或礼仪性遗存等，其中以陶寺城址最为典型。此外在嵩山地区与豫东北濮阳地区新石器时代末期数量众多城址群的发现，以及夏代早中期的王城岗遗址的发现和确认[60]，初步勾勒出了公元前2500～前2100年中国历史上最早的社会政治中心图景。

二、夏商时期：早期国家的文明核心

一般认为，国家是文明形成的标志。经过龙山时代的社会发展，在公元前2000年左右，地处“天下之中”的中原地区率先进入王国时代，出现了中国历史上第一个王权国家——夏王朝。夏代的政治中心主要围绕中岳嵩山分布。就目前学术界的一般研究，可以将王城岗遗址、新砦遗址和二里头遗址作为夏代的早中晚三个都邑遗址。

王城岗遗址位于河南省登封市告成镇西部，1977 年发现[61]，2002 年以来，考古工作者对该遗址又进行了调查钻探，在遗址中部发现一座面积约 34.8 万平方米的大型城址，城址平面近方形，根据残存城墙复原，东、西城墙各长 580 米，南、北城墙各长 600 米。北城墙和西城墙之外置城壕，大城南面和东面分别利用了颍河与五渡河作为城壕。城内分布有大面积夯土建筑遗址，发现龙山文化晚期祭祀坑和白陶器、玉石琮等重要遗物。此城址时代上限不早于龙山文化晚期，下限不晚于二里头文化时期。这是目前河南省境内发现的龙山文化最大的城址[62]。王城岗小城位于大城东北部，大城的年代晚于小城[63]。目前关于王城岗城址大城兴建后，小城是否还在继续使用，也还需要通过田野考古究明。有的学者提出，"王城岗的小城有可能为'鲧作城'，而王城岗大城有可能即是'禹都阳城'"[64]，因此推断王城岗城址可能是夏王朝的最早都邑。

新砦城址位于嵩山东、新密市刘寨乡新砦村西北，由外壕、城墙及护城河、内壕三重防御设施组成，城墙内复原面积约为 70 万平方米，若将外壕所围起的空间计算在内，则新砦城址的总面积达 100 万平方米左右。城址平面形状基本呈圆角长方形，南面以双洎河为自然屏障，现存东、北、西三面城墙及靠近城墙下部的护城河。城址中心区位于遗址的西南部，是整个遗址中的最高处，东、北、西三面被内壕所围，形成"内城"。在内城中部偏北发现一座大型浅穴式建筑[65]。据文献记载有"启居黄台之丘"，丁山考证"黄台之丘"可能即"黄台岗"，位于今新密境内的洧水岸边[66]，与新砦城址地望基本一致。具有多重防御设施的大型聚落、高规格建筑、高等级遗物，以及与文献记载地望的相符，均将新砦城址指向中国历史上第一个王权国家——夏王朝的都城。

发现于城址中心区的大型浅穴式建筑，所处位置重要，规模宏大，建造较为考究。建筑附近发现有整猪骨架和埋葬有较多兽骨的小灰坑，说明该建筑可能与祭祀活动有关。发现铜容器残片一件，可能是鬶或盉的流部，经检测为红铜。内壕圈起的内城范围内出土有刻划兽面纹的陶器盖残片，以及装饰着优美夔龙纹的陶器圈足残片各一件。从文化因素方面分析，新砦期在王湾三期文化的基础上，吸收了山东龙山文化、石家河文化等因素。从聚落考古角度看，新砦期遗存聚落具有明显的分级现象，新砦遗址面积最大、防御设施最完善、等级最高，应是新砦期聚落群的中心聚落，其他遗址面积明显小于新砦遗址，应属于次级聚落。

1959 年，徐旭生一行踏查洛阳盆地东部二里头遗址，采集到陶器等，并认为"这一遗址的遗物与郑州洛达庙、洛阳东干沟的遗物性质相类似，大约属于商代早期"[67]。此后二里头遗址历经多年考古工作基本究明遗址范围：北至洛河滩，东缘大致在圪垱头村东一线，南到四角楼村南，西抵北许村。遗址略呈西北—东南向，东西最长约 2400 米、南北最宽约 1900 米，面积约 300 万平方米。考古发现了多座大型宫殿建筑基址及其外围的宫城遗存，以及宫城周边的道路遗迹和宫城之外的围垣作坊区遗址，发掘了大型青铜冶铸作坊遗址、绿松石器制造作坊与制陶、制骨遗址等，以及与祭祀有关的遗迹和中小型墓葬 400 余座，墓葬出土了成组青铜礼器和玉器。

二里头宫城位于遗址中部偏东，平面呈竖长方形，面积约 10.8 万平方米，布局严谨。宫城的一号、二号建筑基址形成西、东两组建筑群。宫城之内形成中国古代宫城最早的"二元轴线"，体现出王国时代作为国家缩影的都城及国家政治中枢的宫城的地缘政治与血缘政治并重的“二元政治”格局，直接影响着后世王国时代的宫城形制。其中二里头宫城一号宫殿庭院南门之“一门三道”作为中国古代社会王权、皇权级标识物特别值得关注，它与中国古代历史相始终。

宫城之南为围垣作坊区，作坊区北部发现有两段夯土围墙。绿松石作坊位于北围墙之南，紧挨北围墙[68]。绿松石作坊再南为青铜器作坊，面积约 1 万平方米，主要遗迹包括浇铸工场、陶范烘烤工房和陶窑等[69]。上述手工业作坊遗址的考古发现，说明都城手工业“工在官”。

宫城以北区域为墓地，其附近发现了属于墓地的祭祀遗存，这一带可能是主要的贵族墓葬分布区之一[70]。

贵族聚居区位于宫城周围，发现数十处中小型夯土基址[71]。中型墓葬的分布于这一区域。

二里头遗址发现有大规模青铜器、玉器、绿松石器、制作精致的白陶器等礼器群。

二里头遗址有严谨的规划布局，可分为中心区和一般居住活动区两大部分。中心区又由宫殿区、道路网、围垣作坊区、祭祀活动区和若干贵族聚居区组成。二里头遗址之宫城及其宫庙建筑遗址的考古发现，对中国古代都城文化影响深远。

考古发现的商代都城遗址有郑州商城遗址、偃师商城遗址、殷墟遗址，它们均在中原境内，商朝正是以中原地区为中心，不断向四周发展，开疆拓土。

郑州商城遗址面积约 25 平方千米，城址位于遗址中部偏东，可分为内城和外城两部分。内城平面略呈长方形。内外城之间分布着重要的手工业作坊区，包括铸铜作坊和制陶作坊[72]。

宫殿区位于内城内中部偏北和东北部一带，面积约为郑州商城的六分之一。

郑州商城目前共发现两处铸铜作坊、三座青铜器窖藏坑。窖藏坑出土方鼎、斝、爵、簋、戈、钺等青铜器，其中尤以方鼎至关重要，这批青铜器很可能是王室重器或为商王朝祭祀所用之器。

早商文化阶段，除豫东部分地区外，以郑州商城为中心的商王朝的势力范围早已超出中原地区，北抵冀南，西进关中，南达华南，东至豫东，这一广大区域都是商朝的疆土。各地虽有当地独特的文化因素，但其社会主导文化因素仍是商文化，说明这些地区直接受商王朝控制。

作为商代早期都邑的偃师商城遗址，由郭城（即早期小城与晚期大城）与宫城及府库等部分组成。宫城位于城址的南部偏中，发现有多座大型的夯土建筑基址，分成东西并列的两座大型建筑群，一般认为西组为宫殿建筑，东组为宗庙建筑，形成“左庙右殿”的格局[73]。

20 世纪 90 年代后期发现的洹北商城遗址位于洹河北岸，平面近方形，面积约 470 万平方米。宫城位于城址中部偏南处，发现有大范围的夯土建筑基址，个别夯土建筑基址规模大，如一号宫殿基址面积约 1.6 万平方米，是商代最大的单体建筑[74]。大多数学者认为洹北商城是盘庚所迁之殷。传统所说的殷墟遗址东西长 6000 米、南北宽 5000 米，总面积近 30 平方千米，以小屯、花园庄为中心的宫殿宗庙区在洹河南岸，洹河北岸侯家庄、武官村一带为王陵区。宫殿宗庙区共发现上百座夯土建筑基址。王陵区共发掘带墓道的大墓 13 座，祭祀坑近 1500 座。殷墟王陵区是目前我国考古发现时代最早的王陵。大墓旁常见陪葬墓。祭祀坑以人祭为主，也有少量兽祭坑和器祭坑。王陵区的独立存在，以及王陵的四墓道之“亚字形”墓（后代陵墓出现陵园以后又影响其陵园辟“四门”）及其王陵之旁的陪葬墓、祭祀坑、大型墓圹、棺椁制度、殉人、高规格的随葬品等都表明，晚商阶段已经形成严格的丧葬制度，这些构成中国古代帝王陵墓的“主体文化”及其丧葬制度，对此后三千多年的中国古代帝王陵墓产生深远影响。

殷墟发现的甲骨文是中国最早可释读的系统文字，奠定了汉字的基础，是华夏与中华民族的核心文化基因。殷墟甲骨文佐证了《史记》对商王世系的记载，这旁证了《史记》有关中国王朝历史的记载是可信的。因之，结合近年来中原地区一系列相关重大考古发现，可以说作为夏商时代国家主导文化——夏商时代的中原历史文化——是可信的。

三、两周时期：“天下之中”的礼仪规制

西周灭商后，在中原地区分封三监管理殷商旧地，后三监叛乱。周公平乱后，为加强对东方的控制，先后分封卫、鲁、晋等诸侯国，西周时期重要的诸侯国均集中于中原地区，这与文献记载西周时期城市集中分布在黄河中下游地区是一致的[75]。

“天下之中”的礼仪规制思想，虽然有着久远的历史，可以追溯到新石器时代晚期与末期的濮阳西水坡遗址与襄汾陶寺遗址，但是作为“信史”，近年的考古发现与研究可以确认在夏商时期已经存在，而在西周初年已全面形成[76]。西周初年周公平乱后认为洛阳居“天下之中”，于是“乃作大邑成周于土中”，即营建洛邑成周，洛阳成为西周王朝的东都所在地。周代洛阳及其所在地区中原确定为“天下之中”，也就确立了自“五帝时代”以来的“中原历史文化”的“国家主导文化”与华夏的“根文化”地位，这在此后三千多年的中国历史发展上具有极为重要的政治意义与文化意义。

考古工作表明，成周城遗址在今洛阳瀍河两岸[77]，面积约6平方千米，分布有大型手工业作坊、贵族墓地、平民墓地、居址、祭祀遗存等遗迹，成周兴盛于西周早、中期，到西周晚期已经衰落。周宣王时，由于军事原因在今汉魏洛阳故城一带另筑新城[78]，其结构及功能分区尚待考古工作的进一步开展[79]。

宗法社会是中华文明形成之后的国家历史特点，中原地区考古发现的西周时期山西曲沃县北赵村晋侯墓地[80]、三门峡上村岭虢国墓地[81]、平顶山应国墓地[82]等，再现了“公墓”、“邦墓”两种类型的族葬墓地制度。

西周时期，中原地区贵族墓可能已出现墓上建筑或封土，如浚县辛村1号墓，是西周早期卫国的一座贵族墓，该墓墓室上口，更各向外扩筑夯土[83]，有学者推测可能是高大封土的残迹，也可能是冢上建筑基址[84]。封土墓对战国秦汉时代以后中国古代墓葬制度影响深远。

西周礼制率先在中原地区发展形成。鼎作为中国古代重要的礼器，西周时代继承了夏商时期的传统并得到进一步发展。三门峡虢国墓地[85]随葬列鼎的考古发现与《公羊传·桓公二年》何休注“诸侯七，卿大夫五，士三也”的列鼎制相符，标志着周代列鼎制度的成熟[86]。

礼乐是礼制的重要组成部分，三门峡上村岭虢国墓地M2001出土了8件一套的编钟和编磬[87]，M2009出土的乐器包括甬编钟一套8件、纽编钟一套8件、石磬两套各10件，以及铜铙1件，反映了当时成熟的礼乐制度。

玉礼器的发展，反映在葬玉的变化。西周晚期晋侯墓地M8、M31、M64、M62、M91、M92、M93墓主头部均发现缀玉覆面[88]，其中M31发现的一组覆面，由79件不同形状的

玉石片构成，每件的边缘上均有钻孔，以缀于织物上，三门峡虢国墓地 M2001、M2009 也均发现有缀玉覆面，缀玉幎目的使用在西周晚期较为严格，主要在周王室贵族墓地中发现[89]。它们直接影响着战国秦汉时代帝王及高等级贵族陵墓中墓主使用玉覆面、玉衣的礼制。

作为反映古代社会发展标示的手工业，西周时期中原地区的手工业居于当时的先进水平，成周遗址北部的北窑西周铸铜作坊[90]，面积约十余万平方米，其中出土陶范数以万计，大部分是铸铜的外范，以礼器范居多。从发现的炉壁下缘有 3 处鼓风口推测，当时已用皮囊鼓风。根据对炉内壁的岩相鉴定当时已广泛使用耐火材料，经测定分析熔炉温度达 1200～1250℃。发掘者推测该遗址可能是西周早期官营的宗室铸铜作坊，代表了当时高超的青铜铸造工艺。

北窑铸铜作坊北部、邙山南麓的西周贵族墓地出土众多带精美的青铜礼器[91]，反映了青铜铸造品种的发展及青铜铸造工艺的高超，众多原始瓷器与南方同时期原始瓷器无论是器形还是釉色都有很大差别，代表了当时北方地区制瓷技术的水平，对原始瓷器“南方传入”的观点提供了反证。鹤壁市淇滨区的辛村卫国贵族墓地[92]出土的原始瓷器，无论种类还是器形都与洛阳北窑西周墓出土的原始瓷器非常接近，表现了中原地区原始瓷烧造技术的一脉相承[93]。

三门峡上村岭虢国墓地[94]中虢季墓出土的玉柄铁剑、铜内铁援戈，虢仲墓中出土的铜内铁援戈、铜骹铁叶矛、铜銎铁锛、铜柄铁削，经鉴定，其中 3 件为人工冶铁制品，3 件为陨铁制品，从而将我国人工冶铁的起始年代上溯至西周晚期，表明中原先民应首先在“内地”掌握了冶铁技术。

春秋时期，中原地区既是东周王室的王畿所在，也有晋、卫、郑等姬姓诸侯国。春秋战国时代的思想家老子、孔子、孟子等大多奔赴“中原”施展其政治抱负，“孔子见老子”在中原，孔子为实现其政治抱负奔走于卫国十几年，孟子于大梁传经授业。

东周时期的城址目前已发现四百多处，而以中原地区分布最为密集[95]。东周时期黄河中下游地区都城有东周王城、郑韩故城、晋都新田、曲阜鲁国故城等，这些都城代表了当时中原地区政治、经济、文化发展的最高水平。

战国时期中原地区列国都城一般为两城制。东周列国都城中宫殿区均位于都城中地势较高区域，如赵都邯郸城的“龙台”遗址、郑韩故城的“梳妆台”遗址等。此外，韩都新郑小城内中北部发现有近方形的小城，为宫殿区[96]，面积为 40 万平方米，分布大小夯土建筑基址 50 余处；小城南部宗庙区也发现有长方形城址[97]，城址的中心发现战国大型夯土建筑基址 1 处，在房基中央部位即城的正中心又发现一巨形石圭，一般认为这是用于宗庙“丽牲”。韩都新郑西城即内城发现的宫城及宗庙区城址，是列国都城中仅见的，应该对秦汉都城的宫城与宗庙区相分离产生了直接影响。中原地区列国都城之中的宫城处于“居高”、“居前”的位置，宗庙地位相对下降，反映了东周时期地缘政治加强及血缘政治减弱。

中原地区春秋时期诸侯国君的墓葬大多位于城内，这与按照宗法关系和昭穆制度集中埋葬诸侯的“公墓制”有关，也是考虑了当时社会战争频繁，统治者的高级墓葬置于“城内”更为安全的需要。到了战国时期，列国公墓大都远离都城，各陵墓的分布范围更加广阔，已不集中埋葬，开始设置独立的陵区。如已发现的十一处韩王陵，除冢岗陵区外，每个陵区都发现 2 座或 2 座以上的大墓，可能为王、后异穴合葬墓，墓周围多有陪葬坑和陪葬墓[98]。辉县固围村墓地[99]，实际是一座以岗坡为墓地、略加人工修造而成的“回”字形陵园，墓地中心有 3 座东西并列的大墓。

目前发现较早的封土墓是春秋早期的河南光山黄君孟夫妇墓，墓上原有高约七八米的封土[100]，春秋晚期的河南固始侯古堆大墓，坟丘高达 7 米、直径达 5.5 米[101]。封土也成为判定墓主地位的标准之一，《周礼·冢人》曰："以爵等为丘封之度。"《礼记·月令》曰："茔丘垄之大小、高平，厚薄之度，贵贱之等级。"

除封土外，中原地区战国时期一些大型墓葬发现有墓上建筑，辉县固围村魏国墓地发现享堂遗存，新郑胡庄韩王陵 M2 封土距地面约 3 米高的半腰上发现"中"字形冢上建筑遗存[102]。

从中原地区高等级墓葬越来越重视与强化墓上的封土、墓地陵寝建筑与陵园设置的同时，墓内随葬品的明器化、明器的微型化与随葬品的生活化越来越凸显，诸如随葬列鼎、车马等旧的葬礼僭越现象普遍。上述丧葬制度开启此后两千年帝国时代新的丧葬文化之先河。

东周时期，中原地区各种手工业技术继续发展，不但反映出新的器物制度，也说明了新的文化理念。如新郑郑公大墓出土的莲鹤方壶[103]，造型宏伟、装饰典雅，体现了多元化的文化风格，是周、晋、楚文化因素交融的产物，其构图复杂、造型奇妙、铸造精湛，说明地处中原地区的郑国青铜器铸造工艺处于领先地位[104]。还有，战国时期韩国的冶铸铁技术，在列国中处于较领先的地位，大城西南部的仓城铸铁遗址[105]，面积约 16 万平方米，遗址南部发现有砖砌的烘范窑，熔铁炉底和鼓风井多座，出土大量的铸铁陶范及其范芯，以铁制工具范为多，出土的铁器证明韩国生铁冶炼工艺的先进，尤其是发现的球墨可锻铸铁把我国球墨铸铁出现的年代提前了 200 年。

如果说西周时期的中原是"中国"概念的发端，代表的是周代礼制文化的奠基和繁荣，那么东周时期"问鼎中原"的政治诉求，表明中原已经成为天下之中的政治符号，这一时期中原考古学文化所反映的礼俗规制统统被打上了"榜样"或"模范"的烙印，为天下所羡求。

四、汉唐时期："国家文化"的形成与发展

自秦汉时代开始，中国历史从王国时代进入帝国时代，以汉族为主体的中华民族逐渐形成并发展。这一过程可以分为两个阶段，第一阶段是西汉至北宋，第二阶段是元明清时代，辽金和南宋属于两个阶段之间的过渡时期[106]。中华民族的形成与初步发展，发生在西汉中期至东汉的黄河中下游地区，亦即广义的中原地区。此后这一地区至北宋时代一直是以汉族为主体的中华民族活动的中心地区，这一地区不同时期的考古学文化主导着中国历史不同时期考古学文化的发展。

从考古资料上看，都城是历代王朝的政治统治、经济管理和文化礼仪活动中心，古代都城是古代国家历史的缩影；此外，"陵墓若都邑"、"事死如事生"的思想在中国历史上深入人心，帝王陵墓则成为历代王朝"国家文化"在地下世界的缩影。东汉时期，道教思想的形成和佛教的传入，中原地区由此也成为全国宗教思想的核心区域之一，留下了大量的相关遗迹。

秦至西汉时期是帝国时代的初创阶段，都城的形制、布局处于一个过渡阶段。秦咸阳城是战国时代修建、帝国时代继续使用的都城。秦都咸阳以现在的渭河为界，可以分为渭北和渭南

两部分，渭北咸阳城为秦都咸阳的主体部分。战国中期秦国迁都咸阳，营建了秦咸阳城，因此咸阳城为战国时期都城的主体风格。渭南部分则是在战国晚期开始营建，秦代又进行了大规模建设，其中最著名的是阿房宫前殿，但由于秦王朝存在时间较短，阿房宫并未建成，仅仅进行了“前殿阿房”的“基础”营建，其所反映的统治理念并未显现出来，这在田野工作中已得到证明[107]。

汉长安城是帝国时代修建的第一座都城。汉长安城与王国时代都城布局形制变化主要体现在以下几个方面：①四面城墙各开三座城门，每座城门三个门道，“一门三道”在此时形成定制；②未央宫凸显出皇权至上的理念，其基本布局和设施已经过系统勘察和发掘[108]，未央宫在整座长安城中地势最高，前殿为大朝正殿居于宫城中央，与西安门、未央宫南宫门和北宫门形成宫城的中轴线；③未央宫南北向道路出北宫门与横门大街连通，使前殿与横门大街附近的东市和西市，形成“面朝后市”布局；④王莽在汉长安城南郊修建了礼制建筑群[109]，未央宫南北路出南宫门、西安门的南北向道路东西分别为宗庙建筑群与社稷建筑群，从而形成以未央宫前殿为中心的东南部置宗庙、西南部置社稷的“左祖右社”格局。这开创了帝国时代都城的“左祖右社”制度，也是目前考古发现并可以得到实物与文献互证的时代最早之“左祖右社”。

东汉洛阳城继承汉长安城的都城“一门三道”制度[110]。作为对中国古代都城制度影响最大、最为深远的则是都城方向与宫城布局变化。洛阳城的宫殿遗址主要为南宫与北宫，二宫城均基本居都城东西之中，形成都城的“坐北朝南”方向，并为此后中国古代历史上诸王朝都城布局形制所继承。南宫是刘秀定都洛阳后的皇宫所在，汉明帝时则以北宫作为朝堂，说明东汉中晚期都城的政治中心已向北宫转移。东汉洛阳城的南宫与北宫并非同时作为都城政治中枢的皇宫，而是东汉前期以南宫为皇宫，东汉中后期以北宫为皇宫，南宫西北部、北宫西南部为市场所在，东汉前期的都城“面朝后市”的格局因大朝正殿置于北宫而彻底改变。到曹魏时期魏文帝在东汉北宫的基础上新筑宫城——洛阳宫，废弃了南宫，整座都城的布局完全转变为单一的宫城[111]。汉魏洛阳城南郊发现的礼制建筑遗址群[112]，包括灵台、明堂、辟雍和太学等。东汉洛阳城开启的都城布局形制在魏晋洛阳城得以确立并发展，对后代都城布局产生了深远影响。而太学作为东汉时期重要的官署教育机构，对后世影响极大。遗址出土大量石经，记载儒家典籍，这就是历史上著名的“熹平石经”。

孝文帝徙都洛阳，基本承袭了东汉、魏晋洛阳城布局形制，并有重大变革，将汉晋时期洛阳城变为内城，外侧新建外郭城，整座城址由宫城、内城和外郭城三部分组成“三重城”之都城[113]。“三重城”的形成是帝国政治最直接的物化反映，宫城为大朝正殿所在，内城包括皇族和重要的中央官署与宗庙、社稷等建筑，平民里坊置于外郭城内。北魏洛阳城的“三重城”都城形制一直为以后历代封建王朝都城所遵循，与中国古代封建社会相始终[114]。

北魏洛阳城之宫城位于内城中北部，宫城正殿太极殿始建于曹魏。宫城南门阊阖门为其正门，阊阖门“一门三道”、门置“双阙”，开启了此后中国古代都城宫城正门形制的先河[115]。北魏洛阳城以宫城太极殿为基点，太极殿与宫城正门阊阖门、内城正门宣阳门之间的铜驼大街形成了南北向都城中轴线。宗庙、社稷分布于内城铜驼大街东西两侧，体现出“左祖右社”的设计理念。北魏洛阳城市场有三处，均位于宫城以南，分别位于西郭城中部（大市）、东郭城南部（小市）和洛水以南（四通市），完全改变了《考工记》所载“面朝后市”的传统。

邺南城紧邻邺北城而建，并与邺北城共用其南墙[116]。文献记载邺南城“上则宪章前代，下则模写洛京”[117]，说明邺南城的设计以北魏洛阳城为模本。邺南城以朱明门大街为中轴线，都城、内城与宫城正门与大朝正殿均坐落于中轴线之上。朱明门已经过系统发掘，门址为三出阙形制，有三个门道[118]。根据学者们的研究，邺南城应属“内城”，其外还有“郭城”存在[119]。邺南城“郭城”范围内的赵彭城村发现有大型的佛教寺院遗址[120]。

隋大兴城唐长安城在中国古代都城史上占据重要地位，是中国中世纪都城的典型代表。都城由宫城、皇城、外郭城等组成，布局规整[121]。全城以宫城承天门—皇城朱雀门—郭城明德门为中轴线，东西对称。宫城和皇城位于城址的北部居中位置，里坊分布在宫城、皇城的两侧和南部，东、西二市分布在皇城之外的东南和西南。圜丘遗址位于明德门外以东[122]。有十二门，每面三座，除南面中间的明德门五个门道之外，其余城门均为三个门道。唐长安城内分布有大量宗教寺院，尤以佛教遗迹较多，如著名的兴教寺、大慈恩寺塔（大雁塔）和荐福寺塔（小雁塔），经过考古发掘的有青龙寺[123]和西明寺遗址等[124]。有唐一代，唐长安城除了宫城太极宫外，还有大明宫、兴庆宫，其中大明宫遗址是唐长安城的宫城之中开展考古工作最多的宫城，其中大朝正殿——含元殿遗址、宫城正门——丹凤门遗址及其大明宫的玄武门遗址、麟德殿遗址、三清殿遗址、太液池遗址均进行了全面考古发掘。此外都城的“离宫”隋仁寿宫·唐九成宫遗址、华清宫遗址等也进行考古发掘。

隋唐洛阳城为隋唐时期的东都，武则天执政期间，其地位甚至超过西京长安。经调查和发掘，其范围和布局已基本究明[125]。隋唐洛阳城的宫城位于郭城之西北隅，与皇城南北毗连。武则天明堂遗址位于宫城中轴线上，结合考古资料和文献记载，武则天明堂为明堂和辟雍合为一体的建筑[126]。外郭城有城门八个，已探明的五个城门所有的门址均为三个门道。里坊位于郭城内，其中宁人坊经过考古发掘[127]，平面呈长方形，四面置门，坊内有十字街连接各坊门，这种布局为后世的许多县城所模仿和继承，其影响深远。

北宋东京城经过勘察和发掘，布局和范围基本明晰[128]。整座城址分内外三重，由外城、里城与宫城组成，其中宫城由宋代以前的居于都城北部，变为宫城位居都城中央，这一布局变化，凸现出皇权的强化。外城的南薰门，与里城的朱雀门、宫城的宣德门构成了全城的南北中轴线，即御街。根据文献记载，宗庙、社稷和多数中央官署位于宫城前。北宋东京城的另一重大变革在于以开放的街巷式代替了封闭的里坊式，这在中国古代都城的发展史上有着里程碑意义。

陵墓制度集中体现了中国礼仪制度的“国家级”丧葬礼仪，而丧葬文化是中国古代“阴阳二元文化”的主要组成部分，其包含着历代统治阶级的思想，承载着不同时期国家层面的工艺、技术与文化和艺术。自战国时代开启，全面形成于秦西汉时期的“陵墓若都邑”、“事死如事生”的思想理念，对后世具有重要影响，而且这种文化现象，随着历史发展越来越突出、越来越表象、越来越直观。如果说西汉帝陵陵园模仿长安城而筑，帝陵陵园象征着未央宫、后陵陵园象征着长乐宫的话[129]，那么东汉洛阳城布局形制的重大变化，则导致了中国古代帝陵制度发生重大改变，并产生了更为深远的影响，东汉帝陵的一系列变革奠定了此后魏晋南北朝、唐宋、辽金与明清王朝的陵寝制度。

经过多年的考古调查和发掘，东汉帝陵的地望、分布范围以及相关的陵墓设施等问题取得了较大进展[130]。帝陵的地宫由四条墓道改为一条墓道，但是陵园设“四门”一如既往。由于“陵墓若都邑”的理念贯穿诸代帝王陵墓，东汉洛阳城的坐北朝南朝向，致使东汉帝陵方向由西汉时期的坐西朝东变为坐北朝南。东汉洛阳城改变了汉长安城多宫城的二元政治布局，与此相应的帝陵合葬制度也由西汉帝陵的帝后同茔不同穴变为帝后同穴合葬，此后历代王朝（除个别王朝，如北宋帝陵之外）帝陵承袭此制；石像生在西汉时代的一些墓葬已经出现，如霍去病墓石像生。但是帝陵使用石像生，可能始于东汉时期，北邙陵区的南部发现有东汉时期的石象，有可能是陵墓神道两侧的石像生。此外，洛阳历年出土的石质天禄、辟邪等也有可能为东汉帝陵之物[131]；东汉明帝时期确立的上陵之礼强化了皇权，使帝陵本身的地位有了显著提高，此后历代帝陵在国家祭祀中的地位越来越重要。

北魏孝文帝迁都洛阳后实施了一系列汉化政策，使鲜卑文化逐渐融入中原文化。在帝陵方面也有较多体现，其继承了东汉时期的诸多因素，其中经系统发掘的宣武帝景陵体现得较为明显[132]。景陵封土呈圆形，陵墓坐北朝南，神道两侧发现有石刻武士的石像生。北魏帝陵同北魏洛阳城的布局和设置均是少数民族政权融入、承袭和发展中原历史文化的重要见证。

同时，中原地区的陵寝制度随着西晋王朝的南迁传播至南方地区，六朝帝陵的核心内容同样源于东汉帝陵，如陵前石刻、祭陵之礼等。

中古时代是中国古代陵寝制度高度发展时期，位于中原核心地区的巩义宋陵集汉唐帝陵之大成。北宋帝陵均为积土为冢，为覆斗形，一般底边长55～58米，高17米左右。皇后陵的封土亦为覆斗形，规模比帝陵封土要小得多。北宋帝陵除永安陵之外，均取西汉帝陵“帝、后同茔不同穴”制度，帝陵与后陵各自有一座陵园。皇帝陵园与皇后陵园平面均为方形，四面中央均各辟一门。这些均应承袭西汉帝陵制度。宋陵在陵寝建筑的其他方面又多沿袭了东汉至唐代以来的帝陵规制，如陵园以南门为正门，陵园四角各置一角楼。皇帝与皇后陵园中，封土与南门之间建有献殿。陵园的南门（第一道门）、乳台（第二道门）与鹊台（第三道门）之间形成陵区南北向中轴线。宋陵石刻主要分布在陵园南门与乳台之间的神道东西两侧。帝陵神道石刻由南向北依次是华表1对、象及驯象人各1对、瑞禽1对、角端1对、石马2对与控马官4对、虎2对、羊2对、客使3对、武臣2对、文臣2对、门狮1对、镇陵将军1对。此外，陵园东、西、北神门外各有石狮1对，南门内和陵台南侧各有宫人1对。各帝陵石刻的内容和数量均相同，但石刻大小、造型、花纹、雕技各有不同[133]。这些陵寝制度又对宋代以后金陵与明清帝陵产生重要影响。与此同时宋代帝陵的布局风格则对同时期周边少数民族政权的皇陵产生了直接影响，其中较为典型的为西夏王陵。西夏王陵深受唐宋堪舆术的影响，按角音所利，实行昭穆鱼贯式排葬，诸陵从东南向西北发展[134]。西夏3号陵保存的地面遗迹较多[135]，陵园面向东南，中轴线较为明晰，但献殿、地宫等主体建筑稍偏西，阙台、碑亭以及石像生对称分布，陵园内城呈方形，四面辟门。这些特征大体继承了唐、宋陵的风格，但也有其突出的佛教文化影响特色。需要特别指出的是，宋陵华表之上的龙纹开启了以后龙纹作为帝陵华表、石椁等主要纹饰“语言”，成为中古时代以后最具权威性的中国文化符号，金上京、金中都都城之中出土的石坐龙，明清都城的大朝正殿、城门、宫门装饰性纹饰中的龙纹，金陵的帝陵石椁龙纹等[136]，以及明清帝陵的华表之上龙纹纹饰，无一不是说明“龙纹”不只是哪个“民族”符号，而是作为王朝“国家”政治文化的体现。

中原地区在两汉时期是全国的经济中心，洛阳成为政治文化经济意义上的天下之中，正所谓"'绝成皋之口，天下不通'。据三川之险，招山东之兵"[137]。重要的交通地位促进了该地区商业的繁荣，西汉晚期洛阳与邯郸、宛、临淄、成都并称为五大都市，且在地理位置上处于中心地位[138]。《史记·货殖列传》记载："洛阳东贾齐、鲁，南贾梁、楚……转毂以百数，贾郡国，无所不至。洛阳街居在齐秦楚赵之中，贫人学事富家，相矜以久贾，数过邑不入门，设任此等，故师史能致七千万。"[139]从考古发现看，汉代的冶铁遗址以中原最为集中，铁器是古代社会经济发展的重要生产工具，郑州古荥和巩义铁生沟均发现了规模较大的汉代冶铁遗址，并发现有"河一"、"河三"等铁官铭，为铁官作坊的编号[140]。"河内工官"铭的铁器在云南、广西、福建等边远地带均有发现[141]，足见中原商品经济的发达。更为重要的是，西汉时代中央直属的"三工官"——河南工官、颍川工官、南阳工官，均在中原中心地区，为中央提供了最重要的兵器、军备产品[142]。

从东汉时期开始，洛阳更是成为东方世界的经济中心，奠定了洛阳作为丝绸之路起点的重要位置。《后汉书·仲长统传》载："船车贾贩，周于四方，废居积贮，满于都城。"《三国志·魏书·傅嘏传》记载了洛阳"其民异方杂居"、"商贾胡貊，天下四会"的盛况。北魏时期，都城洛阳的商业更为发达，真正成为国际大都市。在北魏洛阳城外郭城的洛河南岸有四通市[143]，该市场是因其附近的四夷馆、四夷里而设置的，"四夷"顾名思义是域外之意，因此可以说"四夷市"是中国古代都城中最早设置的专门用于国际贸易的市场，由此也可以反映北魏洛阳城作为国际大都会的特点。《洛阳伽蓝记》载："自葱岭以西，至于大秦……乐中国之土风，因而宅者，不可胜数，是以附化之民，万有余家……天下难得之货，咸悉在焉。"经过考古发掘的铜驼大街见证了这一盛况，大街宽40～42米，阊阖门南侧150米处发现的石板路面可见碾压较深的南北向车辙印痕[144]。

隋唐洛阳城设置有"三市"，分别为南市、西市、北市，南市和西市位于洛河以南。据多处文献记载，洛阳城的商业十分繁荣，洛河穿城而过，隋唐大运河的开通，使洛阳成为全国的交通中心，为中国中古时代及其以后历史发展发挥了极为重要的作用。从社会发展的角度看，隋唐长安城和洛阳城的封闭式布局和开放的社会风气形成矛盾，随着市场以外交易场所的扩大，封闭的里坊渐趋虚设[145]。这种矛盾则在其后的北宋东京城得以改变。自北宋东京城开始，开放式的街巷代替了封闭式的里坊制度，从而使社会商品经济进入一个新的历史发展阶段。作为宋代"物质文化"代表物——瓷器，宋代的"五大名窑"中，中原地区占据其三，充分说明了当时中原造瓷业的兴盛。

道教和佛教是中国宗教文化的两大主体，二者在中华民族传统文化中具有重要的地位。两大宗教的产生与发展，均与中原地区密切相关。

道教产生于东汉顺帝时期，考古发现的早期道教物化载体主要的是墓葬中出土的镇墓瓶及其镇墓文[146]，东汉中期开始，镇墓瓶大多出土于洛阳、西安及其周边地区的汉墓中，其中以洛阳地区最为集中。其中较为典型的有洛阳唐寺门汉墓[147]和密县后士郭汉墓[148]出土的镇墓瓶。此外，洛阳偃师肥致墓的墓主人为当时的术士，墓内出土一通石碑，碑文充满了浓厚早期道教色彩[149]。在道教早期发展的过程中，中原地区是道教的核心之地[150]。嵩山道教寺院中岳庙中保留着北魏时期的《中岳嵩高灵庙碑》，碑文记载："夫中岳者，盖地理土官之宫府，而上灵之所游集，四通五达之都会也。”足见嵩山在道教文化中的突出地位。

佛教在两汉之际传入中国在学界已达成共识，佛教教义从东汉明帝开始便传入都城洛阳，白马寺的修建便是明证之一。北魏时期是佛教在中原地区发展的第一个高峰期，《洛阳伽蓝记》中记载了北魏洛阳城中大量佛寺的内容，其中永宁寺的地位最为显赫。经过勘探和发掘，永宁寺的布局基本究明[151]，整座寺院以塔基为中心，北部为大殿，南部为山门，形成南北向的中轴线，这是中国早期佛寺建筑的典型布局。需要指出的是，佛教寺院是第一次出现于中原王朝都城中，佛教传播上升到国家行为，永宁寺的平面布局则是中国最为传统的中轴线布局，寺院坐北向南。而与佛教初入中国的西域地区寺院有较大的差别，如尼雅遗址佛教寺院则是庭院式布局，佛寺坐东朝西，其西部为禅房和僧房，北部为民居[152]。这说明佛教传入中原后，迅速融合本地文化，成为“中国特色”的佛教——汉式佛教，其佛教为当时国家的“官式建筑”，它们是佛教等域外宗教进入中国的“国家认同”之体现。除了寺院遗址外，龙门石窟宾阳洞的佛像同样是佛教汉化的突出表现，主尊释迦牟尼着“褒衣博带”式袈裟，整体造型“瘦骨清像”，这与云冈石窟的“偏袒右肩式”袈裟、“大体大面”的造型均有了较大的差别，这又说明了北魏迁都洛阳后与中原文化的融合。不但如此，重要佛教寺院、石窟在都城洛阳的出现，属于官方所为，尤其是龙门石窟完全是“国家工程”，这也反映了中原地区的古代王朝统治者有容乃大情怀。

总之，中原历史文化在汉唐宋时期是国家的核心文化，进一步发展了多民族统一的中央集权文化，其后为辽金元明清王朝所传承，使中原历史文化对陆路和海路及周边地区和国家的影响逐渐扩大，并形成一个独具东方特色的“东亚汉文化圈”。

五、辽金元明清时期：作为“国家文化”的中原历史文化之传承

辽南京作为辽王朝的陪都到大金王朝从黑龙江金上京徙都北京金中都，再到元明清定都北京，完成了中国古代的“国家中心”由南向北的变化。需要特别指出的是，“国家中心”地理位置虽然变了，但是作为在中原地区从史前时代出现，经夏商至唐宋几千年形成的国家“根文化”——“中原历史文化”重要体现的国家都城文化则被辽金元明清王朝都城继承下来。

契丹辽王朝都城辽上京虽然营建在其“根据地”（今内蒙古自治区巴林左旗林东镇南），但是历史文献记载与考古发现[153]均证实，辽上京受到中原都城历史文化的深刻的影响，如：辽上京为南北排列的“两城制”，即北部的“皇城”与南部的“汉城”，实际上与中原地区的曹魏邺北城的北部宫殿区和南部居民区是基本一脉相承的布局。辽上京的皇城相当于北魏洛阳城的内城、隋唐两京的皇城。皇城之中的“大内”相当于北魏洛阳城与隋唐两京之宫城。辽上京大内位于皇城中部偏北，这与北魏洛阳城宫城与北宋东京城宫城在内城的分布位置相似，可以发现它们之间的渊源关系。

辽王朝先后设立五京：辽上京、辽东京、辽中京、辽南京、辽西京[154]。辽中京的外郭城、内城、宫城“三重城”相套形制及都城宫殿、祖庙、宫门与城门及其中轴线等，与宋开封城相

关建筑形制、名称相似，故《辽史·地理志（三）》记载：辽中京的“郛郭、宫掖、楼阁、府库、市肆、廊庑，拟神都之制。”辽南京实际上是沿用了唐代的幽州城，作为陪都加以改造。皇城在辽南京城西南部，皇城平面近方形，从位置与形制两方面来看，类似汉长安城。宫城在皇城之中，二城相套，宫城的宫门与主要宫殿形成南北向轴线，辽南京的不少城门、宫门的名称，以上诸方面均沿用了汉魏洛阳城与隋唐两京之制。从辽代的“五京”变化来看，随着辽王朝政治发展，由辽上京到辽中京，再到辽南京，其都城制度的“中原历史文化”因素越来越多、越来越规范。

金代辽后，承袭辽代的设五京之制[155]，女真建立金王朝始都金上京[156]，以辽东京、西京为大金王朝的东京与西京，改辽中京为金北京，金灭北宋后，以开封城为金南京。以辽南京为金中都。

作为东北地区的少数民族女真人建立的大金王朝，也是与辽王朝的契丹人相同，以前并无宫殿、城郭等建筑，类似建筑受中原地区的北宋文化影响而营建[157]。金上京遗址在今黑龙江哈尔滨东南 30 千米的阿城市，通过文献记载与田野考古工作得知[158]，金上京虽也是由南城和北城组成，但金上京的南城是皇城所在，北城为郭城性质，与辽上京的南城、北城功能恰好相反。南城中的皇城，又称“宫城”、“大内”，其中的午门及其宫城中轴线、宗庙、社稷、孔庙和国子监等重要建筑均应仿照北宋东京城所建。尤为突出的是金上京的大朝正殿乾元殿与唐洛阳城之宫城正殿名称相同。金上京遗址考古发现的金代龙纹瓦当、龙纹勾滴、龙纹雕砖等重要建筑的建筑材料与龙头衔香银炉、龙纹银器盖和龙纹铜镜等遗物，无不反映出中原历史文化对金上京的影响。

金中都是大金王朝为了取代宋王朝而从金上京徙都而营建的都城。金中都遗址位于北京西站附近，20 世纪 50 年代开始考古工作，首先调查、勘测了城址位置、城墙范围[159]，其后又进行了勘探，基本掌握了金中都遗址的形制结构。其中对金中都北城光泰门遗址的勘测、大安殿遗址等宫城宫殿区的勘探与发掘、宫城和皇城及都城正门之间道路的勘探、都城里坊区路网系统的勘察、南城垣水关遗址的全面考古发掘、太液池遗址的考古发现[160]、金陵的考古勘察与发掘等[161]，对于金中都遗址研究至关重要。

金中都是由外郭城、皇城和宫城组成，形成“三重城”格局[162]。从目前考古发现来看，在中国古代都城发展史上，“三重城”出现于鲜卑人营建的北魏洛阳城[163]，北魏洛阳城是中国古代都城中第一座包括了宫城、内城和郭城的重要都城，此后还有隋唐长安城与洛阳城、宋开封城、元大都、明清北京城。另有一点需要指出的是，金中都的皇城位于外郭城之内的中部偏西，宫城位于皇城中部，而这又进一步体现了金中都与北宋东京城的密切关系，因为宋开封城与汉魏洛阳城以来的都城不同的是，宫城不是置于都城北部，而是安置于都城中央。

金中都外郭城平面近方形，东西长 4750～4900 米、南北长 4510 米。平面方形的城址，在考古发现的中原地区古代都城之中十分突出，它们有的表现在外郭城（或称大城），有的反映在宫城（或称内城）。如二里头遗址宫城平面近方形，东西长约 300 米、南北长 360～370 米[164]；偃师商城之宫城东西长 190～200 米、南北长 180～185 米[165]；殷墟洹北商城东西长 2150 米、南北长 2200 米[166]；战国时代魏都安邑城之宫城东西长 990 米、南北长 930 米[167]；东汉洛阳城灵台、辟雍等礼制建筑的平面均为方形[168]。北魏洛阳城的外郭城平面似为方形[169]，宋开封城的内城与皇城平面均为近方形[170]。金中都的方形平面城址，反映大金王朝皇室都城设计与建设上承袭的以中原地区古代都城，尤其是将北宋东京城作为模本，折射出《周礼·考工记·匠人》的“王城”方形平面设计理念[171]。

金中都的外郭城、皇城与宫城的正门均为南门（外郭城正门—丰宜门为南面中间的城门、皇城正门宣阳门、宫城正门丹凤门），三座城门连通大朝正殿—大安殿、仁政殿、昭明殿、宫城北门昭明门、皇城北门拱辰门、外郭城北门通玄门，形成都城的南北向中轴线。这条都城中轴线的基点是大朝正殿—大安殿。在中国古代都城中，形成的都城中轴线应始于南北朝时期的北魏洛阳城，这条都城中轴线以太极殿为基点，向南对宫城正门—阊阖门及内城正门—宣阳门，再向南至外郭城南门正门，出外郭城，直抵圜丘[172]。参照北魏洛阳城营建的东魏、北齐的邺南城的中轴线，目前可知从朱明门向北至止车门、端门、阊阖门、大朝正殿。南朝建康城也形成了都城中轴线，由大朝正殿的太极殿，向南依次为大司马门、宣阳门、朱雀门、国门。隋唐洛阳城的中轴线虽然不位于都城东西居中，但是都城中轴线以大朝正殿为基点，由此形成南北向轴线，并通过宫城、皇城、郭城正门的原则是符合的，其中轴线由南端郭城正门定鼎门向北依次经皇城正门端门、宫城正门应天门，北至大朝正殿。北宋开封城的中轴线由外城正门南薰门向北，依次为内城正门朱雀门、皇城正门宣德门，北至大朝正殿大庆殿。从上述不同时期中原地区古代都城轴线可以看出，金中都的中轴线也是继承了中原古代都城这一最重要的规划原则与政治理念。

金朝最高统治者把金中都建设作为国之大事，对来自社会发展相对落后地区的金朝统治者而言，要统治相对发达的“内地”，就要用其易于接受的、相对先进的“内地”中心地区的“中原文化”和“中原政治”，因此金中都的“中华民族化”就显得更为突出。对此宋代范成大指出金朝“国之制度，强慕华风，往往不遗余力”[173]。上述考古发现也证实了这一点。

在宋、辽、金时期，西夏是个重要的政治实体，其前期北宋、辽、西夏与后期南宋、金、西夏分别形成各自三国鼎立局面。西夏如同辽、金一样，中原历史文化越来越成为其社会主导文化，西夏统治者从唐、宋改姓李，赵，到考古发现构成西夏皇陵之主体陵墓文化仿唐宋帝陵，越来越体现出西夏社会对中原文化的认同。

在中国古代历史上，继金朝之后相继出现的王朝是元朝、明朝与清朝，金朝与元明清王朝时代相连接。金、元、明、清四个王朝的都城又均在北京。古都北京建都之始应该是金中都，金中都为北京的第一个“国家级”都城，不但其营建时代是古都北京最早的“国家级”都城，而且金中都还开创了此后历代王朝定都北京之先河，并直接影响了元明清三代都城布局形制。

元朝先后营建了元上都、元大都与元中都。元上都遗址位于内蒙古锡林郭勒盟正蓝旗敦达浩特镇东。考古工作究明[174]，元上都由外城、皇城和宫城构成，皇城位于外城东南部，宫城在皇城中部偏北。宫城平面近方形，皇城与外城平面均为方形。宫城正殿（大安殿）位居宫城中央，宫城南门（御天门）为正门，御天门与大安殿南北相连，形成宫城中轴线。元上都宫城及其中轴线与北宋东京城、金中都的承袭关系十分清楚。

元大都为“三重城”，而且其萧墙（实即内城、皇城）、宫城基本位于都城东西居中位置，不在都城北部。与金中都一致，而金中都则沿袭了北宋东京城。元大都的都城轴线为南北向，自南向北依次为外郭城正门丽正门、萧墙正门灵星门、宫城正门崇天门、大明门、大明殿、延春门、延春阁、玉德殿、宸庆殿和厚载门、萧墙北门厚载红门，至中心台。元大都的太液池在宫城西部，池中营建琼华岛、圆坻及犀山台，这是沿袭金中都把都城池苑命名“太液池”，并置于宫城之西的皇城之中的规制。金中都、元大都的太液池是中原古代都城太液池及其所置神山象征的历史传统。明清北京城承袭这一规制，并且更为突出太液池的中心地位，将太液池更名为北海、中海、南海。

辽金元明清都城布局形制的历史发展，显示了其一脉相承的传统，这一文化源头可追溯到建都中原地区的汉魏洛阳城、隋唐两京与北宋东京城，且时代距辽金元明清越近，影响愈为全面深刻。

六、中原历史文化演进轨迹和历史价值

通过以上分析，中原历史文化的考古发现所体现出的创新性、包容性、延续性、传承性奠定了中原成为华夏文明核心地区的根本基础。

（一）新石器时代中原地区作为华夏文明多元一体核心地位的肇始原因

首先，优越的地理区位和环境为中原文化的持续发展提供了天然保障[175]。人类的发展与自然环境息息相关，在早期农业社会，人类对自然的依赖远大于他们对自然的认知和改造能力。中原地区位于季风区的中间位置，避免了季风异常导致的南北或涝或旱的局面，气候适宜[176]；属第二、三阶梯的过渡地带，山地、丘陵、平原相间，泉水和其他河流密布，提供了必须的水源及肥沃的沉积土壤，为农业的发展创造了条件。同时这一地区的动植物资源也相当丰富，渔猎、采集皆宜，可以一定程度上可以弥补早期农产品不足所带来的缺憾[177]，加之处于南北动物群的迁徙地带，季节性的动物流动，为先民们获取肉食、皮毛等必须物品提供了便利。这些得天独厚的外部自然条件惠及了历史时期中原地区的各个王朝。

其次，中原先民确立了宗教信仰的理性发展与重视民生的文化道路。裴李岗文化所见的龟甲、殉狗、骨笛、三叉形器及早期刻画符号等，可视为中国早期原始崇拜的物化载体。其后发展起来的仰韶文化继承了这种“唯时、唯实”的思维模式，以动物、植物、几何纹饰为母题的彩陶体系突现出这一文化传统。与此对应的是单体聚落内部，大型公共建筑和用于储存剩余粮食或工具的窖穴普遍存在，为维护聚落内部稳定提供了物质保障。仰韶文化、庙底沟二期文化及在其基础上发展起来的陶寺文化、王湾三期文化重视财富积累的可持续发展模式与红山、良渚、石家河等周邻文化中上层集团崇拜消耗性的生产关系与当时生产力发展水平不相适应的模式形成了鲜明对比，这也是华夏文明能够在中原地区最终形成并持续发展的重要内在原因。

（二）五千年以来中原地区在中华文明起源、形成与发展的核心地位

龙山时代晚期，周边石家河文化、良渚文化及山东龙山文化等相继衰落，中原地区万邦林立之势的诸多城址逐渐走向“统一”，这里成为传说时代——“五帝时代”的核心地区：在此

相继出现了具有“王都”性质的陶寺城址与河南龙山文化王湾三期的王城岗城址、新砦城址等，如新砦城址的100万平方米规模，是目前所知同时期最大的城址，其三重防御设施、核心区位于城内中心区最高处等布局都说明城址在营建之前有严密的规划[178]，这座坐落于中原腹地的大型城址，结合其出土的主要遗物，以及文献关于夏代时空的记载，有可能是夏代都邑。

夏代晚期的二里头都邑规模巨大，规划严谨，布局合理，其建造技术明显处于同时期的最高峰，对后世的都城建造产生了深远影响。作为身份和地位的象征物，大量铜器、玉器、绿松石器和白陶器、原始瓷等器物被大量使用，表明相关的一些礼制在这一时期已经形成。发现于贵族墓葬中的铜铃、石磬等乐器，说明乐器已是贵族日常生活的必备品。礼乐器在二里头遗址的出土，反映出礼乐文化在夏代已经兴起，并对社会生活产生重要指导作用。

郑州商城因位于今郑州市区内，考古工作虽难以开展，故城内详细布局还不十分清楚。但已有的考古材料表明，不论是城址的规模、大型建筑的布局，还是出土青铜礼器规格，抑或对各地的影响，郑州商城都是这一时期的政治中心。

安阳殷墟的大范围的都城和王陵区的确认，体现出一个大邑商的王朝背影，尤其是甲骨文这种成熟文字在殷墟的大量出现，使我们相信中国文字起源应远早于晚商。

纵观夏商阶段，中原地区一直处于国家的中心地位，不断吸收借鉴其他文化的有利因素，使其长期保持领先地位。新砦遗址、二里头遗址、郑州商城、洹北商城、殷墟等夏商都邑均位于中原地区，这无疑是因中原的“天下之中”的区位优势而形成的。如果说新石器时代晚期的考古学文化的轨迹为“满天星斗”化作多元一体，自“古代文明”形成伊始，中原已成为华夏文化的核心地区，中原文化成为华夏的核心文化，也就是华夏、中华民族的“根文化”。进入夏商时期的中原文化进一步发展为“一家独大”，远领先于周边其他考古学文化，成为延续不断的五千年中华文明主体文化。

（三）学科视阈下的“宅兹中或”与“问鼎中原”、“定鼎中原”的政治文化理念转换

中原之“中”在中国古代政治哲学理念上具有特殊的意义，“‘中’本身具有中正、中央的双重内涵，而中正又与中和的思想相通，所以中央之地也便成为阴阳和合之地。况执中之君王必居中而观象，而君王执中，目的即在于为万物的生养提供准确的时间服务，这意味着执中而致养万物与阴阳和合以生万物其实体现着共同的人文思考，因此，由槷表测得的天下中土自然具有了阴阳和合的性质，并成为统治者的治事之所，从而直接导致了居中而治的传统政治观的形成……不仅如此，中央又可以通达四方，从而实现居中统御四方的目的”[179]。考古发现与天文考古学研究也证实了上述论断。20世纪80年代河南濮阳西水坡遗址45号墓发现的“北斗周髀”遗存[180]、21世纪之初山西襄汾陶寺墓葬出土的漆杆“槷表”[181]，更有与清华简《保训》[182]、西周何尊铭文[183]等资料，这些发现与考古学、历史学、天文学研究证实了上述论断。冯时认为濮阳西水坡45号墓遗存是中华文明起源最早出现“天下之中”理念的物证，也就是最早的“地中”；“尧都平阳”的陶寺遗址则反映了“五帝时代”之“中”，清华简《保训》与何尊铭文再现了三代及其以后确立的以嵩山为“天下之中”的事实。濮阳西水坡、襄汾陶

寺、嵩山不同时期“天下之中”的确认均不出中原范围，其“天下之中”的“转换”是由原来的南北居中，发展为东西南北的四方之中，从而使“居中而治再不限于同族内部的权力象征，而反映了以华夏民族为中心的居中统驭四夷的新的政治结构与政治观念”[184]。何尊“宅兹中或”铭文的出现，反映了“天下之中”的实践，“中或”意即“中域”、“中土”、“中国”，也就是“中原”，在中国历史上的“问鼎中原”、“定鼎中原”使“中原文化”具有了国家文化、社会主导文化的特定概念。

七、结　语

我们认为，中原历史文化不同于“齐文化”、“巴文化”等地域文化，中原历史文化也不是一般的“时代文化”或“王朝文化”，如“先秦文化”与“夏文化”、“商文化”、“周文化”等，而是中国古代文明形成与早期发展时期的社会主导文化。由于中原地区地理环境的区位特点，使文明起源与形成时期的多元文化汇聚于此，而当地的仰韶文化与河南龙山文化又有着强大的聚合力、向心力，使华夏文明形成于此、早期国家出现并发展于此，进而使王国时代的夏商王朝诞生于此，定都于此，并一直延续至中古时代。而都城又是国家的政治统治中心、文化礼仪活动中心、经济管理中心，从而使中原历史文化自然而然地成为“三代”至唐宋时代的“社会主导文化”与“国家主体文化”。从考古学文化角度考察，它们主要体现在国家的都城文化、帝王陵墓文化、礼制文化等诸多方面。北宋是中国历史上最后定都中原的王朝，中华民族形成的历史文化基因，随着辽金元明清王朝的相继建立，政治中心的北移，中原地区形成的文化基因得以传承，使中原历史文化继续成为中古时代以后辽金元明清王朝所承袭的中华民族“根文化”，形成世界上唯一五千年延续不断的文明，这充分反映了中国历史上不同地区、不同族属所建立的不同王朝，对“古代中国”社会主导文化、国家文化的认同，这也就是对国家的政治认同、对中华民族文化认同。

附记：本文为郑州大学“中原历史文化考古学研究”重大课题的阶段性成果之一。

注　释

[1] 冯时：《陶寺圭表及相关问题研究》，《考古学集刊（19）》，科学出版社，2013年。

[2] 河南省地方史志编纂委员会：《河南地理志》，河南人民出版社，1990年。

[3] 中国社会科学院考古研究所：《中国考古学·新石器时代卷》，中国社会科学出版社，2010年。

[4] 李占扬：《许昌灵井旧石器时代遗址2005年出土石制品初步研究》，《人类学学报》2007年第2期；李占扬：《河南许昌灵井旧石器遗址2006年发掘报告》，《考古学报》2010年第1期。

[5] 安志敏：《河南安阳小南海旧石器时代洞穴堆积的试掘》，《考古学报》1965年第1期；陈淳、安家瑗、陈虹：《小南海遗址1978年发掘石制品研究》，《考古学研究》（七），科学出版社，2008年。

[6] 北京大学考古文博学院、郑州市文物考古研究院：《河南新密市李家沟遗址发掘简报》，《考古》2011年第4期；郑州市文物考古研究院、北京大学中国考古学研究中心：《河南新密李家沟遗址北区2009年发掘报告》，《古代文明》（第9卷），文物出版社，2013年；北京大学中国考古学研究中心、郑州市文物考古研究院：《河南新密李家沟遗址南区2009年发掘报告》，《古代文明》（第9卷），文物出版社，2013年。

［7］ 王建、王向前、陈哲英：《下川文化——山西下川遗址调查报告》，《考古学报》1978 年第 3 期。
［8］ 山西省临汾行署文化局：《山西吉县柿子滩中石器文化遗址》，《考古学报》1998 年第 3 期；柿子滩考古队：《山西吉县柿子滩旧石器时代遗址 S14 地点》，《考古》2002 年第 4 期；柿子滩考古队：《山西吉县柿子滩遗址第九地点发掘简报》，《考古》2010 年第 10 期；柿子滩考古队：《山西吉县柿子滩遗址 S12G 地点发掘简报》，《考古与文物》2013 年第 3 期。
［9］ 河北省文物研究所：《河北考古重要发现（1949～2009）》，科学出版社，2009 年。
［10］ 盖培、卫奇：《虎头梁旧石器时代晚期遗址的发现》，《古脊椎动物与古人类》1977 年第 4 期。
［11］ 陈淳、沈辰、陈万勇、汤英俊：《河北阳原小长梁遗址 1998 年发掘报告》，《人类学学报》1999 年第 3 期。
［12］ 保定地区文物管理所、徐水县文物管理所等：《河北徐水县南庄头遗址试掘简报》，《考古》1992 年第 1 期；河北省文物研究所、保定市文物管理所等：《1997 年河北徐水南庄头遗址发掘报告》，《考古学报》2010 年第 3 期。
［13］ 潘艳、陈淳：《农业起源与“广谱革命”理论的变迁》，《东南文化》2011 年第 4 期。
［14］ 高星、裴树文：《中国古人类石器技术与生存模式的考古学阐释》，《第四纪研究》2006 年第 4 期。
［15］ 河北省文物管理处、邯郸市文物保管所：《河北武安磁山遗址》，《考古学报》1981 年第 3 期。
［16］ 中国社会科学院考古研究所：《临潼白家村》，巴蜀书社，1994 年。
［17］ 湖北省文物考古研究所：《宜都城背溪》，文物出版社，2001 年。
［18］ 南京博物院考古研究所、泗洪县博物馆：《江苏泗洪顺山集新石器时代遗址发掘报告》，《考古学报》2014 年第 4 期。
［19］ 山西省考古研究所：《翼城枣园》，科学技术文献出版社，2004 年。
［20］ 中国历史博物馆考古部、山西省考古研究所、垣曲县博物馆：《垣曲古城东关》，科学出版社，2001 年。
［21］ 陕西省考古研究所：《临潼零口村》，三秦出版社，2004 年。
［22］ 河南省文物管理局、河南省文物考古研究所：《新安荒坡：黄河小浪底水库考古报告（三）》，大象出版社，2008 年。
［23］ 南阳地区文物队、方城县文化馆：《河南方城县大张庄新石器时代遗址》，《考古》1983 年第 5 期。
［24］ 郑州大学历史学院考古系、河南省文物管理局南水北调文物保护办公室：《河南淅川县沟湾遗址仰韶文化遗存发掘简报》，《考古》2010 年第 6 期。
［25］ 河南省文物研究所、长江流域规划办公室考古队河南分队：《淅川下王岗》，文物出版社，1989 年。
［26］ 武汉大学考古系、湖北省文物局南水北调办公室、郧县博物馆：《湖北郧县店子河遗址发掘简报》，《考古》2011 年第 5 期。
［27］ 湖北省文物局南水北调办公室、武汉大学考古系、郧县博物馆：《湖北省郧县胡家窝遗址发掘报告》，《江汉考古》2009 年第 3 期。
［28］ 湖北省文物考古研究所：《湖北郧西张家坪遗址发掘简报》，《江汉考古》2010 年第 3 期。
［29］ 郑州市文物考古研究所：《郑州大河村》，科学出版社，2001 年。
［30］ 河南省文物研究所：《长葛石固遗址发掘报告》，《华夏考古》1987 年第 1 期。
［31］ 河北省文物管理处：《磁县下潘汪遗址发掘报告》，《考古学报》1975 年第 1 期。
［32］ 河北省文物研究所、河北文化学院：《武安赵窑遗址发掘报告》，《考古学报》1992 年第 3 期。
［33］ 河南省文物考古研究所：《三门峡南交口》，科学出版社，2009 年。
［34］ 河南省文物考古研究所、灵宝市文物保护管理所：《河南灵宝市晓坞遗址仰韶文化遗存的试掘》，《考古》2011 年第 12 期。
［35］ 魏兴涛：《灵宝底董仰韶文化遗存的分期与相关问题探讨》，《中国国家博物馆馆刊》2011 年第 1 期。
［36］ 北京大学历史系考古教研室：《元君庙仰韶墓地》，文物出版社，1983 年。
［37］ 中国科学考古研究所、陕西省西安半坡博物馆：《西安半坡》，文物出版社，1963 年。
［38］ 西安半坡博物馆、陕西考古研究所、临潼县博物馆：《姜寨——新石器时代遗址发掘报告》，文物出版社，1988 年。

［39］ 北京大学考古系等：《河南邓州八里岗遗址的调查与试掘》，《华夏考古》1994年第2期；北京大学考古系、南阳地区文物研究所：《河南邓州市八里岗遗址1992年的发掘与收获》，《考古》1997年第12期；北京大学考古实习队、河南省南阳市文物研究所：《河南邓州八里岗遗址发掘简报》，《文物》1998年第9期；北京大学考古文博学院、南阳地区文物研究所：《河南邓州八里岗遗址1998年度发掘简报》，《文物》2000年第11期。
［40］ 中国社会科学院考古研究所：《青龙泉与大寺》，科学出版社，1991年。
［41］ 中国科学院考古研究所安阳发掘队：《1971年安阳后岗发掘简报》，《考古》1972年第3期。
［42］ 河南省文物考古研究所、濮阳市文物保护管理所：《濮阳西水坡》，中州古籍出版社、文物出版社，2012年。
［43］ 北京市文物研究所：《镇江营与塔照——拒马河流域先秦考古文化的类型与谱系》，中国大百科全书出版社，1999年。
［44］ 河北省文物研究所：《正定南杨庄——新石器时代遗址发掘报告》，科学出版社，2003年。
［45］ 河北省文物研究所：《北福地——易水流域史前遗址》，文物出版社，2007年。
［46］ 中央民族大学民族学与社会学院、涿州市文物保管所：《北城村——冀中平原的新石器时代文化》，科学出版社，2014年。
［47］ 内蒙古文物考古研究所、北京大学中国考古学研究中心：《岱海考古（三）——仰韶文化遗址发掘报告集》，科学出版社，2003年。
［48］ 陕西省考古研究所：《龙岗寺——新石器时代遗址发掘报告》，文物出版社，1990年。
［49］ 陕西省考古研究所：《龙岗寺——新石器时代遗址发掘报告》，文物出版社，1990年。
［50］ 栾丰实：《海岱地区彩陶艺术初探》，《海岱地区考古研究》，山东大学出版社，1997年。
［51］ 朱延平：《红山文化彩陶纹样探源》，《边疆考古研究》（第6辑），科学出版社，2007年。
［52］ 辽宁省博物馆、旅顺博物馆：《大连市郭家村新石器时代遗址》，《考古学报》1984年第3期；中国社会科学院考古研究所、辽宁省文物考古研究所、大连市文物考古研究所：《辽宁长海县小珠山新石器时代遗址发掘简报》，《考古》2009年第5期。
［53］ 中国社会科学院考古研究所湖北工作队：《湖北枝江县关庙山新石器时代遗址发掘简报》，《考古》1981年第4期；中国社会科学院考古研究所湖北工作队：《湖北枝江关庙山遗址第二次发掘》，《考古》1983年第1期；中国科学院考古研究所湖北发掘队：《湖北黄冈螺蛳山遗址的探掘》，《考古》1962年第7期等。
［54］ 阚绪杭：《定远县侯家寨新石器时代遗址》，《文物研究》（第5辑），黄山书社出版社，1989年。
［55］ 安徽省文物考古研究所：《潜山薛家岗》，文物出版社，2004年。
［56］ 许永杰：《距今五千年前后文化迁徙现象初探》，《考古学报》2010年第2期。
［57］ 孟原召：《屈家岭文化的北渐》，《华夏考古》2011年第3期。
［58］ 河南省文物管理局：《黄河小浪底水库考古报告（二）》，中州古籍出版社，2006年。
［59］ 山西省考古研究所、山西运城市文物局、芮城县文物旅游局：《山西芮城清凉寺史前墓地》，《考古学报》2011年第4期；山西省考古研究所、运城市文物局、芮城县文物局：《山西芮城清凉寺新石器时代墓地》，《文物》2006年第3期。
［60］ 河南省文物研究所、中国历史博物馆考古部：《登封王城岗与阳城》，文物出版社，1992年；北京大学考古文博学院、河南省文物考古研究所：《登封王城岗考古发现与研究（2002～2005）》，大象出版社，2007年。
［61］ 河南省文物研究所、中国历史博物馆考古部：《登封王城岗与阳城》，文物出版社，1992年。
［62］ 北京大学考古文博学院、河南省文物考古研究所：《登封王城岗考古发现与研究（2002～2005）》，大象出版社，2007年。
［63］ 北京大学考古文博学院、河南省文物考古研究所：《河南登封市王城岗遗址2002、2004年发掘简报》，《考古》2006年第9期。
［64］ 方燕明：《登封王城岗城址的年代及相关问题探讨》，《考古》2006年第9期；北京大学考古文博学院、河南省文物考古研究所：《登封王城岗考古发现与研究（2002～2005）》，大象出版社，2007年。
［65］ 中国社会科学院考古研究所河南新砦队、郑州市文物考古研究院：《河南新密市新砦遗址东城墙发掘简报》，

《考古》2009年第2期；中国社会科学院考古研究所、郑州市文物考古研究所：《河南新密市新砦城址中心区发现大型浅穴式建筑》，《考古》2006年第1期。

[66] 丁山：《由三代都邑论其民族文化》，《中央研究院历史语言研究所集》第五本第一分，1935年。

[67] 徐旭生：《1959年夏豫西调查“夏墟”的初步报告》，《考古》1959年第11期。

[68] 中国社会科学院考古研究所：《二里头（1999～2006）》，文物出版社，2014年。

[69] 郑光：《二里头遗址的发掘——中国考古学上的一个里程碑》，《夏文化研究论集》，中华书局，1996年；郑光、杨国忠、张国柱、杜金鹏：《偃师县二里头遗址》，《中国考古学年鉴（1984）》，文物出版社，1984年；中国社会科学院考古研究所：《偃师二里头——1959年～1978年考古发掘报告》，中国大百科全书出版社，1999年。

[70] 郑光、杨国忠、张国柱、杜金鹏：《偃师县二里头遗址》，《中国考古学年鉴（1986）》，文物出版社，1988年；杜金鹏：《偃师县二里头遗址》，《中国考古学年鉴（1988）》，文物出版社，1989年；郑光：《偃师二里头遗址》，《中国考古学年鉴（1996）》，文物出版社，1998年；中国社会科学院考古研究所：《中国考古学·夏商卷》，中国社会科学出版社，2003年。

[71] 中国社会科学院考古研究所二里头工作队：《河南偃师二里头遗址三、八区发掘简报》，《考古》1975年第5期；中国社会科学院考古研究所：《偃师二里头——1959年～1978年考古发掘报告》，中国大百科全书出版社，1999年，第18页；中国社会科学院考古研究所二里头队：《1982年秋偃师二里头遗址九区发掘简报》，《考古》1985年第12期。

[72] 河南省文物考古研究所：《郑州商城——1953～1985年考古发掘报告》，文物出版社，2001年。

[73] 中国社会科学院考古研究所：《偃师商城》，科学出版社，2013年。

[74] 中国社会科学院考古研究所安阳工作队：《河南安阳市洹北商城的勘探与试掘》，《考古》2003年第5期；《河南安阳市洹北商城宫殿区1号基址发掘简报》，《考古》2003年第5期。

[75] 许倬云：《周代都市的发展与商业的发达》，《求古编》，商务印书馆，2004年。

[76] 冯时《〈保训〉故事与地中之变迁》（《考古学报》2015年第2期）：“《保训》所述文王训导其太子发，以书授之，并讲解了书中记载的两则故事，核心思想即在阐释居中而治的传统政治观……正因为武王承训文王的如是教诲，才可能使我们在西周早期的铜器铭文中读到武王克殷后居中而治的首要追求。何尊铭云：唯武王既克大邑商，则庭告于天，曰：‘余其宅兹中或，自之乂民’。《说文·戈部》：‘域，或又从土。’是‘中或’即言中域、中土、中国，意即位处中原的天地之中。”。

[77] 叶万松、张剑、李德方：《西周洛邑城址考》，《华夏考古》1991年第2期。

[78] 徐昭峰：《成周与王城考略》，《考古》2007年第11期。

[79] 中国社会科学院考古研究所洛阳汉魏城队：《汉魏洛阳故城城垣试掘》，《考古学报》1998年第3期。

[80] 北京大学考古系、山西省考古研究所：《1992年春天马—曲村遗址墓葬发掘报告》，《文物》1993年第3期，北京大学考古系、山西省考古研究所：《天马—曲村遗址北赵晋侯墓地第二次发掘》，《文物》1994年第1期，北京大学考古系、山西省考古研究所：《天马—曲村遗址北赵晋侯墓地第五次发掘》，《文物》1995年第7期；山西省考古研究所、北京大学考古系：《天马—曲村遗址北赵晋侯墓地第三次发掘》，《文物》1994年第8期；北京大学考古系、山西省考古研究所：《天马—曲村遗址北赵晋侯墓地第四次发掘》，《文物》1994年第8期；北京大学考古文博院、山西省考古研究所：《天马—曲村遗址北赵晋侯墓地第六次发掘》，《文物》2001年第8期。

[81] 中国科学院考古研究所：《上村岭虢国墓地》，科学出版社，1959年；河南省文物考古研究所、三门峡市文物工作队：《三门峡虢国墓》（第一卷），文物出版社，1999年。

[82] 河南省文物研究所、平顶山市文物管理委员会：《平顶山应国墓地九十五号墓发掘简报》，《华夏考古》1992年第3期。

[83] 郭宝钧：《浚县辛村》，科学出版社，1964年。

[84] 王世民：《中国春秋战国时代的冢墓》，《考古》1981年第5期。

[85] 中国科学院考古研究所：《上村岭虢国墓地》，科学出版社，1959年；河南省文物考古研究所、三门峡市文物

工作队：《三门峡虢国墓》（第一卷），文物出版社，1999 年。
[86] 印群：《洛阳北窑西周墓论周代列鼎制度的嬗变——质疑“春秋礼制崩坏说”》，《辽宁大学学报》1999 年第 4 期。
[87] 河南省文物考古研究所、三门峡市文物工作队：《三门峡虢国墓》（第一卷），文物出版社，1999 年。
[88] 北京大学考古学系商周组、山西省考古研究所：《天马 - 曲村（1980～1989）》，科学出版社，2000 年。
[89] 石荣传、陈杰：《两周葬玉及葬玉制度之考古学研究》，《中原文物》2011 年第 5 期。
[90] 洛阳市文物工作队：《1975～1979 年洛阳北窑西周铸铜遗址的发掘》，《考古》1983 年第 5 期。
[91] 洛阳市文物工作队：《洛阳北窑西周墓》，文物出版社，1999 年。
[92] 郭宝钧：《浚县辛村》，科学出版社，1964 年。
[93] 洛阳市文物工作队：《洛阳北窑西周墓》，文物出版社，1999 年。
[94] 河南省文物考古研究所、三门峡市文物工作队：《三门峡虢国墓》（第一卷），文物出版社，1999 年。
[95] 许宏：《先秦城市考古学研究》，北京燕山出版社，2000 年。
[96] 蔡全法：《郑韩故城韩文化考古的主要收获》，《群雄逐鹿两周列国文物瑰宝》，大象出版社，2003 年。
[97] 马俊才：《郑、韩两都平面布局初论》，《中国历史地理论丛》1999 年第 2 期。
[98] 新郑市文物管理局：《新郑市文物志》，中国文史出版社，2005 年。
[99] 中国科学院考古研究所：《辉县发掘报告》，科学出版社，1956 年。
[100] 河南信阳地区文管会、光山县文管会：《春秋早期黄君孟夫妇墓发掘报告》，《考古》1984 年第 4 期。
[101] 河南省文物考古研究所：《固始侯古堆一号墓》，文物出版社，2004 年。
[102] 河南省文物考古研究所：《河南新郑胡庄韩王陵考古发现概述》，《华夏考古》2009 年第 3 期。
[103] 孙海波：《新郑彝器》，河南通志馆，1936 年。
[104] 张得水、李丽娜：《时代精神之象征——莲鹤方壶》，《中国博物馆》2009 年第 1 期。
[105] 马俊才：《郑、韩两都平面布局初论》，《中国历史地理论丛》1999 年第 2 期。
[106] 刘庆柱：《中原文化在中华民族形成与发展中的历史作用与地位》，《郑州大学学报》2006 年第 5 期。
[107] 中国社会科学院考古研究所、西安市文物保护考古所阿房宫考古工作队：《阿房宫前殿遗址的考古勘探与发掘》，《考古学报》2005 年第 2 期。
[108] 中国社会科学院考古研究所：《汉长安城未央宫——1980～1989 年考古发掘报告》，中国大百科全书出版社，1996 年。
[109] 中国社会科学院考古研究所：《西汉礼制建筑遗址》，文物出版社，2003 年。
[110] 王仲殊：《中国古代都城概说》，《考古》1982 年第 5 期。
[111] 钱国祥：《汉魏洛阳故城沿革与形制演变初探》，《汉魏洛阳城遗址研究》，科学出版社，2007 年。
[112] 中国社会科学院考古研究所：《汉魏洛阳故城南郊礼制建筑遗址：1962～1992 年考古发掘报告》，文物出版社，2010 年。
[113] 中国社会科学院考古研究所洛阳汉魏城工作队：《北魏洛阳外郭城和水道的勘察》，《考古》1993 年第 7 期。
[114] 刘庆柱：《中国古代都城遗址布局形制的考古发现所反映的社会形态变化研究》，《考古学报》2006 年第 3 期。
[115] 中国社会科学院考古研究所汉魏故城队：《河南洛阳汉魏故城北魏宫城阊阖门遗址》，《考古》2003 年第 7 期。
[116] 中国社会科学院考古研究所、河北省文物研究所邺城考古工作队：《河北临漳县邺南城勘探与试掘》，《考古》1997 年第 3 期。
[117]《魏书·李业兴传》。
[118] 中国社会科学院考古研究所、河北省文物研究所邺城考古工作队：《河北临漳县邺南城朱明门遗址的发掘》，《考古》1996 年第 1 期。
[119] 朱岩石：《东魏北齐邺南城内城之研究》，《汉唐之间的视觉文化与物质文化》，文物出版社，2003 年。
[120] 中国社会科学院考古研究所、河北省文物研究所：《河北临漳县邺城遗址赵彭城北朝佛寺 2010～2011 年的发掘》，《考古》2013 年第 12 期。
[121] 中国科学院考古研究所西安唐城发掘队：《唐代长安城考古纪略》，《考古》1963 年第 1 期。

[122] 中国社会科学院考古研究所西安唐城工作队:《陕西西安唐长安城圜丘遗址的发掘》,《考古》2000年第7期。
[123] 中国社会科学院考古研究所西安唐城工作队:《唐长安青龙寺遗址》,《考古学报》1989年第2期。
[124] 中国社会科学院考古研究所西安唐城工作队:《唐长安西明寺遗址发掘简报》,《考古》1990年第1期。
[125] 阎文儒:《洛阳汉魏隋唐城址勘察记》,《考古学报》1955年第9期;中国社会科学院考古研究所洛阳发掘队:《隋唐东都城址的勘查和发掘》,《考古》1961年第3期;中国社会科学院考古研究所洛阳工作队:《"隋唐东都城址的勘查和发掘"续记》,《考古》1978年第6期;中国社会科学院考古研究所洛阳唐城队:《洛阳隋唐东都城1982~1986年考古工作纪要》,《考古》1989年第3期。
[126] 中国社会科学院考古研究所洛阳唐城工作队:《唐东都武则天明堂遗址发掘简报》,《考古》1989年第5期。
[127] 洛阳市文物考古研究院、中国社会科学院考古研究所洛阳唐城工作队:《隋唐洛阳城宁人坊遗址发掘简报》,《洛阳考古》2014年第2期。
[128] 开封宋城考古队:《北宋东京外城的初步勘探与试掘》,《文物》1992年第12期;开封宋城考古队:《北宋东京内城的初步勘探与测试》,《文物》1996年第5期;丘刚、董祥:《北宋东京皇城的勘探与试掘》,《开封考古发现与研究》,中州古籍出版社,1998年;开封市文物工作队:《北宋东京城外城城壕护坡勘探简报》,《华夏考古》2007年第3期;《河南开封市宋东京城内汴河故道的初步勘探与试掘》,《考古》1999年第3期;李合群:《北宋东京金明池的营建布局与初步勘探》,《开封考古发现与研究》,中州古籍出版社,1998年。
[129] 刘庆柱、李毓芳:《关于西汉帝陵形制诸问题探讨》,《考古与文物》1985年第5期。
[130] 韩国河:《东汉帝陵踏查记》,《考古与文物》2005年第3期;《东汉帝陵有关问题的探讨》,《考古与文物》2007年第5期。
[131] 刘毅:《中国古代陵墓》,南开大学出版社,2010年。
[132] 中国社会科学院考古研究所洛阳汉魏城队、洛阳古墓博物馆:《北魏宣武帝景陵发掘报告》,《考古》1994年第9期。
[133] 河南省文物考古研究所:《北宋皇陵》,中州古籍出版社,1997年。
[134] 牛达生:《西夏陵园》,《考古与文物》1982年第6期;潘静、刘临安:《西夏王陵与北宋皇陵空间结构的比较》,《文博》2006年第1期。
[135] 宁夏文物考古研究所、银川西夏陵区管理处:《西夏三号陵——地面遗迹发掘报告》,科学出版社,2007年。
[136] 北京市文物研究所:《北京金代皇陵》,文物出版社,2006年。
[137]《史记》卷一百二十九《货殖列传》。
[138]《汉书》卷二十四(下)《食货志》:"遂于长安及五都立五均官,更名长安东西市令及洛阳、邯郸、临甾、宛、成都市长皆为五均司市称师。东市称京,西市称畿,洛阳称中,余四都各用东西南北为称,皆置交易丞五人,钱府丞一人。"
[139]《史记》卷一百二十九《货殖列传》。
[140] 李京华:《汉代铁农器铭文试释》,《考古》1974年第1期。
[141] 杨琮:《"河内工官"的设置及其弩机生产年代考》,《文物》1994年第5期。
[142] 中国社会科学院考古研究所:《汉长安城未央宫——1980~1989年考古发掘报告》,中国大百科全书出版社,1996年。
[143]《洛阳伽蓝记》卷三。
[144] 中国社会科学院考古研究所洛阳汉魏城队:《汉魏洛阳故城北魏宫城南侧铜驼街遗址》,《中国考古学年鉴(2010)》,文物出版社,2011年。
[145] 齐东方:《隋唐考古》,文物出版社,2002年。
[146] 刘昭瑞:《考古发现与早期道教研究》,文物出版社,2007年。
[147] 洛阳市文物工作队:《洛阳唐寺门两座汉墓发掘简报》,《中原文物》1984年第3期。
[148] 河南省文物考古研究所:《密县后士郭汉画像石墓发掘报告》,《华夏考古》1987年第2期。
[149] 河南省偃师县文物管理委员会:《偃师县南蔡庄乡汉肥致墓发掘简报》,《文物》1992年第9期。
[150] 温玉成:《以嵩山为中心的早期道教》,《中国道教》1989年第3期。

［151］ 中国社会科学院考古研究所:《北魏洛阳永宁寺——1979～1994年考古发掘报告》，中国大百科全书出版社，1996年。
［152］ 张铁男:《尼雅佛教寺院遗址的发掘与研究》,《西域研究》2000年第1期。
［153］ 内蒙古文物考古研究所:《辽上京城址勘查报告》,《内蒙古文物考古文集》（第一辑），中国大百科全书出版社，1994年。
［154］《辽史·地理志（一）》:“太宗以皇都为上京，升幽州为南京，改南京为东京，圣宗城中京，兴宗升云州为西京，于是五京备焉。”
［155］《金史·地理志（上）》。
［156］ 李心传:《建炎以来系年要录》，中华书局，1988年。
［157］《大金国志校证》卷三:“金国素无城郭，以所馆燕，悉用契丹旧礼，如结彩山、作倡乐、寻幢角抵之伎、斗鸡击鞠之戏，与中国同”。
［158］ 谭英杰、孙秀仁、赵虹光、干志耿:《黑龙江区域考古学》，中国社会科学出版社，1991年；朱国忱:《金源故都》，北方文物杂志社编辑出版，1991年。
［159］ 阎文儒:《金中都》,《文物》1959年第9期。
［160］《金中都“太液池”遗址》,《中国考古学年鉴（1996）》，文物出版社，1998年。
［161］ 北京市文物研究所编:《北京金代皇陵》，文物出版社，2006年。
［162］ 丁利娜:《北京考古史·辽代卷》，上海古籍出版社，2012年。
［163］ 刘庆柱:《北魏洛阳城的考古发现与研究——兼谈北魏洛阳城在中国古代都城发展史的地位》，韩国《中国史研究》第40辑，中国都市史，特辑号，中国史学会，2006年2月。又见刘庆柱:《古都问道》，中国社会科学出版社，2015年。
［164］ 中国社会科学院考古研究所二里头工作队:《河南偃师市二里头遗址宫城及宫殿区外围道路的勘察与发掘》,《考古》2004年第11期。
［165］ 中国社会科学院考古研究所洛阳汉魏故城工作队:《偃师商城的初步勘探和发掘》,《考古》1984年第6期。
［166］ 中国社会科学院考古研究所安阳工作队:《河南安阳市洹北商城的勘察与试掘》,《考古》2003年第5期。
［167］ 陶正刚、叶学明:《古魏城与禹王城调查简报》,《文物》1962年第4、5期；中国科学院考古研究所山西工作队:《山西夏县禹王城调查》,《考古》1963年第9期。
［168］ 灵台院落平面近方形，东西宽232米，南北残长220米。灵台主体建筑基址平面东西57～58米、南北49～50米。辟雍院落平面方形，边长165米。见中国社会科学院考古研究所:《汉魏洛阳故城南郊礼制建筑遗址：1962～1992年考古发掘报告》，文物出版社，2010年。
［169］ 宿白《北魏洛阳城和北邙陵墓——鲜卑遗迹辑录之三》,《文物》1978年第7期；贺业钜:《北魏洛都规划分析》,《中国古代都市规划史论丛》，中国建筑工业出版社，1986年。
［170］ 刘春迎:《北宋东京城研究》，科学出版社，2004年。
［171］《周礼·考工记·匠人》载:“匠人营国，方九里。”这一记载，既是对王都规模的要求，更是对王都的形制规定。
［172］《洛阳伽蓝记》卷三:“宣阳门外四里至洛水，上作浮桥，所谓永桥也……永桥以南，圜丘以北，伊洛之间，夹御直道。”又段鹏琦《汉魏洛阳故城》（文物出版社，2009年）载:“由宫城南门阊阖门直通内城南垣宣阳门的铜驼街，最大宽度约为41米。从以后开解剖沟了解的情况看，铜驼街的实际宽度，恐怕大大超过此数。需要指出的是，铜驼街对于北魏洛阳城的城市建设又具有特殊意义，它不仅是宫城内建筑轴线在内城区的延长，向南还将通过洛水浮桥而直指极南的大谷，起着整个洛阳城建筑轴线的作用。也就是说，铜驼街实为北魏洛阳城纵向建筑轴线的一个组成部分。”。
［173］ 范成大:《揽辔录》,《范成大笔记六种》，中华书局，2002年。
［174］ 贾洲杰:《元上都调查报告》,《文物》1977年第5期；魏坚:《元上都及周围地区考古发现与研究》,《内蒙古文物考古》1999年第2期；中国历史博物馆遥感与航空摄影考古中心、内蒙古自治区文物考古研究所《内蒙古东南部航空摄影考古报告》，科学出版社，2002年。

[175] 施雅风、孔昭宸：《中国全新世大暖期气候与环境》，海洋出版社，1992年。
[176] 吴文祥、刘东生：《4000aB. P. 前后东亚季风变迁与中原周围地区新石器文化的衰落》，《第四纪研究》2004年第3期。
[177] 秦岭、傅稻镰、张海：《早期农业聚落的野生食物资源域研究——以长江下游和中原地区为例》，《第四纪研究》2010年第2期。
[178] 北京大学震旦古代文明研究中心、郑州市文物考古研究所：《新密新砦——1999～2000年田野考古发掘报告》，文物出版社，2008年。
[179] 冯时：《陶寺圭表及相关问题研究》，《考古学集刊（19）》，科学出版社，2013年。
[180] 河南省文物考古研究所、濮阳市文物保护管理所：《濮阳西水坡》，中州古籍出版社、文物出版社，2012年。
[181] 中国社会科学院考古研究所山西队、山西省考古研究所、临汾市文物局：《陶寺城址发现陶寺文化中期墓葬》，《考古》2003年第9期。
[182] 李学勤：《清华大学藏战国竹简》（壹），中西书局，2010年。
[183] 李民：《何尊铭文与洛邑——中国古代文明探索之二》，《郑州大学学报（哲学社会科学版）》1991年第6期。
[184] 冯时：《陶寺圭表及相关问题研究》，《考古学集刊（19）》，科学出版社，2013年；冯时：《〈保训〉故事与地中之变迁》，《考古学报》2015年第2期。

（原刊于《考古学报》2016年第3期）

历史考古的考古学文化阐释

刘庆柱　韩国河

目前，中国考古学文化阐释的特点，主要是以传统考古学文化研究作为解读考古发现的技术路线，其局限性是传统考古学文化主要应用于史前考古学，以陶器为最主要物化载体，通过类型学研究实施。然而诸如“文明形成”“国家起源与发展”等重大考古学课题，不是传统考古学文化理论与方法所能够解决的。考古学文化应该进行科学分解，即针对考古学研究课题内容的不同，以及研究物化载体对象的差异，对不同遗存的属性进行辨别，确认其属于什么文化。从20世纪90年代以来，一些中国考古学研究者已经意识到使考古学文化研究与其文化载体的文化性质保持一致性的必要，进行了诸如“文明形成”“国家起源”“社会形态演变”“国家认同”“家国同构”“文化基因”等重大历史问题的研究，从而走出一条中国特色考古学之路，使中国考古学研究更为科学、精细、准确，更为其他学科（包括其他哲学社会科学和自然科学学科）与国际考古学界、学术界所认同，增强了中国考古学在国际考古学界的影响力、话语权。

一、中国考古学及其考古学文化的定位与解读

（一）考古学定位

关于考古学的定位，不同时期、不同地区学者的认识并不一致。夏鼐认为：“（考古学）是根据古代人类通过各种活动遗留下来的实物以研究人类古代社会历史的一门科学。”[1]《现代汉语词典》“考古学”条的定义是：“根据发掘出来的或古代留存下来的遗物和遗迹来研究古代历史的科学。”[2]《辞海》“考古学”条的定义是：“根据古代人类活动遗留下来的实物史料研究人类古代情况的一门科学。”[3]在中国，考古学与中国史、世界史均属于历史学。考古学与后两者在学科研究资料、方法及一些理论上存在不同，而它们的研究目的均为探索、研究人类历史发展规律。

西方关于考古学定位的一般认识，可以《不列颠百科全书》关于“考古学”的定义为例，即：“一门研究过去人类生活和活动的遗存实物的科学。”[4]在英国考古学家科林·伦福儒、保罗·巴恩主编的第6版《考古学：理论、方法与实践》中，“考古学”被认为是“文化人类学的过去时态”。并且进一步提出，考古学主要研究对象是没有文字记载的史前时代[5]。20世纪60年代，美国流行的“新考古学”认为“传统考古学关注的仅仅发现是‘什么’以及‘何时’、

‘何地’等问题，而新考古学则是想了解‘为何’等问题”[6]。实际上，中国的考古学与历史学并不像“新考古学”所说的那样属于“描述”科学。当然，我们不可否认在中国有些“考古报告”“考古简报”及考古学论文等的确是以“描述”为主，缺少分析。正因为如此，夏鼐先生在论述新考古学时曾经指出：这是对于“传统考古学流于繁琐的一种反抗”[7]。但是作为广义上的中国历史学（包括考古学）而言，其学术传统则是如司马迁所说的“究天人之际，通古今之变”。

针对20世纪60～70年代风行一时的“新考古学”，夏鼐先生在晚年曾指出：“有些人承认有客观规律，但又把它同自然科学的规律，混为一谈。像60年代美国的‘新考古学派’（New Archaeology），似乎犯了这毛病，他们以为考古学的主要目标便是探求‘文化动力学的规律’。”夏先生接着指出：“（新考古学）以为60年代以前的考古学著作都是旧式的，都是值不得一读。他们撰造一些别人不容易读懂的术语用来阐述他们的‘范例’和理论，提出一些‘模式’和规律……当时有的老的考古学家说这种‘新考古学’虽然很‘新’，但并不是‘考古学’，至少不是一般人理解的‘考古学’。现在经过20多年，‘新考古学’也有点变‘老’了，锐气也有点降落了，但是他们仍没有获得什么得到公认的新规律（参阅丹尼尔《考古学简史》，1981年，第190～192页）。”[8]显然，从百年来世界考古学发展史来看，尽管近年来有些不同的说法，但是从考古学传入中国至今百年，其学科定义一直定义为历史科学，这应该是中国考古学的特色使然。

（二）考古学文化定位

考古学研究，尤其是史前考古研究一般是通过考古学文化进行的。考古学文化是在19世纪80年代瑞典考古学家蒙特留斯首创“器物类型学”的基础上发展而来的。1911年，德国考古学家科西纳提出“考古学文化”的概念[9]，它实际上是“类型学”的“升级版”。其后，英国著名考古学家柴尔德在《史前期多瑙河》中指出，考古学文化是“一批总是反复共生的遗存类型——陶器、工具、装饰品、葬俗和房屋式样”[10]。

作为中国第一位系统阐述“考古学文化”的学者，夏鼐先生于20世纪50年代末指出：“（考古学中的）‘文化’是考古学上的特别术语，是有它一种特定的含义。这是某一个社会（尤其是原始社会）的文化在物质方面遗留下来可供我们观察到的一群对象的总称……考古学上的‘文化’是表示考古学遗迹中（尤其是原始社会的遗迹中）所观察到的共同体。”[11]《中国大百科全书·考古学》“考古学”条指出：“在史前考古学的领域内，主要是在新石器时代考古学上，考古学文化的研究是一项不可或缺的重要工作。”加拿大考古学家布鲁斯·G·特里格则认为：“考古学文化概念看来最适合研究小规模的、同性质的和较为定居的群体，也就是‘中石器’或‘新石器’发展阶段的文化。”他还指出：“考古学文化显然无法以任何一种机械方式与诸如部落、游群或民族这样的社会群体相对应。其理由不只是一个技术问题——比如材料不够充分——而是因为物质文化的分布未必与社会或政治结构相一致。”[12]安志敏提出：“（考古学文化的实质）是用来表示在考古学遗迹中，特别是在史前遗迹中所观察到的共同体，即考古发现的某几种特定型式的器物，经常在一定类型的住址或墓葬中共同出土，这些具有特点的群或组合，被称为考古学文化。”[13]

通过比较，可以发现上述学者关于考古学文化的定义有以下共同点：①其应用时代主要是“原始社会”“中石器时代”“新石器时代”，其研究的对象主要是“史前社会”“史前遗迹”；②考古学文化的研究物化载体主要是陶器等遗物，研究方法是器物类型学；③考古学文化研究的目的是寻找时代、分布区域相同的人群所拥有的共同的物质文化遗存，它们是同一人群、族群的社会共同体反映。

（三）关于考古学文化的局限性问题

从前述考古学文化定义可以发现，考古学家几乎一致认为考古学文化主要用于史前社会的考古学研究，可以说史前考古是研究人群或族群问题，当然这一考古学文化在历史考古中同样可以研究其人群、族群的时空问题。但作为国家的政治、经济与意识形态领域的考古学研究，则属于历史考古的内容，其物化载体不同于史前社会。

以类型学为手段、以史前时期陶器为主要研究对象的考古学文化，就其遗物的时代研究，只能提出遗存的相对年代，也就是不同史前考古学文化的年代早晚问题。史前考古学文化的绝对年代研究源于20世纪40年代美国科学家马丁·卡门（Martin Kamen）与其同事塞缪尔·鲁宾（Sam Ruben）。在美国劳伦斯伯克利国家实验室发现^{14}C，而后威拉得·利比（Willard Libby）发明了^{14}C年代测定法并获得1960年诺贝尔化学奖。20世纪中叶，^{14}C年代测定法应用于考古学的年代学研究，其精确性超过了以类型学为基础的考古学文化研究方法。

对于不同史前考古学文化的人群或族群研究，分子生物学在考古学的应用，使考古学家能够比以陶器等为主要物化载体的类型学研究更科学、更细致地划分人群、族群。

针对以“类型学”为基础形成的考古学文化，特里格主张“科学理论是用一种通则形式来说明实物如何运转与变迁”，而考古学通则分为高级、中级和低级三个范畴：“低级通则试图发现考古材料的各种形态……它们包括：大部分器物类型学分类、特定考古学文化的描述……由于考古材料的性质，低级通则不涉及人类行为。它们只是揭示了某种考古学观察之间的一种相伴关系，于是提供了迄今为止在考古材料中未见的规则和形态。这些观察并不提供解释，而是构成了需要解释的那些形态。发现这类规则是考古学家所从事的最耗费时日、并据称是最具创造性的工作。然而从理论视角而言，对这些考古活动的研究最为薄弱。大部分这类历史性工作是由对分类和排列感兴趣的考古学家和逻辑主义者从事的。”[14]赵辉则认为：“考古学文化概念不同于历史上的民族、国家、朝代，也不同于考古遗物、遗迹、聚落等，而是考古学家为把握考古学文化客体历史意义所借助的一个中介”[15]。陈淳指出：“考古学文化是这样一种概念，它们在时空上的分布代表了史前一批人群的分布和发展。柴尔德是根据一批反复共生的文化特征，如陶器、工具、葬俗、房屋式样来定义考古学文化的。因此这种分析基本上是一种描述性研究，而依次复原的史前史实质上是器物组合的演变史。”因而，“在考古研究中，文化类型的判断和划分与民族学相比显然更为混乱和粗糙”[16]。

“考古学文化”这个概念多使用于史前时期考古研究中，而人类历史越早，则受自然环境约束越强，甚至可以说史前时期各地考古学文化不同多由自然环境不一所致。马克思认为：“不同的共同体在各自的自然环境中，找到不同的生产资料和不同的生活资料。因此，它们的生产方式、生活方式和产品，也就各不相同。”[17]考古学文化主要用于人类史前社会研究，史前社会相对人类社会发展史而言，只是人类历史的“初级阶段”“童年时代”，也就是人类学家所说的“蒙昧时代”“野蛮时代”[18]，或考古学家所说的中石器时代与新石器时代[19]。人类社会进入文明时代、国家阶段，传统主要用于史前考古的考古学文化的研究方法、研究对象等就显得力不从心了。加之随着当代自然科学技术在考古学领域全面、深入、广泛应用之后，遗物的时代、成分、工艺流程及人口流动等，可以用 ^{14}C、物质成分与结构分析、^{13}C 食性研究、分子生物学研究等诸多新的科技手段解决，并使之可以量化，其科学性要比陶器及其他日常用品的类型学研究更准确、更科学、更细化。从考古学方法论来看，考古学文化有些落后了。考古学研究方法需要与时俱进，在人类文明时代相关考古学重要研究领域，应重新审视考古学文化研究的局限性，探索如何科学定义历史考古的考古学文化及其物化载体对象、研究方法与技术路线。

之所以如此，是因为以陶器为标准及典型遗物形成的“考古学文化”与“文明社会”的文化主要研究任务、目的、方法、手段、对象不同，传统的考古学文化只适用于“小传统”遗存，对于具有政治学内涵的“大传统”“国家文化”及其派生遗存（区域文化、宗教文化、民族文化等遗存），则不是史前社会的考古学文化研究所能单独解决的。但是人类历史从史前时代到文明形成、国家起源的演变不是突如其来的，而是渐进的历史过程。20 世纪 50 年代中期学术界所说的人类历史的“原史时代”，介于文献丰富的历史时代与没有文字的史前时代之间[20]。目前学术界一般认为，中国的“原史时代”为龙山文化晚期至春秋时代之前[21]，或夏商与西周时代[22]。从方法论来说，“原史时代”的历史无疑必须通过以考古学为主体，密切结合文献史学的多学科、跨学科研究才能究明其历史原貌。相对于文献史学而言，考古学资料的新发现、阐释理论与方法的新探索与应用，对此有着十分重要的作用。

二、历史考古的考古学文化物化载体

历史考古是关于文明形成与国家起源以后历史时代的考古研究，其物化载体与史前考古学文化物化载体的主体不同。夏鼐先生在谈及“考古学文化”时曾指出：“历史时期中的‘殷周文化’‘秦汉文化’或‘隋唐文化’，这里所用的‘文化’，便是指汉族在特定的时期中各方面的总成就，包括物质文化以外的一切文字记录上所提及的各个方面的总成就。这与考古学上含有的特定意义的‘文化’，严格说来，是要加以区别的。”[23]也就是说，史前的考古学文化研究是以类型学为基础，形成不同时空的人群或族群的考古学文化，其本质不具有文明与国家的内涵。历史考古的考古学文化，则是人类从史前进入文明时代与国家社会阶段的历史文化。国家社会的历史与史前史的主要区别在于，对于前者来说，国家是社会主体，国家文化的核心是政治文化，其物化载体如都城、帝王陵墓、长城、秦直道、郑国渠、灵渠、隋唐运河、京杭运河（属于运河组成部分的国家粮仓）、汉唐宋明之“丝绸之路”与“海上丝绸之路”、古代都城之外的郡（州）县之国家不同行政中心城市等，以及与国家政治、法律、军事、经济、文化等密切相关的遗址与遗物等。而遗址也需要分解，如：都城、宫城、宫殿、礼制建筑、帝王陵墓、国家工程（长城、运河、太仓、造币、制盐、冶铁）等，它们大多属于国家文化性质（政治文化），此外还有属于民族学的民俗文化（族群文化）、宗教文化（即主要研究生死观的哲学文化）及科学技术史文化等不同方面的物化载体，因为研究对象的文化内涵、时代、区域不同，其方法亦应不一。

长期以来，考古学文化作为主要解读史前史的工具，被推而广之运用于历史考古学，如考古学界流行的以聚落考古学方法研究古代城市乃至都城遗址等方法。实际上，聚落与都城、帝王陵墓等不是一个社会等级与层次上的学术问题。在中国与世界考古学中，“聚落”的含义基本相近，即：“一般是指新石器时代以降的农业聚居村落。”[24]但也有人认为：“城址属于聚落的一种。”[25]而柴尔德认为“城市革命”使人类进入文明社会，成为国家形成的历史坐标，可见聚落与城市有着本质性差别。

陈淳认为：“从国家形成的过程而言，它应当经历了由部落（由村落或聚落组成）向酋邦（由镇和村组成）到国家（由城、镇和村组成）这样一种逐级向心聚合过程，而这种聚合过程应当可以从村、镇和城的布局及其规模变迁找到线索。”[26]

中国古代历史文献中，关于“聚”（亦称“落”“聚落”）与“邑”（亦称“城邑”）、“都”（亦称“都邑”“都城”）均有明确记载与确切界定，如《史记·五帝本纪》：“（舜）一年而所居成聚，二年成邑，三年成都。”[27]按照这一记载，可以说早在《史记》所说的五帝时代（即新石器时代晚期或末期），当时的社会组织已经存在“聚”“邑”“都”三级。也就是新石器时代晚期考古发现的大中小规模不同的三级社会组织，大体上就是历史文献中的“聚”“邑”“都”，那时的“聚”主要是人与人群的生活、生产空间，不具有社会政治功能。长期以来，考古学界并未将古代文明形成时期规模大小不一的“三级‘聚落’”对应于文献相关记载，这也许是出于考古研究的慎重或对中国古代历史文献的存疑。然而大量考古发现的五千年前后不同规模的“聚落”，恰恰证明《史记·五帝本纪》关于那时“聚、邑、都”三级社会组织存在的记载是基本准确的。但是，目前的中国史前考古学中，还没有全面解决这一研究的实例。不过在历史考古方面，相关发现的实证已有不少。如，战国秦汉时期考古发现的都城、郡治所在地城址与县城的“三级城址”及社会基层组织的“聚”（或“里”），就是重要佐证[28]。而在西方，类似的考古学研究晚至20世纪后半叶才引起学术界关注[29]。美国学者布洛特认为，有的酋邦社会是村落（聚落）与镇的两级[30]。G. 约翰逊在美索不达米亚底亚拉（Diyala）河谷早期国家的调查研究中，则提出城、镇、村三级社会形态遗址的观点[31]。

基于以上讨论可知，一方面由于传统的考古学文化研究具有很大局限性，另一方面由于文明时期的考古学文化比史前时期的考古学文化复杂很多，物化载体更为多样，历史内涵也有着本质上的不同，所以在研究方法上也绝非史前考古的器物类型学所能够满足的。

三、历史文献与考古学文化结合的阐释

中国考古学研究国家文化的考古遗存，必须与古代历史文献相结合，这是历史考古学的基本定位，也是中国历史考古与两河流域、古埃及、南亚次大陆古印度、中南美洲玛雅考古与印加考

古的重要不同之处。中国考古学的历史考古有五千多年不断裂文明的历史文献支撑，有不同时期、不同地域出土文献与历史文化遗产的物化载体作为中国考古学的科学资源，通过多学科、跨学科的综合研究，有望使中华五千多年不断裂文明史的时空与文化内涵得以全面科学构建。

历史考古学中的考古学文化与历史文献密切结合，使中国考古学及其历史考古在世界考古学中独具特色。在一些考古学家看来，这样的考古学文化研究，没有保持考古学的所谓“纯洁性”“科学性”，其实这是一种误解。因为正是考古学文化与历史文献的密切结合，使考古学文化研究取得巨大科学成果，使考古学研究探索诸如中国古代历史上的重大政治学、哲学、经济学等诸多国家文化层面学术问题，取得重大科研成果与学术突破。

比如说，王国维先生通过殷墟甲骨文研究，对照《史记·殷本纪》记载的31位商王，撰写了著名的《殷卜辞中所见先公先王考》与《殷卜辞中所见先公先王续考》，其结论是：“有商一代先公先王之名，不见于卜辞者殆鲜”“卜辞与《世本》《史记》间毫无抵牾之处”[32]。王国维的殷卜辞研究佐证了《史记·殷本纪》关于商代国王名称、数量、时代序列的记载是准确的。从两个方面来看，如果司马迁没有见到距他一千多年前流传下来的关于商代国王的相关文字记载，那么《史记·殷本纪》关于商代国王的记载根本就不可能撰写出来。反之，如果没有《史记·殷本纪》的历史记载，则王国维根本不可能知道商代国王的名字，更无从谈起商代国王编年。目前，《史记·殷本纪》记载的可靠性已经得到国内外学术界的一致认同。那么对于同样是司马迁撰写的《史记·夏本纪》的相关记载，我们有什么理由认为其是“空穴来风”的“杜撰”呢？顾颉刚先生的“层累地造成中国古史”说具有十分重要的科学意义，但是需要分析的是，人类的历史中哪些方面是进行“加法”的“层累”，而哪些方面是相反的“减法”（即对其“负面”历史的夸大）的“层累”做法？根据历史规律，一般是就人的历史活动评价而言，多有“加法”或“减法”，至于历史的时空为什么要“编造”呢？编造者的目的又是什么呢？这是需要认真思考的问题。有人认为司马迁在《史记》中杜撰出不存在的“夏王朝”，这应该认认真真探讨其“动机”！或者重新考虑一下我们的思维逻辑。这也就是我们认为“夏王朝”是真实存在的逻辑使然。之所以这样讲的另一个原因是：商王朝的编年是公元前1600年至前1046年[33]，这一结论从考古发现也可以得到证实。早于商代的公元前1750至前1600年的偃师二里头遗址，被学术界公认为“最早中国”的“都城”遗址。它与郑州商城、偃师商城比邻，时代前后相连。而郑州商城、偃师商城与二里头遗址出土遗物的类型学研究，也说明它们的考古学文化之间有着相承关系。基于以上考古发现的“时空链”，以及它们之间器物类型学发展的相承关系，可以确认二里头遗址是与郑州商城（商代早期都城）时间上下连接的夏代都城遗址。目前二里头遗址没有发现当时关于“夏”的文字，但这不等于它不是“夏”，甚或没有“夏王朝”。同样的，在郑州商城遗址至今也没有发现同时代的“商”字遗存，再晚的世界文化遗产秦始皇陵至今也没有出土“秦始皇”或“秦始皇陵”文字遗存，但我们能够据此否认已经考古发现的郑州商城、秦始皇陵存在吗？显然不行！对于诸如秦始皇陵、秦咸阳城、汉长安城、西汉帝陵等，有着明确历史文献记载，同时出土考古资料也与历史文献记载内容保持着一致性，因此断定其为上述都城、帝陵之名得到国内外学术界公认，这也就是历史考古的考古学文化解读、阐释具体王朝文化、国家文化的理论与方法研究实例，这应该是从事“原史时代”的考古需要考虑的问题。

四、历史考古的国家文化、国家认同、文化基因阐释

关于历史考古的“考古学文化”阐释，本文通过国家文化、国家认同和文化基因三个个案加以讨论，旨在探讨这些问题的研究路径、目标，从中提炼出历史考古的考古学文化阐释理论与方法。

（一）历史考古的国家文化阐释

2020年4月，习近平总书记在陕西考察调查时指出：“对国之大者要心中有数。”什么是“国之大者”？就中国考古学、历史学而言，“国之大者”就是“中华民族形成了伟大民族精神和优秀传统文化”“中华民族生生不息、长盛不衰的文化基因”等。这些文化基因的物化载体是什么？只有通过考古学与历史学、人类学、哲学、建筑史学等多学科、跨学科结合，才能解决这些重大学术问题，从而“认识中华文明起源和发展的历史脉络，认识中华文明取得的灿烂成就，认识中华文明对人类文明的重大贡献，不断增强民族凝聚力、民族自豪感”[34]。这些就是考古工作者的“国之大者”。基于这样的时代、国家和中华民族的发展要求，我们认为中国考古学当前的重要任务，首先应该是厘清作为国家文化的“中华民族形成了伟大的民族精神和优秀文化”的“考古学文化”物化载体是什么。这是开展这一考古学研究的前提。

作为文明时代的国家文化之考古学文化物化载体，我们认为诸如都城、帝王陵墓、礼制建筑及其相关物化遗物（如鼎、玉圭等）等，它们属于中华五千多年文明的国家文化物化载体，是国家工程的重要组成部分。比如我们通过都城选址的空间位置，都城总体规划的宫殿、宗庙等相互空间关系，都城城门与一般古代城市城门设置数量多少，门道数量与规制变化等，探索、提炼出政治家的国家文化思想，这就有赖于“由物及人”的考古学文化阐释理论与方法。具体来说，如都城选址的“求中”“追中”“择中建都”，都城之中的“择中建宫”，宫城之中的“择中建殿”（即“大朝正殿”），相对宫城中央的大朝正殿的“左祖右社”都城布局；帝王“陵墓若都邑”，从商王陵到秦汉帝陵之“亚字形”墓室（地宫），秦汉以后历代帝陵陵园“辟四门”、司马道与神道设置等，无不体现出“中”的核心理念在二元世界（“阳间与阴间”）的共同体现。这一系列都城选址、宫城在都城之中与宫殿（大朝正殿）在宫城之中的各自“居中”位置，及帝王陵墓布局形制等国家文化反映的是使用者与面对者感到的国家代表者——帝王的“中”之“核心”理念。这样的“透物见人”，与史前以器物类型学为基础的考古学文化研究对象、目的、方法、理论均不相同。

上述例证，说明了近年来我们在历史考古研究中通过相应的考古学文化阐释其考古遗存，揭示形而上的国家文化的理论与方法。

（二）历史考古的国家认同的阐释

考古学研究中的国家认同，是指同一国家中不同区域、不同时代、不同人群、不同族群对

具有国家文化特定的物化载体的共同尊重、传承、坚守。这类研究在以往考古学研究中开展得很少，至于其如何通过考古学文化（即考古发现的遗存分门别类）选择物化载体，进行其理论与方法的探索及研究的更是缺少。20 世纪 90 年代，我们开始了这方面的探索。确定国家文化的物化载体，是进行此类考古学文化研究的前提。当时提出，古代都城是中国考古学的“龙头”课题[35]。王国维认为：“都邑者，政治与文化之标征。”[36]我们首次指出中国古代都城四个基本功能，即古代国家政治统治中心、军事指挥中心、经济管理中心、文化礼仪活动中心。都城作为最重要的国家文化，“都城政治性的物化载体……主要是宫城、皇城、宫殿、官署、武库、宗庙、社稷、明堂、辟雍、灵台、圜丘、地坛等。都城考古应以宫城考古为重心，宫城考古应以宫、庙等主要殿堂遗址考古为中心”[37]。作为国家文化的都城，被历史上不同王朝、不同族属的人们（如北魏王朝的鲜卑人、金朝的黑水女真人、元朝的蒙古族、清朝的辽宁女真）所建立，其都城沿袭着中华都城历史文化特色，这恰恰体现出五千多年不断裂文明史中不同地区、不同族属对以古代都城为核心的国家文化的认同。

《吕氏春秋·安死》：“陵墓若都邑。”墓葬文化是人群、族群最保守的文化。古代陵墓的墓主人是古代国家帝王，其陵墓是帝王另一个世界的现实都城的缩影，属于国家文化。帝王陵墓是中国古代“阴阳二元文化”的代表。从五帝时代到夏商周、秦汉魏晋南北朝、隋唐宋辽金元至明清诸王朝，其中统治集团的核心，有中原地区的人们，还有周边中华民族中不同族群建立的不同时期的实体国家。通过历史考古的帝王陵墓之考古学文化研究，可以揭示出清王朝的政治家成为北京城的皇帝之后，其陵墓与明代十三陵形制基本相同，女真人成为金朝皇帝之后，其陵墓与北宋巩义宋代帝陵形制基本相同，至于北魏孝文帝迁都洛阳之后的帝陵，其形制基本承袭汉魏帝陵[38]。这些反映的是不同人群、族群出身的中国皇帝对中华历史文化的认同，也就是对中华五千年不断裂文明的国家认同。

（三）历史考古的文化基因阐释

历史考古的考古学文化之文化基因，即中华民族文化的根与魂，也就是“中”与“中和”[39]。对于文化基因的“中”“中和”，如何通过历史考古的考古学文化再现并进行科学阐释，是历史考古的考古学文化需要解决的重大问题。

中国先民对“中”的信仰与追求，可以上溯至新石器时代晚期的河南濮阳西水坡 M45 号墓蚌壳堆塑的“北斗”与龙虎图案[40]。目前所知有关“求中”记载的最早文献是成书于战国时代的清华简《保训》，其中记载五帝时代的虞舜“求中”于“鬲茅”[41]。“鬲茅”即古文献之“历山”，在今河南濮阳与山东菏泽一带[42]。近年来，这一区域发现大量与虞舜同时期的聚落遗址与一些重要城址。这与《保训》记载的舜“求中”于此可以对应。《保训》又载，商汤的六世祖上甲微为夏禹“追中”（即“求中”）于“河”。“河”即“河洛”[43]，即现在所说的“大嵩山”地区（包括洛阳市、郑州市）。20 世纪 50 年代末以来，考古工作者在嵩山周围发现了登封王城岗城址、新密新砦城址与偃师二里头遗址等早于郑州商城的城址，学术界一般认为上述三处城址应分别为夏代早、中、晚期的都城遗址[44]。

继夏之后的商代早期都城郑州商城、偃师商城均分布在大嵩山地区。郑州商城内城主要是宫殿基址，在内、外城之间分布着铸铜、制陶等手工业作坊及重要的铜器窖藏坑，其中出土的8件青铜礼器大方鼎至关重要[45]。鼎为立国重器，其重要性正如《左传·宣公三年》所云："桀有昏德，鼎迁于商。载祀六百，商纣暴虐，鼎迁于周。"殷墟"亚字形"商王陵的考古发现，从"阴阳二元文化"向人们展示"地宫"在王陵的"居中"理念，以及东西南北"四墓道"相对地宫的"中"与"中和"理念。

1963年，陕西宝鸡发现的西周早期青铜器何尊铭文"宅兹中或（国）"则是确立"中国"于"天下之中"的物证资料[46]。先秦时期相关文献记载，也与何尊铭文形成互证。《左传·昭公三十二年》："昔成王合诸侯，城成周，以为东都。"《史记·周本纪》："成王在丰，使召公复营洛邑，如武王之意。周公复卜申视，卒营筑，居九鼎焉。曰：'此天下之中，四方入贡道里均。'"[47]

上述有关于上古先民"追中""求中"的记载，结合与其相关的考古发现与历史文献记载，可以探讨国家文化的核心理念。从历史考古的遗存"表象"之"中"与"中和"研究阐释，提升至形而上的国家文化的政治学层面，有助于解读营建者深层次的意图，提取、确认其建筑空间背后形而上的国家认同的政治理念与文化基因。

秦汉王朝开启了大一统中央集权国家时代，自秦汉至唐宋都城在"大中原"的长安、洛阳与开封东西一线，继承了夏商以来的"择中建都"原则。金朝徙都燕京，在金人看来"燕京乃天地之中"，定都于此才是"以应天之地之中"。这开启了中古时代后期元朝与明、清两朝定都北京之先河。

在古代国家的形成与发展过程中，"中"的理念不断扩展、强化与深化，即从"择中建都"到"择中建宫"再到"择中建殿"；都城城门、宫城宫门为"奇数"，数量从"单门道"发展到"一门三道""一门五道"，这些均折射了在历史发展长河中中华"文化基因"的日益加强。

"中"与"中和"的基因，主要体现在都城选址与都城布局形制及帝王陵墓布局形制方面。历代王朝营建都城选址之所以必须"择中建都"，就是"中和"理念的要求。都城营建于"天下（即国家）之中"是相对于国家东西南北"四方"而言的。"择中建都"之"中"体现国家相对东西南北的至高至尊，同时"中"相对四方又反映了国家对四方的公平、公允、公正，从而达到国家之"和"，这种"和"是国家"一统"的基础，是国家认同，是四方凝聚于中央。帝陵的"亚字形"墓室、陵园辟四门、神道或司马道的轴线特色与帝国都城规制有着同样的"中"与"中和"思想。

综上所述，历史考古的考古学文化不只是局限于器物的类型学研究，更为重要的是选择属于国家文化载体的古代都城、帝王陵墓等的空间位置、布局形制等开展多学科、跨学科综合研究，揭示出其所蕴含的"中""中和"国家文化理念与中华历史文化基因。考古发现的北魏洛阳城及女真、蒙古满等民族依次建立了金中都、元大都、明清北京城都承袭了几千年形成的"中和"理念，深化了国家认同思想。从国家"宫城"到民居四合院的"中""中和"布局，二者大小虽然不一，但是理念相同，反映出"家国同构""家国一体"的历史文化，折射出中华民族国家认同的核心理念，可以说"中""中和"理念之所以在中华五千多年不断裂文明中延续不断，与家国同构、家国一体的广大而深厚的社会基础密不可分。这是我们通过历史考古的考古学文化之文化基因，即中华民族文化的根与魂的物化载体之“中”与“中和”的阐释理论方法的探索所得出的科学认知。

注 释

[1]《中国大百科全书·考古学》，中国大百科全书出版社，1986年，第2、3页。

[2] 中国社会科学院语言研究所词典编辑室：《现代汉语词典》(第6版)，商务印书馆，2002年，第708页。

[3] 辞海编辑委员会：《辞海》，上海辞书出版社，2009年，第1225页。

[4] 中国大百科全书出版社、不列颠百科全书编辑部编译：《不列颠百科全书(国际中文版)》，中国大百科全书出版社，1999年，第434页。

[5] 科林·伦福儒、保罗·巴恩著，陈淳译：《考古学：理论、方法与实践》(第6版)，上海古籍出版社，2015年出版，第7、8页。

[6] 陈淳：《考古学的理论与研究》，学林出版社，2003年，第69页。

[7] 夏鼐：《什么是考古学》，《考古》1984年第10期。

[8] 夏鼐：《什么是考古学》，《考古》1984年第10期。

[9] 陈淳：《考古学的理论与研究》，学林出版社，2003年，第157页。

[10] Childe, V. G., The Danube in Prehistory, 1929: vi.

[11] 夏鼐：《关于考古学上文化的定名问题》，《考古》1959年第4期。

[12] 布鲁斯·G·特里格(Bruce G. Trigger)著，陈淳译：《时间与传统》，中国人民大学出版社，2011年，第100、109页。

[13] 安志敏：《关于考古学文化及其命名问题》，《考古》1999年第1期。

[14] 布鲁斯·G·特里格(Bruce G. Trigger)著，陈淳译：《考古学思想史》，中国人民大学出版社，2010年，第28、29页。

[15] 赵辉：《关于考古学文化和对考古学文化的研究》，《考古》1993年第7期。

[16] 陈淳：《考古学的理论与研究》，学林出版社，2003年，第157、159页。

[17]《资本论》第1卷，人民出版社，2004年，第407页。

[18] 路易斯·亨利·摩尔根著，杨东莼、马雍、马巨译：《古代社会》，商务印书馆，1977年，第11页。

[19] 布鲁斯·G·特里格(Bruce G. Trigger)：《时间与传统》，中国人民大学出版社，2011年，第100页。

[20] 吴晓筠：《中国的“原史时代”》，《华夏考古》2005年第1期。

[21] 钱耀鹏：《中国原史时代论纲》，《文博》2002年第2期。

[22] 李学勤：《东周与秦代文明》，文物出版社，1984年，第10页。

[23] 夏鼐：《关于考古学上文化的定名问题》，《考古》1959年第4期。

[24] 陈淳：《考古学的理论与研究》，学林出版社，2003年，第171页。

[25] 李力：《“史前城址与聚落考古学术研讨会”综述》，《文物》1996年第11期。

[26] 陈淳：《考古学的理论与研究》，学林出版社，2003年，第180页。

[27]《史记》卷1《五帝本纪》，中华书局，1959年，第34页。

[28] 徐龙国：《秦汉城邑考古学研究》，中国社会科学出版社，2013年；刘庆柱：《汉代城址的考古发现与研究》，《远望集——陕西省考古研究所华诞四十周年纪念文集》，陕西人民美术出版社，1998年。

[29] 陈淳：《考古学的理论与研究》，学林出版社，2003年，第178、179页。

[30] Blouet, B., Factors influencing the evloution of settlement pattern. In: Ucko, P. J., Tringhanm, R., Dim Bleby, G. W., (eds.), Man, Settlement and Urbanism, London: Duckworth, 1972.

[31] Flannery, K. V., The cultural evolution of civilization. Annual Review of Ecology and Systematics, 1972, 3: 399-426.

[32] 王国维：《观堂集林》第2册，中华书局，1959年，第411、435页。

[33] 夏商周断代工程专家组：《夏商周断代工程1996—2000年阶段性成果报告(简本)》，世界图书出版社，2000

年，第 35～37 页。
[34] 习近平：《建设中国特色中国风格中国气派的考古学 更好认识源远流长博大精深的中华文明》，《求是》2020 年第 23 期。
[35] 刘庆柱：《中国古代都城考古发现与研究》（上册），社会科学文献出版社，2016 年，第 39 页。
[36] 王国维：《观堂集林》第 2 册，中华书局，1959 年，第 451 页。
[37] 刘庆柱：《中国古代都城考古学研究的几个问题》，《考古》2000 年第 7 期。
[38] 韩国河：《东汉北魏陵寝制度特征和地位的探讨》，《文物》2011 年第 1 期。
[39] 刘庆柱：《中华历史文化基因的“中和”与国家认同》，《中国社会科学报》2018 年 2 月 23 日第 4 版；刘庆柱：《黄河文化：中华民族文化的“根”与“魂”的解读》，《黄河·黄土·黄种人》2020 年 9 月上旬刊。
[40] 河南省文物考古研究所、濮阳市文物保护管理所：《濮阳西水坡》，中州古籍出版社、文物出版社，2012 年。
[41] 李学勤：《清华大学藏战国竹简》（壹）下册，中西书局，2010 年，第 143、145 页。
[42] 冯时：《文明以止：上古的天文、思想与制度》，中国社会科学出版社，2018 年，第 174～176 页。
[43] 冯时：《文明以止：上古的天文、思想与制度》，中国社会科学出版社，2018 年，第 174～176、181 页。
[44] 夏商周断代工程专家组：《夏商周断代工程 1996—2000 年阶段性成果报告（简本）》，世界图书出版社，2000 年，第 86 页。
[45] 河南省博物院：《中原古代文明之光》，科学出版社，2011 年，第 70、71 页。
[46] 马承源：《何尊铭文初释》，《文物》1976 年第 1 期。
[47]《史记》卷 4《周本纪》，第 133 页。关于成周在今洛阳的具体位置，学界还有不同意见。洛阳市附近发现一些应属西周时期的城址，有人认为其中应有西周洛邑。参见中国社会科学院考古研究所洛阳汉魏城队：《汉魏洛阳故城城垣试掘》，《考古学报》1998 年第 3 期。

（原刊于《中国社会科学》2021 年第 9 期）

中国古代建筑艺术思想史概说

刘庆柱

一、关于建筑的人文科学思想

建筑是物质的也是精神的，建筑是凝固的历史哲学。人们往往把建筑视为“衣食住行”中的一种，把它与服装、食物、交通工具并列等同，视为物质的东西。其实“衣食住行”均不同程度的还具有“精神”的成分，有的甚至所占比例较高或相当高，作为“住”的“建筑”就是这样。随着人类历史的发展，“建筑”所蕴含的“精神”内容越多、所占有的“精神”成分比例越大。中国古代建筑可分为生产、生活、军事、文化、政治性建筑等，作为建筑科学技术成就最高、人文思想理念最强、最具历史时代特点的代表性建筑——应为政治性、文化礼仪性建筑，它们主要是都城、宫城、宫殿、宗庙等礼制建筑、寺庙等宗教建筑、帝王陵墓等，如果说古代西方以神庙为其建筑的杰出代表，那么在东方、在中国则尤以王室、皇室的都城、宫城、宫庙建筑最为突出。这些建筑作为政治的象征、国家的象征、民族的象征、历史的象征，它们已使时代精神蕴含于其中。

都城是国家的政治统治中心、文化礼仪活动中心、经济管理中心、军事指挥中心，正如王国维先生所说，“都邑者，政治与文化之标征”[1]。都城中的宫城、宫殿则是国家最高统治者的政治活动中枢、经济管理中枢、军事指挥中枢，都城的宗庙、社稷、明堂、辟雍、灵台等建筑成为国家礼制活动的舞台。帝王陵寝建筑则是都城与宫城的缩影，所谓“陵墓若都邑”（《吕氏春秋》）。这些标征性建筑的设计者，通过建筑的语汇，再现了建筑的哲学理念。我们所说的建筑语汇，也就是建筑的艺术，这种艺术往往通过建筑群的组合、分布，建筑形制、结构，建筑构件与装饰内容等，反映出建筑的艺术思想、哲学观念。在古代建筑中，尤以都城建筑群的布局形制最为集中凝聚了建筑的哲学思想。反映中国古代建筑思想史最突出的建筑，应该不只是仅仅用于“居住”的建筑物，越是离“居住”远的建筑物，越是社会统治者使用的建筑物，越是政治性、文化性强的建筑物，越是建筑思想史研究的重要对象，这些就是古代的都城及其宫殿、宗庙（包括其他礼制建筑）等，我们正是主要通过对这些建筑的研究，去探讨中国古代建筑思想的历史。

二、与建筑思想史密切相关的中国古代建筑的考古发现

建筑是人类活动的产物，建筑思想必须通过对历史建筑的考察去实现。随着历史的发展，

建筑的种类越来越多，大的有都城、城市、水利工程、军事设施、交通建设等，具体的如宫殿、宗庙、苑囿、武库、官署、礼制建筑（明堂、辟雍、灵台、社稷、圜丘、地坛等）、寺院、陵墓、粮仓、运河、水库、堤堰、长城、道路、栈道、民居、市肆等。从总体来看，目前中国古代建筑中，明清时代都城的宫殿、礼制建筑、陵寝、寺院等重要建筑还较好地保存下来，此前的这类建筑所存寥寥无几。这因为中国古代建筑与西方古代石构建筑不同，它属于土木建筑系统，随着时间的流逝，原来的建筑现在地面之上大多已不复存在，宫殿、礼制建筑等保存下来的也只是其夯土基址及其他建筑遗迹。而这些地面已不复存在的建筑，恰恰是研究中国古代建筑思想渊源与流变所必需的。因为目前仅存的中古时代以前的、为数不多的古代建筑和有关古代建筑的文献资料远远不能满足上述研究的需要，中古时代及以前的中国古代建筑遗址的考古发现与研究，成为进行这一研究的基础和前提。自从20世纪初，考古学传入中国，中国古代建筑遗址考古取得了丰硕学术成果。

1. 史前时期建筑遗址的考古发现

人类在旧石器时代晚期已开始为自己营建居室，如黑龙江哈尔滨市阎家岗遗址的窝棚遗迹[2]、湖南临澧县竹马遗址的居住遗迹[3]。目前新石器时代建筑遗址考古已有大量房屋建筑遗址发现，如湖南澧县八十垱遗址的十余座房址[4]、内蒙古敖汉兴隆洼160余座房址和敖汉北城子遗址的210余座房址[5]、河南舞阳贾湖遗址的36座房址[6]、山东章丘西河遗址的20多座半地穴房址[7]、甘肃秦安大地湾遗址的上百座房址[8]、内蒙古敖汉赵宝沟遗址的82座房址[9]、湖北枣阳雕龙碑遗址的房址[10]、浙江余姚河姆渡遗址的木构干栏式建筑遗迹[11]、西安半坡遗址早期聚落的40多座房址[12]、陕西宝鸡北首岭遗址的40多座半地穴房址[13]、临潼姜寨遗址仰韶文化一期的120座房址[14]、郑州大河村遗址的双间和多间式房址[15]、河南邓州八里岗遗址的排房式建筑遗迹[16]、淅川下王岗遗址的长屋房址[17]、安徽蒙城尉迟寺遗址的排房址[18]、河南淅川黄楝树遗址的排房址等[19]。由于这时人类社会还处于原始社会，居室建筑也仅仅是人们为了遮风避雨、御寒防晒，一般的建筑还只是作为人们创造的“物质”而存在，建筑自身还很少蕴含艺术的思想、精神的理念，只有个别建筑已经显露出“物质”背后的“精神”或“艺术”的因素。如新石器时代的陕西西乡李家村、西安半坡、临潼姜寨、华县泉护村和河南洛阳王湾等聚落遗址中发现的“大房子”，它们一般位于聚落中央的广场附近，“大房子”附近有许多一般聚落成员的住房。比较典型的“大房子”如西安半坡遗址F1，其平面为方形，东西为10.5、南北为10.8米，东墙辟门。根据F1室内柱洞遗迹分布情况，推测“大房子”分为东、西两部分，东部为一大型空间，西部可能由3个小空间组成。F1东部（即大房子的前部）似为庭堂，F1西部（即大房子后部）可能是用于休息的居室（图一）。如果上述分析可以成立的话，那么F1应是目前我们所知道的最早一座具有“前堂后室”功能的建筑[20]。这种大房子已不只是作为聚落之中成员的公共活动场所，它还是聚落首领社会活动与生活的地方。从甘肃秦安大地湾“大房子”结构，我们可以更加清楚地看到，“大房子”从“公共活动”场所向“统治活动"中心转变的情况。甘肃秦安大地湾的“大房子”F901属于大地湾第四期聚落的建筑，其时代属于仰韶文化晚期，相当于半坡文化晚期，碳素测定年代数据，约距今4900～4800年，为大地湾遗址史前聚落的鼎盛阶段。大地湾第四期聚落占地面积约50万平方

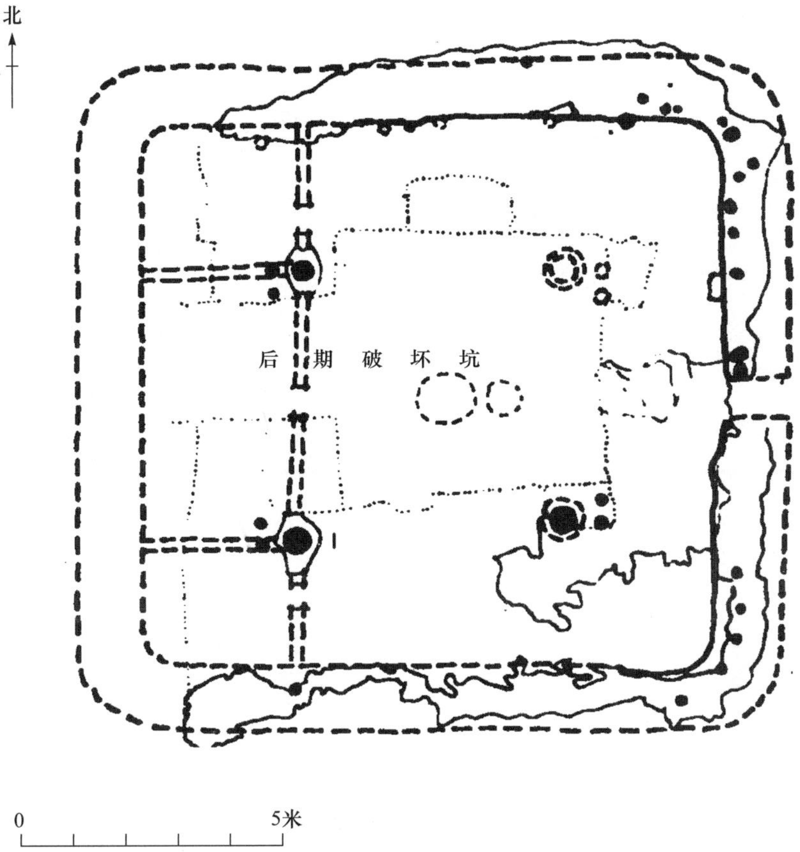

图一　西安半坡遗址 F1 平面图

米，聚落遗址主体东西 600～900、南北 400～600 米，坐南朝北，背山面水，在聚落南北中轴线上自南向北发现了 F400、F405、F901 等 3 座面积超过 200 平方米的大型房屋建筑，F901 是其中规模最大、位居最南部的大房子。F901 占地面积 420 平方米，室内面积 126 平方米。F901 坐北朝南，主室平面长方形，前墙长 16.7、后墙长 15.2 米，西墙长 8.36、东墙长 7.84 米。前墙辟门 3 座，如后世“三阶”，东西并列，正门居中。主室正门有外凸“门斗”，门前附属建筑为“轩”。东墙、西墙各辟一侧门。主室东西各一侧室，当为后世的“旁”“夹”。北部为后室、南部为附属建筑（图二）。F901 的“前堂成为中国古代宫殿最早的雏形，有的学者认为“夏后氏世室”就是由此发展而来[21]。

在新石器时代晚期后段和末期，随着单体“大房子”功能的变化，与之相应的更高级的社会建筑群——“城”，从原始社会的聚落中产生了。在一些较为先进的地区出现的中国古代最后室”，左右置“旁”“夹”，堂设“三阶”，门前临“轩”，已早的“城”，现在已经发现了几十座[22]，如山东城子崖龙山文化城址，东西 430、南北 530 米，面积 20 万平方米[23]；邹平县丁公城址，东西 310、南北 350 米，面积 10 万平方米[24]；江苏连云港藤花落城址，为内外两重城垣，外城与内城平面均近长方形，面积分别为 14 万平方米与 4 万平方米[25]；河南辉县孟庄城址，平面方形，边长 400 米，面积 16 万平方米[26]；河南新密市古城寨城址，东墙长 350、西墙长 336、南墙长 435、北墙长 460 米，面积约 16 万平方米[27]；湖北天门市石家河城址，南北 1200、东西 1100 米，面积 120 万平方米，这是一座规模庞大的史前城制[28]；在长江下游还发现了浙江余杭莫角山遗址的良渚文化“台城”[29]、江苏昆山赵陵山遗址和武进县寺墩遗址的良渚文化“水城”遗址[30]。这一时期的城址中，有的城址之内发现有大型夯土建筑基址，城

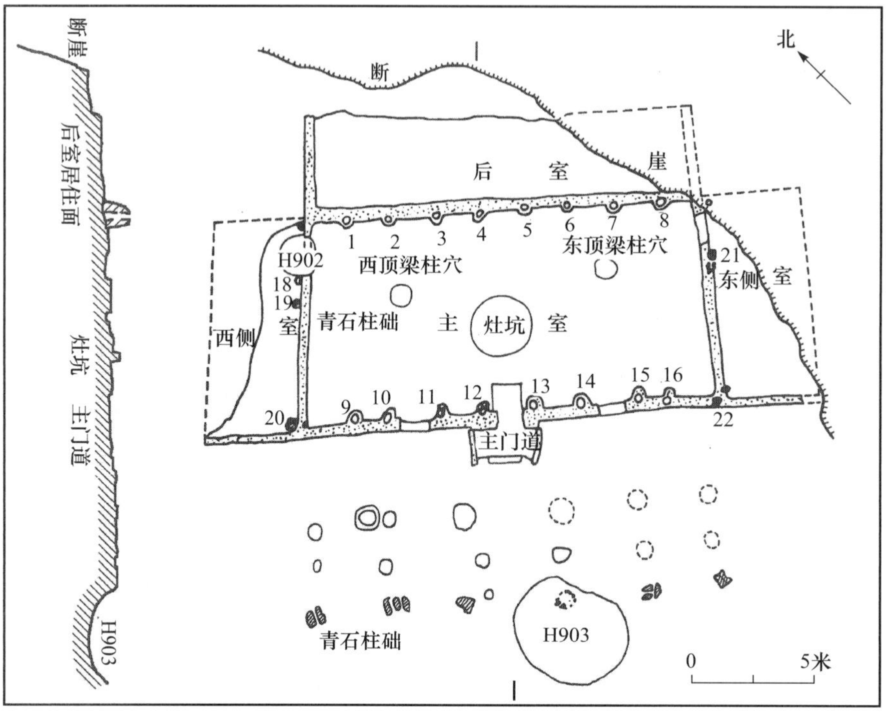

图二　秦安大地湾遗址 F901 平、剖面图

址附近还发现有大型墓葬，山西陶寺遗址就是这类城址[31]。这些大型建筑基址和墓葬的形制结构已不只是反映了“大”的使用功能，还有更深层次的社会意义。一些祭祀性建筑遗址，其非实用性目的更为明显，祭祀建筑遗址的特殊造型、艺术构思，已反映出建筑者的复杂哲学理念。如辽宁喀左县东山嘴红山文化建筑群遗址，这是一组石砌建筑基址，中心部分为一大型方形建筑基址，东西长 11.8、南北宽 9.5 米。方形基址以南 15 米，有一石圈形台址，平面圆形，直径 2.5 米。石圈形台址以南 4 米为多圆形石构基址，现存 3 个相连的圆形基址，平面为椭圆形，长径 3.8～4.1、短径 2.9～3.1 米（图三）。有的学者提出，这是一组祭祀天地的建筑遗址，方形石构建筑祭地、多圆形石基址祭天[32]。在良渚文化中发现的人工堆筑营建的高土台，如江苏昆山赵陵山土台[33]、浙江余杭瑶山祭坛[34]、浙江余杭汇观山祭坛[35]、上海青浦福泉山高土台[36]、江苏武进寺墩[37]等，它们具有作为显贵者墓地和祭祀祖先的双重功能。

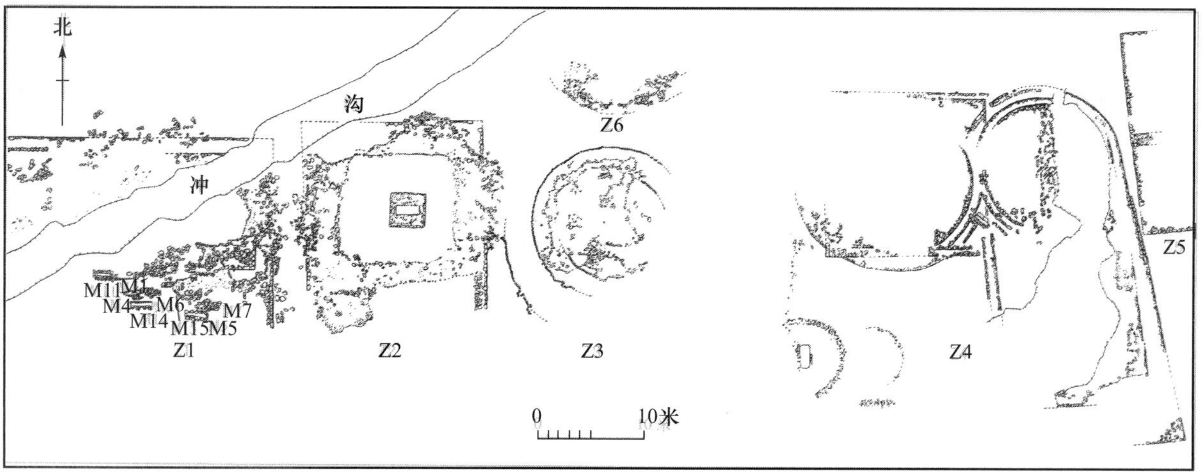

图三　建平牛河梁红山文化祭坛遗址

2. 夏商西周时期建筑遗址的考古发现

夏商西周时代，是中国古代早期国家形成与发展的时代。伴随着这个时代的建筑，已从史前时期的仅仅用于“居住”、生产和生活目的，变得更为复杂。随着国家的形成，这时已经出现了真正意义上的都城，如夏代都城——二里头遗址，该遗址位于河南偃师市西部洛水南岸，面积 4 平方千米，遗址中心部分为宫殿建筑遗址区，已发现夯土基址数十座，考古发掘了两座大型宫殿建筑遗址。遗址区南部有大范围的铸铜遗址，北部、东部和西部分别有骨器、陶器制作遗址，二里头遗址历年来还出土了大量高规格遗物[38]。继夏而立的商王朝，其都城——河南偃师商城遗址，毗邻二里头遗址，位于偃师市西南部洛河北岸，由郭城和宫城组成。早期郭城规模较小，南北长 1100、东西宽 740 米；晚期郭城规模较大，面积 2 平方千米。宫城在郭城南部，平面方形，边长 200 米（图四）。宫城遗址进行了全面考古发掘，发现了多座宫庙建筑遗址。郭城北部有一般居址、手工业遗址[39]。郑州商城遗址在郑州市，面积 3 平方千米。城址东北部分布有数量众多的大型夯土建筑基址，这里可能为都城的宫殿建筑区，其范围长约 750、宽约 500 米。城址附近还发现了为数众多的铸铜、制陶、制骨作坊遗址和墓地、居址、铜器窖藏等[40]。

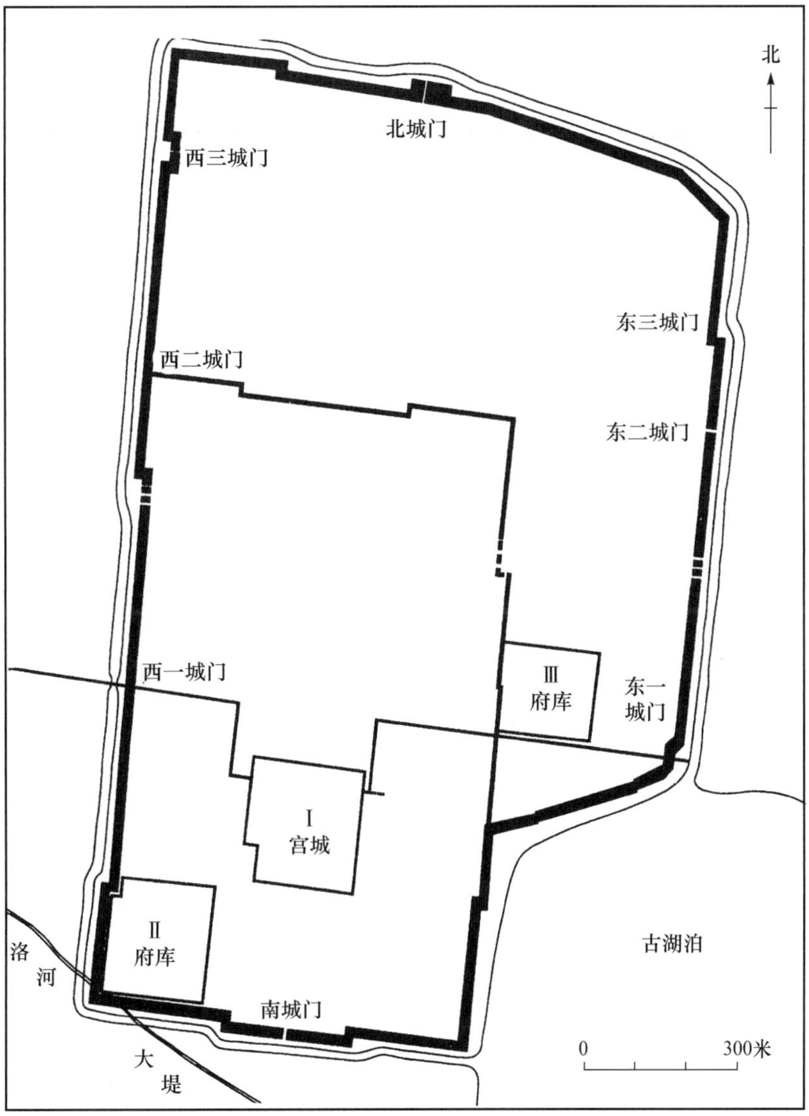

图四　偃师商城遗址平面图

安阳殷墟是商代晚期都城遗址，这是最早开展中国古代都城考古的地方。武丁以后的殷墟遗址的宫殿、宗庙区在洹河南岸的小屯村一带，王陵区在洹河北岸的侯家庄与武官村北地一带。近年又在洹河北岸的花园庄发现了殷墟早期的都城遗址——洹北商城[41]。西周都城——陕西长安丰镐遗址位于西安西南部沣河两岸，遗址范围约10平方千米，已发现多座夯土建筑基址和大量墓葬。周原遗址是周人的发祥地和灭商以前的都城遗址，周原遗址考古发现的大型夯土建筑基址是研究周代建筑的重要资料。[42]在上述都城遗址之中，都建有规模庞大的宫殿建筑遗址，有的都城遗址附近还发现了巨大的王陵群。近年来考古发掘的河南偃师二里头遗址的宫庙建筑遗址、偃师商城的宫城和宫庙建筑遗址、郑州商城宫殿群建筑遗址、安阳殷墟洹北商城宫庙建筑遗址、陕西周原的大型夯土建筑遗址等，为我们研究当时的建筑思想提供了珍贵的科学资料。

3. 春秋战国时期建筑遗址的考古发现

春秋战国时期是中国古代历史上的社会大变革时期，作为凝结时代政治、经济、文化于一身的建筑，自然也是处于这样的大变革之中。这一时期建筑遗址的重要考古工作主要有各诸侯王国都城遗址的考古勘察、重要宫庙建筑遗址的考古发掘，这些考古工作的开展，使我们对春秋战国时期主要诸侯王国都城遗址布局形制有了初步了解，深化了对当时宫殿、宗庙等重要建筑遗址的认识。春秋战国时代秦国都城——雍城遗址，城址平面近长方形，东西长3480、南北宽3130米，面积逾10平方千米。城内中西部发现了大面积的宫庙建筑遗址，北部分布有市场，这是目前春秋战国时期诸侯王国都城遗址中唯一发现的市场遗迹。城址西南部为秦公陵区[43]。战国时代中期，秦孝公徙都咸阳，秦咸阳城东西约7200、南北约6700米，宫殿区位于城内北部咸阳原上，已勘探究明咸阳宫宫城遗址，发掘了其中3座宫殿建筑遗址。都城手工业作坊分布在城址西南部、南部，墓地在都城西部[44]。楚纪南城是东周时期楚国都城遗址，城址平面为长方形，东西长4500、南北宽3500米，面积约16平方千米。城址中部偏东分布有大面积夯土建筑基址，这里可能为都城宫城或宫殿区。城南有祭祀建筑遗址，城东有制陶作坊遗址，城西和城北有密集的居址。都城四周分布着众多的墓地，其中大型墓葬多在城北和城东[45]。齐临淄城是西周至战国时代的齐国都城遗址，都城由大城和小城组成，小城位于大城西南角。大城平面为长方形，南北长4000、东西宽4500米。小城南北长2200、东西宽1400米，面积3平方千米。宫殿区在小城北部。都城中部和东北部为手工业作坊遗址区。早期都城之内还有墓地，主要分布在城址东北部。都城东南部是战国时代田齐王陵区[46]。燕下都是战国时代中晚期燕国都城遗址，位于河北省易县东南部。城址平面为不规则长方形，东西长8000、南北宽4000～6000米，面积30平方千米。中部有一古河道，纵贯南北，将其分为东西并列二城。东城东西4500、南北4000米，西城东西3500、南北3700米。东城北部为宫殿区，西北隅为王室墓区[47]。郑韩故城是东周时期郑国和韩国都城遗址，位于河南新郑县。城址东西长5000、南北宽4500米，由东城和西城组成。西城平面近长方形，城内中部和北部为宫殿区。西城中部发现一座宫城遗址，东西长500、南北宽320米[48]。赵邯郸城是战国时代中晚期赵国都城遗址，宫城即“赵王城”，由3座小城组成，平面为“品”字形，面积5平方千米。其中西城最重要，平面方形，城内中部偏南有主体建筑——“龙台”，南北长296、东西宽265米，这是战国时代最大的夯土建筑基址。“龙台”以北还有南北排列的5座大型夯土建筑基址。宫城东北部为郭城，南北长

4880、东西宽 3240 米，面积 13.8 平方千米[49]。魏安邑城是魏国前期都城遗址，位于山西夏县。安邑城由大城和小城组成，小城位于大城中央[50]。在上述都城遗址中，秦雍城的宫庙遗址、秦咸阳城的宫殿建筑遗址、南方的楚章华台遗址进行了大规模考古发掘。另一个重要的工作是对都城遗址附近的王陵及其陵寝建筑遗址的发掘，其中秦公陵[51]、中山王陵[52]、魏王陵及其陵寝建筑遗址的勘察与发掘最为重要[53]。

4. 秦汉时期建筑遗址的考古发现

秦汉时期是中国古代帝国取代王国的历史时期，是以汉族为主体的中华民族形成时期，是中国古代封建社会典章制度的确立时期。作为这样一个历史时期的物质载体——秦汉时期建筑，在中国古代建筑思想史研究上占有极其重要的地位。秦汉时期是中国古代建筑发展的第一个高峰，秦汉时期建筑遗址考古工作也是中国古代建筑遗址考古中开展工作最多的。秦始皇统一六国，建立了中央集权封建帝国，继续以秦咸阳城为其都城，并对都城进行了扩建，在渭南修建了大量宫室建筑，其中最著名的莫过于阿房宫。目前考古工作者正在对阿房宫遗址进行全面考古勘探[54]。阿房宫基址夯筑而成，基址现保存东西长 1270、南北宽 424 米，高 12 米。这是目前所知规模最大的中国古代宫殿建筑基址。秦帝国大兴土木修建宫室，不只是限于都城咸阳，已经考古发掘的渤海湾秦行宫建筑遗址是个最好的例子[55]。在秦代皇室建筑中，秦始皇陵则是留给我们规模最大、保存最完整、等级最高的秦代皇家建筑遗址群，自 20 世纪 70 年代以来，秦始皇陵考古工作已取得丰硕学术成果，为世界所瞩目[56]。此外还有秦始皇修建的长城、直道、驰道等工程。秦帝国是中国古代历史上极其重要的王朝，但是由于其仅仅十几年的统治，许多制度的实施、思想的贯彻留给了西汉王朝。西汉都城长安城遗址自 1956 年以来，已经开展考古工作半个多世纪[57]。主要进行的考古工作有：城址勘探和城门的发掘、未央宫的勘探和宫殿、官署等建筑遗址发掘[58]，桂宫宫殿和官署建筑遗址发掘[59]，武库遗址勘探与发掘[60]，汉长安城南郊礼制建筑遗址发掘（宗庙遗址、社稷遗址、辟雍或明堂遗址）[61]。汉长安城平面近来发现，每面 3 座城门，每座城门 3 个门道。一般城门宽 32 米，与未央宫、长乐宫宫门相对的 4 座城门各宽 52 米。都城地势西南高、东北低，北低南高，皇宫——未央宫位于都城西南部，长乐宫在未央宫东部、都城南部，桂宫、北宫在都城中部。市场在都城北部，宗庙和社稷分别在未央宫东南部与西南部。汉长安城的上述宫殿、市场、宗庙、社稷分布情况，是我们目前通过考古所知的时代最早的“面朝后市”“左祖右社”都城布局的实例（图五）。东汉王朝建都洛阳，魏晋时期继续以这里为都城。汉魏洛阳城遗址的考古工作以都城南郊礼制建筑遗址（灵台遗址、明堂遗址、辟雍遗址、太学遗址）开展较多[62]。这时的都城已从汉长安城的“多宫制”发展为汉洛阳城的“两宫制”，进而变为魏晋洛阳城的“单宫制”，宫城在都城中的位置由南移至北。汉代帝王陵墓及其陵寝建筑在中国古代帝王陵寝建筑中占有重要地位，开展的考古工作也是最多的，其中尤以汉景帝阳陵、汉宣帝杜陵陵寝建筑遗址考古发掘学术意义最为突出[63]。

5. 魏晋南北朝至隋唐时期建筑遗址的考古发现

社会政治发展与物质文化变化不是同步的，后者往往滞后于前者。秦汉至魏晋南北朝隋唐时期中国古代都城建筑布局形制变化，生动地说明了这一历史现象。秦汉帝国的建立，庞大的

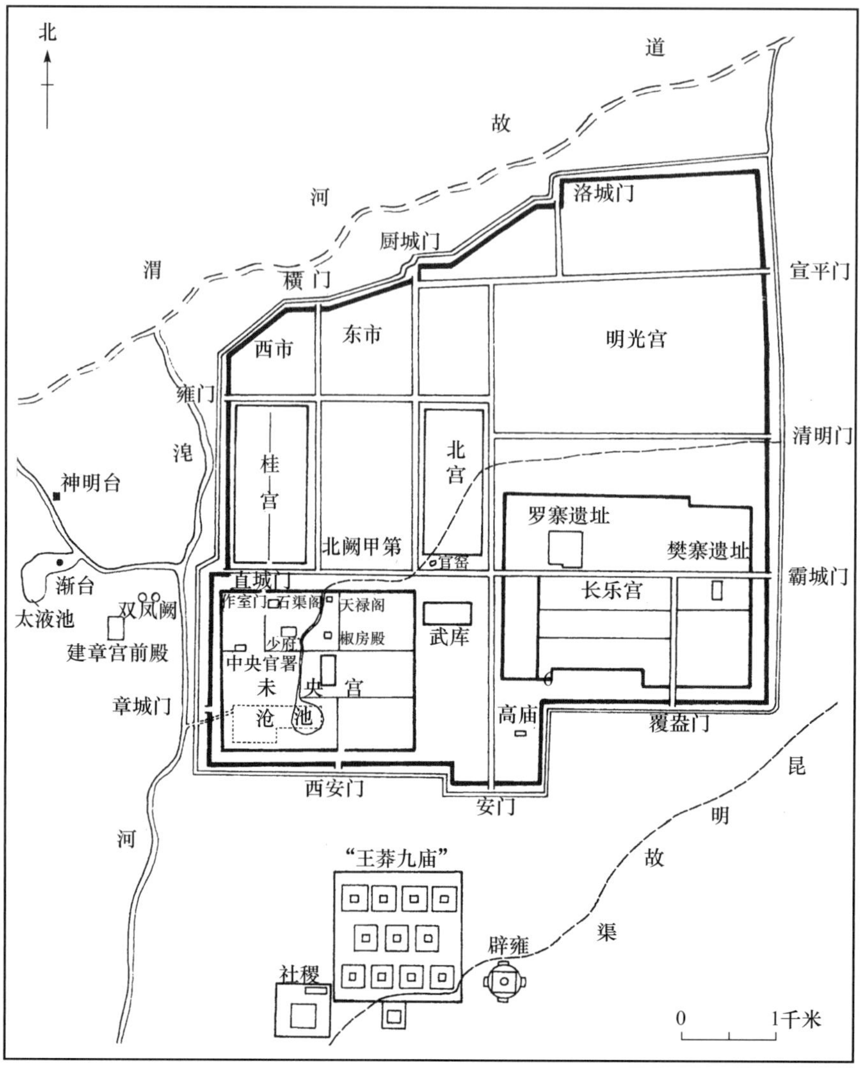

图五　汉长安城遗址平面图

中央政府建筑群，并没有在都城之中形成统一的区域，只是到了北魏洛阳城，在宫城之外、内城之中的中轴线东西两侧才形成了较为集中的中央政府机构建筑群，到了隋大兴城·唐长安城才正式出现了中央政府机构建筑群的专用区域——皇城。

魏晋南北朝时期是中国古代历史上的又一次大变动、大变革时期，如果说春秋战国时期的“百家争鸣”促使了王国的覆亡与帝国的出现，那么魏晋南北朝时期的中外文化交流则促使隋唐文化及其隋唐时代建筑达于中国古代历史及其建筑的顶峰。曹魏邺北城遗址和北魏洛阳城遗址的考古勘察，对人们认识隋唐长安城遗址有着重要学术意义。邺北城的建春门——金明门大街将都城分为南北两部分，北部为宫殿、苑囿、官署和贵族居住区，宫殿建筑区居于北部东西居中位置，官署区在其东、苑囿区在其西，贵族居住区又在官署区东部；南部为平民居住区和商业区（图六）。北魏洛阳城的宫城为宫殿区，官署和宗庙、社稷在内城之中、宫城以南的中轴线东西两侧（图七）。隋大兴城·唐长安城则将宫城南部的官署和宗庙、社稷建筑群置于围筑的皇城之中。汉魏洛阳城阊阖门遗址[64]、邺南城朱明门遗址的发掘[65]，北魏平城和汉魏洛阳城礼制建筑遗址[66]、永宁寺遗址和邺南城塔基遗址的发掘[67]，六朝南京的地坛遗址和魏晋南北朝时期帝陵的考古工作[68]，都对探讨隋唐时期的同类建筑遗址有着不可忽视的作用。隋唐时期的建筑以隋唐两京的都城和帝陵的考古工作最为重要，其中尤以隋唐两京都城的勘察，

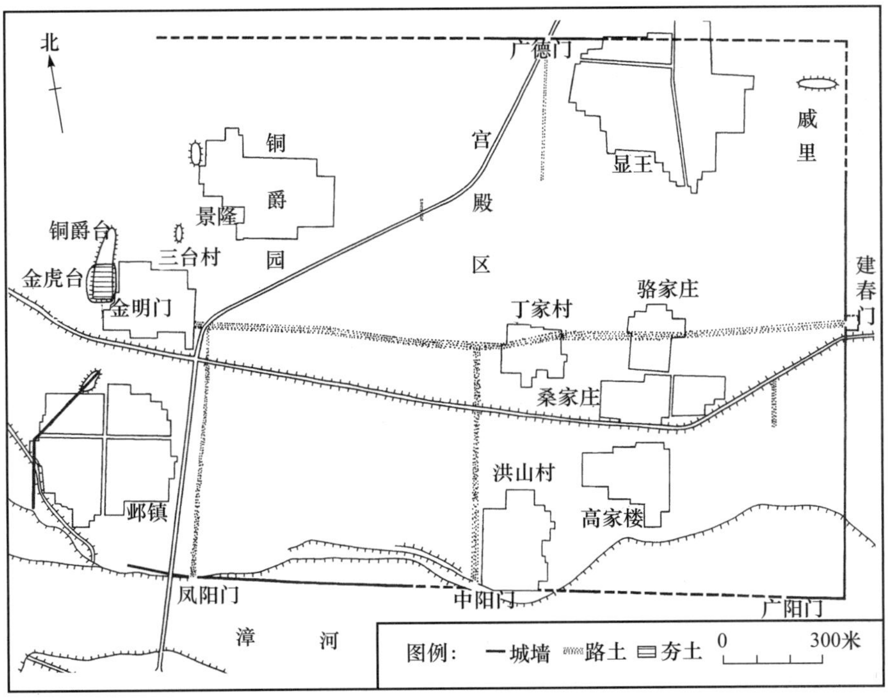

图六 邺北城平面图

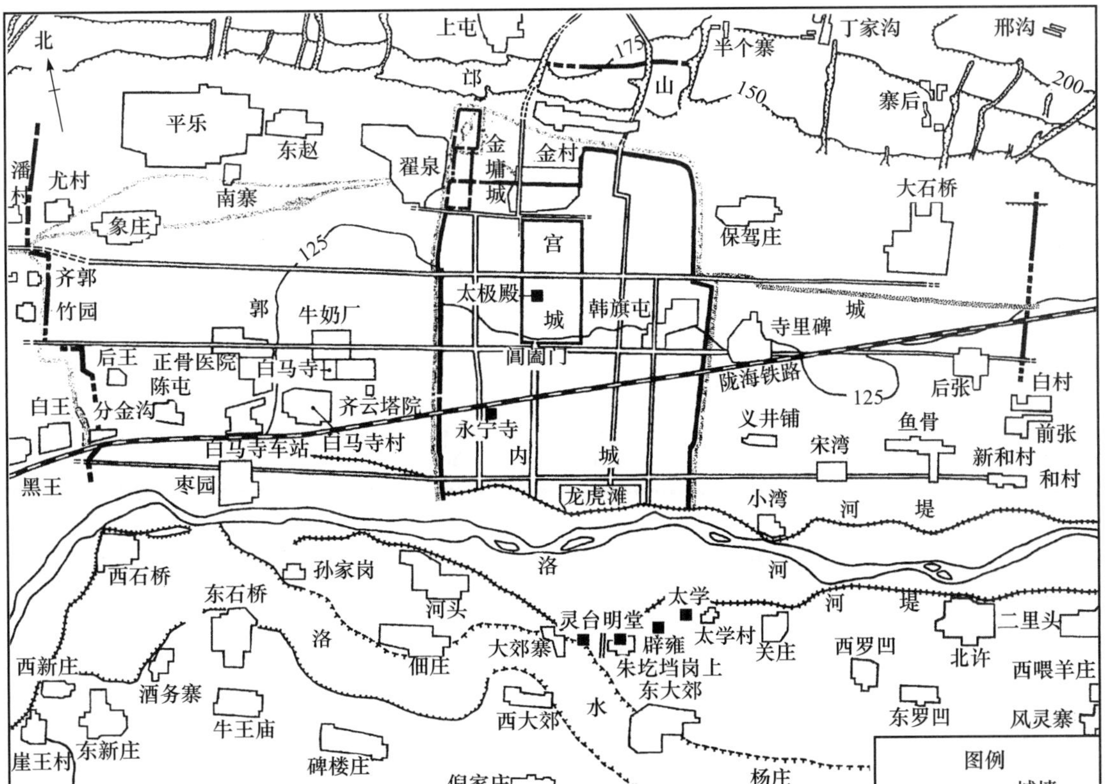

图七 北魏洛阳城平面图

唐长安城大明宫遗址[69]、西明寺和青龙寺遗址[70]、圜丘遗址的发掘[71]，隋唐洛阳城明堂遗址[72]、应天门遗址和定鼎门遗址等发掘最为突出[73]。唐代帝陵的调查与发掘[74]，从另一个方面加深了对唐代建筑思想的理解。

6. 宋辽金元至明清时期建筑的发现

宋代在政治上是个没有什么作为的王朝，但当时商品经济的发展、市民文化的兴起、知识界的复古思想等，在宋代的都城和帝陵布局、建筑的装饰等建筑思想上都产生了重要影响，如都城布局结构由此前的封闭型向开放性的转变、帝陵陵寝布局的复古倾向等。辽金元清四个王朝，均是北方少数民族入主中原，取得了国家统治地位。作为政治、经济、文化落后的民族，统治先进的民族，他们必须以先进的政治、经济、文化进行统治，有时他们甚至利用被统治民族的“最纯粹”“最正宗”的“文化”“思想”，这在都城建筑上表现得尤为突出。辽的都城基本继承了唐宋都城制度，少有创新。金元清都城建筑则多复古主义作法。目前已经考古究明了辽上京[75]、辽中京[76]、金上京[77]、金中都[78]、元上都[79]、元中都[80]、元大都遗址[81]，明清北京城大多得到保存。辽上京位于内蒙古巴林左旗，分为南北二城，北为皇城，宫城位于皇城中部偏北。南为“汉城”。辽中京位于内蒙古宁城，都城中部偏北有内城，宫城在内城北部正中。可以看出辽的都城所受到唐长安城、北宋开封城的影响。金上京是金的最早都城，在黑龙江省阿城市，由南北二城组成。南城西部偏北有金城，金城中部有南北排列的5座宫殿。南城东部为官署和贵族居住区。北城为工商业区和居民区。金中都位于北京市西南部，宫城在郭城的中部偏西。元上都位于内蒙古正蓝旗，由外城、皇城和宫城组成。外城和皇城均为方形，边长分别为2200米与1400米，皇城在外城东南部，宫城在皇城中部偏北。元大都的皇城位于郭城南部中央，皇城西部为太液池、东部为宫城，市场在皇城北部（图八）。明清北京城布局基本延续元大都形制。金元清三代都城布局形制中的“面朝后市”特点是十分突出的，在都城布局形制上的复古主义也是十分突出的。

三、中国古代建筑思想的研究

1. 从“聚落”到“城”的建筑思想发展所反映的“国家”出现

史前时期社会的发展，出现了以聚落为建筑单位的居民点，聚落之中以居民的居室建筑为主，还有居民的公共活动的“大房子”、广场等建筑设施，这些设施是服务于全体居民的，因此聚落中的大房屋、广场都是开放型的。为了部落、氏族成员活动方便，“大房子”和广场大多修建于聚落居址之中。在史前时期末期，出现了个别“大房子”，它们成为了部落酋长、氏族首领处理“公务”和私人生活的地方。如甘肃大地湾F901就是这种“大房子”，它是最早的宫殿雏形，具有了后期宫殿建筑的必备功能。尽管如此，这种“大房子”还没有形成同类建筑的“建筑群”，“大房子”周围也没有修筑墙垣，因此说这样的史前时期聚落还不是“城”。这时为了聚落中全体居民的安全，在聚落周围挖掘了壕沟或修筑了围墙，这不是为了社会管理者

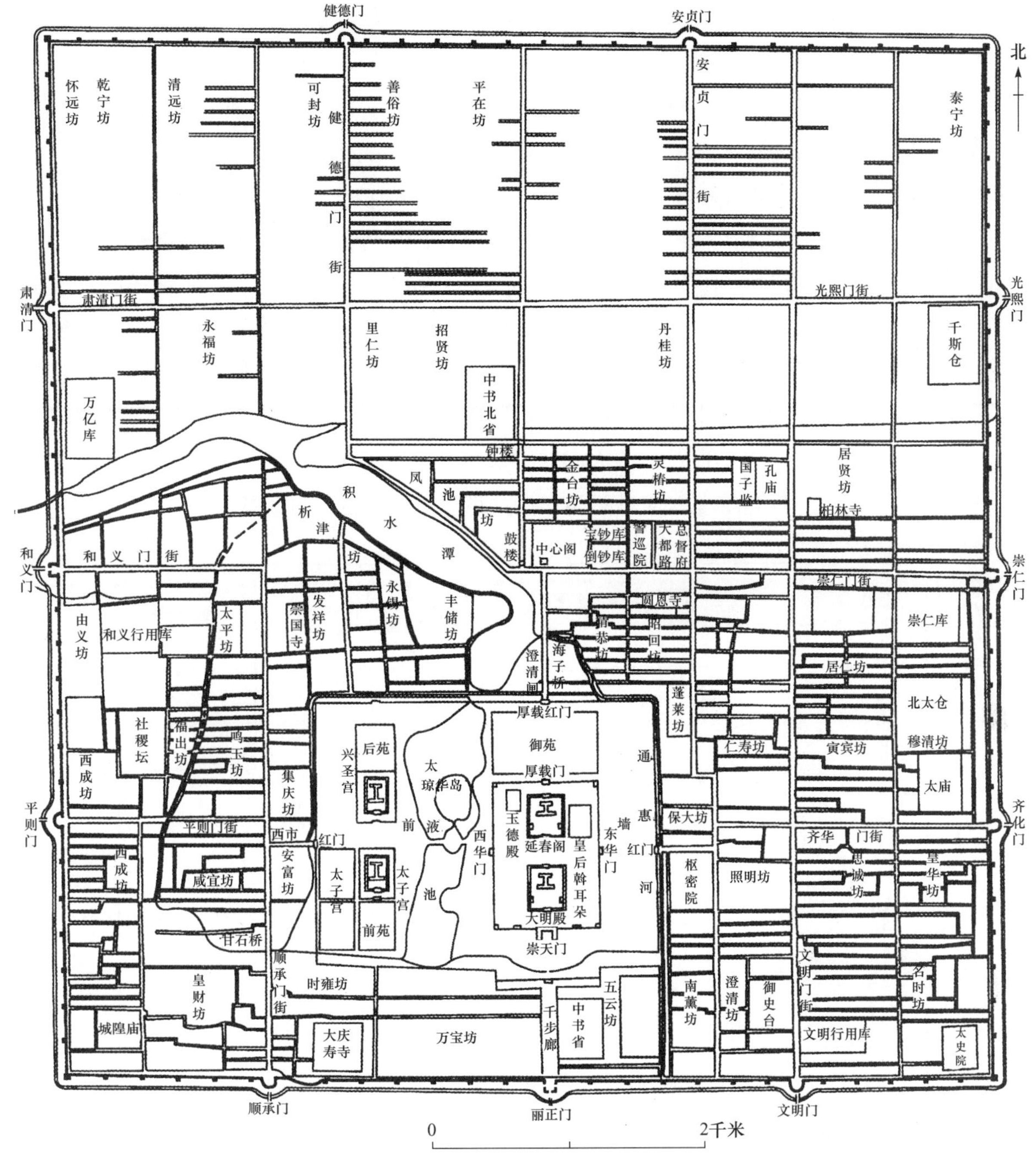

图八　元大都平面图

或其社会活动平台——大型建筑安全营建的“城”。随着社会的发展，人类从“野蛮”社会进入“文明"社会，最早的国家出现，“城”作为一种新的建筑形式才在人类历史上诞生。这种“城”不同于史前时期有“围墙”的聚落和军事“城堡”，前者“围墙”之中居住着居民，“城堡”则是军事设施。“城”是政治中心，是统治者的政治活动舞台。“城以卫君”，因此“城”是作为“大众”的对立物出现的，不是居民区的建筑物。“城”的所有建筑的设计都体现着上述建筑思想。已经考古勘探、发掘的河南偃师二里头遗址，在其中心地区发现了数十座大面积的夯土建筑基址，这些大多应为宫室建筑遗址，其周围可能围筑有墙垣，形成“宫城”。已经考古发掘的二里头遗址第一号、第二号宫殿建筑遗址是目前所知最早的都城宫殿建筑遗址。第一号宫殿建筑遗址周施围廊，东西 107、南北 101 米。南廊居中辟门，门道并列 3 条。宫殿台基东西 36、南北 25 米，宫殿与南门南北相距 70 米，其间为“庭”（图九）。第二号宫殿建筑遗址周施围墙，南北 72.8、东西 57.5～58 米，围墙之内东、西、南三面置廊，南面中央辟门，南门门道两侧置塾。殿堂基址东西 32.6～32.75、南北 12.4～12.75 米，面阔 3 间、进深 1 间。南门与殿堂之间为庭院，南北 56.5、东西 45 米[82]（图一〇）。上述宫殿、庭院建筑不同于史前时期聚落的“大房子”和广场，宫殿、庭院建筑是封闭的，“大房子”、广场是开放的。宫殿、庭院之外构筑围墙，围墙之上辟门，门两侧置塾，作为门卫守门之处。史前时期聚落的“大房子”、广场与一般居住房屋均在聚落环壕或围墙之中，“大房子”、广场不再另置围墙，这是因为它们的“开放性”决定的。偃师二里头遗址的两个宫殿建筑遗址之外又各置围墙形成独立院落，这是这些宫殿、庭院的“封闭性”特点所要求的。宫殿和南门南北相对，宫殿在院落北部中央，南门在院落南墙或南廊中央。这种“居中”的建筑设计理念，是建筑使用者的政治中心观念的体现。史前时期一般不存在某些人谋取或宣示其“政治中心”地位的需要，因此在其聚落中的“大房子”和广场建筑中就绝对不会存在这种“居中”的设计思想。

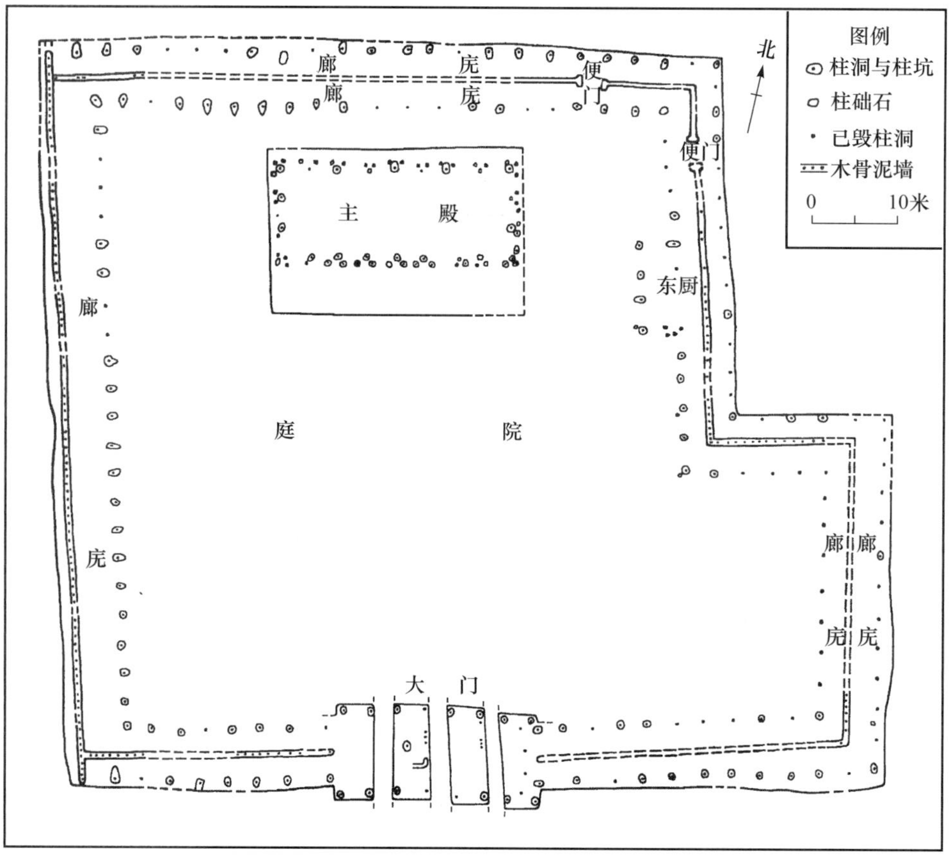

图九　偃师二里头遗址第一号宫殿建筑遗址平面图

早期国家的发展，政权机器的扩大，统治集团的增加，政府机构及其国家统治集团需要大量相应的生产、生活服务人员，仅仅用于“卫君”的“城”已不适应都城的要求，于是在“城”之外又修建了“郭”，“郭以居民”，从现有考古资料来看，至迟到商代早期的都城已出现了郭城。属于商代最早的偃师商城，都城之中不但有宫城，宫城之外还有郭城。

偃师商城宫城西部的宫殿院落，由 3 座南北排列的宫殿和庭院组成，它们是目前我们所知道的最早的、由多座宫殿组成、每座宫殿建筑功能不同的“前朝后寝”宫殿建筑群。而偃师二

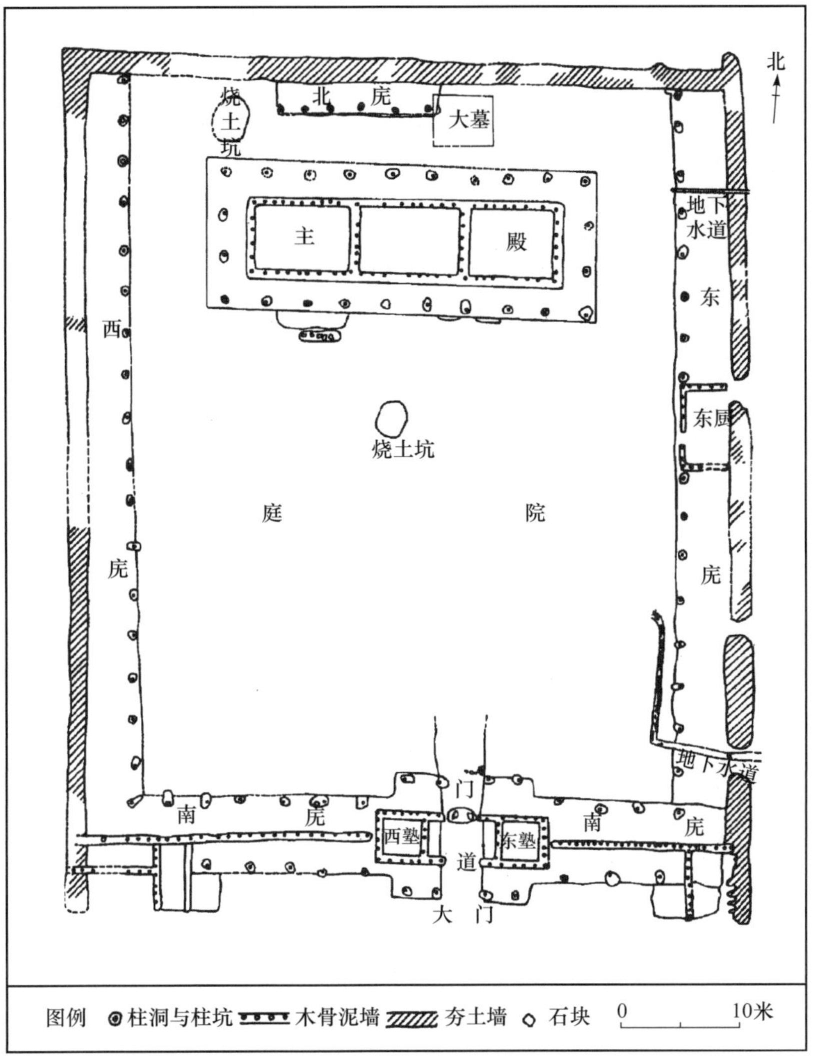

图一〇 偃师二里头遗址第二号宫殿建筑遗址平面图

里头遗址中的“前朝后寝”宫殿建筑布局应是在同一座建筑中实现的。在宫殿建筑中，由同一宫殿的“前堂后室”结构，发展为多座宫殿形成一组“前朝后寝”宫殿建筑群，这应是早期国家都城之中宫殿建筑布局形制的重要发展与时代特点。偃师商城宫城宫殿院落建筑布局形制，在后来的湖北盘龙城商代城址中也有发现。盘龙城城址周长 1100 米，城内东北部地势最高，大型建筑基址集中分布在这一带，基本上南北排列，一号宫殿遗址南 13 米为二号宫殿遗址。一号宫殿基址东西 39.8、南北 12.3 米，二号宫殿基址东西 29.95、南北 12.7 米（图一一）。有的学者根据一些遗迹推测，一号和二号宫殿之外，围筑有廊庑[83]。南北排列的二号与一号宫殿应该是“前朝后寝”的格局。

随着历史发展、国家权力的加强，反映政权建设的都城及宫殿规模也在扩大，已发现的安阳殷墟洹北商城约 4 平方千米，这是目前所知规模最大的商代都城。已发掘的安阳殷墟洹北商城的第一号宫殿遗址，东西 173、南北 85～91.5 米，面积 1.6 万平方米，殿堂基址南北 14.4、东西 90 米。这是已知商代规模最大的一座宫殿[84]。可以看出从史前时期进入文明时代，从聚落发展到“城”。最早的“城”实际是“宫城”。以后又从“宫城”发展出“郭城”。单体建筑由“大房子”发展为“宫殿”；宫殿由单一殿堂中的“前堂后室”结构，发展为多座宫殿形成的“前朝后寝”建筑群格局。

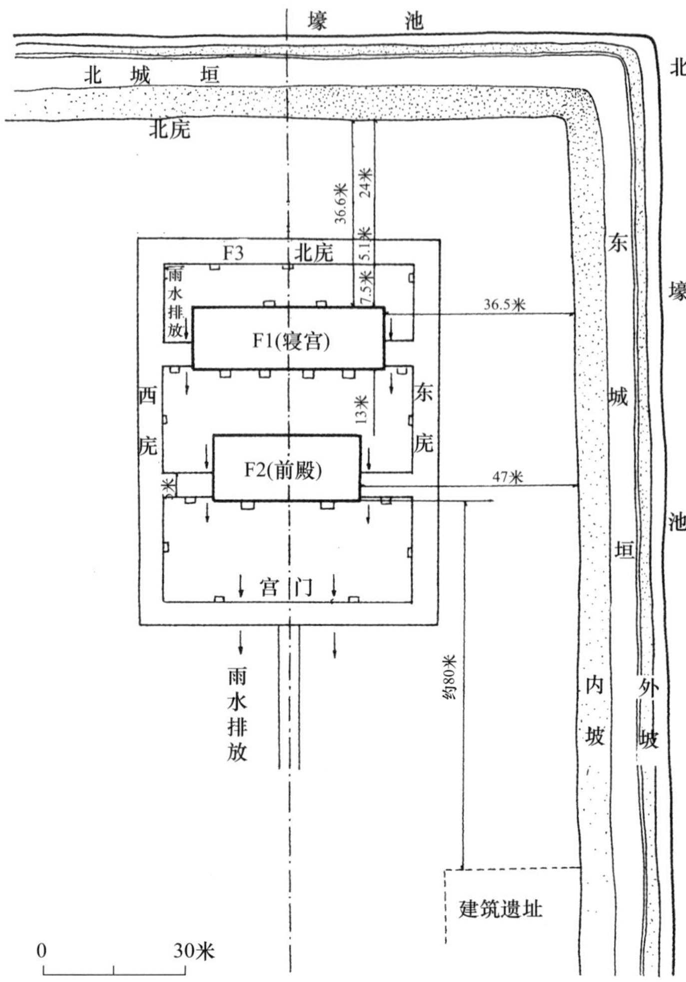

图一一　盘龙城商代宫殿建筑遗址平面图

2. 都城宫庙建筑布局形制变化所反映的政权与族权、地缘政治与血缘政治变化思想（宫庙位置变化、宗庙形制变化）

祭祀性建筑遗址在世界许多地方的史前时期已经存在，这些遗址的祭祀对象不尽相同，有自然神、图腾，也有祖先。在中国史前时期考古中发现，随着社会的发展，相对于人们对自然神的崇拜，作为祖先崇奉物化形式的宗庙，在社会活动中的地位越来越重要，在社会生活中的作用越来越大，至少在国家出现前的最后时期，人们和社会对祖先祭祀可能超过了对自然神和图腾祭祀的重视程度。我认为历史文献记载的关于都城宫室建设中，宗庙建设为先的原则，实际是对这个时期前后社会关于宗庙认识的反映。在东、西方古代文化对比中，在祭祀文化方面，中国古代突出祖先崇拜、宗庙祭祀，西方古代重视神庙祭祀，这是东、西方古代文化的重要区别。“文明形成”、政权出现，作为国家统治者政治活动载体的宫殿建筑，这时至少已与宗庙建筑“平起平坐”了。河南偃师二里头遗址已发掘的夏代都城的第一号、第二号宫殿院落建筑遗址，是都城宫殿区中的部分宫殿院落，从其布局形制来看，它们的功能可能不同，不少学者研究认为是分别属于宫殿与宗庙的建筑。20 世纪 80 年代以来发现的河南偃师商城遗址，为探讨都城之中宫庙建筑布局提供了新的考古资料。偃师商城遗址是商代早期都城遗址，大量考古工作揭示出这座都城遗址在建筑设计理念比夏代都城遗址——偃师二里头遗址更为复杂、成熟。考古工作者已经对偃师商城的宫城遗址进行了全面的考古发掘，宫城之内的宫殿基址由多座组成，分成东西对称分布的两组，每组宫殿群均是南北排列。东组宫殿群包括南北排列的两座宫殿院落，北部为4号建筑基址，主体建筑殿堂位于北部中央，殿堂基址东西长36.5、南北宽11.8米。殿堂以南为庭院，东西长16.3、南北宽12.2米。殿堂和庭院东、西、南三面修筑廊庑[85]。南部为5号建筑基址，殿堂基址在院落北部，东西长54、南北宽14.6米。殿堂以南为庭院，周施廊庑，南廊中央辟门[86]。西组宫殿群为一南北排列3座宫殿的多进院落[87]。东组与西组宫殿院落布局结构不同，反映了它们使用功能的差别。由于东组与西组分布于宫城东部和西部，各占宫城一半面积，表明两者的政治地位可能是相近或相同的。我推测宫城东部与西部庭院应分别为宗庙和宫殿建筑。如果这种推断不误的话，那么可以说商代早期作为政权象征的宫殿与血缘关系的族权象征的宗庙已经共存于宫城之中。两者方位对探讨以后都城之中的宫殿与宗庙布局有着重要意义。

就建筑形制而言，如果说夏商时代的都城之宫殿、宗庙区分还有待进一步开展考古工作去究明的话，那么西周时代的宫庙建筑应该说形制区别已比较明显。如陕西周原扶风云塘发掘的西周建筑群遗址，平面为“品”字形，由3座建筑组成，其外围筑墙垣。主体建筑F1南北16.5、东西22米，平面为“凹”字形，F1南部中间凹进，辟2门。门前筑“U”形卵石铺筑的道路，南北长13.1、路宽1.2米。F1西南部和东南部分别为F2与F3，两者对称分布于“U”形西、东两边。推测F2与F3形制、规模相近，以保存较好的F2为例，南北长11.4～11.6、东西宽8.4～8.5米。围墙南部中间置门塾，其基址东西长12.84、南北宽6.7米（图一二）。在云塘建筑遗址以东52.4米的齐镇发现另一组建筑，主体建筑F4东西长23.8、南北宽18.8米，平面为“凹”字形，南部凹进，其前部亦置“U”形卵石路，南北长11.5米。门塾F9东西长13.6、南北宽6.2米。F4东南部为F7，南北长20、东西宽11.5米。F4西南部还应有一建筑。推测这组建筑群周围亦围筑墙垣[88]。上述两组建筑可能为西周的宗庙建筑遗址。这个建筑群在周原遗址中心区，其西900米为西周凤雏建筑遗址，其东500米为召陈建筑遗址，凤雏建筑遗址由门塾、庭院、殿堂、后室和东西厢房组成，这应是一座宫殿院落建筑[89]。召陈的西周建筑基址，其形制与凤雏的四合院式建筑不同，但其单体建筑规模较凤雏建筑基址要大[90]，至于这些建筑基址的功能，仅据现有考古资料还难以作出准确判断。对照凤雏甲组建筑遗址和召陈建筑遗址，云塘和齐镇建筑群更具宗庙建筑特点[91]。东周时代的陕西凤翔秦雍城遗址发现的东、西并列的马家庄一号建筑基址与三号建筑基址，是目前研究先秦宫庙制度最为重要的考古资料。马家庄一号建筑遗址进行了考古发掘，建筑遗址东西90、南北84米，面积7500平方米。建筑群坐北朝南，周施围墙，南墙辟门，主体建筑居于北部中央。南部为庭院，其中发现祭祀坑181座，庭院东西对称分布附属建筑。这应属于宗庙一类建筑（图一三）。马家庄三号建筑遗址在一号建筑基址以西500米，勘探究明，南北长326.5米，自南向北由5进院落组成。第一进院落南北长52、东西宽59.5米；第二进院落南北长49.5米、东西宽60.5米，庭院北部东西对称分布两厢；第三进院落南北长82.5、东西宽62.5米，庭院中央置殿堂；第四进院落南北长51、东西宽70米；第五进院落南北长65、东西宽86米，庭院中有3座建筑平面呈“品”字形分布[92]。三号建筑基址应为宫殿建筑基址（图一四）。就目前考古资料来看，先秦时代都城的宫殿与宗庙均分布在都城之内的宫室建筑区

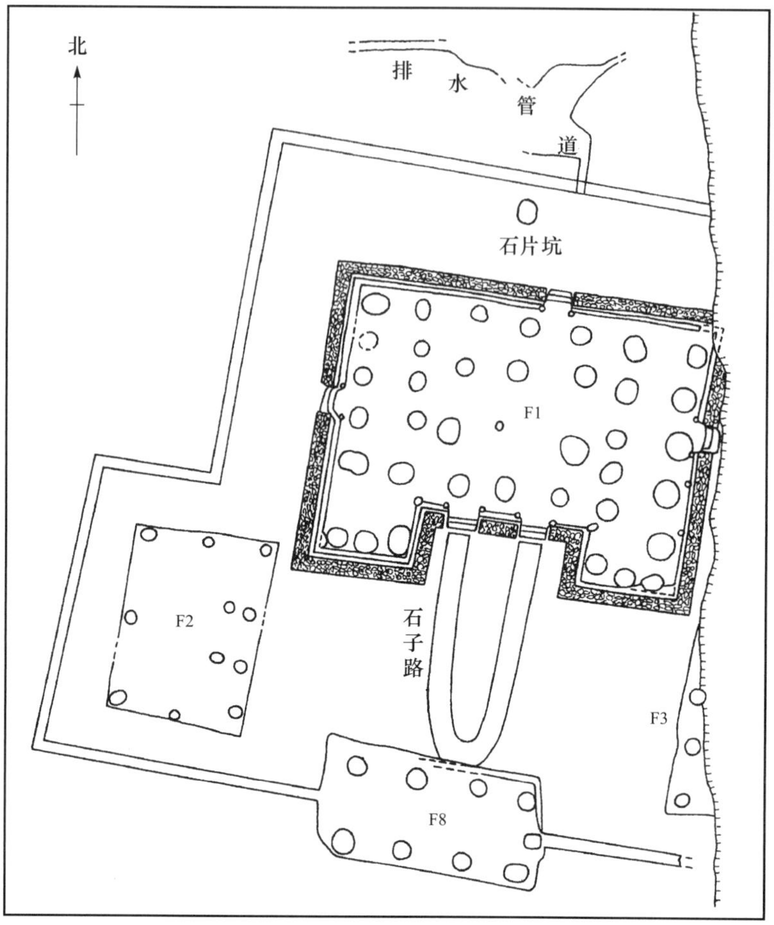

图一二　扶风云塘西周建筑遗址平面图

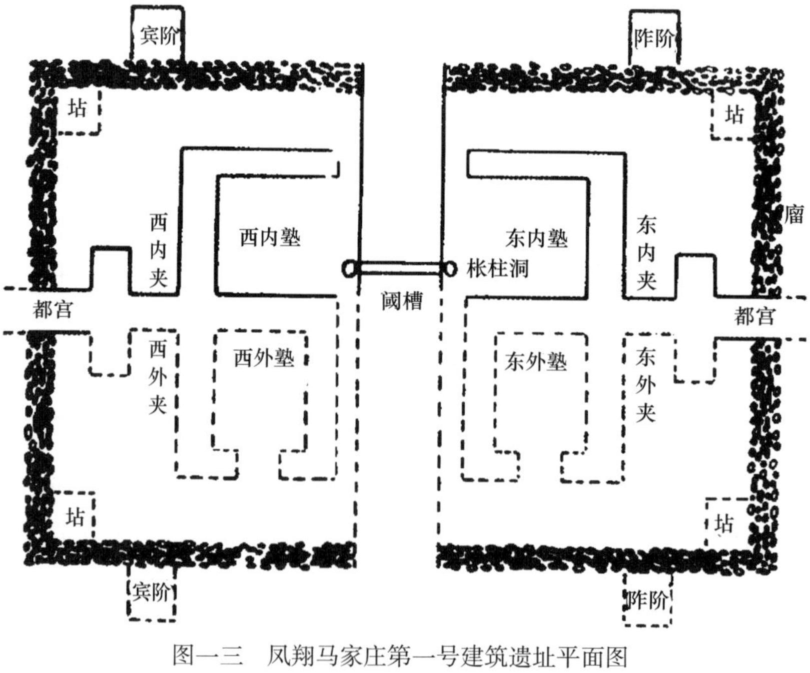

图一三　凤翔马家庄第一号建筑遗址平面图

中或宫城之中，而且两者建筑形制结构已有所不同，尤其到了西周时代已有明显不同。都城宫庙建筑的上述特点，是社会政治观念在都城宫庙建筑思想上的直接反映。

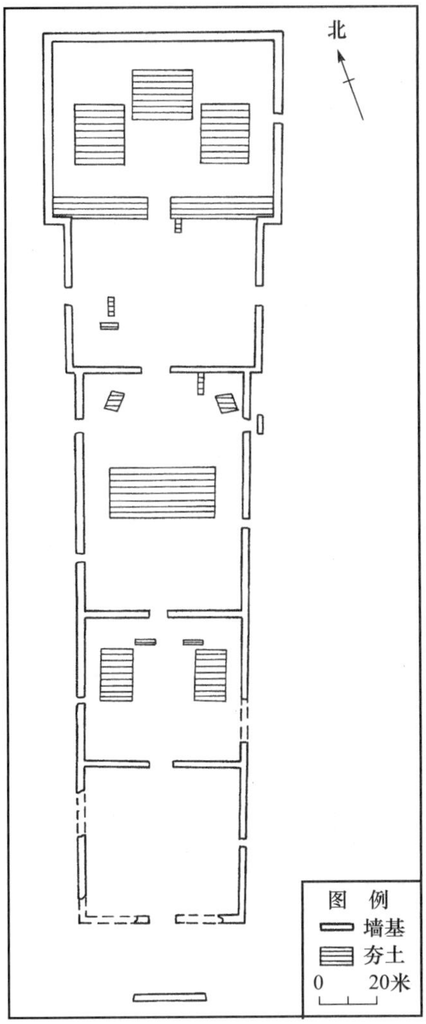

图一四 凤翔马家庄第三号建筑遗址平面图

秦汉时代是从先秦时代的王国政治进入帝国政治时代，王国政治与帝国政治的最大不同点是从血缘政治向地缘政治的发展，在都城建筑中的突出表现是宫庙分布位置的变化。历史文献记载，秦国的“先王庙或在西雍，或在咸阳”。咸阳的秦王室或皇室宗庙就是《史记》记载的“诸庙”，“诸庙及章台、上林皆在渭南”(《史记·秦始皇本纪》)。可见秦国或秦王朝的宗庙不在秦咸阳城中，而是分布在都城以南的渭河南岸[93]。西汉初年，汉高祖的“高庙”和汉惠帝庙均在汉长安城之内、宫城之外的未央宫东南部、长乐宫西南部[94]。西汉时代晚期的都城宗庙等礼制建筑多分布在汉长安城南郊，20世纪50年代这里考古发现了大规模的汉代宗庙建筑遗址，包括12座建筑，其中11座建筑在同一方形大院落之中，院落边长1400米[95]。秦汉时代与先秦时代都城的宫殿与宗庙布局发生了重要变化，后者的宗庙与宫殿东、西并列分布在都城之中的宫殿建筑区或宫城之内。秦汉时代都城的宗庙已从都城之中、宫城之内移至都城之外（西汉初年首先移至宫城之外），宫殿成为都城、宫城之中的唯一至尊建筑。宗庙位置在都城的这种变化，是统一的中央集权帝国之下的地缘政治加强、血缘政治削弱在都城建筑上的反映，自然这也是都城设计者建筑思想的体现。“矫枉过正”似乎是事物发展规律，中国古代历史从王国走向帝国的时候，在王国政治中发挥重要作用的血缘政治，被帝国时代的地缘政治所排挤，从两者的“平起平坐”到“主次分明”，从宫庙并列于宫城或都城中心地区，到宫殿独处宫城或都城中心而宗庙被安置于都城之外。在帝国取代王国初期，上述宫庙布局位置变化正是政治发展规律的反映。秦汉时代以后，魏明帝在洛阳城所建太庙，史载于都城之内的铜驼街附近（《水经注·谷水》)，西晋和北魏洛阳城、十六国后赵石虎邺城和东魏北齐邺城宗庙均在都城之内、宫城之外。特别需要提出的是北魏洛阳城的宗庙位置，它位于都城和内城（或皇城）之中、宫城之外，这一宗庙布局制度对以后历代影响深远。宗庙在都城的位置，在六朝故都南京城也有所不同，它们分布在都城南郊，似乎受到汉长安城南郊礼制建筑影响。作为中国古代中央集权帝国，地缘政治在其统治中越来越重要，但是封建社会统治毕竟还是“家天下”，所以血缘政治也是统治者十分重视的，这就是宗庙从先秦时代都城的宫城或中心建筑区移至都城之外，又从都城之外移至都城的内城之中，但相对大朝正殿它们仍处于次要地位。宗庙在中国古代建筑发展史上，从先秦时代到秦汉时代及其以后历代，政治地位的下降，不仅表现其在都城位置的变化，还反映在宗庙建筑形制结构的“宫殿化”。春秋战国时代的平面方形宗庙建筑，在西汉晚期得到空前发展，汉代以后这种宗庙建筑平面方形特色逐渐被平面为长方形的宫殿式建筑所替代。

3. 中国古代“城”的等级与王国、帝国的政治架构

中国古代“文明形成”，进入国家，“城”亦随之出现。当时的“城”是国家或地区的政治中心。前面所谈到的夏商西周时代的“城”、都城就属于这种情况。春秋战国时期，中央国家政权的削弱，诸侯王国势力的强大，地方城市大量出现就是这种“挟天子以令诸侯”政治局面在城市建筑上的反映。先秦时期的“城”已分成不同等级，《周礼·考工记·匠人》将“城”分为三级，第一级王城，即王国都城；第二级诸侯城，即诸侯封国都城；第三级“都”，即宗室和卿大夫采邑。这种三级城制，在建筑上的反映是不同等级的“城”之规模不同，它们包括建筑的大小、高低、数量多少不等，按级别递减。这是理想的城制等级设计，目前在先秦时期城址考古中还没有得到这方面的全面佐证。尽管如此，我们根据已有的考古资料和相关文献记载，还是可以说先秦时期的城市已经有了规模大小的不同、等级的不一，而导致这种现象的原因就是“城”作为大小不同的地区、诸侯王国的政治中心所决定的。

秦汉王朝是统一的中央集权帝国，全国各地有许多不同规模的城市，除了秦代都城咸阳城、汉代都城长安与洛阳之外，各地还有一些大中城市和为数众多的小城市。汉高祖建立西汉王朝伊始，“令天下县、邑城”(《汉书·高帝纪》)。这些大中城市大多是当时的郡治和一些重要县治所在地，那些小城市则大多是县治所在地。不论是都城还是郡治、县治所在地的城市，它们的共同特点都是作为政治性建筑而存在。都城的代表性建筑是宫殿、宗庙等皇室建筑群及都城附近的帝王陵寝建筑，郡治和县治所在地城市的代表性建筑是官衙、庙社等官式建筑等。上述建筑在各自城市之中均占据重要位置，属于各自城市的主体建筑。秦汉时代的全国各地形成的由大而小的（都城、郡治城市、县治城市、个别乡镇级城）城市建筑群，实际上是秦汉帝国郡县制政治架构的反映。西汉王朝都城长安城周长25700米，面积36平方千米，城内约2/3地方为宫殿、官署等建筑，都城南郊有大面积宗庙、社稷、辟雍等礼制建筑遗址，都城北部和东南部是帝陵陵区。东汉都城洛阳周长13000米，城内主要为宫殿和官署建筑，礼制建筑在都城南郊，帝陵位于都城附近。汉代的诸侯王国都城、郡治城市和县治城市的考古发现说明，从城市规模上看，重要的诸侯王国都城小于帝国都城，郡治城市小于重要的诸侯王国都城，县治城市小于郡治城市。如西汉齐王国都临淄城周长17000米，西汉赵王国都邯郸城周长16600米，两者城市规模均小于汉长安城；汉代郡治城市中，如济南郡治东平陵城周长约7600米，它小于上述诸侯王国都城；大多数汉代县城周长2500～6000米，它们一般小于郡治城市。就是在同一级城市中，由于各个城市的政治地位的不同，其建筑规模也不尽相同[96]。汉代以后至明清时代，中国古代城市建筑设计思想中仍然被严格的政治等级制度所制约。如北魏洛阳城由内城和郭城组成，内城即东汉的“九六城”，东西2400～2700、南北3700～4200米，郭城东西10、南北7.5千米。邺城分为邺北城与邺南城，前者为曹魏都城，东西2400、南北1700米；后者为东魏、北齐都城，东西2800、南北3460米。六朝故都南京城周长约10千米。魏晋南北朝时期除都城之外，地方上又分为州、郡、县三级城制。一般来说上述三级“城”逐级变小。这些城大多为双重城，即外城和内城，或称大城和小城。这种城的形制，基本上沿袭的是汉代城制。隋大兴城·唐长安城，东西9721、南北8651米，周长36.7千米。隋唐洛阳城东西6138～7290、南北6776～7312米，周长27.5千米。隋唐时代的城址研究揭示，除了长安城

和洛阳城之外，隋唐时代的地方城制有一定的等级制度，有十六个坊、四个坊和一个坊面积的，一般大的州城十六个坊、中等州城四个坊、县城一个坊[97]。北宋开封城东西7000、南北7500～8000米。元大都东西6700、南北7600米，周长28600米。从魏晋南北朝时期的洛阳城、邺城、六朝故都南京城，隋唐时期的长安城和洛阳城，到宋元明清时期的北宋开封城、元大都和明清北京城等都城，与同时期的州、郡、府城比较，都城建筑规模都是当时最大、规格最高的城市。形成这种情况的主要原因，在于中国古代大多数城市的主要社会功能，是作为国家或某一地区政治中心，不同的政治地位而形成不同规模的城市。

不同规模、不同等级城市的城门数量、城门门道多少是城市级别高低的又一重要标志。自汉代以来，都城一般设十二城门，每面城墙置三座城门，每座城门三个门道。其他城市一般设四座城门（个别有八座城门），每面城墙各辟一座城门（个别有两座城门）。唐代子城正门辟二门，称“双门”，此制延续到宋代。

4. 中国古代建筑中的“居中”设计思想

以“中”为贵，“择中”“居中”观念是中国古代非常重要的建筑设计思想，所谓“王者必居天下之中”(《荀子·大略篇》)、“天子中而处”(《管子·度地篇》)。这一思想在中国古代建筑中表现得十分突出，从建筑群、建筑物的选址，到建筑形制结构，“择中”“居中”思想无不体现其中。如都城选址要“择天下之中而立国，择国之中而立宫"(《吕氏春秋》)，“国”即“都城”。中国古代建筑的“择中”设计思想，是中国古代建筑伦理等级、礼制观念的哲学基础。成书于战国时代的《周礼·考工记·匠人》，将中国古代建筑中最具代表性的城市、都城、宫城、宫庙、市里、道路等建筑，在“择中”原则指导下，提出了对中国古代建筑影响最大、最深远的规划设计模式和理论。这种“择中”建筑思想，不只是建筑群或建筑物的位置居中，还有更为重要的“以帝王为中心”、以政治为主导、以“人”为主体的建筑设计理念。如夏代都城河南偃师二里头遗址的宫殿区位于都城遗址中部；偃师二里头遗址的第一号和第二号宫殿建筑基址，其方向为坐北朝南，它们的主体建筑殿堂，分布位于各自院落北部的东西居中之处，两者的南门又分别位于各自院落南墙的中央，两组院落的殿堂、南门均在各自院落的中轴线之上。商代早期都城遗址偃师商城的宫城基本位于早期郭城（即“小城”）中央，在晚期郭城（即“大城”）南部东西居中位置，宫城之中分成东西对称的两部分建筑（西部可能为宫殿、东部为宗庙）。近年发现的安阳殷墟洹北商城，其大型夯土建筑基址群（可能为宫庙建筑基址）约于城址东西居中位置。西周周原遗址的凤雏、云塘和齐镇宫庙建筑基址基本位于周原遗址中部，凤雏建筑基址是一座两重院落的大型建筑，其严格的南北中轴线，使我们对当时的“择中”建筑设计思想有了更为充分的认识。至于云塘、齐镇的宗庙建筑基址群所反映的主体庙堂和正门居中建筑设计，次要庙堂对称居于中轴线东西两侧，更是一目了然。东周时代是中国古代思想最为活跃的时期，建筑作为哲学思想的重要产品，自然它们也会表现出其时代特色，但是“择中”的设计思想仍然是这一时期的重要原则。如以列国都城为例，魏国都城安邑，其宫城居于都城中央[98]；郑韩故城的宫城在西城的北部东西居中位置[99]；邯郸赵王城的西城，东西居中位置，南北排列多座大型宫殿基址[100]；燕国都城燕下都东城北部东西居中位置，以“武阳台”为中心，在其以北依次排列着“望景台”“老姆台”等多座大型夯土基址，它们形成都城的一条南北中轴线[101]。秦咸阳城宫城——咸阳宫，基本位于都城北部东西居中位置。西汉都城长安城的皇室重要建筑的“居中”设计思想，主要体现在重要建筑群、建筑物与都城中轴线的关系，即都城中轴线位置取决于大朝正殿、宫城。汉长安城的中轴线是西安门至横门，中轴线向南穿过南郊礼制建筑，宗庙与社稷分列其东、西两侧。中轴线由西安门向北基本与未央宫前殿相对，再向北穿过未央宫北宫门与横门大街重合，这一段中轴线的南部北宫与桂宫、北部东市与西市分列其东西。都城中轴线的南段在未央宫中，未央宫是都城政治中枢，大朝正殿又是未央宫的主体建筑，大朝正殿——前殿基本位于未央宫中央。都城中轴线南段即未央宫中轴线，这条中轴线的基点是前殿[102]。

类似《周礼·考工记》关于中国古代都城的“择中”建筑设计理念，在东周、秦汉时代的都城之中只是部分得到体现。在秦汉时代以后，这种“择中”建筑设计思想越来越明显，它们主要是通过都城、宫城中轴线反映出来。曹魏邺城的宫殿区位于都城北部，中轴线在邺城东西居中位置。东晋、南朝建康城以都城“中轴线”为特征的“择中"建筑思想，比曹魏邺城更为规范。北魏洛阳城的宫城、内城基本位于郭城东西居中位置，都城中轴线北对宫城正门——阊阖门及其北部的太极殿，中轴线东西两侧分布着官府、寺院、宗庙、社稷、达官显贵宅第等重要建筑。隋大兴城·唐长安城的“择中”建筑思想，通过中轴线设计使之达到全新的境界。都城的主干道——朱雀门大街就是都城的中轴线，朱雀门大街宽约 150 米，是隋大兴城·唐长安城最宽的道路，它处于都城东西居中位置。这条中轴线上自南向北依次有都城正门明德门、皇城正门朱雀门、宫城正门承天门，中轴线北端正对宫城南北排列的“三大殿”——太极殿、两仪殿和甘泉殿。隋大兴城·唐长安城的中轴线不但突出了大朝正殿、宫城正门、皇城正门、郭城正门的突出地位，围绕这条中轴线，其东西两侧对称分布了宫室、官府、宗庙与社稷、市场（东市与西市）、里坊等（图一五）。在隋大兴城·唐长安城的市场、里坊等建筑群中，每个市场或里坊建筑设计也充分体现出“择中”的建筑思想。市场平面为“井”字形，其中等分九份，中央为市楼所在。里坊则以“大十字”道路将其等分为四区，每区又一“小十字”道路将其等分为四小区，构成里坊的四大区、十六小区。“十”字交叉点成为“择中”的又一种表现形式。有的宫城平面虽然不甚规整，如唐长安城大明宫平面近梯形，南墙长 1674、北墙长 1135、西墙长 2256、东墙长 2604 米（由东北角向东南 1260 米，再折向东 304 米，再折向南 1050 米），但是大明宫的中轴线十分突出，南自丹凤门，北对含元殿、宣政殿、紫宸殿，再北对太液池、蓬莱山，大明宫中最重要的三殿、一池、一山均在宫城中轴线上。宫城之中的重要单体建筑也有严格的中轴线，如大朝正殿含元殿殿堂居中，左右对称设置了翔鸾阁、栖凤阁与东西龙尾道。已经考古发掘的麟德殿遗址平面，有着清晰的建筑中轴线。都城、宫城的中轴线是基于突出主体建筑群或主体殿堂的“居中”建筑思想。我认为在都城、宫城中轴线上，挡住中轴线伸展的建筑物是中轴线所要体现得最为重要的“居中”建筑，如唐长安城中轴线南起明德门，向北至朱雀门，再向北至承天门，又向北至太极殿而挡住中轴线，太极殿的“居中”建筑思想被都城中轴线设计表现达于极致。这种情况在隋唐时代以前，已经比较普遍。如东晋南朝建康城中轴线上由南向北分别为国门、朱雀门、宣阳门、大司马门、南止车门（梁·应门）、端门（宋·南中华门、梁·太阳门），至太极殿而挡住中轴线。北魏洛阳城中轴线上由南向北分别为宣阳门、阊阖门、南止车门、端门，至太极殿而挡住中轴线。邺南城中轴线上由南向北分

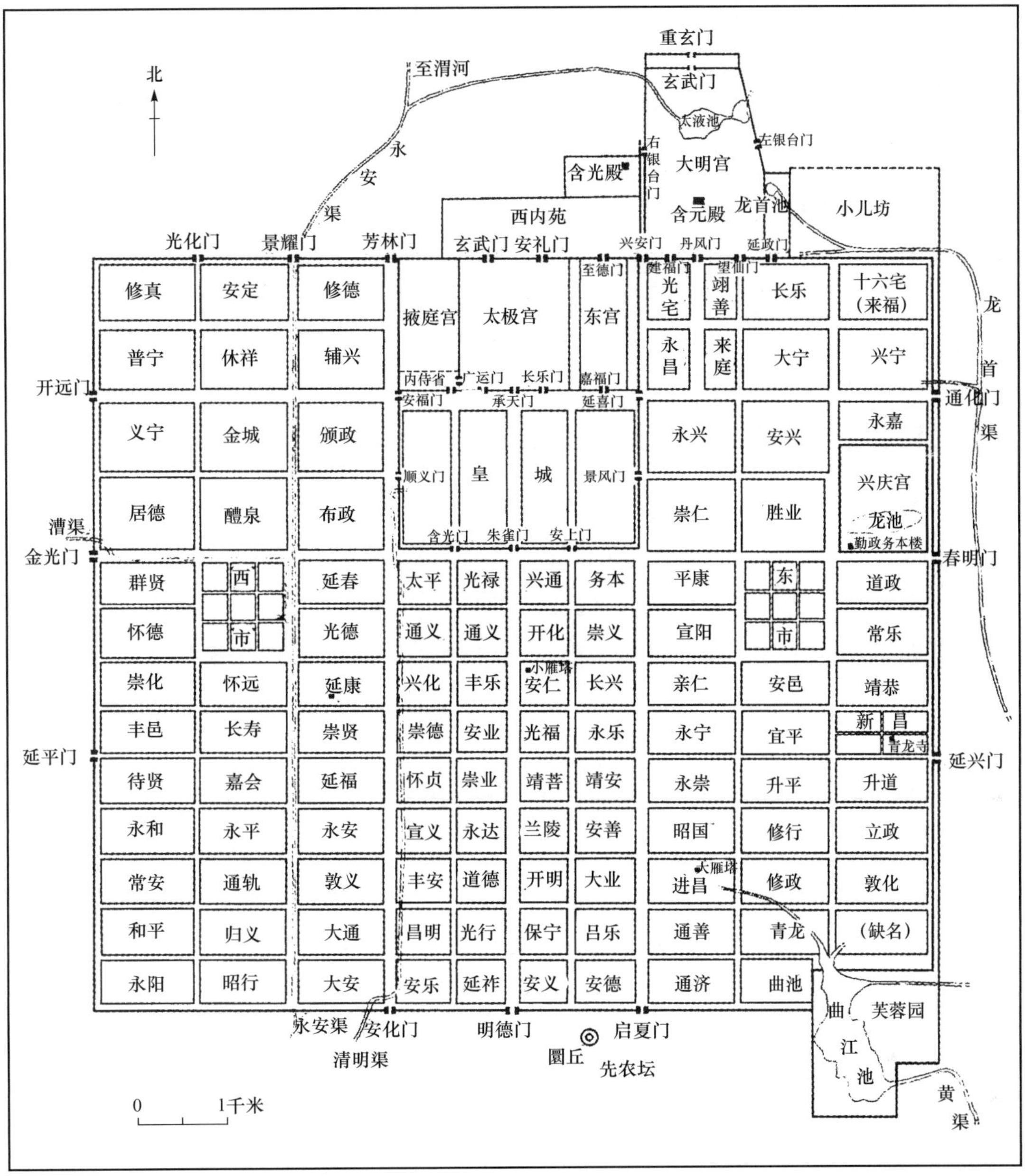

图一五　唐长安城平面图

别为朱明门、阊阖门、南止车门、端门，至太极殿而挡住中轴线。在隋唐时代以后的都城中轴线上，大朝正殿挡住都城中轴线，基本已成定制。由此可以看出，都城、宫城中轴线，实际上是中轴线上的主要建筑——大朝正殿“居中”建筑思想的体现。

在都城附近的礼制建筑和帝陵陵寝建筑中，“居中”的建筑设计思想表现得更为突出。汉长安城南郊宗庙建筑群有 12 座宗庙建筑，每座宗庙建筑自成一座院落，各个院落均为方形平面，院落大小不同，其中 11 座院落相同，边长 260～280 米，另一座院落边长 100 米。无论院落规模大小，每个院落的宗庙主体建筑均位于其所在院落的中央[103]。宗庙建筑群东部的明堂·辟雍建筑遗址，主体建筑明堂·辟雍位于方形院落中央，院落边长 235 米。院落之外有一周环水沟，明堂·辟雍院落又位于环水沟中央[104]。汉魏洛阳城的明堂、灵台等礼制建筑也是各自自成院落，主体建筑明堂、灵台分别位于各自院落中央[105]。北魏平城明堂遗址平面圆形，外围圜形水渠，周长 900 米，中央为方形夯土台基，这就是明堂的主体建筑[106]。唐长安城圜丘遗址主体建筑高 7.938 米，底部直径 54.5 米，其四周围筑圆形墙垣，直径 73～80 米，圜丘主体建筑位居圆形墙垣中央[107]。东都洛阳的武则天明堂遗址已经考古发掘，明堂台基平面为等边八边形，长、宽各为 87.5 米[108]，据文献记载明堂围筑方形院落，主体建筑居中安排[109]。

帝王陵墓的居中设计，主要体现在帝陵封土居于陵园中央。如西汉帝陵与后陵陵园平面一般为方形，帝陵、后陵封土位于各自陵园中央[110]。唐长安城北部的渭北唐十八陵的各个帝陵封土或地宫，一般居各自陵园中央[111]。北宋帝陵的帝陵与后陵也是各自筑陵园，它们分别位于其陵园的中部[112]。

5. 中国古代建筑的“居高”设计思想

中国古代社会是等级分明的社会，等级社会的重要特点是人有高低贵贱之区分，与人的社会活动密切相关的建筑，也就表现出了明显的等级不同。建筑的高低是这种等级的重要表现之一，它们反映了中国古代建筑的“居高＂设计思想。在中国古代的皇室、王室、官府的各类建筑中，从建筑物的地形选择、高低设计都体现出了“居高”的思想。都城、王城、各级地方政权所在地城市等，一般均选址于地形较高的地方营建。在上述诸城之中，都城、王城中的宫城，其他城市中的重要官署一般在其城中的地势最高的地方营建。如湖北黄陂盘龙城宫殿区在城内最高处的东北部，西周都城丰镐遗址的大型夯土基址均在地势高亢之处。东周时代的列国都城秦咸阳城的咸阳宫、齐临淄城的西南部小城、燕下都东城北部宫殿区、赵邯郸城西南部王城、郑韩故城西城北部宫城、曲阜鲁国故城北部宫殿区等，均在各自城址的地势最高处营建。汉长安城西南部地势最高，宫城未央宫就选址在这里，都城整体地形是南高北低，汉长安城的布局则是宫殿区未央宫、长乐宫、北宫、桂宫位于城内的南部和中部，都城西北部为市场、东北部为百姓里居。隋大兴城·唐长安城筑于龙首原南部，都城地势为北高南低，宫城太极宫、大明宫在都城北部，皇城官署在宫城以南，市场在皇城南部，百姓里坊主要分布在都城中部和南部。

大朝正殿在宫城或宫殿区中又位于最高处，作为一座宫殿，它本身也是宫城、都城中的最高建筑物。如从考古调查、勘探、发掘的一些都城大朝正殿遗址就可以充分反映出上述情况，齐临淄城的“桓公台”遗址、赵邯郸城王城“龙台”遗址、燕下都的“武阳台”遗址、汉长安城未央宫的“前殿”遗址、北魏洛阳城宫城的太极殿遗址、唐长安城大明宫的含元殿遗址、保存至今的明清北京城宫城太和殿建筑等，它们都是各自都城之中的最高建筑物。“居高”建筑思想在帝王陵墓建设上表现尤其突出，著名的古代都城长安和洛阳的帝王陵墓均在都城附近，大多居于地势高亢之处。如西汉帝陵主要分布在都城长安北部的咸阳原上，其余 2 座帝陵在都城东南部的白鹿原和鸿固原上，这几处地势均高于都城所在地。唐代帝陵分布在渭北北山山脉南麓，地处渭北高原之上，其地势明显高于唐长安城。在每个帝陵陵区之中，帝陵封土又是陵区之中最高的建筑。

建筑的“居高”设计思想首先是因为建筑的等级决定的，而建筑等级又是政治等级派生出来的。王室、皇室建筑的“居高”现象，是“君临天下”的表现，是统治者“高高在上”的反映。古代建筑的“居高”设计，还有着现实的安全意义。

6. 中国古代建筑的“居前”设计思想

中国古代建筑的“居前”建筑设计思想，主要表现在大朝正殿于都城宫城或宫殿建筑群中的位置，以及大朝正殿所反映出的“前朝后寝”“前堂后室”的建筑格局。大朝正殿周代称“路寝”、秦汉称“前殿”、曹魏以降称“太极”。所谓“前殿”即正殿“居前”之位。宫城之中的宫殿都是以建筑群形式出现，大朝正殿的“居前”建筑思想是通过宫殿群的布局体现出来。如汉长安城未央宫前殿，基本位于宫城中部，前殿之后有椒房殿，再后又有其他宫殿建筑。前殿的前面没有其他宫殿建筑，正对宫城宫门。北魏洛阳城宫城之中的太极殿，其南面与南宫门阊阖门相对，其间没有宫殿建筑，宫城之内其他重要宫殿建筑均在太极殿北部。唐长安城宫城大朝正殿太极殿南对承天门，其北依次南北排列有两仪殿、甘露殿；大明宫的含元殿是大朝正殿，其南与宫城正门丹凤门相对，含元殿北部南北依次排列着宣政殿、紫宸殿。元大都宫城的大朝正殿大明殿，其南与南宫门相对，北部南北依次排列玉德殿、宸庆殿；明北京城宫城的大朝正殿奉天殿，其南与南宫门相对，北部南北依次为华盖殿、谨身殿；清北京城宫城大朝正殿太和殿，其南与南宫门相对，北部依次为中和殿、保和殿。大朝正殿“居前”设计，使同一组建筑中的其他建筑或在其后、或在其两侧。这种建筑思想在先秦时代的中国古代建筑遗址的考古发掘中已有发现，如湖北黄陂盘龙城的宫殿群建筑，主殿居前，主殿北部为次要的宫殿建筑；再如陕西周原凤雏宫殿院落建筑遗址，主体殿堂居前，殿堂后部和两侧是居室与厢房。“居前”建筑思想不只是限于都城宫城之中的大朝正殿，在一些离宫、行宫之中亦遵此制。如渤海湾西北岸的姜女石秦始皇行宫建筑遗址群，其主体宫殿建筑位于宫殿建筑群中轴线最前端，正对海中的“姜女坟”礁石[113]。“居前”不只是宫殿建筑群如此，宗庙建筑也是这样，如汉长安城南郊礼制建筑中的宗庙建筑群中，共有12座宗庙，其中11座宗庙在一个大院落中，大院落南部中央有一宗庙院落，不论是宗庙建筑或宗庙院落其规模都大大超过其他11座宗庙或宗庙院落。也就是说居前的宗庙、宗庙院落是建筑规模最大、建筑规格最高的。这种“居前”建筑思想在单体宫殿建筑中表现为“前堂后室”建筑格局。如河南偃师二里头遗址的一号宫殿建筑遗址的宫殿殿堂的“前堂”要大于“后室”。

7.“天人合一”的建筑设计理念

中国古代王国、帝国最高统治者自以为是代表“天”来到人间、地上进行统治，因此以“天子”自居，把他所统治的国家称之“天下”。于是将统治国家的政治中心——都城，按照“天”的建筑设计理念去营建。汉长安城皇宫——未央宫又称“紫宫”或“紫微宫”[114]。紫宫，星座名，中国古代天文学家分天体恒星为“三垣”，“中垣”有紫微十五星，亦称紫宫。因此，紫微既是“三垣”之一的星座名，又是星名。紫宫、紫微宫系天帝的居室。《汉书·扬雄传（上）》颜师古注：“紫宫，天帝之宫也。”中国古代帝王宫禁称“紫宫”或“紫微宫”不只是西汉王朝的未央宫，后代皇室宫禁亦多有这种称呼。《后汉书·霍谞传》注：“天有紫微宫是上帝之所居也。王者立宫，象而为之。”《晋书·苻坚传》载：“姊弟专宠，宫人莫进，长安歌之曰：‘一雌复一雄，双飞入紫宫。’咸惧为乱。”明清时代的宫城称之“紫禁城”，概源于以紫宫喻帝居，故称“禁中”为“紫禁”。

在都城、宫城建筑设计中的“天人合一”理念，主要反映在都城、宫城作为自然的世界缩影，都城、宫城之中有山有水，山为“仙山”，水为“神水”。这种“山”与“水”是先民“渔猎”活动的空间，是先民立足生存的基础。建筑思想源于生产、生活，“山水”安排在都城、宫城之中，就是生产、生活在建筑上的艺术化反映。统治者对国家的政治统治首先是对国家经济的占有、对经济的重视，都城之中的“山水”还体现了这种占有和重视。由于“山水”与先民生产、生活的密切关系，“山”的高大无比、“水”的变幻无常，“山水”成了先民的自然神。从考古资料来看，商代早期都城偃师商城的宫城北部就挖掘有“水池”，已发掘的水池遗迹东西130、南北20米，深约1.5米，池岸四周石砌，池中堆积发现螺壳、网坠[115]。据文献记载，周文王在都城丰京附近建造了“灵台”、挖掘了“灵池”(《诗经·大雅·灵台》)，这时都城已有完整的“山水”建设思想。秦汉时代都城宫苑山水建设空前发展，秦咸阳城中有宫观楼阁，秦始皇还引渭水为“兰池”，又在兰池之中修筑了“瀛洲”“蓬莱”等假山[116]；汉长安城未央宫中挖掘了“沧池”，建造了“渐台”；汉武帝在建章宫北部修建了“太液池”，又在池中建造了“蓬莱”“方丈”“瀛洲”“壶梁”等假山[117]。都城附近建造了上林苑，其中有狩猎的长杨宫、捕鱼的昆明池、帝后农桑活动的籍田和蚕观。如果说这一时期都城中所营造的“池”“水”还与东周时代以来的国王、皇帝“东巡海上”活动直接相关的话，那么汉代以后都城之中所修建的山、池已经有着更为广泛的意义。如北齐邺城华林园中的五座土山，象征“五岳”，其间“四池”象征“四海”[118]；唐长安城宫城北部有水池四个，称“四海”，即“东海池”“西海池”“南海池”“北海池”；大明宫北部有太液池，池中有“蓬莱山”[119]。这种都城设置假山、水池的做法一直延续到元大都、明清北京城，就是水池和假山的名称仍相沿未变。元大都皇城西部的太液池中有琼华岛、圆坻、犀山台，这是秦汉时代以来的都城置大海神山传统的延续。明代以元大都太液池及“三山”为基础，构成明北京城皇城主要池苑——西苑与清代北京城的“三海”——北海、中海、南海。

在中国古代建筑中，建筑的社会功能与建筑形制有机结合，体现出建筑设计思想的“天人合一”理念。如祭天的圜丘（天坛）、地坛建筑的圆形与方形平面，是“天”与“地”的再现。中国古代祭天的圜丘（天坛），其平面为圆形。如唐长安城圜丘遗址为一圆形高台式建筑，圜丘上下4层，各层平面均为圆形，由上向下各层平面直径逐层递减，最上层（第1层）直径19.74～20.59米，第2层直径28.35～28.48米，第3层直径40.04～40.89米，最下层（第4层）直径52.45～53.15米，圜丘高8.12米。根据12时辰，圜丘周设12陛阶（图一六）。圜丘周施矮墙，平面圆形，直径73～80米[120]。清代北京城天坛祭天的圜丘坛体平面为圆形，天坛主体建筑——祈年殿及屋顶均为圆形。圜丘每层坛体直径均取一三五七九阳数数列，圜丘周施栏板360块对应周天360度。凡此种种，都反映出设计者将祭天建筑的圜丘与“天”的最大限度对应。北郊坛或地坛是祭祀“地”的建筑，1999年南京市文物考古研究所在南京紫金山发现了六朝祭坛2座，2座祭坛均为坐北朝南，两者南北排列，祭坛平面方形。一号坛由4层台面组成，底层边长88、顶层边长68米[121]。明清北京城的地坛是相对天坛而修筑的，地坛的主体建筑是方泽坛，地坛平面是方形，为上下2层，每层各八级台阶。地坛建筑均取偶数。与天坛比较，地坛以六、八之数为地，天坛以九之至尊之数代表天。天坛平面为圆，地坛平面为方，“天圆地方”建筑设计思想十分突出。

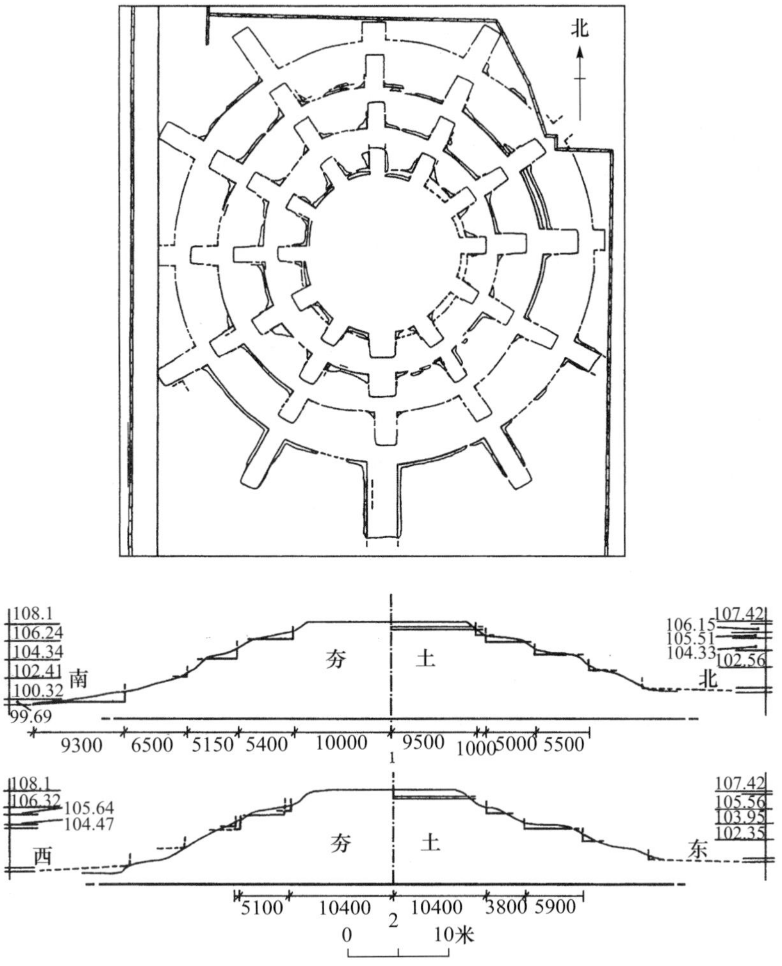

图一六　唐长安圜丘遗址平、剖面图

中国古代都城的圜丘（天坛）设在南郊，地坛置于北郊（北郊坛），宫城在祭祀天坛与地坛南北之间，使“天地人”为一体，把“天人合一”上升到最高境界。

在同一建筑中也通过“天圆地方”观念，再现“天人合一”的建筑哲学思想，这在明堂·辟雍礼制建筑中表现得尤为突出。汉长安城南郊的明堂·辟雍遗址的中心主体建筑为圆形夯土台基，直径 62 米。主体建筑基址平面方形，边长 42 米。圆形夯土台基位于方形院落中央，院落边长 235 米，四面正中各辟一门。院落周围为圜水沟，圜水沟直径 360 米[122]。刘致平先生的汉长安城明堂·辟雍建筑遗址复原方案有圆形屋顶一说[123]，这充分表现出了多重“天地”理念，主体建筑平面为方形，其屋顶为圆形，主体建筑夯土台基平面为圆形，明堂·辟雍院落为方形，其外圜水沟平面又为圆形。这种“圆”与“方”的层层结合，就是“天地”结合及“人”在其中的活动、“天人合一”思想的反映。

“天人合一”建筑思想是把天地作为“二元”处理，人为其主体，如“左祖右社”与“中”为“宫殿”，“左祖”居东为“阳”、为“天”，“右社”居西为“阴”、为“地”，宫殿为天子所居，形成“天地人合一”的建筑思想。又如“前朝后寝”实为前“阳”后“阴”，“阳”“阴”亦为“天地”，“人”于其间，“天地人”于一体。凡此种种，“天人合一”建筑哲学思想几乎贯彻于中国古代建筑的各个主要方面。

注　释

[1] 王国维：《殷周制度论》，《王国维学术典籍》（下集），江西人民出版社，1997 年。

[2] 黑龙江省文物管理委员会、哈尔滨市文化局、中国科学院古脊椎动物与古人类研究所：《阎家岗——旧石器时代晚期古营地遗址》，文物出版社，1987 年。

[3] 储友信：《湖南发现旧石器时代末高台建筑》，《中国文物报》1997 年 4 月 6 日。

[4] 湖南省文物考古研究所：《湖南澧县梦溪八十垱新石器时代早期遗址发掘简报》，《文物》1996 年第 12 期。

[5] 中国社会科学院考古研究所内蒙古工作队：《内蒙古敖汉旗兴隆洼遗址发掘简报》，《考古》1985 年第 10 期；中国社会科学院考古研究所内蒙古工作队：《内蒙古兴隆洼聚落遗址 1992 年发掘简报》，《考古》1997 年第 1 期；杨虎：《敖汉旗发现一大型兴隆洼文化环壕聚落》，《中国文物报》1998 年 7 月 26 日。

[6] 河南省文物考古研究所：《舞阳贾湖》，科学出版社，1999 年。

[7] 山东省文物考古研究所：《山东发现八千年前居址聚落》，《中国文物报》1998 年 1 月 21 日。

[8] 甘肃省博物馆文物工作队：《甘肃秦安大地湾第九区发掘简报》，《文物》1983 年第 11 期；甘肃省博物馆文物工作队：《秦安大地湾 405 号新石器时代房屋遗址》，《文物》1983 年第 11 期；甘肃省博物馆文物工作队：《甘肃秦安大地湾遗址 1978 至 1982 年发掘的主要收获》，《文物》1983 年第 11 期。

[9] 中国社会科学院考古研究所：《敖汉赵宝沟——新石器时代聚落》，中国大百科全书出版社，1997 年。

[10] 中国社会科学院考古研究所湖北工作队：《湖北枣阳市雕龙碑新石器时代遗址试掘简报》，《考古》1992 年第 7 期。

[11] 浙江省文物管理委员会、浙江省博物馆：《河姆渡遗址第一期发掘报告》，《考古学报》1978 年第 1 期；河姆渡遗址考古队：《河姆渡遗址第二期发掘的主要收获》，《文物》1980 年第 5 期。

[12] 中国科学院考古研究所等：《西安半坡》，文物出版社，1963 年。

[13] 中国社会科学院考古研究所：《宝鸡北首岭》，文物出版社，1983 年。

[14] 半坡博物馆、陕西省考古研究所、临潼县博物馆：《姜寨——新石器时代遗址发掘报告》，文物出版社，1988 年。

[15] 郑州市博物馆：《郑州大河村仰韶文化的房基遗址》，《考古》1973 年第 6 期；郑州市博物馆：《郑州大河村遗址发掘报告》，《考古学报》1979 年第 3 期。

[16] 北京大学考古学系等：《河南邓州市八里岗遗址 1992 年得发掘与收获》，《考古》1997 年第 12 期；北京大学考古实习队等：《河南邓州八里岗遗址发掘简报》，《文物》1998 年第 9 期。

[17] 河南省文物考古研究所、长江流域规划办公室考古队河南分队：《淅川下王岗》，文物出版社，1989 年。

[18] 中国社会科学院考古研究所：《蒙城尉迟寺——皖北新石器时代聚落遗存的发掘与研究》，科学出版社，2001 年。

[19] 长办考古队河南分队：《河南淅川黄楝树遗址发掘报告》，《华夏考古》1990 年第 3 期。

[20] 杨鸿勋：《宫殿考古学通论》，紫禁城出版社，2001 年，第 5 页。

[21] 甘肃省文物工作队：《甘肃秦安大地湾 901 号房址发掘简报》，《文物》1986 年第 2 期；郎树德：《甘肃秦安县大地湾遗址聚落形态及其演变》，《考古》2003 年第 6 期；杨鸿勋：《宫殿考古通论》，紫禁城出版社，2001 年，第 20～22 页。

[22] 钱耀鹏：《中国史前城址与文明起源研究》，西北大学出版社，2001 年。

[23] 山东省文物考古研究所：《城子崖遗址又有重大发现》，《中国文物报》1990 年 7 月 26 日。

[24] 山东大学历史系考古专业：《山东邹平丁公遗址第四、第五次发掘简报》，《考古》1993 年第 4 期。

[25] 林留根等：《藤花落遗址聚落考古取得重大收获》，《中国文物报》2000 年 6 月 25 日。

[26] 河南省文物考古研究所：《河南辉县市孟庄龙山文化遗址发掘简报》，《考古》2000 年第 3 期。

[27] 赵春青：《郑落地区新石器时代聚落的演变》，北京大学出版社，2001 年，第 161～163 页。

[28] 北京大学考古系等：《石家河遗址群调查报告》，《南方民族考古》（第五辑），四川科学技术出版社，1992 年。

[29] 杨楠等：《余杭莫角山清理大型建筑遗址》，《中国文物报》1993 年 10 月 10 日。

[30] 车广锦:《良渚文化古城古国研究》,《东南文化》1994 年第 5 期。
[31] 中国社会科学院考古研究所山西工作队、临汾地区文化局:《1978～1980 年山西襄汾陶寺墓地发掘简报》,《考古》1983 年第 1 期；中国社会科学院考古研究所山西工作队、临汾地区文化局:《陶寺遗址 1983～1984 年Ⅲ区居住址发掘的主要收获》,《考古》1986 年第 9 期。
[32] 郭大顺、张克举:《辽宁省喀左县东山嘴红山文化建筑群址发掘简报》,《文物》1984 年第 11 期；冯时:《中国天文考古学》，社会科学文献出版社，2001 年。
[33] 江苏省赵陵山考古队:《江苏昆山赵陵山遗址第一、二次发掘简报》,《东方文明之光》，海南国际新闻出版中心，1996 年。
[34] 浙江省文物考古研究所:《余杭瑶山良渚文化祭坛遗址发掘简报》,《文物》1988 年第 1 期。
[35] 浙江省文物考古研究所、余杭市文物管理委员会:《浙江余杭汇观山良渚文化祭坛与墓地发掘简报》,《文物》1997 年第 7 期。
[36] 上海市文物保管委员会:《上海福泉山良渚文化墓葬》,《文物》1984 年第 2 期。
[37] 南京博物院:《1982 年江苏武进寺墩遗址的发掘》,《考古》1984 年第 2 期。
[38] 中国社会科学院考古研究所:《偃师二里头——1959 年～1978 年考古发掘报告》，中国大百科全书出版社，1999 年。
[39] 王学荣:《河南偃师商城遗址的考古发现与研究》,《考古求知集》，中国社会科学出版社，1997 年。
[40] 河南省文物考古研究所:《郑州商城——1953～1985 年考古发掘报告》，文物出版社，2001 年。
[41] 中国社会科学院考古研究所:《殷墟的发现与研究》，科学出版社，1994 年；中国社会科学院考古研究所安阳工作队:《河南安阳市洹北商城的勘察与试掘》,《考古》2003 年第 5 期；中国社会科学院考古研究所安阳工作队:《河南安阳市洹北商城宫殿区 1 号基址发掘简报》,《考古》2003 年第 5 期。
[42] 中国科学院考古研究所:《沣西发掘报告 1955～1957 年陕西长安县沣西乡考古发掘资料》，文物出版社，1962 年；中国社会科学院考古研究所:《张家坡西周墓地》，中国大百科全书出版社，1999 年；陕西省考古研究所:《镐京西周宫室》，西北大学出版社，1995 年；陕西周原考古队:《陕西岐山凤雏村西周建筑基址发掘简报》,《文物》1979 年第 10 期；陕西周原考古队:《扶风召陈西周建筑群基址发掘简报》,《文物》1981 年第 3 期；周原考古队:《陕西扶风县云塘、齐镇西周建筑基址 1999～2000 年度发掘简报》,《考古》2002 年第 9 期。
[43] 陕西省雍城考古队:《陕西雍城钻探试掘简报》,《考古与文物》1985 年第 2 期；陕西省雍城考古队:《凤翔马家庄一号建筑群遗址发掘简报》,《文物》1985 年第 2 期；韩伟:《秦都雍城考古发掘研究综述》,《考古与文物》1988 年第 5、6 期合刊。
[44] 刘庆柱:《论秦咸阳城布局形制及其相关问题》,《文博》(秦文化、秦俑研究特刊) 1990 年第 5 期。
[45] 湖北省博物馆:《楚都纪南城的勘查与发掘(上、下)》,《考古学报》1982 年第 3、4 期。
[46] 山东省文物管理处:《山东临淄齐故城试掘简报》,《考古》1961 年第 6 期；群力:《临淄齐国故城勘探纪要》,《文物》1972 年第 5 期；山东省博物馆:《三十年来山东省文物考古工作》,《文物考古工作三十年》，文物出版社，1979 年。
[47] 河北省文物研究所:《燕下都》，文物出版社，1996 年。
[48] 河南省博物馆新郑工作站等:《河南新郑郑韩故城的钻探和试掘》,《文物资料丛刊(3)》，文物出版社，1980 年。
[49] 河北省文物管理处等:《赵都邯郸故城调查报告》,《考古学集刊(4)》，中国社会科学出版社，1984 年。
[50] 陶正刚、叶学明:《古魏城和禹王古城调查简报》,《文物》1962 年 4、5 期合刊；中国科学院考古研究所山西工作队:《山西夏县禹王城调查》,《考古》1963 年第 9 期。
[51] 陕西省雍城考古队:《凤翔秦公陵园钻探与试掘简报》,《文物》1983 年第 7 期。
[52] 河北省文物研究所:《河北平山三汲古城调查与墓葬发掘》,《考古学集刊(5)》，中国社会科学出版社，1987 年；河北省文物管理处:《河北省平山县战国时期中山国墓葬发掘简报》,《文物》1979 年第 1 期。
[53] 中国科学院考古研究所:《辉县发掘报告》，科学出版社，1956 年。

[54] 西安市文物局文物处、西安市文物保护考古所：《秦阿房宫遗址考古调查报告》，《文博》1998年第1期。
[55] 辽宁省文物考古研究所：《辽宁绥中县“姜女坟”秦汉建筑遗址发掘简报》，《文物》1986年8期；辽宁省文物考古研究所姜女石工作站：《辽宁绥中县石碑地秦汉宫城遗址1993—1995年发掘简报》，《考古》1997年第10期。
[56] 陕西省考古研究所、秦始皇兵马俑博物馆：《秦始皇帝陵园考古报告（1999）》，科学出版社，2000年。
[57] 刘庆柱、李毓芳：《汉长安城》，文物出版社，2003年。
[58] 中国社会科学院考古研究所：《汉长安城未央宫——1980～1989年考古发掘报告》，中国大百科全书出版社，1996年。
[59] 中国社会科学院考古研究所等：《汉长安城桂宫考古发掘报告》，待刊。
[60] 中国社会科学院考古研究所：《汉长安城武库遗址发掘报告》，待刊。
[61] 中国社会科学院考古研究所：《西汉礼制建筑遗址》，文物出版社，2003年。
[62] 中国社会科学院考古研究所：《汉魏洛阳城“三雍”遗址考古发掘报告》，待刊。
[63] 中国社会科学院考古研究所：《汉杜陵陵园遗址》，科学出版社，1993年；陕西省考古研究所：《汉阳陵》，重庆出版社，2001年；刘庆柱、李毓芳：《西汉十一陵》，陕西人民出版社，1987年。
[64] 中国社会科学院考古研究所洛阳汉魏故城队：《河南洛阳汉魏故城北魏宫城阊阖门遗址》，《考古》2003年第7期。
[65] 中国社会科学院考古研究所、河北省文物研究所邺城考古工作队：《河北临漳县邺南城朱明门遗址的发掘》，《考古》1996年第1期。
[66] 刘俊喜、张志忠：《大同发现北魏明堂辟雍遗址》，《中国文物报》1998年1月21日。
[67] 中国社会科学院考古研究所：《北魏洛阳永宁寺——1979～1994年发掘报告》，中国大百科全书出版社，1996年。
[68]《南京钟山六朝祭坛建筑遗址》，《2001中国重要考古发现》，文物出版社，2002年。
[69] 中国科学院考古研究所：《唐长安大明宫》，科学出版社，1959年；中国社会科学院考古研究所西安唐城工作队：《唐大明宫含元殿遗址1995—1996年发掘报告》，《考古学报》1997年第3期。
[70] 中国社会科学院考古研究所西安唐城工作队：《唐长安西明寺遗址发掘简报》，《考古》1990年1期；中国社会科学院考古研究所西安唐城工作队：《唐长安青龙寺遗址》，《考古学报》1989年第2期。
[71] 中国社会科学院考古研究所西安唐城工作队：《陕西西安唐长安城圜丘遗址的发掘》，《考古》2000年第7期。
[72] 中国社会科学院考古研究所洛阳唐城队：《唐东都武则天明堂遗址发掘简报》，《考古》1988年第3期。
[73] 中国社会科学院考古研究所：《隋唐洛阳城遗址考古发掘报告》，待刊。
[74] 刘庆柱、李毓芳：《陕西唐陵调查报告》，《考古学集刊（5）》，中国社会科学出版社，1985年。
[75] 李逸友：《辽代城郭营建制度初探》，《辽金史论集》（第三辑），书目文献出版社，1987年。
[76] 辽中京发掘委员会：《辽中京城址发掘的重要收获》，《文物》1961年第9期。
[77] 景爱：《金上京》，生活・读书・新知三联书店，1991年。
[78]《金中都遗址》，《中国大百科全书・考古学》，中国大百科全书出版社，1986年，第238页。
[79]《元上都》，《中国大百科全书・考古学》，中国大百科全书出版社，1986年，第633页。
[80]《元中都考古取得重大进展》，《中国文物报》1999年12月29日第1版。
[81] 中国科学院考古研究所、北京市文物管理处元大都考古队：《元大都的勘察和发掘》，《考古》1972年第1期。
[82] 中国社会科学院考古研究所：《偃师二里头——1959年～1978年考古发掘报告》，中国大百科全书出版社，1999年。
[83] 湖北省文物考古研究所：《盘龙城——1963年～1994年考古发掘报告》，文物出版社，2001年。
[84] 中国社会科学院考古研究所安阳工作队：《河南安阳市洹北商城的勘察与试掘》，《考古》2003年第5期；中国社会科学院考古研究所安阳工作队：《河南安阳市洹北商城宫殿区1号基址发掘简报》，《考古》2003年第5期。
[85] 中国社会科学院考古研究所河南二队：《1984年春偃师尸乡沟商城宫殿遗址发掘简报》，《考古》1985年第

4 期。
[86] 中国社会科学院考古研究所河南第二工作队:《河南偃师尸乡沟商城第五号宫殿基址发掘简报》,《考古》1988 年第 2 期。
[87] 王学荣:《河南偃师商城遗址的考古发掘与研究》,《考古求知集》,中国社会科学出版社,1997 年;王学荣:《偃师商城"宫城"之新认识》,《中国商文化国际学术讨论会论文集》,中国大百科全书出版社,1998 年。
[88] 周原考古队:《陕西扶风县云塘、齐镇西周建筑遗址 1999~2000 年度发掘简报》,《考古》2002 年第 9 期。
[89] 陕西周原考古队:《陕西岐山凤雏村西周建筑基址发掘简报》,《文物》1979 年第 10 期。
[90] 陕西周原考古队:《扶风召陈西周建筑群基址发掘简报》,《文物》1981 年第 3 期。
[91] 周原考古队:《陕西扶风县云塘、齐镇西周建筑基址 1999~2000 年度发掘简报》,《考古》2002 年第 9 期;徐良高、王巍:《陕西扶风云塘西周建筑基址的初步认识》,《考古》2002 年第 9 期。
[92] 陕西省雍城考古队:《陕西雍城钻探试掘简报》,《考古与文物》1985 年 2 期;陕西省雍城考古队:《凤翔马家庄一号建筑群遗址发掘简报》,《文物》1985 年 2 期。
[93] 刘庆柱、李毓芳:《秦都咸阳"渭南"宫台庙苑考》,《秦汉论集》,陕西人民出版社,1992 年。
[94] 刘庆柱:《汉长安城的考古发现及相关问题研究——纪念汉长安城考古工作四十年》,《考古》1996 年第 10 期。
[95] 中国科学院考古研究所汉城发掘队:《汉长安城南郊礼制建筑遗址群发掘简报》,《考古》1960 年 7 期。
[96] 刘庆柱:《汉代城址的考古发现与研究》,《古代都城与帝陵考古学研究》,科学出版社,2000 年。
[97] 宿白:《隋唐城制类型初探(提纲)》,《纪念北京大学考古专业三十周年论文集(1952~1982)》,文物出版社,1990 年。
[98] 陶正刚、叶学明:《古魏城和禹王城调查简报》,《文物》1962 年 4、5 期合刊;中国科学院考古研究所山西工作队:《山西夏县禹王城调查》,《考古》1963 年 9 期。
[99] 河南省博物馆新郑工作站等:《河南新郑郑韩故城的钻探和试掘》,《文物资料丛刊(3)》,文物出版社,1980 年。
[100] 河北省文物管理处等:《赵都邯郸故城调查报告》,《考古学集刊(4)》,中国社会科学出版社,1984 年。
[101] 河北省文物研究所:《燕下都》,文物出版社,1996 年。
[102] 中国社会科学院考古研究所:《汉长安城未央宫——1980~1989 年考古发掘报告》,中国大百科全书出版社,1996 年。
[103] 中国科学院考古研究所汉城发掘队:《汉长安城南郊礼制建筑遗址群发掘简报》,《考古》1960 年第 7 期。
[104] 唐金裕:《西安西郊汉代建筑遗址发掘报告》,《考古学报》1959 年第 2 期。
[105] 中国社会科学院考古研究所洛阳工作队:《汉魏洛阳城南郊的灵台遗址》,《考古》1978 年第 1 期。
[106] 王银田等:《山西大同市北魏平城明堂遗址 1995 年的发掘》,《考古》2001 年 3 期;王银田:《北魏平城明堂遗址研究》,《中国史研究》2000 年第 1 期。
[107] 中国社会科学院考古研究所西安唐城工作队:《陕西西安唐长安城圜丘遗址的发掘》,《考古》2000 年第 7 期。
[108] 中国社会科学院考古研究所洛阳唐城队:《唐东都武则天明堂遗址发掘简报》,《考古》1989 年第 5 期。
[109]《通典》卷四十四,"大享明堂"条。
[110] 刘庆柱、李毓芳:《西汉十一陵》,陕西人民出版社,1987 年。
[111] 刘庆柱、李毓芳:《陕西唐陵调查报告》,《考古学集刊(5)》,中国社会科学出版社,1987 年。
[112] 河南省文物考古研究所:《北宋皇陵》,中州古籍出版社,1997 年。
[113] 郭大顺:《世纪之交的辽宁考古》,《考古》2001 年第 8 期。
[114]《长安志》卷三引《三秦记》载:"未央宫,一名紫宫。"《文选·西京赋》李善注引《三秦记》载:"未央宫,一名紫微宫。"
[115]《偃师商城发现早期帝王池苑》,《中国文物报》,1999 年 6 月 9 日,第 1 版。
[116]《史记·秦始皇本纪》《正义》引《括地志》。
[117]《汉书·郊祀志》(下):建章宫"北治大池,渐台高二十余丈,名曰太液。池中有蓬莱、方丈、瀛洲、壶梁,象海中神山龟鱼之属"。

[118] 顾炎武：《历代宅京记》，中华书局，1984年。
[119] 徐松：《唐两京城坊考》卷一“西京·宫城”，中华书局，1985年。
[120] 中国社会科学院考古研究所唐城工作队：《陕西西安唐长安城圜丘遗址的发掘》，《考古》2000年7期。
[121] 贺云翱：《南京首次方形六朝大型坛类建筑遗存》，《中国文物报》1999年9月8日。
[122] 唐金裕：《西安西郊汉代建筑遗址发掘报告》，《考古学报》1959年2期。
[123] 刘致平：《西安西北郊宫殿建筑遗址勘查初记》，《文物参考资料》1957年第3期。

（原刊于《人文传统》，中国美术学院出版社，2003年）

水下考古与古代文化交流之研究

刘庆柱

水下考古具有一般考古学基本特点：即根据古代人类通过各种活动遗留下来的实物，以研究人类古代社会历史。但水下考古相对田野考古而言，因其考古对象所处环境不同，而手段、方法亦各异，所谓“环境不同”是指田野考古在陆地，水下考古在“水下”。

古代人类的交往有陆地和水上两种，有交往就有文化交流。“陆地”交往可通过“田野考古”去解决，“水上”交往则要依靠“水下考古”去研究。

水下考古是研究因水上交往活动而遗留在水下的遗存，或因环境改变而使陆地变成海洋的原来陆上的城址、港湾或建筑遗存等。因此不能只把水下考古视为“沉船考古学”“沉船打捞考古学”等。

古代文化交流，有许多重大课题要依赖于水下考古学去解决。比如台湾海峡两岸古代文化交流，从旧石器时代到历史时期都有着密切往来。距今5万年至5000年前的台湾“长滨文化”，据研究与华南旧石器有密切关系。距今300万年至1万年间的更新世冰河时期，台湾海峡两岸陆地曾数度相连，而相连时期的古人活动遗存很可能成为“桑田”变“沧海”后的水下遗存，这应成为水下考古极为宝贵的资源。同样情况在今朝鲜半岛和日本群岛与中国大陆的古代文化，亦因更新世冰河时期，其间陆地数度相连，这些相连陆地被海水分隔时，一些曾经是人类活动的陆地变成海洋，于是也就给后人留下了丰富的水下考古资源。

文化交流的另一种反映往往从不同地区出土文物亦可反映出来，但是这种交流的历史过程，往往还有待水下考古去解决。如广州南越王墓出土的产于西亚或中亚的裂瓣纹银盒、金花泡饰、非洲象牙和南亚乳香等，广州西汉墓出土的罗马玻璃、东汉墓出土的南亚舶来品肉红髓石珠和多面金珠等，广东境内出土的南朝时代波斯银币和银器，广州唐代遗址中出土的象牙雕刻的北非人像；此外在扬川、福州等港口城市也出土了一些舶来品。如福州五代墓出土的波斯孔雀蓝釉陶瓶、扬州汉墓出土的多面金珠、罗马玻璃和相当于唐代的波斯釉陶壶等等。在环中国海域的地区和国家沿海的一些地方，以及更远的南亚、西亚、北非、欧洲等地也发现了来自中国的古代遗物，这些彼此间的古代舶来品，如何来的，何时来的，都需要通过水下考古去研究。

根据《汉书·地理志》记载，汉代南海航线最远可达印度东南之唐契普拉姆（Conjcvanam），这个问题的解决是水下考古的重要课题。

水下考古通过沉船及航海路线的考古研究，可以作为解开不同地区人们海上文化交流（或经济贸易往来）的基本情况的重要方法之一。

近年来水下考古在环中国海域已取得了重要的收获，从内海、内河到外海海域，已发现数十艘古代沉船，时代早的可至周代，晚到明清，如江苏武进的周代独木舟，江苏武进万绥蒋家巷、福建连江和广东化州的汉代独木舟和木船，浙江温州的东晋独木舟，山东平度隋代木船，江苏扬州、如皋、上海浦东和浙江宁波的唐代沉船，天津静海、浙江宁波、上海嘉定的宋代沉船，广东台山和珠海、福建泉州和连江的宋元沉船，辽宁绥中、河北磁县的明代沉船，海南文昌、福建连江、广东汕头和吴川等地的明清沉船。在海外的中国古代沉船主要有菲律宾沿海的宋元沉船、韩国全罗南道的新安沉船、马来西亚的明代沉船、日本濑户内海的明代沉船、越南的清代沉船等，这些船体及遗留下来的“船货”的发现是水下考古取得的丰硕学术成果，推动了古代文化交流研究的发展。但是我们应认识到，“沉船考古”目前虽然在水下考古中仍占重要地位，但水下遗址的探寻发掘与研究，将为这门学科开创更为广阔的学术研究领域，发挥出该学科更为重要的学术作用。

水下考古是根据古代人类通过各种活动遗留在水下的遗迹、遗物以研究人类古代历史。这里的“各种活动”有两方面内容：第一，现在水下保留的古代人类活动遗存。在古代，这里曾是陆地，由于“桑田”变“沧海”，或者由于地震、洪水、飓风而水位上升，使陆上一些城镇、聚落、港湾沉于水下。第二，人类在水上活动，如航运、捕捞等，因故沉船留存于水下。

属于第一类的事例和发现为数甚多。在水下考古工作开展较早的地中海地区，如希腊的科林特湾沿岸的埃利凯、腓尼基的西顿（今黎巴嫩的赛达）和推罗（今黎巴嫩苏尔）、位于利比亚班加东部海岸的希腊人营建的阿波罗尼亚港、希腊毛莱半岛海底城市埃拉弗尼索斯、俄罗斯里海东北部的曼库伊西克的海底城市拉埃迪。在中南美加勒比海沿岸海底也隐藏着不少城镇遗址。除了海上之外，在内陆由于自然地理的变化，使原来的陆地变成湖泊。在欧洲的瑞士、意大利、法国、德国等均发现了不少湖泊中的水下遗址。如瑞士的卢塞思的法海田湖、奥伯曼的丘利西湖水下发现了从远古到中世纪的遗物和居址遗迹。

中国的水下考古开展的较晚，进行工作也有限，目前“水下遗址”的发现还是个空白。根据地质学研究成果，距今300万年至1万年间的更新世冰河时期，今中国大陆东部沿海地区，与台湾岛、朝鲜半岛及日本本土之间的陆地曾数度相连[1]。这些相连陆地现已全部变为海洋，当年人们在这些陆地活动的文化遗存应成为水下考古的对象。

属于第二类的水下考古，过去往往称之为“沉船考古学”“沉船打捞考古学”等。这方面的水下考古工作已开展多年，取得了极为辉煌的成果，但是相对水下的考古学遗存而言，目前所进行的水下考古工作仍然是微乎其微的。以地中海为例，有的学者根据调查结果概算，这里的古代沉船多达10万艘以上，而打捞的沉船却是寥寥无几。此外，在北欧及波罗的海、西欧沿海各地也多有古代沉船发现。

水下考古在环中国海域起步很晚，相对西方考古仍很落后。尽管如此，仅从近年来开展不多的水下考古工作已显示出，这里从内海、内河到外海海域，有着丰富的水下考古资源。从已发现的数十艘古代沉船来看，其时代跨度很大，早的可至周代，晚到明清。如江苏武进淹城的周代独木舟[2]，江苏武进万绥蒋家巷[3]、福建连江[4]和广东化州的汉代独木舟和木船[5]，浙江温州的东晋独木舟[6]，山东平度的隋代木船[7]，江苏扬州和如皋[8]、上海浦东和浙江宁波的唐代沉船[9]，天津静海[10]、浙江宁波[11]、上海嘉定的宋代沉船[12]，广东台山和珠海[13]、福建泉州和连江的宋元沉船[14]，辽宁绥中[15]、河北磁县的元代沉船[16]，海南文昌[17]、福建连江[18]、广东汕东和吴川等地的明清沉船[19]。

除此之外，在海外的中国古代沉船也有多发现，主要有菲律宾西海岸的宋元沉船。千岛之国菲律宾是东方海上交通的重要地点，这里存在着大量古代沉船，已调查并发掘的有 20 处沉船地点，其中中国古代沉船有 5 艘，如圣安东尼奥（San Antonio）的宋元沉船[20]、潘达南岛的中国木帆船等[21]。韩国全罗南道珍岛郡碧波里的宋代独木舟[22]、全罗南道新安元代沉船[23]。印度尼西亚宾坦岛（Bintan）的明代中国帆船[24]。马来西亚马六甲海峡有几处明代早中期的中国沉船[25]。越南昆仑岛发现的清代中国沉船[26]。

另外，装有中国货物的古代沉船，在亚、非、欧均有发现，如在印度尼西亚宾坦岛的荷兰东印度公司“吉特摩森”（Geldemosen）号沉船[27]、马来西亚马六甲海峡的泰国“皇家南海”沉船[28]、菲律宾吕宋岛马尼拉海湾的西班牙“圣迭哥”号沉船[29]、菲律宾民都乐岛的英国东印度公司“格里芬”（Griffin）号沉船[30]，泰国东海岸帕塔亚的泰国沉船[31]、泰国他拉得府（Trat）科拉德岛（Ko Kradat）泰国沉船[32]，瑞典东印度公司“哥德堡”（Gotheorg）号沉船[33]，法国东印度公司“康迪王子”（Prince de Conty）号沉船[34]，英属圣赫勒那岛海域的荷兰东印度公司“威特利沃”（Witte Leellw）号沉船[35]、南非开普敦桌湾的荷兰东印度公司“奈约伦”号沉船[36]、家蓬洛佩斯角海域的荷兰东印度公司的“毛里求斯”（Mauritius）号沉船[37]、莫桑比克海峡巴丽斯—印度礁（Bassa da India）海域英国东印度公司“苏塞克斯”（Sussex）号沉船[38]、埃及沙姆沙伊赫（Sharmel Sheikh）和沙德万（Sadana）沉船等[39]，这些外国沉船都载有大量中国物品，如瓷器、茶叶、丝绸、黄金等。

各地水下考古的发现（尤其是第二类发现），颇似一部厚重的古代文化交流史书。各地文化的交流，是人类历史发展的重要动力之一，是人类进步的重要标志。一部人与人、人群与人群的考古学文化交流史，是人类历史重要组成部分。古代文化交流有陆地和水下两种，“水上”的文化交流，作为考古学而言，只有依靠水下考古。陆地的文化交流史，一般来说通过田野考古去解决，有的也要凭借“水下考古”，如因地震造成的陆地下沉或河、湖、海洋之水位上涨而淹没了陆地人类活动遗存，使之从陆上变成水下、这样要进行这类考古学研究就必须依靠水下考古了。总之，水下考古绝不只是打捞一些沉船或船货，它承担着重要学术研究任务。

从古代文化交流史来看，中世纪以来有关文化交流的历史文献记载很多，尽管如此，现在开展这方面的研究仍觉文献所述过于简略，许多重要问题无法究明。至于中世纪以前的各地文化交流情况，历史文献记载更是寥寥无几。这些问题的真正解决在很大程度上要依靠考古学，尤其是水下考古。

比如我们在研究东亚稻作农业的传播问题时，现在一般认为日本古代稻作农业是从中国大陆传播过去的。传播路线有二：一说陆路，即从中国经朝鲜半岛至日本；又一说从中国东部越海至日本。如果确为后者的话，那么就要通过海上乘船，这种活动必然会有沉船发生，因此只要找到当时的沉船或人们的遗物，对于解决稻作农业的东传问题将发挥关键性作用。

又比如，距今 5 万年至 5000 年前的台湾“长滨文化”，与华南地区所发现的若干旧石器时代遗址的石器有颇大的相似性，考古学家推测“长滨人”可能来自华南地区。据研究，“长滨人”时代，台湾海峡的海平面比现在低 5～15 米，如若这样，海峡两岸那时可能曾经时连时断，这些科学假设和推断都可以通过水下考古去验证并得到最终解决。

进一步的考古学研究揭示，原始人从华南到台湾，又从台湾南下经菲律宾群岛、婆罗洲岛（加里曼丹）到苏拉威西岛，然后通过伊安岛进入澳大利亚的约克角。人类学研究表明，“在旧石器晚期，印尼的瓦贾克（Wadjak）、菲律宾的塔邦人（Taban）、加里曼丹的尼阿人（Nian）、新几内亚的艾塔普人（Altapc）等，即显示与澳大利亚人种相似的若干性状，表明他们存在着一定关系，也暗示原始人类从我国华南逐渐到澳大利亚的可能途径”[40]。这种人类交往，不管是通过“陆桥”还是渡海，他们都将留下自己的活动遗迹与遗物。这也向水下考古提出了极具挑战性的课题，也是具有重大学术意义课题。

文化交流的另一种情况往往从不同地区出土文物亦可反映出来。如广州南越王墓及南越国时期墓葬出土的产于非洲的原支大象牙、象牙印章、象牙器，产于西亚或中亚的裂瓣纹银盒、金花泡饰，产于南亚的乳香；广州西汉墓出土的罗马玻璃，东汉墓出土的舶来品肉红髓石珠和多面金珠等。广东境内出土的南朝时代波斯银币和银器，广州唐代遗址中出土的象牙雕刻的北非人像。在扬州、福州等港口城市也出土了一些海外舶来品，如扬州汉墓出土的多面金珠、罗马玻璃，福州五代墓出土的波斯孔雀蓝釉陶瓶，扬州发现的相当于唐代的波斯釉陶壶等。在环中国海域的地区，以及更远的南亚、西亚、非洲、欧洲等地发现了来自中国的古代遗物，如日本九州出土的东汉“倭奴王金印”，日本弥生时代遗址或墓葬中出土的中国汉代的五铢、铜镜、铁器，以及具有汉化特征的瓦当等，这些都是两地人民渡海交流的结果。又如在印度支那地区曾发现了与中国南方印纹硬陶相似的陶器，在马来半岛和苏门答腊出土了具有汉代特征的陶器。根据文献记载，西汉时期，人们已经从雷州半岛横越南海，绕马来半岛，经缅甸到达印度南部和斯里兰卡，而西方罗马帝国的船队由北非向东亦至印度南部，这里成为东西方海上交通的中介站。唐代（8世纪后半叶）中国船队首先正式开辟了由广州到波斯湾航线。上述依据文献记载的历史，需要相应的水下考古工作的证实和补充。至于在北非地区出土的唐代瓷器，无疑是从海上由中国达到非洲地区的，但是这里也涉及中国船队直达北非的，还是阿拉伯商船由中国南海返航印度洋、波斯渡湾的，或双方通过印度南部沿海的中介贸易，就考古学而言，这些问题还都是未知数，需要这一航线地区的水下考古去解决。水下考古通过沉船及航海路线的考古研究，可以使人们了解不同地区人们海上文化交流（或经济贸易及往来）历史。

注　释

[1] 宋文薰：《由考古学看台湾》，《中国的台湾》，1980年。

[2] 谢春祝：《淹城发现战国时代独木舟》，《文物参考资料》1958年第11期。

[3] 武进县博物馆、常州市博物馆：《江苏武进县出土汉代木船》，《考古》1982年第4期。

[4] 卢茂村：《福建连江发掘西汉独木舟》，《文物》1979年第2期。

[5] 湛江地区博物馆、化州文化馆：《广东省化州县石宁村发现六艘东汉独木舟》，《文物》1979年第12期。

[6] 戴开元：《中国古代的独木舟和木船的起源》，《船史研究》第一期（1985年）。

[7] 山东省博物馆、平度县文化馆：《山东平度隋船清理简报》，《考古》1979年第2期。

[8] 江苏省文物工作队：《扬州施桥发现了古代木船》，《文物》1961年第6期；南京博物馆：《如皋发现唐代木船》，《文物》1974年第1期。

[9] 上海博物馆：《川扬河古船发掘简报》，《文物》1983年第7期；黎松盛等：《浙江宁波出土龙舟考略》，《船史研究》第一期，1985年。

[10] 天津市文物管理处：《天津静海元蒙口宋船的发掘》，《文物》1983年第7期。

［11］ 宁波市文管会：《宁波东门口码头遗址发掘报告》，《浙江省文物考古所学刊》，文物出版社，1981 年。

［12］ 上海博物馆：《嘉定封浜宋船发掘简报》，《文物》1979 年第 12 期。

［13］ 张威：《中国水下考古的起点——中日联合广东南海沉船调查侧记》，《水下考古通讯》1990 年第 4 期；珠海市文管会：《珠海文物志》，广东人民出版社，1994 年。

［14］ 福建省泉州海外交通史博物馆：《泉州湾宋代海船发掘与研究》，海洋出版社，1987 年；中澳联合定海水下考古队：《95 年定海沉船考古新收获》，《东南考古研究》第二辑，厦门大学出版社，1999 年。

［15］ 张威：《辽宁绥中元代沉船调查述要》，《中国历史博物馆馆刊》1995 年总第 24 期。

［16］ 磁县文化馆：《河北磁县南开河村元代木船发掘简报》，《考古》1978 年第 6 期。

［17］ 中国历史博物馆水下考古学研究室等：《海南文昌宝陵港沉船遗址调查简报》，《福建文博》1997 年第 2 期。

［18］ 中澳合作水下考古专业人员培训班定海调查发掘队：《中国福建连江定海 1990 年调查、发掘报告》，《中国历史博物馆馆刊》1992 年总第 18、19 期。

［19］ 崔勇：《广东水下考古回顾与展望》，《福建文博》1997 年第 2 期。

［20］ Conese, P. C. E., Nicolas, N., Green, J., Philippines archaeological site Sury, February 1988, IJNA(1989)18.3.

［21］ Honasan., A. B., The Pandanan junk: the wreck of a fifteenth century junk is found by chance in a pearc farm off Pandanan island; Dizon, E. Z., Anatomy of a shipwreck: archaeology of the 15th-century pandance shipwrenk; Dien, A. I., Relics of a Lost Kingdom: ceramics from the Asian maritime trade. The pearl road, tales of treasure ships in the Philippines christophe Loving, 1996.

［22］ 袁晓夫：《韩国珍岛发现中国宋朝独木舟》，《海交史研究》1994 年第 1 期。

［23］ 韩国文化部文物管理局：《新安海底遗物》，汉城三星文化印刷社，1984 年。

［24］ 黄时鉴：《从海底射出的瓷器之光——哈契尔的两次沉船打捞业绩》，《中西交流论集》，上海艺文出版社，1998 年。

［25］ 袁随善译：《关于在南中国海发现的四艘明代沉船的消息披露》，《船史研究》第 11、12 期。

［26］ Flecker, M., Excavation of an orientala vessel of c 1690 off Con Dao, Vietnam, IJNA(1992)21.3: 221-224.

［27］ 同［24］。

［28］ 同［25］。

［29］ 森村健一：《菲律宾圣迭哥号沉船中的陶瓷》，《福建文博》1997 年第 2 期。

［30］ Dagget, C., Jay, E., Osaba, F., The Criffin, An English East Induaman Lose in the Plilippines in 1761, NA (1990)19.1: 35-42.

［31］ Green, J., Intakosai, V., The Pattaya wreck site excavation, Thailand, An interim report, NA (1983)12.11: 3-13.

［32］ Green, J., Harper, R., Prishanchittara, S., The excavation of the Ko Kradat wreck-site Yhailand (1979-1980), Spcial Publication of Wessern Australian Museum, 1981.

［33］ 龚缨晏：《哥德堡号沉船与 18 世纪中西关系史研究》，《中西交流论集》，上海艺文出版社，1998 年。

［34］ Hour, M. L., Richez, F., 18th Century French East Indiaman: the Prince de Conty(1746), IJNA(1990)19. 1:75-79.

［35］ Van der Pijl-Ketel, C. L., The ceramic load of the Witte Leeum(1613), Rilks Museum Amsterdam, 1982.

［36］ Lightlcy, R. A., An 18th centuey Dutch East Indiaman, Found at Cape Town, 1971. IJNA (1976)5.4:302-361.

［37］ Hour, M. L., Long, L., The wreck of an experimental ship of the “Oust-Indishe companie”: The Mauritius(1609), IJNA(1990)19.1:63-73.

［38］ Bousquet, G., L’hour, M., Richez, F., The discovery of and English East Indiaman at Bassas da india, a franch a toll in the indian Oxean: the Sussex(1738), IJNA(1990)19.1: 85.

［39］ Raban, A., The shipwreck off sharm el-sgeikh, Archaeology(1917)24: 146-155; Haldane, C., Sadana Island shipwreck, Egypt: Prelimnary report, IJNA(1996)25.2: 83-94.

［40］ 吴汝康：《亚洲早期人类的分布与澳大利亚的关系》，《中国—澳大利亚第四纪学术讨论会论文集》，科学出版社，1987 年。

（原刊于《海峡两岸水下考古学术研讨会论文集》，台湾历史博物馆，2001 年）

“丝绸之路”的考古学解读

刘庆柱

去年年底，中国社会科学院和国家图书馆，曾经就讲座选题一事，召开过一次座谈会，院里让我作为一个学者参加讨论，我就曾经谈到，是不是可以讲讲丝绸之路。当时我的想法是，针对丝绸之路，现在社会上包括学术界说法很多，虽然大家都是出于一种很好的想法，但是，关于丝绸之路一些深层次的认识问题，还需要通过一种比较好的形式，比如学术报告会等，来进行一下交流。为什么我谈这个问题呢？因为正好今年 6 月份，也就是一个月以后的今天，联合国教科文组织的世界遗产委员会，就要把“丝绸之路”作为今年世界遗产申报项目进行评审了。这个项目从最早联合国教科文组织建议，到我们开始动作，到现在最后的评审，已经将近十年了。在这期间，我参与了一些工作，主要是后期文本的讨论、评审工作。它的正式中英文文本，是去年 2 月份提交给联合国教科文组织的，但是今年 1 月，我突然接到电话说文本被退回修改，退回修改的原因，就是对丝绸之路的定性。现在一般都认为，丝绸之路是商贸之路、文化之路。但是，有些世界遗产组织专家认为，丝绸之路是古代中华帝国的发展之路。其实在这之前我就曾经提过，丝绸之路的文化交流是副产品，主产品不是文化交流。在遴选申报项目的时候，我曾经参加过讨论和考察，原来中国段选了 48 项，后来压缩成 20 多项，因为各省区都非常积极，报了好多项目。我曾经建议他们说，你们报的这些项目，都变成了佛教东传之路了，变成了中国“被”丝绸之路了。实际上，当年是世界“被”丝绸之路，是“被”谁呢？“被”中国。针对这一想法，我觉得“丝绸之路”应该重新解读一下。

一、关于“丝绸之路”的由来

从 19 世纪开始，随着西方殖民主义的发展，文化的扩张也比较多，许多西方国家以考察队的名义到了中国。其中主要有西方的英国、德国、瑞典、法国、俄国等，还有东方的日本，组织了一批所谓的考察队来到了中国，他们在中国（主要是西部地区）发掘了好多东西，然后拿回去整理，他们中的一些人后来成为了所谓的汉学家。19 世纪后半叶德国的地理学家李希霍芬，写了一本名为《中国》（1877 年出版）的书，在书中他将公元前 114 年至公元 127 年间，连接中国与河中（阿姆河与锡尔河之间，又称“河间”）及印度的丝绸贸易路线称为 Seidenstrassen。英文将其译成“Silk Road”，中文译为“丝绸之路”。这是第一次出现“丝绸之路”一词，1910 年德国学者阿尔巴特·赫尔曼（A.Herrmann）在其出版的《中国和叙利亚间的古代丝绸之路》一书中又做进一步地阐述，并将丝绸之路延伸至叙利亚。

“丝绸之路”现在已成为古代中国、中亚、西亚之间，以及通过地中海（包括沿岸陆路）连接欧洲和北非的交通线的总称。因为中国与中亚、西亚等地上述交通路线之间的沙漠是其必经之路，所以人们又称其为“沙漠丝绸之路”（或称“绿洲丝绸之路”），这一名称是相对后来学术界提出的“草原丝绸之路”“海上丝绸之路”和“西南丝绸之路”等而言的。

二、不同“丝绸之路”的认知

丝绸之路有多条，目前学术界一般认为主要有沙漠丝绸之路、草原丝绸之路、海上丝绸之路、西南丝绸之路等。我们通常所说的“丝绸之路”即沙漠丝绸之路，它是丝绸之路中最为重要的。为什么会出现这些不同的丝绸之路呢？主要是因为它的时空特点不相同，历史作用不一样。

（一）草原丝绸之路认知

草原丝绸之路在我们中国境内，东起大兴安岭（有人说东边还可以一直到朝鲜半岛），西边到我国的新疆，再向西一直到黑海，这是国际上公认的一条草原丝绸之路。分布的地域大约主要在南西伯利亚和新疆北部，到中亚的北部。这条丝绸之路很早就有了，距现在至少应该有 4000 年，或者再往上推到五六千年。有人认为还早，但是现在还没有证据，有据可查的是四五千年前这条路就通了。促成这条路形成的原因，是当时的游牧民族的游牧活动，他们的活动传播了不同地区的文化，交换了不同的物品。因此，我认为草原丝绸之路是一条“文化交流”之路。当然这个文化，不是指我们现在所说的唱歌、跳舞、电影等，考古学上的“文化”称为“考古学文化”，它们是同一时代、一定区域之内具有当地特征遗迹和遗物的共同体。比如，我们说公元前 200 年至公元 200 年汉王朝区域之内的考古学文化主体为“汉文化”，汉文化包括什么？在特定的时代——汉代，在汉王朝管辖的国家空间所形成的律令制国家架构、“独尊儒术”的思想、“重农抑商”的经济、汉字的“文化基因”形成与传承、“汉译佛经”与本土“道教”的宗教信仰，这就是“汉文化”。这种“汉文化”实际上当时影响到东亚广大地区，包括东北亚的朝鲜半岛、日本列岛与东南亚半岛北部，形成“汉文化圈”。

早期草原丝绸之路实际上是一条文化交流之路，当然这种交流是游牧民族生业活动的“副产品”。搞文化交流可能是我们当代或者近代的事情，比如，包括宗教传播在内的这些文化交流，都是近代以来的事情，在古代没有以文化交流为职业的。秦汉时期以后，沙漠丝绸之路开通了，这条路就变成一条“辅路”，所起的作用不像以前那么大了。

（二）沙漠丝绸之路认知

现在一般所说的丝绸之路，就是沙漠丝绸之路。我们（包括西方学者）现在一般认为，沙漠丝绸之路是以张骞通西域为开端的，它的“起点”不在罗马，也不在乌兹别克，而是在中国。因此，我们在给联合国教科文组织的丝绸之路文化遗产申报大纲里头写，丝绸之路的起点是长安。为什么我要强调起点呢？就是要说明丝绸之路是谁开的，这条路是从哪里到哪里的，这要弄清楚。不是像有人说的，丝绸之路是西方人开的，是从西方到东方的，而是中国人开的，由长安、洛阳往西方去的这么一条路。

沙漠丝绸之路以张骞通西域为开端，自陕西西安经甘肃、新疆，出境后经中亚、西亚至南欧意大利威尼斯，东西直线距离 7000 千米，而在中国境内长达 4000 千米。现在笼统地说，丝绸之路西边到了威尼斯，书上一般都这样写。我认为早期的沙漠丝绸之路，到达这些地方很难，应该说是间接到达那里的，直接只到中亚。因此说直线距离 7000 千米，恐怕还得打个问号。但是这不排除我们的一些影响，通过间接的关系，比如通过中亚的粟特人，传播到叙利亚，传播到当时的罗马。

沙漠丝绸之路不像草原丝绸之路，它不是一条民间的道路，也不是一条自然形成的道路，而是西汉王朝官方开辟的一条“政治之路”“外交之路”。就当时而言，“文化交流”和“商贸活动”是它的“副产品”。有人说它是商贸之路，因此在申遗的时候，有些学者（包括一些外国专家）就提出来，说你们申报世界遗产，“丝绸之路”怎么没有与“丝绸”有关的卖丝绸的商铺、做丝绸服装的加工厂等。当时我就提出来，我说你以为丝绸之路真是卖丝绸的？张骞出使西域的目的是去推销丝绸吗？其实张骞是要与西域（今新疆）36 国及中亚各国建立友好关系，而西域地区的酋长们渴望脱离匈奴的统治，加入汉王朝统一的国家政体当中。因此，我们认为张骞是我国历史上一位外交家和政治家，也是这个原因。

（三）西南丝绸之路认知

西南丝绸之路又称“蜀—身毒道”，或“南方陆上丝绸之路”。西南丝绸之路是从中国西南地区四川成都、云南大理，经保山、腾冲、盈江到达缅甸境内的八莫，从八莫到印度，又从印度至中亚、欧洲。学术界有的学者提出，西南丝绸之路可以分为东路、中路与西路。东路是由四川成都、贵州西北、广西、广东至南海；中路是由成都、云南、步头道、桑道至越南；西路有身毒道和五尺道两条，二者均经云南、缅甸至印度。

最近有人提出，西南丝绸之路也要申报世界遗产。现在西南丝绸之路有一个争论，就是我们在申报丝绸之路（沙漠丝绸之路）世界遗产文本的时候，印度方面提出要申报一条“高原丝绸之路”，就是从印度经过拉萨到格尔木，再到青海，然后再到内地，通过这条路把印度佛教文化传播到中国。我提出，当时（东汉）佛教文化从印度传到中国，不是通过这条路，而是通过阿富汗到中亚，然后往东进入我国新疆，再从新疆经过甘肃到了内地；还有一条是从印度到缅甸，进入腾冲到昆明，然后进入四川，从四川沿着长江往东到南京，就是六朝时期的佛教，叫作“南传佛教”。所以，不能把所谓的“高原丝绸之路”算在其中，当然印度的提法后来被排除出去了。这是我们丝绸之路申报世界遗产的时候，在国际上曾经有这么一种说法，后来没有被采纳。所以，表面看来申遗是个文化行动，实际上我认为丝绸之路是一条“政治之路”，所谓“文化”是带有政治含义的，只要一跨越国界，一超越民族，文化就有了政治色彩。西南丝绸之路现在正在做申遗的工作，不太好做，后面我会谈到，佐证材料是怎么找出来的。

西南丝绸之路是一条商贸之路，文化交流是其“副产品”。它的商贸主要是民间的，官方的很少，而且时间很早，比沙漠丝绸之路还早。张骞出使西域到现在的阿富汗，突然见到了丝绸，他问是怎么来的，回答说是从印度来的。那个丝绸就是从四川经过云南、缅甸到了印度（包括现在的巴基斯坦），然后北上到了阿富汗。我曾经去过巴基斯坦，它的北部考古发现我们战国时期的文物，就是说那时候我们已经与那里有了联系，当时可能就是通过这条路过去的。

因为西南地区铜鼓多，有人也将西南丝绸之路称作“铜鼓之路”。也有的叫作“茶马之路”，大家都知道茶马古道，就是贩卖茶叶，这当然是很晚的事了。总之，这条路现在引起文化遗产保护的重视，现在正在寻找它。

（四）海上丝绸之路认知

海上丝绸之路在我们申遗的后备名单中。一般认为海上丝绸之路是从汉代开始的，《汉书·地理志》记载，南海之航线，最远可达印度南部东海岸之唐契普拉姆（Conjevanam）。中国境内的汉代番禺、徐闻、合浦、交州等地是早期港口，其中番禺尤为重要。但是考古发现证实，春秋战国时代，从东亚经过南亚至西亚的海上丝绸之路已经存在。海上丝绸之路主要是进行商贸活动，而且是大型商贸活动，有些是国家行为。这条丝绸之路主要不是运丝绸的，从发现的东西来看，主要是运陶瓷。先秦至隋代以前，中国多是与西亚、中亚地区往来；南朝后期与波斯来往增多；唐、宋、元时期则以阿拉伯地区为多。中国唐宋时代的瓷器，在东南亚、中亚、南亚、西亚、北非等地多有发现，这应该是当年海上丝绸之路商贸活动的遗存，那时陶瓷商贸成为海上丝绸之路主角，因此这条路又称“海上陶瓷之路”。

三、丝绸之路考古发现与研究

关于丝绸之路的确认主要是依据考古发现，同时结合历史文献记载。因此可以说近代以来人们对丝绸之路的认识，是源于近代考古学传入中国。

丝绸之路是“一条线”，但是线是由千千万万个“点”组成的，考古学正是通过对丝绸之路上若干“点”的发现，“连接”了已经淹没于地下、水下的“丝绸之路”。这是一个方法论问题。现在已经有很多人从历史地理学角度来考证，因为中国的正史，一般是政治史，古今是一样的，有些东西不会记载得那么详细。有一些考察地理的笔记，比如《徐霞客游记》、郦道元的《水经注》也记载了一些。但是我发现，由于受当时的交通条件限制，有些地方他们不可能全都跑到，有一些也是听传说记录下来的，有些传说难免会误解或者张冠李戴。我讲这个的意思是说，书上有好多记载是不太准确的。丝绸之路也是一样，现在众说纷纭，但是我们现在没必要找这条路，随着风一吹，沙子之上的路就全都没有了，我们要找“点”，虽然沙子之上的路没了，埋在沙子底下的若干“点”还在，好多文物是我们靠这些“点”发现的，再通过这些“点”把路连接起来。

（一）草原丝绸之路考古发现与研究

在人类史前时代，东亚、地中海、中南美、南亚次大陆等地，已经形成了不同的“文化”，近百年来的考古发现说明，上述不同“文化”发展出了东亚文明与地中海文明、中南美文明等，它们之间早在远古时期已经有着密切的文化交流，比如我们史前与先秦时代考古发现的农作物的小麦，家畜的牛羊与马（这种马是古代印欧人首先在黑海—里海北岸培育成功的），交通工具的马车，金属冶铸技术，金器、玻璃器（钙钠玻璃）等，说明东亚地区历史上可能受到地中海文明的影响。

与此同时，东亚的中心地区——黄河流域的古代文明也在史前时代已经西渐。公元前四千纪后半叶，仰韶中晚期文化进入河湟地区和岷江上游；公元前三千纪前半叶，传入到黄河上游、川西北地区及河西走廊西部；公元前三千纪末，西进至新疆哈密，来自东方的蒙古人种与从新疆北部南下的原始高加索人种在哈密发生了碰撞并出现融合。西传过去的也包括农业。

1. 先秦时期草原丝绸之路的考古发现

中国新石器时代晚期遗址出土的古玉，有些玉石矿物成分与和田玉相似，这些发现说明至少在新石器时代晚期，于阗（今和田）就开始和中原频繁交往。进入先秦时代，更多的古代于阗玉石在内地已被考古发现。1974 年，殷墟妇好墓发掘、出土了 500 多件玉器，其中有相当一部分经过鉴定是和田玉。也就是说，在 3000 年前，和田的玉料就到了东方。它传过来的线路是，从和田到吐鲁番，然后北上通过新疆的北部到现在的甘肃、内蒙古，再南延到宁夏，然后再往东走，从山西进入河北，到河北的南部，再到安阳，然后再往东进入山东，这就是和田玉在 3000 年前传播的路线，也是利用了草原丝绸之路。与此同时，具有内地特点的文物，在西域的草原丝绸之路先秦时代遗存中被考古发现，如巴泽雷克墓地出土了中国秦代漆器残片、战国时代“四山纹”铜镜等。考古资料还显示，进入新疆东部的东亚蒙古人并未停止西进的脚步，他们以哈密绿洲基地，沿天山余脉南北两路继续西行，一路向北进入巴里坤草原、准噶尔盆地南缘、乌鲁木齐；另一路向西进入吐（鲁番）鄯（善）托（克逊）盆地，分别进入天山谷地与焉耆盆地。

2. 后期的草原丝绸之路考古发现

后期的草原丝绸之路，在沙漠丝绸之路开通以后，就居于次要地位了，但是在欧亚文化交流中仍然发挥作用。魏晋南北朝时期，鲜卑人在现在的山西大同，建立了北魏王朝，因此政治中心转到了这里。我说丝绸之路实际也叫“政治之路”，因为它总是跟着首都走，首都到哪儿，丝绸之路的中心点就到哪儿。于是，中国第一个国家级的石窟寺——云冈石窟，就出现在大同。我曾经在申遗时谈过，其实中国最重要的石窟是云冈石窟，那是“国”字号的，是国家行为。而敦煌石窟是民间的行为，那是当时一些路过的商人和官宦，有了钱以后开始做的。后期的草原丝绸之路，一直通到河北，近年陆续发现了一批欧洲和中亚的文物，包括金银器、铜器、玻璃器，波斯萨珊朝银币、拜占庭金币。这些东西，大多数出在贵族的墓葬里头。

公元 4～11 世纪，草原丝绸之路成为东北亚的国际交通路线，对中国、朝鲜和日本与西方的文化交流有极重要的作用。草原丝绸之路从中国往东发展，进入朝鲜和日本。我们经过20世纪70年代以来的考古工作，证明稻米的起源地在中国，而大家知道，日本人是很早就吃稻米的，其中有的就是通过草原丝绸之路从中国传过去的。草原丝绸之路经过陆路到朝鲜半岛，然后通过对马海峡到了日本的九州。我们通过日本弥生时代考古发现的中国文物分布图，可以看到中国的文物在那里分布之多。九州是离中国和韩国最近的地方，在九州地区发现了大量的中国历史上不同时期的文物，其中不少就是通过草原丝绸之路传播过去的。

（二）沙漠丝绸之路考古发现与研究

我们通过考古发现确认丝绸之路，目的是通过科学研究来复原历史。比如，丝绸之路当年在主观上、客观上到底起到什么作用？我一直认为，丝绸之路不单单是个文化问题，开拓丝绸之路的动力不是要传播文化，也不是因为要做买卖。为什么呢？大家知道汉武帝时期的经济政策是“重农抑商”，商人没地位，不仅是汉武帝时期，中国古代一直到清朝都是如此。在中国古代，等级排位一般为士农工商，商人排在最末一个，地位很低。过去有个规定，凡是经商的不能考官。因此，说丝绸之路是国家开辟的一条商业之路，这跟当时的国家大政方针不一致。所以，我认为当时这条路主要不是为商业贸易而开的，它是一条“政治之路”，主要是搞一些外交活动，即先把路打开，先交了朋友，然后去做其他事情。当时主要是为了跟西域36国搞好关系，使他们认可了以后，再让他们接受汉朝的管理体制。当然匈奴也想这么做，但是张骞抢先了一步。通过张骞出使西域，汉王朝先后在甘肃河西走廊设立酒泉郡、武威郡、敦煌郡、张掖郡四郡，尔后在今新疆地区设置西域都护府，治乌垒城（今新疆轮台东），搞“屯田”，使西域成为汉王朝一部分，西域各族成为中华民族的成员。

现在我们考古就要找到物证，张骞去了以后，汉王朝是怎么管理这个地区的？通过丝绸之路的4000千米，我们的主体文化是怎么落叶生根的？平台是什么？这些遗迹是丝绸之路上很重要的东西，也是很重要的证明。

通过对新疆地区考古，我们发现了沙漠丝绸之路上的汉唐王朝军政、经济设施遗存，主要有作为社会“政治平台”的“城址”，军事与经济双重功能的屯田，军政功能的烽燧、亭障，等等，这些是中央政府在西域行使国家主权行为的重要物化载体。

1. 国家“政治平台”——“城址”

在地中海地区，“城”是商业的推动力，而在中国，“城”是政治概念。文献记载“筑城以卫君，造廓以守民”，“君”是管理者、统治者，“民”是老百姓，修城的目的就是管理国家。我为什么要搞古代都城研究呢？因为都城是国家的缩影，皇宫是国家的政治中枢，通过这个平台，就可以知道它是怎么管理国家，采用什么样的政治形式，什么样的组织形式，这些都可以体现出来。可见，城址确实很重要，它通过外在的形象来传达一种政治信息，建筑本身就体现政治。同样，在丝绸之路上，通过这些城址，我们可以看出是谁在这里管理，体现哪一种政治，是不是体现中华民族的政治。比如，一个城址，它的管理机构和内地的一样（有县衙门、政府机构），那就是代表内地政治。以楼兰地区为例，楼兰早期的城有两种，一种是圆形的，另一种是方形的。在汉代经营西域之前，西域的城市布局主要是受中亚的影响，为圆城。张骞通西域后，城址发生了变化，出现了内地的方城。方形城出土的东西大多和内地基本一样，这些方形城址之中出土了文书和官印。上述遗址和遗物的年代考证，基本都是在张骞出使西域以后才有的，它们是汉王朝在这一地区行使国家权力的物化载体。沙漠丝绸之路的西域汉唐城址是汉唐时代中央政府管理西域及丝绸之路的物化载体，目前已经考古发现的西域汉唐时代城址有多座。其中较为重要的有：轮台和塔里木盆地南缘的罗布泊和若羌地区的汉代城址，今轮台县策大雅镇的乌垒城遗址即西汉时代的西域都护府遗址，汉代的楼兰、鄯善古国的汉代城址；库车县城附近的唐代安西都护府治所（亦为古龟兹国的伊罗卢城）——皮朗古城亦称哈拉墩；高昌故城，汉称高昌壁，两汉魏晋时期，戊己校尉屯驻于此，此后曾历为前凉高昌郡治、麹氏高昌王国国都、唐西州州治和回鹘高昌王都，全城分外城、内城和宫城三部分，布局略似唐长安城。和田地区的早期尼雅遗址（汉代精绝国）的考察，反映了汉代这一地区作为汉王朝组成部分之后的重要变化。

北疆地区奇台县石城子有一座东汉时期的古城遗址，城址内出土过大量汉代文物。该城址有可能是曾设有汉朝官署的疏勒古城。中古时代的北庭故城，亦称护堡子古城，在新疆昌吉回族自治州吉木萨尔县城北。古城规模宏大，略呈长方形，分内、外二城。外城周长 5 千米左右，南、北、西三面城垣尚存，高 10 余米，为夯土建筑，厚 8～12 米，有马面及护城河。在城西北隅出土唐代铜质官印“蒲类州之印”和工艺水平很高的铜狮、石狮、葡萄纹铜镜、龟、开元通宝、刻花石球、下水管道及陶器等。从北庭故城城址形制与其出土遗物来看，其与内地考古学文化的一致性是显而易见的。

这些考古发掘，恰恰是内地和当地的维吾尔族考古学家共同去做的，我觉得很有说服力。

2. 军事与经济双重功能的古代屯田

屯田是中国古代王朝边远地区的一种国家的军政管理与生产组织形式。《汉书》卷六十六记载：“汉兴至于孝武，事征四夷、广威德，而张骞始开西域之迹。其后骠骑将军击破匈奴右地，降浑邪、休屠王，遂空其地，始筑令居以西，初置酒泉郡，后稍发徙民充实之，分置武威、张掖、敦煌，列四郡，据两关焉。自贰师将军伐大宛之后，西域震惧，多遣使来贡献。汉使西域者益得职。于是，自敦煌西至盐泽，往往起亭，而轮台、渠犁皆有田卒数百人，置使者校尉领护，以给使外国者。”汉代在西域最重要的经济建设是屯田，当时屯田的屯军，具有双重身份。民丰县尼雅遗址发现了“司禾府印”，这枚官印说明东汉在尼雅一带屯田并设有专门管理屯田事务的机构。罗布泊北岸土垠遗址出土汉文木简内容大部分与屯田有关，对研究汉代西域的屯田制度很有价值。罗布泊北的孔雀河北岸发现的古代大堤，用柳条覆土筑成，应为水利工程。楼兰城东郊考古发现有古代农田开垦的遗迹。楼兰发现的大规模灌溉系统遗迹应该是汉代遗存。轮台县西南拉伊苏附近的轮台戍楼为唐代屯田遗址的一部分。

还有一些是西域地区国家修的水利工程——坎儿井，坎儿井实际上就是司马迁最早在《史记》中记载的陕西渭北地区的“龙渠”，据《史记·河渠书》记载：“岸善崩，乃凿井，深者四十余丈。往往为井，井下相通行水……井渠之生自此始。”坎儿井是为农业服务的，吐鲁番的农业是从陕西、甘肃传播过去的，如果农业传过去了，那么相关的农业技术，尤其是水利技术也带去了，因此我们推断，东疆地区的农业及其水利灌溉工程技术，是顺着丝绸之路由东往西发展过去的。

3. 军政功能的烽燧及亭障

由敦煌至库尔勒，沿线筑有汉代烽燧，这些烽燧遗址是中央政府设立的，是国家工程。干什么用呢？有事一举烽火，几十里一个台，向外传递信息。还有一些其他的建筑，是当时士兵居住的生活区域，或者一些相应的兵营。我一直建议更多燧烽要列入丝绸之路的世界遗产，这是中国古代王朝开辟丝绸之路、保护丝绸之路的历史见证，而不能只列佛寺，佛教东传只是丝绸之路的“副产品”，在佛教的东传中，其主要内容也是中华民族文化的有容乃大，是佛教的“汉化”。西域地区的汉唐烽燧，是中国相应的军政设施的物化载体。通过丝绸之路考古发现，说明新疆早在两千年前已经是中国的一部分。

4. 西域考古发现重要的“汉文化”遗存

（1）汉代西域相关文字资料的考古发现

汉代西域考古发现的汉字，是该地发现时代最早的文字之一，是此地两千年来一直使用的“官方”正式语言与文字。比如那些文书、买卖的合同，使用的基本上是汉字。

与汉字相关的书写制度与材料也深受中原影响。这套制度传入西域与屯守边疆的戍卒有关。比如佉卢文牍的封牍方法与在敦煌汉简和罗布泊魏晋简牍中看到的封牍方法相同。

还有体现在货币上的汉字。“汉佉二体钱”最重要的币值（即钱币单位）就使用汉文。“汉佉二体钱”是在南疆和田地区发现的一种钱币，这是当时这个地区的少数民族（来自印度）使用的钱币。汉代在那里进行管理以后，就采用两种文字，一面是汉文，另一面是当地少数民族使用的佉卢文[1]。文字是我们考察政治的一个非常重要的指数，一种文字用在什么地方？这种文字在一个国家重要不重要？一个国家哪种文字占主导？这些都非常重要。比如在我们中国，应该说现在英语非常流行了，但是我们的人民币上绝对不能印英文。如果货币上印两种（或多种）文字，那就说明或者这个地区是殖民地，或者其中一种文字是这个地区的古文字，或者是当地人常用的和国家通行的文字。

（2）出土的丝绸、漆器、铜器

还有出土一些丝绸。丝绸是次要的，关键是上面印了一些文字，用现在的话说有一些政治口号，像“五星出东方利中国”“长乐明光”“王侯合昏千秋万岁宜子孙”。这里我附带说一下“王侯”，这些丝绸不是用来买卖的，这是中国古代朝贡文化的体现。什么叫朝贡文化？那边的国王来到了长安，中国的皇帝到渭河桥（相当于北京的金水桥）以很隆重的礼仪迎接，走之前送给他好多东西，送他最重要的东西就有丝绸服装。中国古代对官方使用的车舆、服装十分重视，这是使用者最重要的级别和地位的标志。因为这些东西也好携带。当然从丝绸之路来到长安、洛阳的使者，也会带来许多西域、中亚的特产，如葡萄、葡萄酒、马匹、金器等。总之，中国送出去的礼物，都是我们觉得他们那边认为好的、而我们也认为名贵的东西，而且要署上“特制品”，比如署上“王侯”“五星出东方利中国”的字样，说明这些东西是在“国营企业”里头生产的，并专门作为“朝贡”礼品赠送的。因此，这些东西一般都出在贵族墓里头。

他们有时也送我们狮子、犀牛，我们的皇帝也非常重视这些。我曾经在20世纪70年代，去过汉文帝母亲的陵墓——南陵，就在西安的灞桥附近，在南陵的陪葬坑里发掘出了犀牛骨头，经鉴定，是南亚的，那就是朝贡过来的。去年，我到江苏盱眙县，那儿发掘了汉代江都王（后来的广陵王）墓，墓保存得不错，出土了好多器物，其中最引人注目的舶来品，有鎏金的象、犀牛等西方或者南亚的东西。

1998年在若羌县楼兰古城以北贵族的墓葬出土了木棺，木棺头挡板的圆圈内绘着一只金乌，足挡板的圆圈内绘着一只蟾蜍，分别代表日、月。用金乌和蟾蜍象征日、月是源于中原文化。中国人有“二元论”的说法，一个阳间，一个阴间，阴间仿照阳间去做，在阳间是什么地位，到阴间也是什么地位，甚至还得夸张，绝对不会贬低自己。日月星辰、天地河海，这些在中国古代是皇帝、达官显贵使用，阳间使用，阴间也流行，叫“天文图”。秦始皇墓里放水银，就象征着国家的江河海洋，象征着生前都城、宫城之中修的“长池”“太液池”“四海”。明清北京城有中南海，就是元大都的太液池，古代还有叫四海池的，东、西、南、北海。有人说中国对海不重视，我认为中国古代的皇帝一直很重视海，皇宫就是一张地图，有山有海，什么都有。因此皇帝死后，继承者把象征天地的一切都置于陵墓之中，这种观念就是中国传统的地理观、天文观、自然观。我们在新疆发现的这件两千多年前的棺椁，上面的彩绘图案明显受到中国古代传统文化的影响。

还有出土的漆器，上面绘有四叶纹，这种纹饰图案和器物造型，都和湖南马王堆、江苏的广陵王墓，以及山东沂蒙山区出土的同时期的器物相近。

1995年尉犁县营盘22号墓出土的刺绣图案上的云朵纹，都是当时内地流行的绘画体裁，刺绣的方法叫“锁绣”，也是中国古代用的刺绣方法。

还有出土的“汉归义羌长”铜印。铜印正方形，卧羊钮，阴刻篆文“汉归义羌长”。该印是古羌族人归属汉朝以后，汉王朝中央政府颁发给首领的官印。西域羌族散居在塔里木盆地各绿洲和帕米尔西河谷中，主要从事畜牧和狩猎，亦兼农业。

5. 西域考古发现的主要意识形态遗存

（1）属于“国学”的汉文文献典籍

如罗布泊西汉烽燧遗址中出土过《论语·公冶长》篇简，罗布泊海头遗址发现约为东汉末年的《战国策》残卷、算术《九九术》残简，1993年尼雅遗址N14发现《仓颉篇》残文等。此外，还出土有《毛诗》、《郑玄注论语》、《伪孔传尚书》、《孝经》、《急就篇》、《千字文》、薛道衡《典言》、佚名《晋史》、《唐律疏义》、《针经》和《佛经》等古籍抄本。

（2）佛教的传入与汉化宗教

丝绸之路开通以后，南亚佛教通过中亚、西域传入内地，融入了中国的传统的汉文化（中华民族文化），成了汉文化圈的一种很重要的宗教，而佛教汉化（中国化），西域是第一站，然后到了甘肃、宁夏是第二站，进入内地就是第三站。通过内地进一步整合，最后到了朝鲜、日本，到了东南亚、越南北部地区，就形成了汉文化当中的主导宗教文化，就是所谓的汉化宗教。通过丝绸之路的不同地区，我们可以看到它的整个变化，尤其是通过几个石窟就可以看到它的变化，从吐鲁番到敦煌、到麦积山，然后到大同云冈，然后再到龙门，然后往东，越往东走，越能看到它们的变化，到最后儒道释三教合一。

（三）西南丝绸之路的考古发现与确认

对于西南丝绸之路，我们在20世纪曾经进行过调查，发现在川西南地区有个非常奇特的现象，每隔15千米，就发现一批距今两千年左右，或者两千多年左右的墓地，墓地附近有房子，这就使我们联想起来这是当时的驿站。驿站有人管理，有人生活，生前住在房子里，死后埋在墓地里。通过这些驿站，一个点、一个点连接，就连成一条线，也就是当年丝绸之路的路线。

西南丝绸之路的考古发现主要有与佛教相关的遗存。古代中国的佛教基本上是来自两方面：一是上面谈到的通过沙漠丝绸之路从南亚、中亚传至东亚；另一个是通过西南丝绸之路，从印度经缅甸进入中国云南、四川等地。

1936年，在喀布尔以北60千米，发掘亚历山大城的时候，发现了许多中国的丝绸，其地层相当于战国时期，这说明在张骞开通丝绸之路之前，丝绸就已经传过去了。应该是从成都经滇缅道运到印度，再到中亚的，就是说这条路很早就有了。

近年来，有的学者根据四川三星堆与云南的考古发现指出，西南丝绸之路可能早在夏商时代已经存在，三星堆遗址出土的4000余枚齿贝，原产于印度；云南大理、晋宁、曲靖等地也均发现了齿贝。三星堆遗址发现的80支古象牙与成都金沙遗址考古发现的数以吨计的象牙，均应产于印度。三星堆遗址发现的柳叶形青铜剑在近东、印度河、恒河一带有发现，同时期遗址中也有发现，学者推断，三星堆遗址柳叶形青铜剑可能源于伊朗高原，经印度河、恒河传入。如果这种看法成立的话，那么西南丝绸之路的时代将要上溯至夏商时代。

（四）海上丝绸之路考古的发现与研究

海上丝绸之路也在申遗，现在发现了不少线索。主要是通过码头、沉船来找海上丝绸之路的路线。再就是从海内外各地出土的遗物，探索通过海上丝绸之路进行的交流活动。比如我们在安阳殷墟发现了3000年前的甲骨文，甲骨文刻在龟板上，经过验证，这些龟板是来自马来西亚来的“亚洲大陆龟”。

早在殷商时代，犀牛形象就进入中国青铜器艺术。战国秦汉时代流行铜犀牛，河北平山战国中山王墓出土错金银青铜独角犀，汉文帝的母亲薄太后南陵出土了真的犀牛骨架，汉武帝茂陵陵区出土的错金银铜犀牛，还有汉代江都王陵出土的铜犀牛，唐高祖献陵的石犀牛等，其中大多数犀牛来自南亚地区。南亚地区犀牛也有不同品种，印度犀牛个体较大，而东南亚的苏门答腊犀牛个体较小。中国古代的犀牛及其作为模型的犀牛，可能都与海上丝绸之路有关。

除了以上所说的犀牛之外，山东半岛战国古墓不断出土西方玻璃珠，年代在公元前6～前3世纪，属于地中海东岸产品。汉唐时代通过海上丝绸之路来到中国的其他域外遗物还有山东临淄西汉齐王墓发现的列瓣纹银豆，山东青州西辛村发现的列瓣纹银盒。在广州南越王墓及南越国遗址出土了非洲的象牙及象牙印章、象牙器，西亚或中亚的银盒、金花泡饰，南亚的乳香，广东汉墓出土罗马玻璃、肉红髓石珠和多面金珠、波斯银币和银器等。在华东地区的江苏、福建等地出土的多面金珠、罗马玻璃、波斯孔雀蓝釉陶瓶与波斯釉陶壶等。由此可以复原一条从埃及亚历山大港，经印度、东南亚到山东半岛的古代海上交通路线。至于汉代与南北朝时期，中国北方通过海上丝绸之路与东北亚的朝鲜半岛与日本列岛的交流更为频繁，那里出土的众多汉代与南北朝时期的中国文物是最有力的历史见证。中古时代及其以后，随着欧亚大陆丝绸之路的衰落，海上丝绸之路进入了其最为繁盛的时代，唐、宋、元时代，尤其是宋元时代，中国在海上丝绸之路发展中发挥着极为重要作用，占据着主导地位，中国的船队活跃在印度洋，远航至非洲东海岸。宋元时代中国的航海与造船技术居于世界先进水平。

四、丝绸之路与“盛世”中国

丝绸之路最兴盛的时候，也是中国最兴盛的时候，哪条丝绸之路最兴盛，就说明中国哪个地区最兴盛。比如，草原丝绸之路最兴盛的时候，是中国北部地区文化最兴盛的时候。为什么呢？因为它的主体文化在那里。到汉唐时期，以黄河流域为主，沙漠丝绸之路就兴盛了。到了唐宋及其以后，隋炀帝大运河已开，政治中心东移、北移，往东移到了开封，往北移到了北京；经济中心移到了现在东南地带及长江三角洲，丝绸之路也就由沙漠丝绸之路为主，变成了海洋丝绸之路为主。因此，我觉得丝绸之路是跟“盛世”相连的。沙漠丝绸之路始于张骞出使西域，汉唐时代是丝绸之路最为繁盛时期。两大盛世“文景之治”“贞观之治”，都在汉唐丝绸之路时期。

（一）丝绸之路与统一多民族国家和中华民族的形成、发展

丝绸之路为最初的统一多民族中央集权国家所开创，与最早“现代中国”出现同步，与中华民族形成与早期发展同步，是我们国家的发展之路，也是我们中华民族的形成之路。

中国在秦朝进入帝国时代，秦始皇建立统一的、多民族中央集权国家以后，他先到了秦皇岛（秦皇岛名字或与此有关）。20 世纪 90 年代，考古工作者在秦皇岛发掘了秦始皇的行宫遗址，在绥中也发现了姜女石遗址[2]。但是由于秦始皇的急政、暴政，秦朝很快就崩溃了。西汉王朝的建立，使统一多民族中央集权国家得到进一步发展，其中就包括丝绸之路的开通。

西汉王朝为了开通丝绸之路，首先需要排除匈奴的干扰，保障从长安通往西域、中亚的交通，为此西汉王朝在河西走廊建立了河西四郡，在天山南麓一带设置了西域都护府，使国家西部疆界从甘肃中部（秦代国家的西界在兰州）扩展至西域（新疆），在这一社会发展中，沙漠丝绸之路发挥了重要作用。北方南匈奴的内附与东北地区乐浪四郡的设置，使汉王朝疆土发展到朝鲜半岛北部，完成了北方与东北地区的国家建设，在这一历史进程中，草原丝绸之路的作用是显而易见的。在南边南海九郡的建设，使华南与东南沿海成为中华民族与古代中国的“大后方”，这与“海上丝绸之路”的建设有关。而西南丝绸之路促进了西汉王朝对“西南夷”的开发。不难看出，草原丝绸之路、沙漠丝绸之路、海上丝绸之路、西南丝绸之路与中华民族、统一多民族国家的形成有着十分密切关系。

丝绸之路一开始实际是一种“朝贡文化”，反映古代中国有容乃大、与邻为友的传统，这种文化一直延续到清朝。郑和下西洋就是例子。十几年前，我曾经到加拿大参加一个纪念会，我的一些加拿大朋友对我说，哥伦布航海要比郑和下西洋晚得多，美洲大陆应该是郑和发现的。我说我不敢认同这一观点，我也不能说中国人都行，因为根据还不多，但是郑和至少到了东非。另外，现在有些人认为，郑和下西洋是打通了丝绸之路。其实作为官方派遣，郑和下西洋不是去做买卖，不是想赚钱的，中国古代的传统是国家不做买卖，他是去宣传中国文化去的。因此，郑和去时带了很多礼品，把我们最好的东西带过去，不管这个东西价值高低。我觉得中国当时的外交，在特定时代是一种有容乃大的外交，我们叫它“朝贡文化”。

（二）丝绸之路与古代中国走向世界

中国历史上各个王朝，真正走出中国是从丝绸之路的开通开始的。过去只是说通过丝绸之路，国外的文化、艺术、宗教、自然物产如何影响传播到中国。但是从世界历史的角度来说，更为重要的是中国走向世界。

近代考古学问世以来，各地考古兴起，我们才在中亚、西亚、南亚、东北亚、东南亚、非洲等地发现了数量众多的中国文物。如在中亚和西亚地区今阿富汗、哈萨克、乌兹别克发现的汉唐时代的丝绸与中国文物，南亚印度和巴基斯坦、非洲东海岸肯尼亚等地考古发现的宋元时代的中国古代瓷器等，东北亚与东南亚朝鲜、韩国、日本、越南等地出土的青铜器、五铢钱、铜镜、印章、瓦当、丝绸、瓷器等中国古代文物；这些遗存有的是中国人走出国门带去的，有的是外国人来到中国把它带回去的历史见证。这充分说明，丝绸之路使中国走向世界。

从西伯利亚一直到中亚、西亚，欧洲个别地方（欧洲地区古代的少，近代的多），还有东非和南亚，都曾经发现过中国文物。

这些发现中的遗址比遗物重要，尤其是那些“汉式”城址、宫殿、寺庙遗址出土的建筑材料；砖瓦、瓦当等及其遗址建筑形制，这是古代文化中“权重”尤为突出的遗物，只是遗址里的一个演员。我们需要看遗址里的什么呢？主要看它的宫殿和当时的墓葬，这些东西都很重要。然后，我们看它的位置，比如，如果是中国式的宫殿，在城里的中轴线上，位置肯定重要。我们通过判断它的位置、空间、造型，就知道我们的文化在这个民族、这个地区所占的政治地位。

（三）丝绸之路与古代世界走向中国（“被丝绸之路”）

丝绸之路还使世界走向中国，其中草原丝绸之路的东北亚、海上丝绸之路的东南亚，建立了与汉王朝及其以后历代王朝的密切关系，形成以古代中国为核心的“汉文化圈”（“汉字”“儒家思想及经典”“汉译佛经的佛教”“律令制社会”“以农立国”等）。

在这里我用了一句“被丝绸之路”，这句话是前年在世界遗产申报的讨论会上，我提出来的。我认为我们原来提出的文本，体现出的是我们中国“被丝绸之路”了。我们申报的一整套世界遗产，都是佛教寺院与石窟、祆教、摩尼教、景教遗存等。我说既然是文化交流，就应该是双向的，而你们申报这些都是单向的，而且主次都说反了。实际上外边的商人到我们这来，带来的是日常物品与当地土特产，但是我们通过丝绸之路输出去的是什么？是我们的城市、宫殿建筑，以及墓葬，这些是十分重要的“文化基因”，就如《汉书》里所说的，西域统治者“乐汉衣服制度，归其国，治宫室……撞钟鼓，如汉家仪”。因此我认为，丝绸之路是其沿线“被丝绸之路的”。

当年丝绸之路上的外国人，商人是到汉唐王朝淘金来的，政治家、军事家等是来汉唐王朝这儿“学习”汉文化的，带着他们的土特产，当然也带来了他们的文化，这些文化包括艺术，也包括一些风俗习惯。但是，我们出去的东西，除了丝绸之外，很多与政治有关。比如我们的钱币，大量在国外发现；还有代表我们意识形态的铜镜，镜子本身没什么意义，关键是背面的图案，最早使用镜子的人都是贵族，他们利用印在镜子右面的图案，传达一种当时社会的主流思想和政治理念。因此，我觉得在汉唐时期的丝绸之路，是域外商人到中国的淘金之路。中国为当时的外交活动，在都城专门设立了“葡萄宫”。唐长安城西市里，有大量的胡姬当服务员，李白写诗的时候，有胡姬在旁边给他倒酒。唐代长安城的西边，还有大量的胡人墓，这些都是佐证。

还有一个值得注意的是古代的帝王陵墓，任何一个时代的帝王陵墓，都是一个时代精神的最集中表现。因此，我在研究古代陵墓的时候，不单单是研究陵墓建筑，建筑是政治的反映。比如唯独在中国唐代皇帝陵之旁，安置了“番酋”的石像，李世民的墓前，就放着 14 个酋长的石像，叫“十四番酋像”。武则天乾陵安置了 64 个蕃酋像，大小跟真人差不多一样高。大唐王朝帝陵的这些众多番酋石像，与丝绸之路息息相关，同时也证明这些番酋石像的所在地区如何“被丝绸之路”、证明世界是如何“被丝绸之路”的。

中国汉唐王朝是丝绸之路的开拓者，丝绸之路之“被”可以从众多的考古发现得到佐证：丝绸之路的天山廊道的古代农业经济与史前时代后期内地农业的东渐密切相关；西域地区古代城址中方形的城址，与屯田相关的遗迹与遗存，众多的汉唐烽燧遗址等等，都是当地“被丝绸之路”的佐证。

从文化与精神两个方面来看，更为清晰地看出丝绸之路的开通，直接使西域“被丝绸之路”。文字是人类文化中最重要的基因，文化基因最核心的是文字。因此我们说秦始皇统一中国，统一文字，应该是功莫大焉，如果当时不统一文字，现在的中国也许是现在的欧洲。多文字往往会造成国家的不稳定，或者政治不安定。丝绸之路开通之后汉字作为西域官方文字在使用，包括以汉字为主的文献典籍（代表思想意识形态）、汉字印章（代表政权）、高级服装上的汉字（外化的标识）、石碑上的汉字（代表在另一个世界还是这个国家的国民）、货币上的汉字（代表主导的经济形态）等；佛教通过张骞开通的丝绸之路由中亚进入西域，借此“汉化”东传，佛教“被”逐渐融入中华文化，中古以后连同道教、儒学，发展为儒、道、释合一的中华民族传统宗教文化，使佛教的中心从南亚转到中国与东亚。

对于中国古代历史（尤其是中古时代以前的历史）来说，古代的四条丝绸之路中，沙漠丝绸之路最重要，因为这条丝绸之路关系到中国历史上的盛世——汉唐王朝的国家安全和发展，关系到汉唐王朝“和合外交”的实施，关系到古代世界东西方文化的交流。

注　释

［1］佉卢文是一种古代文字，通用于印度次大陆西北部和中亚的阿富汗一带，最早发现的佉卢文可追溯至公元前251年，至公元3世纪时就已逐渐消失，但在丝绸之路各地仍被使用，可能一直到7世纪才彻底被遗弃。编者注。

［2］据《姜女石·秦行宫遗址发掘报告（上、下册）》介绍：姜女石遗址是目前国内保存较好并经过大面积系统发掘的秦代大型建筑遗址群之一，是秦统一大帝国的象征与见证，同时又是一项将人文建筑与自然景观完美结合的古代人类工程。它的发现对秦代考古、历史地理学科的研究均起到了积极的促动作用，具有极高的历史价值与学术意义。编者注。

（原刊于《部级领导干部历史文化讲座（2014）》，国家图书馆出版社，2015年）

四、学术史与其他

中国特色考古学解读：百年中国考古学史之思考

刘庆柱

习近平总书记2020年9月28日在十九届中央政治局第二十三次集体学习时的讲话提出“建设中国特色、中国风格、中国气派的考古学，更好认识源远流长、博大精深的中华文明”，这是习近平总书记给中国考古工作者提出的时代使命、科学使命。作为考古工作者，我认为，必须深刻、全面地学习领会习近平总书记向中国考古工作者发出的时代强音，这样才能通过我们的考古学研究，更好地向世界宣传源远流长、博大精深的中华文明，增强中国特色考古学在国际考古学界、历史学界乃至整个国际学术界的影响力、话语权。中国考古学建设中的“中国特色”是“中国风格”“中国气派”的核心，只有全面、深刻、准确了解、把握中国特色考古学，才能完成“中国气派”“中国风格”考古学的建设。

中国特色考古学的提出与实践，是百年中国考古学发展的必然，是中国近代史发展的必然，是中国历史学优秀传统发展的必然。本文将从四个方面阐述中国考古学的重要特色。

一、考古学与文献史学的结合

（一）关于考古学的定义

就世界范围而言，考古学的定义在不同地区、不同时期不尽相同，其主要原因是当时、当地的历史、社会及自然环境变化对考古学研究内容及其功能的不同需求，以及考古学家的不同认识造成的。考古学于十九世纪前半叶起源于欧洲，继之传入美洲。十九世纪末、二十世纪初由于西方殖民主义在世界的扩张，考古学作为其“文化”的扩张与掠夺及其副产品——考古学学科之传播也随之陆续从欧美扩展到世界其他地区。

1813年，北欧历史学家韦代尔·西蒙森在其《略论我国历史上最古老最强大的时期》一书中提出，人类历史上存在石器、铜器和铁器三个时代的观点。1836年，丹麦国家博物馆馆长克里斯琴·朱尔金森·汤姆森又第一次把石器、铜器和铁器作为早中晚三个时代展品在博物馆展出，由此形成考古学史上的石器时代、铜器时代与铁器时代，这也成为考古学发展史的一个重要节点与标志。因此，一般认为十九世纪四十至六十年代（1840～1867年）是考古学的形成时期[1]。

在西方，考古学初期多与古物学、人类学等学科相关，从事这方面研究的学者多具生物学、地质学学科背景。十九世纪八十年代，英国考古学被认为是“研究人类过去的物质遗留”的学科。这一观点又于二十世纪二十年代传到东亚，1922 年日本人滨田耕作提出考古学是“学者研究过去人类的遗物之学也”[2]。这一定义也影响到二十世纪前半叶的中国考古学，1947 年出版的《辞海》即称考古学是“研考古物之学”。

现代西方考古学的定义，基本沿袭了二十世纪的学科理念，如 1999 年出版的《不列颠百科全书》（国际中文版）的“考古学”条即谓：考古学是“一门研究过去人类生活和活动的遗存实物的科学。这些遗物包括很早以前的骨器、石器到当代被埋葬或遗弃的人工制品……考古学家的首要任务是对所研究的器物进行描述、分类和分析。但主要的目的是将遗存实物放在历史背景中进行研究，补充从文字记载的史料中可能了解到的史实，从而增加对人类过去的全面了解”[3]。

2011 年出版的科林·伦福儒和保罗·巴恩主编的第六版《考古学：理论、方法与实践》中指出：“人类学是一门广泛的学科——它如此广泛，以至于一般可以分为三个较小的学科：生物人类学、文化人类学和考古学。”生物人类学也就是体质人类学；文化人类学或即社会人类学，其包括民族志和民族学两个分支；而考古学则被认为是“文化人类学的过去时态”。显然这里的考古学与文化人类学的区别只是二者研究对象的时间不同而已，因此考古学实际上还是属于人类学的一部分。至于考古学与历史学的不同，作者认为考古学主要研究对象是没有文字记载的史前时代[4]，这里又把人类历史非常重要的阶段——文明的形成、国家的出现——的历史排除在外了。

有学者提出：“在欧洲的学科门类划分中，发源于历史哲学的考古学，长期被认为是历史学的一个分支学科，主要为历史研究提供材料来源。考古学的发展侧重于文物的挖掘，侧重于物质的建构和重现，同人类社会发展规律和社会进化背景之间存在壁垒。”[5]

但是值得注意的是，二十世纪也有西方学者明确提出考古学是历史学，如英国考古学家柴尔德·V·G 认为：“考古学的终极目标应该是了解历史。”加拿大考古学家布德期·G·特里格指出：“考古学应是一门历史科学。”[6]

十九世纪末二十世纪初，西方“探险队”以各种名义进入中国西北、东北等地区，开展“寻宝式考古”。如 1899 年俄国克列缅茨在新疆吐鲁番的“考察”，1901 年斯坦因在新疆尼雅遗址和丹丹乌里克遗址及瑞典斯文赫定对新疆楼兰遗址的“考察”，1905 年日本鸟居龙藏在辽东半岛的“考察”，1906 年斯坦因在甘肃敦煌及新疆等地的“探险”“考察”和“发掘”等。这类所谓“探险”“考察”和“发掘”等活动，尽管客观上把西方考古学传入中国，但西方的文化侵略与大肆掠夺中国文物则引起中国人的不满和愤怒。因为中国人对文物并不陌生，从考古发现可以看到，在商代武丁王妃妇好墓中就出土了大量史前玉器[7]，其中至少有二十八件前代遗玉，主要有玦、勾形器、勾云形珮、璇玑、钺、戚、琮、璧、有领璧、柄形器、鹰形笄等，这些史前玉器主要来自燕山以北地区的兴隆洼文化、红山文化和夏家店下层文化，西北地区的齐家文化，以及中原及海岱地区的龙山文化、陶寺文化和二里头文化等[8]。江西南昌西汉海昏侯墓出土了两周青铜器[9]。显然妇好墓、海昏侯墓中的玉器与青铜器都应是墓主人生前收藏的文物，后作为重要随葬品与墓主人一同到了另一个世界。这种后代人对古代文物的热爱一直延续至当代，这是古物学在中国有着久远历史与强大生命力的社会基础。

古物不只是个人爱好，甚至成为国家的象征与中华文化的精华，比如青铜器的鼎作为重要礼器，即是古代政治地位的象征。《公羊传·桓公二年》何休《注》："礼，祭，天子九鼎，诸侯七，卿大夫五，元士三也。"其政治色彩一目了然。《史记·封禅书》记载："黄帝作宝鼎三，象天、地、人。"《左传·宣公三年》王孙满所谓"成王定鼎于郏鄏，卜世三十，卜年七百，天所命也。"郏鄏即王城。楚庄王"问鼎大小、轻重焉"。这些都是以鼎作为王朝政权之同义语。《左传·宣公三年》亦载，桀有昏德，鼎迁于商，商纣暴虐，鼎迁于周，即夏朝灭而九鼎迁于商，商朝灭而九鼎又迁于周。从传说时代的黄帝作宝鼎、禹铸九鼎到秦代泗水出鼎[10]，再至汉武帝汾水得鼎而改元元鼎[11]，可见古物之于社会的重要性，有些几乎与王朝、国家成为同义语，故于国家、王朝的正史中作为重要历史事件来记载。中华民族既有重视国家古物的传统，故而面对十九世纪末二十世纪初殖民主义者对中国古物的大肆掠夺，激发了中国人民尤其是知识分子的爱国热情，他们力图用刚刚传入中国的考古学了解自己国家重要古物的历史、科学与艺术价值，古物的寻求、认识、保护也因此成为社会大众、爱国知识分子的追求。这应该是当时和此后中国知识分子对考古学社会功能与科学价值认知的基础，也是中国考古学学科定位于科学探索中国历史的社会基础。

作为历史学组成部分的考古学自十九世纪末二十世纪初传入中国，与殷墟甲骨、汉晋简牍、敦煌文书的重大发现，"成为中国学术史从传统学术向近代学术转变、从传统史学向现代史学转变的契机；使从'层累地造成的中国史'走出的'疑古'学者们，看到了'释古'（历史文献与考古资料结合的"二重证据法"）、'考古'的科学曙光。考古学成为学术界倍加关注的新科学"[12]。

考古学在中国的诞生有着深层次的历史原因。二十世纪初是中国近代史上最为重要的历史时期，辛亥革命推翻了清王朝，埋葬了两千多年的封建专制统治，1919 年的五四运动激发了中华民族的爱国热情，又给中国带来了科学与民主的思想，这为此前传入的考古学扎根于中国奠定了重要的思想基础。

在中国考古学诞生前夜，1920 年顾颉刚提出"疑古"学说，引发了历史学领域的古史辨运动。我认为，疑古不是否定古史，而是古史研究的逻辑使然。事实上，"在历史学领域展开的古史辨运动，无疑为中国考古学的发生和发展准备了条件"[13]。古史辨派学者提出，"要解决古史，唯一的方法就是考古学"[14]。考古学正是在中国传统史学进一步科学化、新史学取代传统史学的形势之下应运而生。考古学在中国的诞生，恰恰是伴随着五四运动唤醒的从疑古走进释古，再由释古走向二十世纪二十年代诞生的中国考古，因此中国考古学从其诞生之日起就肩负着科学回答中国人从哪里来、中国是什么等根本问题的使命，这也导致中国考古学的定义与欧美考古学不同的重要原因。

古史辨派学者期盼的中国考古学从诞生之日起就投入解决国家、国民等大传统、大历史之考古发掘研究。一个世纪以来，中国考古工作者也正是在为寻觅、探索、研究中华文化之根与发展脉络，而在广袤的中华大地上"风餐露宿、青灯黄卷，展现了深厚的爱国情怀、坚定的学术志向、顽强的工作作风"，科学地探寻着中国先民铸就的"百万年的人类史、一万年的文化史、五千年的文明史"[15]。如二十世纪二十年代开启的河南渑池史前仰韶文化发现、李济晋南西阴村史前仰韶文化遗址发掘、北京周口店猿人考古发现、“中研院史语所”殷墟考古发掘等重要考古发现使风行西方的“中国文化西来说”遭受重创，极大地振奋了中华民族的爱国热情。

新中国的成立迎来了中国考古学的新时代，作为考古学国家队的中国科学院考古研究所（1977年更名为中国社会科学院考古研究所）于1950年代决定首先重启因日本侵华战争而中断的安阳殷墟的考古工作，继之又部署了西安史前半坡遗址、西周丰镐遗址、汉长安城遗址、隋唐长安城遗址、河南三门峡仰韶文化庙底沟遗址、汉魏洛阳城遗址、隋唐洛阳城遗址及其后的偃师二里头遗址等考古工作，此后又相继开展了北京金中都遗址、元大都遗址等考古项目，连同二十世纪后半叶至今全国各地开展的史前文化、历史时期都城与帝王陵墓等考古发现与研究，都取得了重要的成果。“经过几代考古人接续奋斗，我国考古工作取得了重大成就，延伸了历史轴线，增强了历史信度，丰富了历史内涵，活化了历史场景”[16]。

1949年10月新中国成立后，考古学得到了国家的重视，国家层面设立了文化部文物局与中国科学院考古研究所，主持全国考古工作的主要负责人明确提出了中国考古学属于历史科学，在学科分类中归属于历史学，高等院校的考古学一般设置于历史系或历史学院，科研机构的考古学学科基本在考古研究所或考古研究院，归属于哲学社会科学的社会科学院或文化部、文物局等。当然这一定义也受到苏联考古学界的影响，如1950年代初期《文物参考资料》刊载的苏联出版《苏联大百科全书》（1953年译本）关于考古学的定义、苏联考古学家A·B·阿尔茨霍夫斯基《考古学通论》中“考古学”的定义，前者认为考古学就是“根据实物的历史资料，研究人类的历史过去”[17]，后者称“考古学是根据实物史料来研究人类历史的过去的科学”[18]。

新中国成立伊始，中国科学院考古研究所主要负责人就“认清了中国考古学应走的方向。考古学的研究，不应该是为考古而考古，而应是为历史科学服务”[19]。1960年代初，夏鼐先生在《新中国的考古学》中也明确指出：“中华人民共和国成立十几年来，作为历史科学中的一门学科——考古学，有了新的发展。”[20]《中国大百科全书·考古学》定义的考古学“是根据古代人类通过各种活动遗留下来的实物，以研究人类古代社会历史的一门科学”[21]。夏鼐先生进一步指出：“作为一门历史科学，考古学不应限于古代遗物和遗迹的描述和系统化的分类，不应限于鉴定它们的年代和确定它们的用途（即功能）。历史科学应该是阐明历史过程的规律……马克思主义不仅承认有这种历史过程的规律，并且承认马克思主义的历史唯物主义便是这些规律中最基本的东西。”[22]

上述考古学定义，在现代辞书的“考古学”条也得到充分体现，或以考古学是“根据发掘出来的或古代留存下来的遗物和遗迹来研究古代历史的科学”[23]，或以为是“根据实物史料研究人类社会历史的科学”[24]。

近年还有一些关于考古学的不同看法，如有学者认为“考古学就是考古学，既不是人类学的，也不是历史学的，似乎存在着考古学学科独立的第三条道路”[25]又如有学者提出，“随着学科的不断完善，现今的考古学已成为一门独立的社会科学，主要通过‘阐释特定人群在过去曾经发生过什么，从而解读特定文化的发展进程和变化规律，”[26]。我认为，考古学学科定位不只是个简单的学术讨论，它直接关系到考古学是干什么的科学，学科定位问题是关乎学科的根本性问题。中国考古学学科定位于哲学社会科学中的历史科学，而历史科学是研究人类社会发展规律的科学，因此说中国考古学学科定位于历史科学正是其中国特色的重要标志。

（二）考古学与文献史学

考古学与文献史学密切结合是中国历史学的学术传统、优势与特色，它们不仅在历史时期十分突出，就是原史时代也很重要，甚至一些文献记载对史前考古亦有一定价值，这是中国特色考古学的一个突出特点。

学者认为，“中国为世界上历史最完备之国家”，其历史有着悠久、无间断和详密三大特点[27]，因此其历史学有很长的历史，在全世界是最为古老的[28]。其历史文献内容丰富，时代久远，保存完整，享誉世界，其他各国历史文献未有可与之相提并论的。之所以如此，正在于数千年来国家史官体系的完备，这可以从古代史官及史馆设置之早与全两方面得到反映，它们是中华五千多年历史不断裂的重要的制度保障和组织保证之一。据《周礼》记载，国家有大史、小史、内史等，西周青铜器铭文中早有内史、作册内史等，《汉书·艺文志》也有左史与右史之分，左史记言，右史记事，帝王靡不同之。秦文公有史官记录历史[29]，汉武帝设太史令，太史令隶属于太常，太常又居九卿之首，可见太史令地位之重要[30]。司马谈、司马迁父子先后为太史令，其祖“司马氏世典周史”[31]。1987 年汉长安城未央宫少府遗址（未央宫第四号建筑遗址）考古发现“司马喜章”与“□史□之印”封泥[32]，据《汉书·武帝纪》张晏《注》：“汉据土德，土数五，故用五，谓印文也。若丞相曰‘丞相之印章’，诸卿及守相印文不足五字者，以‘之’字足之。”司马喜为司马谈之父，应该生活在文景时期，司马迁生活在汉武帝时期。上述二封泥可能是司马喜与司马迁之封泥。此后，官方不只设置史官编撰历史，唐代还设置相应机构——史馆专司其职，五代至明清王朝，史官、史馆制度多因唐制而各有损益，其名称虽有所不同，但职掌相近。正是有了上述从国家层面的历史编纂和研究人员与工作平台安排，才使中国古代保留了记载五千多年不断裂文明史的历史文献，其中二十四史被称为国家正史，而经亦为史，加之编年体史书、典志体史书等，构成了中国古代文献的主体。

历史文献之于国家历史至关重要，因为这些历史文献对考古学涉及的不同时期的王国、帝国、王朝及其都城、帝王陵墓、大型礼制建筑等国家文化、大传统文化方面的时空、名位之确认有着非它莫属、不可替代的重要作用。假设考古发现了与上述相关的遗存，虽然可以利用考古学的地层学、类型学推导出其相对年代与相对空间，甚或利用 ^{14}C 测年技术获得近似的绝对年代，但若缺少相关的文献记载，仍无法解读考古遗址的基本历史时空定位。因此在“夏商周断代工程”中，有的学者“以考古学文化辨识重大历史事件，一个灰坑的堆积中分出两种考古学文化”的做法引起学术界的不少争论[33]。当然这是一种极端的假设。诸如我们经常谈到的“夏商周断代工程”“夏文化”“商文化”“周文化”等，如果没有历史文献的支撑，其研究工作是无法开展的，因为上述课题所涉及的王朝名称就是基于历史文献得名的。至于一些非常重要的考古学、历史学研究成果，如果没有历史文献作为支撑，就不知如何定义、定性、定名。如王国维利用甲骨文研究、撰写的《殷卜辞中所见先公先王考》与《殷卜辞中所见先公先王续考》[34]，倘若没有《史记·殷本纪》作为文献支撑，或许根本无法解读甲骨文与殷有何关系，更无从谈起殷之先公、先王！当然涉及原始社会的历史研究，考古学是至关重要的，起着决定性作用。但其深入研究也离不开古代历史文献，如关于目前学术界讨论的“早期中国”的史前仰韶文化研究，离开《史记·五帝本纪》及《夏本纪》《殷本纪》，就根本无从谈及史前时代的“早期中国”。没有已知作为学术支撑点，探索未知是无法进行的，这是科学逻辑使然，因为科学研究需要以已知为起点去探索未知，“早期中国”的考古研究也不例外。

历史学随着时代发展和科学的进步也需要进一步科学化，比如对一些重大历史问题如何认识，过去的历史研究是否都是正确的、全面的即应反思。自然科学与人文科学的学术史说明，科学发展是逐渐接近真理的，考古学之于历史科学的发展尤其如此。因此习近平总书记认为，考古学在延伸历史轴线，增强历史信度、丰富历史内涵、活化历史场景等方面有着不可替代的重要作用[35]。比如以前我们的历史教科书、学术论文、历史类题材的文艺作品中出现的项羽火烧阿房宫，西汉早期著名政治家贾山《至言》即描绘：“阿房之殿，殿高数十仞，东西五里，南北千步，从车罗骑，四马骛驰，旌旗不桡。为宫室之丽至于此，使其后世曾不得聚庐而讬处焉。”[36]《三辅黄图》所描绘的阿房宫规模进一步扩大，“规恢三百余里。离宫别馆弥山跨谷，辇道相属，阁道通骊山八十余里。表南山之颠以为阙，络樊川以为池”。不仅如此，阿房宫的宫门都是“以木兰为梁，以磁石为门”(《注》:“磁石门，乃阿房北阙门也。门在阿房前，悉以磁石为之，故专其目，令四夷朝者，有隐甲怀刃，入门而胁止，以示神，亦曰却胡门。”[37])。郦道元《水经注》亦有基本相同的记载。到了唐代，大文学家杜牧《阿房宫赋》中的阿房宫更是“蜀山兀，阿房出。覆压三百余里，隔离天日。骊山北构而西折，直走咸阳。二川溶溶，流入宫墙。五步一楼，十步一阁。廊腰缦回，檐牙高啄。各抱地势，钩心斗角。盘盘焉，囷囷焉，蜂房水涡，矗不知其几千万落”[38]。千百年来尽管上述文人笔下的阿房宫已家喻户晓，但是通过考古调查、勘探和发掘获知，火烧阿房宫纯属杜撰，而根据《史记》《汉书》的记载，阿房宫根本就没有建成[39]。阿房宫遗址的考古发掘更证实，当时进行的仅仅是阿房宫地基工程建设的一部分，现在保存的阿房宫遗址的夯土基址东西1270、南北426米，基址夯土保存最高12米[40]。文献记载与田野考古发现可相互印证，它告诉人们不能以观念的历史代替真实的历史[41]，而中国考古学在这方面承担着责无旁贷的历史责任。

再如涉及中国历史上王国与帝国时代的都城形制，《考工记》所记载的“左祖右社”，是否为周代都城形制的标准化范本？过去一些学者根据历史文献撰写的中国建筑史、都城制度史等论著，一般认为三代至明清都城概莫如此[42]，中国古代都城遗址考古的结论却不支持这样的观点。就已知的历代都城遗址考古资料来看，都城的左祖右社规制不早于西汉，很可能在西汉末年王莽改制时才开始出现，汉长安城南郊礼制建筑中的王莽九庙与社稷遗址充分证明了这一点[43]。这是直接涉及中国古代社会形态变化时代节点的历史证据[44]。

如前所述，没有历史文献，中国历史的时空框架将不复存在。但没有考古学，其历史轴线的延伸、历史信度的加强、历史内涵的丰富也将十分困难，甚至不可能实现。考古学使历史文献的时空框架更为科学、细化，使其框架之历史内涵更为准确。考古学与历史文献在史学研究中是互相补充的。一般来说，考古学将使历史文献更具可信性。如对于探讨中华五千年文明而言，《史记》是一部重要文献，虽然形成文献的文字，目前来看不会早于距今三千多年，但《史记》已有距今约5000年的《五帝本纪》，距今4000至3600年的《夏本纪》。甲骨文研究证实商王世系与《史记·殷本纪》记载基本一致，而司马迁距商代已有千年，如果不是参考了更早的文献，司马氏是不可能完成这样完整的商史帝系。由此可以进一步推测，早于《殷本纪》的《夏本纪》有关十七位夏王世系也不是空穴来风或捕风捉影的杜撰，加之近年有关禹文字资料的出土，可以说夏已不是有无的问题，而是如何进一步细化、丰富关于夏与禹的考古学、历史学研究的问题，尤其是整合关于夏、禹的考古与文献资料，构筑科学的夏文化、夏王朝历史。

二、形成于民族存亡关头的中国考古学

1840年鸦片战争以后，中国进入半封建半殖民地社会，国破家亡，生灵涂炭。1842年的《南京条约》、1895年的《马关条约》、1901年的《辛丑条约》等丧权辱国条约的签订，以及1860年英法联军火烧圆明园等，激发了中华民族对侵略者的义愤。1899～1901年爆发的矛头直指帝国主义列强的义和团运动与1911年推翻清王朝、结束两千多年封建统治的辛亥革命，继之以爱国、民主、科学为主旨的五四运动，焕发了国民科学认知中国历史的渴望，这就是中国考古学诞生的历史背景，这“为此前传入中国的考古学的诞生奠定了重要的思想基础”[45]，也是“五四运动之后考古学诞生和迅速发展的内在原因”[46]。

中国考古学的诞生与近代中国历史所引发的爱国情怀及科学救国思想密不可分，这种历史学与各民族的民族自豪感的关系在世界历史上并不鲜见，“近代考古学在欧洲的诞生，其原因之一就是为了探求民族文化的起源以激发民族自豪感。考古学传入中国之时，中华民族正处于危急之秋，要解决中华民族是否‘还在少壮’，要寻绎出中国人的原始出来，考古学家自然是责无旁贷。二十年代考古学的发生与‘五四’的科学救国和爱国热情不无关系”[47]。对此，夏鼐先生就指出，五四运动之后，考古学立即在中国的黄河流域与北方地区兴起不是简单的历史偶然[48]，因为这里长期以来是中国古代历史的中心，也是十九至二十世纪之交的中国政治中心，因此1920年代许多考古工作首先选择在这里进行，从中国考古学史看来，百年前的这一选择是极富预见的。中国特色考古学被中国学者定位于历史科学，从中华思想史而言是完全符合历史规律的，也与百年前顺应历史发展而诞生的中国考古学的科学担当与政治使命完全一致。

三、以马克思主义为指导的中国考古学

二十世纪前半叶，中华民族面临国破家亡的危机，考古学家科学救国的思想及爱国热情空前高涨，一批学有所成的中国学者成为中国考古学的创建者和实践者。新中国成立后，以郭沫若、尹达、夏鼐为代表的马克思主义历史学家、考古学家，成为中国考古事业的核心领导者，他们缔造了中国特色的考古学。

早在二十世纪前半叶，郭沫若利用商周甲骨文、金文及殷墟考古资料，结合历史文献，运用

马克思主义唯物史观研究中国历史，成为中国马克思主义考古学、历史学的开拓者之一，其划时代论著《中国古代社会研究》更成为中国第一部运用马克思主义观点解释中国历史的著作[49]。郭沫若也因此被认为“是结合古文字学和古铭刻学的资料运用马克思主义来研究中国古代史的第一人”[50]。新中国成立后，郭沫若身为中国科学院院长兼哲学社会科学学部主任及历史研究所所长，对考古学格外重视，可以说新中国马克思主义考古学的建立与发展与郭沫若密切相关。

尹达于1931年就参加了著名的殷墟考古发掘，1937年奔赴延安参加革命。1949年北平和平解放，他出任北平军事管制委员会文化接管委员会文物部部长，王冶秋作为副部长协助其工作。1953年尹达调入中国科学院，协助郭沫若院长筹建中国科学院历史研究所（一所），并主持日常工作。1954年尹达身为中国科学院党组成员兼中国科学院考古研究所副所长，1959年任考古研究所所长。侯外庐称誉“尹达同志是我国著名马克思主义史学家、考古学家。半个多世纪以来，他怀着对科学真理的追求的态度，一直在历史学和考古学的园地里辛勤耕耘着，耗尽了毕生的精力。他是中国考古学的开拓者之一，也是中国原始社会史研究的开拓者之一，建国以后，又是历史学科的组织者之一。无论在考古发掘、史学研究和学术组织工作中，他都为中国马克思主义史学的发展做出了重要的、不可磨灭的贡献”[51]。尹达早在二十世纪三四十年代撰写考古学专著《中国原始社会》时，就“用马克思主义观点进行中国原始社会研究的有益尝试，在当时条件很困难的情况下，摸索了考古学与历史研究结合、服务于理论斗争的道路”[52]。夏鼐先生认为，“尹达是结合考古实物资料运用马克思主义来研究中国古代史的第一人”[53]，并称“尹达是著名的马克思主义历史学家、考古学家……他被誉为马克思主义考古学家，是当之无愧的”[54]。

夏鼐先生早在学生时代就追求马克思主义，根据他的日记与生平年表，1931年他在燕京大学社会学系就先后阅读了列宁的《唯物论与经验批判论》、普列汉诺夫代表作之一的《论一元论历史观的发展》、马克思的《费尔巴哈论纲》和《哲学的贫困》，又阅读了郭沫若撰写的中国第一部马克思主义历史学著作《中国古代社会研究》。同年夏鼐转学清华大学历史系，阅读了恩格斯的《家庭、私有制和国家的起源》、马克思和恩格斯合著的《共产党宣言》、马克思的《资本论》[55]。1930年代，夏鼐先生在英国留学时期，即受西方马克思主义考古学家柴尔德的影响，以唯物史观为指导思想从事考古学研究[56]。基于历史唯物主义，夏鼐先生认为：“1949年以前，近代考古学在中国是诞生和发展了，但还不是马克思主义的。”[57]

新中国成立之后，夏鼐先生被学术界普遍认为是即将建立的国家考古研究中心机构的（即中国科学院考古研究所）“众望所归的最佳领导人选”[58]。1950年4月，根据中国科学院院长郭沫若的提名，中央人民政府政务院任命文化部文物局局长郑振铎兼任中国科学院考古研究所所长、梁思永和夏鼐为副所长，由于郑振铎作为文物局局长实际只是兼任考古研究所所长，梁思永先生因身染重病，因此考古研究所的领导工作实际是由夏鼐先生主持，这在当时郑振铎、梁思永与夏鼐的通信中有十分清楚的记述[59]，其后三十多年的中国考古工作也证明了这一点。

从1950年中国科学院考古研究所成立至1985年夏鼐先生去世，夏先生实际一直主持着国家考古研究所的工作。考古研究所成立之初，夏鼐先生即要求中国考古学必须认清“应走的方向。考古学的研究，不应该是为考古而考古，而应是为历史科学服务”。“加强学习马克思列宁主义……一个为历史科学服务的考古工作者，更应该深入地学习马克思列宁主义，并加以掌握，以便应用到自己的研究工作中去。”[60]在新中国成立十周年之际，他又撰文指出：“考古工作者接受了马克思列宁主义的思想，认识到考古学是历史科学的有机构成部分。我们不是‘为挖宝而考古’，也不是‘为考古而考古'，而是为了要阐明古代社会发展过程的规律而进行考古研究工作。我们不像解放以前那样只注意有丰富随葬品的墓葬，而是更多地注意居住址的发掘，因为它能够更全面地提供关于古代劳动人民的生活的研究资料。”[61]他的这些重要论述，至今对中国考古学发展仍有着极为重要的现实意义。

新中国考古学的发展历程说明，“1949 年以后，中国考古学的发展，已进入了一个新的阶段。这个新阶段的标志，首先是以马克思列宁主义、毛泽东思想作为指导我们工作的理论基础。我国既然是一个以马克思主义为指导思想的社会主义国家，作为社会科学一部门的中国考古学当然要贯穿一条马克思主义的红线。但是，我们信奉马克思主义的理论，并不只是由于这些理论出于马克思，而是由于它符合于客观的真理，符合于考古实践中所证实的客观真理。我们在考古工作中尊重客观事实，决不以所谓‘理论’来歪曲解释事实……在考古学方面应该是根据以科学方法所取得的结论，来充实历史唯物主义的武库，以宣传马克思主义，同时用以宣传爱国主义，以便增进我们建设社会主义的自信心和民族自尊心”[62]。夏鼐先生在中国改革开放之初的这一论述，是针对当时国内外的特殊学术背景，为中国社会科学院考古研究所乃至中国考古学界指明了正确发展道路。最近习近平总书记多次强调“文化自信，是更基础、更广泛、更深厚的自信，是更基本、更深沉、更持久的力量”，“中国有坚定的道路自信、理论自信、制度自信，其本质是建立在 5000 多年文明传承基础上的文化自信”[63]。由此我们对马克思主义考古学家夏鼐的政治自觉、文化自觉、学术自觉会有更深刻的认识！夏鼐先生在发表此文后不久即离开了我们，这也成为中国考古学、中国社会科学院考古研究所的政治遗产。时任中共中央政治局委员、中国社会科学院院长胡乔木在悼念夏鼐先生的文章中，高度评价夏鼐先生是“当代中国考古学人才的主要培育者、考古工作的主要指导者和考古学严谨学风的主要缔造者”[64]。最近中国社会科学院副院长、中国历史研究院院长高翔在《人民日报》撰文称誉：郭沫若、范文澜、胡绳、侯外庐、夏鼐等历史学家是“宣传和运用唯物史观研究历史、服务现实的马克思主义史学大家”[65]。

新中国考古学正是在郭沫若、尹达、夏鼐这样的马克思主义历史学家、考古学家引领下，以马克思主义作为理论基础，经过七十多年的努力使中国考古学跻身世界考古学的前沿，成为世界上的考古大国，形成了以马克思主义指导的中国特色考古学，这是造就中国风格、中国气派的中国考古学的根本基础。

四、佐证中华文明国家认同与家国同构文化基因

中国考古学的学科内容包括“百万年的人类史、一万年的文化史、五千多年文明史”[66]，也就是中国考古学的旧石器时代考古学、新石器时代考古学、历史考古学，而后者则包括夏商周考古学（或称三代考古学、先秦考古学）、秦汉至元明考古学。

如同许多国家的考古学发展史一样，中国考古学最早也是从史前考古开始的，北京周口店是开展考古工作最早、最重要的地区，古人类与旧石器时代遗址的发现与研究将古人类在中国生存的历史向前推移了五十多万年，打破了百年前西方学者有关中国无旧石器时代遗存的断言，有力地驳斥了中华文明“西来说”。新中国成立后，大量更新世人类遗存的发现和相关成果的发表使中国一跃成为世界范围内古人类学和旧石器时代考古学研究最重要的地区之一，并将古人类在中国分布的空间几乎扩大到了整个中华大地，生存的时间则向前推移了一百多万年[67]。其中考古发现的早更新世早期人类化石的地点与早期人类文化遗存有云南元谋上那蚌、重庆巫山龙骨坡、湖北建始龙骨洞、陕西蓝田公王岭、安徽繁昌人字洞、山西芮城西侯度、河北阳原泥河湾盆地等，为了解早期人类在中国的活动提供了珍贵资料，这些旧石器文化在整个更新世于华夏的腹地表现为连续、稳定的发展与演化，从未发生过明显的类型和技术的飞跃、中断和替代，这为中国古人类连续演化、中国现代人类本土起源的理论提供了考古学和文化上的支持[68]。吴新智根据中国新发现的古人类化石，列举一系列特征论证了中国直立人和智人之间形态方面的镶嵌性，从中国已经发现的人类化石的年代顺序和共同形态特征，结合化石的异样性与其他地区的基因交流的形态学过程，再次论证中国人类进化以连续为主，并与世界其他地区有过基因交流[69]。其于 1998 年正式提出了关于中国乃至东亚人类进化的假说——“连续进化附带杂交”，前者为主要趋势，后者与时俱增[70]。

我们的祖先从百万年走来，又在东亚大地进入一万年文化史的新石器时代与五千多年文明史的时代。新石器时代分为早、中、晚三期。早期新石器时代约始于一万年左右，目前已发现确认的中国新石器时代早期文化遗存，这些文化遗存大致可分为北方地区和南方地区两大区域。北方地区有河北徐水南庄头、北京怀柔转年、门头沟东胡林、河北阳原于家沟等遗址。南方地区主要有江西万年仙人洞与吊桶环、湖南道县玉蟾岩、广西桂林甑皮岩与庙岩（1～3 期）、邕宁顶蛳山、广东英德牛栏洞（1 期）等遗址。新石器时代早期，先民发明了陶器、磨制石器以及农作物栽培，粟作农业与稻作农业分别在中国的北方与南方出现。

关于这一时期的古代先民，近期中国科学院古脊椎动物与古人类研究所付巧妹团队发表的最新 DNA 研究成果揭示，与“欧洲人群不断遭遇近东迁徙而来的农业人群，以及欧亚草原人群等外来群体的‘大换血’”不同，中国南北方同期人群的演化基本是连续的，没有受到明显的外来人群的影响，迁徙互动主要发生在东亚区域内各人群间。而另一大重要发现是，虽然古南方人群成分在现今东亚大陆人群中所占比例较小，却对其他地区的人群具有广泛的影响。付巧妹团队发现，现今广泛分布于台湾海峡、东南亚和太平洋西南部岛屿的南岛语系人群，与新石器时代的中国南方沿海人群有着非常密切的遗传联系，这表明最早的南岛语系人群起源于中国南方的福建及其毗邻地区，且首次明确将时间追溯到 8400 年前。这是第一次通过古基因组数据证明，中国八千多年前的古南方大陆人群是南岛语系人群的祖先[71]。

距今 9000～7000 年的新石器时代中期考古发现主要有：内蒙古敖汉兴隆洼遗址、河南舞阳贾湖遗址、河北武安磁山遗址、陕西宝鸡北首岭、甘肃秦安大地湾遗址、山东临淄后李官庄遗址、湖南澧县彭头山遗址和八十垱遗址、浙江上山遗址等。从这一时期的考古发现可以看出，完整的聚落已经出现，聚落及人口数量已发展到一定规模。栽培作物有粟、黍、稻，家畜又增加了牛、羊、鸡等。新出现的玉器、彩陶、白陶等反映了先民手工业的发展，骨笛、陶祖和契刻的龟甲则再现了先民的文化与精神生活的丰富。

新石器时代晚期的考古发现主要有：郑州大河村遗址、河南邓州八里岗遗址、濮阳西水坡遗址、山东兖州王因大汶口墓地、辽宁凌源牛河梁遗址和喀左东山嘴遗址、安徽凌家滩遗址、河南灵宝西坡遗址、陕西高陵杨官寨遗址等。这是中国新石器时代的繁荣时期，集中反映了这一时期聚落规模更大，布局更为规整，氏族墓地发达，生产工具有很大进步，生活用品更为多样。传统的华夏文化在这一时期已经孕育，仰韶文化庙底沟类型犹如满天星斗中的恒星、分子中的原子核，其考古学文化分布空间及影响范围成为其后华夏文明最早形成的区域，其考古学文化内涵成为形成华夏文明的核心文化——中原龙山文化的祖型。

距今五千年前后，我国的新石器时代进入末期，氏族社会发展到了顶峰，文明已经到来，已经迈进国家的门槛。这一时期的考古发现主要有河南巩义双槐树遗址、湖北天门石家河遗址群、浙江余杭良渚遗址、河南淮阳平粮台、山西陶寺遗址、河南登封王城岗、新密新砦等古城址。城址是文明最重要的物化载体，是国家最主要的政治统治、文化礼仪、经济管理、军事指挥的平台，是探索古代文明形成与国家出现的考古学研究对象[72]。

从遥远的百万年，我们的先祖一代一代、一步一步延续、传承着属于东亚的传统文化，走进一万年的文化史时代与五千多年的文明史时期之后，这里成为世界古代文明的重要地区之一。

世界古代文明主要有西亚两河流域文明、古埃及文明、南亚次大陆印度古文明及中美洲墨西哥玛雅文明、南美洲秘鲁印加文明等六大文明，它们可以划分为北非埃及、西亚两河流域、南亚次大陆与中国及中南美洲墨西哥、秘鲁（玛雅、印加文明）三个地区独立发展的古代文明[73]。其中就一个国家来说，如前所述，中国古代文明是世界历史上唯一具有百万年人类史、一万年文化史、五千多年文明史的一脉相承的历史。在当代世界各国的考古学、历史学中，如此完整不断裂的考古学谱系与历史文化序列非中国考古学和历史学莫属。与世界其他地区、国家的考古学比较，中国考古学既有百万年人类史、一万年文化史的丰富史前考古学遗存，更有极为丰富、别具特色、保存至今的历史考古学遗存，成为中国考古学的重要特色之一。中国是世界文化遗产的第一大国，基于如此丰厚遗产之上的考古学在世界历史上是唯一的，也是中国考古学的特色。祖先留给我们的物质遗存与历史文献举世无双，成为中国考古学的巨大财富，作为历史科学的中国考古学，中国考古工作者一百多年来持之以恒、风餐露宿，逐渐究明中华民族文化之“根”与“魂”及中华文明五千多年不断裂的文化基因，其考古学的佐证就是作为国家文化的都城、宫城、大朝正殿求中、择中格局，都城与民居四合院之中轴线及都城、宫城四面辟门的中与中和形制所揭示“国家认同”“家国同构”之下的中与中和理念[74]，这是中华五千多年不断裂文明永续发展的精神基石，而这一研究也正集中体现了中国考古学的特色！

注　释

［1］ 杨建华：《外国考古学史》，吉林大学出版社，1999 年，第 14～35 页。

［2］ 滨田耕作著，俞建华译：《考古学通论》，商务印书馆，1930 年。

［3］《不列颠百科全书》（国际中文版）第 1 卷，中国大百科全书出版社，1999 年，第 434 页。

［4］ 科林·伦福儒、保罗·巴恩主编，陈淳译：《考古学：理论、方法与实践·引论》，上海古籍出版社，2015 年，第 7、8 页。

[5] 赵博文：《介于历史学和考古学之间——历史考古学的建立和发展》，《中国社会科学报》2020年5月27日第7版。
[6] 陈淳：《考古学的理论与研究》，学林出版社，2003年，第27页。
[7] 中国社会科学院考古研究所：《殷墟妇好墓》，文物出版社，1980年。
[8] 王青：《妇好墓出土玉器中的遗玉略论》，《博物院》2018年第5期。
[9] 江西省文物考古研究所、首都博物馆：《五色炫曜——南昌汉代海昏侯国考古成果》，江西人民出版社，2016年，第62、63页；江西省文物考古研究院、中国人民大学历史学院考古文博系：《江西南昌西汉海昏侯刘贺墓出土铜器》，《文物》2018年第11期。
[10]《史记·秦始皇本纪》：秦始皇二十八年东巡“过彭城，斋戒祷祠，欲出周鼎泗水。使千人没水求之，弗得”。
[11]《汉书·武帝纪》。
[12] 刘庆柱：《中国考古学·总序》，《中国考古学·夏商卷》，中国社会科学出版社，2003年。
[13] 陈星灿：《中国史前考古学史研究（1895～1949）》，生活·读书·新知三联书店，1997年，第77页。
[14] 顾颉刚：《古史辨》（第一册），上海古籍出版社，1982年，第60页。
[15] 习近平：《建设中国特色中国风格中国气派的考古学 更好认识源远流长博大精深的中华文明》，《求是》2020年第23期。
[16] 习近平：《建设中国特色中国风格中国气派的考古学　更好认识源远流长博大精深的中华文明》，《求是》2020年第23期。
[17]《考古学》，《文物参考资料》1953年第12期。
[18] A·B·阿尔茨霍夫斯基著，楼宇栋、淘沙、张锡彤、张广达、马景曾译：《考古学通论·绪言》，科学出版社，1956年。
[19] 夏鼐：《中国考古学的现状》，《科学通报》1953年第12期。
[20] 夏鼐：《新中国的考古学》，《红旗》1962年第17期。
[21]《中国大百科全书·考古学》，中国大百科全书出版社，1986年，第2、3页。
[22] 夏鼐：《什么是考古学》，《考古》1984年第10期。
[23]《现代汉语词典》，商务印书馆，1978年，第628页。
[24]《辞海》，上海辞书出版社，1979年，第2831页。
[25] 何驽：《中国考古学的特色、风格与气派》，《中国社会科学报》2020年11月9日第5版。
[26] 赵博文：《介于历史学和考古学之间——历史考古学的建立和发展》，《中国社会科学报》2020年5月27日第7版。
[27] 钱穆：《国史大纲》，商务印书馆，2010年。
[28] 张光直：《中国考古学与历史学整合国际研讨会致辞》（1994年），《考古人类学随笔》，生活·读书·新知三联书店，1997年。
[29]《史记·秦本纪》：“文公十三年，初有史以纪事。”
[30] 安作璋、熊铁基：《秦汉官制史稿》（上册），齐鲁书社，1984年，第85、97页。
[31]《汉书·司马迁传》；孙星衍等辑：《汉官六种·汉旧仪补遗》，中华书局，1990年，第88、89页。
[32] 中国社会科学院考古研究所：《汉长安城未央宫——1980～1989年考古发掘报告》，中国大百科全书出版社，1996年，第178页。
[33] 林沄：《“商—周考古界标”平议》，《吉林大学社会科学学报》2004年第5期；张海：《中国考古学的历史主义特征与传统》，《华夏考古》2011年第4期。
[34] 王国维：《观堂集林》卷九，中华书局，1959年。
[35] 习近平：《建设中国特色中国风格中国气派的考古学　更好认识源远流长博大精深的中华文明》，《求是》2020年第23期。
[36]《汉书·贾山传》。
[37] 陈直：《三辅黄图校证》，陕西人民出版社，1980年，第14、15页。

[38] 杜牧：《樊川文集》，上海古籍出版社，1978年，第1页。

[39]《史记·秦始皇本纪》载：秦始皇三十五年“先作前殿阿房……阿房宫未成；成，欲更择令名名之。作宫阿房，故天下谓之阿房宫”。秦始皇三十七年七月“崩于沙丘平台”。阿房宫建设工程停止，“罢其作者，覆土郦山”。秦二世元年四月“复作阿房宫”。仅仅三个月后秦末农民大起义爆发，当时阿房宫工程正在进行之中，朝廷丞相、将军等提出“请止阿房宫作者”，也就是说这时阿房宫还在建设中。《汉书·五行志》亦载：秦二世“复起阿房，未成而亡”。

[40] 中国社会科学院考古研究所、西安市文物保护考古所阿房宫考古工作队：《阿房宫前殿遗址的考古勘探与发掘》，《考古学报》2005年第2期。

[41] 刘庆柱：《观念的历史与历史的真实——阿房宫遗址考古发现的再思考》，《文史知识》2004年第12期。

[42] 贺业钜：《考工记营国制度研究》，中国建筑工业出版社，1987年。

[43] 刘庆柱：《中国古代都城宫庙遗址的考古发现与研究》，《二十一世纪的中国考古学——庆祝佟柱臣先生八十五华诞学术文集》，文物出版社，2006年。

[44] 刘庆柱：《中国古代都城遗址布局形制的考古发现所反映的社会形态变化研究》，《考古学报》2006年第3期。

[45] 刘庆柱：《中国考古学·总序》，《中国考古学·夏商卷》，中国社会科学出版社，2003年。

[46] 陈星灿：《中国史前考古学史研究（1895～1949）》，生活·读书·新知三联书店，1997年，第77页。

[47] 陈星灿：《中国史前考古学史研究（1895～1919）》，生活·读书·新知三联书店，1997年，第83页。

[48] 夏鼐：《五四运动和中国近代考古学的兴起》，《考古》1979年第3期。

[49] 郭沫若：《中国古代社会研究》，现代书局，1934年。

[50] 夏鼐：《悼念尹达同志》，《考古》1983年第11期。

[51] 侯外庐：《深切悼念尹达同志》，《史学史研究》1983年第4期。

[52]《中国大百科全书·考古学》，中国大百科全书出版社，1986年，第615页。

[53] 夏鼐：《夏鼐文集》（上册），社会科学文献出版社，2000年，第252页。

[54] 夏鼐：《悼念尹达同志》，《考古》1983年第11期。

[55] 王世民：《夏鼐传稿》，社会科学文献出版社，2020年，第288页。

[56] 刘春强：《“以考古经世”：唯物史观与历史语言研究所时期夏鼐的考古学研究》，《史学理论研究》2020年第3期。

[57] 夏鼐：《五四运动和中国近代考古学的兴起》，《考古》1979年第3期。

[58] 王世民：《夏鼐传稿》，社会科学文献出版社，2020年，第123页。

[59] 王世民：《夏鼐传稿》，社会科学文献出版社，2020年，第125、126页。

[60] 夏鼐：《中国考古学的现状》，《科学通报》1953年第12期。

[61] 夏鼐：《十年来的中国考古新发现》，《考古》1959年第10期。

[62] 夏鼐：《新中国的考古发现和研究·前言》，《新中国的考古发现和研究》，文物出版社，1984年。

[63] 习近平：《建设中国特色中国风格中国气派的考古学 更好认识源远流长博大精深的中华文明》，《求是》2020年第23期。

[64] 胡乔木：《痛悼卓越的考古学家夏鼐同志》，《人民日报》1985年6月30日第3版。

[65] 高翔：《新时代史学研究要有更大作为》，《人民日报》2019年11月4日第9版。

[66] 习近平：《建设中国特色中国风格中国气派的考古学 更好认识源远流长博大精深的中华文明》，《求是》2020年第23期。

[67] 刘庆柱：《中国考古发现与研究（1949～2009）》，人民出版社，2010年，第26、28页。

[68] 刘庆柱：《中国考古发现与研究（1949～2009）》，人民出版社，2010年，第67页。

[69] 吴新智：《中国远古人类的进化》，《人类学学报》1990年第9卷第4期。

[70] 吴新智：《从中国晚期智人颅牙特征看中国现代人起源》，《人类学学报》1998年第17卷第4期。

[71] 赵征南：《付巧妹：用古DNA研究探源中华文明》，《文汇报》2020年8月16日第6版；张亚雄：《为中华文明探源再添新证——我科学家确认南岛语系起源于中国南方》，《光明日报》2020年5月21日第14版。

[72] 刘庆柱：《中国考古发现与研究（1949～2009）》，人民出版社，2010年，第13～15页。
[73] 夏鼐：《中国文明的起源》，文物出版社，1985年，第81页。
[74] 刘庆柱：《中华文明五千年不断裂特点的考古学阐释》，《中国社会科学》2019年第12期。

（原刊于《考古学报》2021年第2期）

读《中国古代瓦当研究》

李毓芳

一

古代瓦当研究有着久远的学术历史，早在中古时代，北宋金石学家王辟之、黄伯思等就已经开始对瓦当加以收藏和著录。其后，南宋吕大临、元代李好文、明代王祎等人，也都在自己的著作之中辑录了当时发现的古代文字瓦当。清代金石学的发展，进一步促进了古代瓦当的收藏和著录，这方面的重要著作有朱枫的《秦汉瓦当图记》、程敦的《秦汉瓦当文字》、毕沅的《秦汉瓦当图》和《关中金石记》、吴大澂的《窓斋砖瓦录》、钱坫的《汉瓦图录》、端方的《陶斋藏瓦》、陈介祺的《簠斋藏古目》、王昶的《金石萃编》、冯云鹏和冯云鹓的《金石索》、翁方纲的《两汉金石记》、吴式芬的《攈古录》等。清代金石学界重视古代瓦当著录的传统，一直延续到了近代。金石学家罗振玉所著《唐风楼秦汉瓦当文字》，是自北宋以来，近千年金石学研究古代瓦当之集大成者和总结性著作。

19世纪末至20世纪初，源于西方的近代考古学传入中国。随着田野考古学在中国的开展，尤其是20世纪50年代后半叶开始对古代都城的大型建筑遗址进行考古发掘，出土了大量古代瓦当。这时期金石学、历史学、美术史等领域的学者，在一些古代瓦当著录的作品中，开始注意引入考古学的方法。但是无庸讳言，这一时期的古代瓦当研究，虽然开始重视考古调查和发掘资料的使用，当其研究还是没有跳出传统的金石学方法。当然，这种古代瓦当研究的学术发展状况，主要是受到学术自身发展的制约，并不是某个学者的个人问题。20世纪80年代中期以后，由于古代城址考古的大规模开展，古代砖瓦、瓦当等建筑材料遗物的大量出土，一批包括了田野考古出土瓦当资料的古代瓦当图录被陆续整理、出版，其中以陕西省考古研究所编著的《新编秦汉瓦当图录》、徐锡台等著《周秦汉瓦当》最具代表性。此外还有一些重要的古代瓦当图录、著作，如西安市文物管理委员会所编《秦汉瓦当》、华非的《中国古代瓦当》、刘士莪的《西北大学藏瓦选集》、杨力民的《中国古代瓦当艺术》、钱君匋等所著《瓦当汇编》等。上述关于古代瓦当的图录、著作中，一般所收录的传世瓦当占有相当大的比例；即使其中有部分属于田野考古发掘出土的瓦当，由于相关建筑遗址的田野考古发掘报告尚未完成或正在整理、编写之中，对出土瓦当的认识还有待深入，因此仅能根据简报或从不同方面、不同方式了解到瓦当出土情况而搜集资料。以此作为古代瓦当的辑录基础，必然使这些著作的科学性受到一定的影响，也使其在学术研究方面存在着一定的局限性。

20世纪90年代，一些从事古代宫殿建筑遗址考古发掘和研究的学者，比较集中地关注古代瓦当的研究，他们以考古学方法就此发表了一批论文，使古代瓦当研究彻底摆脱了金石学的影响。但尽管如此，我们还应该看到，这些研究的内容，绝大多数限于秦汉时期瓦当，所涉及的资料大多为陕西、河南、山东等地区出土的瓦当。而从时空两个方面对中国古代瓦当进行较为全面的考古学研究的论著，还几乎没有看到。这种学术研究状况，可以说一直延续到世纪之交。我们现在看到申云艳所著的《中国古代瓦当研究》，从某种角度而言，正是填补了这一考古学研究领域的空白。

二

通读《中国古代瓦当研究》一书后，笔者认为就当前中国古代瓦当研究的状况而言，该书有着自己的学术特色，这主要表现在以下四个方面。

第一，目前所知，最早的瓦当发现于西周时期的陕西扶风召陈和岐山礼村遗址，瓦当的使用一直伴随着中国古代社会的发展历程。《中国古代瓦当研究》涉及的时间范围，跨越先秦的西周和东周、秦汉、魏晋南北朝、隋唐，直至宋、辽、金、元，基本包括了中国古代各个主要时期的瓦当。本书所研究的出土古代瓦当的空间范围，从中原扩展至周边广大地区，如东北的辽宁、吉林、黑龙江，南方的湖北、浙江、福建、广东，西部地区的新疆、云南、四川、贵州，以及内蒙古等地。长期以来，学术界研究中国古代瓦当，从区域上说，集中于陕西、河南、山东、河北等地；从时代上看，主要以秦汉时期瓦当研究为主。当然，出现这样的情况，有其必然的学术背景。但是，随着考古学科的深入发展，中国古代瓦当研究不能长期停滞于那样的“时空”范围，这也是学术发展史的必然。《中国古代瓦当研究》在这一方面，做出有益的探索，取得了成功的突破。

第二，《中国古代瓦当研究》所使用的研究资料，主要都是通过考古发现获得的。在这本专著中，各章的第一节均以考古发现的古代瓦当资料为主要内容，资料的科学性，奠定了研究的科学基础。该书所收集的涉及古代瓦当的考古资料，在目前所见的各种相关著作中，内容最为全面，跨越的历史时期最长，涵盖的空间范围也最大。

第三，本书对于各个时代涉及瓦当的考古资料，均进行了详细的考古学分区、分类研究。虽然20世纪90年代以来，已有一些研究古代瓦当的论文，使用了考古学的区系类型学方法；但是作为古代瓦当研究的专著，系统地应用这一研究方法还是极为少见的。通读全书后，可以看出《中国古代瓦当研究》在古代瓦当的分区、分类考古学研究中，方法是科学的，结论是基本正确的。在区系类型学方法的应用上，作者注意到古代瓦当遗物在田野考古工作中的发现特点。在地层学方面，认识到建筑遗址地层堆积的特殊性，充分关注了建筑材料遗物与建筑物时代关系的整合。同时，还注意到考古学与历史文献学的结合。这样，把古代瓦当置于古代建筑遗址中进行研究，对于断定瓦当时代、探索当面纹饰的意义、追溯不同瓦当的渊源与流变等，奠定了坚实的考古学基础。

第四，一本好的考古学著作，要求有好的线图、图版及其他相关附录。考古学著作对于

"图像"资料的要求，是考古学的学科特点决定的，因此"图文并茂"是非常重要的。《中国古代瓦当研究》全书配制了 160 幅插图，主要是线图，还有个别拓片。其中有不少分区、分类、分期组合图，这是颇有新意的。它们对于了解作者的学术观点和研究意图，是非常重要和便捷的。该书所附的"中国古代瓦当出土一览表"，为读者提供了翔实、准确、全面、丰富的考古发现的瓦当资料，方便人们对现有古代瓦当资料的检索。作者编制的"主要参考书目"，也同样是古代瓦当考古学研究中十分需要的。

三

作为一本考古学研究的专著，《中国古代瓦当研究》尽管有着上述诸多特点，可以说是目前所看到同类古代瓦当考古学研究著作中比较好的，但是也还存在一些美中不足的地方。比如该书为 32 开本，这样就使书内的大量插图显得较小，有些线图的细部也不够清晰。再者，该书内容虽然已经十分丰富，但对于与魏晋南北朝、隋唐时代相近的韩国、日本古代瓦当的考古学研究状况，缺乏适当的关注和对比研究。另外，宋、辽、金、元等时代的田野考古工作，近年来逐渐开展起来，作为建筑材料的瓦当也陆续出土了一些。虽然目前有些考古资料可能正在整理，相关考古简报、报告的编写和发表还需要时间。但是在可能的条件下，加强这方面的研究，改变其在学术研究上的薄弱状况，还是很需要的。

（原刊于《考古》2007 年第 7 期）

浅谈我国高粱的栽培时代

李毓芳

我国高粱的栽培始于何时，这个问题目前尚未解决。本文就考古发现材料结合历史文献资料试作探索。

一、考古发现的情况

一九七五年春天，陕西省咸阳市马泉公社大泉大队社员打窑洞时发现汉墓一座。咸阳博物馆派人进行了清理，在墓道中发现十一个陶瓮，瓮内装满了粮食。粮食经鉴定有谷子、糜子、大麦、荞麦、青稞和高粱（详情见表一）。这些陶瓮置于墓道之中，两头以砖封堵，墓道底部为夯实五花土，其上又以砖铺地，墓道两壁和顶部为生土，密封条件较好；加之该墓位于咸阳北塬，地势高，地下水位低，土质干燥。故这些粮食虽然籽实内部已空，但是外壳却完好无缺地保存了下来。从这些粮食外壳的观察看到，高粱籽粒远较谷（粟、小米）、糜子、麦的籽粒大，呈卵圆形，微扁，形与现在高粱籽粒相同，颜色为白色兼带橙色。在十一陶瓮中有两瓮高粱，占全部随葬粮食的19%。

表一

编号	腹径（厘米）	器高（厘米）	内装粮食品种
4	80	62	谷子
11	44	38	谷子
3	43	36	谷子
5	43	36	谷子
8	48	42	糜子
9	44	38	糜子
10	43	36	高粱
6	32.4	2.6	高粱
1	43	3.6	大麦
2	43	3.6	荞麦
7	41.5	3.5	青稞

墓中出现高粱并非只此一例，位于咸阳市的汉高祖陪葬墓的杨家湾一号汉墓中，亦在墓道的随葬陶仓内发现贮存的高粱[1]。

咸阳马泉汉墓的时代确定为西汉晚期[2]，咸阳杨家湾一号汉墓的时代确定为西汉初期[3]。

根据上述考古发现材料，我们完全可以肯定至迟在西汉时期，高粱已成为我国粮食栽培作物之一。

二、我国古代高粱的名称

如上所述，西汉时期我国已有高粱栽培，这已为考古发掘资料证实，毋容置疑。现在的问题是在探索高粱栽培始于何时的问题中，有必要弄清楚古代高粱的名称。

在探讨古代高粱名称之前，我们必须先了解一下近现代高粱的俗名。因为一般来说，近现代粮食作物的名称，应该是历史上名称的沿革和继续。

近现代对高粱的俗名称谓有：高粱、稻秫、蜀秫或蜀黍，在华北地区高粱杆又称秫秸。所谓蜀秫与蜀黍的秫、黍二字音同。蜀字有人释为“川地”，有人释为“大”意。简而言之，可以说近现代人俗称高粱为粱或秫，或粱、秫兼之。

那么历史上又把高粱称什么呢？北魏时的《齐民要术》卷一、二列述了谷、黍穄、粱秫、大豆、小豆、麻、麻子、大麦、小麦、水稻、旱稻、胡麻、瓜、瓠、芋等栽培作物。这里除“粱秫”的名称与今称高粱、蜀秫、稻秫相近似外，其余作物名称所指明确，均与高粱无关。因此，我认为此书所述粱秫，当今之高粱（或称为稻秫、蜀秫）。

南北朝时称高粱为粱秫，汉代又叫什么呢？关于汉代农作物《氾胜之书》记载有：小豆、稻、麻、禾、黍、秫、小麦、大麦、大豆等。其中只有“秫”与《齐民要术》中的“粱秫”称谓相近，因此《氾胜之书》载之“秫”即《齐民要术》中之“粱秫”、亦即今之高粱。

此外，《急就篇》关于农作物亦有“稻、黍、秫、稷、粟、麻、秔”之记载。

《居延汉简甲篇》收录之出土汉简中记载的粮食有：谷、粟、麦、糜子、麖、白米、黍米、米、糜、稉稉、麴、粱米、穬麦等。粱米当为秫去皮以后的粮食，此犹稻去皮后谓米，谷去皮后谓小米。《氾胜之书》亦载：“稗中有米。熟时，捣取米炊食之，不减粱米。又可酿作酒。”可见汉代粮食中有粱米之称，粱米不该释为“好米”，前引《居延汉简》可以佐证。

从以上汉代文献记载来看，当时的高粱称为秫。南北朝时代的粱秫，近现代的蜀秫、稻秫和秫秸（高粱杆）之称概源于汉代。

汉代以前高粱又称什么呢？这个问题多少年来一直争论不休。大体上成书于战国时期的《周礼》一书笼统地记载了九谷，但是具体是什么没有说明。东汉时经学家郑玄注《周礼》时认为九谷即“黍、稷、稻、麻、大豆、小豆、小麦、粱、苽。”这里九种农作物除粱外，其他八种作物都比较清楚。唯独关于粱是什么作物的问题，一直未有定论，但是，东汉中央政府农业管理官员郑司农对《周礼》九谷的解释为我们了解“粱”的概念提供了重要线索。郑司农认为《周礼》九谷应为“黍、稷、秫、稻、麻、大豆、小豆、大麦、小麦”[4]。郑司农与郑玄对《周礼》中九谷解释的差别在于前者有大麦、秫而无粱、苽；后者有粱、苽而无大麦、秫。显然，大麦与粱、苽无关，秫与苽亦无关。那么粱、秫关系如何？我认为作为中央农业行政管理部门的官吏郑司农在《周礼》九谷的解释中以汉代作物名称来说明秦汉以前的作物是完全可能的；而作为大儒郑玄在《周礼》九谷的解释中，是以先秦的作物名称，概述九谷包含的内容，这大概即郑玄在九谷的解释中有粱无秫的原因。其实粱、秫实乃同物异名。这也是北魏《齐民要术》为什么要“粱秫”并称之根蒂所在。现在人们对高粱的称谓亦渊源于古代粱、秫之称。

据上所述，我国古代对高粱的称呼，在南北朝时为粱秫，汉代称秫，先秦称粱，因此，今人对高粱的称谓中即有称粱又有谓秫。

三、高粱的栽培时代

西汉已种植高粱这种农作物，这为考古发掘中出土的实物所证实。那么在我国高粱究竟是何时开始栽培的呢?

先秦的高粱多见于文献记载。

成书于战国之际的《周礼·天官冢宰下》记载：“凡会膳食之宜，牛宜稌、羊宜黍、豕宜稷、犬宜粱、雁宜麦、鱼宜苽。”这说明粱与黍、稷、稻、麦等粮食均已为人们所利用。

成书于西周至春秋之际的《诗经·小雅·甫田》记载：“乃求千斯仓，乃求万斯箱。黍稷稻粱，农夫之庆。”这反映了人们对黍、稷、稻、粱等农作物丰收景象的歌颂。

周代铜器铭文中，关于农作物高粱亦有不少这方面的资料。仲䱷父盘铭文中有“黍粱遡麦”（遡从禾）；陈公子甗铭文中有“用鬻稻粱”；吊朕簠铭文中有“以歀稻粱”[5]；曾伯簠铭文中有“用盛稻粱”等等[6]。

根据上述材料，就目前所知，至少可以说自周代以来，高粱已作为我国的一种栽培农作物了。

高粱能抗旱、耐涝、产量高，对自然和技术条件要求低，在地力差的薄地上种植即可。其种植简单、管理容易，所以在周代铜木工具并用、农业技术水平还不特别高的条件下是完全可以种植的。

高粱这种农作物到底是什么时候开始在我国栽培的？上面我只是谈了个人的一点粗浅意见，还需要进一步探索！更需要考古的实物资料去证明。但是，在我国西汉时期已大面积种植了高粱，这一点是可以肯定的。

附：粱、秫名辨

在探讨高粱的栽培时代中，涉及高粱的名称，前面已略谈了南北朝、两汉和先秦时代的高粱名称。草就上面短文之后，又读到了王毓瑚先生的《我国自古以来的重要农作物》一文[7]，深觉就粱、秫问题有进一步探究之必要，故附此短文。

王毓瑚先生认为“粱和秫”二者都不是什么各别“种”的作物，因为从现在的大田作物当中找不出这样两个“种”来。因此得出结论：“粱”是优质谷子的专名，或“有质量较高的粮食的意思”；而“秫则可能就是导源于黍字”。我觉得这种说法值得商榷。

首先，“粱和秫”是各别“种”的作物，在古农书和古文献中多有记载。《氾胜之书》明确指出小豆、稻、麻、禾、黍、秫、小麦、大麦、大豆等种植的忌日，可见西汉农学家把秫单作为一种作物论述的。若说秫与黍同，很难使人理解《氾胜之书》何以有"黍，忌丑；秫，忌寅、未"的记载！《急就篇》亦有"稻、黍、秫、稷、粟、麻、秔"之记载，这同样是秫作为一种单独作物与稻、黍、稷、粟、麻、秔等作物并列而提，显然秫非黍。

王毓瑚先生认为"粱秫"和"谷"极相类似，这也欠妥。《齐民要术》即有"粱秫"的专篇论述。又有"种谷""黍穄"等专篇，怎么能根据"粱秫"篇中有"种与植谷同时，燥湿之宜、杷劳之法，一同谷苗"而认为"粱秫"即谷呢？

至于把"粱"说成优秀谷子或质量较高粮食之意，这也说不通。《周礼》中有九谷，汉人郑玄和郑司农在解释中都分别明确提出九谷中或有粱或有秫，而且粱或秫与九谷中的黍、稷、稻、小麦等等并存，怎么能认为粱是谷子或好的粮食之称呢？在《周礼》郑氏注中类似情况并非仅此一例。《周礼·秋官·司寇下》载："凡诸侯之礼：上公五积，皆眡飧牵……亲见卿，皆膳特牛。"郑玄注："积皆视牵……米横陈于中庭，十为列，每筥半斛，公侯伯子男，黍粱稻皆二行，公稷六行，侯伯稷四行，子男二行……"显然"粱在此是单独列出，与黍、稻、稷并列，因此把"粱"理解成谷或为质量较高的粮食都是说不通的。

在《周礼·天官·冢宰下》的记载中亦有："凡会膳食之宜，牛宜稌、羊宜黍、豕宜稷、犬宜粱、雁宜麦、鱼宜苽。"这更清楚不过地说明"粱"是单独的一种作物，它与稻、黍、稷麦等一样，既不能理解为美好粮食的总称，又不是与黍、谷等同种不同名的作物。

《诗经·小雅·黄鸟》记载："黄鸟黄鸟，无集于谷，无啄我粟……无集于桑，无啄我粱……无集于栩，无啄我黍。"这再次说明了粟、粱、黍均为农作物的各个种，"粱"也是一种农作物，既不是质量较高的粮食之总称，同时也不是"黍""粟"的别名。

当然，上述所谈，并不排除随着社会的发展，人们要求更充分地表达思想，需要更丰富的语言词汇，因此语言文字本身逐渐丰富起来。许多名词作为形容词或形名词使用，许多表示个别事物的名词成为集合体名词。一种好的粮食作物，可能又可用作各种好的粮食的总称或代表，也可演变成形容好的粮食的形容词，"粱"字可能也产生了这种情况，因此后人一般也有把"粱"泛指质量较高的粮食作物的使用方法，这就是为什么出现汉代人们称粱为秫的原因了。

（作者补记：承胡谦盈先生见告，在陕西长武县碾子坡遗址的先周文化层中出土了炭化高粱，经中国科学院植物研究所鉴定为未去皮的炭化高粱。可证先周时代已栽培高粱。资料待公布）

注　释

［1］杨家湾一号汉墓发掘资料。

［2］咸阳市博物馆：《陕西咸阳马泉西汉墓》，《考古》1979 年第 2 期。

［3］陕西省文管会、咸阳市博物馆：《咸阳杨家湾汉墓发掘简报》，《文物》1977 年第 10 期。

［4］《周礼郑氏注·天官冢宰第一》。

［5］李孝定、周法高、张日升：《金文诂林附录》。

［6］福开森：《历代著录吉金目》。

［7］王毓瑚：《我国自古以来的重要农作物》，《农业考古》1981 年第 1 期。

（原刊于《农业考古》1986 年第 1 期）

昆明池的保护与利用问题

李毓芳

一、昆明池的修建

据《汉书·武帝纪》载，元狩元年（公元前 122 年），汉武帝根据张骞建议，派王然于、柏始昌、吕越人等“间出西南夷，指求身毒国。至滇，滇王当羌乃留。为求道四岁余，皆闭昆明，莫能通”。元狩三年（公元前 120 年）汉武帝“减陇西、北地、上郡戍卒半，发谪吏，穿昆明池”。《汉书·五行志》载：“元狩三年夏，大旱。是岁，发天下故吏伐棘上林，穿昆明池。”这说明了昆明池是汉武帝在元狩三年（公元前 120 年）修建的。那么汉武帝出于什么目的开凿昆明池呢？《汉书·武帝纪》臣瓒注：“《西南夷传》：越巂、昆明国，有滇池，方三百里。汉使求身毒国，而为昆明所闭，今欲伐之，故作昆明池象之，以习水战。”元鼎初年，汉武帝对昆明池又一次疏浚修建。《汉书·食货志》载：“是时，越欲与汉用船战逐，乃大修昆明池，列馆环之，治楼船，高十余丈，旗帜加其上，甚壮。”这说明当时汉武帝不但扩建了昆明池的面积，还在池周边修建了很多宫观建筑。考古工作者已在昆明池岸边找到了几处建筑遗址就充分证明了这一点[1]。

汉代以后，昆明池继续存在并使用着，只是在后秦末年因关中大旱，昆明池才一度枯竭[2]。在北魏太平真君元年（公元 440 年）对昆明池做了一次疏浚的工作[3]。而大规模地对昆明池扩建和疏浚的工程是在唐代，主要有三次，分别是在太宗贞观年间（公元 627～649 年），德宗贞元十三年（公元 797 年）[4]，文宗大和九年（公元 835 年）[5]。考古工作者目前通过钻探和发掘的资料了解到，唐代昆明池的东岸线和东南岸线均比汉代昆明池的池岸线向外扩展了很多，即唐代昆明池的面积要比汉代昆明池的面积大了很多。

二、昆明池的作用

扬雄《羽猎赋·序》推测，汉武帝“穿昆明池，象滇河”。滇河即滇池，亦称滇南泽、昆明湖、昆明池。汉武帝所修昆明池池名当与滇之昆明池有关。其主要目的是为训练水军，习水战，提高水军战斗力伐越，当然也有攻滇的因素。但是汉武帝开凿昆明池在解决首都长安城给水和漕运方面却发挥了更大作用。

汉长安城的给水工程十分重要。西汉初年，长安城一方面利用了周秦时代的给水系统，另一方面又开发了泬水的水源。今潏河上游和滈河河道即汉代泬水故道。在章城门附近，泬水分为两支，其中一支入长安城内，称为明渠。明渠承担了长安城未央宫、“北阙甲第”、北宫和长乐宫的供水。泬水的另一分支是负责给汉武帝时修筑的“度比未央”的建章宫供水。泬水在长安城西城墙和北城墙的主流满足了西城和北城附近地区及城西北部工商业区的用水。

西汉初年，长安城内主要有未央、长乐二宫。而汉武帝继位后大兴土木，扩建了北宫[6]，新建了桂宫[7]、明光宫[8]和“千门万户”的建章宫[9]，都城规模的不断扩大，这使得原来的给水系统已经无法满足首都长安城大量用水的需求，而昆明池的开凿就恰恰解决了长安城缺水的大难题，同时在漕运方面也发挥了重要作用。

昆明池故址在今西安斗门附近，根据考古资料（2005 年），昆明池面积约 18.9 平方千米。昆明池水源是交水。交水和昆明池之间为细柳塬。为了把交水引入昆明池，当时在今堰头村附近修筑了石闼堰，使交水自此北行，经西甘河等村庄穿过西柳塬下至石匣口村，流入昆明池。在石匣口村东还有昆明池进水口遗迹，当地人称为“龙口道”。据传，当年此处有石构工程，村名或来源于此。

昆明池水向北流出的一支称昆明池水。该水流经镐京故址东、秦阿房宫遗址西，再向北流入揭水陂，陂址在今三桥镇一带。揭水陂就是当时修筑的一座人工水库，它起了储水和控制水流的作用。因昆明池比汉长安城地势高，如对池水不加以控制，昆明池北出之水将会直接泻入渭河，这样既浪费又难以保证长安城的用水，同时也会危及首都的安全。

揭水陂东出之水称“揭水陂水”。它向东北流至长安城西南，注入泬水，使其水量增大，这样就保证了明渠水量的需求，以便满足供应城内诸宫用水。

泬水经过章城门后，被明渠大量截流，主流水量变小。而揭水陂北出之昆明池水于双凤阙南流入泬水主流，使其水量增加，从而满足了建章宫的用水。

由上所述不难看出，昆明池水通过揭水陂注入泬水，保证了汉长安城的用水，进而可以说昆明池是汉长安城给水系统中的重要工程。换句话说，没有汉武帝开凿的昆明池，汉长安城就会处于严重缺水状态，那将会是不堪设想的。

昆明池东出之水是有名的漕渠，它东北流经今西安市的鱼化寨、大土门，从长安城南郊礼制建筑群遗址南流过。又经长安城南部，至东北与清明门流出的泬水支流——明渠相汇合，又东北流至池底村南。漕渠在这里分为两支，一支北流入渭，另一支东流横绝灞水，再向东经华县、华阴至潼关，汇于渭河。漕渠主要作用有两个，一是用于漕运，二是供长安城南郊和东郊用水。这又是昆明池的另一重要功能。

三、昆明池的保护和利用

我们国家是文明古国，我们的祖先给我们留下了千千万万处宝贵的文化遗产。昆明池就是 2000 多年前先人给我们留下的一处重要文物古迹。我们如何利用昆明池这处古代遗迹为我们的现代化建设服务？我认为对文物古迹利用的前提是保护，而保护的目的是利用和发展其主要功能，使它更好地服务于现代社会，服务于全体人民。

对昆明池保护的原则什么呢？我认为主要就是要保证昆明池的原真性。首先就要保证在昆明池遗迹中的水面面积，这是最重要的。若没有宽阔的水面，利用就无从谈起了。我们欣喜地了解到沣东新城昆明池项目部在昆明池的建设规划中要向昆明池内注水的面积达 10.4 平方千米，这个水面面积虽然比古代昆明池水面面积小，但对现在严重缺水的西安市来说，这已是决策者们尽了最大努力了。希望在实际建设中要保住这个 10.4 平方千米的水面，千万不能再缩小了。

保证昆明池原真性的另一方面就是一定要让昆明池与周边环境协调一致。在实际建设中的理念和思想要体现出上林苑是当时的皇家公园，而昆明池是上林苑中极为重要的一个景观。虽然现在不可能恢复昆明池的环池列观，但也决不能在周边建设高楼大厦、高大的游乐设施、噪杂的商业街等，要和当年的昆明池景观保持协调一致。要保证昆明池周边有宽阔的道路和其外绿化带有足够的面积。

那么现在如何利用昆明池这处古代重要的景观为我们服务呢？其利用的思想基础应是要把昆明池的历史功能和现实功能统一起来，现实的功能要充分尊重历史功能，可以在历史的功能上有所发展，但决不可违背文物古迹要充分得到保护的原则。

昆明池是一个庞大的人工水库，在汉代它有供应长安城内及其周边地区用水的功能，还能满足附近灌溉用水。现在沣东新城要建成园林化的城市，没有充足的水源是不能实现的，同时附近居民也要大量用水，这些都需要充分发挥昆明池的供水功能。

昆明池注水后，将在很大程度上改善沣东新城的生存环境，宽阔的水面保证了绿化，调节了空气，使气候会变得湿润，当地居民都会在较为新鲜的空气中健康、快乐地生活着。

昆明池是当年皇家公园上林苑中最核心的公园，最重要的景观。现在西安市南有曲江公园，东有汉城湖，北有渭河公园，而在西安市西和西南部却没有大的水面，没有人们可以休闲的好去处。重新恢复的昆明池公园将填补这个空白，成为沣东新城中最大的公园，最核心、最有魅力的景观。它将会提升沣东新城城市建设的品位，在把沣东新城建设成花园式城市的过程中起到重要作用。

昆明池边有牛郎、织女石刻像，这里有关于牛郎织女美好爱情的传说和神话故事。班固《西都赋》载："临乎昆明之池，左牵牛而右织女，似云汉之无涯。"张衡《西京赋》亦载：昆明池"豫章珍馆，揭焉中峙。牵牛立其左，织女处其右"。在昆明池建设规划中要充分利用牛郎织女美好爱情传说这个非物质文化遗产[10]，建设一些相关的旅游设施，开展一些上档次的旅游项目，改变现在每年"七夕"节老百姓脏乱差、无序、封建迷信的活动。引导人们开展文明的、健康的纪念活动。

当年昆明池中放养了大量鱼鳖，供应陵墓祭祀、太官和长安市场，成为重要的水产品供应基地[11]。现在在昆明池遗迹中注水形成水面后，可以适当进行生态水产即自然水产养殖，食用鱼和观赏鱼都可以放养，千万不能进行人工养殖而导致污染水面。既让人们能吃到不同品种的鱼，同时又可以看到在池中游弋的各种美丽、漂亮的观赏鱼。当然这一切都是在保持水面清洁无污染的前提下进行的。

利用昆明池弘扬汉代文化，可以在池周围（昆明池边绿化带外面）建一些仿古民居、旅游设施，但是都要体现汉代文化的特色，要与当时汉代文化一致。要恢复池边道路，复原绿化植物，扩大绿化面积。把昆明池恢复到当年鱼翔浅底、水鸟展翅、莲荷茂盛、池水绿波荡漾的美丽景象中去。要让昆明池在把沣东新城建设为科技之城、环保之城、田园之城过程中发挥出决定性作用。

注 释

[1] 中国社会科学院考古研究所汉长安城工作队：《西安市汉唐昆明池遗址的钻探与试掘简报》，《考古》2006年第10期。

[2]《魏书》记载："秦中大旱赤地，昆明池水竭，童谣讹言，国中喧扰。明年，姚兴死。"《十六国春秋》卷五十八载：晋安帝义熙十一年（公元415年），"大旱，昆明池竭，童谣讹言，国人不安，间一岁而秦亡"。

[3]《魏书》卷四《世祖纪》（下）记载：魏太武帝太平真君元年（公元440年）"发长安五千人浚昆明池"。

[4]《旧唐书》卷十三《德宗纪》（下）："诏京兆尹韩皋修昆明池石炭、贺兰两堰兼湖渠。"

[5]《旧唐书》卷十七《文宗纪》：唐文宗大和九年（公元835年）冬十月，"发左右神箓千五百人乃浚昆明池、曲江"。

[6]《三辅黄图》："北宫，在长安城中，近桂宫，俱在未央宫北。周回十里。高帝时制度草创，孝武增修之。"

[7]《三辅黄图》："桂宫，汉武帝造，周回十余里。"

[8]《汉书·武帝纪》：太初四年"秋，起明光宫"。

[9]《汉书·武帝纪》：太初元年"二月，起建章宫"。

[10]《诗·小雅·大东》："维天有汉，监亦有光。跂彼织女，终日七襄。虽则七襄，不成报章。睆彼牵牛，不以服箱。"《古诗十九首》之《迢迢牵牛星》："迢迢牵牛星，皎皎河汉女。纤纤擢素手，札札弄机杼。终日不成章，泣涕零如雨。河汉清且浅，相去复几许？盈盈一水间，脉脉不得语。"曹植《九咏注》："牵牛为夫，织女为妇，织女、牵牛之星，各处一旁，七月七日得一会同矣。"（见《文选》魏文帝《燕歌行》注引）

[11]《西京杂记》卷一记载："武帝作昆明池，欲伐昆吾夷，教习水战。因而于上游戏养鱼，鱼给诸陵庙祭祀，余付长安市卖之。"《汉官旧仪》载："上林苑中昆明池、镐池、牟首诸池，取鱼鳖给祠祀，用鱼鳖千枚以上，余给太官。"

（原刊于《昆明池研究》，陕西科学技术出版社，2014年）

骨签的发掘·整理·出版（代后记）

李毓芳

1986～1987年，中国社会科学院考古研究所汉长安城考古队发掘了未央宫中央官署建筑遗址，出土了6万多片骨签。对此新华社发了消息，《人民日报》及其海外版和《光明日报》等各大报纸都进行了报道。这一重大考古发现震惊了国人，震惊了世界。孰不知这一重大发现的背后，凝结着我们考古工作者的多少心血。我是该项目发掘工作的主持人和主要发掘者，对此有着更深刻的体会。

1986年春天，我们在汉长安城内的前殿遗址西北850米、卢家口村东100米处钻探出了一座大型建筑遗址。为了大规模地展开发掘，先进行了试掘，开了两个探方，出土了不少建筑材料和数百片骨签。因土锈太重，我们把骨签运回西安考古研究室（考古所的派出单位）进行清洗，去掉土锈后，一个骨签上显出了一行中文数字。当时我深知这是一个重大考古发现的开始，立即跑到院子里高喊在外面照看修建研究室大门的刘庆柱（时任西安考古研究室主任、汉长安城队队长、发掘工作的主要参加者，同时又是我的老伴）说："快来看，骨签上出字了！"刘庆柱看了以后，高兴得合不上嘴，立即要求工人要更加细心地进行清洗，千万不要损坏了骨签。随着清洗工作的进展，骨签上的字显现得越来越多，有一行至六行字（四十多字）的骨签，还有未刻字的骨片。我们向考古所进行了汇报，决定1986年秋天对该遗址进行正式发掘。

1986年9月，我们开始对遗址进行全面发掘，发掘面积9790平方米。通过钻探，我们了解到该建筑遗址是一座完整院落，东西长135.4、南北宽71.2米。其被中部一条南北向的排水渠分隔成东西两个院落。我们首先在遗址东部开了T1、T4、T5、T6、T7、T8、T9七个探方。当时虽然已是9月份了，但是秋后"24个火老虎"还没过去，天气仍然还很热，不仅民工挖土、运土累得汗流夹背，我们工作人员也是热得头脑发胀、口干舌燥。

作为考古工作者，我们不但要关注发掘的遗迹不得被破坏，出土的遗物要随时登记的问题，还要不断地跟民工讨价还价（当时是用计时工和小包工同时并举的形式发掘的），尽量做到既少花钱又要高质量地完成发掘任务。

我们队共有刘庆柱、我、张连喜和杨灵山4名正式工作人员，杨灵山同志工作了半个月左右因家里有事返回北京了。由于发掘面积大，我们在各个探方间来回走，照看着发掘情况和出土遗物。每天骨签的出土量都很大，由于怕丢失，每人的神经都处于高度紧张状态，一点也不能松懈。每天下来，累得我腰酸腿疼（每天去发掘现场两趟来回就要步行9里多路）。累过度了，左腿就不能弯了，膝盖处好似万箭穿心，疼得我直冒冷汗，上床都很吃力。躺在床上，翻身都很困难（左腿膝盖半月板撕裂，早在1970年天津骨科医院就要我动手术换半月板，我没换。医生说保守疗法就不能劳累过度）。但我还是咬紧牙关硬挺了过来。

我们的发掘工作进展还算顺利，整个建筑遗址的东部为一套完整院子，我们称其为东院。东院东西宽57.2、南北长68.8米，院四面筑有夯土墙，一般现存高0.15～0.7米。东院内有南、北两排房屋，南排房屋有三座，其南为一长方形天井，北排房屋也有三座，院东北角门外有一座小房子，这可能是“门房”。北排房屋以南亦有一长方形天井，骨签均出土于每座房屋的墙壁附近。看着成千上万的骨签出土，我们欣喜若狂，劳累也就随之一扫而光。

在东院和西院之间，我们清理出了南北向的一条排水渠。渠上口宽3.2、底宽1.3、渠深0.8米，东院二号天井的水就是流入该排水渠中。二号天井西部发掘出用子母砖垒砌的地漏，地漏西接东、西向二条排水管道，管道由五角形水管组成，地漏内积存的水通过水管道流入排水渠中。

随着发掘工作的推进，天气逐渐变冷，1987年1月已是寒冬腊月，这给我们的清理工作带来不少困难。每天早晨开工时，地表面都冻了一层，铁锨一铲，就掉一大块土，甚至有时会伤及遗迹，为了避免出现这种情况，每天下午在收工之前，我们都要把第二天该清理的部分盖上一层干土，以防下面冻结。这样，第二天早晨发掘时，先揭掉浮土，再进行清理就不会使遗迹受损。这种防冻方法后来还被应用到其他遗址的发掘工作中。

在空旷的田野里进行考古发掘，刺骨的寒风吹透了我们的衣服，真是透心凉。我的脸上冻得青一块紫一块，还冻破了两处，直流黄水（当时我怎么就没想到戴一个厚口罩把脸保护住呀！直到1997年和日本学者合作发掘桂宫遗址时，我已50多岁了，才想着戴口罩保暖防冻，日方工作人员还效仿我也戴上口罩防寒），手背上都是冻裂的血口子，脚冻得生疼。骨签不断出土，我要不停地写标签，有时风太大，只好跑到探方的一个角落去写。有一天刮起六、七级的大风（这是西安罕见的大风），天太冷了，已很难伸出手干活了，民工大部分没有来工地，只有少数几个人拉着两辆架子车来干活。工作人员只有我和一个技工，风呼呼地刮着，人都好像要被吹起来似的。民工铲到铁锨上的土都被风刮跑了，根本无法装到架子车上去，大风刮得天昏地暗，我们一个个都成了“土人”。当时根本不能张嘴说话，我只能用手势告诉大家：“不要干了，暂时收工回家吧！”我和技工跑到卢家口村村长家避风，村长热情地接待了我们，给我们提来了一个小蜂窝煤炉子，让我们烤火，村长的老伴给我们端来了热茶。村长说：“你们干考古这一行太辛苦了。虽然是知识分子，怎么在农村受这个罪呀？”我说：“这算不了什么，干考古多年来都习惯了。”我们正说着话，张连喜同志从家回来了，风稍稍小了一些，我们就在村子里叫上民工又继续到工地干活去了。

时间过得很快，眼看春节就要到了，我们只好让民工回家准备过春节。我们把待清理的遗迹都用瓦片和浮土盖好，将已清理过的遗迹用塑料布覆盖，上面压上浮土，把出土的骨签和遗物都拉回了西安研究室。腊月二十八，我和刘庆柱骑自行车返回研究室，沿路看到的都是熙熙攘攘采购年货准备过节的人群。我们买了两只鸡和几斤带鱼，准备回去和独生女儿一起过春节（女儿从小寄养在天津叔叔家，直到小学五年级第二学期才到西安和我们生活在一起，我因天天下工地，根本就照顾不了她）。一进家门，女儿就和我紧紧抱在一起，她含着泪着说：“您可回来了，我太想你们了。”听她这么一说，我鼻子一酸，眼泪夺眶而出。干考古这一行我照顾不了孩子，她小小年纪就独立生活了。上小学时，中午放学回家，要自己做饭，蜂窝煤炉子火着得慢，有时她怕上学迟到，来不及做饭，经常拿个凉馒头就走了。上中学后，午饭可以在学校吃了，但早饭和晚饭她就饥一顿饱一顿地胡凑合。如今她已长大成人，但是留下了经常胃疼和肚子疼的病根。为了干考古，在孩子的成长中，我没有尽到一个做母亲的责任，愧对孩子呀！

农历正月初六，大多数人还沉浸在过年的喜庆气氛中，我和刘庆柱就骑上自行车赶往工地，准备继续发掘工作。我们到大刘寨村和卢家口村组织民工，寻找架子车，由于农民都很重视过春节，所以当时很难组织起干活的民工。经过我们反复动员，正月初八正式开工，在建筑遗址的西部开了 T2、T3、Tl0、T11、T13、T14 等六个探方。由于张连喜同志已在一月中旬去北京整理宁夏灵武窑的资料，故工地上的工作人员就只有我和刘庆柱两个人了，遗址发掘面积大，我们的工作十分紧张和劳累。

正月初十晚上，刘庆柱因劳累过度而病倒了。我们白天在工地劳累了一天，晚上还要提笔疾书。睡觉时，只要一关上灯，老鼠就肆虐横行，为此我们曾堵过几次老鼠洞，但都无法抵挡老鼠的进攻。有时刚出世没长毛的老鼠就从屋顶上往床上和地面上掉，令人作呕。老鼠大者近尺长，脊背上还有一条黑线，这就是传染“出血热”的黑线鼠。在黑暗中，大小老鼠一起出动，踩着电线，顺着烟囱，沿着墙壁跑到床上，吓得我们都把被子从头到脚裹得严严的，老鼠就在我们的头部、身上跑来跑去，还发出“窸窸”的叫声，我们根本无法入睡。我的枕巾也被老鼠咬了几个洞。一天早晨起来，刘庆柱发现在他的床上竟然有一只被他压死的小老鼠（1985年我们刚到汉长安城队租住的是农民的土坯房，房顶上、房椽间的窟窿里到处都是老鼠，好似老鼠养殖场。加之当时又没有对付老鼠行之有效的办法，我们吃尽了老鼠的苦头，从此，几十年来我一直对老鼠是既怕又恨）。这次刘庆柱的病倒是因为白天工作繁重，夜里老鼠横行，根本无法睡觉和休息，而使他的老毛病——“美尼尔症”又犯了。处于眩晕状态的他觉得房倒屋塌，一切都在旋转，又恶心、呕吐，已起不了床了。开始还能喝下几口粥，后来就干脆不吃不喝了。我劝他回西安研究室去治病，他说：“再等等吧。”他一连几天不吃不喝，我着急了，正月十三，我给西安研究室打了电话（当时还要到生产大队队部去打电话）叫来研究室的破旧吉普车接他回去治病。当我搀扶着他上了汽车后，哽咽着对司机说：“拜托你陪老刘去医院吧！谢谢了，我这里实在离不开。”看着远去的汽车，眼泪止不住地顺着我的两颊流下来。当时正巧有一个《光明日报》白钢记者来工地参观采访，他见到这情景说：“没想到你们干考古这么难呀！”（2017 年冬天，在栎阳城遗址工地上，白记者看见了我说：“我都早退休了，您还在工地上干哪！”）刘庆柱走后，只剩下我一个人，当时发掘面积虽然很大，但我还是咬紧牙关在工地坚持下来了。工地的发掘清理工继续照常进行着。正月十五这天中午，炊事员没做其他饭，让我们光吃煮的元宵（这是炊事员的好意）。下午我到发掘现场不久，就觉得肚子里翻江倒海，往下坠着疼。我赶紧往卢家口村边跑去找厕所。刚找到一个合适的地方，就见一条黄狗边叫边跑过来，吓得我飞快跑了，好容易才找到一个地方解决了问题。可以想象，当时我狼狈的状态是难以用语言来形容的。后来与日本合作发掘时，我们在工地搭建了简易厕所，狼狈不堪的现象就再也没有重演了。

刘庆柱的病还没彻底好就返回了工地和我并肩战斗。他说：“发掘面积这么大，我怕你一个人照顾不过来，我在探方里就是坐着不动，若有点什么事情，你也有个可以商量的人呀！”听了他的话，我感到全身都是热乎乎的。

我们在遗址的西部发掘出西院建筑结构。西院东西长73.2、南北宽68.6米，院四面筑有夯土墙，墙残高0.3～0.61米，遗址内有北排四座房屋，南排三座房屋，靠南门的地方还有座小“门房”。南排房屋以南有三号天井，北排房屋以南有四、五号天井。在西院内东部出土骨签较多，而西部出土的骨签较少。听农民说，主要是由于当时全国开展农业学大寨活动，进行农田基本建设平整土地时造成的，骨签都被挖没了。现在应该吸取这个沉痛的教训。

当年历史上罕见的“倒春寒”袭击了西安，也给我们的清理工作带来很大的难度。有一天突然下起了大雪，如果雪将整个发掘工地覆盖住，那么等雪融化之后，遗迹中原存的院墙、房屋墙壁等都会坍塌。为了保护遗迹现场，我们和民工一起在大雪天中扫雪，不让雪花停留在遗迹上。大家头上、眉毛上、身上都是雪花和冰碴，一个个活像“圣诞老人”。雪停之后，整个发掘现场没有留下积雪，这样我们的清理工作得以继续顺利进行。通过雪中扫雪，来保护遗迹现场，这条经验已经被应用到其他建筑遗址的发掘中去了，当时还传播到了兄弟考古队。

通过汉长安城考古队全体队员的努力工作，未央宫三号建筑遗址的发掘清理工作于1987年4月底胜利结束，出土了6万多片骨签和上千件包括建筑材料、生产工具、生活用具、兵器等在内的遗物。

发掘工作结束后，我们立即投入到紧张的资料整理工作中。通过资料整理，我们对骨签的内容有了进一步了解，对遗址的性质提出了自己的见解。

此次发掘出土的骨签主要用牛骨制成，完整者长5.1～7.4、宽1.3～3.8厘米，厚0.2～0.6厘米。从骨签上所刻的文字内容来看，大体分为两种：第一种多为物品代号、编号、数量、名称、规格等。这种骨签一般为一行字，少者一个字，多者十几个字。此种骨签主要属于弓弩箭簇等兵器和器物编号两类，如“服五石”“服弩力八石”“力一石”“乙七百八十九”“丙三千五百六十六”“第三万二千三百六十四”等等。第二种为年代、工官或官署名称、各级官吏和工匠的名字，如“二年河南工官令定丞立作府廷工反造”“天汉三年河南工官令醉守丞喜作府啬夫开工尧充”“始元年颍川工官令广守丞圣护工充作府佐志工婴工宽造”“六年内官第一”“五凤二年龙雒侯工□缮”等。

我们认为西汉时代的工官是管理手工业的官署，工官的主要产品是兵器，主要供皇室、政府和军队使用。该遗址出土的大量骨签应是设在地方的工官向皇室和中央上缴各种产品的记录。数以万计的骨签，从其纪年来看，自西汉初期延续到西汉晚期，基本与西汉王朝相始终，它们是被中央政府有意收藏的档案材料，而不是器物的“标签”或“标牌”。总之，该遗址出土的大量骨签应是西汉王朝中央政府备查的重要文字数据，它们属于中央档案。就骨签文字内容而言，它们一方面便于中央主管部门掌握各地有关工官和中央某些属官向中央“供进之器”的情况，另一方面又可作为质量跟踪的凭证。

从出土骨签的位置和内容，以及该建筑遗址的布局、规模和结构来看，该遗址是具有官署性质的机构，它应属于中央政府或皇室管辖的有关郡国工官的官署，而不是兵器库。

我们在整理骨签资料的过程中，因骨签上的字很小，且字迹模糊，辨认起来非常困难；而当时没有计算机等现代化设备，我和刘庆柱只能靠2.5倍放大镜作骨签释文，故我需要戴老花镜了，那时我才40岁出头呀！考古所副所长高广仁的夫人邵望平开玩笑说：“你这应算工伤，配眼镜的钱应由考古所出才对。”

骨签资料整理过程中给骨签拍照是很重要的一项工作。队上花了300元钱买了一个海鸥牌照相机，决定先照一万多片骨签，每片照两张，因为量太大了，为了省胶卷钱，我就通过一个在西影厂的熟人领路认门，在西影厂买了多盘电影胶片，用于拍骨签，效果不错，还节约了一大笔钱。照相师是唐城队的三个技工即李振远、王宏新、董慧杰。我负责取骨签、放骨签，一点儿都不能乱。因时间短、任务重，每天都要连照带洗印干到晚上十二点，当时的劳动强度可想而知，每个人都很累、很辛苦。我和刘庆柱商量给他们三人每天发点加班费，钱也不多，只是意思一下而已。拍照任务终于完成了。海鸥照相机也完成了它的历史使命（被摁了三万多下），不能再拍照了。2014年3月中华书局的总经理、副总经理来西安谈骨签这部书的出版协议时看到了这部分80年代拍的黑白照片，一致认为：“照片拍得不错，出版时可以用，这批照片太珍贵了。”这使我感到非常欣慰，当时的辛苦付出没有白费呀！

由于在该遗址的发掘整理工作中一直处于高度紧张和劳累状态，完成发掘简报的编写后我终于不堪重负，于1987年中秋节那天的清晨突发冠心病住进了医院。其实发病的前两天，我把所里派来给小件器物照相的马小宁同志送上火车回来后就觉得喘气困难了，研究室的同志见到我后说：“你的脸色太难看了，都发青了，嘴唇也发紫了。赶快到医院看看去吧。”我当时还觉得没大问题，继续上班，没想到中秋节清晨就喘不过气来了，当时站也不行，坐也不行，躺也不行，觉得憋气得很。因为我平时身体非常好，皮实得很，所以刘庆柱没有意识到我病情的严重性，就叫了技工贺超锋陪我到最近的解放军五一四医院去了，因为刘庆柱是西安研究室主任，当时有一件急事要办，就没到医院去。经过一位六十多岁的老军医诊断我是突发冠心病，要马上住院治疗。技工回研究室找刘庆柱要住院押金500元时，我独自在医院传达室门口等着，很伤心。要知道80年代得冠心病，当时的人们认为这是很可怕的、难以治愈的重病（到现在就不算什么难治的病了），今后就干不成重活和累活了。我不由自主地就擦起了眼泪，才44岁，难道我钟爱的田野考古工作就这样结束了吗？越想越后怕，也就越难过。我住进医院后，医生立刻采取了各种急救治疗措施。当时我吃不了饭，而平时我在考古所里女士中饭量是最大的，住进医院后一两饭吃得都冰凉了还是吃不完。每吃一口饭就会觉得心脏在乱蹦乱跳，非常不好受，过好大一会儿才能再吃第二口饭。医生多次会诊治疗半个月后，我才慢慢地能多吃些饭了。能吃饭了我就开始下床活动，继而到院子里进行各种体育锻炼（因为我平时总是穿一身运动服，故西影厂的不少病友还以为我是体育教师呢！）。就这样身体很快恢复起来了。在我住院期间刘庆柱既要到工地（少府遗址）去发掘，又要负责研究室事务，故他也很忙、很累，加之晕病时有发生，根本顾不上我。即使去了医院，他和女儿都会吃我在医院给他们订好的病号饭（医院病号饭不能随便多订，我给了订饭的同志两本杂志看后，他对我的家庭状况深表同情，破例让我订2～3份病号饭，别的病人看见了窃窃私语：“这个病人怎么这样能吃呀！”），根本没有能力在家给我做点可口的饭带到医院来。我出院当天在家属院院子里晒着太阳休息，研究室的同志们都以为我要好好休养一阵子。但他们哪里会想到，出院后第二天我就立即奔赴了中央少府遗址的发掘工地现场，又开始了新的一项考古发掘工作。出院时医生给我开了一大堆治疗心脏病和扩血管的药，还叮嘱我说：“一定要坚持按时吃药，冠心病的帽子戴上了就终生摘不掉了。”我是最讨厌吃药的，医生开出的药我一片没吃，但是为了保险起见就随身带着速效救心丸等救急的药品。出院后我曾犯过两次病，一次是吃速效救心丸就好了，另一次是到医院打吊针和针灸治好的。1997 年，北京治疗心脏病最好的医院安贞医院引进了当时全国最先进的检查心脏的设备，我赶紧去做了检查，结论是我的心脏未见明显异常，没有毛病。当时我心喜若狂，戴在头上冠心病的帽子 10 年后被摘掉了，再也不用带急救药了，这可能是我不依赖吃药、而且加强锻炼，不害怕得病、能积极地与疾病抗争，一直努力工作的结果吧！

骨签的整理工作始终没有停止过，而这大量的繁琐费时的工作又是和工地的钻探、发掘工作同时进行，可想而知，刘庆柱和我当时是怎样的付出了，因太过劳累，刘庆柱曾多次犯过程度不同的晕病。

1987 年，刘庆柱、李毓芳在整理骨签

2007 年以《未央宫出土骨签的发现和研究》申报的院重点课题批下来了。参加人员有我和刘庆柱、刘瑞、张建锋。张建锋负责扫描原来拍照过的黑白照片的底片。刘瑞负责录排每片骨签的出土时间、地点、颜色、保存情况、弯部朝向、规格（长、宽、厚），以及每片骨签的释文、行数和字数等。其余文字的编写工作、所有用图和照片的配置、核查及校对等全部均由我和刘庆柱负责。原来该课题结项工作定在 2011 年，但是因工作量太大，我就跟王巍所长商量延期到 2012 年结项，王所长认为这是实际情况就同意了。好景不长，没过几天，科研处就通知，因为考古所是进入创新的试点单位，所有课题一律在 2011 年 9 月底前结项，掐指一算还有两个多月了。于是全体工作人员以百倍的干劲，进入了结项的准备工作，向着 9 月份的结项做着最后的努力。还好，在 9 月份结项会议的当天早晨 9 点以前印好的几十本要发给评委们的材料送到了考古所传达室，这是徐龙国（刘庆柱的博士研究生）通过熟人在人民大学连夜印刷的。在会议开始前刘庆柱把材料（每套四本书）送到了评委手中。该项院重点课题顺利结项了。在这里要特别提出的是 2007 年刘瑞接受了录排任务后，当时正在参加广州南越王宫署发掘资料的整理工作，每天清晨 5 点他就起床开始录排，白天去工地整理发掘资料，晚上接着录排到深夜，用时 3 个多月把我和刘庆柱手写的骨签全部数据转化成电子版。这样就在突然要求院重点课题提前结项中起到了重要作用。

因为出土的骨签太重要了，对它的深入研究意义更大。作为院重点课题虽然已结项，但刘庆柱又申请了国家社科基金重点项目，该项目的参加人员为刘庆柱、我和刘瑞（因为我们是在一个考古队，工作起来就方便多了）。

2014 年 3 月 21 日为商谈出版骨签这部书的相关事宜，中华书局的总经理徐俊、副总经理余喆、编辑淡懿诚和王旭均来到西安——骨签的出土地。这足以看出中华书局对骨签这部书出版的重视程度（春节前徐俊总经理等曾到我们家拜访，当时就商谈了要出版骨签这部书的事宜）。当他们看到刻满字的骨签时赞不绝口，又看到了我和刘庆柱多年来整理好的全部骨签资料，认为出书的基础已打好了，决心不计代价要出版骨签这部书，因为这将是目前全国独一无二的大体量地对出土古代文献资料进行研究的重量级书籍。双方协商好出版相关事项后他们就回北京了。很快，4 月份刘庆柱在北京就在出版骨签这部书的正式协议书上签字了。全套书共九十册，主编刘庆柱，副主编我和刘瑞。与中华书局之间的沟通联络任务由刘瑞负责。第一册骨签的发现和研究由刘庆柱编写，其余全部由我和刘瑞负责。中华书局拨到考古所 50 万元的启动资金，由我们使用。

我们采购了质量较好的微距照相机和数台电脑。中华书局决定将 6 万多片骨签全部用彩版出版，同时还要出 4 本摹本、全部骨签释文表、每片骨签完整的信息表，以及根据释文做出的字表（文字编）。我们常年投入人力 8～10 人（还不包括刘庆柱、我和刘瑞）。工作基本上都在考古队完成，有关人员的分工、安排由刘瑞全盘负责和统一指挥。并且这项工作是在绝对不能影响正常的考古钻探和考古发掘的情况下进行的（几十年来我和刘庆柱出书、编写报告都是这样，也从来没有过节假日。即便春节在家期间，也还是伏案工作）。2011 年以来，以刘瑞为队长的阿房宫与上林苑考古队成立，钻探发掘的任务很重，同时开几个工地，工作量很大，并且还要整理材料编写报告，故节假日均不能休息，只有春节才能回家。跟中华书局签订骨签这部书的出版协议后的几年里，我们队曾同时开了四个工地（昆明池遗址、阿房宫遗址、栎阳城遗址、渭河古桥遗址），可以想象，工作量有多大了。

给骨签照相耗时 8 个月，还要配上原释文给中华书局寄出；释文编 72 册，每册均为 300 页，共有 900 个骨签的释文和照片。一校本陆续寄回来，繁琐的校对工作又开始了。在校对一校稿的过程中我们还做了社科基金重点项目的结项工作。由于我们工作认真、细致，结项所印材料送交院科研局后，2017 年 10 月院科局通知刘庆柱以“免于鉴定”的鉴定等级通过结项，这种情况在全社科院内都是很少见的。

2016 年春节还没过完我摔了一跤，动了大手术，置换了全套髋关节，在床上以半躺半坐的姿势做了一件与骨签相关的工作。即关于出土骨签遗址的性质问题，我们认为该建筑遗址是中央官署遗址——中央档案馆，而有些人说是武器库，怎样才能反驳这些认识呢？因为刘庆柱要写第一册发掘报告和研究部分就把一些相关发掘资料带回了北京。我就在卧床休养期间，把遗址中十六个探方内出土的武器类遗物详细的出土位置做了登记核查，清晰地确定 589 件武器类遗物中只有 17 件出于房内，而其余大量武器类遗物均出自院内和院墙外面。难道汉代人会把武器库内的武器都存放在院子里和院墙外面而不放到房内保存吗？关于该遗址内武器类遗物出处的详情已经在刘庆柱编写的第一册中表现了出来。

当中华书局把释文编一校本发过来的时候，刘庆柱要求我们三个人每人各校一遍。紧张的校对工作开始了，除了到钻探、发掘的考古工地外，就是白天晚上地进行校对工作。这与普通的论文、专著不同，要对着 6 万多张骨签的照片来校释文的对与错。有为数不少的骨签上字迹模糊不清，看起来就更费劲了。2017 年 5 月由于过度劳累，刘庆柱的双手疼得不能动了，已经提不了东西了，甚至很简单地用鼠标点击骨签照片也会疼得非常厉害。北京医院要对他的双手同时做手术，他不同意。他认为如果双手都开了刀，生活肯定不能自理了，那还怎么工作呀？鉴于这种情况，为了尽量减少他双手的劳累程度，于是我向他建议不要再校骨签的一校稿了，只要很好地完成第一册（骨签的发现和研究）的编写工作任务即可。因为刘庆柱还承担了很多实在推不掉的社会工作，他迫不得已接受了我的建议。至今他的双手还怕沾凉水，坐飞机或火车已无力把行李放到行李架上，劳累过度，双手就会很疼。

这样一校稿的校对工作主要是由我校一遍，再由刘瑞校一遍。由于任务繁重，工作量太大（工地发掘工作也不能停），全体工作人员自2017年4月至2018年2月期间，每天白天正常上班，晚上还要干到9点才下班。我在2017年只是检查身体和年终汇报才回了北京两次，因为太忙了，也没能回北大参加我们毕业50周年的纪念活动，同时我还放弃了一年一次的全国劳模休养。2017年春节前夕我背了一本校稿回北京，利用春节期间校对完成。刘瑞则要在负责考古队的全面工作外，还要外出开会、讲课等，这时他就会带上校稿抽空校对。这一年里，刘瑞也没时间回山西老家看望父母，年迈的父母只好到西安来看儿子。可是刘瑞每天早出晚归，连与父母说说话、在一起吃顿饭的工夫几乎都没有。其父母怕影响刘瑞的工作只在西安待了两天就回去了。在大家共同努力下，一校稿终于校完了，在2017年11月初全部给中华书局寄出。我和刘瑞又各校了一遍摹本（一套四册），也给中华书局寄去了。这里要指出的是中华书局编辑部俞国林主任对该书的出版工作非常重视、各方面抓得非常紧，保证了该书在出版过程中各项工作能有条不紊地顺利进行。编辑朱兆虎只休了三天婚假就来上班了。他认为这部书的编辑工作难度大、工作量大，但同时他也认为能负责这么大部头、这么大体量、这么重要的书籍的编辑工作也是非常荣幸的。一个人一生中能遇到几次这样的机会呀！

很快二校稿的校对工作又开始了，同时字表、重照骨签照片、录释文表等工作一直没有停止过。二校稿的校对工作从2017年11月份就开始了，对于每册校稿都是我和技师刘贤鹏各自先校一遍，然后我们再在一起核对一遍，在这基础上，刘瑞再校一遍。为了减少错误，刘瑞又把修改过的释文寄给刘庆柱进一步修改，请刘庆柱再把一次关。对刘庆柱提出的意见，刘瑞再进一步核实和修改。在做字表和释文表过程中还要不断发现问题，不断修改和解决问题。最后刘瑞才把二校稿本寄出。中华书局又陆续把三校本寄来了，我们又对三校本进行了仔细、认真、负责的校对。这一切都是为了给社会给读者供献出一部合格的巨著。

现在，骨签这部书就要出版了，回想起我们的付出历历在目！

众所周知，刘庆柱社会活动多，平时太忙了。我总担心他身体出问题，因为在2014年初他的心脏刚安装了三个支架（要命的是在主血管里有两个连接起来的支架。当年病危抢救他就是因为主血管马上就要堵死了）。作为这部书的主编，他责任重大，除了要掌管全局，还要担任全书最重要的第一册的编写工作和校稿工作，还要时常到考古队来解决与此相关的工作中的具体问题，当然用电话联系是经常的事。今年（2013年）入夏以来，北京的桑拿天已让人难以忍受，他还要白天晚上地校稿，要保证把刘瑞寄给他的二校稿释文内需要核对的部分尽快看完再给刘瑞寄回去。因为太费眼睛，他的视力减退了，又赶忙花了近三千元去大明眼镜公司重新换了镜片，以利再战。当手疼的毛病犯了，他就揉揉手，在热水里泡一泡……我多次警告他要悠着点劲干，千万不要因劳累过度再“二进宫”（再因病危到医院抢救）。他总是在电话里跟我说：“你放心、没事”。今年夏天西安最高温度是42℃，他在40℃上下的8月初来到考古队修改他写的第一册校稿，深刻体会到了高温的“魅力”。9月24日刘庆柱再次来到考古队，在全面了解了关于骨签各项工作进展的情况后，非常满意。同时他又白天晚上连轴转地校对和修改中华书局寄过来的第一册的三校稿。谢天谢地，他能以良好的身体状态坚持到了这部书的出版，让我感到很大的欣慰。要知道我对他的身体总是提心吊胆。我要求他每晚都要给我打个电话，向我报个平安，我就踏实放心了。

我和刘瑞在考古队除了正常的考古钻探和发掘（“秦汉栎阳城遗址的发掘”还被评为了2017年度的全国十大考古新发现）外，室内主要就是做骨签的图书出版工作了。同时还要出版《上林苑发掘报告》，以及社科院安排的可移动文物普查登记等工作。

为了完成骨签字表编写工作，刘瑞要求全体工作人员自8月初至8月20日（正处于西安的高温期）每天晚饭后再上两小时班。在以技师张朋祥为首的全体工作人员的努力下按时完成了任务。

自释文编的校对工作开始，我每天室内的作息时间是：早晨5点10分起床，5点30分吃早饭，6点出去锻炼，6点40分回来，7点左右进入工作状态。中午饭后不休息，风雨无阻地出去快走40分钟（有时会用打乒乓球代替），回来后边泡脚边校稿。晚饭后再出去快走40分钟，回来后接着做校稿的工作（当然要去发掘现场或有其他活动就会有变动）。2017年11月始进入二校的工作。2018年春节过后我和刘瑞先于其他工作人员回到考古队，继续做二校的工作。后来刘庆柱跟我说争取10月份出版这部书。我向刘瑞转达了这个意见，刘瑞说：“这没问题，要在7月底把释文编二校本全校完寄给中华书局。”经过我们的努力，7月31日按计划把二校本全部校完寄出了。紧接着就开始了三校的工作。终于在9月30日（共和国生日前夕）把释文编七十二册陆续校完的三校本全部寄给了中华书局，这就为中华书局能在10月中下旬开始印刷奠定了基础。我们大家都感到身上的压力稍稍减轻了一些，因为释文编是全书难度最大、麻烦最多、工作量也是最大的一编呀（当然以后还要校对考古编、摹本、字表等）！

这一年（2018年）夏天，西安的高温期太长了，从6月下旬开始一直是40℃上下，最高温度为42℃。中央气象台天气预报显示有10天左右，都是全国最高温。至8月29日才降至37℃，8月30日～9月1日，为36℃，大家看到了降温的曙光，9月2～4日均为32℃，我们感到很满足，觉得凉快多了。高温时期室外温度60℃左右（西安电视台播报的），室内温度为35℃上下（我房子里的温度计显示出来的）。床上的凉席摸着都很热。我的宿舍兼办公室在一楼，而在二楼办公的刘瑞和其他工作人员就会感到温度更高了。我们降温的工具只有电扇。因为农村电力不足，若用电量大了轻者会掉闸，重者村内变压器都会被烧坏，就会长时间断电、停水（吃水、用水靠用电从井内抽上来）。那样的话不但影响了工作还影响了生活。为了不影响工作，考古队买了太阳能发电设备，但只能维持开计算机，同时还要减少所用电扇的个数。可想而知我们在高温期是怎样工作的了。我们在东马坊宫殿建筑遗址的发掘工地就是在6月份开始的，为了防暑降温，工地每天烧绿豆汤，还给工人发藿香正气水，并调整了适应工地高温下发掘的作息时间。在室内炊事员也每天烧两锅绿豆汤，我每天要喝三大碗（农村吃饭用的大铝碗）解暑。我的小叔子和弟媳还从天津打来电话，他们是从电视里知道了当时西安是全国高温冠军，千叮万嘱要我保重身体，不要中暑。每次到发掘工地去，我都要带着水随时喝、并拿着一条毛巾不停地擦汗。在室内校稿时，我一手拿着鼠标一手拿着毛巾擦汗。右胳膊的汗水把胳膊和桌子面都黏到了一起，每当右胳膊随鼠标移动时，都会发现肉皮被黏住了，我还觉得非常可乐，不由自主地笑起来。我擦汗的毛巾用过半天后就会拧得出水来。因为天气高温沤热，我的脖子一圈和胸前都长满了痱子，刺痒得非常难受，每当晚上睡前往痱子上面搽抹祛痱止痒的六神花露水时又觉得特别杀疼，可能是药效起作用了吧。我每天大剂量地擦抹花露水，随着温度降低痱子才消失了，折磨了我两个多月呀！

因为久坐校稿，动手术的右腿又僵又硬，扶着桌子才能艰难地站起来，髋关节上部很不舒服，严重时有痛感，届时我就要用右手按摩几下，才能好受一些。因为坐着腿弯曲时间较长，半月板撕裂的左腿膝盖晚上睡觉时只要腿稍微一弯，膝盖就会疼痛难忍，所以整晚上左腿只能伸直睡，很难受。2016 年冬天，刚搬到这座房子时，我上二楼爬台阶走得较稳，而现在只能扶着栏杆上下台阶了。最麻烦的事情是右手一拿起鼠标右手拇指、食指、中指及右手背左半侧就会麻酥、麻酥的，同时右脚心也开始发麻，我就使劲跺脚才能缓解。由于长时间看计算机里骨签照片上刻的字很费眼睛，尤其是有相当一部分的字迹模糊不清，就要死盯着看，才能分辨字的笔画，确定是什么字，久而久之，视力就减退了。几年前刘瑞给我买了一张视力检测表，一开始我在 3 米外右眼能看到倒数第二行，现在只能看到倒数第八行了，左眼视力已退至 0.3 了。现在 10 米以外我看人的脸上五官模糊，分不清眼睛、鼻子和嘴，都连成一片了。但是只要为社会能奉献一部非常有价值并能传承下去的书籍，身体受到一些损害又算得了什么？再大的牺牲也是值得的。

从去年（2017 年）冬天至今年（2018 年）夏天考古队发现了老鼠，我们对老鼠发动的第一个战役打响了。我要工人在阎良区的集市上买了老鼠药（平时买不到，怕毒死人）和粘鼠板。之前也买过粘鼠板、捕鼠夹子等都没能阻挡住老鼠的猖狂。一天清晨 5 点多钟，我和炊事员眼睁睁地看着一个肥嘟嘟的灰毛白肚皮的大老鼠从灶房跑出来了，又爬上台阶很高的楼梯上了二楼，钻到刘庆柱的房子里，见没有可吃的东西就跑到写字台上，把二楼窗户的纱窗咬了个窟窿跳窗逃跑了。这次我们在老鼠跑过的路线上都撒了气味芬芳的老鼠药，铺上了高效的粘鼠板。功夫不负有心人，共粘住了八个小老鼠（有一次同时粘了两个）。那个大老鼠吃了毒鼠药后在屋子里难受得乱跑乱撞，被工作人员围追堵截乱棍打死了。这样屋子里暂时得到了安宁。今年夏天又发现了一个大老鼠，对老鼠发动的第二个战役又开始了。我们同样在房子外面、屋内墙根处、柜子边上都撒上了最新购买的毒鼠药并铺上了粘鼠板。旗开得胜，第二天清晨就粘住了一个半大老鼠。那个大老鼠被隔壁邻居粘住后打死了。我紧绷着的神经才稍微放松了一点。由于我采取的措施得当，通过严防死守，老鼠没能钻到我的房间里。一旦我的房子里进了老鼠，对我来说就将无安宁之日了，太可怕了。要知道在农村干了几十年考古的我，最怕的就是狗和老鼠。

自从刘庆柱和中华书局签订出版协议那天起，最忙最累的就是刘瑞了。刘瑞是考古队队长，负责考古队的全盘工作，业务上的事由他全面部署和安排，生活上的事也要他操心，甚至还要在网上采购米、面、油、酱油等。刘瑞还要负责与国家文物局、陕西省文物局、陕西省考古院、西安市文物局、西安市考古院、阿房宫保管所、汉长安城保管所，以及西咸新区、沣东新城、沣西新城、未央区、阎良区及街道办、村委会等各部门的联系和沟通。与基建单位谈判、付款、结账等事宜都要刘瑞管。当然我们最主要的工作是工地的钻探和发掘工作。我们白天要到发掘现场去，晚上刘瑞还要看技师从工地发来的相关遗迹及出土遗物的信息，随时掌握发掘工地的全面情况。有时刘瑞会叫我一起去看，我们会一起研究、商量下一步该怎么挖、在什么地方钻探、遗物如何处理……我们也会发生争论，当然最后是以达到统一而告终。刘瑞的社会活动慢慢多起来了，他要去参加各种学术会议（当然为了出版骨签这部书，他推辞了不少会议），还要参加各种论证会、要去各单位和大学讲课，还要参加国家文物局组织的对某些遗址的考察及对遗址公园的评估活动等。刘瑞还要经常回北京到所里开会、办事。此外我们工地接待八方来客任务繁重，有中央到地方的各级政府官员及人大代表、政协委员，还要时常接待来访和参观的中外专家、学者和各类学生。每次来人我们都要热情接待，刘瑞要做详细讲解。有的来访者还需要我们款待，为了省时间，我向刘瑞建议在工地灶上吃饭。在灶上招待客人比较简单，就吃炸酱面或吃饺子，大家吃得都很高兴说："非常好吃！"这样就为我们节省了大量的陪客人的时间。刘瑞还要抽出时间不厌其烦地接受从中央到省、市、区的报纸、电台、电视台的数十家新闻媒体的采访。他还有一个任务就是给各个相关部门写汇报材料，还要替有关部门有关单位甚至个人写不同用途、不同字数的上报材料。

在我们做骨签这部书的出版工作的同时，我们队还在整理编写《上林苑发掘报告》，刘瑞自己还有秦封泥的社科基金项目要结项、还要出版他80多万字的博士论文。天哪，一天就是24小时，刘瑞怎么能同时做这些工作呀！他的时间就是从睡眠时间和休息时间里挤出来的。他起得早，睡得晚。每天早晨不到7点就到考古队了，晚上10点或10点多才离开。每次走时还让我早点休息，因为他走了我才能反锁考古队的大门。他出差在火车上，或候机时、在飞机上就校对他的博士论文，终于把稿子给出版社寄出了，算了了一件事。要知道出版社已经催他好多次了。《上林苑发掘报告》的最后一遍的校稿又到了，他就利用八月节晚上到研究室值班的时间去校稿。9月28日刘瑞把校对过和修改完的报告稿件送到了出版社，只待正式出版了。为了节约时间，刘瑞外出开会、讲课来去都是买晚上的飞机票，到外地的时间都是半夜12点，有几次都一两点钟了。为了节约时间，每次回到西安，只要是晚上九点以前，刘瑞都会回到考古队来忙碌。外出开会只要他发完言了，他就会返回考古队工作。今年（2018年）6月份当我向刘瑞转达了刘庆柱要求10月份要出书的意见后，刘瑞和全体工作人员更是以百倍的努力按计划把校对完的释文编二校本和三校本分别于7月底和9月底全部寄给了中华书局。同时8月下旬经过刘瑞多次核查后的文字编也寄出了。几年来刘瑞的付出和辛劳是显而易见的。只要不外出，他就会从早到晚坐在计算机前看稿（只吃早点和一顿午饭）。高温期，二楼比一楼热得多，一上午或一下午擦的汗就可以使两条毛巾拧出水来。因为长期看计算机里骨签上的字，他的眼睛过早的花了。因为久坐，两条腿膝盖疼得厉害，有时他看稿的同时用盐袋热敷双膝，但是收效不显著。一次到工地蹲下去清理墓葬墓门上的纹饰时，他很艰难地扶着工人才站起来。看得出来膝盖疼的程度比较严重了。他跟我说现在上楼梯有时都要扶着点栏杆了。但是刘瑞总是能以旺盛的精力、饱满的热情，以弹钢琴的方法、利用"运筹学"做着每一件工作，出色地完成了每一项工作任务。骨签这部书还没出版，我们已经在筹划着下一步要出的书了（初步决定要出3～4部书，现在早已开始做准备工作了），刘瑞就是这样一个忘我的、永不知疲倦、永不停止前进脚步的人！

本来应该在骨签这部书出版后再写这样的回忆，但是后来考虑要让大家了解在骨签发掘、整理、出书过程中我们的艰辛和付出，更是为了让大家全面了解考古工作者真实的工作和生活，就和中华书局商量，提前编写，并放在全书九十册的第一册的后边（即为第一册的最后部分）。该书正式出版前还有很多校对等后续工作要做，在这里我就不能再叙述了。从骨签的发掘、整理到最后出书是我们考古工作者对社会应尽的一份责任，也是我们考古工作者对社会的无私奉献！

（原刊于《汉长安城未央宫骨签》，中华书局，2018年）

站起来了，又能继续在人生的轨道上行走了

李毓芳

2015年11月7日，我到河南新郑去开会，住在郑州大学。天黑上台阶时，摔了一跤。回到西安后照样去钻探和发掘现场，觉得没什么。后来觉得腿部不适，去做理疗。经拍片检查，医生诊断为股骨头骨折，建议我做手术置换，我当时坚决不同意。后经吃药、贴膏药等，我觉得病痛有所好转，认为没问题了，就照样在工地钻探发掘了。

天有不测风云。2016年春节过后，正月初八，午饭后，我照样去锻炼，顺便把垃圾带下楼去扔掉。在倒垃圾时，居然在平地上，由于右腿没站稳，摔倒了，滚了一溜滚。自己爬起来，回到位于12层楼的家里。当时觉得腿疼得不严重，但是到了晚上，感到疼痛加剧了。我老伴给女儿打了电话，决定第二天早晨陪我去医院拍片检查。负责拍片的刘医生看了片子后说："赶快去住院吧！髋关节处都乱成一堆了。"我听了还不以为然，觉得要是经治疗医生诊断只是扭了筋，那我就可以取些药回家了。当医生仔细看了片子后说："股骨头、股骨颈都骨折了，必须住院动手术。"当时我听了，如五雷轰顶，问医生："做手术的话，我何时能恢复正常活动？何时能打乒乓球？"医生说："一个月后，什么都行了。"而实际上这是不可能的，医生这样说，只是为了安慰我，说说而已。

很幸运，当时骨科还剩一个空的女床，我便顺利地住进了医院。那天是星期一，种种原因，要到星期五才能给我动手术。星期四是全骨科做病案分析。我的病例成了典型，医生还把我在陕西拍的片子要来，同北京拍的片子一起讲解，进行综合分析。医生们认为两次摔跤，摔了同一条腿的同一个地方，这在病例中很少见，此次摔跤，能把髋关节摔得这么严重，亦不多见。故治疗医生团队通过病情分析，做了详细的手术方案。主刀医生对我说："鉴于你今后生活、工作的活动量还很大，你的体质还好，所以我们决定给你不但换股骨头、股骨颈，还要给你换股骨头上的盖。而其他年龄大的人，活动量小，体质较弱的人，我们就不给换盖了。换了盖后，你就会是用钢质的股骨头去摩钢质的盖，用的时间就延长了，也会适应你今后的大活动量。"我当时对医生说："谢谢你们了，我只是希望你们快点把我从苦海中拯救出来。"当时我的右腿疼得已不能着地了，也疼得一点觉都不能睡觉了。

2月19日，是我难忘的日子。早晨7:30我被推进手术室。原定手术时是局麻，后改成了全麻。手术顺利完成。12:30我被推回了病房，成了"钢铁战士"。

第二天早晨，医生查房时，就叫我下地走。我拄着双拐在病房里走了一圈，腿一点都不疼了。从此，我在住院期间，就拄着双拐上厕所，每天还到楼道里活动几次，生活上完全自理了。同病房比我早做手术的人，都很羡慕我。因为种种原因，她们都做不到我这样。每天清晨

4点左右，我就醒来，开始在床上做各种动作锻炼（腿好时一直这样）。手术后，医生要求卧床休息。但是在第二天清晨，我照样想坐起来，但很费劲。我想必须过这一关，不然老躺着，腰会躺坏的。我两手拉住病床两边的栏杆，咬紧牙关，一点一点往起坐，尽管很慢，可是终于自己能够坐起来了，我又能在床上做从头到脚的按摩和拍打动作了。从此以后，我既能在床上练，也能同时在地上拄拐练。这样手术一个星期后，医生非要我出院，我说："希望拆线后（手术后18天拆线）再出院。"医生坚决不同意。我说："为什么比我先做手术的同屋病友一个出院的都没有，而非让我出院了？"医生说："这是病情需要，你比别人伤口长得好，就不能占床位了，有人还等着住院做手术呢！"于是，我女儿叫了救护车，连同我们请的护工一起回到家中。出院那天早晨，手术组组长还叮嘱我："您一定要保证起码的六周时间是卧床，不然伤口长不好！"

在家里护工负责护理我，做饭、洗衣服、收拾房子。此外，一项重要的任务就是对我严加看管，不让我轻举妄动，主要是卧床。当时我除了有"言论自由"外，行动上一点自由都没有，如同住进了监狱。加之当时社科院对家属院进行改造、修缮，每天敲砸声、电机声吵得两人当面说话都听不见。我心里特别烦躁，又不能出去躲一下，感觉这样的日子何时了呀！直后悔不应去倒垃圾，不该栽这个跟头……觉得自己快要疯了。刚开始，我还让来看我的人看在医院拍的片子，后来因太伤心，就不拿出片子让别人看了。经过我的哀求，护工才同意我每天中午12:00～13:00在凉台上开一扇窗户，拄着双拐站在那里"放风"。当我看到了窗外的马路、行人、大小车辆……心里才稍微平静了下来。

随着时间的推移，我逐渐冷静下来了。认识到自己要承认现在不能动的现实，并且要面对这个现实。既来之则安之，要在战略上要藐视敌人，战术上要重视病情这个"敌人"。我相信自己能行，我有信心和决心将来会有一天能和正常人一样生活、工作，不要给别人添麻烦。现在我躺在床上也不能坐以待毙，要干些事情。出院才四五天，我的伤腿就全部消肿了。护工认为这是因我体质较好的原因，这给了我很大的鼓舞，据护工说其他人消肿没有这么快。手术后十几天，我又顺利地拆了线（当然去医院都是叫救护车往返的，免得因为颠簸而改变全套钢的髋关节在体内正确位置，这会再次受到损伤，严重了还要重新开刀），这些都让我更加增强了能够快些好起来的决心。于是我加紧了在床上的各种动作训练，把时间延长，次数也增多了，并且还在床上半躺着翻阅了各种新的《考古》《文物》杂志及相关书籍。根据我们所担负的社科基金课题的需求，我把汉长安城未央宫三号遗址的出土遗物全部审阅了一遍，并逐一登记了各探方武器类遗物。总结出了各种武器类遗物的具体出土地点，为进一步确定该遗址的性质提供了极为重要的资料，这将会有力证实未央宫三号遗址是武库而不是档案馆，捍卫了考古实事求是的尊严。

我不但加紧床上训练，同时开始腿部训练。每天早晨下床后我拄着拐练习高抬膝的动作，踢腿、抡腿的动作从25次增加到50次、100次、200次、300次……当然，这些都不能让护工看见。每天早、中、晚三顿饭后，我都要拄着拐在屋子里走一会儿，护工不放心，怕我滑倒，在后面跟着走，时间长了，她就不跟着走了。我也就得寸进尺，把练习走的时间加长，每次走的时间从10分钟增到了30分钟，甚至40分钟。后来又在早饭与午饭之间，午饭与晚饭之间，各增加了半小时的活动。后来我在中午"放风"阶段，乘护工休息不管我的空当，就扔掉双拐，在凉台上走来走去，一开始走 50 步、100 步，后来增到了 200 步、300 步……我看自己能脱离拐棍走路了，就乘护工出去买菜时，扔掉双拐，在屋子里自由地走来走去，当听到护工回来的脚步声时赶紧上床躺下。就这样两个半月过去了，护工看我拄着拐走得相当平稳了，说：“你先扔一个拐，练习走吧。”我说：“要扔掉两个拐，用单拐我不会走。”护工同意了。但是为了保险起见，她坚持要我拄一个拐棍走路。我同意了。过了几天，我便提出：“我能扔掉拐棍出楼去走吗？”护工说：“你行吗？”我说：“就得出去练习呀！不能三个月后到医院复查时，拄着拐去，出租车司机见了都不愿意拉咱们。我就跟着你到外面练习走路吧！”护工觉得我说得有理，想了想，就同意了。

这么多天第一次走出楼门，到了院子里，看见了熟人，打招呼，太高兴了，真有二次解放的感觉。因为是第一次出来走，我也很紧张，害怕摔倒，因此使劲拉着护工的手，不敢撒开。护工说：“阿姨，我胳膊都被拉疼了。”一开始出楼走时，我的腿打软，护工也害怕，怕不小心我就会摔跟头，所以她也死拽着我，不敢松开。我和她一起出去，她总是把我放到一个地方，千叮咛万嘱咐要我站着不要乱动后才去办事。但是等她走远了，我就在便道上练习躲车、躲人，慢慢地走。看到护工回来，我马上站到原位不动了。护工看我还在原地站着，特别高兴。就这样，我拽着护工走了三四天（每天早饭后、午饭后、晚饭后都出去练习走路）后，我跟护工说：“咱俩不用拉着走了，让我单独慢慢地练着走吧！”就这样我自己独立练习走路，一直到三个月后去医院拍片复查。医生看了片子后说：“肌肉已把髋关节的全部钢结构都包住了，现在每天能走多少路？”我说：“每天走三次，每次 40 分钟左右吧！”医生说：“很好，一次能走二里多地了，现在自己能穿鞋、穿袜子吗？”我说：“不能，都是护工给穿，我没练习过。”医生说：“只能给你打九十分，回去练习吧。”回家后，经过两天多的刻苦练习，我终于自己穿上了袜子，穿上了鞋（穿袜子比穿鞋费力的多），但是很费劲……

护工在我家呆了三个月后走了，一切都要自力更生了。我老伴的弟弟从天津赶来，又给做了一星期饭。他走后，我自己买菜做饭。每天三顿饭后我都要出去锻炼，做头部、腹部、四肢的运动。又练习过马路，上过街桥、下过街桥，爬坡上下台阶……我觉得自己已经能行了，就给我的领导——考古队队长刘瑞打了电话，说明情况，认为可以去西安工地了。他听了很高兴，说：“我回北京所办事，然后和您一起返回西安吧，这几个月可把你憋得够呛了。”

在经过了这场磨难之后，于 2016 年 6 月 17 日，我和队长一起乘高铁又回到了我工作多年的考古队，太激动了。又见到了一起工作的小伙子们，又听到了陕西农民的乡音，倍感亲切……因当天的温度已达 38℃的高温，晚上就起了一身痱子（尤其是脖子和肩膀、前胸居多）。

在考古队，我经历了西安几十年以来少见的持续达两个月的高温天气，每天都在 38℃、40℃、42℃，最闷热的一天，屋子里开了两个电扇，室内温度还高达 37℃多，可想而知，外面气温有多热了，人已喘不过气来了。人们见面说的话题，就是什么时候能降点温呀！都快挺不住了，快下点雨吧……在这样炎热的天气里，除了正常地去工地钻探发掘外，我仍然坚持每天三顿饭后的锻炼，咬紧牙关从不间断。现在我已经走得更硬梆、更稳当了，可以适应工地的各项工作了。

为了帮助我更好地回归生活，考古队的炊事员除了不断纠正我的走路姿势外，还利用午休时间陪我去练习乘坐公交车。在来西安工地之前，我在老伴的陪同下，练习了一次如何上下公交车，当时自己紧张、害怕。下车时站不稳，差一点摔了。回到考古队，某天中午饭后，我和炊事员去练习乘坐公交车，我们每两站就下来，共练习了八次上下车，取得显著效果。我心里不再紧张、不再害怕了，并总结出了上下车的经验：不管是上车、还是下车都要用左手扶住车门栏杆，然后一腿先上或先下车，站稳后，再动另一腿。这样就很稳当了，也不用害怕了。后来我回京到院工会办事，都是坐的公交车，很顺利地往返，基本上没问题了。

今年9月我到山东烟台，如期参加了全国劳模一年一次的休养活动，往返都是乘的飞机，这也是手术后第一次坐飞机。事实证明，我以后乘飞机也没问题了，这样就为以后能够到全国各地去参加各种学术活动打下了良好的基础。正如主刀医生助理对我说的："今后你坐火车、飞机，爬坡、上下台阶都不成问题，以后你想干什么都行，不会影响你的正常生活。"事实证明，我是在用行动逐步实践他说的话。

在西安考古队期间，除了正常工作外，我还参加了几次全国性的学术活动：如参加了"中国古代水利设施保护研讨会"；"全国秦汉史学会高峰论坛"；到洛阳参观考察了新发掘出来的曹魏后妃大墓、函谷关遗址、汉魏故城队新发掘出来的遗址；到广西北海市参加了"国际汉代文化学术研讨会"，并坐轮船乘风破浪去海岛上参观游览；到广西兴安县参观了红军湘江战役纪念馆、参观了秦城址及出土遗物、又参观了著名的秦灵渠遗迹；到广州参加了城市考古学术研讨会，后去阳江登上了"南海一号"宋代沉船；到陕西凤翔县参观了战国至汉代的国家级祭祀遗址；2017年元月受邀到广州参加了公共考古活动，并做了关于秦阿房宫的演讲。以上这些学术活动，我均没有因为腿伤受到影响，看来我已经与正常人的生活无异。

我的髋关节已换成了全套（股骨头、颈、盖）的钢结构，医生说这是不多见的。同事、熟人、朋友也都夸赞我腿功能恢复得比较快。我想这与我体质好，加强练习是分不开的；更与考古所领导、所老干办、阿房宫、汉长安城、汉魏洛阳城考古队以及所内在职的年轻同志和退休的老同志对我的种种关怀和爱护是分不开的。院里一些熟悉的老同志、老朋友及北京市、外省市相关单位的领导和朋友亦到医院和家中对我表示慰问。这亦是对我的一种很大的鼓励，我对此的感激之情难以言表。不管是在医院和还是在家里，领导、同事、熟人、朋友们的到来，都使我感到欢欣鼓舞，虽然在最艰难时刻，躺在床上不能动，但我并不感到孤独和寂寞。他们的到来使我深深感到自己仍是社会上的一员，是考古所的一员，更是考古队的一员。这样更增强了我能够快点儿好起来的决心和信心。更激励我克服种种困难，加紧练习、恢复腿功能，以便早日投入到正常的生活和工作中去。

我回到考古队以后，队长刘瑞到所内办事，领导和同事们还不断地向他打听我的身体状况，并嘱咐他要好好照顾我。实际上刘瑞队长对我一直是很关心、体贴入微，手术第二天他就到医院看我，给我加油打气。此后每次到所里办事，他都到家里看望我，还和我商量一些队里的事情……回到考古队，在发掘现场，他又不断提醒我要注意，不能滑倒，要小心、慢慢走……事实上，刘瑞数年如一日，在各方面对我照顾有加。限于篇幅，在这里我不多言表了。在考古队，无论是年轻小伙子，还是年长的炊事员，都很热心地陪着我去锻炼，还帮助我做一些生活上的零碎事情……这一切的一切都使得我在考古队走路走得越来越好了。

现在我虽然走路、小跑、上下台阶、爬坡、下坡、乘高铁、飞机基本上都可以了，但是一些激烈运动不能做，如弯腰拾物和一些生活上的事情做起来还有一定的难度，我想完全恢复到和正常人一样是不可能的了。我现在就是要小心，再小心，不能再摔跤，活动量要适度，不能忘乎所以。我要面对现实，要有自知之明，这样才能不给或少给他人找麻烦，才能基本保证能够在正常的生活、工作的轨道上走得更远一些。

2016 年 9 月于阿房宫考古队工地

退休后10年的精彩生活
——为考古事业继续努力工作

李毓芳

我于2003年退休，今年退休整10年了（70岁）。10年来，我未离开我所钟爱的考古事业，未离开考古第一线。退休前，我女儿一直担忧，怕我退休后离开了几十年的田野考古工作呆在家里，非憋出病来不可，事实证明她的担心多余了。因为在我退休的前一年，国家文物局就把一项重大的考古工作任务交给了我，使我的田野考古生命得以延长。当然这也是国家考古事业的需要。

记得那是2002年夏季的一天，我老伴（刘庆柱）对我说："小白（白云翔，中国社会科学院考古研究所副所长）让我转告你：国家文物局要你和西安市考古所一同去做阿房宫。"我一听就说："我明年就退休了，还是让我在汉城队干到最后吧！再者，我脾气特别急，又心直口快，影响了和西安市（文物部门）的关系怎么办？"我老伴也认为我办事太较真，怕合作不好，说："你不想去就算了。"过了几天，我老伴又对我说："国家文物局还是坚持要你去做阿房宫，那你就去吧。"我说："既然这样我只好去了。"事后，我在庆祝西安市文物保护考古所十周年大会参观完库房后的座谈会上，听国家文物局关司长说："根据李岚清副总理'赶快做好阿房宫的调查工作，以便进行保护'的指示，要尽快成立考古队，去做阿房宫的考古工作。当时考虑到在全国秦汉考古工作者中刘所长和李老师做都城考古，对宫殿发掘经验丰富，去做阿房宫考古比较合适，因为刘所长不可能长期蹲在一个考古工地，而李老师有条件盯在考古现场，故我们请李老师去做这个工作了。"

2002年8月我到西安与市文物保护考古所协商组队问题。社科院考古所由我和张建锋（平时张在汉城队工作，测图时再到阿房宫考古队）参加。市所由所长孙福喜、副所长尚民杰及副研究员王自力参加，由我担任领队，孙福喜为副领队，我们一致同意聘请刘庆柱当顾问，自此阿房宫考古队正式成立。

王自力同志开始在赵家堡打听寻找租到了一座农家小院，进行了简单修缮，买了床、桌椅、板凳、被褥等。市所派了两个技工（小王和小闫）住进了考古队驻地，由女房东负责做饭。10月考古队就地招进了民工，开始了对阿房宫遗址进行勘探和发掘。

考古队工作目的很明确，就是要确定阿房宫的范围，给国家制订保护阿房宫遗址的规划提供科学依据。

考古队首先选定了立有保护标志的阿房宫主殿即前殿遗址做工作。那一天，我、老刘、孙所长、王自力等同技工和全体民工（扛着探铲）浩浩荡荡一起登上了位于西安西郊三桥镇西南的前殿遗址夯土台基。台基很大，除了果树以外全部是麦田。我们决定从殿址西部入手开始勘探。当时老刘还对大家说："台基这么大，上面应该是个宏伟的宫殿建筑群，有皇帝办公的大朝正殿、下朝后休息的寝殿、皇后的宫殿及大臣们、警卫们、宫女们等等所呆的地方……"

因我在汉城队的发掘任务还没结束，故当时我还要回到那里去，但要经常到阿房宫队来，这里的日常工作就由王自力负责。

钻探了一个多月后，未发现秦代宫殿建筑遗迹。我决心挖两个探方看看情况。结果在探方内也未见秦代文化层，未发现秦代建筑材料，也没有宫殿建筑遗迹，只有东汉乃至宋代的砖瓦残块。看到这情况，我觉得全身发凉，真是从头凉到脚了。站在探方内，我半天说不出话

2002 年，李毓芳和王自力先生在阿房宫清理铺瓦遗迹

2003 年，李毓芳向白云翔、姜波先生介绍阿房宫遗址发掘情况

2003 年，李毓芳在阿房宫前殿发掘

来。怎么会是这样？在阿房宫前殿遗址的夯土台基上居然没有秦代堆积层，没有秦代建筑材料（砖、瓦、瓦当等），没有发现秦代宫殿建筑的一点遗迹，这太奇怪了。我发掘了几十年的秦、汉宫殿建筑，从没有出现过这样的事情。那么阿房宫的建筑去哪里了？春节回到北京，我也没跟老刘说此情况，心情一直很郁闷。春节刚过，我就回到阿房宫考古工地，加大力度，向夯土台基东部推进钻探和发掘工作。我采取了密集的以梅花布点的方式勘探，每平方米钻 5 个探孔。即使这样，我还是怕遗漏掉任何一点遗迹现象，密集之处，每隔 0.2 米就钻个孔。钻探的同时，还开探沟数十条，最长的探沟长 65 米、探沟最宽为 4 米。

2003 年 3 月，我彻底完成了在汉城队所担负的发掘任务，就与张建锋一起住进了阿房宫考古队驻地。就此，我的全部精力都放到了阿房宫遗址的考古工作中来。

当时因前殿遗址是位于西安市和长安县两不管的交界处，社会治安较乱。赌博、吸毒的人很多，抢劫、偷盗事件多有发生。我时刻担心出事，故要求考古队驻地的大门总是处于紧闭状态。即便这样，考古队民工的破自行车就被偷了几辆。在勘探和发掘期间，就见有人在看果园的小屋内吸毒，吸完了有精神了，还和考古队员聊天、给他们烟抽。我怕烟里有问题，就暗示队员们不要抽。每逢星期日，都会有不少吸毒和贩毒的人在台基上活动。警察来了，他们就都跑了，因为有果树、灌木、坟头遮挡，警察很少能抓到他们。因抢劫的事在台基上时常发生，所以我总是担惊受怕。考古队每天 7 点吃早饭，7 点半出发去工地，我是走着到工地现场去的。一次，冬季的某一天早饭后（天还没大亮），我一个人先走了。从台基上走过一个人来，我并没在意，后来两个技工骑车追上了我，说："李老师，那个人一直紧跟在您后面，您知道吗？"我说："不知道呀！"他们说："我们俩一出村子就看见那个人紧跟在您后面，就立刻加快了骑车的速度追上了您，那人就掉头向后面走了。"听了他俩的话，我真后怕呀！他们告诫我，以后要跟他们一起去工地，千万不要独自先出发了。

阿房宫遗址的考古勘探和发掘工作紧锣密鼓地进行着，每天都很累，可这时男房东（他家里人说他脑子有问题）却找茬捣乱来了，他主要是不想出租房子了，想赶我们走。但他却不正面同我们谈，而是说些不三不四的话，还给技工造谣生事，又找上门来跟我捣乱。我本来想息事宁人，他却得寸进尺。我怕事态再扩大影响工作，就叫王自力赶紧找房子搬家。故在2004年4月底，考古队又搬到了聚驾庄的一座院子里，并且另找了一位农村妇女做饭。这样一直到阿房宫考古队工作结束，我们都住在那里。

考古队的勘探和发掘工作抓得很紧，每年过了春节就开工，春节前夕才停工。工作进展很快，到2003年12月，夯土台基上面没有被房屋、水泥路面等覆压的部分基本都进行了考古工作。在12月5日，考古队召开了新闻发布会，由我介绍了阿房宫考古队一年多来的考古收获。国内多家新闻媒体（新华社、人民日报、光明日报、文汇报、中央人民广播电台及陕西省和西安市的电视台、各种报纸）都参加了。当我带着各路记者到夯土台基上面参观现场时，我很不经意地对记者说："我们在台基夯面上面怎么没发现一点火烧痕迹呢？看来好像项羽并没有烧阿房宫。"不成想，就这样一句话，第二天，各电视台、大报、小报，铺天盖地，都说我给项羽平反了，项羽根本就没有烧阿房宫等。中央人民广播电台驻陕西记者站的站长当时就让我在汽车里对全国人民说"项羽没有火烧阿房宫"。结果我在北京的一位高中女同学给我打电话告诉我说："我在北京听到了你说阿房宫没有被火烧的事情。"一时间全国大江南北都知道了项羽没有火烧阿房宫的消息。那时考古队的电话都快打爆了。我从工地下班回来就是不停地接各地媒体的电话到半夜，他们都想了解详细情况。我印象最深刻的就是一天晚上11点半的时候，我接到了浙江省电视台的一位女记者给我打来的电话，她非常激动，说："太难了，今天是上天保佑我，终于给您打通了电话，我们这里早已准备好了画面，就是请您给这画面配音，让观众亲耳听到您这位阿房宫考古第一线的专家根据考古资料说出项羽根本就没有火烧阿房宫的事实。"当然我满足了她的要求。

当时，全国文物考古工作会议正在广州召开。有个别学者不了解情况，在那里居然说："项羽火烧的垃圾在农业学大寨农民平整土地时被拉跑了，所以才没有发现火烧痕迹。"这话传到了我的耳朵里，我真为这些知名专家学者说出这样没有水平又无知的话感到悲哀。假如位于地层下面被火烧的秦文化堆积层（即火烧的垃圾）被农民拉走了，那为什么位于地层上面的东汉、唐、宋等时代的堆积层却还存在着？这是不可能有的事，是最一般的、最普通的考古常识呀！为了找更有力的证据，我在村子里又进一步进行调查访问，功夫不负有心人，居然找到了当年在阿房宫夯土台基上面平整土地的两位生产队长。一位王姓长者住聚驾庄（前几年已过世），另一位张姓长者住赵家堡。二老异口同声地说："当时在夯土台子上只是平高垫低，把北部高处的土（台基北部因为有北墙，故地势较高）往南低处垫了垫，并没有把台子上的土拉走。"聚驾庄的长者还说："平整土地开始时，我们刚在土台子下面西北角拉了几架子车土，就被市里文物部门来的人给制止住了。说这土台子要保护，不能把土拉走。我们就再也没拉过土了。"中央电视台1频道《发现之旅》和10频道《走近科学》栏目组都对二位长者进行了拍摄。全国人民都看到了二老形象、听到了二老说的话，这就有力地回击了那些自以为是、不了解情况的人。我所科技中心主任赵志军研究员还特地去了那里，在夯土台基各部的不同深度取回土样，在北京进行植硅石分析，亦得出了该夯土基址未被大火烧过的结论。

我们在阿房宫前殿遗址上做了两年多的考古工作，彻底究明了前殿遗址的范围。其东西长1270、南北宽426米，台基高12米（从秦代地面算起）。在台基南边缘还发现了汉、唐时代的壕沟。在其南端还发现了一处秦到汉初的铺瓦遗迹。我们在台基上进行了密集钻探和发掘（凡是没有被房屋所压、水泥面所覆盖之处，包括厕所、兔子窝旁、花池中、羊圈内）。发现夯土台基上西、北、东三面有夯筑土墙，南面还未筑墙。我们对北墙进行了发掘，墙顶部有护瓦塌下来。而在三面墙里的台基上面未发现秦代堆积层，既没有发现秦代砖、瓦、瓦当等基本的建筑材料，廊道、散水和壁柱、明柱及其础石，以及吃水、排水遗迹等属于秦代宫殿建筑的遗物和遗迹。这表明夯土台基上根本就没有秦代宫殿建筑，当时只是修建了一个庞大的夯土台基。

20 世纪 90 年代，西安市文物部门发表的考古资料说阿房宫前殿遗址台基南面是大广场，并且有三条向北的登殿大道。我们通过钻探和发掘了解到不存在广场，在台基南面全部为上下三层的路土。最上面一层路土是在汉代层上之扰土上面的路土，质量不太好，即是后来的路土；下面两层路土均为当年修筑台基时劳役们踩踏而成，呈南低北高的坡状，进入台基内。当市文物局的副局长向德同志来参观看时，我就问他："向局长，你看哪一层路土是你们所说的登殿大道呀？"他说："没有，没有，当时我们没有发掘，就以你们的考古资料为准吧！"国家文物局考古处的李培松同志来工地视察时还问我说："李老师，登殿大道在哪里呀？"我向他做了详细介绍，告诉他考古资料表明根本就不存在登殿大道。他点头，表示认可。

阿房宫前殿遗址的考古工作历时两年多全部完成，得出了没有建成和没有被火烧过的结论。反过来我在查找文献时（去阿房宫工作前，我并没有查文献资料，因为我不愿意带着条条框框去做工作，而是要用实际的考古资料去说明问题）看到《史记》载:（始皇）三十五年（公元前 212 年）乃营作朝宫渭南上林苑中，先作前殿阿房……阿房宫未成。"这里要说明一点，战国、秦、汉都是先建殿、再建宫、最后再建城。这里司马迁明确指出，秦始皇在修建阿房宫时，先建的前殿，而从考古资料来看，前殿根本没有建成，只夯筑了一座夯土台基，上面没有宫殿。南宋程大昌的《雍录》载："上可坐万人，下可建五丈旗者，乃其立模，期使及此。"就说明了这一点。故司马迁在《史记》里说："阿房宫未成，成，欲更择令名名之。作宫阿房，故天下谓之阿房宫。"显而易见，阿房宫根本就没有建成。从考古资料来看，连前殿都没有建成。我和老刘心里都明白，从考古资料来看，前殿未建成，从文献分析来看，其他地方就不应再有阿房宫的建筑了。但是为了有更多考古资料做依据，我们还应该做更艰苦细致的考古工作。2004 年，中央电视台《发现之旅》栏目组的宫导和《光明日报》驻陕西记者站站长在前殿拍电视和访问我时都对我说："李老师，根据你们的考古资料和《史记》的记载，阿房宫就应该只是这个土台子，别处应该没有了。"《光明日报》则用了半版篇幅以《阿房宫：成未成？烧没烧？》的篇名详细论述了多名学者的意见，认为阿房宫没有建成（只建成了上面夯筑有西、北、东三面墙的台基），亦没有遭到大火焚烧。央视《发现之旅》《走近科学》《讲述》等栏目组都以这个主题思想在当年就拍了专题片。

而考古队当时则以更加认真负责的态度扩大范围（北到渭河、南到昆明池北岸、西到沣河、东到滈河）在 135 平方千米范围内进一步寻找阿房宫的其他建筑，以便确定阿房宫的范围。

在阿房宫前殿遗址西南 1200 米处，有立着"阿房宫烽火台遗址"保护标志的一座建筑遗址。我们对其就进行了勘探和发掘。确认该建筑的性质为一座高台宫殿建筑而非烽火台（试问阿房宫内需要烽火台的设施吗），从时代来看，它属于战国时代的秦国上林苑的建筑，即它比阿房宫建筑的时代要早。在前殿东 500 米处有立着"阿房宫上天台"保护标志的建筑遗址。通过勘探和发掘，我们确认这里是一处以此高台建筑为核心的宫殿建筑群，其时代从战国秦延续到汉代，属于秦汉上林苑的建筑。该遗址发掘结束后，陕西省考古所原所长焦所长和陕西省历史博物馆马馆长来参观时，我向他们做了详细介绍。对他们讲了前殿没有建成（即阿房宫没有建成）的情况和所谓“上天台”不是阿房宫的建筑等等。焦所长听了以后说：“我完全同意您的观点，可是假如阿房宫建成了，那么这些建筑是否会划到阿房宫的范围里面去呢？”我回答说：“不可能实现的假设是毫无意义的，事实上是阿房宫根本就没有建成。这个问题只有去问秦始皇了。”焦所长再也没有说什么了。在前殿遗址东北2000米的地方有立着“阿房宫磁石门遗址”保护标志的遗址。通过考古工作，我们确认这里根本不是门址，而是一座秦、汉上林苑中的高台宫殿建筑。传说磁石门是阿房宫的北门，是一座能检验出铁兵器的安检门。可是从战国、秦代、汉代的考古资料来看，秦代是以铜兵器为主，故阿房宫也就没有必要设置磁石门了。我们在对该遗址进行勘探发掘时，一位长者（武警学院离休干部），主动跟我说：“70年代，我在这里主持基建工作，要盖楼房，发现这个土台子都是层层土（夯土），就赶紧向市文物部门做了汇报。一位文物干部来了以后，查看了一下，就用手一指，说：‘这就是阿房宫的磁石门遗址。’事后也没见他们像你们这样工作，就立起了‘阿房宫磁石门遗址’的保护标志碑。”听了他的话，我不禁联想到“阿房宫烽火台遗址”和‘阿房宫上天台遗址’的保护标志是否也是这样立起的呢？因该遗址在武警学院内，故得到了很好的保护。他们还建了一个大牌楼，凡是有外国武官来交流时，他们都会把这些武官带到这里来参观。现在牌楼外面立了不少拴马桩，在土台子上面安装了不少从农村找来的石磨和石碾子，这里已成了学员们早读的场所。当我告诉武警学院宣传处处长，根据考古资料证实这里不是阿房宫的建筑、更不是磁石门遗址而是战国时期秦国修筑的上林苑建筑时，他当时很惊讶，进而就说：“这更好嘛，它比阿房宫的时代还早。”后来《解放军报》就登载了武警学院某宣传干事的文章，以我们的考古资料为基础，论述了该处不是阿房宫的磁石门遗址，而是战国时秦国修建的上林苑；并且一直沿用到了汉代，自然又成了汉代上林苑的建筑。考古队刚开始在这里工作时，宣传处处长很冷淡，待搭不理的样子。后来他被我们认真负责、冒雨工作的精神所感动，要干部、学员都和我合影留念。每到课间休息时，学员们都会把我围起来，不停地问这问那。当他（她）们得知我是北大考古专业毕业、已经做了几十年的田野考古工作时都发出了赞叹的声音说：“老师，您真了不起呀！”当然我也不失时机地向他（她）们讲解考古知识和宣传每个公民都有保护文物古迹的义务等等。

2007年12月，考古队确定阿房宫范围的工作基本完成。在135平方千米范围内，除了前殿以外，再也没有发现与其同时代的建筑。却发现了多处秦汉上林苑的建筑和一处新石器时代遗存。这表明从考古资料来看，秦阿房宫的范围与前殿夯土台基的四至是一致的。也就是说现在立着“阿房宫前殿遗址”保护标志的建筑遗址就是后来人们所看到的、文献里所记载的秦始皇在两千多年前修建的阿房宫遗址。《水经注·河水》载：“池水北经镐京东，秦阿房宫西。”这里的“池水”指西周已有的“彪池”。虽历经沧桑，但池水低洼的地势仍清晰可见。它向北恰流经的就是“阿房宫前殿遗址”。这充分说明了《水经注》里所叙述的秦阿房宫指的就是阿房宫前殿。此外，在不少文献中叙述阿房宫的时候，都把秦阿房宫称作“阿城”。《汉书·东方朔传》载：“举籍阿城以南……”师古曰：“阿城，本秦阿房宫也。”唐《括地志》载：“秦阿房宫亦曰阿城。”又宋敏求《长安志》载：“秦阿房一名阿城……西、北、东三面有墙，南面无墙。”而考古资料表明，“阿房宫前殿遗址”夯土台基上面东部、北部、西部三边缘都有夯筑土墙，而南部边缘未见夯筑土墙遗迹。这与《长安志》中所描述的“阿城”是一致的，这充分说明了“阿城”当时指的就是阿房宫前殿，也就是后来人们所认为的秦阿房宫。

考古资料表明，阿房宫前殿没有建成，即后来人们所认为的秦阿房宫没有建成。司马迁当时亦看到了没有建成的“阿房宫前殿遗址”。故他认为秦阿房宫是一个没有完成的宏伟工程。所以他在《史记》里明确地指出：“阿房宫未成。”《汉书·五行志》亦论述了秦阿房宫没有建成：秦“复起阿房，未成而亡”。

此外，前面已谈到，考古资料表明，阿房宫前殿没有遭到大火焚烧，即后来人们所认为的秦始皇未修成的阿房宫没有遭到大火焚烧。《史记·秦始皇本纪》载：“项籍为从长……遂屠咸阳，烧其宫室，虏其子女，收其珍宝货财，诸侯共分之。”这说明项羽烧的是咸阳宫（我和老刘70年代在咸阳的考古发掘充分证实了这一点），没有烧阿房宫。现在看来，因为秦阿房宫只是一个上面东、西、北三边缘有墙的夯土台基，没有建成宫殿，项羽也就没有必要渡过渭河来烧一个土台子了。

在考古队得出了秦阿房宫没有建成也没有被火烧的结论后，首先就得罪了秦阿房宫南250米处的“锦绣阿房宫”的经营者们。此处是一个私人老板贷款9000万元于20世纪90年代营建的阿房宫假景。考古队刚开始工作时，其董事长还带人到发掘现场参观，并对我说：“您是老专家了，哪能住在农民家里呀！应住到我们的宾馆去，一切免费。”我说：“谢谢！我干考古几十年了，都是住在农家院，吃的是农民做的饭，都习惯了，哪有住到宾馆干考古的？”后来考古队所得出的结论在新闻媒体报导后，他们的态度大变样，说：“就是因为你们说秦阿房宫没有建成也没有被火烧，我们这里门票都卖不出去了！”某电视台希望借他们的假景拍电视，也没得到允许。我担心他们会对我打击报复，所以2007年12月我回京前，没有大张旗鼓地向新闻媒体发消息，只是约见了《新华社》《光明日报》和《西安晚报》三家，把稿子给了他们，当天晚上就乘火车回北京了。我跟考古所所长王巍说：“我一旦遭遇不测，就是那些心怀不满之人干的。”一晃几年过去了，我现在仍安然无恙。看来是我多虑了，把事态想得过于严重了，现在毕竟是法制社会嘛！

关于阿房宫考古队得出的秦阿房宫既没有建成亦没有被火烧的结论由新华社、中央人民广播电台、中央电视台各频道、《人民日报》、《光明日报》、《人民政协报》、各省市电视台、报纸等中央和地方新闻媒体都做了详尽报导，中央电视台还拍了七个专题片滚动播出，直到现在也没有停止过。《新华文摘》还全文转载了我给《文史知识》写的文章。由于各家媒体开足马力的报导，秦阿房宫没有建成亦没有被火烧的结论在国内引起了很大的轰动，因为凡是学过中国历史的人都知道秦始皇在2000多年前修建了宏伟壮丽的阿房宫，后来被项羽的一把大火给烧了，刘晓庆还拍了《火烧阿房宫》的电视剧等。考古队得出的新结论就如同发生了地震一样。我到外地出差时，很多人都认出了我，并和我合影留念，到现在还是热情不减。去年冬天，我和老刘在悬空寺考察时，一对旅游的中年夫妇正在顶层摄影，老刘先上去了，他们立刻认出了他，说：“您就是在电视上讲曹操墓的刘老师吧？”老刘说：“是呀。”他们马上就说：“我们和您合个影行吗？”老刘说：“可以。”当他们正在合影时，我也爬上了顶层，并和老刘打招呼。这对夫妻马上就说：“这不是在电视上说秦始皇修的阿房宫没有建成也没有被火烧的李老师吗？原来两位老师是一家子呀！我们一起合影吧。真没想到今天能在这里碰上你们这对名人夫妻，太高兴了。我们要把这张照片拿给家人、亲戚、朋友、单位同事及周围所有的人去看，让他（她）们都共同分享我们的快乐。”我去河北某市开会吃早餐时，一位女副市长问我：“老师，您是做考古工作的吧？”我说：“对呀。”她说：“我是在电视上看到您的，是介绍您怎样在艰苦的条件下，克服种种困难坚持干考古工作的，我看了非常感动。”饭后她立刻与我合影，并说：“真没想到今天在这里遇到您本人，太幸运了。”今年春天，我去西安出差，在回京的火车上同车厢内，一位40岁左右的男青年问我说：“老师，您是考古工作者吧？”我说：“对呀。”他接着说：“我是在到西安办事下火车时就认出了您，但是当时见您走得很匆忙，就没好意思去打搅您，在电视上我多次见到您讲秦阿房宫、汉未央宫等。考古太神秘了，考古工作者太伟大了，尤其您又是年龄很大的女同志，还坚持在考古一线工作，这使我太佩服了。”接着他马上就给爱人打电话，说：“你猜我在火车上遇到谁了？是咱们在电视上多次看到的讲阿房宫考古的李老师！太好了，我今天可有机会能向她老人家请教考古方面的各种问题了。回家后我再给你转达。”当晚，我们俩在火车上聊了几个小时有关考古的种种问题。有时我在火车站等车时候被人认出来了，他（她们）还主动地帮我看行李。几次我在火车上被人们认出来了，下火车后，他们就非常热情地用出租车或是自家车把我送回了家，并说：“您能坐我们的车，我们能为您办点事，这使我们感到非常荣幸。”我参加全国劳模团去外地休养时，居然成了核心人物，所到之处的省市领导都会认真听我介绍阿房宫考古的最新成果。一次，我去中央人民广播电台做节目，时间为一小时，可以和群众互动、问答。节目开始，先由我介绍阿房宫考古情况，可时间还不到一半，主持人就对我说：“李老师，电话都打爆了，是从全国四面八方打来的，各个层面的人都有，都在询问阿房宫到底被烧了没有？”如此看来，阿房宫的问题在全国影响之大。当然我实事求是、斩钉截铁地回答了他们：“项羽根本就没有烧阿房宫，烧的是秦咸阳宫和其他秦宫室。”我很钦佩的一位德高望重的老知识分子对我说：“李队长，你们改变了历史，真了不起！”我说：“我们只是用客观的考古资料还原了历史的本来面目。”我受邀在清华大学、中国科学院研究生院、上海博物馆、复旦大学、西安多所大学和台湾十几所大学，以及广州市文物工作会上演讲了40多场，均受到了热烈欢迎。其中研究生院的不少学生还在文章里写的是阿房宫之事。当我在大学里演讲时，因座位不够，很多同学是站着听完的。我非常感动，每当这个时候，我都会给他们深深地鞠一个躬，表示感谢。在台湾辅仁大学演讲时，其间学生们又拍手又跺脚，可把我吓坏了，以为要把我赶下讲台。我站在那里不知所措，因为我从来没有见过这种阵势。他们的老师见状，赶紧告诉我：“学生们拍手、跺脚是对你精彩的演讲表示热烈欢呼。”于是我便以更加百倍的激情顺利地完成了这次演说。《中国日报（英文版）》以一版的篇幅向海外做了阿房宫考古最新成果的报导，并登载了我在工地现场的一张大照片。一次在我家所住楼房的电梯里，一个小伙子对我说：“阿姨，是您在做阿房宫的考古吗？”我说：“对呀。”他又说：“我是在英国读书时，看到一本英文杂志登载了您的照片和阿房宫考古的事。”看来阿房宫的事在国外影响也很大。

考古队做出了关于阿房宫的新结论后，某些极个别不懂考古或没做过宫殿建筑考古的人或是被触动了一些利益的人发出了一些与事实不符的声音：什么地方还有土台子哪，哪些地方还出土了瓦当呀，哪些地方还出土了玉杯呀，这些地方都应该是阿房宫呀！等。这些人错误地认为只要是土台子，只要是出土了瓦当、玉杯等的地方就都应该是阿房宫。而他们根本就没有分清建筑遗址的时代。阿房宫是建在秦上林苑内的，而当时上林苑里已有不少高台宫、观建筑。但是它们都比阿房宫建得早。汉代武帝又扩大了秦上林苑。那么秦汉上林苑里的宫、观建筑遗址中都会有大量的瓦片、瓦当、金、银、铜、铁、玉和陶器等出土。但那都不属于阿房宫的建筑。所以在判定某一个建筑遗址的时代和性质时，都要做认真细致的考古工作。在取得全面的考古资料之前，千万不要胡言乱语，免得被人耻笑。某文物部门内一位不学无术的“官员”居然说：“你们阿房宫考古队怎么干了几年，把阿房宫干没了？”对于他这无知的提问，根本不值得我们回答和解释。

阿房宫考古队通过几年来艰苦细致的工作，用翔实的考古资料证实了秦阿房宫即没有建成亦没有遭到大火焚烧。这得到了广大考古工作者的认可和赞许。首先，阿房宫考古队在几年的工作中，我们考古所中国社会科学院考古所就是我的坚强后盾。我每年都在考古所年终汇报大会上做汇报（有国家文物局的领导和很多外单位同志在场），每次汇报都没有人提问或表示疑义。特别是 2008 年 1 月，我做最后的总结汇报时，从所领导到所成员（男女老少）都表示赞同。他们都认为：“考古队的工作细致入微，勘探、发掘资料扎实可靠，所得结论明白无误，这是中国考古史上的一件大事。”在我每次汇报时，不少物业人员都站在那里听。他（她）们文化水平不太高，又是百分之百的外行。但是他们见了我都说：“您说得太清楚了，因为阿房宫根本就没有建成，所以项羽就没有去烧。”

阿房宫考古队进行勘探和发掘期间，有联合国教科文组织官员及美国、日本、韩国等外宾；部分全国人大代表和政协委员；国家文物局和陕西省、市、区领导及各级文物部门的领导和相关同志都曾到了现场；特别是省内外不少考古界同行都到过我们的发掘工地，中国社会科学院考古研究所汉唐研究室所属的各个考古队都到过我们的现场。他们均对我们的工作给予了充分的肯定和认可。秦俑博物馆 40 多位同行由馆领导带队曾到我们发掘现场参观。考古队长刘占成在夯土台基上对我说：“李老师，你们探得太密了。”我说：“这样钻探，就是为了不漏掉任何一点遗迹现象，就可以做到万无一失了。”后来张仲立副馆长还接受了中央电视台和《光明日报》的采访，对我们的工作给予了很大的支持。陕西著名秦汉考古专家王学理先生在考古专家石兴邦老先生 80 岁生日的聚会上对我说：“我们考古工作者支持你！”后来王先生还和考古专家巩启明先生到我们的工地去参观。王先生在接受中央电视台《发现之旅》栏目导演采访时说：“我们相信李毓芳对出土瓦片、瓦当的分期，因为几十年来，她主要是挖了宫殿了，光和瓦片、瓦当打交道了。”在中央文史馆和陕西人民政府合办的《长安雅集研讨会》上，听了我关于秦阿房宫的发言后，一位台湾学者张先生问王学理先生：“李先生对阿房宫做出的结论有问题吗？”王先生肯定地回答说：“没问题。”这事是张先生亲口对我讲的。西北大学文化遗产学院副院长、原秦俑考古队队长段清波先生在参观了我们的考古工地后，很快就在相关杂志上发表文章全面论述了秦阿房宫没有建成的问题等。原西安市文物局文物处张达宏先生 1993 年曾负责在阿房宫做了三个月的考古勘探工作，他也来到了我们阿房宫考古队勘探发掘现场，并对我说：“你们勘探比我们密得多，当年勘探时，我们基本上是 10 米一个探眼，所以不可能得出什么正确结论。”陕西师大历史系的师生来到我们的发掘工地，认为值得他们学习的东西太多了。后来他们又邀请我去师大做了关于阿房宫的演讲。2007 年 12 月回北京的头天晚上，我给西安市文物局总工韩保全先生（已 70 多岁了）打了一个多小时的电话，向他详细叙述了阿房宫考古队六年多来所做的考古工作情况及所得出的秦阿房宫既没有建成也没有被火烧的结论。他说："我曾经写过一些关于阿房宫的文章，但是都没有正式的考古资料做依据，现在阿房宫的问题应该以你们的考古资料为准。"

2007 年 12 月，我参加了全国政协文史委组织的视察中国大运河活动。在河南开封清明上河园内碰到了国家文物局局长单霁翔同志。他立刻对我说："李老师，我在报纸（《光明日报》在报眼位置登载了秦阿房宫既没有建成亦没有被火烧的文章）上面看到了有关阿房宫的报导，我们就承认这个考古事实吧！"他的话像一股暖流，流遍了我的全身。六年多以来，我所承受的巨大压力一扫而光。风吹日晒雨淋；冬天在工地寒风刺骨，双脚冻得生疼；左胳膊从肩膀发麻到手指长达几个月；左膝盖不慎扭伤；胃肠功能紊乱的毛病多次复发……我仍然坚持在发掘现场，咬紧牙关终于挺过来了。当时只有一个信念，那就是坚持到底，要很好地完成国家文物局交给我的任务。关于阿房宫的问题要给全国人民一个满意的答复。因为精神压力太大，当年我的血压上升到了 158～162mmHg。我到河南省开会时，省人民医院的一位男医生，见到这种情况，立刻把他自己的降压药倒给了我。并对我说："无论您是回西安，还是回北京，都要到医院去看，要坚持吃降压药，千万不能大意。"后来由于工作结束了，精神压力小了。我的血压也恢复到了正常水平（其实我一片降压药也没吃过）。在清明上河园内，我还跟单局长说："那些不属于秦阿房宫的秦、汉上林苑建筑也应该保护起来。"单局长说："那当然，因为那些也是两千多年前的建筑呀。"听了他的回答，我一直提着的心终于放下来了。同时这也使市级文物保护部门得到很大安慰，即不会因为阿房宫没有建成而缩小其保护范围，反而是应该保护的文物古迹范围扩大了。

在我们做阿房宫考古工作期间，因为我的老伴刘庆柱是考古队的顾问，所以当我们每做完一个遗址的发掘工作时，他都会在百忙之中，去现场考察。对我在发掘后所做出的结论（每个遗址的时代和性质）都非常认可。这就给了我很大的支持和鼓励，使我能够鼓足勇气，在种种压力下，克服重重困难，圆满地完成国家文物局交给我的秦阿房宫考古工作任务。同时，也交上了一份让考古工作者乃至全国人民都满意的答卷。人民出版社于 2010 年出版的《中国考古发现与研究（1949～2009 年）》一书中充分肯定了我们对秦阿房宫遗址考古的最新成果；中国社会科学出版社于 2010 年出版的《中国考古学·秦汉卷》一书中详细论述了我们对秦阿房宫做出的没有建成亦没有被火烧的科学结论。中国社会科学院历史所编辑的最新历史书《中国通史读本》就已经采用了我的关于阿房宫没有建成和没有被火烧的结论。2012 年国家文物局已经通过了根据我们考古资料划出的阿房宫遗址范围所制定出的《关于阿房宫遗址的保护规划》。这就是说我所做出的关于阿房宫的结论得到了国家正式承认。这是我退休后六年多的考古工作所取得的丰硕成果，六年多的血汗没有白流。为我们考古所、为中国社会科学院争了光，同时也为我院退休的老同志争了一口气。说明我院老同志退休后有巨大能量继续在各自岗位上发挥光和热。

完成了国家文物局交给我的阿房宫考古工作任务后，我于 2008 年 3 月彻底离开了考古队。阿房宫考古队的历史使命也已完成了。

我虽然离开了考古第一线的工作，但还继续从事考古和与其相关的研究工作。我参加了社

2012 年，李毓芳与所领导在阿房宫遗址

2004 年，李毓芳在上林苑一号遗址调查

2005 年，李毓芳在上林苑建筑遗址发掘现场接受采访

科基金重点课题和院重点课题“骨签的考古发现与研究”的工作，参加了院重大课题“中国古代都城的考古发现与研究”的工作，参加了院重点课题秦汉卷的编写工作。多次参加全国政协文史委组织的大运河、蜀道申遗的考察活动及其相关的学术研讨会，中国古都学会的学术研讨会，龙文化学会学术研讨会。汉文化国际学术研讨会，秦文化学术研讨会，以及在曹操墓地举办的中国秦汉史学会、中国魏晋南北朝史学会会长联席会议。我也多次参加考古专业学生的博士论文答辩工作。在大陆、在台湾作了四十多场关于“秦阿房宫没有建成亦没有被火烧”的演讲……整天忙忙碌碌，生活得特别充实。《中华英才》杂志还专文介绍了我的考古人生。

尽管生活十分充实，但是我还想着有朝一日能重返考古第一线，俗话说：“日有所思，夜有所梦。”我曾两次做梦，分别梦见与汉长安城考古队的同事在工地发掘，与阿房宫考古队的同事在阿房宫遗址钻探等场面。我高兴得从梦中醒来。当时虽然是清晨 4 点多钟，我跑到我老伴的房间里，站到他床前，他被惊醒了，问我有什么事？我说我想去考古工地发掘。他安慰我说等机会吧！这一天终于等来了。

2010 年 11 月，我应邀到陕西省考古研究院参加秦陵发掘的论证会。我们考古所所长王巍先生也前来开会。在吃早餐时，我们俩聊起了工作。他问我：“李大姐，您看有必要成立上林苑考古队吗？”我说：“太有必要了，现在经济建设速度很快，不抓紧工作，上林苑中好多遗址就会被推光了，损失无法弥补。”他问我谁当队长合适，我就谈了自己的意见。他又问我：“您是当顾问还是当成员？”我说：“老刘原来就是阿房宫考古队的顾问，所以还是让他当这个队的顾问吧，我不当顾问，当成员，我去工地干吧。”2011 年 1 月，在院报告厅考古六大发现报告会前，王巍所长见到了我说：“李大姐，您是上林苑考古队的成员。”接着他又补充了一句：“是正式的。”我连声说：“好！好！谢谢！”当时我是心花怒放，激动之情难于言表，立刻把这消息告诉了同在会场上的我老伴——刘庆柱先生。他同样为我有机会重返考古第一线感到高兴，不然他老为我担心，怕我因不能去工地发掘而会逼疯。现在他可是一块石头落了地，彻底放心了。

2006 年，李毓芳在上林苑四号建筑遗址发掘

2007 年，李毓芳在上林苑六号建筑遗址发掘

新考古队成立了，有很多手续要办，有很多准备工作要做。当然这些都是队长刘瑞去忙活了。我也做了充分准备，时刻听从队长召唤。2011 年 5 月，我到医院做了肾囊肿微创手术，这样就轻松了，只要队长一声令下，我随时都可以打起背包就出发，没有任何后顾之忧了。

2011 年 10 月 18 号，我终于来到了考古队驻地，仍然住到了我在做阿房宫考古工作时的房子里，又重新开始了我朝思暮想的田野考古的生活。啊！我的梦想终于实现了！

有些外行人对我退休后还这样积极地去考古工地很不理解，认为我是为了挣钱（在工地有一定的补助费）而去。其实他们并不知道西安最大的一家拍卖行以比我在工地发的补助费高得多的价钱聘我当顾问（根本不用我出面干什么，只是用我的名而已），他们通过我所一同志找我老伴给我做工作，最终还是让我婉言拒绝了。我所那位同志感慨地说：“李老师对自己要求真严格呀。”

到了考古队后，我们首先对阿房宫周围的上林苑遗址进行全面普查。我记得第一次去的就是沣河西侧的东马坊遗址。这是一处战国时代的高台宫殿建筑遗址。保存尚完整，我和刘瑞都爬到了最高处。虽然自己已是 68 岁了，但是面不改色心不跳，说明体力还行。我们又向老农询问了高台建筑原来的范围，时隔两年我又再次听到了 40 多年来听惯了的“秦腔”，倍感亲切。我们还要经常到现代的坟地里去调查，因为那里可能保存着较多的古代建筑上面的砖瓦等材料，以便我们判断建筑遗址的时代和分布范围。我印象最深的一次是头天夜里刚下过雨、路很滑，要跨过一条沟才能到一片坟地里。刘瑞怕我滑倒，就让我先在沟边等着，他去前面探路，然后再回来拽我。我们先下沟、再上沟，再爬坡才到坟地里。有人曾对我说：“您身体好可能跟长期在农村考古呼吸新鲜空气有关吧？”我说：“考古不一定都是在新鲜空气中进行。2000 年我们在汉长安城长乐宫发掘排水管道就是在垃圾坑内进行的。天气炎热，臭气熏天，发掘了一个多月才完工。2011～2012 年上半年我们在窝头寨钻探时，有些天就一直在一个西安市西郊的又大又深的垃圾坑附近钻探。坑内冒着各种气味的黑烟，呛得我们嗓子眼儿出不来气，眼睛不断流泪，好不容易才结束了这里的工作。此外，我们还在“蚯蚓地里”钻探过很长时间，那里牛粪、马粪、猪粪……混在一起的臭味，让人喘不过气来。更有甚者，在昆明池钻探时，我还一脚踩到了上面，当时就感到非常恶心，下班一回到驻地，我赶紧去刷鞋，要不是特别饿的话，我晚饭真是吃不下去了。”当我问起养蚯蚓的老板这些蚯蚓的去向时，他们回答一是送往化肥厂，二是送往化工厂生产化妆品。我听了大吃一惊，难道那些爱美女士们往脸上抹的昂贵的化妆品就是用这些东西生产出来的吗？太不可思议了。此外，不管是三伏天，还是三九天，我们队都会一直工作，从没有停止过。去年（2012 年）三伏天，我们正在发掘纪杨寨遗址，我要每天全天候盯在那里，从登记男工、女工人数开始，还要统计架子车数目。发掘开始，就要看遗迹现象，要不断地挑选遗物。艳阳高照，汗珠掉到了地上，衣服湿透了。一天午饭后，我觉得头很沉、发蒙，真想下午不去了，好缓口气。但是想到当时队里实在没人了，队长刘瑞亦是忙得喘不过气来，我硬是咬紧牙关坚持下来了。我坚信，无论在什么情况下，坚持就是胜利！

2012 年，李毓芳在中渭桥遗址调查

2013 年，李毓芳向鲁惟一先生介绍中渭桥遗址情况

2014 年，李毓芳在咸阳古渡渭桥遗址

2015 年，李毓芳在中渭桥遗址发掘

我们的考古队正式工作人员所里就派了我和队长二人，而我们的工作范围却有 2000 平方千米之大，人员少、任务重。在 2012 年 7 月我们和陕西省考古研究院、西安市考古研究院联合组成了渭河古桥址发掘队。正式开始了对渭河古桥的发掘。目前为止，共发现了七座大桥。我们首先发掘了正对着汉长安城北墙中间城门的大桥，即厨城门大桥。通过发掘和钻探资料了解到该桥是长 880、宽 20 米的木梁柱石面桥。目前已发现了 300 多根高 9 米、直径 60 厘米的

木梁柱正矗立在渭河故道内，场面十分壮观。该桥建于秦汉，一直使用到宋代。是一座古老又规模庞大的桥梁，也应该是张骞通西域走过的大桥，被誉为丝绸之路第一桥。新华社、光明日报、中央电视台，以及地方电视台和各类报纸等几十家媒体都对此进行了专题报导，在国内外考古界影响巨大。国内同行及国际友人纷纷前来参观，热闹非凡，大家都感觉到非常“震撼”。现在对古桥址的发掘工作还在继续进行中。从 2012 年 9 月至今，我们还进行的另一项重大任务是对汉武帝修建的昆明池进行钻探和发掘，此项工作是陕西省和西安市共同设立的重点项目。在确定昆明池范围过程中，我们意外地找到了镐京的东侧壕沟，这样就确定了西周首都镐京的东界。社科院历史所副所长王震中先生在河南南阳开会时见到我说：“李老师，你们功不可没，解决了几代人几十年没有解决的问题呀！”2013 年 4 月我们又接受了西安市文物局安排的秦汉栎阳城的考古工作。目前，此项工作也还正在继续进行中。任务一个接一个，虽然累一些，但是我觉得自己浑身有使不完的劲儿，精神愉快，心情十分舒畅。

我现虽已是年逾古稀之人，但还仍然坚持在考古第一线（全国独一份），这实在是因为我难以割舍为之奋斗了几十年的考古事业呀！考古就是我的命，离开了它，我简直就活不成了。2013 年 4 月 7 日《天津日报》继《中华英才》杂志后再一次介绍了我的生活工作情况。该文被我的小叔子的上司——天津市某单位领导见到了，他一口气读完了全文，很激动。就立刻给我的小叔子打电话，要他赶紧去买报纸，说该文写得真实可信，让他很受感动。当然，我能在考古一线干到现在，除了很多重要因素外，还有一个必要因素。那就是我身体较好，这缘于我长期坚持体育锻炼的结果。多年以来我以各种形式不间断地锻炼身体，一年 365 天从不间断（包括除夕晚上及大年初一），遇到恶劣天气，如刮大风、下大雪、下大雨也不间断（改为室内锻炼），外出开会、视察活动期间也没有间断。即便现在在发掘工地，一天下来不管有多累，晚饭后我都要打 15～20 盘乒乓球。如果中午饭能回到考古队驻地吃，饭后我会坚持到阿房宫遗址台基上快步走和做各种健身操。今年西安气候异常，有一天气温已高达 39°，队长不让我再出去走，建议我改为室内锻炼，怕我晒晕了。我说我就要炼抗晒能力，我叫上炊事员顶着火红的太阳出去锻炼了，并且安然无恙地回来了。队上打乒乓球的屋子没有空调，高温下打完了球，衣服全湿了，跟水洗了一样，但是我觉得出足了汗很舒服。栎阳城工地离我们驻地 200 里，我每次去那里时就带上球拍，午饭后我就和那里的工人在水泥案子上打一小时乒乓球，然后再出发去调查和钻探（多年来，我早已没有午休习惯了，中午锻炼完了就会更加精种焕发地接着干各种工作了）。缘于我的坚持锻炼，故很少得病，所以我能够应对考古队大体量的工作任务。不管是炎热高温的三伏天，还是寒冷的三九天，尽管我已是古稀之年，但“我自岿然不动”，没有累倒，也没有病倒，经受住各种严峻的考验，挺了下来。我吃了几十年老陕做的饭，听了几十年老陕的“秦腔”，忘不了房东大娘担心我肚子着凉拉肚子特地给我做的棉兜肚（虽然已过去十多年了，至今我还用着），我割舍不下三秦父老对我的抚育之情，这也是我能继续坚持在考古第一线的另一个因素吧！当然，我毕竟年龄大了，也要听从同事和朋友们的好言相劝，做什么事都要有个度，不要过度劳累，俗话说细水长流，只有这样才会延长我干田野考古的年限，才能会为我一生钟爱的考古事业继续努力尽可能地多做些工作。

2013 年 8 月于阿房宫与上林苑考古队驻地

附录一　李毓芳：纯粹的考古人

赵　炜

在中国这片广袤的土地上，5000年文明延绵相续，薪火相传。一代一代考古工作者高擎探索的火炬，不断前行，传承文明，尤其是始终耕耘在田野考古工地的工作者，更是知难而进，为中国现代考古学的建设与发展做出巨大的贡献。中国社会科学院考古研究所研究员李毓芳就是这支考古大军里的巾帼英雄。1967年她从北京大学历史系考古专业毕业后，就投身于我国的考古工作中，把毕生精力都奉献给我国考古事业，勤勉工作，成果丰硕。难能可贵的是，今年78岁的李毓芳先生至今仍然工作在考古第一线，令人敬佩，感人至深。

2021年10月17～18日，仰韶文化发现暨中国现代考古学诞生100周年纪念大会在河南省三门峡市召开。中共中央总书记、国家主席、中央军委主席习近平向大会致贺信，令在场考古工作者心潮澎湃。从西安考古工地风尘仆仆赶过来参加会议的考古专家李毓芳激动万分地说："中国现代考古学迎来了蓬勃发展的黄金时期！我也更加坚定了前行的方向。"

走近李毓芳先生，一位朴实无华的女考古工作者的干练风采彰显无疑。她穿着蓝色的夹克衫，精神头很足，目光深邃平和，脸上始终挂着温和的笑容，说话快人快语。她曾任中国社会科学院考古研究所汉长安城考古队队长，阿房宫考古队队长，西安市考古研究所特邀研究员，中国社会科学院妇工委委员、中国社会科学院考古研究所妇工委主任，享受国务院颁发的政府特殊津贴。由于成绩突出、事迹感人，被中国社会科学院和中央国家机关工委分别授予中国社会科学院"巾帼建功"先进个人与"巾帼建功"活动标兵称号，被国务院授予全国先进工作者称号；2001年建党80周年时，被评为中国社会科学院十名优秀党员之一。她的事迹被选入《巾帼风采·第二卷》。中宣部、全国精神文明办、全国妇联还专门拍摄了《巾帼风采》宣传片，宣传她的先进事迹。

李毓芳与赵炜女士

春秋几度移，豪情志不减。李毓芳先生一直在践行着自己的人生格言："既要海阔天空地想，更要脚踏实地地做，要在平凡的岗位上做出不平凡的事迹！"

一、矢志考古：上下求索艰苦奋斗

李毓芳先生 1943 年出生于北京市，家就住在颐和园附近。1962 年参加高考，被北大历史系录取，二年级选择考古专业。也许缘分上天注定，她此生与考古有缘。

上学期间，让李毓芳终生难忘的是她和同学们在人民大会堂聆听了周恩来总理的教诲：“你们每人的背后都有九十九个工农兵的同龄人为你服务。”她依稀记得总理教育他们要珍惜学习机会，毕业后要努力为人民服务好。当时，扎着两根辫子的李毓芳深受鼓舞，暗下决心：“即使考古工作再艰难，男同志能干的，我也能干，还要比他们干得更好！”

1964 年实习期间李毓芳参加了第一次发掘。她怀着探索未知的热情和好奇，把从现场发掘出的头骨一一认真整理好，并带回住处，竟然一点都不害怕。当时住的是当地农民的破旧房子，条件简陋，也没有桌子、柜子等家具，她就把装着头骨的蒲包放在自己床底下，并且能很快安稳入睡。工地老师同学知道她把头骨放置自己床底下后，都说她胆子真大！殊不知，胆大的背后，是咬定在考古之路上任何困难都能克服、任何苦都能吃的决心和勇气。这是她内心的笃定与坚守。在北京市安全局工作的父亲正直善良、胆大心细、勇敢坚强，对李毓芳影响很深，她也继承了父母的正直善良与勇敢坚韧。

1967 年李毓芳大学毕业。她和同班同学刘庆柱分到陕西的部队农场劳动锻炼，这一待就是整整两年。离开农场以后，刘庆柱和李毓芳在旬邑县当了一年半中学教员。当时县里重男轻女的现象严重，而李毓芳却是县里唯一的高中女教师并担任班主任。在旬邑县工作期间刘庆柱和李毓芳喜结连理。

2014 年，李毓芳与原咸阳博物馆同事

1972 年李毓芳调到咸阳市博物馆工作，参加杨家湾大汉墓发掘工作。由陕西省博物馆和咸阳市博物馆双方的考古人员共同组成了“杨家湾大汉墓发掘考古队”，队长为石兴邦先生。石兴邦是新中国考古学的奠基人夏鼐当年着力培养的年轻骨干之一，他曾经跟随夏鼐先生参加过田野考古工作，是中国第二位荣获“中国考古学终身成就奖”的著名考古学家。

即将走向自己所热爱的考古工作岗位，而且又是考古学家石兴邦先生亲自指导，李毓芳非常兴奋，她在长陵火车站下车后，脚底像生风一样，一路小跑，穿过玉米地间的农村小路，向咸阳塬下的窑洞奔去。

当年 50 多岁的石兴邦先生穿着一身已褪色的灰色中山装，脚蹬一双矮腰军绿色胶鞋，面带微笑，接待了她，石先生让她赶快坐下，并且给她倒了一杯白开水。李毓芳赶紧接过水杯，心里的不安随即放下，觉得石先生是一位和蔼可亲的人。

石兴邦先生简单地介绍了墓葬发掘现状及考古队的组成情况后，就带着她去考古工地发掘现场了。考古工地在二道塬上，要爬 4 里多的慢坡才能到达。那儿一看，展现在她面前的是一条深 24 米、宽 40 米、长 100 米的曲尺形墓道。当时墓道正在发掘中，墓室还未开挖。墓道外侧勘探出了两个大的陪葬坑。石先生对她说："你就先负责发掘这两个陪葬坑吧。"自此，李毓芳的考古生涯正式开始，而且在这里一干就是六年多。这六年间，她和石先生在工地一起发掘，一起吃饭，一起经受风吹、日晒、雨淋、挨冷、受冻，是同甘共苦的六年多宝贵时光。

石兴邦先生经常说："只要人在考古队，就必须在发掘现场，决不能遥控，要做名副其实的考古工作者。"他本人一点儿不搞特殊化，每天和李毓芳及其他队员们在工地现场工作 8 小时。早饭后出发，8 点钟前必须到工地。12 点钟下班，午饭后也不能休息，下午 6 点下班。就这样每天上下班往返 4 次，需要走近 20 里的坡路，8 小时内还要进行发掘清理、绘图等。一天下来已经是很累了，晚上还要整理发掘记录和图片……

李毓芳严格按照石先生的要求，不管遇到什么遗迹现象，都要仔细地清理，脚踏实地、认真负责地完成每一项发掘任务。每次有来访者，石兴邦先生都会在介绍发掘情况前先向来访者介绍李毓芳的情况，并夸赞她是北大考古专业毕业的学生，能吃苦不怕累，工作认真负责……石先生的鼓励就如明灯一样照耀着李毓芳的考古之路，她更加倍努力地做好考古发掘工作。

1976 年，唐山大地震波及了天津，李毓芳的公婆和两个弟弟及其女儿从天津来到咸阳躲避地震。10 月，老公公病危住院，经抢救后出院在家养病，老婆婆半身不遂已八年。刘庆柱既要上班又要照顾两个病人，早已无暇再照顾患"百日咳"的女儿，而当时李毓芳是发掘墓室的主力队员，根本离不开。经石兴邦先生同意，她把女儿带到了考古队。石兴邦先生要她早晨可

1972 年，刘庆柱、李毓芳在咸阳博物馆

1972 年，春节全家合影

以晚些去，照顾一下女儿，但认真负责的李毓芳天天都是早于工人到发掘现场，因为墓室距地表24米深，她害怕出事。每天早晨5点多钟，李毓芳就得把熟睡中5岁的女儿从床上拽起来，早饭后就带着女儿出发到发掘现场去了，孩子实在走不动了，李毓芳就背着她走一段，就这样保证在8点以前到达正在发掘地点。中午吃完饭后不能休息，又带着女儿出发了。墓室口距底部12米，当时下挖了6米左右，因此要进到墓室里去，上下都要靠墓室壁上的脚窝和一根大粗绳子。李毓芳带着女儿要靠工人帮忙才能上下进出，有时女儿会吓得哭起来。就在这样艰苦的环境下，女儿跟李毓芳在一起发掘了20多天。等老公公的病稍有好转，李毓芳就把女儿送回到在咸阳的爷爷和奶奶身边了。因此她女儿曾经骄傲地对自己正在学习考古专业的女儿说："妈妈5岁就跟着姥姥上考古工地发掘啦。"

在参加秦都咸阳遗址考古发掘工作告一段落后，由于工作表现出色，1979年，李毓芳调入中国社科院考古研究所。她一直牢记石兴邦先生当年的教诲："要做名副其实的考古工作者！"咬定这个信念，几十年来李毓芳坚持深入发掘现场，并且住在农家院、吃的是农家饭，从来不做遥控者。她先后参加并主持汉高祖长陵陪葬墓发掘、秦都咸阳考古勘探与发掘、汉唐帝陵的考古调查与发掘、秦汉栎阳故城遗址勘探与发掘、汉长安城遗址勘探与发掘、秦汉上林苑中诸遗址的勘探与发掘、秦阿房宫遗址勘探与发掘等。在汉唐考古、与中国古代都城与帝陵考古发掘及研究领域颇有建树。而且，李毓芳主持发掘的"陕西汉长安城陶俑官窑窑址"入选1990年度第一届全国十大考古新发现。

几十年来，李毓芳在考古田野一线练就出来的本领在国际考古界都赢得赞誉。1997年，中国和日本的两个国家级研究所经中国国务院特别许可、国家文物局首次批准，对第一批全国重点文物保护单位——汉长安城桂宫遗址进行考古发掘。中国社会科学院考古研究所和日本奈良国立文化财研究所组成中日联合考古队。中方领队刘庆柱、日方领队町田章、执行领队李毓芳。当时李毓芳欣然接受了这项艰巨的任务，以大无畏的精神挑起了这副重担。

1998年，李毓芳向西安市委书记崔林涛、市文物局局长李天顺、
市文物局副局长向德介绍汉长安城桂宫遗址发掘情况

1998 年，李毓芳和日本队员在桂宫遗址发掘现场

1998 年，李毓芳在桂宫遗址发掘中上高梯照相

5 年来，不管是寒冬腊月还是赤日炎炎，每天都会看到李毓芳指挥着一个又一个遗址发掘时坚定、果敢的身影。因为桂宫内发掘面积大、任务重，遗迹现象、布局结构复杂得令人难以想象。李毓芳在几十年的考古发掘中遇到了前所未有的挑战。每天她在现场指挥安排工作，考究遗迹现象都是跑步前进，一天下来疲劳程度可以想象。晚上还要整理发掘资料，研究白天发掘中的问题。有时李毓芳急得头痛难忍、彻夜未眠。有一次，在三九天寒风刺骨的夜晚，李毓芳带着技工们打着手电重返发掘现场，研究白天工作中未解决的问题。

她带领着队员们完成了对桂宫宫城遗址的钻探、对宫墙和 7 座建筑遗址大面积试掘、对南宫门和 3 座大型建筑遗址及桂宫大型地下排水设施的发掘（还千方百计挤出时间在皇太后所居长乐宫遗址中的一个垃圾坑内抢救发掘了两条造型奇特由 6 组上下三层五角形水管组成的地下排水管道，在社会上引起很大反响，省文物局、市文物局领导及同行们都来参观，多家新闻单位电视台、报纸都做了报道）。有一次，刘庆柱、町田章等人去桂宫二号建筑发掘现场考察时，看到了发掘面积那么大（遗址最大面积1万5千平方米），而发掘出的遗迹现象清清楚楚、井井有条后，对李毓芳说："你也真够不容易的了。"这句话使李毓芳的眼睛湿润了。几年来的发掘工作太难了，酸、甜、苦、辣，这其中的滋味只有李毓芳自己能体会到。

几年来桂宫发掘工作中，李毓芳在处理与日方的关系上既能坚持原则，又做到了有理、有利、有节。得到领导充分肯定和同志们好评。

1997年桂宫遗址发掘以来，新华社、《人民日报》、《光明日报》、《中国日报（英文版）》、中央电视台及省市各新闻媒体都做了多次报道。海外不少报刊也做了相关报道。中日两国学者相继在日本召开了新闻发布会、报告会等等。桂宫的发掘工作有力凸显了李毓芳对大遗址发掘中出色的指挥能力和深厚的考古发掘功底，受到领导和同志们的高度赞扬。

桂宫发掘工作结束后，在刘庆柱统一指挥和安排下，李毓芳和队员们在发掘长乐宫主殿的同时，奋发努力，编写和出版了专著《汉长安城桂宫》，后来日文版也相继出世。此举成为了中国考古工作者只争朝夕，不负韶华、敬业精神的典范，为中国考古工作者在国际考古发掘中争得了很高的荣誉！

二、严谨求实：如琢如磨灼灼其华

沿着新中国的考古之路，李毓芳取得骄人的成绩，闪耀着时代光芒。其中最有震撼力的是，她做出震惊考古界的一个结论：阿房宫根本就没有建成，项羽并没有烧阿房宫！

2002年8月，阿房宫考古队正式成立。国家文物局打破常规，聘请59岁的李毓芳担任阿房宫考古队队长。

在钻探了一个多月后，李毓芳并未发现秦代宫殿建筑遗迹。她决心挖两个探方看看情况。结果在探方内也未见秦代文化层，没有发现秦代建筑材料，也没有发现宫殿建筑遗迹，只有东汉乃至宋代的砖瓦残块。看到这情况，李毓芳站在探方内，惊得半天说不出话来。怎么会是这样？在阿房宫前殿遗址的夯土台基上居然没有秦代堆积层，没有秦代建筑材料（砖瓦、瓦当等），没有发现秦代宫殿建筑的一点遗迹。她发掘了几十年的秦、汉宫殿建筑，从没有出现过这样的事情。那么阿房宫的建筑哪里去了？为了不漏掉任何一点遗迹现象，做到万无一失，她采取了密集的以布梅花点的方式勘探，一平方米钻五个探孔，密集之处，每隔0.2米就钻个孔。钻探的同时，还开探沟数十条，最长的探沟长65米、探沟最宽为4米。

为了找更有力的证据，李毓芳在村子里又进一步进行调查访问，功夫不负有心人，居然找到了当年在阿房宫夯土台基上面平整土地的两位生产队长。他们二人都说："当时在夯土台子上只是平高垫低，把北部高处的土（台基北部因为有北墙，故地势较高）往南低处垫了垫，并没有把台子上的土拉走。"中央电视台一频道《发现之旅》和十频道《走近科学》栏目组都对此进行了报道。

考古资料表明，阿房宫根本就没有建成，连前殿都没有建成。从文献分析来看，其他地方就更不应再有阿房宫的建筑了。但是为了有更多考古资料做依据，李毓芳他们还是进一步做了更多、更细致的考古工作。结果表明阿房宫前殿没有遭到大火焚烧，即后人所认为的秦始皇未修成的阿房宫没有遭到大火焚烧；项羽烧的是咸阳宫，没有烧阿房宫。李毓芳顶住重重压力，坚持实事求是原则，得出结论：两千多年前秦始皇所修筑的阿房宫根本就没建成，只建成了一个长 1270 米，宽 426 米，现存高 12 米的夯土台基，它也没有遭到大火焚烧。

关于阿房宫考古队得出的秦阿房宫既没有建成亦没有被火烧的结论由新华社、中央人民广播电台、中央电视台各频道、《人民日报》、《光明日报》、《人民政协报》、各省市电视台、报纸等中央和地方新闻媒体都做了详尽报道，中央电视台还拍了七个专题片滚动播出。《新华文摘》还全文转载了李毓芳给《文史知识》写的文章。由于各家媒体开足马力的报道，秦阿房宫没有建成亦没有被火烧的结论在国内引起了很大的轰动。《中国日报（英文版）》以一版的篇幅向海外报道了阿房宫考古最新成果，阿房宫的事在国外影响也很大。

阿房宫考古队进行勘探和发掘期间，联合国教科文组织官员，国家文物局和陕西省、西安市、未央区的领导及文物部门同行等都曾到过发掘现场，对李毓芳的考古成果给予了充分肯定和认可。2007 年 12 月，李毓芳参加了全国政协文史委组织的视察中国大运河活动。在河南开封清明上河园内，李毓芳碰到了国家文物局局长单霁翔。单局长对李毓芳说："李老师，我看到了在《光明日报》报眼位置登载的秦阿房宫既没有建成亦没有被火烧的文章，我们就承认这个考古事实吧。"

一句充分肯定的话语，如汩汩暖流，涌遍李毓芳的全身。

回望六年多来阿房宫遗址勘探发掘期间，无论是三伏天还是三九天，李毓芳都坚持在考古工地现场，摸爬滚打、风吹日晒。因颈椎压迫神经，她左臂从后背肩部到手指尖长达几个月持续发麻也顾不上就医；左膝盖不慎扭伤，但仍一瘸一拐地出现在发掘现场；胃肠功能紊乱的病症多次复发；由于压力太大，血压也不断升高，一度达到高压 158～162mmHg。这些，她都坚持着咬紧牙关，挺了过来。当时只有一个信念，那就是坚持到底，要很好地完成国家文物局交给的任务。

还原历史真相，是李毓芳笃定的信念。她受邀在清华大学、中国社会科学院研究生院、上海博物馆、复旦大学，以及西安、广州等地高校与文博单位，还有台湾的一些大学，共演讲了 50 多场，均受到了热烈欢迎。让李毓芳感动的是，当她在大学里演讲时，因座位不够，很多同学是站着听完的。每当这个时候，她都会给他们深深地鞠一个躬，表示感谢。

2012 年，国家文物局根据考古队翔实的考古资料所确定的秦阿房宫遗址范围，通过了《阿房宫遗址保护规划》。至此，李毓芳带领的考古队所得出的"阿房宫没有建成，亦没遭到火烧的结论"得到了国家正式认可，圆满地完成了国家文物局交给她的阿房宫考古任务，也交上了一份让全国人民满意的答卷。

整个阿房宫考古工作期间，刘庆柱先生是考古队的顾问。所以每当考古队做完一个遗址的发掘工作时，他都会在百忙之中，去现场考察。他对李毓芳在发掘后所做出的结论（每个遗址的时代和性质）都非常认可，给了她很大的支持和鼓励。虽然这项考古新发现引起不小的争议，但刘庆柱和李毓芳坚定地认为，不能用观念的历史代替历史的真实，而应当根据客观发现，还历史以真正面目，坚持实事求是的历史观。

可以说，坚持实事求是的历史观贯穿了李毓芳整个考古生涯。早在20世纪60年代陕西部队农场，刘庆柱抽空阅读了《毛泽东选集》《马克思恩格斯文选》以及列宁的重要著作。那段经历，不但培养了他的学习兴趣，扩充了他的知识面，也更加坚定了他从事考古研究的信心。有一次，刘庆柱先生在接受光明日报记者采访时说："《家庭、私有制和国家的起源》探讨国家社会的起源和发展问题，正是考古发现与研究，为马克思主义唯物史观提供了科学支撑。"他的学术观念也深深影响了李毓芳，坚持实事求是的原则，也是李毓芳的座右铭。

肩负历史责任，传承文明之光，是李毓芳孜孜以求的担当。2018年6月，作为国家社科基金重点项目，90册的《汉长安城未央宫骨签》由中华书局正式出版。这套书厚度几乎是刘庆柱和李毓芳的身高之和（3.1米）。这是中国考古出土文献中一部体量空前（1500万字）、意义深远的巨著，对中国年代学、文字学、档案学、军事学（兵器史）、手工业史、书法史、职官研究等都有着极其重要的学术价值，还对相关古文献进行了各方面的补充和修改，具有重要的参考意义。这部写作时间跨越30个年头的大部头著作成为刘庆柱和李毓芳考古生命的里程碑。

为什么说时间跨越30余年呢？

还是在1986～1987年，中国社会科学院考古研究所汉长安城考古队发掘了未央宫中央官署建筑遗址，出土了6万多片骨签。这一重大考古发现引起学术界巨大反响。刘庆柱和李毓芳是该项目发掘工作的主持人和主要发掘者，付出了常人难以想象的心血。由于每天骨签的出土量都很大，在对遗址进行全面发掘时，每天下来，李毓芳累得腰酸腿疼（每天去发掘现场两趟来回就要步行9里多路）。累过度了，左腿就不能弯了，膝盖处好似万箭穿心，疼得她直冒冷汗，上床都很吃力。在整理骨签资料中，因骨签上的字体很小，字迹模糊，辨认起来非常困难。当时没有电脑等现代化设备，李毓芳和刘庆柱只能靠2.5倍放大镜进行骨签释文工作，才40岁出头的她已经戴上了老花镜了。完成发掘简报的编写后李毓芳由于不堪重负，于1987年中秋节的清晨突发冠心病住进了医院。出院第二天，她又奔赴新的考古发掘工地——未央宫少府建筑遗址的考古现场。

鉴于骨签考古发现的重要学术意义与重大学术影响（《人民日报》《光明日报》均在第一版进行了报道），加之出土骨签巨大的资料信息量，2014年3月中华书局决定出版骨签这部书。刘庆柱代表考古队与中华书局正式签订出版骨签这部书的协议，主编由刘庆柱担任，副主编是李毓芳和刘瑞。骨签出版是一件具有重大学术价值和文献意义的工程，刘庆柱和李毓芳以强烈的历史使命感和责任感，为建设中国特色、中国风格、中国气派的考古学做出了应有的贡献。

得益于严谨求实的工作作风，李毓芳多年来的研究阐释和深耕理论也取得累累硕果。她与刘庆柱等合作先后出版专著与考古发掘报告《西汉十一陵》《前汉皇帝陵的研究》（日文）《陵寝史话》《汉长安城》《中国古代都城考古发现与研究》《汉杜陵陵园遗址》《汉长安城未央宫——1980～1989年考古发掘报告》《汉长安城桂宫——1996～2001年考古发掘报告》《汉长安城未央宫骨签》（90册）等。近年来她与刘瑞等合作出版了《秦汉上林苑——2004～2012年考古报告》《栎阳陶文》《栎阳瓦当》《栎阳考古发现与研究》等多部考古发掘报告。在《考古学报》等刊物发表了关于汉长安城遗址、秦阿房宫前殿遗址、秦汉上林苑遗址、秦汉栎阳城遗址、秦封泥等多篇考古报告与论文。其中《汉长安城未央宫——1980～1989年考古发掘报告》（中国大百科全书出版社，1996年）获中国社会科学院第三届优秀科研成果一等奖和第三届夏鼎考古奖二等奖；《汉杜陵陵园遗址》（科学出版社，1993 年）获第二届郭沫若中国历史学三等奖。

三、退而不休：无私奉献绽放光华

2003 年李毓芳先生退休。考古如呼吸一样融入她的生命，怎能停下追梦的脚步呢？

在领导同事及家人的支持下，李毓芳以极大的热情和充沛的精力继续从事考古和与其相关的研究工作。她参加了社科基金重点课题和院重点课题“骨签的考古发现与研究”的工作，参加了院重大课题“中国古代都城的考古发现与研究”的工作，参加了院重点课题秦汉卷的编写工作；多次参加全国政协文史委组织的大运河、蜀道申遗的考察活动及其相关的学术研讨会和中国古都学会的学术研讨会；多次参加龙文化学会学术研讨会、汉文化国际学术研讨会、秦文化学术研讨会；还参加了在曹操墓地举办的中国秦汉史学会、中国魏晋南北朝史学会会长联席会议等。作为中国社科院研究生院教授，她还多次参加考古专业学生的博士论文答辩工作。忙忙碌碌的生活让她感到特别充实。

尽管生活十分充实，但是她还想着有朝一日能重返考古第一线，简直达到日思夜想的地步。她曾两次做梦，梦见与汉长安城考古队的同事在工地发掘的情形，与阿房宫考古队的同事在阿房宫遗址钻探的场面。她高兴得从梦中醒来，一跃而起，马上跑到刘庆柱房内，站到他床前，吓了他一大跳，李毓芳把梦中情况告诉了他，并说自己想去工地发掘，老伴笑着安慰她：“会有机会去的。”

2011 年 1 月，社会科学院考古所决定成立上林苑考古队。朝思暮想去考古工地发掘的李毓芳终于成为上林苑阿房宫考古队的成员，她掩饰不住内心的激动，准备时刻听从新队长刘瑞召唤。2011 年 5 月，为了解决后顾之忧，李毓芳到医院做了肾囊肿微创手术，像她这样年龄的女同志，在肾上做了手术，肯定要修养一段时间，但李毓芳却认为卸掉了重负，十分欢喜地背起行囊，直奔心爱的考古队。

2012 年，李毓芳作为考古队员参加了考古队和陕西省、市考古研究院联合组成渭河古桥发掘队，共发掘了七座渭河大桥。其中最主要的大桥长 880、宽 20 米，有九百多根高 9 米、直径 60 厘米的木梁柱矗立在渭河故道内，场面十分壮观。该桥建于秦汉，是世界上最古老的大桥，也是丝绸之路的起点——汉长安城外最重要的大桥，张骞出使西域就走过这座大桥，被誉为“丝绸之路第一桥”。同时，考古队还发现了中国最早的榫卯结构、能载重五吨的汉代木船。此项发掘工作在中国乃至国际考古界都产生了重要影响，国内外同行们都感到非常“震撼”。渭河古桥——“丝绸之路第一桥”的考古发掘被评为“2013 年度全国十大考古新发现”。同年，李毓芳所在考古队又接到另一项重大任务，即对汉武帝时期修建的“昆明池”进行钻探和发掘。发掘过程中，意外地发现了西周首都——镐京的东侧壕沟，确定了周武王的都城镐京的东界和南界。中国社会科学院学部委员王震中说：“你们功不可没，解决了几代人都没解决的问题！”“昆明池”的考古项目曾入围“2016 年度全国十大考古新发现”终评。

2013 年后，李毓芳所在的考古队，在 20 世纪 80 年代刘庆柱、李毓芳发掘的秦汉栎阳城遗址的基础上，又找到了二、三号古城，包括宫殿建筑，秦王和王后的浴室完整配套设施、宫廷后勤部等遗址，确定了三号古城是秦孝公任用商鞅变法的都城。中国古代历史上著名的改革之都——栎阳城的考古工作，被评为“2017年度全国十大考古新发现”。

2016年春节期间，一天中午饭后，李毓芳照样去锻炼却不幸摔倒，去医院拍片检查。她本来以为取些药可以回家了。当医生仔细检查了全套片子后说：“股骨头、股骨颈都骨折了，必须住院动手术置换髋关节。”当时返回工地心切的李毓芳觉得如五雷轰顶，同时担心打不成心爱的乒乓球了。平时，李毓芳最大的体育爱好就是打乒乓球，主要为了锻炼身体，支撑劳动强度大的考古工地的工作。为了尽快恢复腿部功能，她只能按照医生的方案进行手术治疗。后来手术顺利置换了髋关节全部构件，这对于一位75岁的老人是一个挑战。“早日回考古队！”她心中只有这一个信念。为此，她振作精神，打破了卧床一百天的常规，以顽强的毅力、超强的意志，进行自己独创的功能恢复训练，不久后这个倔强又顽强的老人又出现在了考古工地上，所有考古队员都深深地被她的精神所感染和鼓舞。又重新听到40多年来听惯的“秦腔”，重新与朴实的工地考古人员在一起，她又恢复了生命的活力。当然，对于一位年逾七旬的老人还这样积极去考古工地，也有一些外行人不理解，认为她是为了挣钱（在工地有一定的补助费）而去。殊不知，西安有一家拍卖行以比她在工地发的补助费高得多的价钱聘她当顾问，并且多次通过社科院同事给她做工作，都被她婉言拒绝了。那位同事感慨地说：“李老师对自己要求真严格呀。”

不仅参加田野考古工作，李毓芳先生还为隋唐大运河、汉长安城未央宫申报世界文化遗产出谋划策。她和刘庆柱在20世纪80年代发掘的“官署遗址”“少府遗址”在申遗过程中进行了一比一模型展示，这是汉长安城未央宫申遗中的最大亮点，也为2014年未央宫的成功申遗立下了汗马功劳。

同时，她还坚持做考古科研工作。退休后完成的科研项目包括中国社会科学院重大课题“中国古代都城考古发现与研究”、“中国考古学·多卷本（秦汉卷）”、“未央宫出土骨签的发现和研究”、国家社科基金重点项目“汉长安城遗址骨签考古研究”、“秦汉三辅地区建筑复原与研究”。

深耕考古田野近50年，李毓芳身上那种无惧风雨、忘我奋斗的精神深深感染着许多考古后学。某市考古所年轻女考古队长就是其中的一位，她与李毓芳有幸结识，在收到李毓芳参加编著的书后，她给李毓芳发了一条信息表达敬佩之情和感激之情：“一直以来您作为女考古学家，对我的影响颇深，有幸青台一见后，更觉您平易近人，涵养超人，对您的尊崇之情愈发强烈！万语千言，表达不了您对后辈的提携和期待的感激之情，我一定努力学习，踏实工作。”

李毓芳先生每次来郑州大学历史学院，都要跟同学们交流考古的话题。她对考古专业的学生说：“从事考古，一句话，就是纯粹的热爱！我每次在赶往工地的路上，心情十分愉悦，因为期待着在工地上能有新的发现、新的线索。你们一定要热爱考古，只有热爱，才不怕吃苦，忍受工地上的风吹日晒；只有热爱，才能不畏困难，从考古发现中认识中华文明起源、发展脉络及灿烂成就，更好地弘扬中华优秀传统文化，这是考古人的历史担当，也是价值追求。”

言为心声。李毓芳先生就是完全凭着内心对考古事业的热爱，全年除春节几天外都扑在野外工地上，搞研究、著书立说、编著考古发掘报告……为了能保证一心扑在考古工作中，她和刘庆柱连孩子都不敢多要，决心只要一个，并把女儿取名字为“一”。几十年执著于考古事业，她不论严寒酷暑，青灯黄卷，始终如一坚持在考古第一线而乐此不疲，被《中国文物报》刊发的一篇文章中（2000 年 5 月）称为“大地的女儿”。

四、纯粹之爱：执子之手与子偕老

择一事，终一生。自从北京大学毕业之后，李毓芳把人生 50 余年的宝贵年华倾注在她所钟爱的考古事业上，找到了自己生命的热情所在，同时找到了与她志同道合、携手共进、白头到老的刘庆柱先生。

考古圈人都知道，李毓芳与刘庆柱是考古界的模范夫妻。几十年来，夫妻两人在中国古代都城和帝陵的研究方面取得了丰硕的成果。

1988 年，刘庆柱、李毓芳在未央宫四号遗址

刘庆柱先生长期从事古代都城与帝陵的研究，先后参加并主持西汉十一陵、关中唐十八陵、汉杜陵园遗址、汉长安城遗址和帝陵遗址的考古勘探、发掘，取得一系列的重大考古发现，推动了中国考古学的发展；为“安阳殷墟”“丝绸之路”“中国大运河”等成功申报世界文化遗产做出了积极贡献。

除了与李毓芳合著《汉长安城未央宫骨签》《西汉十一陵》等著作以外，他出版了《古代都城与帝陵考古学研究》《中国古代都城的发现与研究》《中国考古学·秦汉卷》《不断裂的文明史：对中国国家认同的五千年考古学解读》等 20 余部著作。他担任过中国社会科学院考古研究所所长、中国圆明园学会会长、中国古都学会名誉会长、德国考古研究院通讯院士、亚洲史学会常务理事等职务，获得国家级有突出贡献中青年专家等荣誉称号。2016 年中国人类学学会学术年会在复旦大学举办，刘庆柱获“人类学终身成就奖”。近几年，刘庆柱先生带领郑州大学考古学科团队将研究视野拓展至中华文明起源、五千年不断裂文明探源等学科重大课题之上。这是他多年提倡的“历史要紧密地服务于国家战略”观念的有力实践。

几十年来，他们大部分时间总是在同一片田野里进行考古发掘，一起整理资料、编写考古发掘报告，共同承担重要的考古研究课题。在他们俩的人生词典里，几乎没有节假日的概念。

同甘共苦，并肩战斗，虽然没有城市生活舒适，没有月下西窗剪烛，但陕西的窑洞、黄土高坡、沟沟坎坎都在无声地见证着李毓芳和刘庆柱的坚贞爱情。

在李毓芳的记忆里，最难忘的一件事是在1987年发掘未央宫8000平方米的官署遗址时夫妻俩肩并肩共同战斗的情景。当时正值正月初三，刘庆柱和李毓芳就赶到了工地现场。马上组织召集民工初六正式开工了。由于劳累过度，晚上还要写相关材料，夜里不能关灯睡觉，大老鼠横行，它们顺着电线、烟囱等爬到被子上，往头部上跑——刘庆柱的美尼尔氏综合症犯了，头晕目眩，觉得房屋倒塌。他一开始还能喝几口小米粥，但后来什么也吃不进去。李毓芳见状，赶紧到生产大队办公室给西安研究室（社科院派出单位）打了电话。单位立即派了当时唯一的破旧吉普车接上刘庆柱去医院。因工地有一百多人的发掘队伍，召集起来不容易，故李毓芳不能离开发掘现场，她对司机说："麻烦你陪老刘到医院吧。"望着远去的汽车，李毓芳一下子坐到了冰凉的地上，流泪了。当时正巧《光明日报》记者白钢来工地参观采访，他见到这情景说："没想到你们干考古这么难呀！"是呀，工地牵系着夫妻俩的心。病还没有完全好，刘庆柱就回到了发掘现场，他对李毓芳说，我就是坐在探方里不动，你有什么事也能有个人商量呀！听了他的话，李毓芳感到全身都是热乎乎的。

高强度的体力工作只是考古发掘工作的一部分，因为考古工作包括发掘和科研两大部分，要求考古工作者要具备野外发掘和室内研究的双重能力。所以，尽管白天发掘耗费了大量体力，但是晚上他们还依然要整理资料、编写考古发掘简报、撰写论文等。就这样刘庆柱和李毓芳往往一处遗址发掘完不久，其发掘简报就在《考古》上发表，继之考古发掘报告就会陆续出版。

熟悉李毓芳的同事朋友学生们都知道她的手机背面贴满了电话号码，第一个电话号码就是老伴刘庆柱的手机号，在她的卧室兼工作室内，桌子上一直摆放着她和老伴的合影照片，两个人脸上都挂着温和的笑容，那相依相伴的身影蕴含着无限的爱意。

2021年，刘庆柱、李毓芳在中国考古学诞生100周年大会

2021年4月底，李毓芳在郑州体检后又急忙赶回西安考古队了。但体检结果发现她的胃里有癌细胞。当她得知这常人难以接受的结果后，反倒一点儿也不惊慌。4月30日是李毓芳78岁生日，她神态自若，开心地与队员们、技师们一起吃了生日蛋糕，大家还一起唱了生日祝福歌。5月2日，她安排好工地上的事就又返回郑州，在郑州大学第一附属医院胃肠外科接受治疗，胃肠外科专家郜永顺主任制定了科学严谨有效的治疗方案。李毓芳一心想早日返回心爱的考古队，以坚强的毅力、乐观的精神状态积极配合治疗。经过四个疗程精心治疗，达到预期目的，李毓芳顺利出院了，又回到考古

队。10 月 16 日，她来到三门峡，兴致勃勃地参加了仰韶文化发现暨中国现代考古学诞生 100 周年纪念大会，还在会上做了精彩的发言。

每逢佳节倍思亲。对于李毓芳来讲，她和老伴刘庆柱平常都没有节假日的概念。而在 2021 年的中秋节，是李毓芳出院后的第 3 天，本来还想急于赶回考古队的她，由于出院手续没有办完拿不到身份证，阴差阳错地才决定留下来和刘庆柱在一起过了一个中秋节。这是 40 余年来老两口在一起度过的为数不多的中秋节。晚上，他们俩把头伸出窗外，看到悬挂在天上的圆圆的月亮，李毓芳高兴地说，这太难得、太少见了！这是她发自内心的高兴呀。多年来，不管是工作日和节假日，她几乎都在发掘工地上，与家人在一起过中秋节的次数寥寥无几。这一次，她是无比珍惜这难得的节日相聚。

中秋节后第二天，李毓芳便收拾好行囊，和来接她的考古队长刘瑞一起回到了她朝思暮想的考古队。只有在那里，即使只是天天看着她熟悉的土层、探方，听着熟悉的陕西口音，吃着本地的馍菜，她的心里就会如彩霞一般绚烂。

有一次，刘庆柱夫妇受邀为中央电视台某栏目题词。刘庆柱先生写了一句话：“从考古走进五千年，中华民族不断裂历史。”李毓芳先生的题词是：“保护文物，人人有责。”由此可以看出，夫妻俩的人生理想与追求是那么的一致！深植家国情怀，矢志考古事业，内心澄明坦荡，两颗永远为国家考古事业绽放激情与火花的心灵紧紧相拥。

执子之手，与子偕老。李毓芳先生不仅与刘庆柱先生执手相伴一生，也是与考古执手相伴一生。这种幸福感、获得感只有李毓芳深解其味。这位纯粹的考古人，即使微驱化春蚕，只要织锦吐长丝，她也无怨无悔。因为奉献我国考古事业，传承文明之光，她的生命必将绽放璀璨光华！

附录二　刘庆柱、李毓芳著述一览

一、简报和年鉴

（一）简报（报道）

1. 秦都咸阳工作站（刘庆柱、陈国英执笔）:《秦都咸阳第一号宫殿建筑遗址简报》,《文物》1976年第11期，第12～24页。

2. 咸阳市博物馆（李毓芳执笔）:《陕西咸阳马泉西汉墓》,《考古》1979年第2期，第125～135页。

3. 咸阳市文管会、咸阳市博物馆、咸阳地区文管会（刘庆柱、李毓芳执笔）:《秦都咸阳第三号宫殿建筑遗址发掘简报》,《考古与文物》1980年第2期，第34～41页。

4. 刘庆柱:《陕西永寿出土的汉代铁农具》,《农业考古》1982年第1期，第87～89页。

5. 刘庆柱、李毓芳:《西汉诸陵调查与研究》,《文物资料丛刊（6）》，文物出版社，1982年，第1～15页。

6. 刘庆柱:《陕西长武出土汉代铁器》,《考古与文物》1982年第1期，第30～32页。

7. 刘庆柱:《陕西长武县出土太和元年地券》,《文物》1983年第8期，第94页。

8. 中国社会科学院考古研究所杜陵工作队（刘庆柱、李毓芳执笔）:《1982～1983年西汉杜陵的考古工作收获》,《考古》1984年第10期，第887～894页。

9. 中国社会科学院考古研究所栎阳发掘队（刘庆柱、李毓芳执笔）:《秦汉栎阳城遗址的勘探和试掘》,《考古学报》1985年第3期，第353～381页。

10. 刘庆柱、李毓芳:《陕西唐陵调查报告》,《考古学集刊（5）》，中国大百科全书出版社，1987年，第216～263页。

11. 中国社会科学院考古研究所汉长安城工作队（刘庆柱、李毓芳、张连喜、杨灵山执笔）:《汉长安城未央宫第三号建筑遗址发掘简报》,《考古》1989年第1期，第33～43页。

12. 中国社会科学院考古研究所杜陵工作队（刘庆柱、李毓芳执笔）:《1984～1985年西汉宣帝杜陵的考古工作收获》,《考古》1991年第12期，第1071～1083页。

13. 刘庆柱、李毓芳:《汉长安城窑址的发现》,《今日中国（英文版）》1991年第3期。

14. 中国社会科学院考古研究所汉城工作队（刘庆柱、李毓芳、张连喜、杨灵山执笔）:《汉长安城未央宫第四号建筑遗址发掘简报》,《考古》1993年第11期，第1002～1011页。

15. 中国社会科学院考古研究所汉城工作队（刘庆柱、李毓芳、张连喜、冯浩璋执笔）:

《汉长安城23—27号窑址发掘简报》,《考古》1994年第11期，第986～996页。

16. 中国社会科学院考古研究所汉城工作队（刘庆柱、李毓芳、刘振东、杨灵山执笔）:《汉长安城窑址发掘报告》,《考古学报》1994年第1期，第99～129页。

17. 中国社会科学院考古研究所汉城工作队（李毓芳、刘振东、张连喜执笔）:《1992年汉长安城冶铸遗址发掘简报》,《考古》1995年第9期，第792～798页。

18. 中国社会科学院考古研究所汉城工作队（刘庆柱、李毓芳、张连喜执笔）:《汉长安城北宫的勘探及其南面砖瓦窑的发掘》,《考古》1996年第10期，第23～32页。

19. 中国社会科学院考古研究所汉长安城工作队（李毓芳、张连喜、杨灵山执笔）:《汉长安城未央宫西南角楼遗址发掘简报》,《考古》1996年第3期，第19～27页。

20. 中国社会科学院考古研究所汉城工作队（刘振东、李毓芳执笔）:《1996年汉长安城冶铸遗址发掘简报》,《考古》1997年第7期，第5～12页。

21. 李毓芳:《汉长安城桂宫二号建筑遗址发掘有重大收获》,《中国文物报》1998年12月13日第1版。

22. 李毓芳:《汉长安城桂宫发现内宫遗址——为研究汉代宫殿建筑格局提供珍贵资料》,《中国文物报》2001年7月11日第1版。

23. 中国社会科学院考古研究所汉长安城工作队（李毓芳、张建锋、刘振东执笔）:《西安相家巷遗址秦封泥的发掘》,《考古学报》2001年第4期，第509～544页。

24. 李毓芳、亦囡、曹楠:《No.4 Building Ruins of the Guigong Palace in the Han Chang'an City》,《中国考古学（英文版）》2003年第1期，第104～109页。

25. 李毓芳、王自力:《秦阿房宫前殿遗址考古获重大进展》,《中国文物报》2004年12月24日第1版。

26. 中国社会科学院考古研究所、西安市文物保护考古所阿房宫考古工作队（李毓芳、孙福喜、王自力、张建锋执笔）:《西安市阿房宫遗址的考古新发现》,《考古》2004年第4期，第3～6页。

27. 李毓芳、王自力:《咸阳上林苑1、2号建筑遗址考古发掘取得重要收获》,《中国文物报》2005年12月9日第1版。

28. 中国社会科学院考古研究所（李毓芳、孙福喜、王自力、张建锋执笔）:《阿房宫前殿遗址的考古勘探与发掘》,《考古学报》2005年第2期，第205～236页。

29. 中国社会科学院考古研究所、西安市文物保护考古所阿房宫考古工作队（李毓芳、孙福喜、王自力、张建锋执笔）:《西安市上林苑遗址一号、二号建筑发掘简报》,《考古》2006年第2期，第26～34页。

30. 李毓芳、王自力:《西安秦汉上林苑四号、六号建筑遗址发掘》,《中国文物报》2007年7月6日第5版。

31. 中国社会科学院考古研究所、西安市文物保护考古所阿房宫考古工作队（李毓芳、孙福喜、王自力、张建锋执笔）:《西安市上林苑遗址六号建筑的勘探和试掘》,《考古》2007年第11期，第94～96页。

32. 李毓芳:《上林苑四号建筑遗址》,《文史知识》2007年第3期，第78～84页。

33. 中国社会科学院考古研究所、西安市文物保护考古所阿房宫考古工作队（李毓芳、孙福喜、王自力、张建锋执笔）:《上林苑四号建筑遗址的勘探和发掘》,《考古学报》2007 年第 3 期，第 359～378 页。

34. 中国社会科学院考古研究所、西安市文物保护考古所阿房宫考古工作队（李毓芳、孙福喜、王自力、张建锋执笔）:《西安市上林苑遗址三号建筑及五号建筑排水管道遗迹的发掘》,《考古》2007 年第 3 期，第 3～14 页。

35. 李毓芳、孙福喜、王自力、张建锋:《近年来阿房宫遗址的考古收获》,《中国文物报》2008 年 1 月 4 日第 7 版。

36. 刘瑞、李毓芳、张翔宇等:《西安发现迄今最早最大木梁柱桥——秦汉“渭桥”》,《中国文物报》2012 年 5 月 25 日第 8 版。

37. 刘瑞、李毓芳、张翔宇等:《陕西西安秦汉渭桥》，中国考古网 2013 年 3 月 26 日。

38. 中国社会科学院考古研究所、西安市文物保护考古研究院阿房宫与上林苑考古队（刘瑞、李毓芳、王自力、柴怡执笔）:《西安市汉唐昆明池遗址区西周遗存的重要发现》,《考古》2013 年第 11 期，第 3～6 页。

39. 陕西省考古研究院、中国社会科学院考古研究所、西安市文物保护考古研究院渭桥考古队（刘瑞、李毓芳、王志友、徐雍初、王自力、柴怡执笔）:《西安市汉长安城北渭桥遗址》,《考古》2014 年第 7 期，第 34～48 页。

40. 刘瑞、李毓芳等:《西安秦汉栎阳城考古新进展：确定战国栎阳城位置并发现汉唐白渠》,《中国文物报》2015 年 9 月 11 日第 8 版。

41. 陕西省考古研究院、中国社会科学院考古研究所、西安市文物保护研究院渭桥考古队（刘瑞、李毓芳、王志友、徐雍初、朱连华、张翔宇执笔）:《西安市汉长安城北渭桥遗址出土的古船》,《考古》2015 年第 9 期，第 3～6 页。

42. 中国社会科学院考古研究所、西安市文物保护考古研究院阿房宫与上林苑考古队（刘瑞、李毓芳、王自力、柴怡执笔）:《西安市阎良区秦汉栎阳城遗址墓葬的发掘》,《考古》2016 年第 9 期，第 54～69 页。

43. 中国社会科学院考古研究所、西安市文物保护考古研究院阿房宫与上林苑考古队:《西安汉唐昆明池水系的考古勘探与试掘（2012～2016）》,《中国文物报》2017 年 3 月 24 日第 8 版。

44. 刘瑞、李毓芳、张翔宇、高博:《西安阎良秦汉栎阳城遗址》,《2017 中国重要考古发现》，文物出版社，2018 年，第 102～108 页。

45. 刘瑞、李毓芳、张翔宇、高博:《陕西西安秦汉栎阳城遗址考古取得重要收获》,《中国文物报》2018 年 2 月 13 日第 8 版。

46. 刘瑞、李毓芳等:《西安中渭桥》,《新世纪中国考古新发现（2011～2020）》，社会科学出版社，2022 年，第 229～234 页。

（二）年鉴

47. 刘庆柱:《西安市郊汉宣帝杜陵》,《中国考古学年鉴（1984）》，文物出版社，1984 年，第165、166页。

48. 刘庆柱：《西安市汉宣帝杜陵遗址》，《中国考古学年鉴（1985）》，文物出版社，1985年，第232、233页。

49. 刘庆柱：《汉长安城》，《中国考古学年鉴（1986）》，文物出版社，1988年，第224、225页。

50. 刘庆柱：《西安市汉长安城未央宫3号遗址》，《中国考古学年鉴（1987）》，文物出版社，1988年，第263页。

51. 刘庆柱：《西安市汉长安城东市和西市遗址》，《中国考古学年鉴（1987）》，文物出版社，1988年，第64页。

52. 刘庆柱：《汉长安城未央宫第四号建筑遗址（A区）》，《中国考古学年鉴（1988）》，文物出版社，1989年，第238、239页。

53. 刘庆柱：《汉长安城未央宫第五号建筑遗址》，《中国考古学年鉴（1989）》，文物出版社，1990年，第255页。

54. 刘庆柱：《秦汉考古》，《中国考古学年鉴（1990）》，文物出版社，1991年，第56～73页。

55. 刘庆柱：《秦汉时期考古》，《中国考古学年鉴（1991）》，文物出版社，1992年，第50～71页。

56. 刘庆柱：《汉长安城陶俑窑址》，《中国考古学年鉴（1991）》，文物出版社，1992年，第309、310页。

57. 刘庆柱：《秦汉考古》，《中国考古学年鉴（1992）》，文物出版社，1994年，第52～72页。

58. 刘庆柱：《汉长安城陶窑遗址》，《中国考古学年鉴（1992）》，文物出版社，1994年，第323、324页。

59. 李毓芳：《汉长安城烘范窑和铸币遗址》，《中国考古学年鉴（1993）》，文物出版社，1995年，第245、246页。

60. 刘庆柱：《秦汉时期考古》，《中国考古学年鉴（1993）》，文物出版社，1995年，第51～74页。

61. 刘庆柱：《秦汉考古》，《中国考古学年鉴（1994）》，文物出版社，1997年，第47～69页。

62. 刘庆柱：《秦汉时期考古》，《中国考古学年鉴（1996）》，文物出版社，1998年，第47～67页。

63. 李毓芳：《汉长安城北宫和官办砖瓦窑址》，《中国考古学年鉴（1996）》，文物出版社，1998年，第237、238页。

64. 李毓芳：《汉长安城桂宫二号遗址》，《中国考古学年鉴（1999）》，文物出版社，2001年，第293、294页。

65. 李毓芳：《汉长安城桂宫二号建筑遗址》，《中国考古学年鉴（2000）》，文物出版社，2002年，第260～264页。

66. 李毓芳：《汉长安城桂宫三号建筑遗址》，《中国考古学年鉴（2001）》，文物出版社，2002年，第302、303页。

67. 李毓芳：《汉长安城桂宫四号建筑遗址》，《中国考古学年鉴（2002）》，文物出版社，2003年，第378～380页。

68. 李毓芳：《汉长安城长乐宫排水管道》，《中国考古学年鉴（2002）》，文物出版社，2003年，第380、381页。

69. 刘庆柱、申云艳：《秦汉时期考古》，《中国考古学年鉴（2003）》，文物出版社，2004年，第54～74页。

70. 李毓芳：《阿房宫遗址》，《中国考古学年鉴（2004）》，文物出版社，2005年，第372～376页。

71. 刘庆柱、徐龙国：《秦汉时期考古》，《中国考古学年鉴（2006）》，文物出版社，2007年，第58～84页。

72. 刘庆柱、洪石：《秦汉时期考古》，《中国考古学年鉴（2008）》，文物出版社，2009年，第54～77页。

二、论　文

（一）中国考古学与考古学理论

73. 刘庆柱：《近年来我国考古的新发现》，《百科知识》1995年第12期，第18、19页。

74. 主持人马宝珠，特邀学者刘庆柱、孟凡人、陈星灿、王巍、袁靖：《世纪之交考古学精品战略的实施》，《光明日报》1997年8月26日第5版。

75. 刘庆柱：《中国考古学研究成就辉煌》，《光明日报》1998年12月25日第7版。

76. 刘庆柱：《秦汉考古学五十年》，《考古》1999年第9期，第35～46页。

77. 刘庆柱：《50年来的新中国考古学》，《光明日报》2000年1月7日第4版。

78. 刘庆柱：《中国考古学五十年（甲篇）——史前考古发现与研究》，《光明日报》2000年1月7日第4版。

79. 刘庆柱：《中国考古学五十年（乙篇）——夏商周时期考古发现与研究》，《光明日报》2000年1月14日第4版。

80. 刘庆柱：《中国考古学五十年（丙篇）——秦汉至元明时期考古发现与研究》，《光明日报》2000年1月21日第4版。

81. 刘庆柱：《中国考古学五十年（丁篇）——科技考古的发展》，《光明日报》2000年1月28日第4版。

82. 刘庆柱、陈星灿、朱乃诚等：《1998年中国考古学研究综述》，《中国人文社会科学前沿报告》（1999卷），社会科学文献出版社，2000年，第268～296页。

83. 刘庆柱、朱乃诚：《1999年中国考古发现与研究》，《光明日报》2000年2月18日第C4版。

84. 刘庆柱：《发扬成绩，再创辉煌，迎接21世纪的考古学——在纪念中国社会科学院考古研究所成立50周年大会暨21世纪中国考古学与世界考古学国际学术研讨会开幕式上的讲话》，《考古》2000年第12期，第7～12页。又载《21世纪中国考古学与世界考古学》，中国社会科学出版社，2002 年。

85. 刘庆柱、朱乃诚：《新中国考古学 50 年》，《新中国社会科学五十年》，中国社会科学出版社，2000 年，第 370～404 页。

86. 刘庆柱：《迎接 21 世纪的考古学》，《中国社会科学院院报》2000 年 8 月 10 日第 3 版。

87. 刘庆柱：《以创新的科学精神迎接二十一世纪考古学》，《中国书法》2001 年第 2 期，第 44 页。

88. 刘庆柱：《以创新精神迈进新的世纪——纪念〈考古〉创刊四百期》，《考古》2001 年第 1 期，第 1～3 页。

89. 艾兰、安志敏、白云翔、刘庆柱等（笔谈）：《考古学的世纪回顾与展望》，《考古》2001 年第 1 期，第 12～14 页。

90. 刘庆柱：《把考古研究所办成世界一流研究所》，《中国社会科学院院报》2001 年 8 月 2 日第 4 版。

91. 刘庆柱：《遵守学术规范促进考古学术发展》，《中国社会科学院院报》2001 年 11 月 13 日第 4 版。

92. 刘庆柱：《考古为什么》，《北京晚报》2002 年 7 月 4 日第 25 版。

93. 刘庆柱：《历史离我们有多近，未来离我们有多远》，《世纪坛的讲座》，中国社会科学出版社，2002 年，第 174～205 页。

94. 刘庆柱：《农业考古与古代文明研究》，《光明日报》2002 年 4 月 2 日第 B3 版。

95. 刘庆柱：《我国考古学的回顾与展望》，《群言》2002 年第 10 期，第 16～19 页。

96. 刘庆柱：《中国古代建筑艺术思想史概说》，《人文传统》，中国美术学院出版社，2003 年，第 487～541 页。

97. 刘庆柱、朱乃诚、李健民、姜波：《2000 年中国考古学研究》，《中国人文社会科学前沿报告》（2001 年卷），社会科学文献出版社，2003 年，第 225～248 页。

98. 刘庆柱：《考古学》，《学术规范导论》，高等教育出版社，2004 年，第 169～180 页。

99. 刘庆柱：《继往开来与不断创新——〈考古〉创刊五十周年纪念》，《考古》2005 年 12 期，第 12、13 页。

100. 刘庆柱：《构建中国考古学学科创新体系》，《社会科学管理与评论》2005 年第 3 期，第 14～17 页。

101. 刘庆柱：《中国考古学发展的几个阶段》，《人民政协报》2005 年 4 月 7 日第 C4 版。

102. 刘庆柱：《考古学的发展与科学技术在考古学中的应用》，《科技考古》（第一辑），中国社会科学出版社，2005 年，第 15 页。

103. 刘庆柱：《2005 年中国考古新发现评述》，《群言》2006 年第 4 期，第 20～24 页。

104. 刘庆柱：《洛阳夏商周与唐宋考古在中国考古学、历史学研究中的特殊意义》，《洛阳师范学院学报》2006 年第 3 期，第 1～3 页。

105. 刘庆柱：《自然科学技术在考古学中的应用》，《中国社会科学院院报》2006 年 5 月 25 日第 2 版。

106. 刘庆柱：《近年来中国考古学的发现与研究》，《中国历史学研究现状和发展趋势：中国史学界第七次代表大会学术论文集》，中国社会科学出版社，2006年，第32～42页。

107. 刘庆柱：《1949～2009：中国考古学的“黄金时代”——为庆祝新中国成立60周年而作》，《人民共和国是一切胜利之源：中国社会科学院庆祝新中国成立60周年离退休干部征文选集》，世界知识出版社，2009年，第160～166页。

108. 刘庆柱：《考古学的过去、现在和未来》，《北京古都历史文化讲座》，北京燕山出版社，2009年，第171～188页。

109. 刘庆柱：《对“考古”的“考古”》，《中国文物报》2009年8月21日第8版。

110. 刘庆柱：《假设不经证实不能成为科学》，《中国社会科学报·社科院专刊》2009年11月19日第1版。

111. 刘庆柱、白云翔：《中国考古学·秦汉卷·绪论》，《中国考古学·秦汉卷》，中国社会科学出版社，2010年，第1～31页。

112. 刘庆柱：《21世纪中国考古学面临的任务》，《科技导报》2014年11月8日第32卷，第88页。

113. 刘庆柱：《考古学与马克思主义唯物主义》，《唯物史观与新中国史学发展——中国社会科学院马克思主义史学理论论坛首届学术研讨会论文集》，中国社会科学出版社，2014年，435～439页。

114. 刘庆柱：《考古学成果证实唯物史观》，《中国社会科学报》2015年10月30日第5版。

115. 刘庆柱：《从黄帝祭祀的“祭祖”到“祭国”“国祭”探讨》，《炎黄文化与社会主义核心价值观——第三届中部六省炎黄文化论坛文集》，河南人民出版社，2016年，第104～108页。

116. 刘庆柱：《农业、仰韶文化、神农氏与高平》，《华夏炎帝》2016年第1期。

117. 刘庆柱：《轩·轩辕山·安新庄遗址》，《光明日报》2016年11月14日第16版。

118. 刘庆柱：《考古学视阈下的马克思主义唯物史观》，《中国史研究》2016年第2期，第5～11页。又载《唯物史观与马克思主义史学新视野——中国社会科学院首届唯物史观与马克思主义史学理论论坛文集》，中国社会科学出版社，2016年，第397～405页。

119. 刘庆柱：《中国史话的文献价值》，《我与社科文献：30年的光荣与梦想》，社会科学文献出版社，2016年，第64～66页。

120. 刘庆柱：《中国考古学的时代使命与担当》，《中国社会科学报》2020年10月12日第8版。

121. 刘庆柱、韩国河：《历史考古的考古学文化阐释》，《中国社会科学》2021年第9期，第159～171页。

122. 刘庆柱：《中国特色考古学解读：百年中国考古学史之思考》，《考古学报》2021年第2期，第161～175页。

123. 刘庆柱：《百年考古与文化传承、文化自信》，《群言》2021年第10期，第4～7页。

124. 刘庆柱：《从考古学视角深化中华优秀传统文化研究》，《中国社会科学报》2021年10月29日。

（二）文明起源与河洛文化

125. 刘庆柱：《中国古代文明形成的考古学研究几点意见》，《中国社会科学院古代文明研究中心通讯》2001 年第 1 期，第 14～16 页。

126. 刘庆柱：《考古学文化与中原地区的古代文明形成》，《华夏文明的形成与发展——河南省文物考古研究所建所五十周年庆祝会暨华夏文明的形成与发展学术研讨会论文集》，大象出版社，2003 年，第 27～30 页。

127. 刘庆柱：《河洛文化是中华民族的核心文化》，《光明日报（理论周刊）》2004 年 8 月 31 日第 B3 版。又载《根在河洛——第四届河洛文化国际研讨会论文集》，大象出版社，2004 年，第 1～5 页。

128. 刘庆柱：《中国古代都城考古反映的河洛文化历史地位》，《河洛文化与汉民族散论》，河南人民出版社，2006 年，第 1～7 页。又载《河洛史志》2005 年第 4 期。

129. 刘庆柱：《中原文化在中华民族形成与发展中的历史作用与地位》，《郑州大学学报（哲学社会科学版）》2006 年第 5 期，第 14～18 页。

130. 刘庆柱：《中国古代文明起源、形成与中国古代都城考古研究》，《考古发掘与历史复原》（第 11 辑），中华书局，2006 年，第 117～127 页。

131. 刘庆柱：《铜官、铜都与铜陵——从王国到帝国时代的青铜文明》，《青铜文化研究》（第五辑），黄山书社，2007 年，第 1、2 页。

132. 刘庆柱：《关于姓氏研究的考古学思索》，《河洛文化与姓氏文化》，河南人民出版社，2009 年，第 1～4 页。

133. 李学勤、刘庆柱、李伯谦等：《山东高青县陈庄西周遗址笔谈》，《考古》2011 年第 2 期，第 22～32 页。

134. 刘庆柱：《云南古代文明在中华民族形成与早期发展中的历史地位》，《中华历史文化探源：云南抚仙湖与世界文明学术研讨会论文集》，云南人民出版社，2012 年，第 14、15 页。

135. 刘庆柱：《华夏历史文明在“文化大发展大繁荣”中的重要地位》，《濮阳职业技术学院学报》2012 年第 5 期，第 1、2 页。

136. 刘庆柱：《关于考古发现的“龙”之界定问题——濮阳西水坡遗址出土“龙”意义》，《濮阳职业技术学院学报》2012 年第 2 期，第 1～5 页。

137. 刘庆柱：《河洛文化定位与功能的探索》，《中原文化研究》2005 年第 2 期，第 19～24 页。又载《河洛文化与台湾》，河南人民出版社，2015 年，第 6～15 页。

138. 刘庆柱：《国祭也是祭国》，《光明日报》2015 年 9 月 7 日第 16 版。

139. 刘庆柱：《考古学视阈下的黄帝文化、有熊国与黄帝故居》，《文明圣典》，光明日报出版社，2016 年，第 145～158 页。

140. 刘庆柱：《农业、仰韶文化、神农氏与高平》，《炎黄故里　山西高平——北京·山西高平神农炎帝文化学术研讨会论文集》，九州出版社，2016 年，第 33～36 页。

141. 刘庆柱、韩国河：《中原历史文化演进的考古学观察》，《考古学报》2016 年第 3 期，第 293～318 页。又载《中国社会科学文摘》2017 年第 1 期（国家社会科学基金办公室对国家社科基金资助办刊的 21 家期刊推荐文章进行评审，专家遴选的 18 篇优秀文章中考古学仅收此文）。

142. 刘庆柱：《中华文明起源于农业》，《光明日报》2016 年 2 月 2 日第 8 版。

143. 刘庆柱：《高平神农炎帝传说的考古学解读》，《山西日报》2016 年 5 月 7 日。

144. 刘庆柱：《轩·轩辕山·安新庄遗址》，《光明日报》2016 年 11 月 14 日。

145. 刘庆柱：《神农、炎帝、农业与中华文明》，《炎帝神农与中华文化传承创新：学术研讨会论文集》，武汉出版社，2017 年，第 35～38 页。

146. 刘庆柱：《黄河文明是中华文明之源》，《水与中国》2017 年第 9 期，第 10、11 页。

147. 刘庆柱：《"天地之中"的古都洛阳与"中"及"中国"》，《洛阳学研究——洛阳学国际学术研讨会论文集》，经济管理出版社，2018 年，第 11～17 页。

148. 刘庆柱、王宏波：《深化炎帝历史研究：从传说到信史的科学历程》，《宝鸡社会科学》2018 年第 1 期，第 47～50 页。

149. 刘庆柱：《新郑与黄帝，黄帝与中国——黄帝拜祖大典为国家祭拜的科学依据》，《人民政协报》2018 年 3 月 14 日第 8 版。

150. 刘庆柱：《中华文明五千年不断裂特点的考古学阐释》，《中国社会科学》2019 年第 12 期，第 4～27 页。又载《中国社会科学文摘》2020 年第 4 期；《中国人民大学复印报刊资料·考古学》2020 年第 1 期。

151. 刘庆柱：《故宫与中华五千年不断裂文明的传承》，《群言》2020 年第 6 期，第 4～7 页。

152. 刘庆柱：《五千年不断裂文明与中国古代都城》，《文明探源·考古十讲》，社会科学文献出版社，2020 年，第 1～27 页。

153. 刘庆柱：《黄河文化是中华民族的根和魂》，《河南日报》2020 年 12 月 4 日第 7 版。

154. 刘庆柱：《黄河文化：中华民族文化的"根"与"魂"的解读》，《黄河·黄土·黄种人》2020 年第 9 期，第 4～7 页。

155. 刘庆柱：《黄河文化是中华民族的根与魂》，《笔谈：国家文化公园的概念定位、价值挖掘、传承展示及实现途径》，《中国文化遗产》2021 年第 5 期，第 15、16 页。

156. 刘庆柱：《黄河文化是中华民族文化的根和魂》，《中国民族博览》2021 年第 9 期，第 19～23 页。

（三）民族文化与国家认同

157. 刘庆柱：《统一多民族国家视野下的中国疆域史》，《中国社会科学报》2009 年 12 月 1 日第 13 版。

158. 刘庆柱：《闽粤地区文化融入河洛文化的历史过程与作用——以福建崇安汉城遗址与广州南越国都城、王陵考古发现为例》，《河洛文化与台湾文化》，河南人民出版社，2011 年，第 644～649 页。

159. 刘庆柱：《河洛文化定位与功能探索》，《中原文化研究》2015 年第 2 期，第 19～24 页。

160. 刘庆柱：《古代都城考古揭示多民族统一国家认同》，《光明日报》2016 年 4 月 7 日第

16 版。

161. 刘庆柱:《国家认同是民族文化的基因》,《人民日报(理论版)》2017 年 2 月 23 日第 7 版("大家手笔"栏目)。又载《国防参考》2017 年第 9 期,第 29 页。

162. 刘庆柱:《和合精神源远流长》,《人民政协报》2017 年 5 月 15 日第 10 版。

163. 刘庆柱:《"中和"基因生成中华国家认同》,《中国社会科学报》2018 年 2 月 23 日第 4 版。

164. 刘庆柱:《我国古代都城遗址的"中和"理念》,《光明日报》2019 年 8 月 17 日第 10 版。

165. 刘庆柱:《第八批国保:突出"国家文化认同"的"物化载体"与"保质保量"》,《中国文物报》2019 年 10 月 18 日第 6 版。

166. 刘庆柱:《"中和"是中华文化的重要观念》,《历史评论》2020 年第 4 期,第 122、123 页。

167. 刘庆柱:《"中和"基因维系中华文明绵延不绝》,《中国社会科学报》2020 年 9 月 30 日第 A02 版。

168. 刘庆柱:《"中"与"中和"理念的考古学阐释》,《光明日报(理论版)》2021 年 1 月 13 日第 11 版。

169. 刘庆柱:《百年考古与文化传承、文化自信》,《群言》2021 年第 10 期,第 4~7 页。

170. 刘庆柱:《从考古学视角深化中华优秀传统文化研究》,《中国社会科学报》2021 年 10 月 29 日第 6 版。

(四)秦汉、魏晋南北朝、隋唐考古

171. 刘庆柱:《试论秦之渊源》,《人文杂志(先秦史论文集)》1982 年增刊,第 176~181 页。

172. 刘庆柱:《隋唐时代的长安与洛阳》,《遣唐使所见中国文化》,奈良县立橿原考古学研究所附属博物馆,1995 年,第 10~15 页。

173. 刘庆柱:《秦汉考古学五十年》,《考古》1999 年第 9 期,第 35~46 页。

174. 刘庆柱:《关于当前汉代考古学研究的几个问题》,《汉代考古与汉文化国际学术研讨会论文集》,齐鲁书社,2006 年,第 6~12 页。

(五)都城、城址与聚落

175. 刘庆柱:《中国古代宫城考古学研究的几个问题》,《文物》1998 年第 3 期,第 49~57 页。

176. 刘庆柱:《汉代城址的考古发现与研究》,《远望集:陕西省考古研究所华诞四十周年纪念文集》,陕西人民美术出版社,1998 年,第 544~551 页。

177. 刘庆柱:《关于中国古代宫殿遗址考古的思考》,《考古与文物》1999 年第 6 期,第 24~30 页。

178. 刘庆柱:《中国古代都城考古学研究的几个问题》,《考古》2000 年第 7 期,第 60~

69 页。

179. 刘庆柱：《古代都城研究重要性与辽上京在中国古都的地位——在中国古都学会 2001 年年会暨赤峰辽王朝故都历史文化研讨会开幕式上的讲话》，《中国古都研究（十八）》，国际华文出版社，2001 年，第 30～34 页。

180. 刘庆柱：《A Few Points on Archaeological Research in Ancient Chinese Capitals》，《Chinese Archaeology》2001 年第 1 期。

181. 刘庆柱：《关于中国古代城址考古的思索》，《温故知新——面向中国考古学的未来》，北京大学考古系，2002 年 5 月。后收录于《从考古走进历史》，中国文史出版社，2019 年，第 115～119 页。

182. 刘庆柱：《中国古代都城史的考古学研究——关于都城、宫城、宫殿与宫苑问题》，（日本）《东亚的古代都城》（纪念日本奈良文化财研究所建立 50 周年），2003 年。又载《陕西历史博物馆馆刊》（第十辑），三秦出版社，2003 年，第 128～141 页。

183. 刘庆柱、李毓芳：《中国古代都城建筑的思想理念探索》，《西安市文物考古研究——西安市文物保护考古所成立十周年纪念》，陕西人民出版社，2004 年，第 33～63 页。

184. 刘庆柱：《古代都城遗址：包袱？财富？》，《人民政协报（宝藏周刊）》2004 年 3 月 11 日第 C1 版。

185. 刘庆柱：《中国古代都城宗庙分布位置变化所反映的王权之强化》，《古代都市的王权（百济研究丛书第 13 辑）》（韩文），韩国忠南大学百济研究所，2005 年，第 205～218 页。

186. 刘庆柱：《古代门阙遗址的考古发现与研究》，《新世纪的中国考古学——王仲殊先生八十华诞纪念论文集》，科学出版社，2005 年，第 514～533 页。

187. 刘庆柱：《解读中国古代都城》，《华夏春秋志》，中国人民大学出版社，2005 年，第 323～352 页。

188. 刘庆柱：《有城无市——中国历史之痛》，《科技与企业》2005 年第 12 期，第 41 页。

189. 刘庆柱：《中国古代都城遗址布局形制的考古发现所反映的社会形态变化研究》，《考古学报》2006 年第 3 期，第 281～312 页。又载《中国考古学（英文版）》，2007 年。

190. 刘庆柱：《中国古代都城考古学史述论》，《考古学集刊（16）》，科学出版社，2006 年，第 1～58 页。

191. 刘庆柱：《当前中国古代早期都城（或都邑）考古的新进展与新思考》，《中国考古学与瑞典考古学——第一届中瑞考古学论坛文集》，科学出版社，2006 年，第 1～17 页。

192. 刘庆柱：《中国古代都城宫庙遗址的考古发现与研究》，《二十一世纪的中国考古学——庆祝佟柱臣先生八十五华诞学术文集》，文物出版社，2006 年，第 22～37 页。

193. 刘庆柱：《中国古代都城考古反映的河洛文化历史地位》，《河洛文化与汉民族散论》，河南人民出版社，2006 年，第 1～7 页。

194. 刘庆柱：《北魏洛阳城的考古发现与研究——兼谈北魏洛阳城在中国古代都城发展史的地位》，韩国《中国史研究》（第 40 辑）（中国都市史特辑号），中国史学会，2006 年，第 85～103 页。

195. 刘庆柱：《6～7 世纪中国古代都城的考古发现与研究——兼谈 6～7 世纪中国古代都城

与百济泗沘都邑期比较》，《百济泗沘时期文化的再照明——第14回文化财研究国际学术大会论文集》，韩国扶余国立文化财研究所出版，2006年。

196. 刘庆柱：《西汉都城京畿“圣地”——咸阳》，《咸阳获奖历史剧作选》，中国戏剧出版社，2006年，第132～136页。

197. 刘庆柱：《长安与中国古代都城文明》，《西安晚报》2007年7月16日第15版。

198. 刘庆柱：《关于门阙的考古学考察》，《周秦汉唐文明研究论集》，上海古籍出版社，2008年，第486～505页。

199. 刘庆柱：《关于中国古代都城考古研究中的几个问题》，《中国古都研究（二十三）》，三秦出版社，2008年，第218～225页。

200. 刘庆柱：《关于赵王城在中国古代宫城发展史上的地位》，《邯郸学院学报》2009年第1期，第7～19页。

201. 刘庆柱：《汉代考古发现所反映的古都北京在中国历史上的地位——在汉代文明国际学术研讨会上的主题发言》，《汉代文明国际学术研讨会论文集》，北京燕山出版社，2009年，第3～6页。

202. 刘庆柱：《大唐盛世从这里诞生：唐长安城访古》，《千古探秘——考古与发现》，中华书局，2009年，第25～37页。

203. 刘庆柱：《“人文化”西安的城市历史特色》，《长安学丛书·综论卷》，陕西师范大学出版社、三秦出版社，2009年，279～284。

204. 刘庆柱：《中国古代都城遗址布局形制的考古发现所反映的社会形态变化研究》，《中国社会科学院文史哲学部集刊（2008）·史学卷》，社会科学文献出版社，2009年，第1～39页。

205. 刘庆柱：《关于赵王城在中国古代宫城发展史上的地位》，《邯郸学院学报》2009年第1期，第17～19页。

206. 刘庆柱：《关于深化中国古代都城考古研究的探索》，《光明日报（理论周刊）》2010年5月11日第1版。又载《新华文摘》2010年第14期

207. 刘庆柱：《中国古代都城考古发现与都城史研究——以汉长安城遗址考古发现为例》，《第一届中日学者中国古代史论坛文集》，中国社会科学出版社，2010年，第5～16页。

208. 刘庆柱：《历史名城正定古城的再认识：物质遗存要区分时代与空间差异》，《石家庄日报》2010年9月6日第3版。

209. 刘庆柱：《从曹魏都城建设与北方运河开凿看曹操的历史功绩》，《安徽史学》2011年第2期，第28～34页。

210. 刘庆柱：《汉代城市与聚落考古研究》，《汉代城市和聚落考古与汉文化》，科学出版社，2012年，第27～43页。

211. 刘庆柱：《古都北京与中华民族发展的考古学解读》，《文津演讲录之十一》，国家图书馆出版社，2013年，第1～12页。

212. 刘庆柱：《金中都考古学研究》，《白山·黑水·海东青——纪念金中都建都860周年特展》，文物出版社，2013年，第33～42页。又载《通古斯历史学术研讨会论文集》，文物出版社，2013年。

213. 刘庆柱：《中国古代都城考古概论》，《新世纪的中国考古学（续）——王仲殊先生九十华诞纪念论文集》，科学出版社，2015年，第18～55页。

214. 刘庆柱：《从“双轴线”到“中轴线”——中国古代都城轴线发展脉络》，《中国社会科学报》2016年5月6日第5版。

215. 刘庆柱：《中国古代都城发展史与国家认同——关于“统一多民族国家”历史文化认同的考古学解读》，《群言》2016年第4期，第31～33页。

216. 刘庆柱：《中国古代都城研究视域之下的“中”与“中和”》，《中国古都研究》2020年第1期，第1～11页。

（六）秦都咸阳与阿房宫

217. 刘庆柱：《秦都咸阳几个问题的初探》，《文物》1976年第11期，第25～30页。

218. 刘庆柱：《试谈秦都咸阳第三号宫殿建筑遗址壁画艺术》，《考古与文物》1980年第2期，第98～99页。

219. 刘庆柱：《秦都咸阳第三号宫殿建筑遗址壁画考释》，《人文杂志》1980年第6期，第85～89页。

220. 刘庆柱：《〈谈秦兰池宫地理位置等问题〉几点质疑》，《人文杂志》1981年第2期，第97～99页。

221. 刘庆柱：《论秦咸阳城布局形制及其相关问题》，《文博》（秦文化、秦俑研究特刊）1990年第5期，第200～211页。

222. 刘庆柱、李毓芳：《秦都咸阳“渭南”宫台庙苑考》，《秦汉论集》，陕西人民出版社，1992年，第51～59页。

223. 李毓芳、刘庆柱等：《秦阿房宫遗址的考古收获与保护设想》，《西安文物考古研究——西安市文物保护考古所成立十周年纪念》，陕西人民出版社，2004年，第308～314页。

224. 刘庆柱：《论观念中的阿房宫之倒塌》，《北京日报（理论周刊·文史）》2004年12月20日第16版。

225. 李毓芳：《阿房宫现状“令人焦心”》，《人民政协报（宝藏周刊）》2004年3月11日第D1版。

226. 李毓芳：《阿房宫：前殿勘探、发掘基本结束》，《文史知识》2004年第12期，第4～7页。又载《一份关于阿房宫的考古报告》，《作家文摘》2004年12月14日第13页。

227. 李毓芳、林建曾：《阿房宫：秦代的“半拉子”工程》，《文史知识》2004年第12期。

228. 刘庆柱：《观念中的历史与历史的真实——阿房宫遗址考古发现的再思考》，《文史知识》2004年第12期，第8～11页。又载《新华文摘》2005年第3期。

229. 李毓芳、王自力：《秦阿房宫前殿遗址考古获重大进展——初步证明前殿没有建成，也未经火烧》，《中国文物报》2004年12月24日第1、2版。

230. 李毓芳、王自力（阿房宫考古工作队）：《对阿房宫清理中的几点新认识》，《中国文物报》2004年12月24日第7版。

231. 刘庆柱：《关于“阿房宫”的反思》，《人民政协报（宝藏周刊）》2005 年 1 月 13 日，第 26 期第 C1 版。

232. 李毓芳：《战国秦上林苑遗址发现流水景观——阿房宫考古队新发现》，《文史知识》2005 年第 2 期，第 96～98 页。

233. 李毓芳：《阿房宫前殿遗址的考古收获和研究》，《汉代考古与汉文化国际学术研讨会论文集》，齐鲁书社，2006 年，第 27～32 页。

234. 李毓芳：《阿房宫西边界确定——阿房宫考古队 2005 年新进展》，《文史知识》2006 年第 3 期，第 96～98 页。

235. 李毓芳：《“磁石门”遗址实为上林苑建筑遗址》，中国考古网 2007 年 5 月 22 日。

236. 刘庆柱：《秦阿房宫遗址考古及其对历史研究的启示》，《中国文物报》2008 年 1 月 4 日第 7 版。

237. 刘庆柱：《秦阿房宫遗址的考古发现与研究——兼谈历史资料的科学性与真实性》，《徐州师范大学学报（哲学社会科学版）》2008 年第 2 期，第 63～65 页。又载《新华文摘》2008 年第 13 期。

238. 李毓芳：《阿房宫前殿遗址的考古发现与研究》，《周秦汉唐文明研究论集》，上海古籍出版社，2008 年，第 478～485 页。

239. 李毓芳：《考古还历史以原貌：考古发现的秦阿房宫遗址》，《千古探秘——考古与发现》，中华书局，2009 年，第 7～12 页。

240. 刘庆柱：《秦咸阳城遗址考古发现的回顾及其研究的再思考》，《里耶古城·秦简与秦文化研究——中国里耶古城·秦简与秦文化国际学术研讨会论文集》，科学出版社，2009 年，第 29～47 页。

241. 李毓芳、王自力：《秦阿房宫的考古收获》，《里耶古城·秦简与秦文化研究——中国里耶古城·秦简与秦文化国际学术研讨会论文集》，科学出版社，2009 年，第 223～231 页。

242. 李毓芳：《彻底揭开秦阿房宫的神秘面纱》，《并非“史”无对证》，北京工业大学出版社，2010 年，第 94～97 页。

243. 刘庆柱：《秦咸阳及阿房宫的设计构思、构建过程、发掘和保护》，《一统天下：秦始皇帝的永恒国度》，香港，2012 年。

244. 李毓芳：《秦阿房宫遗址发掘与研究》，中国考古网 2018 年 1 月 3 日。后收录于《阿房宫考古发现与研究》，文物出版社，2014 年，第 191～200 页。

245. 李毓芳：《阿房宫：没建成，也没被火烧》，《文汇报》2015 年 6 月 19 日第 12 版。

246. 李毓芳：《秦阿房宫遗址考古纪事》，《阿房宫考古发现与研究》，文物出版社，2014 年，第 472～482 页。又载《文明探源·考古十讲》，社会科学文献出版社，2020 年，29～41 页。

（七）汉长安城

247. 刘庆柱：《汉长安城》，《陕西画报》1985 年第 5 期，第 32 页。

248. 刘庆柱:《汉长安城布局结构辨析——与杨宽先生商榷》,《考古》1987 年第 10 期，第 938～944 页。

249. 刘庆柱:《再论汉长安城布局结构及其相关问题——答杨宽先生》,《考古》1992 年第 7 期，第 632～639 页。

250. 刘庆柱、李毓芳:《汉长安城的宫城和市里布局形制述论》,《考古学研究：纪念陕西省考古研究所成立三十周年》，三秦出版社，1993 年，第 600～613 页。

251. 李毓芳:《汉长安城未央宫的考古发掘与研究》,《文博》1995 年第 3 期，第 82～93 页。

252. 刘庆柱:《汉长安城未央宫布局形制初论》,《考古》1995 年第 12 期，第 1115～1125 页。

253. 刘庆柱:《汉长安城的考古发现及相关问题研究——纪念汉长安城考古工作四十年》,《考古》1996 年第 10 期，第 1～14 页。

254. 李毓芳:《汉长安城的手工业遗址》,《文博》1996 年第 4 期，第 44～47 页。

255. 李毓芳:《汉长安城的布局与结构》,《考古与文物》1997 年第 5 期，第 71～74 页。

256. 刘庆柱:《汉长安城的考古发现》,《博导晚谈录》，天津人民出版社，1998 年，第 175～177 页。

257. 李毓芳:《汉长安城桂宫二号建筑遗址发掘有重大收获》,《中国文物报》1998 年 12 月 13 日第 1 版。

258. 刘庆柱:《汉长安城桂宫遗址的考古发现与研究》,(台湾)《历史》，1999 年第 7 期，第 11～16 页。

259. 刘庆柱:《考古发现的惟一封禅重器：汉长安城遗址出土玉牒》,《文物天地》2002 年第 3 期，第 11 页。

260. 李毓芳:《汉代皇家陶俑制作场——汉长安城陶俑窑址》,《中国十年百大考古新发现》，文物出版社，2002 年，第 452～459 页。

261. 刘庆柱、李毓芳:《汉长安城》,《文物》2003 年第 6 期，第 42 页。

262. 刘庆柱:《汉长安城布局形制所反映的社会变迁》,《中国历代都市构造与社会变化——汉城大学东亚文化研究所国际学术讨论会论文集·2001》，韩国汉城大学，2003 年，第 1～8 页。

263. 刘庆柱:《西汉太后垂帘听政证据确凿——从未央宫、长乐宫的考古发现来看西汉的“二元政治”》,《人民政协报(宝藏周刊)》2004 年 2 月 26 日第 C1 版。

264. 刘庆柱:《汉长安城：一个王朝思想的痕迹》,《中国国家地理》2005 年第 6 期，第 126～136 页。

265. 刘庆柱:《汉长安城考古半世纪》,《中国古代都城考古发现研究》，韩国大田韩国国立文化财研究所，2005 年，第 234～251 页。

266. 刘庆柱、李毓芳:《汉长安城考古的回顾与瞻望——纪念汉长安城考古半个世纪》,《考古》2006 年第 10 期，第 12～21 页。

267. 王仲殊、白云翔、刘庆柱等:《汉长安城考古 50 周年笔谈》,《考古》2006 年第 10 期，第 3～11 页。

268. 刘庆柱:《汉长安城考古与汉代考古学》,《汉长安城考古与汉文化：汉长安城与汉文化——纪念汉长安城考古五十周年国际学术研讨会论文集》，科学出版社，2008 年，第 43～72 页。

269. 刘庆柱、李毓芳：《汉长安城宫殿、宗庙考古发现及其相关问题研究——中国古代的王国与帝国都城比较研究之一》，《汉长安城考古与汉文化：汉长安城与汉文化——纪念汉长安城考古五十周年国际学术研讨会论文集》，科学出版社，2008 年，第 9～21 页。

270. 刘庆柱：《大汉雄风从这里吹起：汉长安城访古》，《千古探秘——考古与发现》，中华书局，2009 年，第 13～24 页。

271. 李毓芳：《汉长安城遗址考古收获与保护理念探索》，《人类文化遗产保护》，2011 年，第 1～6 页。

272. 刘庆柱、李毓芳：《汉代长安市场探讨》，《汉代城市和聚落考古与汉文化》，科学出版社，2012 年，第 130～148 页。

273. 刘庆柱：《汉长安城考古发现所反映的礼制文化》，《文史知识》2013 年第 4 期，第 51～55 页。又载《新华文摘》2013 年第 11 期。

（八）秦汉上林苑

274. 李毓芳、王自力：《咸阳上林苑 1、2 号建筑考古发掘取得重要收获》，《中国文物报》2005 年 12 月 9 日第 1、2 版。

275. 李毓芳、王自力：《陕西西安发掘上林苑 3 号和 5 号建筑遗址》，《中国文物报》2006 年 11 月 1 日第 2 版。

276. 李毓芳、王自力：《西安秦汉上林苑四号、六号建筑遗址发掘》，《中国文物报》2007 年 7 月 6 日第 5 版。

277. 刘庆柱、李毓芳：《秦汉上林苑遗址考古发现与研究》，《西汉南越国考古与汉文化》，科学出版社，2010 年，第 273～287 页。

278. 李毓芳：《昆明池的保护与利用问题》，《昆明池研究》，陕西科学技术出版社，2014 年，第 18～22 页。

279. 刘庆柱：《关于汉代昆明池功能探讨——兼论昆明池保护与利用的历史借鉴》，《昆明池研究》，陕西科学技术出版社，2014 年，第 113～121 页。

280. 刘瑞、李毓芳：《秦阿房宫与秦汉上林苑考古发现》，《发现长安》，中国社会科学出版社，2017 年，第 75～100 页。

（九）秦汉唐陵墓

281. 刘庆柱、李毓芳：《关于西汉帝陵形制诸问题探讨》，《考古与文物》1985 年第 5 期，第 102～109 页。

282. 李毓芳：《西汉陵墓封土渊源与形制》，《文博》1987 年第 3 期，第 39～41 页。

283. 李毓芳：《西汉帝陵分布的考察——兼谈西汉帝陵的昭穆制度》，《考古与文物》1989 年第 3 期，第 28～35 页。

284. 刘庆柱、李毓芳：《汉宣帝杜陵陵寝建筑制度研究》，《中国考古学论丛：中国社会科学院考古研究所建所40年纪念》，科学出版社，1993年，第361～370页。

285. 李毓芳：《唐陵石刻简论》，《文博》1994年第3期，第32～42页。

286. 刘庆柱：《从丧葬制度看汉代历史》，《光明日报》1996年10月17日第7版。

287. 刘庆柱：《老山汉墓与汉代帝王陵墓》，《中国社会科学院院报》2000年9月12日第1版。

288. 刘庆柱、白云翔：《洛庄汉墓的发现及其意义》，《光明日报》2001年4月2日第3版。

289. 刘庆柱：《古代中国秦汉时期帝王陵墓与陪葬坑的考古研究》（日文），《王の墓と奉仕する人びと》，株式会社、山川出版社，2004年，第38～52页。

290. 刘庆柱、李毓芳：《杜陵和王皇后陵的考古发掘》，《走近杜陵》，西北大学出版社，2007年，第64～70页。

291. 刘庆柱：《考古的科学与科学的考古——兼谈近来有关秦始皇陵、乾陵等帝王陵墓发掘问题》，《群言》2007年第5期，第30～32页。

292. 刘庆柱、李毓芳：《杜陵的礼制建筑》，《走近杜陵》，西北大学出版社，2007年，第71～79页。

293. 刘庆柱：《秦始皇陵考古述评》，《探古求原——考古杂志社成立十周年纪念学术文集》，科学出版社，2007年，第133～161页。

294. 刘庆柱：《关于秦始皇陵的最新考古研究成果》，《东亚的巨大古坟》，日本大和书房，2008年，第79～99页。

295. 刘庆柱：《秦始皇陵墓规模的考古解读——关于学术研究中的"过度"解释问题》，《群言》2008年第10期，第39～41页。

296. 刘庆柱：《汉唐帝陵的考古发现与研究》，《人文之声：何香凝美术馆学术讲座集粹（1997～2007）》，岭南美术出版社，2008年，第316～326页。

297. 刘庆柱：《在〈洛阳汉魏陵墓学术研讨会·2008〉闭幕式上的总结发言》，《中国文物报》2008年4月4日第7版。

298. 刘庆柱、李毓芳：《西汉帝陵的考古发现与研究》，《洛阳汉魏陵墓研究论文集》，文物出版社，2009年，第1～27页。

299. 刘庆柱：《探索西安地区汉墓发展变化全面而系统的考古资料——〈西安东汉墓〉》，《中国文物报》2009年5月27日第4版。

300. 刘庆柱：《曹操高陵不会有假——目前的六个证据是一个完整、相互佐证的证据链》，《深圳商报》2009年12月31日第C4版。

301. 刘庆柱：《关于西汉帝陵形制诸问题探索》，《汉阳陵与汉文化研究》，三秦出版社，2010年，第133～142页。

302. 刘庆柱：《中国帝陵探幽》，《世纪大讲堂》（第20辑），辽宁教育出版社，2010年，第369～385页。

303. 刘庆柱：《曹操高陵的考古发现与研究》，《中原文物》2010年第4期，第8～12页。

304. 刘庆柱：《曹操高陵的考古确认与释疑》，《学术研究》2010年第7期，第122～127

页。后载《曹操高陵：中国秦汉史研究会、中国魏晋南北朝史学会会长联席会议》，浙江文艺出版社，2010年，第80～90页。

305. 刘庆柱：《曹操墓的考古学证明》，《中国社会科学报》2010年1月19日第1版。又载《中国人民大学复印报刊资料·魏晋南北朝隋唐史》2010年第3期，第25～27页。

306. 刘庆柱：《曹操高陵的考古发现、研究、确认与释疑解惑》，《曹操墓事件全记录》，山东画报出版社，2010年，42～56页。

307. 刘庆柱：《曹操墓是依据科学考古方法认定的》，《光明日报》2010年8月24日第5版。

308. 刘庆柱：《考察曹操墓——我生活中值得记住的一天》，《人民政协报（春秋周刊）》2010年8月12日第B1版。又载《政协委员一日》（第四辑），中国文史出版社，2010年12月，第189～193页。

309. 刘庆柱：《曹操墓与公众考古》，《天一讲堂·2010》，中国文史出版社，2011年，第479～498页。

310. 刘庆柱：《关于江苏盱眙大云山汉墓考古研究的几个问题》，《东南文化》2013年第1期，第81～86页。

311. 刘庆柱：《曹操墓》，《北京古都历史文化讲座》（第二辑），北京燕山出版社，2015年，第198～208页。

312. 刘庆柱、李毓芳：《关于“陵墓若都邑”与“都邑‘似’陵墓”的研究——以汉阳陵“小陵园”“大陵园”与汉长安城遗址形制对比研究为例》，《汉阳陵与汉文化研究》（第四辑），三秦出版社，2021年，第3～20页。

313. 刘庆柱：《百年考古与文化传承、文化自信》，《群言》2021年第10期，第4～7页。

314. 刘庆柱：《水下考古与古代文化交流研究》，《海峡两岸水下考古学术研讨会论文集》，台湾历史博物馆，2001年，第13～21页。

315. 刘庆柱：《心系“南海一号沉船”水下考古》，《政协委员一日》（第二辑），中国文史出版社，2008年，第174～178页。

316. 刘庆柱：《“南海一号”沉船考古与文物保护工作要慎之又慎》，《中国文物报》2008年3月24日第3版。

317. 刘庆柱：《我与“大运河”申遗》，《中国政协》2019年第19期，第56、57页。

（十）出土文献与其他

318. 刘庆柱、李毓芳：《秦都咸阳遗址陶文丛考》，《考古与文物》（《古文字论集（二）》）1983年增刊，第78～84页。

319. 李毓芳：《汉长安城未央宫骨签述略》，《人文杂志》1990年第2期，第99～102页。

320. 李毓芳：《略论未央宫三号建筑与汉代骨签》，《文博》1993年第2期，第3～8页。

321. 李毓芳：《汉长安城未央宫第三号建筑出土骨签的档案价值考》，《陕西档案》1993年第5期，第30～32页。

322. 刘庆柱：《汉代骨签与汉代工官研究》，《陕西历史博物馆馆刊》（第四辑），西北大学出版社，1997 年，第 1～13 页。

323. 刘庆柱、李毓芳：《西安相家巷遗址秦封泥考略》，《考古学报》2001 年第 4 期，第 427～452 页。

324. 刘庆柱：《汉长安城未央宫出土的骨签》，《书法杂志》，河北教育出版社，2004 年第 4 期。

325. 刘庆柱：《汉长安城未央宫出土的骨签》，《书谱》（总 102 期），香港书谱出版社，2010 年秋。

326. 刘庆柱、李毓芳：《汉代工官研究——以汉长安城遗址出土骨签为例》，《李下蹊华：庆祝李伯谦先生八十华诞论文集》，科学出版社，2017 年，第 736～764 页。

327. 刘庆柱、李毓芳：《骨签年代研究》，《长安学研究》（第 3 辑），科学出版社，2018 年，第 230～254 页。

328. 李毓芳：《汉长安城未央宫骨签·编后记》，《汉长安城未央宫骨签》，中华书局，2018 年，第 481～491 页。

329. 刘庆柱、李毓芳：《秦封泥与秦都咸阳宫苑及都城布局研究》，《21 世纪中国考古学与世界考古学》，中国社会科学出版社，2002 年，第 411～424 页。

330. 刘庆柱：《新获汉长安城遗址出土封泥研究》，《石璋如院士百岁祝寿论文集——考古·历史·文化》，台北南天书局，2001 年，第 281～298 页。

331. 刘庆柱、李毓芳：《西安相家巷遗址考古与秦封泥相关问题》，《青泥遗珍——战国秦汉封泥文字国际学术研讨会论文集》，西泠印社出版社，2010 年，第 4～9 页。

332. 刘庆柱：《秦“十二字瓦当”时代质疑》，《人文杂志》1985 年第 4 期，第 93～94 页。

333. 刘庆柱、冯时、温明荣：《甲骨学与殷商史研究新热点》，《出版者》2003 年第 5 期，第 15～17 页。

334. 李毓芳：《浅谈我国高粱的栽培时代》，《农业考古》1986 年第 1 期，第 267～270 页。

335. 刘庆柱：《汉代文字瓦当概论》，《中国书法全集》（秦汉金文陶文卷），荣宝斋出版社，1992 年，第 22～33 页。

336. 刘庆柱：《战国秦汉瓦当研究》，《汉唐与边疆考古研究》（第一辑），科学出版社，1994 年，第 1～30 页。

337. 刘庆柱：《汉长安城遗址及其出土瓦当研究》，《古代都城与帝陵考古学研究》，科学出版社，2000 年，第 325～338 页。

338. 李毓芳：《汉代陶窑初论》，《汉唐与边疆考古研究》（第一辑），科学出版社，1994 年，第 76～91 页。

339. 刘庆柱、李毓芳：《秦瓦当概论》，《周秦文化研究》，陕西人民出版社，1998 年，第 684～702 页。

340. 刘庆柱：《关于中国古代莲花纹瓦当图案渊源考古研究》，《古代东亚的瓦件》，2008 年，第 29～41 页。

341. 刘庆柱：《唐代玉器的考古发现与研究》，《东亚玉器》（第 2 册），香港中文大学中国考古艺术中心，1998 年，第 165～177 页。

342. 刘庆柱：《关于古代玉器考古学研究的思考》，《海峡两岸古与玉学会议论文集》，台湾大学理学院地质研究所，2001 年，第 35～38 页。

343. 刘庆柱：《考古发现的唯一封禅重器——汉长安城遗址出土玉牒》，《文物天地》2002 年 3 期，第 11 页。

（十一）大运河和丝绸之路

344. 刘庆柱：《冀中平原上的隋唐大运河访古》，《政协委员一日》（第三辑），中国文史出版社，2009 年，第 189～193 页。

345. 刘庆柱：《“戏说的记忆”与文化遗产的“科学性”是根本不相容的——大运河保护中的不和谐音》，《人民政协报》2009 年 3 月 1 日第 B4 版。

346. 刘庆柱：《隋唐大运河历史意义的思考》，《中国经济时报》2009 年 6 月 29 日第 9 版。

347. 刘庆柱：《保护大运河不能颠倒“主”、“副”关系》，《中国大运河：2007～2008》，中国文史出版社，2009 年，第 57～60 页。

348. 刘庆柱：《隋唐大运河保护与申遗的重点在遗址与遗存的保护》，《中国大运河：2007～2008》，中国文史出版社，2009 年，第 152～154 页。

349. 刘庆柱；《关于京杭大运河保护与申遗工作的想法》，《沧州政协增刊》（大运河保护与申遗：2009 年），第 152～154 页。

350. 刘庆柱：《“申遗”、文化遗产保护与考古学》，《中华英才》2011 年第 6 期，第 92 页。

351. 刘庆柱：《大运河申遗往事》，《纵横》2014 年第 8 期，第 18～22 页。

352. 刘庆柱：《大运河对中国历史“功莫大焉”》，《中国社会科学报》2014 年 4 月 4 日第 A04 版。

353. 刘庆柱：《丝绸之路：中国走向世界与世界走进中国之路》，《人民政协报（学术家园周刊）》2015 年 4 月 20 日第 11 版。

354. 刘庆柱：《“丝绸之路”的考古学解读》，《部级领导干部历史文化讲座（2014）》，国家图书馆出版社，2015 年，第 72～96 页。

355. 刘庆柱：《“丝绸之路”的考古认知》，《经济社会史评论》2015 年第 2 期，第 44～53 页。又载《中国人民大学复印报刊资料·历史学》2015 年；《教育部哲学社会科学论文摘要·历史学》2015 年；《新华文摘（电子版）》2016 年。

356. 刘庆柱：《世界“被丝绸之路”》，《世界遗产》2015 年第 5 期，第 68 页。

357. 刘庆柱：《“丝绸之路”的考古认知》，《世界遗产视野下的“一带一路”》，商务印书馆，2017 年，第 1～17 页。

358. 刘庆柱：《“丝绸之路”与汉唐盛世》，《中华盛世》2019 年总第 60 期，第 30～31 页。

359. 刘庆柱：《海上丝绸之路的起点与特点》，《广州文博》（第 13 辑），2020 年，第 72～82 页。

（十二）文化遗产保护

360. 刘庆柱：《文物保护与中国古代都城考古》，《文物工作》2001 年第 6 期，第 21～23 页。

361. 刘庆柱：《古代都城保护存在的问题和任务》，《光明日报》2001年5月23日第B1版。

362. 刘庆柱：《秦始皇陵遗址公园建设的思索》，《群言》2003年第7期，第26～29页。

363. 刘庆柱：《关于目前大遗址保护的若干问题》，《人类文化遗产保护》，西安交通大学出版社，2003年，第1～4页。

364. 刘庆柱：《在古都遗址里搞土地置换和'农转非'》，《中国文物报》2004年3月5日第2版。

365. 刘庆柱：《保护文化遗产是人类的一个永恒主题》，《人民日报》2004年7月2日第13版。

366. 刘庆柱：《"南水北调"工程应确保历史文物古迹的安全》，《人民政协报（宝藏周刊）》2005年3月10日第C6版。

367. 刘庆柱：《大遗址文物保护面临的三大"克星"》，《人民政协报》2006年3月9日第C5版。

368. 刘庆柱：《不折不扣贯彻〈文物保护法〉，确保"南水北调"工程中的历史文物古迹得到妥善保护》，《中国文物报》2005年3月11日第2版。

369. 刘庆柱：《"大遗址"保护不力就是犯罪》，《中国艺术报》2006年3月17日第002版。

370. 刘庆柱：《不要打造"文化遗产"》，《人民日报（"议政建言"周刊）》2006年6月9日第13版。

371. 魏莹莹：《文物保护技术：我们还缺什么》（受访者：刘庆柱），《科技日报》2006年8月2日第6版。

372. 刘庆柱：《中国的安阳，世界的殷墟》，《中国文化遗产》2006年第3期，第10、11页。

373. 刘庆柱：《"挖宝"与科学不相容》，《科学时报》2006年7月26日第1版。

374. 刘庆柱：《文化遗产不可随意"打造"》，《京杭大运河·2006》，中国文史出版社，2007年。

375. 刘庆柱：《"考古"与"挖宝"——从乾陵、秦始皇陵和"南海一号沉船"说起》，《中国社会科学院院报》2008年4月3日第2版。

376. 刘庆柱：《保护遗产有政绩工程之嫌》（在《中国经济评论》杂志社举办的关于"中华文化标志城"建设研讨会上的发言），《中国经济评论》2008年5月号，第30、31页。

377. 刘庆柱：《"中华文化标志城"的无知和无畏》，《大地》2008年第6期，第23～25页。

378. 刘庆柱：《隋唐大运河保护与申遗的重点在遗址与遗存的保护》，《中国大运河：2007～2008》，中国文史出版社，2009年，第152～154页。

379. 刘庆柱：《关于"大遗址"保护提案的前前后后》，《情系国计民生——政协提案的故事丛书》（2），新世界出版社，2009年，第229～236页。

380. 刘庆柱：《"申遗"、文化遗产保护与考古学》，《中华英才》2011年9月13日第6期，第92页。

381. 刘庆柱：《建立遗址保护特权，传承历史文化遗产》，《社科之声》，中国社会科学出版社，2012年，第167～175页。

382. 刘庆柱：《2012年全国政协委员刘庆柱提案：圆明园遗址亟待加强保护、管理，积极进行申遗》，《争议圆明园》，人民日报出版社，2012年，第195～198页。

383. 刘庆柱：《不要让文化发展变了味》，《群言》2012 年第 5 期。

384. 刘庆柱：《申遗究竟为了什么》，《恩施晚报》2012 年 3 月 13 日。

385. 刘庆柱：《世界遗产事业推动中国文化和自然遗产科学发展》，《世界遗产在中国》2013 年第 3 期。

386. 刘庆柱：《紫鹊界梯田自然与文化遗产的历史意义》，《世界遗产在中国》（湖南新化紫鹊界梯田遗产保护研讨会紫鹊界专辑），五洲传播出版社，2013 年，第 16～19 页。

387. 李毓芳：《“紫鹊界梯田——梅山龙宫风景区”申遗的几点建议》，《世界遗产在中国》（湖南新化紫鹊界梯田遗产保护研讨会紫鹊界专辑），五洲传播出版社，2013 年，第 67～69 页。

388. 刘庆柱：《关于寿县古城墙保护与申遗问题》，《寿县明清城墙暨安丰塘遗产保护研讨会文集》，五洲传播出版社，2014 年，第 44～46 页。

389. 刘庆柱：《关于贵州屯堡文化与鲍家屯遗产保护问题》，《贵州屯堡文化暨西秀鲍家屯遗产保护研讨会文集》，五洲传播出版社，2014 年，第 27～29 页。

390. 李毓芳：《关于鲍家屯遗产申遗的建议》，《贵州屯堡文化暨西秀鲍家屯遗产保护研讨会文集》，五洲传播出版社，2014 年，第 63～65 页。

391. 刘庆柱：《在“纪念圆明园罹难 154 周年暨中国圆明园学会成立 35 周年与圆明园遗产保护研讨会”的讲话》，《中华盛世》总第 43 期。

392. 刘庆柱：《坚定文化自信，延续历史文脉，以新理念推动新时代宋都古城保护与利用工作》，《开封日报》2020 年 10 月 30 日。

（十三）其他

393. 刘庆柱：《夏鼐先生在中西交通史考古研究中的巨大成就》，《中国考古学研究论集——纪念夏鼐先生考古五十周年》，三秦出版社，1987 年，第 31～39 页。

394. 刘庆柱：《夏商周时期考古发现与研究》，《新华文摘》2000 年第 4 期，第 71～72 页。

395. 佟柱臣、石兴邦、李学勤、刘庆柱等：《庆祝中国社会科学院考古研究所建所五十周年笔谈》，《考古》2000 年第 7 期，第 101～108 页。

396. 王仲殊、李学勤、刘庆柱：《〈二十世纪中国百项考古大发现〉笔谈》，《中国文物报》2002 年 11 月 15 日第 4 版。

397. 刘庆柱：《河南文物考古研究所建所 50 周年庆祝会贺词》，《华夏文明的形成与发展——河南省文物考古研究所建所五十周年庆祝会暨华夏文明的形成与发展学术研讨会论文集》，大象出版社，2003 年，第 13 页。

398. 胡劲华：《中国考古学者首任哈佛博导 指导外国博士写论文》，《搜狐网新闻频道》2004 年 1 月 3 日。又载《刘庆柱应邀担任哈佛大学博士生导师》，中国考古网 2004 年 4 月 1 日。

399. 刘庆柱：《千里之行　始于足下》（“治学论坛”），《中国社会科学院院报》2004 年 11 月 30 日第 2 版。

400. 白云翔、陈星灿、樋口隆康、刘庆柱等：《新世纪的学术期刊与考古学的繁荣发展——纪念〈考古〉创刊50周年笔谈》,《考古》2005年第12期，第7～23页。

401. 刘庆柱:《中国社会科学院古代文明研究中心副主任、考古研究所所长刘庆柱在“中国古代文明的起源及早期发展国际学术研讨会”闭幕式上的总结讲话》,《古代文明研究》(第一辑)，文物出版社，2005年，第277～280页。

402. 刘庆柱:《中国社会科学院考古研究所所长刘庆柱开幕式致辞》,《华南及东南亚地区史前考古——纪念甑皮岩遗址发掘30周年国际学术研讨会论文集》，文物出版社，2006年，第3、4页。

403. 刘庆柱:《闭幕会致辞》,《华南及东南亚地区史前考古——纪念甑皮岩遗址发掘30周年国际学术研讨会论文集》，文物出版社，2006年，第15、16页。

404. 刘庆柱:《纪念陈梦家先生学术座谈会开幕词》,《汉字文化》2006年第4期，第79、80页。

405. 杨玉圣、刘庆柱、王逸舟、邓正来等:《关于恪守学术规范的十点倡议》,《为了学术共同体的尊严：学术批评网创办五周年纪念文集》，北京奥科德文化传播中心，2006年，第220～222页。

406. 刘庆柱:《中国社会科学院考古研究所所长刘庆柱教授的贺电》,《香炉石：我国早期巴文化遗址的发现与研究》，科学出版社，2007年，第92页。

407.《中国社会科学院研究生院导师谱·刘庆柱教授》,《中国社会科学院研究生院学报》2007年第1期(封二)。

408. 乔拉·索拉、郭旃、徐苹芳、张忠培、刘庆柱等:《概念设计国际竞赛方案评审会专家意见》,《建筑与文化》2008年第3期，第14～17页。

409. 刘庆柱:《忆孟东同志》,《大地情怀——陈孟东纪念文集》，三秦出版社，2008年，第417～419页。

410. 刘庆柱:《评〈南越宫苑遗址——1995、1997年考古发掘报告〉》,《考古》2009年第12期，第85～88页。

411. 刘庆柱:《谈治学：假设不经证实不能成为科学》,《中国社会科学报》2009年11月19日。

412. 刘庆柱:《怀念朝远同志》,《上海文博论丛》2009年第2期，第13页。

413. 刘庆柱:《三门峡——中国考古学史上的“圣地”》,《三门峡职业技术学院学报》2010年第2期，第54、55页。

414. 刘庆柱:《考古学家的“幸福时光”》,《人民政协报(休闲周刊)》2011年3月11日第C5版。

415. 刘庆柱:《我的考古半世纪》,《考古学视野下的城市、工艺传统与中外文化交流——刘庆柱先生七十华诞祝寿文集》，科学出版社，2013年，第319～333页。又载《中国社会科学院学部委员学术自传(历史学部卷)》(上)，中国社会科学出版社，2017年。

416. 张平、刘庆柱等:《加快文化强国建设，促进文化繁荣发展》,《名家论道》，群言出版社，2015年，第342～359页。

417. 王巍、仇士华、卢兆荫、刘庆柱等:《中国考古学的发展与〈考古〉的历程——纪念

〈考古〉创刊60周年笔谈》,《考古》2015年第12期，第3～17页。

418. 刘庆柱:《历史上的“天人合一”政治意义》,《当代贵州》2016年第31期，第34～35页。

419. 刘庆柱:《我对“社科文献出版社”的三个印象》,《我与社科文献：30年的光荣与梦想》，社会科学文献出版社，2016年

420. 刘庆柱:《我心中的麦英豪先生》,《广东文博（麦英豪先生逝世周年纪念专辑）》（第11辑），文物出版社，2017年，第99～102页。

421. 刘庆柱:《浓墨重彩：2016年度全国十大考古新发现》,《群言》2017年第7期，第30～32页。

422. 刘庆柱:《唐诗与长安》,《月读》2017年第1期，第92～94页。

423. 刘庆柱:《绘画书写的历史》,《美术报》2018年11月26日。

424. 刘庆柱:《立足中原，传承文明，争创一流学科》,《郑州大学报》2018年11月23日。

425. 刘庆柱:《历史紧密服务于国家发展——深入学习习近平致中国社会科学院中国历史学院成立的贺信精神》,《中国社会科学报》2019年1月15日第7版。

426. 刘庆柱:《我心中的夏鼐先生》,《考古泰斗夏鼐》，文汇出版社，2021年，第267～272页。

三、书序、书评

（一）书序（发刊词、前言）

427. 刘庆柱:《秦汉魏晋丧葬制度研究·序》,《秦汉魏晋丧葬制度研究》，陕西人民出版社，1999年，第1～4页。

428. 刘庆柱:《西安龙首原汉墓·序》,《西安龙首原汉墓》，西北大学出版社，1999年，第1、2页。

429. 刘庆柱:《20世纪的中国考古学·代序》,《20世纪中国考古大发现》，四川大学出版社，2000年，第1～3页。

430. 刘庆柱:《20世纪中国考古发现的科学意义·代序》,《20世纪中国百项考古大发现》，中国社会科学出版社，2002年。又载《中国社会科学院院报》2002年9月3日第2版。

431. 刘庆柱:《亚洲腹地考古记（汉译本）·前言》,《亚洲腹地考古记（汉译本）》，广西师范大学出版社，2004年，第1～4页。

432. 刘庆柱:《秦公帝王陵·序》,《秦公帝王陵》，中国青年出版社，2002年，第1～4页。

433. 刘庆柱:《寻找“北京人”——考古发现漫笔·序》,《寻找“北京人”——考古发现漫笔》，上海古籍出版社，2003年，第1～6页。

434. 刘庆柱:《中国考古学·总序》,《中国考古学》，中国社会科学出版社，2003年，第1～6页。

435. 刘庆柱:《汉唐都城礼制建筑研究·序》,《汉唐都城礼制建筑研究》，文物出版社，2003 年，第 1～4 页。

436. 刘庆柱:《西汉梁国·序》,《西汉梁国》，中国广播电视出版社，2003 年，第 1、2 页。

437. 刘庆柱:《内蒙古出土瓦当·序》,《内蒙古出土瓦当》，文物出版社，2003 年，第 1、2 页。又载《中国文物报》2004 年 3 月 31 日第 4 版。

438. 刘庆柱:《古代都市诞生——飞鸟时代の佛教と国づくり（特别展·难波宫发掘 50 周年纪念·序》,《古代都市诞生——飞鸟时代の佛教と国づくり（特别展·难波宫发掘 50 周年纪念）》，日本大阪历史博物馆，2004 年。

439. 刘庆柱:《三代考古·序》,《三代考古》，科学出版社，2004 年，第 1～3 页。

440. 刘庆柱:《清江考古·序》,《清江考古》，科学出版社，2004 年，第 1～3 页。

441. 刘庆柱:《长安汉墓·序》,《长安汉墓》，陕西人民出版社，2004 年，第 1、2 页。

442. 刘庆柱:《亚洲考古学·序》,（日本）《亚洲考古学》（第二号），サソテイズ出版株式会社，2004 年。

443. 刘庆柱:《中国年度十大考古新发现（2004 年卷）·导言》,《中国年度十大考古新发现（2004 年卷）》，生活·读书·新知三联出版社，2004 年，第 5、6 页。

444. 刘庆柱:《先秦两汉铁器的考古学研究·序》,《先秦两汉铁器的考古学研究》，科学出版社，2005 年，第 1、2 页。

445. 刘庆柱:《技术史——一部关于人类的重要历史》,《科学时报》2005 年 6 月 2 日第 B2 版。

446. 刘庆柱:《科技考古·序》,《科技考古》（第一辑），中国社会科学出版社，2005 年，第 1～3 页。

447. 刘庆柱:《东亚的古代池苑·序》,《东亚的古代池苑》，日本独立行政法人文化财研究所奈良文化财研究所 2005 年，第 2 页。

448. 刘庆柱:《新世纪的中国考古学——王仲殊先生八十华诞纪念论文集·序》,《新世纪的中国考古学——王仲殊先生八十华诞纪念论文集》，科学出版社，2005 年，第 1、2 页。

449. 刘庆柱:《洛阳考古集成（夏商周卷）·序二》,《洛阳考古集成（夏商周卷）》，北京图书馆出版社，2005 年，第 5 页。

450. 刘庆柱:《洛阳考古集成（隋唐五代宋卷）·序一》,《洛阳考古集成（隋唐五代宋卷）》，北京图书馆出版社，2005 年，第 1、2 页。

451. 刘庆柱:《二十一世纪的中国考古学——庆祝佟柱臣先生八十五华诞学术文集·序》,《二十一世纪的中国考古学——庆祝佟柱臣先生八十五华诞学术文集》，文物出版社，2006 年，第 1、2 页。

452. 刘庆柱:《汉长安城遗址研究·前言》,《汉长安城遗址研究》，科学出版社，2006 年，第 1～5 页。

453. 刘庆柱:《秦始皇帝陵园考古报告（2000）·序》,《秦始皇帝陵园考古报告（2000）》，文物出版社，2006 年，第 1～3 页。

454. 刘庆柱:《明代帝王陵墓制度研究·序》,《明代帝王陵墓制度研究》，人民出版社，

2006年，第1～4页。又以《考古资料与历史文献有机结合的历史著作——〈明代帝王陵墓制度研究〉序摘》刊载于《中国文物报》2006年7月5日第4版。

455. 刘庆柱：《中国考古学与瑞典考古学——第一届中瑞考古学论坛文集·序一》，《中国考古学与瑞典考古学——第一届中瑞考古学论坛文集》，科学出版社，2006年，第1、2页。

456. 刘庆柱：《战国秦汉漆器研究·序》，《战国秦汉漆器研究》，文物出版社，2006年，第1～4页。

457. 刘庆柱：《中国古代瓦当研究·序》，《中国古代瓦当研究》，文物出版社，2006年，第1～5页。

458. 刘庆柱：《玉器起源探索——兴隆洼文化玉器研究及图录·序》，《玉器起源探索——兴隆洼文化玉器研究及图录》，中国考古艺术研究中心，2007年，第6、7页。

459. 刘庆柱：《高句丽王陵统鉴·序》，《高句丽王陵统鉴》，香港亚洲出版社，2007年，第1～2页。

460. 刘庆柱：《汉魏洛阳城遗址研究·序》，《汉魏洛阳城遗址研究》，科学出版社，2007年，第1～5页。

461. 刘庆柱：《汉魏摇钱树初步研究·序》，《汉魏摇钱树初步研究》，科学出版社，2007年，第1、2页。又以《简评〈汉魏摇钱树初步研究〉》刊载于《考古与文物》2009年第2期，第112页；以《一部颇具特色的考古学专著——汉魏摇钱树初步研究·序》刊载于《中国文物报》2008年10月29日第4版。

462. 刘庆柱：《中国考古大发现·总序》，《北京人的发现——中国重要古人类遗址》，天津古籍出版社，2008年，第1、2页；孙国平著：《远古江南——河姆渡遗址》，天津古籍出版社，2008年，第1、2页；吕学明、牛达著：《重现女神——牛河梁遗址》，天津古籍出版社，2008年，第1、2页；肖明华著：《滇池畔的青铜文明——滇王及其贵族墓》，天津古籍出版社，2008年，第1、2页；钟侃、钟雅玲著：《东方金字塔——西夏皇陵》，天津古籍出版社，2008年，第1、2页。

463. 刘庆柱：《赫章可乐：二〇〇〇年发掘报告·序》，《赫章可乐：二〇〇〇年发掘报告》，文物出版社，2008年，第1～3页。

464. 刘庆柱：《抚仙湖水下考古·序二》，《抚仙湖水下考古》，云南美术出版社，2008年，第3、4页。

465. 刘庆柱：《石器使用痕迹显微观察的研究·序》，《石器使用痕迹显微观察的研究》，文物出版社，2008年，第1～4页。

466. 刘庆柱：《考古知识从横谈·序》，《考古知识纵横谈》，科学出版社，2008年，第1、2页。

467. 刘庆柱：《关于遗产功能、保护与利用的问题·代序》，《世界遗产论坛（三）——全球化背景下的中国世界遗产事业》，科学出版社，2009年，序1～3页。

468. 刘庆柱：《对"考古"的"考古"·序》，《千古探秘——考古与发现》，中华书局，2009年，第5～9页。

469. 刘庆柱：《西安东汉墓·序》，《西安东汉墓》，文物出版社，2009年，第1、2页。

470. 刘庆柱：《殷墟宫殿区建筑基址研究·序》，《殷墟宫殿区建筑基址研究》，科学出版社，2010 年，第 9～11 页。

471. 刘庆柱：《西汉帝陵钻探调查报告·序》，《西汉帝陵钻探调查报告》，文物出版社，2010 年，第 1、2 页。

472. 刘庆柱：《考古上海·序言》，《考古上海》，上海文化出版社，2010 年，第 1、2 页。

473. 刘庆柱：《曹魏文化丛书·总序》，《曹魏文化丛书》（包括《谜话曹操》《诗话曹操高陵》《民间说曹操》），大象出版社，2010 年，第 1～4 页。

474. 刘庆柱：《中国考古发现与研究（1949～2009）·绪言》，《中国考古发现与研究（1949～2009）》，人民出版社，2010 年，第 1～39 页。

475. 刘庆柱：《东汉刑徒墓砖捃存·序》，《东汉刑徒墓砖捃存》，国家图书馆出版社，2011 年，第 1、2 页。

476. 刘庆柱：《东周秦汉时期车马埋葬研究·序》，《东周秦汉时期车马埋葬研究》，科学出版社，2011 年，第 3、4 页。

477. 刘庆柱：《三门峡地区考古集成·序》，《三门峡地区考古集成》，大象出版社，2011 年，第 1～3 页。又载《三门峡职业技术学院学报》2010 年第 2 期。

478. 刘庆柱：《六朝建康规画·序一》，《六朝建康规画》，清华大学出版社，2011 年，第 8、9 页。

479. 刘庆柱：《秦始皇帝陵园考古研究·序》，《秦始皇帝陵园考古研究》，北京大学出版社，2011 年，第 1～3 页。又以《秦始皇帝陵园考古研究的重要著作》刊载于《中国文物报》2011 年 5 月 13 日第 8 版。

480. 刘庆柱：《殷墟：从考古遗址到世界遗产·序》，《殷墟：从考古遗址到世界遗产》，文物出版社，2011 年，第 1～4 页。又以《殷墟考古史的更新与再研究——读〈殷墟：从考古遗址到世界遗产〉》刊载于《中国文物报》2012 年 3 月 30 日第 4 版。

481. 刘庆柱：《玉堂窑与羌文化·序二》，《玉堂窑与羌文化》，四川人民出版社，2012 年，第 3、4 页。

482. 刘庆柱：《新疆史前晚期社会的考古学研究·序》，《新疆史前晚期社会的考古学研究》，上海古籍出版社，2012 年，第 1～3 页。

483. 刘庆柱：《邺城·邺文化·曹操·序》，《邺城·邺文化·曹操》，中州出版社，2012 年，第 1～4 页。

484. 刘庆柱：《濮阳西水坡·序》，《濮阳西水坡》，中州古籍出版社、文物出版社，2012 年，第 1～3 页。

485. 刘庆柱：《盘陶小识·序》，《盘陶小识》，陕西人民出版社，2012 年，第 1 页。

486. 刘庆柱：《争议圆明园·序》，《争议圆明园》，人民日报出版社，2012 年，第 1～3 页。

487. 刘庆柱：《湖南楚汉漆木器研究·前言》，《湖南楚汉漆木器研究》，岳麓出版社，2013 年，第 1～4 页。

488. 刘庆柱：《秦汉城邑考古学研究·序》，《秦汉城邑考古学研究》，中国社会科学出版社，2013 年，第 1～3 页。

489. 刘庆柱：《话说安阳曹操高陵——解密曹操墓·序》，《话说安阳曹操高陵——解密曹操墓》，河南大学出版社，2014年，第1～4页。

490. 刘庆柱：《论中华民族：从地域特点和长城的兴废看中华民族的起源、形成与发展·序》，《论中华民族：从地域特点和长城的兴废看中华民族的起源、形成与发展》，文物出版社，2014年，第1、2页。又以《视野开阔·观点新颖·功力扎实——〈论中华民族〉第3版序言》刊载于《中国文物报》2015年4月24日第4版。

491. 刘庆柱：《阿房宫考古发现与研究·序》，《阿房宫考古发现与研究》，文物出版社，2014年，第5、6页。

492. 刘庆柱：《河洛文化论衡·序》，《河洛文化论衡》，中国文史出版社，2014年，第1～4页。

493. 刘庆柱：《长江中游地区文明进程研究·序》，《长江中游地区文明进程研究》，科学出版社，2014年，第1～3页。又载《中国文物报》2014年8月29日第4版。

494. 刘庆柱：《中国历代长城发现与研究·序》，《中国历代长城发现与研究》，科学出版社，2014年，第1、2页。又载《中国文物报》2014年12月19日第4版。

495. 刘庆柱：《寸耕堂题跋——天齎楼藏文字瓦当六十品·序》，《寸耕堂题跋——天齎楼藏文字瓦当六十品》，《荣宝斋》2015年第2期，第198～213页。

496. 刘庆柱：《中国殡葬事业发展报告（2014～2015）·序》，《中国殡葬事业发展报告（2014～2015）》，社会科学文献出版社，2015年4月，第1～3页。

497. 刘庆柱：《六朝建康城发掘与研究·序》，《六朝建康城发掘与研究》，江苏人民出版社，2015年，第1～3页。

498. 刘庆柱：《钱币学与冶铸史（二）·序》，《钱币学与冶铸史（二）》，科学出版社，2015年，第1、2页。

499. 刘庆柱：《文华阁雕版系列图书·序》，《文华阁雕版系列图书》（第一批书目：《板桥词钞》《东坡先生和陶渊明诗》《唐女郎鱼玄机诗》《毛泽东诗词》《绿窗遗稿》《金刚般若波罗蜜经（林则徐手书版）》），扬州古籍线装文化公司，2015年，第1～3页。

500. 刘庆柱：《先秦丧葬与祭祖研究·序》，《先秦丧葬与祭祖研究》，科学出版社，2015年，第3～6页。

501. 刘庆柱：《发现长安：中国社会科学院考古研究所西安研究室成立六十周年纪念·序》，《发现长安：中国社会科学院考古研究所西安研究室成立六十周年纪念》，中国社会科学出版社，2017年，第1～3页。

502. 刘庆柱：《外国考古学研究译丛·总序》，科林·伦福儒、保罗·巴恩著，陈淳译：《考古学理论、方法与实践》（第六版），上海古籍出版社，2015年，第1、2页；希安·琼斯著，陈淳、沈辛成译：《族属的考古——构建古今的身份》，上海古籍出版社，2017年，第1～4页；埃尔曼·塞维斯著，龚辛、郭璐莎、陈力子译，陈淳审校：《国家文明的起源：文化演进的过程》，上海古籍出版社，2019年，第1～4页；肯特·弗兰纳利主编，陈淳、陈虹、董惟妙、董宁宁、殷敏、韩婧、潘艳译：《圭拉那魁兹：墨西哥瓦哈卡的古代期觅食与早期农业》，上海古籍出版社，2019年，第1、2页。

503. 刘庆柱：《古都郑州·卷首语》，《古都郑州》2016年第1期（总第42期），第1页。

504. 刘庆柱：《礼仪与秩序：秦始皇帝陵研究·序》，《礼仪与秩序：秦始皇帝陵研究》，科学出版社，2016年，第1～3页。

505. 刘庆柱：《涨海行舟——海洋遗产的考古与历史探索·序》，《涨海行舟——海洋遗产的考古与历史探索》，海洋出版社，2016年，第1～3页。又以《海洋遗产的历史与考古新探索》刊载于《南方文物》2016年第3期，第184、185页。

506. 刘庆柱：《寻根寄语》，《寻根》2014年第6期，第1页。

507. 刘庆柱：《陕州文化·序》，《三门峡职业技术学院学报》2017年第2期。后载《陕州文化》，河南人民出版社，2020年，第16～18页。

508. 刘庆柱：《中国殡葬史·总导论》，《中国殡葬史》（八卷本），社会科学文献出版社，2017年，第1～29页。

509. 刘庆柱：《辉煌雍城：全国（凤翔）秦文化学术研讨会论文集·序》，《辉煌雍城：全国（凤翔）秦文化学术研讨会论文集》，三秦出版社，2017年，第1、2页。

510. 刘庆柱：《汉晋佛像综合研究·序》，《汉晋佛像综合研究》，上海人民出版社，2018年，第1～3页。又以《以佛为神——简评何志国〈汉晋佛像综合研究〉》刊载于《中国文物报》2018年3月20日第6版。

511. 刘庆柱：《民族史视野下的北魏墓志研究·序》，《民族史视野下的北魏墓志研究》，文物出版社，2017年，第1～3页。

512. 刘庆柱：《圆明园学术论文集·序》，《圆明园学术论文集》，中国建筑工业出版，2017年。

513. 刘庆柱：《丝路寻踪：津商赶大营·序》，《丝路寻踪：津商赶大营》，中国文史出版社，2018年，第4～6页。

514. 刘庆柱：《镜鉴陕州：三门峡出土铜镜选·序》，《镜鉴陕州：三门峡出土铜镜选》，河南美术出版社，2018年，第2、3页。

515. 刘庆柱：《〈北京城市副中心考古〉（第一辑）·序》，《北京城市副中心考古》（第一辑），科学出版社，2018年，第1、2页。

516. 刘庆柱：《中国古都史话·总序》，孙勐：《元大都史话》，社科文献出版社，2018年，第1～4页；刘春迎：《北宋开封城史话》，社会科学文献出版社，2019年，第1～4页。

517. 刘庆柱：《中国封泥大系·序》，《中国封泥大系》，西泠印社出版社，2018年，第1、2页。

518. 刘庆柱：《汉长安城未央宫骨签·序》，《汉长安城未央宫骨签》，中华书局，2018年，第1～6页。

519. 刘庆柱：《秦汉帝国南缘的面相——以考古视角的审视·序》，《秦汉帝国南缘的面相——以考古视角的审视》，中国社会科学出版社，2019年，第4、5页。

520. 刘庆柱：《汉成帝延陵考古调查勘探报告·序》，《汉成帝延陵考古调查勘探报告》，文物出版社，2019年，第1、2页。

521. 刘庆柱：《中原之城：河南先秦城址研究·序》，《中原之城：河南先秦城址研究》，河南人民出版社，2019年，第1～4页。

522. 刘庆柱：《两京与两京之间历史地理研究·序》,《两京与两京之间历史地理研究》，科学出版社，2020 年，第 1、2 页。又载《三门峡职业技术学院学报》2020 年第 3 期，第 10、11 页。

523. 刘庆柱：《秦封泥集存·序》,《秦封泥集存》，中国社会科学出版社，2020 年，第 1～4 页。

524. 刘庆柱：《栎阳考古发现与研究·序》,《栎阳考古发现与研究》，科学出版社，2020 年，第 1、2 页。

525. 刘庆柱：《未央宫遗址出土骨签书法研究·序》,《未央宫遗址出土骨签书法研究》，荣宝斋出版社，2020 年，第 1～4 页。

526. 刘庆柱：《滇学·序》,《滇学》，云南人民出版社，2020 年，第 1～3 页。

527. 刘庆柱：《东汉刑徒墓砖集释与研究·序》,《东汉刑徒墓砖集释与研究》，南京师范大学出版社，2020 年，第 1、2 页。

528. 刘庆柱《汉代墓外设施研究：以王侯墓葬与中小型墓葬为参考·序》,《汉代墓外设施研究：以王侯墓葬与中小型墓葬为参考》，科学出版社，2021 年，第 1～3 页。

529. 刘庆柱：《明代藩王陵墓的考古学研究·序》,《明代藩王陵墓的考古学研究》，科学出版社，2021 年，第 1～3 页。

530. 刘庆柱：《中国远古纹饰·序》,《中国远古纹饰》，中国社会科学出版社，2021 年，第 1、2 页。

531. 刘庆柱：《三门峡通史·序》,《三门峡通史》，中州古籍出版社，2021 年。又载《三门峡日报》2022 年 3 月 15 日 A5 版。

532. 刘庆柱：《秦汉栎阳城——1980～1981 年考古报告·序》,《秦汉栎阳城——1980～1981 年考古报告》，科学出版社，2022 年，第 1、2 页。

533. 刘庆柱：《中华早期漆器研究·序》,《中华早期漆器研究》，社会科学文献出版社，2022 年，第 1、2 页。

534. 刘庆柱：《南越木简·序》,《南越木简》，文物出版社，2022 年，第 1、3 页。

535. 刘庆柱：《海龙囤·序》,《海龙囤》，科学出版社，2022 年。

（二）书评

536. 李毓芳：《读〈中国古代瓦当研究〉》,《考古》2007 年第 7 期，第 92～94 页。

537. 刘庆柱：《〈中国考古学·夏商卷〉、〈中国考古学·两周卷〉评介》,（台湾）《东海大学文学院学报》2008 年第 49 卷，第 485～488 页。

538. 刘庆柱：《评〈南越宫苑遗址——1995、1997 年考古发掘报告〉》,《考古》2009 年第 12 期，第 85～88 页。

539. 刘庆柱：《解读马家窑文化》,《马家窑彩陶文化探源》，文物出版社，2016 年，第 6～8 页。

540. 刘庆柱：《六十五年的广州考古生涯——〈麦英豪文集〉读后》,《中国文物报》2019 年 4 月 16 日第 5 版。

541. 刘庆柱：《汉代漆器研究的典范之作——评〈马王堆汉墓漆器整理与研究〉》，《湖南省博物馆馆刊》（第十六辑），岳麓书社，2020 年，第 313～315 页。

542. 刘庆柱：《读〈中国历代瓦当考释〉有感》，《中国文物报》2020 年 7 月 17 日第 8 版。

四、采 访 报 道

543. 新华：《为考古事业无私奉献——记我院“巾帼建功”先进个人李毓芳研究员》，《中国社会科学院通讯》1998 年 3 月 6 日第 4 版。

544. 丛德新：《刘庆柱、安家瑶荣获德国考古学研究院通讯院士称号》，《考古》1999 年第 4 期，第 96 页。

545. 杜建立：《李毓芳：愧对女儿的考古队长》，《北京日报》1999 年 11 月 26 日第 11 版。

546. 曲冠杰：《从西汉王陵考古看老山汉墓——访考古学家徐苹芳、刘庆柱》，《光明日报》2000 年 4 月 24 日第 3 版。

547. 冯朝晖：《大地的女儿——记考古界第一位“全国先进工作者”李毓芳》，《中国文物报》2000 年 5 月 10 日第 2 版。

548. 方舟：《活跃在考古一线的巾帼学者——记我院“全国先进工作者”、考古所研究员李毓芳》，《中国社会科学院院报》2000 年 5 月 16 日第 1 版。

549. 樊克宁：《南越王宫殿遗址破土面世》（受访者：刘庆柱），《羊城晚报》2000 年 5 月 17 日第 1 版。

550. 张东操、桂杰：《北京老山汉墓：考古价值有多大？》（受访者：刘庆柱、信立祥），《中国青年报》2000 年 8 月 18 日第 5 版。

551. 陈永固：《海峡两岸水下考古学术研讨》（受访者：刘庆柱），《澎湖时报》2000 年 10 月 25 日第 2 版。

552.《专家风采——刘庆柱》，《中国文物报》2001 年 1 月 17 日第 2 版。

553. 吴娟：《找寻中华文明源头——记即将启动的“中国古代文明探源工程”》（受访者：刘庆柱），《文汇报》2001 年 9 月 7 日第 9 版。

554. 纪欣：《秦陵开掘专家说不》（受访者：刘庆柱），《天津青年报》2002 年 9 月 16 日第 6 版。

555. 曹家骧：《秦始皇陵不宜主动发掘》，《文汇报》2002 年 9 月 18 日第 16 版。

556. 刘庆柱：《治学心得》，《中国文物报》2002 年 10 月 11 日第 3 版。

557. 韩晓玲、周志兵、张剑：《这是本年度全国两大考古发现之一——中国社会科学院考古所所长刘庆柱谈九连墩古墓》，《湖北日报》2002 年 12 月 24 日第 B2 版。

558. 田垣：《中国考古学的“龙头”——记院重大课题〈中国古代都城的考古发现与研究〉》（受访者：刘庆柱），《中国社会科学院院报》2003 年 8 月 21 日第 1 版。

559. 陈泽伟：《走进古代都城》，《瞭望新闻周刊》2003 年，第 40 期，第 50、51 页。

560. 李毓芳、张仲立、王晖：《阿房宫：成未成？烧没烧？》，《光明日报》2004 年 2 月 26

日第 A2 版。

561. 李让：《在古都遗址李搞土地置换和“农转非”——全国政协委员、中国社科院考古所所长刘庆柱谈抢救、保护古代都城遗址的最佳途径》，《中国文物报》2004 年 3 月 5 日第 2 版。

562. 蒋书：《阿房宫考证新说》（受访者：李毓芳），《中国电视报》2004 年 6 月 28 日，第 30 版。

563. 黄英：《李毓芳与秦阿房宫遗址考古》，《中国社会科学院院报》2004 年 11 月 2 日第 4 版。

564. 杨永林：《阿房宫前殿西侧发现战国秦景观流水遗存》（受访者：李毓芳），《光明日报》2004 年 11 月 11 日第 A1 版。

565. 杨永林：《秦阿房宫前殿遗址考古工作完成：阿房宫没有建成已成不争事实》（受访者：李毓芳），《光明日报》2004 年 11 月 17 日第 1 版。

566. 刘庆柱：《千里之行，始于足下》，《中国社会科学院院报》2004 年 11 月 30 日第 2 版。

567. 杨春：《专家详解阿房宫之谜》，《人民政协报（宝藏周刊）》，2005 年 1 月 13 日第 C1 版。

568. 顾咪咪：《观念中的阿房宫之倒塌》（受访者：刘庆柱、李毓芳），《解放日报》2005 年 2 月 13 日。

569. 甘丹：《阿房宫遗址“人为”破坏严重——考古队领队称：前殿遗址考古完成，历代坟墓及垃圾“掩埋”原址》（受访者：李毓芳），《新京报》2005 年 2 月 18 日第 C36 版。

570. 郑睦华：《“龙虎山崖墓科考一举多得”——访中国社会科学院考古研究所所长刘庆柱、研究员李毓芳夫妇》，《鹰潭日报》2005 年 5 月 1 日。

571. 张弘：《中国社科院考古研究所所长让秦咸阳宫、汉长安城面目大白于天下，刘庆柱：梦回秦汉盛世》，《新京报》2005 年 12 月 27 日第 C14 版。

572. 辛言：《别让“申遗”迷失方向：全国政协委员、著名考古专家刘庆柱谈“世遗”保护》，《中国政协》2005 年第 10 期，第 62～63 页。

573. 刘庆柱：《别把运河搞成塞纳河》，《东方早报》2006 年 6 月 8 日第 C7 版。

574. 刘庆柱：《关于中国文化遗产日的访谈》，《中国文物报》2006 年 6 月 9 日第 4 版。

575. 于娜：《别拿武则天墓赌明天：挖与不挖，一座千年古墓引发一场绵绵不休的争论。道理是明摆的，可开挖的声音却年年露头》（受访者：刘庆柱、李国荣等），《中国商报》2006 年 8 月 3 日第 2 版。

576. 孙波：《界定抚仙湖水下遗址的性质应当慎重——中国社会科学院学部委员刘庆柱访谈录》，《中国文物报》2006 年 8 月 18 日第 1 版。

577. 周鲁：《刘庆柱：不断给自己加码》，《人民日报（海外版）》2006 年 8 月 30 日第 2 版。

578. 杨亮：《瓦当收藏：文化魅力与市场价值齐飞》，《光明日报》2007 年 7 月 20 日第 7 版。

579. 黄祖坤：《李毓芳——情归考古》，《巾帼风采》（第 2 卷），中国画报出版社，2005 年，第 329～332 页。

580.《刘庆柱：三份提案呼吁“大遗址”保护》，《中国文物报》2007 年 3 月 9 日第 3 版。

581. 吴加、李毓芳：《谜案追踪阿房宫：烽火台、上天台、磁石门的最后秘密》，《新知客》

2007 年第 7 期，第 92～97 页。

582.《李毓芳谈上天台》，中国考古网 2007 年 5 月 25 日。

583. 李鹏：《考古证实：秦阿房宫没有建成，专家称项羽并未火烧阿房宫》（受访者：李毓芳），《三湘都市报》2007 年 10 月 21 日。

584. 杨永林：《秦阿房宫遗址考古工作全面完成——阿房宫只有一个前殿遗址》，《光明日报》2007 年 12 月 9 日第 1 版。

585. 郭物：《博学笃志，业精于勤；千里之行，始于足下——刘庆柱先生的治学之路》，《美术观察》2007 年第 10 期，第 118、119 页。又载《〈美术观察〉学术文丛：学人档案卷》，中国长安出版社，2012 年，第 616～620 页。

586. 姜波：《刘庆柱：博学而笃志，切问而近思》，《学问有道——学部委员访谈录》，方志出版社，2007 年，第 71～78 页。

587. 朱奕：《还有多少沉船等待“唤醒”——揭秘中国水下考古》（受访者：刘庆柱），《人民政协报》2008 年 1 月 7 日第 A3 版。

588. 杨春：《破解阿房宫的六大谜团——来自阿房宫考古的报告》（采访：李毓芳、刘庆柱），《人民政协报》2008 年 1 月 9 日第 C4 版。

589. 邢东田：《中华文明探源工程的关键：学习运用发展马克思主义——访中国社会科学院学部委员刘庆柱》，《中国社会科学院院报》2008 年 2 月 28 日第 5 版。

590. 刘庆柱、姜波：《弘毅笃行，追求卓越——刘庆柱先生访谈录》，《南方文物》2008 年第 2 期，第 2～6 页。

591. 李泽旭：《刘庆柱：考古不是“挖宝”》，《新民周刊》2008 年第 3 期。

592. 周仲全：《阿房宫：流传千年的美丽误会》（受访者：刘庆柱、李毓芳），《辽宁日报》2008 年 4 月 1 日第 5 版。

593. 于进、安百杰：《最怕借文化遗产保护大兴土木——访中国社会科学院考古研究所所长刘庆柱》，《中国经济导报》2008 年 4 月 12 日第 A3 版。

594. 李乐刚：《刘庆柱学术成就简介》，《江汉论坛》2008 年第 4 期，第 144 页。

595.《尊重历史事实 还历史以原貌：访中国社会科学院考古所阿房宫考古队刘庆柱研究员、李毓芳研究员》，《学术动态（北京）》2008 年第 5 期，第 8～15 页。

596. 康香阁：《著名考古学家刘庆柱先生访谈录》，《邯郸学院学报》2009 年第 1 期，第 5～16 页。

597. 康香阁：《刘庆柱先生》，《邯郸学院学报》2009 年第 1 期（封二）。

598.《刘庆柱委员建议修建张伯驹纪念馆》，《人民政协报》2009 年 3 月 11 日第 C6 版。

599. 卜松竹：《刘庆柱：兔首鼠首只是末流水准——中国考古权威评价南越王宫独一无二，称应把其建为广州未来地标》，《广州日报》2009 年 3 月 20 日。

600. 张微：《收藏与“鉴宝的拜金倾向须引导”》（受访者：刘庆柱），《中国社会科学院院报》2009 年 3 月 24 日第 1 版。

601. 李韵：《秦俑一号坑第三次发掘引来议论纷纷：国家文物局及专家回应有关质疑》（受访者：刘庆柱），《光明日报》2009 年 6 月 22 日第 2 版。

602. 杨春：《“考古学是研究人的”——刘庆柱委员和他的考古人生》，《人民政协报》2010年1月4日第CA版。

603.《刘庆柱：这个墓是发现的证据最多的一个》，《东方早报》2010年1月5日。

604. 许陈静：《古墓反映曹操三大特点》，《环球人物》2010年第2期，第17、18页。

605. 桂娟：《曹操墓是真是假？对话刘庆柱、马未都》，《新华每日电讯》2010年1月6日第4版。

606. 仲默：《曹操墓的那些事儿》，《商旅报》2010年第2期，第30、31页。

607. 记者：《追问“曹操墓”科学证据》，《北京科技报》2010年1月11日，第31～33页。

608. 尹俊：《社科院考古所原所长刘庆柱谈“确认曹操墓”》，《青年科学》2010年第2期，第13、14页。

609. 梁伟：《刘庆柱 被曹操墓推向风口浪尖》，《中华儿女》2010年第2期，第48～51页。

610. 万旭明：《刘庆柱：曹操墓认定已有充分证据》，《长江日报》2010年6月6日。

611. 张维：《对话“6·12”专家团队，刘庆柱：曹操墓让人找回时代记忆》，《中国电视报》，2010年6月10日第A4版。

612. 龚菲：《刘庆柱：有造假证据就赶快公布！》，《东方早报》2010年8月26日。

613. 杨阳、曾江：《刘庆柱：拿证据说话，别忽悠人》，《中国社会科学报》2010年8月26日第3版。

614. 刘庆柱：《读书心得》，《学问人生——中国社会科学院名家谈》，中国社会科学出版社，2010年，第791～799页。

615. 杨春、谢颖：《曹操墓前“罗生门”——曹操墓之争从“质疑”到“造假”》，《人民政协报》2010年9月13日第C2版。

616. 冠雄、紫燕：《“阿房宫从未建成过”：访全国政协委员、中国社会科学院学部委员、社科院考古所原所长刘庆柱及中国社会科学院考古所研究员、阿房宫考古队队长李毓芳》，《青年科学》2010年第9期，第4～6页。

617. 陆慧敏：《考古界没人质疑“曹操墓”——本报对话“挺曹派”代表人物刘庆柱》，《安徽商报》2010年10月29日。

618. 王颖卿：《李毓芳：拂去历史的尘埃》，《中华英才》2010年第21期，第82～84页。

619. 李陈续：《中国社会科学院学部委员刘庆柱等学者：史学研究力戒“假设”与“打扮”》，《光明日报》2010年11月3日第2版。

620. 李臻：《刘庆柱：曹操墓被证明是真的——考古学家刘庆柱做客市图书馆，解读高陵是与非》，《东南商报》2010年12月9日。

621. 王路：《刘庆柱：“曹操墓当然是真的”》，《宁波日报》2010年12月19日。

622. 刘庆柱：《唐十八陵调查记》，《三秦60年重大考古亲历记》，三秦出版社，2010年，第85～90页。

623. 刘庆柱：《杜陵芳草年年绿 陵园考古日日忙》，《三秦60年重大考古亲历记》，三秦出版社，2010年，第200～204页。

624. 刘庆柱：《探寻汉长安城未央宫宫殿遗址》，《三秦60年重大考古亲历记》，三秦出版社，2010 年，第 214～219 页。

625. 李毓芳：《震惊世界的小“骨签”——汉长安城未央宫遗址“骨签”发掘记》，《三秦 60 年重大考古亲历记》，三秦出版社，2010 年，第 220～225 页。

626.《刘庆柱：考古学家的“幸福时光”》，《人民政协报》2011 年 3 月 11 日。

627. 雷新：《刘庆柱：时空穿越者》，《汽车生活报》2011 年 3 月 28 日。

628. 余光仁、曹旭峰：《曹操墓质疑声背后的利益纠结——本刊专访中国社会科学院学部委员刘庆柱教授》，《东方收藏》2011 年第 6 期，第 28～30 页。

629.《刘庆柱：考古不是挖宝贝》，《四川日报》2011 年 11 月 11 日。

630. 孙琪：《中国当代考古学家刘庆柱》，《人类文化遗产保护》，2011 年，第 54～56 页。

631. 郑玉婷：《刘庆柱、李毓芳：考古界的“夫妻店”》，《中国政协》2012 年第 1 期，第 58～60 页。

632. 杜洁芳：《常识是最重要的一门学问——刘庆柱谈帝王陵》，《中国文化报》2011 年 6 月 6 日第 3 版。

633. 孙行之：《“六大”勾勒 2011 考古地图》，《第一财经日报》2012 年 1 月 9 日第 C4 版。

634. 柳霞：《建设豫北冀南文化遗产特区》，《光明日报》2012 年 3 月 10 日第 8 版。

635.《揭示形而上的大学，需找形而下的对象——考古学家刘庆柱谈“中国古代都城的考古学解读”》，《四川大学报》2012 年 4 月 5 日。

636. 马怡运：《期待“可能”变为“现实”——政协委员张柏、刘庆柱谈民办博物馆发展》，《中国文物报》2012 年 3 月 14 日第 3 版。

637. 黄懿陆：《刘庆柱与滇文化》，《云南两万年》，云南人民出版社，2012 年，第 474～479 页。

638. 周群、陈静：《“透物见人”：考古学的真实境界——访考古学家刘庆柱》，《中国社会科学报》2012 年 9 月 19 日第 A4 版。

639. 邓玲玲、汤毓赟：《挺直学科的脊梁，热爱文明的国家》，中国社会科学院研究生院考古系考古咨询网站 2012 年 10 月 13 日。

640. 记者：《学风与文风：以考古研究、文化遗产保护为例》，中国社会科学网 2013 年 2 月 28 日。

641. 肖秋生：《李毓芳：考古还阿房宫本来面目》，《天津日报》2013 年 4 月 7 日。

642. 李佩佩：《诸葛亮的确曾躬耕于南阳——访社科院学部委员、考古所原所长刘庆柱》，《南阳日报》2013 年 4 月 22 日第 A4 版。

643. 记者：《西湖曹庄隋唐墓葬为隋炀帝最后葬身之地》（受访者：刘庆柱），中国文物网 2013 年 4 月。

644. 梁枢：《汉之南都　时势英雄——“历史名人与南阳”座谈纪要》，《光明日报》2013 年 5 月 27 日第 15 版。

645. 温泉：《刘庆柱：将考古进行到底》，《中国政协》2013 年第 21 期，第 65、66 页。

646. 温泉：《刘庆柱：还历史以真实》，《瞭望》2013 年第 37 期，第 40、41 页。

647. 宗敏：《坚守田野考古 20 余载——记中国社会科学院学部委员刘庆柱》，《中国社会科学报》2013 年 9 月 2 日第 A8 版。

648. 郭鑫超:《以科学态度穿越时空:〈大学招生指南〉专访考古学家刘庆柱》,《大学招生指南》2013 年第 10 期。

649. 杨春:《刘庆柱:从“脚踏实地”到“仰望星空”——十一届全国政协委员刘庆柱的参政议政经历》,《人民政协报》2013 年 11 月 24 日第 1 版。又载《国士风采》,中国文史出版社,2016 年。

650. 黄加佳:《发现炀帝墓(上、下)》,《北京日报》2013 年 12 月 17 日第 17、20 版。

651. 乔玉:《弘毅笃志,长乐未央——刘庆柱先生访谈录》,《考古学人访谈录》,上海古籍出版社,2014 年,第 39～70 页。

652. 秦益成:《考古学研究与马克思主义指导——访中国社会科学院学部委员、考古研究所原所长刘庆柱》,《马克思主义研究》2014 年第 9 期,第 15～23 页。

653. 王峥:《大赉店遗址对中国考古学的发展具有里程碑式的意义——访中国社会科学院学部委员、社科院考古所原所长刘庆柱》,《鹤壁日报》2014 年 7 月 12 日第 2 版。

654. 陈巧玲:《城市建设要融入和谐精神——访中国社会科学院学部委员、考古学家刘庆柱》,《随州日报》2014 年 5 月 27 日第 A2 版。

655. 董青:《中国需要一场“复兴运动”》(采访:刘庆柱),《景观设计学》2014 年第 6 期,第 56～60 页。

656. 李毓芳:《秦阿房宫遗址考古记事》,《中国哲学社会科学发展历程回忆:史学卷》,中国社会科学出版社,2014 年,第 280～292 页。

657. 柳晓宁:《建设遗址公园是对古代遗址最好的保护方式——访中国社会科学院考古研究所研究员李毓芳》,《鹤壁日报》2014 年 7 月 12 日。

658. 洪石:《刘庆柱》,《20 世纪中国知名科学家学术成就概览:考古学卷》(第二分册),科学出版社,2015 年,第 593～604 页。

659. 张文静:《丝绸之路:中国走向世界之路》,《中国科学报(历史版)》2015 年 4 月 10 日第 6 版。

660. 张晓东:《回顾当年“曹操墓真假”争论——刘庆柱:内行人不说外行话》,《大河报》2015 年 11 月 7 日第 A21 版。

661. 记者:《刘庆柱:“根文化”的根就是“黄帝文化”》,《郑州晚报》2015 年 4 月 19 日第 A4 版。

662. 陆航:《陵墓若都邑:历史研究的独特视角》,《中国社会科学报》2016 年 8 月 12 日第 6 版。

663. 刘庆柱:《学术“公器”岂能私用》,《人民日报》2016 年 1 月 4 日第 16 版。

664.《中国社会科学院考古研究所刘庆柱:考古的核心是找到我们的文化基因》,《文汇报》2016 年 12 月 16 日第 14、15 版。

665. 金力、李辉、谭婧泽:《秦汉宫阙春已经老:2016 年人类学终身成就奖获得者——刘庆柱》,《人类学终身成就奖获奖者风采录》,上海科学技术出版社,2016 年,第 353～436 页。

666. 刘庆柱:《我的考古学之路》,《人民政协报》2017 年 2 月 20 日第 12 版。

667. 记者：《中国古代历史文化的“根文化”——访中国社会科学院考古研究所研究员刘庆柱》，《中国社会科学报》2017 年 1 月 13 日第 4 版。

668. 李锦丹、乔娇：《中国社科院考古所刘庆柱教授探讨丝绸之路历史渊源》，《广东科技报》2017 年 5 月 26 日第 11 版。

669. 韩丹东、潘晓飞：《传播“盗墓”类视频存教唆犯罪嫌疑》，《法制日报》2017 年 12 月 20 日第 5 版。

670.《中华民族的根，离不开三门峡——访著名考古专家刘庆柱》，《西部晨风》2017 年 12 月 11 日第 1 版。

671. 李毓芳：《退休后的 2003～2013 年》，中国考古网 2018 年 2 月 12 日。

672. 陈朝云：《考古学视野下历史时期图像资料漫谈——访刘庆柱先生》，《中国史研究动态》2018 年第 4 期，第 44～55 页。

673. 王璐、徐京豫：《求真探理乃毕生所向——记郑州大学历史学院院长刘庆柱先生》，《郑大故事》(2017 年度)，郑州大学出版社，2018 年，第 24～28 页。

674. 潘立阁、张怡熙：《洛阳见证了中华民族的多元一体——中国社会科学院学部委员刘庆柱》，《洛阳晚报》2018 年 4 月 21 日第 A4 版。

675. 张娓、魏旖增：《刘庆柱：还原历史，对话古人》，《中国社会科学报》2019 年 11 月 29 日第 1 版。

676. 刘庆柱：《探寻汉长安城未央宫宫殿遗址》，《历史发现》，中国文史出版社，2019 年，第 142～147 页。

677. 户华为、陈恒：《刘庆柱：为历史寻找物化载体》，《光明日报》2019 年 6 月 10 日第 2 版。

678. 李煦：《中国社会科学院学部委员刘庆柱：“五千年不断裂文明”的核心是国家认同》，《长江日报》2020 年 7 月 21 日第 12 版。

679. 吴海燕：《退而不休追梦人》，《中国社会科学报》2020 年 8 月 7 日第 3 版。

680. 葛明宁、何沛芸：《她“复活”了两千年前的秦汉都城》(受访者：李毓芳)，中国考古网 2020 年 9 月 3 日。

681. 刘嘉仪：《夏都二里头：最早的“中”国——访中国社会科学院学部委员、郑州大学历史学院院长刘庆柱》，《洛阳日报》2020 年 9 月 25 日第 6 版。

682. 刘庆柱：《中国考古学的时代使命与担当》，《中国社会科学报》2020 年 10 月 12 日第 8 版。

683. 记者：《探寻五千年不断裂的文明基因》(《以考古之光　照亮文明深处与细节——中国考古与历史主题新书访谈》)，《光明日报(光明悦读)》2020 年 11 月 28 日第 9 版。

684. 吴晓燕(责编)：2020 年代“中国好书”推荐书目《不断裂的文明史：对中国国家认同的五千年考古学解读》，《教育文摘周报》2021 年 6 月 16 日第 24 期。

685. 林鹰：《中华民族的文化基因——“中和”与“家国同构”下的国家认同——专访中国社会科学院学部委员、郑州大学特聘教授刘庆柱》，《环球财经》2021 年第 10 期，第 19～22 页。

686. 赵炜、司晓洁：《痴迷考古　躬耕笃行——记郑州大学中原历史文化学科领航者刘庆柱教授》，《郑大故事》（2020 年度），郑州大学出版社，2021 年，第 107～113 页。

687. 赵昀：《刘庆柱：中国考古学理应有颗“中国心”》，《中国文物报》2021 年 7 月 16 日第 1 版。

688. 赵炜：《李毓芳：纯粹的考古人》，中国考古网 2021 年 12 月 8 日。

689. 李贵刚、文龙杰：《刘庆柱：考古视角下中华优秀传统文化如何成像？》，《中国新闻》2021 年 12 月 24 日第 A8 版。

五、报 告 专 著

（一）考古报告

690. 中国社会科学院考古研究所（刘庆柱、李毓芳执笔）：《汉杜陵陵园遗址》，科学出版社，1993 年。

691. 中国社会科学院考古研究所（刘庆柱、李毓芳等执笔）：《汉长安城未央宫——1980～1989 年考古发掘报告》，中国大百科全书出版社，1996 年。

692. 中国社会科学院考古研究所、日本奈良国立文化财研究所（刘庆柱、町田章、李毓芳等执笔）：《汉长安城桂宫——1996～2001 年考古发掘报告》，文物出版社，2007 年。

693. 中国社会科学院考古研究所、西安市文物保护考古研究院（刘瑞主编，李毓芳、王自力副主编）：《秦汉上林苑——2004～2012 年考古报告》，文物出版社，2018 年。

694. 中国社会科学院考古研究所（刘庆柱主编，李毓芳、刘瑞副主编）：《汉长安城未央宫骨签》，中华书局，2018～2020 年。

695. 中国社会科学院考古研究所、西安市文物保护考古研究院（刘瑞主编，李毓芳、张翔宇副主编）：《栎阳瓦当》，科学出版社，2020 年。

696. 中国社会科学院考古研究所、西安市文物保护考古研究院（刘瑞主编，李毓芳、张翔宇副主编）：《栎阳陶文》，科学出版社，2020 年。

697. 中国社会科学院考古研究所（刘庆柱顾问，李毓芳、刘瑞主编）：《秦汉栎阳城——1980～1981 年考古报告》，科学出版社，2022 年。

698. 中国社会科学院考古研究所、西安市文物保护考古研究院（刘庆柱顾问，刘瑞主编，李毓芳、张翔宇副主编）：《秦汉栎阳城——2012～2018 年考古报告》（第一卷），科学出版社，2022 年。

（二）著、编

699. 刘庆柱、李毓芳著：《西汉十一陵》，陕西人民出版社，1987 年。

700. 刘庆柱编著：《长安春秋》，人民出版社，1988 年。

701. 刘庆柱、李毓芳著：《前汉皇帝陵的研究》（日文，来村多加史译），日本学生社，

1991 年。

702. 刘庆柱、李毓芳著：《陵寝史话》（《中华文明史话》丛书），中国大百科全书出版社，2000 年。

703. 刘庆柱著：《古代都城与帝陵考古学研究》，科学出版社，2000 年。

704. 刘庆柱、李毓芳著：《汉长安城》，文物出版社，2003 年。

705. 刘庆柱、小原俊树编著：《汉长安城骨签书法》（日文），木耳社出版，2004 年

706. 刘庆柱辑注：《三秦记辑注·关中记辑注》，三秦出版社，2006 年。

707. 刘庆柱、李毓芳著：《陵寝史话》（《中国史话·物化历史系列》丛书），社会科学文献出版社，2011 年。

708. 刘庆柱著：《古都问道》，中国社会科学出版社，2015 年。

709. 刘庆柱著：《地下长安》，中华书局，2016 年。

710. 刘庆柱著：《坚守初心　见证传世》（《政协委员履职风采》丛书），中国文史出版社，2018 年。

711. 刘庆柱著：《从考古走进历史》（政协委员文库），中国文史出版社，2019 年。

712. 刘庆柱著：《不断裂的文明史：对中国国家认同的五千年考古学解读》，四川人民出版社，2020 年。

713. 刘庆柱著：《简说都城考古》，四川人民出版社，2022 年。

714. 刘庆柱主编：《20 世纪中国考古大发现》，四川大学出版社，2000 年。

715. 刘庆柱主编：《二十世纪中国百项考古大发现》，中国社会科学出版社，2002 年。

716. 刘庆柱、段志洪、冯时主编：《金文文献集成》，线装书局，2005 年。

717. 刘庆柱、白云翔主编：《中国考古学·秦汉卷》，中国社会科学出版社，2010 年。

718. 刘庆柱主编：《中国考古发现与研究（1949～2009）》，人民出版社，2010 年。

719. 中国社会科学院考古研究所、西安市文物保护考古研究院、西安市秦阿房宫遗址保管所（刘瑞主编，李毓芳、王自力副主编）：《阿房宫考古发现与研究》，文物出版社，2014 年。

720. 刘庆柱、王子今主编：《中国蜀道》，三秦出版社，2015 年。

721. 刘庆柱、杜文玉主编：《丝绸之路中国段文化遗产研究》，三秦出版社，2015 年。

722. 刘庆柱主编，李毓芳、姜波、徐龙国副主编：《中国古代都城考古发现与研究》，社会科学文献出版社，2016 年。

723. 刘庆柱主编，朱津副主编：《从铜官到铜陵：铜陵与中国大历史》，中国科学技术大学出版社，2018 年。

724. 刘庆柱主编，孙勐著：《元大都史话》，社会科学文献出版社，2018 年。

725. 刘庆柱主编，刘春迎著：《北宋开封城史话》，社会科学文献出版社，2019 年。

726. 王旭烽、刘庆柱、杨永善总主编：《中华茶器具通鉴》，光明日报出版社，2019 年。

727. 韩国河主编：《刘庆柱访谈录——考古学与中原文明》，科学出版社，2020 年。

728. 中国社会科学院考古研究所、西安市文物保护考古研究院（刘庆柱顾问，刘瑞主编，李毓芳、张翔宇副主编）：《栎阳考古发现与研究》，科学出版社，2020 年。

后　　记

2022年是刘庆柱、李毓芳先生考古工作50年、入校60载、人生已届80岁“三喜临门”年份，在这个时候为两位先生整理一部文集是我们应该做的事情。

按过去常见的做法，是为两位先生分别整理文集，但考虑到两位先生从1962年开始至今一起上学、一起调查、一起发掘、一起科研，风雨同舟，不仅很多成果都是共同署名不分彼此——是两位先生50多年牵手共进的“历史见证”，分开编辑难免会有重复，而且即使是两位先生单独署名的很多文章，都当然包含了“军功章”后那默而不显的“另外一半”——更不用说这些文章中的判断或多或少都是先生们不断“私下切磋”的结果，因此就想为两位先生编辑一部“联名”文集。

2021年秋，我将这个想法向李毓芳先生提出后，没想到先生并不同意——“现在考古队事情那么的忙，整这个事干嘛？”我于是只好“斟酌再三”的和李先生商量——“虽刘先生之前出过一些文集，但您到现在还没有出过一本，从您两人多年来工作、科研的情况看，两个人一起出本文集应该更有意义……”在逐渐得到李毓芳先生同意后，我将这个意见和刘庆柱先生做了汇报并得先生慨允，于是2021年底向所领导汇报并得支持后启动了文集整理。

我先是安排在考古队实习的中国社会科学院大学研究生王贠赟同学，她初步整理出一个有四百多项的刘庆柱、李毓芳先生著述成果目录，不久刘庆柱先生发给我他平时记录的居然有七百多项内容的成果目录，于是我参考王贠赟所做目录对刘先生的目录进行查重补缺，逐步完成了文集附录二中刘庆柱、李毓芳先生著述成果目录的整理。

在目录梳理的过程中，刘庆柱、李毓芳先生拟定了文集收录文章的目录，并找出一些近年发表文章的电子文本以便编辑。初步整理后，我把文本发给出版社进入编辑状态。由于一些早年论文需要录排，而不同年份、不同杂志发表文章的体例差异甚大，需编辑按现行规定进行必要的“统一”，因此编校的难度很大。特别是受到2021年底以来，西安、北京两地时有发生的新冠疫情的影响，编校屡被延迟，但这也“塞翁失马焉知非福”般给了我们反复斟酌修改的机会。

50年春华秋实，文集之外的论文其实都可入选，不过李毓芳先生认为，再加入论文必使文集加厚而致分册——“那和两个论文集有啥不同？”两人一起考古，既是联名文集，“当然不能分册”，因此就只能压缩而成今见规模。

李毓芳先生曾希望把刘庆柱先生在秦咸阳宫、她在咸阳马泉汉墓考古后发表的第一篇简报收入文集，不过考虑文集是个人成果，与简报集体署名的体例有异，于是只好放弃。

“左图右史”是我国文化传承的优良传统，考古论文中的各种图版更是文章不可或缺的重要内容。但由于一些文章发表较早，整理时已难找到插图底图，扫描杂志又往往因纸张和印刷等原因达不到出版的要求，因此就选择后来的清晰图片进行了少量替换，个别无法找到替换图片的就只能删除。

本来计划是给附录二所收两位先生的著述目录中的论文，都加上具体页码。但由于两位先生发表文章的杂志、图书、报纸众多，时代差异大，个别论文一时难见原文，两位先生家存样书、样报、样刊甚难翻找（受新冠疫情的影响，李毓芳先生 2022 年的春节未能回京团聚，只能在西安考古队过年），而不少文章在西安的图书馆中也难查到（图书馆也因新冠疫情多次临时关闭），因此个别未查到原件的论文，就只能将原页码和版次留白。

在这个过程中，陕西省图书馆王岚女史帮忙查到了李毓芳先生在《陕西档案》1993 年发表的论文，中国社会科学院考古研究所徐龙国先生帮忙查到不少刘庆柱先生在日本、韩国出版图书中的论文，中国台湾中兴大学游逸飞先生帮忙查到刘庆柱先生在台湾发表的论文，中国社会科学院大学宋笑琳、祖子涵同学在陕西省图书馆查找到载有论文的多数报纸，填补了之前的部分遗漏。经大家努力，目录中论文页码版次的留白大为减少。编校过程中，考古队张朋祥、程芳、祝军辉、彭浩、查斯斌、漆建强、薛路远、张兴玉等都参加了校对，张朋祥根据需要对图版进行了核查替换。

从 1979 年进入中国社会科学院考古研究所至今，1980、1981 年前后 2 年的栎阳考古、1982～1985 年前后 4 年的杜陵考古、1985～2002 年持续 18 年的汉长安城考古、2002～2008 年前后 7 年的阿房宫考古，2011 年至今的阿房宫与上林苑考古，刘庆柱、李毓芳先生绝大多数的考古工作都开展于社科院考古所，编辑出版两位先生文集的想法一经汇报，马上得到陈星灿所长的大力支持，这使得文集能够较快出版，对此我们衷心感谢。

多年以来，在孙莉女史的带领下，科学出版社考古分社给予了我们考古资料整理与出版巨大的帮助，在收到文集所收论文后，随即安排王钰、蔡鸿博两位编辑开展编校工作，两位编辑克服文集所收论文时代跨度长、体例差异大的困难，在西安、北京接连发生新冠疫情的情况下，及时完成录文、制图、排版、编校等繁杂工作，并“默默”核校了所有注释，发现并修改了不少原发表时未发现的错误，让我们能快而好的见到文集。

特别要提起而感谢的，是我一直没有想到的，出版前，孙莉女史等非常用心的拟定了“庆芳华”作为文集的主书名。该名不仅与两位先生喜晋八秩、入校甲子、考古五十载的三喜相合，且书名中前两字的“庆”“芳”出自刘庆柱、李毓芳两位先生之名——甚合文集联名之意，第三字的“华”，更是两位先生一生考古致力中华文明研究的真实写照。因此，此名一经提出，就当然的得到了两位先生喜爱和所领导肯定。

文以载道，斯之谓也。

二位先生之道，将大传矣。

刘瑞

2022 年 9 月 16 日

1962年，刘庆柱在北京大学

1966年，刘庆柱在长城

1963年，刘庆柱、李毓芳在北京大学与同班同学合影

1969年，刘庆柱在南泥湾农场锻炼

1970年，刘庆柱、李毓芳在颐和园

1970年，刘庆柱、李毓芳在天安门广场

1972年，李毓芳在乾陵

1972年，刘庆柱在天津

1972年，李毓芳在咸阳高干渠

1982年，李毓芳在杜陵发掘

1992年，李毓芳在汉长安城发掘

1990年，李毓芳在汉长安城发掘陶窑遗址

1990年，李毓芳在汉长安城发掘陶窑遗址

1998年，刘庆柱与何炳棣、邵望平先生在中国社会科学院考古研究所

1998年，刘庆柱、李毓芳与西安市文物局局长李天顺、国家文物局文保司司长杨志军、中国社会科学院考古研究所王岩等先生在汉长安城桂宫遗址考察

1998年，刘庆柱与安志敏、谢辰生、黄景略、邹衡、张森水等先生在三峡考察

1999年，刘庆柱在台湾三仙山考察

1999年，刘庆柱与伦福儒先生在剑桥大学

2000年，刘庆柱在埃及底比斯帝王谷考察

2000年，刘庆柱与饶宗颐先生在法兰西学院

2000年，刘庆柱与中国社会科学院党委书记王忍之先生在印度孟买考察

2000年，刘庆柱在印度泰姬陵考察

2001年，刘庆柱在巴基斯坦白沙瓦佛教遗迹考察

2001年，刘庆柱与石璋如先生在台北史语所

2001年，李毓芳在汉长安城桂宫四号遗址指挥照相

2001年，李毓芳在洛阳考察石象

2002年，李毓芳在阿房宫考古工作队

2003年，刘庆柱在美国普林斯顿大学“壮思堂”（爱因斯坦演讲厅）做学术报告

2004年，李毓芳在上林苑一号遗址调查

2004年，刘庆柱在秘鲁马丘比丘遗址考察

2004年，刘庆柱与朱凤瀚等先生参加阳江水下考古考察

2004年，刘庆柱在意大利威尼斯考察

2005年，刘庆柱在西藏纳木措湖考察

2004年，刘庆柱、李毓芳在阿房宫遗址发掘

2005年，刘庆柱、李毓芳与王自力在上林苑三号遗址

2006年，刘庆柱与张文彬、谢辰生先生在苏州考察大运河

2006年，刘庆柱、李毓芳在上林苑四号遗址发掘

2006年，刘庆柱、李毓芳在日本宫岛考察

2006年，刘庆柱在淮安总督漕运部院考察

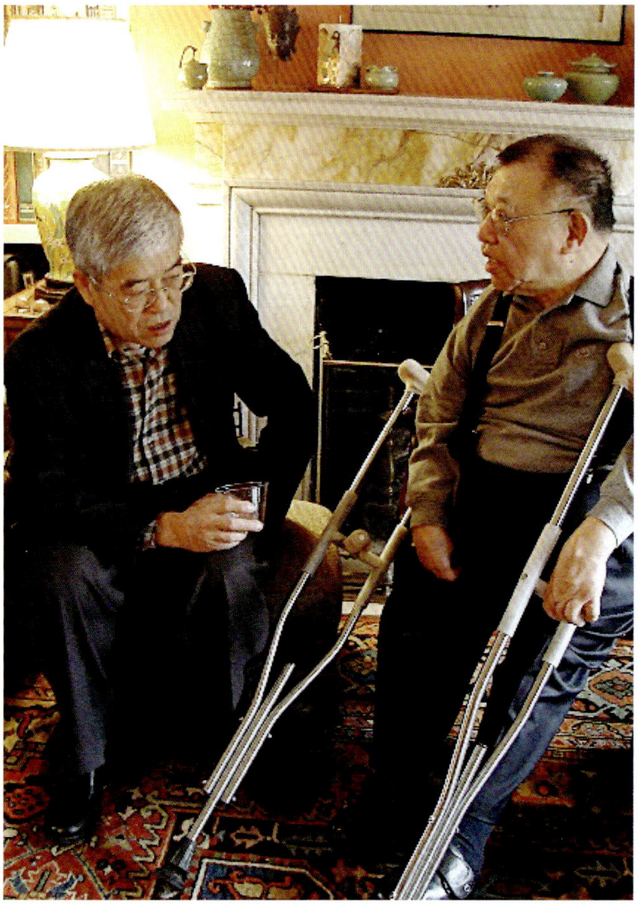

2007 年，刘庆柱与许倬云先生在美国匹兹堡大学

2008年，刘庆柱与王蒙、刘国能等先生在全国政协

2008年，刘庆柱、李毓芳在台湾阿里山考察

2008年，刘庆柱、李毓芳与孙女张梓琦在乾陵

2008年，刘庆柱与中国社会科学院陈奎元院长在宁波大运河考察

2008年，刘庆柱与国家文物局单霁翔局长在宁波大运河考察

2009年，刘庆柱参加国庆典礼

2009年，刘庆柱在武夷山考察

2010年，刘庆柱陪同全国政协副主席孙家正先生在三峡夔门考察

2010年，刘庆柱在曹操墓考察

2010年，刘庆柱、李毓芳在悬空寺考察

2010年，刘庆柱在喀纳斯
卧龙湾考察

2010年，刘庆柱在神农架考察

2010年，刘庆柱在乌镇考察

2011年，李毓芳在窝头寨遗址
调查

2011年，李毓芳在东马坊遗址调查

2011年，刘庆柱、李毓芳在韩国首尔考察

2011年，刘庆柱在英国巨石阵考察

2011年，刘庆柱在葡萄牙罗卡角考察

2012年，刘庆柱与中央美术学院靳尚谊先生在敦煌石窟考察

2012年，刘庆柱在希腊雅典宙斯神殿考察

2012年，刘庆柱、李毓芳与原汉长安城考古队干部、技师

2012年，李毓芳与白云翔等先生在中渭桥遗址

2012年，李毓芳在东马坊遗址发掘

2012年，刘庆柱、李毓芳与徐龙国在东马坊遗址发掘

2012年，李毓芳在东马坊遗址发掘

2012年，刘庆柱、李毓芳与刘瑞、王自力在汉唐昆明池遗址发掘

2013年，李毓芳、刘瑞与李零、罗泰先生在中渭桥遗址

2013年，李毓芳在东马坊遗址调查

2013年，李毓芳在汉唐昆明池下西周车马坑发掘

2013年，刘庆柱在墨西哥太阳金字塔考察

2013年，李毓芳在西安太平遗址发掘

2014年，刘庆柱、李毓芳在玉门关考察

2014年，刘庆柱、李毓芳在鹤壁考察

2014年，李毓芳在西安考古间隙

2014年，李毓芳在栎阳城遗址接待陕西省文物局赵荣局长一行

2014年，刘庆柱、李毓芳与刘瑞在栎阳城遗址勘探

2014年，刘庆柱、李毓芳考察丝绸之路河西走廊汉长城遗址

2014年，刘庆柱、李毓芳与樊锦诗先生在一起

2014年，刘庆柱、李毓芳与丁岩在石鼓山墓地考察

2014年，刘庆柱、李毓芳在寿县古代城墙考察

2014年，李毓芳在咸阳博物馆

2015年，李毓芳在渭桥遗址接待国家文物局励小捷局长一行

2015年，李毓芳在清理“丝路一号”古船

2015年，李毓芳在颐和园

2016年，刘庆柱接受中国科学院院士、复旦大学副校长金力先生授予“人类学终身成就奖”

2018年，李毓芳考察灵渠

2017年，刘庆柱、李毓芳在统万城遗址考察

2018年，刘庆柱、李毓芳在中国社会科学院创新工程2018年度重大科研成果发布会现场

2018年，刘庆柱在中国社会科学院学部委员大会

2019年，李毓芳荣获庆祝中华人民共和国成立70周年纪念章

2019年，李毓芳在莫高窟考察

2019年，李毓芳在锁阳城考察

2019年，李毓芳在勒马汉城考察

2019年，刘庆柱、李毓芳与信立祥、白云翔、焦南峰等先生在勒马汉城考察

2019年，刘庆柱、李毓芳考察扬州汉墓

2019年，刘庆柱、李毓芳在中央电视台参加《考古公开课》拍摄

2019年，李毓芳欣闻东马坊遗址钻探有重大收获

2020年，刘庆柱、李毓芳在郑州大学

2020年，李毓芳在黄河三门峡大坝考察

2020年，刘庆柱、李毓芳参加栎阳考古四十年学术研讨会

2020年，刘庆柱、李毓芳在汉文帝霸陵考察

2021年，刘庆柱、李毓芳与在读博士研究生合影

2021年，李毓芳在黄河边

2022年，李毓芳在考古队

2022年，李毓芳在整理关中秦汉瓦当资料

2022年，刘庆柱、李毓芳荣获北京大学考古文博学院“杰出院友奖”

2022年，刘庆柱被刘炯天校长授予郑州大学终身荣誉教授